Physique 12

Physique 12

Auteurs

Alan J. Hirsch
Anciennement de la commission scolaire de Peel

David Martindale
Anciennement de la commission scolaire de la région de Waterloo

Charles Stewart
Commission scolaire de Toronto

Maurice Barry
Université Memorial de Terre-Neuve

Consultant de programme et co-rédacteur

Maurice Di Giuseppe
Commission scolaire catholique du district de Toronto

Co-rédacteurs

Alison Armstrong
Barry LeDrew

Physique 12

Version française de *Physics 12*

© 2002, Nelson, une division de Thomson Canada Limited

© 2003 **GB** Groupe **Beauchemin**, éditeur ltée

3281, avenue Jean-Béraud
Laval (Québec) H7T 2L2
Téléphone : (514)334-5912
        1 800 361-4504
Télécopieur : (450) 688-6269
www.beauchemineediteur.com

Cette ressource est disponible grâce à l'appui financier de Patrimoine canadien/Canadian Heritage sous la gestion du ministère de l'Éducation de l'Ontario.

Nous reconnaissons l'aide financière du gouvernement du Canada par l'entremise du Programme d'aide au développement de l'industrie de l'édition (PADIÉ) pour nos activités d'édition.

L'information et les activités présentées dans ce livre ont été soigneusement choisies et révisées pour assurer leur exactitude et leur valeur éducationnelle. Toutefois, l'éditeur n'offre aucune garantie et ne se tient aucunement pour responsable quant à l'utilisation qui peut être faite de ce matériel. L'éditeur se dégage de toute responsabilité pour tout dommage particulier ou général, indirect ou exemplaire, qui pourrait résulter entièrement ou en partie de la lecture ou de l'usage de ce matériel.

ISBN : 2-7616-1534-4

Dépôt légal : 1er trimestre 2003
Bibliothèque nationale du Québec
Bibliothèque nationale du Canada

Imprimé et relié au Canada

1 2 3 4 5 06 05 04 03

Équipe de l'ouvrage français

Supervision éditoriale : Catherine Lassure

Production : Michel Perron

Charge de projet : Ginette Lavoie

Traduction : documens

Consultation, adaptation et révision scientifique : Marcellin Bougie, Paul Denis, Stéphane Lewis, René Perron, Charles Renaud

Révision linguistique : Éveline Gagné

Correction d'épreuves : Renée Bédard

Mise en pages : Caractéra inc.

Impression : Quebecor World

Équipe de l'ouvrage anglais

Directeur de l'édition : David Steele

Éditeur, Physique : Kevin Martindale

Directeur du programme : John Yip-Chuck

Éditrices : Julie Bedford, Betty Robinson

Assistante d'édition : Lisa Kafun

Superviseure éditoriale : Nicola Balfour

Directeur de la production : Linh Vu

Réviseur : Toomas Karmo

Correctrice d'épreuves : Trish Letient

Coordonatrice de la production : Sharon Latta Paterson

Directrice de la création : Angela Cluer

Directeur de la conception artistique : Ken Phipps

Gestion de la conception artistique : Suzanne Peden

Illustrateurs : Andrew Breithaupt, Steven Corrigan, Deborah Crowle, Dave Mazierski, Dave McKay, Irma Ikonen, Peter Papayanakis, Ken Phipps, Marie Price, Katherine Strain

Responsables de la composition et de la conception graphique : Marnie Benedict, Susan Calverley, Zenaida Diores, Krista Donnelly, Erich Falkenberg, Nelson Gonzalez, Alicja Jamorski, Janet Zanette,

Conception des pages intérieures : Kyle Gell, Allan Moon

Conception de la couverture : Ken Phipps

Photographie de la couverture : © Kevin Fleming/CORBIS/Magma

Recherche de photographies et autorisations : Vicki Gould

Impression : Transcontinental Printing Inc.

Cet ouvrage fait référence à des sites Internet. Pour vous faciliter l'accès à ces ressources et pour vous assurer de la qualité de ces références, consultez nos signets Internet à l'adresse suivante : <www.beaucheminediteur.com/physique12>. Nos signets Internet sont mis à jour régulièrement. Si vous avez des questions ou des commentaires à nous faire parvenir, écrivez-nous à <webmestre@beauchemin.qc.ca>.

Consultants

Consultants, adaptateurs et réviseurs scientifiques de la version française

Marcelin Bougie
Conseil scolaire de district des écoles catholiques de l'est ontarien

Paul Denis
Conseil scolaire de district des écoles catholiques du centre sud-ouest

Stéphane Lewis
Conseil scolaire de district des écoles catholiques du centre sud-ouest

René Perron
Conseil scolaire de district des écoles catholiques du sud-ouest

Charles Renaud
Conseil scolaire des écoles publiques catholiques de l'est ontarien

Consultants, adaptateurs et réviseurs scientifiques de la version originale anglaise

Steve Bibla
Commission scolaire de Toronto, Ontario

David Jensen
Commission scolaire de Bluewater, Ontario

Professeur Ernie McFarland
Département de physique, Université de Guelph, Ontario

Jeannette Rensink
Commission scolaire de Durham, Ontario

Ron Ricci
Commission scolaire de la région d'Essex, Ontario

Jim Young
Commission scolaire de Limestone, Ontario

Réviseurs scientifiques

Professeur Marko Horbatsch
Département de physique et d'astronomie, Université de York

Professeur Ernie McFarland
Département de physique, Université de Guelph

Réviseurs responsables de la sécurité

Stella Heenan
Comité de sécurité de l'A.P.S.O.

Réviseurs responsables de la technologie

Roche Kelly
Commission scolaire de Durham, Ontario

Jim LaPlante
Commission scolaire catholique de York, Ontario

Réviseurs enseignants

Carolyn M. Black
Commission scolaire de la Région de l'Ouest, Î.-P.-É.

Jason H. Braun
Deuxième division scolaire de St. James-Assiniboia, Manitoba

Greg Brucker
Commission scolaire du comté de Simcoe, Ontario

Elizabeth Dunning
Commission scolaire catholique de Toronto, Ontario

Bonnie Edwards
Commission scolaire catholique de Wellington, Ontario

Duncan Foster
Commission scolaire de la région de York, Ontario

Martin D. Furtado
Commission scolaire catholique de Thunder Bay, Ontario

Lloyd Gill
Anciennement de la commission scolaire de la région est d'Avalon, Terre-Neuve

Dennis Haid
Commission scolaire de la région de Waterloo, Ontario

Ted Hill
Commission scolaire de Durham, Ontario

Mark Kinoshita
Commission scolaire de Toronto, Ontario

Scott Leedham
Commission scolaire de Grand Erie, Ontario

Roger Levert
Commission scolaire de Toronto, Ontario

Geary MacMillan
Commission scolaire de la région d'Halifax, Nouvelle-Écosse

Michael McArdle
Commission scolaire catholique de Dufferin-Peel, Ontario

Tim Murray
Commission scolaire d'Upper Grand, Ontario

Kristen Niemi
Commission scolaire de Near North, Ontario

Dermot O'Hara
Commission scolaire catholique de Toronto, Ontario

Dave Ritter
Commission scolaire d'Upper Grand, Ontario

▸ TABLE DES MATIÈRES

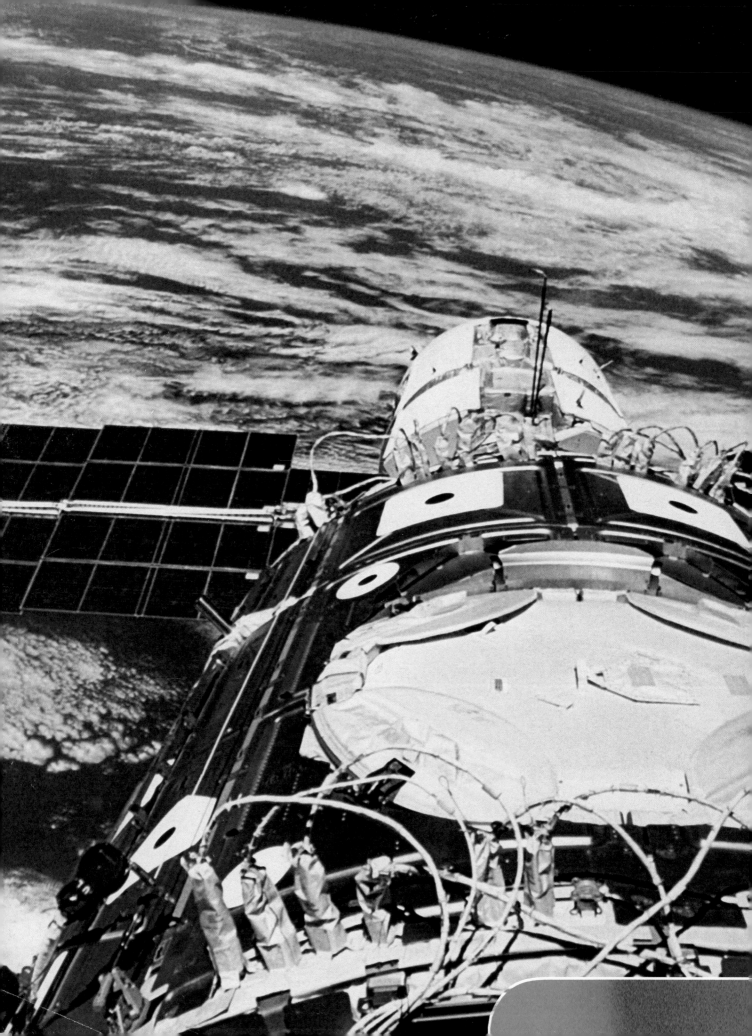

Les forces et le mouvement : la dynamique

Jocelyne Blouin
Météorologiste

Madame Jocelyne Blouin prépare et présente, depuis 24 ans, le bulletin météorologique sur le réseau national de Radio-Canada.

Pour ce faire, elle recueille les données provenant d'Environnement Canada et d'autres centres météo américains, données dont elle fait l'analyse et à partir desquelles elle élabore ses prévisions. Avant de se spécialiser en météorologie, elle avait obtenu un baccalauréat en physique ; elle était persuadée que cette science pourrait assouvir sa curiosité en répondant à toutes les questions qu'elle se posait.

Durant toutes ces années, elle a été le témoin privilégié des immenses progrès réalisés dans le domaine de la météorologie. Selon elle, ils sont attribuables à deux principaux facteurs : d'abord, des ordinateurs plus performants qui permettent de recueillir et d'analyser un nombre croissant de données dans un laps de temps de plus en plus court ; ensuite, des satellites géostationnaires, comme ceux situés au-dessus du Pacifique, qui mesurent non seulement les températures de l'air et de l'eau, mais aussi et surtout la quantité de vapeur d'eau dans l'atmosphère. Au Canada, comme les vents dominants viennent de l'Ouest, l'énorme masse d'eau du Pacifique influence beaucoup notre climat. Ces données sont donc précieuses.

▶ Objectifs globaux

Dans cette unité, tu apprendras à :

- analyser les mouvements d'objets dans un plan horizontal, vertical ou incliné, et à prévoir et à expliquer ces mouvements en observant les forces qui agissent sur ces objets ;
- étudier le mouvement dans un plan au moyen d'expériences ou de simulations ;
- analyser et à résoudre des problèmes impliquant des forces agissant sur un objet animé d'un mouvement linéaire, d'un mouvement de projectile ou d'un mouvement circulaire au moyen de vecteurs, de graphiques et de diagrammes de forces ;
- analyser des cas pour lesquels l'étude des forces sert à la mise au point et à l'utilisation d'appareils à composante technologique tels que des véhicules et de l'équipement sportif.

Connaissances et compréhension

1. Énumère quatre grandeurs scalaires et quantités vectorielles associées aux mouvements et aux forces ; pour chacune, indique les unités SI et donne un exemple caractéristique.

2. On laisse tomber une masse de 20 g et une masse de 50 g au repos à partir d'un même point au-dessus du sol.
   a) Les masses toucheront-elles le sol en même temps ? Si ce n'est pas le cas, laquelle le fera la première ? Justifie ta réponse.
   b) Trace un diagramme de forces qui montre toutes les forces agissant sur la masse de 50 g pendant sa chute.
   c) Quel est le poids de la masse de 20 g ?
   d) Donne un exemple de paire de forces action-réaction dans cette situation.

3. De quoi dépend l'intensité de la force de gravité entre la Terre et la Lune ? Donne une réponse détaillée.

4. Compare les valeurs ou concepts de chacune des paires suivantes et relève les différences en utilisant des exemples au besoin :
   a) cinématique, dynamique
   b) vitesse moyenne, vitesse vectorielle moyenne
   c) frottement statique, frottement dynamique
   d) frottement utile, frottement indésirable
   e) fréquence, période
   f) rotation, révolution

Recherche et communication

5. L'inspecteur de la sécurité d'un terrain de jeux prend des mesures pour déterminer l'accélération que subit un enfant soumis à un mouvement circulaire sur un manège en rotation. L'inspecteur utilise deux appareils de mesure courants, non électriques.
   a) Si on se base sur les unités d'accélération, quels appareils l'inspecteur pourrait-il utiliser pour prendre des mesures qui permettraient de déterminer l'accélération ?
   b) Quelles sont les variables indépendantes et dépendantes ?

6. Dans une recherche visant à mesurer la valeur de l'accélération due à la pesanteur, où la valeur connue est $9,8$ m/s^2, le groupe A obtient $9,4$ m/s^2 et le groupe B, $9,7$ m/s^2.
   a) Détermine l'erreur possible dans la valeur obtenue par le groupe A.
   b) Détermine le pourcentage d'erreur possible pour la valeur obtenue par le groupe A.
   c) Détermine le pourcentage d'erreur pour la valeur obtenue par le groupe A.
   d) Détermine la différence de pourcentage entre les valeurs obtenues par les deux groupes.

7. Quelle différence y a-t-il entre une prévision et une hypothèse ?

Fais des liens

8. Prenons un tube d'essai contenant un liquide et un mélange de substances de densités différentes. Si l'on fait tourner le tube rapidement dans une centrifugeuse, les substances vont-elles se mélanger davantage ou avoir tendance à se stabiliser et à se séparer ? Justifie ta réponse.

9. La **figure 1** illustre trois inclinaisons qu'il est possible de donner à une sortie d'auto-route pour des véhicules s'éloignant de l'observateur et se dirigeant vers la droite.

   a) Trace un diagramme de forces pour chacun des cas, en indiquant toutes les forces qui agissent sur le camion.

   b) Quelle serait la meilleure solution pour des véhicules qui se dirigent vers la droite? Pourquoi?

Connaissances en mathématiques

10. Soit l'équation suivante : $\Delta \vec{d} = \vec{v_i}\Delta t + \frac{1}{2}\vec{a}(\Delta t)^2$.

    a) Reformule l'équation pour trouver $\vec{a}$.

    b) Exprime Δt au moyen de la formule quadratique.

11. La **figure 2** montre les vecteurs $\vec{A}$ et $\vec{B}$ tracés à l'échelle 1,00 cm = 10,0 m/s.

    a) Détermine les composantes nord et est du vecteur $\vec{A}$.

    b) Décris toutes les façons possibles de déterminer la somme vectorielle $\vec{A} + \vec{B}$.

    c) Détermine $\vec{B} + \vec{A}$ et $\vec{A} - \vec{B}$ en utilisant la méthode qui te convient.

La sécurité et les compétences techniques

12. La **figure 3** décrit le mouvement d'une rondelle dans un plan x-y. Les points représentent l'emplacement de la rondelle à des intervalles de temps égaux de 0,10 s.

    a) Combien de temps s'écoule-t-il entre le début et la fin de ce mouvement?

    b) Reproduis le tracé des points dans ton cahier et détermine la composante x du déplacement entre chaque paire de points. Quelle est ta conclusion à propos du mouvement suivant l'axe des x?

    c) Détermine la composante y du déplacement entre chaque paire de points. Quelle est ta conclusion à propos du mouvement suivant l'axe des y?

    d) Si l'échelle utilisée pour tracer le schéma est 1,0 cm = 5,0 cm, détermine la vitesse vectorielle moyenne entre le début et la fin du mouvement.

Figure 3
Le mouvement d'une rondelle sur une table à coussin d'air

13. Ton partenaire ou ta partenaire de laboratoire attache un bouchon de caoutchouc troué à une corde puis le fait tourner à vitesse constante suivant un cercle horizontal dont le rayon est connu.

    a) Explique comment tu pourrais mesurer la période et la fréquence de révolution du mouvement du bouchon. Quels instruments seront nécessaires?

    b) Quelles précautions devriez-vous prendre pendant la prise des mesures?

    c) Quelles sont les sources d'erreur possibles dans cette expérience?

a)

b)

c)

Figure 1
Le camion s'éloigne et se dirige vers la droite dans chaque cas.
(question 9)

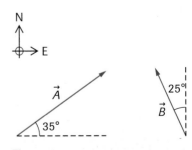

Figure 2
Les vecteurs $\vec{A}$ et $\vec{B}$ (question 11)

La cinématique

- analyser, à prévoir en termes quantitatifs et à expliquer le mouvement linéaire de divers objets dans un plan horizontal, vertical ou incliné ;

- analyser, à prévoir en termes quantitatifs et à expliquer le mouvement d'un projectile, en déterminant les composantes horizontale et verticale de son mouvement ;

- réaliser des expériences ou des simulations avec des objets animés d'un mouvement en deux dimensions, puis à analyser et à afficher les données obtenues sous une forme appropriée ;

- prévoir le mouvement d'un objet selon sa vitesse initiale et la direction de son mouvement, puis à vérifier la prévision expérimentalement ;

- concevoir ou à construire des outils technologiques à partir des concepts et des principes du mouvement du projectile.

Les ingénieurs qui conçoivent les tremplins de saut à ski, comme celui qui apparaît à la **figure 1**, doivent décider des angles et des longueurs des différentes composantes tels que la perte d'élan, l'angle d'envol et la pente de la zone de réception. Le sauteur s'élance dans les airs avec un mouvement qui suit un tracé courbe que l'on appelle une trajectoire. Dans ce chapitre, tu découvriras comment analyser cette trajectoire au moyen des concepts et des équations de la physique.

Tu connais probablement les concepts et les équations du déplacement, de la vitesse vectorielle et de l'accélération du mouvement en une dimension. Nous allons appliquer ici ces concepts et ces équations aux mouvements en deux dimensions.

💡 *FAIS LE POINT* sur tes connaissances ▼

1. À la **figure 2**, les flèches représentent les vitesses vectorielles initiales de quatre balles identiques qui tombent simultanément du haut d'une falaise. La résistance de l'air est négligeable. On laisse simplement tomber la balle A, alors que les balles B, C et D sont lancées avec des vitesses vectorielles initiales d'intensité égale, mais selon des angles différents, comme le montre la figure.
   a) Dans ton cahier, trace la trajectoire qu'empruntera chaque balle dans les airs.
   b) Selon toi, dans quel ordre les balles atterriront-elles ? Justifie ta réponse.

2. À la **figure 3**, un canoéiste pagaie sur un lac calme, alors qu'un autre traverse une rivière. Les deux canoéistes sont de force égale et les plans d'eau sont d'égale largeur. Les flèches représentent des vecteurs vitesse.
   a) Trace les deux schémas dans ton cahier, en indiquant la trajectoire suivie par chaque canoë pour aller d'une rive à l'autre.
   b) Si les canoéistes partent en même temps de la rive sud, lequel atteindra le premier la rive nord ? Justifie ta réponse.

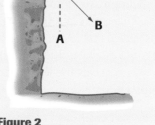

Figure 2
Quatre balles lancées simultanément toucheront-elles le sol en même temps ?

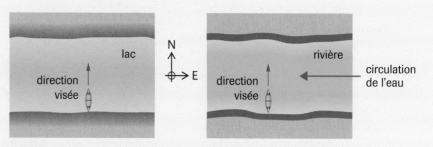

Figure 3
La largeur du lac est égale à la largeur de la rivière.

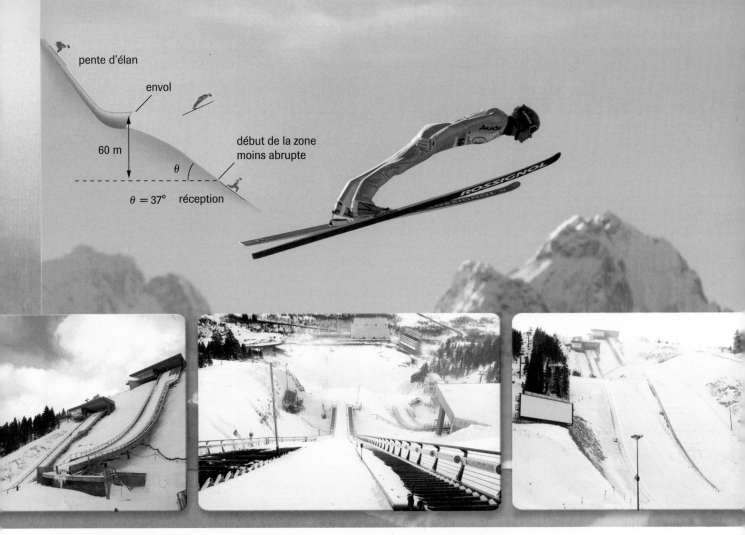

pente d'élan

envol

60 m

début de la zone
moins abrupte

θ

θ = 37° réception

Figure 1
Les concepts de la physique peuvent être utilisés pour comprendre le mouvement d'un sauteur à ski. Ces mêmes concepts peuvent aussi être appliqués à la conception de la perte d'élan et de la zone de réception du tremplin.

▶ À TOI d'expérimenter   *Choisis le gagnant*

La **figure 4** montre un appareil qui permet à une bille d'acier A de tomber directement vers le bas tout en projetant horizontalement une bille d'acier B vers l'extérieur. En supposant que les billes commencent à bouger en même temps, comment peux-tu comparer les temps qu'elles prendront pour toucher le sol ?

a) Dans ton cahier, trace la trajectoire de chaque bille. Indique si les billes vont toucher le sol en même temps ou non et justifie ta réponse.

b) Observe une démonstration de l'appareil illustré (ou d'un montage semblable). Compare les résultats de la démonstration à tes prévisions. Si tes observations diffèrent de tes prévisions, essaie d'en expliquer les différences.

 Les observateurs doivent se tenir à une distance sûre des côtés de l'appareil.

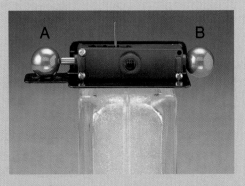

Figure 4
Cet appareil peut projeter une bille horizontalement tout en permettant à une seconde bille de tomber directement vers le bas.

Les visiteurs d'un parc d'amusement, comme celui de la **figure 1**, font l'expérience de mouvements variés. Certaines personnes marchent en ligne droite à vitesse constante. D'autres, dans un manège qui descend à la verticale, plongent à très grande vitesse avant de ralentir et de s'arrêter. Tous ces gens effectuent un mouvement en une dimension ou *mouvement linéaire*. Ce mouvement linéaire peut être fait dans un plan horizontal (en suivant un chemin rectiligne sur un terrain plat, par exemple), dans un plan vertical (dans le manège à mouvement vertical), ou dans un plan incliné (en montant une rampe). Le mouvement linéaire peut aussi impliquer un changement de direction de 180°, par exemple en allant vers le haut puis vers le bas, ou en se déplaçant vers l'est puis vers l'ouest sur le plat.

Figure 1
Combien de types de mouvement différents peux-tu identifier dans ce parc d'amusement?

Les visiteurs du parc d'amusement font aussi l'expérience de mouvements en deux et en trois dimensions. Les passagers d'un carrousel effectuent un mouvement en deux dimensions dans un plan horizontal; ceux d'une grande roue, un mouvement en deux dimensions dans un plan vertical; et ceux des montagnes russes, un mouvement en trois dimensions: vers le haut et vers le bas, vers la gauche et vers la droite, courbe, tant en torsion qu'en rotation.

L'étude du mouvement est appelée **cinématique**. Pour commencer, nous étudierons les mouvements simples en une ou en deux dimensions, comme ceux de la **figure 2**. Par la suite, nous appliquerons nos connaissances à des types de mouvement plus complexes.

cinématique étude du mouvement

a)

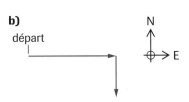

b)

Figure 2
a) Le mouvement d'un chien qui court sur un terrain plat sur une distance de 24 m vers l'est puis de 11 m vers l'ouest est un mouvement en une dimension.
b) Le mouvement d'un chien qui court sur un terrain plat sur une distance de 24 m vers l'est puis de 11 m vers le sud est un mouvement en deux dimensions.

La vitesse et les autres grandeurs scalaires

Réfléchis aux limites de vitesse affichées sur les routes et les autoroutes situées près de chez toi. Dans une zone scolaire, la limite maximale peut être de 40 km/h, alors qu'elle sera de 100 km/h sur une autoroute. L'unité km/h (kilomètres-heure) t'indique que la vitesse représente une distance divisée par le temps. La vitesse, la distance et le temps sont des exemples de **grandeurs scalaires**, lesquelles possèdent une valeur, mais pas d'orientation.

grandeur scalaire grandeur qui possède une valeur, mais pas d'orientation

En course automobile, la grille de départ est déterminée par des essais officiels qui permettent de comparer les vitesses moyennes des pilotes. Chaque pilote doit parcourir la même distance autour de la piste; celui qui réussit le meilleur temps obtient la position de tête sur la grille de départ. Lors de ces essais, il arrive que d'autres pilotes atteignent une plus grande **vitesse instantanée**, c'est-à-dire une plus grande vitesse à un instant

vitesse instantanée vitesse à un instant donné

donné. Mais le gagnant est celui qui maintient la meilleure **vitesse moyenne**, c'est-à-dire la distance totale parcourue divisée par le temps total du trajet. L'équation de la vitesse moyenne est

$$v_{moy} = \frac{\Delta d \text{ totale}}{\Delta t}$$

où d est la distance totale parcourue en un temps total Δt.

vitesse moyenne (v_{moy}) distance totale parcourue divisée par le temps total du trajet

> ▸ **PROBLÈME 1**

Au Molson Indy de Toronto, en Ontario, un pilote parcourt le circuit de 2,90 km à une vitesse moyenne de $1,50 \times 10^2$ km/h. Détermine

a) la vitesse moyenne en mètres par seconde ;

b) le temps en secondes pour compléter un tour de piste.

Solution

a) Pour convertir les unités, nous multiplions par un facteur équivalant à 1. Nous savons que

$1 \text{ km} = 1\,000 \text{ m}$ et $1 \text{ h} = 3\,600 \text{ s}$

$$\therefore 1,50 \times 10^2 \text{ km/h} = 1,50 \times 10^2 \frac{km}{h} \times \frac{1\,000 \text{ m}}{1 \text{ km}} \times \frac{1 \text{ h}}{3\,600 \text{ s}} = 41,7 \text{ m/s}$$

La vitesse moyenne est de 41,7 m/s.

b) $v_{moy} = 41,7 \text{ m/s}$

$d = 2,90 \text{ km} = 2,90 \times 10^3 \text{ m}$

$\Delta t = ?$

En reformulant l'équation $v_{moy} = \frac{\Delta d \text{ totale}}{\Delta t}$ pour isoler Δt, nous obtenons

$$\begin{aligned} \Delta t &= \frac{\Delta d \text{ totale}}{v_{moy}} \\ &= \frac{2,90 \times 10^3 \text{ m}}{41,7 \text{ m/s}} \\ \Delta t &= 69,6 \text{ s} \end{aligned}$$

Le temps requis pour compléter un tour de piste est de 69,6 s. (Voir la rubrique Conseil pratique concernant les chiffres significatifs et l'arrondissement.)

> ▸ **Mise en pratique**

Saisis bien les concepts

1. Pour chacun des cas suivants, détermine si le mouvement est en une, en deux ou en trois dimensions.

   a) Tu laisses tomber verticalement une balle de tennis de l'état de repos.

   b) Tu laisses tomber verticalement une balle de tennis de l'état de repos, elle frappe le sol et rebondit directement vers le haut.

   c) Un ballon de basketball lancé dans les airs décrit un arc pour atteindre directement le panier.

   d) Un lanceur de baseball lance une balle courbe au frappeur.

   e) La passagère d'une grande roue tourne autour du centre de la roue en décrivant un cercle.

   f) Un train se déplace sur les rails des montagnes russes.

CONSEIL PRATIQUE

Les grandeurs scalaires

Le mot «scalaire» vient du latin *scalæ*, qui signifie «marche» ou «échelon». Il suggère une intensité ou une valeur. Les grandeurs scalaires peuvent être positives, négatives ou nulles.

CONSEIL PRATIQUE

L'équation de la vitesse moyenne

Dans l'équation $v_{moy} = \frac{\Delta d \text{ totale}}{\Delta t}$, le symbole v vient du mot vitesse et l'indice «moy» indique une moyenne. La lettre grecque Δ (delta) indique une variation dans la grandeur, dans ce cas-ci dans le temps. Le symbole t représente habituellement le temps durant lequel un événement se produit, et Δt, le temps entre des événements ou le temps écoulé.

CONSEIL PRATIQUE

Les chiffres significatifs et l'arrondissement

Dans tous les problèmes de ce texte — examine de près le problème 1 —, les réponses ont été arrondies au nombre de chiffres significatifs approprié. Fais particulièrement attention lorsque tu réponds à une question à deux ou à plusieurs volets. Par exemple, lorsque tu tentes de résoudre un problème à deux volets (a et b), conserve dans la mémoire de ta calculatrice la réponse intermédiaire (avec surplus de précision) de la partie a) (afin de t'en servir pour résoudre la partie b) sans erreur d'arrondi. L'annexe A passe en revue les règles concernant les chiffres significatifs et les chiffres l'arrondissement.

LE *SAVAIS-TU* ?

L'origine de «vecteur»

Le mot vecteur vient du latin *vector*, dont l'un des sens est «porteur» — ce qui implique qu'un objet est transporté d'un endroit à un autre dans une certaine direction. En biologie, un vecteur est un porteur de maladie.

---

quantité vectorielle grandeur qui possède à la fois une norme et une orientation

position ($\vec{d}$) distance et orientation d'un objet par rapport à un point de référence

déplacement ($\Delta\vec{d}$) variation de position d'un objet dans une direction donnée

---

CONSEIL *PRATIQUE*

La norme d'un vecteur

Le symbole $| \; |$ entourant un vecteur représente la norme du vecteur. Par exemple, $|\Delta\vec{d}|$ représente la distance, ou norme, sans indication de la direction du déplacement ; c'est donc une grandeur scalaire. Par exemple, si $\Delta\vec{d}$ égale 15 m [E], $|\Delta\vec{d}|$ égale 15 m.

---

2. Lesquelles des mesures suivantes sont des grandeurs scalaires ?
   a) la force exercée par le câble d'un ascenseur
   b) ce qu'indique l'odomètre d'une voiture
   c) la force gravitationnelle qu'exerce la Terre sur toi
   d) le nombre d'élèves de ta classe de physique
   e) ton âge

3. L'indicateur de vitesse d'une automobile indique-t-il la vitesse moyenne ou la vitesse instantanée ? La valeur indiquée est-elle scalaire ou vectorielle ? Précise tes réponses.

4. Lors des 500 milles d'Indianapolis, les pilotes doivent effectuer 200 tours d'un circuit de 4,02 km. Calcule et compare les vitesses moyennes en km/h qui ont permis d'obtenir les temps suivants :
   a) 6,69 h (en 1911, première année de présentation de la course)
   b) 3,32 h (en 1965)
   c) 2,69 h (en 1990, encore un record plus d'une décennie plus tard)

5. Un nageur traverse une piscine circulaire de 16 m de diamètre en 21 s.
   a) Détermine la vitesse moyenne du nageur.
   b) Combien de temps prendra ce nageur pour faire le tour de la piscine s'il maintient sa vitesse moyenne ?

6. Détermine la distance totale parcourue dans chaque cas.
   a) Un son se propage à 342 m/s dans une pièce en $3{,}54 \times 10^{-2}$ s.
   b) Trente-deux plongeurs se relaient pour conduire un tricycle sous-marin à une vitesse moyenne de 1,74 km/h pendant 60,0 h. (Exprime ta réponse en kilomètres et en mètres.)

Les quantités vectorielles

Plusieurs grandeurs mesurables possèdent une orientation. Une **quantité vectorielle** est une grandeur avec une norme et une orientation. La position, le déplacement et la vitesse vectorielle sont des quantités vectorielles fréquentes en cinématique. Dans ce manuel, nous identifions algébriquement une quantité vectorielle par un symbole surmonté d'une flèche suivi de l'orientation indiquée entre crochets. Vers l'est [E], [vers le haut], [vers le bas] et [vers l'avant] sont des exemples d'orientations.

La **position**, $\vec{d}$, représente la distance orientée d'un objet par rapport à un point de référence. Le **déplacement**, $\Delta\vec{d}$, représente la variation de position, c'est-à-dire la position finale moins la position initiale. À la **figure 3**, une cycliste, qui se trouve initialement à 338 m à l'ouest de l'intersection, se déplace vers une nouvelle position située à 223 m à l'ouest de la même intersection.

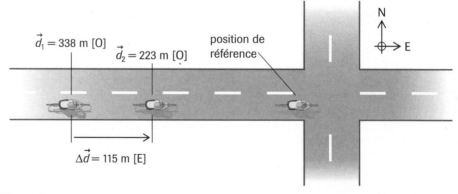

Figure 3

En se déplaçant de la position $\vec{d}_1$ à la position $\vec{d}_2$, la cycliste effectue un déplacement $\Delta\vec{d} = \vec{d}_2 - \vec{d}_1$.

Nous pouvons déterminer le déplacement de la cycliste comme ceci :

$$\Delta \vec{d} = \vec{d}_2 - \vec{d}_1$$
$$= 223 \text{ m [O]} - 338 \text{ m [O]} = -115 \text{ m [O]}$$
$$\Delta \vec{d} = 115 \text{ m [E]}$$

Les quantités « -115 m [O] » et « 115 m [E] » représentent le même vecteur.

La **vitesse vectorielle**, ou taux de variation de position, est une quantité vectorielle fondamentale impliquant la position et le temps. La vitesse vectorielle à un instant donné est appelée **vitesse vectorielle instantanée**, $\vec{v}$. Si la vitesse vectorielle est constante (de sorte que le corps qui se déplace voyage à une vitesse invariable dans une direction invariable), on dit que la position varie uniformément dans le temps, ce qui résulte en un *mouvement uniforme*.

La **vitesse vectorielle moyenne**, $\vec{v}_{\text{moy}}$, d'un mouvement représente la variation de position divisée par l'intervalle de temps associé à cette variation. Cette définition nous permet d'écrire l'équation suivante :

$$\vec{v}_{\text{moy}} = \frac{\Delta \vec{d}}{\Delta t}$$

où $\Delta \vec{d}$ est le déplacement (ou variation de position) et Δt est l'intervalle de temps. Pour un mouvement à vitesse vectorielle constante, la vitesse vectorielle moyenne est égale à la vitesse vectorielle instantanée à tout moment.

▶ PROBLÈME 2

La cycliste de la **figure 3** prend 25,1 s pour se déplacer de 115 m [E] de $\vec{d}_1$ à $\vec{d}_2$.

a) Calcule la vitesse vectorielle moyenne de la cycliste.

b) Si la cycliste maintient la même vitesse vectorielle moyenne pendant 1 h, quel sera son déplacement total ?

c) Si la cycliste effectue un virage à $\vec{d}_2$ et roule jusqu'à la position $\vec{d}_3 = 565$ m [O] en 72,5 s, quelle sera sa vitesse vectorielle moyenne pour l'ensemble du mouvement ?

Solution

a) $\Delta \vec{d} = 115$ m [E]

$\Delta t = 25,1$ s

$\vec{v}_{\text{moy}} = ?$

$$\vec{v}_{\text{moy}} = \frac{\Delta \vec{d}}{\Delta t}$$
$$= \frac{115 \text{ m [E]}}{25,1 \text{ s}}$$
$$\vec{v}_{\text{moy}} = 4,58 \text{ m/s [E]}$$

La vitesse vectorielle moyenne de la cycliste est de 4,58 m/s [E].

b) $\Delta t = 1,00$ h $= 3\,600$ s

$\vec{v}_{\text{moy}} = 4,58$ m/s [E]

$\Delta \vec{d} = ?$

$$\Delta \vec{d} = \vec{v}_{\text{moy}} \Delta t$$
$$= (4,58 \text{ m/s [E]})(3\,600 \text{ s})$$
$$\Delta \vec{d} = 1,65 \times 10^4 \text{ m [E] ou } 16,5 \text{ km [E]}$$

Le déplacement total est de 16,5 km [E].

---

vitesse vectorielle ($\vec{v}$) taux de variation de la position

vitesse vectorielle instantanée vitesse vectorielle à un instant donné

vitesse vectorielle moyenne ($\vec{v}_{\text{moy}}$) variation de la position divisée par l'intervalle de temps associé à cette variation

CONSEIL PRATIQUE

Les propriétés des vecteurs
Un vecteur divisé par un scalaire, comme dans l'équation $\vec{v}_{\text{moy}} = \frac{\Delta \vec{d}}{\Delta t}$, donne un vecteur. Le produit d'un vecteur et d'un scalaire est aussi un vecteur. L'annexe A traite de l'arithmétique des vecteurs.

CONSEIL PRATIQUE

L'analyse des unités et des dimensions
Une analyse des unités (comme les mètres, les kilogrammes et les secondes) ou une analyse des dimensions (longueur, masse et temps, par exemple) peut être utile pour s'assurer que les membres de droite et de gauche d'une équation s'expriment dans les mêmes unités ou dimensions. Essaie avec l'équation utilisée pour résoudre le problème 2b). Si les unités ou les dimensions ne sont pas les mêmes, c'est qu'il y a une erreur dans l'équation. Pour plus de détails, consulte l'annexe A.

D'autres conventions concernant l'orientation

En navigation, l'orientation est définie dans le sens des aiguilles d'une montre à partir du nord. Par exemple, une orientation de 180° indique la direction sud et une orientation de 118° est l'équivalent de l'orientation [S 62° E]. En mathématiques, les angles sont mesurés dans le sens inverse des aiguilles d'une montre à partir de l'axe des x positifs.

Réponses

10. a) $3{,}0 \times 10^1$ km/h

 b) $3{,}0 \times 10^1$ km/h [E]

 c) 0,0 km/h

11. 8,6 m [vers l'avant]

12. $7{,}6 \times 10^2$ h ; 32 j

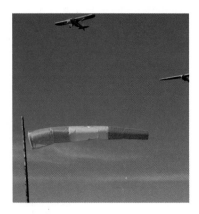

Figure 4
Une manche à air standard

c) $\Delta \vec{d} = \vec{d_3} - \vec{d_1}$

$\qquad = 565 \text{ m [O]} - 338 \text{ m [O]}$

$\Delta \vec{d} = 227 \text{ m [O]}$

$\Delta t = 25{,}1 \text{ s} + 72{,}5 \text{ s} = 97{,}6 \text{ s}$

$\vec{v}_{\text{moy}} = ?$

$\vec{v}_{\text{moy}} = \dfrac{\Delta \vec{d}}{\Delta t}$

$\qquad = \dfrac{227 \text{ m [O]}}{97{,}6 \text{ s}}$

$\vec{v}_{\text{moy}} = 2{,}33 \text{ m/s [O]}$

La vitesse vectorielle moyenne est de 2,33 m/s [O]. Peux-tu expliquer pourquoi cette valeur est nettement inférieure à la vitesse vectorielle moyenne en a)?

▸ *Mise en pratique*

Saisis bien les concepts

7. Donne des exemples précis de trois quantités vectorielles dont tu as eu connaissance aujourd'hui.

8. a) La distance totale parcourue peut-elle être égale à la norme du déplacement? Si «non», pourquoi? Si «oui», donne un exemple.

 b) La distance totale parcourue peut-elle être supérieure à la norme du déplacement? Si «non», pourquoi? Si «oui», donne un exemple.

 c) La distance totale parcourue peut-elle être inférieure à la norme du déplacement? Si «non», pourquoi? Si «oui», donne un exemple.

9. La vitesse moyenne peut-elle être égale à la norme de la vitesse vectorielle moyenne? Si «non», pourquoi? Si «oui», donne un exemple.

10. Un autobus quitte le terminus et effectue, en 24 minutes et avec quelques arrêts, un parcours rectiligne de 12 km [E] par rapport à sa position initiale. L'autobus fait demi-tour et, encore en 24 minutes, refait le chemin inverse vers le terminus.
 a) Quelle est la vitesse moyenne de l'autobus pour tout le trajet?
 b) Calcule la vitesse vectorielle moyenne de l'autobus du départ jusqu'à la position la plus éloignée du terminus.
 c) Trouve la vitesse vectorielle moyenne de l'autobus pour tout le trajet.
 d) Pourquoi les réponses de b) et de c) sont-elles différentes?

11. Un conducteur de camion, réagissant rapidement à un danger, freine. Durant l'intervalle de 0,32 s que prend le conducteur pour réagir, le camion maintient une vitesse vectorielle constante de 27 m/s [vers l'avant]. Quel est le déplacement du camion pendant ce temps?

12. La sterne arctique détient le record mondial de la distance migratoire parcourue par un oiseau. Chaque année, la sterne migre des îles du nord du cercle arctique jusqu'aux côtes de l'Antarctique, un déplacement d'environ $1{,}6 \times 10^4$ km [S]. (Étonnamment, le trajet passe en grande partie au-dessus de l'eau.) Si la vitesse vectorielle moyenne de la sterne durant ce voyage est de 21 km/h [S], combien de temps lui faut-il pour le faire? (Exprime ta réponse en heures et en jours.)

Mets en pratique tes connaissances

13. Les petits aéroports utilisent des manches à air, comme celle de la **figure 4**.
 a) La manche à air indique-t-elle une grandeur scalaire ou une quantité vectorielle? Quelle est-elle?
 b) Décris les manipulations expérimentales qui te permettraient d'étalonner la manche à air.

Les graphiques de la position et de la vitesse vectorielle

Tracer un graphique est un moyen utile pour faire l'étude du mouvement. Commençons par étudier les graphiques position-temps et vitesse vectorielle-temps pour des corps se déplaçant à vitesse vectorielle constante.

Une marathonienne court le long d'un chemin rectiligne à une vitesse vectorielle constante de 5,5 m/s [S] pendant 3,0 min. Au départ (c.-à-d. à $t = 0$), sa position initiale est $\vec{d} = 0$. Les données de sa course sont inscrites dans le **tableau 1**. La **figure 5** présente le graphique position-temps qui en découle. Note que, pour un mouvement à vitesse vectorielle constante, le graphique position-temps est une droite.

Puisque la droite du graphique position-temps a une pente constante, nous pouvons calculer la pente comme étant le rapport entre la variation de grandeur sur l'axe vertical et la variation de grandeur correspondante sur l'axe horizontal. Ainsi, la pente de la droite du graphique position-temps de $t = 0,0$ s à $t = 180$ s est

$$m = \frac{\Delta \vec{d}}{\Delta t} = \frac{990 \text{ m [S]} - 0 \text{ m}}{180 \text{ s} - 0 \text{ s}}$$

$$m = 5,5 \text{ m/s [S]}$$

Cette valeur sera la même peu importe la partie de la droite utilisée pour le calcul de la pente. On remarque que, pour un mouvement à vitesse vectorielle constante, la vitesse vectorielle moyenne est égale à la vitesse vectorielle instantanée à tout moment, et que leur valeur correspond à la pente de la droite du graphique position-temps.

Le graphique vitesse vectorielle-temps du mouvement de la coureuse est illustré à la **figure 6**. Dans un exercice à venir, il te faudra démontrer que l'aire sous la courbe (zone ombrée) représente le déplacement ou, autrement dit, $\Delta \vec{d}$ pour l'intervalle de temps couvert.

Tableau 1 Les données position-temps

temps t (s)	position $\vec{d}$ (m) [S]
0	0
60	330
120	660
180	990

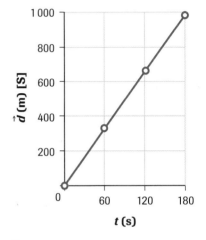

Figure 5
Le graphique position-temps du mouvement de la coureuse

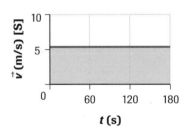

Figure 6
Le graphique vitesse vectorielle-temps du mouvement de la coureuse

---

▶ **PROBLÈME 3**

Décris le mouvement représenté par le graphique position-temps de la **figure 7**. Trace le graphique vitesse vectorielle-temps correspondant.

Solution

La pente de la droite est constante et négative. Cela signifie que la vitesse vectorielle est constante et orientée vers l'est. La position initiale est éloignée de l'origine et l'objet se déplace vers l'origine. Le graphique vitesse vectorielle-temps peut être soit négatif vers l'ouest, soit positif vers l'est, comme le montre la **figure 8**.

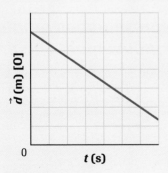

Figure 7
Le graphique position-temps

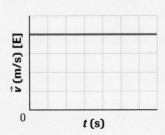

Figure 8
Le graphique vitesse vectorielle-temps

Tableau 2 Les données position-temps

temps t (s)	position $\vec{d}$ (m) [vers l'avant]
0	0
2,0	4
4,0	16
6,0	36
8,0	64

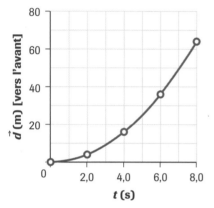

Figure 9
Graphique position-temps pour une vitesse vectorielle instantanée qui varie. La vitesse vectorielle moyenne entre deux temps peut être déterminée à l'aide de l'équation $\vec{v}_{moy} = \dfrac{\Delta \vec{d}}{\Delta t}$, mais une approche différente doit être utilisée pour trouver la vitesse vectorielle instantanée.

tangente droite qui touche une courbe en un point unique et qui possède la même pente que la courbe à ce point

---

CONSEIL PRATIQUE

Une notation du calcul différentiel
En calcul différentiel, le symbole « Δ » est remplacé par le symbole « d » pour représenter une grandeur infinitésimale. Ainsi, l'équation de la vitesse vectorielle instantanée est $\vec{v} = \dfrac{d\vec{d}}{dt}$.

Examinons maintenant les graphiques de mouvement lorsque la vitesse vectorielle instantanée varie. Ce type de mouvement, souvent appelé mouvement non uniforme, implique soit un changement de direction, soit un changement de vitesse, ou les deux à la fois.

Prends, par exemple, une voiture qui démarre et qui accélère, comme dans le **tableau 2** et à la **figure 9**.

Puisque la pente de la courbe du graphique position-temps croît graduellement, la vitesse vectorielle le fait aussi. Pour trouver la pente d'une courbe à un instant donné, traçons une ligne droite qui touche la courbe en ce point, sans pour autant la traverser. Cette ligne est appelée **tangente** à la courbe. La pente de la tangente à une courbe d'un graphique position-temps correspond à la vitesse vectorielle instantanée.

La **figure 10** montre la tangente tracée à 2,0 s pour le mouvement de la voiture. Les lignes en pointillé représentent les vitesses vectorielles moyennes entre $t = 2,0$ s et les temps suivants. Par exemple, de $t = 2,0$ s à $t = 8,0$ s, $\Delta t = 6,0$ s et la vitesse vectorielle moyenne est la pente de la droite A. Note que plus Δt est petit, plus les pentes des droites s'approchent de la pente de la tangente à $t = 2,0$ s (c.-à-d. qu'elles se rapprochent de la vitesse vectorielle instantanée, $\vec{v}$). Nous pouvons donc définir la vitesse vectorielle instantanée ainsi :

$$\vec{v} = \lim_{\Delta t \to 0} \frac{\Delta \vec{d}}{\Delta t}$$

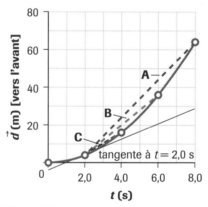

Figure 10
Les pentes des droites A, B et C représentent les vitesses vectorielles moyennes à des temps supérieurs à 2,0 s. Plus ces intervalles deviennent petits, plus les pentes se rapprochent de la pente de la tangente à $t = 2,0$ s.

▶ **À TOI** d'expérimenter

La représentation graphique d'un mouvement linéaire

Trace les graphiques position-temps et vitesse vectorielle-temps qui correspondent aux situations suivantes. Après en avoir discuté avec ton groupe, utilise un détecteur de mouvement relié à un logiciel graphique pour vérifier tes prévisions. Commente la précision de tes prévisions.

a) Une personne s'éloigne du détecteur, à vitesse vectorielle constante, sur une distance de 5 ou 6 pas.

b) Une personne s'approche du détecteur, d'une distance d'environ 4,0 m, à vitesse vectorielle constante.

c) Une personne s'approche du détecteur, d'une distance de 3,0 m, à vitesse vectorielle constante. Elle s'arrête pendant quelques secondes. Puis, elle revient directement vers l'origine, à une vitesse vectorielle constante, mais moindre.

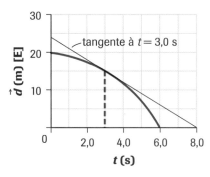

Figure 11
Le graphique position-temps
du problème 4

À la **figure 11** on peut voir le graphique position-temps d'une balle de golf qui roule sur une pente descendante de l'est vers l'ouest. Nous avons choisi de façon arbitraire des coordonnées en une dimension dont l'origine se trouve à l'extrémité ouest de la pente.

a) Décris le mouvement.

b) Calcule la vitesse vectorielle instantanée à $t = 3{,}0$ s.

c) Détermine la vitesse vectorielle moyenne entre 3,0 s et 6,0 s.

Solution

a) La pente est nulle à $t = 0{,}0$ s, puis elle devient négative. Donc, la vitesse vectorielle commence à zéro et augmente graduellement en direction ouest. (Une valeur négative vers l'est équivaut à une valeur positive vers l'ouest.) L'objet prend le départ à un point situé à l'est du point de référence ou de l'origine, puis se déplace vers l'ouest pour atteindre l'origine 6,0 s plus tard.

b) La vitesse vectorielle instantanée à $t = 3{,}0$ s est la pente de la tangente à cet instant. Ainsi,

$$\vec{v} = \text{pente} = m = \frac{\Delta \vec{d}}{\Delta t}$$

$$= \frac{0{,}0 \text{ m} - 24 \text{ m [E]}}{8{,}0 \text{ s} - 0{,}0 \text{ s}} = -3{,}0 \text{ m/s [E]}$$

$$\vec{v} = 3{,}0 \text{ m/s [O]}$$

La vitesse vectorielle instantanée à 3,0 s est de 3,0 m/s [O]. (Cette réponse est approximative en raison de la possibilité d'erreur liée au traçage de la tangente.)

c) Utilisons l'équation de la vitesse vectorielle moyenne:

$$\vec{v}_{moy} = \frac{\Delta \vec{d}}{\Delta t}$$

$$= \frac{0{,}0 \text{ m} - 15 \text{ m [E]}}{6{,}0 \text{ s} - 3{,}0 \text{ s}}$$

$$= -5{,}0 \text{ m/s [E]}$$

$$\vec{v}_{moy} = 5{,}0 \text{ m/s [O]}$$

La vitesse vectorielle moyenne entre 3,0 s et 6,0 s est de 5,0 m/s [O].

▶ *Mise en pratique*

Saisis bien les concepts

14. Décris le mouvement dépeint par chacun des graphiques de la **figure 12**.

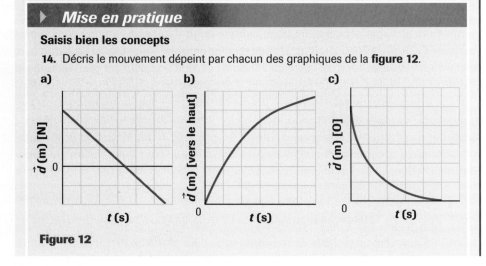

Figure 12

CONSEIL PRATIQUE

L'image d'une tangente
Un miroir plan peut être utilisé pour tracer une tangente à une courbe. Place le miroir aussi perpendiculairement à la ligne que possible, au point désiré. Ajuste l'inclinaison du miroir afin que la vraie courbe se confonde avec son image dans le miroir, assurant ainsi au miroir d'être perpendiculaire à la courbe en ce point. Trace une ligne perpendiculaire au miroir pour obtenir la tangente à la courbe.

CONSEIL PRATIQUE

Les limites de l'utilisation de la calculatrice
Les calculatrices fournissent des réponses très rapidement, mais tu devrais toujours analyser ces réponses. Les fonctions trigonométriques inverses, comme $\sin^{-1}$, $\cos^{-1}$ et $\tan^{-1}$, démontrent les limites de l'utilisation de la calculatrice. Entre 0° et 360°, il existe deux angles avec les mêmes sinus, cosinus ou tangente. Par exemple, $\sin 85° = \sin 95° = 0{,}966$, et $\cos 30° = \cos 330° = 0{,}866$. Tu dois donc être en mesure d'interpréter les réponses données par la calculatrice.

16. 4,5 m [N]

17. 7 m/s [E] ; 0 m/s ;
7 m/s [O] ; 13 m/s [O] ;
7 m/s [O]

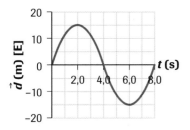

Figure 14
Le graphique vitesse vectorielle-temps de la question 16

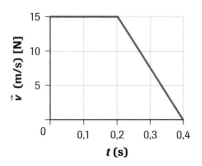

Figure 15
Le graphique position-temps de la question 17

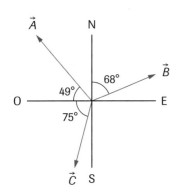

orientation des vecteurs :
$\vec{A}$ [O 49° N]
$\vec{B}$ [N 68° E]
$\vec{C}$ [O 75° S]

Figure 16
La notation de l'orientation des vecteurs

15. Utilise l'information fournie par les graphiques de la **figure 13** pour construire les graphiques vitesse vectorielle-temps correspondants.

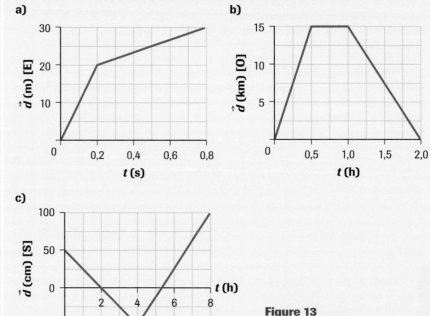

Figure 13
Graphiques position-temps

16. Détermine l'aire comprise entre la courbe et l'axe horizontal sur le graphique vitesse vectorielle-temps de la **figure 14**. Que représente cette aire ? (*Indice :* inclus les unités dans le calcul de l'aire.)

17. Retrace le graphique position-temps de la **figure 15** dans ton cahier et détermine les vitesses vectorielles instantanées (approximatives) à $t = 1,0$ s, 2,0 s, 3,0 s, 4,0 s et 5,0 s.

La vitesse vectorielle en deux dimensions

Tu te diriges vers le nord sur une autoroute en terrain plat et tu arrives à un pont barré en raison de travaux de réfection. Ta destination se trouve de l'autre côté du pont, sur la rive nord de la rivière. En examinant une carte de la région, tu découvres une route qui va vers l'est, qui franchit la rivière vers le nord, puis qui tourne vers l'ouest jusqu'à ta destination. Les concepts de déplacement, de vitesse vectorielle et d'intervalle de temps t'aident à analyser cet autre trajet comme un problème de vecteurs dans le plan horizontal. Tu peux aussi analyser le mouvement dans un plan vertical (comme dans le cas d'un ballon de football lancé en l'absence de vent) ou dans un plan incliné par rapport à l'horizontale (comme dans le cas d'une pente de ski) de la même manière.

Dans le plan horizontal, les quatre points cardinaux — est, nord, ouest et sud — indiquent l'orientation. Si le déplacement ou la vitesse vectorielle forme un angle entre deux points cardinaux, l'orientation doit être précisée de manière non équivoque. L'orientation d'un vecteur sera indiquée par l'angle mesuré par rapport à l'un des points cardinaux (**figure 16**). Les équations définies pour le déplacement ($\Delta \vec{d} = \vec{d}_2 - \vec{d}_1$), la vitesse vectorielle moyenne $\left(\vec{v}_{moy} = \dfrac{\Delta \vec{d}}{\Delta t} \right)$ et la vitesse vectorielle instantanée $\left(\vec{v} = \lim\limits_{\Delta t \to 0} \dfrac{\Delta \vec{d}}{\Delta t} \right)$ s'appliquent au mouvement en deux dimensions. Toutefois, lorsqu'on analyse un mouvement en deux dimensions impliquant plus d'un déplacement, comme à la **figure 17**, $\Delta \vec{d}$ est le résultat des déplacements successifs ($\Delta \vec{d} = \Delta \vec{d}_1 + \Delta \vec{d}_2 + \dots$) et est appelé *déplacement total*.

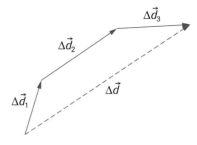

Figure 17
Le déplacement total est la somme vectorielle des déplacements partiels, $\Delta\vec{d} = \Delta\vec{d}_1 + \Delta\vec{d}_2 + \Delta\vec{d}_3$. Note que les vecteurs sont mis bout à bout et que le vecteur résultant va de la position initiale à la position finale.

> **PROBLÈME 5**

Une mésange vole dans un plan horizontal, d'un poteau de clôture (P) vers un buisson (B), puis vers une mangeoire (M), comme illustré à la **figure 18a)**. Trouve :

a) la distance totale parcourue

b) la vitesse moyenne

c) le déplacement total

d) la vitesse vectorielle moyenne

Solution

a) La distance totale parcourue est une grandeur scalaire.

$d = 22\ \text{m} + 11\ \text{m} = 33\ \text{m}$

b) $d = 33\ \text{m}$

$\Delta t = 4{,}4\ \text{s}$

$v_{\text{moy}} = ?$

$$v_{\text{moy}} = \frac{d}{\Delta t}$$

$$= \frac{33\ \text{m}}{4{,}4\ \text{s}}$$

$$v_{\text{moy}} = 7{,}5\ \text{m/s}$$

La vitesse moyenne est de 7,5 m/s.

c) Nous utiliserons la loi des sinus et des cosinus pour résoudre ce problème. (Nous pourrions aussi utiliser la technique des composantes ou un diagramme vectoriel à l'échelle.) Nous appliquerons la loi des cosinus pour trouver la norme du déplacement, $|\Delta\vec{d}|$. Comme l'indique la **figure 18b)**, l'angle B est égal à 119°.

$|\Delta\vec{d}_1| = 22\ \text{m}$ $\measuredangle B = 119°$

$|\Delta\vec{d}_2| = 11\ \text{m}$ $|\Delta\vec{d}| = ?$

En appliquant la loi des cosinus :

$$|\Delta\vec{d}|^2 = |\Delta\vec{d}_1|^2 + |\Delta\vec{d}_2|^2 - 2|\Delta\vec{d}_1||\Delta\vec{d}_2|\cos B$$

$$|\Delta\vec{d}|^2 = (22\ \text{m})^2 + (11\ \text{m})^2 - 2(22\ \text{m})(11\ \text{m})(\cos 119°)$$

$$|\Delta\vec{d}| = 29\ \text{m}$$

Pour déterminer l'orientation du déplacement, nous utilisons la loi des sinus :

$$\frac{\sin P}{|\Delta\vec{d}_2|} = \frac{\sin B}{|\Delta\vec{d}|}$$

$$\sin P = \frac{|\Delta\vec{d}_2|\sin B}{|\Delta\vec{d}|}$$

$$\sin P = \frac{(11\ \text{m})(\sin 119°)}{29\ \text{m}}$$

$$\measuredangle P = 19°$$

Le diagramme nous montre que l'orientation du déplacement total est $33° - 19° = 14°$ N.-E. Ainsi, le déplacement total est 29 m [N 76° E].

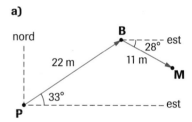

a)

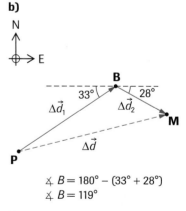

b)

$\measuredangle B = 180° - (33° + 28°)$

$\measuredangle B = 119°$

Figure 18
Les données du problème 5
a) La mésange prend 4,4 s pour exécuter le mouvement illustré.
b) L'angle B est de 119°.

L'utilisation de calculatrices scientifiques

Avertissement concernant l'utilisation des calculatrices scientifiques : lorsqu'on les met en marche pour la première fois, ces calculatrices expriment normalement les angles en degrés (DEG). En appuyant sur le bouton approprié (par exemple DRG), les unités sont changées pour des radians (RAD) ou des gradients (GRA, où 90° = 100 gradients). Dans ce manuel, nous n'utiliserons que les degrés.

Réponses

18. 5,6 m [E 66° S]

20. a) $1,3 \times 10^3$ m [N 48° E]

  b)   5,6 m/s ; 5,2 m/s
    [N 48° E]

L'addition de vecteurs

Pour appliquer l'équation de l'addition de vecteurs ($\Delta \vec{d} = \Delta \vec{d}_1 + \Delta \vec{d}_2 + \ldots$) au mouvement en deux dimensions, tu peux choisir de faire la somme des vecteurs de déplacement par la méthode de ton choix parmi celles présentées à l'annexe A. La méthode du diagramme vectoriel à l'échelle est excellente pour visualiser et comprendre la situation. Par contre, cette méthode n'est pas aussi précise que d'autres. La technique des composantes est précise et peut être pratique quand on additionne un grand nombre de vecteurs, mais elle exige parfois beaucoup de temps. La méthode qui utilise la loi des sinus et des cosinus est précise et assez rapide, mais elle se limite à l'addition (ou la soustraction) de seulement deux vecteurs.

---

d) $\Delta \vec{d}$ = 29 m [N 76° E]

  Δt = 4,4 s

  $\vec{v}_{moy}$ = ?

$$\vec{v}_{moy} = \frac{\Delta \vec{d}}{\Delta t}$$

$$= \frac{29 \text{ m [N 76° E]}}{4,4 \text{ s}}$$

$$\vec{v}_{moy} = 6,6 \text{ m/s [N 76° E]}$$

La vitesse vectorielle moyenne est de 6,6 m/s [N 76° E].

▶ *Mise en pratique*

Saisis bien les concepts

18. Calcule la somme vectorielle des déplacements $\Delta \vec{d}_1$ = 2,4 m [S 58° O] ; $\Delta \vec{d}_2$ = 1,6 m [S] ; et $\Delta \vec{d}_3$ = 4,9 m [S 63° E].

19. Résous le problème 5 en utilisant
  a)   un diagramme vectoriel à l'échelle
  b)   les composantes (Réfère-toi à l'annexe A au besoin.)

20. Un patineur, sur le canal Rideau à Ottawa, se déplace en ligne droite sur $8,5 \times 10^2$ m [N 65° E], puis en ligne droite sur $5,6 \times 10^2$ m [E 69° N]. L'ensemble du mouvement prend 4,2 min.
  a)   Quel est le déplacement du patineur ?
  b)   Quelles sont la vitesse et la vitesse vectorielle moyenne du patineur ?

RÉSUMÉ   **La vitesse et la vitese vectorielle en une et en deux dimensions**

- Une grandeur scalaire possède une valeur, mais pas d'orientation.
- La vitesse moyenne est la distance totale parcourue divisée par l'intervalle de temps total écoulé pour parcourir cette distance.
- Une quantité vectorielle possède une norme et une orientation.
- La position est la distance orientée par rapport à un point de référence.
- Le déplacement est la variation de position.
- La vitesse vectorielle est le taux de variation de position.
- La vitesse vectorielle moyenne est la variation de position divisée par l'intervalle de temps associé à cette variation.
- La vitesse vectorielle instantanée est la vitesse vectorielle à un instant donné.
- La vitesse instantanée est la norme de la vitesse vectorielle instantanée.
- La pente de la courbe sur un graphique position-temps indique la vitesse vectorielle.
- L'aire sous la courbe d'un graphique vitesse vectorielle-temps indique la variation de position.
- Pour un mouvement en deux dimensions, la vitesse vectorielle moyenne est le déplacement total divisé par l'intervalle de temps associé à ce déplacement.

> ## *Section 1.1* Questions

Saisis bien les concepts

1. Établis si chacun des éléments suivants est un scalaire ou un vecteur.
  a) la norme d'une quantité vectorielle
  b) la composante d'une quantité vectorielle dans un système de coordonnées donné
  c) la masse que tu as prise au cours des 15 dernières années
  d) le produit d'un scalaire et d'un vecteur
  e) l'aire sous la courbe, au-dessus de l'axe du temps, dans un graphique vitesse vectorielle-temps

2. Donne un exemple précis de mouvement possible pour chacune des descriptions suivantes.
  a) La vitesse vectorielle est constante.
  b) La vitesse est constante, mais la vitesse vectorielle varie sans cesse.
  c) Le mouvement est en une dimension et la distance totale parcourue est supérieure à la norme du déplacement.
  d) Le mouvement est en une dimension, la vitesse moyenne est supérieure à zéro et la vitesse vectorielle moyenne est égale à zéro.
  e) Le mouvement est en deux dimensions, la vitesse moyenne est supérieure à zéro et la vitesse vectorielle moyenne est égale à zéro.

3. Si deux mesures sont de dimensions différentes, peut-on les additionner ? les multiplier ? Pour chaque cas, explique pourquoi et donne un exemple si tu réponds «oui».

4. La lumière voyage dans le vide à $3{,}00 \times 10^8$ m/s. Détermine le temps en secondes pour chacune des situations suivantes.
  a) La lumière voyage du Soleil jusqu'à la Terre. Le rayon moyen de l'orbite de la Terre autour du Soleil est de $1{,}49 \times 10^{11}$ m.
  b) Une lumière laser est projetée de la Terre, est réfléchie par un miroir posé sur la Lune et revient vers la Terre. La distance moyenne séparant la Terre et la Lune est de $3{,}84 \times 10^5$ km.

5. La **figure 19** présente le mouvement idéal d'une automobile.
  a) Détermine la vitesse moyenne entre 4,0 s et 8,0 s ; entre 0,0 s et 8,0 s.

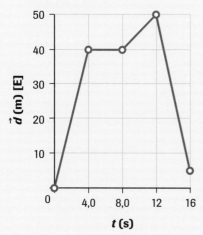

Figure 19
Le graphique position-temps

  b) Calcule la vitesse vectorielle moyenne entre 8,0 s et 9,0 s ; entre 12 s et 16 s ; entre 0,0 s et 16 s.
  c) Trouve la vitesse instantanée à 6,0 s et à 9,0 s.
  d) Calcule la vitesse vectorielle instantanée à 14 s.

6. Quelle grandeur peut-on calculer à partir d'un graphique position-temps pour indiquer la vitesse vectorielle d'un objet ? Comment trouver cette grandeur si le graphique est une courbe ?

7. Utilise les informations de la **figure 20** pour construire le graphique position-temps correspondant, en supposant que la position au temps $t = 0$ est 8,0 m [E].

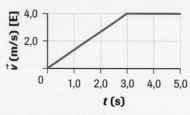

Figure 20
Le graphique vitesse vectorielle-temps

Mets en pratique tes connaissances

8. a) Reviens sur ce que tu as fait à la question 17 de Mise en pratique et utilise un miroir plan pour vérifier la précision avec laquelle tu as tracé les tangentes dont tu t'es servi pour trouver les vitesses vectorielles instantanées.
  b) Décris comment tracer des tangentes à la courbe.

Fais des liens

9. Des recherches ont montré que les conducteurs n'ayant pas consommé d'alcool prennent en moyenne environ 0,8 s pour appliquer les freins après avoir aperçu un danger. La **figure 21** présente les temps de réaction approximatifs de conducteurs qui ont bu quelques bières. Recopie le **tableau 3** dans ton cahier et utilise les données du graphique pour déterminer la distance de réaction.

Figure 21
L'effet de la bière sur les temps de réaction des conducteurs

Tableau 3 Les données de la question 10

Vitesse	Distance de réaction		
	sans alcool	*4 bouteilles*	*5 bouteilles*
17 m/s (60 km/h)	?	?	?
25 m/s (90 km/h)	?	?	?
33 m/s (120 km/h)	?	?	?

1.2 L'accélération en une et en deux dimensions

As-tu remarqué, lorsque tu es en voiture, qu'il faut accélérer sur la rampe d'accès de l'autoroute pour y entrer sans danger (**figure 1**) ? Les conducteurs subissent une accélération chaque fois qu'ils accroissent ou réduisent la vitesse de leur véhicule et qu'ils changent de direction.

On a craint que les véhicules utilisant des ressources énergétiques alternatives ne puissent accélérer aussi rapidement que ceux à moteurs traditionnels utilisant des combustibles fossiles. Toutefois, de nouveaux modèles permettent de dissiper ces craintes. Par exemple, la limousine électrique présentée à la **figure 2** peut atteindre rapidement la vitesse requise sur une autoroute.

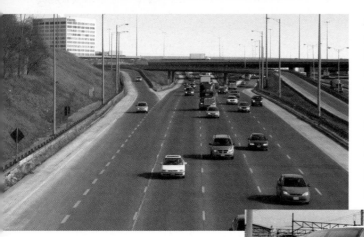

Figure 1
Lorsqu'elles entrent sur la voie rapide d'une autoroute, les automobiles et les motocyclettes accélèrent plus facilement que les camions.

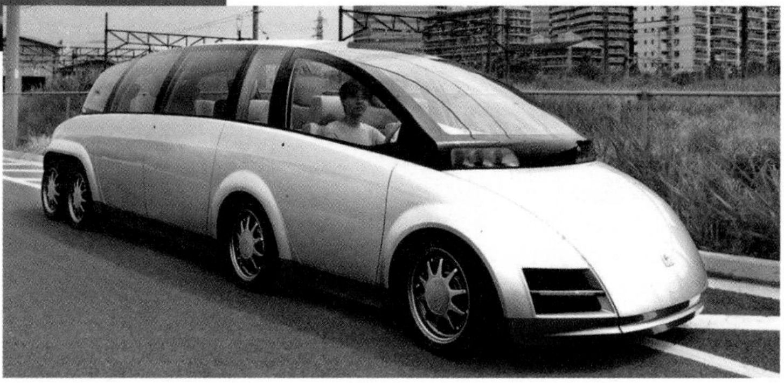

Figure 2
Cette limousine électrique expérimentale, d'une masse de $3{,}0 \times 10^3$ kg, peut faire 300 km avec une charge d'une heure de sa batterie au lithium.

LE SAVAIS-TU ?

La suraccélération
Il arrive que l'accélération instantanée varie, comme lorsqu'une fusée est lancée dans l'espace. Le taux de variation de l'accélération est appelé « suraccélération » ; il peut être déterminé grâce à la relation $= \frac{\Delta\vec{a}}{\Delta t}$ ou en calculant la pente de la courbe sur un graphique accélération-temps. Quelle est l'unité SI de la suraccélération ?

L'accélération en une dimension

L'**accélération** est le taux de variation de la vitesse vectorielle. Puisque la vitesse vectorielle est une quantité vectorielle, l'accélération l'est aussi. L'**accélération moyenne**, $\vec{a}_{moy}$, est la variation de la vitesse vectorielle divisée par l'intervalle de temps associé à cette variation :

$$\vec{a}_{moy} = \frac{\Delta\vec{v}}{\Delta t} = \frac{\vec{v}_f - \vec{v}_i}{\Delta t}$$

où $\vec{v}_f$ est la vitesse vectorielle finale, $\vec{v}_i$ est la vitesse vectorielle initiale et Δt est l'intervalle de temps.

L'accélération à un instant donné, ou **accélération instantanée** — souvent appelée seulement accélération — est donnée par l'équation :

$$\vec{a} = \lim_{\Delta t \to 0} \frac{\Delta\vec{v}}{\Delta t}$$

Autrement dit, si Δt s'approche de zéro, l'accélération moyenne $\left(\frac{\Delta\vec{v}}{\Delta t}\right)$ s'approche de l'accélération instantanée.

Comme tu pourras le constater dans les problèmes suivants, toute unité de vitesse vectorielle divisée par une unité de temps donne une unité possible pour l'accélération moyenne et l'accélération instantanée.

accélération ($\vec{a}$) taux de variation de la vitesse vectorielle

accélération moyenne ($\vec{a}_{moy}$) variation de la vitesse vectorielle divisée par l'intervalle de temps associé à cette variation

accélération instantanée accélération à un instant donné

▶ PROBLÈME 1

Une voiture de course accélère de l'état de repos jusqu'à 96 km/h [O] en 4,1 s. Détermine son accélération moyenne.

Solution

$\vec{v}_i = 0,0$ km/h

$\vec{v}_f = 96$ km/h [O]

$\Delta t = 4,1$ s

$\vec{a}_{moy} = ?$

$$\vec{a}_{moy} = \frac{\vec{v}_f - \vec{v}_i}{\Delta t}$$

$$= \frac{96 \text{ km/h [O]} - 0,0 \text{ km/h}}{4,1 \text{ s}}$$

$$\vec{a}_{moy} = 23 \text{ (km/h)/s [O]}$$

L'accélération moyenne de la voiture est de 23 (km/h)/s [O].

CONSEIL PRATIQUE

Les symboles comparés

Nous utilisons déjà les symboles $\vec{v}_{moy}$ et $\vec{v}$ pour représenter la vitesse vectorielle moyenne et la vitesse vectorielle instantanée. De la même façon, nous utilisons $\vec{a}_{moy}$ et $\vec{a}$ pour représenter l'accélération moyenne et l'accélération instantanée. Lorsque l'accélération est constante, l'accélération moyenne et l'accélération instantanée sont égales et le symbole $\vec{a}$ peut être utilisé pour chacune des deux.

▶ PROBLÈME 2

Une motocycliste qui roule à 23 m/s [N] freine, produisant une accélération moyenne de 7,2 m/s² [S].

a) Quelle est la vitesse vectorielle de la motocycliste après 2,5 s?

b) Démontre que l'équation dont tu t'es servi en a) respecte les dimensions.

Solution

a) $\vec{v}_i = 23$ m/s [N]

$\vec{a}_{moy} = 7,2$ m/s² [S] $= -7,2$ m/s² [N]

$\Delta t = 2,5$ s

$\vec{v}_f = ?$

De l'équation $\vec{a}_{moy} = \dfrac{\vec{v}_f - \vec{v}_i}{\Delta t}$,

$$\vec{v}_f = \vec{v}_i + \vec{a}_{moy} \Delta t$$

$$= 23 \text{ m/s [N]} + (-7,2 \text{ m/s}^2 \text{ [N]})(2,5 \text{ s})$$

$$= 23 \text{ m/s [N]} - 18 \text{ m/s [N]}$$

$$\vec{v}_f = 5 \text{ m/s [N]}$$

La vitesse vectorielle finale de la motocycliste est de 5 m/s [N].

b) Nous pouvons mettre un point d'interrogation au-dessus du signe d'égalité $\left(\overset{?}{=}\right)$ pour indiquer que nous cherchons à vérifier si les dimensions des deux côtés de l'équation sont les mêmes.

$$\vec{v}_f \overset{?}{=} \vec{v}_i + \vec{a}_{moy} \Delta t$$

$$\frac{l}{t} \overset{?}{=} \frac{l}{t} + \left(\frac{l}{t^2}\right)t$$

$$\frac{l}{t} \overset{?}{=} \frac{l}{t} + \frac{l}{t}$$

La dimension du côté gauche de l'équation est identique à celle du côté droit.

CONSEIL PRATIQUE

Les orientations positive et négative

Au problème 2, l'accélération moyenne de 7,2 m/s² [S] est l'équivalent de $-7,2$ m/s² [N]. Dans ce cas, l'orientation positive du mouvement est vers le nord : $\vec{v}_i = +23$ m/s [N]. Ainsi, une accélération positive vers le sud est l'équivalent d'une accélération négative vers le nord et elles représentent toutes les deux un ralentissement. Le ralentissement est parfois appelé décélération, mais, pour éviter les erreurs de signe dans les équations, nous utiliserons dans ce manuel le terme «accélération négative».

Réponses

4. 2,4 m/s² [vers l'avant]

5. a) 2,80 s

   b) 96,1 km/h

6. 108 km/h [vers l'avant]

7. 42,8 m/s [E]

▶ *Mise en pratique*

Saisis bien les concepts

1. Lesquelles des unités suivantes peuvent être utilisées pour exprimer une accélération?
   a) (km/s)/h   b) mm·s⁻²   c) mm/min²   d) km/h²   e) km/min

2. a) Peut-on avoir en même temps une vitesse vectorielle vers l'est et une accélération vers l'ouest? Si «non», explique pourquoi. Si «oui», donne un exemple.
   b) Peut-on avoir une accélération lorsque la vitesse vectorielle est nulle? Si «non», explique pourquoi. Si «oui», donne un exemple.

3. Un vol de rouges-gorges migre vers le sud. Décris le mouvement du vol à un instant où l'accélération est a) positive, b) négative et c) nulle. Prends le sud comme orientation positive.

4. Partant de la ligne de départ, un coureur sur piste atteint une vitesse vectorielle de 9,3 m/s [vers l'avant] en 3,9 s. Détermine l'accélération moyenne du coureur.

5. La Renault Espace est une voiture de série qui peut passer de l'état de repos à 26,7 m/s avec une accélération moyenne incroyable de 9,52 m/s².
   a) Combien de temps prend cette voiture pour atteindre la vitesse de 26,7 m/s?
   b) Quelle est sa vitesse en km/h?
   c) Démontre que l'équation dont tu t'es servi en a) respecte les dimensions.

6. L'espadon est le plus rapide de tous les poissons. S'il accélère à un taux de 14 (km/h)/s [vers l'avant] pendant 4,7 s à partir de sa vitesse vectorielle initiale de 42 km/h [vers l'avant], quelle est sa vitesse vectorielle finale?

7. Dans un tournoi de tir à l'arc, une flèche qui atteint sa cible subit une accélération moyenne de $1,37 \times 10^3$ m/s² [O] pendant $3,12 \times 10^{-2}$ s, puis s'arrête. Détermine la vitesse vectorielle de la flèche lorsqu'elle frappe la cible.

La représentation graphique d'un mouvement uniformément accéléré

Un hors-bord, initialement stationnaire, accélère uniformément pendant 8,0 s et se déplace de 128 m [E] pendant ce temps. Le **tableau 1** contient les données position-temps à partir de la position de départ. La **figure 3** présente le graphique position-temps correspondant.

Tableau 1 Les données position-temps

t (s)	$\vec{d}$ (m) [E]
0	0
2,0	8
4,0	32
6,0	72
8,0	128

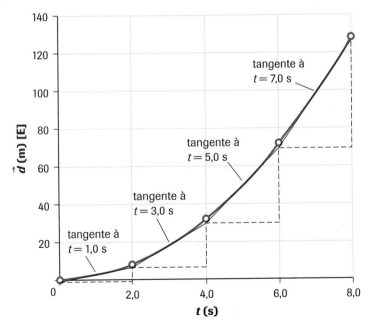

Figure 3

Sur ce graphique position-temps représentant le mouvement du bateau, les tangentes à quatre instants différents donnent les vitesses vectorielles instantanées à ces instants. (Le calcul de la pente n'est pas montré ici.)

Rappelle-toi que la pente d'une courbe à un instant donné sur un graphique position-temps donne la vitesse vectorielle instantanée (section 1.1). Puisque la pente varie continuellement, on a besoin de plusieurs valeurs pour déterminer comment la vitesse vectorielle varie en fonction du temps. On peut trouver la pente en appliquant, entre autres, la « technique de la tangente », selon laquelle plusieurs tangentes à la courbe sont tracées en différents points et les pentes de ces tangentes sont calculées. Le **tableau 2** fournit les vitesses vectorielles instantanées déterminées à partir des pentes ; la **figure 4** présente le graphique vitesse vectorielle-temps correspondant.

Tableau 2 Les données vitesse vectorielle-temps

t (s)	$\vec{v}$ (m/s) [E]
0	0
1,0	4
3,0	12
5,0	20
7,0	28

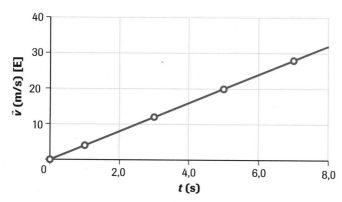

Figure 4
Le graphique vitesse vectorielle-temps d'un mouvement uniformément accéléré est une droite. Comment pourrais-tu déterminer l'accélération instantanée, l'accélération moyenne et le déplacement du bateau à partir de ce graphique ?

L'accélération peut être donnée par la pente de la courbe sur un graphique vitesse vectorielle-temps qui est $\dfrac{\Delta\vec{v}}{\Delta t}$. Dans cet exemple, la pente — donc l'accélération — est de 4,0 m/s² [E]. La **figure 5** présente le graphique accélération-temps correspondant.

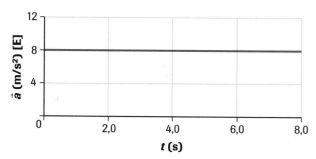

Figure 5
Le graphique accélération-temps d'un mouvement uniformément accéléré est une droite horizontale. Comment pourrais-tu déterminer la variation de la vitesse vectorielle sur un intervalle de temps donné à partir de ce graphique ?

Quelles autres informations peut-on tirer des graphiques vitesse vectorielle-temps et accélération-temps ? Comme tu l'as vu plus tôt, l'aire sous la courbe d'un graphique vitesse vectorielle-temps représente la variation de position (ou le déplacement) dans l'intervalle de temps pour lequel l'aire est calculée. De la même façon, l'aire sous la courbe d'un graphique accélération-temps représente la variation de vitesse vectorielle dans l'intervalle de temps pour lequel l'aire est calculée.

La **figure 6** présente le graphique accélération-temps d'une voiture qui accélère en passant de la première à la troisième vitesse. La vitesse vectorielle initiale est nulle.

a) Utilise les informations fournies par le graphique pour déterminer la vitesse vectorielle finale pour chaque vitesse. Trace le graphique correspondant.

b) À partir du graphique vitesse vectorielle-temps, détermine le déplacement de la voiture par rapport à sa position initiale après 5,0 s.

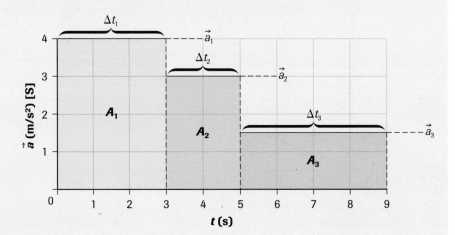

Figure 6
Le graphique accélération-temps

Solution

a) L'aire sous chaque segment du graphique accélération-temps donne la variation de la vitesse vectorielle dans l'intervalle de temps correspondant.

$$A_1 = \vec{a}_1 \Delta t_1 \qquad\qquad A_2 = \vec{a}_2 \Delta t_2$$
$$= 4,0 \text{ m/s}^2 \text{ [S] (3,0 s)} \qquad = 3,0 \text{ m/s}^2 \text{ [S] (2,0 s)}$$
$$A_1 = 12 \text{ m/s [S]} \qquad\qquad A_2 = 6,0 \text{ m/s [S]}$$

$$A_3 = \vec{a}_3 \Delta t_3 \qquad\qquad A_{\text{totale}} = A_1 + A_2 + A_3$$
$$= 1,5 \text{ m/s}^2 \text{ [S] (4,0 s)} \qquad = 12 \text{ m/s} + 6,0 \text{ m/s} + 6,0 \text{ m/s}$$
$$A_3 = 6,0 \text{ m/s [S]} \qquad\qquad A_{\text{totale}} = 24 \text{ m/s}$$

La vitesse vectorielle initiale est $\vec{v}_1 = 0,0$ m/s. La vitesse vectorielle finale en première vitesse est $\vec{v}_2 = 12$ m/s [S], en deuxième vitesse $\vec{v}_3 = 18$ m/s [S] et en troisième vitesse $\vec{v}_4 = 24$ m/s [S].

La **figure 7** présente le graphique vitesse vectorielle-temps correspondant.

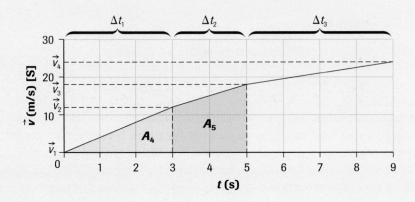

Figure 7
Le graphique vitesse vectorielle-temps

b) L'aire sous chaque droite du graphique vitesse vectorielle-temps donne la variation de la position dans l'intervalle de temps.

$$A_4 = \frac{1}{2}\left(\vec{v}_2 - \vec{v}_1\right)(\Delta t_1)$$

$$= \frac{1}{2}\,(12\ \text{m/s [S]})\,(3{,}0\ \text{s})$$

$$A_4 = 18\ \text{m [S]}$$

$$A_5 = \left(\vec{v}_2\right)(\Delta t_2) + \frac{1}{2}\left(\vec{v}_3 - \vec{v}_2\right)(\Delta t_2)$$

$$= (12\ \text{m/s [S]})\,(2{,}0\ \text{s}) + \frac{1}{2}\,(18\ \text{m/s [S]} - 12\ \text{m/s [S]})\,(2{,}0\ \text{s})$$

$$A_5 = 30\ \text{m [S]}$$

(L'aire A_5 peut aussi être trouvée en utilisant l'équation de l'aire d'un trapèze.)
Le déplacement de la voiture après 5,0 s est de 18 m [S] + 30 m [S] = 48 m [S].

▶ **À TOI** *d'expérimenter*

La représentation graphique d'un mouvement accéléré

On donne une petite poussée à un chariot placé sur un plan incliné, comme à la **figure 8** ; le chariot roule vers le haut, s'arrête, puis redescend. Un détecteur de mouvement se trouve au bas du plan pour générer les graphiques position-temps, vitesse vectorielle-temps et accélération-temps. Pour le mouvement qui se produit après l'application de la force de poussée sur le chariot, trace l'allure des graphiques $\vec{d}$-t, $\vec{v}$-t et $\vec{a}$-t pour :

a) une orientation positive vers le haut
b) une orientation positive vers le bas

Observe le mouvement et les graphiques correspondants ; compare tes prévisions avec les résultats obtenus.

 Attrape le chariot dans son mouvement vers le bas avant qu'il ne frappe le détecteur de mouvement.

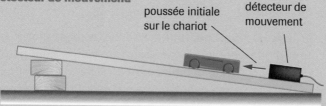

poussée initiale sur le chariot

détecteur de mouvement

Figure 8
Un détecteur de mouvement te permet de vérifier tes prévisions graphiques.

a)
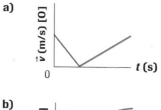

b)
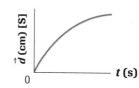

c)
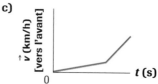

d)
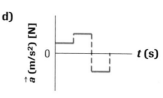

▶ **Mise en pratique**

Saisis bien les concepts

8. Explique comment faire pour déterminer
   a) l'accélération moyenne à partir d'un graphique vitesse vectorielle-temps ;
   b) la variation de vitesse vectorielle à partir d'un graphique accélération-temps.

9. Décris le mouvement représenté par chacun des graphiques de la **figure 9**.

Figure 9
Les graphiques de la question 9

10. Le **tableau 3** résume les observations faites sur un bébé qui rampe et qui subit une accélération constante sur plusieurs intervalles successifs de 2,0 s.
    a) Trace le graphique vitesse vectorielle-temps de ce mouvement.
    b) Utilise les informations fournies par ton graphique vitesse vectorielle-temps pour tracer le graphique accélération-temps correspondant.

Tableau 3 Les données de la question 10

t (s)	0,0	2,0	4,0	6,0	8,0	10	12
$\vec{v}$ (cm/s) [E]	10	15	20	15	10	5,0	0,0

11. La **figure 10** présente le graphique accélération-temps d'un joueur de ligne de football qui a été poussé par d'autres joueurs à partir d'une vitesse vectorielle initiale nulle. Trace le graphique vitesse vectorielle-temps correspondant.

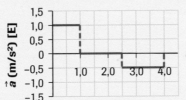

Figure 10
Le graphique accélération-temps

12. Détermine le déplacement de la voiture après 9,0 s à partir du graphique vitesse vectorielle-temps de la **figure 7**.

Fais des liens

13. Les graphiques accélération-temps présentés aux **figures 6, 9b)** et **10** représentent des situations idéales de mouvement uniformément accéléré.
    a) Que signifie «idéales» ici?
    b) Cite un avantage à présenter des exemples en situation idéale, plutôt que réelle, dans un manuel qui traite de notions fondamentales de physique.
    c) Retrace le graphique de la **figure 6** afin de respecter de façon plus précise le mouvement réel d'une voiture qui accélère.

La résolution de problèmes de mouvement uniformément accéléré

L'équation définie pour l'accélération moyenne, $\vec{a}_{moy} = \dfrac{\vec{v}_f - \vec{v}_i}{\Delta t}$, n'inclut pas le déplacement. Tu as vu que nous pouvons déterminer le déplacement en déterminant l'aire sous la courbe d'un graphique vitesse vectorielle-temps. Nous pouvons combiner cette observation avec l'équation définie pour l'accélération moyenne pour trouver d'autres équations utiles à l'analyse du mouvement uniformément accéléré. Souviens-toi que, lorsque l'accélération est constante, $\vec{a} = \vec{a}_{moy}$, nous utilisons le symbole $\vec{a}$ pour représenter l'accélération.

La **figure 11** présente le graphique vitesse vectorielle-temps d'un mouvement uniformément accéléré dont la vitesse vectorielle initiale est $\vec{v}_i$. L'aire sous la droite est l'aire d'un trapèze, $\Delta \vec{d} = \dfrac{1}{2}(\vec{v}_f + \vec{v}_i)\Delta t$. Cette équation, sans la variable $\vec{a}$, peut être combinée avec l'équation définie pour l'accélération moyenne pour trouver trois autres équations, chacune incluant quatre des cinq variables possiblement associées à un mouvement uniformément accéléré.

Par exemple, pour obtenir une équation de laquelle Δt est éliminé, nous omettons la notation vectorielle; ainsi, nous évitons le problème mathématique posé par la multiplication de deux vecteurs. Nous pouvons maintenant reformuler l'équation définie pour l'accélération moyenne pour obtenir Δt, puis substituer Δt pour trouver Δd:

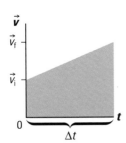

Figure 11
La figure représentée sur ce graphique est un trapèze. L'aire sous la droite est donc le produit de la longueur moyenne des deux côtés parallèles, $\dfrac{\vec{v}_i + \vec{v}_f}{2}$, et de la distance perpendiculaire entre eux, Δt.

$$a = \frac{v_f - v_i}{\Delta t}$$

$$\Delta t = \frac{v_f - v_i}{a}$$

$$\Delta d = \frac{1}{2}(v_f + v_i)\Delta t$$

$$= \frac{1}{2}(v_f + v_i)\left(\frac{v_f - v_i}{a}\right)$$

$$\Delta d = \frac{v_f^2 - v_i^2}{2a}$$

$$2a\Delta d = v_f^2 - v_i^2$$

Par conséquent, $v_f^2 = v_i^2 + 2a\Delta d$.

De la même façon, la substitution peut être utilisée pour trouver les deux équations finales desquelles les variables $\vec{v}_f$ et $\vec{v}_i$ sont éliminées. Les cinq équations ainsi obtenues pour un mouvement uniformément accéléré sont présentées au **tableau 4**. Tu peux vérifier que les transformations et les substitutions sont valables en te servant de l'analyse dimensionnelle ou de l'analyse des unités pour ces équations.

Tableau 4 Les équations du mouvement uniformément accéléré

Variables impliquées	Équation générale	Variable éliminée
$\vec{a}, \vec{v}_f, \vec{v}_i, \Delta t$	$\vec{a} = \dfrac{\vec{v}_f - \vec{v}_i}{\Delta t}$	$\Delta\vec{d}$
$\Delta\vec{d}, \vec{v}_i, \vec{a}, \Delta t$	$\Delta\vec{d} = \vec{v}_i\Delta t + \dfrac{1}{2}\vec{a}(\Delta t)^2$	$\vec{v}_f$
$\Delta\vec{d}, \vec{v}_i, \vec{v}_f, \Delta t$	$\Delta\vec{d} = \vec{v}_{moy}\Delta t$ ou $\Delta\vec{d} = \dfrac{1}{2}(\vec{v}_i + \vec{v}_f)\Delta t$	$\vec{a}$
$\vec{v}_f, \vec{v}_i, \vec{a}, \Delta\vec{d}$	$v_f^2 = v_i^2 + 2a\Delta d$	Δt
$\Delta\vec{d}, \vec{v}_f, \Delta t, \vec{a}$	$\Delta\vec{d} = \vec{v}_f\Delta t - \dfrac{1}{2}\vec{a}(\Delta t)^2$	$\vec{v}_i$

▶ PROBLÈME 4

Un motocycliste, roulant initialement à 12 m/s [O], passe à une vitesse supérieure et accroît sa vitesse pendant 3,5 s avec une accélération constante de 5,1 m/s² [O]. Quel est le déplacement du motocycliste durant cet intervalle de temps ?

Solution

$\vec{v}_i = 12$ m/s [O] $\Delta t = 3,5$ s

$\vec{a} = 5,1$ m/s² [O] $\Delta\vec{d} = ?$

$$\Delta\vec{d} = \vec{v}_i\Delta t + \frac{1}{2}\vec{a}(\Delta t)^2$$

$$= (12 \text{ m/s [O]})(3,5 \text{ s}) + \frac{1}{2}(5,1 \text{ m/s}^2 \text{ [O]})(3,5 \text{ s})^2$$

$$\Delta\vec{d} = 73 \text{ m [O]}$$

Le déplacement du motocycliste est de 73 m [O].

Une fusée lancée verticalement, à partir du repos, atteint une vitesse vectorielle de $6,3 \times 10^2$ m/s [vers le haut] à une altitude de 4,7 km au-dessus de la rampe de lancement. Détermine l'accélération de la fusée pendant ce mouvement, en supposant qu'elle est constante.

Solution

$\vec{v}_i = 0$ m/s $\qquad\qquad\qquad \Delta\vec{d} = 4,7$ km [vers le haut] $= 4,7 \times 10^3$ m [vers le haut]

$\vec{v}_f = 6,3 \times 10^2$ m/s [vers le haut] $\qquad \vec{a} = ?$

Nous décidons que l'orientation [vers le haut] est positive. Puisque Δt n'est pas donné, nous utilisons l'équation

$$v_f^2 = v_i^2 + 2a\Delta d$$
$$v_f^2 = 2a\Delta d$$
$$a = \frac{v_f^2}{2\Delta d} = \frac{(6,3 \times 10^2 \text{ m/s})^2}{2(4,7 \times 10^3 \text{ m})}$$
$$a = 42 \text{ m/s}^2$$

Puisque la valeur de a est positive, l'accélération est de 42 m/s² [vers le haut].

Avant de s'immobiliser, une pierre de curling glisse sur la glace et subit une accélération constante de 5,1 cm/s² [E] en se déplaçant de 28 m [O] par rapport à sa position initiale. Détermine a) sa vitesse vectorielle initiale et b) la durée du déplacement.

Solution

La **figure 12** montre que l'orientation de l'accélération est opposée à celle du mouvement de la pierre et que l'orientation positive a été choisie vers l'ouest.

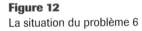

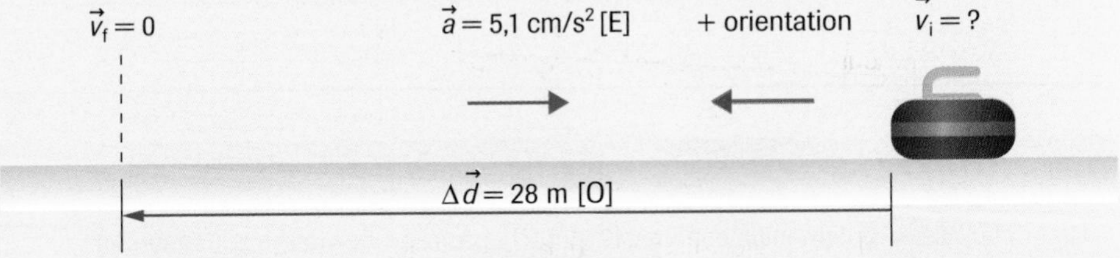

$\vec{v}_f = 0 \qquad\qquad\qquad \vec{a} = 5,1 \text{ cm/s}^2 \text{ [E]} \qquad + \text{ orientation} \qquad \vec{v}_i = ?$

$\Delta\vec{d} = 28 \text{ m [O]}$

Figure 12
La situation du problème 6

a) $\quad \Delta\vec{d} = 28$ m [O] $\qquad \vec{a} = 5,1$ cm/s² [E] $= 0,051$ m/s² [E] $= -0,051$ m/s² [O]

$\quad \vec{v}_f = 0$ m/s $\qquad\qquad \Delta t = ?$

$\quad \vec{v}_i = ?$

$$v_f^2 = v_i^2 + 2a\Delta d$$
$$0 = v_i^2 + 2a\Delta d$$
$$v_i^2 = -2a\Delta d$$
$$v_i = \pm\sqrt{-2a\Delta d}$$
$$= \pm\sqrt{-2(-0,051 \text{ m/s}^2)(28 \text{ m})}$$
$$v_i = \pm 1,7 \text{ m/s}$$

La vitesse vectorielle initiale est $v_i = 1,7$ m/s [O].

b) N'importe laquelle des équations pour un mouvement uniformément accéléré peut être utilisée pour trouver Δt.

$$\vec{a} = \frac{\vec{v}_f - \vec{v}_i}{\Delta t}$$

$$\Delta t = \frac{\vec{v}_f - \vec{v}_i}{\vec{a}} = \frac{0 - 1,7 \text{ m/s [O]}}{-0,051 \text{ m/s}^2 \text{ [O]}}$$

$$\Delta t = 33 \text{ s}$$

L'intervalle de temps pendant lequel la pierre de curling ralentit et s'arrête est de 33 s.

▶ *Mise en pratique*

Saisis bien les concepts

14. Tu connais la vitesse vectorielle initiale, le déplacement et l'intervalle de temps pour un certain mouvement uniformément accéléré. Laquelle des cinq équations de base utiliserais-tu pour trouver a) l'accélération et b) la vitesse vectorielle finale?

15. Démontre que l'équation du mouvement uniformément accéléré de laquelle Δt a été éliminé respecte les dimensions.

16. Reformule l'équation du mouvement uniformément accéléré de laquelle l'accélération moyenne a été éliminée de manière à a) isoler Δt et b) isoler $\vec{v}_f$.

17. En utilisant l'équation de l'accélération constante et l'équation du déplacement relativement à la vitesse vectorielle moyenne, trouve l'équation du mouvement uniformément accéléré
a) de laquelle la vitesse vectorielle finale a été éliminée;
b) de laquelle la vitesse vectorielle initiale a été éliminée.

18. On frappe un volant de badminton, lui donnant ainsi une vitesse vectorielle horizontale de 73 m/s [O]. La résistance de l'air provoque une accélération constante de 18 m/s² [E]. Détermine la vitesse vectorielle du volant après 1,6 s.

19. Une balle de baseball se déplaçant horizontalement à 41 m/s [S] est frappée par le bâton du frappeur et sa vitesse vectorielle devient 47 m/s [N]. Elle est en contact avec le bâton pendant 1,9 ms et subit une accélération constante durant cet intervalle. Quelle est l'accélération?

20. Alors qu'elle s'élance du bloc de départ, une sprinteuse subit une accélération constante de 2,3 m/s² [vers l'avant] pendant 3,6 s. Détermine a) le déplacement de la sprinteuse et b) sa vitesse vectorielle finale.

21. Un électron voyageant à $7,72 \times 10^7$ m/s [E] pénètre dans un champ de force qui réduit sa vitesse vectorielle à $2,46 \times 10^7$ m/s [E]. Son accélération est constante et son déplacement durant l'accélération est de 0,478 m [E]. Détermine
a) l'accélération de l'électron;
b) l'intervalle de temps pendant lequel il y a accélération.

Mets en pratique tes connaissances

22. Décris les manipulations expérimentales qui te permettraient de déterminer l'accélération d'un livre glissant jusqu'à un obstacle sur un banc de laboratoire ou sur le plancher. Quelles variables pourrais-tu mesurer et comment pourrais-tu calculer l'accélération? Si c'est possible, fais l'expérience.

Fais des liens

23. Le temps de réaction peut être crucial, surtout lorsqu'il s'agit d'éviter un accident d'automobile. Tu conduis à 75,0 km/h [N] lorsque tu aperçois un véhicule immobilisé 48 m droit devant toi. Tu freines et tu t'arrêtes juste à temps pour éviter l'impact. Les freins provoquent une accélération constante de 4,80 m/s² [S]. Quel a été ton temps de réaction?

Réponses
18. 44 m/s [O]
19. $4,6 \times 10^4$ m/s² [N]
20. a) 15 m [vers l'avant]
    b) 8,3 m/s [vers l'avant]
21. a) $5,60 \times 10^{15}$ m/s² [O]
    b) $9,39 \times 10^{-9}$ s
23. 0,13 s

L'accélération en deux dimensions

Une accélération en deux dimensions se produit lorsque la vitesse vectorielle d'un objet se déplaçant dans un plan subit une variation d'intensité ou une variation d'orientation, ou encore une variation simultanée d'intensité et d'orientation. Dans la situation illustrée à la **figure 13**, un préposé à l'entretien des parcs pousse une tondeuse sur le gazon autour d'une plate-bande en forme de croissant à une vitesse constante de 1,8 m/s. La tondeuse accélère-t-elle ? Oui : l'orientation de la vitesse vectorielle de la tondeuse varie, même si son intensité ne varie pas.

L'équation de l'accélération moyenne introduite pour un mouvement en une dimension s'applique aussi à un mouvement en deux dimensions. Ainsi,

$$\vec{a}_{moy} = \frac{\Delta \vec{v}}{\Delta t} = \frac{\vec{v}_f - \vec{v}_i}{\Delta t}$$

Il est important de se rappeler que $\vec{v}_f - \vec{v}_i$ est une soustraction vectorielle. L'équation peut aussi être appliquée aux composantes vectorielles. Ainsi,

$$a_{moy,x} = \frac{\Delta v_x}{\Delta t} = \frac{v_{fx} - v_{ix}}{\Delta t} \quad \text{et} \quad a_{moy,y} = \frac{\Delta v_y}{\Delta t} = \frac{v_{fy} - v_{iy}}{\Delta t}$$

où, par exemple, v_{fy} représente la composante y de la vitesse vectorielle finale.

Figure 13
Lorsque la tondeuse à gazon suit le bord de la plate-bande à vitesse constante, elle accélère : l'orientation de son mouvement varie constamment.

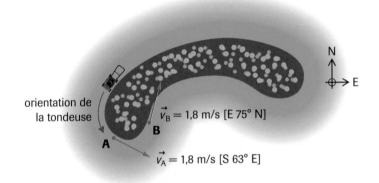

orientation de la tondeuse

$\vec{v}_B = 1,8$ m/s [E 75° N]

$\vec{v}_A = 1,8$ m/s [S 63° E]

Figure 14
La détermination de l'orientation de la variation de la vitesse vectorielle

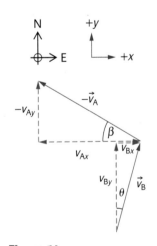

> ▶ **PROBLÈME 7**

La tondeuse à gazon de la **figure 13** prend 4,5 s pour se déplacer de A à B. Quelle est son accélération moyenne ?

Solution

$\vec{v}_A = 1,8$ m/s [S 63° E] $\Delta t = 4,5$ s

$\vec{v}_B = 1,8$ m/s [E 75° N] $\vec{a}_{moy} = ?$

Commençons par trouver $\Delta \vec{v}$, requis dans l'équation de l'accélération moyenne. Dans ce cas-ci, nous choisissons de travailler avec les composantes vectorielles, bien que d'autres méthodes puissent être utilisées (comme la loi des sinus et des cosinus). La soustraction vectorielle, $\Delta \vec{v} = \vec{v}_B + (-\vec{v}_A)$, est présentée à la **figure 14**. En prenant les composantes :

$$\Delta v_x = v_{Bx} + (-v_{Ax})$$
$$= v_B \sin \theta + (-v_A \cos \beta)$$
$$= 1,8 \text{ m/s} (\sin 75°) - 1,8 \text{ m/s} (\cos 63°)$$
$$\Delta v_x = -1,1 \text{ m/s}$$

et

$$\Delta v_y = v_{By} + (-v_{Ay})$$
$$= v_B \cos \theta + (-v_A \sin \beta)$$
$$= 1{,}8 \text{ m/s } (\cos 75°) + 1{,}8 \text{ m/s } (\sin 63°)$$
$$\Delta v_y = +2{,}6 \text{ m/s}$$

En utilisant la loi de Pythagore :

$$\left| \Delta \vec{v} \right|^2 = \left| \Delta v_x \right|^2 + \left| \Delta v_y \right|^2$$
$$\left| \Delta \vec{v} \right|^2 = (1{,}1 \text{ m/s})^2 + (2{,}6 \text{ m/s})^2$$
$$\left| \Delta \vec{v} \right| = 2{,}8 \text{ m/s}$$

Trouvons maintenant l'orientation du vecteur illustré à la **figure 15** :

$$\phi = \tan^{-1} \frac{1{,}1 \text{ m/s}}{2{,}6 \text{ m/s}}$$
$$\phi = 67°$$

L'orientation est [O 67° N].

Pour calculer l'accélération moyenne :

$$\vec{a}_{moy} = \frac{\Delta \vec{v}}{\Delta t}$$
$$= \frac{2{,}8 \text{ m/s } [\text{O } 67° \text{ N}]}{4{,}5 \text{ s}}$$
$$\vec{a}_{moy} = 0{,}62 \text{ m/s}^2 \text{ [O } 67° \text{ N]}$$

L'accélération moyenne est de $0{,}62$ m/s² [O 67° N].

> ## ▶ *Mise en pratique*

Saisis bien les concepts

24. Une automobile ayant une une vitesse vectorielle de 25 m/s [E] passe à une vitesse vectorielle de 25 m/s [S] en 15 s. Calcule son accélération moyenne.

25. Un navire dont la vitesse vectorielle initiale est de 6,4 m/s [E] subit une accélération moyenne de 2,0 m/s² [S] pendant 2,5 s. Quelle est sa vitesse vectorielle finale ?

26. Comme le montre la **figure 16**, une rondelle de hockey rebondit sur la bande. La rondelle est en contact avec la bande pendant 2,5 ms. Détermine l'accélération moyenne de la rondelle durant cet intervalle.

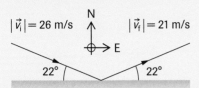

Figure 16
Le mouvement de la rondelle

27. Le passager d'une montgolfière lance une balle à une vitesse vectorielle initiale inconnue. La balle accélère à 9,8 m/s² [vers le bas] pendant 2,0 s ; à cet instant, sa vitesse vectorielle instantanée est de 24 m/s [45° sous l'horizontale]. Détermine la vitesse vectorielle initiale de la balle.

28. À 15 h, un camion roulant sur une autoroute sinueuse a une vitesse vectorielle de 82,0 km/h [E 51,8° N] ; à 15 h 15, il a une vitesse vectorielle de 82,0 km/h [S 77,3° E]. Si l'on suppose que les x positifs sont orientés vers l'est et les y positifs vers le nord, détermine les composantes x et y de l'accélération moyenne pendant cet intervalle de temps.

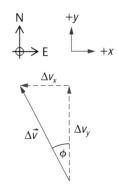

Figure 15
Les vitesses vectorielles et leurs composantes pour le problème 7

Réponses

24. 2,4 m/s² [S 45° O]

25. 8,1 m/s [S 52° E]

26. $7{,}3 \times 10^3$ m/s² [N 15° O]

27. 17 m/s [10° au-dessus de l'horizontale]

28. $a_{moy,x} = 9{,}0 \times 10^{-3}$ m/s² ; $a_{moy,y} = -2{,}5 \times 10^{-2}$ m/s²

L'accélération en une et en deux dimensions

- L'accélération moyenne est le taux de variation moyen de la vitesse vectorielle.
- L'accélération instantanée est l'accélération à un instant donné.
- La technique de la tangente peut être utilisée pour déterminer la vitesse vectorielle instantanée sur le graphique position-temps d'un mouvement accéléré.
- La pente de la droite sur un graphique vitesse vectorielle-temps représente l'accélération.
- L'aire sous la courbe d'un graphique accélération-temps représente la variation de vitesse vectorielle.
- L'analyse mathématique du mouvement uniformément accéléré met en cause cinq variables et cinq équations, chaque équation exprimant une relation entre quatre des cinq variables.
- Pour un mouvement en deux dimensions, l'accélération moyenne est déterminée en utilisant la soustraction vectorielle $\Delta \vec{v} = \vec{v}_f - \vec{v}_i$ divisée par l'intervalle de temps Δt.

Section 1.2 Questions

Saisis bien les concepts

1. Énumère les conditions selon lesquelles l'accélération instantanée et l'accélération moyenne sont égales.

2. Peut-on avoir une vitesse vectorielle vers le nord et une accélération vers l'ouest? Si «non», explique pourquoi. Si «oui», donne un exemple.

3. Un avion supersonique volant de Londres en Angleterre jusqu'à la ville de New York change sa vitesse vectorielle de $1,65 \times 10^3$ km/h [O] à $1,12 \times 10^3$ km/h [O] lorsqu'il se prépare à atterrir. Ce changement nécessite 345 s. Détermine l'accélération moyenne de l'avion a) en kilomètres-heure par seconde et b) en mètres par seconde au carré.

4. a) Trace un graphique vitesse vectorielle-temps, avec un intervalle de 4,0 s, pour une voiture se déplaçant dans une dimension, avec une vitesse croissante et une accélération décroissante.
   b) Explique comment déterminer l'accélération instantanée à $t = 2,0$ s sur ce graphique.

5. Le **tableau 5** fournit les données position-temps d'une personne soumise à une accélération constante à partir de l'état de repos.
   a) Trace les graphiques vitesse vectorielle-temps et accélération-temps correspondants.
   b) Utilise au moins une équation du mouvement uniformément accéléré pour vérifier le calcul final de l'accélération en a).

Tableau 5 Les données position-temps

t (s)	0	0,2	0,4	0,6	0,8
$\vec{d}$ (m) [O]	0	0,26	1,04	2,34	4,16

6. Décris le mouvement représenté par chacun des graphiques de la **figure 17**.

a)

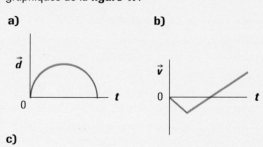

b)

c)

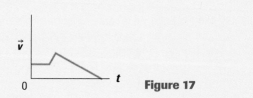

Figure 17

7. Une automobile se déplaçant à 26 m/s [E] ralentit avec une accélération moyenne constante de 5,5 m/s². Détermine sa vitesse vectorielle après 2,6 s.

8. L'accélération de freinage maximale d'une voiture est constante et égale à 9,7 m/s². La voiture s'immobilise 2,9 s après que le conducteur a freiné à fond. Détermine sa vitesse initiale.

9. Utilise l'information fournie par le graphique vitesse vectorielle-temps de la **figure 18** pour tracer les graphiques position-temps et accélération-temps correspondants.

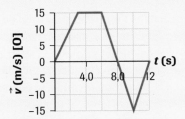

Figure 18

10. Un sauteur à ski, partant du repos, glisse sur une pente pendant 3,4 s avec une accélération constante de 4,4 m/s² [vers l'avant]. Détermine a) la vitesse vectorielle finale du sauteur et b) son déplacement.

11. Un électron accélère uniformément à partir du repos pour atteindre une vitesse vectorielle de $2,0 \times 10^7$ m/s [E] en se déplaçant de 0,10 m [E].
    a) Quelle est l'accélération (constante) de l'électron?
    b) Combien de temps prend l'électron pour atteindre sa vitesse vectorielle finale?

12. Durant un intervalle de 29,4 s, la vitesse vectorielle d'une fusée passe de 204 m/s [vers l'avant] à 508 m/s [vers l'avant]. En supposant que cette fusée a une accélération constante, détermine son déplacement durant cet intervalle de temps.

13. Une balle sort du canon d'un fusil avec une vitesse vectorielle de $4,2 \times 10^2$ m/s [vers l'avant]. Le canon mesure 0,56 m. L'accélération transmise par l'explosion de la poudre à canon est uniforme tant et aussi longtemps que la balle est dans le canon.
    a) Quelle est la vitesse vectorielle moyenne de la balle dans le canon?
    b) Sur quel intervalle de temps l'accélération uniforme se produit-elle?

14. Une voiture (V) et une camionnette (C) sont arrêtées l'une à côté de l'autre à un feu rouge. Lorsque la lumière passe au vert, les deux véhicules accélèrent suivant le mouvement représenté à la **figure 19**.

a) À quel instant après l'apparition du feu vert C et V ont-elles la même vitesse vectorielle?
b) À quel instant après l'apparition du feu vert C dépasse-t-elle V? (*Indice*: leur déplacement doit être égal à cet instant.)
c) Détermine le déplacement par rapport à l'intersection lorsque C dépasse V.

15. Un oiseau prend 8,5 s pour voler de la position A à la position B en suivant la trajectoire décrite à la **figure 20**. Détermine son accélération moyenne.

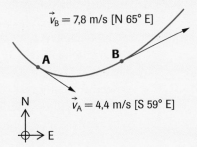

Figure 20

16. Un hélicoptère se déplaçant horizontalement à 155 km/h [E] exécute un virage graduel et, après 56,5 s, vole à 118 km/h [S]. Quelle est l'accélération moyenne de l'hélicoptère en kilomètres-heure par seconde?

Fais des liens

17. Lors d'une compétition, le temps le plus rapide au 100 m sprint féminin a été de 11,0 s, alors que le temps le plus rapide pour le relais quatre fois 100 m féminin a été de 42,7 s. Pourquoi serait-il faux de conclure que chacune des quatre femmes du relais pourrait courir un 100 m en moins de 11,0 s? (*Indice*: pense à l'accélération.)

Figure 19
Le graphique vitesse vectorielle-temps des mouvements de deux véhicules

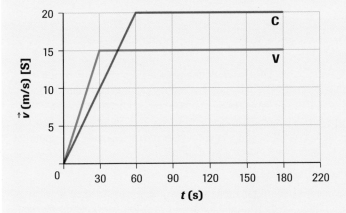

accélération due à la pesanteur
($\vec{g}$) accélération d'un objet qui tombe verticalement vers la surface de la Terre

chute libre mouvement d'un objet vers la Terre sous l'effet de la seule force de la pesanteur

Figure 1
Aristote (384–322 av. J.-C.)

Figure 2
Galilée (1564–1642)

Un plongeur qui saute d'un tremplin de 3 m entre dans l'eau à une vitesse d'environ 28 km/h. Du tremplin de 10 m, par contre, sa vitesse est d'environ 50 km/h. Plus un objet tombe de haut par rapport à la surface de la Terre, plus grande est sa vitesse à l'atterrissage, à condition que la résistance de l'air demeure négligeable. L'accélération d'un objet qui tombe verticalement vers la surface de la Terre s'appelle **accélération due à la pesanteur**.

Les objets ne subissent pas tous la même accélération vers le sol. Si tu laisses tomber un bouchon en caoutchouc et une feuille de papier de la même hauteur au même instant, le bouchon touchera le sol le premier. Toutefois, si tu chiffonnes la feuille de papier pour en faire une petite boule, le papier et le bouchon arriveront au sol à peu près en même temps. Donc, si on néglige la résistance de l'air, l'accélération due à la pesanteur en un endroit donné est constante, et tous les objets qui tombent accélèrent vers le bas au même rythme. On dit d'un objet qui tombe vers la Terre sans subir d'autre force que la pesanteur qu'il est en **chute libre**.

Il y a très longtemps, les gens pensaient que les objets lourds tombaient plus rapidement que les objets plus légers. Ainsi, Aristote, philosophe et scientifique grec (**figure 1**), enseignant et autorité scientifique reconnue à son époque, avait observé qu'une roche tombait plus rapidement qu'une feuille ou qu'une plume. Il a même «prouvé» que les objets lourds tombaient plus rapidement que les objets légers et qu'une force était nécessaire à tout mouvement. On a appelé la physique basée sur les principes d'Aristote «physique aristotélicienne». (Après Newton, elle est devenue la «physique newtonienne».) Les idées d'Aristote, y compris sa théorie sur les objets qui tombent, ont été acceptées pendant près de 2 000 ans.

L'homme de science italien Galilée (**figure 2**) a découvert que tous les objets tombaient vers la Terre avec la même accélération, si on ne tenait pas compte de l'effet de la résistance de l'air. Galilée a fait plusieurs découvertes scientifiques, dont certaines ont mené à des inventions importantes, comme l'horloge à pendule et le télescope. En utilisant le télescope, il a pu voir des taches à la surface du Soleil, obtenir des gros plans de cratères sur la Lune, observer les phases de Vénus et certaines des plus grandes lunes en orbite autour de Jupiter. Ses observations appuyaient la théorie selon laquelle la Terre n'est pas au centre du système solaire (théorie géocentrique), mais les planètes sont en orbite autour du Soleil (théorie héliocentrique). Les autorités ecclésiastiques ont refusé d'admettre cette théorie, et Galilée a été assigné à résidence pour en avoir traité dans ses écrits. En dépit de cette persécution, il a continué d'écrire sur ses découvertes, ses inventions et ses théories scientifiques jusqu'à sa mort en 1642, année même de la naissance en Angleterre d'un autre grand chercheur du nom d'Isaac Newton.

▶ Mise en pratique

Saisis bien les concepts

1. La résistance de l'air est non négligeable pour une parachutiste qui saute d'un avion et qui tombe vers le sol ; cependant, si la même personne plonge d'un tremplin dans une piscine, la résistance de l'air est négligeable. Explique la différence.

2. Décris le désavantage qu'il y a à n'utiliser que le raisonnement plutôt que de faire appel à l'expérimentation pour déterminer la dépendance d'une variable par rapport à une autre. Illustre ta réponse au moyen d'un exemple.

Mets en pratique tes connaissances

3. Quel montage expérimental permettrait de démontrer que, en l'absence de résistance de l'air, une plume et une pièce de monnaie tombent vers la Terre à la même vitesse lorsqu'on les laisse tomber en même temps ?

4. Sur la Lune, si un astronaute laisse tomber simultanément une plume et une roche d'une hauteur d'environ 2 m, les deux objets touchent le sol au même instant. Décris la différence entre le mouvement des objets en chute libre sur la Lune et le mouvement de ces mêmes objets en chute libre sur la Terre.

La mesure de l'accélération due à la pesanteur

Plusieurs méthodes sont utilisées pour mesurer expérimentalement l'accélération due à la pesanteur. Par exemple, un stroboscope qui clignote à des intervalles de temps connus enregistre la position d'un objet en chute libre (**figure 3**). Pour déterminer le déplacement de l'objet après chaque intervalle de temps, nous mesurons la photographie avec une règle. Nous pouvons formuler l'équation cinématique pour trouver $\vec{a}$ comme sont :

$$\Delta\vec{d} = \vec{v}_i\Delta t + \frac{1}{2}\vec{a}(\Delta t)^2$$

Si $\vec{v}_i = 0$, donc

$$\vec{a} = \frac{2\Delta\vec{d}}{(\Delta t)^2}$$

Quelle que soit la méthode utilisée pour déterminer l'accélération moyenne d'un objet en chute libre, on observe que le résultat est constant en tout lieu. Près de la surface de la Terre, l'accélération est de 9,8 m/s² [vers le bas] avec deux chiffres significatifs. Il s'agit d'une valeur courante représentée par le symbole $\vec{g}$, l'accélération due à la pesanteur.

Les laboratoires d'étalonnage gouvernementaux, comme le Bureau international des poids et mesures (BIPM) à Paris, déterminent la valeur locale de $\vec{g}$ avec une grande précision. Au BIPM, une bande élastique projette un objet vers le haut dans une enceinte à vide. Des miroirs placés au-dessus et en dessous de l'objet reflètent des rayons laser, ce qui permet une mesure du temps de vol si exacte que la valeur locale de $\vec{g}$ est calculée à sept chiffres significatifs.

La valeur de l'accélération due à la pesanteur varie légèrement d'un endroit à l'autre. En général, plus la distance du centre de la Terre est grande, plus l'accélération due à la pesanteur est petite. La valeur est légèrement plus faible à l'équateur qu'aux pôles Nord et Sud (pour une même hauteur), parce que la Terre est légèrement renflée à l'équateur. De plus, la valeur est un peu plus faible à haute altitude. Le **tableau 1** présente une liste de valeurs de $\vec{g}$ pour différents endroits. À noter que la valeur moyenne est de 9,8 m/s² [vers le bas] à deux chiffres significatifs. Tu trouveras d'autres détails sur $\vec{g}$ aux chapitres 2 et 3.

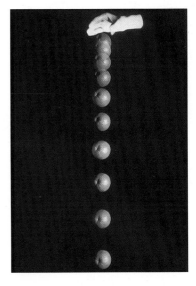

Figure 3
L'objet qui accélère apparaît sur la photographie à chaque instant où la lumière stroboscopique le frappe. L'intervalle de temps Δt entre les éclairs de la lumière stroboscopique est constant.

Tableau 1   La valeur de $\vec{g}$ à différents endroits sur la Terre

Endroit	Latitude	Altitude (m)	$\vec{g}$ (m/s²) [vers le bas]
Pôle Nord	90° [N]	0	9,832
Équateur	0	0	9,780
Java	6° [S]	7	9,782
Mont Everest	28° [N]	8 848	9,765
Denver	40° [N]	1 638	9,796
Toronto	44° [N]	162	9,805
Londres	51° [N]	30	9,823
Washington, D.C.	39° [N]	8	9,801
Bruxelles	51° [N]	102	9,811

Les géologues créent des modèles de scénarios possibles de tremblements de terre afin d'analyser la structure de la surface de la Terre. L'un de ces modèles est la carte des accélérations du sol illustrée à la **figure 4**. Cette carte montre la région nord-ouest du Pacifique à proximité de la frontière canado-américaine. La carte présente des accélérations latérales du sol qui peuvent se produire sous l'effet de plusieurs séismes, chacun étant associé à une période de récurrence prévue. Les couleurs indiquent les accélérations latérales possibles comme un pourcentage de *g*. Par exemple, la zone en rouge représente une plage de 40 % à 60 % de *g*, ce qui signifie que le sol accélérerait à environ 5 m/s². Il y a 10 % de chance que ces accélérations soient dépassées dans 50 ans.

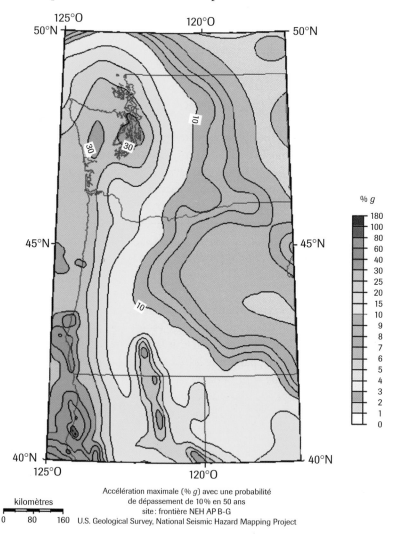

Figure 4

Cette carte des accélérations possibles du sol à la suite de séismes représente une grande région du nord-ouest du Pacifique. Puisque les latitudes et longitudes sont identifiées, tu peux trouver à quels endroits elles correspondent dans un atlas.

a) Cherche la région concernée dans un atlas conventionnel et rédige un court scénario des tremblements de terre possibles dans le nord-ouest du Pacifique, en décrivant quelles régions sont touchées gravement, modérément, légèrement, ou ne sont pas touchées du tout.

b) Décris comment tu t'es servi de la carte des accélérations pour élaborer ton scénario.

Saisis bien les concepts

5. Une plongeuse saute d'un tremplin de 10 m avec une vitesse vectorielle verticale intiale nulle et subit une accélération moyenne de 9,80 m/s² [vers le bas]. La résistance de l'air est négligeable. Détermine la vitesse vectorielle de la plongeuse en mètres par seconde et en kilomètres par heure, après une chute de a) 5 m et b) 10 m.

Mets en pratique tes connaissances

6. Tu laisses tomber ta gomme à effacer sur ton bureau, d'une hauteur égale à la longueur de ta main.
    a) Évalue la durée de ce mouvement en millisecondes.
    b) Mesure la longueur de ta main et calcule cette durée, en te servant de l'équation du mouvement uniformément accéléré appropriée.
    c) Compare les réponses obtenues pour a) et b). Explique comment tu pourrais améliorer tes habiletés en matière d'estimation.

7. Le **tableau 2** contient des valeurs de position et de temps pour une balle très légère qui tombe verticalement à partir de l'état de repos.
    a) Utilise la dernière paire de valeurs et l'équation du mouvement uniformément accéléré appropriée pour déterminer l'accélération.
    b) Explique comment tu pourrais trouver la valeur de l'accélération à l'aide de techniques graphiques.
    c) Si la valeur de l'accélération due à la pesanteur à l'endroit où la balle est tombée est de 9,81 m/s² [vers le bas], quel est le pourcentage d'erreur de la valeur expérimentale? Explique pourquoi il est élevé dans cet exemple.

Fais des liens

8. Les Jeux olympiques ont eu lieu à des altitudes fort différentes. Certains records , comme le lancer du poids, devraient-ils être corrigés en conséquence?

Réponses

5. a) 9,90 m/s [vers le bas] ; 35,6 km/h [vers le bas]

    b) 14,0 m/s [vers le bas] ; 50,4 km/h [vers le bas]

7. a) 8,61 m/s² [vers le bas]

    c) 12,2 %

Tableau 2 Les valeurs position-temps

t (s)	$\vec{d}$ (m) [vers le bas]
0	0
0,200	0,172
0,400	0,688
0,600	1,55

La chute libre

Pendant une chute libre, l'accélération verticale étant constante, les équations cinématiques pour une accélération constante de la section 1.2 peuvent être utilisées. Il est toutefois possible de les simplifier. Puisque nous ne considérons que le mouvement vertical, les variables déplacement, vitesse vectorielle et accélération seront traitées comme des composantes; nous remplacerons donc les quantités vectorielles $\Delta\vec{d}$, $\vec{v}_i$, $\vec{v}_f$ et $\vec{a}$ par leurs composantes correspondantes: Δy, v_{iy}, v_{fy} et a_y. Lorsque nous utilisons des équations représentant des composantes, il est essentiel de déterminer quelle direction — vers le haut ou vers le bas — est positive, puis d'attribuer des signes positifs ou négatifs à ces composantes.

Le **tableau 3** présente les équations de l'accélération constante pour un mouvement de chute libre. Compare ce tableau au **tableau 4** de la section 1.2.

CONSEIL PRATIQUE

Le choix de la direction positive Il est important d'utiliser les mêmes directions pour toute question relative à un mouvement. Dans le cas d'un objet ne subissant qu'un mouvement vers le bas, il est approprié d'établir que la direction vers le bas sera positive. Cependant, si un objet est lancé vers le haut ou qu'il rebondit après avoir touché le sol, on peut établir indifféremment que la direction vers le haut ou vers le bas sera positive. Il est important de choisir une direction $+y$ et de t'en tenir à ce choix tout au long de la solution.

Tableau 3 Les équations d'un mouvement de chute libre uniformément accéléré

Variables	Équation générale	Variable éliminée
a_y, v_{fy}, v_{iy}, Δt	$a_y = \dfrac{v_{fy} - v_{iy}}{\Delta t}$	Δy
Δy, v_{iy}, a_y, Δt	$\Delta y = v_{iy}\Delta t + \dfrac{1}{2}a_y(\Delta t)^2$	v_{fy}
Δy, v_{iy}, v_{fy}, Δt	$\Delta y = \dfrac{v_{iy} + v_{fy}}{2}\Delta t$	a_y
Δy, v_{iy}, v_{fy}, a_y	$v_{fy}^2 = v_{iy}^2 + 2a_y\Delta y$	Δt
Δy, v_{fy}, a_y, Δt	$\Delta y = v_{fy}\Delta t - \dfrac{1}{2}a_y(\Delta t)^2$	v_{iy}

D'autres solutions

Il existe souvent plus d'une façon de résoudre les problèmes comportant une accélération constante. Dans un problème, on commence habituellement par identifier trois quantités connues. Ensuite, on utilise l'une des cinq équations possibles pour trouver une quantité inconnue, ce qui nous donne quatre quantités connues. Pour calculer la dernière (cinquième) quantité, on peut choisir n'importe quelle équation du mouvement uniformément accéléré parmi celles comportant la cinquième quantité.

Attention aux vecteurs

Certains élèves croient que $g = -9,8$ m/s^2, ce qui est incorrect. Le symbole g représente la norme du vecteur $\vec{g}$, et la norme d'un vecteur non nul est toujours positive.

▶ PROBLÈME 1

Une balle est lancée avec une vitesse vectorielle initiale de 8,3 m/s [vers le haut]. La résistance de l'air est négligeable.

a) Quelle hauteur maximale atteindra la balle par rapport à sa position initiale?

b) Après combien de temps la balle reviendra-t-elle à sa position initiale?

Solution

Établissons que la direction $+y$ correspondra à la direction vers le haut pour l'ensemble de la solution.

a) Nous savons que $v_{fy} = 0$ m/s car, à la hauteur maximale, la balle s'immobilise un instant avant de redescendre.

$$a_y = -g = -9,8 \text{ m/s}^2 \qquad v_{fy} = 0 \text{ m/s}$$
$$v_{iy} = +8,3 \text{ m/s} \qquad \Delta y = ?$$

$$v_{fy}^2 = v_{iy}^2 + 2a_y\Delta y$$
$$0 = v_{iy}^2 + 2a_y\Delta y$$
$$\Delta y = \frac{-v_{iy}^2}{2a_y}$$
$$= \frac{-(8,3 \text{ m/s})^2}{2(-9,8 \text{ m/s}^2)}$$
$$\Delta y = +3,5 \text{ m}$$

La hauteur maximale atteinte par la balle est de 3,5 m au-dessus de sa position initiale.

b) Une façon de résoudre ce problème est de déterminer la durée de temps pendant laquelle la balle monte, puis de multiplier cette valeur par deux pour obtenir le temps total. Nous supposons alors que le temps de chute de la balle est égal au temps de montée de celle-ci (une hypothèse valable si on néglige la résistance de l'air).

$$a_y = -g = -9,8 \text{ m/s}^2 \qquad v_{fy} = 0 \text{ m/s}$$
$$v_{iy} = +8,3 \text{ m/s} \qquad \Delta t = ?$$

$$\Delta t = \frac{v_{fy} - v_{iy}}{a_y}$$
$$= \frac{0 - 8,3 \text{ m/s}}{-9,8 \text{ m/s}^2}$$
$$\Delta t = 0,85 \text{ s}$$

temps total $= 2 \times 0,85$ s $= 1,7$ s

Il s'écoule donc 1,7 s avant que la balle revienne à sa position initiale.

▶ PROBLÈME 2

Une flèche est tirée verticalement vers le haut à côté d'un édifice de 56 m de hauteur. La vitesse vectorielle initiale de la flèche est de 37 m/s [vers le haut]. La résistance de l'air est négligeable. Après combien de temps la flèche franchit-elle le sommet de l'édifice à la montée, puis à la descente?

Solution

Établissons que le sol est le point d'origine et que la direction [vers le haut] est la direction $+y$.

$$\Delta y = +56 \text{ m} \qquad v_{iy} = +37 \text{ m/s}$$
$$a_y = -g = -9,8 \text{ m/s}^2 \qquad \Delta t = ?$$

L'équation qui relie ces variables est:

$$\Delta y = v_{iy}\Delta t + \frac{1}{2}a_y(\Delta t)^2$$

Puisque les deux termes du membre de droite de l'équation ne sont pas nuls, nous devons appliquer la formule quadratique pour trouver Δt. Remplaçons les variables connues dans l'équation:

$$+56 \text{ m} = 37 \text{ m/s } \Delta t - 4{,}9 \text{ m/s}^2 (\Delta t)^2$$

$$4{,}9 \text{ m/s}^2 (\Delta t)^2 - 37 \text{ m/s } \Delta t + 56 \text{ m} = 0$$

En utilisant la formule quadratique:

$$\Delta t = \frac{-b \pm \sqrt{b^2 - 4ac}}{2a} \qquad \text{où } a = 4{,}9 \text{ m/s}^2,\ b = -37 \text{ m/s, et } c = 56 \text{ m}$$

$$= \frac{-(-37 \text{ m/s}) \pm \sqrt{(-37 \text{ m/s})^2 - 4(4{,}9 \text{ m/s}^2)(56 \text{ m})}}{2(4{,}9 \text{ m/s}^2)}$$

$$\Delta t = 5{,}5 \text{ s et } 2{,}1 \text{ s}$$

L'équation possède deux racines positives, ce qui signifie que la flèche passe le sommet de l'édifice à sa montée (à $t = 2{,}1$ s) et de nouveau à sa descente (à $t = 5{,}5$ s).

▶ *Mise en pratique*

Saisis bien les concepts

9. Tu lances une balle à la verticale vers le haut et tu la rattrapes à la hauteur à laquelle tu l'as laissée aller. La résistance de l'air est négligeable.
   a) Compare le temps de montée de la balle à son temps de descente.
   b) Compare les vitesses vectorielles initiale et finale.
   c) Quelle est la vitesse vectorielle instantanée de la balle au sommet de sa course?
   d) Quelle est l'accélération de la balle pendant sa montée? au sommet de sa course? pendant sa descente?

10. Écris toutes les équations que l'on pourrait utiliser pour déterminer l'intervalle de temps du problème 1b) de la page précédente. Choisis une équation différente de celle donnée dans la solution et trouve Δt.

11. Détermine la vitesse de l'objet identifié au moment de l'impact dans les situations suivantes. La résistance de l'air est négligeable.
   a) Pour briser la coquille d'un crustacé, une mouette laisse tomber celui-ci sur un rivage rocailleux d'une hauteur de 12,5 m.
   b) On laisse tomber une bille d'acier de la Tour de Pise; la bille atterrit 3,37 s plus tard.

12. Une bille d'acier est lancée du rebord d'une tour de façon à lui donner une vitesse vectorielle initiale de 15,0 m/s. Le rebord est à 15,0 m au-dessus du sol. La résistance de l'air est négligeable.
   a) Quelle est la durée de la trajectoire et quelle est la vitesse de l'impact sur le sol si la vitesse vectorielle initiale est orientée vers le haut?
   b) Que deviennent ces deux valeurs si la vitesse vectorielle initiale est plutôt orientée vers le bas?
   c) À partir de tes réponses aux questions a) et b), énonce une conclusion.

13. Montre qu'une balle qui tombe en chute libre à la verticale partant du repos parcourt une distance trois fois plus grande de $t = 1{,}0$ s à $t = 2{,}0$ s que de $t = 0{,}0$ s à $t = 1{,}0$ s.

14. Au baseball, le lanceur lance une balle verticalement vers le haut et l'attrape à la même hauteur 4,2 s plus tard.
   a) Avec quelle vitesse vectorielle le lanceur a-t-il projeté la balle?
   b) Quelle hauteur la balle a-t-elle atteint?

CONSEIL PRATIQUE

La formule quadratique
La formule quadratique sert à trouver les racines d'une équation quadratique, qui est une équation dont l'un des éléments est une quantité au carré, comme Δt^2. Dans les exemples où l'accélération est constante, si l'équation a la forme suivante:
$$a(\Delta t)^2 + b(\Delta t) + c = 0 \text{ où } a \neq 0,$$
ses racines sont
$$\Delta t = \frac{-b \pm \sqrt{b^2 - 4ac}}{2a}$$
Une racine négative pourrait n'avoir aucune signification physique dans un problème donné.

Réponses

11. a) 15,6 m/s
    b) 33,0 m/s
12. a) 3,86 s; 22,8 m/s
    b) 0,794 s; 22,8 m/s
14. a) 21 m/s [vers le haut]
    b) 22 m

Tableau 4 Les données de la question 17

t (s)	$\vec{d}$ (cm) [↓]	$\vec{d}$ (cm) [↓]
0	0	0
0,10	4,60	4,85
0,20	18,4	19,4
0,30	41,4	43,6
0,40	73,6	77,6

15. Une montgolfière se déplace avec une vitesse vectorielle de 2,1 m/s [vers le haut] lorsque l'aéronaute jette par-dessus bord du lest (c.-à-d. une masse importante utilisée pour contrôler la hauteur). Le lest frappe le sol 3,8 s plus tard.
    a) Quelle était la hauteur de la montgolfière lorsque le lest a été jeté ?
    b) Quelle était la vitesse vectorielle du lest au moment de l'impact ?

16. Un astronaute échappe sa caméra en sortant d'un engin spatial sur la Lune. La caméra, partant du repos, tombe de 2,3 m [vers le bas] en 1,7 s.
    a) Calcule l'accélération due à la pesanteur sur la Lune.
    b) Détermine le rapport entre $|\vec{g}_{\text{Terre}}|$ et $|\vec{g}_{\text{Lune}}|$.

Mets en pratique tes connaissances

17. Une minuterie à bande de 60,0 Hz et une minuterie photographique sont utilisées par deux groupes pour déterminer l'accélération due à la pesanteur d'une masse métallique. Les résultats obtenus sont présentés dans le **tableau 4**.
    a) Détermine l'accélération de la masse métallique pour chaque essai.
    b) Calcule le pourcentage de différence entre les deux accélérations.
    c) Quels résultats sont probablement attribuables à la minuterie à bande ? Explique ce qui te laisse croire cela.

Fais des liens

18. Comment ta vie de tous les jours serait-elle affectée si la valeur de l'accélération due à la pesanteur doublait ? Donne quelques avantages et désavantages.

La vitesse limite

Le parachutiste qui saute d'un avion en vol (**figure 5**) est en chute libre pendant un court laps de temps. Toutefois, à mesure que sa vitesse augmente, la résistance de l'air augmente aussi. (Tu as sans doute déjà senti qu'en sortant ta main par la fenêtre d'une voiture en mouvement, la résistance de l'air devenait plus grande à vitesse élevée.)

Figure 5
L'accélération vers le bas d'un parachutiste diminue à mesure que sa vitesse vectorielle augmente en raison de l'accroissement de la résistance de l'air.

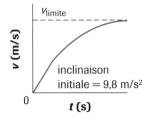

Figure 6
La forme type d'un graphique vitesse-temps d'un objet en chute qui atteint sa vitesse limite

Cette résistance peut devenir tellement grande qu'elle empêche alors toute accélération. À ce moment-là, l'accélération est nulle et le parachutiste atteint une **vitesse limite** constante, comme l'illustre le graphique de la **figure 6**.

Le **tableau 5** donne les vitesses limites de plusieurs objets qui tombent dans l'air. Un objet d'assez grande masse, par exemple une personne, atteint une vitesse limite élevée. La vitesse limite est beaucoup moins grande si la surface de l'objet augmente, par exemple lorsque le parachute s'ouvre.

vitesse limite vitesse maximale d'un objet en chute, atteinte lorsque la vitesse devient constante et qu'il n'y a plus d'accélération

Les vitesses limites sont également importantes dans les fluides autres que l'air. La Recherche 1.3.1, dans la section Activités en laboratoire à la fin de ce chapitre, se penche sur le rapport entre la vitesse limite et la masse de l'objet. ⚛▮

Tableau 5 Les vitesses limites approximatives d'objets tombant dans l'air

Objet	Vitesse limite	
	(m/s)	**(km/h)**
personne	53	190
personne avec parachute	5 à 10	18 à 36
graine de pissenlit	0,5	1,8
particule de poussière type	0,02	0,07

▶ *Mise en pratique*

Saisis bien les concepts

19. Quels facteurs influencent la vitesse limite d'un objet? De quelle façon chaque facteur affecte-t-il la vitesse limite?

20. Le concept de la vitesse limite s'applique-t-il sur la Lune? Pourquoi?

21. Trace un graphique de la vitesse verticale en fonction du temps pour un parachutiste qui saute d'un avion, atteint sa vitesse limite, ouvre son parachute et atteint une nouvelle vitesse limite.

Mets en pratique tes connaissances

22. Les organismes humanitaires utilisent des avions pour larguer des colis dans des régions inaccessibles. Un colis qui frappe le sol à haute vitesse peut être endommagé.
    a) Décris plusieurs facteurs dont il faut tenir compte dans la conception des colis pour que ceux-ci aient le maximum de chances d'atterrir de façon sûre.
    b) Comment ferais-tu l'essai de tes colis?

Fais des liens

23. De nombreuses personnes ont survécu à des chutes d'une hauteur impressionnante sans parachute. Le record est détenu par un Russe qui est tombé de 7 500 m! Les chances de survie dépendent de la «distance de décélération» au moment de l'atterrissage. Pourquoi une chute d'une telle hauteur n'est-elle pas plus dangereuse qu'une chute moins grande? De quelle façon la distance de décélération à l'atterrissage peut-elle être accrue au maximum?

RÉSUMÉ — *L'accélération due à la pesanteur*

- Une chute libre est le mouvement d'un objet qui tombe vers la surface de la Terre sans subir de force autre que celle de la pesanteur.

- L'accélération moyenne due à la pesanteur à la surface de la Terre est $\vec{g} = 9,8$ m/s² [vers le bas].

- L'accélération due à la pesanteur dépend de la latitude, de l'altitude et de certains effets locaux, comme la répartition des dépôts de minéraux.

- Les équations du mouvement uniformément accéléré peuvent servir à analyser le mouvement dans le plan vertical.

- La vitesse limite est la vitesse maximale atteinte par un objet qui tombe dans l'air ou dans un autre fluide. Un objet à sa vitesse limite possède une accélération nulle et une vitesse vectorielle constante.

⚛ **RECHERCHE 1.3.1**

Une comparaison de vitesses limites (p. 58)
Des filtres à café à fond plat qu'on laisse tomber à la verticale suivent une trajectoire à peu près droite. Ils peuvent servir à étudier la relation entre la masse d'un objet et sa vitesse limite. Exprime ce que tu crois être le rapport entre la vitesse limite d'une pile de filtres à café et leur masse — autrement dit, le nombre de filtres dans la pile.

LE SAVAIS-TU ❓

Les changements climatiques

Les particules de poussière et de fumée dans l'atmosphère peuvent provoquer des changements climatiques. En 1980, l'éruption du mont St. Helens a projeté des particules de cendres très haut dans l'atmosphère. Ces particules, dont la vitesse limite est faible, peuvent rester en suspension pendant des mois, voire des années. Elles peuvent être entraînées par les vents dominants tout autour de la Terre; elles ont alors un effet réducteur sur la quantité de rayonnement solaire qui peut atteindre le sol. Ce phénomène déclenche des changements climatiques, y compris une réduction des températures moyennes. Les feux de forêt importants, y compris ceux causés par d'éventuelles attaques nucléaires, peuvent aussi avoir un effet similaire en raison de l'émission de grandes quantités de fumée et de cendres dans l'atmosphère.

Saisis bien les concepts

1. Décris plusieurs types de conditions qui font que la résistance de l'air est négligeable pour un objet qui tombe.

2. Compare les notions défendues par Aristote et Galilée concernant la chute des objets.

3. Calcule la vitesse de réception en mètres par seconde et en kilomètres-heure dans les situations suivantes. Néglige la résistance de l'air et suppose que l'objet part du repos.
   a) Des plongeurs offrent un spectacle aux touristes à Acapulco au Mexique en plongeant d'une falaise de 36 m de hauteur par rapport au niveau de l'eau.
   b) Une pierre tombe d'un pont et touche l'eau 3,2 s plus tard.

4. Deux adeptes du saut en hauteur, l'un à Java et l'autre à Londres, s'élancent avec une vitesse vectorielle initiale de 5,112 m/s [vers le haut]. À partir des données du **tableau 1**, calcule, avec quatre chiffres significatifs, les hauteurs atteintes par chaque sauteur.

5. Au cours de la première minute de la mise à feu, une navette spatiale subit une accélération moyenne de 5g (c.-à-d. cinq fois l'intensité de l'accélération due à la pesanteur à la surface de la Terre). Calcule la vitesse de la navette en mètres par seconde et en kilomètres-heure après 1 minute. (Ces valeurs sont approximatives.)

6. Une personne lance une balle de golf verticalement vers le haut. La balle revient à son niveau de départ après 2,6 s.
   a) Pendant combien de temps la balle a-t-elle monté ?
   b) Calcule la vitesse vectorielle initiale de la balle.
   c) Combien de temps la balle resterait-elle en vol sur Mars, où $\vec{g}$ est 3,7 m/s² [vers le bas], avec la même vitesse vectorielle initiale ?

7. Au cours d'une expérience de laboratoire, un ordinateur détermine que le temps que prend une bille d'acier qui tombe pour parcourir la distance finale de 0,80 m avant de frapper le sol est de 0,087 s. Quelle est sa vitesse vectorielle ?

8. Sur un pont, tu lances une pierre verticalement avec une vitesse vectorielle de 14 m/s [vers le bas].
   a) Combien de temps prendra la pierre pour toucher l'eau, 21 m plus bas ?
   b) Explique la signification des deux racines de l'équation quadratique utilisée pour résoudre ce problème.

9. On laisse tomber une balle de tennis et une bille d'acier du haut d'une corniche. La balle de tennis subit une forte résistance de l'air et atteint sa vitesse limite. Par contre, la bille d'acier subit essentiellement une chute libre.
   a) Dessine un graphique vitesse vectorielle-temps comparant les mouvements des deux objets. Considère l'orientation vers le bas comme direction positive.
   b) Reprends la question a) en considérant l'orientation vers le haut comme positive.

10. Un pot de fleurs tombe du balcon d'un appartement situé à 28,5 m au-dessus du sol. À 1 s après la chute du pot, une balle est lancée à la verticale vers le bas du balcon de l'étage inférieur à 26 m au-dessus du sol. La vitesse vectorielle initiale de la balle est de 12 m/s [vers le bas]. La balle dépassera-t-elle le pot avant de frapper le sol ? Si tel est le cas, à quelle distance du sol se produira le dépassement ?

11. Dans quel ordre placerais-tu les objets suivants pour aller de la plus grande vitesse limite dans l'air à la plus basse : une balle de ping-pong, un ballon de basket, un parachutiste qui tombe tête première, un parachutiste qui saute bras et jambes déployés et un grain de pollen.

Mets en pratique tes connaissances

12. Dans un premier temps, indique le nombre de chiffres significatifs et l'erreur possible, et dans un second temps, calcule le pourcentage d'erreur possible pour chacune des mesures suivantes :
   a) 9,809 060 m/s²
   b) 9,8 m/s²
   c) 9,80 m/s²
   d) 9,801 m/s²
   e) 9,8 × 10⁻⁶ m/s²

13. a) Comment pourrais-tu utiliser un mètre et une (ou plus d'une) équation du mouvement uniformément accéléré pour déterminer le temps de réaction de ton partenaire ou ta partenaire de laboratoire ? Illustre ta méthode avec un exemple, incluant un calcul et des valeurs numériques plausibles.
   b) Comment l'utilisation du téléphone cellulaire pourrait-elle influencer les temps de réaction ?

Fais des liens

14. Effectue en équipe des recherches sur la vie et la contribution d'Aristote ou de Galilée. Communique tes résultats aux autres équipes de ta classe.

15. La pensée logique se fait suivant deux processus différents. L'un s'appelle le *raisonnement déductif*, l'autre le *raisonnement inductif*. Consulte un document de référence, par exemple un dictionnaire ou une encyclopédie, pour en savoir plus sur ces deux types de raisonnement.
   a) Lequel Aristote et d'autres savants de l'Antiquité ont-ils utilisé ?
   b) Lequel Galilée a-t-il utilisé ?
   c) Présente d'autres faits que tu as découverts sur ces formes de raisonnement.

16. Le chercheur Luis Alvarez a posé l'hypothèse que l'extinction des dinosaures et de nombreuses autres espèces, il y a 65 millions d'années, avait été causée par des chutes importantes de température, après l'arrivée d'énormes quantités de poussière dans l'atmosphère. L'impact d'un astéroïde dans la région du Yucatán au Mexique serait à l'origine de ce phénomène. Fais une recherche à ce sujet et rédige un bref compte rendu à propos de tes découvertes.

 www.beaucheminediteur.com/physique12

Qu'ont en commun les situations suivantes?

- Un singe saute d'une branche à une autre.
- Un surfeur des neiges s'envole à grande vitesse du rebord d'une rampe (**figure 1**).
- Un colis d'aide humanitaire est largué par un avion volant à basse altitude.

Dans chaque cas, le corps ou l'objet se déplace dans l'air sans système de propulsion, selon une trajectoire courbe en deux dimensions (**figure 2a**)). Un tel objet s'appelle un **projectile** et son mouvement est appelé *mouvement de projectile*.

a)

b)

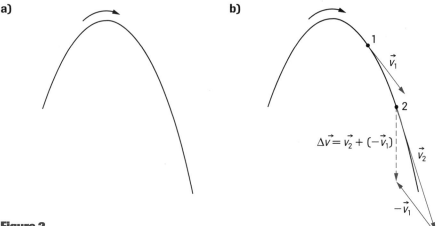

$$\Delta \vec{v} = \vec{v_2} + (-\vec{v_1})$$

Figure 2
a) Une trajectoire typique suivie par un projectile.
b) La variation de vitesse vectorielle entre la position 1 et la position 2 est $\Delta \vec{v} = \vec{v_2} - \vec{v_1}$, qui est représentée par $\Delta \vec{v} = \vec{v_2} + (-\vec{v_1})$.
Si $\Delta \vec{v}$ est divisée par le temps Δt requis pour accomplir le mouvement de la position 1 à la position 2, le résultat est l'accélération moyenne pour cet intervalle de temps.

Il est évident que le projectile accélère, car l'orientation de sa vitesse vectorielle instantanée varie continuellement. Mais dans quelle direction l'accélération se produit-elle? Puisque $\vec{a}_{\text{moy}} = \dfrac{\Delta \vec{v}}{\Delta t}$, $\vec{a}_{\text{moy}}$ est orientée vers $\Delta \vec{v}$. La **figure 2b)** montre que la soustraction vectorielle $\Delta \vec{v} = \vec{v_2} - \vec{v_1}$ donne un vecteur orienté vers le bas, ce qui indique que l'orientation de l'accélération est aussi vers le bas. À la rubrique À TOI d'expérimenter, au début du chapitre 1, tu as analysé deux projectiles, les billes A et B; ces billes ont été mises en mouvement simultanément. La bille A est tombée de l'état de repos, alors que la balle B a été lancée horizontalement avec une certaine vitesse vectorielle initiale. Bien que, comme l'illustre la **figure 3**, B suive une plus longue trajectoire que A, les deux billes touchent le sol en même temps. Le mouvement horizontal initial d'un projectile comme la balle B n'affecte pas son accélération verticale.

D'autres expériences démontrent la même chose. La **figure 4** présente une photographie stroboscopique de deux balles lâchées simultanément. La balle de droite a été projetée horizontalement. Les intervalles entre les éclairs stroboscopiques étaient constants. Une grille a été superposée à la photo pour faciliter les mesures et l'analyse. Pour des intervalles de temps successifs et égaux, les composantes verticales du déplacement augmentent de manière identique pour chaque balle. Note que la balle projetée effectue un déplacement horizontal constant pour chaque intervalle de temps. Les mouvements horizontal et vertical indépendants se combinent pour créer la trajectoire.

Figure 1
Comment décrirais-tu le mouvement du surfeur des neiges une fois qu'il a quitté la rampe?

projectile objet qui se déplace dans l'air sans système de propulsion, selon une certaine trajectoire

LE SAVAIS-TU ?

Les projectiles dangereux
Peut-être as-tu déjà vu à la télévision des soldats tirer en l'air pour célébrer une victoire. Les balles se déplacent comme des projectiles à grande vitesse et, malgré la résistance de l'air, elles reviennent vers la Terre à une vitesse suffisamment élevée pour être dangereuses. Il semble que, de temps en temps, des personnes soient blessées par ces balles.

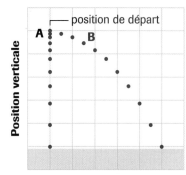

Figure 3
La balle B est projetée horizontalement à l'instant où la balle A est lâchée. Même si le chemin parcouru par la balle B est plus long que celui parcouru par la balle A, les balles atteignent le sol au même instant.

mouvement de projectile mouvement dont la vitesse vectorielle horizontale et l'accélération verticale due à la pesanteur sont constantes

portée horizontale (Δx) déplacement horizontal d'un projectile

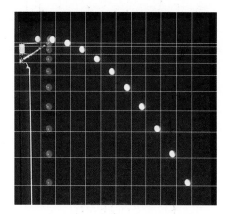

Figure 4
Ces deux balles atteignent la position la plus basse au même instant, même si l'une a été projetée horizontalement. Les deux balles avaient une vitesse vectorielle verticale initiale nulle et ont effectué une chute libre.

🔬 RECHERCHE 1.4.1

L'analyse du mouvement de projectile (p. 58)

Il existe plus d'une façon de prouver que les composantes horizontale et verticale du mouvement d'un projectile sont indépendantes l'une de l'autre. Décris deux ou trois méthodes qui te permettraient d'analyser le mouvement des deux balles de la **figure 4** afin de démontrer que le mouvement horizontal est indépendant du mouvement vertical. (*Indice :* l'une des méthodes peut inclure la soustraction vectorielle des vitesses vectorielles instantanées.) Ensuite, exécute la Recherche 1.4.1 pour vérifier tes réponses.

a)   **b)**

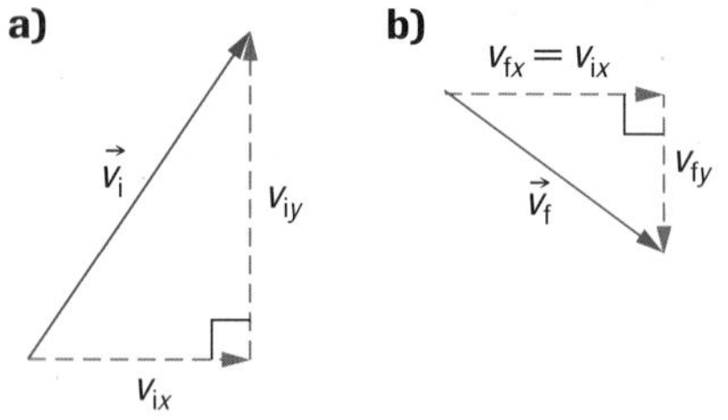

Figure 5
a) Au temps $t = 0$, la vitesse vectorielle initiale du projectile, $\vec{v}_i$, a une composante horizontale, v_{ix}, et une composante verticale, v_{iy}.
b) Après Δt écoulé, la vitesse vectorielle du projectile, $\vec{v}_f$, a la même composante horizontale (en négligeant la résistance de l'air) et une composante verticale différente, v_{fy}.

Si tu observes bien la grille superposée à la photographie de la **figure 4**, tu tireras les conclusions importantes suivantes concernant le mouvement de projectile :

- La composante horizontale de la vitesse vectorielle du projectile est constante. (En d'autres mots, la valeur de la composante horizontale de l'accélération est zéro.)
- Le projectile subit une accélération vers le bas due à la pesanteur.
- Les mouvements horizontal et vertical d'un projectile sont indépendants l'un de l'autre, mais simultanés.

Ces conclusions sont fondées sur l'hypothèse que l'on peut négliger la résistance de l'air, comme nous l'avons fait en analysant l'accélération due à la pesanteur (section 1.3).

Si tu réalisais une expérience pour déterminer si les concepts concernant le mouvement de projectile s'appliquent à un objet sur un plan incliné (par exemple, une rondelle se déplaçant sur une table à coussin d'air disposée à angle par rapport à l'horizontale), quelles observations pourrais-tu faire ? Comment analyserais-tu le mouvement du projectile sur un plan incliné pour vérifier que la vitesse vectorielle horizontale est constante et l'accélération verticale aussi ? Tu approfondiras ces questions en effectuant la Recherche 1.4.1 dans la section Activités en laboratoire, à la fin de ce chapitre. 🔬

Le mouvement des objets projetés horizontalement

Le **mouvement de projectile** est un mouvement dont la vitesse vectorielle horizontale et l'accélération verticale due à la pesanteur sont constantes. Puisque le mouvement horizontal et le mouvement vertical sont indépendants l'un de l'autre, nous pouvons appliquer des ensembles indépendants d'équations pour analyser le mouvement de projectile. Les équations de la vitesse vectorielle constante de la section 1.1 s'appliquent au mouvement horizontal, alors que les équations du mouvement uniformément accéléré des sections 1.2 et 1.3 (avec $|\vec{g}| = 9{,}8$ m/s^2) s'appliquent au mouvement vertical.

La **figure 5** présente les vecteurs vitesse vectorielle initiale et finale pour un projectile, avec leurs composantes horizontale et verticale. Le **tableau 1** résume les équations de la cinématique pour chacune des composantes. Il n'y a pas de flèche sur les variables, car elles représentent les composantes vectorielles, non pas les vecteurs eux-mêmes. Par exemple, v_{ix} représente la composante x (qui n'est pas un vecteur) de la vitesse initiale, et v_y représente la composante y (non plus un vecteur) de la vitesse après un certain intervalle de temps Δt. Le déplacement horizontal, Δx, est appelé la **portée horizontale** du projectile.

Tableau 1 Les équations de la cinématique du mouvement de projectile

Mouvement horizontal (x)	L'équation de la vitesse constante (accélération nulle) est exprimée pour la composante x seulement.	$v_{ix} = \dfrac{\Delta x}{\Delta t}$
Mouvement vertical (y)	Les cinq équations du mouvement uniformément accéléré impliquant une accélération due à la pesanteur sont exprimées pour la composante y seulement. L'accélération constante a une valeur de $\lvert \vec{g} \rvert = g = 9{,}8 \text{ m/s}^2$.	$a_y = \dfrac{v_{fy} - v_{iy}}{\Delta t}$ ou $v_{fy} = v_{iy} + a_y\Delta t$ $\Delta y = v_{iy}\Delta t + \dfrac{1}{2}a_y(\Delta t)^2$ $\Delta y = v_{moy,y}\Delta t$ ou $\Delta y = \dfrac{1}{2}(v_{fy} + v_{iy})\Delta t$ $v_{fy}{}^2 = v_{iy}{}^2 + 2a_y\Delta y$ $\Delta y = v_{fy}\Delta t - \dfrac{1}{2}a_y(\Delta t)^2$

▶ PROBLÈME 1

Une balle est lancée horizontalement d'un balcon avec une vitesse initiale de 18 m/s.

a) Détermine la position de la balle à $t = 1{,}0$ s, 2,0 s, 3,0 s et 4,0 s.

b) Indique ces positions sur un diagramme à l'échelle.

c) Quel est le nom mathématique de la courbe obtenue ?

Solution

a) Définissons l'orientation des x positifs vers la droite et l'orientation des y positifs vers le bas (ce qui convient bien, puisqu'il n'y a pas de mouvement vers le haut) (voir la **figure 6a**)

Horizontalement (v_{ix} constante) :

$v_{ix} = 18$ m/s

$\Delta t = 1{,}0$ s

$\Delta x = ?$

$$\Delta x = v_{ix}\Delta t$$
$$= (18 \text{ m/s})(1{,}0 \text{ s})$$
$$\Delta x = 18 \text{ m}$$

Le **tableau 2** donne les valeurs de Δx pour $\Delta t = 1{,}0$ s, 2,0 s, 3,0 s et 4,0 s.

Verticalement (a_y constante) :

$v_{iy} = 0$ $\Delta t = 1{,}0$ s

$a_y = +g = 9{,}8 \text{ m/s}^2$ $\Delta y = ?$

$$\Delta y = v_{iy}\Delta t + \frac{1}{2}a_y(\Delta t)^2$$
$$= \frac{1}{2}a_y(\Delta t)^2$$
$$= \frac{(9{,}8 \text{ m/s}^2)(1{,}0 \text{ s})^2}{2}$$
$$\Delta y = +4{,}9 \text{ m}$$

Le **tableau 2** donne les valeurs de Δy pour $\Delta t = 1{,}0$ s, 2,0 s, 3,0 s et 4,0 s.

b) La **figure 6b)** présente le diagramme à l'échelle de la position de la balle à différents temps. Les positions sont reliées par une courbe lisse.

c) La courbe présentée à la **figure 6b)** est une parabole.

a)

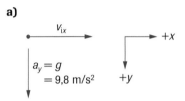

b)

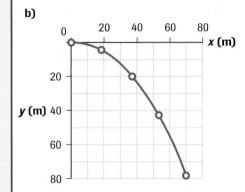

Figure 6
Les données du problème 1
a) Les conditions initiales
b) Le diagramme à l'échelle du mouvement

Tableau 2 Les positions calculées aux intervalles de temps sélectionnés

t (s)	Δx (m)	Δy (m)
0,0	0,0	0,0
1,0	18	4,9
2,0	36	20
3,0	54	44
4,0	72	78

a)

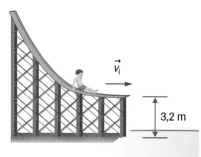

$\vec{v}_i$

3,2 m

b)

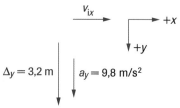

v_{ix}

$+x$

$+y$

$\Delta y = 3,2$ m $a_y = 9,8$ m/s^2

Figure 7
Les données du problème 2
a) La situation
b) Les conditions initiales

Un enfant descend sur une glissoire d'eau et quitte la rampe avec une vitesse horizontale de 4,2 m/s, comme à la **figure 7a)**. L'enfant effectue alors un mouvement de projectile, amerrissant dans une piscine 3,2 m sous la rampe.

a) Pendant combien de temps l'enfant demeure-t-il dans les airs?

b) Détermine le déplacement horizontal de l'enfant dans les airs.

c) Détermine la vitesse vectorielle de l'enfant au moment d'entrer dans l'eau.

Solution

Comme le montre la **figure 7b)**, les x positifs sont orientés vers la droite et les y positifs vers le bas. La position initiale est la position où l'enfant quitte la rampe.

a) *Horizontalement (v_{ix} constante):*

$v_{ix} = 4,2$ m/s

$\Delta x = ?$

$\Delta t = ?$

Verticalement (a_y constante):

$v_{iy} = 0$ $\Delta y = 3,2$ m

$a_y = +g = 9,8$ m/s^2 $v_{fy} = ?$

$\Delta t = ?$

Pour le mouvement horizontal, nous avons deux inconnues et seulement une équation $\Delta x = v_{ix}\Delta t$. Nous pouvons analyser le mouvement vertical pour déterminer Δt:

$$\Delta y = v_{iy}\Delta t + \frac{1}{2}a_y(\Delta t)^2$$

$$\Delta y = \frac{1}{2}a_y(\Delta t)^2$$

$$(\Delta t)^2 = \frac{2\Delta y}{a_y}$$

$$\Delta t = \pm\sqrt{\frac{2\Delta y}{a_y}}$$

$$= \pm\sqrt{\frac{2(3,2 \text{ m})}{9,8 \text{ m/s}^2}}$$

$$\Delta t = \pm 0,81 \text{ s}$$

Puisque nous analysons une trajectoire qui débute à $t = 0$, nous ne retenons que la racine positive. L'enfant demeure dans les airs pendant 0,81 s.

b) Nous pouvons remplacer Δt par 0,81 s dans l'équation du mouvement horizontal.

$$\Delta x = v_{ix}\Delta t$$

$$= (4,2 \text{ m/s})(0,81 \text{ s})$$

$$\Delta x = 3,4 \text{ m}$$

L'enfant atteint l'eau à une distance horizontale de 3,4 m du bout de la rampe. Autrement dit, le déplacement horizontal de l'enfant est de 3,4 m.

c) Pour trouver la vitesse vectorielle finale de l'enfant, une quantité vectorielle, nous devons d'abord déterminer ses composantes horizontale et verticale. La composante x est constante à 4,2 m/s. Nous trouvons la composante y comme suit:

$$v_{fy} = v_{iy} + a_y\Delta t$$

$$= 0 \text{ m/s} + (9,8 \text{ m/s}^2)(0,81 \text{ s})$$

$$v_{fy} = 7,9 \text{ m/s}$$

Appliquons maintenant la loi de Pythagore et les règles de trigonométrie pour déterminer la vitesse vectorielle finale, comme le montre la **figure 8**.

$$v_f = \sqrt{v_{fx}{}^2 + v_{fy}{}^2}$$
$$= \sqrt{(4,2 \text{ m/s})^2 + (7,9 \text{ m/s})^2}$$
$$v_f = 8,9 \text{ m/s}$$

$$\theta = \tan^{-1}\frac{v_{fy}}{v_{fx}}$$
$$= \tan^{-1}\frac{7,9 \text{ m/s}}{4,2 \text{ m/s}}$$
$$\theta = 62°$$

La vitesse vectorielle finale est de 8,9 m/s avec un angle de 62° sous l'horizontale.

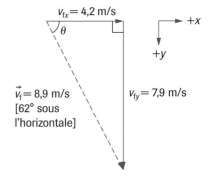

Figure 8
La solution de la partie c)
du problème 2

PROBLÈME 3

Un hélicoptère se déplaçant horizontalement se trouve à 82 m au-dessus du sol. Le pilote se prépare à larguer un colis d'aide humanitaire qui doit atterrir 96 m plus loin horizontalement. La résistance de l'air est négligeable. Le pilote ne lance pas le colis, mais le laisse tomber. Quelle est la vitesse vectorielle initiale du colis par rapport au sol?

Solution

La **figure 9** présente la situation, le point de largage étant la position initiale, les x positifs étant orientés vers la droite et les y positifs vers le bas. Puisque le pilote ne lance pas le colis, la vitesse vectorielle horizontale initiale du colis est la même que la vitesse vectorielle horizontale de l'hélicoptère.

Horizontalement (v_{ix} constante):

$\Delta x = 96 \text{ m}$

$\Delta t = ?$

$v_{ix} = ?$

Verticalement (a_y constante):

$v_{iy} = 0 \text{ m/s}$	$\Delta y = 82 \text{ m}$
$a_y = +g = 9,8 \text{ m/s}^2$	$\Delta t = ?$

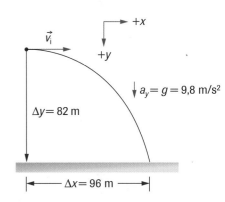

Figure 9
La situation du problème 3

Comme dans le problème 2, nous pouvons déterminer Δt à partir des équations du mouvement vertical. L'équation appropriée est

$$\Delta y = v_{iy}\Delta t + \frac{1}{2}a_y(\Delta t)^2$$
$$\Delta y = \frac{1}{2}a_y(\Delta t)^2$$
$$(\Delta t)^2 = \frac{2\Delta y}{a_y}$$
$$\Delta t = \pm\sqrt{\frac{2\Delta y}{a_y}}$$
$$= \pm\sqrt{\frac{2(82 \text{ m})}{9,8 \text{ m/s}^2}}$$
$$\Delta t = 4,1 \text{ s}$$

Puisque nous considérons uniquement ce qui s'est produit après le largage du colis à $t = 0$, nous ne retenons que la racine positive.

$$v_{ix} = \frac{\Delta x}{\Delta t}$$

$$= \frac{96 \text{ m}}{4,1 \text{ s}}$$

$$v_{ix} = 23 \text{ m/s}$$

La vitesse vectorielle initiale du colis est de 23 m/s [horizontalement].

▶ *Mise en pratique*

Saisis bien les concepts

1. Explique pourquoi un avion qui se déplace dans les airs n'est pas un exemple de mouvement de projectile.

2. Une pierre est lancée horizontalement alors que la résistance de l'air est négligeable. Quelle est son accélération verticale et son accélération horizontale ?

3. Une bille tombe d'une table avec une vitesse vectorielle de 1,93 m/s [horizontalement]. La partie supérieure de la table se trouve à 76,5 cm au-dessus du plancher. Si la résistance de l'air est négligeable, détermine
   a) combien de temps la bille demeure dans les airs ;
   b) sa portée horizontale ;
   c) sa vitesse vectorielle au moment de l'impact.

4. Une pierre est lancée horizontalement du haut d'une falaise avec une vitesse initiale de 8,0 m/s. On néglige la résistance de l'air.
   a) Détermine les composantes horizontale et verticale du déplacement et la vitesse vectorielle instantanée à $t = 0,0$ s, 1,0 s, 2,0 s et 3,0 s.
   b) Trace un diagramme à l'échelle illustrant le trajet de la pierre.
   c) Dessine le vecteur vitesse instantanée à chaque point de ton diagramme.
   d) Détermine l'accélération moyenne entre 1,0 s et 2,0 s, et entre 2,0 s et 3,0 s. Que peux-tu conclure ?

5. Un lanceur de baseball lance la balle horizontalement alors que la résistance de l'air est négligeable. La balle tombe de 83 cm en parcourant 18,4 m jusqu'au marbre. Détermine la vitesse horizontale initiale de la balle.

Mets en pratique tes connaissances

6. La **figure 10** montre un trajectographe. Une plaque verticale sert de cible et permet d'ajuster la position horizontale d'un côté à l'autre du papier graphique.
   a) Décris comment on utilise cet appareil pour analyser le mouvement de projectile.
   b) Que t'attends-tu à voir apparaître sur le papier graphique ? Trace un schéma. Si tu as accès à un trajectographe, utilise-le pour vérifier tes prévisions.

Fais des liens

7. Lorsque les personnages de dessins animés dépassent le bord d'une falaise en courant, ils demeurent suspendus dans les airs un moment avant de tomber à pic. Si les dessins animés obéissaient aux lois de la physique, qu'arriverait-il ?

Réponses

3. a) 0,395 s
   b) 76,3 cm
   c) 4,33 m/s [63,5° sous l'horizontale]

4. a) À 3,0 s, $\Delta x = 24$ m, $\Delta y = 44$ m, $\vec{v} = 3,0 \times 10^1$ m/s [75° sous l'horizontale]
   d) 9,8 m/s² [vers le bas]

5. 45 m/s

Figure 10
Lorsque la bille d'acier est lancée à partir de la rampe et qu'elle entre en collision avec la cible, le point de contact est enregistré sur la cible de papier.

L'analyse d'un mouvement de projectile complexe

Dans les problèmes de projectile résolus jusqu'ici, la vitesse vectorielle initiale était horizontale. On peut se servir des mêmes équations de la cinématique pour analyser les problèmes où la vitesse vectorielle initiale est orientée selon un certain angle par rapport à l'horizontale. Puisque $v_{iy} \neq 0$, tu dois faire attention en choisissant l'orientation (positive ou négative) pour le mouvement vertical. Par exemple, une chandelle au baseball (**figure 11**) a une vitesse vectorielle initiale avec une composante verticale vers le haut. Si on choisit les y positifs orientés vers le haut, alors v_{iy} est positive et l'accélération verticale a_y est négative, car l'accélération gravitationnelle est vers le bas. Inversement, si on choisit les y positifs orientés vers le bas, alors v_{iy} est négative et a_y est positive.

a)

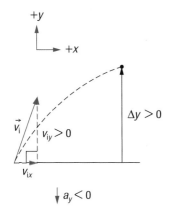

b)

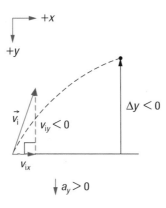

Figure 11
a) Les y positifs sont orientés vers le haut.
b) Les y positifs sont orientés vers le bas.

▶ ***PROBLÈME 4***

Une golfeuse frappe une balle au sol. La balle part avec une vitesse vectorielle initiale de 42 m/s [32° au-dessus de l'horizontale]. Les conditions initiales sont présentées à la **figure 12**. En négligeant la résistance de l'air, détermine

a) la portée horizontale de la balle (en supposant qu'elle atterrit au même niveau que celui du départ);

b) sa hauteur maximale;

c) son déplacement horizontal lorsqu'elle se trouve à 15 m au-dessus du sol.

Solution

a) Commençons par trouver les composantes verticale et horizontale de la vitesse vectorielle initiale.

$$v_{ix} = |\vec{v_i}| \cos \theta \qquad v_{iy} = |\vec{v_i}| \sin \theta$$
$$= (42 \text{ m/s})(\cos 32°) \qquad = (42 \text{ m/s})(\sin 32°)$$
$$v_{ix} = 36 \text{ m/s} \qquad v_{iy} = 22 \text{ m/s}$$

Horizontalement (v_{ix} constante):

$$v_{ix} = 36 \text{ m/s}$$
$$\Delta x = ?$$
$$\Delta t = ?$$

Verticalement (a_y constante):

$$a_y = -g = -9{,}8 \text{ m/s}^2 \qquad \Delta y = 0$$
$$v_{iy} = 22 \text{ m/s} \qquad \Delta t = ?$$
$$v_{fy} = -22 \text{ m/s}$$

Puisque, pour le mouvement horizontal, on a deux inconnues et une seule équation, nous pouvons utiliser le mouvement vertical pour trouver Δt:

$$\Delta y = v_{iy}\Delta t + \frac{1}{2}a_y(\Delta t)^2$$
$$0 = 22 \text{ m/s } \Delta t - 4{,}9 \text{ m/s}^2 (\Delta t)^2$$
$$0 = \Delta t (22 \text{ m/s} - 4{,}9 \text{ m/s}^2 \Delta t)$$

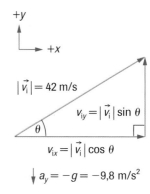

Figure 12
Les conditions initiales du problème 4. On choisit l'emplacement du tee comme position initiale et les y positifs sont orientés vers le haut.

Donc, la balle a été frappée à $\Delta t = 0$ et elle touche le sol à 22 m/s - 4,9 m/s² $\Delta t = 0$. En cherchant la solution, nous trouvons $\Delta t = 4{,}5$ s, une valeur qui permet de trouver la portée horizontale.

$$\Delta x = v_{ix}\Delta t$$
$$= (36 \text{ m/s})(4{,}5 \text{ s})$$
$$\Delta x = 1{,}6 \times 10^2 \text{ m}$$

La portée horizontale est de $1{,}6 \times 10^2$ m.

b) Pour déterminer la hauteur maximale, notons d'abord qu'à la position la plus haute, $v_{fy} = 0$ m/s. (C'est aussi le cas lorsqu'un objet lancé directement vers le haut atteint le point le plus élevé de son vol.)

$$v_{fy}{}^2 = v_{iy}{}^2 + 2a_y\Delta y$$
$$0 = v_{iy}{}^2 + 2a_y\Delta y$$

$$\Delta y = \frac{v_{iy}{}^2}{-2a_y}$$

$$= \frac{(22 \text{ m/s})^2}{-2(-9{,}8 \text{ m/s}^2)}$$

$$\Delta y = 25 \text{ m}$$

La hauteur maximale atteinte est de 25 m.

c) Pour trouver le déplacement horizontal lorsque $\Delta y = 15$ m, nous devons trouver l'intervalle de temps Δt entre le début du mouvement et le moment où $\Delta y = 15$ m. Nous pouvons appliquer la formule quadratique :

$$\Delta y = v_{iy}\Delta t + \frac{1}{2} a_y(\Delta t)^2$$

$$15 \text{ m} = 22 \text{ m/s} \, \Delta t - 4{,}9 \text{ m/s}^2 \, (\Delta t)^2$$

$$4{,}9 \text{ m/s}^2 \, (\Delta t)^2 - 22 \text{ m/s} \, \Delta t + 15 \text{ m} = 0$$

En utilisant la formule quadratique,

$$\Delta t = \frac{-b \pm \sqrt{b^2 - 4ac}}{2a} \qquad \text{où } a = 4{,}9 \text{ m/s}^2, b = -22 \text{ m/s et } c = 15 \text{ m}$$

$$= \frac{-(-22 \text{ m/s}) \pm \sqrt{(-22 \text{ m/s})^2 - 4(4{,}9 \text{ m/s}^2)(15 \text{ m})}}{2(4{,}9 \text{ m/s}^2)}$$

$$\Delta t = 3{,}7 \text{ s ou } 0{,}84 \text{ s}$$

Ainsi, la balle se trouve 15 m au-dessus du sol à deux reprises : lorsqu'elle monte, puis lorsqu'elle redescend. Nous pouvons déterminer les positions horizontales correspondantes :

$$\Delta x_{\text{vers le haut}} = v_{ix}\Delta t \qquad\qquad \Delta x_{\text{vers le bas}} = v_{ix}\Delta t$$
$$= (36 \text{ m/s})(0{,}84 \text{ s}) \qquad\qquad = (36 \text{ m/s})(3{,}7 \text{ s})$$
$$\Delta x_{\text{vers le haut}} = 3{,}0 \times 10^1 \text{ m} \qquad\qquad \Delta x_{\text{vers le bas}} = 1{,}3 \times 10^2 \text{ m}$$

La position horizontale de la balle est soit $3{,}0 \times 10^1$ m soit $1{,}3 \times 10^2$ m lorsqu'elle se trouve à 15 m au-dessus du sol.

Comme la solution du problème 4 l'a démontré, la portée d'un projectile peut être déterminée en appliquant pas à pas les équations de la cinématique. Nous pouvons aussi dériver une équation générale de la portée horizontale Δx d'un projectile, si l'on connaît la vitesse vectorielle initiale et l'angle de lancement. Qu'arrive-t-il, par exemple, lorsqu'un projectile atterrit au même niveau que celui d'où il est parti ($\Delta y = 0$), comme le montre la **figure 13** ? Pour la portée horizontale, on trouve le mouvement en utilisant l'équation $\Delta x = v_{ix}\Delta t$, dans laquelle la seule variable connue est v_{ix}. Pour trouver l'autre variable, Δt, on utilise le mouvement vertical :

$$\Delta y = v_{iy}\Delta t + \frac{1}{2}a_y(\Delta t)^2$$

où $\Delta y = 0$, car nous supposons que le niveau d'arrivée est le même que le niveau de départ.

$$v_{iy} = v_i \sin \theta$$
$$a_y = -g$$
$$0 = v_i \sin \theta \Delta t - \frac{1}{2}g(\Delta t)^2$$
$$0 = \Delta t\left(v_i \sin \theta - \frac{1}{2}g(\Delta t)\right)$$

Par conséquent, $\Delta t = 0$ (à l'envol) et

$$v_i \sin \theta - \frac{1}{2}g\Delta t = 0 \text{ (à l'atterrissage).}$$

La dernière équation nous donne Δt :

$$\Delta t = \frac{2v_i \sin \theta}{g}$$

Revenons maintenant au mouvement horizontal :

$$\begin{aligned}
\Delta x &= v_{ix}\Delta t \\
&= (v_i \cos \theta)\Delta t \\
&= v_i \cos \theta \left(\frac{2v_i \sin \theta}{g}\right) \\
\Delta x &= \frac{v_i^2}{g} 2\sin \theta \cos \theta
\end{aligned}$$

Puisque $2\sin \theta \cos \theta = \sin 2\theta$ (voir les identités trigonométriques de l'annexe A), la portée horizontale est

$$\Delta x = \frac{v_i^2}{g} \sin 2\theta$$

où v_i est la grandeur de la vitesse vectorielle initiale du projectile lancé à un angle θ par rapport à l'horizontale. Note que cette équation s'applique seulement si $\Delta y = 0$.

Dans les discussions et les exemples précédents concernant le mouvement de projectile, on a toujours considéré la résistance de l'air comme négligeable. Cette situation est très proche de la réalité pour des objets relativement denses se déplaçant à basse vitesse, comme les poids utilisés lors des compétitions de lancer du poids. Par contre, dans plusieurs autres situations, on ne peut ignorer la résistance de l'air. Lorsque l'on tient compte de la résistance de l'air, l'analyse du mouvement de projectile devient plus complexe et dépasse le cadre du présent manuel. Le concept de «temps de déplacement dans les airs» dans certains sports, en particulier au football, est important et sera étudié dans l'exercice d'application 1.4.1 de la section Activités en laboratoire, à la fin de ce chapitre.

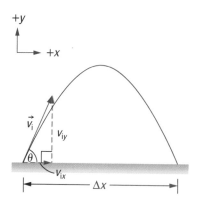

Figure 13
Les conditions initiales permettant de dériver la portée horizontale d'un projectile en fonction de l'angle de lancement et de la vitesse vectorielle initiale

▶ *À TOI* d'expérimenter

La comparaison de portées horizontales

Avec d'autres élèves, crée un tableau avec les titres suivants : angle de lancement, temps de vol, hauteur maximale et portée horizontale. Complète le tableau pour un projectile ayant une vitesse vectorielle initiale de 25,00 m/s qui atterrit au même niveau que celui d'où il a été lancé. Fais tes calculs en conservant quatre chiffres significatifs, en augmentant de trois degrés chaque fois, de 3° à 87° (c.-à-d. 3°, 6°, 9°, … 81°, 84°, 87°). Que peux-tu conclure quant à la hauteur maximale et la portée horizontale ?

Saisis bien les concepts

Réponses

9. a) 2,4 s

   b) 22 m

   c) 18 m/s [60° sous l'horizontale]

8. Une balle de hockey sur gazon est frappée et exécute un mouvement de projectile. La résistance de l'air est négligeable.

   a) Quelle est la composante verticale de la vitesse vectorielle au point le plus élevé du vol?

   b) Quelle est l'accélération au point le plus élevé du vol?

   c) Compare les temps de montée et de descente si la balle touche le sol au même niveau que celui d'où elle a été frappée.

9. Au Moyen Âge, un prince prisonnier dans un château recouvre une pierre d'un message puis lance la pierre du haut d'un mur avec une vitesse vectorielle initiale de 12 m/s [42° au-dessus de l'horizontale]. La pierre atterrit tout juste de l'autre côté du fossé du château, 9,5 m sous le niveau de départ (**figure 14**). Détermine

   a) le temps de vol de la pierre;

   b) la largeur du fossé;

   c) la vitesse vectorielle de la pierre au moment de l'impact.

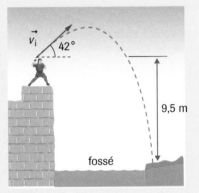

Figure 14
La situation de la question 9

RÉSUMÉ   **Le mouvement de projectile**

- Un projectile est un objet qui se déplace dans l'air selon une trajectoire courbe sans système de propulsion.

- Le mouvement de projectile est un mouvement dont la vitesse vectorielle horizontale et l'accélération verticale sont constantes.

- Les mouvements horizontal et vertical d'un projectile sont indépendants l'un de l'autre, mais simultanés.

- Les problèmes de mouvement de projectile peuvent être résolus en appliquant l'équation de la vitesse vectorielle constante à la composante horizontale du mouvement et les équations du mouvement uniformément accéléré à la composante verticale du mouvement.

▶ **Section 1.4** *Questions*

Saisis bien les concepts

1. Quelle est l'accélération verticale d'un projectile dans sa montée, au sommet de sa trajectoire et dans sa descente?

2. a) Si un projectile est lancé d'un point plus bas que son point d'arrivée, dans quelle partie du vol la valeur de sa vitesse vectorielle est-elle maximale et dans quelle partie du vol est-elle minimale?

   b) Si un projectile est lancé d'un point plus haut que son point d'arrivée, dans quelle partie du vol la valeur de sa vitesse vectorielle est-elle maximale? minimale?

3. Un projectile lancé horizontalement franchit 16 m dans le plan horizontal tout en tombant de 1,5 m dans le plan vertical. Détermine la vitesse vectorielle initiale du projectile.

4. Une joueuse de tennis sert horizontalement, donnant à la balle une vitesse de 24 m/s à une hauteur de 2,5 m. La joueuse est à 12 m du filet. Le haut du filet est à 0,90 m au-dessus de la surface du court. La balle franchit le filet et tombe de l'autre côté.

   a) Pendant combien de temps la balle demeure-t-elle dans les airs?

b) Quel est le déplacement horizontal?

c) Quelle est la vitesse vectorielle au moment de l'impact?

d) De quelle distance la balle évite-t-elle le filet?

5. Un enfant lance une balle sur le toit d'une maison, puis l'attrape avec un gant de baseball 1 m au-dessus du sol, comme l'illustre la **figure 15**. La balle quitte le toit avec une vitesse de 3,2 m/s.

a) Pendant combien de temps la balle demeure-t-elle dans les airs après avoir quitté le toit?

b) Quelle distance sépare le gant de l'extrémité du toit?

c) Quelle est la vitesse vectorielle de la balle juste avant de toucher le gant?

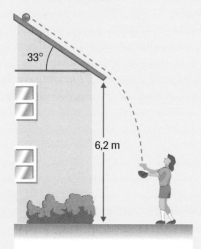

33°

6,2 m

Figure 15

6. Pour un projectile qui atterrit au même niveau que celui d'où il est parti, indique un autre angle de lancement au-dessus de l'horizontale qui donnerait la même portée qu'un projectile lancé avec des angles de 36°, de 16° et de 45,6°.

7. Durant la Première Guerre mondiale, l'armée allemande a bombardé Paris avec un énorme canon que les Alliés appelaient «la grosse Bertha». Supposons que ce canon tirait des obus avec une vitesse vectorielle initiale de $1,1 \times 10^3$ m/s [45° au-dessus de l'horizontale].

a) Combien de temps chaque obus demeurait-il dans les airs si le point de lancement était au même niveau que celui du point d'arrivée?

b) Détermine la portée horizontale maximale de chaque obus.

c) Détermine la hauteur maximale atteinte par chacun.

8. Un astronaute sur la Lune, où $|\vec{g}| = 1,6$ m/s², frappe une balle de golf, lui donnant une vitesse vectorielle de 32 m/s [35° au-dessus de la surface horizontale de la Lune]. La balle retombe dans un cratère 15 m sous le niveau d'où elle a été frappée. Détermine

a) la hauteur maximale de la balle;

b) son temps de vol;

c) sa portée horizontale.

Mets en pratique tes connaissances

9. Le bec d'un tuyau d'arrosage est maintenu horizontalement au-dessus du sol (**figure 16**). Le jet d'eau effectue un mouvement de projectile. Avec un mètre et une calculatrice, décris comment tu déterminerais la vitesse de l'eau s'écoulant du tuyau.

Figure 16
Un mouvement de projectile dans un jardin

10. Décris comment tu construirais et essaierais un appareil, à partir de matériaux simples et peu coûteux, pour démontrer que deux pièces de monnaie lancées simultanément d'un même niveau, l'une lancée horizontalement et l'autre lâchée verticalement, touchent le sol en même temps.

Fais des liens

11. En situation réelle, le mouvement de projectile est souvent plus complexe que ce qui a été présenté dans cette section. Par exemple, pour déterminer la portée horizontale d'un poids dans une compétition de lancer du poids, on utilise l'équation suivante:

$$\Delta x = \Delta x_1 + \Delta x_2 + \Delta x_3$$

$$\Delta x = 0,30 \text{ m} + \frac{2v_i^2 \sin \theta \cos \theta}{g} + \frac{v_i \sin \theta \sqrt{v_i^2 \sin^2 \theta + |2g\Delta y|}}{g}$$

où 0,30 m est la distance moyenne entre la main de l'athlète et la ligne de départ, v_i est la valeur de la vitesse vectorielle initiale, θ est l'angle de lancement au-dessus de l'horizontale, Δy est la hauteur au-dessus du sol à laquelle le poids quitte la main et g est la valeur de l'accélération due à la pesanteur (**figure 17**).

a) Détermine la portée du poids lâché 2,2 m au-dessus du sol avec une vitesse vectorielle initiale de 4 m/s [42° au-dessus de l'horizontale].

b) Compare ta réponse en a) au record du monde de lancer du poids (actuellement de 23,1 m).

c) Selon toi, pourquoi l'équation présentée ici est-elle différente de l'équation de la portée horizontale trouvée dans cette section?

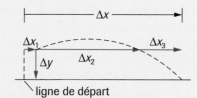

Δx

Δx_1 Δx_3

Δy Δx_2

ligne de départ

Figure 17

système de référence système de coordonnées par rapport auquel un mouvement est observé

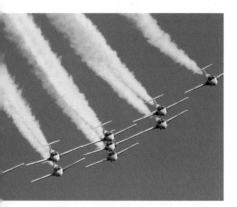

Figure 1
Les Snowbirds des Forces armées canadiennes volent à une vitesse vectorielle variant entre 400 et 600 km/h (par rapport au sol); toutefois, lorsqu'ils volent en formation, comme on le voit ici, la vitesse vectorielle d'un appareil par rapport à un autre est nulle.

L'observation du système solaire
Il est facile de se représenter le mouvement des planètes autour du Soleil en prenant le Soleil comme système de référence. Les anciens astronomes avaient choisi la Terre comme système de référence pour tenter d'expliquer leurs observations du mouvement des planètes, mais, pour y arriver, ils ont dû inventer des forces qui n'existent pas. Par exemple, lorsqu'on suit le mouvement d'une planète plus éloignée du Soleil que la Terre (comme Mars) en se référant aux étoiles, la planète semble parfois changer de direction, comme si elle suivait le tracé d'un «S» allongé. En fait, la planète ne change pas de direction; cela semble seulement le cas lorsque la Terre, qui est plus près du Soleil, la rattrape et la dépasse.

vitesse vectorielle relative vitesse vectorielle d'un objet par rapport à un système de référence particulier

Les spectacles aériens comportent à la fois des éléments d'excitation et de danger. Lorsque des avions à grande vitesse volent en formation (**figure 1**), les observateurs au sol les voient se déplacer à vitesse élevée. Vus de la cabine, cependant, tous les avions semblent avoir une vitesse nulle. Les observateurs au sol sont dans un certain système de référence, alors que les pilotes se trouvent dans le système de référence avion. Un **système de référence** est un système de coordonnées par rapport au mouvement décrit ou observé.

Le point de référence le plus fréquemment utilisé comme système de référence stationnaire ou fixe est la Terre ou le sol. Dans les exemples de mouvement présentés aux sections précédentes, on a supposé que tous les objets se déplaçaient par rapport au système de référence Terre. Cependant, il est parfois plus pratique de choisir d'autres systèmes. Par exemple, pour analyser le mouvement des planètes du système solaire, on utilise le système de référence Soleil. Si nous observons une marque près de la jante d'une roue qui tourne, la roue ou le centre de la roue sera le point de référence le plus pratique, comme à la **figure 2**.

Figure 2
a) Le mouvement d'une marque près de la jante d'une roue qui tourne est facile à décrire si le centre de la roue sert de système de référence.
b) Le mouvement de la marque est beaucoup plus complexe si on l'observe en prenant la Terre comme système de référence.

La vitesse vectorielle d'un objet par rapport à un système de référence particulier est appelée **vitesse vectorielle relative**. Nous n'avons pas utilisé ce terme jusqu'à présent, car nous n'avons étudié le mouvement que par rapport à un seul système de référence à la fois. Désormais, nous analyserons des situations mettant en cause au moins deux systèmes de référence. C'est le cas lorsque des passagers marchent dans un train en mouvement, qu'un navire se déplace sur une rivière et que les Snowbirds ou d'autres avions volent là où le vent souffle par rapport au sol.

Pour analyser la vitesse vectorielle relative dans plus d'un système de référence, nous utilisons le symbole de la vitesse vectorielle relative, $\vec{v}$, avec deux lettres majuscules en indice. Le premier indice représente l'objet dont la vitesse vectorielle est définie par rapport à l'objet identifié par le second indice. En d'autres mots, la deuxième majuscule représente le système de référence. Par exemple, si P est un avion qui vole à 490 km/h [O] par rapport au système de référence Terre, T, alors $\vec{v}_{PT} = 490$ km/h [O]. Si nous considérons un autre système de référence qui influence le mouvement d'un avion, comme celui du vent ou de l'air, A, $\vec{v}_{PA}$ est la vitesse vectorielle de l'avion par rapport à l'air et $\vec{v}_{AT}$ est la vitesse vectorielle de l'air par rapport à la Terre. Les vecteurs $\vec{v}_{PA}$ et $\vec{v}_{AT}$ sont liés à $\vec{v}_{PT}$ par l'équation de la vitesse vectorielle relative suivante:
$$\vec{v}_{PT} = \vec{v}_{PA} + \vec{v}_{AT}$$

Cette équation s'applique à tout mouvement, qu'il soit en une, en deux ou en trois dimensions. Par exemple, prends la situation en une dimension où le vent et l'avion se déplacent tous deux vers l'est. Si la vitesse vectorielle de l'avion par rapport à l'air est de 430 km/h [E] et la vitesse vectorielle de l'air par rapport au sol de 90 km/h [E], la vitesse vectorielle de l'avion par rapport au sol est de :

$$\vec{v}_{PT} = \vec{v}_{PA} + \vec{v}_{AT}$$
$$= 430 \text{ km/h [E]} + 90 \text{ km/h [E]}$$
$$\vec{v}_{PT} = 520 \text{ km/h [E]}$$

Ainsi, avec un vent de dos, la vitesse par rapport au sol croît — ce qui est logique. Tu peux facilement déterminer que la vitesse par rapport au sol de l'avion dans cet exemple serait de seulement 340 km/h [E] avec un vent de face (i.e., si $\vec{v}_{AS}$ = 90 km/h [O]).

Avant de voir les vitesses vectorielles relatives en deux dimensions, assure-toi de comprendre l'utilisation des indices dans une équation de la vitesse vectorielle relative. À la **figure 3**, le membre de gauche de l'équation se compose d'une seule vitesse vectorielle relative, alors que le membre de droite présente la somme vectorielle de deux vitesses vectorielles relatives ou plus. Note que l'indice « extérieur » et l'indice « intérieur » du membre de droite ont le même ordre que les indices du membre de gauche.

$$\vec{v}_{PT} = \vec{v}_{PA} + \vec{v}_{AT} \qquad\qquad \vec{v}_{CT} = \vec{v}_{CO} + \vec{v}_{OT}$$

$$\vec{v}_{CT} = \vec{v}_{CO} + \vec{v}_{OT} \qquad\qquad \vec{v}_{DS} = \vec{v}_{DT} + \vec{v}_{TF} + \vec{v}_{FS}$$

Figure 3
Le principe des équations de la vitesse vectorielle relative

▶ PROBLÈME 1

Un canoéiste olympique, capable de se déplacer à une vitesse de 4,5 m/s dans des eaux calmes, traverse une rivière qui s'écoule avec une vitesse vectorielle de 3,2 m/s [E]. La rivière a une largeur de $2,2 \times 10^2$ m.

a) Si le canoë se dirige vers le nord, comme à la **figure 4**, quelle est sa vitesse vectorielle par rapport à la rive ?

b) Combien de temps dure la traversée ?

c) Où se situe la position d'arrivée du canoë par rapport à sa position de départ ?

d) Si le canoë accostait directement devant sa position de départ, avec quel angle aurait-il été dirigé ?

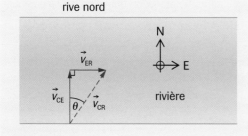

rive nord

rivière

Figure 4
La situation

Solution
En utilisant les lettres C pour le canoë, R pour la rive et E pour l'eau, les vitessse vectorielles relatives connues sont :

$$\vec{v}_{CE} = 4,5 \text{ m/s [N]}$$
$$\vec{v}_{ER} = 3,2 \text{ m/s [E]}$$

CONSEIL PRATIQUE

Une autre notation
Une autre manière d'écrire une équation de la vitesse vectorielle relative est de placer l'indice de l'objet observé avant $\vec{v}$ et l'indice du système de référence après $\vec{v}$. En utilisant cette méthode, l'équation pour notre exemple d'avion dans l'air devient $_P\vec{v}_T = {_P\vec{v}_A} + {_A\vec{v}_T}$.

a) Puisque l'inconnue est $\vec{v}_{CR}$, nous utilisons l'équation de la vitesse vectorielle relative :

$$\vec{v}_{CR} = \vec{v}_{CE} + \vec{v}_{ER}$$
$$\vec{v}_{CR} = 4{,}5 \text{ m/s [N]} + 3{,}2 \text{ m/s [E]}$$

En appliquant la loi de Pythagore, nous obtenons :

$$\left|\vec{v}_{CR}\right| = \sqrt{(4{,}5 \text{ m/s})^2 + (3{,}2 \text{ m/s})^2}$$
$$\left|\vec{v}_{CR}\right| = 5{,}5 \text{ m/s}$$

La trigonométrie nous donne l'angle θ de la **figure 4** :

$$\theta = \tan^{-1}\frac{3{,}2 \text{ m/s}}{4{,}5 \text{ m/s}}$$
$$\theta = 35°$$

La vitesse vectorielle du canoë par rapport à la rive est de 5,5 m/s [E 55° N].

b) Pour déterminer le temps requis pour traverser la rivière, nous considérons seulement le mouvement perpendiculaire à la rivière.

$$\Delta\vec{d} = 2{,}2 \times 10^2 \text{ m [N]}$$
$$\vec{v}_{CE} = 4{,}5 \text{ m/s [N]}$$
$$\Delta t = ?$$

À partir de $\vec{v}_{CE} = \dfrac{\Delta\vec{d}}{\Delta t}$, nous avons :

$$\Delta t = \frac{\Delta\vec{d}}{\vec{v}_{CE}}$$
$$= \frac{2{,}2 \times 10^2 \text{ m [N]}}{4{,}5 \text{ m/s [N]}}$$
$$\Delta t = 49 \text{ s}$$

Le temps de traversée est de 49 s.

c) Le courant entraîne le canoë vers l'est (en aval) pendant qu'il traverse la rivière. Le déplacement en aval est

$$\Delta\vec{d} = \vec{v}_{ER}\Delta t = (3{,}2 \text{ m/s [E]})(49 \text{ s})$$
$$\Delta\vec{d} = 1{,}6 \times 10^2 \text{ m [E]}$$

La position d'arrivée est $2{,}2 \times 10^2$ m [N] et $1{,}6 \times 10^2$ m [E] à partir de la position de départ. En utilisant la loi de Pythagore et la trigonométrie, on trouve un déplacement résultant de $2{,}7 \times 10^2$ m [E 54° N].

d) La vitesse vectorielle du canoë par rapport à l'eau, $\vec{v}_{CE}$, qui a une norme de 4,5 m/s, est l'hypoténuse du triangle de la **figure 5**. La vitesse vectorielle résultante $\vec{v}_{CR}$ doit pointer directement vers le nord pour que le canoë accoste directement au nord de la position de départ.

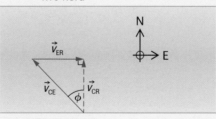

Figure 5
La solution de la partie d)

L'angle dans le triangle est

$$\phi = \sin^{-1} \frac{|\vec{v}_{ER}|}{|\vec{v}_{CE}|}$$

$$= \sin^{-1} \frac{3,2 \text{ m/s}}{4,5 \text{ m/s}}$$

$$\phi = 45°$$

L'orientation requise pour le canoë est [O 45° N].

▸ PROBLÈME 2

La vitesse aérodynamique d'un petit avion est de 215 km/h. Le vent souffle de l'ouest à 57 km/h. Détermine la vitesse vectorielle de l'avion par rapport au sol si le pilote maintient l'avion orienté à [E 56° N].

Solution

Nous utiliserons les indices P pour l'avion, T pour la Terre ou le sol et A pour l'air.

$\vec{v}_{PA} = 215$ km/h [E 56° N]

$\vec{v}_{AT} = 57$ km/h [E]

$\vec{v}_{PT} = ?$

$$\vec{v}_{PT} = \vec{v}_{PA} + \vec{v}_{AT}$$

Cette somme vectorielle est présentée à la **figure 6**. Nous résoudrons ce problème en utilisant la loi des sinus et des cosinus ; nous pourrions aussi utiliser un diagramme vectoriel à l'échelle ou les composantes, comme cela est décrit à l'annexe A.

En utilisant la loi des cosinus :

$$|\vec{v}_{PT}|^2 = |\vec{v}_{PA}|^2 + |\vec{v}_{AT}|^2 - 2|\vec{v}_{PA}||\vec{v}_{AT}| \cos \phi$$

$$= (215 \text{ km/h})^2 + (57 \text{ km/h})^2 - 2(215 \text{ km/h})(57 \text{ km/h}) \cos 124°$$

$$|\vec{v}_{PT}| = 251 \text{ km/h}$$

En utilisant la loi des sinus :

$$\frac{\sin \theta}{|\vec{v}_{AT}|} = \frac{\sin \phi}{|\vec{v}_{PT}|}$$

$$\sin \theta = \frac{57 \text{ km/h } (\sin 124°)}{251 \text{ km/h}}$$

$$\theta = 11°$$

L'orientation de $\vec{v}_{PT}$ est 34° + 11° = 45° E-N. Donc, $\vec{v}_{PT} = 251$ km/h [E 45° N].

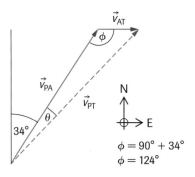

Figure 6
Résolution du problème 2
en utilisant la trigonométrie

CONSEIL *PRATIQUE*

La soustraction des vecteurs
Pour reformuler une équation de la vitesse vectorielle relative, comme $\vec{v}_{PT} = \vec{v}_{PA} + \vec{v}_{AT}$, en isolant $\vec{v}_{PA}$ ou $\vec{v}_{AT}$, on doit utiliser la soustraction vectorielle. Par exemple, $\vec{v}_{PA} = \vec{v}_{PT} - \vec{v}_{AT}$ est l'équivalent de $\vec{v}_{PA} = \vec{v}_{PT} + (-\vec{v}_{AT})$. L'annexe A présente l'arithmétique des vecteurs.

Il est utile de savoir que la vitesse vectorielle d'un objet X par rapport à un objet Y a la même norme que la vitesse vectorielle de Y par rapport à X, mais une orientation opposée : $\vec{v}_{XY} = -\vec{v}_{YX}$. Prends, par exemple, une coureuse C qui passe à côté d'une personne P assise sur un banc de parc. Si $\vec{v}_{CP} = 2,5$ m/s [E], P voit C se déplacer vers l'est à 2,5 m/s. Pour C, P semble se déplacer à une vitesse vectorielle de 2,5 m/s [O]. Ainsi, $\vec{v}_{PC} = -2,5$ m/s [E] = 2,5 m/s [O]. Dans le prochain problème, nous utiliserons cette relation pour réaliser une soustraction vectorielle.

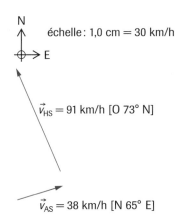

échelle : 1,0 cm = 30 km/h

$\vec{v}_{HS} = 91$ km/h [O 73° N]

$\vec{v}_{AS} = 38$ km/h [N 65° E]

Figure 7
La situation du problème 3

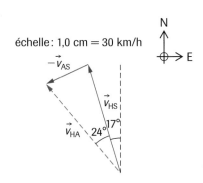

échelle : 1,0 cm = 30 km/h

Figure 8
La solution du problème 3

Réponses

2. a) 3,9 m/s [vers l'avant]

    b) 1,7 m/s [vers l'avant]

    c) 3,0 m/s [21° à droite vers l'avant]

3. 5,3 m/s [E 78° N]

4. $7,2 \times 10^2$ km [S 60° O] de Winnipeg

▸ *PROBLÈME 3*

Un hélicoptère en vol à un endroit où la vitesse vectorielle moyenne du vent est de 38 km/h [N 65° E] doit atteindre une vitesse vectorielle de 91 km/h [O 73° N] par rapport au sol pour arriver à destination à temps (voir la **figure 7**). Quelle doit être sa vitesse vectorielle par rapport à l'air ?

Solution

En utilisant les lettres H pour l'hélicoptère, S pour le sol et A pour l'air, nous pouvons représenter les vitesses vectorielles relatives ainsi :

$\vec{v}_{HS} = 91$ km/h [O 73° N]

$\vec{v}_{AS} = 38$ km/h [N 65° E]

$\vec{v}_{HA} = ?$

$$\vec{v}_{HS} = \vec{v}_{HA} + \vec{v}_{AS}$$

Reformulons l'équation pour trouver l'inconnue :

$$\vec{v}_{HA} = \vec{v}_{HS} - \vec{v}_{AS}$$
$$\vec{v}_{HA} = \vec{v}_{HS} + (-\vec{v}_{AS}) \quad \text{où } -\vec{v}_{AS} \text{ est 38 km/h [S 65° O]}$$

La **figure 8** présente cette soustraction vectorielle. En mesurant directement sur le diagramme à l'échelle, nous voyons que la vitesse vectorielle de l'hélicoptère par rapport à l'air doit être de 94 km/h [O 49° N]. On peut obtenir le même résultat en utilisant les composantes, ou encore la loi des sinus et des cosinus.

▸ *Mise en pratique*

Saisis bien les concepts

1. Les équations suivantes sont incorrectes. Corrige-les.

    a) $\vec{v}_{LE} = \vec{v}_{LD} + \vec{v}_{LE}$

    b) $\vec{v}_{AC} = \vec{v}_{AB} - \vec{v}_{BC}$

    c) $\vec{v}_{MN} = \vec{v}_{NT} + \vec{v}_{TM}$ (Trouve deux équations justes.)

    d) $\vec{v}_{LP} = \vec{v}_{ML} + \vec{v}_{MN} + \vec{v}_{NO} + \vec{v}_{OP}$

2. Un paquebot de croisière se déplace avec une vitesse vectorielle de 2,8 m/s [vers l'avant] par rapport à l'eau. Un groupe de touristes marchent sur le pont avec une vitesse vectorielle de 1,1 m/s par rapport au pont. Détermine leur vitesse vectorielle par rapport à l'eau s'ils marchent a) vers la proue, b) vers la poupe et c) à tribord. (La proue est l'avant du bateau, la poupe est l'arrière et tribord est la droite du bateau quand on fait face à la proue.)

3. Le paquebot de la question 2 navigue avec une vitesse vectorielle de 2,8 m/s [N] au large de la côte de Colombie-Britannique, à un endroit où le courant de l'océan a une vitesse vectorielle par rapport à la côte de 2,4 m/s [N]. Détermine la vitesse vectorielle du groupe de touristes par rapport à la côte s'ils se dirigent à tribord.

4. Un avion qui se déplace avec une vitesse vectorielle par rapport à l'air de 320 km/h [S 62° O] survole Winnipeg. La vitesse vectorielle du vent est de 72 km/h [S]. Détermine le déplacement de l'avion par rapport à Winnipeg 2 heures plus tard.

Fais des liens

5. Les pilotes de ligne sont souvent en mesure de profiter du courant-jet pour réduire la durée des vols au minimum. Renseigne-toi sur l'importance du courant-jet en aviation.

www.beauchemineediteur.com/physique12

Les systèmes de référence et la vitesse vectorielle relative

- Un système de référence est un système de coordonnées par rapport auquel un mouvement peut être observé.

- La vitesse vectorielle relative est la vitesse vectorielle d'un objet par rapport à un système de référence précis (équation typique de vitesse vectorielle relative : $\vec{v}_{PT} = \vec{v}_{PA} + \vec{v}_{AT}$, où P est l'objet observé et T est l'observateur ou le système de référence).

▶ *Section 1.5* *Questions*

Saisis bien les concepts

1. Deux kayakistes peuvent se déplacer à la même vitesse en eau calme. L'un se met à traverser la rivière, alors que l'autre se dirige selon un angle vers l'amont de la même rivière afin d'accoster directement de l'autre côté face à sa position de départ. Supposons que la vitesse des kayakistes est supérieure à la vitesse du courant de la rivière. Lequel des kayakistes atteint le côté opposé le premier ? Explique.

2. Un hélicoptère vole avec une vitesse aérodynamique de 55 m/s. Il se dirige à [N 55° O]. Quelle est sa vitesse vectorielle par rapport au sol si la vitesse vectorielle du vent est de a) 21 m/s [E] et b) 21 m/s [O 68° N] ?

3. Une nageuse qui atteint une vitesse de 0,75 m/s en eau calme décide de traverser une rivière d'une largeur de 72 m. La nageuse arrive sur la rive opposée à 54 m en aval de son point de départ.
   a) Détermine la vitesse du courant de la rivière.
   b) Détermine la vitesse vectorielle de la nageuse par rapport à la rive.
   c) Détermine l'orientation que la nageuse devrait prendre pour arriver de l'autre côté face à sa position de départ.

4. On veut se rendre en avion directement de Londres en Angleterre à Rome en Italie en 3,5 heures. Le déplacement représente $1,4 \times 10^3$ km [E 47° S]. Le vent souffle avec une vitesse vectorielle de 75 km/h [E]. Détermine quelle doit être la vitesse vectorielle de l'avion par rapport à l'air pour atteindre cet objectif.

Mets en pratique tes connaissances

5. Un élève de physique dans un train évalue la vitesse des gouttes de pluie qui tombent sur la vitre du wagon. La **figure 9** présente la méthode qu'utilise l'élève pour estimer l'angle du déplacement des gouttes sur la vitre.

a) En supposant que les gouttes de pluie tombent directement vers le bas par rapport au système de référence Terre et que la vitesse du train est de 64 km/h, détermine la vitesse verticale des gouttes.

b) Décris les sources d'erreur dans ce genre d'estimation.

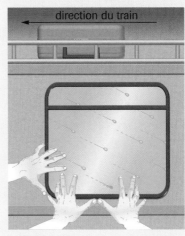

direction du train

main gauche   main droite

Figure 9
L'estimation de la vitesse des gouttes de pluie

Fais des liens

6. Tu as fait l'enregistrement vidéo d'un bulletin météorologique présentant un reporter dans un ouragan. Comment analyserais-tu la vidéo pour évaluer la vitesse du vent ? Suppose que le vent souffle horizontalement et que la composante verticale de la vitesse vectorielle des gouttes de pluie est la même que celle des gouttes de pluie de la question précédente.

⚛ RECHERCHE 1.3.1

Une comparaison de vitesses limites

On peut déterminer la relation entre la vitesse limite et la masse d'un objet en observant le mouvement de filtres à café à fond plat tombant vers un détecteur de mouvement (**figure 1**).

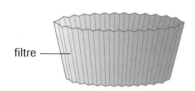

filtre —

détecteur de mouvement —

Figure 1
L'enregistrement par un détecteur de mouvement de la chute de filtres à café

Question

a)   Formule une question appropriée pour cette recherche.

Hypothèse et prévision

b)   Écris une hypothèse qui répond à la question.

c)   Sur le même graphique vitesse-temps, trace trois courbes représentant ce que tu prévois observer avec un filtre d'abord, puis deux, et finalement trois filtres (l'un dans l'autre) tombant vers un détecteur de mouvement qui enregistre leur vitesse. Identifie chaque courbe sur le graphique.

Élaboration de l'expérience

d)   Rédige les étapes de la recherche que ton groupe devra suivre pour répondre à la question et vérifie ton hypothèse et tes prévisions. N'oublie pas les mesures de sécurité.

e)   Fais approuver ton plan par ton enseignant ou ton enseignante avant de commencer.

Matériel

f)   Dresse la liste du matériel et des appareils dont tu auras besoin pour réaliser cette recherche.

Analyse

g)   Exécute ton plan approuvé en traçant un seul graphique vitesse-temps avec les résultats fournis par le détecteur de mouvement.

Évaluation

h)   Évalue ton hypothèse et tes prévisions.

i)   Énumère les sources d'erreur aléatoires et systématiques dans cette recherche. Suggère des façons de réduire au minimum ces erreurs.

Synthèse

j)   Décris ta façon de concevoir une recherche pour déterminer les facteurs qui affectent les vitesses limites de sphères coulant dans l'eau. Ne prends pas en considération seulement la masse, mais au moins une autre variable intéressante.

⚛ RECHERCHE 1.4.1

L'analyse du mouvement de projectile

Une manière pratique d'analyser le mouvement de projectile consite à utiliser une table à coussin d'air sur laquelle le frottement entre la rondelle et la surface est réduit au minimum (**figure 1** de la page suivante). Si la table est surélevée d'un côté, alors la rondelle qui est lancée avec une certaine vitesse vectorielle horizontale effectuera un mouvement de projectile. Tu peux analyser ce mouvement en utilisant un ensemble de diagrammes et d'équations.

 Il y a danger d'électrocution. Laisse l'étinceleur fermé jusqu'à ce que tu sois prêt à recueillir les données. Ne touche pas à la table à coussin d'air quand l'étinceleur est allumé. Les deux rondelles doivent demeurer en contact avec le papier carbone chaque fois que l'étinceleur est activé.

Maintiens une très faible inclinaison de la table à coussin d'air par rapport à l'horizontale.

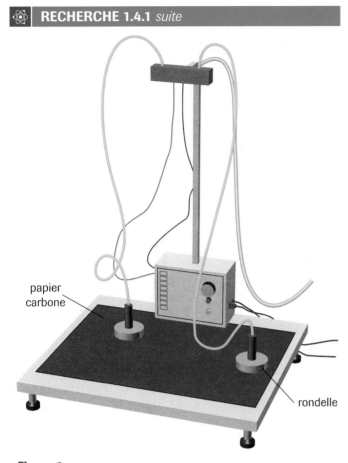

RECHERCHE 1.4.1 *suite*

papier carbone

rondelle

Figure 1
Lorsque tu utilises une table à coussin d'air avec une rondelle à étincelles, garde une autre rondelle près du bord de la table en contact avec le papier carbone pour éviter une rupture de courant vers l'étinceleur.

Questions

I) Quelle est l'orientation de l'accélération d'un projectile sur un plan incliné?

II) Comment peux-tu démontrer que la composante verticale du mouvement d'un projectile sur un plan incliné est indépendante de la composante horizontale?

Hypothèse

a) Émets des hypothèses qui répondent aux questions. Justifie chaque réponse.

Matériel

Pour la classe:
une table à coussin d'air et les appareils qui y sont reliés
des briques ou des livres pour supporter le côté surélevé de la table

Pour chaque groupe de 4 ou 5 élèves:
un mètre

Pour chaque élève:
3 feuilles de papier de bricolage
une règle en centimètres
un rapporteur

Marche à suivre

1. En travaillant en groupe, détermine l'angle d'inclinaison de la table à coussin d'air avec la plus grande précision possible. (Utilise la trigonométrie.)

2. Avec l'étinceleur éteint et l'alimentation d'air en marche, désigne une personne du groupe pour arrêter la rondelle avant qu'elle frappe le bord de la table. Exerce-toi à mettre en mouvement une des rondelles afin de satisfaire aux conditions suivantes:
   mouvement A: $v_{ix} = 0$; $v_{iy} = 0$
   mouvement B: $v_{ix} > 0$; $v_{iy} = 0$
   mouvement C: $v_{ix} > 0$; $v_{iy} > 0$

3. Lorsque tu jugeras satisfaisants l'exécution des mouvements et le maniement sécuritaire de l'appareil, tu pourras mettre en marche l'étinceleur et créer les mouvements A, B et C sur différentes feuilles de papier de bricolage pour chacun des membres du groupe. Identifie chaque mouvement et indique la fréquence et la période de l'étinceleur.

   Note: au cours des étapes qui restent, la dextérité et la précision sont très importantes.

4. Pour le mouvement linéaire A (voir la **figure 2**), dessine entre 6 et 10 vecteurs vitesse, $\vec{v}_1, \vec{v}_2, \ldots \vec{v}_n$, en traçant les vecteurs déplacement et en divisant chacun par l'intervalle de temps qui lui est associé. Sers-toi de la soustraction vectorielle pour déterminer les vecteurs $\Delta\vec{v}$ correspondants, comme dans le diagramme. Ensuite, calcule l'accélération moyenne de chaque vecteur $\Delta\vec{v}$ en utilisant l'équation

$$\vec{a}_{\text{moy},n} = \frac{\vec{v}_{n+1} - \vec{v}_n}{\Delta t}$$

où Δt est l'intervalle de temps entre le milieu de l'intervalle de $\vec{v}_n$ et le milieu de l'intervalle de $\vec{v}_{n+1}$. Enfin, calcule l'accélération moyenne de toutes les valeurs $\vec{a}_{\text{moy},n}$.

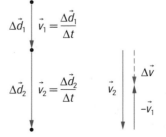

Figure 2
La variation de vitesse vectorielle pour un mouvement sans frottement sur un plan incliné

5. Répète l'étape 4 pour le mouvement B avec une certaine vitesse vectorielle horizontale initiale (voir la **figure 3**). Ne tiens pas compte des points produits lors de la poussée de la rondelle ou après que la rondelle s'est approchée du bord de la table.

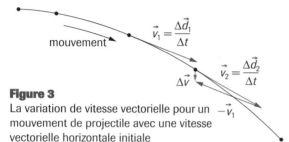

Figure 3
La variation de vitesse vectorielle pour un mouvement de projectile avec une vitesse vectorielle horizontale initiale

6. Répète l'étape 5 pour le mouvement C effectué par la rondelle qu'on lance vers le haut par rapport à sa position initiale (voir la **figure 4**).

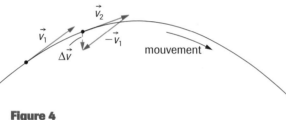

Figure 4
La variation de vitesse vectorielle pour un mouvement de projectile avec une vitesse vectorielle initiale inclinée par rapport à l'horizontale

Analyse

b) Compare les grandeurs et les orientations des accélérations pour les trois mouvements à l'étude dans cette recherche.

c) Sers-toi de l'inclinaison de la table, θ, pour déterminer la grandeur de l'accélération au bas du plan incliné. (*Indice*: utilise l'équation $a = g \sin \theta$, où $g = 9,8$ m/s^2.)

d) Trouve la différence en pourcentage entre ta réponse en e) et chacune des accélérations moyennes.

e) Réponds aux questions I) et II).

Évaluation

f) Commente la justesse de ton hypothèse.

g) Décris les sources d'erreur aléatoires et systématiques dans cette recherche. Comment pourrais-tu réduire au minimum ces sources d'erreur?

Synthèse

h) Quand on analyse les vecteurs des mouvements dans cette recherche, vaudrait-il mieux utiliser de plus petites ou de plus grandes valeurs de Δt? Pourquoi?

i) Explique pourquoi, en d), on t'a demandé de calculer la différence en pourcentage plutôt que l'erreur dans le pourcentage.

j) Prouve que l'équation $a = g \sin \theta$ donne bel et bien la grandeur de l'accélération au bas d'un plan sans frottement, incliné selon un angle θ par rapport à l'horizontale.

EXERCICE D'APPLICATION 1.4.1

Le temps de déplacement du ballon dans les airs au football

Habiletés de recherche

○ Questionner ○ Planifier ● Analyser
○ Émettre une ○ Mener une ● Évaluer
hypothèse expérience ● Communiquer
● Prévoir ○ Enregistrer, noter

Pour permettre à l'équipe qui dégage (**figure 1**) de courir vers le receveur pour le plaquer, le temps de déplacement du ballon dans les airs doit être aussi long que possible. De plus, la portée horizontale du ballon doit aussi être grande pour permettre aux joueurs de se positionner avantageusement sur le terrain. L'angle de lancement, la vitesse initiale ainsi que l'orientation et la vitesse du vent sont des facteurs qui affectent le mouvement du ballon, rendant l'expérience complexe. Cet exercice d'application utilise un petit échantillon de données tirées d'enregistrements vidéo de matchs de football.

Figure 1
Pense à tous les facteurs qui affectent le temps de déplacement dans les airs et la portée horizontale du ballon durant un match.

En analysant les données, réfléchis à la façon dont tu recueillerais un ensemble de données de cinématique à partir d'une vidéo de ton sport favori.

Question

Comment le fait de maximiser le temps de déplacement dans les airs et la portée horizontale d'un dégagement de ballon de football se compare-t-il au fait de maximiser le temps de vol et la portée horizontale d'un projectile « idéal » dont l'arrivée se produit au même niveau que celui de départ ?

Hypothèse et prévision

Un projectile idéal (qui subit une résistance de l'air négligeable) a une portée horizontale maximale lorsqu'il est lancé à 45°. Son temps de vol s'accroît pour des angles supérieurs à 45° au-dessus de l'horizontale et décroît pour des angles inférieurs à 45°.

a) Peux-tu prévoir quelle serait la gamme idéale d'angles de lancement d'un ballon permettant d'obtenir à la fois un temps de déplacement dans les airs suffisamment long et une bonne portée horizontale ?

Matériel

Pour les données déjà analysées :
des enregistrements vidéo de quelques matchs de football
un magnétoscope avec une commande de pause à
   intervalles de temps connus (comme à chaque seconde)
une feuille quadrillée transparente pour déterminer
   les angles et les distances sur l'écran
un rapporteur
une règle

Pour l'analyse de l'élève :
du papier graphique

Preuve

Plusieurs dégagements ont été analysés pour déterminer l'angle de lancement θ, la portée horizontale x, le temps de déplacement dans les airs Δt et une estimation de la vitesse vectorielle initiale du ballon. Pour cet exercice, seuls les dégagements avec une vitesse vectorielle initiale de $3{,}0 \times 10^1$ m/s et dont l'angle de lancement varie entre 35° et 65°, à intervalles de 5°, ont été retenus. Le **tableau 1** présente les résultats.

Tableau 1 Données pour l'exercice d'application 1.4.1

x (m)	58	60	60	58	54	49	44
Δt (s)	3,1	3,5	3,8	4,2	4,4	4,6	4,7
θ (°)	35	40	45	50	55	60	65

Analyse

b) Trace un graphique de la portée horizontale x en fonction du temps de déplacement dans les airs Δt. L'axe vertical devra être gradué de 40 à 60 m et l'axe horizontal, de 3,0 à 5,0 s. Identifie l'angle de lancement correspondant à chaque point du graphique.

c) En regardant le graphique et les données du tableau, établis ce qui selon toi serait une gamme d'angles de lancement qui permettrait d'obtenir un temps de déplacement dans les airs suffisamment long et une bonne portée horizontale. Justifie ton choix.

d) Réponds à la question.

Évaluation

e) La preuve et l'analyse confirment-elles ou réfutent-elles ton hypothèse ? Justifie ta réponse.

f) Quelles hypothèses doit-on faire pour recueillir les données présentées dans le tableau ?

g) Énumère les sources d'erreur aléatoires et systématiques probables dans ce type de mesure et d'analyse.

h) Si tu essaies d'analyser le mouvement d'un projectile d'une activité sportive, que ferais-tu pour obtenir les données les plus précises possible ?

Synthèse

i) Si tu avais le choix d'analyser les dégagements au football dans un stade à ciel ouvert ou dans un stade fermé, que choisirais-tu pour obtenir les résultats les plus précis possible ? Pourquoi ?

j) Comment les connaissances acquises dans cet exercice d'application pourraient-elles permettre aux athlètes d'améliorer leur performance ?

Objectifs clés

- analyser, prévoir en termes quantitatifs et expliquer le mouvement linéaire de divers objets dans le plan horizontal, le plan vertical et tout plan incliné (par exemple, le mouvement d'un skieur descendant une pente) (1.1, 1.2, 1.3, 1.5)

- analyser, prévoir en termes quantitatifs et expliquer le mouvement d'un projectile relativement aux composantes horizontale et verticale de son mouvement (1.4)

- réaliser des expériences ou des simulations avec des objets animés d'un mouvement en deux dimensions, puis analyser et afficher les données obtenues sous une forme appropriée (1.1, 1.2, 1.3, 1.4)

- prévoir le mouvement d'un objet d'après sa vitesse initiale et la direction de son mouvement (par exemple, sa vitesse limite et son mouvement de projectile), puis vérifier la prévision expérimentalement (1.3, 1.4)

- concevoir ou construire des outils technologiques à partir des concepts du mouvement de projectile (1.4)

Mots clés

cinématique	accélération
grandeur scalaire	accélération moyenne
vitesse instantanée	accélération instantanée
vitesse moyenne	accélération due à la pesanteur
quantité vectorielle	chute libre
position	vitesse limite
déplacement	projectile
vitesse vectorielle	mouvement de projectile
vitesse vectorielle instantanée	portée horizontale
vitesse vectorielle moyenne	système de référence
tangente	vitesse vectorielle relative

Équations clés

- $v_{moy} = \dfrac{d}{\Delta t}$ (1.1)
- $\Delta \vec{d} = \vec{d}_2 - \vec{d}_1$ (1.1)
- $\vec{v}_{moy} = \dfrac{\Delta \vec{d}}{\Delta t}$ (1.1)
- $\vec{v} = \lim_{\Delta t \to 0} \dfrac{\Delta \vec{d}}{\Delta t}$ (1.1)

- $\Delta \vec{d} = \Delta \vec{d}_1 + \Delta \vec{d}_2 + \ldots$ (1.1)
- $\vec{a}_{moy} = \dfrac{\Delta \vec{v}}{\Delta t} = \dfrac{\vec{v}_f - \vec{v}_i}{\Delta t}$ (1.2)
- $\vec{a} = \lim_{\Delta t \to 0} \dfrac{\Delta \vec{v}}{\Delta t}$ (1.2)
- $\Delta \vec{d} = \vec{v}_i \Delta t + \dfrac{1}{2} \vec{a} (\Delta t)^2$ (1.2)
- $\Delta \vec{d} = \vec{v}_{moy} \Delta t = \dfrac{(\vec{v}_i + \vec{v}_f)}{2} \Delta t$ (1.2)
- $v_f^2 = v_i^2 + 2a\Delta d$ (1.2)
- $\Delta \vec{d} = \vec{v}_f \Delta t - \dfrac{1}{2} \vec{a} (\Delta t)^2$ (1.2)
- $a_{moy,x} = \dfrac{\Delta v_x}{\Delta t} = \dfrac{v_{fx} - v_{ix}}{\Delta t}$ (1.2)
- $a_{moy,y} = \dfrac{\Delta v_y}{\Delta t} = \dfrac{v_{fy} - v_{iy}}{\Delta t}$ (1.2)
- $a_y = \dfrac{v_{fy} - v_{iy}}{\Delta t}$ (1.3)
- $\Delta y = v_{iy} \Delta t + \dfrac{1}{2} a_y (\Delta t)^2$ (1.3)
- $\Delta y = \dfrac{(v_{iy} + v_{fy})}{2} \Delta t$ (1.3)
- $v_{fy}^2 = v_{iy}^2 + 2a_y \Delta y$ (1.3)
- $\Delta y = v_{fy} \Delta t - \dfrac{1}{2} a_y (\Delta t)^2$ (1.3)
- $v_{ix} = \dfrac{\Delta x}{\Delta t}$ (1.4)
- $\vec{v}_{PT} = \vec{v}_{PA} + \vec{v}_{AT}$ (1.5)

▸ *RÉDIGE* un résumé

Dessine un grand schéma présentant le trajet d'une balle qui effectue un mouvement de projectile. Identifie plusieurs positions le long du trajet (A, B, C, D et E) et inscris le plus de détails possible concernant le mouvement. Par exemple, indique la grandeur et l'orientation (lorsque c'est possible) des composantes horizontale et verticale de la position, du déplacement, de la vitesse vectorielle instantanée et de l'accélération instantanée à chaque position. Montre ce qui arrive à ces grandeurs si tu supposes que la résistance de l'air près de la fin du trajet n'est plus négligeable. Enfin, inscris les détails concernant les systèmes de référence (par exemple, un système de référence pourrait être le terrain de jeu, et un autre celui d'un athlète courant parallèlement au mouvement de la balle juste avant de l'attraper). Dans ce schéma et ses légendes, inclus le maximum d'objectifs clés, de mots clés et d'équations clés vus dans ce chapitre.

Inscris les nombres de 1 à 11 dans ton cahier. À côté de chacun, indique si l'affirmation correspondante est vraie (V) ou fausse (F). Si elle est fausse, propose une version corrigée.

1. Tu lances une balle verticalement et tu t'écartes. La balle s'élève, puis elle tombe en suivant le même trajet et frappe le sol. Puisque la balle inverse sa direction, elle effectue un mouvement en deux dimensions.

2. La valeur de la vitesse vectorielle de cette balle juste avant de toucher le sol est supérieure à la valeur de sa vitesse vectorielle initiale à l'instant où elle quitte ta main.

3. L'accélération de cette balle au point le plus élevé de son vol est nulle.

4. Le temps de montée de la balle est égal à son temps de descente.

5. Un coureur qui fait quatre tours d'une piste circulaire à 4,5 m/s effectue un mouvement à vitesse vectorielle constante.

6. La pente de la tangente à une courbe sur un graphique position-temps donne la vitesse vectorielle instantanée.

7. Les mégamètres par heure par jour sont une unité possible d'accélération.

8. La valeur de l'accélération due à la pesanteur à Miami est supérieure à celle qui s'exerce à Saint-Jean, Terre-Neuve.

9. On doit utiliser la formule quadratique pour résoudre les problèmes impliquant une équation quadratique $v_f^2 = v_i^2 + 2a\Delta d$.

10. Un modèle réduit de fusée lancé dans une chambre à vide selon un angle de 45° au-dessus de l'horizontale effectue un mouvement de projectile.

11. Si $\vec{v}_{AB} = 8{,}5$ m/s [E], $\vec{v}_{BA} = -8{,}5$ m/s [O].

Inscris les nombres de 12 à 18 dans ton cahier. À côté de chacun, inscris la lettre correspondant au choix approprié.

12. Tu lances une balle verticalement vers le haut : ta main représente la position initiale et les y positifs sont orientés vers le haut. Lequel des graphiques position-temps présentés à la **figure 1** illustre le mieux cette relation ?

13. Tu échappes un bouchon de caoutchouc : ta main représente la position initiale et les y positifs sont orientés vers le haut. Lequel des graphiques de la **figure 1** illustre le mieux cette relation ?

14. Tu lances une balle directement vers le haut : ta main représente la position initiale et les y positifs sont orientés vers le bas. Lequel des graphiques de la **figure 1** illustre le mieux cette relation ?

a)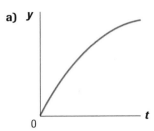

b)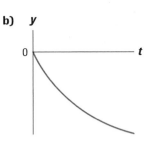

c)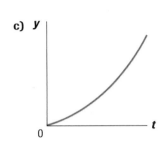

d)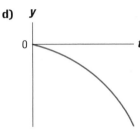

e)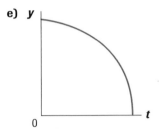

Figure 1
Les graphiques de la position verticale en fonction du temps pour les questions 12 à 15

15. Tu laisses aller un chariot du haut d'une rampe : la position initiale est le haut de la rampe et les y positifs sont orientés vers le haut. Lequel des graphiques de la **figure 1** illustre le mieux cette relation ?

16. Une voiture ayant une vitesse vectorielle initiale de 25 m/s [E] subit une accélération moyenne de 2,5 m/s² [O] pendant $2{,}0 \times 10^1$ s. À la fin de cet intervalle, la vitesse vectorielle est de
    a) $5{,}0 \times 10^1$ m/s [O]   d) 75 m/s [O]
    b) 0,0 m/s   e) 75 m/s [E]
    c) 25 m/s [O]

17. Une accélération a une composante vers l'est de 2,5 m/s² et une composante vers le nord de 6,2 m/s². L'orientation de l'accélération est
    a) [E 50° N]   d) [E 22° N]
    b) [E 40° N]   e) [N 22° E]
    c) [E 66° N]

18. Au football, tu joues comme arrière et tu cours avec une vitesse vectorielle initiale de 7,2 m/s [N]. Tu dévies pour éviter un plaquage et, après 2,0 s, tu te déplaces à 7,2 m/s [O]. Ton accélération moyenne dans cet intervalle de temps est
    a) 0 m/s²   d) 3,6 m/s² [S]
    b) 5,1 m/s² [N 45° O]   e) 5,1 m/s² [O 45° S]
    c) $1{,}0 \times 10^1$ m/s² [N 45° O]

Une version interactive de cette évaluation est disponible dans Internet.

ALLER À   www.beaucheminediteur.com/physique12

La cinématique **63**

Saisis bien les concepts

1. a) Au Canada, la limite de vitesse sur plusieurs auto-routes est de 100 km/h. Convertis cette mesure en mètres par seconde en conservant trois chiffres significatifs.

   b) La vitesse la plus élevée jamais enregistrée pour un animal est celle du piqué d'un faucon pèlerin pouvant atteindre 97 m/s. Quelle est la vitesse du piqué en kilomètres-heure ?

   c) Suggère une façon pratique de convertir des kilomètres-heure en mètres par seconde et des mètres par seconde en kilomètres-heure.

2. Pour chacune des opérations sur les dimensions énumérées, identifie le type de grandeur qui en résulte (vitesse, longueur, etc.).

   a) $l \times t^{-1}$ b) $\left(\dfrac{1}{t^3}\right) \times t$ c) $\left(\dfrac{1}{t^2}\right) \times t \times t$

3. Lors d'un examen, un élève lit une question qui demande une distance. Deux valeurs lui sont fournies : un intervalle de temps de 3,2 s et une accélération constante de 5,4 m/s². Ne sachant pas quelle équation utiliser, l'élève essaie l'analyse dimensionnelle et choisit l'équation $\vec{d} = \vec{a}(\Delta t)^2$.

   a) L'équation respecte-t-elle les dimensions ?

   b) Identifie les limites de l'analyse dimensionnelle pour retracer des équations.

4. Dans le cas d'un mouvement à vitesse vectorielle constante, compare :

   a) la vitesse instantanée et la vitesse moyenne ;

   b) les vitesses vectorielle instantanée et moyenne ;

   c) la vitesse instantanée et la vitesse vectorielle moyenne.

5. Comment se sert-on d'un graphique vitesse vectorielle-temps pour déterminer a) le déplacement et b) l'accélération ?

6. Une composante vectorielle peut-elle avoir une norme supérieure à la norme du vecteur ? Justifie ta réponse.

7. a) La somme de deux vecteurs de même norme peut-elle être un vecteur nul ?

   b) La somme de deux vecteurs de normes différentes peut-elle être un vecteur nul ?

   c) La somme de trois vecteurs, tous de normes différentes, peut-elle être un vecteur nul ?

   Dans chaque cas, donne un exemple si la réponse est « oui », une explication dans le cas contraire.

8. Une golfeuse effectue un coup de départ à 214 m [E] à partir du tee, puis elle frappe la balle à 96 m [N 62° E] et, finalement, elle effectue un coup roulé de 12 m [S 65° E]. Détermine le déplacement nécessaire par rapport au tee pour réussir un trou d'un coup en utilisant a) un diagramme vectoriel à l'échelle et b) les composantes. Compare tes réponses.

9. Détermine le vecteur que l'on doit ajouter à la somme des vecteurs $\vec{A} + \vec{B}$ de la **figure 1** pour obtenir un déplacement résultant de a) 0 et b) 4,0 km [O].

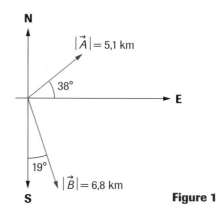

Figure 1

10. Supposons qu'un vecteur déplacement peut être tracé du nez d'une personne à ses orteils. Pour une ville de 2 000 habitants, évalue le vecteur déplacement résultant de la somme de tous les vecteurs nez-orteils à a) 17 h et à b) 5 h. Explique ton raisonnement.

11. Au Grand Prix du Canada, les pilotes parcourent une distance totale de 304,29 km en 69 tours de piste. Si le temps le plus rapide pour un tour est de 84,118 s, quelle est la vitesse moyenne pour ce tour ?

12. Selon un manuel de conduite automobile, l'écart le plus sécuritaire par rapport à la voiture d'en avant à une certaine vitesse est la distance que tu franchirais en 2,0 s à cette vitesse. Quel est l'écart recommandé a) en mètres et b) en longueurs de voiture, si ta vitesse est de 115 km/h ?

13. Un aigle vole à 24 m/s sur une distance de $1,2 \times 10^3$ m, puis il plane à 18 m/s sur une distance de $1,2 \times 10^3$ m. Détermine

   a) la durée de ce mouvement ;

   b) la vitesse moyenne de l'aigle pendant ce mouvement.

14. Décris le mouvement représenté par chaque graphique de la **figure 2**.

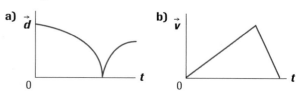

Figure 2

15. Un pompier glisse sur une distance de 4,5 m le long d'un poteau et court 6,8 m jusqu'au camion d'incendie en 5,0 s. Détermine a) la vitesse moyenne du pompier et b) sa vitesse vectorielle moyenne.

16. Pendant un intervalle de temps de 6,4 s, un joueur de hockey sur gazon court 16 m [S 55° O], puis 22 m [S 75° E]. Détermine a) le déplacement du joueur et b) sa vitesse vectorielle moyenne.

17. Le guépard, possiblement l'animal terrestre le plus rapide, peut maintenir une vitesse de pointe aussi élevée que 100 km/h pendant de courts laps de temps. Le trajet d'un guépard qui chasse sa proie à vitesse maximale est illustré à la **figure 3**. Trouve la vitesse vectorielle instantanée du guépard, incluant son orientation approximative aux positions D, E et F.

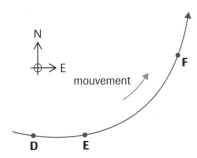

Figure 3

18. Une automobile roule d'abord à 42 km/h sur la voie d'accès d'une autoroute puis accélère uniformément jusqu'à 105 km/h en 26 s.
    a) Quelle distance, en kilomètres, l'automobile parcourt-elle dans cet intervalle de temps?
    b) Détermine la grandeur de l'accélération moyenne en kilomètres-heure par seconde.

19. Dans un manège du parc d'amusement, les voitures, stationnaires au départ, accélèrent rapidement et parcourent les premiers 15 m [vers l'avant] en 1,2 s.
    a) Calcule l'accélération moyenne des voitures.
    b) Détermine la vitesse vectorielle des voitures à 1,2 s.
    c) Exprime la grandeur de l'accélération en fonction de $|\vec{g}|$.

20. Détermine l'accélération constante requise pour qu'une balle atteigne une vitesse vectorielle de $4,0 \times 10^2$ m/s [vers l'avant] dans le canon, si le frottement est nul et si le canon mesure 0,80 m.

21. Une fusée débute son troisième stade de lancement à une vitesse vectorielle de $2,28 \times 10^2$ m/s [vers l'avant]. Elle subit une accélération constante de $6,25 \times 10^1$ m/s² en franchissant 1,86 km avec la même orientation. Quelle est la vitesse vectorielle de la fusée à la fin de son mouvement?

22. Lors de son voyage final vers son lieu de reproduction en amont, un saumon bondit vers le sommet d'une chute de 1,9 m. Quelle est la vitesse vectorielle verticale minimale requise pour que le saumon parvienne au sommet de la chute?

23. Un autobus parcourt $2,0 \times 10^2$ m avec une accélération constante de 1,6 m/s².
    a) Combien de temps dure le mouvement si la valeur de la vitesse vectorielle initiale est de 0,0 m/s?
    b) Combien de temps dure le mouvement si la valeur de la vitesse vectorielle initiale est de 8,0 m/s dans la direction de l'accélération?

24. Un avion, dont la vitesse vectorielle initiale est de 240 m/s [S 62° E], prend 35 s pour abaisser sa vitesse vectorielle à 220 m/s [E 62° S]. Quelle est l'accélération moyenne durant cet intervalle de temps?

25. Un pilote de course veut atteindre une vitesse vectorielle de 54 m/s [N] à la sortie d'une courbe, subissant une accélération moyenne de 19 m/s [O 45° N] pendant 4 s. Quelle est sa vitesse vectorielle finale?

26. La **figure 4** présente le graphique vitesse vectorielle-temps d'un écureuil qui court le long d'une clôture.
    a) Trace le graphique accélération-temps correspondant à ce mouvement.
    b) Trace le graphique position-temps correspondant, de 0,0 à 1,0 s. (Attention : pour le premier 0,50 s, le graphique n'est pas une droite.)

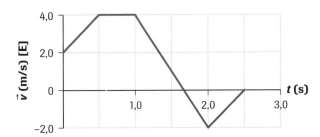

Figure 4

27. Vénus, dont l'orbite a un rayon de $1,08 \times 10^{11}$ m, complète une orbite autour du Soleil en $1,94 \times 10^7$ s.
    a) Quelle est sa vitesse moyenne en mètres par seconde et en kilomètres-heure?
    b) Détermine la valeur de la vitesse vectorielle moyenne après que Vénus a complété une demi-révolution autour du Soleil.
    c) Détermine la valeur de l'accélération moyenne après qu'elle a complété un quart de révolution autour du Soleil.

28. a) Quelles sont les composantes horizontale et verticale de l'accélération d'un projectile?

b) Comment ta réponse changera-t-elle si les deux composantes du mouvement subissent la résistance de l'air?

29. Un enfant lance une balle de neige ayant une vitesse vectorielle horizontale de 18 m/s directement sur un arbre, à partir d'une distance de 9,0 m et d'une hauteur de 1,5 m au-dessus du sol.

a) Après combien de temps la balle de neige frappe-t-elle l'arbre?

b) À quelle hauteur au-dessus du sol la balle de neige frappe-t-elle l'arbre?

c) Détermine la vitesse vectorielle de la balle de neige quand elle frappe l'arbre.

30. Détermine la vitesse vectorielle initiale d'un projectile qui est lancé horizontalement et qui tombe de 1,5 m tout en se déplaçant de 16 m horizontalement.

31. Tu te tiens debout dans un train se déplaçant à vitesse vectorielle constante par rapport au système de référence Terre. Tu laisses tomber une balle sur le plancher. Quel est le trajet de la balle a) dans ton système de référence et b) dans le système de référence d'une personne se tenant debout immobile à côté du train?

32. Un avion voyage à une vitesse aérodynamique de 285 km/h [S 45° E]. Un vent souffle à 75 km/h [E 68° N] par rapport au sol. Détermine la vitesse vectorielle de l'avion par rapport au sol.

33. Une nageuse, qui peut atteindre une vitesse de 0,80 m/s en eau calme, décide de traverser une rivière d'une largeur de 86 m. La nageuse arrive de l'autre côté à 54 m en aval de son point de départ. Détermine

a) la vitesse du courant;

b) la vitesse vectorielle de la nageuse par rapport à la rive;

c) l'orientation de départ qui aurait amené la nageuse vis-à-vis son point de départ de l'autre côté de la rivière.

34. Le déplacement de Londres à Rome est de $1,4 \times 10^3$ km [E 47° S]. Un vent souffle avec une vitesse vectorielle de 75 km/h [E]. Le pilote désire atteindre Rome en 3,5 h. Quelle vitesse vectorielle par rapport à l'air le pilote doit-il maintenir?

35. Un ballon de football est posé sur la ligne à 25 m des poteaux des buts. Le botteur de placement frappe le ballon directement entre les poteaux en lui donnant une vitesse vectorielle initiale de 21,0 m/s [47° au-dessus de l'horizontale]. La barre horizontale des poteaux des buts est à 3,0 m au-dessus du sol. À quelle distance au-dessus ou en dessous de la barre le ballon passe-t-il?

Mets en pratique tes connaissances

36. Un joueur de baseball désire mesurer la vitesse initiale d'une balle lorsqu'elle a une portée horizontale maximale.

a) Décris comment cela pourrait se faire en utilisant seulement un mètre ou un ruban à mesurer.

b) Décris les sources d'erreur aléatoire et systématique possibles dans cette expérience.

37. Tu obtiens les données suivantes dans une expérience impliquant un mouvement sur une table à coussin d'air essentiellement sans frottement, inclinée par rapport à l'horizontale:

longeuer du côté de la table à coussin d'air	62,0 cm
distance verticale du banc de laboratoire à l'extrémité surélevée de la table à coussin d'air	9,9 cm
distance verticale du banc de laboratoire à l'extrémité la plus basse de la table à coussin d'air	4,3 cm

a) Détermine l'inclinaison de la table à coussin d'air.

b) Détermine la valeur de l'accélération d'une rondelle parallèle à la pente de la table. (*Indice*: utilise $\vec{g}$ et la valeur de l'inclinaison que tu as trouvée.)

c) Quelles sont les sources d'erreur aléatoire et systématique possibles dans cette expérience?

38. La **figure 5** présente une démonstration d'un mouvement de projectile qui soulève habituellement des applaudissements. Au moment où une fléchette est lancée à haute vitesse vectorielle, une cible (souvent un singe en carton) tombe d'une position suspendue en face du lance-fléchette. Démontre que, si la fléchette est dirigée droit vers la cible, elle touchera toujours la cible qui tombe. (Utilise un ensemble précis de valeurs.)

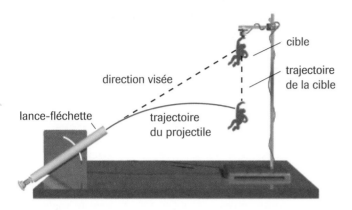

Figure 5
Dans cette démonstration de «chasseur de singe»,
le tir de la fléchette provoque la chute de la cible.

Fais des liens

39. Un automobiliste impatient roule sur une route
qui contourne une ville à une vitesse moyenne de
125 km/h. La limite de vitesse est de 100 km/h.
a) Si ce détour mesure 17 km, combien de minutes
l'automobiliste gagne-t-il en dépassant la limite
de vitesse?
b) L'automobile consomme environ 20 % plus
d'essence à une vitesse supérieure à la limite
légale. As-tu une explication?

40. Un signal électromagnétique, allant à la vitesse de la
lumière ($3,0 \times 10^8$ m/s), voyage d'une station au sol
sur la Terre jusqu'à un satellite situé à $4,8 \times 10^7$ m
d'altitude. Le satellite reçoit le signal et, après un délai
de 0,55 s, retourne le signal vers la Terre.
a) Quel est l'intervalle de temps entre la transmission
à partir de la station au sol et la réception du
signal de retour à la station?
b) Fais le lien entre ta réponse en a) et le délai
observé à la télévision lors d'entrevues menées
au moyen de satellite.

41. La cinématique en deux dimensions peut être étendue
à la cinématique en trois dimensions. Quels facteurs
du mouvement t'attendrais-tu à devoir analyser en
concevant un modèle informatique du mouvement
en trois dimensions d'astéroïdes dans le but de prévoir
à quelle distance ils s'approcheront de la Terre?

42. Un oculiste avertit un patient qui souffre d'un décolle-
ment de la rétine qu'une accélération de freinage
de plus de $2\,|\vec{g}|$ risque de faire décoller complètement
sa rétine de la sclérotique. Aide le patient à décider
s'il fera un vigoureux sport de raquette comme
le tennis. Utilise des valeurs estimées des vitesses
de course et de freinage.

43. Ton employeur, un centre de recherche médicale
spécialisé en nanotechnologie, te demande de concevoir un détecteur de mouvement microscopique qui
pourra être injecté dans le système sanguin humain.
Les lectures de vitesse vectorielle du détecteur doivent
servir à repérer les débuts d'obstruction dans les
artères, les capillaires et les veines.
a) Quels concepts physiques et quelles équations
dois-tu prendre en considération dans la conception du modèle?
b) Décris un modèle possible de cet appareil.
Comment, dans ton modèle, obtient-on les
données avec l'appareil?

44. La **figure 6** présente quatre différents types d'explosion d'un feu d'artifice. Quelles caractéristiques de
vitesse vectorielle doivent avoir les pièces d'artifice
au moment de l'explosion pour produire chacune
de ces formes?

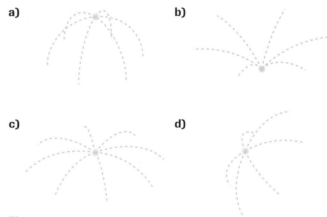

Figure 6

Exercices complémentaires

45. Un hélicoptère vole directement vers une falaise
verticale. Lorsque l'hélicoptère est à 0,70 km de la
paroi, il transmet un signal sonore. Il reçoit le
signal réfléchi 3,4 s plus tard. Si le signal voyage à
$3,5 \times 10^2$ m/s, quelle est la vitesse de l'hélicoptère?

46. Une voiture ayant une vitesse vectorielle initiale
de $8,0 \times 10^1$ km/h [E] accélère à un taux c
de 5,0 (km/h)/s, atteignant une vitesse ve
de $1,0 \times 10^2$ km/h [S 45° E]. Détermi
tion de l'accélération et b) l'inter

La dynamique

Dans ce chapitre, tu apprendras à:

- définir et à décrire les concepts et les unités grâce à l'analyse des forces;

- distinguer les systèmes de référence en accélération des systèmes en équilibre;

- déterminer la force nette qui agit sur un objet et l'accélération résultante, en analysant les données expérimentales au moyen de vecteurs et de leurs composantes, de diagrammes et de la trigonométrie;

- analyser et à prévoir, en termes quantitatifs, l'accélération des objets dans un espace à une ou à deux dimensions et à en expliquer la cause;

- analyser les principes des forces qui produisent une accélération et à décrire comment le mouvement des êtres humains, des objets et des véhicules peut être influencé par des facteurs de changement.

Pour escalader une paroi rocheuse comme celle de la **figure 1**, un grimpeur doit exercer certaines forces. La paroi lui oppose des forces de réaction et ce sont les composantes verticales de ces forces qui permettent au grimpeur de s'élever. Dans ce chapitre, tu analyseras les forces et les composantes des forces pour des objets stationnaires et en mouvement.

Les forces produisent des changements de vitesse vectorielle. Par conséquent, tu approfondiras ce que tu as appris au chapitre 1 pour en arriver à comprendre pourquoi les objets accélèrent, ralentissent ou changent de direction. Tu vas donc explorer la nature des forces qui causent l'accélération. Le chapitre 2 se termine par un regard sur le mouvement à partir de différents systèmes de référence.

💡 FAIS LE POINT sur tes connaissances ▼

1. Un attelage de chiens tire un traîneau chargé vers le haut d'une colline enneigée, comme le montre la **figure 2**. Chacun des quatre vecteurs $\vec{A}, \vec{B}, \vec{C}, \vec{D}$ représente la grandeur et la direction d'une force agissant sur le traîneau.
   a) Nomme chacune des forces représentées.
   b) Fais un croquis de ce traîneau et de sa charge montrant les quatre forces. Indique la direction $+x$ parallèle à la force $\vec{A}$ et la direction $+y$ parallèle à la force $\vec{B}$. Ajoute ensuite les composantes de tous les vecteurs qui ne sont pas parallèles aux directions de x et de y.

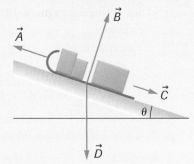

Figure 2

2. Un enfant pousse horizontalement une boîte, mais cette boîte ne bouge pas.
   a) Fais un croquis montrant toutes les forces agissant sur la boîte. Nomme-les.
   b) Détermine la somme vectorielle de toutes les forces agissant sur la boîte. La somme est-elle égale à zéro? Donne une raison.

n athlète est en plein milieu d'un saut en longueur. Trace un diagramme vectoriel
ur montrer toutes les forces qui agissent sur le sauteur, en supposant
qu'il n'y a pas de résistance de l'air;
que le sauteur subit une résistance de l'air causée par un vent de face.

ppliques une force horizontale sur le côté de ton manuel de physique, tout juste
sante pour le faire avancer lentement à vitesse constante. Comment devras-tu
fier la force pour permettre à deux manuels identiques, l'un sur l'autre, de se
cer à vitesse constante? Explique les aspects physiques de ta réponse.

a **figure 3a**), un petit bouchon en caoutchouc est suspendu par un fil au plafond
utobus scolaire. À trois moments différents du voyage, cet accéléromètre
sé de type pendule se trouve dans les trois orientations I, J, K, (**figure 3b**)).
elle est l'orientation de l'accéléromètre quand l'autobus
accélère au départ vers l'avant;
se déplace vers l'avant à vitesse vectorielle constante;
reine jusqu'à l'arrêt tout en se déplaçant vers la droite.
trois diagrammes vectoriels pour chacun des cas en indiquant dans
e diagramme toutes les forces qui agissent sur le bouchon.

Figure 1

Ce grimpeur applique des principes de physique lui permettant de faire une ascension sécuritaire. Les forces de frottement statique qui existent entre les parois rocheuses et les pieds et les mains du grimpeur aident ce dernier à contrôler son mouvement. La corde est conçue pour résister aux forces de tension en cas de chute.

▶ À TOI d'expérimenter   *Prévoir les forces*

Les balances à ressort de la **figure 4** sont attachées de façons différentes à quatre masses identiques, chacune d'elles pesant 9,8 N.

a) Prévois ce que sera la valeur indiquée par chacune des cinq balances.

b) Ton enseignant ou ton enseignante installera ces masses et ces balances de façon que tu puisses vérifier tes prévisions. Explique les différences possibles entre tes prévisions et tes observations.

a)
L
9,8 N

b)
M
9,8 N

c)
N
O   P
9,8 N   9,8 N

Figure 4
Prévoir la valeur indiquée par une balance à ressort

a)

b)
I   J   K

direction du mouvement de l'autobus

Figure 3
a) Accéléromètre de type pendule dans un autobus à l'arrêt
b) Trois orientations possibles de l'accéléromètre

2.1 Les forces et les diagrammes de forces

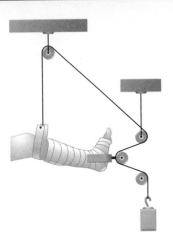

Figure 1
Pour concevoir un système de traction empêchant le mouvement d'une jambe, il faut comprendre les forces et les composantes des forces. Ici, un tibia (un os du bas de la jambe) est stabilisé par la traction d'une corde attachée à un poids et tendue par un système de poulies.

force ($\vec{F}$) une poussée ou une traction

force de gravité ($\vec{F}_g$) force d'attraction entre tous les objets

force normale ($\vec{F}_N$) force perpendiculaire à la surface d'objets en contact

tension ($\vec{F}_T$) force exercée par des matériaux comme des cordes, des fibres, des ressorts et des câbles qui peuvent être étirés

Une **force** est une poussée ou une traction. Les forces agissent sur les objets et peuvent produire une accélération, une compression, un étirement ou une torsion des objets. Les forces peuvent aussi servir à stabiliser un objet. Par exemple, lorsqu'une personne se fracture une jambe, tout mouvement de la jambe peut retarder la guérison de l'os. Pour remédier à ce problème, la jambe peut être placée dans un système de traction, comme celui de la **figure 1**. Un système de traction stabilise le membre fracturé et empêche les mouvements inutiles des segments brisés.

Pour analyser les forces qui agissent sur la jambe montrée à la **figure 1**, il faut d'abord comprendre plusieurs concepts. Dans cette section, nous allons poser les questions suivantes pour présenter les concepts:

- Quels sont les principaux types de forces qui interviennent dans les situations de tous les jours impliquant des objets au repos ou en mouvement et comment mesure-t-on ces forces?
- Comment peux-tu utiliser les diagrammes pour faire l'analyse mathématique des forces agissant sur un corps ou sur un objet?
- Quelle est la force nette, ou la force résultante, et comment peut-on la calculer?

Les forces usuelles

Quand tu tiens un livre dans ta main, tu ressens la force de gravité de la Terre attirer le livre vers le bas. La **force de gravité** est la force d'attraction entre les objets. C'est une force qui agit à distance, ce qui signifie que le contact entre les objets n'est pas nécessaire. La pesanteur existe parce que la matière existe. Mais la force de gravité est extrêmement petite, à moins qu'un des objets ne soit très volumineux. Par exemple, la force de gravité entre une balle de 1,0 kg et la Terre à la surface de la Terre est de 9,8 N, mais la force de gravité entre deux balles de 1,0 kg distancées de 1,0 m n'est que de $6,7 \times 10^{-11}$ N.

La force de gravité exercée sur un objet, comme un livre dans ta main, agit vers le bas, en direction du centre de la Terre. Toutefois, pour que le livre demeure immobile dans ta main, une force vers le haut doit s'exercer sur lui. Cette force, appelée **force normale**, est la force perpendiculaire aux deux objets en contact. Comme tu peux le voir à la **figure 2**, la force normale agit verticalement vers le haut lorsque les surfaces en contact sont horizontales.

Une autre force courante, la **tension**, est la force exercée par des matériaux qui peuvent être étirés (c.-à-d. cordes, fils, ressorts, fibres, câbles et bandes élastiques). Plus le matériau est étiré, comme la balance à ressort de la **figure 3**, plus la tension est forte dans le matériau.

force normale

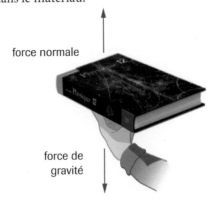

force de gravité

Figure 2
Quand tu tiens un livre en équilibre dans ta main, la force de gravité de la Terre agit vers le bas. Ta main exerce sur le livre une force normale vers le haut.

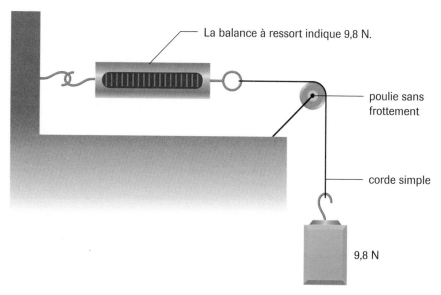

La balance à ressort indique 9,8 N.

poulie sans frottement

corde simple

9,8 N

Figure 4
Puisque la tension est constante le long d'une corde, la tension dans la partie horizontale de cette corde a la même valeur que la tension dans la partie verticale de la corde.

Une caractéristique importante de la force de tension dans un matériau est qu'elle a la même grandeur sur toute la longueur du matériau. Cela est vrai même si la direction de la force change, comme lorsqu'une corde ou un fil passe autour d'une poulie (**figure 4**).

Une autre force courante est le **frottement** — la force qui résiste ou qui s'oppose au mouvement d'objets en contact. Le frottement agit toujours dans la direction opposée à la direction du mouvement. Par exemple, si tu exerces une force sur ton manuel en le faisant se déplacer vers l'est sur ton pupitre, la force de frottement agissant sur le manuel s'exerce vers l'ouest. Le **frottement statique** est la force qui tend à empêcher un objet immobile de se mettre en mouvement. Le **frottement cinétique** est la force qui ralentit un objet en mouvement. La **résistance de l'air** est le frottement qui influe sur le mouvement d'un objet dans les airs ; elle devient notable à vitesse élevée.

Finalement, parce qu'il y a plusieurs noms possibles pour désigner différentes poussées, tractions, propulsions, etc., nous emploierons le terme général *force appliquée* pour une force de contact qui n'entre dans aucune des catégories mentionnées précédemment.

Nous utiliserons toujours les mêmes symboles pour les forces usuelles, soit ceux énumérés dans le **tableau 1**. Note que, parce que la force est une quantité vectorielle, nous utilisons une flèche au-dessus de chaque symbole.

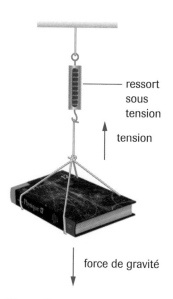

ressort sous tension

tension

force de gravité

Figure 3
Lorsqu'un ressort s'étire, la tension augmente pour ramener le ressort à son état original. Plus grande est la force de gravité agissant vers le bas sur le livre, plus grande est la tension vers le haut dans le ressort.

frottement ($\vec{F}_f$) force qui résiste ou qui s'oppose au mouvement entre des objets en contact ; il agit dans la direction opposée au mouvement

frottement statique ($\vec{F}_S$) force qui cherche à empêcher un objet immobile de se mettre en mouvement

frottement cinétique ($\vec{F}_C$) force qui ralentit un objet en mouvement

résistance de l'air force de frottement qui s'oppose au mouvement d'un objet dans les airs

---

> ### *Mise en pratique*

Saisis bien les concepts

1. Énumère les forces courantes en construisant un tableau avec les en-têtes suivants : Nom de la force, Type de force, Exemples de la vie courante. (Indique «action à distance» ou «force de contact» sous Type de force.)

2. Reporte-toi au système de traction montré à la **figure 1**. En supposant que la tension dans la corde juste au-dessus de la masse a une grandeur de 18 N, prévois-tu que la tension dans la corde verticale au-dessus de la jambe sera inférieure à 18 N, égale à 18 N ou supérieure à 18 N ? Donne tes raisons.

3. Les ingénieurs et ingénieures en mécanique et en structure disent : «On ne peut pas pousser une corde.» Reformule cet énoncé en utilisant une terminologie plus formelle de la physique.

Tableau 1 Forces courantes

Force	Symbole
force de gravité	$\vec{F}_g$
force normale	$\vec{F}_N$
tension	$\vec{F}_T$
frottement	$\vec{F}_f$
frottement cinétique	$\vec{F}_C$
frottement statique	$\vec{F}_S$
résistance de l'air	$\vec{F}_{air}$
force appliquée	$\vec{F}_{app}$

Les diagrammes de forces

Une façon pratique d'analyser des situations impliquant des forces consiste à employer des diagrammes. Un **diagramme de forces** est un diagramme pour un seul objet montrant seulement les forces qui agissent sur cet objet ; aucun autre objet n'est montré dans le diagramme de forces. L'objet lui-même peut être représenté par un point ou par un croquis. Les directions et les grandeurs approximatives des forces sont représentées par des flèches s'éloignant de l'objet. Un système de coordonnées est inclus dans le diagramme de forces, ainsi que les directions $+x$ et $+y$.

diagramme de forces diagramme pour un seul objet montrant toutes les forces agissant sur cet objet

Pour résoudre les problèmes énoncés sous forme de texte, en particulier ceux qui sont complexes, il est parfois utile de tracer un diagramme représentant le système, appelé *diagramme du système*, avant de tracer un diagramme de forces.

Figure 5
Le diagramme de forces de la balle du problème 1

> ### ▶ PROBLÈME 1

Tu lances une balle vers le haut à la verticale. Trace un diagramme de forces de la balle juste avant qu'elle ne quitte ta main.

Solution
Seulement deux forces agissent sur la balle (**figure 5**). La pesanteur agit vers le bas. La force normale appliquée par ta main (on peut l'appeler force appliquée, puisqu'elle vient de toi) agit vers le haut. Étant donné que les forces ne comportent pas de composantes horizontales dans ce cas-ci, notre diagramme de forces montre une direction $+y$, mais pas de direction $+x$.

> ### ▶ PROBLÈME 2

Un enfant applique une force horizontale sur une chaise qui demeure immobile. Trace un diagramme de système pour l'ensemble de la situation et un diagramme de forces pour la chaise.

Solution
Le diagramme du système de la **figure 6a)** indique les quatre forces agissant sur la chaise : la pesanteur, la force normale, la force appliquée (la poussée appliquée par l'enfant) et la force de frottement statique. La direction $+x$ est choisie en fonction de la direction de la tentative de mouvement. La **figure 6b)** est le diagramme de forces correspondant, montrant ces quatre mêmes forces.

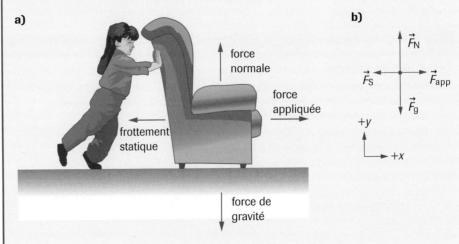

Figure 6
a) Les forces agissant sur la chaise
b) Le diagramme de forces de la chaise immobile

Un enfant tire un traîneau à vitesse constante et avec une force parallèle à la pente. Trace un diagramme du système pour l'ensemble de la situation et un diagramme de forces du traîneau.

Solution

Le diagramme du système de la **figure 7a)** montre les quatre forces qui agissent sur le traîneau : la pesanteur, la tension dans la corde, le frottement cinétique et la force normale. La direction +x représente la direction du mouvement, et la direction +y, la direction perpendiculaire à ce mouvement. La **figure 7b)** est le diagramme de forces correspondant, lequel inclut les composantes de la force de gravité.

a)

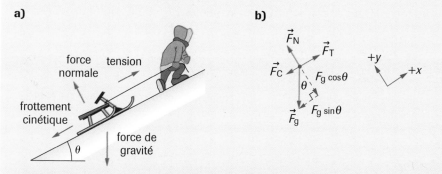

b)

┌─────────────────────────────────┐
CONSEIL PRATIQUE

Les composantes des forces
Supposons qu'il y ait, dans un diagramme de forces, une force qui n'est pas parallèle à la direction +x ou à la direction +y. Trace et nomme les composantes de cette force, comme à la **figure 7b)**. L'annexe A traite des composantes vectorielles.
└─────────────────────────────────┘

Figure 7
a) Les forces agissant sur le traîneau
b) Le diagramme de forces du traîneau

▸ ### Mise en pratique

Saisis bien les concepts

4. Trace un diagramme de forces pour les objets A, B, C et D.
   a) Un hot-dog (objet A) se trouve sur une table.
   b) Un rail de voie ferrée (B) est soulevé par le câble d'une grue.
   c) Un crayon (C) sur un pupitre vient d'amorcer une chute vers le plancher. La résistance de l'air est négligeable.
   d) Une cuisinière (D) est tirée sur une rampe jusqu'à l'intérieur d'un camion de livraison à l'aide d'un câble parallèle à la rampe. La rampe présente une inclinaison de 18°.

5. Le touriste de la **figure 8** tire une valise pleine avec une vitesse vectorielle constante vers la droite et une force appliquée sur la poignée suivant un angle θ au-dessus de l'horizontale. Une petite force de frottement résiste au mouvement.
   a) Trace un diagramme de forces de la valise, en nommant les composantes des forces appropriées. Détermine la direction +x en fonction de la direction du mouvement.
   b) Trace un diagramme de forces de la valise, en nommant les composantes des forces appropriées. Pour ce qui est de la direction +x, choisis la direction vers laquelle la poignée pointe.
   c) Quel choix de +x est le plus pratique ? Pourquoi ? (*Indice* : As-tu indiqué les composantes de toutes les forces dans ton diagramme de forces ?)

Mets en pratique tes connaissances

6. Tu regardes un parachutiste dont le parachute est ouvert et pour lequel une hauteur au-dessus du sol est indiquée instantanément sur un écran électronique. Le parachutiste a atteint sa vitesse limite. (Pour cette question, suppose que le parachutiste et le parachute ne forment qu'un seul corps.)
   a) Trace un diagramme du système et un diagramme de forces pour cette situation.
   b) Décris la manière dont tu estimerais la force de résistance de l'air agissant sur le parachutiste et son parachute. Inclus les hypothèses et les calculs.

Figure 8
Le diagramme de la question 5

force nette $\left(\sum \vec{F}\right)$ somme de toutes les forces agissant sur un objet

L'analyse des forces sur des objets stationnaires

Pour analyser un problème qui implique des forces agissant sur un objet, tu dois trouver la somme de toutes les forces qui agissent sur cet objet. La somme de toutes les forces agissant sur un objet possède plusieurs noms tel que la force nette, la force résultante, la force totale ou la somme des forces; dans ce manuel, nous emploierons le terme **force nette**. Le symbole de la force nette, $\sum \vec{F}$, comprend la lettre grecque sigma (Σ) qui nous rappelle de faire la « somme » de toutes les forces.

Déterminer la somme de toutes les forces est simple quand toutes les forces sont linéaires ou perpendiculaires les unes aux autres, mais c'est un peu plus compliqué quand certaines des forces sont orientées suivant des angles différents de 90°. Dans les situations qui impliquent deux dimensions, il est souvent pratique d'analyser les composantes des forces. Dans ce cas, on utilise les symboles $\sum F_x$ et $\sum F_y$ plutôt que $\sum \vec{F}$.

> **PROBLÈME 4**

En frappant un ballon de volley-ball, un joueur applique une force moyenne de 9,9 N [à 33° au-dessus de l'horizontale] pendant 5,0 ms. La force de gravité exercée sur le ballon est de 2,6 N [vers le bas]. Détermine la force nette sur le ballon au moment où le joueur le frappe.

Solution

L'information pertinente fournie est résumée dans le diagramme de forces du ballon de la **figure 9a)**. (Note que l'intervalle de temps de 5,0 ms n'est pas indiqué, car il n'est pas nécessaire pour cette solution.) La force nette sur le ballon est la somme des vecteurs $\vec{F}_g + \vec{F}_{app}$. On calcule la force nette en prenant les composantes avec les directions $+x$ et $+y$, comme à la **figure 9b)**.

Premièrement, on prend les composantes de $\vec{F}_{app}$:

$$F_{app,x} = (9{,}9 \text{ N})(\cos 33°) \qquad F_{app,y} = (9{,}9 \text{ N})(\sin 33°)$$
$$F_{app,x} = 8{,}3 \text{ N} \qquad\qquad F_{app,y} = 5{,}4 \text{ N}$$

Puis, on prend les composantes de $\vec{F}_g$:

$$F_{gx} = 0{,}0 \text{ N} \qquad\qquad F_{gy} = -2{,}6 \text{ N}$$

On additionne les composantes pour déterminer la force nette:

$$\sum F_x = F_{app,x} + F_{gx} \qquad \sum F_y = F_{app,y} + F_{gy}$$
$$= 8{,}3 \text{ N} + 0{,}0 \text{ N} \qquad = 5{,}4 \text{ N} + (-2{,}6 \text{ N})$$
$$\sum F_x = 8{,}3 \text{ N} \qquad\qquad \sum F_y = 2{,}8 \text{ N}$$

La **figure 9c)** montre comment déterminer la grandeur de la force nette:

$$\left|\sum \vec{F}\right| = \sqrt{(8{,}3 \text{ N})^2 + (2{,}8 \text{ N})^2}$$
$$\left|\sum \vec{F}\right| = 8{,}8 \text{ N}$$

La direction de $\sum \vec{F}$ est donnée par l'angle ϕ dans le diagramme:

$$\phi = \tan^{-1} \frac{2{,}8 \text{ N}}{8{,}3 \text{ N}}$$
$$\phi = 19°$$

La force nette exercée sur le ballon est de 8,8 N [19° au-dessus de l'horizontale].

a)

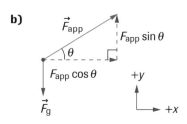

b)

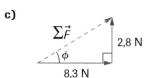

c)

Figure 9
a) Diagramme de forces de la balle
b) Les composantes des forces
c) La force nette

▶ **PROBLÈME 5**

Le bateau de la **figure 10** est retenu à un quai par deux cordes horizontales. Un vent souffle vers le large. Les tensions dans les cordes sont $\vec{F}_1$ = 48 N [N 74° E] et $\vec{F}_2$ = 48 N [S 74° E].

a) Utilise un diagramme vectoriel à l'échelle pour déterminer la somme des tensions dans les deux cordes.

b) En supposant que la force horizontale nette sur le bateau soit nulle, détermine la force du vent sur le bateau.

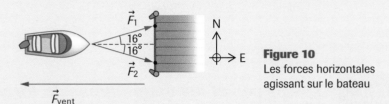

Figure 10
Les forces horizontales agissant sur le bateau

Solution

a) $\vec{F}_1$ = 48 N [N 74° E]

$\vec{F}_2$ = 48 N [S 74° E]

$\vec{F}_1 + \vec{F}_2$ = ?

La **figure 11** montre cette addition vectorielle. Des mesures prises à l'aide d'une règle indiquent que la somme des tensions dans les cordes est de 92 N [E].

b) En se servant du symbole $\vec{F}_{\text{vent}}$ pour la force du vent sur le bateau, on sait que :

$\sum \vec{F} = 0$

$\vec{F}_1 + \vec{F}_2$ = 92 N [E]

$\sum \vec{F} = \vec{F}_1 + \vec{F}_2 + \vec{F}_{\text{vent}}$

$\vec{F}_{\text{vent}} = \sum \vec{F} - (\vec{F}_1 + \vec{F}_2)$

= 0,0 N − 92 N [E]

$\vec{F}_{\text{vent}}$ = 92 N [O]

La force du vent sur le bateau est de 92 N [O].

▶ *Mise en pratique*

Saisis bien les concepts

7. Détermine la force nette sur les objets E, F et G.

    a) À un moment précis, un oiseau prenant son envol (E) est soumis à une poussée ascendante de 3,74 N, à la force gravitationnelle descendante qui est de 3,27 N et à une force horizontale de résistance de l'air de 0,354 N.

    b) Un athlète au saut en longueur (F) subit au moment de la réception une force gravitationnelle de 538 N [vers le bas] et une force, appliquée par le sol sur les pieds, de 6 382 N [28,3° au-dessus de l'horizontale].

    c) Lors d'une partie de football, un quart-arrière (G), frappé simultanément par deux joueurs de ligne, subit une force horizontale de 412 N [O 63° N] et 478 N [N 54° E]. (Prends en compte les forces horizontales et ne tiens pas compte du frottement. Prends note que l'on peut ignorer les forces verticales, car elles sont de même grandeur mais de directions opposées.)

CONSEIL PRATIQUE

Additionner les vecteurs forces

Comme tu le sais depuis le chapitre 1 et l'annexe A, ce manuel utilise trois méthodes pour additionner les vecteurs. Pour bien saisir les concepts, il est fortement recommandé d'utiliser des diagrammes vectoriels. Pour plus de précision et pour arriver assez rapidement à la solution, la trigonométrie est une excellente méthode, mais la loi des sinus et des cosinus ne s'applique facilement qu'à l'addition (ou à la soustraction) de deux vecteurs. La technique des composantes est très précise et pratique pour l'addition (ou la soustraction) d'un nombre quelconque de vecteurs.

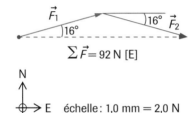

Figure 11
Un diagramme de vecteurs à l'échelle donne la somme des tensions du problème 5

Réponses

7. a) 0,59 N [53° au-dessus de l'horizontale]

   b) 6,15 × 10³ N [23,9° au-dessus de l'horizontale]

   c) 678 N [E 72,9° N]

Réponse

9. 31 N [30° S-E], avec deux
   chiffres significatifs

8. Résous le problème 5a) en employant a) les composantes et b) la trigonométrie.

9. Deux personnes traînent une caisse sur un trottoir horizontal glacé en tirant horizontalement sur des cordes (**figure 12**). La force horizontale nette exercée sur la caisse est de 56 N [S 74° E]. La tension dans la corde 1 est de 27 N [E]. Si le frottement est négligeable, détermine la tension dans la corde 2.

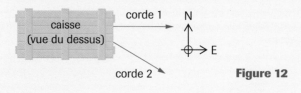

Figure 12

RÉSUMÉ | *Les forces et les diagrammes de forces*

- Nous avons fréquemment affaire à la force de gravité de la Terre, à la force normale, aux forces de tension et aux forces de frottement.

- Le frottement statique tend à empêcher un objet immobile de se mettre en mouvement ; le frottement cinétique agit contre le mouvement d'un objet. La résistance de l'air agit contre un objet qui se déplace dans les airs.

- Le diagramme de forces d'un objet montre toutes les forces agissant sur cet objet. C'est un outil indispensable pour résoudre des problèmes impliquant des forces.

- La force nette $\Sigma\vec{F}$ est la somme vectorielle de toutes les forces qui agissent sur un objet.

Section 2.1 Questions

Saisis bien les concepts

1. Tu pousses ta règle vers l'ouest à vitesse constante sur ton pupitre en appliquant une force suivant un angle de 25° au-dessus de l'horizontale.
   a) Nomme toutes les forces qui agissent sur la règle et spécifie lesquelles sont des forces de contact.
   b) Quelle force fondamentale est responsable des forces de contact ?
   c) Trace un diagramme de forces de la règle dans cette situation. Inclus les composantes des forces aux endroits appropriés.

2. Trace un diagramme de forces pour les objets H, I, J et K :
   a) une tasse (H) qui pend à un crochet
   b) une personne (I) debout dans un ascenseur qui descend
   c) une pierre de curling (J) glissant librement en ligne droite sur une patinoire
   d) une caisse (K) traînée sur un plancher, avec un frottement important, par une personne tirant sur une corde suivant un angle de 23° au-dessus de l'horizontale

3. La force de gravité sur un manuel est de 18 N [vers le bas].
   a) Quelle est la force nette agissant sur le manuel s'il est tenu immobile dans ta main ?
   b) La résistance de l'air étant négligeable, quelle force nette agit sur le manuel si tu enlèves subitement ta main ?

4. À un moment donné de son vol, une balle subit une force gravitationnelle $\vec{F}_g = 1,5$ N [vers le bas] et une force de résistance de l'air $\vec{F}_{air} = 0,50$ N [32° au-dessus de l'horizontale]. Calcule la force nette sur la balle.

5. À partir des vecteurs de forces suivants, $\vec{F}_A = 3,6$ N [O 62° S], $\vec{F}_B = 4,3$ N [N 75° O] et $\vec{F}_C = 2,1$ N [E 66° S], détermine
   a) $\vec{F}_A + \vec{F}_B + \vec{F}_C$, en te servant d'un diagramme vectoriel à l'échelle
   b) $\vec{F}_A + \vec{F}_B + \vec{F}_C$, en te servant des composantes
   c) $\vec{F}_A - \vec{F}_B$, en te servant d'un diagramme vectoriel à l'échelle
   d) $\vec{F}_A - \vec{F}_B$, en te servant de la trigonométrie

6. À partir de $\vec{F}_1 = 36$ N [N 65° E] et $\vec{F}_2 = 42$ N [E 75° S], détermine la force $\vec{F}_3$ qui doit être additionnée à $\vec{F}_1 + \vec{F}_2$ pour produire une force nette nulle.

Tu fais un tour dans les montagnes russes avec un harnais de sécurité bien ajusté sur tes épaules. Soudainement, une force appliquée propulse la voiture vers l'avant et tu sens la forte pression qu'exerce le dossier de ton banc contre toi. Lorsque le tour tire à sa fin et qu'une force de freinage fait s'arrêter rapidement la voiture, tu te sens poussé vers l'avant, retenu par ton harnais. Dans cette section, nous allons explorer l'origine des forces ressenties tant dans un tour de montagnes russes que dans les situations de la vie courante.

L'étude des forces et des effets qu'elles ont sur la vitesse vectorielle des objets est appelée la **dynamique**, du mot grec *dynamis*, qui veut dire puissance. Isaac Newton a découvert trois principes importants concernant la dynamique (**figure 1**). On appelle ces principes les lois du mouvement de Newton.

dynamique étude des forces et des effets qu'elles ont sur le mouvement

La première loi du mouvement de Newton

Imagine une valise reposant sur l'étagère du haut d'un train voyageant à vitesse constante. Quand le train commence à ralentir, tu t'aperçois que la valise glisse vers l'avant. Que se passe-t-il?

Comment, jadis, les scientifiques analysaient-ils ce type de mouvement? Anciennement, les gens qui étudiaient la dynamique croyaient qu'un objet se déplaçait à vitesse constante seulement lorsqu'une force extérieure nette constante lui était appliquée. Quand les scientifiques de la Renaissance, tel Galilée, se sont mis à étudier la dynamique de façon expérimentale, ils ont réalisé qu'un objet garde une vitesse constante tant que la force extérieure nette qui agit sur lui est nulle. La **figure 2** montre un exemple de chacun de ces deux points de vue.

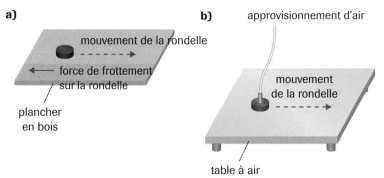

a)
mouvement de la rondelle
force de frottement sur la rondelle
plancher en bois

b)
approvisionnement d'air
mouvement de la rondelle
table à air

Figure 1
Isaac Newton, né en 1642, fut peut-être le plus grand des physiciens et mathématiciens de tous les temps. En 1687, il publia son fameux *Philosophiæ naturalis principia mathematica* (*Principes mathématiques de philosophie naturelle*), communément appelé *Principia* (*Les Principes*). Dans ce livre, il décrit les travaux d'autres scientifiques aussi bien que ses propres études et y inclut ce qui est maintenant appelé ses trois lois du mouvement et la loi de la gravitation universelle. Les concepts présentés dans son livre représentent un grand pas en avant dans la compréhension du passé, du présent et du futur de l'Univers. Newton contribua aussi grandement aux études sur la lumière, l'optique et le calcul infinitésimal. Bien qu'il mourût en 1727 à l'âge de 85 ans, il formula la plupart de ses grandes idées avant d'avoir atteint l'âge de 25 ans.

Figure 2
a) Une rondelle glissant sur le plancher s'immobilise rapidement. Les scientifiques d'avant Galilée croyaient qu'un objet avait besoin d'une force nette pour maintenir une vitesse constante. Nous savons maintenant que la seule force nette agissant sur la rondelle dans ce cas-ci est le frottement.
b) Une rondelle d'un jeu de hockey sur coussin d'air, qui glisse le long d'une surface ayant un frottement négligeable, maintient une vitesse constante. Ceci confirme le point de vue de Galilée voulant qu'un objet qui se déplace avec une vitesse constante garde cette vitesse si la force nette extérieure est nulle.

Newton résuma les idées de Galilée sur les objets immobiles et sur les objets se déplaçant avec une vitesse constante dans sa *première loi du mouvement*.

> **La première loi du mouvement de Newton**
> Si la force nette extérieure agissant sur un objet est nulle,
> cet objet maintient son état de repos ou sa vitesse constante.

Le concept d'inertie
Il est pratique de concevoir l'inertie comme étant directement liée à la masse d'un objet : plus la masse de l'objet est grande, plus son inertie est grande. Par exemple, une voiture sport a peu d'inertie si on la compare à un train. Par conséquent, une voiture requiert une plus petite force nette que le train pour accélérer du point mort jusqu'à une vitesse de 100 km/h. Quand la voiture et le train voyagent à la même vitesse, le train a une plus grande inertie que la voiture.

inertie propriété de la matière qui fait qu'un objet résiste aux modifications de son mouvement

Figure 3
Si une pièce de monnaie est en équilibre sur une carte à jouer horizontale tenue sur un doigt et que la carte est retirée d'un coup sec, la pièce de monnaie, à cause de son inertie, demeurera immobile sur le doigt.

Cette loi comporte des implications importantes. Une force extérieure nette est requise pour changer la vitesse d'un objet ; les forces internes n'ont pas d'effet sur le mouvement d'un objet. Par exemple, pousser sur le tableau de bord d'une voiture ne change pas la vitesse de la voiture. Pour causer un changement de vitesse — ou accélération — la force nette agissant sur un objet ne doit pas être nulle.

Une façon simple d'interpréter cette loi consiste à dire qu'un objet au repos ou se déplaçant à vitesse constante a tendance à maintenir son état de repos ou sa vitesse constante, à moins qu'une force extérieure nette n'agisse sur lui. La capacité d'un objet à résister aux changements de mouvement est une propriété fondamentale de la matière appelée l'*inertie*. L'**inertie** tend à garder immobile un objet au repos ou à garder en mouvement un objet qui se déplace en ligne droite et à vitesse constante. Par conséquent, la première loi du mouvement est souvent appelée la *loi d'inertie*.

La vie courante offre de nombreux exemples de la loi d'inertie. Si tu te tiens debout dans un autobus qui se met à accélérer, tu as tendance à rester là où tu te trouves, ce qui signifie que tu vas tomber vers l'arrière par rapport à l'autobus qui accélère. La **figure 3** montre un autre exemple d'inertie.

Considérons l'inertie d'un objet en mouvement. La valise sur l'étagère du haut dans un train en est un exemple. Un autre exemple pourrait être celui d'une voiture qui freine rapidement ; les passagers ont tendance à continuer à se déplacer vers l'avant et heurteront le pare-brise s'ils ne portent pas de ceintures de sécurité. Ajustée correctement, une ceinture de sécurité aide à réduire les blessures graves pouvant survenir dans une telle situation. Elle peut aussi aider à prévenir les blessures pouvant survenir quand le sac gonflable se déploie lors d'une collision frontale. Le fonctionnement d'un modèle de ceinture de sécurité est illustré à la **figure 4**.

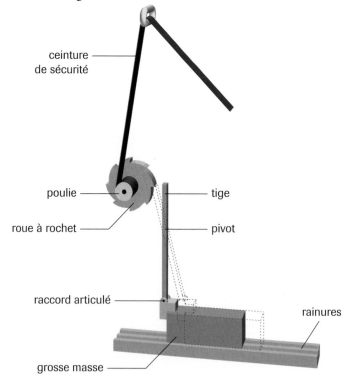

Figure 4
Le fonctionnement de la ceinture de sécurité montrée ici repose sur le principe de l'inertie. Normalement, la roue à rochet tourne librement et permet à la courroie de la ceinture de sécurité de se dérouler ou de s'enrouler lorsque le passager bouge. Quand la voiture (qui se déplace vers la droite dans le diagramme) freine brusquement, la grosse masse continue à avancer dans les rainures à cause de l'inertie. Ceci fait tourner la tige sur son pivot, laquelle bloque la roue à rochet. La ceinture se trouve alors fermement retenue en place.

▶ **PROBLÈME 1**

Un avion à réaction de 12 passagers ayant une masse de $1,6 \times 10^4$ kg se déplace à une vitesse vectorielle constante de 850 km/h [E] tout en maintenant une altitude constante. Quelle force nette agit sur l'avion ?

Solution

Selon la première loi de Newton, la force nette qui s'exerce sur l'avion doit être nulle, car celui-ci se déplace avec une vitesse vectorielle constante. La **figure 5** montre un diagramme de forces de l'avion. La somme vectorielle de toutes les forces est nulle.

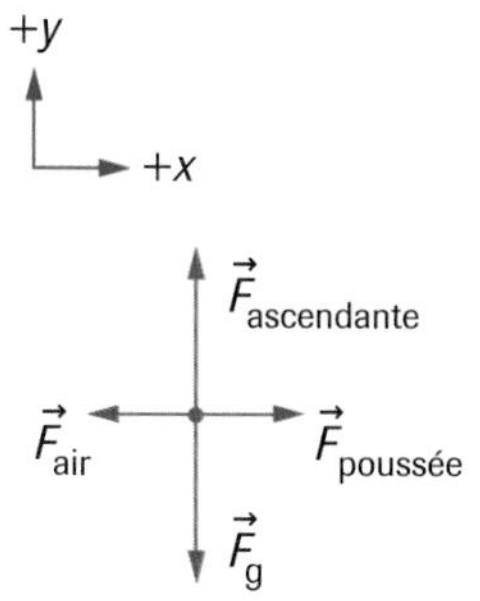

Figure 5
Le diagramme de forces de l'avion du problème 1

▶ **PROBLÈME 2**

Tu exerces une force de 45 N [vers le haut] sur ton sac à dos, le faisant se déplacer vers le haut avec une vitesse vectorielle constante. Détermine la force de gravité sur le sac.

Solution

Le diagramme de forces du sac (**figure 6**) montre que deux forces agissent sur le sac : la force appliquée ($\vec{F}_{app}$) que tu exerces et la force de gravité ($\vec{F}_g$) exercée par la Terre. Puisque le sac se déplace à vitesse vectorielle constante, la force nette doit, selon la loi d'inertie, être nulle. Les forces vers le haut et vers le bas sont donc de la même grandeur et $\vec{F}_g = 45$ N [vers le bas].

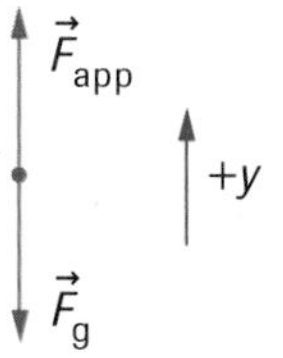

Figure 6
Le diagramme de forces du sac à dos du problème 2

Tout objet sur lequel s'exerce une force nette nulle est en état d'équilibre. En ce sens, l'**équilibre** est la propriété d'un objet qui ne subit aucune accélération. L'objet peut rester au repos (équilibre statique) ou se déplacer à vitesse vectorielle constante (équilibre dynamique). Pour analyser les forces qui s'appliquent à des objets en équilibre, il est pratique d'utiliser les composantes vectorielles des forces. Autrement dit, la condition d'équilibre $\Sigma \vec{F} = 0$ peut s'écrire comme ceci : $\Sigma F_x = 0$ et $\Sigma F_y = 0$.

équilibre propriété d'un objet ne subissant aucune accélération

▶ **PROBLÈME 3**

Le système de traction de la **figure 7** stabilise un tibia fracturé. Détermine la force qu'exerce le tibia sur la poulie. Ne tiens pas compte du frottement.

Solution

Le diagramme de forces de la poulie (P) est illustré à la **figure 8**. Puisqu'il n'y a qu'une seule corde, nous savons qu'il ne peut y avoir qu'une seule tension, laquelle est de 18 N partout dans la corde. La force nette sur la poulie est constituée des deux composantes x (horizontale) et y (verticale). Nous utiliserons $\vec{F}_{tibia}$ comme symbole pour la force exercée par le tibia sur la poulie.

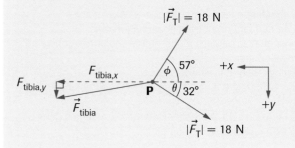

Figure 8
Le diagramme de forces d'une poulie (P)

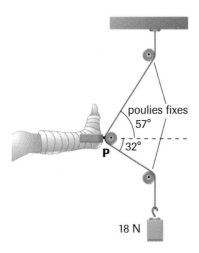

Figure 7
Le diagramme du système d'une jambe sous traction du problème 3

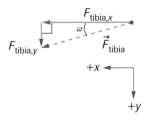

Figure 9
La force sur la jambe
du problème 3

ACTIVITÉ 2.2.1

L'équilibre statique des forces
(p. 112)

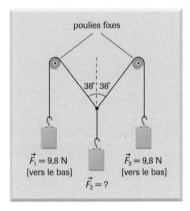

Le diagramme ci-dessus montre une configuration possible pour une planche des forces verticales. (Toutefois, tu peux préférer modifier cette configuration en utilisant une table des forces plutôt qu'une planche des forces, comme on l'a suggéré pour cette activité.) Dans cette planche des forces verticales, il y a trois forces différentes, chacune agissant sur une corde différente. Si deux des forces sont connues, la troisième peut être déterminée. Décris comment tu déterminerais la force inconnue $\vec{F}_2$.

Horizontalement:

$$\sum F_x = 0$$
$$F_{\text{tibia},x} - F_T \cos\phi - F_T \cos\theta = 0$$
$$F_{\text{tibia},x} = F_T (\cos\phi + \cos\theta)$$
$$= (18\text{ N})(\cos 57° + \cos 32°)$$
$$F_{\text{tibia},x} = 25\text{ N}$$

Verticalement:

$$\sum F_y = 0$$
$$F_{\text{tibia},y} - F_T \sin\phi + F_T \sin\theta = 0$$
$$F_{\text{tibia},y} = F_T (\sin\phi - \sin\theta)$$
$$= (18\text{ N})(\sin 57° - \sin 32°)$$
$$F_{\text{tibia},y} = 5,6\text{ N}$$

À partir de la **figure 9**, on peut calculer la grandeur de la force:

$$|\vec{F}_{\text{tibia}}| = \sqrt{(25\text{ N})^2 + (5,6\text{ N})^2}$$
$$|\vec{F}_{\text{tibia}}| = 26\text{ N}$$

On détermine maintenant l'angle:

$$\omega = \tan^{-1}\frac{F_{\text{tibia},y}}{F_{\text{tibia},x}} = \tan^{-1}\frac{5,6\text{ N}}{25\text{ N}}$$
$$\omega = 13°$$

La force exercée par le tibia sur la poulie est de 26 N [13° en dessous de l'horizontale].

À l'activité 2.2.1 de la section Activités en laboratoire, à la fin du chapitre, tu dois prévoir la ou les forces nécessaires à l'équilibre statique dans une situation particulière et vérifier tes prévisions au moyen d'une expérience. Tu peux employer plusieurs méthodes pour y parvenir, y compris l'utilisation d'une table ou d'une planche de force.

▶ *Mise en pratique*

Saisis bien les concepts

1. Suppose qu'une force de gravité de $6,6 \times 10^4$ N [vers le bas] agit sur le Learjet de 8 passagers illustré à la **figure 10** pendant qu'il voyage à une vitesse vectorielle constante de $6,4 \times 10^2$ km/h [O]. Si la poussée des moteurs est de $1,3 \times 10^4$ N [O], détermine
   a) la force de sustentation de l'avion. La sustentation est de soutenir et de maintenir en équilibre;
   b) la force causée par la résistance de l'air sur l'avion.

2. Choisis parmi les objets écrits en italique lesquels ne sont pas des exemples de la première loi de Newton, en donnant une raison pour chaque cas:
   a) Une *boîte* de nourriture pour chat se déplace à une vitesse vectorielle constante sur une courroie de convoyeur dans une usine.
   b) Un *parachutiste* tombe verticalement à la vitesse limite.
   c) Un *bouchon* en caoutchouc est attaché au bout d'une corde et se balance comme un pendule.
   d) Un *client* est debout dans un ascenseur, à mi-chemin entre deux étages dans un grand magasin, et s'élève à une vitesse constante.

3. Un enfant essaie de pousser un gros pupitre sur un plancher en bois. L'enfant exerce une force horizontale de 38 N, mais le pupitre ne bouge pas. Quelle est la grandeur de la force de frottement agissant sur le pupitre ?

4. Un surfeur des neiges descend une colline recouverte de neige lisse à vitesse élevée. La planche touche soudainement une plaque rugueuse et subit, à ce moment, un frottement important. Utilise la première loi de Newton pour décrire et expliquer ce qui va probablement arriver à ce surfeur des neiges.

5. Tu es assis dans un autobus qui voyage à une vitesse vectorielle constante de 55 km/h [N]. Tu lances une balle de tennis vers le haut à la verticale ; elle atteint une certaine hauteur juste au-dessus du niveau de tes yeux. La balle va-t-elle te frapper ? Justifie ta réponse.

6. Les ensembles de forces suivants agissent en un même point. Détermine la force additionnelle requise pour maintenir l'équilibre statique.
   a) 265 N [E] ; 122 N [O]
   b) 32 N [N] ; 44 N [E]
   c) 6,5 N [N 65° E] ; 4,5 N [O] ; 3,9 N [N 75° E]

7. Une corde à linge simple est attachée à deux poteaux séparés par une distance de 10,0 m. Une poulie supportant une masse de 30,0 kg roule jusqu'au milieu de la corde et s'immobilise à cet endroit. Le milieu de la corde se situe à 0,40 m en dessous de chaque bout. Détermine la grandeur de la tension dans la corde à linge.

Mets en pratique tes connaissances

8. a) Décris comment tu pourrais utiliser un bout de papier, une pièce de monnaie et ton pupitre pour démontrer la loi d'inertie pour un objet initialement au repos.
   b) Décris comment tu pourrais sans risque démontrer, en employant les objets de ton choix, la loi d'inertie pour un objet initialement en mouvement.

Fais des liens

9. Explique le danger de ranger des objets lourds dans la vitre arrière d'une voiture.

Réponses

6. a) 143 N [O]
   b) 54 N [S 54° O]
   c) 7,2 N [S 74° O]
7. $1,8 \times 10^3$ N

Figure 10
Le Learjet® 45 de Bombardier, construit par la firme canadienne Bombardier, est l'un des premiers jets de luxe entièrement conçu par ordinateur.

La deuxième loi du mouvement de Newton

Demande-toi comment les grandeurs des accélérations se comparent dans chacun des cas suivants :

- Tu appliques une même force nette à deux boîtes reposant initialement sur une série de rouleaux à faible frottement disposés horizontalement. L'une des boîtes a une masse deux fois plus grande que l'autre.

- Deux boîtes identiques ayant la même masse sont initialement au repos sur une collection de rouleaux à faible frottement. Tu appliques sur une boîte une force nette deux fois plus grande que sur l'autre.

Dans le premier cas, c'est la boîte la moins massive qui subit la plus grande accélération. Dans le second cas, c'est la boîte sur laquelle est appliquée la plus grande force qui subit la plus grande accélération. Il est évident que l'accélération d'un objet dépend à la fois de sa masse et de la force nette appliquée.

Pour montrer mathématiquement comment l'accélération d'un objet dépend de la force nette et de sa masse, nous pouvons analyser les résultats d'une expérience de contrôle idéale. (L'expérience est idéale parce que la force de frottement est si minime qu'elle peut être ignorée. On peut y parvenir, par exemple, en utilisant une rondelle sur une table à air.) Le **tableau 1** fournit les données de cette expérience.

Tableau 1 Données expérimentales

Masse (kg)	Force nette (N) [vers l'avant]	Accélération moyenne (m/s²) [vers l'avant]
1,0	1,0	1,0
1,0	2,0	2,0
1,0	3,0	3,0
2,0	3,0	1,5
3,0	3,0	1,0

Comme tu peux le voir dans le **tableau 1**, lorsque la force nette augmente pour une masse constante, l'accélération augmente proportionnellement et lorsque la masse augmente avec une force constante, l'accélération diminue proportionnellement. Cette relation est la base de la *deuxième loi du mouvement de Newton*.

La deuxième loi du mouvement de Newton

Si la force extérieure nette exercée sur un objet n'est pas égale à zéro, l'objet accélère dans la direction de la force nette. L'accélération est directement proportionnelle à la force nette et inversement proportionnelle à la masse de l'objet.

La première loi de Newton décrit des situations où la force nette agissant sur un objet est nulle, de sorte qu'il n'y a aucune accélération. Sa deuxième loi décrit des situations où la force nette n'est pas nulle et où il se produit une accélération dans la direction de la force nette.

Pour écrire la deuxième loi sous forme d'équation, on commence avec les énoncés de proportionnalité indiqués dans la loi: $\vec{a} \propto \Sigma\vec{F}$ (avec une masse constante) et $\vec{a} \propto \dfrac{1}{m}$ (avec une force nette constante). En jumelant ces énoncés, on obtient

$$\vec{a} \propto \frac{\Sigma\vec{F}}{m}$$

Pour convertir cette expression en équation, il nous faut une constante de proportionnalité, k. Ainsi,

$$\vec{a} = \frac{k\Sigma\vec{F}}{m}$$

Si on choisit les unités appropriées pour les variables, alors $k = 1$ et

$$\vec{a} = \frac{\Sigma\vec{F}}{m}$$

ou son équivalent:

$$\Sigma\vec{F} = m\vec{a}$$

Pour les composantes, les relations correspondantes sont:

$$\Sigma F_x = ma_x \quad \text{et} \quad \Sigma F_y = ma_y$$

On peut maintenant définir l'unité de force SI. Le newton (N) est la grandeur de la force nette requise pour donner à un objet de 1 kg une accélération d'une grandeur de 1 m/s². En faisant la substitution dans l'équation $\Sigma\vec{F} = m\vec{a}$, on voit que

$$1\,\text{N} = 1\,\text{kg}\left(\frac{\text{m}}{\text{s}^2}\right) \quad \text{ou} \quad 1\,\text{N} = 1\,\text{kg·m/s}^2$$

LE SAVAIS-TU ?

Les limites de la deuxième loi
La deuxième loi de Newton s'applique pour tous les objets macroscopiques — voitures, bicyclettes, personnes, fusées, planètes, etc. L'analyse du mouvement et des forces pour les objets macroscopiques est appelée *mécanique newtonienne.* La deuxième loi, cependant, ne s'applique pas aux particules atomiques et subatomiques, tels que les électrons et les quarks, dont les vitesses sont extrêmement élevées, ou quand le système de référence est en accélération. Pour ce qui est du domaine microscopique, c'est une analyse mathématique différente, appelée *mécanique quantique,* qui s'applique.

▶ PROBLÈME 4

La masse d'une montgolfière, y compris celle des passagers, est de $9,0 \times 10^2$ kg. La force de gravité agissant sur le ballon est de $8,8 \times 10^3$ N [vers le bas]. La masse volumique de l'air à l'intérieur du ballon est réglée au moyen de la chaleur produite par un brûleur de façon à donner au ballon une force de flottabilité de $9,9 \times 10^3$ N [vers le haut]. Détermine l'accélération verticale du ballon.

Solution

$$m = 9,0 \times 10^2\,\text{kg} \qquad F_{app} = |\vec{F}_{app}| = 9,9 \times 10^3\,\text{N}$$
$$F_g = |\vec{F}_g| = 8,8 \times 10^3\,\text{N} \qquad a_y = ?$$

La **figure 11** est un diagramme de forces du ballon.

$$\sum F_y = ma_y$$

$$a_y = \frac{\sum F_y}{m}$$

$$= \frac{F_{app} - F_g}{m}$$

$$= \frac{9,9 \times 10^3 \, \text{N} - 8,8 \times 10^3 \, \text{N}}{9,0 \times 10^2 \, \text{kg}}$$

$$= \frac{1,1 \times 10^3 \, \text{kg·m/s}^2}{9,0 \times 10^2 \, \text{kg}}$$

$$a_y = 1,2 \, \text{m/s}^2$$

L'accélération du ballon est de 1,2 m/s² [vers le haut].

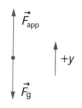

Figure 11
Le diagramme de forces d'un ballon représente les forces verticales comme des vecteurs. Lorsque seules les composantes sont prises en compte, on omet la notation vectorielle.

Comment la deuxième loi de Newton s'apparente-t-elle à sa première loi? Selon la deuxième loi, $\vec{a} = \frac{\sum \vec{F}}{m}$, si la force nette est nulle, l'accélération doit être nulle, ce qui implique que la vitesse vectorielle est constante (et peut être nulle). Ceci est en accord avec l'énoncé de la première loi. Il est clair que la première loi n'est qu'un cas particulier de la deuxième, où $\sum \vec{F} = 0$.

▸ *Mise en pratique*

Saisis bien les concepts

10. Une force horizontale est appliquée sur une rondelle de hockey d'une masse de 0,16 kg, initialement au repos sur la glace. L'accélération de la rondelle qui en résulte a une grandeur de 32 m/s². Quelle est la grandeur de la force? Le frottement est négligeable.

11. Un camion d'incendie ayant une masse de $2,95 \times 10^4$ kg subit une force nette de $2,42 \times 10^4$ N [vers l'avant]. Détermine l'accélération du camion.

12. Une boule de quilles de 7,27 kg, se déplaçant à 5,78 m/s [O], frappe de plein fouet une quille isolée. La collision dure 1,2 ms et réduit la vitesse vectorielle de la boule à 4,61 m/s [O] tout juste après la collision. Détermine la force nette (supposée constante) sur la boule durant la collision.

Mets en pratique tes connaissances

13. Explique comment tu te servirais d'une bande élastique, de trois petits chariots munis de roues à faible coefficient de frottement et d'une surface horizontale lisse pour démontrer la deuxième loi de Newton (inutile d'aborder l'aspect de la prise de données numériques dans ton explication). Obtiens l'autorisation de ton enseignant ou de ton enseignante pour faire la démonstration de ton explication.

Fais des liens

14. Les travaux d'exploitation minière dans l'espace demanderont des innovations très particulières s'ils doivent être effectués dans des endroits où la force de gravité est très faible, comme sur les astéroïdes ou les lunes de certaines planètes. Certains projettent de concevoir une machine capable de pousser des particules de minerai avec une même force constante, permettant de les séparer selon l'accélération qu'elles acquièrent. Fais une recherche sur les «méthodes d'exploitation minière en l'absence de pesanteur» pour en apprendre davantage sur cette application de la deuxième loi de Newton. Décris ce que tu découvres.

 www.beaucheminediteur.com/physique12

Réponses

10. 5,1 N
11. 0,820 m/s² [vers l'avant]
12. $7,1 \times 10^3$ N [E]

Le poids et le champ gravitationnel de la Terre

Nous pouvons appliquer la deuxième loi de Newton pour comprendre la signification scientifique du poids. Le **poids** d'un objet est égal à la force de gravité agissant sur cet objet. Remarque que cette définition est différente de celle de la *masse*, laquelle est la quantité de matière. D'après la deuxième loi:

poids force de gravité exercée sur un objet

$$\text{poids} = \vec{F}_g = m\vec{g}$$

Par exemple, le poids d'une dinde de 5,5 kg est

$$\vec{F}_g = m\vec{g} = (5,5 \text{ kg})(9,8 \text{ N/kg [vers le bas]}) = 54 \text{ N [vers le bas]}$$

Près de la Terre, le poids résulte de la force d'attraction relativement grande de la Terre sur les autres objets autour d'elle. L'espace entourant un objet dans lequel une force existe est appelé **champ de force**. Le champ de force gravitationnel entourant la Terre s'étend de la surface de la Terre jusque dans l'espace éloigné. À la surface de la Terre, la quantité de force par unité de masse, appelée **intensité du champ gravitationnel**, est de 9,8 N/kg [vers le bas] (avec deux chiffres significatifs). Cette valeur est une quantité vectorielle dirigée vers le centre de la Terre et son symbole est $\vec{g}$. Remarque que l'intensité du champ gravitationnel a la même valeur que l'accélération moyenne due à la pesanteur à la surface de la Terre, bien que, par souci de commodité, les unités soient écrites différemment. Les deux valeurs sont interchangeables et elles sont exprimées avec le même symbole, $\vec{g}$.

champ de force espace qui entoure un objet et dans lequel une force existe

intensité du champ gravitationnel ($\vec{g}$) quantité de force par unité de masse

> ▶ *Mise en pratique*

Saisis bien les concepts

15. Détermine, à partir des masses indiquées, la grandeur du poids (en newtons) de chacun des objets suivants, immobiles à la surface de la Terre:
   a) un fer à cheval (2,4 kg)
   b) une machine pour l'extraction du charbon dans une carrière à ciel ouvert (1,3 Gg)
   c) une balle de tennis de table (2,50 g) (Suppose que $|\vec{g}| = 9,80$ N/kg.)
   d) un grain de poussière (1,81 μg) (Suppose que $|\vec{g}| = 9,80$ N/kg.)
   e) toi

16. Détermine la masse de chacun des objets suivants, en supposant que l'objet est immobile dans un champ gravitationnel de 9,80 N/kg [vers le bas]:
   a) une balle de hockey sur gazon ayant un poids de 1,53 N [vers le bas]
   b) un chargement atteignant le poids maximum permis de 1,16 MN [vers le bas] pour un avion cargo Galaxie C-5

17. Quel est le poids d'un astronaute de 76 kg sur une planète où l'intensité du champ gravitationnel est de 3,7 N/kg [vers le bas]?

Mets en pratique tes connaissances

18. Montre que les unités N/kg et m/s^2 sont équivalentes.

Réponses

15. a) 24 N
    b) $1,3 \times 10^7$ N
    c) $2,45 \times 10^{-2}$ N
    d) $1,77 \times 10^{-8}$ N
16. a) $1,56 \times 10^{-1}$ kg
    b) $1,18 \times 10^5$ kg
17. $2,8 \times 10^2$ N [vers le bas]

La troisième loi du mouvement de Newton

Lorsqu'un ballon est gonflé et relâché, l'air s'échappant du col fait s'envoler le ballon dans la direction opposée (**figure 12a**). De toute évidence, lorsque le ballon exerce une force sur l'air dans une direction, l'air exerce une force sur le ballon dans la direction opposée. C'est ce qu'illustre la **figure 12b**; note que les forces verticales n'apparaissent pas sur le diagramme, car elles sont trop petites.

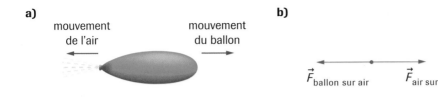

a)

mouvement
de l'air

mouvement
du ballon

b)

$+x$

$\vec{F}_{\text{ballon sur air}}$ $\vec{F}_{\text{air sur ballon}}$

Figure 12
a) Lorsqu'un ballon gonflé est relâché, l'air s'échappe dans une direction et le ballon réagit dans la direction opposée.
b) Le diagramme de forces du ballon au moment où il est relâché

Cet exemple nous amène à la *troisième loi du mouvement de Newton*, communément appelée *loi action-réaction*, laquelle examine les forces agissant par paires sur deux objets. Cette loi diffère des deux premières où l'on ne tenait compte que d'un seul objet à la fois.

> **La troisième loi du mouvement de Newton**
> À toute action, il y a toujours une force de réaction, égale en grandeur mais de direction opposée.

On utilise la troisième loi pour expliquer les situations où une force s'exerce sur un objet par l'entremise d'un autre objet. Pour comprendre comment cette loi s'applique au mouvement des personnes et des voitures, examine les exemples suivants illustrés à la **figure 13**.

- Lorsqu'une motocyclette accélère, le pneu arrière exerce une force d'action vers l'arrière sur la chaussée et la chaussée exerce une force de réaction vers l'avant sur le pneu. Ces forces constituent le frottement statique entre le pneu et la chaussée.
- Quand tu marches, tes pieds exercent une force d'action vers le bas et vers l'arrière sur le plancher pendant que le plancher exerce une force de réaction vers le haut et vers l'avant sur tes pieds.
- Quand tu rames dans une embarcation, la rame exerce une force d'action vers l'arrière sur l'eau et l'eau exerce une force de réaction vers l'avant sur la rame attachée à l'embarcation.

CONSEIL PRATIQUE

Nommer les paires action-réaction
Dans les exemples de paires action-réaction montrés à la **figure 13**, une force est appelée la force d'action et l'autre, la force de réaction. Ces deux forces agissent sur des objets différents. Puisque les deux forces apparaissent simultanément, il importe peu de savoir laquelle est la force d'action et laquelle est la force de réaction. Les noms peuvent être permutés sans aucun effet sur la description.

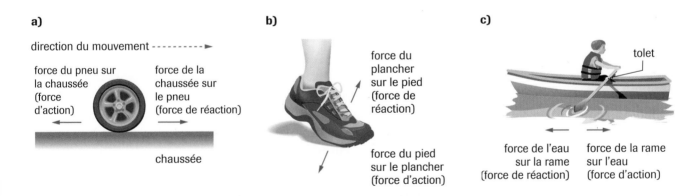

a)
direction du mouvement

force du pneu sur la chaussée (force d'action)

force de la chaussée sur le pneu (force de réaction)

chaussée

b)
force du plancher sur le pied (force de réaction)

force du pied sur le plancher (force d'action)

c)
tolet

force de l'eau sur la rame (force de réaction)

force de la rame sur l'eau (force d'action)

Figure 13
Illustrations de la troisième loi du mouvement de Newton
a) un pneu accélère sur une route
b) un pied bouge sur un plancher
c) des rames propulsent une embarcation

> ▶ **PROBLÈME 5**
>
> Un joueur de balle molle glissant vers le troisième but subit une force de frottement. Décris la paire de forces action-réaction pour cette situation.
>
> **Solution**
> On décide arbitrairement que la force action est la force qu'exerce le sol sur le joueur (dans la direction opposée au mouvement de glissade du joueur). Une fois ce choix effectué, la force de réaction est la force exercée par le joueur sur le sol.

Saisis bien les concepts

19. Explique le mouvement de chacun des objets écrits en italique à l'aide de la troisième loi du mouvement. Décris les forces action-réaction et leurs directions.
    a) Une *fusée* utilisée pour placer un satellite de télécommunications en orbite vient juste de quitter la rampe de lancement.
    b) Une personne est en détresse sur le toit d'une maison inondée par une rivière en crue. Un *hélicoptère* de secours fait du sur-place au-dessus d'elle.
    c) Ta main libère un *ballon* gonflé qui se déplace vers l'est pendant un court laps de temps.

20. Tu tiens un crayon horizontalement dans ta main.
    a) Trace un diagramme de système pour cette situation, montrant toutes les paires de forces action-réaction en relation avec le crayon.
    b) Explique, à l'aide d'un diagramme de forces, pourquoi le crayon n'est pas en accélération.

Mets en pratique tes connaissances

21. Imagine une façon de démontrer la troisième loi de Newton à des enfants utilisant des jouets.

RÉSUMÉ — *Les lois du mouvement de Newton*

- La dynamique est l'étude des forces et de leurs effets sur le mouvement.
- C'est Isaac Newton qui a énoncé les trois lois du mouvement et l'unité de force SI porte son nom.
- La première loi du mouvement de Newton (aussi appelée loi d'inertie) affirme que : si la force extérieure nette exercée sur un objet est nulle, l'objet maintient son état de repos ou sa vitesse vectorielle constante.
- L'inertie est la propriété de la matière qui fait qu'un objet a tendance à demeurer au repos ou en mouvement.
- Un objet est en équilibre quand la force extérieure nette exercée sur lui est nulle ; dans ce cas, l'objet peut être au repos ou avoir une vitesse vectorielle constante.
- La deuxième loi du mouvement de Newton affirme que : si la force extérieure nette sur un objet n'est pas nulle, l'objet accélère dans la direction de la force nette. L'accélération est directement proportionnelle à la force nette et inversement proportionnelle à la masse de l'objet. La deuxième loi peut s'écrire sous la forme d'une équation telle que $\vec{a} = \dfrac{\Sigma \vec{F}}{m}$ (ou son équivalent, $\Sigma \vec{F} = m\vec{a}$).
- La première et la deuxième lois impliquent un objet unique ; la troisième implique deux objets.
- L'unité de force SI est le newton (N) : $1\,\text{N} = 1\,\text{kg·m/s}^2$.
- Le poids d'un objet est la force de gravité qui agit sur lui dans le champ gravitationnel de la Terre. La grandeur du champ de force à la surface de la Terre est de 9,8 N/kg, ce qui équivaut à 9,8 m/s².
- La troisième loi du mouvement de Newton (aussi appelée la loi action-réaction) affirme que : à toute action, il y a toujours une force de réaction, égale en grandeur mais de direction opposée.

▶ *Section 2.2* *Questions*

Saisis bien les concepts

1. Un canard colvert ayant une masse de 2,3 kg vole à une vitesse vectorielle constante de 29 m/s [15° en dessous de l'horizontale]. Quelle est la force nette agissant sur le canard?

2. Une boîte de jus de 1,9 kg repose sur la tablette d'un réfrigérateur. Détermine la force normale agissant sur cette boîte.

3. Un électricien, ayant une masse de 67 kg, qui se tient debout dans une nacelle est descendu à une vitesse vectorielle constante de 85 cm/s [vers le bas]. Détermine la force normale exercée par la nacelle sur l'électricien.

4. Des forces magnétiques agissent sur le faisceau d'électrons d'une télévision. Si une force magnétique d'une grandeur de $3,20 \times 10^{-15}$ N s'exerce sur un électron ($m_e = 9,11 \times 10^{-31}$ kg), détermine la grandeur de l'accélération résultante. (La masse d'un électron est si petite que les forces gravitationnelles sont négligeables).

5. Un maître en karaté casse une brique à main nue. Le maître a une masse de 65 kg et sa main, une masse 0,65 kg. La vitesse vectorielle de la main passe de 13 m/s [vers le bas] à zéro en 3,0 ms. L'accélération de la main est constante.
   a) Détermine l'accélération de la main.
   b) Détermine la force nette qui agit sur la main. Quel objet exerce cette force sur la main?
   c) Détermine le rapport entre la grandeur de la force nette agissant sur la main et la grandeur du poids du maître.

6. Au tir à l'arc sur cible, la grandeur maximale de la force de tension appliquée sur un arc est de $1,24 \times 10^2$ N. Si cette force donne à la flèche une accélération dont la grandeur est de $4,43 \times 10^3$ m/s², quelle est la masse, en grammes, de la flèche?

7. La grandeur de l'intensité du champ gravitationnel sur Vénus est de 8,9 N/kg.
   a) Calcule la grandeur de ton poids à la surface de Vénus.
   b) De combien, en pourcentage, la grandeur de ton poids changerait-elle si tu déménageais sur Vénus?

8. Une force est donnée pour chacune des situations suivantes. Identifie l'autre force de la paire action-réaction et indique son nom, sa direction, l'objet qui l'exerce et l'objet sur lequel elle est exercée.
   a) Un cuisinier exerce une force sur une casserole pour la retirer du four.
   b) Le Soleil exerce une force gravitationnelle sur Saturne.
   c) Les mains d'un nageur exercent une force vers l'arrière sur l'eau.
   d) La Terre exerce une force gravitationnelle sur un melon.
   e) Une force de résistance de l'air vers le haut s'exerce sur un grêlon qui tombe.

9. Deux sacs de boules de gomme à mâcher identiques, ayant chacun une masse de 0,200 kg, sont suspendus comme on peut le voir à la **figure 14**. Détermine la valeur indiquée par la balance à ressort.

Figure 14

Mets en pratique tes connaissances

10. a) Tiens une calculatrice dans ta main et évalue sa masse en grammes. Convertis ton évaluation en kilogrammes.
    b) Détermine le poids de la calculatrice d'après ton évaluation de sa masse.
    c) Détermine le poids de la calculatrice d'après sa masse, telle qu'elle peut être mesurée sur une balance.
    d) Détermine le pourcentage d'erreur de l'évaluation que tu as faite en b).

Fais des liens

11. Un astronaute dans la Station spatiale internationale obtient la mesure de sa masse corporelle d'un «appareil de mesure de l'inertie» capable d'exercer une force mesurée. L'afficheur de l'appareil indique qu'une force nette de 87 N [vers l'avant] donne à l'astronaute, initialement au repos, une accélération de 1,5 m/s² [vers l'avant] pendant 1,2 s.
    a) Pourquoi l'astronaute n'est-il pas capable de mesurer sa masse corporelle sur une balance ordinaire, comme un pèse-personne de salle de bains?
    b) Quelle est la masse de l'astronaute?
    c) De combien l'astronaute s'est-il déplacé durant l'intervalle de temps de 1,2 s?
    d) Fais une recherche sur le fonctionnement d'un appareil de mesure de l'inertie. Rédige une brève description de ce que tu auras trouvé.

ALLER À www.beauchemineiditeur.com/physique12

12. Fais une recherche sur la carrière d'Isaac Newton. Signale quelques-unes de ses principales réussites et excentricités.

2.3 L'application des lois du mouvement de Newton

Lorsque les passagers d'un chariot de montagnes russes sont tirés vers le premier sommet, le plus haut d'ailleurs, ils doivent faire confiance aux calculs utilisés pour déterminer la solidité du câble qui tire le chariot. Les ingénieurs doivent analyser la relation entre la tension dans le câble et les forces de pesanteur et de frottement agissant sur les chariots et tous leurs passagers. Ceci n'est qu'un exemple de situation où les forces sont analysées. Dans cette section, tu développeras tes habiletés à résoudre des problèmes en appliquant les trois lois du mouvement de Newton à diverses situations.

La résolution systématique de problèmes

Les lois du mouvement de Newton peuvent être utilisées pour résoudre une variété de problèmes. Une approche permettant de résoudre la plupart des problèmes exige que l'on suive une série d'étapes.

Étape 1   Lire le problème attentivement et vérifier la définition de tous les mots inconnus.

Étape 2   Tracer un diagramme du système. Inscrire toute information pertinente, y compris toutes les valeurs numériques données. (Pour les situations simples, tu peux omettre cette étape.)

Étape 3   Tracer un diagramme de forces de l'objet (ou d'un groupe d'objets) et inscrire toutes les forces. Choisir les directions $+x$ et $+y$. (Essayer de choisir l'une de ces directions comme direction de l'accélération.)

Étape 4   Calculer et inscrire les composantes x et y de toutes les forces sur le diagramme de forces.

Étape 5   Écrire l'équation de la deuxième loi, $\Sigma F_x = ma_x$ ou $\Sigma F_y = ma_y$ et remplacer les variables des deux côtés de l'équation.

Étape 6   Au besoin, répéter les étapes 3 à 5 pour tous les autres objets.

Étape 7   Résoudre algébriquement l'équation obtenue.

Étape 8   Vérifier si les réponses ont les unités appropriées, une grandeur raisonnable, une direction logique et le bon nombre de chiffres significatifs.

▶ **PROBLÈME 1**

Un déménageur pousse une cuisinière sur un plancher de cuisine à une vitesse vectorielle constante de 18 cm/s [vers l'avant]. Il exerce une force horizontale de 85 N [vers l'avant]. La force de gravité sur la cuisinière est de 447 N [vers le bas].

a) Détermine la force normale ($\vec{F}_N$) et la force de frottement ($\vec{F}_f$) agissant sur la cuisinière.

b) Détermine la force totale exercée par le plancher ($\vec{F}_{plancher}$) sur la cuisinière.

Solution

$\vec{F}_{app} = 85$ N [vers l'avant]

$\vec{F}_g = 447$ N [vers le bas]

$\vec{v} = 18$ cm/s [vers l'avant]

---

a) $\vec{F}_N = ?$
    $\vec{F}_f = ?$

On peut omettre le diagramme du système (étape 2) parce que ce problème implique le mouvement d'un objet unique dans une situation simple et unidimensionnelle. On commence par tracer un diagramme de forces de la cuisinière, comme à la **figure 1a)**.

Puisque la cuisinière se déplace à vitesse vectorielle constante, nous obtenons $a_x = 0$ et $\sum F_x = 0$. Étant donné que la cuisinière n'a pas de mouvement dans la direction verticale, nous obtenons aussi $a_y = 0$ et $\sum F_y = 0$. Pour trouver la force normale, on effectue les substitutions en se servant des composantes verticales des forces :

$$\sum F_y = ma_y = 0$$
$$F_N + (-F_g) = 0$$
$$\therefore F_N = F_g = 447 \text{ N}$$

Puisque la direction de la force normale est vers le haut, la valeur finale est de 447 N [vers le haut].

Pour déterminer la force de frottement, on effectue les substitutions en se servant des composantes horizontales des forces.

$$\sum F_x = ma_x = 0$$
$$F_{app} + (-F_f) = 0$$
$$\therefore F_{app} = F_f = 85 \text{ N}$$

Le frottement est de 85 N [vers l'arrière].

b) $\vec{F}_{plancher} = ?$

Comme on le voit à la **figure 1b)**, la force exercée par le plancher sur la cuisinière a deux composantes. On détermine la grandeur de la force requise comme ceci :

$$|\vec{F}_{plancher}| = \sqrt{(F_N)^2 + (F_f)^2}$$
$$= \sqrt{(447 \text{ N})^2 + (85 \text{ N})^2}$$
$$|\vec{F}_{plancher}| = 455 \text{ N}$$

On détermine la direction de la force en se servant de la trigonométrie :

$$\phi = \tan^{-1} \frac{F_N}{F_f}$$
$$= \tan^{-1} \frac{447 \text{ N}}{85 \text{ N}}$$
$$\phi = 79°$$

La force appliquée par le plancher sur la cuisinière est de $4,6 \times 10^2$ N [79° au-dessus de l'horizontale].

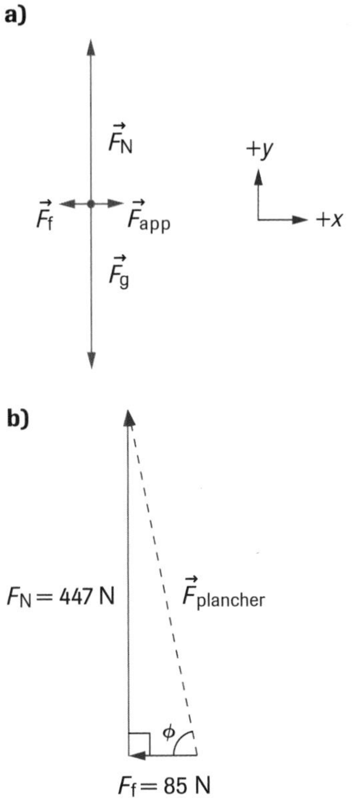

a)

b)

Figure 1
a) le diagramme de forces de la cuisinière
b) la force exercée par le plancher sur la cuisinière

CONSEIL PRATIQUE

L'utilisation des composantes
Remarque que lorsqu'on se sert des composantes, on omet la notation vectorielle. Souviens-toi que le symbole F_g représente la *grandeur* de la force $\vec{F}_g$ et qu'il est positif. Si l'on choisit la direction $+y$ comme direction vers le haut, alors la composante y de la force de gravité est négative et s'écrit $-F_g$.

▶ **PROBLÈME 2**

Les traîneaux A et B sont reliés par une corde à l'horizontale, A se trouvant devant B. Le traîneau A est tiré vers l'avant par une corde à l'horizontale supportant une tension de 29,0 N. Les masses de A et de B sont de 6,7 kg et de 5,6 kg respectivement. Les grandeurs du frottement de A et de B étant de 9,0 N et de 8,0 N respectivement, calcule la grandeur de

a) l'accélération du système constitué par les deux traîneaux ;
b) la tension dans la corde reliant les traîneaux.

Solution

On commence par tracer un diagramme du système et inscrire les renseignements pertinents, comme à la **figure 2**.

$\vec{F}_{T1} = 29,0\ N$ $F_{fA} = 9,0\ N$

$m_A = 6,7\ kg$ $F_{fB} = 8,0\ N$

$m_B = 5,6\ kg$

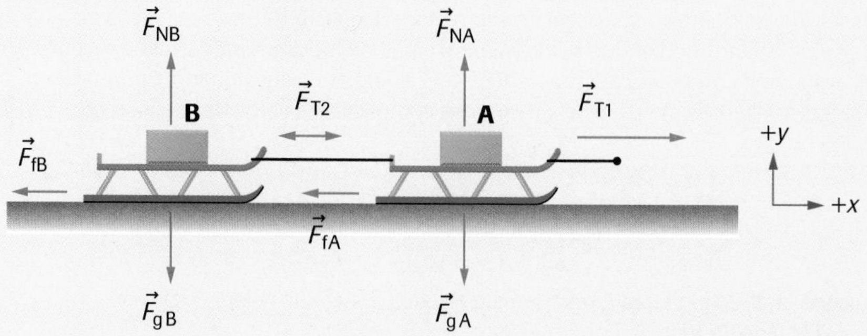

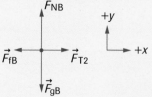

Figure 2
Le diagramme de système pour les traîneaux A et B du problème 2

a) Pour déterminer la grandeur de l'accélération du système des deux traîneaux, on remarque que la tension dans la corde avant, $\vec{F}_{T1}$, détermine l'accélération du système en entier. La **figure 3** montre le diagramme de forces du système.

Pour le système, dans un plan horizontal :

En appliquant la deuxième loi de Newton :

$$\sum F_{\text{système},x} = m_{\text{système}}a_{\text{système},x}$$

$$a_x = \frac{\sum F_x}{m}$$

$$= \frac{F_{T1} + (-F_{f,\text{totale}})}{m_A + m_B}$$

$$= \frac{29,0\ N - (9,0\ N + 8,0\ N)}{(6,7\ kg + 5,6\ kg)}$$

$$a_x = 0,98\ m/s^2$$

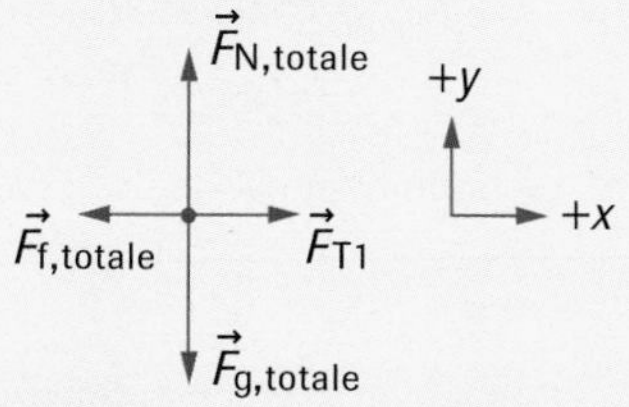

La grandeur de l'accélération est de 0,98 m/s².

Figure 3
Le diagramme de forces du système constitué par les deux traîneaux

b) Pour déterminer la grandeur de la tension dans la deuxième corde, $\vec{F}_{T2}$, on analyse seulement les forces agissant sur le traîneau B. La **figure 4** montre le diagramme de forces du traîneau B. Sachant que la grandeur de l'accélération du traîneau B est la même que celle de l'accélération de tout le système (c.-à-d. 0,98 m/s²), on peut appliquer l'équation de la deuxième loi aux composantes horizontales du mouvement :

$$\sum F_{Bx} = m_B a_{Bx}$$

$$F_{T2} - F_{fB} = m_B a_{Bx}$$

$$F_{T2} = F_{fB} + m_B a_{Bx}$$

$$= 8,0\ N + (5,6\ kg)(0,98\ m/s^2)$$

$$F_{T2} = 13\ N$$

Figure 4
Le diagramme de forces du traîneau B

La grandeur de la tension dans la corde reliant les traîneaux est de 13 N. On aurait obtenu la même valeur en traçant un diagramme de forces pour le traîneau A, puisque la force de tension que la corde fait subir à A est égale en grandeur, bien qu'elle soit opposée en direction, à la force de tension qu'elle fait subir à B. La valeur de 13 N semble raisonnable, puisque la tension doit être suffisamment grande non seulement pour vaincre le frottement de 8,0 N, mais aussi pour produire une accélération.

CONSEIL PRATIQUE

Plusieurs cordes

Dans le problème 2, il y a deux traîneaux et deux cordes. Toutefois, s'il y avait plus de trois objets ou plus de trois cordes, tu devrais calculer la tension pour chacune de ces cordes. Tu devrais d'abord trouver l'accélération du système et, en partant du dernier objet, remonter étape par étape jusqu'au premier. On peut résoudre ces types de problèmes en établissant et en résolvant un système d'équations. Par exemple, on peut résoudre le problème 2 en posant l'équation de la deuxième loi dans un plan horizontal pour chaque objet. Ces deux équations comportant deux inconnues (l'accélération et la tension dans la corde qui relie les traîneaux), on peut alors résoudre le système d'équations en fonction des inconnues.

▶ **PROBLÈME 3**

Tu attaches une pièce de un dollar ($m_L = 6,99$ g) et une pièce de dix cents ($m_D = 2,09$ g) aux deux extrémités d'un fil. Tu places le fil au-dessus d'une tige horizontale lisse en le tendant fermement. Finalement, tu relâches le tout, laissant la pièce de un dollar tomber et la pièce de dix cents monter. Le frottement entre le fil et la tige est négligeable et la grandeur de $\vec{g}$ est de 9,80 m/s^2. Détermine la grandeur de

a) l'accélération des pièces de monnaie ;

b) la tension dans le fil.

Solution

On commence par tracer le diagramme du système (**figure 5a)**), en y incluant le plus d'informations possible. Puisque la pièce de un dollar a une plus grande masse que la pièce de dix cents, le système des pièces de monnaie et du fil accélérera dans le sens contraire des aiguilles d'une montre autour de la tige. On choisit pour chacune des pièces de monnaie la direction de l'accélération comme direction positive : vers le bas pour la pièce de un dollar et vers le haut pour la pièce de dix cents. Comme il n'y a qu'un seul fil, il n'y a qu'une seule tension, $\vec{F}_T$.

a) Pour déterminer la grandeur de l'accélération des pièces de monnaie, on analyse les diagrammes de forces des deux pièces de monnaie séparément (**figures 5b)** et **5c)**). L'équation de la deuxième loi avec les composantes y dans le système de coordonnées de la pièce de un dollar est la suivante :

$$\sum F_y = ma_y$$
$$F_{gL} - F_T = m_L a_y$$

F_T et a_y sont toutes deux des inconnues. Ensuite, on applique l'équation de la deuxième loi avec les composantes y pour la pièce de dix cents :

$$F_T - F_{gD} = m_D a_y$$

Si on additionne les deux équations, l'une des deux inconnues, F_T, disparaît.

$$F_{gL} - F_{gD} = m_L a_y + m_D a_y$$
$$F_{gL} - F_{gD} = a_y(m_L + m_D)$$
$$a_y = \frac{F_{gL} - F_{gD}}{m_L + m_D}$$
$$= \frac{m_L g - m_D g}{m_L + m_D}$$
$$= \frac{(m_L - m_D)g}{m_L + m_D}$$
$$= \frac{(6,99 \times 10^{-3} \text{ kg}) - (2,09 \times 10^{-3} \text{ kg})(9,80 \text{ m/s}^2)}{(6,99 \times 10^{-3} \text{ kg}) + (2,09 \times 10^{-3} \text{ kg})}$$
$$a_y = 5,29 \text{ m/s}^2$$

La grandeur de l'accélération est de 5,29 m/s^2.

b) Pour déterminer la grandeur de la tension, on peut substituer l'accélération dans l'une ou l'autre des équations de la deuxième loi. En utilisant l'équation de la deuxième loi pour la pièce de dix cents :

$$F_T = F_{gD} + m_D a_y$$
$$= m_D g + m_D a_y$$
$$= m_D (g + a_y)$$
$$= (2,09 \times 10^{-3} \text{ kg})(9,80 \text{ m/s}^2 + 5,29 \text{ m/s}^2)$$
$$F_T = 3,15 \times 10^{-2} \text{ N}$$

La grandeur de la tension dans le fil est de 3,15 × 10^{-2} N.

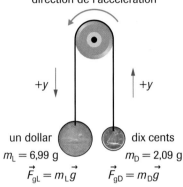

a)

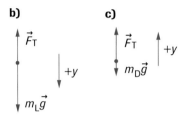

Figure 5

a) Le diagramme du système pour les pièces de monnaie du problème 3

b) Le diagramme de forces de la pièce de un dollar

c) Le diagramme de forces de la pièce de dix cents

CONSEIL **PRATIQUE**

Les directions dans les problèmes de poulies

Pour résoudre un problème impliquant au moins une poulie, choisis une direction positive générale pour tout le système d'objets. Attribue une direction +x ou +y à chaque objet de façon qu'il soit dans la direction positive générale. Par exemple, le système suivant devrait accélérer dans le sens des aiguilles d'une montre. La direction positive sera vers le haut pour la masse A, vers la droite pour B et vers le bas pour C.

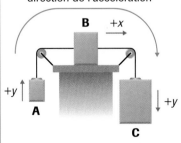

Réponses

1. a) 2.74×10^3 N [vers le haut]
   b) 35 kg
2. a) $1{,}55$ m/s^2
   b) 295 N
3. $1{,}2$ kg
4. a) $4{,}8$ m/s^2
   b) 19 N
5. a) 194 N
   b) $2{,}4$ N
   c) $0{,}79$ m/s
   d) $2{,}9$ N
6. a) $6{,}2 \times 10^2$ N
   b) $2{,}0$ m/s^2
7. b) $mg - F_A \sin \theta$
   c) $F_A \cos \theta$

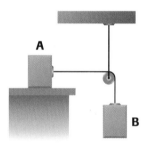

Figure 6
Diagramme de la question 5

▶ *Mise en pratique*

Saisis bien les concepts

1. Une montgolfière subit une accélération de $1{,}10$ m/s^2 [vers le bas]. La masse totale du ballon, de la nacelle et de son contenu est de 315 kg.
   a) Quelle force ascendante (de flottabilité) s'exerce sur le système?
   b) Le pilote désire ramener l'accélération à zéro. Il n'y a plus de carburant pour chauffer l'air dans le ballon. Détermine la masse du lest qu'il devra jeter par-dessus bord. (Ne tiens pas compte de la résistance de l'air.)

2. Une cabane construite dans un arbre possède un «poteau d'incendie» vertical en métal lisse, conçu pour des sorties d'urgence. Un enfant ayant une masse de $35{,}7$ kg glisse le long du poteau avec une accélération constante, en partant du repos. Le poteau a $3{,}10$ m de hauteur. La descente vers le sol dure $2{,}00$ s.
   a) Quelle est la grandeur de l'accélération vers le bas de l'enfant?
   b) Quelle est la grandeur de la force de frottement vers le haut exercée par le poteau sur l'enfant?

3. Quand une force extérieure nette est appliquée à une certaine masse m, une accélération de grandeur «a» en résulte. Quand la masse est augmentée de $2{,}0$ kg et que la même force nette est appliquée, l'accélération est de $0{,}37a$. Détermine la masse, m.

4. Les blocs A et B sont reliés par une corde passant dans une poulie sans frottement, comme à la **figure 6**. Lorsque les blocs sont en mouvement, le bloc A subit une force de frottement cinétique d'une grandeur de $5{,}7$ N. Si $m_A = 2{,}7$ kg et $m_B = 3{,}7$ kg, calcule la grandeur de
   a) l'accélération des blocs
   b) la tension dans la corde

5. Un garçon pousse une tondeuse à gazon ($m = 17{,}9$ kg) initialement au repos sur une pelouse à l'horizontale en appliquant sur les poignées une force de $32{,}9$ N dans la direction du manche, lequel forme un angle de $35{,}1°$ au-dessus de l'horizontale. La grandeur de l'accélération de la tondeuse est de $1{,}37$ m/s^2 et dure $0{,}58$ s, après quoi la tondeuse se déplace à vitesse vectorielle constante. Détermine la grandeur de
   a) la force normale exercée sur la tondeuse
   b) la force de frottement exercée sur la tondeuse
   c) la vitesse vectorielle maximale de la tondeuse
   d) la force qu'applique le garçon quand la vitesse vectorielle est constante

6. Un skieur ($m = 65$ kg) descend une colline recouverte de neige damée offrant un frottement négligeable. Si la colline présente une pente de $12°$ au-dessus de l'horizontale, détermine la grandeur de
   a) la force normale exercée sur le skieur
   b) l'accélération du skieur (*Indice*: N'oublie pas de choisir la direction $+x$ comme étant la direction de l'accélération, laquelle dans ce cas-ci est descendante, parallèle à la pente.)

Mets en pratique tes connaissances

7. Différents groupes d'élèves en physique reçoivent chacun une échelle de force (pour mesurer une force appliquée de grandeur F_A), une balance électronique (pour mesurer la masse, m), un bloc de bois rectangulaire muni d'un crochet à une extrémité, un rapporteur et un morceau de corde. Chaque groupe doit déterminer la force de frottement cinétique agissant sur le bloc pendant qu'il est tiré le long d'une table de laboratoire horizontale avec une vitesse vectorielle constante. Toutefois, la force appliquée doit être à un angle θ au-dessus de l'horizontale.
   a) Trace un diagramme du système et un diagramme de forces du bloc pour cette situation.
   b) Trouve une équation donnant la grandeur de la force normale exercée sur le bloc à l'aide des paramètres donnés, F_A, g, m et θ.
   c) Trouve une équation donnant la grandeur du frottement sur le bloc à l'aide de F_A et θ.

Fais des liens

8. Un élève (m = 55,3 kg) est debout sur un pèse-personne dans un ascenseur. L'appareil indique la grandeur de la force normale vers le haut (en newtons) sur l'élève.
   a) Détermine ce qu'indique l'appareil lorsque l'ascenseur subit une accélération de 1,08 m/s² [vers le haut].
   b) La force calculée en a) peut être appelée «poids apparent». Comment le poids apparent de l'élève, dans ce cas-ci, se compare-t-il avec son vrai poids? Qu'arrive-t-il au poids apparent lorsque l'ascenseur subit une accélération vers le bas? lorsqu'il subit une chute libre?
   c) Pour vérifier les réponses fournies en b), détermine le poids apparent de l'élève quand l'ascenseur subit une accélération vers le bas de 1,08 m/s², puis une accélération vers le bas de 9,80 m/s².
   d) Le terme «en état d'apesanteur» est employé pour décrire une personne en chute libre. Pourquoi utilise-t-on ce terme? Le terme est-il valable du point de vue de la physique? Justifie ta réponse.

Réponses

8. a)   602 N
   c)   482 N; 0 N

L'application de la troisième loi du mouvement

La troisième loi du mouvement de Newton, la loi action-réaction, concerne toujours deux objets. Lorsqu'on trace un diagramme de système de paires action-réaction, les deux objets peuvent être placés dans le même diagramme. Toutefois, quand on résout des problèmes concernant seulement un des objets, il faut tracer un diagramme de forces pour cet objet.

▶ *PROBLÈME 4*

Une journée pour la famille a lieu dans un aréna. Dans une activité, les enfants sur patins se placent le long d'une ligne bleue, face à un bout de la patinoire. Derrière chaque enfant, un parent, aussi sur patins, se prépare à pousser horizontalement pour déterminer qui pourra pousser son enfant le plus loin. Dans cette épreuve, une des mères a une masse de 61 kg et sa fille, une masse de 19 kg. Les deux patineuses subissent un frottement négligeable quand leurs patins pointent directement vers l'avant. Au son de la cloche, la mère pousse l'enfant avec une force appliquée constante d'une grandeur de 56 N pendant 0,83 s. Détermine la grandeur de

a) l'accélération de la fille
b) l'accélération de la mère
c) la vitesse vectorielle maximale de la fille

Solution

La **figure 7a)** est le diagramme du système. Les **figures 7b)** et **7c)** présentent respectivement les diagrammes de forces de la fille et de la mère. D'après la troisième loi du mouvement de Newton, il est évident que si la force de la mère sur la fille est de 56 N dans une direction, la force de la fille sur la mère est de 56 N dans la direction opposée.

a)

b)

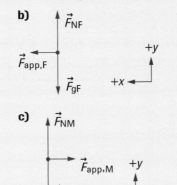

Figure 7
a) Le diagramme du système pour la paire mère-fille du problème 4
b) Le diagramme de forces de la fille
c) Le diagramme de forces de la mère

a) Emploie l'équation de la deuxième loi pour le mouvement horizontal de la fille :

$\sum F_{Fx} = 56$ N

$m_F = 19$ kg

$a_{Fx} = ?$

$$a_{Fx} = \frac{\sum F_{Fx}}{m_F}$$

$$= \frac{56 \text{ N}}{19 \text{ kg}}$$

$$a_{Fx} = 2,9 \text{ m/s}^2$$

La grandeur de l'accélération de la fille est de 2,9 m/s².

b) Emploie l'équation de la deuxième loi pour le mouvement horizontal de la mère :

$\sum F_{Mx} = 56$ N

$m_M = 61$ kg

$a_{Mx} = ?$

$$a_{Mx} = \frac{\sum F_{Mx}}{m_M}$$

$$= \frac{56 \text{ N}}{61 \text{ kg}}$$

$$a_{Mx} = 0,92 \text{ m/s}^2$$

La grandeur de l'accélération de la mère est de 0,92 m/s².

c) $v_i = 0$

$a = 2,9$ m/s²

$\Delta t = 0,83$ s

$v_f = ?$

$$v_f = v_i + a\Delta t$$

$$= 0 + (2,9 \text{ m/s}^2)(0,83 \text{ s})$$

$$v_f = 2,4 \text{ m/s}$$

La grandeur de la vitesse vectorielle maximale de la fille est de 2,4 m/s.

▶ *Mise en pratique*

Saisis bien les concepts

9. Un train de deux wagons tirés par une locomotive subit une accélération de 0,33 m/s² [vers l'avant]. Le frottement est négligeable. Chaque wagon a une masse de $3,1 \times 10^4$ kg.
   a) Détermine la force exercée par le premier wagon sur le deuxième wagon.
   b) Détermine la force exercée par la locomotive sur le premier wagon.

10. Deux livres reposent côte à côte sur un pupitre. Une force de 0,58 N appliquée horizontalement les fait se déplacer ensemble avec une accélération de 0,21 m/s² suivant l'horizontale. La masse du livre sur lequel la force est appliquée directement est de 1,0 kg. Le frottement étant négligeable, détermine
    a) la masse de l'autre livre
    b) la grandeur de la force exercée par un livre sur l'autre

Réponses

9. a) $1,0 \times 10^4$ N [vers l'avant]
   b) $2,0 \times 10^4$ N [vers l'avant]

10. a) 1,8 kg
    b) 0,37 N

L'application des lois du mouvement de Newton

- Il est sage d'élaborer une stratégie générale servant à résoudre une variété de types de problèmes impliquant des forces, même si chaque problème peut paraître différent à première vue.

- L'habileté à tracer un diagramme de forces pour chaque objet d'un problème donné est primordiale.

- Pour ce qui est du mouvement dans un espace à deux dimensions, il est presque toujours utile d'analyser les composantes perpendiculaires des forces séparément et d'appliquer les concepts ensuite.

▶ *Section 2.3 Questions*

Saisis bien les concepts

1. Un ballon de basket est lancé de telle sorte qu'il adopte un mouvement de projectile en voyageant vers le panier. La résistance de l'air est négligeable. Trace le diagramme de forces du ballon a) durant son ascension, b) quand il arrive au sommet de sa trajectoire et c) lorsqu'il redescend.

2. Un requin, ayant une masse de 95 kg, nage avec une vitesse vectorielle constante de 7,2 m/s [32° au-dessus de l'horizontale]. Quelle est la force nette agissant sur le requin? Ne tiens pas compte de la poussée d'Archimède.

3. La **figure 8** montre trois masses (5,00 kg, 2,00 kg et 1,00 kg) suspendues par des fils.
   a) Trace un diagramme de forces pour la masse du bas. Détermine la grandeur de la tension dans le fil du bas.
   b) Répète a) pour la masse du milieu et la tension dans le fil du milieu.
   c) Répète a) pour la masse du haut et la tension dans le fil du haut.

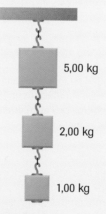

5,00 kg

2,00 kg

1,00 kg

Figure 8

4. Juste après qu'une navette spatiale a été lancée (**figure 9**), son accélération est d'environ 0,50*g* [vers le haut]. La masse de la navette, comprenant celle du carburant, est de $2,0 \times 10^6$ kg approximativement.
   a) Calcule la grandeur approximative de la force ascensionnelle agissant sur la fusée.
   b) Qu'est-ce qui produit la force ascensionnelle?

Figure 9
Le lancement de la navette spatiale *Endeavour* transportant des astronautes vers la Station spatiale internationale.

5. On laisse pendre à la verticale deux boîtes, dont les masses sont $m_1 = 35$ kg et $m_2 = 45$ kg, attachées aux extrémités d'une corde passant au-dessus d'une barre de métal rigide horizontale. Le système commence à bouger. En supposant que le frottement entre la barre et la corde soit négligeable, détermine la grandeur
   a) de l'accélération des boîtes
   b) de la tension dans la corde
   c) du déplacement de chacune des boîtes après 0,50 s

6. Deux blocs sont maintenus en place par trois cordes rattachées à un point P, comme on peut le voir à la **figure 10**. La grandeur de la force de frottement statique sur le bloc A est de 1,8 N. La grandeur de la force de gravité sur les blocs A et B est de 6,7 N et de 2,5 N respectivement.
   a) Trace un diagramme de forces pour le bloc B. Détermine la grandeur de la tension dans la corde verticale.
   b) Trace un diagramme de forces pour le bloc A. Détermine les grandeurs de la tension dans la corde horizontale et de la force normale agissant sur le bloc A.
   c) Trace un diagramme de forces du point P. Calcule la tension (la grandeur et l'angle θ) dans la troisième corde.

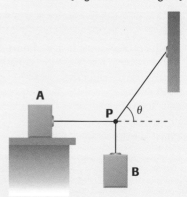

Figure 10

7. Un employé d'entrepôt tire trois chariots reliés par deux cordes à l'horizontale (**figure 11**) pour déplacer des produits de la salle d'entrepôt vers les étalages. Les masses des chariots chargés sont $m_1 = 15,0$ kg, $m_2 = 13,2$ kg et $m_3 = 16,1$ kg. Le frottement est négligeable. Une troisième corde, qui tire sur le chariot 1, a une inclinaison de 21,0° au-dessus de l'horizontale et a une tension d'une grandeur de 35,3 N. Détermine la grandeur de
   a) l'accélération des chariots;
   b) la tension dans la dernière corde;
   c) la tension dans la corde du milieu.

Figure 11

8. Le client d'un hôtel commence à tirer un fauteuil sur un plancher horizontal en exerçant une force de 91 N [15° au-dessus de l'horizontale]. La force normale exercée par le plancher sur le fauteuil est de 221 N [vers le haut]. L'accélération du fauteuil est de 0,076 m/s² [vers l'avant].
   a) Détermine la masse du fauteuil.
   b) Détermine la grandeur de la force de frottement sur le fauteuil.

9. Un enfant sur une luge descend une colline avec une accélération de 1,5 m/s². Si le frottement est négligeable, quel angle la colline fait-elle avec l'horizontale?

10. Les blocs X et Y, dont les masses sont $m_X = 5,12$ kg et $m_Y = 3,22$ kg, sont rattachés par la ligne d'une canne à pêche passant au-dessus d'une poulie sans frottement (**figure 12**).
   a) Montre que le bloc X monte la pente avec une accélération positive. Détermine la grandeur de cette accélération. Le frottement est négligeable.
   b) Détermine la grandeur de la tension dans la ligne de pêche.

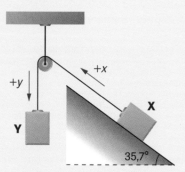

Figure 12

11. Une patineuse artistique dont la masse est $m = 56$ kg pousse horizontalement la rampe d'une patinoire avec une force constante pendant 0,75 s. Partant du repos, la patineuse atteint une vitesse maximale de 75 cm/s. Le frottement étant négligeable, détermine la grandeur
   a) de l'accélération constante;
   b) de la force exercée par la patineuse sur la rampe;
   c) de la force exercée par la rampe sur la patineuse;
   d) du déplacement de la patineuse à partir de la rampe après 1,50 s.

Mets en pratique tes connaissances

12. a) On applique une force nette constante sur différentes masses. Trace un graphique de la grandeur de l'accélération qui en résulte en fonction de la masse.
   b) On applique une force nette variable sur une masse constante. Trace un graphique de l'accélération qui en résulte en fonction de la force nette.

Fais des liens

13. Discute des principes de physique servant de fondements à l'énoncé suivant : «Lors d'une collision frontale, l'ouverture du sac gonflable peut présenter un très grave danger si le passager ne porte pas de ceinture de sécurité ou si le passager est un jeune enfant.»

Les forces de frottement 2.4

À la section 2.1, on a vu la définition des forces de frottement, lesquelles comprennent le frottement statique et le frottement cinétique. Dans cette section, on applique la première loi du mouvement de Newton, où $\Sigma \vec{F} = 0$, et la deuxième loi, où $\Sigma \vec{F} = m\vec{a}$, aux situations impliquant un frottement. On s'intéresse aussi aux situations où un objet glisse sur un autre et à celles qui impliquent la résistance de l'air et les autres forces de frottement des fluides. Tu découvriras que l'analyse du frottement a de nombreuses applications pratiques, telles que concevoir une poêle à frire antiadhésive, donner un effet à une balle pour la faire courber dans des activités sportives, atteindre la vitesse maximale en skis et obtenir l'accélération maximale d'une voiture sport.

Dans certains cas, les spécialistes cherchent des façons d'accroître le frottement. Par exemple, la piste d'un aéroport doit être conçue de façon que le frottement entre les pneus d'un avion et la piste soit presque aussi grand dans des conditions mouillées que dans des conditions sèches. Des alpinistes utilisent des chaussures et des gants procurant le plus grand frottement possible. Dans d'autres circonstances, l'objectif premier est de réduire le frottement. Si tu devais concevoir un membre artificiel, tel que la main montrée à la **figure 1**, tu voudrais réduire au minimum le frottement entre les parties mobiles. Les fabricants de voitures poursuivent le même objectif quand ils cherchent à obtenir une efficacité maximale des moteurs en réduisant au minimum le frottement entre les pièces mobiles.

Figure 1
Les mains artificielles sont conçues pour fonctionner avec le moins de frottement possible. Combien de frottement sens-tu dans la main quand tes doigts s'enroulent autour d'un crayon ?

> ▶ **Mise en pratique**
>
> **Saisis bien les concepts**
>
> 1. Donne des exemples (autres que ceux déjà mentionnés) de situations dans lesquelles il serait avantageux d'obtenir a) un frottement accru, b) un frottement réduit.

Les coefficients de frottement

Observe ce qui arrive quand tu tires ou pousses une caisse d'eau embouteillée sur le dessus d'un comptoir. Le frottement statique agit sur la caisse et l'empêche de se déplacer. Une fois la caisse en mouvement, le frottement cinétique s'oppose au mouvement. Par exemple, si tu te sers d'un indicateur de force ou d'une balance à ressort pour tirer horizontalement un objet immobile avec une force qui ne cesse d'augmenter, tu remarqueras que la force s'accroît régulièrement jusqu'à ce que l'objet commence à se déplacer. Ensuite, si tu gardes l'objet en mouvement à vitesse vectorielle constante, tu remarqueras que la force appliquée demeure constante parce qu'il n'y a pas d'accélération ($\Sigma \vec{F} = m\vec{a} = 0$). La grandeur de la force nécessaire pour mettre en mouvement un objet immobile est le *frottement statique maximum*, $F_{S,max}$. La grandeur de la force nécessaire pour garder un objet en mouvement est le *frottement cinétique*, F_C. Les résultats d'une telle expérience sont décrits à la **figure 2**.

La grandeur des forces de frottement statique et de frottement cinétique dépend des surfaces en contact. Par exemple, un œuf frit dans une poêle antiadhésive subit peu de frottement, tandis qu'un traîneau tiré sur un trottoir en béton subit beaucoup de frottement. La grandeur de la force de frottement dépend aussi de la force normale existant entre les objets comme à la **figure 3**.

Le coefficient de frottement est un nombre qui indique le rapport entre la grandeur de la force de frottement entre deux surfaces et la force normale existant entre ces surfaces. La valeur du coefficient de frottement dépend de la nature des deux surfaces en contact et du type de frottement — statique ou cinétique. Le **coefficient de frottement statique**, μ_S,

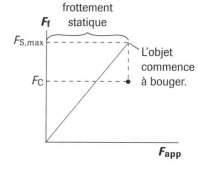

Figure 2
Ce graphique représente la grandeur du frottement en fonction de la grandeur de la force appliquée sur un objet jusqu'à ce que l'objet commence à se déplacer. La grandeur du frottement cinétique est habituellement moindre que celle du frottement statique maximum.

coefficient de frottement statique (μ_S) rapport entre la grandeur du frottement statique maximum et la grandeur de la force normale

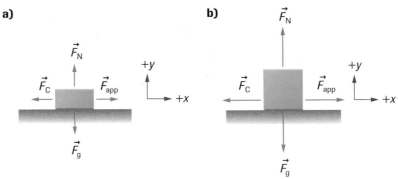

Figure 3
Plus grande est la masse d'un objet, plus grande est la force normale exercée sur cet objet par la surface sous-jacente et plus grande est la force appliquée nécessaire pour garder l'objet en mouvement.
a) Si la masse est petite, la force normale est petite, comme l'est la force appliquée nécessaire pour vaincre le frottement cinétique.
b) Si la masse double, la force normale double aussi, tout comme la force appliquée nécessaire pour vaincre le frottement cinétique.

coefficient de frottement cinétique (μ_C) rapport entre la grandeur du frottement cinétique et la grandeur de la force normale

est le rapport entre la grandeur du frottement statique maximum et la grandeur de la force normale. Le **coefficient de frottement cinétique**, μ_C, est le rapport entre la grandeur du frottement cinétique et la grandeur de la force normale. Les équations correspondantes sont les suivantes :

$$\mu_S = \frac{F_{S,max}}{F_N} \quad \text{et} \quad \mu_C = \frac{F_C}{F_N}$$

La détermination de μ_S et μ_C pour une substance donnée se fait de façon empirique ou par l'expérimentation. Les résultats peuvent différer d'un laboratoire à un autre, même avec des mesures précises et un équipement sophistiqué. Par exemple, si plusieurs scientifiques voulaient mesurer, en différents endroits du Canada, le coefficient de frottement cinétique entre le bois et la neige carbonique, les échantillons ne seraient pas identiques et les valeurs du coefficient ne seraient pas égales. Le **tableau 1** énumère les coefficients de frottement approximatifs pour plusieurs paires de surfaces courantes.

CONSEIL PRATIQUE

Employer les grandeurs des forces
Il est important de réaliser que la force de frottement est perpendiculaire à la force normale. Par conséquent, les équations impliquant le coefficient de frottement ne tiennent compte que des grandeurs ; les directions sont déterminées par l'analyse de chaque situation donnée.

Tableau 1 Coefficients de frottement approximatifs de quelques matériaux courants

Matériau	μ_S	μ_C
caoutchouc sur béton (sec)	1,1	1,0
caoutchouc sur asphalte (sec)	1,1	1,0
acier sur acier (sec)	0,60	0,40
acier sur acier (huileux)	0,12	0,05
cuir sur roche (sèche)	1,0	0,8
glace sur glace	0,1	0,03
acier sur glace	0,1	0,01
caoutchouc sur glace	?	0,005
bois sur neige carbonique	0,22	0,18
bois sur neige mouillée	0,14	0,10
Téflon® sur Téflon	0,04	0,04
pellicule de carbone quasi sans frottement, dans l'air	?	0,02 à 0,06
articulations synoviales chez les humains	0,01	0,003

▶ *PROBLÈME 1*

Une caisse de poissons ayant une masse de 18,0 kg repose sur le plancher d'un camion de livraison. Les coefficients de frottement entre la caisse et le plancher sont $\mu_S = 0{,}450$ et $\mu_C = 0{,}410$. La valeur locale de l'accélération gravitationnelle est, avec trois chiffres significatifs, de 9,80 m/s². Trouve la force de frottement et l'accélération si l'on applique a) une force horizontale de 75,0 N [E] à la caisse et b) une force horizontale de 95,0 N [E].

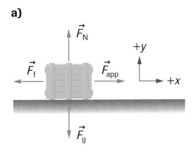

a)

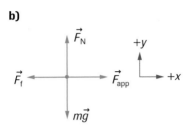

b)

Figure 4

Diagrammes pour le problème 1
a) Le diagramme du système de la caisse
b) Le diagramme de forces de la caisse

Solution

La **figure 4** montre le diagramme du système et le diagramme de forces pour cette situation.

a) $m = 18{,}0$ kg $\mu_S = 0{,}450$

 $\vec{F}_{app} = 75{,}0$ N [E] $|\vec{g}| = 9{,}80$ N/kg

Pour savoir si la caisse va accélérer ou demeurer immobile, on trouve le frottement statique maximum. On détermine premièrement la force normale en se servant de l'équation de la deuxième loi dans la direction verticale :

$$\sum F_y = ma_y = 0$$
$$F_N + (-mg) = 0$$
$$F_N = mg$$
$$= (18{,}0 \text{ kg})(9{,}80 \text{ N/kg})$$
$$F_N = 176 \text{ N}$$

On peut maintenant déterminer la grandeur du frottement statique maximum :

$$F_{S,max} = \mu_S F_N$$
$$= (0{,}450)(176 \text{ N})$$
$$F_{S,max} = 79{,}4 \text{ N}$$

Puisque la force appliquée est de 75,0 N [E], le frottement statique (une force de réaction à la force appliquée) doit être de 75,0 N [O], ce qui est moins que la grandeur du frottement statique maximum. Par conséquent, la caisse demeure au repos.

b) Dans ce cas-ci, la grandeur de la force appliquée est plus grande que celle du frottement statique maximum. Puisque la caisse est en mouvement pour cette raison, on doit tenir compte du frottement cinétique :

$$\vec{F}_{app} = 95{,}0 \text{ N [E]}$$
$$F_N = 176 \text{ N}$$
$$\mu_C = 0{,}410$$

$$F_C = \mu_C F_N$$
$$= (0{,}410)(176 \text{ N})$$
$$F_C = 72{,}3 \text{ N}$$

Pour déterminer l'accélération de la caisse, on applique l'équation de la deuxième loi dans la direction horizontale :

$$\sum F_x = ma_x$$
$$F_{app} + (-F_C) = ma_x$$
$$a_x = \frac{F_{app} + (-F_C)}{m}$$
$$= \frac{95{,}0 \text{ N} - 72{,}3 \text{ N}}{18{,}0 \text{ kg}}$$
$$a_x = 1{,}26 \text{ m/s}^2$$

Puisque la force appliquée pointe vers l'est, l'accélération de la caisse est de 1,26 m/s² [E].

Dans une activité de laboratoire, des élèves doivent déterminer le coefficient de frottement statique entre le dos de leur calculatrice et leur manuel. Le seul instrument de mesure permis est une règle. Les élèves réalisent que, ayant placé leur calculatrice sur le manuel, ils peuvent soulever très lentement une extrémité du manuel jusqu'au moment où la calculatrice commence à glisser. Ils peuvent alors mesurer la «hauteur» et la «base» indiquées à la **figure 5**. Montre comment calculer le coefficient de frottement statique à partir d'une mesure de 12 cm pour la hauteur et de 25 cm pour la base.

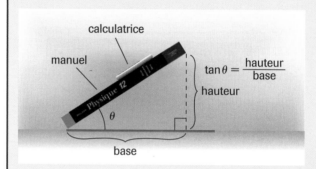

$$\tan \theta = \frac{\text{hauteur}}{\text{base}}$$

Figure 5
Le diagramme du système d'une calculatrice sur un livre

Solution

On commence par montrer, comme à la **figure 6a)**, que l'angle entre la composante de la force de gravité perpendiculaire à la surface du manuel est égal à l'angle du manuel au-dessus de l'horizontale.

Ensuite, on dérive une expression pour la force normale :

$$\sum F_y = ma_y = 0$$
$$F_N - mg \cos \theta = 0$$
$$F_N = mg \cos \theta$$

Finalement, on analyse les forces le long de l'axe des x et on fait la substitution de la force normale dans la formule. La **figure 6b)** montre le diagramme de forces de la calculatrice.

$$\sum F_x = ma_x = 0$$
$$mg \sin \theta - F_{S,max} = 0$$
$$mg \sin \theta = F_{S,max} \text{ où } F_{S,max} = \mu_S F_N$$
$$mg \sin \theta = \mu_S F_N$$
$$\mu_S = \frac{mg \sin \theta}{F_N}$$
$$= \frac{mg \sin \theta}{mg \cos \theta}$$
$$= \frac{\sin \theta}{\cos \theta}$$
$$= \tan \theta$$
$$= \frac{12 \text{ cm}}{25 \text{ cm}}$$
$$\mu_S = 0,48$$

Le coefficient de frottement statique est de 0,48.

a)

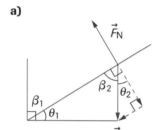

$$\theta_1 + \beta_1 = 90°$$
$$\theta_2 + \beta_2 = 90°$$
$$\beta_1 = \beta_2 \text{ (angles alternes-internes)}$$

Par conséquent, $\theta_1 = \theta_2$ ($= \theta$, l'angle du problème)

b)

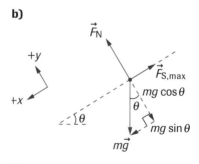

Figure 6
a) La preuve de l'égalité des angles
b) Le diagramme de forces de la calculatrice

Il est assez facile de déterminer expérimentalement le coefficient de frottement statique. On peut aussi déterminer le coefficient de frottement cinétique de façon expérimentale. La recherche 2.4.1, à la section Activités en laboratoire à la fin du chapitre, te donne l'occasion de mesurer ces coefficients de frottement.

▶ **RECHERCHE 2.4.1**

La mesure des coefficients de frottement (p. 113)
Quelles modifications apporterais-tu à l'expérience décrite dans le problème 2 pour déterminer le coefficient de frottement cinétique? La réponse va t'aider à te préparer pour cette recherche.

> **À TOI** d'expérimenter

L'observation de la triboluminescence

La triboluminescence (du mot grec *tribein*, «frotter») est la production de lumière par frottement. Tu peux observer le phénomène de la triboluminescence en écrasant quelques cristaux de bonbons durs, comme un Lifesaver® à saveur de thé des bois. Éteins toutes les lumières dans la pièce, donne le temps à tes yeux de s'adapter, puis écrase le bonbon à l'aide de pinces.

✋ **Porte des verres protecteurs pour écraser le bonbon.**

▶ *Mise en pratique*

Saisis bien les concepts

2. Une voiture accélère vers le sud à cause de la force de frottement entre la chaussée et les pneus.
   a) Dans quelle direction s'exerce la force de frottement de la chaussée sur les pneus? Pourquoi cette force existe-t-elle?
   b) Est-ce la force de frottement statique ou cinétique? Justifie ta réponse.

3. Les coefficients de frottement entre un tapis d'exercices de 23 kg et le plancher d'un gymnase sont $\mu_S = 0{,}43$ et $\mu_C = 0{,}36$.
   a) Détermine la grandeur de la force horizontale minimale nécessaire pour mettre le tapis en mouvement.
   b) Une fois le tapis en mouvement, quelle est la grandeur de la force horizontale requise pour le garder en mouvement à vitesse vectorielle constante?

4. Un musicien applique une force horizontale de 17 N [O] à un boîtier d'instrument dont la masse est de 5,1 kg. Le boîtier glisse sur une table avec une accélération de 0,39 m/s² [O]. Quel est le coefficient de frottement cinétique entre le boîtier et la table?

5. Une petite boîte repose sur une plus grande placée sur une surface horizontale. Lorsqu'une force horizontale est appliquée à la plus grande boîte, les deux boîtes accélèrent ensemble. La petite boîte ne glisse pas sur la plus grande.
   a) Trace un diagramme de forces de la petite boîte pendant son accélération.
   b) Quelle force fait accélérer la petite boîte horizontalement?
   c) Si l'accélération de la paire de boîtes a une grandeur de 2,5 m/s², détermine le plus petit coefficient de frottement entre les boîtes, coefficient qui empêchera la glissade.

6. Trace le diagramme de forces de la plus grande boîte de la question 5 au moment où elle accélère.

7. Un adulte tire deux petits enfants dans un traîneau sur une surface horizontale de neige. Le traîneau et les enfants ont une masse totale de 47 kg. La corde du traîneau forme un angle de 23° avec l'horizontale. Le coefficient de frottement cinétique entre le traîneau et la neige est de 0,11. Calcule la grandeur de la tension dans la corde nécessaire pour maintenir le traîneau en mouvement à vitesse vectorielle constante. (*Indice*: La force normale n'est pas égale en grandeur à la force de gravité.)

Mets en pratique tes connaissances

8. Décris comment tu effectuerais une expérience pour déterminer le coefficient de frottement cinétique entre tes souliers et une planche de bois en employant une règle graduée comme seul instrument de mesure.

Réponses

3. a) 97 N
   b) 81 N

4. 0,30

5. c) 0,26

7. 53 N

LE SAVAIS-TU ?

Des matériaux à faible frottement
Les scientifiques ont trouvé des façons de produire des matériaux ayant des coefficients très faibles de frottement. Le Téflon®, un composé de fluor et de carbone mis au point en 1938, ne subit que des forces électriques extrêmement faibles de la part de molécules comme celles contenues dans la nourriture; il constitue ainsi un excellent revêtement pour les poêles à frire. (Pour faire adhérer le revêtement à la poêle, le Téflon est pulvérisé dans le métal perforé.) Puisque le Téflon ne réagit pas non plus avec les liquides corporels, il est également très utilisé dans la fabrication d'implants chirurgicaux.

Le frottement dans les fluides et le principe de Bernoulli

fluide substance qui coule et prend la forme de son contenant

Un **fluide** est une substance qui coule et qui épouse la forme de son contenant. Les liquides et les gaz sont des fluides. Les fluides en mouvement relatif jouent un rôle important dans nos vies. L'un des types de mouvements d'un fluide est celui de l'eau ou du gaz naturel qui se déplace dans un tuyau ou un canal (il se déplace par rapport à l'objet). L'autre type de mouvement survient lorsqu'un objet, comme un balle de golf, se déplace dans l'air, l'eau ou un fluide quelconque (mouvement d'un objet par rapport au fluide).

On peut appliquer les lois du mouvement de Newton pour analyser le mouvement relatif des fluides. Une telle analyse nous permet d'explorer les facteurs qui déterminent la résistance de l'air. Elle permet aussi d'apprendre comment trouver et réduire la turbulence et comment régler le mouvement d'objets qui se déplacent dans des fluides ou le mouvement de fluides qui se déplacent dans des objets.

viscosité frottement interne entre les molécules dû à des forces de cohésion

écoulement laminaire écoulement stable d'un fluide visqueux dans lequel des couches adjacentes de liquide glissent doucement les unes sur les autres

Quand un fluide s'écoule, les forces de cohésion entre les molécules produisent un frottement interne, ou **viscosité**. Un fluide possédant une forte viscosité, comme le miel liquide, a une grande résistance interne et ne s'écoule pas facilement. Un fluide possédant une faible viscosité, comme l'eau, a une petite résistance interne et s'écoule facilement. La viscosité ne dépend pas uniquement de la nature du fluide mais aussi de sa température: en général, quand la température augmente, la viscosité d'un liquide décroît tandis que la viscosité d'un gaz s'accroît.

> ▶ **À TOI** d'expérimenter   *La viscosité de l'huile*
>
> Observe l'effet des changements de température sur la viscosité de différents types d'huile à moteur (p. ex., SAE 20, SAE 50 et SAE 10W-40) dans des éprouvettes fermées. Assure-toi que chaque éprouvette ait un petit espace rempli d'air près du bouchon. Enregistre le temps qu'il faut à une bulle d'air pour traverser l'huile contenue dans une éprouvette qui a été placée dans un bain d'eau froide. Compare ce résultat avec le temps que met une bulle à traverser une éprouvette qui a été placée dans un bain d'eau chaude.
>
> ✋ **Porte des gants et des verres protecteurs pour manipuler l'huile. Sois prudent en utilisant l'eau chaude du robinet.**

Quand un fluide s'écoule, les particules du fluide interagissent avec leur environnement et subissent un frottement externe. Par exemple, quand de l'eau circule dans un tuyau, les particules d'eau les plus près des parois du tuyau subissent une résistance de frottement qui réduit leur vitesse jusqu'à près de zéro. Des mesures montrent que la vitesse de l'eau varie d'un minimum près de la paroi du tuyau à un maximum au centre du tuyau. Si la vitesse d'un fluide est faible et que les couches adjacentes s'écoulent en douceur les unes sur les autres, l'**écoulement** est dit **laminaire** (**figure 7a**)). Un écoulement laminaire peut aussi se produire lorsqu'un fluide comme l'air circule autour d'un objet uni (**figure 7b**)).

Dans la plupart des situations impliquant des fluides en mouvement, il est difficile d'obtenir un écoulement laminaire. Quand le fluide traverse un objet, ou le dépasse,

a)

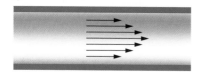

b)

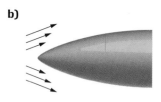

Figure 7
Un écoulement laminaire dans des fluides. La longueur de chaque vecteur représente la grandeur de la vitesse vectorielle du fluide à cet endroit.
a) De l'eau dans un tuyau
b) De l'air autour d'un cône

l'écoulement devient irrégulier, provoquant, par exemple, des tourbillons appelés *remous* (**figure 8**). Les remous constituent un exemple de **turbulence**, laquelle résiste au mouvement du fluide. Un fluide dans lequel se produit de la turbulence perd de l'énergie cinétique parce qu'une certaine quantité d'énergie est convertie en énergie thermique et en énergie acoustique. La probabilité de turbulence augmente quand la vitesse vectorielle d'un fluide augmente par rapport à son environnement.

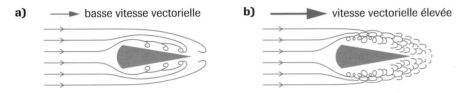

a) → basse vitesse vectorielle   **b)** ➤ vitesse vectorielle élevée

On peut réduire la turbulence de différentes façons. Par exemple, à Londres en Grande-Bretagne, de petites quantités de plastique liquide sont injectées dans le réseau d'égouts. Elles se mélangent aux particules d'eaux usées et réduisent la viscosité du liquide et son adhérence aux tuyaux et aux parois des égouts, facilitant ainsi le travail des pompes destinées au transport des eaux usées. On peut utiliser une technique similaire pour réduire la turbulence de l'eau jaillissant d'une lance d'incendie, ce qui permet d'augmenter la portée du jet d'eau. Ceci est particulièrement avantageux lorsqu'il s'agit de combattre les incendies dans de hauts édifices. On peut aussi ajouter du plastique liquide dans le sang d'une personne souffrant de problèmes de circulation afin de réduire la turbulence dans le sang et diminuer ainsi la possibilité de blocage de la circulation sanguine.

La turbulence autour d'un objet est un problème observé dans la nature et dans l'industrie du transport. Le **profilage** est le processus par lequel on réduit la turbulence en modifiant le profil d'un objet, comme la carrosserie d'une voiture ou le fuselage d'un avion. Les ingénieurs et ingénieures ont trouvé très utile l'étude des poissons, des oiseaux et des autres animaux qui se déplacent rapidement dans l'eau ou dans l'air. L'industrie du transport, en particulier, a fait beaucoup de recherches visant à améliorer le profilage des voitures, camions, motocyclettes, trains, bateaux, sous-marins, avions, engins spatiaux et autres véhicules. Le profilage embellit souvent l'apparence d'un véhicule mais, fait plus important, il améliore la sécurité et réduit la consommation de carburant.

Le profilage est une science expérimentale et la meilleure façon de l'étudier consiste à utiliser de grands tunnels aérodynamiques (ou souffleries) et de gros réservoirs. La **figure 9**

turbulence mouvement irrégulier d'un fluide

Figure 8
La turbulence causée par des remous augmente quand la vitesse vectorielle du fluide augmente.
a) Une faible turbulence à basse vitesse vectorielle
b) Une plus forte turbulence à vitesse vectorielle élevée

LE SAVAIS-TU ?

Les rafales de vent en ville
La turbulence du vent peut être un problème pour un quartier comptant plusieurs hautes tours d'habitation. Les grands édifices dirigent vers le bas l'air qui se déplace rapidement près du sommet, où les vents sont les plus forts. Au niveau de la rue, les vents peuvent avoir un effet dévastateur sur un piéton insouciant. Pour tenter de résoudre ce problème, les ingénieurs conçoivent leurs plans en fonction des résultats de tests effectués, dans un tunnel aérodynamique, sur des maquettes de structures proposées et de leur environnement.

profilage processus par lequel on réduit la turbulence en modifiant le profil d'un objet

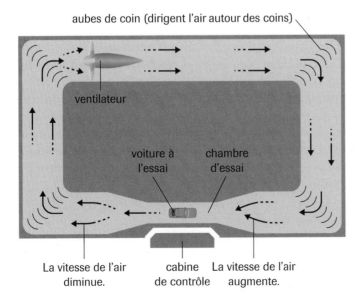

aubes de coin (dirigent l'air autour des coins)

ventilateur

voiture à l'essai   chambre d'essai

La vitesse de l'air diminue.   cabine de contrôle   La vitesse de l'air augmente.

Figure 9
Un tunnel aérodynamique typique pour analyser le profilage des automobiles

montre un tunnel aérodynamique utilisé pour étudier le profilage des automobiles. Un ventilateur dirige l'air le long du tunnel, autour des deux coins et finalement à travers un plus petit tunnel. Lorsque l'air se déplace dans le plus petit tunnel, il accélère (éventuellement jusqu'à 100 km/h) et passe autour de l'automobile à l'essai. Il retourne ensuite vers le ventilateur et repart pour un autre tour. Les chercheurs observent ce qui se passe derrière un mur vitré et analysent la turbulence autour de l'automobile. Des poutres sensibles à la pression, des capteurs électroniques, des gouttes d'eau colorée, de petits drapeaux et des panaches de fumée font partie des moyens utilisés pour détecter la turbulence.

Les chercheurs ont trouvé des façons intéressantes de réduire la turbulence qui limite la vitesse des sous-marins. Par exemple, pour réduire l'adhérence des particules d'eau sur la coque, de l'air comprimé est expulsé d'une petite couche entre la coque et son revêtement poreux. Des millions de bulles d'air passent alors le long du sous-marin, ce qui empêche l'adhérence et, par conséquent, réduit la turbulence. On peut aussi réduire la turbulence du sous-marin en faisant en sorte qu'il absorbe une petite quantité de l'eau dans laquelle il passe et qu'il l'expulse sous pression par l'arrière. (Quelle loi du mouvement est appliquée ici ?) Une troisième méthode de réduction de la turbulence pour les sous-marins, à première vue très surprenante, applique un principe observé chez les requins. On a longtemps pensé que la meilleure façon de réduire la turbulence était d'avoir des surfaces parfaitement lisses et des joints dissimulés. Toutefois, la peau des requins, qui se déplacent dans l'eau avec peu de frottement, est pourvue de petites rainures parallèles à l'écoulement de l'eau. De la même façon, un petit revêtement en plastique doté de fines rainures appliqué à la surface d'un sous-marin peut réduire la turbulence et augmenter sa vitesse maximale (voir **figure 10**). Quelques-unes des innovations dans les profils de sous-marins peuvent être adaptées aux navires de surface et aux avions.

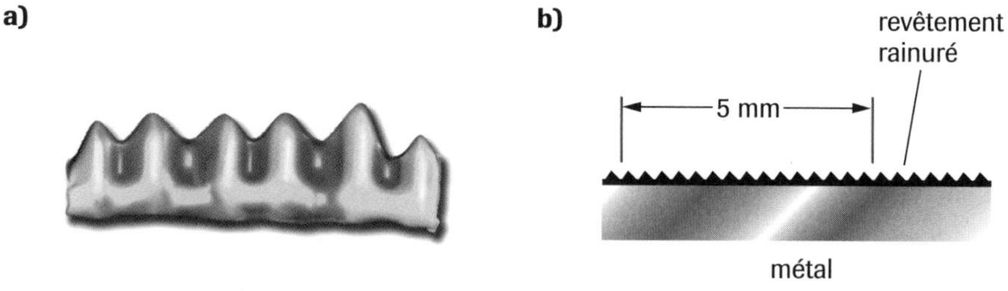

Figure 10
L'utilisation de rainures pour améliorer le profilage
a) Un morceau de peau de requin, grossi environ trois mille fois, contient des rainures parallèles à l'écoulement de l'eau.
b) Un mince revêtement en plastique possédant trois rainures par millimètre réduit la traînée d'une surface en métal dans l'eau.

a)

b)
revêtement rainuré
5 mm
métal

La vitesse d'un fluide en mouvement a un effet sur la pression exercée par le fluide. Examine de l'eau qui s'écoule sous pression dans un tuyau ayant la forme illustrée à la **figure 11**. Lorsque l'eau passe d'une section large vers une section plus étroite, sa vitesse augmente. On peut observer ce phénomène dans une rivière qui coule lentement dans ses parties les plus larges, mais dont le débit augmente dans ses parties plus étroites.

À la **figure 11**, l'écoulement de l'eau accélère lorsque les molécules de l'eau passent de la partie A à la partie B. L'accélération est causée par une force non équilibrée ; mais quelle en est l'origine dans ce cas-ci ? La réponse se trouve dans la différence de pression entre les deux parties. La pression (ou force par unité de surface) doit être plus grande dans la partie A que dans la partie B pour accélérer les molécules au moment où elles passent dans la partie B. Ces concepts ont été analysés en détail par le scientifique suisse Daniel Bernoulli (1700-1782). Ses conclusions sont maintenant connues sous le nom de *principe de Bernoulli*.

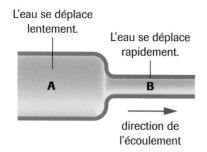

L'eau se déplace lentement.

L'eau se déplace rapidement.

A   B

direction de l'écoulement

Figure 11
La vitesse d'écoulement dépend du diamètre du tuyau.

Principe de Bernoulli
Là où la vitesse d'un fluide est basse, la pression est élevée.
Là où la vitesse du même fluide est élevée, la pression est basse.

Le principe de Bernoulli trouve une autre application dans le lancer d'une balle courbe au baseball. À la **figure 12a)**, une balle est lancée vers l'avant, ce qui veut dire que, par rapport à la balle, l'air se déplace vers l'arrière. Quand la balle est lancée avec un mouvement de rotation dans le sens horaire, l'air près de la surface de la balle est entraîné avec la balle (**figure 12b)**). À la gauche de la balle en mouvement, la vitesse de l'air est faible et la pression, élevée. La balle est forcée de courber vers la droite, en suivant le tracé indiqué à la **figure 12c)**.

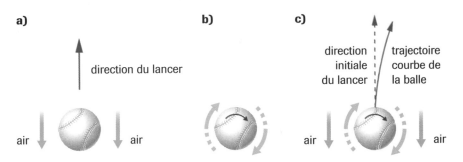

a) direction du lancer

air   air

b)

c) direction initiale du lancer   trajectoire courbe de la balle

air   air

Figure 12
Le principe de Bernoulli explique les balles courbes, comme si on les voyait d'en haut.
a) Une balle lancée sans effet ne dévie pas.
b) L'air est entraîné autour de la surface d'une balle à effet.
c) Puisque la vitesse d'écoulement de l'air autour d'une balle à effet n'est pas égale des deux côtés, la pression n'est pas égale. La balle dévie dans la direction de la pression la plus basse.

> ▶ **À TOI** d'expérimenter   **Comment la canette se déplacera-t-elle?**
>
> Prévois ce qui arrivera si tu souffles de l'air entre deux canettes vides placées comme à la **figure 13**. Vérifie ta prévision expérimentalement et explique tes résultats.

▶ **Mise en pratique**

Saisis bien les concepts

10. Nomme quatre liquides, autres que ceux mentionnés dans le texte, en ordre croissant de viscosité.

11. Selon toi, que signifient les phrases suivantes?
    a) Être dans la mélasse. (La mélasse est un sirop fait à partir de la canne à sucre.)
    b) Suer sang et eau.

12. Compare la vitesse du sirop s'écoulant du pot (**figure 14**) au-dessus et en dessous du bec. Quel rapport y a-t-il entre ce modèle et l'écoulement laminaire?

13. Identifie les caractéristiques de conception habituellement adoptées pour réduire la résistance de frottement dans
    a) les cabines de camions lourds;
    b) les fusées de lancement;
    c) les motocyclettes de sport;
    d) les locomotives.

14. Explique les observations suivantes en fonction du principe de Bernoulli.
    a) Lorsqu'une voiture décapotable roule sur une autoroute le toit fermé, le toit se bombe vers le haut.
    b) Un feu dans un foyer tire mieux lorsqu'il vente au-dessus de la cheminée que lorsque l'air est calme.

canettes vides

pailles

écoulement de l'air

Figure 13
Qu'arrive-t-il quand tu souffles de l'air entre deux canettes?

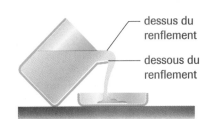

dessus du renflement

dessous du renflement

Figure 14
Diagramme de la question 12

Figure 15
Diagramme pour la question 15

15. Une balle de baseball (vue du dessus) est lancée dans la direction indiquée par les pointillés à la **figure 15**. Si la balle a un effet antihoraire, détermine la direction approximative de sa trajectoire. Sers-toi de diagrammes dans ton explication.

Mets en pratique tes connaissances

16. Décris comment tu ferais une expérience visant à mesurer la vitesse linéaire de l'eau qui s'échappe d'un tuyau horizontal dont le diamètre est connu. (*Indice*: Montre que si tu recueilles un certain volume d'eau en un temps donné, puis que tu le divises par l'aire du jet, tu obtiens la vitesse.) Tu peux te rendre compte que ce raisonnement est plausible en tenant compte des unités: $(cm^3/s)/cm^2 = cm/s$. Si c'est possible, réalise cette expérience.

Fais des liens

17. Les animaux fouisseurs, tels que les chiens de prairie et les marmottes, ont besoin d'une circulation d'air adéquate dans leur terrier. Pour y parvenir, ils munissent leur terrier d'une entrée et d'une sortie, faisant en sorte d'obtenir une ouverture plus haute que l'autre en laissant s'amonceler la terre excavée près d'une des deux entrées. Dessine une coupe transversale d'un tel terrier et explique comment il permet une circulation de l'air.

RÉSUMÉ   *Les forces de frottement*

- Lorsque la force appliquée sur un objet augmente, le frottement statique s'opposant à la force augmente jusqu'à ce que le frottement statique maximum soit atteint, après quoi l'objet se met en mouvement. À partir de cet instant, c'est le frottement cinétique qui s'oppose au mouvement.

- Les coefficients de frottement statique et de frottement cinétique sont les rapports, respectivement, entre la grandeur de la force de frottement statique et de la force de frottement cinétique et la force normale entre un objet et la surface avec laquelle il est en contact. Ces coefficients n'ont pas d'unités.

- Le frottement interne dans les fluides est appelé viscosité; il dépend de la nature et de la température du fluide.

- L'écoulement laminaire d'un fluide se produit lorsque les couches du fluide s'écoulent lentement les unes sur les autres.

- L'écoulement irrégulier d'un fluide est appelé turbulence; ce problème peut être réduit par le profilage.

- Le principe de Bernoulli affirme que: Là où la vitesse d'un fluide est basse, la pression est élevée, et là où la vitesse du même fluide est élevée, la pression est basse. Le lancer d'une balle à effet au baseball est une illustration de ce principe.

▶ ***Section 2.4*** *Questions*

Saisis bien les concepts

1. Quand tu te frottes vigoureusement les mains l'une contre l'autre, la température de la peau augmente. Pourquoi?

2. Lors d'un carnaval d'hiver, une paire de chevaux commence à tirer un traîneau chargé de coureurs des bois le long d'une piste horizontale recouverte de neige sèche. La masse totale du traîneau, comprenant ses passagers, est de $2,1 \times 10^3$ kg. Les chevaux appliquent une force de $5,3 \times 10^3$ N [horizontalement]. Détermine la grandeur de a) la force de frottement et de b) l'accélération du traîneau.

3. Deux skieurs, A et B, chacun de masse *m*, descendent une colline enneigée faisant un angle ϕ au-dessus de l'horizontale. A se déplace à vitesse constante. B accélère.
   a) Trouve une équation donnant le coefficient de frottement cinétique subi par A, en fonction de l'angle ϕ.
   b) Trouve une équation donnant la grandeur de l'accélération subie par B, en fonction de g, ϕ et μ_C.
   c) Quel effet un changement de masse du skieur B aurait-il sur la grandeur de l'accélération? Justifie ta réponse.

4. Une voiture de course accélère sur une piste horizontale. Le coefficient de frottement statique entre les pneus et la piste est de 0,88. Les pneus ne dérapent pas.
   a) Trace un diagramme de forces de la voiture.
   b) Détermine la grandeur maximale possible de l'accélération si la voiture doit se déplacer sans dérapage.

5. Une bille d'acier atteint une vitesse limite lorsqu'elle tombe dans de la glycérine. La vitesse limite sera-t-elle plus grande si la glycérine est à 20 °C ou à 60 °C? Explique ta réponse.

6. Pourquoi a-t-on besoin de stations de pompage disposées à intervalles réguliers le long du gazoduc transcanadien?

7. La **figure 16** montre un débitmètre Venturi utilisé pour mesurer la vitesse de l'écoulement d'un gaz dans un tube. Comment le principe de Bernoulli est-il utilisé dans sa conception?

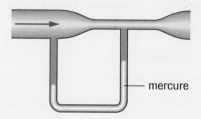

Figure 16
Un débitmètre Venturi

Mets en pratique tes connaissances

8. a) Avec la paume de ta main tournée vers le sol, glisse tes doigts sur la couverture de ton manuel. Évalue le coefficient de frottement cinétique entre tes doigts et la couverture.
   b) Retourne ta main et refais cette évaluation avec tes ongles.
   c) Conçois et effectue une expérience (en utilisant une règle pour les mesures) pour déterminer les valeurs des coefficients en a) et en b). Compare tes valeurs estimées et calculées.
   d) Décris ce que tu pourrais faire pour améliorer ton habileté à estimer les coefficients de frottement.

9. Prévois, en donnant une explication, ce qui va se produire si une personne souffle dans la paille horizontale de la **figure 17**. Vérifie tes prévisions expérimentalement après avoir reçu l'approbation de ton enseignant ou de ton enseignante. Établis un rapport entre ton explication et le principe de fonctionnement d'un fusil à peinture.

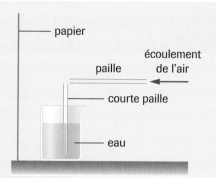

Figure 17

Fais des liens

10. En 1896, le Suédois Carl E. Johansson produisit la première cale étalon (aussi appelée «calibre à bouts plans») pour le contrôle de la qualité dans le processus de fabrication. Puisque les cales possèdent des faces extrêmement lisses, le coefficient de frottement statique est élevé. Par conséquent, les cales adhèrent les unes aux autres dès qu'elles se touchent. (Tu as sûrement déjà remarqué le même phénomène lorsque deux lamelles de microscope collent ensemble.) Fais une recherche sur les cales étalon, en décrivant leurs propriétés et leurs utilisations.

 www.beauchemineediteur.com/physique12

11. Quelle est la signification des termes «crochet à gauche» et «crochet à droite» au golf? Qu'est-ce qui cause ces crochets? Comment peux-tu les éviter?

 www.beauchemineediteur.com/physique12

12. La conception des chaussures de course a changé au fil des progrès de la technologie. Fais une recherche sur l'évolution des semelles de chaussures de course. Fais part de tes résultats en quelques mots.

 www.beauchemineediteur.com/physique12

13. Le carbone quasi sans frottement (CSF), figurant dans le **tableau 1**, est une nouvelle pellicule de carbone très résistante qui possède un coefficient de frottement cinétique de seulement 0,001 dans un milieu d'azote ou d'argon. Bien que le coefficient soit plus grand dans l'air, le frottement demeure suffisamment bas pour trouver plusieurs applications à ce matériau révolutionnaire. Effectue une recherche sur les avantages et les utilisations du CSF et rédige un compte rendu de tes découvertes.

 www.beauchemineediteur.com/physique12

Imagine que tu voyages dans un autobus à vitesse constante sur une route droite et plane. Si tu places une balle sur le plancher de l'autobus, elle demeure immobile par rapport à toi et à l'autobus, comme si tu l'avais placée sur le plancher de la classe (**figure 1**). Au départ, la balle est immobile et demeure dans cet état parce qu'il n'y a pas de force nette agissant sur elle. Toutefois, si le conducteur applique brusquement les freins, la balle semblera accélérer vers l'avant par rapport à l'autobus, même s'il n'y a toujours pas de force nette agissant sur elle. (Il n'y a aucune force qui pousse réellement la balle vers l'avant.)

Figure 1
L'autobus et la balle se déplacent à vitesse vectorielle constante. Par rapport à l'autobus, la balle est au repos.

Par rapport à une salle de classe ou à un autobus se déplaçant à vitesse vectorielle constante, la balle demeure immobile s'il n'y a pas de force nette qui agit sur elle ; autrement dit, la balle obéit à la première loi du mouvement de Newton, la loi d'inertie. Par conséquent, on appelle ta salle de classe ou un autobus se déplaçant à vitesse vectorielle constante un système de référence inertiel. Un système de référence (défini dans le chapitre 1) est un objet, comme une salle, un autobus ou même un atome, par rapport auquel les positions, vitesses vectorielles, accélérations, etc. d'autres objets peuvent être mesurées. Un **système de référence inertiel** est un système dans lequel la loi d'inertie et les autres lois de la physique s'appliquent. Tout système se déplaçant à vitesse vectorielle constante par rapport au premier système est aussi un système inertiel.

Quand le chauffeur freine, l'autobus subit une accélération. Par conséquent, c'est un **système de référence non inertiel**. Dans un tel cas, la loi d'inertie ne s'applique pas. Bien que la balle accélère vers l'avant de l'autobus lorsque le chauffeur freine, il n'y a pas de force nette produisant cette accélération. La raison pour laquelle il semble y avoir une force nette sur la balle, c'est que l'on observe le mouvement à partir d'un système de référence accéléré à l'intérieur de l'autobus (un système non inertiel). La situation est beaucoup plus facile à expliquer si on l'analyse à partir d'un système inertiel, comme la route. Quand le chauffeur freine, la balle tend à continuer son mouvement vers l'avant à une vitesse vectorielle constante par rapport à la route, conformément à la loi d'inertie. Puisque l'autobus ralentit et non la balle, celle-ci accélère vers l'avant par rapport à l'autobus (**figure 2**).

système de référence inertiel système dans lequel la loi d'inertie s'applique

système de référence non inertiel système dans lequel la loi d'inertie ne s'applique pas

Figure 2
Lorsqu'on freine, l'autobus ralentit lentement, mais la balle cherche à poursuivre son mouvement vers l'avant à une vitesse vectorielle constante relative au sol. Donc, par rapport à l'autobus, la balle accélère vers l'avant.

Pour expliquer le mouvement observé de la balle dans l'autobus, on doit inventer une force vers l'avant de l'autobus. Cette **force fictive** est une force inventée dont on peut se servir pour expliquer un mouvement observé dans un système de référence en accélération. Dans le cas de la balle, la force fictive est dans la direction opposée à l'accélération du système non inertiel lui-même.

force fictive force inventée employée pour expliquer un mouvement dans un système de référence en accélération

---

▶ **PROBLÈME 1**

Trace le diagramme de forces de la balle présentée a) à la **figure 1** et b) à la **figure 2**. Indique la force fictive dans b) par rapport au système de référence de l'autobus.

Solution

La **figure 3** montre les diagrammes requis. On utilise le symbole $\vec{F}_{fict}$ pour représenter la force fictive.

a)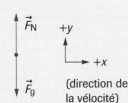

b)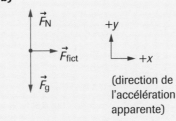

Figure 3
a) Le diagramme de forces, dans un système de référence fixe. La direction $+x$ a été choisie comme direction de la vitesse vectorielle.
b) Le diagramme de forces, dans un système de référence en accélération. La direction $+x$ a été choisie comme direction de l'accélération apparente par rapport au système de référence de l'autobus, causée par la force fictive $\vec{F}_{fict}$.

▶ **PROBLÈME 2**

Un enseignant suspend un petit bouchon en caoutchouc au plafond d'un autobus, comme à la **figure 3a)** de l'introduction du présent chapitre. La corde suspendue fait un angle de 8,5° avec la verticale quand l'autobus accélère vers l'avant. Détermine la grandeur de l'accélération de l'autobus.

Solution

Pour résoudre ce problème, on va considérer la situation à partir du système de référence Terre, car c'est un système inertiel. On commence par tracer le diagramme du système et le diagramme de forces de ce système, comme le montre la **figure 4**.

a)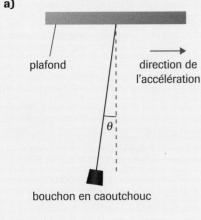

b)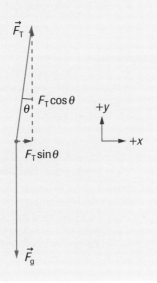

> **CONSEIL PRATIQUE**
>
> **Les forces fictives**
> Les forces fictives sont parfois appelées pseudo-forces ou forces d'inertie. Les forces fictives ne sont pas nécessaires dans un système de référence inertiel.

Figure 4
a) Le diagramme du système d'un accéléromètre improvisé fabriqué à l'aide d'un bouchon en caoutchouc
b) Le diagramme de forces de l'accéléromètre

C'est la composante horizontale de la tension qui cause l'accélération. Puisqu'on ne connaît ni la composante horizontale ni l'accélération horizontale, on doit utiliser deux équations. Commençons par les composantes verticales :

$$\sum F_y = ma_y = 0$$
$$F_T \cos \theta - F_g = 0$$
$$F_T \cos \theta = F_g \text{ où } F_g = mg$$
$$F_T = \frac{mg}{\cos \theta}$$

On peut maintenant insérer cette expression de F_T dans l'équation des composantes horizontales :

$$\sum F_x = ma_x$$
$$F_T \sin \theta = ma_x$$
$$a_x = (F_T)\left(\frac{\sin \theta}{m}\right)$$
$$= \left(\frac{mg}{\cos \theta}\right)\left(\frac{\sin \theta}{m}\right)$$
$$= g\left(\frac{\sin \theta}{\cos \theta}\right)$$
$$= g \tan \theta$$
$$= (9{,}8 \text{ m/s}^2)(\tan 8{,}5°)$$
$$a_x = 1{,}5 \text{ m/s}^2$$

La grandeur de l'accélération de l'autobus est de 1,5 m/s².

On a considéré jusqu'ici des systèmes de référence inertiels et non inertiels pour un mouvement linéaire. Il est intéressant de comparer ces systèmes de référence quand l'accélération implique des changements de direction, comme dans le cas d'une automobile qui négocie un virage sur l'autoroute. Nous y reviendrons au chapitre 3.

Réponses

3. a) 2,3 m/s² [E]

   b) 0,25 N

> ▶ **Mise en pratique**

Saisis bien les concepts

1. Tu pousses une rondelle de hockey sur coussin d'air sur une surface offrant un frottement négligeable tout en voyageant dans un camion qui se déplace à vitesse vectorielle constante dans le système de référence Terre. Qu'observes-tu? Pourquoi?

2. Tu es assis dans un autobus scolaire qui se déplace initialement à une vitesse vectorielle constante de 12 m/s [E]. Tu places délicatement une balle de tennis dans l'allée près de ton siège.
   a) Qu'arrive-t-il au mouvement de la balle? Pourquoi?
   b) Trace un diagramme de forces de la balle dans le système de référence route et un diagramme de forces de la balle dans le système de référence autobus.
   c) Le chauffeur de l'autobus appuie sur l'accélérateur et l'autobus se met à accélérer vers l'avant avec une accélération constante. Décris le mouvement de la balle.
   d) Trace un diagramme de forces et explique le mouvement de la balle dans la situation c) d'après le système de référence route et d'après ton système de référence dans l'autobus. Indique quel système est non inertiel et montre toutes les forces fictives.

3. Un bouchon en caoutchouc est suspendu par un fil à la main courante d'un compartiment de métro se déplaçant directement vers l'ouest. Lorsque le métro approche d'une station, il commence à ralentir. Le bouchon et son fil s'inclinent alors pour former un angle de 13° par rapport à la verticale.
   a) Quelle est l'accélération du métro? Est-ce nécessaire de connaître la masse du bouchon? Pourquoi?
   b) Détermine la grandeur de la tension dans le fil. Est-ce nécessaire de connaître la masse du bouchon? Pourquoi?

RÉSUMÉ *Les systèmes de référence inertiels et non inertiels*

- Dans un système de référence inertiel, la loi d'inertie (première loi du mouvement de Newton) s'applique.

- Dans un système de référence en accélération, ou système non inertiel, la loi d'inertie ne s'applique pas.

- Dans un système de référence non inertiel, on invente souvent des forces fictives pour rendre compte de ses observations.

▶ Section 2.5 Questions

Saisis bien les concepts

1. Comment nommerais-tu autrement un «système de référence non inertiel»?

2. Tu es passager ou passagère dans un véhicule qui se dirige vers le nord. Tu tiens dans tes mains un accéléromètre horizontal comme celui de la **figure 5**.
   a) Comment tiendrais-tu l'accéléromètre pour qu'il indique l'accélération?
   b) Décris ce qui arrive aux billes à l'intérieur de l'accéléromètre lorsque le véhicule
      I)   est immobile;
      II)   accélère vers le nord;
      III) se déplace à vitesse vectorielle constante;
      IV)   commence à ralentir pendant qu'il se déplace vers le nord.
   c) Trace un diagramme de forces des billes à un moment où le véhicule se déplace vers le nord avec une accélération constante et avec la route comme système de référence.
   d) Répète c) pour ton système de référence dans le véhicule.
   e) Si les billes forment un angle de 11° par rapport à la verticale, quelle est la grandeur de l'accélération du véhicule?
   f) Détermine la grandeur de la force normale agissant sur la bille du milieu dont la masse est de 2,2 g.

Mets en pratique tes connaissances

3. Un objet décoratif est suspendu au rétroviseur de ton véhicule. Tu penses t'en servir comme accéléromètre de type pendule pour déterminer l'accélération du véhicule lorsqu'il accélère en ligne droite.
   a) Trace un diagramme du système, un diagramme de forces de l'objet décoratif à partir du système de référence route et un diagramme de forces de l'objet décoratif à partir du système de référence véhicule.
   b) Décris comment tu déterminerais l'accélération, en indiquant quelle(s) mesure(s) tu prendrais et quels calculs tu effectuerais. Explique tes calculs en faisant référence à l'un des deux diagrammes de forces de la partie a).

Fais des liens

4. Tu es passager ou passagère dans un véhicule arrêté à une intersection. Bien que le feu de signalisation soit rouge et que le pied du conducteur soit fermement appuyé sur les freins, tu as soudainement l'impression que le véhicule se déplace vers l'arrière.
   a) Explique cette impression. (*Indice*: Pense au mouvement du véhicule d'à côté.)
   b) Comment pourrait-on exploiter cette impression ressentie dans la conception d'un manège où les pasagers et les passagères demeureraient immobiles tout en ayant l'impression d'être en mouvement?

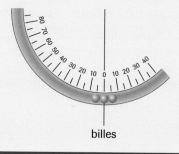

billes

Figure 5
Un accéléromètre
horizontal typique

🔍 ACTIVITÉ 2.2.1

L'équilibre statique des forces

Dans cette activité, tu te serviras des composantes vectorielles pour analyser la condition requise pour établir l'équilibre statique des forces. Bien que les instructions soient données pour une planche de forces verticales (**figure 1**), tu peux les adapter à une planche de forces horizontales ou à une installation horizontale de balances de forces rattachées à un point commun.

a)

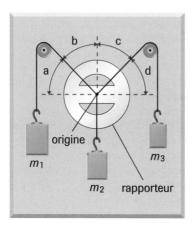

b)

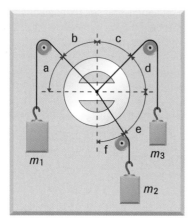

Figure 1
Utilisation d'une planche de forces verticales
a) Pour les étapes 1 et 2, la corde supportant m_2 est verticale.
b) Pour les étapes 3 et 4, la corde supportant m_2 forme un angle avec la verticale.

Matériel

Une planche de forces verticales (ou une surface de support)
3 petites poulies
3 crochets avec des masses (100 g, 200 g et 500 g)
une corde
un rapporteur circulaire

 N'emploie pas de masses supérieures à 500 g.
Mets un tapis ou une boîte à la base du tableau au cas où la corde se casserait. N'emploie pas de câble.

Marche à suivre

1. Organise le tableau des forces de façon que trois masses différentes (m_1, m_2 et m_3) pendent, au repos, à l'extrémité de trois cordes rattachées à une origine commune, comme à la **figure 1a)**. Place le rapporteur de façon que son origine coïncide avec l'origine des cordes. Dessine un diagramme du système et inscris les angles et les masses. Calcule les composantes verticales des tensions dans les segments de cordes obliques rattachés aux masses m_1 et m_3, puis compare leur somme avec la force produite par la masse m_2. Détermine les composantes horizontales de la tension dans les segments de cordes obliques et compare-les.

2. Varie les valeurs et les angles pour les masses m_2 et m_3, en gardant la corde qui supporte la masse m_2 à la verticale et recommence l'étape 1.

3. Installe la troisième poulie de façon que la corde attachée à la masse m_2 ne soit plus verticale (voir la **figure 1b)**). Détermine les composantes verticales des trois forces de tension et fais la somme vectorielle des composantes. Détermine les composantes horizontales des trois forces et leur somme vectorielle.

4. Recommence l'étape 3 en variant les valeurs et les angles des forces.

Analyse

a) Formule la condition pour un équilibre statique des forces.

b) En quoi le frottement entre les cordes et les poulies affecte-t-il les résultats de cette activité?

Évaluation

c) Décris des façons d'améliorer la précision de tes mesures dans cette activité.

⚛ RECHERCHE 2.4.1

La mesure des coefficients de frottement

Habiletés de recherche

- Questionner
- Émettre une hypothèse
- Prévoir
- Planifier
- Mener une expérience
- Enregistrer, noter
- Analyser
- Évaluer
- Communiquer

On peut déterminer expérimentalement les coefficients de frottement statique et cinétique en exerçant une force horizontale sur une surface horizontale à l'aide d'un instrument de mesure de la force, comme un compteur de forces ou une balance de forces. Mais une méthode moins sophistiquée, objet de cette recherche auto-dirigée, utilise des objets sur un plan incliné, comme le montre la **figure 1**, et est décrite dans le problème 2 de la section 2.4.

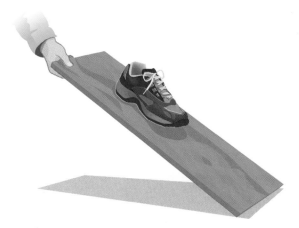

Figure 1
Penses-tu que les coefficients de frottement statique et cinétique d'une chaussure de caoutchouc changent pour différentes sculptures de semelle ?

Question

a) Trouve une question pertinente pour cette recherche.

Hypothèse et prévision

b) Écris une hypothèse et une prévision pour cette recherche.

Élaboration de l'expérience

Conçois ton expérience avec tes coéquipiers.
La liste du matériel peut te donner de bonnes idées.

c) Écris les étapes à suivre dans ton plan et souligne le souci accordé à la sécurité. Obtiens l'approbation de ton enseignant ou de ton enseignante avant de commencer.

d) Réalise ton expérience et rédige un compte rendu.

Matériel

Une règle graduée
un plan incliné
plusieurs échantillons de matériaux à tester

Analyse

e) Élabore tes propres questions d'analyse et réponds-y d'après tes observations et tes calculs.

Évaluation

f) Décris, dans ta recherche, les sources probables d'erreur aléatoire et systématique d'origine humaine ou autre. Comment serait-il possible de limiter ces erreurs ?

Synthèse

g) Décris la manière dont tu confirmerais ou réfuterais l'énoncé suivant à l'aide d'une preuve mathématique et d'une preuve expérimentale : « Le coefficient de frottement cinétique entre un plan incliné et un objet glissant sur ce plan à vitesse constante est indépendant de la masse de l'objet. »

Objectifs clés

- définir et décrire les concepts et les unités se rapportant à l'étude des forces (p. ex., les systèmes de référence inertiels et non inertiels) (2.1, 2.2, 2.4, 2.5)

- faire la distinction entre les systèmes de référence où il y a accélération (non inertiels) et ceux où il n'y pas d'accélération (inertiels); prévoir la vitesse vectorielle et l'accélération dans différentes situations (2.5)

- déterminer la force nette agissant sur un objet et l'accélération résultante en analysant les données expérimentales à l'aide de vecteurs, de diagrammes, de la trigonométrie et de la résolution des vecteurs en composantes (2.2, 2.4)

- analyser et prévoir, en termes quantitatifs, puis expliquer l'accélération des objets dans un espace à une ou à deux dimensions (2.2, 2.3, 2.4, 2.5)

- analyser les principes des forces produisant une accélération et décrire comment le mouvement d'êtres humains, d'objets et de véhicules peut être affecté en modifiant certains facteurs tels que la pression de l'air et les forces de frottement (p. ex., analyser les lois physiques du lancer d'une balle de base-ball, analyser les forces de frottement agissant sur des objets et expliquer comment la connaissance de ces forces a mené à la modification de la forme de certains objets) (2.2, 2.3, 2.4)

Mots clés

force
force de gravité
force normale
tension
frottement
frottement statique
frottement cinétique
résistance de l'air
diagramme de forces
force nette
dynamique
la première loi du mouvement de Newton
inertie
équilibre (des forces)
la deuxième loi du mouvement de Newton
poids
champ de force
intensité du champ gravitationnel
la troisième loi du mouvement de Newton
coefficient de frottement statique

coefficient de frottement cinétique
fluide
viscosité
écoulement laminaire
turbulence
profilage
principe de Bernoulli
système de référence inertiel
système de référence non inertiel
force fictive

Équations clés

- $\vec{a} = \dfrac{\sum \vec{F}}{m}$ (2.2)

- $\vec{F}_g = m\vec{g}$ (2.2)

- $\sum F_x = ma_x$ (2.2)

- $\sum F_y = ma_y$ (2.2)

- $F_f = \mu F_N$ (2.4)

- $\mu_S = \dfrac{F_{S,max}}{F_N}$ (2.4)

- $\mu_C = \dfrac{F_C}{F_N}$ (2.4)

▶ *RÉDIGE* un résumé

Dessine un grand diagramme représentant une colline recouverte de neige ayant la forme de celle illustrée à la **figure 1**. Sur un côté de la colline, un enfant tire un traîneau à l'aide d'une corde parallèle à la pente de la colline. De l'autre côté, l'enfant assis sur le traîneau descend la colline (cette situation n'est pas présentée dans le diagramme). Il y a frottement entre la neige et le traîneau. Au point E près de la base de la colline, le traîneau s'immobilise lorsqu'il heurte un talus de neige et l'enfant tombe tête première dans la neige. Trace des diagrammes de forces pertinents de l'enfant, du traîneau ou du système enfant-traîneau pour chacun des cinq points de A à E. Montre toutes les forces et composantes des forces. Rajoute toutes les informations qui pourraient t'aider à résumer les objectifs clés, les mots clés et les équations clés présentés dans ce chapitre.

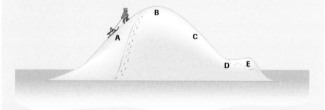

Figure 1
Tu peux te servir du diagramme d'une colline recouverte de neige pour résumer les concepts présentés dans ce chapitre.

Écris les nombres 1 à 11 dans ton cahier. Inscris à côté de chaque nombre si les énoncés qui suivent sont vrais (V) ou faux (F). Si l'énoncé est faux, écris-en une nouvelle version, ne corrigeant que la partie de l'énoncé imprimée *en italique*. Suppose que la résistance de l'air est négligeable pour chaque cas.

1. Lorsqu'une balle s'élève après que tu l'as lancée à la verticale, *la force nette sur la balle est égale à la force de gravité sur la balle.*

2. Tu tires horizontalement une corde attachée solidement à un crochet fixé au mur avec une force d'une grandeur de 16 N. Si tu tires horizontalement avec une force de même grandeur sur une corde retenue par un ami, *la grandeur de la tension dans la corde est de 32 N.*

3. Un chariot d'épicerie, à l'état de repos sur un plancher plat, subit une force normale d'une grandeur de 155 N. Tu pousses la poignée du chariot avec une force dirigée selon un angle de 25° en dessous de l'horizontale. *La grandeur de la force normale est maintenant moindre que 155 N.*

4. Les conditions de neige du vallon de ski de la **figure 1** sont partout les mêmes. Le coefficient de frottement cinétique entre les skis du skieur et la neige est de 0,18 lorsque le skieur descend d'un côté du vallon. Lorsque le skieur remonte de l'autre côté du vallon, *le coefficient de frottement cinétique excède 0,18 parce que la pesanteur agit contre le mouvement du skieur.*

Figure 1

5. *Il est impossible qu'un objet se déplace vers l'est tout en subissant une force nette vers l'ouest.*

6. *Il est possible que la somme de trois vecteurs de forces de même grandeur soit nulle.*

7. *Le frottement statique est toujours plus grand que le frottement cinétique.*

8. *Une unité SI de poids possible est le kilogramme.*

9. Lorsque tu te tiens debout au repos sur le plancher, *deux paires de forces action-réaction sont impliquées.*

10. *La viscosité et la résistance de l'air sont deux types de frottement impliquant des fluides.*

11. *Les forces fictives doivent être inventées pour expliquer les observations quand le système de référence choisi est en mouvement.*

Écris les nombres de 12 à 21 dans ton cahier. À côté de chaque nombre, inscris la lettre correspondant au meilleur choix de réponse.

12. Une personne ayant une masse de 65 kg monte dans un escalier roulant à une vitesse vectorielle constante de 2,5 m/s [22° au-dessus de l'horizontale]. La grandeur de la force nette agissant sur cette personne est de
    a) 0 N
    b) $6,4 \times 10^2$ N
    c) $5,9 \times 10^2$ N
    d) $2,4 \times 10^2$ N
    e) $1,6 \times 10^2$ N

13. Par une journée venteuse, un quart-arrière lance un ballon de football contre le vent. Les forces agissant sur le ballon au moment de quitter la main du quart-arrière et durant son déplacement dans les airs sont les suivantes :
    a) une force appliquée au lancer et une force de gravité vers le bas
    b) une force appliquée au lancer, une force exercée par l'air et une force de gravité vers le bas
    c) une force exercée par l'air et une force appliquée au lancer
    d) une force exercée par l'air et une force de gravité vers le bas
    e) la force de gravité vers le bas

14. Un skieur ou une skieuse ayant une masse *m* descend une pente enneigée inclinée selon un angle ϕ au-dessus de l'horizontale. La grandeur de la force normale sur le skieur ou la skieuse est
    a) $mg \tan \phi$ d) mg
    b) $mg \cos \phi$ e) zéro
    c) $mg \sin \phi$

15. Une canette de boisson gazeuse est immobile sur une table. Si la force de gravité de la Terre est la force d'action, la force de réaction est
    a) une force normale vers le haut exercée par la table sur la canette
    b) une force gravitationnelle vers le bas exercée par la Terre sur la canette
    c) une force normale vers le bas exercée sur la table par la canette
    d) une force gravitationnelle vers le haut exercée par la Terre sur la canette
    e) aucune de ces réponses

Une version interactive de cette évaluation est disponible dans Internet.

ALLER À   www.beaucheminediteur.com/physique12

La dynamique   **115**

16. Les coefficients de frottement entre une boîte ayant une masse de 9,5 kg et le plancher horizontal qui la supporte sont $\mu_S = 0,65$ et $\mu_C = 0,49$. La boîte est immobile. La grandeur de la force horizontale minimale suffisante pour mettre la boîte en mouvement est de
    a) 93 N
    b) 61 N
    c) 46 N
    d) 6,2 N
    e) 4,7 N

Pour les questions 17 à 21, reporte-toi à la **figure 2**.

17. Durant l'intervalle de temps au cours duquel le ressort agit sur le chariot double, la force exercée par le chariot double sur le chariot simple est de
    a) 2,0 N [O]
    b) 0,0 N
    c) 2,0 N [E]
    d) 4,0 N [O]
    e) 4,0 N [E]

18. Durant l'interaction du ressort, la force nette qui agit sur le chariot simple est de
    a) 4,0 N [O]
    b) 2,0 N [O]
    c) 2,0 N [E]
    d) 4,0 N [O]
    e) zéro

19. Durant l'interaction, l'accélération du chariot double est de
    a) 0,33 m/s² [E]
    b) 1,0 m/s² [E]
    c) 3,0 m/s² [E]
    d) 0,50 m/s² [E]
    e) 2,0 m/s² [E]

20. La vitesse vectorielle du chariot double, exactement 0,20 s après le relâchement du ressort de compression, est
    a) de 0,25 cm/s [E]
    b) de 1,0 cm/s [E]
    c) de 4,0 cm/s [E]
    d) de zéro
    e) inférieure à 0,25 cm/s [E], mais supérieure à zéro

21. Une fois le ressort de compression complètement détendu et les chariots séparés, la force nette agissant sur le chariot simple est
    a) de 19,6 N [vers le bas]
    b) de 2,0 N [O]
    c) de 19,6 N [vers le haut]
    d) la somme vectorielle de 19,6 N [vers le bas] et 2,0 N [O]
    e) de zéro

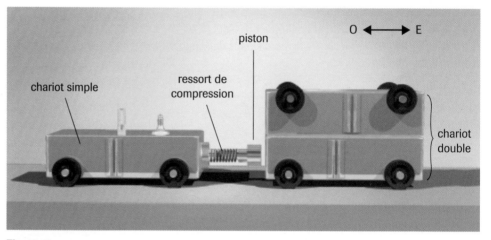

Figure 2
Diagramme pour les questions 17 à 21. Deux chariots dynamiques, l'un simple ayant une masse de 1,0 kg, l'autre double ayant une masse de 2,0 kg, chacun muni de roues sans frottement, sont en contact et au repos. Le ressort de compression du chariot simple est soudainement relâché, ce qui fait que le chariot simple exerce une force moyenne de 2,0 N [E] sur le chariot double pendant 0,50 s.

Une version interactive de cette évaluation est disponible dans Internet.

ALLER A www.beaucheminediteur.com/physique12

Saisis bien les concepts

1. Quand un objet est immobile, pourquoi doit-il n'y avoir aucune force ou y avoir au moins deux forces agissant sur lui?

2. Des traumatismes cervicaux surviennent fréquemment lors d'accidents d'automobiles quand la voiture de la victime a été emboutie par l'arrière. Explique en quoi ces accidents illustrent les lois du mouvement de Newton et comment ces lois pourraient être appliquées dans la conception de sièges de véhicules plus sécuritaires.

3. Si tu embarques dans un canoë et avances vers l'avant, le canoë se déplace dans la direction opposée. Explique pourquoi.

4. Comment déterminerais-tu la masse d'un objet dans l'espace interstellaire, où la force de gravité tend vers zéro?

5. Dans un film catastrophe, un ascenseur plein de passagers tombe en chute libre après la rupture des câbles de soutien. Le film montre des personnes plaquées au plafond. Est-ce en accord avec les principes de la physique? Pourquoi?

6. Lors d'un tour de manège, illustré à la **figure 1**, chariots et passagers descendent une pente avant de s'engager dans une boucle verticale. La pente forme un angle de 36° avec l'horizontale. S'il n'y a pas de frottement, quelle est la grandeur de l'accélération des chariots lors de la descente?

Figure 1

7. Deux boulettes de végéburger, l'une en contact avec l'autre, sont poussées sur un gril. Les masses des boulettes sont de 113 g et de 139 g. Le frottement est négligeable. La force horizontale appliquée, d'une grandeur de $5,38 \times 10^{-2}$ N, est exercée sur la plus grosse boulette. Détermine a) la grandeur de l'accélération du système des deux boulettes et b) la grandeur de la force exercée par chacune des boulettes sur l'autre.

8. Trois blocs, dont les masses sont $m_1 = 26$ kg, $m_2 = 38$ kg et $m_3 = 41$ kg, sont reliés par deux cordes passant sur deux poulies, comme à la **figure 2**. Le frottement est négligeable. Détermine a) la grandeur de l'accélération des blocs et b) la grandeur de la tension dans chacune des cordes.

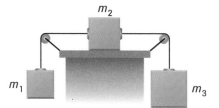

Figure 2

9. Un alpiniste ayant une masse de 67,5 kg se maintient à l'horizontale à l'aide d'une corde contre une paroi verticale, comme on le voit à la **figure 3**. La tension dans la corde est de 729 N [27,0° en dessous de l'horizontale]. Détermine la force exercée par la paroi sur les pieds de l'alpiniste.

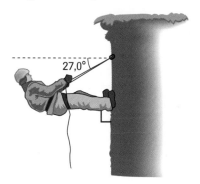

Figure 3

10. Un enfant tire un wagon d'une masse de 7,38 kg vers le haut d'une colline dont la pente forme un angle de 14,3° avec l'horizontale. L'enfant applique une force parallèle à la pente. L'accélération du wagon est de $6,45$ cm/s^2 vers le haut de la pente. Le frottement est négligeable. Détermine la grandeur a) de la force appliquée par l'enfant et b) de la force normale sur le wagon.

11. Laquelle est la plus susceptible de se rompre lorsqu'elle est chargée de linge mouillé : une corde à linge bien tendue ou une corde à linge presque sans tension? Utilise des diagrammes pour expliquer ta réponse.

12. Dans la plupart des sports, les chaussures de sport devraient avoir un coefficient de frottement élevé, pour que la personne qui les porte puisse arrêter et tourner rapidement. Dans quels sports ceci serait-il un désavantage?

13. Pourquoi les gens font-ils de petits pas sur les surfaces glissantes ?

14. Un élève pousse horizontalement sur une table ($m = 16$ kg) pour la déplacer sur un plancher horizontal. Le coefficient de frottement cinétique entre la table et le plancher est de 0,61.
    a) Détermine la grandeur de la force appliquée requise pour garder la table en mouvement à vitesse vectorielle constante.
    b) Si la force appliquée était de 109 N et que la table était immobile au départ, combien de temps faudrait-il pour déplacer la table de 75 cm ?

15. Une corde exerce une force d'une grandeur de 21 N suivant un angle de 31° au-dessus de l'horizontale sur une boîte reposant sur un plancher horizontal. Les coefficients de frottement entre la boîte et le plancher sont $\mu_S = 0,55$ et $\mu_C = 0,50$. La boîte demeure immobile. Détermine la plus petite masse possible pour la boîte.

16. Un skieur en haut d'une pente ayant une inclinaison de 4,7° exerce une poussée sur ses bâtons de ski en direction du bas de la pente. Après la poussée, sa vitesse est de 2,7 m/s. Le coefficient de frottement cinétique entre les skis et la neige est de 0,11. Détermine la distance que parcourra le skieur avant de s'arrêter.

17. Un passager se tient debout sans glisser dans un train qui accélère vers l'avant. Le coefficient de frottement statique entre ses pieds et le plancher est de 0,47.
    a) Trace un diagramme de forces du passager en prenant la Terre comme système de référence.
    b) Trace un diagramme de forces du passager en prenant le train comme système de référence.
    c) Détermine l'accélération maximale que peut avoir le train par rapport à la voie ferrée sans que le passager ne glisse.

18. Tu lances une balle de baseball vers l'est. La balle a un effet de rotation rapide dans le sens horaire si on l'observe du dessus. Dans quelle direction la balle aura-t-elle tendance à courber ? Explique ton raisonnement.

19. Il faut 30,0 s pour remplir un contenant de 2,00 L avec l'eau provenant d'un tuyau de 1,00 cm de rayon. Le tuyau est tenu horizontalement. Détermine la vitesse de l'eau à la sortie du tuyau.

Mets en pratique tes connaissances

20. Une force nette variable est appliquée à un wagon plein. Le **tableau 1** donne les accélérations résultantes. Trace un graphique des données. Utilise l'information contenue dans le graphique pour déterminer la masse du wagon.

Tableau 1 Données de la question 20

force nette (N) [vers l'avant]	0	10,0	20,0	30,0	40,0	50,0
accélération (m/s²) [vers l'avant]	0	0,370	0,741	1,11	1,48	1,85

21. L'appareil illustré à la **figure 4** sert à déterminer le coefficient de frottement statique entre deux surfaces. Le capteur de forces mesure la force horizontale minimale, $\vec{F}_{app}$, requise pour empêcher un objet de glisser sur une pente verticale.
    a) Trace le diagramme de forces de l'objet appuyé contre le mur. Utilise ce diagramme pour exprimer le coefficient de frottement statique en fonction de m, g et $\vec{F}_{app}$.
    b) Conçois et réalise une recherche visant à déterminer le coefficient de frottement statique entre deux surfaces appropriées. Utilise la technique montrée à la **figure 4** ainsi que deux autres techniques. Compare les résultats et décris les avantages et les désavantages de chaque technique.

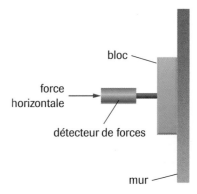

bloc

force horizontale

détecteur de forces

mur

Figure 4

22. Procure-toi un bout de papier d'environ 10 cm sur 20 cm et replie-le pour lui donner la forme d'une aile d'avion, comme à la **figure 5a)**. Attache les extrémités avec du ruban adhésif. Tiens l'aile par son centre à l'aide d'un crayon et souffle dessus comme il est indiqué à la **figure 5b)**. Répète la démarche pour la situation illustrée à la **figure 5c)**. Explique ce que tu vois.

Fais des liens

23. Des caméras haute vitesse permettent de voir que l'intervalle de temps durant lequel la face d'un bâton de golf est en contact avec la balle est habituellement de 1,0 ms et que la vitesse de la balle, lorsqu'elle quitte le bâton, est d'à peu près 65 m/s. La masse d'une balle de golf est de 45 g.

a)

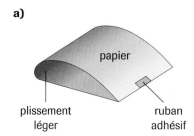

plissement léger

papier

ruban adhésif

b)

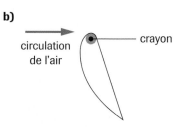

circulation de l'air

crayon

c)

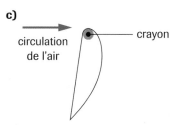

circulation de l'air

crayon

Figure 5
Diagramme de la question 22

a) Détermine la grandeur de la force moyenne exercée par le bâton de golf sur la balle. (Pour ce calcul, ne tiens pas compte de la force de gravité.)

b) Pourquoi est-il acceptable de ne pas tenir compte de la force de gravité dans le calcul de la force moyenne exercée par le bâton ?

c) Que veut dire l'expression « caméra haute-vitesse » ?

Exercices complémentaires

24. Une boîte ayant une masse $m = 22$ kg est immobile sur une rampe dont l'inclinaison est de 45° par rapport à l'horizontale. Les coefficients de frottement entre la boîte et la rampe sont $\mu_S = 0,78$ et $\mu_C = 0,65$.

a) Détermine la grandeur de la plus grande force pouvant être appliquée vers le haut parallèlement à la rampe si la boîte doit demeurer immobile.

b) Détermine la grandeur de la plus petite force pouvant être appliquée sur le dessus de la boîte perpendiculairement à la rampe, si la boîte doit demeurer immobile.

25. Dans l'oscilloscope que l'on voit à la **figure 6**, un faisceau d'électrons est dévié par une force électrique produite par les plaques métalliques chargées AD et BC. Dans la région ABCD, chaque électron subit une force électrique uniforme vers le bas de $3,20 \times 10^{-15}$ N. Chaque électron entre dans le champ électrique le long de l'axe représenté, à mi-chemin entre A et B, avec une vitesse vectorielle de $2,25 \times 10^7$ m/s parallèle aux plaques. La force électrique est nulle à l'extérieur de la région ABCD. La masse d'un électron est de $9,11 \times 10^{-31}$ kg. La force gravitationnelle est nulle pendant le temps que met l'électron pour se rendre à l'écran fluorescent, S. Détermine de combien l'électron a dévié au-dessous de l'axe d'entrée, lorsqu'il touche l'écran.

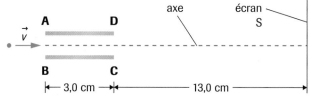

axe

écran
S

A   D

$\vec{v}$

B   C

|← 3,0 cm →|← 13,0 cm →|

Figure 6

26. Tarzan ($m = 100$ kg) tient l'extrémité d'une liane (infiniment résistante, parfaitement flexible, mais n'ayant aucune masse !). La liane court horizontalement jusqu'au bord d'un précipice, puis verticalement jusqu'à Jane ($m = 50$ kg), suspendue à l'autre extrémité au-dessus d'une rivière infestée de crocodiles affamés. Une soudaine tempête de verglas supprime tout frottement contre le sol. En supposant que Tarzan tienne bon, quelle est son accélération vers le bord du précipice ?

🍎 | La question Newton

27. Deux blocs se touchent sur une table sans frottement. Une force horizontale est appliquée à un bloc, comme le montre la **figure 7**. Si $m_1 = 2,0$ kg, $m_2 = 1,0$ kg et $|\vec{F}| = 3,0$ N, trouve la force de contact entre les deux blocs.

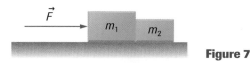

$\vec{F}$

m_1 m_2

Figure 7

🍎 | La question Newton

28. Un poulet de 2,0 kg se repose au point C d'une corde à linge ACB qui est lâche, comme on peut le voir à la **figure 8**. C représente le poulet, non le centre — les vrais problèmes n'ont pas à être symétriques, tu sais ! CA et CB ont une inclinaison de 30° et de 45° respectivement par rapport à l'horizontale. Quelle force de rupture minimale doit avoir la corde à linge pour assurer le support continu du poulet ?

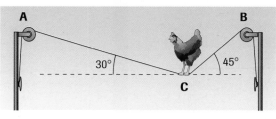

A   B

30°   45°

C

Figure 8

🍎 | La question Newton

Le mouvement circulaire

Les passagers d'une grande roue dans un parc d'attractions subissent un mouvement circulaire lorsqu'ils se déplacent autour de l'axe du manège. Habituellement, la vitesse de rotation est trop lente pour qu'ils se sentent poussés dans leur siège. Par contre, en se déplaçant dans des montagnes russes (**figure 1**), les passagers sentent le mouvement lorsqu'ils décrivent des boucles de différents rayons pendant de courtes périodes, ressentant parfois de grandes forces qui agissent sur eux. Ces forces seraient encore plus grandes (et beaucoup plus dangereuses) si les boucles avaient des rayons égaux. Mais les boucles ont de plus petits rayons au sommet que sur les côtés, pour les raisons que tu découvriras dans le présent chapitre.

Dans ce chapitre, tu étudieras le mouvement circulaire et les forces qui s'y rapportent dans différentes situations. Ainsi, tu seras en mesure de répondre à des questions telles que :

- Quelles forces sont à l'œuvre lorsqu'un couple de patineurs artistiques effectue une spirale ?

- Comment pourrait-on créer une pesanteur artificielle pour les prochains vols spatiaux habités à destination de Mars ?

- Pourquoi les rampes d'accès à une autoroute sont-elles inclinées à un certain angle par rapport à l'horizontale ?

- Quels principes expliquent le fonctionnement d'une centrifugeuse ?

💡 FAIS LE POINT sur tes connaissances ▼

1. La **figure 2** montre un camion qui négocie une courbe, avec sa trajectoire dans le plan horizontal. Cette courbe est inclinée selon un angle ϕ par rapport à l'horizontale.
   a) Trace un diagramme de forces du camion.
   b) Quelle est la grandeur de la force normale agissant sur le camion ?
   c) Dans quelle direction la force nette agit-elle sur le camion ?

2. La **figure 3** montre le type d'accéléromètre dont se servent les élèves pour analyser le mouvement circulaire. Tu es dans un parc d'attractions, assis dans un manège animé d'un mouvement horizontal, tournant dans le sens anti-horaire (vu du dessus), et tu tiens l'accéléromètre bien droit. Tu es assis près du bord extérieur du manège et, à cet instant précis, tu fais face au nord.
   a) Trace un diagramme du système de l'accéléromètre dans le système de référence (non inertiel) de ton corps et un diagramme de forces de la bille au milieu de l'accéléromètre dans ce système.
   b) Trace des diagrammes du système de l'accéléromètre dans le système de référence de ton corps et montre ce qui arriverait aux billes
      I) si le manège tournait plus vite (tu restes à la même distance du centre) ;
      II) si tu étais plus près du centre, à la vitesse de rotation initiale du manège.

3. a) Tu es ingénieur ou ingénieure en aérospatiale. Comment t'y prendrais-tu pour créer une pesanteur artificielle durant un voyage interplanétaire ?
   b) De quels concepts les auteurs de livres de science-fiction et de scénarios de films se sont-ils servis pour créer de telles situations ?

Figure 1
Bien que les montagnes russes à boucles aient l'air effrayantes, les forces exercées sur les passagers sont soigneusement contrôlées.

Figure 2
Diagramme pour la question 1

billes

Figure 3
Diagramme pour la question 2

▶ **À TOI** *d'expérimenter*   *Un défi*

Dans l'appareil que l'on voit à la **figure 4**, il y a une petite bille de chaque côté de la barrière. Organise pour quelques-uns de tes camarades de classe une séance de remue-méninges qui te permettrait de trouver comment t'y prendre pour loger les deux billes dans les trous situés près du sommet de la courbe. Teste tes idées en groupe, une à la fois, jusqu'à ce que tu réussisses.

a) Décris l'idée qui t'a permis de réussir.

b) Décris au moins un autre appareil qui fonctionne suivant un principe semblable.

Figure 4
Comment fabriquerais-tu un appareil semblable en utilisant des matériaux courants, comme des perles ou des billes?

Figure 1
En exécutant une spirale, la patineuse subit un mouvement circulaire.

Lorsqu'un couple de patineurs artistiques exécute une spirale, la femme se déplace autour de l'homme suivant une trajectoire circulaire (**figure 1**). Ce faisant, elle change constamment de direction, ce qui signifie qu'elle subit une accélération. Dans cette section, nous allons analyser les facteurs qui ont une influence sur cette accélération; nous ferons le lien entre nos analyses et d'autres applications qui impliquent un mouvement décrivant une trajectoire circulaire.

Imagine que tu as fixé un bouchon en caoutchouc au bout d'une corde et que tu le fasses tourner horizontalement autour de ta tête. Lorsque la vitesse du bouchon et le rayon de sa trajectoire demeurent constants, le bouchon décrit un **mouvement circulaire uniforme**. La **figure 2** montre les vecteurs position et vitesse vectorielle en différents points de la trajectoire du bouchon. Il se produit aussi un mouvement circulaire uniforme quand seule une portion du cercle (un arc) est couverte.

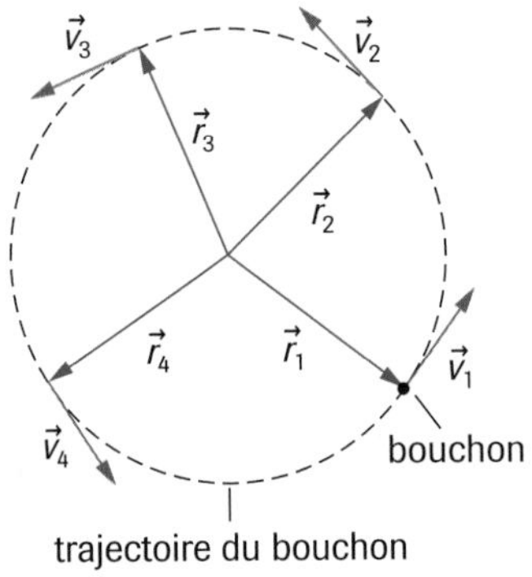

Figure 2
Dans un mouvement circulaire uniforme, la vitesse de l'objet demeure constante, mais la vitesse vectorielle varie parce que sa direction varie. Le rayon de la trajectoire demeure aussi constant. Prends note que le vecteur position instantanée (aussi appelé rayon vecteur) est perpendiculaire au vecteur vitesse et que les vecteurs vitesse sont tangents au cercle.

mouvement circulaire uniforme mouvement d'un objet dont la vitesse et le rayon de la trajectoire sont constants

accélération centripète accélération instantanée dirigée vers le centre du cercle

Les parties individuelles de tout objet tournant à vitesse constante, comme les ventilateurs, les moteurs électriques, les lames d'une tondeuse à gazon, les roues (du point de vue du centre de la roue) et les manèges des parcs d'attractions, sont animées d'un mouvement circulaire uniforme. Des objets ou des particules en orbite autour d'autres objets peuvent aussi être animés d'un mouvement circulaire ou quasi circulaire. Par exemple, pour analyser le mouvement d'une planète en orbite autour du Soleil, d'un satellite autour de la Terre ou d'un électron autour d'un noyau, on suppose que le mouvement est de type circulaire uniforme, bien que les trajectoires soient souvent elliptiques plutôt que circulaires.

Comme tu l'as appris au chapitre 1, un objet qui se déplace à vitesse constante subit une accélération si la direction de la vitesse vectorielle varie. Cela est assurément vrai en ce qui concerne le mouvement circulaire uniforme. Le type d'accélération qui se produit dans un mouvement circulaire uniforme est appelé **accélération centripète**.

L'accélération centripète est une accélération instantanée. La recherche 3.1.1, dans la section Activités en laboratoire, à la fin de ce chapitre, va t'aider à mieux saisir les concepts connexes. Dans cette recherche, tu feras une expérience contrôlée pour étudier les facteurs qui influencent l'accélération centripète et la force qui la produit.

RECHERCHE 3.1.1

L'analyse du mouvement circulaire uniforme (p. 152)
Si tu fais tourner un bouchon en caoutchouc, fixé à une corde, autour de ta tête, la tension dans la corde (une force que tu peux mesurer) maintient le bouchon en mouvement circulaire. Quels liens y a-t-il entre la force et des facteurs tels que la masse du bouchon, la fréquence à laquelle tu fais tourner le bouchon et la distance entre ta main et le bouchon? Tu étudieras ces rapports dans une expérience de contrôle à la fin de ce chapitre.

▶ Mise en pratique

Saisis bien les concepts

1. a) Que veut dire «uniforme» dans l'expression «mouvement circulaire uniforme»?
   b) Donne quelques exemples de mouvement circulaire uniforme, autres que ceux mentionnés précédemment.

2. Comment une voiture qui se déplace à vitesse constante peut-elle accélérer en même temps?

La direction de l'accélération centripète

Rappelle-toi que l'équation de l'accélération instantanée est $\vec{a} = \lim \vec{a} = \lim_{\Delta t \to 0} \dfrac{\Delta \vec{v}}{\Delta t}$.

Pour appliquer cette équation au mouvement circulaire uniforme, on trace des diagrammes vectoriels et on effectue des soustractions vectorielles. La **figure 3** montre ce qui arrive à $\Delta \vec{v}$ lorsque Δt diminue. Lorsque l'intervalle de temps tend vers zéro, la direction de la variation de vitesse vectorielle $\Delta \vec{v}$ pointe de plus en plus vers le centre du cercle. À partir de l'équation de l'accélération instantanée, tu peux remarquer que la direction de l'accélération est la même que la direction de la variation de la vitesse vectorielle. On en conclut que *l'accélération centripète est dirigée vers le centre du cercle*. Note que l'accélération centripète et la vitesse vectorielle instantanée sont perpendiculaires l'une à l'autre.

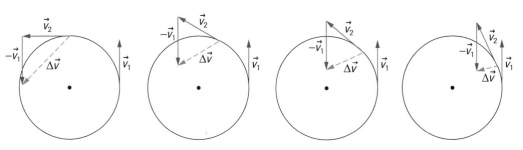

Figure 3
Plus on raccourcit l'intervalle de temps entre $\vec{v}_1$ et $\vec{v}_2$, plus $\Delta \vec{v}$ pointe vers le centre du cercle. Dans le diagramme à l'extrémité droite, Δt est très petit et le vecteur $\Delta \vec{v}$ est presque perpendiculaire au vecteur de vitesse vectorielle instantanée $\vec{v}_2$.

> **Mise en pratique**

Saisis bien les concepts

3. Une voiture de sport se déplace suivant un arc circulaire horizontal à vitesse constante.
   a) Quelle est la direction de l'accélération instantanée pour chaque point de l'arc?
   b) Fais un dessin montrant les directions de la vitesse vectorielle instantanée et de l'accélération instantanée à deux positions différentes.

4. Si on inverse la direction d'un objet se déplaçant selon un mouvement circulaire uniforme, qu'arrive-t-il à la direction de l'accélération centripète?

La grandeur de l'accélération centripète

On peut dériver une équation donnant la grandeur de l'accélération centripète en fonction de la vitesse instantanée et du rayon du cercle. La **figure 4a)** montre une particule en mouvement circulaire uniforme au moment où elle se déplace de sa position initiale $\vec{r}_1$ vers une autre position $\vec{r}_2$; les vitesses vectorielles correspondantes sont $\vec{v}_1$ et $\vec{v}_2$. Puisqu'il s'agit d'un mouvement circulaire uniforme, $|\vec{v}_1| = |\vec{v}_2|$, la variation de position est $\Delta \vec{r}$ et la variation de vitesse vectorielle est $\Delta \vec{v}$. Ces deux quantités impliquent une soustraction vectorielle, comme on le voit aux **figures 4b)** et **4c)**. Les deux triangles sont isocèles parce que $|\vec{r}_1| = |\vec{r}_2|$ et $|\vec{v}_1| = |\vec{v}_2|$. Puisque $\vec{v}_1 \perp \vec{r}_1$ et $\vec{v}_2 \perp \vec{r}_2$, les deux triangles sont semblables. Par conséquent,

$$\frac{|\Delta \vec{v}|}{|\vec{v}|} = \frac{|\Delta \vec{r}|}{|\vec{r}|} \quad \text{où} \quad |\vec{v}| = |\vec{v}_1| = |\vec{v}_2| \text{ et } |\vec{r}| = |\vec{r}_1| = |\vec{r}_2|$$

$$\text{ou} \quad |\Delta \vec{v}| = \frac{|\vec{v}| \times |\Delta \vec{r}|}{|\vec{r}|}$$

Maintenant, la grandeur de l'accélération centripète $\vec{a}_c$ est : $|\vec{a}_c| = \lim_{\Delta t \to 0} \dfrac{|\Delta \vec{v}|}{\Delta t}$

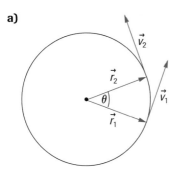

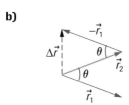

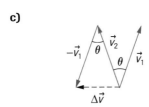

Figure 4
La dérivation de l'équation de la grandeur de l'accélération centripète
a) Le vecteur position et la vitesse vectorielle
b) La variation de position
c) La variation de vitesse vectorielle

Dans le chapitre 1, on s'est servi des symboles $\vec{d}$ pour la position et $\Delta\vec{d}$ pour la variation de position (déplacement). Ici, on se sert des symboles $\vec{r}$ et $\Delta\vec{r}$ pour les quantités correspondantes, pour se rappeler que le vecteur position est le rayon vecteur, égal en grandeur au rayon du cercle.

CONSEIL **PRATIQUE**

Deux accélérations différentes
Rappelle-toi que l'accélération centripète est une accélération instantanée. Par conséquent, même si la grandeur de la vitesse vectorielle varie pour un objet animé d'un mouvement circulaire (ce qui signifie que le mouvement circulaire n'est pas « uniforme » puisque la vitesse augmente ou diminue), on peut encore trouver la grandeur de l'accélération centripète en utilisant l'équation $a_c = \dfrac{v^2}{r}$.
Cependant, il existe aussi un autre type d'accélération appelée l'accélération tangentielle, qui est parallèle à la vitesse vectorielle (c'est-à-dire tangente au cercle). Cette accélération fait varier la grandeur de la vitesse vectorielle seulement. L'accélération centripète, qui est perpendiculaire à la vitesse, fait varier seulement la direction de la vitesse vectorielle.

On peut diviser les deux côtés de l'équation $\left|\Delta\vec{v}\right|$ par Δt pour obtenir

$$\frac{\left|\Delta\vec{v}\right|}{\Delta t} = \frac{\left|\vec{v}\right|}{\left|\vec{r}\right|} \times \frac{\left|\Delta\vec{r}\right|}{\Delta t}$$

Par conséquent, $\left|\vec{a_c}\right| = \lim\limits_{\Delta t \to 0} \left(\dfrac{\left|\vec{v}\right|}{\left|\vec{r}\right|} \times \dfrac{\left|\Delta\vec{r}\right|}{\Delta t} \right)$

Maintenant, la grandeur de la vitesse vectorielle instantanée est

$$\left|\vec{v}\right| = \lim\limits_{\Delta t \to 0} \frac{\left|\Delta\vec{r}\right|}{\Delta t}$$

Par conséquent, $\left|\vec{a_c}\right| = \dfrac{\left|\vec{v}\right|}{\left|\vec{r}\right|} \times \left|\vec{v}\right|$

Ainsi, la grandeur de l'accélération centripète est

$$a_c = \frac{v^2}{r}$$

où a_c est l'accélération centripète, v la vitesse de l'objet animé d'un mouvement circulaire uniforme et r le rayon du cercle ou de l'arc.

L'équation $a_c = \dfrac{v^2}{r}$ respecte la logique parce que, à mesure que la vitesse d'un objet en mouvement circulaire augmente en gardant un rayon constant, la direction de la vitesse vectorielle varie plus rapidement, signifiant une plus grande accélération ; quand le rayon devient plus grand (avec une vitesse constante), la direction varie plus lentement, signifiant une plus petite accélération.

▶ PROBLÈME 1

Un enfant dans un carrousel se trouve à 4,4 m du centre du manège. Il se déplace à une vitesse constante de 1,8 m/s. Détermine la grandeur de l'accélération centripète de l'enfant.

Solution

$v = 1,8$ m/s
$r = 4,4$ m
$a_c = ?$

$$a_c = \frac{v^2}{r}$$
$$= \frac{(1,8 \text{ m/s})^2}{4,4 \text{ m}}$$
$$a_c = 0,74 \text{ m/s}^2$$

L'accélération centripète de l'enfant est de 0,74 m/s².

Pour les objets animés d'un mouvement circulaire uniforme, la vitesse est souvent inconnue, mais le rayon et la période (le temps mis pour faire un tour complet) sont connus. Pour déterminer l'accélération centripète à partir de ces données, rappelle-toi que la vitesse est constante et égale à la distance parcourue ($2\pi r$) divisée par la période de révolution (T) :

$$v = \frac{2\pi r}{T}$$

En remplaçant *v* par cette expression dans l'équation de l'accélération centripète, $a_c = \dfrac{v^2}{r}$, on obtient

$$a_c = \dfrac{4\pi^2 r}{T^2}$$

Pour de plus grandes vitesses de révolution, il est courant de spécifier la fréquence plutôt que la période. La fréquence *f* est le nombre de révolutions par seconde, c'est-à-dire l'inverse de la période. On la mesure en cycles par seconde ou hertz (Hz), mais on peut l'énoncer mathématiquement sous la forme s^{-1}. Puisque $f = \dfrac{1}{T}$, on peut écrire l'équation de l'accélération centripète ainsi :

$$a_c = 4\pi^2 r f^2$$

On a maintenant trois équations pour déterminer la grandeur de l'accélération centripète :

$$a_c = \dfrac{v^2}{r} = \dfrac{4\pi^2 r}{T^2} = 4\pi^2 r f^2$$

Rappelle-toi que l'accélération centripète est toujours dirigée vers le centre du cercle.

▶ PROBLÈME 2

Trouve la grandeur et la direction de l'accélération centripète d'un morceau de laitue à l'intérieur d'une essoreuse à salade. L'essoreuse a un diamètre de 19,4 cm et tourne à 780 tr/min (tours par minute). La rotation se fait dans le sens horaire, quand on regarde du dessus. Au moment de l'observation, la laitue se déplace vers l'est.

Solution

$f = (780 \text{ tr/min})(1 \text{ min/60 s}) = 13 \text{ Hz} = 13 \text{ s}^{-1}$

$r = \dfrac{19,4 \text{ cm}}{2} = 9,7 \text{ cm} = 9,7 \times 10^{-2} \text{ m}$

$\vec{a}_c = ?$

$\begin{aligned} a_c &= 4\pi^2 r f^2 \\ &= 4\pi^2 (9,7 \times 10^{-2} \text{ m})(13 \text{ s}^{-1})^2 \\ a_c &= 6,5 \times 10^2 \text{ m/s}^2 \end{aligned}$

La **figure 5** montre qu'étant donné que la laitue se déplace vers l'est, la direction de l'accélération centripète doit être vers le sud (c'est-à-dire vers le centre du cercle). L'accélération centripète est donc de $6,5 \times 10^2$ m/s^2 [S].

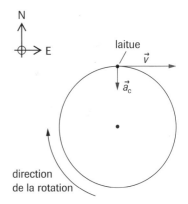

Figure 5
Un morceau de laitue soumis à un mouvement circulaire uniforme (problème 2)

▶ PROBLÈME 3

Détermine la fréquence et la période de rotation d'un ventilateur électrique si une tache à l'extrémité de l'une des pales se situe à 15 cm du centre et a une accélération centripète d'une grandeur de $2,37 \times 10^3$ m/s^2.

Solution

$a_c = 2,37 \times 10^3$ m/s^2 $f = ?$

$r = 15$ cm $= 0,15$ m $T = ?$

L'évolution technologique

La technologie d'enregistrement musical évolue constamment.

La pointe de lecture d'un tourne-disque tournant à une vitesse constante de $33\frac{1}{3}$ tours par minute (tr/min) se déplace plus rapidement dans le sillon à proximité du côté extérieur du disque que près du centre. Par conséquent, l'information musicale doit être de plus en plus compressée au fur et à mesure que le sillon se rapproche du centre. Toutefois, dans les disques compacts, le lecteur laser se déplace à vitesse constante sur toutes les pistes d'information. Puisque les bits d'information sont également espacés, la fréquence de rotation du disque doit diminuer quand le lecteur se déplace du centre vers l'extérieur.

Réponses

5. b) $2,0 \times 10^1$ m/s^2
7. $0,10$ m/s^2
8. a) $8,97 \times 10^{22}$ m/s^2
   b) $1,2 \times 10^2$ m/s^2
   c) $1,6$ m/s^2
9. $5,5$ m/s
10. $7,6 \times 10^6$ s ou 88 d

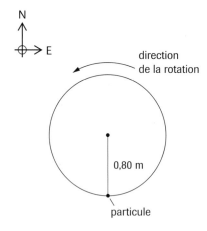

Figure 6
Diagramme pour la question 5

$$a_c = 4\pi^2 r f^2$$

$$f^2 = \frac{a_c}{4\pi^2 r}$$

$$f = \pm \sqrt{\frac{a_c}{4\pi^2 r}}$$

$$= \pm \sqrt{\frac{2,37 \times 10^3 \text{ m/s}^2}{4\pi^2 (0,15 \text{ m})}}$$

$$= \pm 2,0 \times 10^1 \text{ s}^{-1}$$

$$f = 2,0 \times 10^1 \text{ Hz (on ne tient pas compte de la fréquence négative)}$$

La fréquence de rotation du ventilateur est de $2,0 \times 10^1$ Hz.

$$T = \frac{1}{f}$$

$$= \frac{1}{2,0 \times 10^1 \text{ Hz}}$$

$$= \frac{1}{2,0 \times 10^1 \text{ s}^{-1}}$$

$$T = 5,0 \times 10^{-2} \text{ s}$$

La période de rotation du ventilateur est de $5,0 \times 10^{-2}$ s.

▶ *Mise en pratique*

Saisis bien les concepts

5. La **figure 6** montre une particule soumise à un mouvement circulaire uniforme d'une vitesse de 4,0 m/s.
   a) Donne la direction de la vitesse vectorielle, du vecteur accélération et du rayon vecteur au moment indiqué.
   b) Calcule la grandeur de l'accélération centripète.

6. Tu fais tournoyer une balle fixée à l'extrémité d'une corde, autour de ta tête dans un mouvement circulaire horizontal. Comment la grandeur de l'accélération centripète de la balle variera-t-elle si
   a) la vitesse de la balle demeure constante, mais le rayon du cercle double ?
   b) le rayon du cercle demeure constant, mais la vitesse double ?

7. À une distance de 25 km de l'œil d'un ouragan, le vent se déplace à 180 km/h suivant une trajectoire circulaire. Quelle est la grandeur de l'accélération centripète, en m/s^2, des particules qui forment ce vent ?

8. Calcule la grandeur de l'accélération centripète dans les situations suivantes :
   a) Un électron se déplace autour d'un noyau avec une vitesse de $2,18 \times 10^6$ m/s. Le diamètre de l'orbite de l'électron est de $1,06 \times 10^{-10}$ m.
   b) Un cow-boy s'apprête à attraper un veau avec un lasso qui décrit un mouvement circulaire uniforme. Il faut 1,2 s pour que le lasso fasse un tour complet. L'extrémité du lasso est à 4,3 m du centre du cercle.
   c) Une pièce de monnaie est placée à plat sur un disque qui tourne à $33\frac{1}{3}$ tr/min. La pièce de monnaie est à 13 cm du centre du disque.

9. Une balle fixée à une corde se déplace sur un cercle horizontal d'un rayon de 2,0 m. Elle subit une accélération centripète d'une grandeur de 15 m/s^2. Quelle est la vitesse de la balle ?

10. Mercure gravite autour du Soleil suivant une trajectoire quasi circulaire, à une distance moyenne de $5,79 \times 10^{10}$ m avec une accélération centripète d'une grandeur de $4,0 \times 10^{-2}$ m/s^2. Quelle est sa période de révolution autour du Soleil, en secondes ? en jours terrestres ?

| RÉSUMÉ | *Le mouvement circulaire uniforme* |

- Le mouvement circulaire uniforme est un mouvement à vitesse constante décrivant une trajectoire en forme de cercle ou d'une partie d'un cercle de rayon constant.

- L'accélération centripète est l'accélération dirigée vers le centre de la trajectoire circulaire d'un objet qui décrit une trajectoire en forme de cercle ou d'une partie d'un cercle.

- On peut utiliser les soustractions de vecteurs position et vitesse pour dériver les équations de l'accélération centripète.

Section 3.1 *Questions*

Saisis bien les concepts

1. Décris des exemples de mouvement circulaire uniforme qui peuvent se produire
   a) dans une cuisine;
   b) dans un atelier de réparation;
   c) dans des situations où il y a moins d'un tour complet.

2. Deux balles fixées à l'extrémité de deux cordes se déplacent à la même vitesse suivant des trajectoires circulaires horizontales. L'une des cordes est trois fois plus longue que l'autre. Compare la grandeur des deux accélérations centripètes.

3. Calcule la grandeur de l'accélération centripète dans chacune des situations suivantes:
   a) Un satellite se déplace à $7,77 \times 10^3$ m/s sur une orbite circulaire située à $6,57 \times 10^6$ m du centre de la Terre.
   b) Une motocyclette roule à 25 m/s sur une piste ayant un rayon de courbure uniforme de $1,2 \times 10^2$ m.

4. a) Quelle est la grandeur de l'accélération centripète d'un objet à l'équateur causée par la rotation quotidienne de la Terre? Le rayon équatorial est de $6,38 \times 10^6$ m.
   b) Comment cette accélération influence-t-elle le poids d'une personne à l'équateur?

5. Dans un parc d'amusement, les passagers d'un manège, appelé Rotor, se tiennent debout le dos accolé au mur d'un cylindre rotatif, pendant que le plancher s'abaisse sous leurs pieds. Pour ne pas glisser vers le bas, ils ont besoin d'une accélération centripète supérieure à 25 m/s². Le Rotor a un diamètre de 5,0 m. Quelle est sa fréquence de rotation minimale? (La force verticale requise pour supporter le poids des passagers est fournie par le frottement statique du mur sur les passagers.)

6. Une voiture, qui se déplace à 25 m/s dans une courbe circulaire, a une accélération centripète d'une grandeur de 8,3 m/s². Quel est le rayon de cette courbe?

7. La Lune, qui tourne autour de la Terre avec une période d'à peu près 27,3 jours sur une orbite quasi circulaire, a une accélération centripète d'une grandeur de $2,7 \times 10^{-3}$ m/s². Quelle est la distance moyenne de la Terre à la Lune?

Mets en pratique tes connaissances

8. On te demande d'élaborer une expérience de contrôle pour vérifier les relations mathématiques entre l'accélération centripète et d'autres variables pertinentes.
   a) Décris ta façon de mener l'expérience.
   b) Quelles sont les sources probables d'erreurs aléatoires et systématiques dans ton expérience? Comment ton expérience aide-t-elle à garder ces sources d'erreurs à l'intérieur de limites raisonnables?

Fais des liens

9. Un biophysicien cherche à séparer des particules subatomiques avec une ultracentrifugeuse analytique. Le biophysicien doit déterminer la grandeur de l'accélération centripète fournie par la centrifugeuse à différentes vitesses et à différents rayons.
   a) Calcule la grandeur de l'accélération centripète à 8,4 cm du centre de la centrifugeuse lorsqu'elle tourne à $6,0 \times 10^4$ tr/min. Exprime ta réponse en fonction de g.
   b) À quels autres usages peuvent servir les centrifugeuses?

Les automobilistes empruntant une autoroute en direction nord doivent négocier un virage pour poursuivre en direction ouest, comme le montre la **figure 1a)**. Comment concevrais-tu la courbe de ce virage ? Laquelle des conceptions présentées à la **figure 1b)** est préférable ?

Figure 1

a) Une voiture qui négocie une courbe subit une accélération centripète puisque la courbe est un arc ayant un rayon *r*.

b) Est-il préférable que la chaussée d'une autoroute dans un virage soit plate ou relevée ?

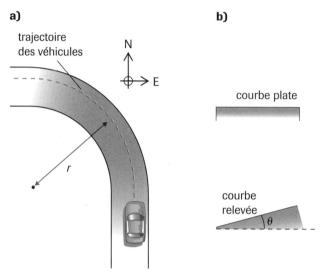

a)

trajectoire des véhicules

N

E

r

b)

courbe plate

courbe relevée

θ

CONSEIL PRATIQUE

La direction de la force nette dans le mouvement circulaire uniforme

Puisque l'accélération centripète est dirigée vers le centre du cercle, la force nette doit aussi être dirigée vers le centre du cercle. On peut habituellement déterminer cette force en traçant le diagramme de forces de l'objet animé d'un mouvement circulaire uniforme.

Le mouvement des voitures négociant des courbes sur des autoroutes est un exemple de mouvement circulaire. Tu as appris à la section 3.1 qu'un objet qui se déplace à vitesse constante sur un cercle ou un arc subit une accélération centripète vers le centre du cercle. Selon la deuxième loi du mouvement de Newton, l'accélération centripète est le résultat d'une force nette qui agit dans la direction de l'accélération (vers le centre du cercle) ; elle est perpendiculaire à la vitesse vectorielle instantanée.

Il est important de noter que cette force nette n'est pas différente des autres forces qui produisent une accélération, que ce soit la pesanteur, le frottement, la tension, la force normale ou une combinaison de deux ou plusieurs forces. Par exemple, dans le cas de la Terre qui se déplace sur une orbite circulaire autour du Soleil, la force nette est la force de gravité qui garde la Terre sur sa trajectoire circulaire.

On peut combiner l'équation de la deuxième loi, qui donne la grandeur de la force nette, $\Sigma F = ma$, avec l'équation de l'accélération centripète, $a_c = \dfrac{v^2}{r}$:

$$\Sigma F = \frac{mv^2}{r}$$

où ΣF est la grandeur de la force nette qui produit le mouvement circulaire, m la masse de l'objet en mouvement circulaire uniforme, v la vitesse de l'objet et r le rayon du cercle ou de l'arc.

On peut aussi combiner les équations de l'accélération centripète qui impliquent la période et la fréquence du mouvement circulaire avec l'équation de la deuxième loi. Par conséquent, il y a trois façons usuelles d'écrire l'équation :

$$\Sigma F = \frac{mv^2}{r} = \frac{4\pi^2 mr}{T^2} = 4\pi^2 mrf^2$$

> ▶ *PROBLÈME 1*

Une voiture de masse de $1,1 \times 10^3$ kg négocie une courbe plate à une vitesse constante de 22 m/s. La courbe a un rayon de 85 m, comme le montre la **figure 2**.

a) Trace un diagramme de forces de la voiture et nomme la force qui produit l'accélération centripète.

b) Détermine la grandeur de la force nommée en a) qui doit être exercée pour empêcher la voiture de déraper.

c) Détermine le coefficient de frottement statique minimum nécessaire pour maintenir la voiture sur la route.

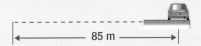

Figure 2
Le rayon de la courbe est de 85 m.

85 m

Solution

a) La **figure 3** est le diagramme de forces requis. La seule force horizontale qui fait que la voiture se déplace vers le centre de l'arc est la force de frottement statique ($\vec{F}_S$) de la route sur les roues, perpendiculaire à la vitesse vectorielle instantanée de la voiture. (Remarque que les forces parallèles à la vitesse vectorielle instantanée de la voiture ne sont pas illustrées dans le diagramme de forces. Ces forces agissent dans un plan perpendiculaire à la page; elles sont égales en grandeur, mais opposées en direction parce que la voiture se déplace à vitesse constante.)

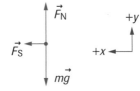

Figure 3
Le diagramme de forces de
la voiture dans une courbe plate

b) $m = 1,1 \times 10^3$ kg

$v = 22$ m/s

$r = 85$ m

$F_S = ?$

$$F_S = \frac{mv^2}{r}$$

$$= \frac{(1,1 \times 10^3 \text{ kg})(22 \text{ m/s})^2}{85 \text{ m}}$$

$$F_S = 6,3 \times 10^3 \text{ N}$$

La grandeur du frottement statique est de $6,3 \times 10^3$ N.

c) $g = 9,8$ N/kg

On sait que le frottement statique est de $6,3 \times 10^3$ N (voir la partie b)) et que $F_N = mg$ (voir la **figure 3**). Pour déterminer le coefficient de frottement statique minimum, on utilise le rapport de la valeur maximum du frottement statique à la force normale :

$$\mu_S = \frac{F_{S,max}}{F_N}$$

$$= \frac{6,3 \times 10^3 \text{ N}}{(1,1 \times 10^3 \text{ kg})(9,8 \text{ N/kg})}$$

$$\mu_S = 0,58$$

Le coefficient de frottement statique minimum nécessaire est de 0,58. Cette valeur est facile à atteindre sur les routes en asphalte ou en béton par temps sec ou pluvieux. Cependant, la neige et la glace, abaissant le coefficient de frottement statique sous 0,58, peuvent faire déraper une voiture roulant à 22 m/s.

Une voiture de masse $1,1 \times 10^3$ kg roule dans une courbe relevée dont le rayon est de 85 m et qui n'offre aucun frottement. L'inclinaison est de 19° par rapport à l'horizontale, comme le montre la **figure 4**.

a) Quelle force produit l'accélération centripète ?

b) Quelle vitesse constante la voiture doit-elle maintenir pour négocier la courbe en toute sécurité ?

c) Compare la vitesse requise pour un véhicule plus lourd, comme un camion, avec celle requise pour une voiture.

Figure 4
Le rayon de la courbe est de 85 m.

85 m

Solution

a) D'après le diagramme de forces de la **figure 5**, on peut voir que la cause de l'accélération centripète, qui agit en direction du centre du cercle, est la composante horizontale de la force normale, $F_N \sin \theta$. Par conséquent, l'accélération horizontale, a_x, équivaut à l'accélération centripète, a_c. (Remarque que ce diagramme de forces ressemble à celui d'un skieur qui descend une pente, mais que l'analyse en est bien différente.)

b) $m = 1,1 \times 10^3$ kg

$r = 85$ m

$\theta = 19°$

$v = ?$

On utilise les composantes verticales des forces :

$$\sum F_y = 0$$
$$F_N \cos \theta - mg = 0$$
$$F_N = \frac{mg}{\cos \theta}$$

Puis, on utilise les composantes horizontales des forces :

$$\sum F_x = ma_c$$
$$F_N \sin \theta = ma_c$$
$$\frac{mg}{\cos \theta} \sin \theta = ma_c$$
$$mg \tan \theta = \frac{mv^2}{r}$$
$$v^2 = gr \tan \theta$$
$$v = \pm\sqrt{gr \tan \theta}$$
$$= \pm\sqrt{(9,8 \text{ m/s}^2)(85 \text{ m})(\tan 19°)}$$
$$v = \pm 17 \text{ m/s}$$

On choisit la racine carrée positive, puisque v ne peut être négatif. La vitesse requise pour négocier la courbe sans frottement est de 17 m/s. Si la voiture roule plus vite que 17 m/s, elle dérapera vers le haut de l'inclinaison ; si elle roule plus lentement que 17 m/s, elle dérapera vers le bas.

c) La vitesse requise pour un véhicule plus lourd est la même (17 m/s) parce que la masse n'entre pas dans les calculs. La preuve se trouve dans l'expression $v^2 = gr \tan \theta$, où v dépend de g, de r et de θ, mais est indépendant de m.

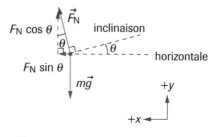

Figure 5
Le diagramme de forces de la voiture dans une courbe relevée

▶ PROBLÈME 3

Dans un laboratoire d'ingénierie spécialisé en structure, une boule d'acier de 3,5 kg, fixée au bout d'une tige rigide en acier, tourne verticalement à vitesse constante, décrivant une boucle circulaire d'un rayon de 1,2 m, à une fréquence de 1,0 Hz, comme à la **figure 6**. Calcule la grandeur de la tension dans la tige causée par la masse aux points A, c'est-à-dire au sommet, et B, c'est-à-dire à la base.

Solution

$m = 3,5$ kg

$r = 1,2$ m

$f = 1,0$ Hz

$F_T = ?$

Dans les deux diagrammes de forces de la **figure 7**, la tension dans la tige est dirigée vers le centre du cercle. Au point A, le poids, mg, de la boule agit conjointement avec la tension pour produire l'accélération centripète. Au point B, la tension doit être plus grande qu'au point A parce que la tension et le poids de la boule vont dans des directions opposées et que la force nette doit être dirigée vers le centre du cercle. Dans les deux cas, la direction $+y$ est la direction dans laquelle l'accélération centripète se produit.

Au point A :

$$\sum F_y = ma_c$$
$$F_T - mg = 4\pi^2 mrf^2$$
$$F_T = 4\pi^2 mrf^2 - mg$$
$$= 4\pi^2(3,5 \text{ kg})(1,2 \text{ m})(1,0 \text{ Hz})^2 - (3,5 \text{ kg})(9,8 \text{ N/kg})$$
$$F_T = 1,3 \times 10^2 \text{ N}$$

Lorsque la boule se déplace au sommet du cercle, la grandeur de la tension est de $1,3 \times 10^2$ N.

Au point B :

$$\sum F_y = ma_c$$
$$F_T - mg = 4\pi^2 mrf^2$$
$$F_T = 4\pi^2 mrf^2 + mg$$
$$= 4\pi^2(3,5 \text{ kg})(1,2 \text{ m})(1,0 \text{ Hz})^2 + (3,5 \text{ kg})(9,8 \text{ N/kg})$$
$$F_T = 2,0 \times 10^2 \text{ N}$$

Lorsque la boule se déplace à la base du cercle, la grandeur de la tension est de $2,0 \times 10^2$ N.

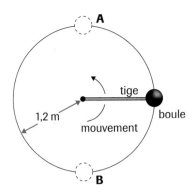

Figure 6
Le diagramme du système de la boule d'acier et de la tige du problème 3

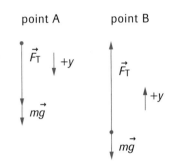

Figure 7
Les diagrammes de forces aux points A et B

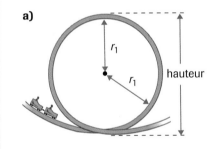

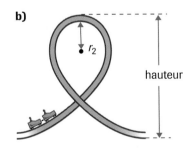

Figure 8
Deux types de boucles employées dans les montagnes russes
a) La boucle circulaire, déjà employée il y a presque un siècle
b) La boucle clothoïde, employée de nos jours

Étude de cas   *La physique des montagnes russes à boucles* ▼

Les premières montagnes russes à boucles, construites au début du XXᵉ siècle, étaient constituées d'une boucle circulaire comme celle de la **figure 8a**). Avec ce type de boucle, toutefois, les voitures devaient être si rapides que plusieurs personnes furent blessées. Ce concept fut rapidement abandonné.

Aujourd'hui, les montagnes russes à boucles sont conçues différemment : une courbe avec un grand rayon au départ, mais qui rapetisse au sommet de la boucle. À la **figure 8b**), on peut voir une telle boucle, appelée *clothoïde*.

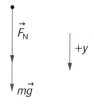

Figure 9
Le diagramme de forces d'un passager ou d'une passagère au sommet d'une boucle de montagnes russes

On peut appliquer les principes de la physique pour comparer les deux types de boucles. On suppose que, dans les deux cas, la grandeur de la force normale ressentie par un passager ou une passagère de masse m au sommet de la boucle est le double de son poids, mg. (Cela signifie que la force normale a une grandeur de $2mg$.) Cette supposition permet de calculer à quelle vitesse chacun des manèges doit fonctionner pour appliquer la même force sur le passager.

La **figure 9** montre le diagramme de forces d'un passager ou d'une passagère au sommet de la boucle. On peut utiliser la grandeur de la force nette qui agit sur le passager ou la passagère à cet instant, ΣF, pour dériver une expression donnant la vitesse du manège. Remarque que, dans l'étude de cas, on utilise l'indice « circ » pour représenter la boucle circulaire et l'indice « clot » pour représenter la boucle clothoïde. On considère aussi que le rapport du rayon de la boucle circulaire au rayon de la boucle clothoïde est de 2,0 : 1,0.

$$\Sigma F = ma_c$$
$$F_N + mg = \frac{mv^2}{r}$$
$$2mg + mg = \frac{mv^2}{r}$$
$$3g = \frac{v^2}{r}$$
$$v^2 = 3gr$$
$$v = \sqrt{3gr} \quad \text{(on laisse tomber la racine carrée négative)}$$

Puis, on trouve le rapport des vitesses des deux types de boucles requis pour satisfaire à ces conditions :

$$r_{circ} = 2{,}0r_{clot}$$

$$\frac{v_{circ}}{v_{clot}} = \sqrt{\frac{3gr_{circ}}{3gr_{clot}}}$$

$$= \sqrt{\frac{r_{circ}}{r_{clot}}}$$

$$= \sqrt{\frac{2{,}0r_{circ}}{r_{clot}}}$$

$$= \sqrt{2{,}0}$$

$$v_{circ} = 1{,}4v_{clot}$$

Par conséquent, la vitesse des montagnes russes avec une boucle circulaire doit être 1,4 fois plus grande que celle des montagnes russes avec une boucle clothoïde pour que la même force agisse sur les passagers ou passagères, même si la hauteur des deux boucles est identique.

> ▶ *Mise en pratique*

Saisis bien les concepts

1. a) Détermine la vitesse requise pour qu'un passager ou une passagère de montagnes russes ressente une force normale de $2mg$ au sommet d'une boucle clothoïde ayant un rayon de 12 m. Exprime ta réponse en mètres à la seconde et en kilomètres à l'heure.

   b) À quelle vitesse une voiture dans une boucle circulaire de même hauteur devrait-elle se déplacer pour créer la même force normale ? Exprime ta réponse en kilomètres à l'heure.

Réponses

1. a) 19 m/s ; 68 km/h
   b) 95 km/h

Jusqu'à maintenant, notre discussion des forces et du mouvement circulaire nous a amenés à voir que l'accélération centripète peut être causée par plusieurs forces ou combinaisons de forces : le frottement statique (dans le problème 1) ; la composante horizontale de la force normale (dans le problème 2) ; la pesanteur (la Terre en orbite autour du Soleil) ; la pesanteur et une force de tension (dans le problème 3) ; la pesanteur et la force normale (dans l'étude de cas). La force nette qui cause l'accélération centripète est appelée **force centripète**. Remarque que la force centripète n'est *pas* une force distincte de la nature ; c'est plutôt une force nette qui peut être une force simple (comme la pesanteur) ou une combinaison de forces (comme la pesanteur et la force normale).

force centripète force nette qui cause l'accélération centripète

Mise en pratique

Saisis bien les concepts

2. Trace un diagramme de forces de l'objet écrit en italique et nomme la ou les forces qui produisent l'accélération centripète dans chacune des situations suivantes :
   a) La *Lune* est sur une orbite quasi circulaire autour de la Terre.
   b) Un *électron* se déplace sur une orbite circulaire autour d'un noyau dans un modèle simplifié d'un atome d'hydrogène.
   c) Un *surfeur des neiges* glisse sur le sommet d'une bosse qui a la forme d'un arc circulaire.

3. L'orbite d'Uranus autour du Soleil est presque un cercle d'un rayon de $2,87 \times 10^{12}$ m. La vitesse d'Uranus est approximativement constante à $6,80 \times 10^3$ m/s. La masse d'Uranus est de $8,80 \times 10^{25}$ kg.
   a) Nomme la force qui produit l'accélération centripète.
   b) Détermine la grandeur de cette force.
   c) Calcule la période orbitale d'Uranus, en secondes et en années terrestres.

4. Un oiseau dont la masse est de 0,211 kg regagne de l'altitude après un piqué, et le bas de sa trajectoire peut être considéré comme un arc circulaire de 25,6 m de rayon. À la base de l'arc, la vitesse de l'oiseau est constante à 21,7 m/s. Détermine la grandeur de la poussée vers le haut sur les ailes de l'oiseau à la base de l'arc.

5. Une courbe le long d'une route horizontale est relevée de manière à permettre aux véhicules de rouler sans danger même si la chaussée est glissante. Détermine l'angle d'élévation approprié pour une voiture qui roule à 97 km/h dans une courbe d'un rayon de 450 m.

6. Une pierre de 2,00 kg attachée à une corde de 4,00 m tourne horizontalement sur une surface sans frottement. La pierre fait 5,00 tours en 2,00 s. Calcule la grandeur de la tension dans la corde.

7. Un avion effectue une boucle verticale d'un rayon de 1,50 km. À quelle vitesse l'avion vole-t-il au sommet de la boucle si la force verticale exercée par l'air sur l'avion est nulle à ce moment-là ? Donne ta réponse en mètres à la seconde et en kilomètres à l'heure.

8. Un pilote de 82 kg aux commandes d'un avion de haute voltige redresse son appareil après un piqué à une vitesse constante de 540 km/h.
   a) Quel est le rayon minimum de la trajectoire circulaire de l'avion si l'accélération du pilote au point le plus bas n'excède pas $7,0g$?
   b) Quelle force le siège de l'avion applique-t-il sur le pilote au point le plus bas de la figure ?

Mets en pratique tes connaissances

9. Tu as vu dans le problème 3 que lorsqu'une force de tension maintient un objet en mouvement circulaire dans un plan vertical, la tension nécessaire est plus grande à la base du cercle qu'au sommet.
   a) Explique-en la raison dans tes propres mots.
   b) Comment ferais-tu pour démontrer de façon sécuritaire la variation de tension en utilisant un bouchon en caoutchouc et un bout de corde ?

Réponses
3. b) $1,42 \times 10^{21}$ N
   c) $2,65 \times 10^9$ s ; 84,1 a
4. 5,95 N
5. 9,3°
6. $1,97 \times 10^3$ N
7. 121 m/s ou 436 km/h
8. a) $3,3 \times 10^2$ m
   b) $6,4 \times 10^3$ N

Les systèmes de référence en rotation

On a vu à la section 2.5 qu'un système de référence en accélération est un système non inertiel pour lequel la loi d'inertie de Newton n'est pas valable. Puisqu'un objet en mouvement circulaire est en accélération, tout mouvement observé *depuis cet objet* doit présenter les propriétés d'un système de référence non inertiel. Analyse, par exemple, les forces que tu ressens quand tu occupes la place du passager ou d'une passagère dans une voiture qui effectue un virage à gauche. Tu as l'impression que ton épaule est poussée contre la portière, côté passager. À partir du système de référence Terre (le système inertiel), cette force que tu ressens peut être expliquée par la première loi du mouvement de Newton : tu cherches à maintenir ta vitesse vectorielle initiale (en grandeur et en direction). Lorsque la voiture tourne vers la gauche, tu cherches à aller tout droit, mais la portière de la voiture pousse sur toi et te fait suivre la trajectoire circulaire de la voiture. Par conséquent, ton corps subit une force centripète vers la gauche, comme le décrit la **figure 10a)**. La **figure 10b)** montre le diagramme de forces correspondant (vu de côté).

Figure 10
a) La vue en plan d'un passager dans une voiture à partir du système de référence Terre, au moment où la voiture effectue un virage à gauche
b) La vue latérale du diagramme de forces du passager

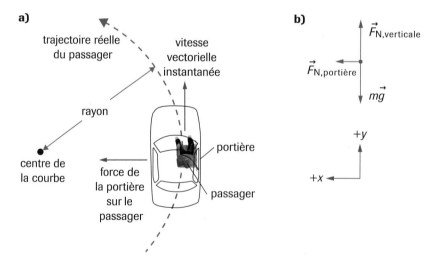

force centrifuge force fictive dans un système de référence en rotation (en accélération)

Analyse la même situation à partir du système de référence de la voiture en accélération. Tu as l'impression que quelque chose te pousse vers l'extérieur du cercle. Cette force qui s'éloigne du centre est une force fictive appelée **force centrifuge**. La **figure 11** illustre cette situation et montre le diagramme de forces correspondant impliquant la force centrifuge. Puisque le passager est immobile (et le demeure) dans le système en rotation, la somme des forces dans ce système est nulle.

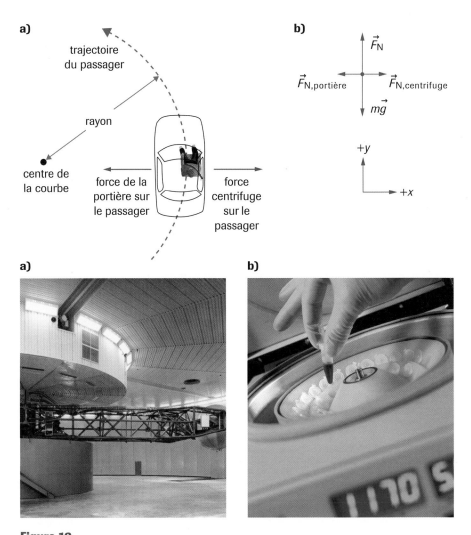

a)
trajectoire du passager

rayon

centre de la courbe

force de la portière sur le passager

force centrifuge sur le passager

b)
$\vec{F}_N$

$\vec{F}_{N,portière}$ $\vec{F}_{N,centrifuge}$

$\vec{mg}$

$+y$

$+x$

Figure 11
a) La vue en plan d'un passager dans une voiture à partir du système de référence voiture au moment où la voiture effectue un virage à gauche
b) La vue latérale du diagramme de forces du passager, montrant la force fictive dans un système de référence en accélération

a) **b)**

Figure 12
a) Cette centrifugeuse, située au Manned Spacecraft Center, à Houston, au Texas, fait tourner une nacelle pour trois personnes afin de reproduire les forces de gravitation que subissent les astronautes au décollage et à la rentrée dans l'atmosphère.
b) Une centrifugeuse de laboratoire médical utilisée pour séparer les parties constituantes du sang et effectuer des tests.

centrifugeuse appareil qui tourne rapidement, utilisé pour séparer des substances et entraîner des astronautes

La **centrifugeuse** est une application pratique de la force centrifuge. Il s'agit d'un appareil pouvant tourner rapidement, que l'on utilise pour des applications telles que la séparation des substances selon leur densité dans une solution et l'entraînement des astronautes. La **figure 12** présente quelques applications d'une centrifugeuse.

La **figure 13** montre le fonctionnement d'une centrifugeuse typique. Des éprouvettes contenant des échantillons tournent à des fréquences élevées; certaines centrifugeuses ont des fréquences supérieures à 1 100 Hz. Une cellule ou une molécule dense près de l'embouchure du tube au point A cherche à continuer son mouvement à une vitesse constante en ligne droite (si l'on fait abstraction du frottement fluide causé par le liquide même). Ce mouvement amène la cellule vers le fond du tube au point B. Par rapport à la rotation du tube, la cellule s'éloigne du centre du cercle, pour aller vers le fond du tube. Par rapport au système de référence Terre, la cellule suit la première loi du mouvement de Newton parce que le tube est accéléré en direction du centre de la centrifugeuse.

La surface de la Terre est un autre système de référence non inertiel en rotation. Comme la Terre met une journée à faire un tour sur son axe, les effets de l'accélération centrifuge sur les objets à la surface sont très légers; néanmoins, ils existent. Par exemple,

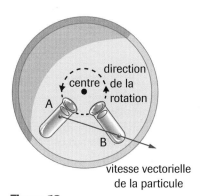

direction de la rotation

centre

A

B

vitesse vectorielle de la particule

Figure 13
Lorsque la centrifugeuse tourne, une particule au point A cherche à conserver sa vitesse vectorielle constante et, par conséquent, descend vers le fond du tube.

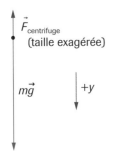

$\vec{F}_{\text{centrifuge}}$
(taille exagérée)

$m\vec{g}$ $+y$

Figure 14
Une balle qu'on laisse tomber à l'équateur subit non seulement la force de gravité, mais aussi une petite force centrifuge. Ce diagramme de forces de la balle est dans le système de référence en rotation de la Terre.

Figure 15
Le pendule de Foucault au pôle Nord, dont il est question dans À TOI d'expérimenter

force de Coriolis force fictive qui agit perpendiculairement à la vitesse vectorielle d'un objet dans un système de référence en rotation

si tu échappais une balle à l'équateur, elle tomberait en ligne droite vers le centre de la Terre à cause de la force de gravité. Cependant, par rapport au système de référence Terre en rotation, il y a aussi une force centrifuge qui s'exerce dans une direction opposée à la direction du centre de la Terre. (C'est la première loi du mouvement de Newton en action ; tu ressens un effet semblable, quoique beaucoup plus fort, quand tu te déplaces à grande vitesse au sommet d'une montée dans des montagnes russes.) Par conséquent, la force nette sur la balle dans le système rotatif de la Terre est plus petite que la force de gravité dans un système de référence non rotatif. C'est ce que l'on voit dans le diagramme de forces de la balle de la **figure 14**. L'accélération de la balle à l'équateur est environ 0,34 % plus faible que l'accélération due uniquement à la pesanteur. La grandeur de la force centrifuge est maximale à l'équateur et s'affaiblit jusqu'à devenir nulle aux pôles.

Une analyse détaillée du mouvement des particules dans un système de référence en rotation montrerait qu'il existe une autre force fictive. Cette force, perpendiculaire à la vitesse vectorielle d'une particule ou d'un objet *dans le système en rotation*, est appelée **force de Coriolis**. Elle fut ainsi nommée en l'honneur du mathématicien français Gaspard Gustave de Coriolis (1792-1843). Remarque que cette force fictive agit sur des objets qui sont en mouvement par rapport au système en rotation.

Pour la plupart des objets se déplaçant à la surface de la Terre, l'effet de la force de Coriolis est imperceptible. Cependant, pour les objets qui se déplacent très rapidement ou durant une longue période, l'effet est important. Par exemple, la force de Coriolis est responsable de la rotation de plusieurs systèmes météorologiques, comme les systèmes de basse pression qui tournent dans le sens anti-horaire dans l'hémisphère Nord et dans le sens horaire dans l'hémisphère Sud.

▶ **À TOI** d'expérimenter   *Le pendule de Foucault*

En 1851, Jean Foucault, un physicien français, inventa un pendule pour démontrer que la Terre est un système de référence en rotation. Le pendule de Foucault est constitué d'une lourde masse suspendue à un long fil de fer ; Foucault utilisa une masse de 28 kg attachée à un fil de fer de 67 m. Cependant, tu peux employer un pendule beaucoup plus petit et un globe terrestre pour modéliser un pendule de Foucault.

a) Comment utiliserais-tu un globe terrestre et un pendule rudimentaire pour illustrer le comportement d'un pendule de Foucault qui se balance au pôle Nord, comme dans la **figure 15** ? Décris ce que tu observerais à cet endroit.

b) En quoi le comportement d'un pendule de Foucault à l'équateur diffère-t-il de celui observé à la latitude où tu habites ?

c) Si c'est possible, fais une démonstration de ta réponse à la question a).

▶ **Mise en pratique**

Saisis bien les concepts

12. Tu es à l'intérieur d'un manège qui tourne lentement dans le sens anti-horaire (vu du haut des airs). Trace un diagramme de forces de ton corps et explique ton mouvement
    a) dans le système de référence Terre (supposée avoir une rotation négligeable) ;
    b) dans le système de référence manège.

13. a) Montre que l'accélération d'un objet qu'on laisse tomber à l'équateur est à peu près 0,34 % plus faible que l'accélération due uniquement à la pesanteur.
    b) Lorsque tu te trouves à l'équateur, quelle est la différence (en newtons) entre ton poids réel et ton poids (attribuable uniquement à l'accélération due à la pesanteur) ?

Mets en pratique tes connaissances

14. Tu emportes un accéléromètre (le type à trois petites billes dans un tube transparent, comme celui de la **figure 3** de l'introduction du présent chapitre) dans un manège tournant dans le plan horizontal pour déterminer ton accélération centripète (**figure 16**). La masse de la bille du centre dans l'accéléromètre est de 1,1 g. Le manège tourne dans le sens horaire, vu du haut des airs, à une fréquence de 0,45 Hz. Tu es à 4,5 m du centre.

Figure 16
Au moment où ce manège se met en marche, il tourne dans un plan horizontal, ce qui permet à un passager d'utiliser un accéléromètre horizontal pour mesurer l'accélération.

a) De quelle façon tiendrais-tu l'accéléromètre pour obtenir une lecture ?
b) Quelle est la grandeur de ton accélération centripète ?
c) À quel angle par rapport à la verticale se trouve la bille du centre dans l'accéléromètre ?
d) Détermine la grandeur de la force normale exercée par l'accéléromètre sur la bille.

Fais des liens

15. Effectue une recherche sur l'origine et la conception des pendules de Foucault. Où se situe le pendule de Foucault le plus près de chez toi ? (*Indice* : Certains centres scientifiques et départements universitaires d'astronomie ou de physique ont des pendules en démonstration.)

 www.beaucheminediteur.com/physique12

Réponses

14. b) 36 m/s²
    c) 75°
    d) 4,1 × 10⁻² N

RÉSUMÉ

L'analyse des forces dans un mouvement circulaire

• La force nette qui s'exerce sur un objet en mouvement circulaire uniforme agit en direction du centre du cercle. (Cette force est quelquefois appelée force centripète, bien que ce ne soit jamais que la pesanteur, la force normale ou une autre force que tu connais déjà.)

• On peut calculer la grandeur de la force nette en combinant l'équation de la deuxième loi de Newton avec les équations de l'accélération centripète.

• Le système de référence d'un objet qui se déplace sur un cercle est un système de référence non inertiel.

• La force centrifuge est une force fictive utilisée pour expliquer les forces observées dans un système de référence en rotation.

• Les centrifugeuses appliquent les principes de la première loi du mouvement de Newton et de la force centrifuge.

• La force de Coriolis est une force fictive utilisée pour expliquer les particules en mouvement dans un système de référence en rotation.

Saisis bien les concepts

1. Laquelle des deux techniques, présentées à la **figure 1b)** au début de cette section (p. 128), est la meilleure? Pourquoi?

2. Une pierre de 1,00 kg est attachée à l'extrémité d'une corde de 1,00 m possédant une résistance à la rupture de $5,00 \times 10^2$ N. On fait tourner la pierre de façon telle qu'elle décrit un cercle horizontal sur le dessus d'une table sans frottement. L'autre extrémité de la corde est maintenue immobile. Trouve la vitesse maximale pouvant être atteinte par la pierre sans que la corde ne se rompe.

3. Une balle de 0,20 kg fixée à l'extrémité d'une corde effectue une rotation d'un rayon de 10,0 m dans le plan horizontal. La balle fait 10 tours en 5,0 s. Quelle est la grandeur de la tension dans la corde?

4. Dans le modèle de Bohr-Rutherford de l'atome d'hydrogène, l'électron, d'une masse de $9,1 \times 10^{-31}$ kg, tourne autour d'un noyau. Le rayon de l'orbite est de $5,3 \times 10^{-11}$ m et la période de révolution de l'électron autour du noyau est de $1,5 \times 10^{-16}$ s.
   a) Trouve la grandeur de l'accélération de l'électron.
   b) Trouve la grandeur de la force électrique agissant sur l'électron.

5. Dans un pendule, une corde de 1,12 m supporte un poids d'une masse de 0,200 kg.
   a) Quelle est la grandeur de la tension dans la corde lorsque le pendule est immobile?
   b) Quelle est la grandeur de la tension à la base du balancement si le pendule se déplace à 1,20 m/s?

6. Lorsque tu fais tourner à la verticale un petit bouchon en caoutchouc au bout d'une corde, tu trouves, au sommet, une vitesse critique pour laquelle la tension dans la corde est nulle. À cette vitesse, la force de gravité exercée sur l'objet est suffisamment grande pour fournir la force centripète nécessaire.
   a) À quelle vitesse minimale peux-tu faire tourner, de cette façon, un bouchon de 15 g pour qu'il suive une trajectoire circulaire d'un rayon de 1,5 m?
   b) Quelle serait ta réponse si la masse du bouchon doublait?

7. On fait tourner à la verticale un objet de masse 0,030 kg à une vitesse constante de 6,0 m/s. Le cercle décrit par cet objet a un rayon de 1,3 m. Calcule les tensions maximales et minimales dans la corde.

8. Un enfant est à bord d'un manège qui tourne lentement dans un parc d'attractions. L'opérateur de ce manège affirme que, dans le système de référence Terre, l'enfant reste à la même distance du centre du manège parce qu'il n'y a pas de force nette qui agit sur lui. Es-tu d'accord avec cette affirmation? Explique ta réponse.

Mets en pratique tes connaissances

9. Tu es au sommet et à l'intérieur d'une boucle d'un rayon de courbure de 15 m dans des montagnes russes. La force que tu ressens sur ton siège est 2,0 fois plus grande que ton poids normal. Tu tiens un accéléromètre vertical, constitué d'un petit poids en métal attaché à un ressort sensible (**figure 17**).
   a) Nomme les forces qui agissent en direction du centre du cercle.
   b) Détermine la vitesse de la voiture au sommet de la boucle.
   c) Nomme les forces qui contribuent à la force centripète exercée sur le poids de l'accéléromètre.
   d) Si l'accéléromètre est étalonné comme à la **figure 17**, quelle lecture te donnera-t-il au sommet de la boucle? (*Indice :* Trace un diagramme de forces du poids de l'accéléromètre lorsqu'il est à l'envers, au sommet du manège, par rapport au système de référence Terre. Utilise deux chiffres significatifs.)
   e) Quelles sont les sources les plus probables d'erreurs aléatoires et systématiques quand on essaie d'utiliser un accéléromètre vertical dans les montagnes russes?

Fais des liens

10. Certains types de machines effectuant un mouvement circulaire très rapide présentent un sérieux danger pour la sécurité. Donne trois exemples de tels dangers : un à la maison, un en voiture et un sur le lieu de travail d'un ami ou d'un membre de ta famille. Décris dans chaque cas les principes de physique sous-jacents et suggère des mesures de sécurité appropriées.

ALLER À → www.beauchemineediteur.com/physique12

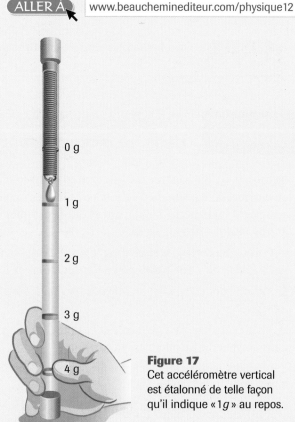

Figure 17
Cet accéléromètre vertical est étalonné de telle façon qu'il indique « 1*g* » au repos.

Figure 1
Les détails d'un ciel nocturne sont mis en valeur lorsqu'on utilise un télescope dans un environnement sombre. La force de gravité a une influence importante sur tous les objets de l'Univers.

Les humains ont toujours aimé regarder les étoiles et les planètes durant les nuits claires (**figure 1**). Ce n'est pas tant la beauté et la diversité des objets dans le ciel qui fascinent que la recherche de réponses à des questions liées à la configuration et au mouvement de ces corps célestes.

Jusqu'à la fin du XVIIIᵉ siècle, Jupiter et Saturne étaient les seules planètes éloignées identifiées de notre système solaire, parce qu'elles étaient visibles à l'œil nu tout comme les planètes plus proches de la Terre (Mercure, Vénus et Mars). On croyait donc à l'époque que le système solaire était constitué du Soleil et de six planètes, en plus de corps célestes plus petits, comme les lunes. Puis, en 1781, l'astronome britannique William Herschel (1738-1822), après avoir fait des observations minutieuses sur ce que les autres astronomes croyaient être une étoile, annonça que « l'étoile » semblait se déplacer par rapport aux autres étoiles de la voûte céleste sur une longue période. Cette étoile errante s'avéra être la septième planète, que Herschel nomma Uranus, du nom du dieu grec du ciel, aussi maître de l'Univers. Les astronomes étudièrent le mouvement d'Uranus pendant plusieurs années et découvrirent que sa trajectoire n'était pas aussi régulière que prévue. Tout se passait comme si un objet lointain et caché « tirait » sur Uranus pour lui donner une orbite légèrement irrégulière. Après avoir fait des analyses mathématiques détaillées, ils prédirent l'endroit où cet objet caché devrait se trouver, le cherchèrent pendant plusieurs années et, en 1846, découvrirent Neptune (**figure 2**). Neptune est si éloignée du Soleil qu'il lui faut presque 165 années terrestres pour effectuer une orbite ; autrement dit, elle complétera prochainement sa première orbite depuis sa découverte.

La force qui garde les planètes sur leur orbite autour du Soleil et notre Lune autour de la Terre est la même force qui tirait sur Uranus et qui perturbait son mouvement, soit la force de gravité. Cette force existe partout où existe de la matière dans l'Univers. Isaac Newton fut le premier à analyser les effets de la gravité dans l'Univers. La découverte de Neptune est le résultat de l'analyse de la gravité de Newton.

Figure 2
Neptune, la géante gazeuse la plus éloignée, fut nommée d'après le dieu romain de l'eau. Bien que les télescopes terrestres ne révèlent que peu de détails à son sujet, des photographies prises par la sonde spatiale *Voyager 2* en 1989 montrent des nuages bleu clair et blancs ainsi qu'une zone sombre qui pourrait bien être un gros orage.

CONSEIL PRATIQUE

Les perturbations
En physique, une perturbation est une légère fluctuation dans le fonctionnement d'un système, causée par un facteur secondaire. Il arrive que des perturbations se produisent dans les orbites des planètes, des lunes, des comètes et d'autres corps célestes. Quand les astronomes analysent les perturbations dans les orbites des corps célestes, ils recherchent le facteur secondaire en cause et découvrent parfois un autre corps céleste trop petit pour avoir été trouvé par hasard.

La loi de la gravitation universelle de Newton

Dans un ouvrage intitulé *Principes,* publié en 1687, Newton décrit comment il s'est servi de données connues sur les objets du système solaire, notamment celles sur l'orbite de la Lune autour de la Terre, pour étudier les facteurs qui déterminent la force de gravité dans l'Univers. Les relations qu'il a trouvées sont résumées dans sa *loi de la gravitation universelle.*

La loi de la gravitation universelle de Newton

La force d'attraction gravitationnelle entre deux objets est directement proportionnelle au résultat du produit des masses des objets et inversement proportionnelle au carré de la distance entre leurs centres.

Pour exprimer cette loi sous la forme d'une équation, on utilise les symboles suivants pour les grandeurs des variables impliquées : F_G est la force d'attraction gravitationnelle entre deux objets ; m_1 est la masse d'un objet ; m_2 est la masse d'un deuxième objet ; et r est la distance *entre les centres* des deux objets, que l'on suppose sphériques.

Newton découvrit les proportionnalités suivantes :

Si m_2 et r sont constants, $F_G \propto m_1$ (variation directe).

Si m_1 et r sont constants, $F_G \propto m_2$ (variation directe).

Si m_1 et m_2 sont constants, $F_G \propto \dfrac{1}{r^2}$ (variation inverse au carré).

En combinant ces énoncés, on obtient une relation combinée :

$$F_G \propto \frac{m_1 m_2}{r^2}$$

Et finalement, on peut écrire l'équation de la loi de la gravitation universelle :

$$F_G = \frac{G m_1 m_2}{r^2}$$

où G est la constante de gravitation universelle.

Quand on applique la loi de la gravitation universelle, il est important de prendre en considération les observations suivantes :

- Il y a deux forces en présence, égales mais opposées. Par exemple, la Terre t'attire et tu attires la Terre avec une force de la même grandeur.

- Pour que la force d'attraction soit perceptible, il faut qu'au moins un des objets soit de très grande dimension.

- La relation à l'inverse du carré entre F_G et r signifie que la force d'attraction diminue très rapidement lorsque les deux objets s'éloignent. Toutefois, il n'y a pas de valeur de r, peu importe sa grandeur, qui puisse réduire à zéro la force d'attraction. Chaque objet dans l'Univers exerce une force d'attraction gravitationnelle sur tous les autres objets.

- L'équation de la loi de la gravitation universelle s'applique uniquement à deux objets sphériques (comme la Terre et le Soleil), à deux objets dont les dimensions sont beaucoup plus petites que la distance qui les sépare (par exemple, toi et ton ami à 1,0 km de distance) ou à un petit objet et à une très grande sphère (comme toi et la Terre).

▶ PROBLÈME 1

La grandeur de la force d'attraction gravitationnelle qu'exerce la Terre sur un engin spatial, situé à une certaine distance, est de $1,2 \times 10^2$ N. Quelle serait la grandeur de la force de gravité sur un deuxième engin spatial ayant une masse 1,5 fois plus grande que le premier engin spatial et situé à une distance du centre de la Terre qui est 0,45 fois aussi grande ?

Solution

Supposons que m_T représente la masse de la Terre et que les indices 1 et 2 représentent le premier et le deuxième engin spatial respectivement.

$F_1 = 1,2 \times 10^2 \text{ N}$

$m_2 = 1,5m_1$

$r_2 = 0,45r_1$

$F_2 = ?$

Par rapport et proportion :

$$\frac{F_2}{F_1} = \frac{\left(\dfrac{Gm_T m_2}{r_2^2}\right)}{\left(\dfrac{Gm_T m_1}{r_1^2}\right)}$$

$$F_2 = F_1 \left(\frac{m_2}{r_2^2}\right)\left(\frac{r_1^2}{m_1}\right)$$

$$= F_1 \left(\frac{1,5m_1}{(0,45r_1)^2}\right)\left(\frac{r_1^2}{m_1}\right)$$

$$= 1,2 \times 10^2 \text{ N} \left(\frac{1,5}{0,45^2}\right)$$

$$F_2 = 8,9 \times 10^2 \text{ N}$$

La grandeur de la force de gravité sur l'engin spatial est de $8,9 \times 10^2$ N.

▶ *Mise en pratique*

Saisis bien les concepts

1. Établis un rapport entre la troisième loi du mouvement de Newton et sa loi de la gravitation universelle.

2. Quelle est la direction de la force d'attraction gravitationnelle qu'un objet A exerce sur un objet B ?

3. La grandeur de la force d'attraction gravitationnelle entre deux masses sphériques identiques est de 36 N. Quelle serait la grandeur de la force si une des masses doublait et la distance entre les objets triplait ?

4. Mars a un rayon et une masse qui sont de 0,54 et de 0,11 fois le rayon et la masse de la Terre respectivement. Si la grandeur de la force de gravité sur ton corps est de $6,0 \times 10^2$ N sur Terre, quelle serait-elle sur Mars ?

5. La grandeur de la force de gravité entre deux masses sphériques identiques est de 14 N lorsque leurs centres sont à 8,5 m l'un de l'autre. Après que la distance entre les deux masses a changé, la force est de 58 N. Quelle distance sépare alors les centres des masses ?

Mets en pratique tes connaissances

6. Trace un graphique montrant la relation entre la grandeur de la force gravitationnelle et la distance qui sépare les centres de deux objets sphériques identiques.

Fais des liens

7. Par le passé, on considérait que Pluton était la neuvième planète du système solaire. Aujourd'hui, toutefois, certains suggèrent de classer Pluton comme un corps céleste autre qu'une planète. Fais une recherche et écris un court compte rendu sur la découverte de Pluton et aussi sur les raisons de cette nouvelle controverse entourant le statut planétaire de Pluton.

 ALLER À www.beaucheminediteur.com/physique12

Réponses

3. 8,0 N

4. $2,3 \times 10^2$ N

5. 4,2 m

La loi de la gravitation universelle de Newton est l'une des premières «vérités universelles» ou lois de la nature qui peuvent s'appliquer partout. Les scientifiques des XVIIIe et XIXe siècles ont adopté une approche analytique et scientifique pour répondre à des questions concernant d'autres domaines.

Au début du XXe siècle, cependant, la recherche scientifique a montré que la nature n'est pas aussi exacte et prévisible que tout le monde l'avait cru. À titre d'exemple, comme tu le verras dans l'unité 5, le petit monde physique de l'atome n'obéit pas à des lois strictes et prévisibles.

La constante de gravitation universelle

La valeur numérique de la constante de la gravitation universelle G est extrêmement petite; il s'est écoulé plus d'un siècle après que Newton eut formulé sa loi de la gravitation universelle avant qu'on ne parvienne à déterminer expérimentalement cette valeur. En 1798, le scientifique britannique Henry Cavendish (1731-1810) réussit à mesurer l'attraction gravitationnelle entre deux petites sphères accrochées à une tige d'environ 2 m de longueur et deux grosses sphères montées séparément au moyen de l'appareil que l'on voit à la **figure 3**. Il dériva, à l'aide de ce montage, une valeur de G bien proche de la valeur acceptée de nos jours de $6{,}67 \times 10^{-11}$ N·m²/kg². Son expérience montre que la force gravitationnelle existe même pour des objets relativement petits. En établissant la valeur de la constante G, il a rendu possible l'emploi de la loi de la gravitation universelle dans les calculs. La détermination expérimentale de G par Cavendish représente une grande victoire scientifique. Les astronomes croient que sa grandeur peut influencer la vitesse à laquelle l'Univers s'étend.

a)

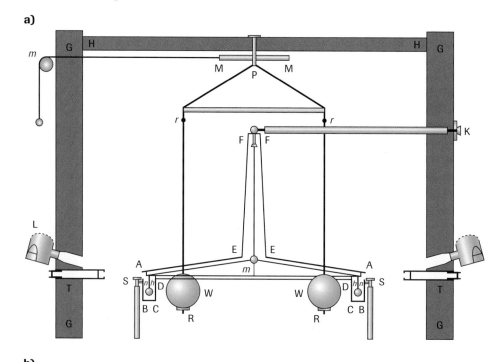

b)

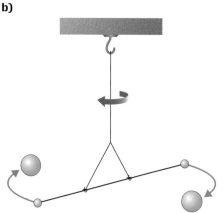

Figure 3
Le montage expérimental de Cavendish
a) Ce croquis de l'appareil figurait dans l'article original. Le mécanisme est monté dans une grande caisse G, munie de dispositifs de réglage extérieurs permettant de déplacer les masses et d'ajuster la tige horizontale. Des échelles graduées près de l'extrémité de la tige sont éclairées par des lampes L et observées à l'aide d'un télescope T.
b) Une vue simplifiée de l'appareil

▶ **PROBLÈME 2**

Détermine la grandeur de la force d'attraction entre deux boules de métal identiques d'une masse de 4,00 kg, dont on se sert pour le lancer du poids chez les dames, lorsque les centres sont à 45,0 cm l'un de l'autre.

Solution

$G = 6{,}67 \times 10^{-11}$ N·m²/kg² $r = 0{,}450$ m

$m_1 = m_2 = 4{,}00$ kg $F_G = ?$

$$F_G = \frac{Gm_1m_2}{r^2}$$

$$= \frac{(6{,}67 \times 10^{-11} \text{ N·m}^2/\text{kg}^2)(4{,}00 \text{ kg})(4{,}00 \text{ kg})}{(0{,}450 \text{ m})^2}$$

$$F_G = 5{,}27 \times 10^{-9} \text{ N}$$

La grandeur de la force d'attraction est de $5{,}27 \times 10^{-9}$ N, une valeur extrêmement petite.

▶ **_Mise en pratique_**

Saisis bien les concepts

8. Quelle est la grandeur de la force d'attraction gravitationnelle entre deux réservoirs de pétrole sphériques de $1{,}8 \times 10^8$ kg dont les centres se situent à 94 m l'un de l'autre?

9. Un élève de 50,0 kg est à $6{,}38 \times 10^6$ m du centre de la Terre. La masse de la Terre est de $5{,}98 \times 10^{24}$ kg. Quelle est la grandeur de la force de gravité sur l'élève?

10. Jupiter possède une masse de $1{,}90 \times 10^{27}$ kg et un rayon de $7{,}15 \times 10^7$ m. Calcule la grandeur de l'accélération due à la pesanteur sur Jupiter.

11. Un véhicule spatial, d'une masse de 555 kg, subit une attraction gravitationnelle de la Terre de 255 N. La masse de la Terre est de $5{,}98 \times 10^{24}$ kg. À quelle distance le véhicule est-il a) du centre de la Terre et b) au-dessus de la surface de la Terre?

12. Quatre masses se trouvent dans un même plan (**figure 4**). Quelle est la grandeur de la force gravitationnelle nette sur m_1 attribuable aux trois autres masses?

Fais des liens

13. On peut calculer la masse de la Terre en se servant du fait que le poids d'un objet est égal à la force de gravité entre la Terre et l'objet. Le rayon de la Terre est de $6{,}38 \times 10^6$ m et sa masse est de $5{,}98 \times 10^{24}$ kg. À quel moment de l'histoire de la science les scientifiques ont-il pu pour la première fois calculer avec précision la masse de la Terre? Justifie ta réponse.

Réponses

8. $2{,}4 \times 10^2$ N

9. $4{,}90 \times 10^2$ N

10. 24,8 m/s²

11. a) $2{,}95 \times 10^7$ m
    b) $2{,}31 \times 10^7$ m

12. 6,8 N

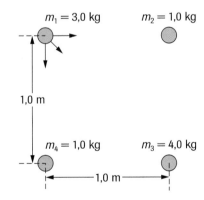

Figure 4
Diagramme pour la question 12

RÉSUMÉ   _La gravitation universelle_

- La loi de la gravitation universelle de Newton indique que la force d'attraction gravitationnelle entre deux objets est proportionnelle au produit des masses des objets et inversement proportionnelle au carré de la distance entre leurs centres.

- En 1798, Henry Cavendish fut le premier à déterminer expérimentalement la constante de la gravitation universelle, $G = 6{,}67 \times 10^{-11}$ N·m²/kg².

- On applique la loi de la gravitation universelle pour analyser les mouvements des corps dans l'Univers, comme les planètes dans le système solaire. (Cette analyse peut mener à la découverte d'autres corps célestes.)

Saisis bien les concepts

1. Es-tu d'accord avec l'affirmation suivante: «Il n'y a aucun endroit dans l'Univers où un corps puisse exister sans qu'une force ne s'exerce sur lui»? Explique.

2. La grandeur de la force d'attraction entre les masses m_1 et m_2 est de 26 N. Que deviendra la grandeur de la force si m_2 est triplé et la distance entre m_2 et m_1 réduite de moitié?

3. Tu es astronaute. À quelle hauteur, au-dessus de la surface de la Terre, ton poids devient-il la moitié de ton poids à la surface? Exprime ta réponse comme un multiple du rayon de la Terre r_T.

4. Calcule la grandeur de l'attraction gravitationnelle entre un proton d'une masse de $1,67 \times 10^{-27}$ kg et un électron d'une masse de $9,11 \times 10^{-31}$ kg, s'ils sont séparés de $5,0 \times 10^{-11}$ m (comme dans un atome d'hydrogène).

5. Des sphères identiques, A, B et C, ont les masses et les écarts de centre à centre suivants: $m_A = 55$ kg, $m_B = 75$ kg, $m_C = 95$ kg; $r_{AB} = 0,68$ m, $r_{BC} = 0,95$ m. Si les seules forces qui agissent sur B sont les forces de gravité attribuables à A et à C, détermine la force nette qui agit sur B lorsque les sphères sont placées comme dans les **figures 5a)** et **5b)**.

a)

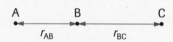

b)

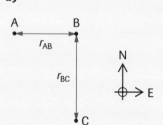

Figure 5

6. À un certain point entre la Terre et la Lune, la force gravitationnelle nette exercée sur un objet par la Terre et la Lune est nulle. La distance séparant le centre de la Terre du centre de la Lune est de $3,84 \times 10^5$ km. La masse de la Lune équivaut à 1,2 % de celle de la Terre.
   a) Où est situé ce point? Existe-t-il d'autres points semblables? (*Indice:* Applique la formule quadratique après avoir établi les équations appropriées.)

   b) Quelle est la signification physique de la racine de l'équation quadratique dont la valeur excède la distance entre la Terre et la Lune? (Un diagramme de forces des objets dans cette situation mettra ta réponse en évidence.)

Mets en pratique tes connaissances

7. Décris, à l'aide de la **figure 6**, comment varie la grandeur de la force d'attraction gravitationnelle qui agit sur un objet à mesure qu'il s'éloigne de la Terre. Trace un plus grand graphique et ajoute la force de gravité qui agit sur toi lorsque tu t'éloignes de la surface de la Terre jusqu'à 7,0 fois le rayon terrestre depuis le centre de la Terre.

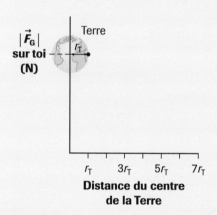

Distance du centre de la Terre

Figure 6

Fais des liens

8. Un satellite géostationnaire doit demeurer au même endroit au-dessus de l'équateur pendant qu'il décrit son orbite autour de la Terre.
   a) Quelle doit être la période de révolution d'un satellite géostationnaire?
   b) Établis une équation qui exprime la distance du satellite depuis le centre de la Terre en fonction de la constante de gravitation universelle, de la masse de la Terre et de la période de révolution du satellite autour de la Terre.
   c) Détermine la valeur de la distance requise en b). (Utilise les données fournies à l'annexe C.)
   d) Pourquoi le satellite doit-il conserver une position fixe (par rapport à un observateur situé à la surface de la Terre)?
   e) Fais une recherche sur les conséquences d'avoir trop de satellites géostationnaires dans l'espace disponible au-dessus de l'équateur. Résume les résultats de ta recherche dans un court compte rendu.

www.beaucheminediteur.com/physique12

Un **satellite** est un objet ou un corps en orbite autour d'un autre objet, lequel possède habituellement une masse beaucoup plus grande. Les satellites naturels comprennent les planètes, qui tournent autour du Soleil, et les lunes, qui tournent autour des planètes, comme notre Lune. Les satellites artificiels sont des objets de fabrication humaine placés sur orbite autour de la Terre ou d'un autre corps du système solaire.

Les 24 satellites qui constituent le système mondial de positionnement, ou système GPS, sont des exemples courants de satellites artificiels. On utilise ce système pour déterminer la position d'un objet à la surface de la Terre avec une précision de 15 m. Le bateau de la **figure 1** est équipé d'un récepteur programmé (GPS) qui détecte les signaux de trois satellites. Ces signaux aident à trouver la distance entre le bateau et le satellite d'après la vitesse du signal et le temps requis pour que le signal atteigne le bateau.

satellite objet ou corps en orbite autour d'un autre corps

station spatiale satellite artificiel qui peut accueillir un équipage humain et qui demeure en orbite autour de la Terre durant de longues périodes

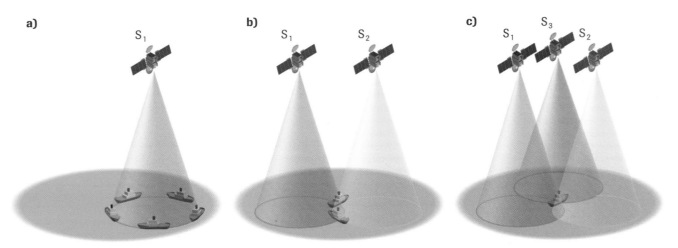

Figure 1
Les satellites GPS peuvent déterminer la position d'un objet, un bateau dans ce cas-ci.
a) Un satellite pourra déterminer que le bateau se trouve quelque part sur la circonférence d'un cercle.
b) Deux satellites consultés simultanément pourront déterminer que le bateau se trouve à l'un ou à l'autre des deux points d'intersection des deux cercles.
c) Trois satellites consultés simultanément pourront déterminer l'intersection des trois cercles qui donne la position exacte du bateau.

Une **station spatiale**, un engin spatial dans lequel des gens vivent et travaillent, est un autre exemple de satellite artificiel. Présentement, la Station spatiale internationale, ou ISS, est la seule station spatiale en opération. Comme les satellites qui voyagent avec un mouvement circulaire uniforme, la Station spatiale internationale voyage sur une orbite d'un rayon approximativement fixe. La Station spatiale internationale est un laboratoire orbital permanent dans lequel on mène des projets de recherches, notamment sur les réactions humaines lors de voyages spatiaux. Dans un avenir prochain, les connaissances acquises au cours de ces recherches seront appliquées à la conception et à l'exploitation d'un engin spatial capable de transporter des êtres humains sur de grandes distances vers n'importe quelle destination du système solaire, comme Mars.

Les satellites en orbite circulaire

Quand Isaac Newton a élaboré sa conception de la gravitation universelle, il a émis l'hypothèse que la force qui attire une pomme vers le bas lorsqu'elle tombe d'un arbre est la même que celle qui est responsable du maintien de la Lune sur son orbite autour de la Terre. Mais à cette différence près que la Lune ne tombe pas au sol. La Lune voyage à une vitesse qui la maintient approximativement à une distance constante, appelée rayon orbital, du centre de la Terre. En tournant autour de la Terre, la Lune subit une chute libre constante vers la Terre. Tous les satellites artificiels en mouvement circulaire autour de la Terre décrivent le même mouvement. Un satellite attiré vers la Terre par la force de gravité suit une trajectoire courbe. Comme la surface de la Terre est courbe, le

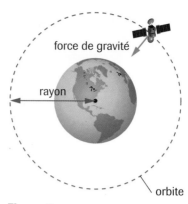

Figure 2
Un satellite sur une orbite circulaire autour de la Terre est constamment en chute libre parce que sa trajectoire suit la courbure de la surface de la Terre.

satellite tombe vers le bas en suivant la courbure de la surface de la Terre. Si la vitesse du satellite en chute libre est adéquate par rapport à son rayon orbital, il n'atterrira jamais (**figure 2**).

Pour analyser la trajectoire d'un satellite en mouvement circulaire uniforme, on combine la loi de la gravitation universelle de Newton avec l'équation de l'accélération centripète qui fait intervenir la vitesse du satellite. En se servant uniquement de la grandeur des forces, on a :

$$\sum F = \frac{Gm_S m_T}{r^2} = \frac{m_S v^2}{r}$$

où G est la constante de gravitation universelle, m_S, la masse du satellite, m_T, la masse de la Terre, v, la vitesse du satellite et r, la distance du centre de la Terre au satellite. On trouve la vitesse du satellite en ne conservant que la valeur positive de la racine carrée :

$$v = \sqrt{\frac{Gm_T}{r}}$$

Cette équation montre que, pour qu'un satellite se maintienne sur une orbite de rayon r, sa vitesse doit être constante. Puisque le rayon orbital de la Lune est approximativement constant, sa vitesse est aussi approximativement constante. Les satellites géostationnaires, utilisés dans les télécommunications, ont généralement un rayon orbital constant. Ces satellites sont placés sur des orbites qu'ils mettent 24 heures à boucler, au-dessus de l'équateur, pour que la période de révolution du satellite coïncide avec la période de rotation journalière de la Terre.

On peut aussi, selon les données du problème, appliquer les équations de l'accélération centripète en fonction de la période et de la fréquence de l'orbite pour analyser la trajectoire d'un satellite en mouvement circulaire uniforme.

▶ **PROBLÈME 1**

Le télescope spatial Hubble (TSH), que l'on voit à la **figure 3**, suit une orbite pratiquement circulaire, à une altitude moyenne de 598 km au-dessus de la surface de la Terre.

a) Quelle est la vitesse requise par le télescope spatial Hubble pour qu'il puisse se maintenir en orbite ? Exprime la vitesse en mètres à la seconde et en kilomètres à l'heure.

b) Quelle est la période orbitale du télescope spatial Hubble ?

Solution

a) $G = 6,67 \times 10^{-11}$ N·m²/kg² $r = (6,38 \times 10^6 \text{ m}) + (5,98 \times 10^5 \text{ m}) = 6,98 \times 10^6$ m

$m_T = 5,98 \times 10^{24}$ kg $v = ?$

Puisque la gravité cause l'accélération centripète,

$$\frac{Gm_S m_T}{r^2} = \frac{m_S v^2}{r}$$

On trouve la valeur de v :

$$v = \sqrt{\frac{Gm_T}{r}}$$

$$= \sqrt{\frac{(6,67 \times 10^{-11} \text{ N·m}^2/\text{kg}^2)(5,98 \times 10^{24} \text{ kg})}{6,98 \times 10^6 \text{ m}}}$$

$$= 7,56 \times 10^3 \text{ m/s}$$

$$v = 2,72 \times 10^4 \text{ km/h}$$

La vitesse requise par le télescope spatial Hubble est de $7,56 \times 10^3$ m/s ou de $2,72 \times 10^4$ km/h.

Figure 3
Le télescope spatial Hubble, à sa sortie de la soute d'une navette spatiale

b) $v = 2{,}72 \times 10^4$ km/h

$d = 2\pi r = 2\pi(6{,}98 \times 10^3 \text{ km})$

$T = ?$

$$T = \frac{2\pi r}{v}$$

$$= \frac{2\pi(6{,}98 \times 10^3 \text{ km})}{2{,}72 \times 10^4 \text{ km/h}}$$

$$T = 1{,}61 \text{ h}$$

La période orbitale du télescope spatial Hubble est de 1,61 h.

▶ *Mise en pratique*

Saisis bien les concepts

1. a) Lorsque l'altitude d'un satellite de la Terre en orbite circulaire augmente, est-ce que sa vitesse augmente, diminue ou reste la même ? Pourquoi ?

    b) Vérifie ta réponse en comparant la vitesse du télescope spatial Hubble (dont nous avons traité au problème 1) avec la vitesse de la Lune. Le rayon orbital de la Lune est de $3{,}84 \times 10^5$ km.

2. La Station spatiale internationale suit une orbite qui se trouve, en moyenne, à 450 km au-dessus de la surface de la Terre. Détermine a) la vitesse de la Station spatiale internationale et b) la durée d'une orbite.

3. Trouve une expression donnant le rayon de l'orbite d'un satellite gravitant autour de la Terre en fonction de la période de révolution, de la constante de la gravitation universelle et de la masse de la Terre.

4. On peut maintenant choisir entre la télévision par satellite et la télévision par câble. Un satellite de télé numérique suit une orbite géostationnaire.

    a) Donne la période de révolution du satellite en secondes.

    b) Détermine l'altitude de l'orbite au-dessus de la surface de la Terre.

Mets en pratique tes connaissances

5. Trace des graphiques montrant la relation entre la vitesse d'un satellite en mouvement circulaire uniforme et

    a) la masse du corps autour duquel gravite le satellite ;

    b) le rayon orbital.

Fais des liens

6. Les astronomes ont décelé un trou noir au centre de la galaxie M87 (**figure 4**). À partir des propriétés de la lumière observée, ils ont mesuré de la matière à une distance de $5{,}7 \times 10^{17}$ m du centre du trou noir, qui voyageait à une vitesse estimée à $7{,}5 \times 10^5$ m/s.

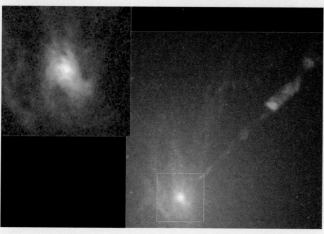

Réponses

1. b) $v_L = 1{,}02 \times 10^3$ m/s

2. a) $7{,}64 \times 10^3$ m/s

    b) 1,56 h

3. $r = \sqrt[3]{\dfrac{T^2 G m_T}{4\pi^2}}$

4. a) $8{,}64 \times 10^4$ s

    b) $3{,}59 \times 10^4$ km

6. a) $4{,}8 \times 10^{39}$ kg

    b) $2{,}4 \times 10^9$:1

Figure 4

Cette image du centre de la galaxie M87 a été prise par le télescope spatial Hubble. Le carré identifie la région du noyau de la galaxie où, croit-on, se trouve un trou noir.

poids apparent force nette exercée sur un objet en accélération dans un système de référence non inertiel

Figure 5

a) La valeur indiquée par le pèse-personne de ta salle de bain est égale à la grandeur de ton poids, *mg*.

b) La valeur indiquée par le pèse-personne devient plus petite que *mg* si tu te pèses dans un ascenseur qui accélère vers le bas.

c) La valeur indiquée est nulle dans la tour de chute libre d'un parc d'attractions.

d) Un astronaute en orbite est en chute libre, donc la valeur indiquée par le pèse-personne est nulle.

Le poids apparent et la pesanteur artificielle

Lorsque tu te tiens sur un pèse-personne de salle de bain, tu ressens une force normale qui pousse vers le haut sur ton corps. Cette force normale te fait connaître ton poids, qui a une grandeur *mg*. Si tu étais sur le même pèse-personne dans un ascenseur accélérant vers le bas, la force normale qui pousserait sur toi serait plus petite, donc le poids que tu ressentirais serait plus petit que *mg*. Cette force, appelée **poids apparent**, est la force nette qui s'exerce sur un objet en accélération dans son système de référence non inertiel. Si tu étais sur le même pèse-personne dans un manège simulant une chute libre dans un parc d'attractions, il n'y aurait pas de force normale et le pèse-personne indiquerait zéro. Si tu devais voyager à bord de la Station spatiale internationale, tu serais en chute libre continue et aucune force normale n'agirait sur toi. La **figure 5** illustre ces quatre situations.

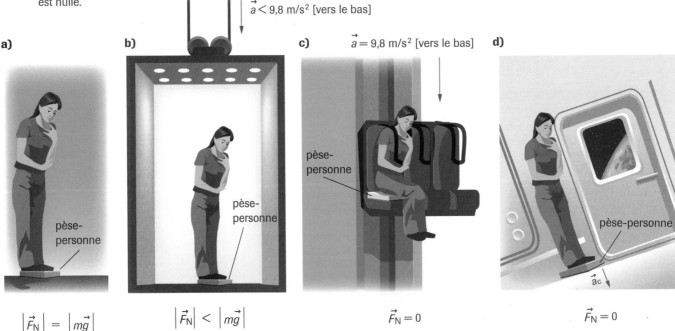

As-tu déjà remarqué que les astronautes et les objets à l'intérieur d'un engin spatial en orbite semblent flotter (**figure 6**)? Cet état survient lorsque l'engin spatial et tout ce qu'il contient se trouve en chute libre continue. Le poids apparent de tous les objets est nul. (Cet état de chute libre continue a reçu plusieurs noms, y compris pesanteur zéro, microgravité et apesanteur. Nous éviterons d'utiliser ces termes dans le manuel parce qu'ils peuvent nous induire en erreur.)

Dès que les humains se sont mis à voyager dans l'espace, il y a une quarantaine d'années, des chercheurs se sont penchés sur les effets d'une chute libre continue sur le corps humain. En restant inactifs, les muscles s'atrophient et les os se fragilisent parce qu'ils perdent leur calcium. Les fluides corporels s'accumulent dans les régions supérieures du corps, faisant enfler le cœur et les vaisseaux sanguins, rendant le visage des astronautes bouffi et leurs jambes maigrelettes. Ce déséquilibre des fluides affecte aussi les reins, ce qui occasionne une miction excessive.

Aujourd'hui, des programmes d'exercices vigoureux à bord des engins spatiaux aident à réduire ces effets négatifs sur l'organisme des astronautes. Toutefois, même avec de telles précautions, les effets de la chute libre continue auraient des conséquences désastreuses au cours des longues périodes nécessaires pour atteindre d'autres parties du système solaire, comme Mars. Il semble que la solution la plus plausible à ce problème serait de construire des vaisseaux interplanétaires capables de créer une **pesanteur artificielle** pour donner aux objets un poids apparent équivalent à leur poids sur Terre.

Il est possible de créer une pesanteur artificielle durant de longs voyages spatiaux en maintenant l'engin spatial continuellement en rotation (**figure 7**). En réglant la vitesse de rotation de l'engin spatial à la fréquence appropriée, les astronautes peuvent avoir un poids apparent égal au poids qu'ils ont sur Terre.

Les enseignants et les enseignantes de physique utilisent souvent un seau d'eau qu'ils font tournoyer rapidement (et prudemment!) pour simuler la pesanteur artificielle. Tu pourras faire une simulation semblable à l'activité 3.4.1 de la section Activités en laboratoire, à la fin de ce chapitre. 🔾

Figure 6
L'astronaute canadienne Julie Payette en chute libre à bord de la navette spatiale *Discovery* en 1999

pesanteur artificielle situation dans laquelle le poids apparent d'un objet est semblable à son poids sur Terre

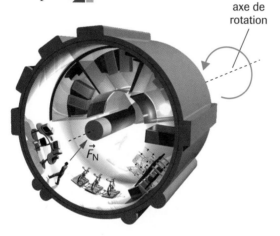

axe de rotation

$\vec{F}_N$

Figure 7
Tout objet situé sur la paroi interne d'un engin spatial en rotation subit une force normale en direction du centre de l'engin. Cette force normale produit l'accélération centripète des objets en mouvement circulaire.

🔾 ACTIVITÉ 3.4.1

Une simulation de la pesanteur artificielle (p. 154)
Tu peux utiliser une balle à l'intérieur d'un seau que tu fais tournoyer rapidement en un cercle vertical pour simuler le déplacement des astronautes en mouvement circulaire uniforme, sur la paroi interne d'une station spatiale en rotation. En quoi ce modèle diffère-t-il d'une vraie station spatiale en rotation?

LE SAVAIS-TU ❓

Les premières stations spatiales
L'ancienne Union soviétique et les États-Unis font fonctionner, de façon intermittente, des stations spatiales expérimentales depuis les années 70. La plus célèbre et la plus durable des stations, avant l'arrivée de la Station spatiale internationale, fut la station soviétique (par la suite russe) *Mir*, lancée en 1986 et fermée en 2001.

▶ PROBLÈME 2

Tu es un astronaute à bord d'une station spatiale en rotation. La station a un diamètre de 3,0 km.

a) Trace un diagramme du système et un diagramme de forces de ton corps lorsque tu es à l'intérieur de la station.

b) Détermine la vitesse nécessaire pour que ton poids apparent soit égal à ton poids sur Terre.

c) Détermine ta fréquence de rotation, en hertz et en tours par minute.

a)

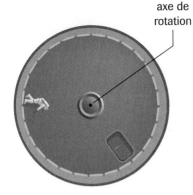

axe de rotation

b)

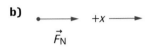

$\vec{F}_N$ +x

Figure 8
a) Le diagramme du système de l'astronaute et de la station spatiale pour le problème 2
b) Le diagramme de forces de l'astronaute

Réponses

7. a) $3,7 \times 10^2$ N
   b) $7,3 \times 10^2$ N
9. a) $5,5 \times 10^2$ N
   b) 87 %
10. a) 126 m/s
    b) 80,8 s

Solution

a) Tu peux voir à la **figure 8** les diagrammes requis.

b) L'accélération centripète est produite par la force normale appliquée sur ton corps par la surface interne de la station. Ton poids sur Terre est mg.

$r = 1,5$ km $= 1,5 \times 10^3$ m

$v = ?$

$$\sum F = ma_x$$
$$F_N = ma_c$$
$$F_N = \frac{mv^2}{r}$$
$$mg = \frac{mv^2}{r}$$
$$v^2 = gr$$
$$v = \sqrt{gr}$$
$$= \sqrt{(9,8 \text{ m/s}^2)(1,5 \times 10^3 \text{ m})}$$
$$v = 1,2 \times 10^2 \text{ m/s}$$

La vitesse doit être de $1,2 \times 10^2$ m/s.

c) $v = 1,2 \times 10^2$ m/s

$f = ?$

$$v = \frac{2\pi r}{T}$$
$$f = \frac{1}{T}$$
$$v = 2\pi r f$$
$$f = \frac{v}{2\pi r} = \frac{1,2 \times 10^2 \text{ m/s}}{2\pi (1,5 \times 10^3 \text{ m})}$$
$$f = 1,3 \times 10^{-2} \text{ Hz ou } 0,77 \text{ tr/min}$$

Ta fréquence de rotation est de $1,3 \times 10^{-2}$ Hz ou 0,77 tr/min.

▶ *Mise en pratique*

Saisis bien les concepts

7. Détermine la grandeur du poids apparent d'un élève de 56 kg dans un ascenseur lorsqu'il subit une accélération de a) 3,2 m/s² vers le bas et de b) 3,2 m/s² vers le haut.

8. Décris pourquoi les astronautes semblent flotter à bord de la Station spatiale internationale même si l'attraction gravitationnelle qui s'exerce sur eux est assez forte.

9. La Station spatiale internationale voyage à une altitude de 450 km au-dessus de la surface de la Terre.
   a) Détermine la grandeur de la force gravitationnelle sur un astronaute de 64 kg à cette altitude.
   b) Quel pourcentage du poids de l'astronaute sur Terre la force en a) représente-t-elle?

10. Un engin spatial cylindrique en route pour Mars a un diamètre intérieur de 3,24 km. L'engin tourne autour de son axe à la vitesse requise pour donner aux astronautes, sur sa paroi interne, un poids apparent égal à la grandeur de leur poids sur Terre. Détermine a) la vitesse des astronautes par rapport au centre de l'engin spatial et b) la période de rotation de l'engin spatial.

Mets en pratique tes connaissances

11. Tu es un astronaute en mission vers Mars. Tu veux savoir si la fréquence de rotation de ton engin spatial produit un poids apparent égal en grandeur à ton poids sur Terre. Quelle(s) expérience(s) ferais-tu?

Fais des liens

12. Les astronautes à bord d'un engin spatial en rotation qui voyage vers Mars, tout comme les astronautes d'aujourd'hui à bord de la Station spatiale internationale, doivent combattre les problèmes liés à leurs muscles, leurs os et leurs fluides corporels. En quoi le programme d'exercices des astronautes en route pour Mars ressemblerait-il au programme d'exercices des astronautes à bord de la Station spatiale internationale et en quoi serait-il différent?

RÉSUMÉ *Les satellites et les stations spatiales*

- Les satellites peuvent être naturels (comme les lunes des planètes) ou artificiels (comme le télescope spatial Hubble).

- La vitesse d'un satellite en mouvement circulaire uniforme autour d'un corps central est fonction de la masse du corps central et du rayon de l'orbite. La vitesse est constante pour un rayon donné.

- À l'avenir, toute mission spatiale interplanétaire à laquelle participeront des humains devra faire appel à la pesanteur artificielle à bord de l'engin spatial.

Section 3.4 *Questions*

Saisis bien les concepts

1. Décris une situation dans laquelle une station spatiale est un satellite et une situation dans laquelle une station spatiale n'est pas un satellite.

2. Place les satellites suivants en ordre croissant de vitesse : la Lune, la Station spatiale internationale, un satellite géostationnaire et un satellite de surveillance météorologique. (Les satellites de surveillance météorologique sont plus près de la Terre que la Station spatiale internationale.)

3. La masse de la Lune équivaut à 1,23 % de la masse de la Terre et son rayon est de 27,2 % de celui de la Terre. Détermine le rapport entre la vitesse d'un satellite artificiel en orbite autour de la Terre et la vitesse d'un satellite identique en orbite autour de la Lune, en supposant que les rayons orbitaux soient égaux.

4. Mars fait le tour du Soleil en 1,88 année terrestre sur une orbite presque circulaire d'un rayon de $2,28 \times 10^8$ km. Détermine a) la vitesse orbitale de Mars (par rapport au Soleil) et b) la masse du Soleil.

5. Au moment où un engin spatial d'un diamètre de 2,8 km s'approche de Mars, les astronautes à son bord veulent ressentir ce que sera leur poids à la surface de Mars. Quelle devrait être a) la période et b) la fréquence de rotation de leur engin spatial pour simuler une accélération due à la pesanteur d'une grandeur de 3,8 m/s²?

Mets en pratique tes connaissances

6. a) Choisis un jouet qui implique le mouvement et décris comment son fonctionnement à bord de la Station spatiale internationale serait différent de son fonctionnement sur Terre.

   b) Fais une recherche sur les jouets emportés dans l'espace pour des expériences de physique. Décris quelques résultats de ces expériences.

 ALLER À www.beaucheminediteur.com/physique12

Fais des liens

7. Bien que l'orbite de la Terre autour du Soleil ne soit pas parfaitement circulaire, on peut quand même l'étudier en appliquant les principes et les équations du mouvement circulaire. Considère que la vitesse orbitale de la Terre est légèrement plus grande l'hiver que l'été.

   a) Durant quel mois la Terre est-elle le plus près du Soleil : juin ou décembre?

   b) Ta réponse en a) explique-t-elle pourquoi le mois de juin dans l'hémisphère Nord est beaucoup plus chaud que le mois de décembre? Pourquoi?

⚛ RECHERCHE 3.1.1

L'analyse du mouvement circulaire uniforme

On a vu que la vitesse vectorielle d'un objet en mouvement circulaire à vitesse constante change constamment de direction. Conséquemment, l'objet subit une accélération dirigée vers le centre du cercle. L'appareil illustré à la **figure 1** est conçu pour que tu puisses recueillir des données lorsqu'un bouchon en caoutchouc se déplace selon un mouvement circulaire uniforme. L'appareil est constitué d'un tube creux que tu tiens verticalement dans ta main en le faisant tournoyer de façon que le bouchon en caoutchouc fixé à l'extrémité de la corde tourne à l'horizontale. La corde à laquelle le bouchon est fixé passe par le tube et supporte différentes masses. La force de gravité qui agit sur les masses produit la force de tension nécessaire pour garder le bouchon en mouvement le long d'un cercle.

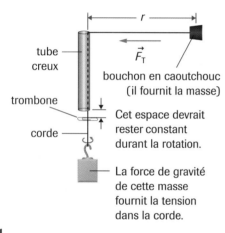

Figure 1
Un bouchon en caoutchouc tournant dans un plan horizontal à vitesse constante avec un rayon constant décrit un mouvement circulaire uniforme.

CONSEIL *PRATIQUE*

L'analyse des données
La recherche 3.1.1 est une expérience contrôlée dans laquelle on analyse trois ensembles indépendants de données pour trouver trois énoncés différents de proportionnalités. On peut ensuite déterminer une relation générale en combinant les énoncés. On peut utiliser l'une ou l'autre des méthodes suivantes pour l'analyse :

- établir des proportions ;
- tracer des graphiques en vue d'obtenir des lignes droites ;
- tracer des graphiques logarithmiques ;
- utiliser une calculatrice à capacité graphique.

L'annexe A traite de ces méthodes.

Habiletés de recherche

- ○ Questionner
- ● Émettre une hypothèse
- ● Prévoir
- ○ Planifier
- ● Mener une expérience
- ● Enregistrer, noter
- ● Analyser
- ● Évaluer
- ● Communiquer

Question

Quelle est la relation entre la fréquence de révolution d'un objet en mouvement circulaire uniforme et

- la grandeur de la force qui produit le mouvement circulaire ?
- le rayon de la trajectoire circulaire ?
- la masse de l'objet ?

Hypothèse et prévision

a) Indique ce que tu crois être la relation entre la fréquence de révolution et chaque variable de la question. Donne une raison pour chaque cas.

b) Trace trois graphiques pour illustrer tes réponses à la question a).

Matériel

Pour chaque groupe de trois ou quatre élèves :
un tube en verre renforcé aux extrémités adoucies
1,5 m de ligne de pêche ou d'une corde solide et lisse
trois bouchons à un trou, en caoutchouc, de même taille
des masses en métal (50 g, 100 g et 200 g)
un petit trombone ou du ruban-cache
une balance électronique ou une balance à trois fléaux
une règle graduée

Pour chaque élève, selon la méthode d'analyse des données choisie :
papier graphique linéaire (facultatif)
papier à double échelle logarithmique (facultatif)
une calculatrice à capacité graphique (facultatif)

 Nommez un surveillant ou une surveillante qui sera responsable d'empêcher les autres élèves d'entrer dans la zone de travail.

Portez des lunettes de protection résistantes aux chocs.

⬡ RECHERCHE 3.1.1 *suite*

Marche à suivre

1. Prépare un tableau de données. Tu auras besoin de trois ensembles de valeurs pour chacun des trois cas suivants : variation de la tension, variation du rayon et variation de la masse.

2. Mesure et enregistre la masse, en kilogrammes, de chaque bouchon en caoutchouc.

3. Une fois un bouchon en caoutchouc solidement fixé à une extrémité de la corde, laisse pendre une masse de 200 g à l'autre extrémité de la corde et commence à faire tourner le bouchon en caoutchouc autour de ta tête. Tu dois faire tourner le bouchon de façon que sa trajectoire demeure horizontale et que son rayon soit constant. Ne passe pas à l'étape suivante avant d'être devenu habile à faire tourner le bouchon avec une vitesse constante.

4. Utilise la technique suivante pour maintenir un rayon constant de 75 cm : fixe un trombone ou un petit morceau de ruban-cache à 1 cm au-dessous de la base du tube lorsque $r = 75$ cm. En utilisant ce rayon, la masse constante du bouchon en caoutchouc et une tension de 1,96 N (produite par la masse de 200 g), fais tourner le bouchon à vitesse constante ; mesure le temps requis pour 20 cycles complets. Reprends cette mesure jusqu'à ce que tu obtiennes une valeur moyenne que tu juges assez bonne. Calcule la fréquence de révolution. Inscris les résultats dans le tableau de données.

5. Répète l'étape 4 en utilisant une tension de 1,47 N, puis de 0,98 N en plaçant chaque fois la masse appropriée à l'extrémité de la corde.

6. Avec une masse constante du bouchon en caoutchouc et une tension constante de 0,98 N, mesure le temps requis pour 20 cycles complets, lorsque $r = 60$ cm et $r = 45$ cm. Reprends toutes les mesures pour plus de précision. Calcule les fréquences et inscris les données dans le tableau.

7. Avec un rayon constant de 75 cm et une tension constante de 1,96 N, ajoute un deuxième bouchon en caoutchouc et note le temps requis pour 20 cycles complets. Ajoute un troisième bouchon en caoutchouc et répète la marche à suivre. Calcule les fréquences et inscris les données dans le tableau.

Analyse

c) Utilise des techniques graphiques pour déterminer la relation (énoncé de proportionnalité) entre la fréquence de révolution et chacun des facteurs suivants :
   • la grandeur de la tension (que tu as fait varier aux étapes 4 et 5)
   • le rayon du cercle (que tu as fait varier à l'étape 6)
   • la masse de l'objet en mouvement (que tu as fait varier à l'étape 7)

d) Combine les trois résultats de c) pour obtenir une équation donnant la fréquence en fonction de la tension, du rayon et de la masse. Vérifie ton équation à l'aide de tes points de données.

e) La relation suivante donne la grandeur de la force nette qui produit l'accélération d'un objet en mouvement circulaire uniforme :

$$\sum F = 4\pi^2 mrf^2$$

Reformule cette équation de façon à isoler la fréquence. Compare ce résultat avec la réponse que tu as trouvée en d). Indique les causes probables de toute divergence.

f) Trace un diagramme de forces de la masse en mouvement circulaire dans cette recherche. Sois réaliste : la tension exercée sur le bouchon est-elle vraiment horizontale ?

Évaluation

g) Pour obtenir la plus grande précision possible dans cette recherche, la tension qui agit sur le bouchon devrait être horizontale. Dans ce contexte, qu'arrive-t-il à la précision lorsque la fréquence de révolution du bouchon augmente (pendant que les autres variables demeurent constantes) ?

h) Décris les sources d'erreurs aléatoires, systématiques et humaines dans cette recherche ainsi que la façon dont tu t'y es pris pour les réduire au minimum.

Synthèse

i) Explique comment cette recherche illustre les trois lois du mouvement de Newton.

Simulation de la pesanteur artificielle

Tu peux utiliser une balle dans un seau qui se déplace selon un mouvement circulaire uniforme pour simuler les forces ressenties par un astronaute dans une station spatiale en rotation (**figure 1**).

Matériel

Pour chaque groupe de trois ou quatre élèves :
un seau en plastique muni d'une anse solide
une balle de tennis
une règle graduée
un chronomètre

> Effectue cette activité à l'extérieur, loin de toute fenêtre ou de tout spectateur.

Marche à suivre

1. Utilise une règle graduée pour mesurer la distance entre la base du seau et l'épaule (soit le centre de révolution) de la personne qui fera tourner le dispositif.

2. Place la balle de tennis dans le seau. Demande à l'un des membres du groupe de balancer le seau jusqu'à ce qu'il soit prêt à le faire tourner en rond, à la verticale, à une vitesse constante assez rapide. Demande à un autre membre du groupe de se tenir à un endroit sûr et d'utiliser le chronomètre pour déterminer le temps requis pour que le seau fasse cinq tours complets lorsqu'il se déplace à vitesse constante.

3. Fais tourner le seau à la vitesse minimale nécessaire pour garder la balle à l'intérieur. Détermine le temps requis pour que le seau fasse cinq tours complets à cette vitesse.

Analyse

a) Trace un diagramme du système et un diagramme de forces de la balle au sommet de la boucle de l'étape 2.

b) Évalue la vitesse du seau au sommet de la boucle de l'étape 2, en prenant bien soin de noter tes calculs. À partir de cette évaluation, calcule la grandeur de l'accélération centripète de la balle au sommet de la boucle.

c) Détermine le rapport approximatif entre le poids apparent de la balle au sommet de la boucle et son poids normal sur la Terre.

d) Répète a), b) et c) pour l'étape 3.

Évaluation

e) Décris les forces et les faiblesses de ce modèle de pesanteur artificielle.

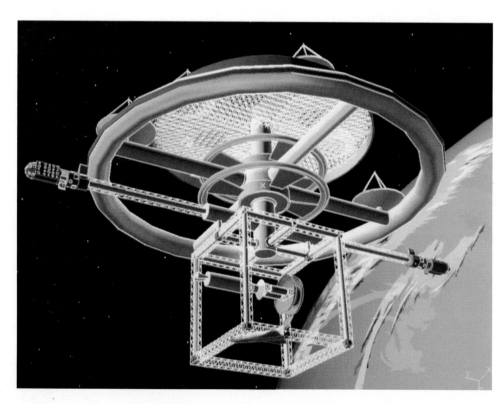

Figure 1
La conception qu'a un artiste
d'une station spatiale de l'avenir

Il existe plusieurs types de carrières impliquant l'étude des forces et du mouvement. Découvres-en plus au sujet des carrières décrites ci-dessous ou de toute autre carrière intéressante.

Pilote de ligne

Pour devenir pilote de ligne, tu dois obtenir un diplôme de premier cycle, puis une licence de pilote. Tu devrais aussi avoir une bonne connaissance pratique de la trigonométrie, des vecteurs et d'autres principes des mathématiques et de la physique. Tu dois suivre des cours de pilotage de trois à quatre ans dans un centre de formation et réussir les examens de Transports Canada. Un pilote de ligne travaille pour de grandes compagnies aériennes, telles que Air Transat, Air Canada et WestJet ou pour de petites compagnies de charters. Devenir pilote privé demande habituellement de une à deux années. Il faut environ 45 heures de formation en vol avant de pouvoir se présenter aux examens de Transports Canada.

Prothésiste

Les prothésistes utilisent une grande variété d'instruments — ordinateurs, marteaux, scies, ponceuses, tours, fraiseuses — et de matériaux — des bandages en plastique, du matériel de sculpture, de la peinture — pour fournir des bras, des jambes, des doigts et des orteils aux amputés. Après avoir obtenu un diplôme en kinésiologie, en sciences de l'activité physique, en biologie ou dans un autre champ d'expertise approprié, un prothésiste doit étudier durant deux autres années dans un collège communautaire, faire deux ans d'internat et se présenter à des examens nationaux pour obtenir le diplôme du programme clinique. Des techniciens médicaux d'expérience peuvent aussi être admis à ce programme de deux ans. Certains collèges communautaires offrent un programme technique pour les finissants du secondaire. La physique et les mathématiques du secondaire sont indispensables.

Physiothérapeute

Pour être physiothérapeute, tu dois obtenir un diplôme d'études secondaires avec de bonnes connaissances en sciences, y compris la physique et la biologie, puis faire un baccalauréat de quatre ans en sciences. Les physiothérapeutes sont des professionnels de la santé formés pour venir en aide aux patients dont la condition physique les fait souffrir ou entrave leur mobilité. Ils et elles travaillent surtout avec leurs mains, mais ils utilisent aussi une batterie d'instruments, y compris les appareils à ultrasons et les lasers. Une grande facilité dans les relations interpersonnelles est indispensable pour pratiquer ce métier.

▶ **Mise en pratique**

Fais des liens

1. Identifie plusieurs carrières qui demandent de bonnes connaissances au sujet des forces et du mouvement. Choisis une carrière qui t'intéresse dans la liste que tu as établie ou parmi les carrières décrites ci-dessus. Imagine que tu travailles dans ce domaine depuis déjà cinq ans et que tu poses ta candidature pour travailler à un nouveau projet d'études.

   a) Décris le projet. Il devrait être en relation avec quelques-unes des nouvelles connaissances acquises dans cette unité. Explique comment les concepts de cette unité sont appliqués dans ce projet.

   b) Crée un curriculum vitæ qui dresse la liste de tes références professionnelles et qui explique pourquoi tu es qualifié pour travailler à ce projet. Inclus les éléments suivants dans ton curriculum vitæ :
   - ta formation scolaire : le niveau universitaire atteint ou le diplôme de formation que tu détiens, avec le nom de l'institution où tu as étudié, ainsi que tes études supérieures (si c'est le cas) ;
   - tes habiletés ;
   - tes fonctions dans des emplois antérieurs ;
   - tes exigences salariales.

 ALLER À　www.beaucheminediteur.com/physique12

Objectifs clés

- définir et décrire les concepts et les unités SI se rapportant à la dynamique du mouvement circulaire (3.1, 3.2, 3.3, 3.4)

- analyser et prévoir, en termes quantitatifs, ainsi qu'expliquer le mouvement circulaire uniforme dans les plans horizontal et vertical en fonction des forces impliquées (3.2)

- faire la distinction entre les systèmes de référence non inertiels (qui accélèrent) et inertiels (qui n'accélèrent pas) et calculer la vitesse vectorielle et l'accélération des objets en mouvement circulaire uniforme (3.2, 3.4)

- décrire la loi de la gravitation universelle de Newton, l'appliquer quantitativement et l'utiliser pour expliquer le mouvement des planètes et des satellites (3.3, 3.4)

- chercher expérimentalement les relations entre l'accélération centripète, le rayon d'une orbite ainsi que la fréquence et la période d'un objet en mouvement circulaire uniforme et les analyser de façon quantitative (3.1)

- décrire des appareils technologiques conçus d'après les concepts et les principes du mouvement circulaire (par exemple expliquer, en se servant des concepts et des principes scientifiques, comment une centrifugeuse sépare les constituants d'un mélange et pourquoi on emploie la clothoïde dans la conception des montagnes russes) (3.2, 3.4)

- analyser les principes de la dynamique et décrire, en faisant référence à ces principes, comment on peut influencer le mouvement des êtres humains, des objets et des véhicules en modifiant certains facteurs (par exemple analyser la pesanteur artificielle dans un engin spatial conçu pour les longs trajets) (3.2, 3.4)

Mots clés

mouvement circulaire uniforme

accélération centripète

force centripète

force centrifuge

centrifugeuse

force de Coriolis

la loi de la gravitation universelle de Newton

satellite

station spatiale

poids apparent

pesanteur artificielle

Équations clés

$$a_c = \frac{v^2}{r} = \frac{4\pi^2 r}{T^2} = 4\pi^2 r f^2 \qquad (3.1)$$

$$\sum F = \frac{mv^2}{r} = \frac{4\pi^2 mr}{T^2} = 4\pi^2 mr f^2 \qquad (3.2)$$

$$F_G = \frac{Gm_1 m_2}{r^2} \qquad (3.3)$$

▶ *RÉDIGE* un résumé

Trace et nomme plusieurs diagrammes de forces pour illustrer les objectifs clés, mots clés, équations clés, concepts et applications présentés dans ce chapitre. Les objets pour lesquels tu peux tracer un diagramme de forces comprennent :

- un passager près du périmètre d'un manège (montre les deux systèmes de référence, inertiel et non inertiel) ;

- un accéléromètre horizontal tenu par un passager d'un manège ;

- un bouchon en caoutchouc à l'extrémité d'une corde que l'on fait tourner en rond, à la verticale (trace au moins trois diagrammes de forces) ;

- une voiture qui prend une courbe inclinée, vu de l'arrière de la voiture ;

- un satellite géostationnaire en orbite autour de la Terre ;

- un astronaute qui marche à l'intérieur d'une grande station spatiale en rotation ;

- un élève de physique qui utilise un accéléromètre à différents endroits du manège montré à la **figure 1**.

Figure 1
On peut utiliser un accéléromètre vertical pour déterminer l'accélération que subissent les passagers à différents endroits de ces montagnes russes.

Inscris les nombres de 1 à 11 dans ton cahier. Indique à côté de chaque nombre si l'énoncé qui s'y rapporte est vrai (V) ou faux (F). S'il est faux, écris la version corrigée de l'énoncé.

1. Un corps en mouvement circulaire uniforme subit une accélération d'une grandeur constante.

2. L'accélération centripète se fait dans une direction tangentielle à la trajectoire de l'objet en mouvement.

3. Quand la vitesse est constante, l'accélération centripète d'un objet en mouvement circulaire uniforme est inversement proportionnelle au rayon de l'orbite ; ou encore, quand la période de révolution est constante, l'accélération centripète est directement proportionnelle au rayon de l'orbite.

4. La force centrifuge qui agit sur un objet en mouvement circulaire uniforme est dirigée vers le centre du cercle, comme l'exige la première loi du mouvement de Newton.

5. La force centripète est une force fondamentale de la nature qui s'applique à tous les objets, naturels ou construits par des humains, en mouvement circulaire.

6. Il est possible que le frottement statique soit la seule force produisant l'accélération centripète sur un objet en mouvement.

7. Les forces centripètes et centrifuges sont une paire de forces action-réaction pour un objet en mouvement circulaire uniforme.

8. On peut se servir des perturbations dans les orbites des planètes ou d'autres corps célestes pour localiser d'autres corps du même type.

9. La grandeur de ton poids, lorsque tu la calcules à l'aide de $F = mg$, donne une valeur beaucoup plus petite que la grandeur de la force de gravité entre toi et la Terre, lorsque tu la calcules à l'aide de $F_G = \dfrac{Gmm_T}{r^2}$.

10. La Station spatiale internationale est un exemple de satellite artificiel.

11. Quand le rayon de l'orbite d'un satellite en mouvement circulaire uniforme autour d'un corps central augmente, la vitesse du satellite diminue.

Inscris les nombres de 12 à 23 dans ton cahier. Indique à côté de chaque nombre la lettre qui correspond au meilleur choix de réponse.

12. Tu fais tourner un bouchon en caoutchouc de masse m, fixé à une corde, en un cercle vertical et à vitesse constante élevée. Au sommet du cercle, la force nette qui produit l'accélération est
    a) horizontale et plus grande que mg
    b) horizontale et plus faible que mg
    c) verticale vers le bas et plus grande que mg
    d) verticale vers le bas et plus faible que mg
    e) verticale et égale en grandeur à mg

13. À la base du cercle, pour ce même bouchon en caoutchouc, la force nette qui produit l'accélération est
    a) horizontale et plus grande que mg
    b) horizontale et plus petite que mg
    c) verticale vers le haut et plus grande que mg
    d) verticale vers le haut et plus petite que mg
    e) verticale et égale en grandeur à mg

14. Tu réduis maintenant la vitesse du bouchon, de façon qu'il réussisse tout juste à franchir le sommet du cercle. Lorsque le bouchon est à son point le plus élevé, la force nette en direction du centre est
    a) horizontale et plus grande que mg
    b) horizontale et plus petite que mg
    c) verticale vers le bas et plus grande que mg
    d) verticale vers le bas et plus petite que mg
    e) verticale et égale en grandeur à mg

15. Tu es passager ou passagère dans une voiture qui effectue un virage à droite sur un terrain plat. La direction de la vitesse vectorielle instantanée est le nord. La direction de la force centrifuge que tu ressens est
    a) l'ouest
    b) le nord-ouest
    c) le nord
    d) le nord-est
    e) l'est

16. Lorsque la pointe de l'aiguille des minutes d'une horloge dépasse la position de 4 h 00, le vecteur de la **figure 1a)** qui donne la direction de l'accélération de la pointe est
    a) le vecteur 4
    b) le vecteur 7
    c) le vecteur 1
    d) le vecteur 6
    e) le vecteur 10

17. Lorsque l'enfant dans la balançoire de la **figure 1b)** atteint la position la plus basse du balancement, le vecteur de la **figure 1a)** qui donne la direction de la force centripète est le
    a) le vecteur 4
    b) le vecteur 10
    c) le vecteur 12
    d) le vecteur 6
    e) le vecteur 8

Une version interactive de cette évaluation est disponible dans Internet.
ALLER A ▸ www.beaucheminediteur.com/physique12

Le mouvement circulaire **157**

a) **b)** **c)** **d)**

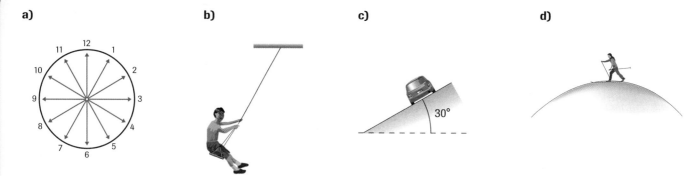

Figure 1
Diagrammes pour les questions 16 à 19

18. À la **figure 1c**), la voiture se déplace à vitesse constante dans une courbe inclinée. La direction de la force normale qui agit sur la voiture et la direction de l'accélération centripète de la voiture sont les mêmes que les directions, à la **figure 1a**), des vecteurs suivants :
    a) vecteur 12 et vecteur 6, respectivement
    b) vecteur 11 et vecteur 7, respectivement
    c) vecteur 11 et vecteur 8, respectivement
    d) vecteur 11 et vecteur 9, respectivement
    e) vecteur 11 et vecteur 11, respectivement

19. À l'instant indiqué dans la **figure 1d**), le skieur passe sur une bosse circulaire et sans frottement. La direction de la vitesse vectorielle instantanée du skieur et la direction de la force nette qui agit sur le skieur sont les mêmes que les directions, à la **figure 1a**), des vecteurs suivants :
    a) vecteur 9 et vecteur 9, respectivement
    b) vecteur 9 et vecteur 6, respectivement
    c) vecteur 10 et vecteur 7, respectivement
    d) vecteur 8 et vecteur 5, respectivement
    e) vecteur 8 et vecteur 12, respectivement

20. Choisis le graphique de la **figure 2** qui représente le plus précisément la variation de la force nette en direction du centre du cercle sur un objet en mouvement circulaire uniforme, en fonction de la masse de l'objet.

21. Choisis le graphique de la **figure 2** qui représente le plus précisément la variation de la force d'attraction gravitationnelle entre deux sphères identiques, en fonction de l'éloignement de leurs centres.

22. Choisis le graphique de la **figure 2** qui représente le plus précisément la variation de l'accélération centripète d'un objet en mouvement circulaire uniforme, en fonction de la vitesse de l'objet quand le rayon est constant.

23. Choisis le graphique de la **figure 2** qui représente le plus précisément la variation de la vitesse d'une lune qui décrit un mouvement circulaire uniforme autour d'une planète, en fonction de la masse de la planète.

a) **b)** **c)** **d)** **e)**

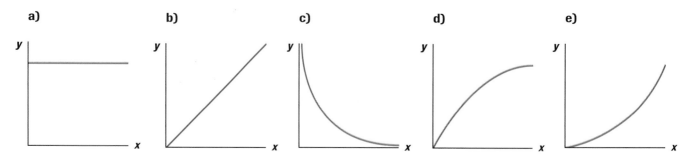

Figure 2
Diagrammes pour les questions 20 à 23

Une version interactive de cette évaluation est disponible dans Internet.
ALLER A www.beaucheminediteur.com/physique12

Saisis bien les concepts

1. Est-ce que l'accélération centripète est une accélération instantanée, une accélération moyenne, les deux, ou ni l'une ni l'autre ? Explique.

2. Est-ce que tous les points le long de l'aiguille des minutes d'une horloge subissent la même accélération centripète ? Explique.

3. Si la vitesse d'une particule en mouvement circulaire augmente, est-ce que l'accélération nette de la particule est encore dirigée vers le centre du cercle ? Utilise un diagramme pour expliquer ta réponse.

4. Un ingénieur civil a calculé que la grandeur de l'accélération centripète maximale d'une voiture dans une certaine courbe horizontale est de 4,4 m/s². Quel est le rayon minimal de cette courbe pour une voiture qui roule à 25 m/s ?

5. Calcule, pour l'horloge de la **figure 1**, la grandeur de l'accélération centripète de la pointe de l'aiguille des secondes, des minutes et des heures.

Figure 1

6. Un poulet cuit sur le plateau rotatif d'un four à micro-ondes. Le bout du pilon, qui est à 16 cm du centre de rotation, subit une accélération centripète d'une grandeur de 0,22 m/s². Détermine la période de rotation de l'assiette.

7. Trace, pour chacune des situations suivantes, un diagramme de forces et nomme la ou les forces qui causent l'accélération centripète.
   a) Un camion négocie, sans déraper, une courbe non inclinée sur une autoroute.
   b) Un autobus négocie une courbe inclinée à la vitesse optimale pour l'angle d'élévation.
   c) Une planète voyage sur une orbite quasi circulaire autour du Soleil.
   d) Un satellite de communications tourne sur une orbite circulaire autour de la Terre.

8. Une serviette mouillée, d'une masse de 0,65 kg, tourne sur un cercle horizontal d'un rayon de 26 cm durant le cycle d'essorage d'une machine à laver. La fréquence de rotation est de 4,6 Hz.
   a) Nomme la force qui cause l'accélération centripète. Quel objet exerce cette force ?
   b) Quelle est la vitesse de la serviette ?
   c) Détermine la grandeur de la force centripète sur la serviette.

9. Neptune voyage autour du Soleil sur une orbite presque circulaire d'un diamètre de $9,0 \times 10^{12}$ m. La masse de Neptune est de $1,0 \times 10^{26}$ kg. La force d'attraction gravitationnelle entre Neptune et le Soleil a une grandeur de $6,8 \times 10^{20}$ N.
   a) Quelle est la vitesse de Neptune ?
   b) Détermine la période de révolution de Neptune autour du Soleil en années terrestres.

10. Les points A à E, à la **figure 2**, représentent un morceau de ciment qui subit une accélération centripète dans le plan vertical à l'intérieur d'une bétonnière. La bétonnière est elle-même en mouvement circulaire uniforme. Trace, pour chacun des points, un diagramme de forces du morceau de ciment à ce point et indique quelles sont les forces qui produisent l'accélération centripète.

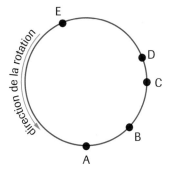

Figure 2

11. Un garçon de 45,7 kg sur une balançoire se déplace le long d'un arc de cercle d'un rayon de 3,80 m. Au point le plus bas de l'arc, la vitesse de l'enfant atteint 2,78 m/s. Détermine la grandeur de la tension dans chacune des deux chaînes de support.

12. Un véhicule sport utilitaire d'une masse de $2,1 \times 10^3$ kg roule, sans déraper, sur un plan horizontal dans une courbe d'un rayon de 275 m à une vitesse de 26 m/s.
    a) Détermine le coefficient de frottement statique minimal entre les pneus et la chaussée.
    b) Comment ta réponse en a) changerait-elle si la masse du véhicule était plus grande, par exemple si le véhicule était lourdement chargé ?
    c) Comment ta réponse en a) changerait-elle si la courbe était plus prononcée ?

13. On fait tourner une balle d'une masse de 0,23 kg, solidement fixée au bout d'une corde, à vitesse constante sur un cercle vertical de 75 cm de rayon.
    a) Trace deux diagrammes de forces de la balle, l'un montrant la balle au sommet et l'autre à la base du cercle.
    b) Détermine la grandeur de la tension dans la corde aux points mentionnés en a) si la vitesse de la balle à ces points est de 3,6 m/s.
    c) Calcule la vitesse minimale de la balle au sommet de la trajectoire si elle décrit un cercle complet.

14. Dans laquelle des situations suivantes ne serait-il pas possible de déterminer la force d'attraction gravitationnelle à l'aide de l'équation $F_G = \dfrac{Gm_A m_B}{r^2}$ si, dans chaque cas, les masses et le rayon r sont donnés?
    a) Saturne et l'une de ses lunes
    b) deux amis qui se donnent l'accolade
    c) une balle qui se déplace sur une parabole entre le ciel et la Terre
    d) deux livres côte à côte sur une étagère

15. Un météore sphérique, très éloigné, s'approche de la Terre. Par quel facteur la force entre la Terre et le météore augmente-t-elle lorsque la distance entre le centre des deux corps diminue par un facteur de 3,9?

16. La force gravitationnelle sur un certain objet, à une distance donnée au-dessus de la surface de la Terre, n'est que de 2,8 % de sa valeur à la surface de la Terre. Détermine cette distance et exprime-la comme un multiple du rayon r_T de la Terre.

17. Détermine la grandeur de la force gravitationnelle entre deux boules de quilles, chacune d'une masse de 1,62 kg, si leurs centres sont éloignés de 64,5 cm.

18. L'orbite de Vénus est approximativement circulaire. Les masses du Soleil et de Vénus sont respectivement de $1,99 \times 10^{30}$ kg et de $4,83 \times 10^{24}$ kg. La distance entre le Soleil et Vénus est de $1,08 \times 10^8$ km. Détermine l'accélération centripète de Vénus.

19. Calcule, à l'aide des données fournies à la **figure 3**, la force gravitationnelle nette attribuable aux forces gravitationnelles qu'exercent la Terre et le Soleil sur la Lune.

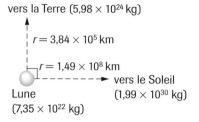

vers la Terre ($5,98 \times 10^{24}$ kg)

$r = 3,84 \times 10^5$ km

$r = 1,49 \times 10^8$ km

vers le Soleil

Lune   ($1,99 \times 10^{30}$ kg)

($7,35 \times 10^{22}$ kg)   **Figure 3**

20. Le bras canadien *Canadarm2* est le bras artificiel, conçu et fabriqué au Canada, qu'utilise la Station spatiale internationale en orbite à $4,50 \times 10^2$ km au-dessus de la surface de la Terre. Bien que la masse de ce bras ne soit que de $1,80 \times 10^3$ kg, il peut déplacer des masses aussi grandes que $1,16 \times 10^5$ kg.
    a) Détermine la grandeur de la force de gravité qui agit sur la charge maximale du bras.
    b) Si le bras devait déplacer une telle masse à la surface de la Terre, il se briserait. Pourquoi ne se brise-t-il pas dans l'espace?

Mets en pratique tes connaissances

21. Supposons que tu as trouvé les résultats présentés dans le **tableau 1** en faisant une recherche. Détermine la nouvelle valeur de la force centripète.

Tableau 1   Données pour la question 21

Avant	Après
masse = 1 balle	masse = 3 balles
rayon = 0,75 m	rayon = 1,50 m
fréquence = 1,5 Hz	fréquence = 30 Hz
force centripète = 8,0 unités	force centripète = ? unités

22. Un pendule conique est constitué d'une masse (le poids du pendule) qui se déplace circulairement à l'extrémité d'une corde et qui définit un cône, comme à la **figure 4**. Pour le pendule représenté, $m = 1,50$ kg, $l = 1,15$ m et $\theta = 27,5°$.

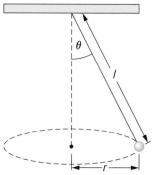

Figure 4
Un pendule conique

    a) Comment t'y prendrais-tu pour déterminer les facteurs dont dépend la fréquence de révolution du pendule?
    b) Trace un diagramme de forces du poids au moment montré. Quelle force cause l'accélération centripète?

c) Calcule la vitesse du poids.

d) Détermine la fréquence du poids.

23. Comment devrait-on modifier l'appareil présenté à la **figure 4** de la section « À TOI d'expérimenter » de l'introduction du chapitre 3 pour qu'il puisse fonctionner à bord de la Station spatiale internationale ? Justifie ta réponse.

Fais des liens

24. En avril 2001, à Fort Worth, Texas, une course automobile sur une piste ovale de 2,4 km a dû être annulée à cause des plaintes émises par les pilotes au sujet de la sécurité de la piste. Les pilotes subissaient, aux vitesses élevées en cause, des forces presque deux fois supérieures à celles de la plupart des autres pistes. Trouve pourquoi la piste était si dangereuse et pourquoi on a annulé la course. Explique les aspects physiques de cette situation, en prenant en considération les angles d'élévation de la piste et les forces nettes appliquées sur les pilotes.

 www.beaucheminediteur.com/physique12

Exercices complémentaires

25. Trouve la valeur de g à la surface de la Terre en te servant du mouvement de la Lune. Supposons que la période de la Lune autour de la Terre soit de 27 jours et 8 heures et que le rayon de son orbite soit de 60,2 fois le rayon $(6,38 \times 10^6$ m) de la Terre.

26. Snoopy, aux trousses du Baron Rouge, fait une boucle avec son coucou de chasse. Selon ses instruments, l'avion vole à l'horizontale (à la base de la boucle) à une vitesse de 180 km/h. Snoopy, qui est assis sur un pèse-personne, remarque que celui-ci indique quatre fois son poids normal. Quel est le rayon de la boucle, en mètres ?

 | La question Newton

27. Une personne tente de s'élancer du toit d'un immeuble de 24 m de hauteur vers la base d'un immeuble identique en se servant d'une corde de 24 m, comme on le voit à la **figure 5**. Immobile au départ, avec la corde tendue à l'horizontale, elle s'élance, mais la corde ne peut supporter qu'une tension égale à deux fois le poids de cette personne. À quelle hauteur au-dessus du sol se trouve-t-elle dans son élan au moment où la corde casse ?

 | La question Newton

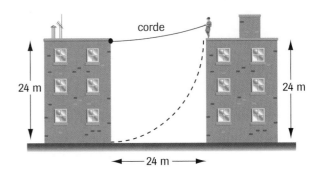

Figure 5

28. Un joueur de baseball s'entraîne en frappant une balle dans un stade olympique. La balle pend au bout d'une tige verticale longue et légère, qui peut pivoter librement à son extrémité supérieure (P), comme le montre la **figure 6 a)**. La balle part avec une grande vitesse vectorielle horizontale, mais la tige lui fait suivre un grand cercle vertical et elle passe lentement au sommet du cercle, comme illustré. Si on regarde la balle lorsqu'elle redescend après que la tige a pivoté de 270°, laquelle des flèches de vecteur illustrées à la **figure 6 b)** donne la bonne direction de l'accélération de la balle ? Ignore la résistance de l'air et le frottement sur le pivot.

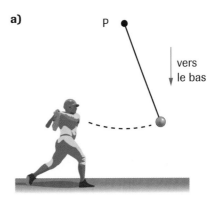

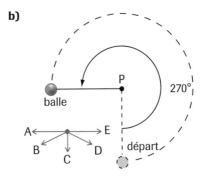

Figure 6

 | La question Newton

ACTIVITÉ DE SYNTHÈSE

Processus

- Choisir le matériel approprié pour construire le modèle de montagnes russes ou les jouets, OU choisir les outils de recherche appropriés.

- Appliquer les principes de la physique à la conception, à la construction, à la mise à l'essai et à la modification des montagnes russes ou des jouets, OU effectuer la recherche en synthétisant l'information de façon appropriée et avec suffisamment de détails.

- Évaluer le processus de conception, de construction, de mise à l'essai et de modification, OU analyser les principes physiques des centrifugeuses.

- Évaluer la méthode de présentation des résultats de la recherche (option 3).

Résultat

- Démontrer sa compréhension des principes physiques, des lois et des théories connexes.

- Employer correctement les termes, symboles, équations et unités SI.

- Préparer un dossier sur une tâche technologique appropriée, avec notes, diagrammes, mesures de sécurité, mises à l'essai, modifications et analyses (options 1 et 2), OU préparer un dossier de recherche approprié sous forme imprimée et/ou audiovisuelle (option 3).

- Construire un modèle original et fonctionnel (options 1 et 2) OU préparer un compte rendu formel (option 3).

Application des principes du mouvement et des forces

Dans la présente activité, tu construiras ou analyseras un appareil qui implique le mouvement et les forces. Le mouvement peut être linéaire ou circulaire. Les forces peuvent être de toutes sortes, force de gravité, force normale, tension, force de frottement, la résistance de l'air, etc.

Figure 1
Les idées présentées dans l'unité 1 sont appliquées dans la conception et le fonctionnement de montagnes russes, de jouets et de centrifugeuses.

Les premières montagnes russes, appelées « Flip-Flap », furent construites en 1888. Au cours du trajet, qui durait à peine dix secondes, les passagers passaient si rapidement par une boucle circulaire que les blessures au cou et au dos étaient fréquentes. Quelques années plus tard, les montagnes russes à boucles clothoïdes sont apparues (section 3.3). Leur évolution illustre le processus de développement technologique : on identifie un besoin ; on conçoit, fabrique et met à l'essai un produit pour satisfaire à ce besoin ; on identifie des problèmes et on apporte des modifications au produit.

Durant cette tâche, tu suivras ce processus de développement technologique pour construire un modèle de montagnes russes (option 1) ou un jouet original (option 2). Tu analyseras ton produit final avec les principes de physique que nous avons étudiés à l'unité 1.

Tu feras une recherche sur les centrifugeuses dans l'option 3. Assure-toi de trouver plusieurs sources d'information, comme de la documentation imprimée, Internet, des entreprises locales ou des gens qui utilisent des centrifugeuses. Tu peux ensuite faire la synthèse de l'information que tu as dénichée en vue de la présentation finale du produit.

Il faudrait discuter de la sécurité élémentaire et des règles de conception avant de commencer la tâche. Par exemple, tous les outils employés pour construire les modèles des options 1 et 2 doivent être utilisés prudemment, et la mise à l'essai de tout dispositif doit se faire d'une manière prudente et appropriée.

On s'attend à ce que tu démontres ta compréhension des relations entre les forces et les mouvements. De plus, tu appliqueras tes habiletés en recherche et en communication.

La tâche

Choisis l'une des options suivantes :

Option 1 : Un modèle de montagnes russes

Ta tâche consiste à appliquer les principes de la physique pour concevoir, construire, mettre à l'essai, modifier et analyser un modèle de montagnes russes à boucles qui transportera une bille ou un petit roulement à billes du sommet jusqu'à la base des montagnes russes. Ta conception de ce dispositif à gravité dépendra des dimensions et des matériaux de construction suggérés par ton enseignant ou ton enseignante. Avant de commencer, détermine les critères que l'on pourra utiliser pour évaluer le modèle et s'il y aura une compétition de modèles de montagnes russes.

Option 2 : Les jouets qui constituent une application des principes de physique

Ta tâche consiste à appliquer des principes de physique pour concevoir, fabriquer, mettre à l'essai, modifier et analyser deux modèles d'un jouet original qui utilise le frottement et/ou la résistance de l'air. Examine des jouets dont le fonctionnement est basé sur le frottement et/ou la résistance de l'air. Après avoir bien observé ce qui existe actuellement, imagine un jouet original. Tu devrais construire deux modèles de ton jouet pour démontrer comment le changement de frottement ou de résistance de l'air se répercute sur le comportement du jouet.

Option 3 : Les centrifugeuses

Ta tâche consiste à faire une recherche sur les applications des centrifugeuses dans les domaines médical, médico-légal et industriel et dans l'entraînement des humains. Pour compléter ta tâche, tu peux étendre ta recherche et comparer l'utilisation que l'on fait des centrifugeuses dans l'espace et sur Terre. Tu utiliseras des concepts et des principes scientifiques pour expliquer le fonctionnement et les avantages des centrifugeuses.

Analyse

Ton analyse devrait fournir les réponses aux questions suivantes :

Options 1 et 2

a) Quels sont les principes de la physique appliqués à la conception et/ou à l'utilisation du modèle de montagnes russes ou de jouets ?

b) Quels critères peut-on utiliser pour évaluer la réussite de ton appareil ?

c) Quelles mesures de sécurité as-tu prises lors de la construction et de la mise à l'essai de ton appareil ?

d) Comment as-tu mis ton appareil à l'essai pour identifier les améliorations nécessaires ?

e) Comment le processus dont tu t'es servi pour effectuer cette tâche pourrait-il être appliqué dans la vie courante ?

f) Établis une liste des problèmes rencontrés durant la construction du modèle de montagnes russes ou des jouets et explique comment tu les as résolus.

g) Formule tes propres questions d'analyse et réponds-y.

Option 3

h) Quels principes de physique sont appliqués dans la conception et l'utilisation des centrifugeuses ?

i) Quelles sont les principales utilisations des centrifugeuses et qui en sont les principaux utilisateurs ?

j) Comment la conception d'une centrifugeuse est-elle liée à l'utilisation qu'on veut en faire ?

k) Les centrifugeuses sont-elles courantes et combien coûtent-elles ?

l) Quelles répercussions les centrifugeuses ont-elles eu sur leurs utilisateurs individuels et sur la société en général ?

m) Quelles sont les carrières liées à la fabrication et à l'utilisation de centrifugeuses ?

n) Quelles sont les recherches (y compris les recherches en sciences spatiales) effectuées dans le but d'améliorer la conception et l'utilisation des centrifugeuses ?

o) Formule tes propres questions d'analyse et réponds-y.

Évaluation

Ton évaluation dépendra de l'option que tu auras choisie.

Options 1 et 2

p) Comment ta conception se compare-t-elle à celle des autres élèves et des autres groupes ?

q) Trace un ordinogramme du processus que tu as employé pour effectuer cette tâche. Comment les étapes de cette unité se comparent-elles aux étapes typiques d'une recherche en laboratoire ?

r) Si tu devais refaire cette tâche, que changerais-tu pour t'assurer d'avoir un meilleur processus et un meilleur résultat final ?

Option 3

s) Évalue les ressources employées pour ta recherche.

t) Si tu devais refaire une tâche semblable, avec des objectifs différents, quels changements apporterais-tu au processus pour t'assurer d'une recherche fructueuse et d'un moyen adéquat de communiquer ce que tu as trouvé ?

Inscris les nombres de 1 à 12 dans ton cahier. Indique à côté de chaque nombre si l'énoncé qui s'y rapporte est vrai (V) ou faux (F). S'il est faux, écris la version corrigée de l'énoncé.

Pour les questions 1 à 6, suppose qu'une balle de masse m est lancée selon un certain angle au-dessus de l'horizontale et qu'elle décrit un mouvement de projectile avec une résistance de l'air négligeable.

1. Le temps qu'il faut à la balle pour s'élever est égal au temps qu'il lui faut pour redescendre au même niveau horizontal.

2. La force nette sur la balle au sommet de sa trajectoire est nulle.

3. L'accélération de la balle lorsqu'elle monte est égale à son accélération lorsqu'elle redescend.

4. Entre le moment où la balle quitte ta main et celui où elle retombe au sol, la vitesse de la balle est à son minimum au sommet de sa trajectoire.

5. La valeur de la composante horizontale de la vitesse vectorielle de la balle juste avant l'impact excède la grandeur de la composante horizontale de la vitesse vectorielle juste après que la balle a quitté ta main.

6. La grandeur de l'accélération de la balle au sommet de sa trajectoire est égale au rapport du poids de la balle à sa masse.

Pour les questions 7 à 12, suppose que tu fais tourner à une vitesse constante v un petit bouchon en caoutchouc de masse m fixé au bout d'une corde sur un cercle vertical, comme le montre la **figure 1**.

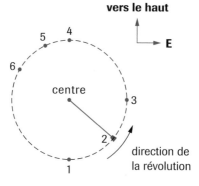

vers le haut

Figure 1
Diagramme pour les questions 7 à 12

7. Au point 3, la direction de l'accélération instantanée est vers l'ouest et la direction de la vitesse vectorielle instantanée est vers le haut.

8. La quantité vectorielle $\frac{\Delta \vec{v}}{\Delta t}$ est la plus proche de l'accélération instantanée lorsque le bouchon se déplace du point 6 vers le point 1.

9. La grandeur de la tension dans la corde au point 1 excède la grandeur de la tension au point 4 d'une quantité égale à mg.

10. Au point 5, la force qui fait accélérer le bouchon vers le centre du cercle correspond à la somme de la tension dans la corde et d'une composante de la force de gravité sur le bouchon.

11. Si tu lâches la corde au moment où le bouchon atteint le point 1, la vitesse vectorielle instantanée du bouchon, tout juste après avoir lâché la corde, aura une petite composante ascendante et une grande composante vers l'est.

12. Pour un rayon et une fréquence de rotation du bouchon constants, la grandeur de l'accélération centripète est directement proportionnelle à m.

Inscris les nombres de 13 à 24 dans ton cahier. Indique à côté de chaque nombre la lettre qui correspond au meilleur choix de réponse.

Les questions 13 à 18 se rapportent à la situation de la **figure 2**, dans laquelle un enfant sur un traîneau (un système de masse totale m) accélère en dévalant une colline d'une longueur L, inclinée à un angle θ par rapport à l'horizontale durant un intervalle de temps Δt. Les directions $+x$ et $+y$ sont indiquées dans le diagramme. Supposons que le frottement est négligeable, à moins qu'on indique autre chose.

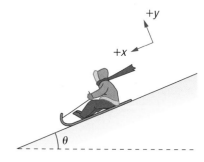

Figure 2
Diagramme pour les questions 13 à 18

13. La grandeur de l'accélération de l'enfant vers le bas de la colline est

a) $\frac{g}{\sin \theta}$ c) $g \sin \theta$ e) $g \tan \theta$

b) $\frac{g}{\cos \theta}$ d) $g \cos \theta$

14. La grandeur de la vitesse vectorielle moyenne de l'enfant est

a) $\sqrt{2gl}$ c) $\sqrt{2gl \sin \theta}$ e) $\sqrt{\frac{gl \sin \theta}{2}}$

b) $\sqrt{\frac{gl}{2}}$ d) $\sqrt{gl \sin \theta}$

15. La grandeur de la force exercée par le traîneau sur la colline est
    a) mg
    b) $mg \cos \theta$
    c) $mg \sin \theta$
    d) $mg \tan \theta$
    e) $-mg \sin \theta$

16. Si l'enfant part du repos et accélère uniformément vers le bas de la colline, le temps requis pour arriver au pied de la colline sera
    a) $Lg \sin \theta$
    b) $2Lg \sin \theta$
    c) $\sqrt{2Lg \sin \theta}$
    d) $\dfrac{2L}{g \sin \theta}$
    e) $\sqrt{\dfrac{2L}{g \sin \theta}}$

17. Si $\vec{v}_{moy}$ est la vitesse vectorielle moyenne et $\vec{v}$ est la vitesse vectorielle instantanée à mi-chemin de sa descente, alors
    a) $|\vec{v}_{moy}| = |\vec{v}|$
    b) $|\vec{v}_{moy}| > |\vec{v}|$
    c) $|\vec{v}_{moy}| < |\vec{v}|$
    d) $|\vec{v}_{moy}|$ et $|\vec{v}|$ peuvent être comparées seulement si des données numériques sont fournies.
    e) $\vec{v}_{moy}$ et $\vec{v}$ ne peuvent raisonnablement pas être comparées, puisque l'objet en question est sur un plan incliné.

18. Si la situation de la **figure 2** est modifiée de telle manière qu'il y a un coefficient de frottement cinétique μ_C entre le traîneau et la colline, alors la grandeur de l'accélération de l'enfant vers le bas de la colline sera
    a) $g(\sin \theta - \mu_C \cos \theta)$
    b) $g(\sin \theta + \mu_C \cos \theta)$
    c) $\dfrac{g \sin \theta}{\mu_C \cos \theta}$
    d) $g(\mu_C \cos \theta - \sin \theta)$
    e) aucune de ces réponses

19. Une voiture de masse m entre en collision frontale avec un camion de masse $5m$. Si $\vec{F}_{vc}$ et $\vec{F}_{cv}$ sont les forces exercées durant la collision par le camion sur la voiture et par la voiture sur le camion respectivement, alors
    a) $|\vec{F}_{cv}| > |\vec{F}_{vc}|$
    b) $|\vec{F}_{cv}| < |\vec{F}_{vc}|$
    c) $|\vec{F}_{cv}| = |\vec{F}_{vc}|$
    d) $|\vec{F}_{cv}| = 0$
    e) $\vec{F}_{vc}$ et $\vec{F}_{cv}$ s'annulent parce qu'elles sont dans des directions opposées.

20. Un singe lance une noix du haut d'un arbre en lui donnant une vitesse vectorielle initiale de 2,5 m/s [vers le bas]. La résistance de l'air est négligeable. Après avoir été lancée, la noix subit une accélération de
    a) $9,8 \text{ m/s}^2$ [vers le haut]
    b) $9,8 \text{ m/s}^2$ [vers le bas]
    c) moins de $9,8 \text{ m/s}^2$ [vers le bas]
    d) plus de $9,8 \text{ m/s}^2$ [vers le bas]
    e) zéro

21. Une fusée de masse m se trouve à une distance de $3r_T$ du centre de la Terre au moment où ses moteurs sont allumés pour l'amener à une distance de $6r_T$ du centre de la Terre. Une fois rendue à destination, sa nouvelle masse est $\dfrac{m}{2}$ puisque son carburant s'est consumé durant la combustion. Le rapport de la force gravitationnelle de la Terre sur la fusée à sa première position à la force gravitationnelle sur la fusée à la deuxième position est
    a) 8:1   b) 4:1   c) 2:1   d) 1:4   e) 1:8

22. Laquelle des listes suivantes mentionne toutes les forces qui agissent sur un satellite en orbite circulaire autour de la Terre?
    a) la force causée par le mouvement du satellite et la force de gravité en direction de la Terre
    b) la force causée par le mouvement du satellite, la force centrifuge et la force de gravité en direction de la Terre
    c) la force centrifuge et la force de gravité en direction de la Terre
    d) la force centripète et la force de gravité en direction de la Terre
    e) la force de gravité en direction de la Terre

23. Un avion de voltige décrit une boucle circulaire verticale de rayon r à une vitesse constante. Lorsque l'avion est au sommet de la boucle, le pilote ressent un poids apparent nul. La vitesse de l'avion est alors de
    a) $2gr$
    b) gr
    c) $\dfrac{g}{r}$
    d) $\sqrt{gr}$
    e) $\sqrt{\dfrac{g}{r}}$

24. Une boîte de 9,5 kg est initialement immobile sur une table horizontale. Le coefficient de frottement cinétique entre la table et la boîte est de 0,49. Le coefficient de frottement statique est de 0,65. La grandeur de la force minimale pour mettre la boîte en mouvement est de
    a) 4,7 N
    b) 6,2 N
    c) 93 N
    d) 61 N
    e) 46 N

Inscris les nombres de 25 à 40 dans ton cahier. À côté de chaque nombre, inscris le mot, le nombre, l'expression ou l'équation qui complète la phrase.

25. Donne le nombre de chiffres significatifs dans chaque mesure ou opération:
    a) $0,0501 \text{ N}$ __?__
    b) $3,00 \times 10^5 \text{ km/s}$ __?__
    c) $25,989 \text{ m} + 25,98 \text{ m} + 25,9 \text{ m} + 25 \text{ m}$ __?__
    d) $65,98 \text{ m} \div 11,5 \text{ s} \div 2,0 \text{ s}$ __?__

Une version interactive de cette évaluation est disponible dans Internet.
ALLER A www.beaucheminediteur.com/physique12

Les forces et le mouvement: la dynamique **165**

26. Convertis les mesures suivantes :
    a) 109 km/h = ___?___ m/s
    b) $7,16 \times 10^4$ km/min = ___?___ m/s
    c) 3,4 mm/s^2 = ___?___ m/s^2
    d) 5,7 cm/(ms)^2 = ___?___ m/s^2
    e) $4,62 \times 10^{-3}$ (km/h)/s = ___?___ m/s^2

27. Une manche à vent indique ___?___ .

28. Les trois commandes principales pour régler l'accélé-ration d'une voiture sont ___?___ , ___?___ et ___?___ .

29. Tu fais face au sud quand soudainement une boule de neige passe juste devant tes yeux de la gauche vers la droite. La boule de neige a été lancée d'une certaine distance avec une vitesse vectorielle initiale horizon-tale. La direction de la vitesse vectorielle instantanée est maintenant ___?___ . La direction de l'accélération instantanée est maintenant ___?___ .

30. Si la direction d'un objet qui décrit un mouvement circulaire uniforme est soudainement inversée, la direction de l'accélération centripète est ___?___ .

31. Si $\vec{v}_{LM}$ est de 26 m/s [71° O-S], alors $\vec{v}_{ML}$ est de ___?___ .

32. ___?___ = $\vec{v}_{CD} + \vec{v}_{DE}$

33. L'accélération horizontale d'un projectile est ___?___ .

34. L'accélération d'un objet qui tombe (verticalement) dans les airs à la vitesse limite est ___?___ .

35. Si on utilise L, M et T pour les dimensions de lon-gueur, de masse et de temps respectivement, alors
    a) les dimensions de la pente d'une ligne dans un graphique de la vitesse vectorielle en fonction du temps sont ___?___ .
    b) les dimensions de l'aire sous la courbe dans un graphique de l'accélération en fonction du temps sont ___?___ .
    c) les dimensions du poids sont ___?___ .
    d) les dimensions de la constante de gravitation universelle sont ___?___ .
    e) les dimensions de l'intensité du champ gravita-tionnel sont ___?___ .
    f) les dimensions d'un coefficient de frottement statique sont ___?___ .
    g) les dimensions de la fréquence sont ___?___ .
    h) les dimensions de la pente d'une ligne dans un graphique de l'accélération en fonction de la force sont ___?___ .

36. La loi d'inertie est aussi connue comme ___?___ .

37. Quand la vitesse du courant dans une rivière augmente, la pression de l'eau qui circule ___?___ .

38. Un système de référence en accélération est aussi connu comme ___?___ . Dans un tel système, on doit inventer ___?___ pour expliquer une accélération observée. Si le système est en rotation, la force inventée est appelée ___?___ .

39. Un passager ou une passagère de masse m se tient debout dans un ascenseur qui subit une accélération d'une grandeur a. La force normale qui agit sur le passager a une grandeur de ___?___ si l'accélération se fait vers le haut, et de ___?___ si l'accélération se fait vers le bas.

40. À la surface de la Lune, ta ___?___ serait le même qu'à la surface de la Terre, mais ta ___?___ seraite réduite par un facteur de ___?___ .

Inscris les nombres de 41 à 46 dans ton cahier. Indique à côté de chaque nombre la lettre qui correspond au meilleur choix de réponse. Utilise la liste de choix ci-dessous.

a) directement proportionnel(le) à

b) inversement proportionnel(le) à

c) proportionnel(le) au carré de

d) inversement proportionnel(le) au carré de

e) proportionnel(le) à la racine carrée de

f) inversement proportionnel(le) à la racine carrée de

g) indépendant de

41. Pour un objet qui se déplace à vitesse vectorielle constante, le temps nécessaire pour couvrir une certaine distance est ___?___ la vitesse vectorielle.

42. Lorsqu'une balle décrit un mouvement de projectile, le mouvement horizontal est ___?___ le mouvement vertical.

43. Pour une voiture initialement au repos qui démarre et maintient une accélération constante, le temps nécessaire pour couvrir une certaine distance est ___?___ à la distance.

44. À la surface de la Terre, ton poids est ___?___ la masse de la Terre.

45. Pour un objet qui demeure immobile sur une surface horizontale, la grandeur du frottement statique est ___?___ la grandeur de la force horizontale qui s'exerce sur l'objet.

46. Pour un objet qui décrit un mouvement circulaire uniforme avec un rayon constant, la grandeur de l'accélération centripète est ___?___ la vitesse. La force qui cause l'accélération centripète est ___?___ la période de révolution de l'objet.

Une version interactive de cette évaluation est disponible dans Internet.
ALLER À www.beaucheminediteur.com/physique12

Saisis bien les concepts

1. En choisissant le sud comme la direction positive d'un mouvement unidimensionnel, décris le mouvement d'un coureur avec
   a) une vitesse vectorielle positive et une accélération positive ;
   b) une vitesse vectorielle positive et une accélération négative ;
   c) une vitesse vectorielle négative et une accélération négative ;
   d) une vitesse vectorielle négative et une accélération positive.

2. Donne les conditions dans lesquelles
   a) la vitesse moyenne est supérieure à la vitesse instantanée ;
   b) la vitesse moyenne est inférieure à la vitesse instantanée ;
   c) la vitesse moyenne est égale à la vitesse instantanée.

3. Une composante vectorielle peut-elle avoir une grandeur supérieure à la grandeur du vecteur ? Explique.

a)

b)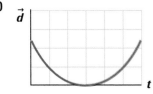

c)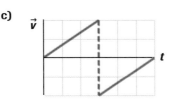

d)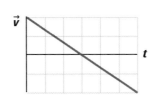

Figure 1

4. Décris le mouvement représenté sur chaque graphique de la **figure 1**.

5. Un parachute fonctionnerait-il sur la Lune ? Justifie ta réponse.

6. Un carré est inscrit dans un cercle, comme à la **figure 2**. Une personne marche de X à Y le long du bord du carré. Une deuxième personne marche le long de la circonférence. Chaque personne atteint le point B en 48 s. Calcule
   a) la vitesse moyenne de chaque personne ;
   b) la vitesse vectorielle moyenne de chaque personne.

7. Compare les portées horizontales de projectiles lancés avec des vitesses vectorielles identiques sur la Terre et sur la Lune.

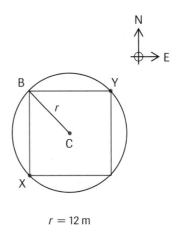

$r = 12$ m

Figure 2
Diagramme pour la question 6

8. On laisse tomber d'un toit les objets suivants : un crayon, une balle de ping-pong, un bout de papier et une plume. Sur un même graphique, trace la courbe de la vitesse en fonction du temps de chaque objet, en supposant que les objets atteignent le sol dans l'ordre donné.

9. Au départ, une voiture d'une masse de $1,2 \times 10^3$ kg roule à 42 km/h sur la rampe d'accès à une autoroute, puis accélère uniformément jusqu'à 105 km/h en 21 s.
   a) Quelle distance, en kilomètres, la voiture a-t-elle franchie durant cet intervalle de temps ?
   b) Détermine la grandeur de l'accélération moyenne de la voiture, en kilomètres à l'heure par seconde.
   c) Calcule la grandeur de la force moyenne nécessaire pour produire cette accélération.

10. Une boule de billard roule 0,44 m [S] à partir de sa position initiale, ricoche sur une autre boule et roule 0,88 m [N], puis rebondit sur la bande de la table de billard pour s'arrêter à 0,12 m de la bande. Tout le mouvement est unidimensionnel et prend 2,4 s. Calcule
    a) la vitesse moyenne de la boule ;
    b) la position finale de la boule (par rapport à sa position initiale) ;
    c) la vitesse vectorielle moyenne de la boule.

11. Une horloge de type courant installée sur un mur vertical possède une aiguille des secondes dont la pointe est à 14 cm du centre de l'horloge.
    a) Quelle est la vitesse moyenne de la pointe de l'aiguille des secondes ?
    b) Détermine la vitesse vectorielle instantanée de la pointe quand elle passe à 6 h 00 et à 10 h 00.
    c) Trouve la vitesse vectorielle moyenne de la pointe entre 1 h 00 et 5 h 00.

12. Un train, qui roule à 23 m/s [E] au moment où il entre dans une partie courbe du chemin de fer, maintient une accélération moyenne de 0,15 m/s² [S] durant 95 s. Détermine la vitesse vectorielle du train après cette accélération.

13. Un projectile atterrit au niveau d'où il a été lancé. À quel point de sa trajectoire sa vitesse est-elle la plus grande ? la plus petite ?

14. Au moment où on relâche un ballon gonflé, celui-ci se déplace immédiatement vers l'est. Explique ce qui cause ce mouvement.

15. En courant un sprint de 100 m en 10 s, un athlète olympique accélère jusqu'à une vitesse d'environ 8,0 m/s durant les 2,0 premières secondes. Détermine la grandeur de la force moyenne horizontale sur un coureur de 63 kg durant cet intervalle. Qu'est-ce qui exerce la force ?

16. À une certaine distance au-dessus de la surface de la Terre, la force gravitationnelle sur un objet est réduite à 2,8 % de sa valeur à la surface de la Terre. Détermine cette distance et exprime-la comme un multiple du rayon de la Terre, r_T.

17. Un funambule est en équilibre au centre d'une corde raide d'une longueur de 14,2 m. Le centre de la corde est à 2,3 m en dessous de ses deux points de fixation. Si le poids du funambule est de $6,3 \times 10^2$ N [vers le bas], détermine la grandeur de la tension dans la corde.

18. Si la vitesse d'une particule en mouvement circulaire diminue, l'accélération de la particule est-elle encore en direction du centre du cercle ? Utilise un diagramme pour expliquer ta réponse.

19. La grandeur de l'accélération centripète maximale qu'une voiture peut avoir dans une certaine courbe horizontale est de 4,49 m/s². Détermine, pour une voiture qui roule à 22 m/s, le rayon de courbure minimal de cette courbe.

20. Mars voyage sur une orbite presque circulaire d'un rayon de $2,28 \times 10^{11}$ m autour du Soleil. La masse de Mars est de $6,27 \times 10^{23}$ kg. La force d'attraction gravitationnelle entre Mars et le Soleil a une grandeur de $1,63 \times 10^1$ N.
    a) Quelle est la vitesse de Mars ?
    b) Détermine la période de révolution de Mars autour du Soleil, en années terrestres.

21. Dans un parc d'attractions, un manège soumis à un mouvement circulaire vertical fait 72 tours durant les 3,0 min de rotation à la vitesse maximale. Les passagers et passagères du manège sont à 6,3 m du centre du manège. En regardant le manège latéralement et de telle façon qu'il tourne dans le sens des aiguilles d'une montre, détermine la vitesse vectorielle instantanée d'un passager ou d'une passagère aux points suivants :
    a) 3 h 00   b) 6 h 00   c) 7 h 00

22. Détermine la grandeur de l'accélération moyenne durant l'intervalle de temps nécessaire à chaque objet décrit ci-dessous pour effectuer la moitié d'une révolution autour de l'objet au centre.
    a) Un satellite met 80,0 min pour faire le tour de la Terre, sur une orbite d'un diamètre de $1,29 \times 10^4$ km.
    b) La Lune fait le tour de la Terre en $2,36 \times 10^6$ s, à une vitesse moyenne de 1,02 km/s.

23. En patinage artistique en couple, une femme dont la masse est de 55 kg tourne sur un cercle horizontal d'un rayon de 1,9 m autour d'un homme dont la masse est de 88 kg. La fréquence de révolution est de 0,88 Hz.
    a) Détermine la grandeur de la force qui maintient la patineuse dans son mouvement circulaire.
    b) Quelle est la grandeur de la force horizontale sur le patineur ?

24. Un bouchon en caoutchouc de 18 g est suspendu à une corde de 45 cm au rétroviseur d'une voiture. Lorsque la voiture accélère vers l'est, la corde fait un angle de 5,1° avec la verticale.
    a) Trace un diagramme de forces du bouchon dans le système de référence Terre.
    b) Trace un diagramme de forces du bouchon dans le système de référence voiture.
    c) Détermine l'accélération de la voiture.

25. Un employé municipal traîne un poubelle d'une masse de 27 kg sur un trottoir horizontal à une vitesse constante de 1,8 m/s en appliquant une force de $1,12 \times 10^2$ N [27° au-dessus de l'horizontale]. Quel est le coefficient de frottement cinétique entre la poubelle et le trottoir ?

26. La boîte A ($m = 2,5$ kg) est reliée à la boîte B ($m = 5,5$ kg) par une corde qui passe dans une poulie sans frottement, comme on le voit à la **figure 3**. Le coefficient de frottement cinétique entre la boîte et la rampe est de 0,54. Détermine la grandeur de l'accélération des boîtes.

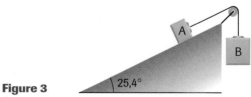

Figure 3

Une version interactive de cette évaluation est disponible dans Internet.

ALLER A   www.beauchemineediteur.com/physique12

27. Détermine la grandeur du poids apparent d'une personne de 62 kg dans un ascenseur
    a) qui accélère à 2,5 m/s^2 [vers le haut] ;
    b) qui accélère à 2,5 m/s^2 [vers le bas] ;
    c) qui se déplace avec une accélération nulle de 2,5 m/s [vers le haut].

Mets en pratique tes connaissances

28. Une grande roue dans un parc d'attractions situé tout près de ton école sort de son support sans que l'on sache pourquoi et roule sur le sol.
    a) Fais une estimation raisonnable du nombre de tours que la roue devrait faire, en se déplaçant en ligne droite, pour atteindre la capitale d'une province autre que la tienne. Formule toutes tes suppositions et montre tous tes calculs.
    b) Si tu étais dans un parc d'attractions, comment te servirais-tu de mesures indirectes pour déterminer le diamètre d'une grande roue à laquelle on ne peut avoir accès directement ? Montre un exemple de calcul.

29. En supposant que tu as un chronomètre précis, décris comment tu calculerais l'accélération moyenne d'une voiture entre son point de départ et un point situé 100 m plus loin sur une piste droite.

30. Tu planifies une recherche contrôlée visant à déterminer les effets de la résistance de l'air sur des objets qui tombent.
    a) Quels objets choisirais-tu ?
    b) Décris les mesures que tu effectuerais et ta façon de les effectuer.
    c) Quelles mesures de sécurité prendrais-tu pour mener cette recherche ?

31. Trace une sinusoïde des angles compris entre 0° et 180°. En te référant à cette courbe, explique pourquoi il y a deux angles de lancement possibles pour une distance horizontale donnée d'un projectile, à une exception près. Quelle est cette exception ?

32. Des rondelles en acier, reliées par une ligne de pêche à un détecteur de force marqué d'un A à la **figure 4**, sont maintenues en suspension par un gros aimant en forme de U, lui-même suspendu à un deuxième détecteur de force B. Les détecteurs de force sont raccordés à un ordinateur de telle façon que la force enregistrée par A est négative et la force enregistrée par B est positive.
    a) Si la force enregistrée par A est de 0,38 N, quelle est la force enregistrée par B ? Explique le principe de physique sur lequel ta réponse s'appuie.

b) Représente, sur un même diagramme de la force en fonction du temps, l'ensemble de données que produirait le programme de l'ordinateur si on levait tranquillement le détecteur de force B.

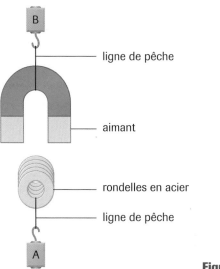

ligne de pêche

aimant

rondelles en acier

ligne de pêche

Figure 4

33. On effectue une expérience dans laquelle une force nette variable est appliquée à un chariot dynamique ; le **tableau 1** montre les accélérations qui en résultent. Trace un graphique des données et utilise l'information du graphique pour déterminer la masse de l'objet.

Tableau 1 Données pour la question 33

Force nette (N [vers l'avant])	Accélération (m/s^2 [vers l'avant])
0	0
1,0	0,29
2,0	0,54
3,0	0,83
4,0	1,10
5,0	1,42
6,0	1,69
7,0	1,89

34. Tu effectues une recherche pour déterminer comment la fréquence d'un bouchon en mouvement circulaire uniforme dans un plan horizontal dépend de la grandeur de la tension qui agit sur le bouchon, de la masse du bouchon et du rayon du cercle. Tu traces des graphiques pour montrer les relations. Remplace la fréquence par la période de révolution, comme variable dépendante. Trace de nouveaux graphiques en tenant compte de cette demande.

Fais des liens

35. Un sauteur à la perche franchit la barre à une hauteur de 6,0 m au-dessus du tapis.
    a) Détermine l'intervalle de temps pour les 45 premiers centimètres de la descente.
    b) Détermine l'intervalle de temps pour les 45 derniers centimètres avant de toucher le tapis.
    c) Explique pourquoi le sauteur semble être « au ralenti » à proximité du sommet de son saut.

36. Une nageuse saute d'un plongeoir et tombe verticalement dans l'eau. Décris les vitesses vectorielles et les accélérations de la nageuse à partir de sa position intiale jusqu'au moment où elle touche l'eau.

37. Si tu laisses tomber un caillou dans un puits profond et que tu entends un plouf 4,68 s après avoir laissé tomber le caillou, à quelle profondeur se trouve le niveau de l'eau? Ne tiens pas compte de la résistance de l'air et suppose que la vitesse du son dans l'air est de $3,40 \times 10^2$ m/s.

38. Un certain joueur de volleyball peut sauter aussi haut que 85 cm tout en frappant le ballon.
    a) Pendant combien de temps le joueur est-il dans les airs?
    b) Quelle est la vitesse de l'élan vertical du joueur?

39. La vitesse limite d'une personne suspendue à un parachute ouvert se situe entre 5,0 m/s et 10,0 m/s. Tu es en train de concevoir un centre d'entraînement où des gens pourraient s'exercer à atterrir à la même vitesse qu'ils le feraient s'ils sautaient en parachute. Quels intervalles de hauteur faudrait-il spécifier pour les plates-formes d'entraînement?

40. Explique pourquoi un avion qui traverse le Canada d'est en ouest met généralement plus de temps à faire le voyage qu'un avion qui traverse le Canada d'ouest en est.

41. De l'eau qui se déplace horizontalement à 2,0 m/s se déverse dans une chute et tombe dans un bassin 38 m plus bas. À quelle distance du mur d'eau vertical de cette chute devrait-on construire une promenade pour que les spectateurs demeurent au sec?

42. Le temps de réaction d'un motocycliste peut être crucial lorsqu'il faut éviter un accident. Tu roules avec une vitesse vectorielle de 75,0 km/h [N]. Soudainement, tu réalises qu'il y a une voiture immobilisée directement dans ta voie à 48,0 m en avant. Tu réagis en actionnant les freins, causant une accélération de 4,80 m/s² [S]. Si tu réussis tout juste à éviter la collision, quel a été ton temps de réaction?

43. La **figure 5** montre une photographie obtenue par exposition prolongée, dans laquelle les étoiles et les planètes visibles semblent se déplacer autour d'une étoile centrale (l'étoile Polaire).

Figure 5
L'étoile Polaire est presque directement au-dessus du pôle Nord de la Terre.

    a) Explique le mouvement observé des étoiles et des planètes sur la photographie. (Inclus les concepts liés aux systèmes de référence.)
    b) Comment pourrais-tu évaluer le temps d'exposition?
    c) Les habitants de l'Australie pourraient-ils prendre cette photographie ou une autre semblable? Justifie ta réponse.

44. À la question de la lectrice d'un journal, « Pourquoi les rideaux de douche se déplacent-ils vers l'intérieur pendant que l'eau est projetée vers le bas? », un physicien répond: «L'air qui est entraîné vers le bas par l'eau doit être remplacé par de l'air venant d'ailleurs.»
    a) En te référant aux principes appropriés, donne une explication plus technique à la question de la lectrice.
    b) Si tu devais répondre à la question dans un article de journal, quels autres exemples pourrais-tu donner pour que les lecteurs et lectrices comprennent bien la situation?

45. Dans le sport excitant qu'est la planche à cerf-volant (**figure 6**), un cerf-volant conçu de façon spéciale tire le planchiste sur l'eau en direction d'un tremplin. Le planchiste peut s'élever dans les airs pendant plusieurs secondes et effectuer de spectaculaires cascades aériennes. À ton avis, le cerf-volant est-il conçu pour avoir un bon profilage ? Justifie ta réponse.

46. Un satellite de télédétection voyage sur une orbite circulaire à une vitesse constante de $8,2 \times 10^3$ m/s.
    a) Quelle est la vitesse du satellite, en kilomètres à l'heure ?
    b) Détermine l'altitude du satellite, au-dessus de la surface de la Terre, en kilomètres.
    c) Qu'est-ce que la télédétection ? Donne quelques utilisations pratiques d'un satellite de télédétection.

47. À l'avenir, les jeux vidéo et les simulations d'activités sportives deviendront plus réalistes, puisque les créateurs deviendront plus habiles à appliquer les principes de physique présentés dans cette unité. Décris quelques façons de rendre ces jeux et ces simulations plus réalistes.

48. Durant la mise à l'essai d'un modèle de montagnes russes à boucles, un ingénieur se rend compte que, dans ce modèle, la force normale qui agit sur les passagers et passagères au sommet de la boucle est nulle.
    a) Si le rayon de la boucle est de 2,1 m, quelle est la vitesse de la voiture au sommet de la boucle dans ce modèle ?
    b) Explique pourquoi et comment ce modèle de montagnes russes devrait être modifié.

49. a) Pourquoi la pesanteur artificielle sera-t-elle nécessaire dans le cadre d'une mission spatiale habitée vers Mars ?
    b) Décris comment on pourrait créer une pesanteur artificielle pour une telle mission.

Exercice complémentaire

50. Durant une partie de ballon panier, un ballon quitte la main d'un joueur à une distance oblique de 6,1 m du panier et à une hauteur de 1,2 m en dessous du panier. Si la vitesse vectorielle initiale du ballon est de 7,8 m/s [55° au-dessus de l'horizontale] vers le panier, le joueur comptera-t-il ? Sinon, de combien le ballon manquera-t-il le panier ?

Figure 6
La planche à cerf-volant est un sport dangereux et physiquement exigeant.

L'énergie et la quantité de mouvement

Judith Irwin, Ph. D.
Université Queen

Les hommes observent le ciel nocturne depuis des millénaires, mais l'astrophysique est un champ d'activité relativement récent. De nos jours, des astrophysiciens et des astrophysiciennes comme Judith Irwin effectuent des observations détaillées, analysant avec minutie les données recueillies jusqu'à ce qu'ils découvrent une parcelle de l'Univers qui leur était totalement inconnue auparavant. Animés par l'esprit de découverte, ils et elles explorent les limites extrêmes de notre monde physique, des régions les moins denses, le vide interstellaire, aux objets les plus denses, les trous noirs. Les recherches que mène Judith Irwin portent sur la dynamique des gaz que l'on rencontre dans l'espace interstellaire s'étendant entre les étoiles chaudes.

Bien que l'astrophysique connaisse une croissance fulgurante dans de nouveaux domaines de recherche, elle reste encore un vaste champ inexploré.

▶ Objectifs globaux

Dans cette unité, tu apprendras à :

- appliquer les concepts de travail, d'énergie et de quantité de mouvement, les lois de la conservation d'énergie et de la quantité de mouvement auxquelles sont soumis les objets se déplaçant dans un espace à deux dimensions ainsi qu'à les définir en termes qualitatifs et quantitatifs ;

- étudier les lois de la conservation de la quantité de mouvement et de l'énergie (y compris les collisions élastiques et inélastiques) en effectuant des expériences ou des simulations ; à analyser et à résoudre des problèmes mettant ces lois en jeu en te servant de vecteurs, de graphiques et de diagrammes de forces ;

- analyser et à décrire l'application des concepts de l'énergie et de la quantité de mouvement pour concevoir et développer une large gamme d'appareils anti-collision et de dispositifs absorbant les impacts que l'on utilise dans la vie quotidienne.

▸ **Préalables**

Concepts

- définir les concepts et les utiliser dans leur contexte
- appliquer les relations existant entre une accélération uniforme et les lois du mouvement de Newton
- reconnaître les différentes formes d'énergie
- donner des exemples de transformation de l'énergie

Habiletés

- analyser les graphiques
- analyser les vecteurs
- manipuler les équations algébriques
- appliquer les fonctions trigonométriques fondamentales
- tracer des diagrammes scalaires et de forces
- analyser les dimensions des quantités physiques
- utiliser les unités SI
- effectuer des analyses de contrôle
- communiquer en utilisant des formules écrites et des modèles mathématiques
- utiliser des logiciels
- faire des recherches en utilisant Internet et en consultant des documents imprimés
- savoir reconnaître et analyser des questions d'ordre social relatives à la conception de véhicules

Connaissances et compréhension

1. Identifie et nomme les différentes formes d'énergie s'appliquant aux véhicules qui se déplacent sur une autoroute de montagne (**figure 1**).

Figure 1
Différentes formes d'énergie sont en jeu lorsque des véhicules se déplacent sur une autoroute.

2. Énonce une quantité s'exprimant par une des unités de base SI suivantes :
   a) kg
   b) $kg \cdot m^2/s^2$
   c) $kg \cdot m/s^2$
   d) $kg \cdot m^2/s^3$

3. Réfère-toi aux réponses de la question 2 et identifie les unités qui portent le nom d'un scientifique. Donne le nom de ce dernier.

4. Tu déplaces une boîte d'une masse m du sol à une étagère (**figure 2**). De quels éléments dépend la manœuvre que tu exécutes ? Donne une réponse précise.

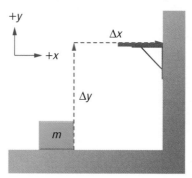

Figure 2
La manœuvre que tu exécutes pour soulever la boîte dépend-elle des valeurs de Δy et de Δx?

Recherche et communication

5. Avant de rebondir sur le sol, un ballon de basket possède une énergie cinétique de 29,5 J; après le rebond, elle est de 25,1 J.
   a) Détermine le pourcentage de l'énergie initiale perdue lors du rebond.
   b) Est-ce que cette énergie cinétique est réellement perdue ? Justifie ta réponse.

6. Tu tires un enfant assis sur une luge sur une pente inclinée, selon un angle par rapport à l'horizontale, en exerçant une force parallèle à la pente (**figure 3**).
   a) De quelles mesures as-tu besoin pour déterminer le rendement de l'inclinaison ?
   b) Quelles sont les conditions requises pour que le rendement soit de 100 % ?

7. Certaines personnes confondent conservation d'énergie et économie d'énergie. Explique avec précision le sens de ces deux expressions.

Fais des liens

8. Un autobus scolaire est impliqué dans une collision.
   a) Quelles caractéristiques l'autobus doit-il avoir pour garantir la protection des passagers ?
   b) Quelles caractéristiques, leur faisant défaut actuellement, les autobus scolaires doivent-ils présenter pour devenir plus sécuritaires en cas de collision ?
   c) Quelles caractéristiques, décrites au point b), ne sont toujours pas disponibles pour les autobus scolaires ?

9. a) Décris les transformations de l'énergie qui ont lieu lorsqu'un sauteur à ski part du bas de la pente pour aller vers le haut, redescend la pente en planant dans les airs (**figure 4**), atterrit sur le flanc de la pente et s'immobilise en bas.

b) Quelles lois physiques régissent les transformations de l'énergie au point a) ?

c) Quelles sont les mesures de sécurité à prendre dans ce sport ?

Connaissances en mathématiques

10. Formule l'énoncé de proportionnalité relatif aux variables en *italique* et trace le graphique correspondant à chacun des cas suivants.

a) Le *travail* produit par la force nette exercée sur un objet triple lorsque le *déplacement* de l'objet triple.

b) L'*énergie* emmagasinée dans une bande élastique augmente selon un facteur de 4 lorsque la *tension* de la bande double.

c) L'*énergie* dépensée par une personne montant un escalier augmente selon un facteur de 2,5 lorsque l'*intervalle de temps* nécessaire pour gravir l'escalier diminue selon un facteur de 2,5.

d) Ton *énergie cinétique* dépend du carré de ta *vitesse* de déplacement.

11. Trouve les valeurs de x et de y des forces représentées à la **figure 5** en fonction des variables indiquées dans chaque schéma.

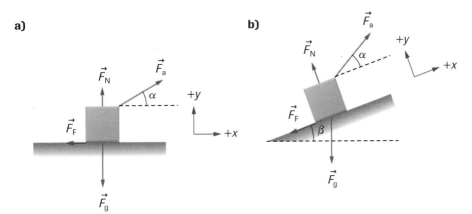

a)

b)

12. La **figure 6** présente un cône dont le sommet est identifié. Reproduis le schéma dans ton cahier et identifie le plan qui traverse le cône afin d'obtenir

a) un cercle b) une ellipse c) une parabole d) une hyperbole

Les compétences techniques et la sécurité

13. Les tables pneumatiques sont des dispositifs utiles pour étudier les collisions entre deux rondelles sur coussin d'air. On peut utiliser un niveau pour déterminer si la table est à l'horizontale, mais il est également possible d'utiliser une autre méthode.

a) Explique comment on pourrait utiliser les rondelles sur coussin d'air pour déterminer si la table est de niveau.

b) Lorsque tu détermines la vitesse de déplacement des rondelles avant et après qu'elles entrent en collision, pour quelle raison faut-il mettre la table de niveau ?

c) Quelles autres sources d'erreurs importantes faut-il réduire lors des contrôles effectués sur des tables pneumatiques ou sur tout autre dispositif mettant en jeu un déplacement dans un espace à deux dimensions ?

14. Quelles mesures de sécurité faut-il prendre lorsqu'on utilise des détecteurs de mouvement, des capteurs de force ou des dispositifs électriques comme une table pneumatique ?

Figure 3
Le rendement exprime le rapport entre le travail ou l'énergie de sortie et le travail ou l'énergie d'entrée.

Figure 4
La sécurité est importante dans le saut à ski, un sport passionnant mais dangereux.

Figure 5
a) L'objet est déplacé sur une surface horizontale.
b) L'objet est déplacé sur un plan incliné.

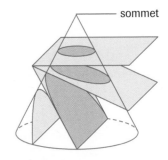

Figure 6
On peut tracer ou découper des « sections coniques » dans un cône pour obtenir différentes formes géométriques.

Le travail et l'énergie

Il y a des ressorts dans les matelas, les fauteuils, les dispositifs de fermeture de portes, les stylos, l'équipement d'exercice, les sièges à bascule pour bébés, les trampolines, les véhicules et dans bien d'autres objets. Un ressort auquel on applique une force dispose d'une énergie potentielle élastique qui s'emmagasine jusqu'à ce que le ressort retrouve sa forme initiale. Quelle forme d'énergie peut être transformée en énergie potentielle élastique? Comment cette énergie peut-elle être utilisée dans d'autres domaines? Il s'agit ici de quelques questions auxquelles tu trouveras réponse dans ce chapitre.

Sur la plupart des véhicules, les ressorts fonctionnent de pair avec les amortisseurs. Ces deux mécanismes servent à améliorer la sécurité et le confort des passagers (**figure 1**). Comme son nom le laisse entendre, l'amortisseur absorbe une partie des chocs lorsqu'un véhicule passe sur une bosse ou dans un nid-de-poule. Au cours de cette manœuvre, l'énergie de mouvement se transforme en énergie potentielle élastique, laquelle se transforme à nouveau en énergie de mouvement et en énergie thermique. L'énergie ne disparaît pas, elle change simplement de forme.

Tu as appris comment l'énergie change de forme et comment analyser de telles transformations. Dans ce chapitre, tu apprendras à analyser la transformation de l'énergie dans un environnement à deux dimensions.

💡 FAIS LE POINT sur tes connaissances ▼

1. Certains ressorts sont de compression, d'autres, de traction. Explique la différence en donnant plusieurs exemples de chaque cas.

2. Bien qu'une balle qui rebondit obéisse à la loi de la conservation de l'énergie, sa hauteur diminue à chaque rebond. Explique ce phénomène.

3. Comment une horloge grand-père utilise-t-elle l'énergie potentielle gravitationnelle pour mesurer le temps?

4. La **figure 2** montre deux chariots identiques que l'on pousse sur une surface horizontale lisse, le frottement étant négligeable. La force $\vec{F}_1$ a une composante horizontale égale à la force $\vec{F}_2$.
   a) Si les deux chariots parcourent la même distance, comment peut-on comparer le travail accompli sur le chariot numéro 1 par rapport à celui accompli sur le chariot numéro 2?
   b) Ta réponse au point a) serait-elle différente si l'on remplaçait les chariots par des boîtes en admettant que le coefficient de frottement cinétique entre chacune des boîtes et la surface est le même? Justifie ta réponse.
   c) Si $\vec{F}_2$ est inférieure à la force de frottement statique maximum entre la boîte numéro 2 et la surface, quel est le travail effectué sur la boîte par la force $\vec{F}_2$?

5. Le ressort d'une balance s'allonge lorsqu'on lui applique une force. En supposant que le ressort n'est pas trop étiré, trace un graphique pour indiquer dans quelle mesure la puissance de tension dépend de la force.

6. Tu dois concevoir un amortisseur qui sera fixé sur la roue d'une motocyclette. De quels critères devras-tu tenir compte dans ton projet (choix du matériau, frottement interne et dimensions)?

Figure 1
Tu peux avoir l'impression que les ressorts et les amortisseurs des véhicules sont conçus uniquement pour procurer le meilleur confort durant la conduite, même sur un terrain accidenté. Cependant, la sécurité est également un souci lors de la conception des véhicules.

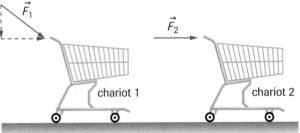

Figure 2
Diagramme pour la question 4
Les forces qui s'exercent sur les chariots en mouvement

▶ **À toi** d'expérimenter

Quelle bille sera la première ?

À la **figure 3**, on voit un appareil comprenant deux glissières sur chacune desquelles on fera rouler une bille. Discute en petit groupe pour savoir laquelle des deux billes des glissières X ou Y arrivera la première en bas si on les lâche simultanément du haut de l'appareil lorsqu'elles sont au repos.

a) Formule des prévisions et donne tes raisons.

b) Qu'arrive-t-il à l'énergie totale des deux billes lorsqu'elles descendent sur les glissières ?

c) Observe une démonstration faite avec cet appareil (ou avec un appareil similaire). Compare tes observations avec tes prévisions et explique les différences que tu relèves.

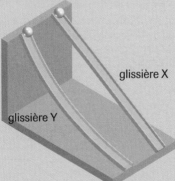

Figure 3
Quelle bille arrivera la première ?

travail (*W*) énergie transmise à un objet lorsqu'une force agissant sur ce dernier permet de le déplacer sur une distance donnée

Dans le langage de tous les jours, le mot « travail » a différentes significations. En physique, le **travail** représente l'énergie transmise à un objet lorsqu'une force agissant sur ce dernier le déplace sur une certaine distance. Par exemple, pour soulever ton sac à dos du sol et le poser sur le bureau, tu dois produire un travail. Cet travail est directement proportionnel au déplacement ainsi qu'à la grandeur de la force appliquée.

La force nécessaire pour lever le sac à dos et celle pour le déplacer agissent dans la même direction. Cela n'est pas souvent le cas, comme l'indique la **figure 1**, où la force exercée forme un certain angle θ par rapport au déplacement. La composante de la force, parallèle au déplacement, $F \cos \theta$, a pour conséquence que l'objet se déplace. La relation mathématique qui en résulte s'exprime par l'équation suivante :

$$W = (F \cos \theta) \Delta d$$

où W est le travail accompli par une force constante, $\vec{F}$, sur un objet, F est la grandeur de cette dernière, θ est l'angle formé entre la force et le déplacement et Δd est la grandeur du déplacement.

a)

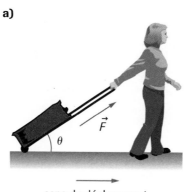

sens du déplacement

b)

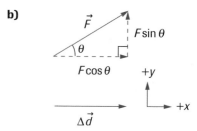

Figure 1
a) Le travail peut résulter de l'action d'une force formant un angle par rapport au déplacement.
b) La composante de la force parallèle au déplacement est $F \cos \theta$.

joule (J) unité SI dérivée servant à mesurer les formes d'énergie et de travail ; un Joule est égal au travail accompli lorsqu'une force de 1 N déplace un objet sur 1 m en direction de la force exercée

Le travail est une grandeur scalaire — il n'a aucune direction. Étant donné que la force est mesurée en newtons et le déplacement, en mètres, l'unité SI exprimant le travail est le newton-mètre (N·m). Le Newton-mètre est appelé un **joule** (J) d'après James Prescott Joule (1818-1889), un physicien britannique qui fut un pionnier en recherche sur le rapport entre le travail et la chaleur. Étant donné que le joule est une unité SI dérivée, il peut être exprimé en mètres, en kilogrammes et en secondes : $1\ \text{J} = 1\ \text{kg} \cdot \text{m}^2/\text{s}^2$.

> ## ▶ PROBLÈME 1
>
> Un employé des services d'urgence applique une certaine force pour pousser horizontalement, sur une distance de 2,44 m, un patient allongé sur une civière roulante équipée de roues n'exerçant pratiquement pas de frottement.
>
> **a)** Détermine le travail accompli lorsque la force appliquée pour pousser la civière s'exerce horizontalement et qu'elle est de 15,5 N.
>
> **b)** Détermine le travail accompli lorsque la force, de 15,5 N, est appliquée selon un angle de 25,3° au-dessous de l'horizontale.
>
> **c)** Décris la différence entre les mouvements observés aux exemples a) et b).

Solution

a) Dans ce cas, la force et le déplacement s'accomplissent dans la même direction.

$F = 15,5$ N

$\theta = 0°$

$\Delta d = 2,44$ m

$W = ?$

$$W = (F \cos \theta)\Delta d$$
$$= (15,5 \text{ N})(\cos 0°)(2,44 \text{ m})$$
$$= 37,8 \text{ N·m}$$
$$W = 37,8 \text{ J}$$

Le travail accompli est de 37,8 J.

b) $\theta = 25,3°$

$W = ?$

$$W = (F \cos \theta)\Delta d$$
$$= (15,5 \text{ N})(\cos 25,3°)(2,44 \text{ m})$$
$$W = 34,2 \text{ J}$$

Le travail accompli est de 34,2 J.

c) Étant donné que le frottement est négligeable, la force appliquée cause une accélération en direction de la composante horizontale. La plus grande partie du travail accompli au point a) doit donner une vitesse plus élevée après le déplacement de la civière sur une distance de 2,44 m. (Cet exemple illustre le concept de travail se transformant en énergie cinétique, une notion qui est présentée à la section 4.2.)

Dans le problème 1, le travail positif accompli entraîne une augmentation de la vitesse de déplacement de la civière. Cependant, si la force agissant sur un objet en mouvement est exercée dans le sens opposé au déplacement, on parle alors de travail négatif. Si la seule force agissant sur un objet exerce un travail négatif, il en résulte une diminution de la vitesse de l'objet.

direction du mouvement

Figure 2
Le diagramme du système représentant le déplacement du surfeur du problème 2

▶ PROBLÈME 2

Un surfeur des neiges atteint le bas de la pente et glisse ensuite sur une distance de 16,4 m sur une surface horizontale avant de s'immobiliser (**figure 2**). La masse totale de la planche et du surfeur est de 64,2 kg. Le coefficient de frottement dynamique entre la planche et la neige est de 0,106.

a) Trace un diagramme de forces représentant le déplacement du surfeur jusqu'à son immobilisation. Détermine la force du frottement cinétique.

b) Calcule le travail résultant du frottement jusqu'à ce que le surfeur s'immobilise.

Solution

a) Le diagramme de forces représentant le déplacement du surfeur est présenté à la **figure 3**.

$m = 64,2$ kg

$g = |\vec{g}| = 9,80$ N/kg

$\mu_C = 0,106$

$|\vec{F}_N| = |m\vec{g}|$ parce que $\sum \vec{F}_y = ma_y = 0$

$F_C = ?$

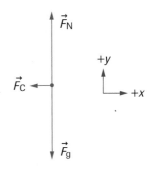

Figure 3
Le diagramme de forces représentant le déplacement du surfeur du problème 2

En utilisant les forces (conformément à la description à la section 2.4) :

$$F_F = \mu_C F_N$$
$$= (\mu_C)(mg)$$
$$= (0,106)(64,2 \text{ kg})(9,80 \text{ N/kg})$$
$$F_F = 66,7 \text{ N}$$

La grandeur du frottement cinétique est de 66,7 N.

b) $F_F = 66,7 \text{ N}$

$\Delta d = 16,4 \text{ m}$

$\theta = 180°$

$$W = (F_F \cos \theta)\Delta d$$
$$= (66,7 \text{ N})(\cos 180°)(16,4 \text{ m})$$
$$W = -1,09 \times 10^3 \text{ J}$$

Le travail produit par le frottement cinétique est de $-1,09 \times 10^3$ J.

Dans le problème 2, le travail produit par le frottement cinétique est négatif. Dans ce cas, il cause une diminution de la vitesse. Est-ce qu'un travail négatif peut être accompli dans d'autres contextes ? Prends en considération le travail accompli pour diminuer la vitesse d'un objet à une valeur constante.

▶ PROBLÈME 3

Un employé de magasin soulève du sol une caisse de cola ayant un poids de 8,72 kg avec une vitesse vectorielle constante pour la déposer sur une étagère située à une hauteur de 1,72 m. Ultérieurement, une cliente la dépose dans son chariot, avec une vitesse vectorielle constante, en l'abaissant de 1,05 m par rapport à l'étagère. (Nous pouvons faire abstraction des courtes périodes d'accélération au début et à la fin lorsque la caisse est soulevée ou déposée dans le chariot). Détermine le travail résultant de la force exercée

a) par l'employé lorsqu'il soulève la caisse ;

b) par la pesanteur lorsque la caisse est soulevée ;

c) par la cliente lorsqu'elle dépose la caisse.

Solution

a) La **figure 4a)** montre que la force nécessaire pour soulever la caisse avec une vitesse vectorielle constante est égale, en grandeur, au poids de la caisse, $|m\vec{g}|$.

$\theta = 0°$ ⠀⠀⠀⠀⠀ $g = 9,80 \text{ N/kg}$ ⠀⠀⠀⠀⠀ $W = ?$

$m = 8,72 \text{ kg}$ ⠀⠀⠀⠀⠀ $\Delta d = 1,72 \text{ m}$

$$W = (F\cos \theta)\Delta d$$
$$= (mg \cos \theta)\Delta d$$
$$= (8,72 \text{ kg})(9,80 \text{ N/kg})(\cos 0°)(1,72 \text{ m})$$
$$W = 1,47 \times 10^2 \text{ J}$$

Le travail résultant de la force exercée par l'employé est de $1,47 \times 10^2$ J.

b) Étant donné que la force de gravité s'exerce dans le sens opposé au déplacement, $\theta = 180°$.

$$W = (F\cos \theta)\Delta d$$
$$= (mg \cos \theta)\Delta d$$
$$= (8,72 \text{ kg})(9,80 \text{ N/kg})(\cos 180°)(1,72 \text{ m})$$
$$W = -1,47 \times 10^2 \text{ J}$$

Le travail résultant de la force exercée par la pesanteur est de $-1,47 \times 10^2$ J.

a)

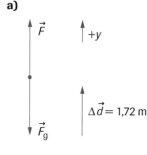

b)

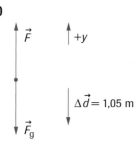

Figure 4

Diagrammes de forces et de système se rapportant au problème 3

a) Un employé de magasin soulevant une caisse de cola

b) Une cliente déposant la caisse de cola dans un chariot

c) La **figure 4b)** montre que la force nécessaire pour abaisser la caisse avec une vitesse vectorielle constante s'exerce vers le haut alors que le déplacement s'effectue vers le bas.

$\theta = 180°$

$\Delta d = 1,05$ m

$$W = (F \cos \theta) \Delta d$$
$$= (mg \cos \theta) \Delta d$$
$$= (8,72 \text{ kg})(9,80 \text{ N/kg})(\cos 180°)(1,05 \text{ m})$$
$$W = -8,97 \times 10^1 \text{ J}$$

Le travail résultant de la force exercée par la cliente est de $-8,97 \times 10^1$ J.

Dans le problème 3, prends note que le travail résultant d'une force exercée vers le haut lorsqu'on soulève la caisse est positif, mais que celui résultant d'une force s'exerçant ver le bas (la pesanteur) est négatif. De même, le travail résultant d'une force s'exerçant vers le haut lorsqu'on abaisse la caisse (avec une vitesse vectorielle constante) est négatif. Nous pouvons en conclure que l'équation $W = (F \cos \theta) \Delta d$ donne un travail positif lorsque la force et le déplacement s'exercent dans la même direction et un travail négatif lorsqu'ils s'exercent dans des directions opposées. Cette conclusion s'applique également lorsque les composantes des forces en jeu sont prises en compte.

> ### Mise en pratique

Saisis bien les concepts

1. La **figure 5** présente un diagramme scalaire se rapportant à deux forces, $\vec{F}_1$ et $\vec{F}_2$, qui s'exercent sur une caisse et qui entraînent son déplacement horizontal. Quelle force accomplit le plus de travail sur la caisse ? Explique ton raisonnement.

2. Le travail résultant de la force de frottement cinétique sur un objet peut-il toujours être positif ? Si oui, donne un exemple. Sinon, explique pourquoi.

3. Le travail résultant de la force de la pesanteur terrestre sur un objet peut-il toujours être positif ? Si oui, donne un exemple. Sinon, explique pourquoi.

4. Une plante en pot, d'un poids de 2,75 kg, est sur le sol. Détermine le travail requis pour la déplacer avec une vitesse constante
   a) et la déposer sur une étagère à une hauteur de 1,37 m au-dessus du sol ;
   b) sur l'étagère sur une distance de 1,07 m, le coefficient de frottement cinétique étant de 0,549.

5. Dans une allée de supermarché, une personne pousse un chariot rempli d'articles, d'un poids de 24,5 kg, la force appliquée étant de 14,2 N [selon un angle de 22,5° au-dessous de l'horizontale]. Quelle quantité de travail la force appliquée accomplit-elle si l'allée est d'une longueur de 14,8 m ?

6. Une force de tension de 12,5 N [19,5° au-dessus de l'horizontale] fournit un travail de 225 J lorsqu'un traîneau est tiré sur une surface horizontale lisse. Sur quelle distance se déplace-t-il ?

7. La **figure 6** présente le graphique des forces nettes s'exerçant à l'horizontale sur un objet en fonction du déplacement sur une surface horizontale.
   a) Détermine l'aire située sous la ligne lorsque le déplacement est de 2 m [E]. Que représente cette aire ?
   b) Détermine l'aire totale lorsque le déplacement est de 6 m [E].
   c) Décris une situation réelle qui pourrait produire ce graphique.

Mets en pratique tes connaissances

8. Comment peux-tu démontrer, en utilisant un stylo et une feuille de papier, que le frottement statique peut produire un travail positif sur un stylo ?

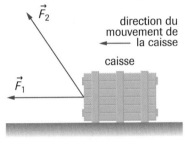

échelle : 1 cm = 5 N

Figure 5
Diagramme pour la question 1

Réponses

4. a) 36,9 J
   b) 15,8 J
5. 194 J
6. 19,1 m
7. a) 8,0 J
   b) 0,0 J

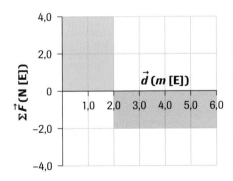

Figure 6
Graphique pour la question 7

Figure 7
Lorsqu'une bénévole porte un lourd sac de sable sur la rive d'une rivière en crue, la force normale exercée sur le sac de sable est verticale et le déplacement horizontal.

a)

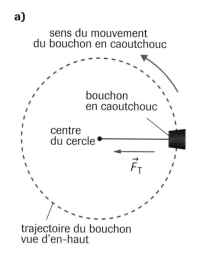

sens du mouvement du bouchon en caoutchouc

bouchon en caoutchouc

centre du cercle

$\vec{F}_{\text{T}}$

trajectoire du bouchon vue d'en-haut

b)

$\vec{v}$ sens du déplacement sur un bref intervalle de temps

$\vec{F}_{\text{T}}$

(On ignore $\vec{F}_{\text{g}}$, car elle est trop petite en comparaison de $\vec{F}_{\text{T}}$.)

Figure 8
a) L'exemple se rapporte au problème 4.
b) Vue instantanée de la force exercée sur le bouchon de la vitesse et de la direction suivie lors d'un court déplacement

Le travail de force nulle

Si tu exerces une poussée contre un arbre, accomplis-tu un travail? Étant donné que la force que tu exerces ne déplace pas l'arbre, tu accomplis un travail de force nulle. Lorsque la grandeur du déplacement Δd est égale à zéro, le travail, $W = (F \cos \theta)\Delta d$, a également une valeur égale à zéro. Aucune quantité d'énergie n'est transmise à l'objet.

Le travail de force nulle produit par le déplacement de valeur zéro est une façon de traduire un travail de valeur zéro produit sur un objet. Considérons une sonde spatiale qui a voyagé au-delà de la planète la plus éloignée du système solaire et qui se trouve tellement loin de toute force perceptible que la force nette exercée sur elle est négligeable. La sonde a été soumise à un déplacement, et comme la force exercée sur elle est nulle, le travail accompli est également nul. Aucune quantité d'énergie n'est transmise à l'objet.

Considérons la troisième variable dans l'équation définissant le travail, l'angle θ formé entre la force et le déplacement. Lorsque la force et le déplacement sont perpendiculaires, cos 90° est égal à zéro. Ainsi, aucun travail ne résulte de la force exercée sur l'objet, même si ce dernier se déplace et qu'aucune énergie ne lui est transmise. Ce peut être le cas, par exemple, lorsque tu portes un lourd sac de sable (**figure 7**): tu exerces une force verticale sur le sac pour l'empêcher de tomber lorsque tu te déplaces horizontalement. La force normale est perpendiculaire au déplacement, donc le travail accompli par une telle force sur le sac est nulle.

> ▶ **PROBLÈME 4**

Pour expérimenter une accélération centripète, tu fais tourner, autour de ta tête, un bouchon en caoutchouc selon une trajectoire circulaire horizontale. Quel est le travail fourni par la tension de la corde sur le bouchon pendant une demi-révolution?

Solution

La **figure 8a)** présente la situation décrite. La force causant l'accélération centripète est la tension $\vec{F}_{\text{T}}$. Cette force change de direction continuellement alors que le bouchon décrit une trajectoire circulaire. Cependant, à tout moment, comme le montre la **figure 8b)**, la vitesse vectorielle instantanée est perpendiculaire à la tension. Par conséquent, le déplacement pendant un très court laps de temps forme également un angle de 90° par rapport à la force de tension exercée par la corde sur le bouchon. Donc, pour tout intervalle de temps au cours de la rotation,

$$W = (F \cos \theta)\Delta d = F(\cos 90°)\Delta d \qquad W = 0{,}0 \text{ J}$$

En additionnant le travail accompli sur tous les intervalles de temps au cours d'une demi-révolution, on obtient 0 J. Le travail produit par la tension sur le bouchon est égal à zéro.

En prenant le problème 4 comme référence, nous pouvons conclure que *le travail produit par une force centripète s'exerçant sur un objet effectuant un mouvement circulaire est nul*. Ce principe s'applique parce que l'orbite peut être considérée comme une série de brefs déplacements individuels perpendiculaires à la force, même si cette dernière, exercée sur un objet décrivant un mouvement circulaire, change continuellement de direction.

> ▶ **Mise en pratique**

Saisis bien les concepts

9. Décris quatre situations différentes auxquelles tu peux être confronté dans une salle de physique ou un laboratoire pour lesquelles l'équation $W = (F \cos \theta)\Delta d$ donne un résultat égal à zéro.

10. À l'aide de diagrammes, présente une situation dans laquelle une composante d'une force produit un travail nul alors que l'autre composante produit a) un travail positif et b) un travail négatif.

| RÉSUMÉ | **Le travail produit par une force constante** |

- Le travail est l'énergie transmise à un objet lorsqu'une force $\vec{F}$, agissant sur l'objet, le déplace sur une distance Δd.

- L'unité SI de travail est le joule (J).

- Lorsqu'une force exercée sur un objet entraînant son déplacement forme un angle par rapport au déplacement, seule la composante de la force agissant dans le sens du déplacement produit un travail sur lui.

- Dans certaines conditions, un travail de force nulle peut être produit sur un objet même si l'objet subit une force ou est en mouvement.

▶ *Section 4.1* *Questions*

Saisis bien les concepts

1. Dans quelle mesure le mot «travail», dans le langage de tous les jours, a-t-il une signification différente en physique? Dans quelle mesure est-il semblable?

2. Une force centripète peut-elle produire un travail sur un objet? Justifie ta réponse.

3. Explique pourquoi tu peux ressentir de la fatigue en exerçant une poussée sur un mur même si tu ne produis pas de travail.

4. Estime le travail que tu produirais en montant dans une échelle verticale de la hauteur de ta salle de classe.

5. À la **figure 9**, on voit deux enfants exerçant chacun une force pour déplacer une caisse horizontalement sur une distance de 13 m, avec une vitesse constante. La force exercée par la petite fille est de 75 N [22° au-dessous de l'horizontale]. La tension produite sur la corde que tire le garçon est de 75 N [32° au-dessus de l'horizontale].
   a) Détermine le travail total produit par les deux enfants.
   b) Quel est le travail total effectué par le sol sur la caisse?

Figure 9

6. Un enfant produit une quantité de travail de $9,65 \times 10^2$ J en tirant une camarade assise sur une luge sur une distance de 45,3 m sur une surface horizontale enneigée (**figure 10**). La force exercée est de 24,1 N [parallèle à la poignée de la luge]. Selon quel angle la poignée est-elle orientée par rapport au sol?

Figure 10

7. Un père tire un traîneau sur lequel sont assis trois enfants, avec une vitesse vectorielle constante sur une distance de 38 m sur une piste horizontale enneigée. Ensemble les enfants et le traîneau ont une masse totale de 66 kg. La force exercée par le père est de 58 N [18° au-dessus de l'horizontale].
   a) Trace un diagramme de forces exprimant le déplacement du traîneau et détermine la grandeur d'une force normale ainsi que le coefficient de frottement cinétique.
   b) Détermine le travail produit sur le traîneau par le frottement cinétique.
   c) Cite trois forces, ou composantes de forces, qui produisent un travail de force nulle sur le traîneau.
   d) Quelle est la quantité de travail fournie par le père lorsqu'il tire le traîneau sur les 25 premiers mètres?

Mets en pratique tes connaissances

8. Représente le cosinus d'un angle sous forme de fonction (de 0° à 180°). Décris comment le graphique change selon que le travail produit sur un objet est positif, négatif ou nul.

Fais des liens

9. Décris des effets environnementaux résultant du travail produit par frottement.

Figure 1
L'hélice d'un hydravion exerce dans l'air une force de poussée arrière et l'air exerce sur elle une force de poussée avant. Cette force, qui s'applique lorsque l'avion se déplace avec une distance Δd, produit un travail.

énergie cinétique (E_C) énergie du mouvement

À la section 4.1, nous avons appris comment calculer le travail produit par un objet lorsqu'il est soumis à une force pendant qu'il se déplace. Mais quelles sont les conséquences du travail produit par la force exercée sur l'objet? Considérons ce qui se passe lorsqu'une force nette entraîne l'accélération d'un avion alors qu'il effectue un certain déplacement (**figure 1**). Le travail total résultant de la force nette exercée sur l'avion s'exprime par l'équation $W_{total} = (\Sigma F)(\cos \theta)\Delta d$. Dans cet exemple, le travail produit a pour conséquence une augmentation de la vitesse de l'avion, entraînant également un accroissement de l'énergie cinétique de ce dernier.

L'augmentation de la vitesse de l'avion entraîne l'accroissement de son **énergie cinétique**; autrement dit, l'énergie cinétique est l'énergie du mouvement. L'énergie cinétique dépend de la masse et de la vitesse de l'objet qui se déplace. Étant donné que le travail est l'énergie transmise à un objet, si le travail entraîne une augmentation de la vitesse, l'énergie cinétique augmente également.

La **figure 2** présente une situation que nous analyserons mathématiquement.

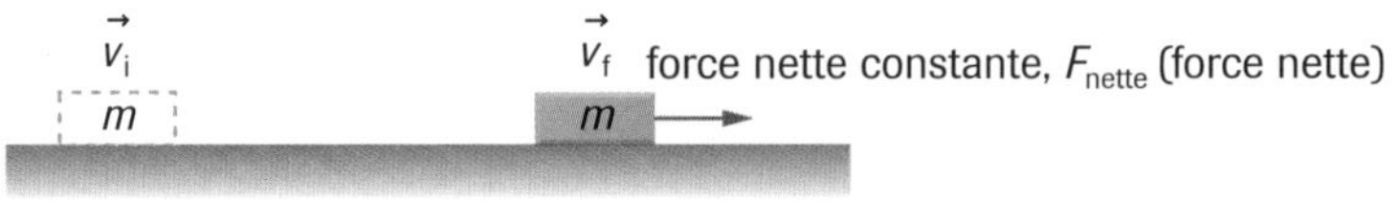

$$\vec{v}_i \qquad \vec{v}_f \quad \text{force nette constante, } F_{nette} \text{ (force nette)}$$
$$m \qquad\qquad m \rightarrow$$

Figure 2
Cet exemple peut servir pour déduire l'équation exprimant le rapport entre le travail produit et l'énergie cinétique.

Lorsqu'un objet est soumis à une force horizontale nette constante, sa vitesse augmente de façon uniforme de v_i à v_f lorsqu'il se déplace sur une distance Δd. Le travail total produit par la force nette est le suivant:

$$W_{total} = F_{nette}(\cos \theta)\Delta d$$

Étant donné que $\theta = 0°$, alors $\cos \theta = 1$, et on peut simplifier l'équation comme suit:

$$W_{total} = F_{nette}\Delta d$$

Selon la seconde loi du mouvement de Newton,

$$F_{nette} = ma$$

où a est l'accélération. Avec une force constante, l'accélération est constante. Nous pouvons reformuler l'équation contenant une accélération constante, $v_f^2 = v_i^2 + 2a\Delta d$, de sorte que $a = \dfrac{v_f^2 - v_i^2}{2\Delta d}$ et remplacer a par la formule suivante:

$$F_{nette} = m\left(\frac{v_f^2 - v_i^2}{2\Delta d}\right)$$

Effectuons la substitution dans l'équation exprimant le travail total:

$$W_{total} = m\left(\frac{v_f^2 - v_i^2}{2\Delta d}\right)\Delta d = \frac{1}{2}mv_f^2 - \frac{1}{2}mv_i^2$$

Nos résultats démontrent que le travail total produit est égal à la variation de quantité $\frac{1}{2}mv^2$. L'expression $\frac{1}{2}mv^2$ définit l'énergie cinétique E_C de l'objet.

Équation de l'énergie cinétique

$E_C = \dfrac{1}{2}mv^2$

E_C étant l'énergie cinétique de l'objet exprimée en joules, m, la masse de l'objet en kilogrammes, et v, sa vitesse en mètres par seconde. Remarque que l'énergie cinétique est une quantité scalaire.

Nous pouvons résumer la relation mettant en jeu le travail total et l'énergie cinétique de la manière suivante :

$$W_{total} = \frac{1}{2}mv_f^2 - \frac{1}{2}mv_i^2$$
$$= E_{Cf} - E_{Ci}$$
$$W_{total} = \Delta E_C$$

Cette relation est le fondement du *théorème de l'énergie cinétique*.

Théorème de l'énergie cinétique

Le travail total effectué sur un objet est égal à la variation de l'énergie cinétique, à condition qu'il n'y ait aucune variation de quelque autre forme d'énergie que ce soit (par exemple, l'énergie potentielle gravitationnelle).

Même si ce théorème est une dérivation qui s'applique à un mouvement unidimensionnel mettant en jeu une force nette constante, il est également valable pour les mouvements bidimensionnels et tridimensionnels mettant en jeu des forces qui varient en grandeur.

Il est important de prendre note qu'une variation de l'énergie cinétique d'un objet est égale au travail produit par la force nette $\Sigma\vec{F}$ qui est la somme vectorielle de toutes les forces. Lorsque le travail total a une valeur positive, l'énergie cinétique de l'objet augmente. S'il a une valeur négative, l'énergie cinétique de l'objet diminue.

CONSEIL PRATIQUE

La comparaison entre la force et l'énergie

Il n'existe pas de définition de l'énergie qui soit entièrement satisfaisante. Cependant, on peut plus facilement comprendre ce concept en comparant l'énergie et la force : *la force est l'agent qui cause la variation ; l'énergie est une mesure de cette variation.* Par exemple, lorsqu'une force nette entraîne un changement de la vitesse d'un objet, il se manifeste sous la forme d'une variation de l'énergie cinétique de l'objet. Souviens-toi que l'énergie d'un objet permet de mesurer la quantité de travail qu'il produit.

▶ PROBLÈME 1

Quel est le travail total requis, en mégajoules, pour que la vitesse d'un avion de transport d'une masse de $4{,}55 \times 10^5$ kg augmente de 105 m/s à 185 m/s ?

Solution

$m = 4{,}55 \times 10^5$ kg $\qquad v_f = 185$ m/s
$v_i = 105$ m/s $\qquad W_{total} = ?$

$$W_{total} = \Delta E_C$$
$$= E_{Cf} - E_{Ci}$$
$$= \frac{1}{2}mv_f^2 - \frac{1}{2}mv_i^2$$
$$= \frac{1}{2}m\left(v_f^2 - v_i^2\right)$$
$$= \frac{1}{2}\left(4{,}55 \times 10^5 \text{ kg}\right)\left((185 \text{ m/s})^2 - (105 \text{ m/s})^2\right)$$
$$= 5{,}28 \times 10^9 \text{ J}\left(\frac{1\,\text{MJ}}{10^6\,\text{J}}\right)$$
$$W_{total} = 5{,}28 \times 10^3 \text{ MJ}$$

Le travail total requis est de $5{,}28 \times 10^3$ MJ.

Un camion-citerne d'incendie, d'une masse de $1,6 \times 10^4$ kg, se déplaçant à une vitesse initiale donnée, est soumis à un travail de $-2,9$ MJ qui lui fait acquérir une vitesse de 11 m/s. Détermine la vitesse initiale du camion.

Solution

$m = 1,6 \times 10^4$ kg

$\Delta E_C = -2,9$ MJ $= -2,9 \times 10^6$ J

$v_f = 11$ m/s

$v_i = ?$

$$\Delta E_C = \frac{1}{2}m(v_f{}^2 - v_i{}^2)$$

$$2\Delta E_C = mv_f{}^2 - mv_i{}^2$$

$$mv_i{}^2 = mv_f{}^2 - 2\Delta E_C$$

$$v_i{}^2 = \frac{mv_f{}^2 - 2\Delta E_C}{m}$$

$$v_i = \pm\sqrt{\frac{mv_f{}^2 - 2\Delta E_C}{m}}$$

$$= \pm\sqrt{\frac{(1,6 \times 10^4 \text{ kg})(11 \text{ m/s})^2 - 2(-2,9 \times 10^6 \text{ J})}{1,6 \times 10^4 \text{ kg}}}$$

$$v_i = \pm 22 \text{ m/s}$$

Nous choisissons une racine positive parce que la vitesse est toujours positive. La vitesse initiale est donc de 22 m/s.

▶ Mise en pratique

Saisis bien les concepts

1. Un camion se déplaçant lentement a-t-il plus d'énergie cinétique qu'une voiture se déplaçant rapidement? Justifie ta réponse.

2. Selon quel facteur l'énergie cinétique d'un cycliste augmente-t-elle lorsque la vitesse de ce dernier
   a) double;
   b) triple;
   c) augmente de 37%.

3. Calcule l'énergie cinétique de ton corps lorsque tu cours à ta vitesse maximale.

4. Après avoir été frappée, une balle de golf de 45 g est projetée, à partir du tee, à une vitesse de 43 m/s.
   a) Détermine le travail produit par le bâton sur la balle.
   b) Détermine la force moyenne exercée sur la balle par le bâton, en supposant que cette force est parallèle au déplacement de la balle et est appliquée sur une distance de 2 cm.

5. On tire une flèche de 27 g à l'horizontale. La corde d'arc exerce une force moyenne de 75 N sur la flèche, sur une distance de 78 cm. En appliquant le théorème de l'énergie cinétique, détermine la vitesse maximale de la flèche lorsqu'elle quitte l'archet.

6. Une sonde pour l'exploration de l'espace lointain, d'une masse de $4,55 \times 10^4$ kg, se déplace à une vitesse initiale de $1,22 \times 10^4$ m/s. Les moteurs de la sonde exercent une force de $3,85 \times 10^5$ N sur $2,45 \times 10^6$ m. Détermine la vitesse finale de la sonde. Suppose que la diminution de la masse de la sonde (en raison de la consommation de carburant) est négligeable.

Réponses

2. a) 4
   b) 9
   c) 1,9
4. a) 42 J
   b) $2,1 \times 10^3$ N
5. 147 m/s
6. $1,38 \times 10^4$ m/s

7. Un livreur tire une caisse d'un poids de 20,8 kg sur le sol. La force exercée sur la caisse est de 95,6 N [selon un angle de 35° au-dessus de l'horizontale]. La force du frottement cinétique sur la caisse est de 75,5 N. Le déplacement de la caisse commence à partir de sa position au repos. En appliquant le théorème de l'énergie cinétique, détermine sa vitesse après qu'elle a été traînée sur une distance de 0,750 m.

8. On tire un traîneau avec une vitesse vectorielle constante sur une surface horizontale enneigée où le frottement est négligeable. Lorsque la force est appliquée parallèlement au sol sur une certaine distance, l'énergie cinétique augmente de 47 %. De quel pourcentage l'énergie cinétique varierait-elle si la force était exercée selon un angle de 38° par rapport à l'horizontale ?

Mets en pratique tes connaissances

9. Utilise l'analyse des unités ou l'analyse dimensionnelle pour démontrer que l'énergie cinétique et le travail sont mesurés avec les mêmes unités.

Fais des liens

10. Beaucoup de satellites suivent une orbite elliptique (**figure 3**). Les scientifiques doivent comprendre les variations d'énergie que subit un satellite lorsqu'il se déplace du point A, le plus éloigné, au point B, le plus proche. Un satellite, d'une masse de $6,85 \times 10^3$ kg, a une vitesse de $2,81 \times 10^3$ m/s au point A et de $8,38 \times 10^3$ m/s au point B. Détermine le travail produit par la pesanteur terrestre lorsque le satellite se déplace
a) de A vers B;
b) de B vers A.

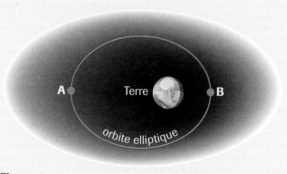

Figure 3

Réponses

7. 0,45 m/s

8. 16 %

10. a) $2,13 \times 10^{11}$ J
    b) $-2,13 \times 10^{11}$ J

RÉSUMÉ

L'énergie cinétique et le théorème de l'énergie cinétique

- L'énergie cinétique E_C est l'énergie du mouvement. Il s'agit d'une quantité scalaire qui se mesure en joules (J).

- Selon le théorème de l'énergie cinétique, le travail total effectué sur un objet est égal à la variation d'énergie cinétique de ce dernier, à condition qu'il n'y ait aucune variation de quelque autre forme d'énergie que ce soit.

Saisis bien les concepts

1. Alors qu'une force extérieure nette agit sur un certain objet, la vitesse de ce dernier double une première fois et double de nouveau. Quelle est la différence entre le travail produit par la force nette lors du premier doublement et celui produit lors du second? Justifie ta réponse mathématiquement.

2. Quelle est l'énergie cinétique d'une voiture, d'une masse de $1,50 \times 10^3$ kg, se déplaçant à une vitesse vectorielle de 18,0 m/s [E]?

3. a) Si la vitesse vectorielle de la voiture de la question 2 augmente de 15%, quelle est sa nouvelle énergie cinétique?
   b) De quel pourcentage l'énergie cinétique de la voiture a-t-elle augmenté?
   c) Quelle quantité de travail a dû être fournie pour qu'il y ait augmentation de l'énergie cinétique de la voiture?

4. Une sprinteuse, d'une masse de 55 kg, a une énergie cinétique de $3,3 \times 10^3$ J. Quelle est sa vitesse?

5. Un ballon de basket se déplaçant à une vitesse de 12 m/s a une énergie cinétique de 43 J. Quelle est sa masse?

6. Une assiette d'une masse de 0,353 kg, initialement au repos et posée sur une table d'une hauteur de 89,3 cm, tombe sur le sol.
   a) Quel est le travail produit par la pesanteur sur l'assiette au cours de la chute de cette dernière?
   b) Utilise le théorème de l'énergie cinétique pour déterminer la vitesse de l'assiette juste avant l'impact.

7. Un skieur de 61 kg, descendant une pente formant un angle de 23° par rapport à l'horizontale, est soumis à une force de frottement cinétique de 72 N. En haut de la pente, sa vitesse est de 3,5 m/s. Détermine sa vitesse après qu'il a parcouru une distance de 62 m, la résistance de l'air étant négligeable.

8. Une patineuse sur glace, d'une masse de 55,2 kg, fait une chute et glisse à l'horizontale sur une distance de 4,18 m avant de s'immobiliser. Le coefficient de frottement cinétique produit par la glace est de 0,27. En utilisant le théorème de l'énergie cinétique, détermine la vitesse de la patineuse au moment où elle commence à glisser.

Mets en pratique tes connaissances

9. En Australie, les semi-remorques les plus lourdes au monde se déplacent sur des routes relativement plates. Un «train routier» à pleine charge (**figure 4**) a une masse de $5,0 \times 10^2$ t, celle d'une voiture typique étant d'environ 1,2 t.

Figure 4
Les «trains routiers» australiens sont des poids lourds massifs composés de trois remorques ou plus accrochées les unes aux autres. Les longues routes désertiques plates de l'Australie centrale font de ces semi-remorques un moyen de transport idéal pour acheminer les marchandises.

   a) Crée un tableau comparant les énergies cinétiques des deux véhicules se déplaçant à des vitesses uniformément accélérées, jusqu'à une vitesse maximale de 40,0 m/s.
   b) Crée un graphique représentant l'énergie cinétique en fonction de la vitesse des deux véhicules et représente les données relatives aux véhicules sur le même ensemble d'axes.
   c) Analyse ton graphique et tes calculs et tire des conclusions au sujet de la masse, de la vitesse et de l'énergie cinétique des véhicules qui se déplacent.

Fais des liens

10. Tu as certainement entendu l'expression «la vitesse tue» lorsqu'il est question d'accidents de la circulation. D'un point de vue physique, l'expression la plus appropriée serait «l'énergie cinétique tue».
   a) Dans un accident causé par un ou plusieurs véhicules en mouvement, l'énergie cinétique initiale de ces derniers doit nécessairement se transformer en quelque chose. À ton avis, où va l'énergie produite?
   b) Explique l'expression suivante: «L'énergie cinétique tue.»

L'énergie potentielle gravitationnelle à la surface de la Terre **4.3**

On appelle un manège de montagnes russes, comme celui que l'on voit à la **figure 1**, un « manège gravitaire » pour de bonnes raisons. Le train est soumis à une quantité de travail donnée pour atteindre le sommet de la première montée, le point le plus élevé des montagnes russes. Une fois que le train a quitté cette position, la seule force qui le maintient en mouvement est le travail produit par la pesanteur. À sa position culminante, le train a atteint le *potentiel* maximum nécessaire pour générer de l'énergie cinétique. Le train possède une **énergie potentielle gravitationnelle** en raison de son élévation au-dessus de la surface de la Terre.

Pour analyser l'énergie potentielle gravitationnelle mathématiquement, prends l'exemple du bac à provisions qu'on soulève en appliquant une force (**figure 2**). Étant donné que la pesanteur agit verticalement, nous utiliserons Δh plutôt que Δd pour exprimer la grandeur du déplacement. La force appliquée sur le bac pour le soulever s'exerce dans la même direction que le déplacement et possède une grandeur égale à mg. Le travail produit sur le bac par la force appliquée s'exprime comme suit :

$$W = (F \cos \theta)\Delta h$$
$$= mg(\cos 0°)\Delta h$$
$$W = mg\Delta h$$

En haut de la bande roulante (la position la plus élevée), le bac à provisions a une énergie potentielle gravitationnelle relative par rapport à toutes les autres positions inférieures. Autremment dit, l'énergie potentielle gravitationnelle est une quantité relative pour laquelle il faut connaître la hauteur d'un objet au-dessus d'un niveau de référence donné. Ainsi, le travail produit en levant l'objet plus haut est égal à la variation de l'énergie potentielle gravitationnelle :

$$\Delta E_g = mg\Delta h$$

où ΔE_g est la variation de l'énergie potentielle gravitationnelle exprimée en joules ; m, la masse, en kilogrammes ; g, la grandeur du champ gravitationnel constant en newtons par kilogramme ou en mètres par seconde carrée ; et Δh, la composante verticale du déplacement en mètres.

Pour utiliser cette équation, il faut retenir quelques points importants :

- L'équation détermine la variation de l'énergie potentielle gravitationnelle ; elle *ne* détermine *pas* une valeur absolue de l'énergie potentielle gravitationnelle. Dans les problèmes pratiques où l'équation s'applique, la surface de la Terre est souvent prise comme niveau de référence pour exprimer l'énergie potentielle gravitationnelle de force nulle, même si l'on peut choisir n'importe quel autre niveau de référence.

- La valeur de Δh est le déplacement vertical de l'objet, ce qui signifie que la trajectoire horizontale d'un objet, lorsque sa hauteur varie, n'est pas affectée de manière significative.

- L'équation peut s'utiliser uniquement lorsque la valeur de Δh est suffisamment faible pour que g ne l'influence pas de manière appréciable.

- Les valeurs de Δh (et ΔE_g) sont positives si le déplacement a lieu vers le haut et négatives s'il a lieu vers le bas.

énergie potentielle gravitationnelle (E_g) énergie résultant de l'élévation au-dessus de la surface de la Terre

Figure 1
Dans tout « manège gravitaire », comme les montagnes russes, la première montée est la plus élevée. Peux-tu expliquer pourquoi ?

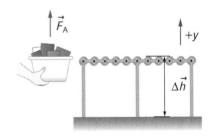

Figure 2
Un travail est effectué sur un bac à provisions pour le soulever du sol et le placer sur la bande roulante.

Dans la majorité des cas où cette équation s'applique, les objets sont soulevés, projetés vers le haut ou lâchés en direction de la surface de la Terre. L'énergie cinétique est alors convertie en énergie potentielle gravitationnelle lorsque l'objet se déplace vers le haut, et l'énergie potentielle gravitationnelle est convertie en énergie cinétique une fois que l'objet est relâché et retombe sur le sol. Dans les deux cas, le frottement est négligeable et la somme totale de l'énergie cinétique et de l'énergie potentielle gravitationnelle reste constante.

Lorsqu'un objet a une énergie potentielle gravitationnelle par rapport à un point inférieur à sa position et qu'il est relâché, la force de gravité produit un travail sur ce même objet, lui fournissant de l'énergie cinétique, conformément à la définition du théorème de l'énergie cinétique. Par exemple, si tu tiens un ballon de basket à la hauteur de l'épaule et qu'ensuite tu le relâches, il a une vitesse vectorielle initiale nulle, mais possède une énergie potentielle gravitationnelle par rapport au sol. Lorsqu'un train de montagnes russes quitte le sommet le plus élevé, la pesanteur produit un travail sur lui et l'énergie potentielle gravitationnelle se transforme en énergie cinétique. L'énergie cinétique fournit au train une vitesse suffisante pour qu'il puisse atteindre le sommet suivant.

> ▶ **PROBLÈME**

Un plongeur, d'une masse de 57,8 kg, gravit l'échelle d'un tremplin et va ensuite jusqu'au bord du tremplin. Immobile dans cette position de départ, il saute à la verticale d'une hauteur de 3 m (voir **figure 3**). Détermine l'énergie potentielle gravitationnelle du plongeur par rapport à la surface de l'eau lorsqu'il se trouve au bord du tremplin.

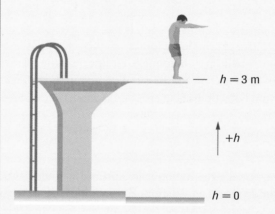

Figure 3

Solution

La direction $+y$ est vers le haut. Le point de référence ($y = 0$) est la surface de l'eau.

$m = 57{,}8$ kg $\qquad \Delta h = 3{,}00$ m

$g = 9{,}80$ m/s² $\qquad \Delta E_g = ?$

$\Delta E_g = mg\Delta h = (57{,}8 \text{ kg})(9{,}80 \text{ m/s}^2)(3{,}00 \text{ m})$

$\Delta E_g = 1{,}70 \times 10^3$ J

L'énergie potentielle gravitationnelle du plongeur par rapport à la surface de l'eau est de $1{,}70 \times 10^3$ J.

Dans le problème précédent, le plongeur a la même énergie potentielle gravitationnelle par rapport à la surface de l'eau, peu importe le point où il se trouve sur la surface horizontale du tremplin. De plus, cette énergie ne dépend pas du moyen utilisé pour atteindre la position la plus élevée. S'il avait été soulevé par une grue et déposé sur le tremplin au lieu d'emprunter l'échelle, son énergie potentielle gravitationnelle par rapport à la surface de l'eau serait toujours de $1,70 \times 10^3$ J.

▶ *Mise en pratique*

Saisis bien les concepts

1. Tu abaisses ton stylo verticalement de 25 cm et tu le remontes ensuite de 25 cm. Au cours de ce mouvement, la quantité de travail totale produite par la gravité est-elle positive, négative ou nulle ? Justifie ta réponse.

2. Quelle est l'énergie potentielle gravitationnelle, par rapport au sol, d'un visiteur de 62,5 kg se trouvant au niveau du belvédère de la Tour du CN à Toronto, situé à 346 m au-dessus du niveau du sol ?

3. Une balle de tennis de 58,2 g, initialement au repos, est lâchée à la verticale d'une hauteur de 1,55 m au-dessus du court.
   a) Détermine l'énergie potentielle gravitationnelle de la balle par rapport au sol avant qu'elle ne soit lâchée et au moment où elle touche le sol.
   b) Quelle est la quantité de travail effectuée par la gravité sur la balle au moment où elle touche la surface du court ?
   c) Établis le rapport entre le travail produit au point b) et la variation de l'énergie cinétique entre le point où la balle est lâchée et la surface du court.

4. Une skieuse de 68,5 kg utilise le télésiège sur une distance de 2,56 km pour se rendre au sommet de la montagne à partir du bas. Le télésiège forme un angle de 13,9° par rapport à l'horizontale. Détermine l'énergie potentielle gravitationnelle de la skieuse au sommet de la pente par rapport au bas.

5. Un sauteur en hauteur franchit la barre à une hauteur de 2,36 m et retombe en toute sécurité sur le sol. La variation de l'énergie potentielle gravitationnelle du sauteur entre la barre et le sol est de $1,65 \times 10^3$ J. Détermine la masse du sauteur.

6. Sur ton bureau, tu as un nombre N de pièces de monnaie identiques, chacune d'elles ayant une masse m. Tu en fais une pile dont la hauteur est exprimée par la valeur h.
   a) Quelle quantité approximative de travail, compte tenu de m, g et h, dois-tu effectuer sur la dernière pièce pour la déposer sur le haut de la pile ?
   b) Quelle quantité approximative d'énergie potentielle gravitationnelle, compte tenu de m, g, N et y, est emmagasinée dans toute la pile ?

Mets en pratique tes connaissances

7. Utilise les « unités fondamentales » pour exprimer l'énergie potentielle gravitationnelle en unités SI de base. Compare le résultat avec les unités exprimant le travail et l'énergie cinétique.

Fais des liens

8. L'énergie potentielle chimique d'un baril de pétrole est d'environ $6,1 \times 10^9$ J.
   a) Détermine à quelle hauteur au-dessus du sol cette énergie pourrait soulever tous les élèves de ton école. Énonce toutes les hypothèses que tu envisages et démontre les calculs obtenus.
   b) Combien de joules d'énergie potentielle chimique sont emmagasinés par litre de pétrole ? (*Indice :* Tu dois déterminer combien de litres contient un baril.)

 www.beauchemineediteur.com/physique12

Réponses

2. $2,12 \times 10^5$ J
3. a) 0,884 J ; 0,0 J
   b) 0,884 J
4. $4,13 \times 10^5$ J
5. 71,3 kg

Les applications pratiques de l'énergie potentielle gravitationnelle sont multiples. Par exemple, les centrales hydroélectriques tirent profit de l'énergie potentielle gravitationnelle de l'eau s'écoulant d'un réservoir supérieur dans un réservoir inférieur. Dans de nombreuses centrales, d'immenses barrages retiennent l'eau, permettant ainsi aux ingénieurs et aux ingénieures de contrôler le débit de l'eau acheminée par des conduites aux turbines reliées aux générateurs.

Un des problèmes majeurs de la construction de barrages de grande envergure est que l'écosystème local s'en trouve fortement affecté et ce, de manière durable. La création de lacs artificiels de grande superficie a pour conséquence d'inonder des zones qui étaient sèches, causant ainsi la destruction des habitats des animaux et de la flore.

Le Bhoutan, pays situé à l'est du Népal et au nord de l'Inde (voir la **figure 4**), a découvert une méthode de production d'énergie hydroélectrique ne reposant pas sur la construction de barrages. Ce petit pays, d'une superficie d'à peine 85 % de celle de la Nouvelle-Écosse, est situé dans les régions montagneuses de l'Himalaya. Il s'est doté de lois environnementales très strictes pour protéger ses immenses forêts qui recouvrent plus de 70 % de la superficie du pays. La conception de la centrale hydroélectrique de Chukha, qui produit 360 MW, répond à des normes environnementales strictes. (En comparaison, les deux grandes centrales hydroélectriques Robert Beck et la centrale à réserve pompée adjacente situées aux chutes Niagara produisent 1800 MW.) La centrale construite sur le fleuve Wong Chu en est une de type « au fil de l'eau » (**figure 5**). Dans un tel système, un barrage de petites dimensions fait dévier une partie de l'eau dans une « *galerie d'amenée* », d'une longueur de 6 km. Cette galerie, creusée dans du granit dur, forme un angle descendant en direction de la centrale et profite de la dénivellation pour convertir l'énergie potentielle gravitationnelle de l'eau en énergie cinétique. Après être passée à travers les turbines de la centrale, l'eau sort par une « *galerie de restitution* » pour rejoindre la rivière en aval, à une distance de 1 km.

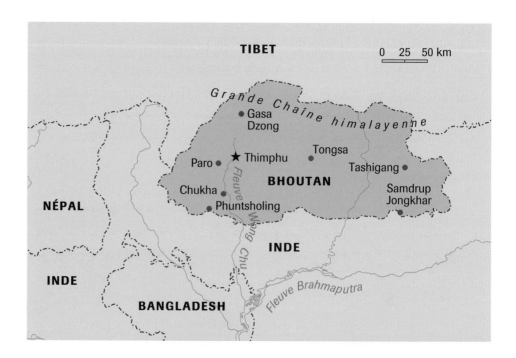

Figure 4

Le Bhoutan, pays sans littoral, compte de nombreux glaciers et rivières.

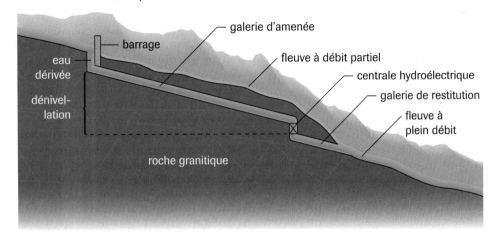

fleuve à plein débit

galerie d'amenée

barrage

eau dérivée

fleuve à débit partiel

centrale hydroélectrique

galerie de restitution

dénivel-lation

fleuve à plein débit

roche granitique

Figure 5
La structure de base de la centrale hydroélectrique de Chukha

Le Bhoutan n'utilise que 5 % environ de l'énergie électrique produite par la centrale de Chukha. Le reste est exporté et acheminé vers l'Inde par des lignes de transport d'électricité de 220 V.

> ▶ *Mise en pratique*

Saisis bien les concepts

9. a) En commençant avec l'énergie produite par le Soleil, dresse la liste des conversions d'énergie qui ont lieu à la centrale de Chukha lors de la production d'électricité.
   b) Qu'est-ce qu'une centrale hydroélectrique de type «au fil de l'eau»?

Fais des liens

10. Le Canada possède également des centrales hydroélectriques de type «au fil de l'eau». Cherche des exemples canadiens de ce type de production. Analyse les différences entre les centrales canadiennes et celle de Chukha.

 www.beaucheminediteur.com/physique12

11. Fais des recherches sur la centrale hydroélectrique du Bhoutan, à partir d'Internet ou d'autres supports ; commente tes résultats.
    a) Quelles sont les sources d'eau du Bhoutan ?
    b) Explique comment le Bhoutan essaie de préserver son environnement en s'adaptant à l'augmentation de ses besoins énergétiques.

 www.beaucheminediteur.com/physique12

12. Lance un débat sur le thème suivant : le Canada devrait favoriser le développement de modes écologiques de production d'énergie électrique.

RÉSUMÉ — *L'énergie potentielle gravitationnelle à la surface de la Terre*

- L'énergie potentielle gravitationnelle est l'énergie que possède un objet lorsqu'il s'éloigne de la surface de la Terre. C'est une quantité scalaire qui se mesure en joules (J).

- L'énergie potentielle gravitationnelle s'exprime toujours par rapport à un point de référence.

- L'énergie potentielle gravitationnelle d'un objet dépend de sa masse, du champ gravitationnel dans lequel il évolue et de sa hauteur par rapport à un point de référence.

▶ Section 4.3 Questions

Saisis bien les concepts

1. Lorsqu'un travailleur de la construction soulève du sol un élément en bois, l'énergie potentielle gravitationnelle augmente-t-elle ou diminue-t-elle?

2. Un astronaute, d'une masse de 63 kg, gravit un escalier d'une hauteur totale de 3,4 m par rapport au bas de l'escalier.
   a) Quelle est l'énergie potentielle gravitationnelle de l'astronaute, par rapport au bas de l'escalier, lorsque ce dernier se trouve au niveau de la surface de la Terre?
   b) Recommence le calcul du point a) en supposant que l'escalier repose sur la surface de la Lune, où $g = 1,6$ N/kg.

3. Une poire, d'une masse de 125 g, tombe d'une branche située à une hauteur de 3,50 m au-dessus du niveau du sol. Quelle est l'énergie potentielle gravitationnelle de la poire lorsqu'elle est sur la branche ou sur le sol
   a) par rapport au sol?
   b) par rapport à la branche?

4. Après avoir été frappée par un bâton, une balle de baseball de 0,15 kg atteint sa hauteur maximale alors que son énergie potentielle gravitationnelle a augmenté de 22 J par rapport au point où elle a été frappée. Quelle est la hauteur maximale de la balle (par rapport au point où elle a été frappée)?

5. Un haltérophile, exécutant une flexion du biceps, soulève une masse de 15 kg sur une hauteur verticale de 66 cm. L'accélération est négligeable.
   a) Quelle est la quantité de travail produite par la pesanteur sur la masse?
   b) Quelle est la quantité de travail produite par l'haltérophile sur la masse?
   c) De combien l'énergie potentielle gravitationnelle de la masse augmente-t-elle?

6. Sur un graphique, représente l'énergie potentielle gravitationnelle d'un astronaute d'une masse de 60,0 kg, respectivement sur la Terre, sur la Lune et sur Mars, en fonction d'une élévation verticale d'une hauteur maximale de 10,0 m. Ton graphique doit comprendre trois tracés distincts. (Si nécessaire, reporte-toi à l'annexe C pour les données planétaires.)

Fais des liens

7. Certaines centrales hydroélectriques canadiennes, semblables à celle présentée à la **figure 6**, convertissent en énergie électrique l'énergie potentielle gravitationnelle de l'eau retenue par le barrage.
   a) Détermine l'énergie potentielle gravitationnelle par rapport aux turbines d'un lac d'un volume de 32,8 km³, situé à une hauteur moyenne de 23,1 m par rapport aux turbines. (La masse volumique de l'eau est de $1,00 \times 10^3$ kg/m³.)
   b) Compare la réponse que tu as obtenue au point a) avec la production annuelle d'énergie de la centrale de Chukha, au Bhoutan, qui est de $1,14 \times 10^{15}$ J.

Figure 6
Le barrage de Revelstoke et la centrale hydroélectrique situés sur le fleuve Columbia, à 5 km au nord de la ville de Revelstoke en Colombie-Britannique.

La loi de la conservation de l'énergie 4.4

Qu'ont en commun un ordinateur et un fourgon de déménagement? Qu'ont en commun la production de la lumière stellaire et une chute d'eau? Dans chaque cas, l'énergie qu'ils génèrent est convertie d'une forme en une autre, processus au cours duquel s'applique une loi de la nature très importante: la *loi de la conservation de l'énergie*.

> **Loi de la conservation de l'énergie**
>
> Dans le cas d'un système isolé, l'énergie peut être convertie en différentes formes, mais ne peut être ni créée ni détruite.

La loi de la conservation de l'énergie est un exemple du principe de conservation qui s'applique à un **système isolé**, composé de particules, entièrement séparé des influences externes. Alors que les particules, à l'intérieur d'un tel système, se déplacent et interagissent les unes avec les autres, l'énergie totale du système reste constante de sorte qu'aucune énergie n'y pénètre ou ne s'en dégage. La calculatrice qui continue à glisser sur ton bureau alors que ta main a cessé de la pousser est un exemple typique d'un système isolé. L'énergie cinétique de la calculatrice est convertie en d'autres formes d'énergie, principalement en énergie thermique et, d'une façon moindre, en énergie acoustique puisqu'il y a frottement entre les particules du bureau et celles de la calculatrice.

Pour autant qu'on sache, la loi de la conservation de l'énergie ne peut pas être violée. Elle constitue un des principes fondamentaux du fonctionnement de l'univers. Lorsqu'on l'applique en physique, elle représente un outil très utile pour analyser une panoplie de problèmes.

Par exemple, considérons un nageur, dont la masse est de 50,0 kg, plongeant (d'une position initiale immobile) d'un tremplin d'une hauteur de 3,0 m, la résistance de l'air à laquelle il est soumis étant négligeable. Sur le tremplin, le nageur ne possède aucune énergie cinétique, mais une énergie potentielle gravitationnelle maximale par rapport à la surface de l'eau. Ensemble, l'énergie cinétique et l'énergie potentielle gravitationnelle constituent l'*énergie mécanique*. Lorsque le nageur plonge, l'énergie potentielle gravitationnelle est convertie en énergie cinétique, et la quantité totale d'énergie mécanique reste constante. Le **tableau 1** présente quelques valeurs illustrant cet exemple.

Tableau 1 Différentes formes d'énergie se rapportant à un nageur qui plonge

Hauteur (m)	Énergie potentielle gravitationnelle E_g (J)	Énergie cinétique E_C (J)	Énergie mécanique totale $E_T = E_g + E_C$ (J)
3	$1,47 \times 10^3$	0,00	$1,47 \times 10^3$
2	$9,80 \times 10^2$	$4,90 \times 10^2$	$1,47 \times 10^3$
1	$4,90 \times 10^2$	$9,80 \times 10^2$	$1,47 \times 10^3$
0	0,00	$1,47 \times 10^3$	$1,47 \times 10^3$

Jusqu'ici, les seules formes d'énergie que nous avons abordées en détail sont l'énergie potentielle gravitationnelle et l'énergie cinétique. La somme de ces deux formes d'énergie est appelée *énergie mécanique totale*, E_T, où $E_T = E_g + E_C$. Nous élargirons cette équation à la section 4.5 pour inclure d'autres formes d'énergie, telles que l'énergie potentielle élastique.

LE SAVAIS-TU ?

L'économie d'énergie
Ne confonds pas «conservation de l'énergie» et «économie d'énergie». La conservation de l'énergie est une loi de la nature. L'économie d'énergie, qui se rapporte à une utilisation réfléchie des ressources naturelles, est une pratique que nous devrions tous adopter.

système isolé système de particules qui est entièrement isolé des influences externes

CONSEIL PRATIQUE

Les systèmes ouverts et les systèmes fermés
Un système isolé est un système *fermé*. Le contraire d'un tel système est un système *ouvert* qui absorbe de l'énergie ou en perd par rapport à un système externe. Dans les exemples présentés, nous considérerons uniquement les systèmes fermés (ou isolés) utilisant la loi de la conservation de l'énergie.

Un basketteur exécute un lancer franc au panier. Le ballon quitte la main du joueur à une vitesse de 7,2 m/s à partir d'une hauteur de 2,21 m au-dessus du sol. Détermine la vitesse du ballon au moment où il passe dans le panier, à 3,05 m au-dessus du sol. (Voir la **figure 1**.)

CONSEIL PRATIQUE

Les niveaux de référence
Dans le problème 1, le niveau de référence était le sol. Si l'on choisissait un autre niveau de référence, par exemple la position à laquelle le joueur a lâché le ballon, on obtiendrait le même résultat final. Lorsque tu as à résoudre un problème mettant en jeu l'énergie potentielle gravitationnelle, n'oublie pas de choisir un niveau de référence et de l'utiliser tout au long de l'exercice.

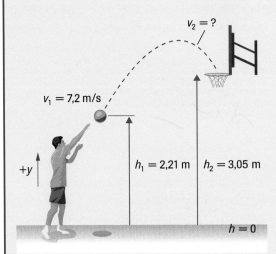

Figure 1

Solution

Selon la loi de la conservation de l'énergie, l'énergie totale du ballon est constante lorsqu'il se déplace dans les airs. En utilisant la première série de données se rapportant au moment où le joueur lâche le ballon et la seconde série se rapportant au moment où le ballon passe dans le panier, ainsi qu'en prenant en compte les hauteurs h_1 et h_2 par rapport au sol,

$v_1 = 7,2$ m/s $g = 9,80$ m/s^2

$h_1 = 2,21$ m $v_2 = ?$

$h_2 = 3,05$ m

En appliquant la loi de la conservation de l'énergie :

$$E_{T1} = E_{T2}$$

$$\frac{1}{2}mv_1^2 + mgh_1 = \frac{1}{2}mv_2^2 + mgh_2$$

$$mv_1^2 + 2mgh_1 = mv_2^2 + 2mgh_2$$

$$v_1^2 + 2gh_1 = v_2^2 + 2gh_2$$

$$v_2^2 = v_1^2 + 2gh_1 - 2gh_2$$

$$v_2^2 = v_1^2 + 2g(h_1 - h_2)$$

$$v_2 = \pm\sqrt{v_1^2 + 2g(h_1 - h_2)}$$

$$= \pm\sqrt{(7,2 \text{ m/s})^2 + 2(9,80 \text{ m/s}^2)(2,21 \text{ m} - 3,05 \text{ m})}$$

$$v_2 = \pm 5,9 \text{ m/s}$$

Seule la racine carrée positive s'applique étant donné qu'elle est toujours supérieure à zéro. La vitesse du ballon passant à travers le panier est donc de 5,9 m/s. Il est logique que cette vitesse soit inférieure à celle du moment où le ballon est lâché parce que ce dernier est à un niveau plus élevé ; l'énergie potentielle gravitationnelle du ballon est plus élevée alors que son énergie cinétique (et par conséquent sa vitesse) est moindre.

La direction de la vitesse vectorielle initiale et la trajectoire parabolique du ballon de basket ne sont pas importantes pour résoudre le problème 1. Les énergies cinétique et potentielle sont des grandeurs scalaires indépendantes de toute direction.

De manière générale, le travail produit par une force nette se définit comme la quantité d'énergie qui est transformée en une autre forme d'énergie. Les formes d'énergie en jeu dépendent de la nature de la force nette. Cependant, si le travail produit par la force nette est positif, l'énergie cinétique augmente. S'il est négatif, l'énergie cinétique diminue.

La loi de la conservation de l'énergie peut s'appliquer à de nombreuses situations pratiques. Les « horloges à balancier » comme celle représentée à la **figure 2** en sont un exemple typique. Pour étudier cette application ou d'autres, fais l'activité 4.4.1 de la section Activités en laboratoire présentée à la fin du chapitre. ◼

> ## *Mise en pratique*

Saisis bien les concepts

1. Un ballon a une vitesse initiale de 16 m/s. Après avoir été soumis à une seule force extérieure, sa vitesse est de 11 m/s. La force a-t-elle produit un travail positif ou négatif sur le ballon ? Justifie ta réponse.

2. Immobiles au départ, deux surfeurs des neiges s'élancent, d'une même hauteur, du haut d'une pente droite. Ils empruntent des pistes différentes vers le bas, mais, en fin de parcours, arrivent au même niveau. Si l'énergie perdue en raison du frottement et de la résistance de l'air est identique pour les deux surfeurs des neiges, comment leurs vitesses finales se comparent-elles l'une par rapport à l'autre ? La réponse serait-elle différente si la pente comportait des bosses et des creux au lieu d'être droite ?

3. Applique les concepts de l'énergie pour déterminer la vitesse maximale qu'atteint un train de montagnes russes au pied de la première montée lorsque la dénivellation par rapport au sommet est de 59,4 m et que la vitesse au sommet de la montée est approximativement nulle. Le frottement et la résistance de l'air sont négligeables. Formule tes résultats en mètres par seconde et en kilomètres par heure.

4. Une skieuse, se déplaçant à une vitesse de 9,7 m/s, atteint le sommet d'une bosse, décolle du sol et file comme un projectile, la résistance de l'air étant négligeable. La skieuse atterrit sur la pente 4,2 m plus bas que le sommet de la bosse. Utilise les concepts de l'énergie pour déterminer la vitesse à laquelle elle a touché le sol.

5. Les chutes Della en Colombie-Britannique, dont la dénivellation est de $4,4 \times 10^2$ m, sont les chutes les plus élevées au Canada. Quand l'eau a atteint 12 % de sa chute, sa vitesse est de 33 m/s. En faisant abstraction de la résistance de l'air et du frottement, détermine la vitesse de l'eau au sommet de la chute.

6. Un pendule simple, d'une longueur de 85,5 cm, est maintenu immobile de sorte que son amplitude est de 24,5 cm (**figure 3**). En faisant abstraction du frottement et de la résistance de l'air, utilise les concepts de l'énergie pour déterminer la vitesse maximale de la boule du pendule une fois qu'elle a été relâchée.

Mets en pratique tes connaissances

7. En position de repos, une pierre, d'une masse de 5,0 kg, est lâchée d'une hauteur de 8,0 m par rapport au sol. Crée un tableau de données montrant l'énergie cinétique, l'énergie potentielle gravitationnelle et l'énergie mécanique totale de la pierre aux hauteurs respectives de 8,0 m, de 6,0 m, de 4,0 m, de 2,0 m et de 0,0 m. Trace un graphique indiquant les trois formes d'énergie en fonction de la hauteur par rapport au sol. (Dans la mesure du possible, utilise un tableur pour créer le graphique.)

Fais des liens

8. Les boulets de démolition utilisés pour abattre les murs sont un des exemples illustrant la loi de la conservation de l'énergie. Décris le mode d'utilisation de ces boulets et énumère les transformations de l'énergie qui ont lieu au cours de ce processus.

 **ACTIVITÉ 4.4.1**

L'application de la loi de la conservation de l'énergie

Les horloges à balancier sont plus utilisées en tant que meuble d'ornement que pour mesurer le temps. Elles sont un bon exemple de l'application de la loi de la conservation de l'énergie. Décris quelles sont, à ton avis, les transformations de l'énergie à l'origine du fonctionnement des horloges à balancier.

Figure 2
Horloge à balancier

Réponses

3. 34,1 m/s ; 123 km/h

4. 13 m/s

5. 5,0 m/s

6. 0,838 m/s

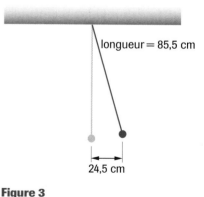

longueur = 85,5 cm

24,5 cm

Figure 3
Schéma se rapportant à la question 6

D'autres formes d'énergie

L'énergie cinétique et l'énergie potentielle gravitationnelle comptent parmi les nombreuses formes d'énergie. Le **tableau 2** présente d'autres formes d'énergie.

Conformément à l'énoncé de la loi de la conservation de l'énergie, cette dernière peut être transformée en une autre forme d'énergie. Cependant, l'efficacité de la conversion n'est pas toujours de 100 % en raison du frottement. Le frottement a pour conséquence que l'énergie cinétique se transforme en **énergie thermique** ou en une énergie interne qui est associée au mouvement des atomes et des molécules. Par exemple, imagine une pierre de curling glissant en ligne droite en direction de la cible et parcourant une distance horizontale Δd (**figure 4**). Une fois que le joueur a lâché la pierre, la seule force qui accomplit un travail sur cette dernière est la force du frottement cinétique, $\vec{F}_C$. (La pesanteur et la force normale sont perpendiculaires au déplacement et n'effectuent pas de travail sur la pierre.) Étant donné que le frottement cinétique s'exerce dans la direction opposée au déplacement, l'angle θ entre cette force et le déplacement est de 180°. Étant donné que cos 180° = −1, le travail produit par le frottement cinétique est

$$W = (F_F \cos \theta)\Delta d$$
$$W = -F_F \Delta d$$

énergie thermique (E_{th}) énergie interne associée au mouvement des atomes et des molécules

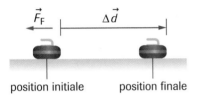

position initiale   position finale

Figure 4
Pendant que la vitesse de la pierre de curling sur la glace diminue, l'énergie cinétique se transforme en énergie thermique.

Tableau 2   Les formes d'énergie communes

Forme d'énergie	Description
électromagnétique	• est portée par les oscillations en circulation appelées ondes électromagnétiques • comprend l'énergie lumineuse, les ondes radio, les micro-ondes, les ondes infrarouges, les ultraviolets, les rayons X et les rayons gamma • se déplace dans le vide à une vitesse de $3,00 \times 10^8$ m/s, c.-à-d. à la vitesse de la lumière
électrique	• résulte du passage d'électrons, par exemple le long des fils des appareils domestiques
potentielle électrique	• associée à la force électrique • change lorsque les charges se déplacent
potentielle gravitationnelle	• associée à la force gravitationnelle • change lorsque les masses sont déplacées l'une par rapport à l'autre
potentielle chimique	• emmagasinée dans les liaisons chimiques qui maintiennent ensemble les atomes des molécules
potentielle nucléaire	• l'énergie emmagasinée dans le noyau d'un atome • se transforme en d'autres formes d'énergie en réorganisant les particules à l'intérieur du noyau, en fusionnant les noyaux (fusion) ou en les séparant (fission)
son	• transporté par les ondes longitudinales d'une molécule à une autre
potentielle élastique	• emmagasinée dans les objets qui sont soumis à une tension ou à une compression
thermique	• associée au mouvement des atomes et des molécules • pour les gaz atomiques comme l'hélium, il s'agit de l'énergie cinétique totale de tous les atomes • pour des molécules plus complexes et les atomes contenus dans les solides, il s'agit en partie d'énergie cinétique et en partie d'énergie potentielle électrique • diffère de la chaleur, qui est le transfert de l'énergie dû à une différence de températures

Étant donné que F_F et Δd sont positives (et qu'elles sont des vecteurs), le travail produit par le frottement est négatif. Cela signifie que le frottement absorbe de l'énergie cinétique de la pierre. Cependant, comme l'énergie est toujours conservée, l'énergie cinétique est transformée en une autre forme d'énergie, dans ce cas l'énergie thermique de la pierre et de la glace. Lorsque la pierre glisse sur la glace, les atomes de la pierre et de la glace vibrent avec une énergie accrue. Ces deux éléments se réchauffent et une petite portion de la glace forme alors une mince couche d'eau fondue.

Lorsqu'un frottement cinétique produit un travail négatif pour ralentir un objet, l'amplitude du travail est égale à l'énergie thermique produite. Étant donné que le frottement cinétique s'exerce toujours dans le sens opposé au déplacement, le travail produit par le frottement peut s'exprimer de la manière suivante :

$$K = -F_F\Delta d$$

Il est à noter que le travail produit par le frottement est $F_F\Delta d$. Donc, nous pouvons écrire

$$E_{th} = F_F\Delta d$$

où E_{th} est l'énergie thermique produite par le frottement cinétique exprimée en joules ; F_F, la grandeur du frottement cinétique, en newtons ; et Δd, la grandeur du déplacement, en mètres.

▶ *PROBLÈME 2*

Après avoir été lâchée, une pierre de curling d'une masse de 19,9 kg glisse en ligne droite sur une distance de 28,8 m et est ainsi soumise à un frottement ayant un coefficient de frottement cinétique de 0,105. L'exemple est présenté à la **figure 5**.

a) Quelle est la quantité d'énergie thermique produite au cours du déplacement de la pierre ?

b) En utilisant la loi de la conservation d'énergie, détermine la vitesse de la pierre au moment où le joueur la lâche.

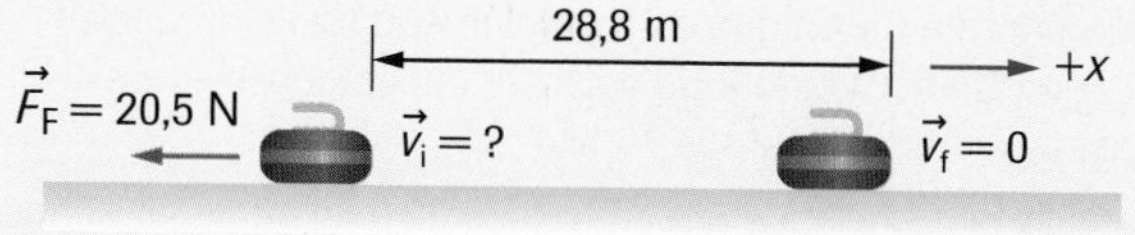

Figure 5
L'utilisation des composantes pour illustrer le mouvement de la pierre

Solution

a) $\mu_C = 0,105$ $F_F = \mu_C F_N$

    $m = 19,9$ kg $F_N = mg$

    $\Delta d = 28,8$ m $E_{th} = ?$

$$\begin{aligned}
E_{th} &= F_F\Delta d \\
&= \mu_C F_N\Delta d \\
&= \mu_C mg\Delta d \\
&= (0,105)(19,9 \text{ kg})(9,80 \text{ N/kg})(28,8 \text{ m}) \\
E_{th} &= 5,90 \times 10^2 \text{ J}
\end{aligned}$$

L'énergie thermique produite est de $5,90 \times 10^2$ J.

b) Selon la loi de la conservation de l'énergie, l'énergie cinétique initiale de la pierre doit être égale à l'énergie thermique produite lors du déplacement de la pierre, étant donné qu'il ne reste aucune énergie cinétique à la fin. (On fait abstraction de l'énergie potentielle gravitationnelle parce que la surface de la glace est à l'horizontale.)

$$E_{th} = 5{,}90 \times 10^2 \, J$$
$$v_i = ?$$

$$E_{Ci} = E_{th}$$

$$\frac{mv_i^2}{2} = E_{th}$$

$$v_i^2 = \frac{2E_{th}}{m}$$

$$v_i = \pm \sqrt{\frac{2(5{,}90 \times 10^2 \, J)}{19{,}9 \, kg}}$$

$$v_i = \pm 7{,}70 \, m/s$$

Nous avons choisi la racine positive parce que la vitesse est toujours positive. Ainsi, la vitesse initiale de la pierre est de 7,70 m/s.

▶ *Mise en pratique*

Saisis bien les concepts

9. a) Tu pousses un livre sur un bureau à l'horizontale avec une vitesse vectorielle constante. Tu appliques une certaine énergie sur le livre. Sous quelle forme s'exprime cette énergie?

b) Tu pousses le même livre en exerçant une force plus élevée si bien que la vitesse de déplacement du livre augmente. Sous quelle forme s'exprime cette énergie?

10. Une force de frottement cinétique, de 67 N, s'exerce sur une boîte que l'on fait glisser sur le sol. Le déplacement de la boîte est de 3,5 m.
a) Quelle est la quantité de travail produite sur la boîte par le frottement?
b) Quelle est la quantité d'énergie thermique produite?

11. Une assiette produit une énergie thermique de 0,620 J lorsqu'on la fait glisser sur une table. La force de frottement cinétique agissant sur cette assiette est de 0,83 N. Sur quelle distance l'assiette glisse-t-elle?

12. Un employé pousse un classeur à tiroirs d'une masse de 22,0 kg sur le plancher en exerçant une force horizontale de 98 N. La force de frottement cinétique s'exerçant sur le classeur est de 87 N. L'employé pousse le classeur à partir d'une position de départ immobile. Utilise la loi de la conservation de l'énergie pour déterminer la vitesse du classeur sur une distance de 1,2 m.

Mets en pratique tes connaissances

13. a) Décris comment tu utiliserais le mouvement d'un pendule simple pour vérifier la loi de la conservation de l'énergie.

b) Décris les erreurs aléatoires et systématiques possibles au cours de ton expérience.

Fais des liens

14. La plus grande partie de l'énergie thermique associée à un véhicule en mouvement est produite par la combustion de carburant, bien qu'une certaine partie soit également le résultat du frottement. Décris la relation qui existe entre les systèmes de circulation d'une voiture (système de circulation de l'huile et système de refroidissement à eau) et l'énergie thermique produite par une voiture en mouvement.

Réponses

10. a) $-2{,}3 \times 10^2 \, J$
    b) $2{,}3 \times 10^2 \, J$
11. 0,75 m
12. 1,1 m/s

La loi de la conservation de l'énergie

- Selon la loi de la conservation de l'énergie, pour un système isolé donné, l'énergie peut être convertie en différentes formes d'énergie, mais elle ne peut être créée ou détruite.

- Le travail produit sur un objet en mouvement par le frottement cinétique a pour conséquence la conversion de l'énergie cinétique en énergie thermique.

- La loi de la conservation de l'énergie peut être appliquée pour résoudre toute une panoplie de problèmes.

▶ *Section 4.4 Questions*

Saisis bien les concepts

1. Pourquoi un train de montagnes russes commence-t-il toujours son parcours par une montée?

2. Tu casses un œuf et tu laisses écouler son contenu, d'une masse de 0,052 kg, à partir de la position au repos, à une hauteur de 11 cm au-dessus d'une poêle à frire. Détermine, par rapport à la poêle à frire ($h = 0$),
   a) l'énergie potentielle gravitationnelle initiale du contenu de l'œuf;
   b) l'énergie potentielle gravitationnelle finale du contenu de l'œuf;
   c) la variation de l'énergie potentielle gravitationnelle au moment où le contenu de l'œuf tombe;
   d) l'énergie cinétique et la vitesse du contenu de l'œuf juste avant qu'il n'entre en contact avec la poêle.

3. Un enfant lance un ballon qui touche un mur vertical à une hauteur de 1,2 m au-dessus du point à partir duquel il a été lancé. La vitesse du ballon au moment de l'impact est de 9,9 m/s. Quelle était sa vitesse initiale? Utilise la loi de la conservation de l'énergie et fais abstraction de la résistance de l'air.

4. Un fleuve, en amont de chutes d'une hauteur de 8,74 m, s'écoule avec une vitesse de 3,74 m/s. Toutes les secondes, une masse d'eau de $7,12 \times 10^4$ kg passe par les chutes.
   a) Quelle est l'énergie potentielle gravitationnelle de cette masse d'eau au sommet par rapport au pied des chutes?
   b) Y a-t-il conversion complète de l'énergie potentielle gravitationnelle en énergie cinétique, et quelle est la vitesse de l'eau au pied des chutes?

5. À partir d'une position immobile, un acrobate se balance sur un trapèze d'une longueur de 3,7 m (**figure 6**). Si l'angle initial du trapèze est de 48°, utilise la loi de la conservation de l'énergie pour déterminer
   a) la vitesse de l'acrobate au point inférieur de l'élan;
   b) la hauteur maximale, par rapport à la position initiale, à laquelle l'acrobate peut s'élever dans les airs.

6. Une skieuse de 55,0 kg descend une pente d'une longueur de 11,7 m, inclinée selon un angle par rapport à l'horizontale. Le frottement cinétique est de 41,5 N. La vitesse initiale

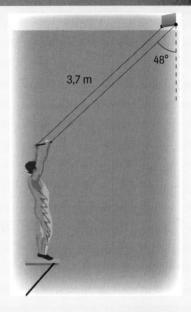

Figure 6
Schéma se rapportant à la question 5

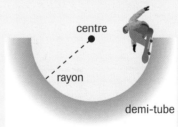

Figure 7
Schéma se rapportant à la question 7

de la skieuse est de 65,7 cm/s et sa vitesse au bas de la pente est de 7,19 m/s. Détermine l'angle en appliquant la loi de la conservation de l'énergie. La résistance de l'air est négligeable.

7. Partant d'une position immobile sur le rebord supérieur d'un demi-tube à rampe verticale (**figure 7**), un planchiste descend la piste, atteignant la vitesse de 6,8 m/s au bas du tube. Le frottement est négligeable. Applique la loi de la conservation de l'énergie pour trouver le rayon du demi-tube.

8. Un automobiliste freine alors qu'il roule à une vitesse initiale de 85 km/h. Les roues bloquent et la voiture dérape sur une distance de 47 m avant de s'immobiliser. Le frottement cinétique entre la route et la voiture pendant le dérapage est de $7,4 \times 10^3$ N.

a) Quelle est la quantité d'énergie thermique produite pendant le dérapage de la voiture ?

b) Sous quelle forme se présentait l'énergie thermique avant que la voiture ne dérape ?

c) Applique la loi de la conservation de l'énergie pour déterminer la masse de la voiture.

d) Détermine le coefficient de frottement cinétique entre les pneus et la route.

9. Une caisse de pommes, d'une masse de 22 kg, glisse sur une distance de 2,5 m sur une rampe inclinée de 44° par rapport à l'horizontale. La force de frottement exercée sur la caisse est de 79 N. La caisse était immobile au départ.

a) Détermine le travail produit par le frottement.

b) Détermine l'énergie cinétique finale de la caisse. (*Indice :* Applique la loi de la conservation de l'énergie.)

c) Calcule l'énergie thermique produite.

Mets en pratique tes connaissances

10. Dans des montagnes russes à boucles arrière (**figure 8**), le train accélère à partir du sommet de la montée de la station de départ, passe par plusieurs boucles verticales et continue partiellement sa lancée jusqu'au bas de la seconde montée. À ce point, le train doit être tiré jusqu'au sommet de la seconde montée, d'où il repart en sens inverse en accélérant, revenant à la première montée et à la station de départ.

a) Quels principes de physique appliquerais-tu pour déterminer la quantité d'énergie thermique produite, lorsque le train passe du sommet de la première montée à la position à partir de laquelle il est tiré jusqu'au sommet de la seconde montée ?

b) Dresse une liste des équations dont tu as besoin pour déterminer la quantité d'énergie convertie en énergie thermique dans le cas présenté au point a).

c) Décris la manière dont tu t'y prendrais pour effectuer les mesures à partir du sol, hors de la piste, pour évaluer l'énergie thermique mentionnée au point a).

Fais des liens

11. Au Moyen Âge, le *trébuchet*, un dispositif mécanique qui convertissait l'énergie potentielle gravitationnelle d'une pierre de gros volume en énergie cinétique, était l'arme de prédilection des ingénieurs militaires. À la **figure 9**, on peut voir un trébuchet utilisant la pesanteur pour lancer des projectiles par-dessus les murailles d'un château. Étudie plus en détail ce dispositif et explique pourquoi il illustre bien la loi de la conservation de l'énergie.

 www.beaucheminediteur.com/physique12

Figure 9
Un trébuchet utilisé au Moyen Âge

Figure 8
Le déplacement en sens inverse est idéal pour déterminer l'énergie perdue en raison du frottement.

Imagine que tu doives concevoir un élastique qui sera utilisé pour des sauts en bungee à partir d'un pont situé au-dessus d'une rivière (**figure 1**). La hauteur entre le pont et la rivière est constante, mais les masses des sauteurs varient. L'élastique doit offrir une sécurité totale et constante tout en procurant un bon rebond pour prolonger l'euphorie éprouvée pendant le saut.

Figure 1
De quelle manière peux-tu tester les propriétés d'un élastique?

De quelle manière peux-tu analyser la force exercée par un dispositif élastique, comme celui utilisé pour le bungee? Que se passe-t-il lorsqu'il y a transformation de l'énergie, lorsqu'une personne attachée à l'extrémité d'un élastique rebondit plusieurs fois? Une situation dans laquelle il y a des variations de force lorsque l'élastique est comprimé ou tendu est plus complexe que celles que nous avons étudiées jusqu'à présent.

La loi de Hooke

La force exercée par un dispositif élastique varie en fonction de la tension ou de la compression à laquelle il est soumis. Pour analyser mathématiquement cette force, considérons un ressort au repos, fixé au mur à l'horizontale et sur une surface soumise à un frottement négligeable (**figure 2a**)). La position dans laquelle le ressort se trouve au repos, $x = 0$, est la *position d'équilibre*. Lorsqu'un ressort est soumis à une force lui appliquant une traction à droite de sa position d'équilibre, il se rétracte vers la gauche comme le montre la **figure 2b**). Inversement, si la force est appliquée à gauche de sa position d'équilibre et le comprime, il revient vers la droite. Dans les deux cas, la direction de la force exercée par le ressort est à l'opposé de celle de la force appliquée sur ce dernier.

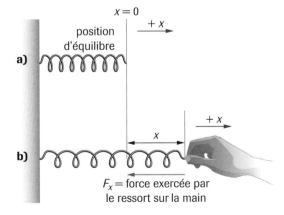

Figure 2
a) Un ressort dans sa position d'équilibre
b) Lorsqu'on tire le ressort vers la droite, il exerce une force vers la gauche: $F_x = -kx$.

Les expériences avec les ressorts montrent que la force exercée par un ressort est directement proportionnelle au déplacement de ce dernier par rapport à sa position d'équilibre. Ce rapport est défini comme la **loi de Hooke**, d'après Robert Hooke (1635-1703) qui énonça cette loi et l'équation correspondante en 1678. Tout ressort qui obéit à la loi de Hooke est appelé **ressort idéal** parce qu'il ne subit aucun frottement, ni interne, ni externe. En appliquant la constante de proportionnalité *k*, nous pouvons écrire, sous forme d'équation, la loi de Hooke exprimant la force exercée *par* un ressort, dans le cas présent avec des composantes horizontales pour correspondre à l'exemple de la **figure 2b**) :

$$F_x = -kx$$

où F_x est la force exercée par le ressort, *x*, la position de ce dernier par rapport à sa position d'équilibre, et *k* (la constante de proportionnalité), la **constante de force** du ressort. La valeur *k* est également élevée lorsqu'il faut appliquer une force importante pour tendre ou comprimer un ressort.

Selon la loi de Hooke, si $x > 0$, alors $F_x < 0$. Autrement dit, si le ressort est étiré dans la direction $+x$, il exerce une traction dans la direction opposée. De même, si $x < 0$, alors $F_x > 0$, ce qui signifie que si l'on comprime un ressort dans la direction $-x$, il exerce une poussée dans la direction opposée.

Étant donné que $-kx$ exprime la force exercée *par* le ressort, nous pouvons appliquer la troisième loi de Newton pour définir que $+kx$ est la force appliquée *au* ressort pour le tendre ou le comprimer jusqu'à la position *x*. Par conséquent, la loi de Hooke exprimant la force appliquée *à* un ressort s'exprime de la manière suivante : $F_x = kx$.

Bien que nos exemples se rapportent à des ressorts, la loi de Hooke s'applique à tout dispositif élastique pour lequel la force exercée par ce dernier est directement proportionnelle à son déplacement par rapport à sa position d'équilibre.

▶ PROBLÈME 1

Un élève étire un ressort à l'horizontale sur une longueur de 15 mm en appliquant une force de 0,18 N [E].

a) Détermine la constante de force du ressort.

b) Quelle force le ressort exerce-t-il sur l'élève ?

Solution

a) F_x = 0,18 N

   x = 15 mm = 0,015 m

   k = ?

   Comme la force est appliquée *au* ressort, nous utilisons l'équation

   $$F_x = kx$$

   $$k = \frac{F_x}{x} = \frac{0,18 \text{ N}}{0,015 \text{ m}}$$

   $$k = 12 \text{ N/m}$$

   La constante de force est de 12 N/m. (Note que la constante de force s'exprime en unités SI.)

b) Selon la troisième loi de Newton, si la force appliquée au ressort est de 0,18 N [E], alors celle qu'exerce ce dernier est de 0,18 N [O].

> ▶ **PROBLÈME 2**

Une boule d'une masse de 0,075 kg est accrochée à l'extrémité d'un ressort en position verticale que l'on peut étirer lentement à partir de sa position d'équilibre initiale (non tendu) jusqu'à ce qu'il atteigne une nouvelle position 0,15 m en dessous de la position initiale. La **figure 3a)** présente un diagramme du système, et la **figure 3b)** un diagramme de forces représentant la boule dans sa nouvelle position d'équilibre.

a) Détermine la constante de force du ressort.

b) Si la boule retourne à sa position d'équilibre initiale et redescend de nouveau, quelle est la force nette qui s'exerce sur elle lorsqu'elle descend de 0,071 m ?

c) Détermine l'accélération de la boule à la position spécifiée au point b).

a)   **b)**

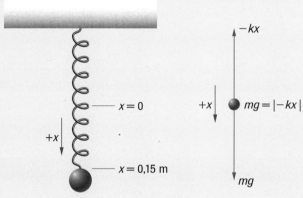

Figure 3
a) Le diagramme du système
b) Le diagramme de forces de la boule lorsque l'allongement est de 0,15 m

Solution

a) Nous mesurons l'allongement x du ressort à partir de sa position d'origine (non tendu) ($x = 0$) et choisissons la valeur $+x$ pour rendre le déplacement vers le bas. Deux forces verticales agissent sur la boule : la pesanteur et la force ascendante exercée par le ressort. Dans sa nouvelle position d'équilibre, la boule est immobile, si bien que la force nette s'exerçant sur elle est nulle.

$m = 0{,}075$ kg

$x = 0{,}15$ m

$k = ?$

$$\sum F_x = 0$$
$$mg + (-kx) = 0$$
$$k = \frac{mg}{x}$$
$$= \frac{(0{,}075 \text{ kg})(9{,}8 \text{ N/kg})}{0{,}15 \text{ m}}$$
$$k = 4{,}9 \text{ N/m}$$

La constante de force du ressort est de 4,9 N/m.

b) La **figure 4** présente le diagramme de forces se rapportant à la boule lorsque $x = 0{,}071$ m. Considérant les composantes des forces s'exerçant à la verticale (x) :

$$\sum F_x = mg + (-kx)$$
$$= (0{,}075 \text{ kg})(9{,}8 \text{ N/kg}) - (4{,}9 \text{ N/m})(0{,}071 \text{ m})$$
$$\sum F_x = +0{,}39 \text{ N}$$

La force nette est de 0,39 N [vers le bas] lorsque la boule descend de 0,071 m.

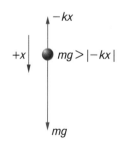

Figure 4
Le diagramme de forces de la boule lorsque l'allongement est de 0,071 m

c) $\sum F_y = 0,39$ N

$a_y = ?$

En appliquant la seconde loi de Newton :

$$\sum F_y = ma_y$$

$$a_y = \frac{\sum F_y}{m}$$

$$= \frac{0,39 \text{ N}}{0,075 \text{ kg}}$$

$$a_y = 5,2 \text{ m/s}^2$$

L'accélération est de 5,2 m/s^2 [vers le bas] lorsque la boule subit un allongement de 0,071 m.

Dans nos applications de la loi de Hooke, nous avons supposé que les ressorts étaient idéaux. Pour comparer les réactions de ressorts réels avec celles de ressorts idéaux, tu peux faire les exercices de la Recherche 4.5.1 dans la section Activités en laboratoire, à la fin du chapitre.

RECHERCHE 4.5.1

Le test des ressorts réels (p. 220)
Le graphique représentant la force appliquée à un ressort idéal produit une seule droite avec une pente positive. À ton avis, quel serait le profil du graphique représentant la force appliquée à un ressort réel ?

Réponses

3. a) 4,0 N ; 8,0 N
   b) 4,0 N ; 8,0 N
4. 6,4 N

▶ *Mise en pratique*

Saisis bien les concepts

1. Le ressort A exerce une constante de force de 68 N/m et le ressort B, une constante de force de 48 N/m. Quel ressort est le plus difficile à tendre ?

2. Si tu étires un ressort vers le nord, dans quelle direction exerce-t-il une force sur toi ?

3. Un ressort idéal a une constante de force de 25 N/m.
   a) Quelle force le ressort exercerait-il sur toi si, à partir de sa position d'équilibre, tu l'étirais sur 16 cm ? sur 32 cm ?
   b) Quelle force devrais-tu exercer sur le ressort pour le comprimer, à partir de sa position d'équilibre, de 16 cm ? de 32 cm ?

4. La **figure 5** présente la structure d'un indicateur de pression des pneus. La constante de force du ressort est de $3,2 \times 10^2$ N/m. Détermine la force appliquée par l'air sur le pneu lorsque le ressort est comprimé de 2,0 cm. Suppose qu'il s'agit d'un ressort idéal.

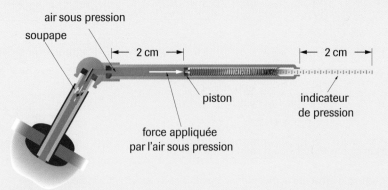

Figure 5
Un indicateur de pression des pneus indique la force par unité de surface, une quantité mesurée en pascals ou en newtons par mètre carré (1 Pa = 1 N/m^2).

5. Un poisson de 1,37 kg est accroché au bout d'une balance à ressort en position verticale ayant une constante de force de $5,20 \times 10^2$ N/m. Le ressort obéit à la loi de Hooke.
  a) Quel est l'allongement du ressort lorsqu'il s'étire lentement jusqu'à une nouvelle position d'équilibre?
  b) Si le poisson est accroché au ressort non étiré et qu'on le lâche, quelle est la force nette exercée sur lui lorsque l'allongement du ressort est de 1,59 cm?
  c) Détermine l'accélération du poisson après un allongement du ressort de 2,05 cm.

Mets en pratique tes connaissances

6. a) Trace le graphique de F_x en fonction de x se rapportant à un ressort idéal, où F_x est la composante x de la force exercée *par* le ressort *sur* tout corps subissant une traction (ou une compression) pour l'amener à la position x. Inclus les valeurs positive et négative de x.
  b) La pente du graphique est-elle positive ou négative?

Fais des liens

7. Les balances à ressort sont conçues pour mesurer le poids, mais elles sont parfois calibrées pour afficher la masse. Tu disposes d'une balance à ressort ayant une constante de force de 80,0 N/m.
  a) Prépare une table de données pour présenter l'allongement qui se produit si tu accroches des masses de 1,0 kg, de 2,0 kg, etc., en augmentant jusqu'à 8,0 kg, au ressort de la balance, à l'endroit où tu te trouves.
  b) Trace un diagramme scalaire pour indiquer le calibrage de la balance lorsqu'elle est réglée pour mesurer
    I) la masse à l'endroit où tu te trouves;
    II) le poids à l'endroit où tu te trouves.
  c) Si l'on plaçait les deux ressorts du point b) au sommet d'une haute montagne, indiqueraient-ils des valeurs correctes? Explique ta réponse.

Réponses

5. a) 0,0258 m
   b) 5,16 N [vers le bas]
   c) 2,02 m/s² [vers le bas]

L'énergie potentielle élastique

Lorsqu'un archer tend la corde de son arc, un travail est effectué sur la corde, lui transmettant de l'énergie potentielle. L'énergie emmagasinée dans les objets subissant une traction, une compression, une flexion ou une torsion est appelée **énergie potentielle élastique**. Dans ce cas, l'énergie emmagasinée peut être transmise à la flèche qui se charge d'énergie cinétique lorsqu'elle quitte l'arc.

Pour dériver une équation exprimant l'énergie potentielle élastique, il faut tenir compte du travail produit sur un ressort idéal lorsqu'il subit une traction ou une compression. Dans la section 4.1, nous avons vu que l'aire située sous la ligne dans le graphique montrant le déplacement par rapport à la force représente le travail. Pour une force constante, l'aire est un rectangle. Cependant, la force appliquée à un ressort idéal dépend du déplacement, de sorte que l'aire du graphique est un triangle (**figure 6**). Comme l'aire d'un triangle est égale à $\frac{1}{2}bh$, nous avons:

$$W = \frac{1}{2}x(kx)$$

$$W = \frac{1}{2}kx^2$$

où W est le travail, k, la constante de force du ressort, et x, la grandeur de la traction ou de la compression du ressort par rapport à sa position d'équilibre. Comme cette quantité de travail a été transformée en énergie potentielle élastique, nous pouvons reformuler l'équation comme suit, E_e étant l'énergie potentielle élastique:

$$E_e = \frac{1}{2}kx^2$$

énergie potentielle élastique (E_e) énergie emmagasinée dans un objet qui subit une traction, une compression, une flexion ou une torsion

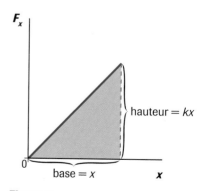

Figure 6
La force appliquée à un ressort, exprimée en fonction de x

L'énergie potentielle élastique peut être transformée en d'autres formes d'énergie, comme l'énergie cinétique d'une flèche propulsée par un arc, l'énergie acoustique d'une corde de guitare ou l'énergie potentielle gravitationnelle d'une perchiste au point culminant de son saut. Comme le démontrent ces exemples, l'énergie potentielle élastique peut être emmagasinée dans d'autres objets que les ressorts.

CONSEIL PRATIQUE

Les symboles simplifiés

Divers symboles sont utilisés pour faire la distinction entre les conditions initiale et finale. Par exemple, $\vec{v}_i$ ou $\vec{v}_1$ peuvent représenter la vitesse vectorielle initiale, et $\vec{v}_f$ ou $\vec{v}_2$ la vitesse vectorielle finale. On peut utiliser le symbole prime (') pour représenter la condition finale. Par exemple, on peut utiliser E_C pour représenter l'énergie cinétique initiale et E_C' pour l'énergie cinétique finale. Le symbole prime permet de simplifier les équations exprimant la loi de la conservation de l'énergie et la loi de la conservation de la quantité de mouvement.

▶ PROBLÈME 3

Une pomme, d'une masse de 0,10 kg, est fixée à un ressort en position verticale ayant une constante de force de 9,6 N/m. On maintient la pomme dans une position d'équilibre, le ressort non tendu, et ensuite on la lâche. On fait abstraction de la masse du ressort et de son énergie cinétique.

a) Quelle est la quantité d'énergie potentielle élastique emmagasinée dans le ressort lorsque la chute de la pomme est de 11 cm?

b) Quelle vitesse la pomme a-t-elle atteinte au bout de 11 cm?

Solution

a) Nous mesurons l'allongement x du ressort par rapport à sa position initiale (non tendu) ($x = 0$) et nous désignons par $+x$ le déplacement vers le bas (**figure 7**).

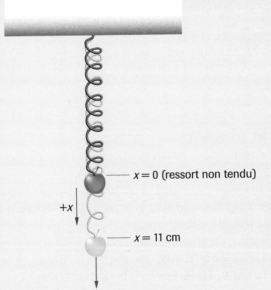

$x = 0$ (ressort non tendu)

$+x$

$x = 11$ cm

Figure 7

$x = 11 \text{ cm} = 0{,}11 \text{ m}$

$k = 9{,}6 \text{ N/m}$

$E_e = ?$

$$E_e = \frac{1}{2}kx^2$$

$$= \frac{1}{2}(9{,}6 \text{ N/m})(0{,}11 \text{ m})^2$$

$$E_e = 5{,}8 \times 10^{-2} \text{ J}$$

L'énergie potentielle élastique emmagasinée dans le ressort est de $5{,}8 \times 10^{-2}$ J.

b) Nous utilisons le symbole prime (') pour représenter la position finale de la pomme. Pour appliquer la loi de la conservation de l'énergie afin de déterminer v', nous prenons en compte l'énergie potentielle élastique.

$m = 0,10$ kg

$x = 0,11$ m   (se rapporte à l'énergie potentielle gravitationnelle de la pomme dans sa position initiale par rapport à sa position finale)

$v = 0$

$k = 9,6$ N/m

$g = 9,8$ m/s^2

$x' = 0,11$ m   (allongement du ressort lorsque la pomme se trouve en position finale)

$E_C = E_e = 0$

$v' = ?$

$$E_T = E_T'$$
$$E_g + E_C + E_e = (E_g + E_C + E_e)'$$
$$E_g = (E_C + E_e)'$$
$$mgx = \frac{1}{2}mv'^2 + \frac{1}{2}kx'^2$$
$$\frac{1}{2}mv'^2 = mgx - \frac{1}{2}kx'^2$$
$$v' = \pm\sqrt{2gx - \frac{kx'^2}{m}}$$
$$= \pm\sqrt{2(9,8 \text{ m/s}^2)(0,11 \text{ m}) - \frac{(9,6 \text{ N/m})(0,11 \text{ m})^2}{0,10 \text{ kg}}}$$
$$v' = \pm 1,0 \text{ m/s}$$

Nous choisissons la racine positive parce que la vitesse est toujours positive. La vitesse de la pomme est de 1 m/s.

▶ PROBLÈME 4

Un groupe d'élèves participant à un «concours de lancer de ressorts» doit relever le défi suivant: un ressort doit être projeté à partir d'une plate-forme de lancement formant un angle de 32,5° au-dessus de l'horizontale et atteindre une cible placée au même niveau, sur une distance horizontale de 3,65 m (**figure 8**). Le frottement et la résistance de l'air sont négligeables.

a) Quelles mesures les élèves doivent-ils prendre avant d'effectuer les calculs et de procéder au lancement des ressorts?

b) Calcule l'allongement dont le ressort a besoin pour atteindre la cible lorsque la masse du ressort est de 15,4 g et sa constante de force de 28,5 N/m.

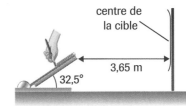

Figure 8
Une plate-forme de lancement pour projeter des ressorts, conçue par un élève

Solution

a) Lorsqu'un ressort subit une traction, il se charge d'énergie potentielle élastique $E_e = \frac{1}{2}kx^2$. Selon la loi de la conservation de l'énergie, lorsqu'on relâche le ressort, cette énergie est convertie en énergie cinétique ($E_C = \frac{1}{2}mv^2$). Le ressort est projeté à la manière d'un projectile, d'une portée horizontale représentée par le mouvement de projectile définie dans la section 1.4, $\Delta x = \frac{v_i^2}{g}\sin 2\theta$. (Soulignons que Δx est la portée horizontale, qu'il ne faut pas confondre avec l'allongement x du ressort.) La constante de force et la masse du ressort doivent être mesurées expérimentalement. Les autres variables sont données ou doivent être calculées.

b) Commençons par calculer la vitesse nécessaire au projectile pour couvrir la portée horizontale.

$\Delta x = 3{,}65 \text{ m}$ $\theta = 32{,}5°$

$g = 9{,}80 \text{ m/s}^2$ $v = ?$

$$\Delta x = \frac{v^2}{g}\sin 2\theta$$

$$v^2 = \frac{g\Delta x}{\sin 2\theta}$$

$$v = \pm\sqrt{\frac{g\Delta x}{\sin 2\theta}}$$

$$= \pm\sqrt{\frac{(9{,}80 \text{ m/s}^2)(3{,}65 \text{ m})}{\sin 2(32{,}5°)}}$$

$$= \pm 6{,}28 \text{ m/s}$$

$$v = 6{,}28 \text{ m/s}$$

Nous choisissons la racine positive parce que la vitesse est toujours positive. Comme l'énergie potentielle élastique se transforme en énergie cinétique, il faut appliquer l'équation de la loi de la conservation de l'énergie pour déterminer l'allongement x du ressort :

$m = 15{,}4 \text{ g} = 0{,}0154 \text{ kg}$ $v = 6{,}28 \text{ m/s}$

$k = 28{,}5 \text{ N/m}$ $x = ?$

$$E_e = E_C$$

$$\frac{1}{2}kx^2 = \frac{1}{2}mv^2$$

$$x^2 = \frac{mv^2}{k}$$

$$x = \pm\sqrt{\frac{mv^2}{k}}$$

$$= \pm\sqrt{\frac{(0{,}0154 \text{ kg})(6{,}28 \text{ m/s})^2}{28{,}5 \text{ N/m}}}$$

$$x = \pm 0{,}146 \text{ m}$$

La traction requise est de 0,146 m, ou 14,6 cm. (La racine négative s'applique au ressort à compression.)

▶ **À toi** d'expérimenter   ## Atteindre la cible

En utilisant les notions présentées au problème 4, fabrique une plate-forme de lancement ajustable pour projeter un ressort, selon un angle quelconque au-dessus de l'horizontale, en direction d'une cible située à une distance d'au moins 3 m et à la même hauteur que le ressort. Détermine la masse et la constante de force de ce dernier, puis calcule l'allongement requis pour le projeter selon un certain angle afin qu'il atteigne la cible. S'il ne s'agit pas d'un ressort «idéal», procède à des ajustements afin qu'il atteigne la cible de manière plus précise.

Effectue cette activité en maintenant une distance sécuritaire par rapport aux autres.

Porte des lunettes de sécurité pour le cas où le ressort manquerait la cible.

> ## Mise en pratique

Saisis bien les concepts

8. La **figure 9** présente le graphique représentant la force en fonction de la traction sur un ressort donné.
a) La force est-elle appliquée *sur* le ressort ou *par* ce dernier? Explique.
b) Détermine la constante de force du ressort.
c) Utilise le graphique pour déterminer l'énergie potentielle élastique emmagasinée dans le ressort après une traction de 35 cm.

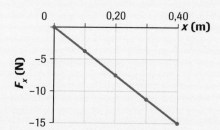

Figure 9

9. Un ressort a une constante de force de $9,0 \times 10^3$ N/m. Quelle est l'énergie potentielle élastique emmagasinée lorsqu'il subit a) une traction de 1 cm et b) une compression de 2 cm?

10. Un jouet d'enfant projette une flèche en caoutchouc d'une masse de 7,8 g en utilisant un ressort à compression ayant une constante de force de $3,5 \times 10^2$ N/m. Initialement, le ressort est comprimé sur 4,5 cm. Toute l'énergie potentielle élastique est convertie en énergie cinétique de la flèche.
a) Quelle est la quantité d'énergie potentielle élastique du ressort?
b) Quelle est la vitesse de la flèche lorsqu'elle est projetée?

11. Une masse de 0,20 kg est accrochée à un ressort suspendu à la verticale avec une constante de force de 55 N/m. Lorsqu'on relâche le ressort à partir de sa position d'équilibre (non tendu), la masse tombe. Utilise la loi de la conservation de l'énergie pour déterminer
a) la vitesse de la masse après une chute de 1,5 cm;
b) la distance parcourue par la masse qui tombe avant qu'il y ait changement de direction.

12. Un ressort à l'horizontale, ayant une constante de force de 12 N/m, est fixé sur le bord d'une table de laboratoire et sert à projeter des billes en direction de cibles placées sur le sol, 93 cm plus bas. Une bille d'une masse de $8,3 \times 10^{-3}$ kg est projetée par le ressort qui subit une compression initiale de 4 cm. Quelle distance la bille parcourt-elle horizontalement avant de toucher le sol?

Mets en pratique tes connaissances

13. Tu conçois un dispositif qui permet à tes amis de rebondir en toute sécurité, suspendus à l'extrémité d'un ressort à la verticale.
a) Quelles mesures dois-tu effectuer pour déterminer la constante de force approximative requise pour qu'un ressort s'étire sur une longueur maximale de 75 cm lorsqu'une personne y est accrochée en position de repos?
b) Évalue la constante de force approximative d'un tel ressort. Montre tes calculs.

Fais des liens

14. Les scientifiques analysent les muscles d'une grande variété d'animaux et d'insectes. Par exemple, lorsqu'une puce saute, l'énergie n'est pas fournie uniquement par les muscles mais également par une protéine élastique qui est soumise à une compression identique à celle d'un ressort. Si une puce d'une masse de 2×10^2 μg saute à la verticale à une hauteur de 65 mm et que 75 % de l'énergie provient de l'énergie potentielle élastique emmagasinée dans la protéine, détermine la quantité initiale de cette énergie. Fais abstraction des pertes d'énergie dues à la résistance de l'air.

Réponses

8. b)   38 N/m
   c)   2,3 J
9. a)   0,45 J
   b)   1,8 J
10. a)   0,35 J
    b)   9,5 m/s
11. a)   0,48 m/s
    b)   0,071 m
12. 0,66 m
14. $9,6 \times 10^{-8}$ J

Le mouvement harmonique simple

Lorsqu'une masse suspendue à l'extrémité d'un ressort vibre dans le prolongement de l'axe central du ressort, elle est soumise à une *vibration longitudinale*. Considérons la vibration longitudinale d'une masse sur une surface plane, fixée à l'extrémité d'un ressort à l'horizontale qui peut être étiré ou comprimé (**figure 10a**). Initialement, la masse est dans sa position d'équilibre ou de repos ($x = 0$). Une force est alors appliquée pour effectuer une traction sur la masse qui effectue un déplacement maximum, appelé A (**figure 10b**). Si on relâche la masse à ce moment, la force exercée par le ressort cause une accélération vers la gauche, comme le montre la **figure 10c**. La force exercée par le ressort varie en fonction de l'allongement x conformément à la loi de Hooke, $F_x = -kx$.

Une fois que la masse est relâchée (**figure 10b**), elle accélère jusqu'à ce qu'elle atteigne sa vitesse maximale au moment de passer par sa position d'équilibre. La masse commence alors à comprimer le ressort de sorte que le déplacement s'effectue vers la gauche. Cependant, comme la force de rappel du ressort agit alors vers la droite, l'accélération se produit également vers la droite. De nouveau, le déplacement et l'accélération ont lieu dans des directions opposées. La masse ralentit, atteint une position d'arrêt momentané en $x = -A$, comme le montre la **figure 10d**), se déplace à nouveau vers la droite en passant par la position d'équilibre à la vitesse maximale et atteint de nouveau $x = A$.

Comme nous faisons abstraction du frottement dans le ressort et du frottement existant entre la masse et la surface, ce mouvement de va-et-vient se poursuit à l'infini dans le **mouvement harmonique simple** (MHS). Ce dernier se définit comme un mouvement vibratoire périodique dans lequel la force (et l'accélération) est directement proportionnelle au déplacement. Prends garde de ne pas confondre le mouvement harmonique simple avec d'autres types de mouvement de va-et-vient. Par exemple, les mouvements de va-et-vient de basketteurs dans un gymnase au cours de leur entraînement ne sont pas des mouvements harmoniques simples même si la durée de chaque déplacement est constante.

Une manière pratique d'analyser mathématiquement les mouvements harmoniques simples consiste à combiner la loi de Hooke et la seconde loi de Newton avec un *cercle de référence* (**figure 11**). Considérons une masse, fixée à un ressort à l'horizontale, vibrant selon le mouvement de va-et-vient d'un MHS. Simultanément, une poignée fixée sur un disque en rotation effectue des révolutions selon un mouvement circulaire uniforme; le mouvement circulaire de la poignée constitue le cercle de référence. La fréquence de révolution du mouvement circulaire est égale à la fréquence des vibrations du MHS, les mouvements se synchronisant entre eux. (Techniquement, on dit que les mouvements sont en phase les uns par rapport aux autres). De plus, le rayon du cercle est égal à l'amplitude des mouvements harmoniques simples. À partir du côté du disque, il est possible de diriger une source de lumière intense de manière à projeter l'ombre de la poignée sur la masse animée d'un MHS, l'ombre semblant effectuer le même mouvement que la masse. Ce fait indique qu'il est possible d'utiliser les équations du mouvement circulaire uniforme pour dériver celles des MHS.

Rappelons que l'accélération d'un objet en mouvement circulaire uniforme avec un rayon r et une période T est donnée par l'équation

$$a_c = \frac{4\pi^2 r}{T^2}$$

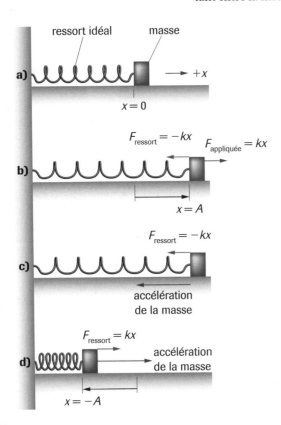

Figure 10
L'utilisation de la vibration longitudinale d'un système ressort-masse permet de déterminer le mouvement harmonique simple (MHS)
a) La position d'équilibre
b) La position de la traction maximale
c) Le relâchement de la masse
d) La position de la compression maximale

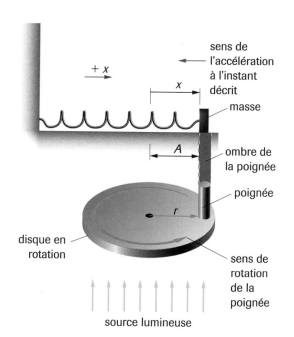

sens de l'accélération à l'instant décrit

+ x

x

masse

A

ombre de la poignée

poignée

disque en rotation

r

sens de rotation de la poignée

source lumineuse

Figure 11
Un cercle de référence. La poignée sur le disque tourne selon un mouvement circulaire uniforme, à la même fréquence que celle de la masse fixée à l'extrémité du ressort qui est animé d'un mouvement harmonique simple (MHS). Sous l'action de la source lumineuse, l'ombre de la poignée se superpose à la masse et les mouvements semblent identiques vus de côté. On utilise le mouvement du cercle de référence pour dériver les équations des MHS.

qui peut être reformulée comme suit :

$$T^2 = \frac{4\pi^2 r}{a_c} \quad \text{ou} \quad T = 2\pi\sqrt{\frac{r}{a_c}}$$

Comme $r = A$ pour le cercle de référence à la **figure 11**,

$$T = 2\pi\sqrt{\frac{A}{a_c}}$$

Cette période n'est pas seulement la période de révolution d'un point donné du cercle de référence, c'est également celle de la masse soumise à un MHS, étant donné que cette dernière effectue le même mouvement que l'ombre de la poignée.

Bien que la poignée du cercle de référence soit soumise à une accélération circulaire uniforme, son ombre subit la même accélération que la masse fixée au ressort. Cette accélération n'est pas constante, comme le démontre l'application de la loi de Hooke ($F_x = -kx$) et de la seconde loi de Newton ($F_x = ma_x$). Si l'on égalise les termes de droite de ces équations, alors $-kx = ma_x$, et on obtient $a_x = \frac{-kx}{m}$. Ainsi, comme k et m sont des constantes, l'accélération d'une masse (et l'ombre de la poignée) décrivant un MHS est proportionnelle au déplacement, x, à partir de la position d'équilibre. De plus, l'accélération s'exerce dans le sens opposé au déplacement, comme l'exprime le signe négatif.

La relation entre le déplacement et l'accélération peut être formulée par l'expression $\frac{-x}{a_x} = \frac{m}{k}$; c'est-à-dire que le rapport entre le déplacement et l'accélération est constant. Mais dans l'équation que nous avons écrite pour exprimer la période du MHS, le rapport $\frac{A}{a_c}$ est une valeur spécifique de l'expression plus générale $\frac{-x}{a_x}$. Donc, on obtient l'équation maîtresse suivante pour exprimer la période du MHS :

$$T = 2\pi\sqrt{\frac{-x}{a_x}}$$

Dans cette équation, la valeur sous le signe de la racine carrée est toujours positive parce que x et a_x sont de signes opposés.

CONSEIL PRATIQUE

La période et la fréquence du mouvement harmonique simple ou MHS
Comme les autres mouvements périodiques, le MHS possède une période et une fréquence. La période T, mesurée en secondes, est le temps composant un cycle complet. La fréquence f, mesurée en hertz (Hz), est le nombre de cycles par seconde. Comme la période est l'inverse de sa fréquence,

$$f = \frac{1}{T} \quad \text{et} \quad T = \frac{1}{f}.$$

Si on remplace $\dfrac{-x}{a_x}$ par $\dfrac{m}{k}$, alors

$$T = 2\pi \sqrt{\dfrac{m}{k}}$$

T exprimant la période en secondes, m, la masse en kilogrammes, et k, la constante de force du ressort en newtons par mètre.

Comme la fréquence est l'inverse de la période,

$$f = \dfrac{1}{2\pi} \sqrt{\dfrac{k}{m}}$$

Ces équations exprimant le MHS relatif aux systèmes masse-ressort s'appliquent même si le mouvement est vertical. Le mouvement horizontal a été utilisé dans les dérivations parce que la pesanteur n'a pas à être prise en compte.

> ▸ **PROBLÈME 5**

Une masse de 0,45 kg est accrochée à un ressort ayant une constante de force de $1,4 \times 10^2$ N/m. Le système masse-ressort est placé à l'horizontale, la masse étant au repos sur une surface dont le frottement est négligeable. On déplace la masse sur une distance de 15 cm et ensuite on la relâche. Détermine la période et la fréquence du MHS.

Solution

$m = 0,45$ kg $T = ?$

$k = 1,4 \times 10^2$ N/m $f = ?$

$A = 15$ cm $= 0,15$ m

$$T = 2\pi \sqrt{\dfrac{m}{k}} = 2\pi \sqrt{\dfrac{0,45 \text{ kg}}{1,4 \times 10^2 \text{ N/m}}}$$

$$T = 0,36 \text{ s}$$

Alors, $f = \dfrac{1}{T} = \dfrac{1}{0,36 \text{ s}}$

$$f = 2,8 \text{ Hz}$$

La période et la fréquence du mouvement sont de 0,36 s et de 2,8 Hz.

> ▸ **Mise en pratique**

Saisis bien les concepts

15. Un système vertical masse-ressort effectue des mouvements de va-et-vient et décrit un MHS ayant une amplitude A. Trouve les positions où
    a) le déplacement par rapport à la position d'équilibre est maximale;
    b) la vitesse est maximale;
    c) la vitesse est minimale;
    d) l'accélération est maximale;
    e) l'accélération est minimale.

16. Dans les exemples suivants, détermine la période et la fréquence, en unités SI:
    a) un œil humain clignote 12 fois en 48 s
    b) un disque tourne à une vitesse de 210 tours par minute
    c) la corde *la* d'une guitare vibre 2 200 fois en 5 s

LE SAVAIS-TU ❓

Les pendules simples

Un pendule simple décrit un MHS si l'amplitude des oscillations est faible. Dans ce cas, l'équation exprimant la période est $T = 2\pi \sqrt{\dfrac{L}{g}}$, où L est la longueur du pendule, et g l'accélération due à la pesanteur.

Réponses

16. a) 4,0 s; 0,25 Hz
    b) 0,29 s; 3,5 Hz
    c) $2,3 \times 10^{-3}$ s; $4,4 \times 10^2$ Hz

17. Une masse de 0,25 kg est suspendue à l'extrémité d'un ressort qui est fixé à l'horizontale à un mur. Lorsque la masse est déplacée de 8,5 cm et relâchée, elle décrit un MHS. La constante de force du ressort est de $1,4 \times 10^2$ N/m. L'amplitude reste constante.
    a) Quelle distance la masse parcourt-elle au cours des cinq premiers cycles?
    b) Quelle est la période de vibration du système masse-ressort?

18. Une masse de 0,10 kg est suspendue à un ressort et soumise à un mouvement vibratoire de 2,5 Hz. Quelle est la constante de force du ressort?

19. Quelle masse, suspendue à un ressort ayant une constante de force de $1,4 \times 10^2$ N/m, donnera à un système masse-ressort une période de vibration de 0,85 s?

Mets en pratique tes connaissances

20. Démontre que $\sqrt{\dfrac{x}{a}}$ et $\sqrt{\dfrac{m}{k}}$ ont la même valeur.

Fais des liens

21. Pour augmenter la vibration d'un trampoline, tu effectues des sauts successifs à raison de 6 fois en 8 s tout en restant en contact avec la toile.
    a) Évalue la constante de force du trampoline.
    b) Si tu rebondis dans les airs au-dessus du trampoline, avec une période de rebond régulière, décris-tu un MHS? Explique.

Réponses

17. a) $1,7 \times 10^2$ cm
    b) 0,27 s
18. 25 N/m
19. 2,6 kg

L'énergie contenue dans le mouvement harmonique simple et le mouvement harmonique amorti

Nous avons vu que l'énergie potentielle élastique contenue dans un ressort idéal, lorsqu'il est étiré ou comprimé pour effectuer un déplacement x, est égale à $\frac{1}{2}kx^2$. Considérons les transformations de l'énergie que subit un ressort idéal lorsqu'il décrit un MHS, comme à la **figure 12**. Le ressort subit une traction vers la droite, vers le point $x = A$, à partir de sa position d'équilibre, puis il est relâché. L'énergie potentielle élastique atteint sa valeur maximale en $x = A$:

$$E_e = \frac{1}{2}kA^2$$

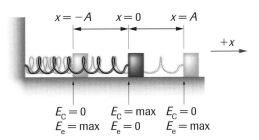

Figure 12
L'énergie mécanique dans un système masse-ressort

Selon la loi de la conservation de l'énergie, lorsque la masse est relâchée, l'énergie totale du système, E_T, est égale à la somme de l'énergie potentielle élastique emmagasinée dans le ressort et de l'énergie cinétique de la masse. Par conséquent,

$$E_T = \frac{1}{2}kx^2 + \frac{1}{2}mv^2$$

où k est la constante du ressort, x, le déplacement de la masse à partir de sa position d'équilibre, m, la masse à l'extrémité du ressort, et v, la vitesse instantanée de la masse. Comme nous allons le voir, la conservation de l'énergie mécanique peut être utilisée pour résoudre les problèmes mettant en jeu le MHS.

Une boîte d'une masse de 55 g est suspendue à un ressort à l'horizontale ayant une constante de force de 24 N/m. Le ressort est comprimé jusqu'à la position $A = 8,6$ cm, à la gauche de sa position d'équilibre. La boîte est relâchée et décrit un MHS.

a) Quelle est la vitesse de la boîte lorsqu'elle se trouve à la position $x = 5,1$ cm par rapport à sa position d'équilibre?

b) Quelle est la vitesse maximale de la boîte?

Solution

a) On utilise le symbole prime (') pour représenter la condition finale. On applique la loi de la conservation de l'énergie mécanique aux deux positions de la boîte, la position initiale A et la position finale x'.

$A = 8,6$ cm $= 0,086$ m

$m = 55$ g $= 0,055$ kg

$x' = 5,1$ cm $= 0,051$ m

$k = 24$ N/m

$v' = ?$

$$E_T = E_T'$$
$$E_e + E_C = E_e' + E_C'$$
$$\frac{kA^2}{2} + 0 = \frac{kx'^2}{2} + \frac{mv'^2}{2}$$
$$kA^2 = kx'^2 + mv'^2$$
$$v' = \sqrt{\frac{k}{m}(A^2 - x'^2)} \quad \text{(en supprimant la racine négative)}$$
$$= \sqrt{\frac{24 \text{ N/m}}{0,055 \text{ kg}}\left((0,086 \text{ m})^2 - (0,051 \text{ m})^2\right)}$$
$$v' = 1,4 \text{ m/s}$$

La vitesse de la boîte est de 1,4 m/s.

b) La vitesse maximale est atteinte lorsque $x' = 0$.

$$v' = \sqrt{\frac{k}{m}(A^2 - x'^2)}$$
$$= \sqrt{\frac{24 \text{ N/m}}{0,055 \text{ kg}}(0,086 \text{ m})^2}$$
$$v' = 1,8 \text{ m/s}$$

La vitesse maximale de la boîte est de 1,8 m/s.

Dans de nombreuses situations pratiques mettant en jeu un système masse-ressort, il serait désavantageux qu'il soit animé d'un MHS. Par exemple, lorsque tu utilises un pèse-personne pour connaître ton poids, tu n'as pas envie que le ressort décrive un MHS. Tu t'attends à ce que le ressort se détende rapidement et s'immobilise de manière que tu puisses lire le chiffre qui est affiché. Ce mouvement de retour se définit comme un mouvement *amorti*. Le **mouvement harmonique amorti** est un mouvement périodique ou répété au cours duquel la vibration, donc de l'énergie, décroît avec le temps. À la **figure 13**, on peut voir une courbe typique déplacement-temps représentant un mouvement harmonique amorti dont le temps d'amortissement est long et régulier.

mouvement harmonique amorti
mouvement périodique ou répété dans lequel la vibration et l'énergie diminuent avec le temps

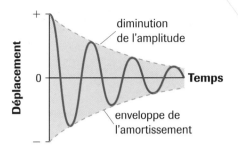

diminution
de l'amplitude

Déplacement

0 ──────────────── **Temps**

enveloppe de
l'amortissement

Fig...
Une ...
représe...
nique am...
de la courbe...
de l'amortisse...

Mets en pratique ... 26. a) Dét...

Pour étudier les propriétés d'amortissement d'un ressort, il f...
masse-ressort à la verticale pour que la masse vibre selon une amp...
observer les vibrations. Pour faire cette expérience, reporte-toi à la ru...
4.5.2 de la section Activités en laboratoire, à la fin du chapitre.

Le pèse-personne est un exemple d'appareil illustrant particulièrement ...
cipe de l'amortissement. Le système de ressorts et d'amortisseurs d'une voitu...
autre exemple. Lorsque la roue d'une voiture passe sur une bosse, le ressort et ...
tisseur se compriment facilement mais ils sont conçus de manière à ne pas reb...
L'énergie qui leur est transmise se dissipe ou se transforme en d'autres formes d'éner...
Pour approfondir l'exemple des ressorts et des amortisseurs des automobiles, tu peux fair...
l'activité 4.5.1 de la section Activités en laboratoire, à la fin du chapitre.

▶ *Mise en pratique*

Saisis bien les concepts

22. Les **figures 14a)** et **14b)** montrent un système masse-ressort décrivant un MHS
aux points de compression et de traction maximaux.
    a) Quelle longueur le ressort doit-il avoir pour que la vitesse de la masse soit
    minimale? Quelle est cette vitesse?
    b) Quelle longueur le ressort doit-il avoir pour que la vitesse de la masse soit
    maximale? Quelle est cette vitesse?
    c) Quelle est la grandeur du MHS?

a)

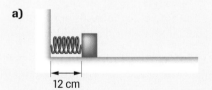

12 cm

b)

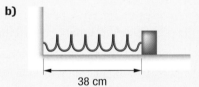

38 cm

Figure 14

23. L'énergie maximale d'un système masse-ressort décrivant un MHS est de 5,64 J.
La masse est de 0,128 kg et la constante de force, de 244 N/m.
    a) Quelle est la grandeur de la vibration?
    b) Applique deux approches différentes pour déterminer la vitesse maximale
    de la masse.
    c) Calcule la vitesse de la masse lorsque cette dernière se trouve à 15,5 cm
    de sa position d'équilibre.

24. La vibration d'une masse sur un ressort animé d'un MHS est de 0,18 m.
La masse est de 58 g et la constante de force, de 36 N/m.
    a) Calcule l'énergie maximale du système et la vitesse maximale de la masse.
    b) Quelle grandeur de vibration est requise pour doubler l'énergie maximale?
    c) Quelle est la vitesse maximale de la masse au moment où est produite cette
    nouvelle énergie?

25. Démontre que la vitesse maximale d'une masse fixée à un ressort animé d'un MHS
est exprimée par la formule $2\pi fA$.

...1

...et la souplesse
...ransport (p. 223)
...ssorts et les amortisseurs
...égrés sur les véhicules assurent
sécurité et souplesse dans les
déplacements. Que devient l'énergie
de la vibration produite lorsque
le véhicule passe sur une bosse?

Réponses
22. a) 12 cm; 38 cm; zéro
    b) 25 cm; zéro
    c) 13 cm
23. a) 0,215 m
    b) 9,39 m/s
    c) 6,51 m/s
24. a) 0,58 J; 4,5 m/s
    b) 0,25 m
    c) 6,3 m/s

...mine les dimensions de l'expression $\sqrt{\dfrac{k}{m}(A^2 - x^2)}$.

...) Explique la signification de cette expression.

Fais des liens

27. Détermine si les dispositifs suivants ont des mouvements d'amortissement rapides, moyens ou lents. Justifie ta réponse.
    a) les branches d'un diapason
    b) l'aiguille d'un voltmètre analogique
    c) une corde de guitare
    d) des portes «saloon» (portes battantes)
    e) la corde d'un arc lorsque la flèche quitte l'arc

RÉSUMÉ — L'énergie potentielle élastique et le mouvement harmonique simple

- Selon la loi de Hooke, et considérant un ressort idéal, la force exercée par un ressort ou appliquée à ce dernier est directement proportionnelle au déplacement du ressort par rapport à sa position d'équilibre.

- Selon la loi de Hooke, la constante de proportionnalité k est la constante de force du ressort, mesurée en newtons par mètre.

- L'énergie potentielle élastique est l'énergie emmagasinée dans les objets qui sont soumis à une traction, une compression, une flexion ou une torsion.

- L'énergie potentielle élastique emmagasinée dans un ressort est proportionnelle à la constante de force de ce dernier et au carré de la valeur de la traction ou de la compression.

- Le mouvement harmonique simple (MHS) est un mouvement périodique vibratoire qui a pour conséquence que la force (et donc l'accélération) est directement proportionnelle au déplacement.

- Un cercle de référence peut être utilisé pour dériver les équations exprimant la période et la fréquence du MHS.

- La loi de la conservation de l'énergie mécanique peut être appliquée au système masse-ressort; elle englobe l'énergie potentielle élastique, l'énergie cinétique et, pour les systèmes à la verticale, l'énergie potentielle gravitationnelle.

- Le mouvement harmonique amorti est un mouvement périodique dans lequel la grandeur de la vibration et de l'énergie décroît avec le temps.

▶ Section 4.5 Questions

Saisis bien les concepts

Remarque: dans les questions ci-dessous, à moins d'indication contraire, considère que tous les ressorts obéissent à la loi de Hooke.

1. Deux élèves tirent avec une force égale sur un ressort à l'horizontale solidement fixé au mur. Ensuite, ils le détachent du mur et tirent horizontalement sur ses deux extrémités. S'ils tirent avec la même force, la traction du ressort est-elle égale, supérieure ou inférieure à la première traction? Explique ta réponse. (*Indice*: Dans chaque cas, trace un diagramme de forces se rapportant au déplacement du ressort.)

2. La quantité d'énergie potentielle élastique emmagasinée dans un ressort est-elle plus importante lorsque ce dernier subit une traction de 2 cm que lorsqu'il est soumis à une compression du même ordre? Explique ta réponse.

3. Quel est le sens de «harmonique» dans l'expression «mouvement harmonique simple»?

4. Détermine, le cas échéant, la relation entre les ensembles de variables suivants. Si possible, formule un énoncé mathématique, exprimant la variation (proportionnalité), basé sur l'équation appropriée.
   a) la période et la fréquence
   b) l'accélération et le déplacement dans un MHS
   c) la période et la constante de force d'une masse fixée à un ressort animé d'un MHS
   d) la vitesse maximale d'un corps animé d'un MHS et la grandeur de son mouvement

5. Une élève, d'une masse de 62 kg, se tient sur une chaise rembourrée comportant des ressorts ayant chacun une constante de force de $2,4 \times 10^3$ N/m. Si le poids de l'élève est réparti également sur les six ressorts, quelle est la compression que subit chacun de ces ressorts?

6. Quelle force permet de faire subir à un ressort, ayant une constante de force de 78 N/m, une traction de 2,3 cm à partir de sa position d'équilibre?

7. Le ressort enroulé d'un exerciseur de main subit une compression de 1,85 cm lorsqu'une force de 85,5 N lui est appliquée. Détermine la force requise pour appliquer au ressort une compression de 4,95 cm.

8. Une remorque, d'une masse de 97 kg, est accrochée à un véhicule loisir travail (V.L.T.) par un ressort ayant une constante de force de $2,2 \times 10^3$ N/m. Quelle est la grandeur de la traction du ressort lorsque le véhicule effectue une accélération de 0,45 m/s²?

9. On laisse tomber un pamplemousse, d'une masse de 289 g, fixé à un ressort à la verticale non tendu et ayant une constante de force de 18,7 N/m.
   a) Détermine la force nette et l'accélération subies par le pamplemousse lorsqu'il se trouve à 10 cm en dessous de la position non tendue et qu'il se déplace vers le bas.
   b) Sous l'action de la résistance de l'air, le pamplemousse s'immobilisera à une certaine position d'équilibre. Quelle est la grandeur de la traction du ressort?

10. Un sauteur en bungee, d'une masse de 64,5 kg (harnais de sécurité compris), se tient sur une plate-forme à une hauteur de 48,0 m au-dessus d'une rivière. Non tendue, la corde de bungee a une longueur de 10,1 m. La constante de force de la corde est de 65,5 N/m. Le sauteur chute à partir d'une position de repos et touche l'eau avec une vitesse nulle. La corde agit comme un élastique idéal. Applique le principe de la conservation d'énergie pour déterminer la vitesse du sauteur à une hauteur de 12,5 m au-dessus de l'eau lors de la chute initiale.

11. Une voiture jouet est fixée à un ressort à l'horizontale. Lorsqu'on exerce une force de 8,6 N sur le jouet, le ressort subit une traction de 9,4 cm.
   a) Quelle est la constante de force du ressort?
   b) Quelle est l'énergie maximale du système jouet-ressort?

12. Si la vibration maximale que peut supporter un tympan humain est de $1,0 \times 10^{-7}$ m et l'énergie emmagasinée dans la membrane du tympan, de $1,0 \times 10^{-13}$ J, détermine la constante de force de ce dernier.

13. À partir d'une position de repos, un chariot d'une masse de 22 kg glisse le long d'une rampe inclinée selon un angle de 29° par rapport à l'horizontale (**figure 15**) pour atteindre un ressort d'une constante de force de $8,9 \times 10^2$ N/m. Le ressort subit une compression sur une distance de 0,30 m avant que le chariot ne s'immobilise. Détermine la distance totale que parcourt le chariot. Le frottement est négligeable.

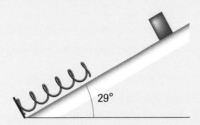

Figure 15

14. On lâche une balle de 0,20 kg, au repos, fixée à un ressort à la verticale d'une constante de force de 28 N/m, à partir de la position d'équilibre de ce dernier. Détermine la hauteur de chute de la balle, la résistance de l'air étant négligeable, avant qu'elle ne soit arrêtée momentanément par le ressort.

Mets en pratique tes connaissances

15. La **figure 16** montre les relations associées à l'énergie pour une masse de 0,12 kg animée d'un MHS et fixée à un ressort à l'horizontale. La quantité x représente le déplacement à partir de la position d'équilibre.
   a) Quelle courbe représente I) l'énergie totale, II) l'énergie cinétique et III) l'énergie potentielle élastique?
   b) Quelle est le MHS?
   c) Quelle est la constante de force du ressort?
   d) Quelle est la vitesse maximale de la masse?

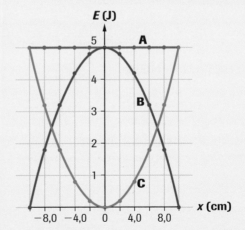

Figure 16

Fais des liens

16. Les amortisseurs d'un système de suspension d'un camion sont en si mauvais état qu'ils n'ont plus aucun effet sur le comportement des ressorts des essieux. Les deux ressorts de l'essieu arrière supportent $5,5 \times 10^2$ kg. Après être passée sur une bosse importante, la partie arrière du camion est soumise à des vibrations pendant six cycles en 3,5 s. Détermine la constante de force de chaque ressort.

ACTIVITÉ 4.4.1

L'application de la loi de la conservation de l'énergie

Les horloges soumises à l'action de la pesanteur, à l'origine appelées horloges à pendule, ont été décrites pour la première fois par Galilée lorsqu'il observait la régularité de la période et de la fréquence des oscillations de lampes accrochées dans une cathédrale. En 1656, le scientifique hollandais Christian Huygens (1629-1695) a construit une horloge à pendule d'une précision de 10 s par jour. De nombreuses améliorations ont été apportées pour augmenter la précision de la mesure du temps en utilisant des horloges soumises à l'action de la pesanteur. L'horloge la plus perfectionnée, un modèle à double pendule, a été fabriquée en 1921. Elle utilisait les forces électromagnétiques qui animaient un pendule à mouvement latéral transmettant de l'énergie au pendule principal de l'horloge, d'une précision de quelques secondes sur une période de cinq ans.

Forme un petit groupe et décidez ensemble de la répartition des responsabilités pour mener cette activité. Pour éviter que les thèmes ne soient traités en double, veille à ce que différents groupes traitent de telle ou telle caractéristique de l'horloge.

a) Prévois les transformations de l'énergie qui se produisent durant le fonctionnement d'une horloge à pendule simple et d'une horloge ayant un mécanisme plus complexe.

b) À l'aide d'Internet et d'autres ressources, trouve deux ou trois autres exemples mettant en jeu des horloges à pendule. Prends des notes que tu pourras consulter à titre de référence.

 ALLER À www.beaucheminediteur.com/physique12

c) Choisis un exemple (qui n'a pas été pris par un autre groupe) et rédige un rapport qui résume vos résultats. Il peut avoir la forme d'un rapport écrit, d'un plan accompagné d'explications, d'une affiche ou d'une page Web.

d) Évalue les ressources auxquelles tu as fait appel durant cette activité.

e) Commente les estimations que tu as faites au point a).

f) Suggère des solutions permettant d'améliorer la procédure que votre groupe a suivie pour effectuer cette activité.

RECHERCHE 4.5.1

Le test des ressorts réels

Dans cette rubrique, tu mèneras des tests sur des ressorts réels afin de déterminer dans quelles conditions, le cas échéant, ils obéissent à la loi de Hooke. Tu étudieras également le comportement de la constante de force de ressorts qui sont reliés entre eux.

Questions

I) Que peut-on apprendre de la représentation graphique des forces appliquées par différentes masses à un ressort qui subit une traction ?

II) Comment se comporte la constante de force de deux ressorts suspendus au même niveau par rapport aux constantes de force individuelles ?

Habiletés de recherche

○ Questionner   ● Planifier   ● Analyser
● Émettre une hypothèse   ● Mener une expérience   ● Évaluer   ● Communiquer
● Prévoir   ● Enregistrer, noter

Hypothèse

a) Considérant un ressort réel, comment se compare, selon toi, le comportement de la courbe de F_x en fonction de x, à celui de la courbe correspondant à un ressort idéal ? Explique ton raisonnement.

b) Formule une hypothèse pour répondre à la question II).

Prévisions

c) Trace un graphique pour illustrer tes prévisions quant à la relation entre F_x et x.

d) Formule l'équation qui exprime une relation entre la constante de force totale, k_{total}, et les constantes de force individuelles, k_1 et k_2, des deux ressorts reliés au même niveau.

Matériel

Pour chacun des groupes de trois ou quatre élèves:

un support muni d'un crochet pour y fixer le ressort
un étrier de fixation pour maintenir le support
   sur la table de laboratoire
un fil
3 ressorts d'extension de rigidité différente
un ensemble de masses (des masses de 50 g à 200 g
   pour les ressorts souples et de 500 g à 2 000 g pour
   les ressorts rigides)
un ruban à mesurer
du papier quadrillé
des lunettes de sécurité

Prends garde de ne pas trop étirer les ressorts.

**Assure-toi de fixer le support de manière
sécuritaire afin que la masse ne puisse pas
le renverser. Utilise l'étrier de fixation.**

Porte des lunettes de sécurité.

Marche à suivre

1. Utilise un fil pour attacher le premier ressort au crochet fixé au support (**figure 1**). Mesure l'allongement du ressort lorsque diverses masses y sont accrochées et que le système masse-ressort atteint sa position d'équilibre. Inscris les données dans un tableau.

2. Répète l'étape 1 avec les deux autres ressorts.

3. Choisis deux ressorts de rigidité différente et accroche-les (à la verticale au même niveau). Mesure l'allongement du double ressort lorsque diverses masses y sont accrochées et que le système atteint sa position d'équilibre. Inscris les données dans un tableau.

Analyse

e) Pour chacun des ressorts testés aux points 1 et 2, représente sur le même graphique la force appliquée au ressort par rapport à l'allongement auquel il est soumis. Explique pourquoi le tracé ne correspond pas toujours à une droite.

f) Calcule et compare les pentes des segments droits des trois tracés que tu as obtenus au point e). Que représente chaque pente?

g) Considérant une force de 50 N, est-il possible de l'appliquer à chacun des cas représentés au point e)? Explique ta réponse.

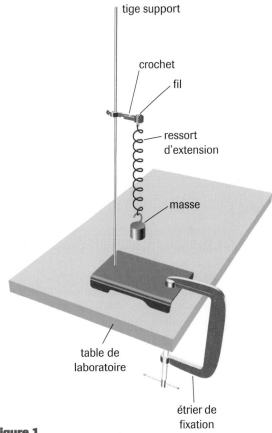

Figure 1
Installation du dispositif servant à mener les tests de la recherche 4.5.1

h) Dérive une équation qui exprime la relation entre la constante de force, k_{totale}, aux constantes de force individuelles, k_1 et k_2, pour les deux ressorts que tu as choisis au point 3. (*Indice:* Il ne s'agit pas simplement d'une soustraction des constantes de force individuelles.)

Évaluation

i) Commente la justesse de tes hypothèses et de tes prévisions.

j) Identifie les sources probables d'erreurs aléatoires et systématiques dans cette expérience et propose des méthodes permettant de minimiser ces erreurs.

Synthèse

k) Explique pourquoi la force appliquée est représentée sur l'axe vertical du graphique même s'il s'agit d'une variable indépendante.

l) Décris ce qui différencie un ressort réel d'un ressort idéal.

L'analyse des forces et des énergies dans un système masse-ressort

Habiletés de recherche

○ Questionner   ● Planifier   ● Analyser
● Émettre une hypothèse   ● Mener une expérience   ● Évaluer
● Prévoir   ● Enregistrer, noter   ● Communiquer

On peut utiliser un système masse-ressort pour analyser plusieurs concepts présentés dans ce chapitre et en faire une synthèse. Dans cette rubrique, tu étudieras comment la loi de la conservation de l'énergie s'applique au MHS que décrit un système masse-ressort.

Questions

I) L'action d'un système masse-ressort réel suspendu à la verticale confirme-t-elle ou réfute-t-elle la loi de la conservation de l'énergie?

II) Quelles sont les propriétés d'amortissement d'un système masse-ressort réel qui est animé de vibrations agissant verticalement?

Hypothèse

a) Un ressort réel qui vibre est-il animé d'un MHS ou d'un mouvement harmonique amorti? Justifie ta réponse.

b) Formule une hypothèse pour répondre à la question II).

Prévisions

c) Sur un même graphique, représente les profils des énergies suivantes en fonction de l'allongement d'un ressort à la verticale à partir du moment où une masse tombe de sa position la plus élevée (non tendu) à la position la plus basse: l'énergie potentielle gravitationnelle, l'énergie potentielle élastique, l'énergie cinétique et l'énergie totale.

d) Représente graphiquement tes estimations de l'énergie totale relatives à un système masse-ressort à la verticale animé de vibrations en fonction du temps.

Matériel

Pour chacun des groupes de trois ou de quatre élèves:
un support muni d'un crochet pour y fixer le ressort
un étrier de fixation pour maintenir le support sur la table de laboratoire
un fil
un ressort d'extension
une masse de volume approprié, selon le ressort (de 50 g à 200 g pour un ressort souple ou de 500 g à 2 000 g pour un ressort rigide)
un ruban à mesurer
un chronomètre
du papier quadrillé
des lunettes de sécurité

 Prends garde de ne pas trop étirer les ressorts.

Assure-toi de fixer le ressort de manière sécuritaire afin que la masse ne puisse pas le renverser. Utilise l'étrier de fixation.

Porte des lunettes de sécurité.

Marche à suivre

1. Effectue des mesures pour déterminer la constante de force du ressort en newtons par mètre. (Si nécessaire, reporte-toi à la recherche 4.5.1.)

2. Utilise une masse qui a été approuvée par ton enseignante ou ton enseignant et sers-toi d'un fil pour la fixer au ressort non tendu. Détermine l'allongement maximal que le ressort subit lorsqu'on laisse tomber la masse en ligne droite. Répète cette mesure jusqu'à ce que tu sois sûr d'avoir atteint la plus grande précision possible.

3. Avec le même système masse-ressort, laisse tomber la masse à partir de sa position de repos, ressort non tendu, de manière qu'elle soit animée d'un mouvement vibratoire et détermine le déplacement vertical maximum pour chacun des 10 cycles. Simultanément, détermine à l'aide du chronomètre le temps requis pour les 10 cycles complets. Recommence les mesures pour améliorer la précision.

Analyse

e) Détermine l'énergie potentielle gravitationnelle, l'énergie potentielle élastique, l'énergie cinétique et l'énergie totale aux positions supérieure, moyenne et inférieure pour la masse que tu as utilisée au point 2. Représente les données dans un tableau, puis, sur un même graphique, représente tous les profils d'énergie sous la forme d'une fonction exprimant le déplacement y. (Si possible, utilise un tableur pour représenter les données et générer le graphique correspondant.) Ton graphique doit ressembler à celui de la **figure 1**.

f) Utilise le graphique obtenu au point précédent pour déterminer la vitesse de la masse au milieu de sa chute.

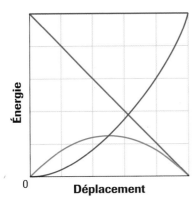

Figure 1
Graphique typique représentant
l'énergie en fonction du déplacement
et se rapportant à la chute initiale de la
masse dans un système masse-ressort

g) Utilise les données recueillies au point 3 pour déterminer l'énergie totale de la masse au début de chaque
cycle, pendant 10 cycles complets. Représente l'énergie
totale sous la forme d'une fonction exprimant le temps.
(Ton graphique doit ressembler à celui de la **figure 2**.)

h) Explique l'évolution de l'énergie qui semble disparaître
à chaque rebond subséquent engendré par le système
masse-ressort animé de vibrations.

i) Réponds aux questions I) et II).

Évaluation

j) Commente la justesse de tes hypothèses
et de tes prévisions.

k) Identifie les sources probables d'erreurs aléatoires
et systématiques dans cette expérience et propose
des méthodes permettant de minimiser ces erreurs.

Synthèse

l) Un ressort rigide est-il soumis à un amortissement
plus lent ou plus rapide qu'un ressort moins rigide
de la même longueur?

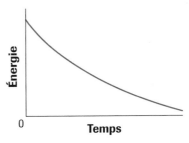

Figure 2
Graphique typique représentant
l'énergie en fonction du temps et se
rapportant à un système masse-ressort
animé de vibrations

⊙ ACTIVITÉ 4.5.1

La sécurité et la souplesse dans le transport

Le système de suspension d'une automobile est constitué
d'un amortisseur et d'un mécanisme à ressort rigide sur
chaque roue. Ce système, qui applique les principes de la
physique, assure sécurité et souplesse dans le transport.

a) Formule une hypothèse au sujet des conversions
d'énergie qui se produisent dans le système
de suspension d'une automobile.

b) Détermine les caractéristiques d'un système de
suspension efficace. Prends des notes que tu pourras
consulter à titre de référence.

 www.beaucheminediteur.com/physique12

c) Décris un modèle de système de suspension moderne
dans sa conception et son fonctionnement et analyse
les conversions d'énergie qui se produisent lorsqu'il est
sollicité. Dans ton analyse, démontre que tu comprends
le MHS, le mouvement harmonique amorti et la loi
de la conservation de l'énergie.

d) Explique pourquoi les modèles modernes à faible
frottement ont une durée de vie plus longue que les
anciens et assurent souvent une meilleure performance
et une meilleure sécurité dans les virages.

e) Évalue les ressources auxquelles tu as fait appel
durant cette activité.

f) Commente l'hypothèse que tu as formulée
au point a).

Objectifs clés

- définir et décrire les concepts et les unités se rapportant à l'énergie (par exemple, le théorème de l'énergie cinétique, l'énergie potentielle gravitationnelle, l'énergie potentielle élastique, l'énergie thermique et son transfert [la chaleur], les systèmes d'énergie ouverts et fermés et le mouvement harmonique simple) (4.1, 4.2, 4.3, 4.4, 4.5)

- analyser les situations mettant en jeu les concepts de l'énergie mécanique, l'énergie thermique et son transfert (la chaleur) ainsi que la loi de la conservation de l'énergie (4.4)

- analyser et expliquer les situations courantes mettant en jeu le travail et l'énergie (4.1, 4.2, 4.3, 4.4, 4.5)

- énoncer la loi de Hooke et l'analyser en termes quantitatifs (4.5)

- concevoir et mener des expériences pour vérifier le principe de conservation de l'énergie dans un système mettant en jeu plusieurs types d'énergie (4.5)

- analyser et décrire, en utilisant la loi de la conservation de l'énergie, les différentes applications des transformations d'énergie (par exemple, analyser l'action d'un amortisseur et les transformations de l'énergie qui se produisent; étudier et expliquer le fonctionnement d'une horloge à pendule) (4.4, 4.5)

Mots clés

travail

joule

énergie cinétique

théorème de l'énergie cinétique

énergie potentielle gravitationnelle

loi de la conservation de l'énergie

système isolé

énergie thermique

loi de Hooke

ressort idéal

constante de force

énergie potentielle élastique

mouvement harmonique simple

mouvement harmonique amorti

Équations clés

- $W = (F \cos \theta)\Delta d$ (4.1)

- $E_C = \dfrac{1}{2}mv^2$ (4.2)

- $W_{total} = \Delta E_C$ en supposant aucune transformation en une autre forme d'énergie   (4.2)

- $\Delta E_g = mg\Delta y$ (4.3)

- $E_{th} = F_C\Delta d$ (4.4)

- $F_x = \pm kx$ (4.5)

- $E_e = \dfrac{1}{2}kx^2$ (4.5)

- $T = 2\pi\sqrt{\dfrac{m}{k}}$ (4.5)

▶ *RÉDIGE* un résumé

En partant de l'exemple de la projection dans les airs d'un ressort en direction d'une cible précise (**figure 1**), rédige un résumé de ce chapitre. Imagine que tu disposes du matériel suivant:

- un ressort d'une masse inconnue et une constante de force inconnue
- une règle
- une balance
- un ensemble de paramètres de lancement (la distance par rapport à la cible, l'angle de lancement et la hauteur de la cible au-dessus ou en dessous de la rampe de lancement)

Utilise les questions ci-après en tant que lignes directrices pour résumer les concepts présentés dans ce chapitre.

1. Démontre comment tu peux être sûr que le ressort arrive le plus près possible de la cible, avec, à l'appui, des calculs typiques.
2. Démontre comment tu détermines la vitesse maximale du ressort en incluant les calculs typiques.
3. Dans quelle mesure le frottement du ressort, le frottement sur la rampe de lancement et la résistance de l'air affectent-ils les calculs?
4. Énumère les transformations de l'énergie qui s'opèrent dans la séquence des événements, en commençant par le travail que tu dois produire pour étirer le ressort jusqu'au point où le ressort touche le sol près de la cible et glisse jusqu'à son immobilisation.

Figure 1

Lorsque le ressort est soumis à la traction appropriée et projeté à partir de la rampe de lancement, il se déplace à la manière d'un projectile et touchera la cible éloignée de plusieurs mètres.

Inscris les nombres de 1 à 8 dans ton cahier. Indique à côté de chaque nombre si l'énoncé qui s'y rapporte est vrai (**V**) ou faux (**F**). S'il est faux, écris la version corrigée de l'énoncé.

1. En supposant que le frottement est négligeable, le travail produit sur un stylo, lorsqu'on le lève de 25 cm, est le même qu'on le lève sur un plan vertical ou sur un plan incliné selon un angle θ par rapport à l'horizontale.

2. Lorsque tu marches sur un sol à l'horizontale en portant un sac à dos à une hauteur constante au-dessus du sol, le travail produit par la pesanteur sur ce dernier est négatif.

3. Une gomme à effacer au repos tombe du bureau sur le sol. Lors de sa chute, son énergie cinétique augmente proportionnellement au carré de sa vitesse et son énergie potentielle gravitationnelle décroît proportionnellement au carré de la distance parcourue.

4. Un ballon rebondissant sur le sol n'atteint jamais une hauteur identique à celle à partir de laquelle il a été lâché (à partir de sa position au repos). Cela ne va pas à l'encontre de la loi de la conservation de l'énergie parce que le ballon et le sol n'appartiennent pas au même système isolé.

5. L'énergie thermique est identique à l'énergie interne, alors que la chaleur est le transfert de l'énergie d'un objet chaud vers un objet froid.

6. Dans un système masse-ressort à l'horizontale animé d'un MHS, la masse atteint sa vitesse maximale lorsque l'énergie potentielle élastique atteint un minimum.

7. Dans un système masse-ressort à la verticale animé d'un MHS, la masse atteint sa vitesse maximale lorsque l'énergie potentielle élastique atteint un minimum.

8. Un long temps d'amortissement est approprié pour un pèse-personne mais inapproprié pour un « exerciseur pour bébé ».

Inscris les nombres de 9 à 14 dans ton cahier. Indique à côté de chaque nombre la lettre qui correspond au meilleur choix de réponse.

Pour les questions 9 à 13, sélectionne le graphique de la **figure 1** qui représente le mieux la relation entre les variables décrites.

9. La variable y représente le travail produit par un ressort ; x représente l'extension du ressort.

10. La variable y représente l'énergie cinétique d'un objet ; x représente la vitesse de l'objet.

11. La variable y représente la période de vibration d'un objet animé par un MHS ; x représente la fréquence de vibration.

12. La variable y représente la fréquence de vibration d'un objet animé par un MHS dans un système masse-ressort ; x représente la constante de force du ressort.

13. La variable y représente le carré de la période d'un objet animé par un MHS dans un système masse-ressort ; x représente la constante de force du ressort.

14. Un enfant tire une luge sur un plan incliné (**figure 2**). Le travail produit par la pesanteur sur la luge pendant l'exécution du mouvement est
    a) $mgL \cos \theta$
    b) $mgL \sin \theta$
    c) $-mgL \cos \theta$
    d) $-mgL \sin \theta$
    e) aucune de ces réponses

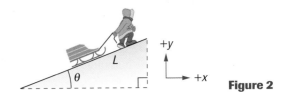

Figure 2

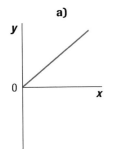 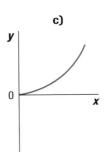 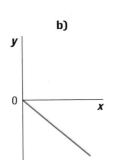 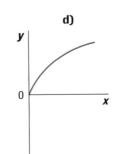 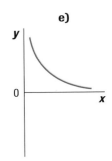

Figure 1
La première variable des questions 9 à 13 correspond à la variable y dans un de ces graphiques ; la seconde variable correspond à la variable x.

Une version interactive de cette évaluation est disponible dans Internet.
ALLER A www.beaucheminediteur.com/physique12

Saisis bien les concepts

1. Dans chacune des situations suivantes, indique si le travail produit sur un objet X par une force $\vec{F}$ est positif, négatif ou nul.

   a) Une golfeuse, marchant à vitesse vectorielle constante, porte un sac de golf X à l'horizontale en exerçant une force ascendante $\vec{F}$ sur ce dernier.

   b) Un élève exerce une force $\vec{F}$ sur un livre X lorsqu'il le déplace vers le sol à vitesse vectorielle constante.

   c) La force de gravité $\vec{F}$ agit sur une montgolfière X s'élevant à la verticale dans les airs.

   d) La route exerce une force normale $\vec{F}$ sur une voiture X qui s'éloigne d'une intersection en accélérant.

   e) Dans un modèle simple d'atome, un électron X décrit une orbite circulaire résultant de l'action de la force électrique $\vec{F}$ s'exerçant sur le noyau.

   f) Une tension $\vec{F}$ agit sur une masse X fixée à une corde. La masse oscille à la manière d'un pendule.

2. Une force est appliquée sur un objet qui subit un déplacement. Que peux-tu conclure si le travail produit sur l'objet par la force est nul?

3. La force normale exercée sur un objet peut-elle produire un travail sur ce dernier? Justifie ta réponse.

4. Un nageur essaie de nager contre le courant dans une rivière au débit constant, mais reste stationnaire par rapport à la rive.

   a) Un travail quelconque s'exerce-t-il sur le nageur? Explique ta réponse.

   b) Si le nageur arrête de nager et se laisse porter par le courant, un travail quelconque s'exerce-t-il sur lui? Explique ta réponse.

5. Une force nette externe non nulle s'exerce sur une particule. Cette donnée est-elle suffisante pour en conclure qu'il y a un changement

   a) de la vitesse vectorielle de la particule?

   b) de la vitesse de la particule?

   c) de l'énergie cinétique de la particule?

6. Es-tu d'accord ou non avec l'énoncé suivant? « Si l'on peut faire abstraction du frottement et de la résistance de l'air, la vitesse d'un corps en chute libre ne dépend pas de la masse de ce dernier ou de la trajectoire qu'il suit. » Justifie ta réponse.

7. Donne des exemples dans lesquels l'amortissement de la vibration est a) utile et b) inutile.

8. Penses-tu qu'un mouvement harmonique isolé qui ne soit pas amorti puisse exister? (« Isolé » signifie qu'il n'y a aucune influence externe.) Dans l'affirmative, donne au moins un exemple. Dans le cas contraire, explique pourquoi.

9. Après avoir été botté, un ballon de soccer, d'une masse de 0,425 kg, suit une trajectoire parabolique pour atteindre une hauteur maximale de 11,8 m au-dessus du sol. Quel travail la pesanteur produit-elle sur le ballon a) lorsqu'il s'élève et b) lorsqu'il retombe?

10. Un jardinier pousse une tondeuse à gazon en exerçant une force constante d'une amplitude de 9,3 N. Si cette force produit un travail de 87 J sur la tondeuse sur une distance de 11 m sur un terrain plat, quel est l'angle formé entre la force appliquée et l'horizontale?

11. Un enfant de 25,6 kg tire un traîneau de 4,81 kg sur une colline inclinée de 25,7° par rapport à l'horizontale. La hauteur de la colline est de 27,3 m. Le frottement est négligeable.

    a) Détermine la quantité de travail que l'enfant doit exercer sur le traîneau pour le tirer à vitesse vectorielle constante au sommet de la colline.

    b) Effectue les mêmes calculs qu'au point a), la hauteur étant toujours de 27,3 m, mais l'angle étant de 19,6°. Quelle conclusion peux-tu en tirer?

    c) L'enfant descend ensuite la colline en traîneau. Détermine la quantité totale de travail produite sur l'enfant et le traîneau pendant la descente.

12. Un skieur de 73 kg remonte une pente inclinée de 9,3° par rapport à l'horizontale. Le frottement est négligeable. Utilise le théorème de l'énergie cinétique pour déterminer la distance qu'il parcourt avant de s'arrêter lorsque la vitesse initiale au bas de la pente est de 4,2 m/s.

13. Quelle est la vitesse initiale d'un objet si son énergie cinétique augmente de 50,0 % lorsque sa vitesse augmente de 2,0 m/s?

14. Supposons que la grande pyramide de Chéops en Égypte (**figure 1**) a une masse de $7,0 \times 10^9$ kg et que le centre de la masse se trouve à 36 m au-dessus du sol.

    a) Détermine l'énergie potentielle gravitationnelle de la pyramide par rapport au sol au moment de sa construction.

    b) Supposons que tous les hommes ayant participé à la construction ont travaillé 40 jours par année et étaient en mesure de produire un travail de $5,0 \times 10^6$ J pour soulever les blocs de pierre. Si l'efficacité de chaque travailleur pour déplacer les blocs de pierre était de 20 % et qu'il a fallu 20 ans pour achever la pyramide, combien de travailleurs ont participé à la construction?

Figure 1
La grande pyramide de Chéops est la plus grande pyramide jamais construite. (Se rapporte à la question 14.)

15. Lors d'un mouvement de flexion du biceps, un haltérophile soulève une masse de 45 kg à la verticale sur une hauteur de 66 cm. L'accélération est négligeable.
    a) Quelle quantité de travail est produite par la pesanteur sur la masse ?
    b) Quelle quantité de travail est produite sur la masse par l'haltérophile ?
    c) De quelle quantité l'énergie potentielle gravitationnelle de la masse augmente-t-elle ?

16. Une mouette lâche un coquillage de 47 g, initialement au repos, à partir du toit d'un chalet.
    a) Si la résistance de l'air est négligeable, quelle vitesse atteint le coquillage lors d'une chute de 4,3 m ? Utilise la loi de la conservation de l'énergie.
    b) Si la résistance de l'air est prise en compte, dirais-tu que la vitesse du coquillage augmente, diminue ou reste identique ?

17. Un bâton est lancé à partir d'une falaise d'une hauteur de 27 m avec une vitesse vectorielle initiale de 18 m/s selon un angle de 37° au-dessus de l'horizontale.
    a) Utilise le principe de conservation de l'énergie pour déterminer la vitesse du bâton juste avant qu'il ne touche le sol.
    b) Répète le point a) en prenant en compte un angle de 37° au-dessous de l'horizontale.

18. Un jardinier exerce une force de $1,5 \times 10^2$ N [22° au-dessous de l'horizontale] en poussant, sur une distance de 1,6 m, une caisse de grande dimension et d'un poids de 18 kg contenant des graines. Le coefficient de frottement cinétique entre la caisse et le sol est de 0,55.

    a) Applique les lois de Newton pour déterminer la force normale et la force de frottement sur la caisse.
    b) Utilise la loi de la conservation de l'énergie pour déterminer la vitesse finale de la caisse si elle est tirée à partir de sa position de repos.
    c) Quelle est la quantité d'énergie thermique produite ?

19. Les moteurs d'une sonde spatiale d'un poids de $1,2 \times 10^3$ kg, se déplaçant à une vitesse de $9,5 \times 10^3$ m/s dans l'espace lointain, produisent une force de $9,2 \times 10^4$ N sur une distance de 86 km. Détermine la vitesse finale de la sonde.

20. Une gymnaste saute à la verticale à partir d'un trampoline, quittant ce dernier à une hauteur de 1,15 m par rapport au sol et atteignant une hauteur maximale de 4,75 m par rapport au sol. Détermine la vitesse à laquelle la gymnaste quitte le trampoline. (Fais abstraction de la résistance de l'air et applique les concepts définissant l'énergie.)

21. La **figure 2** représente le graphique d'une composante à l'horizontale de la force exercée par une personne déplaçant une table en ligne droite sur un sol à l'horizontale. Quelle est la quantité de travail produite sur la table lorsqu'elle est déplacée sur une distance de 6,0 m ?

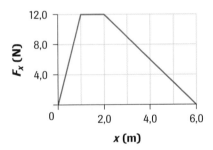

Figure 2

22. Un ressort subit un allongement de 0,418 m à partir de sa position d'équilibre ; une force de $1,0 \times 10^2$ N lui est appliquée.
    a) Quelle est la constante de force du ressort ?
    b) Quelle est la force requise pour étirer le ressort de 0,150 m à partir de sa position d'équilibre ?
    c) Quelle quantité de travail doit être produite sur le ressort pour l'étirer de 0,150 m à partir de sa position d'équilibre et pour le comprimer de 0,300 m à partir de cette même position ?

23. Un élève utilise un ressort comprimé ayant une constante de force de 22 N/m pour projeter une gomme à effacer d'une masse de $7,5 \times 10^{-3}$ kg de l'autre côté du bureau. La force de frottement exercée sur la gomme est de $4,2 \times 10^{-2}$ N. Sur quelle distance à l'horizontale la gomme glissera-t-elle si le ressort est comprimé de 3,5 cm initialement? Applique la loi de la conservation de l'énergie.

24. Un bloc fixé à un ressort à l'horizontale, d'une constante de force de 75 N/m, décrit un MHS de 0,15 m. Si la vitesse de la masse est de 1,7 m/s lorsque le déplacement est de 0,12 m à partir de sa position d'équilibre, quelle est la masse du bloc?

25. Une masse de 0,42 kg, fixée à un ressort à l'horizontale ayant une constante de force de 38 N/m, est animée d'un MHS sans frottement ayant une amplitude de 5,3 cm.
    a) Quelle est l'énergie maximale du système masse-ressort?
    b) Détermine la vitesse maximale de la masse en utilisant les concepts d'énergie.
    c) Quelle est la vitesse de la masse lorsque le déplacement est de 4 cm?
    d) Détermine la somme d'énergie cinétique et d'énergie potentielle élastique du système lorsque le déplacement est de 4 cm. Compare le résultat à la réponse que tu as donnée au point a).

Mets en pratique tes connaissances

26. a) Utilise des mesures réelles pour déterminer la quantité de travail que tu devrais produire pour empiler cinq de ces manuels de physique les uns sur les autres s'ils se trouvaient initialement à plat sur la table.
    b) Identifie les sources d'erreurs aléatoires et systématiques dans tes mesures.

27. Un capteur de force est utilisé pour pousser une boîte sur une surface horizontale ayant une vitesse vectorielle constante. Si le capteur est relié à une calculatrice à affichage graphique, quelles données cette dernière doit-elle générer pour indiquer la quantité de travail produite par la force appliquée par le capteur à la boîte?

28. L'extrémité d'un plongeoir est animé d'un mouvement harmonique amorti après qu'un plongeur a effectué un saut. Au moment où le plongeur quitte le plongeoir ($t = 0$), l'extrémité du plongeoir se trouve à sa position maximale, $h = 26$ cm au-dessus de sa position d'équilibre. La période de vibration de l'extrémité du plongeoir est de 0,40 s. La grandeur est négligeable au bout de 6 cycles. Trace un graphique représentant

le déplacement approximatif en fonction du temps nécessaire pour exécuter ce mouvement. (Prends en compte l'enveloppe de l'amortissement.)

29. Les tracteurs agricoles produisent souvent des vibrations qui dérangent les personnes qui les conduisent. Un fabricant t'embauche et te charge de concevoir un siège de tracteur qui réduise au minimum les vibrations émises. Décris les différentes méthodes que tu appliquerais pour atteindre ce but. (Tiens compte des concepts présentés dans ce chapitre, tels que le principe de l'amortissement et la loi de la conservation de l'énergie.)

Fais des liens

30. Lorsqu'il fait très froid ou qu'il vente beaucoup, certaines montagnes russes sont fermées. Pourquoi?

31. Deux balles identiques, A et B, sont relâchées à partir de leur position de repos sur des plans inclinés ayant la même dénivellation verticale et la même longueur d'une extrémité à l'autre. Les plans inclinés diffèrent dans le détail comme le montre la **figure 3**. (Considère qu'il y a peu de perte d'énergie en raison du frottement de roulement.)
    a) Quelle balle arrivera la première en bas? Justifie ta réponse.
    b) Des coureurs cyclistes appliquent ce principe sur des pistes ovales inclinées. Explique comment.

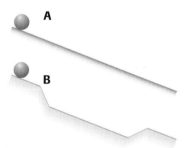

Figure 3

Exercices complémentaires

32. La **figure 4** présente le profil partiel d'une montagne russe. Le frottement et la résistance de l'air sont négligeables. Détermine la vitesse du train à la position C si la vitesse au sommet de la pente la plus élevée est a) nulle et b) de 5,0 m/s.

33. a) À la question 32, pourquoi n'était-il pas nécessaire de spécifier la masse du train?
    b) Compare l'augmentation de la vitesse dans les deux situations. La différence est-elle surprenante? Pourquoi?

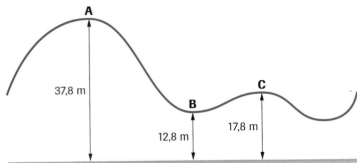

37,8 m

12,8 m

B

17,8 m

C

A

Remarque : Les échelles horizontale et verticale sont différentes.

Figure 4

34. On laisse tomber une masse en acier de 1,5 kg sur un ressort à compression ayant une constante de force de $2,1 \times 10^3$ N/m, à partir d'une hauteur de 0,37 m au-dessus de l'extrémité du ressort. Sur la base des considérations relatives à l'énergie, calcule la distance maximale sur laquelle le ressort est comprimé.

35. Une bande élastique tendue, d'une masse de 0,55 g, est relâchée de façon que sa vitesse vectorielle initiale soit horizontale et que sa position initiale se trouve à 95 cm au-dessus du sol. Quelle est l'énergie potentielle élastique emmagasinée dans la bande tendue si, lorsqu'elle touche le sol, son déplacement horizontal est de 3,7 m par rapport à la position initiale, la résistance de l'air étant négligeable ?

36. Une skieuse descend une pente et passe au-dessus d'une rampe, comme le montre la **figure 5**. Elle part du repos d'une hauteur de 16,0 m, quitte la rampe d'une hauteur de 9,0 m selon un angle de 45° et passe au-dessus de la haie, formant à cette position un angle de 30° par rapport à la verticale. Supposant qu'il n'y a aucun frottement et que la taille de la skieuse représente une petite valeur par rapport aux dimensions indiquées dans le problème, calcule la valeur H, soit la hauteur de la haie en mètres.

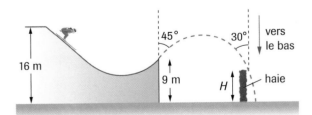

Figure 5

🍎 | La question Newton

37. Un athlète lance un ballon de basket dans le panier, comme le montre la **figure 6**. Il lâche le ballon à une hauteur de 0,50 m avec une vitesse de 9,0 m/s. Calcule la vitesse du ballon lorsqu'il « glisse » dans le panier. Ce dernier est à une hauteur de 3,0 m et à une distance de 5,0 m par rapport au joueur.

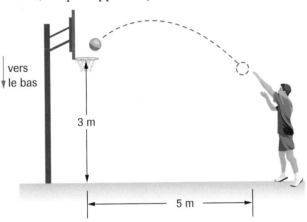

Figure 6

🍎 | La question Newton

38. Une navette spatiale atterrit sur une planète lointaine où l'accélération gravitationnelle est de 2,0. (Nous ne connaissons pas les unités locales de longueur et de temps, mais elles restent les mêmes tout le long du problème.) La navette progresse sur un plan sur lequel ne s'exerce aucun frottement (**figure 7**), avec une vitesse de 6,0 (position 1). Elle s'élève ensuite sur une rampe sur laquelle ne s'exerce aucun frottement, d'une hauteur de 5,0 et selon un angle de 30° (position 2). Après avoir effectué un bref vol balistique, elle atterrit à une distance S de la rampe (position 3). Calcule S en unités de longueur locales. Supposons que la navette est de petite dimension par rapport à l'unité de longueur locale et que tous les effets atmosphériques sont négligeables.

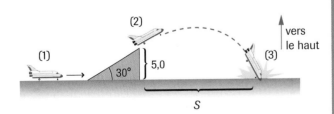

Figure 7

🍎 | La question Newton

La quantité de mouvement et les collisions

Il se produit constamment des collisions. Les molécules d'air entrent continuellement en collisions les unes avec les autres et avec les corps avoisinants, les tympans par exemple. Les bâtons de hockey et les rondelles s'entrechoquent, les raquettes et les balles de tennis aussi. La grêle tombe sur le toit des voitures. La locomotive et les wagons qu'elle tire se tamponnent avant de se mettre à avancer. Les particules d'énergie du Soleil qui entrent en collision avec les molécules présentes dans l'atmosphère de la Terre produisent les aurores boréales et australes. Il se produit même des collisions entre les galaxies. Pour comprendre le phénomène et appliquer ces connaissances au monde qui nous entoure, il faut d'abord étudier le concept de quantité de mouvement et la loi de conservation de la quantité de mouvement.

L'étude des collisions apporte des connaissances utiles dans de nombreuses situations où la sécurité est importante. Dans les activités sportives, les casques et autres équipements de protection réduisent les risques de commotion et les blessures causées par les chocs. Sur les routes, on installe des glissières de sécurité dans le but de limiter les dommages aux véhicules et les blessures aux passagers qui se trouvent à bord (**figure 1**).

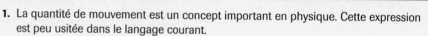

💡 **FAIS LE POINT** sur tes connaissances ▼

1. La quantité de mouvement est un concept important en physique. Cette expression est peu usitée dans le langage courant.
   a) Que signifie cette expression?
   b) Quel sens revêt cette expression dans le contexte de la physique?

2. Dans chacun des exemples ci-dessous concernant les objets A et B, indique si la quantité de mouvement de A est supérieure, inférieure ou égale à celle de B.
   a) La voiture A est immobile; une voiture B identique est en mouvement.
   b) Un cycliste A se déplace à vitesse modérée; un cycliste B de masse égale se déplace à grande vitesse sur un vélo identique.
   c) Un gros camion A se déplace à la même vitesse qu'une voiture B.

3. Dans les sports où l'on frappe une balle avec un objet tel qu'un bâton de golf, un bâton de baseball ou une raquette de tennis, le geste dit d'«accompagnement» confère un avantage à celui ou à celle qui le maîtrise.
   a) Que veut-on dire par *accompagnement*? Pourquoi cette technique présente-t-elle un avantage?
   b) À ton avis, quel paramètre a une incidence sur l'accompagnement dans les activités sportives?

4. La **figure 2** présente un graphique de la force exercée par une queue de billard sur une boule en fonction du temps.
   a) Quelle technique utiliserais-tu pour déterminer l'aire approximative comprise entre la courbe et l'axe du temps?
   b) Utilise l'analyse des unités ou l'analyse dimensionnelle pour déterminer la valeur que pourrait représenter l'aire sous la courbe du graphique. (*Indice*: Convertis les newtons en unités de base SI.)

Figure 1
En cas de collision, lequel de ces modèles de glissières de sécurité offrirait la meilleure protection aux passagers à bord d'un véhicule?

Figure 2
Graphique se rapportant à la question 4. La force appliquée par la queue de billard sur la boule au moment de la collision n'est pas constante.

▶ **À toi** d'expérimenter

Prévoir les rebonds

Au cours de cette activité simple, tu vas formuler une prévision et une hypothèse sur les rebonds d'une balle et mettre ensuite tes idées à l'épreuve par l'observation. Sans qu'il y ait eu de discussion préalable en classe ou en groupes, ton enseignant ou ton enseignante va faire circuler une balle A et une balle B parmi les élèves pour permettre à chacun de décider si le rebond de la balle A sera supérieur, inférieur ou égal à celui de la balle B, en supposant que les deux balles sont immobiles avant qu'on les relâche à partir de la même hauteur au-dessus du sol.

a)   Rédige ta prévision.

b)   Discute du problème avec d'autres élèves et rédige ensuite une hypothèse comparant le comportement de la balle A à celui de la balle B.

c)   Laisse tomber les balles A et B pour vérifier les prévisions que tes camarades et toi avez faites. Évalue ta prévision et ton hypothèse.

d)   Établis un lien entre les observations que tu as faites ici et la loi de la conservation de l'énergie appliquée aux collisions sur les routes ou dans les activités sportives.

✋ **Ne lance pas les balles. Le rebond peut causer des blessures.**

Figure 1
La zone de départ d'une course de bobsleigh a une longueur de 15 m environ. Sur cette distance, les bobeurs doivent exercer une force aussi grande que possible sur le traîneau pour accroître sa vitesse vectorielle et lui donner la plus grande quantité de mouvement possible.

quantité de mouvement linéaire
($\vec{p}$) produit de la masse d'un objet en mouvement et de sa vitesse vectorielle; une grandeur vectorielle

Dans les courses de bobsleigh (**figure 1**), les bobeurs doivent d'abord pousser de toutes leurs forces sur le traîneau dans la zone de départ, puis sauter à bord pour le faire descendre aussi vite que possible sur une piste glacée et sinueuse longue de plus de 1,2 km. Le traîneau à deux places a une masse d'environ 220 kg et exige une force très grande pour atteindre une vitesse vectorielle élevée. Au moment où les compétiteurs sautent dans l'engin, la masse totale peut atteindre 390 kg.

Les grandeurs que sont la masse et la vitesse vectorielle se combinent pour donner à un objet une **quantité de mouvement linéaire**:

$$\vec{p} = m\vec{v}$$

où $\vec{p}$ est la quantité de mouvement linéaire d'un objet en kilogrammes mètres par seconde, m, la masse en kilogrammes, et $\vec{v}$, la vitesse vectorielle en mètres par seconde. Le direction de la quantité de mouvement linéaire est la même que celle de la vitesse vectorielle.

Pour toute masse donnée, la quantité de mouvement linéaire est directement proportionnelle à la vitesse vectorielle, et pour toute vitesse vectorielle donnée, la quantité de mouvement linéaire est directement proportionnelle à la masse. Un camion possède une quantité de mouvement linéaire supérieure à celle d'une voiture voyageant à la même vitesse, alors qu'une voiture qui se déplace à grande vitesse peut avoir la même quantité de mouvement linéaire qu'un camion qui se déplace à vitesse réduite.

La quantité de mouvement linéaire est le produit d'une grandeur scalaire (la masse) et d'un vecteur (la vitesse vectorielle). Nous examinerons à maintes reprises les composantes de la quantité de mouvement linéaire:

$$p_x = mv_x$$
$$p_y = mv_y$$

De façon générale, nous omettrons le terme *linéaire* quand il s'agira de décrire le type de quantité de mouvement s'appliquant à une masse qui se déplace linéairement. Un autre type de quantité de mouvement, appelé *quantité de mouvement angulaire*, est caractéristique d'un objet en rotation, comme dans le cas d'un patineur qui fait une pirouette.

▶ **PROBLÈME 1**

Détermine la quantité de mouvement d'une tortue luth du Pacifique dont la masse est de $8,6 \times 10^2$ kg et qui nage à une vitesse vectorielle de 1,3 m/s [vers l'avant]. (La tortue luth du Pacifique est la plus grosse espèce de tortue au monde.)

Solution

$m = 8,6 \times 10^2$ kg
$\vec{v} = 1,3$ m/s [vers l'avant]
$\vec{p} = ?$

$\vec{p} = m\vec{v} = (8,6 \times 10^2 \text{ kg})(1,3 \text{ m/s [vers l'avant]})$
$\vec{p} = 1,1 \times 10^3$ kg·m/s [vers l'avant]

La quantité de mouvement de la tortue est égale à $1,1 \times 10^3$ kg·m/s [vers l'avant].

Saisis bien les concepts

1. Calcule la quantité de mouvement dans chacun des cas suivants :
   a) un éléphant africain de $7{,}0 \times 10^3$ kg courant à 7,9 m/s [E] ;
   b) un cygne tuberculé de 19 kg volant à 26 m/s [S] ;
   c) un électron d'une masse de $9{,}1 \times 10^{-31}$ kg se déplaçant à $1{,}0 \times 10^7$ m/s [vers l'avant].

2. Une motomarine et son conducteur ont une masse combinée de 405 kg et une quantité de mouvement de $5{,}02 \times 10^3$ kg·m/s [O]. Détermine la vitesse vectorielle de l'embarcation.

3. Une balle se déplaçant à $9{,}0 \times 10^2$ m/s [O] a une quantité de mouvement de 4,5 kg·m/s [O]. Quelle est sa masse ?

4. a) Estime la vitesse maximale à laquelle tu peux courir dans le but d'estimer ta quantité de mouvement à cette vitesse.
   b) Pour atteindre la même quantité de mouvement, quelle vitesse une voiture compact type doit-elle atteindre ? Formule des hypothèses et fournis tes calculs.

Réponses

1. a) $5{,}5 \times 10^4$ kg·m/s [E]
   b) $4{,}9 \times 10^2$ kg·m/s [S]
   c) $9{,}1 \times 10^{-24}$ kg·m/s [vers l'avant]
2. 12,4 m/s [O]
3. $5{,}0 \times 10^{-3}$ kg, ou 5,0 g

L'impulsion et la variation de la quantité de mouvement

Examine les facteurs qui permettent à la quantité de mouvement du bobsleigh illustré à la **figure 1** de passer de zéro à une valeur maximale à l'intérieur de la zone de départ. On songe tout de suite à la force appliquée par l'équipe : plus la force est grande, et plus la quantité de mouvement finale sera grande. Un autre facteur est l'intervalle de temps durant lequel la force est appliquée : plus cet intervalle est prolongé, et plus la quantité de mouvement finale sera grande. Pour analyser ces relations, nous nous reporterons à la deuxième loi du mouvement de Newton. Celle-ci énonce qu'un objet qui subit une force nette externe accélérera dans le sens de cette force ; la relation entre la masse de l'objet, son accélération et la force nette agissant sur lui est exprimée par l'équation $\sum \vec{F} = m\vec{a}$. À partir de cette équation, nous pouvons dériver une équation pour exprimer la variation de la quantité de mouvement d'un objet relativement à la force nette (en supposant qu'elle est constante) et de l'intervalle de temps :

$$\sum \vec{F} = m\vec{a} = m\left(\frac{\vec{v}_f - \vec{v}_i}{\Delta t}\right)$$

$$\sum \vec{F} \Delta t = m(\vec{v}_f - \vec{v}_i) = \vec{p}_f - \vec{p}_i$$

Puisque la soustraction vectorielle $\vec{p}_f - \vec{p}_i = \Delta \vec{p}$, nous obtenons :

$$\sum \vec{F} \Delta t = \Delta \vec{p}$$

Le produit $\sum \vec{F} \Delta t$ est appelé **impulsion**, une grandeur *égale à la variation de la quantité de mouvement*. L'unité SI utilisée pour l'impulsion est le newton seconde (N·s) ; le sens de l'impulsion est le même que celui de la variation de la quantité de mouvement.

Tu peux appliquer les notions liées à l'équation $\sum \vec{F} \Delta t = \Delta \vec{p}$ dans tes activités de tous les jours. Par exemple, quand tu attrapes une balle à mains nues, la possibilité que tu ressentes ou non de la douleur dépend de la force $\sum \vec{F}$ de la balle. Étant donné qu'en se rapprochant de toi la balle a toujours la même vitesse, la variation de sa quantité de mouvement au moment où tu l'attrapes reste toujours la même : $\Delta \vec{p} = m(\vec{v}_f - \vec{v}_i) = m(0 - \vec{v}_i)$. Par conséquent, au moment d'attraper la balle, si tu permets à tes mains de bouger dans le sens du déplacement de la balle, Δt augmentera, $\sum \vec{F}$ diminuera et la douleur sera moindre.

impulsion le produit $\sum \vec{F} \Delta t$, égal à la variation de la quantité de mouvement d'un objet

Particules à grande vitesse
La forme connue de la deuxième loi
du mouvement de Newton, $\sum \vec{F} = m\vec{a}$,
ne s'applique pas aux particules
infimes comme les électrons
quand leur vitesse approche celle
de la lumière. La formule générale
$\sum \vec{F} = \dfrac{\Delta \vec{p}}{\Delta t}$ s'applique toutefois,
même à des vitesses très élevées.

La relation entre l'impulsion et la variation de la quantité de mouvement pour les composantes est donnée par :

$$\sum F_x \Delta t = \Delta p_x$$
$$\sum F_y \Delta t = \Delta p_y$$

La forme de la deuxième loi de Newton qui nous est familière est $\sum \vec{F} = m\vec{a}$, mais en réorganisant $\sum \vec{F}\Delta t = \Delta \vec{p}$, on peut écrire cette loi comme suit :

$$\sum \vec{F} = \frac{\Delta \vec{p}}{\Delta t}$$

Cette équation indique que *la force nette exercée sur un objet est égale à la variation de la quantité de mouvement de l'objet*. Cette définition de la deuxième loi est en réalité plus générale que $\sum \vec{F} = m\vec{a}$ parce qu'elle nous permet de tenir compte des situations où la masse change. Et c'est précisément de cette manière que Newton avait formulé sa deuxième loi à l'origine. On peut écrire cette équation en fonction des composantes x et y :

$$\sum F_x = \frac{\Delta p_x}{\Delta t} \quad \text{et} \quad \sum F_y = \frac{\Delta p_y}{\Delta t}$$

Lorsque nous avons établi l'équation $\sum \vec{F}\Delta t = \Delta \vec{p}$, nous avons supposé que l'accélération de l'objet est constante et donc que la force nette exercée sur celui-ci est constante. Toutefois, dans de nombreux cas, la force appliquée à un objet varie de manière non linéaire pendant l'intervalle de temps où elle s'exerce. L'équation $\sum \vec{F}\Delta t = \Delta \vec{p}$ s'applique quand même, en autant que la force nette $\sum \vec{F}$ soit égale à la *force moyenne* agissant sur l'objet pendant l'intervalle de temps Δt.

Pour comprendre l'expression « force moyenne », étudie la **figure 2a**) : elle illustre la forme type d'un graphique exprimant la force en fonction du temps pendant une collision ou une autre interaction se déroulant sur un intervalle de temps Δt. Ce graphique pourrait représenter, par exemple, la force exercée sur un ballon de football au moment où le joueur le botte. L'aire située entre la courbe et l'axe du temps représente l'impulsion donnée à l'objet. (Tu peux vérifier ceci en considérant que l'unité de l'aire, le newton seconde (N·s), représente l'impulsion.) La *force moyenne* correspond à la force constante nécessaire pour produire la même poussée motrice que la force variable dans le même intervalle de temps. La **figure 2b**) représente le graphique de la relation force-temps, dans lequel la force moyenne est représentée par une ligne droite. L'aire sous la courbe engendrée par la force moyenne est identique à celle qui est obtenue par la courbe force-temps durant le même intervalle de temps.

CONSEIL *PRATIQUE*

Déterminer l'aire d'un graphique
Une façon de déterminer l'impulsion d'un objet (c.-à-d. l'aire) consiste à estimer la force moyenne sur un graphique force-temps où la force est non constante. Un autre moyen consiste à tracer un graphique, comme celui de la **figure 2c**),
et de compter le nombre de petits carrés sous la courbe. Une troisième méthode fait appel au calcul intégral, mais ce sujet n'est abordé que dans les cours de physique plus avancés.

a)

b)

c)

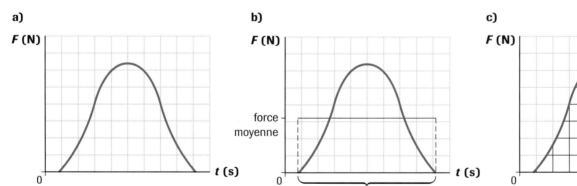
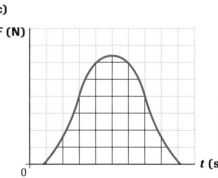

Figure 2
a) La force agissant sur un objet pendant une collision type.
b) La force moyenne agissant sur Δt donne la même aire que celle comprise sous la courbe dans a).
c) On peut estimer l'aire sous la courbe en superposant une grille et en comptant le nombre de carrés correspondants.

▶ **PROBLÈME 2**

Une balle de baseball de 0,152 kg se déplaçant horizontalement à 37,5 m/s [E] entre en collision avec un bâton de baseball. La collision dure 1,15 ms. Immédiatement après la collision, la balle se déplace horizontalement à 49,5 m/s [O] (**figure 3**).

a) Détermine la quantité de mouvement initiale de la balle.

b) Quelle est la force moyenne appliquée par le bâton sur la balle?

c) Détermine le rapport entre la grandeur de cette force et la grandeur de la force de gravité sur la balle.

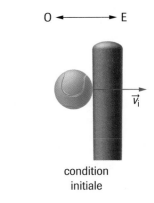

condition
initiale

Solution

a) $m = 0{,}152$ kg

$\vec{v}_i = 37{,}5$ m/s [E]

$\vec{p}_i = ?$

$$\vec{p}_i = m\vec{v}_i$$
$$= (0{,}152 \text{ kg})(37{,}5 \text{ m/s [E]})$$
$$\vec{p}_i = 5{,}70 \text{ kg·m/s [E]}$$

La quantité de mouvement initiale est égale à 5,70 kg·m/s [E].

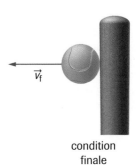

condition
finale

Figure 3
Illustration du problème 2

b) $m = 0{,}152$ kg

$\Delta t = 1{,}15$ ms $= 1{,}15 \times 10^{-3}$ s

$\vec{v}_i = 37{,}5$ m/s [E]

$\vec{v}_f = 49{,}5$ m/s [O]

$\sum \vec{F} = ?$

$$\sum \vec{F} = \frac{\Delta \vec{p}}{\Delta t}$$
$$= \frac{m(\vec{v}_f - \vec{v}_i)}{\Delta t}$$
$$= \frac{(0{,}152 \text{ kg})(49{,}5 \text{ m/s [O]} - 37{,}5 \text{ m/s [E]})}{1{,}15 \times 10^{-3} \text{ s}}$$
$$= \frac{(0{,}152 \text{ kg})(49{,}5 \text{ m/s [O]} + 37{,}5 \text{ m/s [O]})}{1{,}15 \times 10^{-3} \text{ s}}$$
$$\sum \vec{F} = 1{,}15 \times 10^4 \text{ N [O]}$$

La force moyenne est de $1{,}15 \times 10^4$ N [O].

c) Détermine la grandeur de la force de gravité exercée sur la balle:

$$F_g = mg$$
$$= (0{,}152 \text{ kg})(9{,}80 \text{ N/kg})$$
$$F_g = 1{,}49 \text{ N}$$

On peut maintenant calculer le rapport demandé:

$$\frac{1{,}15 \times 10^4 \text{ N}}{1{,}49 \text{ N}} = 7{,}72 \times 10^3$$

Le rapport des forces est de $7{,}72 \times 10^3$: 1.

Dans le problème 2c), la force moyenne exercée par le bâton sur la balle est 8 000 fois supérieure à la force de gravité. De manière générale, les forces entre les objets qui entrent en collision tendent à être de beaucoup supérieures aux autres forces, telle la pesanteur. On peut donc habituellement ne pas tenir compte de ces autres forces dans l'analyse des collisions.

Pour analyser l'effet de l'impulsion dans les sports qui font appel au geste d'« accompagnement », nous allons examiner une collision type entre une balle de tennis et une raquette.

▶ PROBLÈME 3

On lance une balle de tennis de 57 g vers le haut et on la frappe juste au moment où elle s'immobilise avant de redescendre. La raquette exerce sur la balle une force horizontale moyenne de $4,2 \times 10^2$ N.

a) Détermine la vitesse de la balle après la collision si la force moyenne est exercée sur la balle durant 4,5 ms.

b) Répète le calcul en supposant que l'intervalle de temps est de 5,3 ms.

c) Explique le principe du geste d'accompagnement et l'avantage qu'il procure.

Solution

a) Puisqu'il s'agit d'un problème impliquant une dimension, nous pouvons faire appel aux composantes.

$m = 57\,g = 0,057\,kg$ $\quad\quad v_{ix} = 0$

$\sum F_x = 4,2 \times 10^2\,N$ $\quad\quad v_{fx} = ?$

$\Delta t = 4,5\,ms = 4,5 \times 10^{-3}\,s$

$$\sum F_x \Delta t = \Delta p_x$$
$$\sum F_x \Delta t = m(v_{fx} - v_{ix})$$
$$\sum F_x \Delta t = mv_{fx} - mv_{ix}$$
$$mv_{fx} = \sum F_x \Delta t + mv_{ix}$$
$$v_{fx} = \frac{\sum F_x \Delta t}{m} + v_{ix}$$
$$= \frac{(4,2 \times 10^2\,N)(4,5 \times 10^{-3}\,s)}{0,057\,kg} + 0$$
$$v_{fx} = 33\,m/s$$

La vitesse de la balle de tennis après la collision est de 33 m/s.

b) $m = 57\,g = 0,057\,kg$ $\quad\quad v_{ix} = 0$

$\sum F_x = 4,2 \times 10^2\,N$ $\quad\quad v_{fx} = ?$

$\Delta t = 5,3\,ms = 5,3 \times 10^{-3}\,s$

Nous pouvons utiliser la même équation pour v_{fx} que celle que nous avons établie dans la partie a) :

$$v_{fx} = \frac{\sum F_x \Delta t}{m} + v_{ix}$$
$$= \frac{(4,2 \times 10^2\,N)(5,3 \times 10^{-3}\,s)}{0,057\,kg} + 0$$
$$v_{fx} = 39\,m/s$$

La vitesse de la balle de tennis après la collision est de 39 m/s.

c) La raquette dans b) exerce la même force moyenne que dans a), mais sur un intervalle de temps plus long. L'intervalle de temps additionnel de 0,8 ms n'est possible que si la joueuse ou le joueur accompagne le mouvement de la raquette. L'avantage que comporte l'accompagnement, c'est d'augmenter la vitesse finale de la balle de tennis, même si la force moyenne exercée sur la balle demeure la même.

▶ *Mise en pratique*

Saisis bien les concepts

5. Démontre que les unités correspondant à l'impulsion et à la variation de la quantité de mouvement sont équivalentes.

6. Une boule de neige d'une masse de 65 g tombe verticalement vers le sol avant de se fracasser et de s'immobiliser. Juste avant de toucher le sol, sa vitesse est de 3,8 m/s. Détermine
   a) la quantité de mouvement de la boule de neige juste avant qu'elle ne touche le sol;
   b) la quantité de mouvement de la boule de neige après qu'elle touche le sol;
   c) la variation de la quantité de mouvement.

7. Un camion possède une quantité de mouvement initiale de $5,8 \times 10^4$ kg·m/s [O]. Une force moyenne de $4,8 \times 10^3$ N [O] accroît la quantité de mouvement du camion pendant les 3,5 s qui suivent.
   a) Quelle est l'impulsion du camion pendant cet intervalle de temps?
   b) Quelle est la quantité de mouvement finale du camion?

8. Un ballon de volley ball de 0,27 kg, ayant une vitesse vectorielle initiale horizontale de 2,7 m/s, heurte un filet, s'arrête et tombe au sol. La force moyenne exercée par le filet sur le ballon est de 33 N [O]. Quelle est la durée en millisecondes du contact du ballon avec le filet?

9. À l'approche d'une piste d'aéroport, un avion de $1,24 \times 10^5$ kg possède une vitesse vectorielle de 75,5 m/s [11,1° sous l'horizontale]. Détermine les composantes horizontale et verticale de sa quantité de mouvement.

Mets en pratique tes connaissances

10. Détermine l'impulsion qui est transmise pendant l'interaction représentée dans chacun des graphiques de la **figure 4**.

Fais des liens

11. Dans les parties de boxe au XIXe siècle, on se battait à mains nues, alors qu'aujourd'hui les boxeurs portent des gants rembourrés.
   a) Comment les gants de boxe protègent-ils la tête (et le cerveau) du boxeur?
   b) Souvent, les boxeurs contrent les coups de poing en se laissant aller dans la même direction que ceux-ci. Explique, en faisant appel aux principes de la physique, comment cette manœuvre sert à les protéger.

Réponses

6. a) 0,25 kg·m/s [vers le bas]
   b) zéro
   c) 0,25 kg·m/s [vers le haut]
7. a) $1,7 \times 10^4$ N·s [O]
   b) $7,5 \times 10^4$ kg·m/s [O]
8. 22 ms
9. $9,19 \times 10^6$ kg·m/s;
   $1,80 \times 10^6$ kg·m/s
10. a) 1,0 N·s [E]
    b) environ 40 N·s [S]

a)

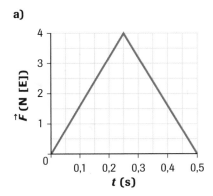

b)

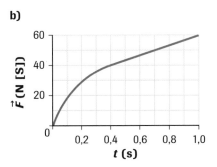

Figure 4
Graphiques se rapportant à la question 10

RÉSUMÉ
La quantité de mouvement et l'impulsion

- La quantité de mouvement linéaire d'un objet est le produit de sa masse et de sa vitesse vectorielle. C'est une grandeur vectorielle qui a pour unité le kg·m/s.

- L'impulsion donnée à un objet est le produit de la force nette moyenne agissant sur l'objet et de l'intervalle de temps pendant lequel cette force agit. Il s'agit d'une grandeur vectorielle qui a pour unité de base le N·s.

- L'impulsion donnée à un objet est égale à la variation de la quantité de mouvement de cet objet.

Saisis bien les concepts

1. Énonce la deuxième loi de Newton dans sa version originale, relativement à une relation entre la quantité de mouvement et la force. Écris une équation pour représenter cette relation.

2. Pour quels types de forces la notion d'impulsion est-elle la plus utile dans l'analyse des variations du mouvement qui en résulte?

3. Détermine l'impulsion exercée dans les cas suivants :
   a) On applique une force moyenne de 24 N [E] à un chariot pendant 3,2 s.
   b) Un bâton de hockey exerce une force de $1,2 \times 10^2$ N [vers l'avant] sur une rondelle durant 9,1 ms.
   c) La Terre exerce une force d'attraction sur une roche de 12 kg durant les 3,0 s que celle-ci met à tomber d'une falaise.
   d) Une voiture jouet s'écrase contre un mur de brique et subit une force variable, tel qu'on peut le constater dans le graphique force-temps de la **figure 5**.

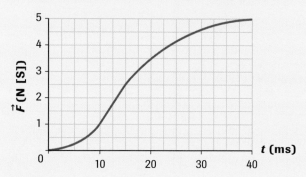

Figure 5

4. Quelle vitesse vectorielle un enfant de 41 kg assis sur un chariot de 21 kg acquerra-t-il si on le pousse pendant 2,0 s à une force moyenne de 75 N [O] à partir d'une position au repos?

5. Quelle force moyenne arrêtera en 1,5 s une voiture de $1,1 \times 10^3$ kg si la voiture se déplace initialement à 22 m/s [E] ?

6. Une boule de billard d'une masse de 0,17 kg roule vers le coussin droit de la table à 2,1 m/s, puis rebondit en ligne droite à 1,8 m/s.
   a) Quelle variation de quantité de mouvement la balle subit-elle après avoir frappé le coussin?
   b) Quelle impulsion le coussin donne-t-il à la balle?

7. Une rondelle de hockey de 0,16 kg glisse le long de la surface plane et lisse d'une patinoire à 18 m/s quand elle atteint une surface enneigée. Après avoir glissé sur la neige pendant 2,5 s, la rondelle poursuit à nouveau sa course sur une glace lisse à une vitesse de 11 m/s.
   a) Quelle est la variation de la quantité de mouvement de la rondelle?
   b) Quelle impulsion la neige exerce-t-elle sur la rondelle?
   c) Quelle force de frottement moyenne la neige exerce-t-elle sur la rondelle?

8. Un disque sans frottement d'une masse de 0,50 kg se déplace en ligne droite sur une table à coussin d'air à 2,4 m/s [E] lorsqu'il percute une bande élastique tendue entre deux poteaux fixes. La bande élastique exerce durant 1,5 s une force de réaction moyenne de 1,4 N [O] sur le disque. Quelle est la vitesse vectorielle finale du disque?

9. Une planche à roulettes de 2,0 kg roule sur un plancher plat et lisse lorsqu'un enfant lui donne soudainement un coup de pied, lui faisant atteindre en 0,50 s 4,5 m/s [N] sans changer de direction. La force moyenne exercée par l'enfant sur la planche est de 6,0 N [N]. Quelle est la vitesse vectorielle initiale de la planche?

10. Explique pourquoi il n'est pas nécessaire, à la question 10, de tenir compte de la force de gravité durant la collision entre le ballon de basket et le sol.

Mets en pratique tes connaissances

11. Décris une expérience que tu pourrais mener pour déterminer qui, parmi quatre ou cinq athlètes, a le meilleur geste d'accompagnement au moment de frapper une balle (ou une rondelle), que ce soit avec une raquette de tennis ou avec un bâton de golf, de baseball ou de hockey. Suppose que tu pourras utiliser un appareil perfectionné comme un appareil photo numérique ou une caméra vidéo et un stroboscope. Dessine des croquis pour comparer les images photographiques d'un accompagnement réussi à celles d'un accompagnement incomplet.

Fais des liens

12. Tu sais par expérience que, si tu touches le sol debout après un saut, tu te feras moins mal si tu plies les genoux plutôt que si tu les raidis. Explique pourquoi le fait de plier les genoux atténue la douleur et les blessures.

13. Un analyste des accidents de la route applique les principes de la physique pour reconstituer ce qui s'est produit lors d'un accident de voiture. Suppose que, lors d'une collision frontale survenue entre deux voitures, les véhicules se sont immobilisés et qu'un long segment de pare-chocs s'est détaché d'une voiture et a glissé le long de l'accotement en laissant des traces.
   a) Quels renseignements le segment de pare-chocs et les marques qu'il a laissées pourraient-ils fournir à l'analyste? Quelles mesures faudrait-il prendre pour estimer la vitesse des voitures juste avant la collision et quelle utilisation en ferait-on?
   b) Fais une recherche dans Internet ou dans des ouvrages pertinents pour apprendre comment les analystes des accidents de la route appliquent les principes de la physique et des mathématiques dans leurs enquêtes.

 www.beaucheminediteur.com/physique12

La conservation de la quantité de mouvement à une dimension **5.2**

Imagine que tu as chaussé des patins, que tu te tiens debout sur une patinoire presque parfaitement lisse et que tu lances un ballon de basket (**figure 1**). Tandis que le ballon se déplace dans un sens, tu te déplaces toi-même en sens opposé à une vitesse beaucoup plus lente que lui. On peut expliquer ce phénomène grâce à la troisième loi de Newton : au moment où tu appliques une force sur le ballon, celui-ci exerce sur toi une force contraire. On peut aussi l'expliquer grâce à la *loi de conservation de la quantité de mouvement*.

> **La loi de conservation de la quantité de mouvement**
>
> Si la force nette agissant sur un système d'objets en interaction est égale à zéro, alors la quantité de mouvement linéaire du système avant l'interaction est égale à la quantité de mouvement du système après l'interaction.

Avant de lancer le ballon, le système que tu formes avec tes patins possède une quantité de mouvement égale à zéro. Donc, la quantité de mouvement du système après le lancer du ballon doit également être égale à zéro. Par conséquent, la quantité de mouvement que possède le ballon vers l'avant doit être équilibrée par ta propre quantité de mouvement en sens opposé.

Au XVIIe siècle, Newton et d'autres scientifiques ont compris que la quantité totale de mouvement des objets entrant en collision demeurait constante avant et après le choc. Analysons une simple collision entre deux mobiles montés sur un rail à coussin d'air sans frottement et traçons une ligne imaginaire autour des mobiles. Le système et son tracé sont illustrés à la **figure 2a**).

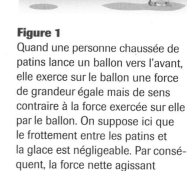

Figure 1
Quand une personne chaussée de patins lance un ballon vers l'avant, elle exerce sur le ballon une force de grandeur égale mais de sens contraire à la force exercée sur elle par le ballon. On suppose ici que le frottement entre les patins et la glace est négligeable. Par conséquent, la force nette agissant sur le système est égale à zéro et la quantité de mouvement linéaire du système est conservée.

a)
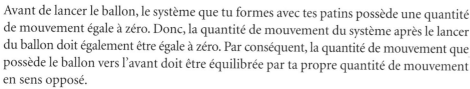

b)
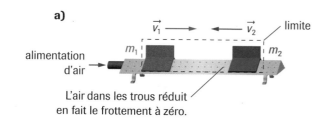
c)
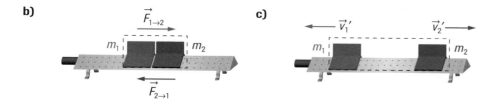

Figure 2
a) Les deux mobiles sur rail à coussin d'air vont bientôt entrer en collision.
b) La collision se produit.
c) Après la collision, les deux mobiles se séparent.

Avant que les deux mobiles n'entrent en collision, la quantité de mouvement totale du système est la somme vectorielle de la quantité de mouvement de chaque mobile :

$$\vec{p}_{\text{totale}} = m_1\vec{v}_1 + m_2\vec{v}_2$$

où $\vec{p}_{\text{totale}}$ est la quantité totale de mouvement, m_1 et $\vec{v}_1$ sont la masse et la vitesse vectorielle du premier mobile, et m_2 et $\vec{v}_2$, la masse et la vitesse vectorielle du deuxième mobile.

Au moment où ils entrent en collision, les mobiles exercent une force l'un sur l'autre, comme on peut le voir à la **figure 2b)**. Selon la troisième loi du mouvement de Newton, les deux forces sont d'égale grandeur, mais de sens contraire : $\vec{F}_{2\to1} = -\vec{F}_{1\to2}$ où $\vec{F}_{2\to1}$ est la force exercée par le mobile 2 sur le mobile 1, et $\vec{F}_{1\to2}$, la force exercée par le mobile 1 sur le mobile 2. Donc la force nette agissant sur le système constitué de deux mobiles est égale à zéro : $\vec{F}_{2\to1} + \vec{F}_{1\to2} = 0$.

Soulignons que les forces verticales (la pesanteur et la force ascendante exercée par l'air) sont elles aussi égales à zéro. Par conséquent, la force nette agissant sur le système est égale à zéro.

Les forces qu'exercent les mobiles l'un sur l'autre les font accélérer tous les deux, conformément à la deuxième loi de Newton, $\sum\vec{F} = m\vec{a}$. L'équation suivante décrit les forces obtenues :

$$\vec{F}_{2\to1} = -\vec{F}_{1\to2}$$
$$m_1\vec{a}_1 = -m_2\vec{a}_2 \qquad \text{ou} \qquad m_1\frac{\Delta\vec{v}_1}{\Delta t_1} = -m_2\frac{\Delta\vec{v}_2}{\Delta t_2}$$

Nous savons que $\Delta t_1 = \Delta t_2$ parce que la force $\vec{F}_{1\to2}$ n'agit que si la force $\vec{F}_{2\to1}$ agit, c'est-à-dire que $\vec{F}_{1\to2}$ et $\vec{F}_{2\to1}$ n'agissent que lorsque les mobiles sont en contact l'un avec l'autre. Par conséquent,

$$m_1\Delta\vec{v}_1 = -m_2\Delta\vec{v}_2$$

Cette équation résume la loi de conservation de la quantité de mouvement quand deux objets entrent en collision. Elle spécifie que *durant une interaction entre deux objets qui subissent une force nette totale égale à zéro, la variation de la quantité de mouvement de l'objet 1 ($\Delta\vec{p}_1$) est de grandeur égale, mais de sens contraire à la variation de la quantité de mouvement de l'objet 2 ($\Delta\vec{p}_2$).* Par conséquent,

$$\Delta\vec{p}_1 = -\Delta\vec{p}_2$$

Examinons maintenant le système de mobiles avant et après la collision (**figure 2c)**). Nous utiliserons le symbole prime (′) pour définir les vitesses vectorielles finales :

$$m_1\Delta\vec{v}_1 = -m_2\Delta\vec{v}_2$$
$$m_1(\vec{v}_1' - \vec{v}_1) = -m_2(\vec{v}_2' - \vec{v}_2)$$
$$m_1\vec{v}_1' - m_1\vec{v}_1 = -m_2\vec{v}_2' + m_2\vec{v}_2$$
$$m_1\vec{v}_1 + m_2\vec{v}_2 = m_1\vec{v}_1' + m_2\vec{v}_2'$$

Cette équation illustre une autre façon de résumer la loi de conservation de la quantité de mouvement. Elle spécifie que la *quantité de mouvement totale du système avant la collision est égale à la quantité de mouvement totale du système après la collision.* Donc,

$$\vec{p}_{\text{système}} = \vec{p}\,'_{\text{système}}$$

Il est important de se rappeler que la quantité de mouvement est une grandeur vectorielle ; c'est pourquoi, dans ces équations de conservation de la quantité de mouvement, toute addition ou soustraction est vectorielle. Comme nous le verrons à la section 5.4, ces équations s'appliquent également à la conservation de la quantité de mouvement dans un espace à deux dimensions. Note que les équations des composantes sont les suivantes :

$$m_1\Delta v_{1x} = -m_2\Delta v_{2x} \qquad\qquad m_1v_{1x} + m_2v_{2x} = m_1v_{1x}' + m_2v_{2x}'$$
$$m_1\Delta v_{1y} = -m_2\Delta v_{2y} \qquad\qquad m_1v_{1y} + m_2v_{2y} = m_1v_{1y}' + m_2v_{2y}'$$

CONSEIL PRATIQUE

Interactions et collisions
On peut aussi désigner par le terme *interaction* une collision entre deux objets ou plus dans un système. Il existe cependant des interactions qui ne sont pas des collisions, même si elles obéissent à la loi de conservation de la quantité de mouvement. En voici quelques exemples : une personne lançant une balle ; une pieuvre expulsant de l'eau dans un sens pour se propulser dans la direction opposée ; l'explosion d'un feu d'artifice.

CONSEIL PRATIQUE

Les systèmes comportant plus de deux objets
L'équation qui exprime la quantité totale de mouvement d'un système avant et après une collision peut s'appliquer aux interactions comprenant plus de deux objets. Par exemple, si trois patineurs immobiles réunis dans un groupe compact se repoussent, la quantité initiale de mouvement du système est égale à zéro, et la somme vectorielle des quantités de mouvement des patineurs après l'interaction sera aussi égale à zéro.

▶ **PROBLÈME 1**

Un vacancier de 75 kg est debout sur un radeau stationnaire de 55 kg. Il marche ensuite vers l'une des extrémités du radeau à une vitesse de 2,3 m/s par rapport à l'eau. Quelles sont la grandeur et la direction de la vitesse vectorielle résultant du radeau par rapport à l'eau? Le frottement fluide entre le radeau et l'eau est négligeable.

Solution

Pour résoudre les problèmes qui portent sur la conservation de la quantité de mouvement, il est utile de tracer des diagrammes illustrant les situations initiale et finale (**figure 3**).

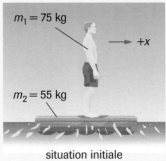
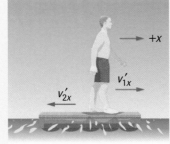

situation initiale

$v_{1x} = v_{2x} = 0$

situation finale

$v_1' = 2,3$ m/s $\qquad v_2' = ?$

Figure 3
Les situations initiale et finale

Nous choisissons ensuite un système de coordonnées; nous établirons que la direction $+x$ sera celle de la vitesse vectorielle finale du vacancier. Puisque aucune force nette n'agit sur le système formé par le radeau et la personne, nous pouvons appliquer la loi de conservation de la quantité de mouvement:

$$m_1 v_{1x} + m_2 v_{2x} = m_1 v_{1x}' + m_2 v_{2x}'$$

où l'indice 1 correspond à la personne et l'indice 2, au radeau. Comme il s'agit d'un problème concernant une seule dimension, nous pouvons omettre les indices x:

$$m_1 v_1 + m_2 v_2 = m_1 v_1' + m_2 v_2'$$

Soulignons que, dans cette équation, la lettre v représente les composantes de la vitesse vectorielle et peut avoir une valeur positive, nulle ou négative. Elle ne représente pas les vitesses vectorielles, qui doivent être exprimées par des nombres naturels.

Dans cette situation, $v_1 = v_2 = 0$, étant donné que le vacancier et le radeau sont initialement stationnaires. Nous pouvons donc écrire:

$$0 = m_1 v_1' + m_2 v_2'$$

$$v_2' = \frac{-m_1 v_1'}{m_2}$$

$$= \frac{-(75 \text{ kg})(2,3 \text{ m/s})}{55 \text{ kg}}$$

$$v_2' = -3,1 \text{ m/s}$$

La vitesse vectorielle finale du radeau est de 3,1 m/s dans la direction opposée à celle du vacancier (comme l'indique le signe négatif).

La loi de conservation de la quantité de mouvement peut s'appliquer à plusieurs types de collisions. Par exemple, lorsque deux boules de billard entrent en collision (**figure 4**), la force exercée par la seconde boule sur la première est de grandeur égale mais de direction opposée à la force exercée par la première boule sur la seconde. La force nette du système est nulle et la quantité de mouvement du système est conservée.

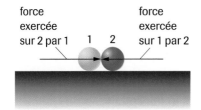

force exercée sur 2 par 1 $\qquad$ force exercée sur 1 par 2

1 $\quad$ 2

Figure 4
Deux boules de billard entrent en collision. La quantité de mouvement du système est conservée.

▶ PROBLÈME 2

Pendant une partie de football, un demi de 108 kg courant à une vitesse de 9,1 m/s est plaqué de face par un demi-défensif de 91 kg courant à une vitesse de 6,3 m/s. Quelle est la vitesse de la paire de joueurs immédiatement après la collision?

Solution

La **figure 5** montre les diagrammes initial et final. Nous établissons que la direction $+x$ sera celle du déplacement initial du demi. La vitesse vectorielle initiale de l'arrière est donc négative.

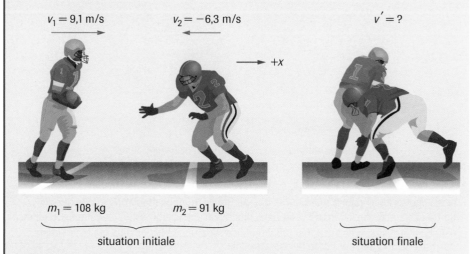

Figure 5
Les situations initiale et finale

Pendant la collision, il n'y a pas de force nette agissant sur le système formé par les deux joueurs. (La force horizontale exercée entre les joueurs est largement supérieure au frottement, que l'on peut donc négliger.) Par conséquent, la quantité de mouvement du système est conservée. Donc,

$$m_1 v_1 + m_2 v_2 = m_1 v_1' + m_2 v_2'$$

où l'indice 1 correspond au demi et l'indice 2, au demi-défensif. Rappelons que v est une composante de la vitesse vectorielle et non une grandeur.

Étant donné que les deux joueurs ont la même vitesse vectorielle finale:

$$v_1' = v_2' = v'$$
$$m_1 v_1 + m_2 v_2 = (m_1 + m_2)v'$$
$$v' = \frac{m_1 v_1 + m_2 v_2}{m_1 + m_2}$$
$$= \frac{(108 \text{ kg})(9,1 \text{ m/s}) + (91 \text{ kg})(-6,3 \text{ m/s})}{(108 \text{ kg} + 91 \text{ kg})}$$
$$v' = +2,1 \text{ m/s}$$

La vitesse vectorielle finale des joueurs est de 2,1 m/s dans la direction de la vitesse vectorielle initiale du demi (comme l'indique le signe positif).

Il est faux de penser que la quantité de mouvement est conservée dans toutes les collisions. Nombreuses sont les collisions au cours desquelles la force nette agissant sur les corps n'est pas nulle et où, par conséquent, la quantité de mouvement n'est pas conservée. Si, par exemple, une personne saute d'une échelle sur une terrasse en bois, la quantité de mouvement du système formé par la personne et la terrasse n'est pas conservée, parce que les supports de la terrasse et le sol exercent une force normale élevée pendant la collision. Autrement dit, la terrasse ne peut bouger, et donc $\Delta \vec{p}_{\text{personne}}$ n'est pas égal à $-\Delta \vec{p}_{\text{terrasse}}$. Toutefois, si nous changions les limites du système pour y inclure la Terre, la quantité de mouvement serait conservée parce que $\Delta \vec{p}_{\text{personne}} = -\Delta \vec{p}_{\text{Terre}}$. Comme la masse de la Terre est très élevée par rapport à celle de la personne, la variation de la vitesse vectorielle de la Terre au moment où la personne atterrit sur le plancher est bien sûr trop petite pour être mesurée. Le système Terre-personne est isolé alors que le système personne-terrasse ne l'est pas.

On peut mener des expériences pour déterminer si la quantité de mouvement est conservée dans différents types de collisions. Cependant, on peut en apprendre bien davantage sur ces collisions si on étudie aussi l'énergie qu'elles libèrent. Pour assurer une grande précision, ces expériences doivent porter sur des collisions d'objets isolés des forces externes, comme dans le cas de l'activité de recherche 5.2.1, dans la section Activités en laboratoire à la fin de ce chapitre. ◉ ▪

◈ RECHERCHE 5.2.1

L'analyse des collisions à une dimension (p. 260)

On peut utiliser différents types d'appareils pour créer et analyser les collisions à une dimension, dont des mobiles montés sur des rails à coussin d'air et équipés de détecteurs de mouvement et de force permettant de recueillir des données. Il est difficile d'isoler de toute force externe des objets entrant en collision. Selon toi, à quel point cette difficulté aura-t-elle une incidence sur la conservation de la quantité de mouvement et de l'énergie?

▶ *Mise en pratique*

Saisis bien les concepts

1. Quelles sont les conditions nécessaires pour que la quantité de mouvement totale d'un système soit conservée?

2. Indique si tu es en accord ou en désaccord avec l'énoncé suivant: «La loi de conservation de la quantité de mouvement d'un système soumis à une force nette égale à zéro correspond à la première loi du mouvement de Newton.» Justifie ta réponse.

3. Tu laisses tomber une brosse à cheveux de 59,8 g vers la Terre (masse de $5,98 \times 10^{24}$ kg).
   a) Quelle est la direction de la force de gravité exercée par la Terre sur la brosse?
   b) Quelle est la direction de la force de gravité exercée par la brosse sur la Terre?
   c) En quoi la force en a) se compare-t-elle à la force en b)?
   d) Quelle est la force nette agissant sur le système constitué par la Terre et la brosse?
   e) Quelle conclusion peux-tu tirer de la quantité de mouvement de ce système?
   f) Si on considère qu'au départ la Terre et la brosse à cheveux étaient stationnaires, comment la Terre se déplace-t-elle pendant la chute de la brosse?
   g) Si la brosse atteint une vitesse de 10 m/s au moment où elle touche la Terre (initialement stationnaire), quelle est la vitesse de la Terre à cet instant?

4. Une élève de 45 kg est debout sur un radeau stationnaire de 33 kg. L'élève marche ensuite à 1,9 m/s [E] par rapport à l'eau. Quelle est la vitesse vectorielle du radeau par rapport à l'eau si l'on suppose que le frottement fluide est négligeable?

5. Deux patineuses immobiles se repoussent l'une l'autre et se déplacent en sens opposé. La première patineuse a une masse de 56,9 kg et une vitesse de 3,28 m/s. Quelle est la masse de la deuxième patineuse si sa vitesse est de 3,69 m/s? Ne tiens pas compte du frottement.

6. Un obus de 35 kg, stationnaire, explose accidentellement, propulsant dans des directions opposées un premier fragment de 11 kg et un deuxième fragment de 24 kg. La vitesse du fragment de 11 kg est de 95 m/s. Quelle est la vitesse de l'autre fragment?

7. Un wagon de train de $1,37 \times 10^4$ kg, roulant à 20,0 km/h [N], entre en collision avec un autre wagon de $1,12 \times 10^4$ kg roulant lui aussi vers le nord mais plus lentement. Après la collision, les wagons unis ont une vitesse vectorielle de 18,3 km/h [N]. Quelle était la vitesse vectorielle initiale du deuxième wagon?

Réponses

3. g) 1×10^{-25} m/s
4. 2,6 m/s [O]
5. 50,6 kg
6. 44 m/s
7. 16,2 km/h [N]
8. b) 0,24 kg·m/s [E]
   c) 0,10 m/s [O]

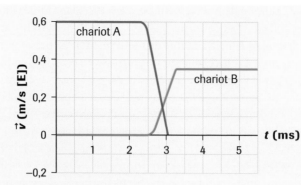

Figure 6
Graphique se rapporte à la question 8

Mets en pratique tes connaissances

8. Le graphique de la **figure 6** montre la vitesse vectorielle en fonction du temps d'un système formé de deux chariots soumis à une collision expérimentale sur une surface horizontale et lisse. Le chariot A a une masse de 0,40 kg. Le chariot B a une masse de 0,80 kg.
   a) À partir du graphique, décris ce que tu aurais observé si tu avais mené cette expérience.
   b) Détermine la quantité de mouvement du système de chariots avant la collision.
   c) En supposant que la quantité de mouvement est conservée, détermine la vitesse vectorielle du chariot A après la collision.
   d) Recopie le graphique dans ton cahier et complète le trait correspondant au chariot A. Superpose les traits que tu penserais obtenir dans une expérience où le frottement n'est pas tout à fait égal à zéro.

RÉSUMÉ *La conservation de la quantité de mouvement à une dimension*

- La loi de conservation de la quantité de mouvement spécifie que si la force nette agissant sur un système est nulle, la quantité de mouvement du système est conservée.

- Pendant une interaction entre deux objets d'un système dont la force nette totale est égale à zéro, la variation de la quantité de mouvement d'un objet est de grandeur égale, mais de sens contraire, à la variation de la quantité de mouvement de l'autre objet.

- Dans toute collision où la force nette totale agissant sur un système est nulle, la quantité de mouvement totale avant la collision est égale à la quantité de mouvement totale après la collision.

▶ *Section 5.2 Questions*

Saisis bien les concepts

1. Une boule de quilles (B) se déplaçant à grande vitesse est sur le point d'entrer en collision avec une quille au repos (Q) (**figure 7**). La masse de la boule est quatre fois supérieure à celle de la quille. Indique si, pendant le court intervalle de temps durant lequel la collision se produit, les énoncés suivants sont vrais ou faux. Si l'énoncé est faux, corrige-le.
   a) La force exercée par B sur Q est supérieure à la force exercée par Q sur B.
   b) La variation de la vitesse vectorielle de B est égale à la variation de la vitesse vectorielle de Q.

Figure 7
La boule de quilles a une masse supérieure à celle de la quille.

c) L'intervalle de temps de la collision pour B est égal à l'intervalle de temps de la collision pour Q.

d) La variation de la quantité de mouvement de B est inférieure à la variation de la quantité de mouvement de Q.

2. Les objets d'un système peuvent-ils posséder une quantité de mouvement non nulle si la quantité de mouvement du système entier est nulle? Si oui, donne un exemple. Sinon, explique pourquoi.

3. Parmi les situations suivantes, quelles sont celles où la quantité de mouvement du système formé par les objets A et B est conservée?

a) Un vacancier A est debout sur un radeau B au repos; il se déplace ensuite sur le radeau. (Le frottement fluide est négligeable.)

b) Un wagon de train A qui roule librement heurte un wagon B stationnaire.

c) Un burger végétarien A tombe verticalement dans une poêle à frire B et s'immobilise.

4. En 1920, un éminent journal avait publié les lignes suivantes sur Robert Goddard, un des pionniers de la recherche sur les fusées: «Le professeur Goddard ignore tout de la relation entre l'action et la réaction et ne semble pas avoir saisi qu'il faut autre chose que du vide pour produire une réaction. Il semble qu'il n'ait pas retenu ce qu'on enseigne pourtant tous les jours à l'école secondaire.» Explique pourquoi le journaliste s'était trompé (ce que le journal a admis bien des années plus tard).

5. Un ouvrier de 57 kg se déplace sur un gros chariot de 27 kg roulant librement. L'ouvrier est d'abord immobile et le système qu'il forme avec le chariot se déplace à une vitesse de 3,2 m/s par rapport au sol. L'ouvrier marche ensuite dans le sens du déplacement du chariot. La vitesse de l'ouvrier est alors de 3,8 m/s par rapport au sol. Quelles sont la grandeur et la direction de la vitesse vectorielle finale du chariot?

6. Une randonneuse de 65 kg est debout sur un radeau stationnaire de 35 kg. Elle transporte un sac à dos de 19 kg qu'elle lance à l'horizontale. La vitesse vectorielle résultante de la randonneuse et du radeau est de 1,1 m/s [S] par rapport à l'eau. Quelle est la vitesse vectorielle à laquelle la randonneuse a lancé le sac à dos par rapport à l'eau?

7. Deux automobiles entrent en collision. La première a une masse de $1,13 \times 10^3$ kg; elle se déplaçait initialement à 25,7 m/s [E]. La deuxième a une masse de $1,25 \times 10^3$ kg; sa vitesse vectorielle initiale était de 13,8 m/s [O]. Les deux véhicules s'unissent durant la collision. Quelle est leur vitesse vectorielle commune immédiatement après la collision?

8. a) Détermine la grandeur et la direction de la variation de la quantité de mouvement de chaque automobile de la question 7.

b) Quel est le rapport entre ces deux quantités?

c) Quelle est la variation totale de la quantité de mouvement du système formé par les deux automobiles?

9. Un quart-arrière de 89 kg au repos est plaqué par un secondeur se déplaçant à une vitesse initiale de 5,2 m/s. Après la collision, les deux joueurs se déplacent ensemble à une vitesse de 2,7 m/s. Quelle est la masse du quart-arrière?

10. Deux balles roulent directement l'une vers l'autre. La balle de 0,25 kg a une vitesse de 1,7 m/s, tandis que la balle de 0,18 kg a une vitesse de 2,5 m/s. Après la collision, la balle de 0,25 kg roule en sens contraire à une vitesse de 0,10 m/s. Quelles sont la grandeur et la direction de la vitesse vectorielle de la balle de 0,18 kg après la collision?

Mets en pratique tes connaissances

11. On met à ta disposition deux chariots dynamiques de masses m_1 et m_2 dont les roues ont un frottement presque nul. Les deux chariots se touchent et sont initialement immobiles. Le chariot 1 comporte un mécanisme à ressort qui est compressé au début de l'expérience (**figure 8**). Le ressort est soudainement relâché, propulsant les chariots dans des directions opposées. Décris une marche à suivre expérimentale pouvant servir à étudier la conservation de la quantité de mouvement dans ce système «en explosion.» Dresse une liste du matériel dont tu aurais besoin, des précautions que tu prendrais et des mesures que tu effectuerais.

Fais des liens

12. Sur une route à deux voies où la vitesse limite affichée est de 80 km/h, une automobile de masse m_A et un véhicule utilitaire sport (VUS) de masse m_V entrent en collision frontale. L'analyste des accidents de la route observe que les deux véhicules se sont immobilisés sur le lieu même du choc initial. En cherchant à établir la masse des véhicules, il conclut que $m_V = 2m_A$. Les deux conducteurs ont survécu à la collision et tous deux soutiennent avoir roulé à la vitesse limite permise au moment de la collision.

a) De toute évidence, l'analyste ne peut pas croire les deux conducteurs. Explique pourquoi à l'aide de données numériques.

b) Si les deux véhicules avaient roulé à la vitesse limite permise avant la collision, en quoi la scène de l'accident aurait-elle été différente? (Suppose que la collision reste frontale.)

ressort de
compression
interne

dispositif de
relâchement
du ressort

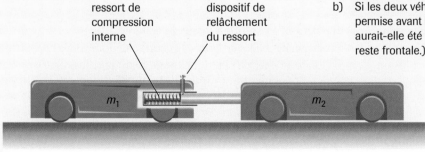
m_1 m_2

Figure 8
Schéma se rapportant
à la question 11

Figure 1
Les casques de hockey sont conçus pour répartir la force et l'énergie des collisions éventuelles sur une surface aussi grande que possible.

Si tu as déjà examiné la structure d'un casque de protection, comme un casque de hockey ou de vélo, tu as peut-être remarqué que l'intérieur est tapissé d'un matériau assez mou, conçu pour s'ajuster parfaitement autour de la tête (**figure 1**). Le casque de hockey protège la tête du joueur s'il y a collision avec un autre joueur, la glace ou un poteau de but. Si un joueur trébuche et heurte un poteau de but tête première et qu'il ne porte pas de casque, une grande partie de l'énergie cinétique du joueur doit être absorbée par une petite surface, ce qui est d'ailleurs extrêmement dangereux. S'il porte un casque bien ajusté, cependant, la force du choc est répartie sur une surface beaucoup plus grande, chaque point de la surface n'absorbant alors qu'une fraction de l'énergie totale. (La partie rembourrée du casque permet aussi d'augmenter l'intervalle de temps que dure la collision, ce qui réduit la force appliquée sur le casque jusqu'à ce que le joueur s'immobilise.) Dans cette section, tu vas explorer la relation entre l'énergie et les différents types de collision.

Les expériences au cours desquelles on lance des ensembles de balles les unes contre les autres pour créer une collision frontale permettent d'illustrer les différentes sortes de collisions (**figure 2**). Les observations varient grandement selon le type de balle choisi. Quand deux superballes entrent en collision, elles rebondissent à très grande vitesse ; les balles de tennis rebondissent à vitesse modérée, tandis que les balles de mastic mou (de masse similaire) s'unissent et n'ont qu'une vitesse négligeable après le choc. La quantité de

Figure 2
a) Collision de deux superballes
b) Collision de deux balles de tennis
c) Collision de deux balles de mastic mou

a)

$\vec{v_1}$ $\vec{v_2}$ } avant

$\vec{v_1}'$ $\vec{v_2}'$ } après

b)

$\vec{v_1}$ $\vec{v_2}$ } avant

$\vec{v_1}'$ $\vec{v_2}'$ } après

c)

$\vec{v_1}$ $\vec{v_2}$ } avant

$\vec{v_1}'$ } après

mouvement est conservée dans chacune des collisions. Pour comprendre ce qui distingue ces collisions les unes des autres, il faut analyser l'énergie cinétique de chaque système.

Dans le cas de la collision des superballes, la somme des énergies cinétiques après la collision est égale à la somme des énergies cinétiques avant la collision. Ce type de collision s'appelle une **collision élastique**. Dans un système subissant une collision élastique,

collision élastique collision où la somme des énergies cinétiques après la collision est égale à la somme des énergies cinétiques avant la collision

$$E_C' = E_C$$
$$\vec{p}' = \vec{p}$$

où le symbole prime définit la condition finale du système.

Dans le cas de la collision des balles de tennis, l'énergie cinétique totale du système après la collision n'est pas égale à l'énergie cinétique totale avant la collision. Ce type de collision est dit **collision inélastique**. Dans un système subissant une collision inélastique,

collision inélastique collision où la somme des énergies cinétiques après la collision diffère de la somme des énergies cinétiques avant la collision

$$E_C' \neq E_C$$
$$\vec{p}' = \vec{p}$$

Quand deux objets s'unissent pendant une collision, dans le cas par exemple de balles de mastic mou, nous parlons alors de **collision parfaitement inélastique**. Ce type de collision produit une baisse maximale de l'énergie cinétique totale. Dans un système subissant une collision parfaitement inélastique,

$$E_C' < E_C$$
$$\vec{p}' = \vec{p}$$

Prends note que, dans une collision parfaitement inélastique, les objets s'unissent et possèdent donc la même vitesse vectorielle finale.

Il est important de souligner que nous comparons les énergies cinétiques des objets en collision *avant* et *après* la collision, et non pendant la collision. Examinons le cas de deux mobiles de masse égale munis de ressorts qui se rapprochent l'un de l'autre à la même vitesse (**figure 3**). Juste avant qu'ils n'entrent en collision, leurs vitesses et leurs énergies cinétiques sont maximales, alors qu'au milieu de la collision elles sont nulles.

La **figure 4** présente un graphique de l'énergie mécanique du système de mobiles et de ressorts. À tout instant au cours de cette collision élastique, la somme de l'énergie potentielle élastique et de l'énergie cinétique du système demeure constante, même si l'énergie cinétique ne retournera à sa valeur initiale qu'une fois la collision terminée.

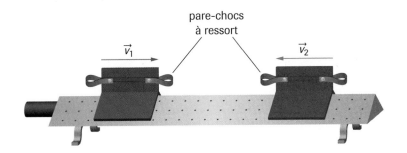

En pratique, il est pour ainsi dire impossible d'obtenir une collision parfaitement élastique entre deux objets macroscopiques comme les mobiles à ressorts ou les superballes. Une petite quantité d'énergie se trouvera toujours transformée en autre chose. Une collision entre des superballes produit de l'énergie thermique et de l'énergie sonore, par exemple. Dans ce manuel, nous considérerons que certaines collisions entre des objets macroscopiques sont élastiques, sans nous soucier de la petite quantité d'énergie qui est dissipée. Les collisions entre des molécules, des atomes et des particules subatomiques, quant à elles, peuvent être parfaitement élastiques.

Après une collision inélastique ou parfaitement inélastique, la somme des énergies cinétiques du système n'est pas égale à la somme des énergies cinétiques initiales. L'énergie cinétique finale est d'ordinaire plus faible, à moins que la collision ne produise une explosion. Puisqu'il y a conservation d'énergie, l'énergie cinétique dissipée se transforme en d'autres formes d'énergie. Deux balles de mastic mou qui entrent en collision, par exemple, se réchauffent parce que l'énergie cinétique s'est transformée en énergie thermale. Selon les propriétés des objets en collision, l'énergie cinétique peut se transformer en énergie sonore, en énergie élastique potentielle, en énergie thermique ou en une autre forme d'énergie.

collision parfaitement inélastique
collision suivie d'une baisse maximale d'énergie cinétique, puisque les objets restent unis après la collision et se déplacent à la même vitesse vectorielle

Figure 3
Quand les pare-chocs à ressorts se frappent, la durée de la collision est plus grande à cause des ressorts. Cela facilite l'observation de ce qui arrive à l'énergie.

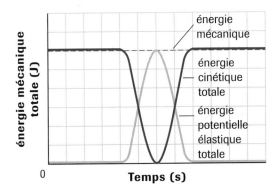

Figure 4
L'énergie mécanique dans une collision élastique en fonction du temps

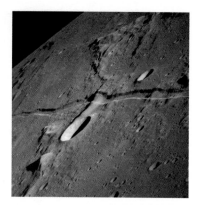

Figure 5
Les cratères de la Lune résultent de collisions parfaitement inélastiques avec des météorites.

Figure 6
L'analyse des cratères d'impact comme le cratère Barringer permet aux scientifiques de mieux comprendre l'histoire du système solaire. Le météorite qui a créé ce cratère avait environ 45 m de diamètre, mais il voyageait à une vitesse d'environ 65 000 km/h (par rapport à la Terre) quand il est entré en collision avec celle-ci.

Aux débuts du système solaire, de nombreuses collisions parfaitement inélastiques se sont produites entre des objets d'assez grande taille, par exemple entre la Lune et des météorites (**figure 5**). Ce sont des collisions de cette sorte qui ont créé les cratères à la surface de la Lune. Des collisions semblables ont produit des cratères sur la Terre, mais la pluie et le vent ont érodé la majorité d'entre eux. Quelques cratères récents existent toutefois encore, comme le célèbre cratère Barringer, en Arizona, dont la formation remonterait à 50 000 ans environ (**figure 6**). D'un diamètre de 1,6 km et d'une profondeur de 180 m, ce cratère a été formé lorsqu'un météorite de grande taille a heurté la Terre.

▶ *À toi* d'expérimenter   *Le pendule de Newton*

La **figure 7** montre un pendule de Newton. Chaque bille a la même masse m. Si on relâche la bille qui est relevée, elle se déplacera et sa quantité de mouvement, juste avant d'entrer en collision avec les billes stationnaires, sera de mv.

a) Est-il vrai que, peu importe le nombre de billes projetées vers l'extérieur après la collision, la quantité de mouvement peut être conservée ? Explique pourquoi.
b) Est-il vrai que, peu importe le nombre de billes projetées vers l'extérieur après la collision, l'énergie cinétique peut être conservée ? Explique pourquoi.
c) À partir de tes calculs, prévois ce qui se produira si une seule bille heurte les billes stationnaires. Vérifie ta prévision en faisant l'expérience.
d) Prévois ce qui se produira quand deux, puis trois billes heurteront les billes stationnaires. Vérifie tes prévisions.

▶ *Mise en pratique*

Saisis bien les concepts

1. Dans une collision parfaitement inélastique entre deux objets, dans quelles circonstances l'énergie cinétique originale sera-t-elle transformée en d'autres formes d'énergie ?

2. Deux voitures entrent en collision et restent prises ensemble. Peut-on conclure que la collision est parfaitement inélastique ? Explique pourquoi.

3. Fais appel aux principes de la physique pour expliquer pourquoi les collisions frontales entre des véhicules sont d'ordinaire plus dangereuses que les autres types de chocs.

Mets en pratique tes connaissances

4. Décris en quoi l'élasticité d'une balle que tu peux comprimer peut te permettre de prévoir la qualité de son rebond sur un plancher dur. Mène une expérience pour vérifier ta réponse.

5. Trace un graphique semblable à celui qui est illustré à la **figure 4**, en représentant la relation entre l'énergie mécanique et le temps dans le cas
   a) d'une collision inélastique ;
   b) d'une collision parfaitement inélastique.

Fais des liens

6. Le casque protecteur permet de répartir la force d'un impact sur une surface aussi grande que possible ; son intérieur moelleux contribue également à changer l'intervalle de temps de la collision.
   a) Pourquoi une couche intérieure moelleuse permet-elle de réduire la force d'impact davantage qu'une couche dure ?
   b) Pourquoi un casque mal ajusté réduit-il le degré de protection ?
   c) On doit remplacer les casques qui ont subi une collision. Pourquoi ?

7. Si tu devais concevoir un train de passagers, opterais-tu pour un châssis rigide ou souple ? Pourquoi ?

Figure 7
Le pendule de Newton

La résolution de problèmes portant sur les collisions

Pour être en mesure de résoudre des problèmes portant sur les collisions, il est important de pouvoir faire la distinction entre les collisions élastiques, inélastiques et parfaitement inélastiques. Dans toutes les collisions entre deux objets subissant une force nette nulle, la quantité de mouvement est conservée :

$$mv_1 + mv_2 = mv'_1 + mv'_2$$

où m_1 et m_2 représentent les masses respectives des objets en collision, v_1 et v_2, leurs vitesses vectorielles avant la collision, et v'_1 et v'_2, leurs vitesses vectorielles après la collision. Si la collision est inélastique, cette équation est la seule qui puisse être utilisée. S'il s'agit d'une collision parfaitement inélastique, les objets s'unissent et leurs vitesses vectorielles finales sont égales : $v'_1 = v'_2$.

Dans toute collision élastique, la somme des énergies cinétiques avant la collision est égale à la somme des énergies cinétiques après la collision :

$$\frac{1}{2}mv_1^2 + \frac{1}{2}mv_2^2 = \frac{1}{2}mv'_1{}^2 + \frac{1}{2}mv'_2{}^2$$

On peut combiner cette équation avec l'équation de la conservation de la quantité de mouvement pour résoudre les problèmes de collisions élastiques.

▶ PROBLÈME 1

Une boule de billard de masse m et de vitesse initiale v_1 subit une collision élastique avec une autre boule de billard de même masse m initialement au repos. Quelle est la vitesse finale de chaque boule ?

Solution

La **figure 8** illustre la situation initiale et la situation finale. Nous établissons que la direction $+x$ est celle du déplacement de la boule au moment où elle se met à bouger (boule 1). Il est précisé dans le problème que la collision est élastique ; nous savons donc que la somme des énergies cinétiques initiales est égale à la somme des énergies cinétiques finales. La quantité de mouvement est conservée dans cette collision. Nous pouvons donc écrire deux équations, l'une pour l'énergie cinétique et l'autre pour la quantité de mouvement :

$$\frac{1}{2}mv_1^2 + \frac{1}{2}mv_2^2 = \frac{1}{2}mv'_1{}^2 + \frac{1}{2}mv'_2{}^2$$
$$mv_1 + mv_2 = mv'_1 + mv'_2$$

où l'indice 1 représente le déplacement initial de la boule et l'indice 2, la boule initialement stationnaire. Note que v définit les composantes de la vitesse vectorielle (et non les grandeurs) et que cette valeur peut être positive ou négative. Les masses s'annulent puisqu'elles sont égales :

$$v_1^2 + v_2^2 = v'_1{}^2 + v'_2{}^2$$
$$v_1 + v_2 = v'_1 + v'_2$$

Puisque la boule 2 est initialement stationnaire, $v_2 = 0$. Donc,

$$v_1^2 = v'_1{}^2 + v'_2{}^2$$
$$v_1 = v'_1 + v'_2$$

Nous avons maintenant deux équations et deux inconnues, de telle sorte que nous pouvons réorganiser la dernière équation ci-dessus pour résoudre v'_1 :

$$v'_1 = v_1 - v'_2$$

La résolution des équations simultanées

Il est fort probable que les problèmes portant sur une collision inélastique comporteront deux inconnues. Pour résoudre un problème à deux inconnues, il est nécessaire de formuler deux équations simultanées (l'une pour exprimer la conservation de la quantité de mouvement et l'autre, pour exprimer la conservation de l'énergie cinétique), puis de les simplifier.

Dans le cas des problèmes sur les collisions inélastiques et parfaitement inélastiques, il y aura habituellement une ou deux inconnues, mais le principe de conservation de l'énergie ne s'applique pas. On doit résoudre le problème en appliquant l'équation définissant la conservation de la quantité de mouvement et en calculant ensuite, si nécessaire, les énergies cinétiques.

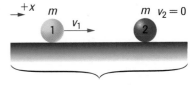

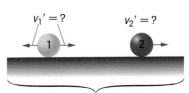

Figure 8
Les situations avant et après la collision se rapportant au problème 1

En remplaçant v_1' par cette valeur, nous obtenons:

$$v_1{}^2 = (v_1 - v_2')^2 + v_2'{}^2$$
$$= v_1{}^2 - 2v_1v_2' + v_2'{}^2 + v_2'{}^2$$
$$0 = -2v_1v_2' + 2v_2'{}^2$$
$$0 = -v_2'(v_1 - v_2')$$

Par conséquent, soit $v_2' = 0$ (ce qui n'est pas une solution acceptable, parce que cela signifierait qu'il n'y a pas eu de collision), soit $v_1 - v_2' = 0$. Nous pouvons donc conclure que $v_2' = v_1$. En insérant cette valeur dans l'équation $v_1 = v_1' + v_2'$:

$$v_1 = v_1' + v_1$$
$$v_1' = 0$$

Par conséquent, la boule 1, qui était initialement en déplacement, s'immobilise après la collision ($v_1' = 0$); la boule 2, qui était initialement stationnaire, a une vitesse égale après la collision à celle de la boule 1 avant la collision ($v_2' = v_1$). Soulignons que cette conclusion n'est pas valable pour toutes les collisions élastiques lors desquelles un des objets est initialement stationnaire; les objets qui entrent en collision doivent posséder la même masse.

▶ PROBLÈME 2

Un enfant fait rouler une superballe de $2{,}5 \times 10^{-2}$ kg le long d'une table à une vitesse de 2,3 m/s de sorte qu'elle heurte de plein fouet une autre superballe plus petite mais stationnaire, qui a une masse de $2{,}0 \times 10^{-2}$ kg. La collision est élastique. Détermine la vitesse vectorielle de chacune des balles après la collision.

Solution

$$m_1 = 2{,}5 \times 10^{-2} \text{ kg} \qquad v_1' = ?$$
$$m_2 = 2{,}0 \times 10^{-2} \text{ kg} \qquad v_2' = ?$$
$$v_1 = 2{,}3 \text{ m/s}$$

La **figure 9** présente des diagrammes illustrant la situation. Nous établissons que la direction $+x$ est celle de la vitesse vectorielle initiale de la balle de grande taille. Puisque la collision est élastique, l'énergie cinétique et la quantité de mouvement sont toutes deux conservées:

$$\frac{1}{2}m_1v_1{}^2 + \frac{1}{2}m_2v_2{}^2 = \frac{1}{2}m_1v_1'{}^2 + \frac{1}{2}m_2v_2'{}^2$$
$$m_1v_1 + m_2v_2 = m_1v_1' + m_2v_2'$$

où l'indice 1 représente la balle de grande taille et l'indice 2, la petite balle. Puisque la balle 2 est initialement stationnaire, $v_2 = 0$. En insérant la valeur de v_2 dans les deux équations et en multipliant l'équation de l'énergie cinétique par 2, nous obtenons:

$$m_1v_1{}^2 = m_1v_1'{}^2 + m_2v_2'{}^2$$
$$m_1v_1 = m_1v_1' + m_2v_2'$$

Nous pouvons réorganiser la deuxième équation pour résoudre v_1' en fonction de v_2':

$$v_1' = v_1 - \frac{m_2}{m_1}v_2'$$
$$= 2{,}3 \text{ m/s} - \left(\frac{2{,}0 \times 10^{-2} \text{ kg}}{2{,}5 \times 10^{-2} \text{ kg}}\right)v_2'$$
$$v_1' = 2{,}3 \text{ m/s} - 0{,}80\, v_2'$$

que nous pouvons ensuite substituer dans la première équation afin de résoudre v_2'. Toutefois, avant de remplacer v_1' par sa valeur, nous pouvons remplacer les quantités connues par leurs valeurs dans la première équation:

$$m_1v_1{}^2 = m_1v_1'{}^2 + m_2v_2'{}^2$$
$$(2{,}5 \times 10^{-2} \text{ kg})(2{,}3 \text{ m/s})^2 = (2{,}5 \times 10^{-2} \text{ kg})v_1'{}^2 + (2{,}0 \times 10^{-2} \text{ kg})v_2'{}^2$$

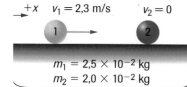

$$+x \quad v_1 = 2{,}3 \text{ m/s} \qquad v_2 = 0$$

$$m_1 = 2{,}5 \times 10^{-2} \text{ kg}$$
$$m_2 = 2{,}0 \times 10^{-2} \text{ kg}$$

situation initiale

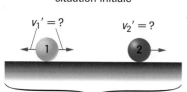

$$v_1' = ? \qquad v_2' = ?$$

situation finale

Figure 9
Les situations avant et après la collision se rapportant au problème 2

En multipliant par 10^2 pour éliminer chaque 10^{-2}, nous obtenons:

$$(2,5 \text{ kg})(2,3 \text{ m/s})^2 = (2,5 \text{ kg})v_1'^2 + (2,0 \text{ kg})v_2'^2$$
$$13,2 \text{ kg·m}^2/\text{s}^2 = (2,5 \text{ kg})v_1'^2 + (2,0 \text{ kg})v_2'^2$$

Remplaçons maintenant v_1' par sa valeur:

$$13,2 \text{ kg·m}^2/\text{s}^2 = (2,5 \text{ kg})(2,3 \text{ m/s} - 0,80v_2')^2 + (2,0 \text{ kg})v_2'^2$$
$$13,2 \text{ kg·m}^2/\text{s}^2 = (2,5 \text{ kg})(5,29 \text{ m}^2/\text{s}^2 - 3,68 \text{ m/s}v_2' + 0,64v_2'^2) + (2,0 \text{ kg})v_2'^2$$
$$13,2 \text{ kg·m}^2/\text{s}^2 = 13,2 \text{ kg·m}^2/\text{s}^2 - 9,2 \text{ kg·m/s } v_2' + 1,6 \text{ kg } v_2'^2 + 2,0 \text{ kg } v_2'^2$$
$$0 = -9,2 \text{ kg·m/s } v_2' + 3,6 \text{ kg } v_2'^2$$
$$0 = (-9,2 \text{ kg·m/s} + 3,6 \text{ kg } v_2')v_2'$$

Donc, $\qquad 0 = -9,2 \text{ kg·m/s} + 3,6 \text{ kg } v_2' \quad$ ou $\quad v_2' = 0$

Puisque $v_2' = 0$ correspond à l'absence de collision, nous obtenons:

$$0 = -9,2 \text{ kg·m/s} + 3,6 \text{ kg } v_2'$$
$$v_2' = +2,6 \text{ m/s}$$

Nous pouvons maintenant remplacer v_2' par sa valeur pour résoudre v_1':

$$v_1' = 2,3 \text{ m/s} - 0,80v_2'$$
$$= 2,3 \text{ m/s} - 0,80(2,6 \text{ m/s})$$
$$v_1' = +0,3 \text{ m/s}$$

Donc, après la collision, les deux balles se déplacent dans la direction $+x$ (la même qu'avait à l'origine la balle de grande taille). Les vitesses de la petite balle et de la grosse balle sont de 2,6 m/s et de 0,3 m/s respectivement.

Jusqu'ici, les collisions analysées dans ce chapitre ne comportaient qu'une dimension. Or la plupart des collisions qui se produisent sont à deux ou à trois dimensions. Tu trouveras l'analyse théorique et mathématique des collisions à deux dimensions beaucoup plus facile à comprendre si tu fais d'abord une expérience en laboratoire. Dans ce but, effectue l'activité de recherche 5.3.1 dans la section Activités en laboratoire, à la fin de ce chapitre.

⚛ RECHERCHE 5.3.1

L'analyse des collisions à deux dimensions (p. 262)

Il existe plusieurs façons de créer en laboratoire des collisions au cours desquelles les objets entrent en collision en produisant un son net et clair ou en s'unissant pour obtenir la même vitesse vectorielle finale. Quels problèmes t'attendrais-tu à devoir surmonter s'il te fallait analyser des collisions à deux dimensions entre deux rondelles sur une table horizontale à coussin d'air?

▶ *Mise en pratique*

Saisis bien les concepts

8. Deux camions, un petit et un gros, ont la même énergie cinétique. Lequel des deux camions a la plus grande quantité de mouvement? Justifie ta réponse.

9. a) Un objet peut-il posséder une énergie cinétique sans aucune quantité de mouvement? Un objet peut-il avoir une quantité de mouvement sans aucune énergie cinétique? Explique pourquoi.
   b) Réponds de nouveau aux questions en a), mais en traitant, cette fois-ci, d'un système isolé formé de deux objets en interaction.

10. Dans une guerre amicale de boules de neige, deux projectiles de 0,15 kg chacun s'entrechoquent dans les airs dans une collision parfaitement inélastique. Tout juste avant la collision, les deux boules se déplacent à l'horizontale; l'une a une vitesse vectorielle de 22 m/s [N] et l'autre, de 22 m/s [S]. Quelle est la vitesse vectorielle de chaque boule après la collision?

11. Lors d'une collision élastique, un proton se déplaçant à une vitesse initiale de 815 m/s entre en collision de plein fouet avec un proton au repos. Quelle est la vitesse vectorielle de chacun des protons après la collision? Explique ta démarche.

Réponses

10. 0 m/s

11. 0 m/s; 815 m/s dans la direction $+x$ de la vitesse vectorielle initiale

Réponses

12. 85 km/h [N]

13. $4{,}1 \times 10^6$ J ; $4{,}0 \times 10^6$ J ; 1×10^5 J

15. b) $|\vec{p}_{\mathrm{T}}'| = |\vec{p}_{\mathrm{C}}| + |\vec{p}_{\mathrm{C}}'|$;
$|\vec{p}_{\mathrm{T}}'| = |\vec{p}_{\mathrm{P}}| - |\vec{p}_{\mathrm{P}}'|$

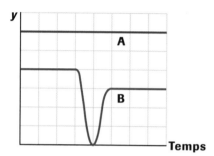

Figure 10
Graphique se rapportant
à la question 14

12. Un camion de $1{,}3 \times 10^4$ kg se déplaçant à $9{,}0 \times 10^1$ km/h [N] entre en collision avec une voiture de $1{,}1 \times 10^3$ kg se déplaçant à $3{,}0 \times 10^1$ km/h [N]. Si la collision est parfaitement inélastique, quelles seront la grandeur et la direction du vecteur vitesse des véhicules immédiatement après la collision ?

13. Calcule la somme des énergies cinétiques avant et après la collision décrite à la question 12. Détermine quelle est la baisse d'énergie cinétique pendant la collision.

Mets en pratique tes connaissances

14. On mène une expérience dans laquelle deux chariots à faible coefficient de frottement montés sur un rail à coussin d'air se rapprochent l'un de l'autre et entrent en collision. Le mouvement des chariots est détecté par des capteurs reliés à un ordinateur ; ce dernier a produit le graphique présenté à la **figure 10**.
   a) L'une des courbes du graphique représente la quantité de mouvement totale du système formé par les chariots, et l'autre, l'énergie cinétique totale. Peux-tu déterminer quelle courbe correspond à l'une ou à l'autre des situations ? Comment y arrives-tu ?
   b) Quel type de collision s'est produit dans cette expérience ? Qu'est-ce qui te permet de l'affirmer ?

Fais des liens

15. Dans certaines situations, les escouades anti-émeute se servent de balles de caoutchouc pour maîtriser les manifestants. Pour concevoir ces balles, on procède en laboratoire à des expériences dans le but de comparer les collisions qui se produisent avec les balles en caoutchouc et celles qui se produisent avec des balles de plomb quand elles heurtent une cible.
   a) Dans ces expériences, on a déterminé que l'une des balles produisait une collision élastique avec la cible, et l'autre, une collision presque parfaitement inélastique. À quel type de balle la collision élastique et la collision presque parfaitement inélastique correspondent-elles respectivement ?
   b) En utilisant les indices C pour la balle en caoutchouc, P pour la balle de plomb et T pour la cible, formule une équation pour définir la quantité de mouvement transférée à la cible dans chacun des cas. Suppose que les balles ont la même masse et la même vitesse initiale. Exprime tes réponses en fonction des quantités de mouvement initiale et finale de la balle. Laquelle des deux balles a transféré la plus grande quantité de mouvement à la cible ?

RÉSUMÉ   *Les collisions élastiques et inélastiques*

- Dans toutes les collisions élastiques, inélastiques ou parfaitement inélastiques impliquant un système isolé, la quantité de mouvement est conservée.

- Dans une collision élastique, l'énergie cinétique totale après la collision est égale à l'énergie cinétique totale avant la collision.

- Dans une collision inélastique, l'énergie cinétique totale après la collision diffère de l'énergie cinétique totale avant la collision.

- Dans une collision parfaitement inélastique, les objets s'unissent et se déplacent à la même vitesse vectorielle, et la diminution de l'énergie cinétique totale est maximale.

- On peut analyser les collisions élastiques en appliquant simultanément les lois de conservation de l'énergie cinétique et de conservation de la quantité de mouvement.

Section 5.3 *Questions*

Saisis bien les concepts

1. Un corps en mouvement entre en collision avec un corps immobile.
   a) Est-il possible pour les deux corps d'être au repos après la collision ? Si oui, donne un exemple. Dans le cas contraire, explique pourquoi.
   b) Est-il possible qu'un seul corps soit immobile après la collision ? Si oui, donne un exemple. Dans le cas contraire, explique pourquoi.

2. Une boule de neige mouillée de masse m se déplaçant à une vitesse v frappe un arbre. Elle colle à l'arbre et s'arrête. Cet exemple viole-t-il la loi de conservation de la quantité de mouvement ? Explique pourquoi.

3. Deux particules ont la même énergie cinétique. Auront-elles forcément la même quantité de mouvement ? Explique pourquoi.

4. Une superballe de 22 g roule à 3,5 m/s vers une balle immobile de 27 g. Les balles subissent une collision élastique frontale. Quelles sont la grandeur et la direction de la vitesse vectorielle de chaque balle après la collision ?

5. Un corps de masse m subit une collision élastique avec un corps initialement stationnaire et poursuit son déplacement dans la direction initiale mais à un tiers de sa vitesse initiale. Quelle est la masse de l'autre corps exprimée selon m ?

6. Un skieur de 66 kg, d'abord stationnaire, glisse le long d'une pente d'une hauteur de 25 m lorsqu'il entre en collision parfaitement inélastique avec un skieur immobile de 72 kg. Le frottement est négligeable. Quelle est la vitesse de chaque skieur immédiatement après la collision ?

Mets en pratique tes connaissances

7. La **figure 11a)** montre un pendule qui était utilisé en balistique pour déterminer la vitesse des balles avant la mise au point du chronométrage électronique. On tire une balle à l'horizontale dans un bloc de bois suspendu par deux ficelles. La balle s'enfonce dans le bloc de bois, le faisant osciller vers le haut.
   a) Explique pourquoi la quantité de mouvement horizontal du système balle-bois est conservée pendant la collision,
   en dépit du fait que les ficelles exercent une force de tension sur le bloc de bois.
   b) Si la balle et le bloc de bois ont respectivement les masses m et M et que la balle a une vitesse initiale v, établis une équation algébrique pour exprimer la vitesse du système immédiatement après la collision, avant qu'il n'oscille vers le haut, en fontion de m, M et v.
   c) Quelle loi de la nature peut-on utiliser pour établir un rapport entre la hauteur maximale et la vitesse tout juste après la collision, à l'instant où le système oscille ?
   d) Utilise les réponses que tu as données aux questions b) et c) pour établir une équation donnant la hauteur maximale h en fonction de m, M, v et g.
   e) Réorganise l'expression en d) de telle sorte que l'on puisse calculer v si l'on connaît h.
   f) Si une balle de 8,7 g frappe un bloc de bois de 5,212 kg et que le système oscille pour atteindre une hauteur de 6,2 cm, quelle est la vitesse initiale de la balle ?
   g) La **figure 11b)** montre un pendule de balistique moderne utilisé en laboratoire par les élèves. Décris quelques-unes des sources d'erreur aléatoire et systématique qu'on devrait chercher à minimiser si l'on veut déterminer la vitesse d'une balle tirée par le mécanisme de déclenchement à ressort.

Fais des liens

8. Il y a des dizaines d'années, on construisait des voitures aussi rigides que possible. De nos jours cependant, les voitures comportent des « zones d'écrasement » qui se compriment au moment de l'impact. Explique l'avantage que présente ce type de conception.

9. Des fragments de matériaux venant de l'espace, de tailles diverses, entrent périodiquement en collision avec la Terre. Fais une recherche sur la taille de ces fragments et sur la fréquence de ces collisions, ainsi que sur quelques-uns des scientifiques renommés qui les ont étudiés. Sudbury en Ontario, Chicxulub au Mexique et Tunguska en Russie comptent parmi les sites d'impact les plus connus. Rédige un bref rapport pour résumer tes découvertes.

ALLER À | www.beaucheminediteur.com/physique12

a)

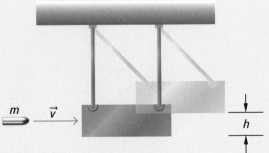

 m $\vec{v}$ h

Figure 11
Pendules de balistique (question 7)

b)

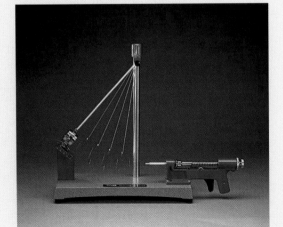

La conservation de la quantité de mouvement dans un espace à deux dimensions

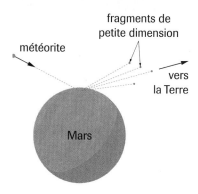

Figure 1
Une collision à deux dimensions entre un météorite et la surface de Mars

Un fragment rocheux découvert en Antarctique peut-il servir à étudier la possibilité que la vie ait déjà existé sur Mars ? La réponse se trouve dans une collision à deux dimensions qui s'est produite il y a environ 15 millions d'années : un météorite de grande taille se déplaçant à haute vitesse est entré en collision avec Mars selon un angle oblique (**figure 1**). Une portion de son énergie cinétique a été convertie en énergie thermique, ce qui a fait fondre une partie de sa surface, emprisonnant des bulles d'atmosphère dans certains fragments ; ces fragments ont rebondi sur la surface de la planète, se sont refroidis et ont rejailli vers l'espace. Plus tard, un de ces fragments a atterri en Antarctique. On a découvert que les gaz dissous que contenait la roche étaient les mêmes que ceux répertoriés sur Mars. Des recherches subséquentes ont permis d'identifier certains matériaux associés à des formes de vie microscopiques.

Dans la section précédente, nous avons étudié la conservation de la quantité de mouvement dans les collisions linéaires. Pour que la quantité de mouvement soit conservée, la force nette agissant sur le système doit être nulle. Les forces qu'exercent deux objets l'un sur l'autre sont de grandeur égale, mais de sens opposé, si bien qu'elles s'annulent. Si les autres forces exercées sur le système sont nulles elles aussi, ou si petites qu'on peut les négliger, alors la force nette agissant sur ce système sera égale à zéro.

Le même raisonnement s'applique dans les situations qui comportent deux dimensions. Puisque la force et la quantité de mouvement sont des quantités vectorielles, quand nous disons que la quantité de mouvement est conservée, nous voulons dire que la grandeur et le sens du vecteur de la quantité de mouvement ne changent pas.

La loi de conservation de la quantité de mouvement s'applique à toute situation dans laquelle un système est soumis à une force nette égale à zéro. Elle s'applique aux collisions qui surviennent entre toutes sortes d'objets, de même qu'aux interactions qui ne sont pas des collisions.

▶ PROBLÈME 1

Un enfant de 38 kg est debout sur un radeau de 43 kg qui dérive à 1,1 m/s [N] par rapport à l'eau. Puis l'enfant marche sur le radeau à une vitesse vectorielle nette de 0,71 m/s [E] par rapport à l'eau. Le frottement fluide entre le radeau et l'eau est négligeable. Détermine la vitesse vectorielle résultante du radeau par rapport à l'eau.

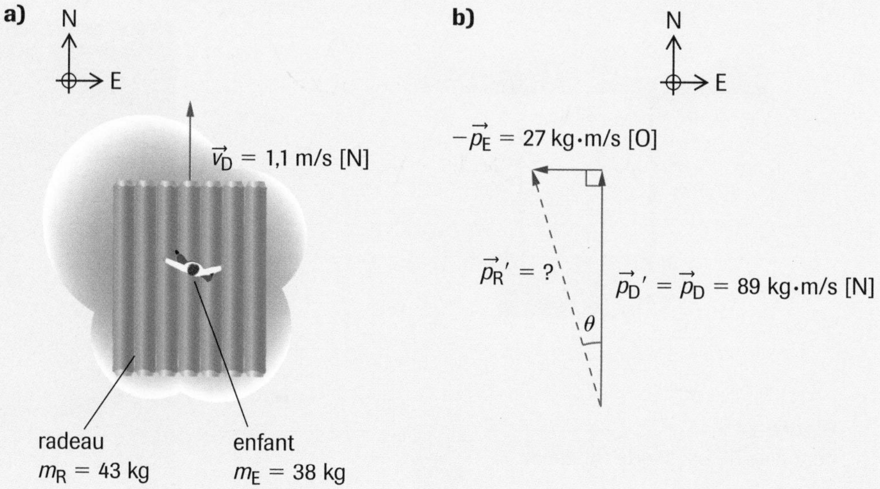

a)

N
↑
⊕→ E

$\vec{v}_D = 1{,}1$ m/s [N]

radeau
$m_R = 43$ kg

enfant
$m_E = 38$ kg

b)

N
↑
⊕→ E

$-\vec{p}_E = 27$ kg·m/s [O]

$\vec{p}_R' = ?$

$\vec{p}_D' = \vec{p}_D = 89$ kg·m/s [N]

θ

Figure 2
a) La situation de base
b) Déterminer la quantité de mouvement finale du radeau

Solution

La **figure 2a)** illustre la situation. Comme il n'y a pas de force nette agissant sur le système, la quantité de mouvement est conservée. Donc,

$$\vec{p}_D = \vec{p}_D{'}$$

où l'indice S représente le système. Trouvons la quantité de mouvement initiale du système :

$m_D = 38\ kg + 43\ kg = 81\ kg$

$\vec{v}_D = 1,1\ m/s\ [N]$

$\vec{p}_D = ?$

$\quad \vec{p}_D = m_D \vec{v}_D$

$\qquad = (81\ kg)(1,1\ m/s\ [N])$

$\quad \vec{p}_D = 89\ kg\cdot m/s\ [N]$

La quantité de mouvement finale du système est égale à la somme vectorielle de l'enfant (définie par l'indice E) et du radeau (définie par l'indice R) :

$$\vec{p}_D{'} = \vec{p}_E{'} + \vec{p}_R{'}$$

Détermine $\vec{p}_E{'}$:

$m_E = 38\ kg$

$\vec{v}_E{'} = 0,71\ m/s\ [E]$

$\vec{p}_E{'} = ?$

$\quad \vec{p}_E{'} = m_E \vec{v}_E{'}$

$\qquad = (38\ kg)(0,71\ m/s\ [E])$

$\quad \vec{p}_E{'} = 27\ kg\cdot m/s\ [E]$

Puisque $\vec{p}_D = \vec{p}_D{'}$, nous pouvons maintenant résoudre $\vec{p}_R{'}$:

$\vec{p}_R{'} = \vec{p}_D{'} - \vec{p}_E{'}$

$\vec{p}_R{'} = \vec{p}_D{'} + (-\vec{p}_E{'})$

La **figure 2b)** montre la soustraction vectorielle. En utilisant la loi de Pythagore, nous obtenons :

$|\vec{p}_R{'}|^2 = |\vec{p}_D{'}|^2 + |\vec{p}_E{'}|^2$

$|\vec{p}_R{'}| = \sqrt{(89\ kg\cdot m/s)^2 + (27\ kg\cdot m/s)^2}$

$|\vec{p}_R{'}| = 93\ kg\cdot m/s$

Nous pouvons maintenant déterminer l'angle θ :

$$\theta = \tan^{-1}\frac{27\ kg\cdot m/s}{89\ kg\cdot m/s} = 17°$$

Par conséquent, la direction de la quantité de mouvement finale et la vitesse vectorielle finale du radeau sont de [N 73° O].

En dernier lieu, nous pouvons calculer la vitesse vectorielle finale du radeau :

$\quad \vec{p}_R{'} = m_R \vec{v}_R{'}$

$\quad \vec{v}_R{'} = \dfrac{\vec{p}_R{'}}{m_R}$

$\qquad = \dfrac{93\ kg\cdot m/s\ [N\ 73°\ O]}{43\ kg}$

$\quad \vec{v}_R{'} = 2,2\ m/s\ [N\ 73°\ O]$

La vitesse vectorielle résultante du radeau par rapport à l'eau est égale à 2,2 m/s [N 73° O].

Pendant un jeu de billes, une collision survient entre deux billes de masse égale m. Une des billes est d'abord immobile ; après la collision, elle acquiert une vitesse vectorielle de 1,10 m/s selon un angle de $\theta = 40,0°$ par rapport à la direction initiale du déplacement de l'autre bille, dont la vitesse après la collision est de 1,36 m/s. Quelle était la vitesse initiale de la bille en déplacement ?

a)

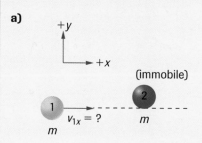

b)

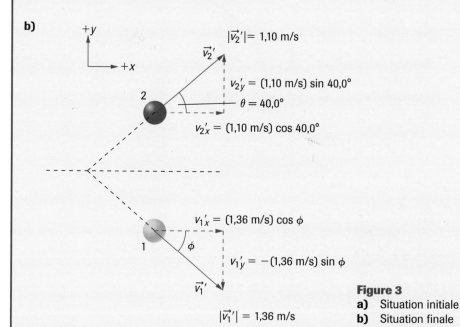

Figure 3
a) Situation initiale
b) Situation finale

Solution

La **figure 3a)** illustre la situation initiale. Étant donné que la quantité de mouvement est conservée,

$$\vec{p} = \vec{p}'$$
$$m_1\vec{v}_1 + m_2\vec{v}_2 = m_1\vec{v}_1' + m_2\vec{v}_2'$$

Puisque $m_1 = m_2$ et $\vec{v}_2 = 0$, nous pouvons simplifier :

$$\vec{v}_1 = \vec{v}_1' + \vec{v}_2'$$

Les composantes utilisées pour effectuer cette addition vectorielle sont illustrées à la **figure 3b)**, en établissant comme direction $+x$ le déplacement vers la droite et comme direction $+y$ le déplacement vers le haut. Comme nous ne connaissons pas le sens de $\vec{v}_1'$, nous utilisons les composantes pour analyser la situation et résoudre l'angle ϕ. Si l'on applique le principe de conservation de la quantité de mouvement aux composantes y, alors :

$$v_{1y} = v_{1y}' + v_{2y}'$$
$$0 = -1{,}36 \text{ m/s sin } \phi + 1{,}10 \text{ m/s sin } \theta$$
$$\sin \phi = \frac{1{,}10 \text{ m/s sin } \theta}{1{,}36 \text{ m/s}}$$
$$\sin \phi = \frac{1{,}10 \text{ m/s sin } 40{,}0°}{1{,}36 \text{ m/s}}$$
$$\phi = 31{,}3°$$

Si l'on applique le principe de conservation de la quantité de mouvement aux composantes *x* :

$$v_{1x} = v_{1x}' + v_{2x}'$$
$$= 1{,}36 \text{ m/s cos } \phi + 1{,}10 \text{ m/s cos } \theta$$
$$= 1{,}36 \text{ m/s cos } 31{,}3° + 1{,}10 \text{ m/s cos } 40{,}0°$$
$$v_{1x} = 2{,}00 \text{ m/s}$$

La vitesse initiale de la bille en déplacement était de 2,00 m/s.

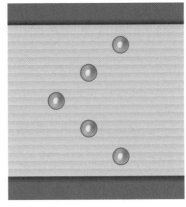

Figure 4
Il est bien plus facile d'analyser un jeu de cinq quilles qu'un jeu de dix quilles ! (question 1)

> ▶ *Mise en pratique*

Saisis bien les concepts

1. Les jeux de quilles produisent de nombreuses collisions qui se déroulent pour l'essentiel dans un espace à deux dimensions. Recopie le jeu de cinq quilles illustré à la **figure 4** et complète le diagramme de manière à indiquer où il faudrait viser avec la boule de quille pour obtenir un «abat», c'est-à-dire un coup qui renverse toutes les quilles.

2. Une élève de 52 kg est debout sur un chariot de 26 kg libre de se déplacer dans n'importe quel sens. Le chariot se déplace d'abord à 1,2 m/s [S] par rapport au sol. L'élève marche ensuite sur le chariot et sa vitesse vectorielle nette est de 1,0 m/s [O] par rapport au sol.
   a) Trace un diagramme vectoriel pour déterminer la vitesse vectorielle finale approximative du chariot.
   b) Utilise les composantes pour déterminer la vitesse vectorielle finale approximative du chariot.

3. Deux automobiles entrent en collision à une intersection. La première voiture a une masse de $1{,}4 \times 10^3$ kg et se déplace à 45 km/h [S] ; la deuxième voiture a une masse de $1{,}3 \times 10^3$ kg et se déplace à 39 km/h [E]. Si la collision entre les voitures est parfaitement inélastique, quelle est leur vitesse vectorielle immédiatement après la collision ?

4. Deux ballons de masse égale *m* entrent en collision. L'un des ballons était au repos. Après la collision, les vitesses vectorielles des ballons forment des angles de 31,1° et de 48,9° par rapport à la direction initiale du mouvement du ballon en déplacement.
   a) Trace un diagramme illustrant les situations initiale et finale. Si tu hésites sur la direction finale des déplacements, rappelle-toi que la quantité de mouvement est conservée.
   b) Si la vitesse initiale du ballon en déplacement est de 2,25 m/s, quelles sont les vitesses des ballons après la collision ?
   c) Réponds de nouveau à la question b) à l'aide d'un diagramme vectoriel.
   d) S'agit-il d'une collision élastique ? Justifie ta réponse.

Réponses

2. 4,1 m/s [S 29° E]

3. $3{,}0 \times 10^1$ km/h [S 39° E]

4. b) 1,18 m/s à 48,9° ; 1,72 m/s à 31,1°

   d) non

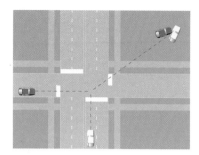

Figure 5
Schéma se rapportant
à la question 5

Mets en pratique tes connaissances

5. Un rapport de police sur un accident de voiture survenu entre deux voitures identiques à une intersection glissante contient le diagramme illustré à la **figure 5**.
   a) Laquelle des deux voitures se déplaçait le plus rapidement au moment de l'impact? Comment arrives-tu à cette conclusion?
   b) Que pourrais-tu mesurer directement sur le diagramme pour aider l'enquêteur à préciser les détails de l'accident?

Fais des liens

6. Choisis un sport ou un loisir pour lequel les participants portent un équipement de protection.
   a) Décris la conception et la fonction de cet équipement.
   b) En te fondant sur les notions et les principes scientifiques que tu as étudiés jusqu'ici, explique en quoi cet équipement joue le rôle prévu.
   c) Effectue une recherche dans Internet ou dans des ouvrages pertinents sur l'équipement que tu as choisi. Utilise ce que tu as trouvé pour étayer ta réponse à la question b).

 ALLER À   www.beaucheminediteur.com/physique12

RÉSUMÉ

La conservation de la quantité de mouvement dans un espace à deux dimensions

- On analyse les collisions à deux dimensions à l'aide des mêmes principes que ceux qui s'appliquent aux collisions à une dimension : la loi de conservation de la quantité de mouvement dans le cas de toute collision lors de laquelle la force agissant sur le système est nulle, et les lois de conservation de la quantité de mouvement et de conservation de l'énergie cinétique dans le cas de collisions élastiques.

▶ Section 5.4 *Questions*

Saisis bien les concepts

1. La **figure 6** montre un arrangement de boules de billard de masse égale. Les boules se déplacent en ligne droite sans tourner sur elles-mêmes. Dans ton cahier, trace un diagramme semblable à celui-ci mais plus grand; indique la direction approximative selon laquelle la boule 1 doit se déplacer pour que la boule 3 aboutisse dans la poche du fond
   a) si la boule 1 heurte la boule 2 (dans un coup mixte);
   b) si la boule 1 percute le côté de la table une seule fois et heurte la boule 3.

2. Un neutron de $1,7 \times 10^{-27}$ kg, se déplaçant à 2,7 km/s, entre en collision avec un noyau de lithium de $1,2 \times 10^{-26}$ kg. Après la collision, la vitesse vectorielle du noyau de lithium est de 0,40 km/s selon un angle de 54° par rapport à la direction initiale du déplacement du neutron. Si la vitesse du neutron après la collision est de 2,5 km/s, dans quelle direction le neutron se déplace-t-il lors de la collision?

3. Deux patineurs subissent une collision à la suite de laquelle leurs bras s'entrelacent; leur vitesse vectorielle commune est de 0,85 m/s [S 63° E]. Avant la collision, le patineur de 71 kg avait une vitesse vectorielle de 2,3 m/s [N 78° E],

Figure 6
Schéma se rapportant
à la question 1

tandis que l'autre patineur avait une vitesse vectorielle de 1,9 m/s [S 38° O]. Quelle est la masse du deuxième patineur ?

4. Une boule de fer de 0,50 kg, se déplaçant à 2,0 m/s [E], frappe une autre boule immobile de 0,30 kg. La collision se produit de manière oblique et la vitesse vectorielle de la boule en mouvement est de 1,5 m/s [N 60° E] après la collision. Détermine la vitesse vectorielle de la deuxième boule après la collision.

Mets en pratique tes connaissances

5. La **figure 7** montre les résultats d'une collision entre deux rondelles sur une table à coussin d'air à très faible frottement. La masse de la rondelle A est de 0,32 kg et les points ont été produits à toutes les 0,50 s par un générateur d'étincelles.
   a) Sur une feuille séparée, recopie le diagramme et calcule la masse de la rondelle B. (*Indice :* Détermine laquelle des équations s'applique et trace ensuite les vecteurs sur ton diagramme.)
   b) Détermine la quantité d'énergie cinétique dissipée au cours de la collision.
   c) Indique le type de collision produit.
   d) Énumère les sources les plus probables d'erreur pouvant survenir dans le calcul de la masse de la rondelle B.

Fais des liens

6. De nos jours, les consommateurs savent que les dispositifs de sécurité constituent l'une des caractéristiques importantes de toute voiture. Choisis un modèle de voiture ; analyse sa conception et son comportement en cas de collision ou de tout autre type d'accident. Énumère les coûts et les avantages des dispositifs de sécurité sur les plans économique et social. Guide-toi avec les questions suivantes.
   a) Quelles sont, à ton avis, les questions sociales et économiques liées à la sécurité automobile, tant d'un point de vue individuel que d'un point de vue collectif ?
   b) Quels sont les dispositifs de sécurité que tu considères comme essentiels dans la voiture que tu as choisi d'étudier ?
   c) Quels sont les dispositifs qui manquent et qui amélioreraient d'après toi la sécurité du conducteur et des passagers ?
   d) Revois les réponses que tu as données aux questions a), b) et c) et fais une analyse coûts-avantages de la mise au point des dispositifs de sécurité destinés aux voitures. Rédige une conclusion.

ALLER À www.beaucheminediteur.com/physique12

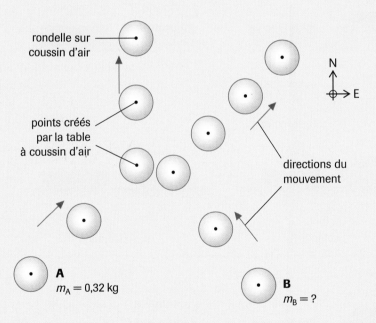

rondelle sur coussin d'air

points créés par la table à coussin d'air

N
E

directions du mouvement

A $m_A = 0{,}32$ kg

B $m_B = ?$

Figure 7
Schéma se rapportant à la question 5

⚛ RECHERCHE 5.2.1

L'analyse des collisions à une dimension

Habiletés de recherche

○ Questionner ● Planifier ● Analyser
● Émettre une ● Mener une ● Évaluer
   hypothèse   expérience ● Communiquer
● Prévoir ● Enregistrer, noter

Les expériences qui permettent de déterminer si la quantité de mouvement et l'énergie cinétique sont conservées sont, à la base, très simples. Étant donné que la quantité de mouvement et l'énergie cinétique ne font intervenir que deux variables, les deux mesures principales que tu dois prendre servent à déterminer la masse et la vitesse vectorielle des objets en collision. Toutefois, la quantité de mouvement et l'énergie cinétique sont deux grandeurs très différentes parce que l'une est un vecteur et l'autre, un scalaire. Dans cette expérience, il est important d'établir cette distinction au moment de la cueillette et de l'analyse des données.

Question

Que peut-on apprendre en comparant la quantité de mouvement totale et l'énergie cinétique totale d'un système à deux masses dans une collision à une dimension, avant, pendant et après la collision?

Prévisions

a) Pour les catégories I, II et III présentées à la **figure 1**, prévois comment la quantité de mouvement totale du système à deux chariots avant la collision se comparera à la quantité de mouvement finale pendant et après la collision.

Catégorie I: Chariots soumis à des forces de répulsion au cours de la collision

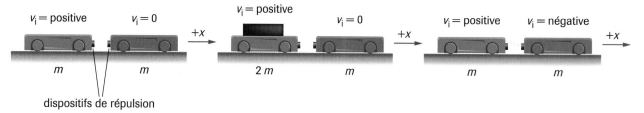

Catégorie II: Chariots initialement stationnaires soumis à une force explosive

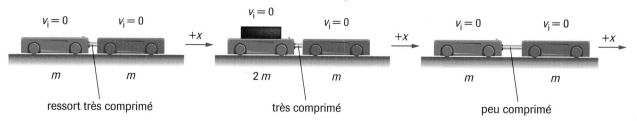

Catégorie III: Chariots soumis à des forces d'adhérence au cours de la collision

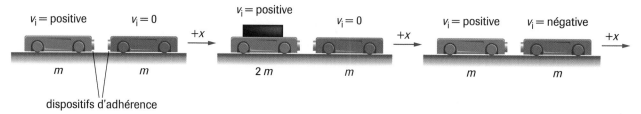

Catégorie IV: Trouver la valeur d'une masse inconnue

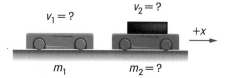

Figure 1
Certaines des collisions pouvant être analysées dans l'activité de recherche 5.2.1

✦ RECHERCHE 5.2.1 *suite*

b) Pour les catégories I, II et III présentées à la **figure 1**, prévois comment l'énergie cinétique totale du système à deux chariots avant la collision se comparera à l'énergie cinétique totale pendant et après la collision.

Hypothèse

c) Décris comment tu t'y prendras pour déterminer la masse inconnue dans la collision de la catégorie IV. Formule une hypothèse pour expliquer la pertinence de ta méthode.

Matériel

La classe devra disposer d'au moins un de chacun des articles suivants:

deux chariots ou mobiles à faible frottement
une piste dynamique compatible avec les chariots ou mobiles
une butée placée à chaque extrémité de la piste dynamique
un niveau
des accessoires de chariot, comme des pare-chocs magnétiques ou à ressort, pour permettre aux chariots de se repousser
des accessoires de chariot, comme des pare-chocs munis de bande velcro, pour permettre aux chariots de s'unir
un piston de chariot, servant à séparer les chariots par une explosion
des masses de charge supplémentaires (p. ex.: des masses de 0,25 kg si chaque chariot a une masse de 0,25 kg)
une échelle de masse
un dispositif permettant de mesurer la vitesse de chaque chariot, comme un dispositif de mesure à ruban ou un détecteur de mouvement à deux dimensions relié à un ordinateur
des masses inconnues (pour la collision de la catégorie IV)

 N'utilise que des vitesses faibles dans cette expérience.

Éloigne les chariots et leurs accessoires des détecteurs de mouvement.

Prévois une butée à chaque extrémité de la piste dynamique pour empêcher les chariots de tomber.

Observe les directives de ton enseignant ou de ton enseignante quand tu utilises des appareils électriques.

Marche à suivre

1. En collaboration avec les autres groupes de ta classe, déterminez les collisions que chaque groupe devra produire et analyser à partir des catégories illustrées à la **figure 1**. Trace une table de données semblable au **tableau 1** pour consigner les mesures et les calculs obtenus pour chacune des collisions analysées par toute la classe.

2. Mesure et consigne les masses pour chacune des collisions que ton équipe doit produire.

3. Installe la piste dynamique. Sers-toi du niveau pour vérifier si elle doit être ajustée. Ajuste, au besoin, une extrémité de la piste.

4. Installe le dispositif d'enregistrement des données de manière à pouvoir observer le mouvement des chariots avant, pendant et après la collision. (Si les données sont recueillies par des détecteurs de mouvement reliés à un ordinateur, installe le logiciel de manière qu'il analyse le plus grand nombre de variables possible: position, vitesse vectorielle, accélération, force, quantité de mouvement et énergie cinétique.)

5. En choisissant des vitesses relativement faibles, crée la première collision qui sera analysée par ton groupe. Effectue les mesures et les calculs nécessaires pour remplir chaque rangée dans ta table de données. Répète ensuite ces étapes pour les autres collisions choisies. Mets tes données en commun avec celles des autres groupes jusqu'à ce que toutes les collisions dans les catégories I, II et III aient été effectuées.

6. Si le logiciel informatique génère un graphique ou d'autres données *pendant* la collision, consigne ces données pour toutes les collisions que tu auras analysées.

7. Ton enseignant ou ton enseignante installera le dispositif nécessaire pour produire la collision de la catégorie IV, expérience dans laquelle tu devras déterminer la masse d'un des chariots.

Analyse

d) Pour chacune des collisions dans les catégories I, II et III, comment la quantité de mouvement finale totale du système à deux chariots se compare-t-elle à la quantité de mouvement initiale totale?

Tableau 1 Données pour l'activité de recherche 5.2.1

Collision	Avant la collision				Après la collision				Total $\vec{p}$ (kg·m/s)		Total E_C (J)		Perte en E_C (%)
	m_1 (kg)	$\vec{v}_1$ (m/s)	m_2 (kg)	$\vec{v}_2$ (m/s)	m_1 (kg)	$\vec{v}_1'$ (m/s)	m_2 (kg)	$\vec{v}_2'$ (m/s)	avant	après	avant	après	
I a)	?	?	?	?	?	?	?	?	?	?	?	?	?

e) Pour chacune des collisions dans les catégories I, II et III, comment l'énergie cinétique finale totale du système à deux chariots se compare-t-elle à l'énergie cinétique initiale totale ? Détermine le pourcentage d'énergie cinétique dissipée dans les collisions des catégories I et III et consigne les données dans ton tableau.

f) Sur la base de tes réponses à la question e), classe chaque collision selon qu'elle est élastique, inélastique ou parfaitement inélastique. Pour chacune des collisions, décris ce qu'il est advenu de l'énergie cinétique dissipée ou précise la source de l'énergie cinétique gagnée.

g) Si tu as recueilli des données pendant les collisions, décris ce que tu as appris en les analysant.

h) Calcule la masse inconnue dans la collision de la catégorie IV. Quel principe as-tu mis en œuvre pour déterminer cette quantité ? Demande à ton enseignant ou à ton enseignante de te donner la masse réelle et évalue le pourcentage d'erreur dans ton propre calcul.

Évaluation

i) Discute de l'exactitude de tes prévisions et de ton hypothèse.

j) Énumère les sources d'erreur aléatoire, systématique et humaine dans cette expérience et décris les moyens pris par ton groupe pour les réduire au minimum.

Synthèse

k) Dans certaines collisions produites pendant cette expérience, la quantité de mouvement totale était égale à zéro avant, pendant et après la collision (ou inter-action) ; pourtant, l'énergie cinétique totale n'était pas constante. En te fondant sur cette observation, explique pourquoi il est important de faire la distinction entre les grandeurs scalaires et les grandeurs vectorielles quand on analyse la conservation de la quantité de mouvement et la conservation de l'énergie.

l) En quoi les résultats de cette activité de recherche pourraient-ils servir à déterminer la masse d'un sac à déchets scellé se trouvant à bord de la Station spatiale internationale ? (Tout est constamment en apesanteur à l'intérieur de la station.)

m) Les chariots peuvent être équipés de plaquettes de freinage ajustables. En quoi ces plaquettes changeraient-elles les résultats obtenus dans cette expérience ? (Ton enseignant ou ton enseignante t'accordera peut-être la permission de vérifier ta réponse par une collision de ce type).

⊗ **RECHERCHE 5.3.1**

L'analyse des collisions à deux dimensions

Habiletés de recherche

○ Questionner	● Planifier	● Analyser
● Émettre une hypothèse	● Mener une expérience	● Évaluer
● Prévoir	● Enregistrer, noter	● Communiquer

Cette expérience sert à explorer les collisions à deux dimensions pour déterminer si la quantité de mouvement totale et l'énergie cinétique totale sont conservées. La nature vectorielle de la quantité de mouvement est un facteur essentiel quand vient le temps de faire des calculs sur les collisions à deux dimensions. Il est recommandé de recourir aux diagrammes vectoriels pour analyser les collisions que tu vas étudier ici, mais tu peux aussi choisir d'utiliser les composantes ou la trigonométrie pour le faire.

Question

Que peut-on apprendre en comparant la somme des quantités de mouvement et la somme des énergies cinétiques d'un système avant et après une collision à deux dimensions ?

Prévisions

a) Pour la catégorie I présentée à la **figure 1**, prévois comment la somme des quantités de mouvement et la somme des énergies cinétiques d'un système avant la collision se compareront aux valeurs obtenues après la collision.

b) Pour les collisions de la catégorie II, prévois comment la variation de la quantité de mouvement de la rondelle A se comparera à celle de la rondelle B.

Hypothèse

c) Formule une hypothèse pour expliquer ce que tu t'attends à observer dans la collision de la catégorie III.

d) Décris comment tu t'y prendras pour déterminer la masse inconnue dans la collision de la catégorie IV. Formule une hypothèse pour expliquer la pertinence de ta méthode.

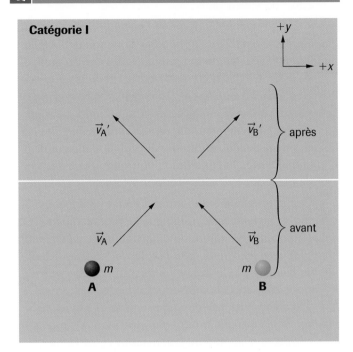

⚛ RECHERCHE 5.3.1 *suite*

Figure 1
Collisions pouvant être analysées dans l'activité de recherche 5.3.1

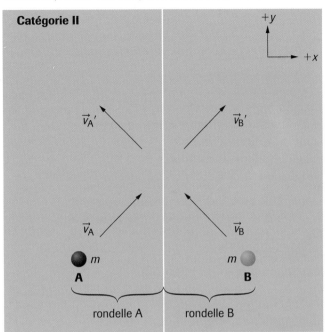

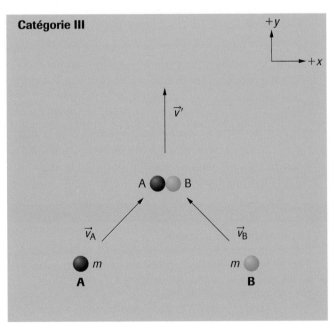

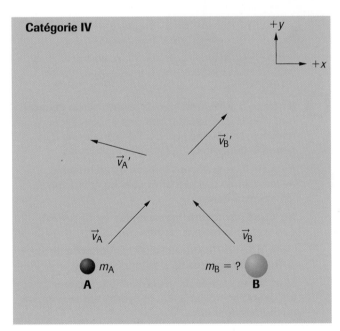

Catégorie I : la quantité de mouvement totale avant la collision est comparée à la quantité de mouvement totale après la collision ; cette analyse recourt à une *addition vectorielle.* Choisis a) rondelles en acier ou b) rondelles magnétiques.

Catégorie II : la variation de la quantité de mouvement d'une rondelle est comparée à la variation de la quantité de mouvement d'une autre rondelle ; cette analyse recourt à une *soustraction vectorielle.* Choisis a) rondelles en acier ou b) rondelles magnétiques.

Catégorie III : les deux rondelles de masse égale s'unissent après la collision ; il faut recueillir le maximum de données possible sur la collision pour faire cette analyse.

Catégorie IV : déterminer la valeur inconnue d'une masse : pour résoudre ce problème, tu dois choisir entre l'addition vectorielle et la soustraction vectorielle.

Matériel

La classe devra disposer d'au moins une des installations suivantes :
une table à coussin d'air et ses accessoires (générateur
    d'étincelles, pompe à air, commutateur d'activation, papier
    carbone conducteur d'électricité, paire de rondelles, fils
    conducteurs et tuyaux)
un niveau circulaire (**figure 2**)
bandes adhésives en velcro
une masse additionnelle
deux dispositifs de lancement de rondelles (facultatif)

Chaque élève aura besoin du matériel suivant :
au moins deux feuilles de papier d'enregistrement
une règle métrique
un rapporteur
des triangles de plastique (facultatif)

Figure 2
On utilise un niveau
circulaire pour déterminer
si le plan est horizontal.

 Il a danger d'électrocution. N'allume pas le générateur d'étincelles avant d'être prêt à recueillir les
données. Ne touche pas à la table à coussin d'air
quand le générateur à étincelles fonctionne.

Ne mets l'appareil sous tension qu'au moment
où les centres des rondelles sont en contact avec
le papier carbone.

Ne laisse pas tomber les rondelles sur la surface
de verre de la table à coussin d'air.

Veille à ce que les tuyaux d'alimentation en air
ne se tordent pas ou ne s'entremêlent pas.

Si un tuyau se détache d'une rondelle, coupe
le courant immédiatement et avertis ton enseignant
ou ton enseignante.

Ne produis que des collisions à basse vitesse.

Marche à suivre

1. Sers-toi du niveau circulaire pour vérifier si la surface
   de la table à coussin d'air est parfaitement horizontale.
   Ajuste les pattes de la table si nécessaire.

2. En groupe de trois ou quatre élèves, allumez la pompe
   à air (mais *pas* le générateur d'étincelles) et exercez-
   vous à créer des collisions de catégories I et II en veillant
   à appliquer une force externe (avec les mains ou le

dispositif de lancement) pendant un intervalle le plus
court possible. Quand vous aurez atteint le degré
d'habileté souhaité, passez à l'étape suivante.

3. Réglez le générateur d'étincelles à une fréquence telle
   que 50 ms, et permettez à chaque membre du groupe
   de créer des collisions de catégorie I et de catégorie II.
   Ne touchez pas à la table à coussin d'air quand le générateur à étincelles fonctionne. Après chaque collision,
   éteignez le générateur d'étincelles. Prenez note des
   numéros de rondelles et des directions, ainsi que de
   la fréquence des étincelles. Commencez votre analyse
   pendant que les autres groupes effectuent cette étape.

4. Quand tous les groupes auront terminé les étapes 2 et 3,
   ton enseignant ou ton enseignante posera une bande
   velcro adhésive autour de chaque rondelle en serrant
   bien. Exercez-vous à créer la collision de catégorie III
   de manière que les rondelles aient une vitesse vectorielle égale après la collision. (Ceci exige beaucoup
   d'habileté et un peu de chance ; même si les vitesses
   vectorielles finales ne sont pas identiques, l'exercice
   permet d'en apprendre tout autant.) Permettez à
   chaque membre de votre groupe de créer une collision de catégorie III. Ne touchez pas à la table à
   coussin d'air quand le générateur à étincelles fonctionne.

5. Une fois que tous les groupes auront terminé l'étape 4,
   ton enseignant ou ton enseignante te donnera la
   masse de l'une des rondelles et ajoutera une masse
   supplémentaire à l'autre. Chaque membre du groupe
   doit créer une nouvelle collision de catégorie IV. Ne
   touchez pas à la table à coussin d'air quand le générateur à étincelles fonctionne.

CONSEIL **PRATIQUE**

La translation des vecteurs
Pour effectuer une addition ou une soustraction vectorielle
à partir d'un diagramme vectoriel, il est souvent nécessaire
de déplacer un vecteur parallèlement à lui-même. On
peut accomplir ceci en déplaçant deux règles l'une à la
suite de l'autre, comme à la **figure 3a)**, ou en disposant
deux triangles rectangles, comme à la **figure 3b)**.

Analyse

e) Écris l'équation de conservation de la quantité de
    mouvement que tu te proposes d'utiliser pour chacune
    des quatre catégories de collisions. Demande à ton
    enseignant ou à ton enseignante de vérifier l'équation
    avant que tu ne l'appliques aux feuilles de données.

f) En commençant avec la collision de catégorie I, déli-
    mite quatre vecteurs de déplacement en te basant sur

l'exemple donné à la **figure 4**. Dans cet exemple, l'intervalle de temps durant lequel le déplacement s'est produit est égal à 5×20 ms $= 100$ ms, ou 0,10 s, en tenant compte de deux chiffres significatifs. Ignore les points situés près de la collision même, de même que ceux qui ont été produits par une force extérieure, comme lorsque ta main a touché la rondelle. En travaillant directement sur la feuille d'enregistrement, trace tous les vecteurs et utilise-les pour déterminer si la quantité de mouvement totale et l'énergie cinétique sont conservées.

a)

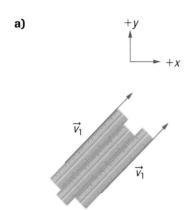

b)

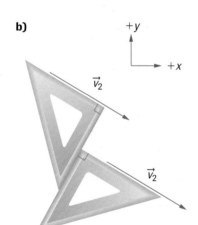

Figure 3
Comment déplacer un vecteur vers une nouvelle position
a) à l'aide de règles
b) à l'aide de triangles de plastique

g) Répète l'étape f) pour la collision de catégorie II.

h) Analyse la collision de catégorie III en te servant le plus possible des connaissances acquises sur la quantité de mouvement et l'énergie cinétique.

i) Tu connais la masse de l'une des rondelles dans la collision de catégorie IV. Effectue les mesures et les calculs nécessaires pour déterminer la masse de la deuxième rondelle. Si ton enseignant ou ton enseignante t'indique quelle est la masse exacte, calcule ton pourcentage d'erreur. Montre tous tes calculs sur la feuille d'enregistrement.

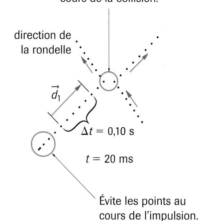

Figure 4
Exemple de vecteur déplacement pour la collision de catégorie I

j) Détermine si chaque collision que tu as analysée était élastique, inélastique ou parfaitement inélastique. Dans chaque cas, indique ce qui est advenu de l'énergie cinétique dissipée.

Évaluation

k) Discute de l'exactitude de tes prévisions et de tes hypothèses.

l) Énumère les sources d'erreur aléatoire, systématique et humaine dans cette expérience et décris les moyens pris par ton groupe pour les réduire au minimum.

Synthèse

m) Un moyen d'étudier la conservation de la quantité de mouvement consiste à analyser la quantité de mouvement du « système ». À quelle(s) catégorie(s) de collision cela s'applique-t-il?

n) Un autre moyen d'étudier la conservation de la quantité de mouvement consiste à analyser la quantité de mouvement de chacune des rondelles. À quelle(s) catégorie(s) de collision cela s'applique-t-il?

o) Pourquoi est-il sage de ne pas tenir compte des points obtenus là où la collision s'est produite ou quand ta main a touché la rondelle?

p) Si tu te fies à tes observations, crois-tu qu'il est préférable que les pistes de course automobile soient entourées de barrières en caoutchouc ou qu'elles soient entourées de barrières en acier? Explique ton raisonnement.

Objectifs clés

- définir et décrire les concepts et les unités relatives à la notion de quantité de mouvement (quantité de mouvement, impulsion, collisions élastiques et collisions inélastiques) (5.1, 5.2, 5.3)

- analyser la quantité de mouvement linéaire d'un ensemble d'objets à partir de diagrammes vectoriels et appliquer quantitativement la loi de conservation de la quantité de mouvement (5.2, 5.3, 5.4)

- analyser des situations associées aux concepts de l'énergie mécanique, de l'énergie thermique et de son transfert (chaleur) ainsi que aux lois de conservation de la quantité de mouvement et de conservation de l'énergie (5.2, 5.3)

- distinguer les collisions élastiques des collisions inélastiques (5.3, 5.5)

- effectuer des expériences ou des simulations pour étudier les lois de conservation de la quantité de mouvement et de conservation de l'énergie dans un espace à une ou à deux dimensions et appliquer les méthodes analytiques nécessaires (p. ex. déterminer à l'aide d'un diagramme vectoriel si une collision entre deux rondelles sur une table à coussin d'air est élastique ou inélastique) (5.2, 5.3, 5.5)

- analyser et décrire des applications pratiques de la loi de conservation de la quantité de mouvement (p. ex. analyser et expliquer la conception d'équipement de protection destiné aux activités sportives et récréatives à l'aide de concepts et de principes scientifiques) (5.2, 5.3, 5.4)

- cerner et analyser les questions sociales liées à la conception des véhicules de transport (p. ex. analyser, à partir de tes propres critères, les coûts et les avantages, sur les plans économique et social, des dispositifs de sécurité des automobiles) (5.4)

Mots clés

quantité de mouvement linéaire

impulsion

loi de conservation de la quantité de mouvement

collision élastique

collision inélastique

collision parfaitement inélastique

Équations clés

- $\vec{p} = m\vec{v}$ (5.1)
- $\sum \vec{F}\Delta t = \Delta \vec{p}$ (5.1)
- $m_1\Delta\vec{v}_1 = -m_2\Delta\vec{v}_2$ (5.2)
- $m_1\vec{v}_1 + m_2\vec{v}_2 = m_1\vec{v}_1' + m_2\vec{v}_2'$ (5.2)
- $\frac{1}{2}mv_1^2 + \frac{1}{2}mv_2^2 = \frac{1}{2}mv_1'^2 + \frac{1}{2}mv_2'^2$ (5.3)

  pour les collisions élastiques seulement

▶ *RÉDIGE* un résumé

Dessine un diagramme pour illustrer les situations suivantes et annote-le :

- une collision élastique à une dimension
- une collision inélastique à une dimension
- une collision parfaitement inélastique à une dimension
- une collision élastique à deux dimensions.

Incorpore autant d'objectifs, de mots et d'équations clés que possible.

Comment les lois de conservation de quantité de mouvement et de l'énergie peuvent-elles s'appliquer à l'analyse des feux d'artifice?

Inscris les nombres de 1 à 10 dans ton cahier. Indique à côté de chaque nombre si l'énoncé qui s'y rapporte est vrai (V) ou faux (F). S'il est faux, écris la version corrigée de l'énoncé.

1. L'impulsion que l'on donne à un enfant sur une balançoire est de grandeur égale, mais de sens contraire, à la variation de la quantité de mouvement de l'enfant.

2. On peut écrire la deuxième loi du mouvement de Newton sous les deux formes suivantes :

$$\sum \vec{F} = m\vec{a} \quad \text{et} \quad \sum \vec{F} = \frac{\Delta \vec{p}}{\Delta t}$$

3. Si tu as travaillé à développer ton geste d'accompagnement au tennis, la force avec laquelle tu peux frapper la balle est supérieure à ce qu'elle était auparavant.

Réfère-toi à la **figure 1** pour répondre aux questions 4 à 6.

4. La quantité de mouvement totale avant la collision est positive et la quantité de mouvement totale après la collision est négative.

5. Dans cette collision, si la variation de la quantité de mouvement du mobile 1 est égale à $-1,4$ kg·m/s [O], la variation de la quantité de mouvement du mobile 2 sera égale à 1,4 kg·m/s [O].

6. En plein milieu de la collision, l'énergie cinétique et la quantité de mouvement du système sont toutes deux égales à zéro.

7. Si une petite voiture de masse m_p et de vitesse v_p possède une quantité de mouvement dont la grandeur est égale à celle d'une grosse voiture de masse m_g et de vitesse v_g, les deux voitures ont des énergies cinétiques égales.

8. Lorsqu'une boule de neige frappe un arbre et reste collée à son écorce, la quantité de mouvement de la boule de neige n'est pas conservée parce que la collision est parfaitement inélastique.

9. Il est plus probable que les collisions élastiques se produisent entre des atomes et des molécules qu'entre des objets macroscopiques.

10. Dans une interaction ayant lieu dans un système isolé, il est impossible que l'énergie cinétique finale soit supérieure à l'énergie cinétique initiale.

Inscris les nombres de 11 à 22 dans ton cahier. Indique à côté de chaque nombre la lettre qui correspond au meilleur choix de réponse.

11. Si l'on utilise les lettres L, M et T pour désigner la longueur, la masse et temps, les dimensions de l'impulsion sont :

a) $\dfrac{LT}{M}$ b) $\dfrac{L}{TM}$ c) $\dfrac{ML^2}{T^2}$ d) $\dfrac{ML}{T^2}$ e) $\dfrac{ML}{T}$

12. Si on double la vitesse et la masse d'une flèche, sa quantité de mouvement et son énergie cinétique s'accroissent respectivement par des facteurs de

a) 2 et 2   d) 4 et 8
b) 2 et 4   e) 8 et 8
c) 4 et 4

13. L'aire sous la courbe d'un graphique force-temps correspond à
a) l'impulsion
b) la variation de la quantité de mouvement
c) le produit de la force moyenne et l'intervalle de temps pendant lequel la force est appliquée
d) toutes ces réponses
e) aucune de ces réponses

14. Si tu attrapes une balle de baseball se déplaçant à grande vitesse, ta main ressentira moins de douleur si tu la laisses suivre le mouvement de la balle parce que
a) la variation de la quantité de mouvement de la balle est moindre
b) la variation de l'énergie cinétique de la balle est moindre
c) l'intervalle de temps que dure l'interaction est moindre
d) l'intervalle de temps que dure l'interaction est supérieur
e) l'impulsion exercée sur la balle est supérieure

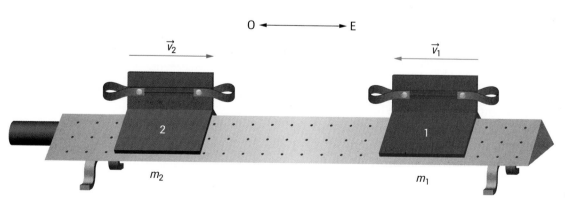

O ⟵⟶ E

$\vec{v}_2$ $\vec{v}_1$

2   1

m_2 m_1

Figure 1
Dans un système isolé, deux mobiles ($m_1 = m_2$) montés sur un rail à coussin d'air se déplacent l'un vers l'autre à la même vitesse, puis ils entrent en collision et se repoussent à une vitesse égale. (Se rapporte aux questions 4 à 6.)

Une version interactive de cette évaluation est disponible dans Internet.
ALLER À www.beaucheminediteur.com/physique12

La quantité de mouvement et les collisions **267**

15. La force appliquée par une pomme qui frappe le sol dépend :
    a) du rebond de la pomme sur le sol ou de l'absence de rebond
    b) de l'intervalle de temps que dure l'impact sur le sol
    c) de la vitesse maximale de la pomme juste avant l'impact
    d) de la résistance de l'air agissant sur la pomme pendant sa chute
    e) de toutes ces réponses

16. Dans une collision inélastique entre deux objets en interaction, l'énergie cinétique finale du système
    a) peut être égale à l'énergie cinétique initiale du système
    b) est toujours inférieure ou égale à l'énergie cinétique initiale du système
    c) est toujours supérieure ou égale à l'énergie cinétique initiale du système
    d) est toujours inférieure à l'énergie cinétique initiale du système
    e) peut être supérieure à l'énergie cinétique initiale du système

17. Si tu fais du jogging et que tu augmentes ton énergie cinétique par un facteur de 2, ta quantité de mouvement
    a) varie selon un facteur de $\frac{1}{2}$
    b) augmente d'un facteur de $\sqrt{2}$
    c) augmente d'un facteur de 2
    d) augmente d'un facteur de 4
    e) augmente d'une quantité qu'on ne peut déterminer avec les données du problème

18. Une balle de caoutchouc C et une balle de métal M de masse égale heurtent une cible d'essai E à la même vitesse. La balle de métal pénètre la cible et s'immobilise à l'intérieur de celle-ci, alors que la balle de caoutchouc rebondit. Laquelle des affirmations suivantes est vraie ?
    a) M et C exercent la même impulsion sur E
    b) M exerce une plus grande impulsion que C sur E
    c) C exerce une plus grande impulsion que M sur E
    d) la variation de la quantité de mouvement de M et de C est égale
    e) aucune de ces réponses

19. Deux protons se rapprochent l'un de l'autre en ligne droite à la même vitesse. À un certain moment, ils se repoussent et s'éloignent l'un de l'autre à une vitesse égale le long de la même ligne droite. À l'instant où la distance entre les particules est minimale,

a) la quantité de mouvement totale des particules en interaction est à zéro, tandis que l'énergie totale du système demeure constante
b) la quantité de mouvement totale et l'énergie totale sont à zéro toutes les deux
c) la quantité de mouvement totale du système atteint sa valeur maximale, tandis que l'énergie totale est à zéro
d) la quantité de mouvement totale et l'énergie totale du système atteignent toutes deux leur valeur maximale
e) la quantité de mouvement totale et l'énergie totale du système diminuent, sans toutefois devenir nulles

20. Une boule rebondit sur la bande d'une table de billard, comme l'illustre la **figure 2**. Les vitesses avant et après le rebond sont essentiellement égales. Lequel des cinq vecteurs de la **figure 2** représente la direction de l'impulsion exercée par la table sur la boule ?

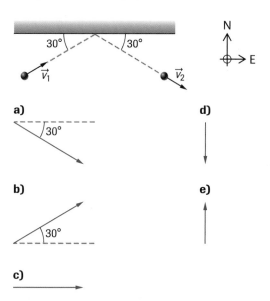

Figure 2

21. Un mobile de masse m se déplace vers la gauche sur un rail à coussin d'air sans frottement à une vitesse v. Il subit de plein fouet une collision parfaitement inélastique avec un mobile qui a deux fois sa masse et la moitié de sa vitesse, et qui se déplace vers la droite. Après la collision, la vitesse combinée du système est égale à
    a) 0
    b) $\frac{v}{3}$
    c) $\frac{v}{2}$
    d) $2v$
    e) v

Une version interactive de cette évaluation est disponible dans Internet.
ALLER A   www.beaucheminediteur.com/physique12

Saisis bien les concepts

1. Est-il possible pour un objet de recevoir d'une petite force une impulsion supérieure à celle d'une grande force ? Explique.

2. Lorsqu'un météorite entre en collision avec la Lune, la matière en surface fond au lieu de l'impact. Explique pourquoi.

3. Une roche qui tombe acquiert de la quantité de mouvement à mesure qu'augmente sa vitesse. Cette observation contredit-elle la loi de conservation de la quantité de mouvement ? Explique ta réponse.

4. On laisse tomber un morceau de mastic verticalement vers le sol, où il adhère. On laisse ensuite tomber une balle de caoutchouc de masse égale à partir de la même hauteur et celle-ci rebondit sur le sol pour revenir presque à sa hauteur initiale. Pendant la collision avec le sol, lequel de ces objets possède la plus grande variation de la quantité de mouvement ? Explique ta réponse.

5. Pendant une partie de football, un receveur attrape le ballon après un botté d'envoi et deux adversaires s'apprêtent à le plaquer. Si ces adversaires possèdent des masses différentes ($m_1 > m_2$), mais des quantités de mouvement égales ($\vec{p}_1 = \vec{p}_2$), lequel des deux le receveur aurait-t-il intérêt à éviter : $\vec{p}_1 = m_1\vec{v}_1$ ou $\vec{p}_2 = m_2\vec{v}_2$? Explique pourquoi.

6. Donne un exemple de collision au cours de laquelle la quantité de mouvement du système d'objets en interaction n'est pas conservée. Explique pourquoi la quantité de mouvement n'est pas conservée dans cette collision, mais l'est dans d'autres situations.

7. Un bateau de $1,3 \times 10^2$ kg possède une vitesse vectorielle de 8,7 m/s [E 46° N]. Détermine les composantes nord et sud de sa quantité de mouvement.

8. Une voiture de $1,1 \times 10^3$ kg se déplace [N 68° E]. La composante est de sa quantité de mouvement est de $2,6 \times 10^4$ kg·m/s. Quelle est la vitesse de la voiture ?

9. Une voiture de $1,2 \times 10^3$ kg se déplace à 53 km/h [O] lorsqu'elle entre en collision avec un poteau de téléphone et s'immobilise. La collision dure 55 ms. Quelle est la force moyenne exercée par le poteau sur la voiture ?

10. On lance une balle de tennis de 59 g vers le haut pour la frapper juste avant qu'elle ne s'immobilise au point le plus élevé de sa trajectoire. La balle est en contact avec la raquette pendant 5,1 ms. La force moyenne exercée sur la balle par la raquette est de 324 N horizontalement.
    a) Quelle est l'impulsion exercée sur la balle ?

b) Quelle est la vitesse vectorielle de la balle au moment où elle quitte la raquette ?

11. Une enfant place un ressort de masse négligeable entre deux petites autos de 112 g et de 154 g (**figure 1**). Elle comprime le ressort et attache les autos ensemble avec de la ficelle. Elle coupe ensuite la ficelle, ce qui libère le ressort et propulse les autos dans des directions opposées. L'auto de 112 g a une vitesse de 1,38 m/s. Quelle est la vitesse de l'autre auto ?

ressort de compression

Figure 1

12. Un proton de $1,67 \times 10^{-27}$ kg se déplace à une vitesse initiale de 1,57 km/s quand il heurte de plein fouet une particule alpha immobile de $6,64 \times 10^{-27}$ kg. Le proton rebondit à une vitesse de 0,893 km/s. Quelle est la vitesse de la particule alpha ?

13. Deux roches entrent en collision dans l'espace. La première a une masse de 2,67 kg et se déplace à une vitesse vectorielle initiale de $1,70 \times 10^2$ m/s vers Jupiter ; la deuxième a une masse de 5,83 kg. Après la collision, les deux roches se dirigent toutes deux vers Jupiter, la plus petite à 185 m/s et la plus grosse, à 183 m/s. Quelle est la vitesse vectorielle initiale de la roche de plus grande taille ?

14. On fait subir des collisions frontales à différents matériaux. Chaque système est constitué de deux masses ($m_1 = 2,0$ kg et $m_2 = 4,0$ kg). À partir des vitesses vectorielles initiale et finale qui te sont fournies ici, détermine si la collision est élastique, inélastique ou parfaitement inélastique.
    a) $v_{1i} = 6,0$ m/s ; $v_{2i} = 0$; $v_{1f} = v_{2f} = 2,0$ m/s
    b) $v_{1i} = 24$ m/s ; $v_{2i} = 0$; $v_{1f} = -4,0$ m/s ; $v_{2f} = 14$ m/s
    c) $v_{1i} = 12$ m/s ; $v_{2i} = 0$; $v_{1f} = -4,0$ m/s ; $v_{2f} = 8,0$ m/s

15. Deux chariots équipés de pare-chocs à ressort subissent une collision élastique. Le chariot de 253 g a une vitesse vectorielle initiale de 1,80 m/s [N]. Le chariot de 232 g est initialement au repos. Quelle est la vitesse veectorielle de chaque chariot après la collision ?

16. Deux rondelles de hockey de masse égale entrent en collision sur une patinoire. L'une est initialement au repos tandis que l'autre se déplace à 5,4 m/s. Après la collision, les trajectoires des rondelles forment des angles de 33° et de 46° par rapport à la trajectoire initiale de la rondelle en déplacement.

a) Trace un diagramme pour illustrer les situations initiale et finale. Assure-toi que la quantité de mouvement est conservée dans ton diagramme.

b) Détermine la vitesse de chaque rondelle après la collision.

17. Deux particules subatomiques entrent en collision. La particule A est au repos et sa masse est supérieure à celle de la particule B, qui est en déplacement. Après la collision, les trajectoires de A et de B forment respectivement des angles de 67,8° et de 30,0° par rapport au sens initial du déplacement de B. Le rapport des vitesses finales des particules $\frac{v_B}{v_A}$ est de 3,30. Quel est le rapport des masses des particules $\frac{m_B}{m_A}$?

18. Deux balles de golf de même masse roulent et entrent en collision. La vitesse vectorielle initiale de l'une des balles est de 2,70 m/s [E]. Après la collision, les vitesses vectorielles des balles sont de 2,49 m/s [N 27,2° O] et de 2,37 m/s [S 20,8° E]. Quelles sont la grandeur et la direction initiale de l'autre balle ?

19. On attache une balle de 0,25 kg à une ficelle de 26 cm (**figure 2**). On élève la balle de manière à tendre la ficelle en position horizontale par rapport à la table ; puis on la relâche de sorte qu'elle heurte de plein fouet, à la fin de sa trajectoire, une balle de 0,21 kg libre de rouler sur la table.

a) Quelle est la vitesse de la balle de 0,25 kg tout juste avant la collision ?

b) Quelle est la vitesse de la balle de 0,21 kg tout juste après la collision ?

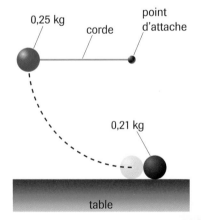

Figure 2

20. On fait rouler une grosse boule de pâte à modeler de $4,5 \times 10^2$ g sur le dessus d'une table de manière qu'elle percute une petite boîte en bois au repos de $7,9 \times 10^2$ g. La collision est parfaitement inélastique et le système boule-boîte continue à se déplacer sur une distance de 5,1 cm. Si la vitesse de la boule est de 2,2 m/s juste avant la collision, détermine

a) la vitesse du système juste après la collision ;

b) la force de frottement agissant sur le système.

21. Deux vaisseaux spatiaux appartenant à des pays différents sont amarrés l'un à l'autre dans l'espace et se dirigent vers la planète Mars après avoir coupé les moteurs. On sépare ensuite les deux vaisseaux au moyen de larges ressorts. Le vaisseau 1, dont la masse est de $1,9 \times 10^4$ kg, atteint $3,5 \times 10^3$ km/h suivant un angle de 5,1° par rapport au sens de son déplacement initial (**figure 3**) ; le vaisseau 2, dont la masse est de $1,7 \times 10^4$ kg, atteint $3,4 \times 10^3$ km/h suivant un angle de 5,9° par rapport au sens de son déplacement initial. Détermine la vitesse initiale des vaisseaux au moment où ils étaient unis.

22. Au cours de la vérification d'un dispositif de feu d'artifice, un ingénieur consigne les données contenues dans le **tableau 1** au moment où le dispositif, initialement au repos, explose sous environnement contrôlé en trois pièces qui se déploient horizontalement.

Tableau 1 Données de la question 22

Pièce	1	2	3
Masse	2,0 kg	3,0 kg	4,0 kg
Vitesse vectorielle finale	1,5 m/s [N]	2,5 m/s [E]	?

Mets en pratique tes connaissances

23. Un certain nombre d'objets de masses différentes ont la même vitesse. Trace la forme du graphique de la quantité de mouvement en fonction de la masse de ces objets.

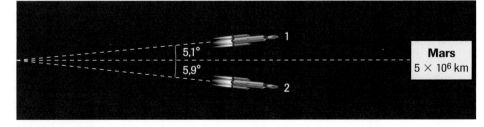

Figure 3
Schéma se rapportant à la question 21

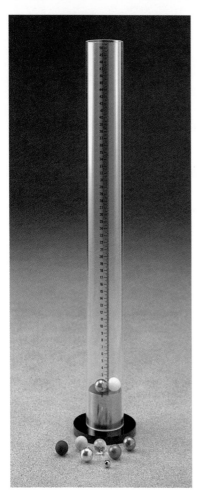

Figure 4
Illustration
se rapportant
à la question 25

24. Une variété d'objets de masses différentes se déplacent à des vitesses différentes, mais leur quantité de mouvement a la même grandeur. Trace la forme du graphique de la relation entre la quantité de mouvement et la masse de ces objets.

25. La **figure 4** montre un dispositif utilisé pour étudier le « coefficient de restitution » d'objets sphériques fabriqués à partir de différents matériaux comme le laiton, le plastique, l'acier, le bois, le caoutchouc ou l'aluminium.
    a) Explique ce que le terme « coefficient de restitution » signifie. Comment ce dispositif permet-il de déterminer le coefficient de restitution de sphères fabriquées à partir de différents matériaux ?
    b) Avec l'approbation de ton enseignant ou de ton enseignante, utilise cet appareil ou une autre méthode pour déterminer le coefficient de restitution de sphères variées.

26. a) Deux élèves tendent un drap presque à la verticale de manière à créer une « plate-forme d'atterrissage » pour l'œuf qui va être lancé à haute vitesse en son centre. Même à très haute vitesse, l'œuf ne casse pas. Explique pourquoi. (*Mise en garde :* Si tu décides de tenter cette expérience, fais-le à l'extérieur et assure-toi que l'œuf touche bien le centre du drap et ne tombe pas sur le sol après la collision.)
    b) Comment appliquerais-tu le concept présenté en a) aux opérations de sauvetage ? Quelles expériences pourrais-tu effectuer (sans recourir à des êtres vivants) pour déterminer la hauteur maximale à partir de laquelle une personne pourrait tomber et être sauvée sans se blesser ?

Fais des liens

27. Du point de vue de la sécurité des transports, est-il préférable qu'un poteau de téléphone s'affaisse ou qu'il reste droit quand un véhicule le percute ? Explique pourquoi.

28. Les ingénieurs en recherche sur la sécurité utilisent la photographie à haute fréquence pour procéder à l'analyse des essais de collision. Compare la photographie à haute fréquence aux méthodes que tu as appliquées pour analyser des collisions dans les activités de recherche 5.2.1 et 5.3.1.

29. Les porte-avions de la marine sont équipés d'un dispositif d'arrêt qui permet de stopper les aéronefs sur la piste d'atterrissage relativement courte du navire. Fais des recherches dans Internet ou dans des ouvrages pertinents pour apprendre comment ce dispositif réussit à convertir l'énergie cinétique de l'appareil en d'autres formes d'énergie. Rapporte ce que tu as découvert.

 www.beaucheminediteur.com/physique12

30. Les navettes spatiales qui transportent de l'équipement et des astronautes vers la Station spatiale internationale sont équipées d'un « bouclier thermique ». Fais des recherches dans Internet ou dans des ouvrages pertinents pour savoir comment le bouclier thermique permet de réduire les dommages causés à l'appareil.

 www.beaucheminediteur.com/physique12

6

La gravitation et la mécanique céleste

Dans ce chapitre, tu apprendras à:

- analyser les facteurs qui régissent le mouvement des corps célestes isolés et à calculer l'énergie potentielle gravitationnelle des systèmes;

- analyser le mouvement des satellites isolés et à le décrire sur la base des formes et des transformations de l'énergie.

Lorsque nous observons les planètes et les étoiles au cours d'une nuit sans nuages, loin des lumières de la ville, ou que nous examinons les images du ciel nocturne que nous donnent les télescopes, nous réalisons que nous pouvons nous poser de nombreuses questions à propos de notre univers. Pourquoi les étoiles d'une galaxie (**figure 1**) sont-elles regroupées? Qu'est-ce qui maintient notre système solaire, avec ses planètes et leurs lunes, en mouvement dans notre galaxie? Les réponses à ces questions et à bien d'autres ont trait à la gravitation. La force de gravité explique l'existence des galaxies, des étoiles, des planètes et des lunes ainsi que les caractéristiques de leur mouvement.

Lorsque nous avons analysé le mouvement des planètes et des satellites dans les chapitres précédents, nous avons admis que leurs orbites étaient circulaires. Dans certains cas, cette hypothèse est une bonne approximation. Cependant, pour mieux comprendre le mouvement des corps célestes, nous devons analyser les propriétés non circulaires de nombreuses orbites. La découverte de ces types d'orbite par l'astronome Johannes Kepler est une remarquable histoire de ténacité et d'analyse minutieuse.

Dans ce chapitre, tu utiliseras ce que tu as appris pour analyser les transformations d'énergie requises pour mettre un engin spatial en orbite terrestre ou pour l'envoyer en mission interplanétaire.

💡 FAIS LE POINT sur tes connaissances

1. Cite toutes les forces qui maintiennent
   a) les anneaux de Saturne en orbite autour de cette planète;
   b) le télescope spatial Hubble en orbite stationnaire autour de la Terre.

2. Deux sondes spatiales de masses respectives m et $2m$ sont transportées dans l'espace par deux fusées.
   a) Comment se comparent les vitesses minimales que les sondes doivent atteindre respectivement pour échapper à l'attraction terrestre? Justifie ta réponse.
   b) Comment se comparent les énergies cinétiques minimales que les sondes doivent acquérir respectivement pour échapper à l'attraction terrestre? Justifie ta réponse.

3. Commente la signification de cet énoncé: «Si r est la distance entre le centre d'un corps principal (comme la Terre) et un objet (comme une sonde spatiale), l'analyse de l'énergie potentielle gravitationnelle de l'objet permet de déduire que lorsque $r \rightarrow \infty$, $E_g \rightarrow 0$.»

4. Une sonde spatiale est lancée de la surface terrestre.
   a) Suppose que la masse de la sonde est constante et trace un graphique de l'intensité de la force de gravité F_g qu'exerce la Terre sur la sonde spatiale en fonction de la distance r entre le centre de la Terre et la sonde.
   b) Suppose que la sonde brûle du carburant pour s'éloigner de la Terre et que sa masse décroît progressivement. Sur le même graphique, trace une ligne pointillée qui représente la force exercée sur la sonde en fonction de r.

5. La découverte de trous noirs dans l'univers est un résultat fascinant de l'étude de la gravitation et des mouvements célestes. Indique brièvement ce que tu sais à propos des trous noirs.

Figure 1

Figure 1

Cette image d'une minuscule partie du ciel nocturne, obtenue par le télescope spatial Hubble, montre la galaxie ESO 510-G13 (la région lumineuse du fond). Entre la Terre et cette galaxie, on observe des courants de gaz inter-stellaires et quelques étoiles de notre propre galaxie, la Voie lactée. La cohésion des galaxies est assurée par la gravité.

▶ **À toi** d'expérimenter **Le traçage et la comparaison d'ellipses**

Une *ellipse* est une courbe fermée telle que la somme des distances entre tout point P et deux autres points fixes, les foyers F_1 et F_2, est constante : $PF_1 + PF_2$ est constante. La **figure 2** présente une ellipse. Dans le cas particulier où les deux foyers sont confondus, l'ellipse devient un cercle. Les élongations d'une ellipse dépendent d'une quantité appelée *excentricité*, e, donnée par l'expression $e = \dfrac{c}{a}$; dans le cas d'un cercle, $e = 0$; dans le cas d'une ellipse longue et fine, $e \to 1$.

Pour faire cette activité, chaque groupe de trois ou quatre élèves doit avoir un crayon, une règle, une ficelle qui permettra de créer une boucle de 40 cm, deux punaises et un morceau de carton d'au moins 40 cm sur 40 cm. Les punaises, qui définissent les foyers, doivent être séparées de 10 cm. Les extrémités de la ficelle doivent être fixées aux punaises. La ficelle doit être maintenue tendue à l'aide du crayon pendant que celui-ci est déplacé autour des punaises. Ce mouvement permet de tracer l'ellipse. Remarque que la somme des distances entre tout point de l'ellipse et les deux foyers (les punaises) est constante (c'est la longueur de la ficelle). Trace une autre ellipse sur l'autre côté du carton en utilisant une ficelle de 20 cm.

a) Étiquette les axes majeur et mineur de chaque ellipse. Compare les excentricités des deux ellipses.

b) Les planètes décrivent des ellipses. Que trouve-t-on à un foyer de l'ellipse de chaque planète ? Qu'est-ce qui se situe à un foyer de l'orbite elliptique de la Lune ?

Range le carton comportant les ellipses en lieu sûr afin de l'utiliser pour d'autres études dans ce chapitre.

✋ **Sois prudent avec les punaises et retire-les après avoir tracé les ellipses.**

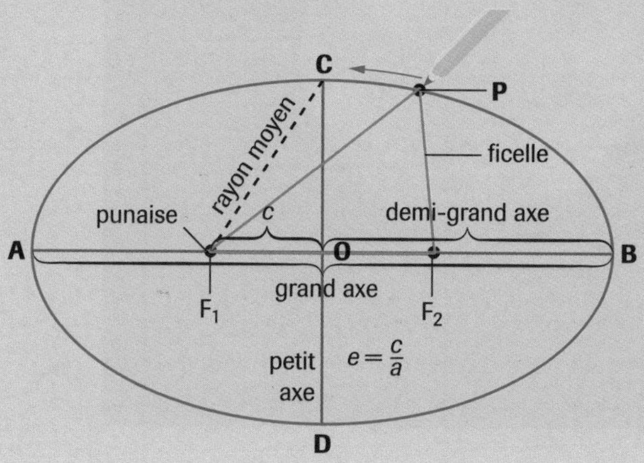

Figure 2

Une ellipse. Le segment AB est l'*axe majeur* de l'ellipse ; CD est l'*axe mineur*. La distance AO ou OB est la longueur du *demi-axe majeur*. L'excentricité est définie comme $\dfrac{c}{a}$, où c est la distance OF_1 ou OF_2 entre un foyer et le centre de l'ellipse.

Les humains éprouvent une curiosité naturelle à propos de la formation du système solaire et de la Terre il y a des millions d'années et de la présence d'autres formes de vie dans l'univers. La recherche de réponses à ces questions commence par la compréhension de la *pesanteur*, la force qui attire tous les corps dotés de masse dans l'univers.

Précédemment, nous avons introduit des concepts et des équations concernant la pesanteur. Dans cette section, nous élaborerons sur les concepts plus directement associés au mouvement des planètes et des satellites.

Dans l'espace, il existe un champ de force, dans lequel un objet est soumis à une force. Par conséquent, il existe dans l'espace un **champ gravitationnel** où la force de gravité s'exerce sur les objets. L'intensité du champ gravitationnel est directement proportionnelle à la masse du corps central, et inversement proportionnelle au carré de la distance entre le centre de ce corps et le point considéré. Pour comprendre cette relation, nous combinons la loi de la gravitation universelle et la deuxième loi du mouvement de Newton, comme le montre la **figure 1**.

Selon la loi de la gravitation universelle,

$$F_G = \frac{GMm}{r^2}$$

où F_G est l'intensité de la force de gravité, G, la constante de la gravitation universelle, m, la masse d'un corps soumis au champ gravitationnel du corps central de masse, M et r, la distance qui sépare les centres des deux corps. (N'oublie pas que cette loi s'applique aux corps sphériques, qui sont ceux que nous considérons dans ce chapitre traitant de mécanique céleste.)

champ gravitationnel un champ gravitationnel existe dans l'espace entourant un objet soumis à la force de gravité

Figure 1
Les grandeurs des vecteurs de force entourant la Terre montrent comment l'intensité du champ gravitationnel diminue de façon inversement proportionnelle au carré de la distance jusqu'au centre de la Terre. Pour obtenir l'équation de l'intensité du champ gravitationnel en fonction de la masse du corps central (la Terre, dans ce cas), nous supposons que les intensités des forces F_G et F_g sont égales.

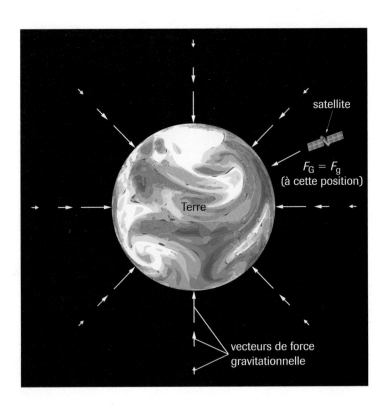

Selon la deuxième loi de Newton,

$$F_g = mg$$

où F_g est l'intensité de la force de gravité s'exerçant sur un corps de masse m, et g, l'intensité du champ gravitationnel. F_g et F_G sont égales en tout point, et nous avons donc :

$$F_g = F_G$$
$$mg = \frac{GMm}{r^2}$$
$$g = \frac{GM}{r^2}$$

▶ **PROBLÈME 1**

Détermine la masse de la Terre en utilisant l'intensité du champ gravitationnel à sa surface, la distance r entre sa surface et son centre ($6,38 \times 10^6$ m) et la constante de la gravitation universelle.

Solution

$g = 9,80$ N/kg $\qquad G = 6,67 \times 10^{-11}$ N·m²/kg²
$r = 6,38 \times 10^6$ m $\qquad M = ?$

$$g = \frac{GM}{r^2}$$

$$M = \frac{gr^2}{G}$$

$$= \frac{(9,80 \text{ N/kg})(6,38 \times 10^6 \text{ m})^2}{6,67 \times 10^{-11} \text{ N·m}^2/\text{kg}^2}$$

$$M = 5,98 \times 10^{24} \text{ kg}$$

La masse de la Terre est de $5,98 \times 10^{24}$ kg.

Remarque que la relation $g = \dfrac{GM}{r^2}$ reste valide pour tout objet situé au-dessus de la surface de la Terre. Dans ce cas, r est la distance entre l'objet considéré et le centre de la Terre. En outre, g est différente de 9,80 N/kg en un point non voisin de la surface de la Terre. L'intensité du champ gravitationnel g décroît en fonction de la distance par rapport au centre de la Terre selon l'équation $g = \dfrac{GM}{r^2}$. Cette équation s'applique à une étoile ou à une autre planète lorsque la masse M est remplacée par la valeur appropriée.

▶ **PROBLÈME 2**

a) Calcule l'intensité du champ gravitationnel à la surface de Mars.

b) Quel est le rapport entre l'intensité du champ gravitationnel à la surface de Mars et celle à la surface la Terre ?

Solution

L'annexe C contient les données requises.

a) $G = 6,67 \times 10^{-11}$ N·m²/kg² $\qquad r = 3,40 \times 10^6$ m
$M = 6,37 \times 10^{23}$ kg $\qquad g = ?$

Tableau 1 Intensité du champ gravitationnel de certaines planètes par rapport à celle de la Terre ($g = 9,80$ N/kg)

Planète	Intensité du champ gravitationnel à la surface (Terre = 1,00)
Mercure	0,375
Vénus	0,898
Terre	1,00
Mars	0,375
Jupiter	2,53
Saturne	1,06
Uranus	0,914
Neptune	1,14
Pluton	0,067

$$g = \frac{GM}{r^2}$$

$$= \frac{(6,67 \times 10^{-11}\ \text{N·m}^2/\text{kg}^2)(6,37 \times 10^{23}\ \text{kg})}{(3,40 \times 10^6\ \text{m})^2}$$

$$g = 3,68\ \text{N/kg}$$

L'intensité du champ gravitationnel à la surface de Mars est de 3,68 N/kg.

b) Le rapport demandé est:

$$\frac{g_{\text{Mars}}}{g_{\text{Terre}}} = \frac{3,68\ \text{N/kg}}{9,80\ \text{N/kg}} = 0,375:100$$

Le rapport entre les intensités du champ gravitationnel est de 0,375 : 100. Cela signifie que l'intensité du champ gravitationnel à la surface de Mars est égale à seulement 37,5 % de celle du champ gravitationnel à la surface de la Terre.

À la surface de Mars, l'intensité du champ gravitationnel n'est que 0,375 fois celle qui existe à la surface de la Terre. Les valeurs correspondantes pour toutes les planètes du système solaire sont présentées dans le **tableau 1**.

▶ *Mise en pratique*

Saisis bien les concepts

Les données requises sont présentées à l'annexe C.

1. Qu'est-ce qui maintient la Station spatiale internationale et d'autres satellites en orbite autour de la Terre?

2. Détermine l'intensité de la force gravitationnelle exercée a) par la Terre sur la Lune et b) par la Lune sur la Terre.

3. Si nous supposons que l'intensité du champ gravitationnel sur la surface de la Terre est de $1g$, quelles sont les intensités du champ gravitationnel (sous la forme de multiples de g) aux distances suivantes de la surface de la Terre? a) 1,0 fois le rayon de la Terre, b) 3,0 fois le rayon de la Terre et c) 4,2 fois le rayon de la Terre?

4. Si une planète a la même masse que la Terre mais un rayon égal à 0,5 fois celui de la Terre, quelle est l'intensité du champ gravitationnel à la surface de cette planète sous la forme d'un multiple de g (l'intensité du champ gravitationnel à la surface de la Terre)?

5. L'intensité du champ gravitationnel à la surface de la Lune est de 1,6 N/kg.
   a) Quelle est la masse de la Lune? (*Indice*: Le rayon de la Lune figure dans l'annexe.)
   b) Quel serait ton poids si tu te trouvais sur la Lune?

6. L'intensité du champ gravitationnel total en un point de l'espace interstellaire est de $5,42 \times 10^{-9}$ N/kg. Quelle est l'intensité de la force gravitationnelle qui s'exerce en ce point sur un objet dont la masse est de a) 1,00 kg et b) $8,91 \times 10^5$ kg?

Mets en pratique tes connaissances

7. Une sonde spatiale gravite autour de Jupiter, recueillant des données et les envoyant vers la Terre sous forme d'ondes électromagnétiques. Ensuite, la sonde quitte Jupiter et se dirige vers Saturne.
   a) Suppose que la sonde s'éloigne de Jupiter (en décrivant une droite). Trace le graphique de l'intensité de la force que Jupiter exerce sur la sonde en fonction de la distance qui sépare les centres de ces deux corps.
   b) Reprends la question a) pour l'intensité de la force que la sonde exerce sur Jupiter.

Réponses

2. a) $1,99 \times 10^{20}$ N [vers le centre de la Terre]
   b) $1,99 \times 10^{20}$ N [vers le centre de la Lune]

3. a) $\dfrac{g}{4}$
   b) $\dfrac{g}{16}$
   c) $\dfrac{g}{27}$

4. 4,0 g

5. a) $7,3 \times 10^{22}$ kg

6. a) $5,42 \times 10^{-9}$ N
   b) $4,83 \times 10^{-3}$ N

Fais des liens

8. Si la masse volumique de la Terre était beaucoup plus grande que sa valeur réelle, son rayon restant inchangé,
   a) qu'adviendrait-il de l'intensité du champ gravitationnel à la surface de la Terre ?
   b) comment évoluerait la structure osseuse des humains ?
   c) que deviendraient certains autres aspects de la nature ou activités des humains ? (Utilise ton imagination.)

RÉSUMÉ | *Les champs gravitationnels*

- Un champ gravitationnel existe dans l'espace entourant un objet sur lequel une force de gravité s'exerce.
- L'intensité du champ gravitationnel entourant une planète ou un autre corps (que nous supposons sphérique) est directement proportionnelle à la masse du corps central et inversement proportionnelle au carré de la distance entre les centres des deux corps.
- La loi de la gravitation universelle s'applique à tous les corps du système solaire : Soleil, planètes, lunes et satellites artificiels.

▶ *Section 6.1* **Questions**

Saisis bien les concepts

Les données requises sont présentées à l'annexe C.

1. Comment varie le poids d'une sonde spatiale pendant un voyage de la Terre à la Lune ? Existe-t-il un endroit où le poids est nul ? La masse de la sonde varie-t-elle ? Explique.

2. Un satellite d'une masse de 225 kg se trouve à $8,62 \times 10^6$ m au-dessus de la surface de la Terre.
   a) Détermine l'intensité et le sens de la force gravitationnelle qui s'exerce sur le satellite.
   b) Détermine l'intensité et le sens de l'accélération correspondante du satellite.

3. Détermine l'intensité et le sens du champ gravitationnel en un point de l'espace situé à $7,4 \times 10^7$ m du centre de la Terre.

4. Un satellite de $6,2 \times 10^2$ kg est situé en un point où l'intensité du champ gravitationnel de la Terre est de 4,5 N/kg.
   a) Détermine, en fonction du rayon de la Terre et de l'intensité du champ gravitationnel à sa surface, la distance à laquelle le satellite se trouve de cette surface. (Utilise des rapports de proportionnalité.)
   b) Détermine l'intensité de la force gravitationnelle qui s'exerce sur le satellite.

5. Calcule l'intensité du champ gravitationnel à la surface de Neptune et compare ton résultat à la valeur présentée dans le **tableau 1**.

6. Un satellite de 456 kg tourne autour de la Terre à une vitesse de 3,9 km/s. Il décrit une orbite circulaire de rayon $2,5 \times 10^7$ m et dont le centre est celui de la Terre.

   a) Détermine l'intensité et le sens de l'accélération du satellite.
   b) Détermine l'intensité et le sens de la force gravitationnelle exercée sur le satellite.

7. a) À la surface de Titan, une lune de Saturne, l'intensité du champ gravitationnel est de 1,3 N/kg. La masse de Titan est de $1,3 \times 10^{23}$ kg. Quel est le rayon de Titan en kilomètres ?
   b) Quelle est l'intensité de la force de gravité à laquelle un rocher de 0,181 kg situé à la surface de Titan est soumis ?

8. Sachant que l'intensité du champ gravitationnel à la surface de la Terre est de 9,80 N/kg, détermine à quelle distance (exprimée sous la forme d'un multiple du rayon r_T de la Terre) au-dessus de cette surface l'intensité de ce champ est de 3,20 N/kg.

Mets en pratique tes connaissances

9. Utilise les diagrammes de force d'une masse de 1,0 kg à des distances croissantes de la Terre pour illustrer comment l'intensité du champ gravitationnel est inversement proportionnelle au carré de la distance à partir du centre de la Terre.

Fais des liens

10. Uniquement sur la base des données présentées dans le **tableau 1**, donne au moins une raison pour laquelle certains astronomes considèrent que Pluton ne devrait pas être classée comme une planète.

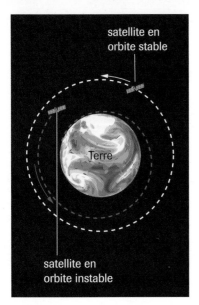

Figure 1
Comparaison d'orbites stable et instable d'un satellite artificiel. Si un satellite se trouve à une distance suffisamment grande de la Terre, le frottement atmosphérique est négligeable et la mise à feu des fusées d'appoint n'est pas nécessaire.

Nous entendons régulièrement parler de débris spatiaux qui traversent l'atmosphère terrestre, créant des traînées lumineuses lorsqu'ils se vaporisent sous l'effet du frottement. Ces débris proviennent de satellites qui étaient en orbite stable lorsqu'ils fonctionnaient correctement. Ces satellites tombent vers la Terre lorsque leurs orbites deviennent instables (**figure 1**). Pour décrire une orbite stable, un satellite ou un véhicule spatial doit conserver une vitesse précise. Cela exige la mise à feu périodique de petites fusées d'appoint pour compenser l'effet du frottement d'une atmosphère de faible densité. Lorsque la station spatiale russe *Mir* a atteint le terme de sa vie utile, ses fusées d'appoint ont cessé d'être utilisées et elle a progressivement perdu de la vitesse sous l'effet du frottement. Sans la vitesse précise qui lui faisait décrire une trajectoire donnée autour de la Terre, l'orbite de *Mir* est devenue instable et la pesanteur a attiré la station vers la Terre. Après 15 ans de service, *Mir* est entrée dans l'atmosphère terrestre le 23 mars 2001.

Dans la section 3.4, nous avons vu que pour qu'un satellite décrive une orbite circulaire stable autour de la Terre, il doit conserver une vitesse v particulière qui dépend de la masse de la Terre et du rayon de l'orbite. La relation mathématique que nous avons déduite pour un mouvement circulaire est :

$$v = \sqrt{\frac{Gm_T}{r}}$$

où G est la constante de la gravitation universelle, m_T, la masse de la Terre, v, la vitesse du satellite, et r, la distance entre le centre de la Terre et le satellite.

La validité de cette équation n'est pas limitée aux objets en orbite autour de la Terre. Nous pouvons la réécrire pour tout corps central de masse M autour duquel un autre corps est en orbite. L'équation précédente peut donc prendre la forme générale :

$$v = \sqrt{\frac{GM}{r}}$$

▶ PROBLÈME 1

Détermine les vitesses des deuxième et troisième planètes les plus proches du Soleil. Les données requises sont présentées à l'annexe C.

Solution

Nous utiliserons les indices V, T et S pour représenter respectivement Vénus (la deuxième planète), la Terre (la troisième planète) et le Soleil.

$G = 6{,}67 \times 10^{-11}$ N·m²/kg²
$M_S = 1{,}99 \times 10^{30}$ kg
$r_V = 1{,}08 \times 10^{11}$ m
$r_T = 1{,}49 \times 10^{11}$ m
$v_V = ?$
$v_T = ?$

$$v_V = \sqrt{\frac{GM_S}{r_V}}$$

$$= \sqrt{\frac{(6{,}67 \times 10^{-11}\ \text{N·m}^2/\text{kg}^2)(1{,}99 \times 10^{30}\ \text{kg})}{1{,}08 \times 10^{11}\ \text{m}}}$$

$$v_V = 3{,}51 \times 10^4\ \text{m/s}$$

$$v_T = \sqrt{\frac{GM_S}{r_T}}$$

$$= \sqrt{\frac{(6,67 \times 10^{-11} \text{ N·m}^2/\text{kg}^2)(1,99 \times 10^{30} \text{ kg})}{1,49 \times 10^{11} \text{ m}}}$$

$$v_T = 2,98 \times 10^4 \text{ m/s}$$

Vénus se déplace à la vitesse de $3,51 \times 10^4$ m/s autour du Soleil. La vitesse de la Terre, de $2,98 \times 10^4$ m/s, est plus faible.

> ### ▶ *Mise en pratique*

Saisis bien les concepts

Les données requises sont présentées à l'annexe C.

1. Pourquoi la Lune, que la pesanteur terrestre attire, ne tombe-t-elle pas vers la Terre ?

2. Pourquoi la force gravitationnelle qui s'exerce sur une sonde spatiale en orbite circulaire autour d'une planète ne change-t-elle pas la vitesse de la sonde ?

3. Un satellite décrit une orbite circulaire de 525 km au-dessus de la surface de la Terre. Détermine a) la vitesse et b) la période de révolution du satellite.

4. Un satellite peut décrire une orbite circulaire très proche de la surface de la Lune parce qu'il n'y a pas d'atmosphère pouvant exercer de frottement. Détermine la vitesse d'un tel satellite.

Mets en pratique tes connaissances

5. a) Écris un énoncé de proportionnalité illustrant la relation entre la vitesse d'un satellite naturel ou artificiel autour d'un corps central et le rayon de l'orbite de ce satellite.

   b) Trace le graphique de cette relation.

Fais des liens

6. Les débris spatiaux deviennent un problème important parce qu'un nombre croissant d'objets artificiels sont abandonnés sur leurs orbites autour de la Terre. Étudie ce problème en utilisant Internet ou des publications appropriées et résume brièvement tes découvertes.

 ALLER À www.beauchemineediteur.com/physique12

Réponses

3. a) $7,60 \times 10^3$ m/s
   b) $5,71 \times 10^3$ s (ou 1,59 h)
4. $1,68 \times 10^3$ m/s

Les lois de Kepler sur le mouvement des planètes

Des siècles avant l'invention des télescopes, les astronomes ont fait des observations détaillées du ciel nocturne et ont découvert des relations mathématiques complexes et impressionnantes. Avant le XVIIe siècle, les scientifiques pensaient que la Terre était le centre de l'univers ou en était très proche, le Soleil et les autres planètes (Mercure, Vénus, Mars, Jupiter et Saturne) décrivant des orbites autour d'elle. Avec la Terre comme système de référence, ils ont créé un modèle géocentrique de l'univers fondé sur des mouvements complexes (**figure 2**).

Les observations et les analyses détaillées requises pour déduire ces orbites complexes étaient extraordinairement précises. Elles ont permis aux scientifiques de prévoir des événements célestes comme les éclipses solaires et lunaires. Cependant, les causes des mouvements étaient mal comprises. En 1543, l'astronome polonais Nicolas Copernic (1473-1543) a publié un ouvrage dans lequel il proposait le modèle héliocentrique du

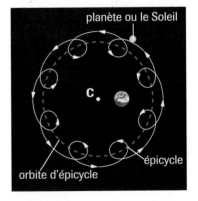

Figure 2
Si la Terre est prise comme système de référence, le Soleil et les autres planètes décrivent des orbites appelées *épicycles*. Le centre de ces orbites est un point C éloigné de la Terre.

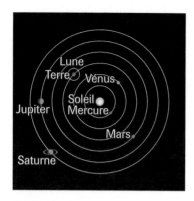

Figure 3
Lorsque le Soleil a été pris comme système de référence, les mouvements des planètes ont été modélisés comme de simples cercles centrés sur le Soleil, et l'orbite de la Lune, comme un cercle centré sur la Terre.

Figure 4
Ce grand instrument appelé *quadrant* était si précis que Tycho pouvait mesurer la position angulaire d'une étoile au millième de degré le plus proche.

système solaire, selon lequel les planètes tournaient autour du Soleil. Il en a déduit que les vitesses des planètes proches du Soleil étaient supérieures à celles des planètes plus éloignées, ce qui concorde avec les vitesses orbitales données par l'équation $v = \sqrt{\dfrac{GM}{r}}$.

Lorsque le Soleil a été pris comme système de référence, les mouvements des planètes ont soudain semblé très simples (**figure 3**).

Bien que Copernic ait mené la révolution scientifique, son explication des orbites des planètes ne tenait pas compte des petites irrégularités observées au cours de longues périodes. Les orbites n'étaient pas exactement des cercles. Une analyse plus poussée était nécessaire pour déterminer la forme exacte des orbites.

Un autre astronome influent a été le Danois Tycho Brahé (1546-1601), mieux connu sous le nom de Tycho. Il a été engagé comme astronome de la cour auprès du roi du Danemark. Pendant 20 ans, il a fait d'innombrables observations à l'aide d'instruments énormes (**figure 4**), accumulant les mesures les plus complètes et les plus précises de son époque. Cependant, il a fini par ennuyer ceux qui l'entouraient et a perdu le soutien du roi en 1597. Il a quitté le Danemark et s'est rendu à Prague, où il a consacré les dernières années de sa vie à l'analyse de ses données. En 1600, peu avant sa mort, il a engagé un jeune et brillant mathématicien, Johannes Kepler (1571-1630), comme assistant.

Kepler, qui est né en Allemagne où il a été formé, a passé la plus grande partie des 25 années suivantes à Prague, où il a minutieusement analysé la grande quantité de données sur le mouvement planétaire de Tycho. Kepler voulait déterminer la forme des orbites planétaires qui concorde le mieux avec les données. Se consacrant essentiellement à l'orbite de Mars — celle que Tycho a le mieux documentée —, Kepler a finalement découvert que la seule forme qui s'ajustait à toutes les données était l'ellipse. Il a alors développé trois relations associées qui décrivaient les véritables orbites des planètes. (Nous savons maintenant que ces relations s'appliquent aussi au mouvement de tout corps en orbite autour d'un autre corps, comme la Lune ou un satellite artificiel gravitant autour de la Terre.) Ces trois relations sont appelées *lois de Kepler sur le mouvement des planètes*.

> **Première loi de Kepler sur le mouvement des planètes**
> Chaque planète se déplace autour du Soleil en décrivant une ellipse, le Soleil étant un des foyers de l'ellipse.

La **figure 5** illustre la première loi de Kepler. Bien que cette loi énonce correctement que les orbites planétaires sont des ellipses, dans la plupart des cas celles-ci ne sont pas très allongées. En fait, dans un dessin à l'échelle, les orbites des planètes (à l'exception de celles de Mercure et de Pluton) ressemblent plutôt à des cercles. Par exemple, la distance de la Terre au Soleil ne varie que de 3 % environ au cours du mouvement annuel de la Terre autour du Soleil.

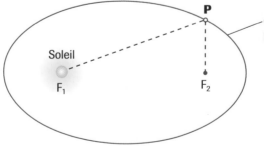

Figure 5
L'orbite d'une planète est une ellipse dont le Soleil est un des foyers. Selon la définition d'une ellipse, pour tout point P, la distance $PF_1 + PF_2$ est constante.

Bien avant que Kepler ait établi que l'orbite de Mars est une ellipse, il avait déterminé que Mars accélère lorsqu'elle approche du Soleil et ralentit lorsqu'elle s'en éloigne. La *deuxième loi de Kepler sur le mouvement des planètes* énonce avec précision la relation correspondante :

> **Deuxième loi de Kepler sur le mouvement des planètes**
> Le segment de droite joignant une planète et le Soleil balaie des surfaces égales au cours d'intervalles de temps égaux.

La **figure 6** illustre la deuxième loi de Kepler. Le balayage de surfaces égales au cours d'intervalles de temps égaux signifie que chaque planète se déplace d'autant plus rapidement qu'elle est proche du Soleil, et d'autant plus lentement qu'elle s'en éloigne. La distance entre la Terre et le Soleil atteint son minimum vers le 4 janvier et son maximum vers le 5 juillet.

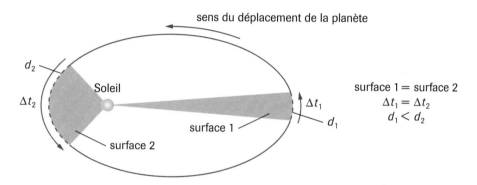

Figure 6
Cette ellipse est allongée pour mieux illustrer le balayage de surfaces égales au cours d'intervalles de temps égaux.

La *troisième de loi de Kepler sur le mouvement des planètes* donne la relation entre la période orbitale T d'une planète (c'est-à-dire la durée d'une révolution autour du Soleil) et la distance moyenne r entre cette planète et le Soleil :

> **Troisième loi de Kepler sur le mouvement des planètes**
> Le cube du rayon moyen r de l'orbite d'une planète est directement proportionnel au carré de la période orbitale T de la planète.

Mathématiquement, la troisième loi de Kepler prend la forme :

$$r^3 \propto T^2 \qquad r^3 = C_S T^2$$

$$\text{ou} \quad C_S = \frac{r^3}{T^2}$$

où C_S est le coefficient de proportionnalité (la constante solaire) correspondant au Soleil dans la troisième loi de Kepler. En unités SI, C_S s'exprime en mètres cubes par seconde au carré (m^3/s^2).

▸ **PROBLÈME 2**

Le rayon moyen de l'orbite terrestre autour du Soleil est de $1,495 \times 10^8$ km. La période de révolution est de 365,26 jours.

a) Détermine la constante C_S avec quatre chiffres significatifs.

b) La période de révolution d'un astéroïde autour du Soleil est de $8,1 \times 10^7$ s. Quel est le rayon moyen de son orbite ?

a) $r_T = 1,495 \times 10^8$ km $= 1,495 \times 10^{11}$ m

$T_T = 365,26$ jours $= 3,156 \times 10^7$ s

$C_S = ?$

$$C_S = \frac{r_T{}^3}{T_T{}^2} = \frac{(1,495 \times 10^{11} \text{ m})^3}{(3,156 \times 10^7 \text{ s})^2}$$

$$C_S = 3,355 \times 10^{18} \text{ m}^3/\text{s}^2$$

La constante solaire est de $3,355 \times 10^{18}$ m³/s².

b) Dans cette situation, nous pouvons utiliser la constante solaire déterminée à la question a).

$C_S = 3,355 \times 10^{18}$ m³/s²

$T = 8,1 \times 10^7$ s

$r = ?$

$$\frac{r^3}{T^2} = C_S$$

$$r = \sqrt[3]{C_S T^2} = \sqrt[3]{(3,355 \times 10^{18} \text{ m}^3/\text{s}^2)(8,1 \times 10^7 \text{ s})^2}$$

$$r = 2,8 \times 10^{11} \text{ m}$$

Le rayon moyen de l'orbite de l'astéroïde est de $2,8 \times 10^{11}$ m.

Les conclusions de Kepler ont fait l'objet d'une très forte controverse, car elles contredisaient le modèle géocentrique du système solaire, soutenu par l'Église catholique romaine. En 1616, cette dernière a émis une bulle qualifiant l'hypothèse héliocentrique de « fausse et absurde ».

La troisième loi de Kepler est d'autant plus impressionnante que, quelques années plus tard, la relation correspondante a été obtenue par application de la loi de la gravitation universelle de Newton au mouvement circulaire d'un corps céleste gravitant autour d'un autre. Commençons par poser l'égalité, d'une part, de l'intensité de la force gravitationnelle exercée sur une planète gravitant autour du Soleil et, d'autre part, du produit de la masse de cette planète par son accélération centripète :

$$\frac{GM_S m_{\text{planète}}}{r^2} = \frac{m_{\text{planète}} v^2}{r}$$

$$\text{D'où } v = \sqrt{\frac{GM_S}{r}}$$

$$\text{Comme } T = \frac{2\pi r}{v} = \frac{2\pi r}{\sqrt{\dfrac{GM_S}{r}}}$$

$$T^2 = \frac{4\pi^2 r^2}{\left(\dfrac{GM_S}{r}\right)} = 4\pi^2 r^2\left(\frac{r}{GM_S}\right) = \frac{4\pi^2 r^3}{GM_S}$$

$$\frac{r^3}{T^2} = \frac{GM_S}{4\pi^2}$$

$$C_S = \frac{GM_S}{4\pi^2} \qquad \text{pour le Soleil ou, généralement,}$$

$$C = \frac{GM}{4\pi^2} = \frac{r^3}{T^2}$$

Nous avons démontré que la constante solaire ne dépend que de la masse du Soleil. Cependant, cette relation s'applique à tout corps central autour duquel d'autres corps gravitent. Par exemple, la constante terrestre C_T, qui ne dépend que de la masse de la Terre M_T, s'applique à la Lune ou à tout satellite artificiel en orbite autour de la Terre:

$$C_T = \frac{GM_T}{4\pi^2} = \frac{r_{Lune}^3}{T_{Lune}^2}$$

Les astronomes actuels utilisent des télescopes terrestres et orbitaux sophistiqués pour recueillir des données précises sur le mouvement des corps célestes. Des programmes complexes de calcul et de simulation leur permettent d'analyser ces données. Cependant, ils admireront toujours la ténacité et la précision dont ont fait preuve les astronomes de la Renaissance, et tout particulièrement Tycho et Kepler.

> ## Mise en pratique

Saisis bien les concepts

7. Si le système solaire est considéré comme isolé, quel est le modèle (géocentrique ou héliocentrique) fondé sur un système de référence non inertiel? Explique.

8. Pourquoi Tycho Brahe n'a-t-il pas recueilli de données sur des planètes situées au-delà de Saturne?

9. Utilise les données planétaires présentées à l'annexe C pour calculer le rapport $\frac{r^3}{T^2}$ correspondant à chaque planète et vérifie la troisième loi de Kepler en confirmant que $r^3 \propto T^2$.

10. a) Quelle est la valeur moyenne (en unités SI) du coefficient de proportionnalité entre r^3 et T^2 que tu as déterminé à la question 9?
   b) Utilise ta réponse à la question a) pour déterminer la masse du Soleil.

11. a) Détermine, à trois chiffres significatifs près, la constante C_T de la troisième loi de Kepler pour les corps gravitant autour de la Terre en utilisant les données sur le mouvement lunaire présentées à l'annexe C.
   b) Si un satellite est en orbite circulaire autour de la Terre ($m_T = 5{,}98 \times 10^{24}$ kg) avec une période de 4,0 h, à quelle distance au-dessus du centre de la Terre se trouve-t-il? Quelle est sa vitesse?

Mets en pratique tes connaissances

12. Reprends les ellipses que tu as dessinées à la section «À toi d'expérimenter», au début du chapitre 6. Appelle «Soleil» un des foyers de chaque ellipse. Dessine, aussi précisément que possible, des diagrammes qui illustrent la deuxième loi de Kepler sur le mouvement des planètes. Vérifie si une planète accélère lorsqu'elle se rapproche du Soleil. (Pour chaque ellipse, ton diagramme doit ressembler à celui de la **figure 6**; tu peux mesurer approximativement les longueurs des arcs pour comparer les vitesses.)

Fais des liens

13. Des astronomes ont annoncé la découverte de systèmes solaires situés bien au-delà du nôtre. Pour déterminer la masse d'une étoile distante, ils analysent le mouvement d'une planète autour de cette étoile.
   a) Déduis l'équation de la masse d'un corps central autour duquel un autre corps décrit une orbite dont la période et le rayon moyen sont connus.
   b) Si une planète faisant partie d'un système solaire distant ne peut être directement observée, ses effets sur l'étoile centrale pourraient être mesurés et pourraient permettre de déterminer le rayon de l'orbite de cette planète. Explique comment cela est possible. (Suppose que l'étoile oscille de façon observable sous l'effet d'une seule planète de masse élevée.)

CONSEIL PRATIQUE

Précisions à propos de la constante de la troisième loi de Kepler

Dans ce manuel, le coefficient de proportionnalité C est défini comme le rapport entre r^3 et T^2. Cette constante, qui est égale à $\frac{GM}{4\pi^2}$, est mesurée en mètres cubes par seconde au carré. Dans certains manuels, le coefficient de proportionnalité est défini comme le rapport entre T^2 et r^3, soit $\frac{4\pi^2}{GM}$. Son unité est alors la seconde au carré par mètre cube.

Réponses

10. a) $3{,}36 \times 10^{18}$ m³/s²
    b) $1{,}99 \times 10^{30}$ kg

11. a) $1{,}02 \times 10^{13}$ m³/s²
    b) $1{,}3 \times 10^4$ km; $5{,}6 \times 10^3$ m/s

13. a) $M = \dfrac{4\pi^2 r^3}{GT^2}$

Les orbites et les lois de Kepler

- Bien que les orbites planétaires soient des ellipses, des cercles en constituent de bonnes approximations.
- La première loi de Kepler sur le mouvement des planètes énonce que chaque planète décrit une ellipse autour du Soleil, celui-ci étant situé à un des foyers de l'ellipse.
- La deuxième loi de Kepler sur le mouvement des planètes énonce que le segment de droite joignant une planète et le Soleil balaie des surfaces égales au cours d'intervalles de temps égaux.
- La troisième loi de Kepler sur le mouvement des planètes énonce que le cube du rayon moyen r de l'orbite d'une planète est directement proportionnel au carré de la période orbitale T de la planète.

▶ *Section 6.2* Questions

Saisis bien les concepts

Les données requises sont présentées à l'annexe C.

1. Utilise une des lois de Kepler pour expliquer pourquoi nous ne pouvons observer des comètes voisines de la Terre que pendant des intervalles de temps petits par rapport à leurs périodes orbitales. (*Indice :* L'orbite elliptique d'une comète est très allongée.)

2. La Terre se rapproche le plus du Soleil aux environs du 4 janvier et s'en éloigne le plus aux environs du 5 juillet. Utilise la deuxième loi de Kepler pour déterminer auquel de ces moments la Terre se déplace le plus rapidement et le plus lentement.

3. Un système de référence non rotatif situé au centre du Soleil est presque un système de référence inertiel. Pourquoi ne l'est-il pas exactement ?

4. Le rayon moyen de l'orbite que décrit un astéroïde autour du Soleil est de $4,8 \times 10^{11}$ m. Quelle est sa période orbitale ?

5. Si la période orbitale d'une petite planète nouvellement découverte dans notre système était le double de celle de la Terre, quel serait le rapport entre son rayon orbital et celui de la Terre ?

6. Un satellite espion se trouve à un rayon de la Terre au-dessus de la surface de la Terre. Quelle est, en heures, sa période de révolution ?

7. Mars a deux lunes, Phobos et Deimos (en grec, « Peur » et « Panique », compagnons de Mars, le dieu de la guerre). La période de Deimos est de 30 h 18 min et sa distance moyenne par rapport au centre de Mars est de $2,3 \times 10^4$ km. La période de Phobos est de 7 h 39 min. Quelle est la distance moyenne de Phobos par rapport au centre de Mars ?

Mets en pratique tes connaissances

8. Démontre que les unités SI de l'expression $\sqrt{\dfrac{GM}{r}}$ sont le mètre par seconde.

9. Trace la forme du graphique de r^3 en fonction de T^2 pour une planète en orbite autour du Soleil. À quoi correspond la pente de la droite ?

Fais des liens

10. Galilée a été le premier à observer les lunes de Jupiter.
    a) Associe cet important événement aux travaux de Tycho et de Kepler en déterminant quand Galilée a découvert que Jupiter a des lunes et comment cette découverte a été perçue.
    b) Après avoir découvert ces lunes, que devait savoir Galilée pour calculer la masse de Jupiter ?
    c) Galilée aurait-il pu déterminer la masse de Jupiter lorsqu'il a vu ses lunes pour la première fois ou était-ce encore trop tôt pour ce calcul ? (*Indice :* Les deux premières lois de Kepler ont été publiées en 1609.)

Pour explorer des grandeurs comme l'énergie qu'une sonde spatiale doit consommer pour échapper à l'attraction terrestre, nous devons étendre le concept d'énergie potentielle gravitationnelle que nous avons étudié à la section 4.3 à des objets situés à la surface de la Terre. Pour calculer la variation d'énergie potentielle gravitationnelle d'une masse qui se déplace verticalement par rapport à la surface de la Terre, nous avons développé l'équation suivante :

$$\Delta E_g = mg\Delta y$$

où ΔE_g est la variation d'énergie potentielle gravitationnelle, m, la masse, g, l'intensité du champ gravitationnel, et Δy, le déplacement vertical. Cette équation est exacte à condition que l'intensité g du champ gravitationnel reste raisonnablement constante lorsque la hauteur varie. Autrement dit, cette relation est relativement précise lorsque les déplacements verticaux ne dépassent pas quelques centaines de kilomètres.

Cependant, un problème plus général consiste à développer une expression décrivant l'énergie potentielle gravitationnelle d'un système de deux masses quelconques séparées par une distance finie. Rappelons-nous que la loi de la gravitation universelle s'exprime sous la forme

$$F_G = \frac{GMm}{r^2}$$

où F_G est l'intensité de la force gravitationnelle qu'un objet sphérique exerce sur un autre, M et m sont les masses respectives des deux objets, et r est la distance séparant leurs centres (**figure 1**). Le passage de r_1 à r_2 exige un travail qui s'oppose à la force d'attraction, tout comme l'allongement d'un ressort. Le résultat de ce travail est une augmentation de l'énergie potentielle gravitationnelle du système. Remarquons que le travail qui fait passer la distance séparant les masses de r_1 à r_2 est égal à la variation d'énergie potentielle gravitationnelle entre r_1 et r_2. Cela est vrai pour un système isolé auquel le principe de conservation de l'énergie s'applique.

Cependant, rappelons-nous que le travail fait par une force variable est égal à la surface située au-dessous de la partie de la courbe force-déplacement. Un graphique force-séparation, où la surface ombrée représente le travail fait pour faire passer la distance de séparation de r_1 à r_2, est illustré à la **figure 2**.

Cette surface ne représente peut-être pas pour toi une forme géométrique connue, et tu ne disposes pas d'une équation simple pour la déterminer. Les expressions contenant l'inverse du carré d'une grandeur doivent être traitées à l'aide du calcul différentiel et intégral, qui dépasse le cadre de ce manuel. Cependant, au lieu d'utiliser la moyenne arithmétique de F_1 et F_2, nous pouvons utiliser la moyenne géométrique $\sqrt{F_1 F_2}$ pour obtenir un résultat précis. Par conséquent, pour déterminer la surface située au-dessous de la courbe force-séparation et délimitée par r_1 et r_2 :

$$\text{surface} = \sqrt{F_1 F_2}\,(r_2 - r_1)$$

$$= \sqrt{\left(\frac{GMm}{r_1^2}\right)\left(\frac{GMm}{r_2^2}\right)}\,(r_2 - r_1)$$

$$= \frac{GMm}{r_1 r_2}\,(r_2 - r_1)$$

$$\text{surface} = \frac{GMm}{r_1} - \frac{GMm}{r_2}$$

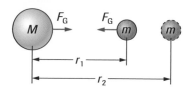

Figure 1
Deux masses M et m sont déplacées d'une distance r_1 à une distance r_2 par une force qui compense exactement l'attraction gravitationnelle qui s'exerce sur les masses en tout point du trajet. Les masses sont immobiles aux deux positions.

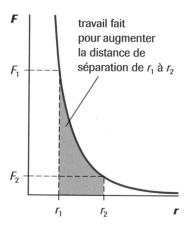

Figure 2
Dans ce graphique force-séparation, la surface située sous la partie de la courbe délimitée par l'intervalle compris entre r_1 et r_2 est égale au travail fait en augmentant la distance entre les deux masses.

LE SAVAIS-TU ?

Les nouvelles mathématiques de Newton
Newton a compris qu'il était nécessaire de calculer avec précision des surfaces comme celle qui est illustrée à la **figure 2**. Pour cela, il a développé une toute nouvelle branche des mathématiques appelée calcul différentiel et intégral. Approximativement à la même époque, indépendamment de Newton, Gottfried Wilhelm Leibniz (1646-1716), un épistémologiste (philosophe des sciences) allemand, a également développé le calcul différentiel et intégral.

Cette surface représente le travail développé pour augmenter la distance qui sépare les deux masses de r_1 à r_2 ainsi que la variation d'énergie potentielle gravitationnelle.

$$\text{Ainsi, } \Delta E_g = E_2 - E_1 = \frac{GMm}{r_1} - \frac{GMm}{r_2}$$

$$\Delta E_g = \left(-\frac{GMm}{r_2}\right) - \left(-\frac{GMm}{r_1}\right)$$

où ΔE_g est la variation d'énergie potentielle gravitationnelle, en joules. Le signe des termes contenant r change, ce qui rend positif le terme contenant r_2. Le premier terme de l'expression ne dépend que de r_2 et le deuxième, que de r_1. Lorsque $r_2 \to \infty$, $E_{g2} \to 0$. Dans ce cas particulier, m n'est plus soumise au champ gravitationnel de M et l'expression prend la forme plus simple :

$$\Delta E_g = 0 - E_{g1} = -\left(-\frac{GMm}{r_1}\right)$$

$$\text{Ainsi, } \Delta E_g = \frac{GMm}{r_1} \quad \text{ou} \quad E_g = -\frac{GMm}{r}$$

Remarquons que r est la distance entre les centres des deux objets et que l'expression n'est pas valide à l'intérieur d'un objet. Comme la loi de la gravitation universelle, cette expression est valide lorsque les objets sont sphériques ou suffisamment éloignés l'un de l'autre pour qu'ils puissent être considérés comme ponctuels.

E_g est toujours négative. Lorsque r augmente — quand la distance entre les masses augmente —, E_g augmente en devenant moins négative. En outre, lorsque $r \to \infty$, $E_g \to 0$. L'énergie potentielle gravitationnelle de deux masses est nulle lorsque la distance qui les sépare est infinie ; cette hypothèse est raisonnable, car la force d'attraction gravitationnelle n'est nulle que lorsque $r = \infty$. La **figure 3** présente le graphique de l'énergie potentielle gravitationnelle E_g d'un système isolé de deux masses M et m en fonction de r.

Nous pouvons montrer que l'équation donnant la variation de l'énergie potentielle gravitationnelle au voisinage de la surface de la Terre est un cas particulier de l'équation générale. Près de la surface terrestre :

$$r_1 = r_T \quad \text{et} \quad r_2 = r_T + \Delta y$$

et $\quad r_1 r_2 \approx r_T^2 \quad$ (car $\Delta y << r_T$ au voisinage de la surface terrestre)

De plus, $\Delta y = r_2 - r_1$

$$\text{Par conséquent, } \Delta E_g = \left(-\frac{GMm}{r_2}\right) - \left(-\frac{GMm}{r_1}\right) = \frac{GMm}{r_1 r_2}(r_2 - r_1)$$

$$\Delta E_g \approx \frac{GMm\Delta y}{r_T^2}$$

La loi de la gravitation universelle donne :

$$F_G = \frac{GMm}{r_T^2} = mg$$

Par conséquent, $\Delta E_g \approx mg\Delta y$ pour une masse voisine de la surface terrestre.

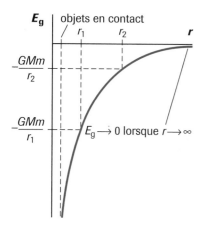

Figure 3
Graphique de l'énergie potentielle gravitationnelle E_g de deux masses M et m en fonction de r.

▶ PROBLÈME 1

Quelle est la variation de l'énergie potentielle gravitationnelle d'un astronaute de 64,5 kg déplacé de la surface de la Terre vers une orbite circulaire située à une altitude de $4,40 \times 10^2$ km ?

Solution

$G = 6,67 \times 10^{-11}$ N·m²/kg² $m = 64,5$ kg

$M_T = 5,98 \times 10^{24}$ kg $r_T = 6,38 \times 10^6$ m

$$r_2 = r_T + 4,40 \times 10^2 \text{ km}$$
$$= 6,38 \times 10^6 \text{ m} + 4,40 \times 10^5 \text{ m}$$
$$r_2 = 6,82 \times 10^6 \text{ m}$$

À la surface de la Terre,

$$E_{g1} = -\frac{GM_T m}{r_T} = -\frac{(6,67 \times 10^{-11} \text{ N·m}^2/\text{kg}^2)(5,98 \times 10^{24} \text{ kg})(64,5 \text{ kg})}{6,38 \times 10^6 \text{ m}}$$

$$E_{g1} = -4,03 \times 10^9 \text{ J}$$

En orbite,

$$E_{g2} = -\frac{GM_T m}{r_2} = -\frac{(6,67 \times 10^{-11} \text{ N·m}^2/\text{kg}^2)(5,98 \times 10^{24} \text{ kg})(64,5 \text{ kg})}{6,82 \times 10^6 \text{ m}}$$

$$E_{g2} = -3,77 \times 10^9 \text{ J}$$

$$\Delta E_g = E_{g2} - E_{g1}$$
$$= (-3,77 \times 10^9 \text{ J}) - (-4,03 \times 10^9 \text{ J})$$
$$\Delta E_g = 2,6 \times 10^8 \text{ J}$$

La variation d'énergie potentielle gravitationnelle est de $2,6 \times 10^8$ J.

Il est à noter que, bien que les valeurs de l'énergie potentielle gravitationnelle de l'astronaute soient négatives aux deux positions, la variation de E_g induite par l'augmentation de la distance entre l'astronaute et la Terre est positive. Cela signifie que l'énergie potentielle gravitationnelle a augmenté lors du déplacement. Remarquons aussi que, même à une altitude de $4,40 \times 10^2$ km, l'approximation de g par une constante est très bonne.

$$\Delta E_g \approx mg\Delta y$$
$$= (64,5 \text{ kg})(9,80 \text{ N/kg})(4,40 \times 10^5 \text{ m})$$
$$\Delta E_g \approx 2,8 \times 10^8 \text{ J}$$

▶ *Mise en pratique*

Saisis bien les concepts

1. Détermine l'énergie potentielle gravitationnelle du système Terre-Lune, sachant que la distance moyenne entre les centres de ces deux corps est de $3,84 \times 10^5$ km et que la masse de la Lune est 0,0123 fois celle de la Terre.

2. a) Calcule la variation d'énergie potentielle gravitationnelle d'une masse de 1,0 kg placée à $1,0 \times 10^2$ km au-dessus de la surface de la Terre.

   b) Quelle erreur, en pourcentage, aurions-nous faite en utilisant l'équation $\Delta E_g = mg\Delta y$ et la valeur de g à la surface de la Terre?

   c) Qu'est-ce que cela indique à propos de l'utilisation de la méthode la plus précise pour résoudre la plupart des problèmes terrestres courants?

3. Avec quelle vitesse initiale faut-il projeter un objet verticalement à partir de la surface de la Terre pour qu'il atteigne une hauteur égale au rayon de la Terre? (Néglige la résistance de l'air, mais respecte la loi de la conservation de l'énergie.)

Réponses

1. $-7,64 \times 10^{28}$ J

2. a) $1,0 \times 10^6$ J

   b) 2 %

3. $7,91 \times 10^3$ m/s

CONSEIL PRATIQUE

«Apo» et «peri»

Le préfixe «apo» signifie «loin de» et «geo» représente la Terre. Par conséquent, le terme apogée définit le point le plus éloigné de la Terre qu'atteint un satellite artificiel sur son orbite elliptique. De plus, comme «helios» représente le Soleil, le terme aphélie définit le point le plus éloigné du Soleil qu'atteint une planète sur son orbite elliptique. Le préfixe «peri» signifie autour et, par conséquent, le terme périhélie définit le point le plus proche du Soleil qu'atteint une planète sur son orbite. Que signifie périgée?

---

4. La distance entre le Soleil et la Terre varie de $1,47 \times 10^{11}$ m au périhélie (la position la plus proche du Soleil) à $1,52 \times 10^{11}$ m à l'aphélie (la position la plus éloignée du Soleil).

   a) Quelle est la variation maximale de l'énergie potentielle gravitationnelle de la Terre au cours d'une orbite autour du Soleil?

   b) À quelle position sur son orbite la vitesse de la Terre est-elle maximale? Quelle est la variation maximale d'énergie cinétique au cours d'une orbite?

Fais des liens

5. Un satellite d'une masse de $5,00 \times 10^{2}$ kg décrit une orbite circulaire de rayon $2r_T$ autour de la Terre. Il est ensuite placé sur une orbite circulaire de rayon $3r_T$.

   a) Détermine l'énergie potentielle gravitationnelle du satellite sur chaque orbite.

   b) Détermine la variation d'énergie potentielle gravitationnelle induite par le passage de la première à la deuxième orbite.

   c) Détermine le travail fait lors du passage du satellite de la première à la deuxième orbite.

La libération d'un corps de l'attraction exercée par un champ gravitationnel

Nous avons vu que tout système isolé de deux masses a une énergie potentielle gravitationnelle égale à $E_g = -\dfrac{GMm}{r}$ lorsque les deux masses sont séparées par une distance r. La valeur négative de cette énergie potentielle caractérise un *puits de potentiel*, nom suggéré par la forme du graphique de l'énergie potentielle gravitationnelle en fonction de la distance de séparation r (**figure 4**).

Une fusée immobile sur la surface de la Terre possède l'énergie potentielle E_g correspondant au point A du graphique de la **figure 4**. Comme l'énergie cinétique E_C de la fusée est nulle dans ce cas, son énergie totale E_T correspond également au point A et la fusée ne peut quitter le sol tant que de l'énergie ne lui est pas fournie. Supposons que la fusée soit lancée à une vitesse telle que son énergie cinétique soit représentée par la distance

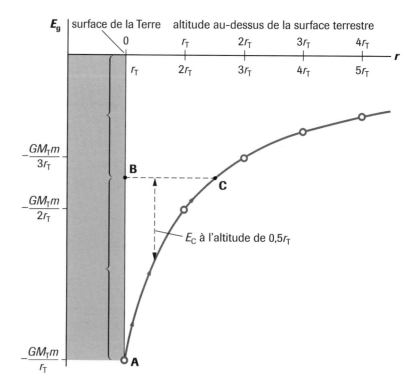

Figure 4

Ce graphique de l'énergie potentielle gravitationnelle en fonction de l'altitude au-dessus de la surface de la Terre illustre le puits de potentiel terrestre.

AB sur le graphique. Son énergie totale, qui devient $E_T = E_g + E_C$, correspond au point B et la fusée commence à s'élever. E_g augmente avec l'altitude le long de la courbe AC et E_T reste constante le long du segment de droite BC. L'énergie cinétique, qui décroît, est donnée en tout point par la longueur du segment de droite vertical situé entre la courbe et le segment horizontal BC. Lorsque la fusée atteint une altitude correspondant au point C, E_C est devenue nulle et la fusée cesse de monter. Elle retombe, E_C et E_g étant liées par les mêmes contraintes que pendant la montée.

Il est intéressant de déterminer la vitesse minimale que devrait avoir cette fusée à la surface de la Terre pour échapper au puits de potentiel de la planète. Pour que la libération ait lieu, l'énergie cinétique initiale de la fusée doit être exactement égale à la profondeur du puits de potentiel, ce qui rend nulle son énergie totale. Cela signifie aussi que la fusée devra atteindre une distance infinie, où E_g et la force gravitationnelle sont nulles, pour s'arrêter.

$$E_T = E_C + E_g = 0$$
$$E_C = -E_g$$
$$\frac{1}{2}mv^2 = -\left(-\frac{GM_T m}{r_T}\right)$$
$$v = \sqrt{\frac{2GM_T}{r_T}} = \sqrt{\frac{2(6{,}67 \times 10^{-11} \text{ N·m}^2/\text{kg}^2)(5{,}98 \times 10^{24} \text{ kg})}{6{,}38 \times 10^6 \text{ m}}}$$

$$v = 1{,}12 \times 10^4 \text{ m/s ou } 11{,}2 \text{ km/s}$$

Cette vitesse est appelée **vitesse de libération**. Il s'agit de la vitesse requise pour qu'une masse m projetée de la surface d'une masse M échappe à la force gravitationnelle de M avec une vitesse nulle. L'**énergie de libération** est l'énergie cinétique requise pour donner sa vitesse de libération à un objet. Une fusée lancée de la surface de la Terre avec une vitesse supérieure à la vitesse de libération s'éloigne de la Terre à l'infini, perdant de l'énergie cinétique et gagnant de l'énergie potentielle. Comme son énergie cinétique est supérieure à la profondeur du puits de potentiel en tout point, son énergie totale est toujours positive. Cette fusée atteindra une distance infinie de la Terre avec une certaine énergie cinétique. Si la fusée est lancée avec une vitesse inférieure à la vitesse de libération, elle s'arrêtera à une distance finie, puis retombera vers la Terre.

En pratique, un véhicule spatial n'atteint pas sa plus grande vitesse au moment de son lancement. Il accélère progressivement sous l'effet de ses moteurs-fusées. Un satellite extrait de la soute d'une navette spatiale en orbite se déplace à la vitesse de la navette (8×10^3 m/s environ). Il suffit que ses petits moteurs-fusées lui fournissent un peu d'énergie pour qu'il se place sur une orbite plus haute.

Une fusée dont l'énergie totale est négative ne peut échapper au puits de potentiel de la Terre et est « liée » à la planète. L'**énergie de liaison** d'une masse est l'énergie cinétique supplémentaire qu'il faut lui fournir pour qu'elle échappe avec une vitesse nulle (et à l'infini) à l'attraction d'une autre masse. Dans le cas particulier d'une fusée de masse m immobile sur la surface de la Terre (de masse M_T), l'énergie totale est égale à l'énergie potentielle gravitationnelle :

$$E_T = E_C + E_g = 0 + \left(-\frac{GM_T m}{r_T}\right)$$
$$E_T = -\frac{GM_T m}{r_T}$$

Par conséquent, l'énergie de liaison, c'est-à-dire l'énergie qu'il faut fournir à cette fusée pour qu'elle échappe à l'attraction de la Terre, doit être $\dfrac{GM_T m}{r_T}$.

vitesse de libération vitesse minimale requise pour qu'une masse m projetée de la surface d'une masse M échappe à la force gravitationnelle de M

énergie de libération énergie cinétique minimale requise pour qu'une masse m projetée de la surface d'une masse M échappe à la force gravitationnelle de M

énergie de liaison énergie cinétique supplémentaire requise pour qu'une masse m échappe à la force gravitationnelle d'une masse M avec une vitesse nulle

Un satellite décrivant une orbite circulaire de rayon r dans le puits de potentiel terrestre est un exemple d'objet lié. La somme des forces (d'intensité ΣF) qui le maintiennent sur son orbite est égale à la force gravitationnelle que la Terre exerce sur lui. Ainsi, pour un satellite de masse m et de vitesse orbitale v :

$$\Sigma F = F_G$$

$$\frac{mv^2}{r} = \frac{GM_T m}{r^2}$$

$$mv^2 = \frac{GM_T m}{r}$$

L'énergie totale du satellite, qui est constante, est donnée par :

$$E_T = E_C + E_g$$

$$E_T = \frac{1}{2}mv^2 - \frac{GM_T m}{r}$$

En remplaçant mv^2 par $\dfrac{GM_T m}{r}$ dans l'équation :

$$E_T = \frac{1}{2}\frac{GM_T m}{r} - \frac{GM_T m}{r}$$

$$= -\frac{1}{2}\frac{GM_T m}{r}$$

$$E_T = \frac{1}{2}E_g$$

Ce résultat est important. L'énergie totale d'un satellite en orbite circulaire est négative et égale à la moitié de l'énergie potentielle gravitationnelle correspondant au rayon de son orbite. La **figure 5** présente le puits de potentiel de la Terre et la position du satellite dans le puits. Ce satellite est lié à la Terre et son énergie de liaison est $\dfrac{1}{2}\dfrac{GM_T m}{r}$.

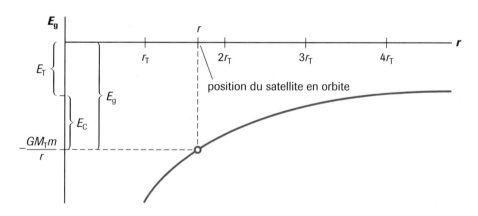

Figure 5
Énergie potentielle gravitationnelle d'un satellite dans le puits de potentiel terrestre

En résumé, l'énergie totale d'un objet soumis au champ gravitationnel terrestre est composée d'énergie cinétique et d'énergie potentielle gravitationnelle. Les graphiques de la **figure 6** illustrent les trois situations générales dans lesquelles un tel objet peut se trouver.

Cas 1 : $E_T = 0$, l'objet échappe à l'attraction gravitationnelle avec une vitesse nulle

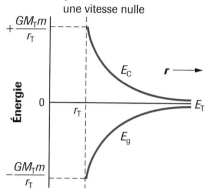

Cas 2 : $E_T > 0$, l'objet échappe à l'attraction gravitationnelle avec une vitesse > 0 lorsque $r \rightarrow \infty$

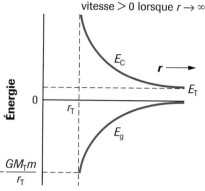

Cas 3 : $E_T < 0$, l'objet est lié à la Terre

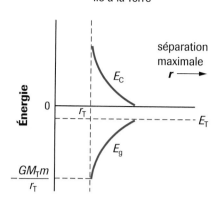

Figure 6
Comparaison des énergies d'un même objet auquel différentes énergies cinétiques ont été fournies à la surface de la Terre

▶ *PROBLÈME 2*

Un satellite de communications de $5,00 \times 10^2$ kg est placé en orbite circulaire géostationnaire autour de la Terre. (Un satellite géostationnaire conserve sa position relative par rapport à la Terre, car sa période de révolution est de 24,0 heures, c'est-à-dire la même que la période de rotation de la Terre autour de son axe.)

a) Quel est le rayon de l'orbite du satellite?

b) Quelle est l'énergie potentielle gravitationnelle du satellite lorsqu'il est fixé à une fusée de lancement immobile sur la surface de la Terre?

c) Quelle est l'énergie totale du satellite lorsqu'il est en orbite géostationnaire?

d) Quel est le travail que la fusée de lancement doit faire pour mettre le satellite en orbite?

e) Lorsque le satellite est en orbite, quelle énergie supplémentaire faut-il lui fournir pour qu'il échappe au puits de potentiel terrestre?

Solution

a) $G = 6,67 \times 10^{-11}$ N·m²/kg²

$T = 24,0$ h $= 8,64 \times 10^4$ s

$M_T = 5,98 \times 10^{24}$ kg

Comme pour tout satellite :

$$\sum F = F_G$$

$$\frac{4\pi^2 mr}{T^2} = \frac{GM_T m}{r^2}$$

$$r = \sqrt[3]{\frac{GM_T T^2}{4\pi^2}}$$

$$= \sqrt[3]{\frac{(6,67 \times 10^{-11} \text{ N·m}^2/\text{kg}^2)(5,98 \times 10^{24} \text{ kg})(8,64 \times 10^4 \text{ s})^2}{4\pi^2}}$$

$$r = 4,22 \times 10^7 \text{ m}$$

Le rayon de l'orbite du satellite est de $4,22 \times 10^7$ m. Ce rayon correspond à une altitude de $3,58 \times 10^4$ km au-dessus de la surface de la Terre.

b) $r_T = 6,38 \times 10^6$ m

$m = 5,00 \times 10^2$ kg

À la surface de la Terre,

$$E_g = -\frac{GM_T m}{r_T}$$

$$= -\frac{(6,67 \times 10^{-11} \text{ N·m}^2/\text{kg}^2)(5,98 \times 10^{24} \text{ kg})(5,00 \times 10^2 \text{ kg})}{6,38 \times 10^6 \text{ m}}$$

$$E_g = -3,13 \times 10^{10} \text{ J}$$

Lorsque le satellite est fixé à sa fusée de lancement, immobile sur la surface de la Terre, son énergie potentielle gravitationnelle est de $-3,13 \times 10^{10}$ J.

c) $r = 4,22 \times 10^7$ m

L'énergie totale du satellite en orbite circulaire (lié à la Terre) est donnée par :

$$E_T = E_C + E_g$$

$$= \frac{1}{2}mv^2 - \frac{GM_T m}{r}$$

$$= -\frac{1}{2}\frac{GM_T m}{r} \quad \text{(sur la base de la théorie associée à la \textbf{figure 5})}$$

$$= -\frac{1}{2}\frac{(6,67 \times 10^{-11} \text{ N·m}^2/\text{kg}^2)(5,98 \times 10^{24} \text{ kg})(5,00 \times 10^2 \text{ kg})}{4,22 \times 10^7 \text{ m}}$$

$$E_T = -2,36 \times 10^9 \text{ J}$$

L'énergie totale du satellite en orbite géostationnaire est de $-2,36 \times 10^9$ J.

d) $W = \Delta E = E_T \text{ (en orbite)} - E_T \text{ (sur Terre)}$

$= -2,36 \times 10^9 \text{ J} - (-3,13 \times 10^{10} \text{ J})$

$W = 2,89 \times 10^{10} \text{ J}$

La fusée de lancement doit faire un travail de $2,89 \times 10^{10}$ J pour mettre le satellite en orbite.

e) Pour que le satellite échappe au puits de potentiel de la Terre, son énergie totale doit être positive ou nulle. En orbite, $E_T = -2,36 \times 10^9$ J. Par conséquent, pour échapper au puits de potentiel terrestre, le satellite doit acquérir une énergie supplémentaire d'au moins $2,36 \times 10^9$ J.

trou noir corps, que l'on trouve dans l'espace, extrêmement dense dont le champ gravitationnel est si intense que rien ne peut s'en échapper

horizon des événements surface d'un trou noir

singularité centre dense d'un trou noir

rayon de Schwartzschild distance entre le centre de la singularité et l'horizon des événements

EXERCICE D'APPLICATION 6.3.1

Une analyse graphique des énergies (p. 295)
Une analyse détaillée des énergies régissant le lancement d'un véhicule spatial et de sa charge utile à partir d'un autre corps doit être exécutée avant qu'une mission ne soit entreprise. Comment pouvons-nous utiliser des graphiques pour analyser les données énergétiques associées au lancement d'un engin spatial?

Un des buts importants des futures missions spatiales sera l'extraction de minerais de corps distants comme des lunes ou des astéroïdes situés dans le système solaire. Une partie des minerais extraits servira à fabriquer des produits sur une lune ou un astéroïde, et le reste sera acheminé vers la Terre ou la Station spatiale internationale, où il sera étudié et pourra servir dans des procédés de fabrication. Tu en sauras plus sur les énergies associées à cette application en faisant l'exercice d'application 6.3.1 de la section Activités en laboratoire, à la fin de ce chapitre.

Des corps extrêmement denses qui se forment à la fin de la vie d'une étoile massive sont certains des objets les plus intéressants de l'univers. Il s'agit des **trous noirs**, de petits corps très denses dont le champ gravitationnel est si intense que rien ne peut s'en échapper. Même la lumière ne peut sortir de leur surface, ce qui explique leur nom.

La surface d'un trou noir est appelée **horizon des événements**, car aucun événement ne peut être observé de l'extérieur de cette surface. À l'intérieur de l'horizon des événements, dans le noyau du trou noir, se trouve un centre incroyablement dense appelé **singularité**. La distance entre le centre de la singularité et l'horizon des événements est appelée **rayon de Schwartzschild**, en l'honneur de l'astronome allemand Karl Schwartzschild (1873-1916), qui a été le premier à résoudre les équations de la relativité générale d'Einstein.

La vitesse de la lumière c est égale à $3{,}00 \times 10^8$ m/s. Nous pouvons utiliser cette valeur dans l'équation de la vitesse de libération pour déterminer le rayon de Schwartzschild d'un trou noir de masse connue. Par exemple, supposons qu'un certain trou noir soit le résultat de la contraction d'une étoile dont la masse était 28 fois celle du Soleil. Comme la vitesse de libération minimale est $v_{\text{lib}} = c$, nous avons :

$$\frac{mv_{\text{lib}}^2}{2} = \frac{GMm}{r}$$

$$v_{\text{lib}}^2 = \frac{2GM}{r}$$

$$r = \frac{2GM}{v_{\text{lib}}^2} = \frac{2GM}{c^2} = \frac{2(6{,}67 \times 10^{-11} \text{ N·m}^2/\text{kg}^2)(28 \times 1{,}99 \times 10^{30} \text{ kg})}{(3{,}00 \times 10^8 \text{ m/s})^2}$$

$$= 8{,}26 \times 10^4 \text{ m}$$

$$r = 82{,}6 \text{ km}$$

Comme la lumière ne peut s'échapper d'un trou noir, celui-ci ne peut être détecté qu'indirectement. Toute matière suffisamment proche du trou noir est aspirée en émettant des rayons X qui peuvent être détectés et analysés. La mécanique céleste traitée dans ce chapitre est incomplète. Tu en sauras plus sur les particules à grande vitesse et à haute énergie en étudiant la théorie de la relativité restreinte d'Einstein au chapitre 11.

LE SAVAIS-TU ?

La première découverte d'un trou noir

En 1972, le professeur Tom Bolton travaillait à l'observatoire David Dunlap de l'Université de Toronto à Richmond Hill, en Ontario. Il faisait des recherches sur un point précis de l'espace, Cygnus X-1, qui était une source de rayons X. Cette découverte se révéla l'une des plus importantes en astronomie : un trou noir. C'était la première preuve de leur existence, car les trou noirs n'avaient, jusque là, qu'une réalité hypothétique.

▶ *Mise en pratique*

Saisis bien les concepts

6. La vitesse de libération d'une sonde spatiale dépend-elle de sa masse ? Pourquoi ?

7. La masse de Jupiter est égale à 318 fois celle de la Terre et son rayon, à 10,9 fois celui de la Terre. Détermine le rapport entre les vitesses de libération de Jupiter et de la Terre.

8. La Lune est un satellite dont la masse est égale à $7{,}35 \times 10^{22}$ kg, et dont la distance moyenne par rapport au centre de la Terre est de $3{,}84 \times 10^8$ m.
   a) Quelle est l'énergie potentielle gravitationnelle du système Lune-Terre ?
   b) Quelle est l'énergie cinétique de la Lune et sa vitesse sur son orbite circulaire ?
   c) Quelle est l'énergie de liaison de la Lune avec la Terre ?

9. Quelle est l'énergie totale requise pour placer un satellite de $2{,}0 \times 10^3$ kg en orbite circulaire autour de la Terre à une altitude de $5{,}0 \times 10^2$ km ?

10. Quelle est l'énergie supplémentaire qu'il faut fournir au satellite de la question 9, lorsqu'il est en orbite, pour qu'il échappe au champ gravitationnel terrestre ?

11. Considère un satellite géostationnaire dont la période orbitale est de 24 h.
   a) Quelle est la vitesse du satellite en orbite ?
   b) Quelle vitesse ce satellite doit-il atteindre au cours de son lancement pour se placer en orbite géostationnaire ? (Suppose que tout le combustible est brûlé très rapidement. Néglige la résistance de l'air.)

12. Détermine le rayon de Schwartzschild, en kilomètres, d'un trou noir dont la masse est 4,00 fois celle du Soleil.

Mets en pratique tes connaissances

13. Trace la forme générale des puits de potentiel de la Terre et de la Lune sur un même graphique. Étiquette les axes et utilise des couleurs différentes pour différencier les lignes de la Terre et de la Lune.

Fais des liens

14. a) Calcule l'énergie de liaison d'une personne de 65,0 kg située à la surface de la Terre.
   b) Quelle énergie cinétique faut-il fournir à cette personne pour qu'elle échappe au champ gravitationnel terrestre ?
   c) Quel travail faut-il fournir pour élever cette personne à un 1,00 m au-dessus de la surface de la Terre ?

Réponses

7. $5{,}40 : 1$

8. a) $-7{,}63 \times 10^{28}$ J
   b) $3{,}82 \times 10^{28}$ J; $1{,}02 \times 10^3$ m/s
   c) $3{,}82 \times 10^{28}$ J

9. $6{,}7 \times 10^{10}$ J

10. $5{,}80 \times 10^{10}$ J

11. a) $3{,}1 \times 10^3$ m/s
    b) $1{,}1 \times 10^4$ m/s

12. 11,8 km

14. a) $4{,}06 \times 10^9$ J
    b) $4{,}06 \times 10^9$ J
    c) $6{,}37 \times 10^2$ J

L'énergie potentielle gravitationnelle en général

- L'énergie potentielle gravitationnelle d'un système de deux corps sphériques est directement proportionnelle au produit de leurs masses, et inversement proportionnelle à la distance entre leurs centres.

- Une énergie potentielle gravitationnelle nulle est assignée à un système isolé de deux masses si éloignées l'une de l'autre (la distance de séparation est proche de l'infini) que la force de gravité qui s'exerce sur elles est nulle.

- La variation de l'énergie potentielle gravitationnelle au voisinage de la surface de la Terre est un cas particulier du comportement général de l'énergie potentielle gravitationnelle.

- La vitesse de libération est la vitesse minimale requise pour projeter une masse m de la surface d'une masse M et la libérer de la force gravitationnelle de M.

- L'énergie de libération est l'énergie cinétique minimale requise pour projeter une masse m de la surface d'une masse M et la libérer de la force gravitationnelle de M.

- L'énergie de liaison est l'énergie cinétique supplémentaire qu'il faut fournir à une masse m pour lui permettre d'échapper avec une vitesse nulle à la force gravitationnelle d'une masse M.

Section 6.3 Questions

Saisis bien les concepts

1. Comment l'énergie de libération d'une fusée de 1 500 kg se compare-t-elle à celle d'une fusée de 500 kg, les deux étant initialement immobiles sur Terre?

2. Indique si tu es d'accord avec l'énoncé suivant et justifie ta réponse: «Aucun satellite ne peut décrire une orbite terrestre en moins de 80 min environ.» (*Indice*: La période de révolution d'un satellite augmente avec l'altitude.)

3. Une navette spatiale éjecte un réservoir propulseur de $1,2 \times 10^3$ kg. Celui-ci est momentanément immobile par rapport à la Terre à une altitude de $2,0 \times 10^3$ km. Néglige les effets atmosphériques.
   a) Quel travail la force de gravité fait-elle pour ramener le réservoir propulseur à la surface de la Terre?
   b) Détermine la vitesse du réservoir lorsqu'il entre en contact avec la Terre.

4. Un véhicule spatial destiné à servir de sonde atteint un point situé au-dessus de la plus grande partie de l'atmosphère terrestre. Son énergie cinétique est alors de $5,0 \times 10^9$ J et son énergie potentielle gravitationnelle, de $-6,4 \times 10^9$ J. Quelle est son énergie de liaison?

5. Un satellite artificiel de la Terre a une masse de $2,00 \times 10^3$ kg et décrit une orbite elliptique à une altitude moyenne de $4,00 \times 10^2$ km.
   a) Quelle est l'énergie potentielle gravitationnelle moyenne du satellite en orbite?
   b) Quelle est l'énergie cinétique moyenne du satellite en orbite?

   c) Quelle est l'énergie totale du satellite en orbite?
   d) Si son périgée (sa position la plus proche de la Terre) est de $2,80 \times 10^2$ km, quelle est sa vitesse au périgée?

6. Un satellite de $5,00 \times 10^2$ kg décrit une orbite circulaire de $2,00 \times 10^2$ km au-dessus de la surface de la Terre. Calcule:
   a) l'énergie potentielle gravitationnelle du satellite;
   b) l'énergie cinétique du satellite;
   c) l'énergie de liaison du satellite;
   d) l'énergie supplémentaire, en pourcentage, qu'il aurait fallu fournir au satellite pour qu'il échappe à l'attraction terrestre.

7. a) Calcule la vitesse de libération à partir de la surface du Soleil: masse = $1,99 \times 10^{30}$ kg, rayon = $6,96 \times 10^8$ m.
   b) Quelle vitesse doit avoir un objet quittant la Terre pour échapper à notre système solaire?

Mets en pratique tes connaissances

8. Mars est une planète que les humains pourraient visiter dans le futur.
   a) Trace un graphique du puits de potentiel martien (utilise des données de l'annexe C auquel est soumis un engin spatial d'une masse de $2,0 \times 10^3$ kg lancé de la surface de cette planète. Dessine le graphique jusqu'à $5r_M$.
   b) Trace
   i) la droite représentant l'énergie cinétique requise pour que l'engin échappe à la force gravitationnelle de Mars avec une vitesse nulle;
   ii) le segment de droite, compris entre la surface de Mars et $5r_M$, qui représente l'énergie totale.

EXERCICE D'APPLICATION 6.3.1

Une analyse graphique des énergies

Cet exercice d'application explore un petit exemple des types de calcul et d'analyse requis pour planifier une mission spatiale destinée à extraire des minérais d'Europa (**figure 1**), une des lunes de Jupiter.

Habiletés de recherche

○ Questionner	○ Planifier	● Analyser
○ Émettre une hypothèse	● Mener une expérience	● Évaluer
○ Prévoir	● Enregistrer, noter	○ Communiquer

Figure 1
Jupiter et quatre de ses lunes de taille planétaire, photographiées par *Voyager I.* Io la rouge (dans le coin supérieur gauche) est la plus proche de Jupiter, suivie d'Europa (au centre), de Ganymède et de Callisto.

Question

Quels sont les graphiques qui permettent d'analyser les données énergétiques d'un système isolé véhicule spatial-Lune ?

Preuve

Le **tableau 1** présente des données sur l'énergie potentielle gravitationnelle d'un engin spatial (dont la masse totale comprenant la charge utile est de $1,5 \times 10^5$ kg) lancé de la surface d'Europa (masse = $4,8 \times 10^{20}$ kg). Dans ce tableau, r est la distance du centre d'Europa au véhicule spatial.

Remarque : Les instructions correspondant à cet exercice d'application sont écrites pour un tableur. Elles peuvent cependant être exécutées à l'aide de techniques courantes de traçage de graphiques.

Marche à suivre

1. Copie le **tableau 1** dans ton cahier. Dans les deux dernières colonnes, ajoute les distances r mesurées à partir du centre d'Europa, en mégamètres (Mm), et les énergies potentielles gravitationnelles correspondantes, E_g, en gigajoules (GJ).

2. Inscris l'équation de l'énergie potentielle gravitationnelle dans le tableur et trace un graphique de l'énergie potentielle gravitationnelle du véhicule spatial en fonction de la distance par rapport au centre d'Europa.

Tableau 1 Données relatives à un véhicule spatial quittant Europa

r (m)	E_g (J)	r (Mm)	E_g (GJ)
$1,6 \times 10^6$	$-3,0 \times 10^9$	?	?
$3,2 \times 10^6$	$-1,5 \times 10^9$	?	?
$4,8 \times 10^6$	-10×10^9	?	?
$6,4 \times 10^6$	$-7,5 \times 10^8$	?	?
$8,0 \times 10^6$	$-6,0 \times 10^8$	?	?
$9,6 \times 10^6$	$-5,0 \times 10^8$	?	?
$1,12 \times 10^6$	$-4,3 \times 10^8$	?	?
$1,28 \times 10^7$	$-3,8 \times 10^8$	?	?
$1,44 \times 10^7$	$-3,3 \times 10^8$	?	?
$1,60 \times 10^7$	$-3,0 \times 10^8$	?	?

3. Inscris l'équation de l'énergie de liaison dans le tableur et trace l'énergie de liaison en fonction de chaque position figurant dans le **tableau 1**. Indique les valeurs correspondantes dans le graphique.

4. En supposant que le véhicule spatial échappe à l'attraction gravitationnelle d'Europa avec une vitesse nulle, inscris l'équation de l'énergie cinétique de ce véhicule dans le tableur et trace la courbe de l'énergie cinétique en fonction des positions figurant dans le **tableau 1**.

5. En supposant que le véhicule spatial a une énergie de $1,0 \times 10^9$ J lorsqu'il échappe à l'attraction gravitationnelle d'Europa, inscris l'équation de l'énergie cinétique de ce véhicule dans le tableur et trace la courbe de cette énergie en fonction des positions figurant dans le **tableau 1**.

Analyse

a) Réponds à la question.

Évaluation

b) Décris les avantages et les désavantages du tableur dans cette application.

Synthèse

c) Pourquoi les considérations énergétiques sont-elles importantes dans la planification de missions spatiales futures ?

De nombreux types de carrière exigent l'étude de l'énergie et de la quantité de mouvement. Cherche des renseignements plus détaillés sur les carrières décrites ci-dessous ou sur d'autres carrières intéressantes dans le domaine de l'énergie et de la quantité de mouvement.

Astrophysicien ou astrophysicienne

Utilisant les théories et les techniques de la physique et de l'astronomie, l'astrophysique étudie les phénomènes extraterrestres pour mieux comprendre notre univers. Généralement, on doit avoir un doctorat en astrophysique et plusieurs années d'expérience en recherche postdoctorale avant d'obtenir un poste dans une université ou un centre de recherche; cependant, certains sont engagés par des centres de recherche au niveau du baccalauréat ou de la maîtrise. Des centres comme l'Institut Herzberg du Conseil national de la recherche à Victoria, des agences comme la NASA ou l'Agence spatiale canadienne, des observatoires et des musées sont les principaux employeurs d'astrophysiciens et d'astrophysiciennes. Les radiotélescopes, les télescopes optiques et les ordinateurs sont leurs principaux outils.

Expert ou experte légiste

Un expert ou une experte légiste ayant une formation en physique peut travailler dans le domaine de la reconstitution des accidents pour déterminer la cause de morts ou de blessures à la suite d'une collision impliquant des véhicules. Une formation de niveau secondaire en sciences et en mathématiques est requise. Certaines personnes entrent dans la profession avec un baccalauréat de quatre ans en science légale. D'autres le font avec un baccalauréat dans un autre domaine scientifique. Généralement, les experts et expertes légistes travaillent au gouvernement ou à l'université, dans des centres de science légale ou dans des laboratoires de la GRC, de la police provinciale ou de la police municipale.

Concepteur ou conceptrice d'équipements sportifs

Bien qu'aucun critère strict de formation ne soit imposé, la porte d'entrée dans ce domaine est généralement un baccalauréat de quatre ans en ingénierie mécanique ou en science des matériaux. L'admission aux programmes d'études correspondants exige des notes élevées en mathématiques et en physique. Par exemple, un concepteur ou une conceptrice de bicyclettes doit connaître la physique, la conception mécanique et les procédés de fabrication. On doit en outre comprendre les forces et les faiblesses relatives des matériaux dont on se sert. Les outils utilisés dans la profession comprennent les postes de travail de conception assistée par ordinateur (CAO) et les machines d'usinage (comme les tours et les fraiseuses) qui permettent de préparer des prototypes tridimensionnels.

▶ Mise en pratique

Fais des liens

1. Identifie plusieurs carrières qui exigent des connaissances sur l'énergie et la quantité de mouvement. Sélectionne une carrière qui t'intéresse dans la liste que tu as dressée ou parmi celles que nous avons présentées ci-dessus. Suppose que tu as une expérience de cinq ans dans le domaine que tu as choisi et que tu soumets une demande de participation à un nouveau projet intéressant.

   a) Décris le projet. Il doit être associé à certaines des connaissances que tu as acquises dans cette unité. Explique comment les concepts correspondants s'appliquent au projet.

   b) Rédige un curriculum vitæ présentant tes compétences et expliquant pourquoi elles te permettent de travailler au projet. Ce curriculum vitæ doit comprendre

   - ta formation scolaire : le niveau universitaire atteint ou le diplôme de formation que tu détiens, avec le nom de l'institution où tu as étudié, ainsi que tes études supérieures (si c'est le cas);
   - tes aptitudes ;
   - les responsabilités associées aux postes que tu as occupés;
   - tes attentes salariales.

ALLER À www.beaucheminediteur.com/physique12

Objectifs clés

- analyser les facteurs régissant le mouvement d'objets célestes isolés et calculer l'énergie potentielle gravitationnelle de chaque système (6.1, 6.2, 6.3)

- analyser des systèmes planète-satellite isolés et décrire le mouvement sur la base des formes de l'énergie et de ses transformations (par exemple, calculer l'énergie requise pour propulser un engin spatial hors du champ gravitationnel de la Terre à partir de sa surface et décrire les transformations d'énergie qui ont lieu; calculer l'énergie cinétique et l'énergie potentielle gravitationnelle d'un satellite en orbite stable autour d'une planète) (6.1, 6.2, 6.3)

Mots clés

champ gravitationnel

lois de Kepler sur le mouvement des planètes

vitesse de libération

énergie de libération

énergie de liaison

trou noir

horizon des événements

singularité

rayon de Schwartzschild

Équations clés

- $g = \dfrac{GM}{r^2}$ $\qquad\qquad\qquad\qquad$ (6.1)

- $v = \sqrt{\dfrac{GM}{r}}$ $\qquad\qquad\qquad\qquad$ (6.2)

- $C_S = \dfrac{r^3}{T^2}$ $\quad$ pour le Soleil $\qquad$ (6.2)

- $C_S = \dfrac{GM_S}{4\pi^2}$ $\quad$ pour le Soleil $\qquad$ (6.2)

- $C = \dfrac{GM}{4\pi^2} = \dfrac{r^3}{T^2}$ $\quad$ en général $\qquad$ (6.2)

- $E_g = -\dfrac{GMm}{r}$ $\qquad\qquad\qquad$ (6.3)

- $\Delta E_g = \left(-\dfrac{GMm}{r_2}\right) - \left(-\dfrac{GMm}{r_1}\right)$ $\qquad$ (6.3)

- $v_{lib} = \sqrt{\dfrac{2GM}{r}}$ vitesse de libération $\quad$ (6.3)

▶ *RÉDIGE* un résumé

Dessine un diagramme du système Terre-Lune. Ajoute un satellite géostationnaire (**figure 1**) du côté de la Terre opposé à la Lune. Au-delà du satellite géostationnaire, ajoute une sonde spatiale s'éloignant de la Terre et dont l'énergie lui permet d'échapper à l'attraction terrestre avec une vitesse nulle. Présente autant d'objectifs clés, de mots clés et d'équations clés que possible dans ton diagramme.

Figure 1

Inscris les nombres de 1 à 10 dans ton cahier. Indique à côté de chaque nombre si l'énoncé qui s'y rapporte est vrai (V) ou faux (F). S'il est faux, écris la version corrigée de l'énoncé.

1. Le champ gravitationnel autour d'un corps céleste ne dépend que de la masse de ce corps.

2. Si le rayon et la masse d'une planète doublaient, l'intensité du champ gravitationnel à sa surface serait réduite de moitié.

3. La vitesse d'un satellite en orbite circulaire stable autour de la Terre est indépendante de la masse du satellite.

4. Dans le système de référence solaire, l'orbite de la Lune autour de la Terre prend la forme d'un épicycle.

5. Dans un travail représentatif de recherche en physique de niveau secondaire, la « preuve » est à l'« analyse » ce que l'œuvre de Kepler était à l'œuvre de Tycho Brahé.

6. Dans la **figure 1**, lorsque les distances d_1 et d_2 sont égales, les vitesses aux points correspondants le sont aussi.

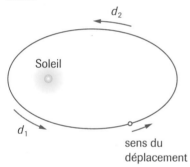

Figure 1

7. Lorsque la constante de la troisième loi de Kepler pour la Terre est calculée à partir des paramètres de la Lune, la valeur obtenue est plus grande que celle obtenue avec les paramètres d'un satellite lié à la Terre, car la Lune est beaucoup plus éloignée de la Terre.

8. L'énergie potentielle gravitationnelle du système Terre-Lune est inversement proportionnelle au carré de la distance entre les centres de ces deux corps.

9. Lorsqu'une sonde spatiale s'éloigne de la Terre, la variation de son énergie potentielle gravitationnelle est positive, bien que son énergie potentielle gravitationnelle soit négative.

10. Pendant que tu travailles à ce problème, ton énergie de libération est supérieure à ton énergie de liaison.

Inscris les nombres de 11 à 26 dans ton cahier. Indique à côté de chaque nombre la lettre qui correspond au meilleur choix de réponse.

Consulte la **figure 2** pour les questions 11 à 19.

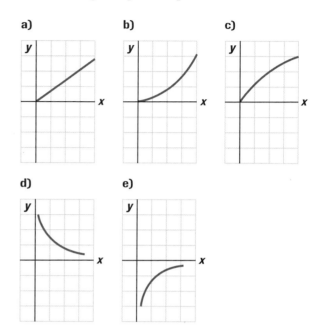

Figure 2
La première variable citée dans les questions 11 à 19 est la variable *y* des graphiques ; la deuxième variable citée est la variable *x*.

11. La variable *y* est l'intensité du champ gravitationnel en un point situé au-dessus de la surface d'une planète ; *x* est la masse de la planète.

12. La variable *y* est l'intensité du champ gravitationnel en un point situé au-dessus de la surface d'une planète ; *x* est la distance jusqu'au centre de la planète.

13. La variable *y* est la vitesse d'un satellite en orbite circulaire stable autour d'une planète ; *x* est la masse de la planète.

14. La variable *y* est la vitesse d'un satellite en orbite circulaire stable autour d'une planète ; *x* est la distance jusqu'au centre de la planète.

15. La variable *y* est la surface balayée par le segment de droite joignant une planète et le Soleil ; *x* est la durée du balayage.

16. La variable *y* est le rayon moyen de l'orbite d'une planète ; *x* est la période de révolution de la planète autour du Soleil.

Une version interactive de cette évaluation est disponible dans Internet.

ALLER À www.beaucheminediteur.com/physique12

17. La variable *y* est le cube du rayon moyen de l'orbite d'une planète ; *x* est le carré de la période de révolution de la planète autour du Soleil.

18. La variable *y* est l'énergie cinétique d'une sonde spatiale qui a reçu suffisamment d'énergie pour échapper au champ gravitationnel terrestre ; *x* est la distance jusqu'au centre de la Terre.

19. La variable *y* est l'énergie potentielle gravitationnelle d'une sonde spatiale qui a reçu suffisamment d'énergie pour échapper au champ gravitationnel terrestre ; *x* est la distance jusqu'au centre de la Terre.

20. La loi qui nous permet de déterminer la masse de la Terre est la
    a) première loi de Kepler sur le mouvement des planètes
    b) deuxième loi de Kepler sur le mouvement des planètes
    c) troisième loi de Kepler sur le mouvement des planètes
    d) loi de la gravitation universelle de Newton
    e) deuxième loi du mouvement de Newton

21. Si la distance entre un engin spatial et Saturne augmente d'un facteur de trois, l'intensité du champ gravitationnel de Saturne à la position de l'engin spatial
    a) décroît d'un facteur de $\sqrt{3}$
    b) croît d'un facteur de $\sqrt{3}$
    c) décroît d'un facteur de 9
    d) croît d'un facteur de 9
    e) décroît d'un facteur de 3

22. Le satellite S_1 gravite autour de la Terre en décrivant une orbite circulaire dont le rayon est quatre fois plus grand que celui de l'orbite du satellite S_2. En fonction de v_2, la vitesse v_1 de S_1 est égale à
    a) $16v_2$
    b) v_2
    c) $2v_2$
    d) $0,5v_2$
    e) aucune de ces valeurs

23. Si la masse du Soleil était réduite de moitié, l'orbite de la Terre ne changeant pas, la durée d'une année terrestre
    a) resterait la même
    b) décroîtrait d'un facteur de $\sqrt{2}$
    c) croîtrait d'un facteur de $\sqrt{2}$
    d) croîtrait d'un facteur de 2
    e) décroîtrait d'un facteur de 2

24. Un satellite en orbite géostationnaire a une période de révolution de
    a) 1,5 h
    b) 1,0 h
    c) 24 h
    d) 365,26 j
    e) aucune de ces valeurs

25. La **figure 3** présente la trajectoire d'une comète autour du Soleil. Les vitesses correspondant aux quatre positions indiquées sont respectivement v_A, v_B, v_C et v_D. Lequel de ces énoncés est vrai ?
    a) $v_A > v_B = v_D > v_C$
    b) $v_A < v_B = v_D < v_C$
    c) $v_A > v_B > v_C > v_D$
    d) $v_A < v_B < v_C < v_D$
    e) aucun

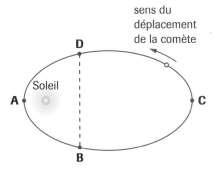

Figure 3

26. Une certaine planète a la masse de la Terre mais seulement le quart de son diamètre. En fonction de la vitesse de libération de la Terre v_{Tlib}, la vitesse de libération de cette planète est
    a) v_{Tlib}
    b) $\dfrac{1}{2}v_{Tlib}$
    c) $\dfrac{1}{4}v_{Tlib}$
    d) $4v_{Tlib}$
    e) $2v_{Tlib}$

Une version interactive de cette évaluation est disponible dans Internet.

ALLER À www.beaucheminediteur.com/physique12

La gravitation et la mécanique céleste **299**

Saisis bien les concepts

1. Si une fusée acquiert une vitesse suffisante pour échapper à l'attraction terrestre, peut-elle aussi se libérer de l'attraction solaire et quitter le système solaire ? Qu'advient-il des satellites terrestres artificiels qui sont envoyés en exploration autour de planètes éloignées telles que Neptune ?

2. Suppose qu'une fusée soit orientée vers un point situé au-dessus de l'horizon. Ce point est-il important pour que la fusée échappe à l'attraction terrestre ? (Néglige la résistance de l'air.)

3. Détermine la hauteur en kilomètres à laquelle l'intensité du champ gravitationnel est de 1,0 N/kg au-dessus de la surface d'Uranus.

4. Ganymède, une des lunes de Jupiter découvertes par Galilée en 1610, a une masse de $1,48 \times 10^{23}$ kg. Quelle est l'intensité du champ gravitationnel de Ganymède dans l'espace, à une distance de $5,55 \times 10^3$ km de son centre ?

5. Détermine le champ gravitationnel total (intensité et direction) de la Terre et de la Lune à la position de l'engin spatial illustré dans la **figure 1**.

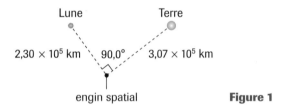

Lune   Terre

$2,30 \times 10^5$ km   90,0° $3,07 \times 10^5$ km

engin spatial   **Figure 1**

6. Mercure a un champ gravitationnel en surface et un diamètre dont les valeurs sont 0,38 fois les valeurs correspondantes de la Terre. Détermine la masse de Mercure.

7. Un satellite en orbite circulaire autour de la Terre a une vitesse de $7,15 \times 10^3$ m/s. Détermine, en fonction du rayon de la Terre,
   a) la distance entre le satellite et le centre de la Terre ;
   b) l'altitude du satellite.

8. Téthys, une des lunes de Saturne, décrit une orbite circulaire à la vitesse de $1,1 \times 10^4$ m/s. Calcule
   a) son rayon orbital en kilomètres ;
   b) la période orbitale en jours terrestres.

9. Utilise la masse du Soleil et la période de révolution de Vénus autour de ce dernier pour déterminer la distance moyenne entre le Soleil et Vénus.

10. Une fusée de 4,60 kg est lancée à la verticale de la Terre à 9,00 km/s.

    a) Quelle altitude au-dessus de la surface de la Terre cette fusée atteindra-t-elle ?
    b) Quelle est l'énergie de liaison de la fusée à cette altitude ?

11. Titan, une lune de Saturne découverte par Christian Huygens en 1655, a une masse de $1,35 \times 10^{23}$ kg et un rayon de $2,58 \times 10^3$ km. Pour une fusée de $2,34 \times 10^3$ kg, détermine
    a) la vitesse de libération de la surface de Titan ;
    b) l'énergie de libération de la fusée.

12. Un vaisseau spatial d'une masse de $1,00 \times 10^4$ kg est situé à $1,00 \times 10^{10}$ m du centre de la Terre.
    a) Détermine son énergie potentielle gravitationnelle à cette position en ne considérant que l'effet de la Terre.
    b) Quelle énergie cinétique doit-il avoir à cette position pour échapper au champ gravitationnel terrestre ?
    c) Quelle est la vitesse de libération de la Terre à cette position ?

13. Calcule l'énergie potentielle gravitationnelle du système Soleil-Terre.

14. Détermine la vitesse de libération de
    a) Mercure ;
    b) la Lune de la Terre.

15. Une *étoile à neutrons* naît lorsqu'une étoile, environ 10 fois plus massive que le Soleil, meurt. Composée de neutrons très rapprochés, elle est petite et extrêmement dense.
    a) Détermine la vitesse de libération d'une étoile à neutrons de 17 km de diamètre et dont la masse est de $3,4 \times 10^{30}$ kg.
    b) Exprime ta réponse sous la forme d'un pourcentage de la vitesse de la lumière.

16. Une planète du système solaire a un diamètre de $5,06 \times 10^4$ km et une vitesse de libération de 24 km/s.
    a) Détermine la masse de cette planète.
    b) Identifie cette planète.

17. Un proton d'une masse de $1,67 \times 10^{-27}$ kg s'éloigne du Soleil. À une position de l'espace distante de $1,4 \times 10^9$ m du centre du Soleil, la vitesse du proton est de $3,5 \times 10^5$ m/s.
    a) Détermine la vitesse du proton lorsqu'il se trouvera à $2,8 \times 10^9$ m du centre du Soleil.
    b) Le proton échappera-t-il à l'attraction du Soleil ? Explique.

18. Explique cet énoncé : « Un trou noir est plus noir qu'une feuille de papier noir. »

19. Détermine le rayon de Schwartzschild d'un trou noir dont la masse est celle de toute la Voie lactée ($1,1 \times 10^{11}$ fois la masse du Soleil).

Mets en pratique tes connaissances

20. Le **tableau 1** présente des données sur certaines lunes d'Uranus.

Tableau 1 Données sur plusieurs lunes de la planète Uranus (se rapporte à la question 20)

Lune	Découverte	r_{moyen} (km)	T (jours terrestres)	C_U (m³/s²)
Ophélia	*Voyager 2* (1986)	$5,38 \times 10^4$	0,375	?
Desdemona	*Voyager 2* (1986)	$6,27 \times 10^4$	0,475	?
Juliet	*Voyager 2* (1986)	$6,44 \times 10^4$	0,492	?
Portia	*Voyager 2* (1986)	$6,61 \times 10^4$	0,512	?
Rosalind	*Voyager 2* (1986)	$6,99 \times 10^4$	?	?
Belinda	*Voyager 2* (1986)	?	0,621	?
Titania	Herschel (1787)	$4,36 \times 10^5$	?	?
Obéron	Herschel (1787)	?	13,46	?

a) Copie le tableau dans ton cahier. Détermine la constante de la troisième loi de Kepler C_U pour Uranus en utilisant les données relatives pour les quatre premières lunes.

b) Calcule la moyenne des valeurs C_U obtenues à la question a).

c) Utilise une autre méthode pour déterminer C_U. Les résultats sont-ils cohérents?

d) Trouve les données manquantes pour les quatre dernières lunes de la liste.

e) Explique pourquoi certaines lunes ont été découvertes bien avant les autres.

21. Il est important d'apprendre à analyser une situation pour déterminer si l'information fournie ou la réponse à une question a du sens. Examine le problème suivant: détermine le rayon de l'orbite d'un satellite tournant autour de la Terre avec une période de révolution de 65 min.

a) Ce problème a-t-il du sens? Pourquoi?

b) Calcule numériquement le rayon demandé.

c) Ce résultat a-t-il du sens? Pourquoi?

d) Est-ce que cette aptitude est importante pour un chercheur en physique?

22. La **figure 2** montre les relations énergétiques pour une fusée lancée de la surface de la Terre.

a) Détermine la masse de la fusée.

b) Quelle est l'énergie de libération de la fusée (à trois chiffres significatifs)?

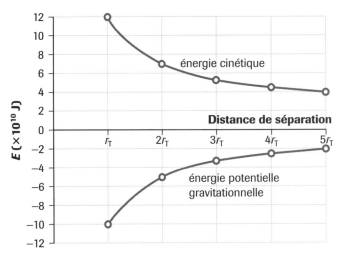

Figure 2

c) Détermine la vitesse de lancement de la fusée.

d) Quelle sera la vitesse de la fusée à une très grande distance de la Terre?

Fais des liens

23. Lorsque l'engin spatial *Apollo 13* se trouvait à mi-chemin de la Lune, des problèmes sont apparus dans son système d'oxygène. Au lieu de ramener immédiatement l'engin vers la Terre, les responsables de la mission ont décidé de le laisser poursuivre son voyage vers la Lune avant de retourner vers la Terre.

a) Explique les principes physiques qui ont conduit à cette décision.

b) Décris au moins un des risques principaux que les responsables ont accepté de courir.

Exercices complémentaires

24. Deux planètes distantes ont des compositions semblables, mais le rayon de l'une est deux fois plus grand que celui de l'autre. Si la période de révolution la plus courte possible d'un satellite en orbite basse autour de la petite planète est de 40 min, quelle est la période de révolution la plus courte possible pour un satellite similaire en orbite autour de la grande planète? Donne ta réponse en minutes.

 La question Newton

25. Une certaine *étoile double* est constituée de deux étoiles identiques, dont les masses sont de $3,0 \times 10^{30}$ kg, séparées par une distance de centre à centre de $2,0 \times 10^{11}$ m. Quelle est la durée d'un cycle? Donne ta réponse en secondes.

 La question Newton

ACTIVITÉ DE SYNTHÈSE

Processus

- Sélectionner des outils de recherche appropriés, dans le domaine des équipements de sécurité, OU sélectionner le matériel approprié pour le contenant protecteur d'œuf (option 3).
- Conduire une recherche sur les équipements de sécurité et faire une synthèse de l'information OU appliquer des principes de la physique à la conception, à la construction et à la mise à l'essai du contenant (option 3).
- Analyser les principes physiques sur lesquels l'équipement de sécurité est fondé OU évaluer les processus de conception, de construction, de vérification et de modification du contenant d'œuf.
- Évaluer le processus de production de rapports de recherche (options 1 et 2).

Résultat

- Démontrer ta compréhension des principes, des lois et des théories physiques associés.
- Utiliser correctement les termes, les symboles, les équations et les unités SI.
- Préparer un dossier de recherche (options 1 et 2) OU préparer un dossier approprié de tâches technologiques contenant des notes, des diagrammes, des considérations de sécurité, des analyses et de l'information relatifs aux tests et aux modifications (option 3).
- Préparer un rapport et une présentation (options 1 et 2) OU créer un contenant protecteur d'œuf (option 3).

La sécurité dans les transports et les sports

La sécurité est un problème très important dans les transports ainsi que dans les sports et les activités récréatives (**figure 1**). Les automobiles contiennent des dispositifs de protection comme les ceintures de sécurité, les sacs gonflables frontaux et latéraux, les sièges pour enfant, les pare-chocs absorbants, les freins antiblocage, les verres feuilletés et les pneus améliorés. Les casques, les masques faciaux, les lunettes de protection, les genouillères, les coudières, les épaulières, les gants, les appareils d'alimentation en oxygène, les gilets de sauvetage, les combinaisons de protection et les souliers spéciaux sont des exemples d'équipements de sécurité utilisés dans les sports et les activités récréatives.

Figure 1
Sécurité dans les transports et le divertissement

Au cours de cette activité de synthèse, tu appliqueras les principes de l'énergie, de la quantité de mouvement, des collisions et des ressorts à l'utilisation et à la conception d'équipements de sécurité. Tu pourras choisir une option parmi trois. Cela étant fait, tu devras démontrer ta compréhension des concepts et des principes présentés aux chapitres 4, 5 et 6.

Tâche

Choisis une des options suivantes :

Option 1 : Équipements de protection dans les sports et les activités récréatives

Ta tâche consiste à faire des recherches sur la conception et l'utilisation d'équipements de protection destinés aux sports et aux activités récréatives. Tu peux choisir un sport ou une activité et analyser les équipements associés, ou tu peux choisir un équipement particulier et analyser son utilisation dans le cadre de divers sports et activités. Tu appliqueras des concepts et des principes scientifiques pour expliquer les avantages de l'équipement choisi et en justifier l'utilisation.

Option 2 : Dispositifs de sécurité des véhicules

Ta tâche consiste à identifier des problèmes sociaux (par exemple, à l'aide d'une analyse coûts-avantages) associés au développement de dispositifs de sécurité destinés aux véhicules, à rechercher de l'information sur les problèmes que tu as identifiés et à créer un produit de communication qui fait la synthèse de ton analyse des problèmes.

Option 3 : L'œuf qui rebondit

Ta tâche consiste à développer des critères qui te permettront de concevoir un contenant « protecteur d'œuf » rebondissant à l'aide de ressorts. Le contenant tombera sur le sol d'une hauteur prédéterminée (1,0 m, par exemple). Tu analyseras l'efficacité du contenant (à quel point il protège l'œuf) en tentant de maximiser le nombre de rebonds nets. Tu analyseras la conception initiale du contenant et le modifieras pour l'améliorer. Tu décriras des applications pratiques de ta conception finale et du processus que tu as utilisé pour aboutir au résultat.

Dans le cadre de cette option, des règles de sécurité et de conception doivent être discutées avant le début du déballage d'idées. Par exemple, les outils qui permettront de construire le dispositif devront être utilisés de façon sécuritaire et celui-ci devra être testé de la même façon. Remarque que cette option exige des tests et des modifications et que ces activités font partie du processus de conception technologique.

Analyse

Ton analyse dépend de l'option que tu as choisie. Tu dois répondre aux questions suivantes :

Options 1 et 2

a) Quels sont les principes physiques qui s'appliquent à la conception et à l'utilisation du dispositif de sécurité que tu as choisi ?

b) Quels sont les avantages et les inconvénients du dispositif de sécurité que tu as choisi ?

c) Comment la fonction du dispositif de sécurité que tu as choisi influence-t-elle sa conception ?

d) Le dispositif de sécurité que tu as choisi est-il courant ? Est-il coûteux ?

e) Quel a été l'effet du dispositif de sécurité que tu as choisi sur les utilisatrices et les utilisateurs individuels et sur la société en général ?

f) Quelles sont les carrières associées à la fabrication et à l'utilisation du dispositif de sécurité que tu as choisi ?

g) Quelles sont les recherches en cours qui permettent d'améliorer la conception du dispositif de sécurité que tu as choisi ?

h) Crée tes propres questions d'analyse et réponds-y.

Option 3

i) Quels sont les principes physiques qui s'appliquent à la conception de ton contenant ?

j) Quels critères peux-tu utiliser pour évaluer le succès de ta conception ?

k) Quelles mesures de sécurité as-tu appliquées pour construire et tester ton contenant ?

l) Comment as-tu testé ton contenant pour rechercher des façons de l'améliorer ?

m) Comment la conception de ton contenant peut-elle être appliquée à la conception de véritables absorbeurs d'énergie ?

n) Dresse la liste des problèmes auxquels tu t'es heurté pendant la création du contenant. Comment les as-tu résolus ?

o) Crée tes propres questions d'analyse et réponds-y.

Évaluation

Ton évaluation dépendra de l'option choisie.

Options 1 et 2

p) Évalue les ressources que tu as utilisées au cours de tes recherches.

q) Si tu devais entreprendre une tâche similaire avec un autre objectif, quelles modifications apporterais-tu au processus utilisé pour assurer la réussite de tes recherches et en communiquer les résultats ?

Option 3

r) Comment ta conception se compare-t-elle à celles d'autres élèves ou d'autres groupes ?

s) Dessine un organigramme du processus que tu as utilisé dans le cadre de cette tâche. Comment les étapes de ton organigramme se comparent-elles à celles que tu suivrais pour faire des recherches semblables à celles de cette unité ?

t) Si tu devais recommencer cette tâche, que modifierais-tu pour améliorer le processus utilisé et aboutir à un meilleur produit final ?

Inscris les nombres de 1 à 14 dans ton cahier. Indique à côté de chaque nombre si l'énoncé correspondant est vrai (V) ou faux (F). S'il est faux, rédige une version corrigée.

1. Un joule est un newton mètre au carré par seconde au carré.

2. La constante de force d'un ressort mesure la rigidité de ce ressort.

3. Deux boîtes sont déplacées sur une surface plane, l'une sur la Terre, l'autre sur la Lune. Si les déplacements et les coefficients de frottement dynamique sont identiques, alors les énergies thermiques produites par frottement cinétique le sont aussi.

4. L'impulsion et la quantité de mouvement sont des grandeurs identiques parce que leurs unités SI de base sont équivalentes.

5. Deux patineurs artistiques, initialement immobiles, s'éloignent l'un de l'autre. Juste après cette interaction, la quantité de mouvement totale de ce système est nulle.

6. Les seules collisions qui ne conservent pas la quantité de mouvement sont les collisions complètement inélastiques.

7. À une position donnée, l'intensité du champ gravitationnel du Soleil est inversement proportionnelle à la distance entre cette position et le centre du Soleil.

8. Le travail fait par la force gravitationnelle terrestre lors du déplacement d'un satellite en orbite circulaire autour de la Terre est positif parce que le satellite accélère toujours vers la Terre.

9. Selon le modèle héliocentrique, la Terre est le centre de l'univers et tous les autres corps célestes gravitent autour d'elle.

10. Le Soleil est situé au centre de l'orbite d'une planète.

11. La vitesse d'un satellite en orbite elliptique autour de la Terre est indépendante de la position du satellite sur son orbite.

12. Un trou noir a un champ magnétique extrêmement intense.

13. Un trou noir est un corps dont la vitesse de libération est égale ou supérieure à celle de la lumière.

14. Les rayons X et les rayons gamma peuvent échapper à un trou noir alors que la lumière visible ne le peut pas.

Inscris les nombres de 15 à 28 dans ton cahier. À côté de chacun, inscris la lettre correspondant au meilleur choix.

15. Si tu montais sur une échelle de ta hauteur, le travail que tu ferais contre la force de gravité serait approximativement de

   a) 10^1 J   c) 10^3 J   e) 10^5 J

   b) 10^2 J   d) 10^4 J

Pour les questions 16 à 18, consulte la **figure 1**, qui illustre un toboggan tiré vers le haut, à vitesse vectorielle constante, sur une colline de longueur L.

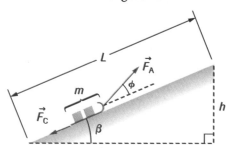

Figure 1
Schéma se rapportant aux questions 16, 17 et 18

16. L'intensité de la force normale qu'applique la colline sur le toboggan est

   a) $mg \cos \beta$

   b) $F_A \sin \phi$

   c) $mg \cos \beta - F_A \sin \phi$

   d) $mg \cos \beta + F_A \sin \phi$

   e) $-(mg \cos \beta + F_A \sin \phi)$

17. L'intensité de la force appliquée $\vec{F}_A$ est

   a) $\dfrac{(F_C + mg \sin \beta)}{\cos \phi}$

   b) $\dfrac{(F_C - mg \sin \beta)}{\sin \phi}$

   c) $\dfrac{(F_C - mg \sin \beta)}{\cos \phi}$

   d) $F_C + F_N$

   e) $F_C + F_N - mg$

18. Le travail fait par la force appliquée lorsque le toboggan est déplacé de la longueur L de la colline est

   a) $F_A L$

   b) $F_C L$

   c) $(F_A - F_C)L$

   d) $\dfrac{F_A \cos \phi h}{\sin \beta}$

   e) aucune de ces valeurs

19. Mars exerce une force de gravité d'intensité F sur un satellite décrivant une orbite circulaire de rayon r autour d'elle. Le travail fait par cette force lorsque le satellite décrit la moitié de son orbite est

   a) $2F\pi r$ b) $\dfrac{F\pi r}{2}$ c) Fr d) $F\pi r$ e) zéro

20. Un conducteur de masse $\dfrac{m}{5}$ se déplace sur une moto-cyclette de masse m à la vitesse v. Plus tard, ce même conducteur se déplace sur la motocyclette avec un

Une version interactive de cette évaluation est disponible dans Internet.
ALLER À   www.beaucheminediteur.com/physique12

passager de masse $\dfrac{m}{5}$ à la vitesse de 0,80 v. La nouvelle énergie cinétique de la motocyclette est

a) égale à l'énergie cinétique initiale

b) supérieure à l'énergie cinétique initiale d'un facteur de 0,75

c) inférieure à l'énergie cinétique initiale d'un facteur de 0,75

d) supérieure à l'énergie cinétique initiale d'un facteur de 1,3

e) inférieure à l'énergie cinétique initiale d'un facteur de 1,3

21. Trois pierres sont lancées avec des vitesses initiales identiques du haut d'une colline vers de l'eau située au-dessous (**figure 2**). La résistance de l'air est négligeable. Les vitesses avec lesquelles les pierres 1, 2 et 3 frappent l'eau sont

a) $v_1 = v_3 > v_2$ d) $v_3 > v_2 > v_1$

b) $v_2 > v_1 = v_3$ e) $v_1 = v_2 = v_3$

c) $v_1 > v_2 > v_3$

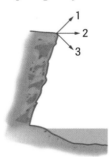

Figure 2

22. Les temps de contact au cours de collisions entre une balle et un bâton de baseball sont généralement de quelques

a) secondes   d) millisecondes

b) nanosecondes   e) kilosecondes

c) microsecondes

23. Une boule de billard se déplaçant à la vitesse v entre en collision avec une boule immobile de même masse. Après la collision, la boule qui était initialement en mouvement est immobile. En fonction de v, la vitesse de l'autre boule est de

a) $\dfrac{v}{2}$ b) 0   c) v d) 2v e) $\dfrac{3v}{4}$

Les questions 24 à 26 sont associées à la **figure 3**.

24. Si les vitesses de libération des fusées sont respectivement v_F, v_G et v_H, alors

a) $v_F = v_G = v_H$

b) $v_F > v_G > v_H$

c) $v_F < v_G < v_H$

d) $v_F = v_G$, mais v_H n'a pas de vitesse de libération définie

e) les vitesses ne peuvent être comparées sur la base de l'information fournie

25. Dans la situation de la **figure 3**, lequel des énoncés suivants est vrai?

a) H atteindra une altitude $2r_T$ au-dessus de la surface de la Terre et y restera.

b) F et G échapperont à l'attraction gravitationnelle avec une vitesse nulle.

c) Seule F échappera à l'attraction, mais avec une vitesse nulle.

d) Seule F échappera à l'attraction, et sa vitesse ne sera pas nulle à ce moment-là.

e) aucun de ces énoncés

26. Si les énergies de libération des fusées sont respectivement E_F, E_G et E_H, alors

a) $E_F = E_G = E_H$

b) $E_F > E_G > E_H$

c) $E_F < E_G < E_H$

d) $E_F = E_G$, mais E_H n'a pas d'énergie de libération définie

e) les énergies ne peuvent être comparées sur la base de l'information fournie

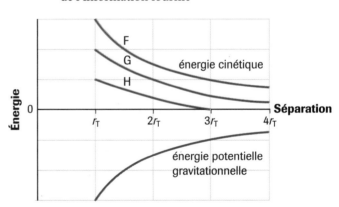

Figure 3

Ce graphique illustre l'énergie cinétique fournie à trois fusées (F, G et H) de masses égales lorsqu'elles sont lancées de la surface de la Terre (se rapporte aux questions 24, 25 et 26).

27. Si la distance entre un engin spatial et Jupiter augmente d'un facteur de 4, l'intensité du champ gravitationnel de Jupiter à la position de l'engin spatial

a) augmente d'un facteur de 4

b) diminue d'un facteur de 4

c) augmente d'un facteur de 16

d) diminue d'un facteur de 16

e) diminue d'un facteur de 2

28. Si la masse du Soleil avait 8 fois sa valeur actuelle, et si la période de révolution de la Terre autour du Soleil conservait sa valeur actuelle, la distance moyenne de la Terre au Soleil serait, en fonction de sa valeur actuelle r,

a) $8r$ c) $\dfrac{r}{2}$ e) aucune de ces valeurs

b) $\dfrac{r}{8}$ d) $2r$

Inscris les nombres de 29 à 34 dans ton cahier. Écris, à côté de chaque nombre, le mot, l'expression ou l'équation qui complète la phrase.

29. a) _____?_____ a utilisé pour la première fois un télescope pour observer les lunes d'une lointaine planète.

b) _____?_____ a été le premier à suggérer que les orbites des planètes sont des ellipses.

c) L'unité SI d'énergie porte le nom de ____?____.

d) _____?_____ a fourni les données qui ont permis de déduire les lois du mouvement planétaire.

e) _____?_____ a été le premier à analyser la relation entre la force appliquée à un ressort et l'allongement ou la compression du ressort.

f) Le rayon d'un trou noir porte le nom de ____?____.

30. a) La surface au-dessous d'une courbe force-déplacement représente ____?____.

b) Dans un graphique force-allongement, la pente de la droite représente ____?____.

c) La surface au-dessous d'une courbe force-temps représente ____?____.

d) La pente d'une droite dans un graphique impulsion-temps représente ____?____.

e) La surface au-dessous d'une courbe frottement cinétique-déplacement représente ____?____.

f) La pente de la droite r^3 en fonction de T^2, pour un satellite en orbite autour de la Terre, représente ____?____.

31. Une collision après laquelle deux objets restent collés est appelée collision ____?____. Dans une collision élastique, l'énergie cinétique totale après la collision ____?____ l'énergie cinétique totale avant la collision. Une collision dans laquelle la perte d'énergie cinétique est la plus grande possible est appelée ____?____.

32. L'excentricité d'un cercle est ____?____.

33. Les trous noirs contiennent une région appelée ____?____. La distance entre le centre de cette région et l'horizon des événements est appelée ____?____.

34. La **figure 4a)** représente le mouvement d'un camion qui a mis 5,0 s pour passer d'une position quelconque à la suivante. Dans la **figure 4b)**, choisis le graphique qui représente le mieux

a) la quantité de mouvement du camion;

b) l'énergie cinétique du camion.

a)

b)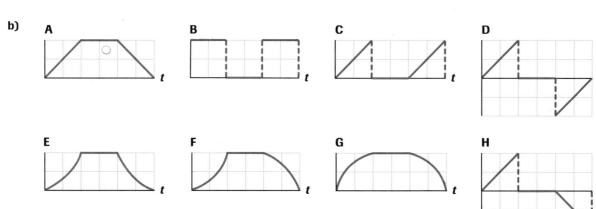

Figure 4
Graphiques se rapportant à la question 34
a) Mouvement d'un camion
b) Graphiques possiblement associés à la quantité de mouvement et à l'énergie du camion

Une version interactive de cette évaluation est disponible dans Internet.

ALLER A www.beaucheminediteur.com/physique12

Saisis bien les concepts

1. Décris trois situations dans lesquelles une force est appliquée à un objet sans qu'aucun travail ne soit fait.

2. Il est souvent possible de faire du travail en poussant un objet sans lui transférer de l'énergie. Que devient l'énergie associée au travail dans ce cas?

3. Une balle de baseball et un poids (utilisé dans les épreuves de lancer du poids) ont la même énergie cinétique. Lequel des deux objets a la plus grande quantité de mouvement? Pourquoi?

4. Deux toboggans chargés, de masses différentes, atteignent le bas d'une colline avec la même énergie cinétique initiale, puis glissent dans la même direction sur une surface glacée parfaitement plate. Si les deux toboggans sous soumis à la même force d'opposition, comment leurs distances d'arrêt se comparent-elles?

5. Deux chariots se déplacent l'un vers l'autre le long d'une droite. La collision qui en résulte est amortie par un ressort situé entre eux. Au cours de la collision, il existe un point où les deux chariots sont momentanément immobiles. Qu'est devenue l'énergie cinétique des chariots d'avant la collision?

6. Cite plusieurs dispositifs courants qui peuvent stocker de l'énergie potentielle élastique lorsqu'ils sont temporairement déformés.

7. Pourquoi des pare-chocs de voiture montés sur des ressorts qui obéissent à la loi de Hooke se révèlent-ils peu pratiques?

8. Dessine un croquis qui montre comment deux ressorts de longueurs et de raideurs différentes peuvent être combinés pour donner le graphique force-allongement de la **figure 1**.

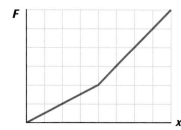

F   *x*   **Figure 1**

9. De quelle hauteur un batteur de $1,5 \times 10^3$ kg doit-il tomber pour enfoncer un pieu de 0,50 m dans le sol contre une force d'opposition dont l'intensité moyenne est de $3,5 \times 10^5$ N?

10. Un bloc de 10,0 kg initialement immobile est poussé sur une surface horizontale sans frottement par la force horizontale illustrée dans le graphique de la **figure 2**.

a) Quel est le travail fait lorsque le bloc est déplacé des deux premiers mètres?

b) Quelle est l'énergie cinétique du bloc après un déplacement de 3,00 m?

c) Quelle est sa vitesse vectorielle à la marque du 3,00 m?

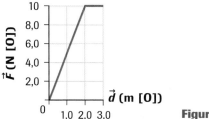

Figure 2

11. Une force qui augmente progressivement de 0 à $1,00 \times 10^2$ N [E] à un taux de 10,0 N/s [E] fait un travail de $1,25 \times 10^4$ J lors du déplacement d'un objet qui passe de l'immobilité à 50,0 m/s [E] sur une surface horizontale sans frottement.

a) Quelle est la masse de l'objet?

b) Quelle force constante, appliquée sur une distance de 5,00 m, permettrait d'obtenir la même vitesse vectorielle finale?

12. Quelle est l'intensité de la quantité de mouvement d'une luge de 5,0 kg dont l'énergie cinétique est de $5,0 \times 10^2$ J?

13. Un ressort élastique linéaire peut être comprimé de 0,10 m par une force appliquée dont l'intensité est de 5,0 N. Une caisse de pommes de 4,5 kg, se déplaçant à 2,0 m/s, entre en collision avec ce ressort, comme illustré à la **figure 3**. Quelle sera la compression maximale du ressort?

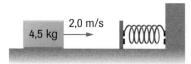

2,0 m/s

4,5 kg

Figure 3

14. Un pare-chocs à ressorts, dont la relation force-compression est donnée par $F = (50,0 \text{ N/m})x$, est comprimé de 2,00 cm.

a) Quelle est l'énergie potentielle élastique du ressort ayant cette compression?

b) Le ressort est comprimé de 6,00 cm. Quelle est la variation d'énergie potentielle élastique?

c) Un chariot de 0,400 kg est placé contre le ressort comprimé sur un plan horizontal sans frottement. Le système est lâché. Avec quelle vitesse le chariot se détache-t-il du ressort?

15. Un petit objet mobile entre en collision avec un objet stationnaire plus grand. L'intensité de la force exercée par le petit objet est-elle différente selon que le petit objet rebondit sur le plus grand ou y reste collé? (Suppose que la durée de la collision est la même dans les deux cas.) Explique ta réponse. Associe cette situation à l'utilisation de balles de caoutchouc par la police.

16. Pour quels types de force le concept d'impulsion est-il le plus utile dans l'analyse des variations de mouvement induites par une force?

17. Un tuyau décharge 78 kg d'eau par minute à la vitesse de 24 m/s. L'eau, projetée horizontalement, frappe un mur vertical qui l'arrête. En négligeant toute projection vers l'arrière, quelle est l'intensité de la force moyenne exercée par l'eau sur le mur?

18. Un chien de 9,5 kg se tient debout dans un wagon immobile. Il se met ensuite à marcher vers l'avant dans le wagon à la vitesse de 1,2 m/s, et le wagon se met en mouvement vers l'arrière à la vitesse de 3,0 m/s (les deux vitesses sont mesurées par rapport au sol). Le frottement est négligeable. Quelle est la masse du wagon?

19. Un chariot de 2,4 kg avec un ressort élastique linéaire fixé à sa partie avant se déplace à 1,5 m/s [O] lorsqu'il entre en collision frontale avec un chariot immobile de 3,6 kg.
    a) Calcule l'énergie du système avant la collision.
    b) Quelle est la vitesse vectorielle de chaque chariot lorsque la distance qui les sépare est minimale?
    c) Calcule la variation de l'énergie cinétique du système lorsque la distance qui sépare les chariots est minimale.
    d) Si la compression maximale du ressort est de 12 cm pendant la collision, quelle est sa constante de force?

20. Deux chariots, dont les masses sont de 1,2 kg et de 4,8 kg, sont immobiles, séparés par un ressort comprimé. Une corde maintient les chariots ensemble. Lorsque la corde est coupée, les chariots s'éloignent l'un de l'autre. Si la constante de force du ressort est de $2,4 \times 10^3$ N/m et si le chariot de 4,8 kg se déplace à 2,0 m/s, quelle était la compression du ressort?

21. Un objet de 25 kg se déplaçant vers la droite à vitesse vectorielle de 3,0 m/s entre en collision avec un objet de 15 kg se déplaçant vers la gauche à 6,0 m/s. Détermine la vitesse vectorielle de l'objet de 25 kg après la collision lorsque
    a) l'objet de 15 kg poursuit son déplacement vers la gauche, mais à 0,30 m/s seulement;
    b) l'objet de 15 kg rebondit vers la droite à 0,45 m/s;
    c) l'objet de 15 kg reste collé à l'objet de 25 kg.

22. Un chariot à fusée expérimental dont la masse est de $1,4 \times 10^4$ kg glisse sans frottement sur un rail horizontal. Il se propulse en émettant des gaz à partir de son moteur-fusée. Le débit des gaz est de 10 kg/s et leur vitesse de sortie est de $2,5 \times 10^4$ m/s par rapport à la fusée. Pendant combien de secondes la fusée doit-elle émettre des gaz pour que le chariot atteigne la vitesse de $5,0 \times 10^1$ m/s à partir de sa position de repos? Ne tiens pas compte de la petite perte de masse du chariot et considère que la vitesse de la fusée est faible par rapport à celle des gaz.

23. Un oiseau de 2,3 kg, volant horizontalement à 18 m/s [E], entre en collision avec un oiseau volant à 19 m/s [O]. La collision est complètement inélastique. Après l'impact, les deux oiseaux tombent à 3,1 m/s [E]. Détermine la masse du deuxième oiseau.

24. Deux noyaux subissent une collision élastique. Le noyau de masse m est initialement immobiles. L'autre a une vitesse vectorielle initiale v et une vitesse finale $-\dfrac{v}{5}$. Détermine la masse du deuxième noyau en fonction de m.

25. Une voiture de $2,0 \times 10^3$ kg se déplaçant à $2,4 \times 10^1$ m/s [E] s'engage dans une intersection et entre en collision avec un camion de $3,6 \times 10^3$ kg se déplaçant à $1,0 \times 10^1$ m/s [S]. Si les deux véhicules restent collés après la collision, quelle est leur vitesse vectorielle immédiatement après l'impact?

26. Un camion de masse $2,3 \times 10^4$ kg se déplaçant à 15 m/s [S 39° O] entre en collision avec un autre camion de masse $1,2 \times 10^4$ kg. La collision est complètement inélastique. Les camions ont une vitesse vectorielle commune de 11 m/s [S 55° O] après la collision.
    a) Détermine la vitesse vectorielle initiale du camion le plus léger.
    b) Quel pourcentage de l'énergie cinétique initiale est perdu dans la collision entre les camions?

27. Au cours d'une partie de hockey, un joueur de 82 kg se déplaçant à 8,3 m/s [N] et un autre de 95 kg se déplaçant à 6,7 m/s [O 65° N] entrent simultanément en collision avec un joueur de 85 kg de l'équipe adverse. Si les trois joueurs restent collés après la collision, quelle est leur vitesse vectorielle commune?

28. Les comètes tournent autour du Soleil en décrivant une ellipse d'excentricité élevée. Est-il plus probable qu'une comète soit visible lorsque sa vitesse est maximale ou lorsqu'elle est minimale? Explique ta réponse en dessinant un croquis fondé sur la deuxième loi de Kepler.

29. Comment faut-il faire varier la vitesse d'un véhicule spatial pour augmenter ou réduire le rayon de son orbite circulaire autour de la Terre?

30. Un engin spatial doit-il toujours avoir une vitesse de 11,2 km/s pour échapper à l'attraction terrestre? Si ce n'est pas le cas, quel est le vrai sens de « vitesse de libération »?

31. Un satellite décrit une orbite circulaire à une distance de 655 km au-dessus de la surface de la Terre. Détermine l'intensité de l'accélération gravitationnelle à cette altitude.

32. Quelle est l'intensité de l'accélération gravitationnelle (en fonction de g à la surface de la Terre) à la surface d'une planète dont la masse et le rayon sont respectivement de 0,25 et 0,60 fois ceux de la Terre?

33. Détermine le champ gravitationnel du Soleil par rapport à la position de la Terre.

34. Un astéroïde décrit une orbite circulaire autour du Soleil à mi-chemin entre les orbites de Mars et de Jupiter. Détermine, avec trois chiffres significatifs,
    a) la période de révolution de l'astéroïde en années terrestres;
    b) la vitesse de l'astéroïde.

35. Des scientifiques veulent mettre un satellite en orbite circulaire autour de Neptune avec une période orbitale de 24,0 h.
    a) Détermine la constante de la troisième loi de Kepler pour Neptune (utilise la masse de cette planète).
    b) Quel est le rayon de l'orbite considérée?
    c) Quelle est l'altitude de cette orbite en kilomètres?

36. Io, une lune de Jupiter découverte par Galilée, a une période orbitale de 1,77 jour terrestre. Sa distance moyenne par rapport au centre de Jupiter est de $4,22 \times 10^8$ m. Détermine la masse de Jupiter.

37. Comme Mercure est très proche du Soleil, son atmosphère embryonnaire a été portée à une température tellement élevée qu'elle s'est évaporée de la surface de la planète, échappant à son attraction gravitationnelle. Suppose que la masse d'une molécule représentative était de $5,32 \times 10^{-26}$ kg.
    a) Quelle doit être la vitesse minimale des molécules atmosphériques à la surface de Mercure leur permettant d'échapper à l'attraction gravitationnelle de cette planète?
    b) Quelle est la vitesse d'une molécule décrivant une orbite circulaire à une altitude (hauteur par rapport à la surface) égale au rayon de Mercure?

    c) Quelle était la vitesse initiale qui a permis à la molécule de la question b) d'atteindre son orbite à partir de la surface?
    d) Quelle est l'énergie de liaison de la molécule sur cette orbite?

38. a) Détermine le rayon de Schwartzschild d'un trou noir 85 fois plus massif que Jupiter.
    b) Quelle est la vitesse de libération de ce corps céleste?

Mets en pratique tes connaissances

39. Un ressort est fixé sur la face avant d'un chariot de laboratoire qui se déplace sur un plan sans frottement. Ce chariot entre en collision frontale élastique avec un autre chariot, plus léger et immobile. Trace un graphique de l'énergie cinétique de chaque chariot en fonction de la distance de séparation avant, pendant et après la collision. Trace le graphique correspondant de l'énergie totale.

40. Trace la forme générale du graphique de la force en fonction de la distance de séparation dans chacun des cas suivants:
    a) Une boule de billard rebondit contre un coussin, s'en éloignant sans réduction de vitesse.
    b) Un boîte de conserve frappe un mur de briques et est légèrement cabossée avant de rebondir avec une vitesse réduite.
    c) Une boule de mastic est lancée contre un mur et y reste collée.

41. Le dispositif de la **figure 4a)** est utilisé pour étudier le comportement de deux ressorts identiques, en extension, reliés à une rondelle de 0,55 kg flottant sur une table à coussin d'air horizontale. Le temporisateur d'étincelles est réglé à 0,020 s. Dès que la rondelle a été déplacée dans la direction $+y$ puis lâchée, les données sont enregistrées sur le papier situé au-dessous d'elle (voir la **figure 4b)**).
    a) Utilise les données expérimentales pour déterminer la constante d'élasticité des ressorts. (Suppose que lorsque la rondelle est la plus éloignée de la position d'équilibre, l'énergie potentielle élastique n'est emmagasinée que dans un ressort.)
    b) Faut-il déplacer le papier plus rapidement ou plus lentement pour que les résultats soient plus précis? Explique.
    c) Si tu devais faire cette expérience en classe, quelles seraient les erreurs qu'il faudrait réduire au minimum?
    d) Quelles mesures de sécurité dois-tu prendre pour effectuer ce type d'expérience?

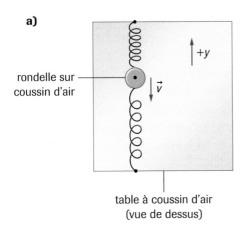

a)

rondelle sur
coussin d'air

+y

$\vec{v}$

table à coussin d'air
(vue de dessus)

b)

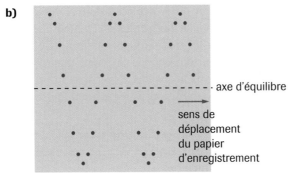

axe d'équilibre

sens de
déplacement
du papier
d'enregistrement

Figure 4
a) Chaque ressort de tension est allongé de 5,0 cm
lorsque la rondelle se trouve à sa position d'équilibre.
b) Données obtenues au cours de l'expérience

42. L'accéléromètre vertical
illustré à la **figure 5** contient
un petit poids de plomb fixé
à un ressort qui obéit à la loi
de Hooke. Pour étalonner
le ressort de l'accéléromètre,
tu disposes de deux poids
de plomb de masse *m*
et d'autres dispositifs.
   a) Décris les mesures et les
   dispositifs dont tu auras
   besoin pour étalonner
   l'accéléromètre.
   b) Décris une situation qui
   te permettra d'observer,
   dans la classe, la valeur
   illustrée.
   c) Décris plusieurs situations qui te permettront
   d'observer, dans un
   parc d'amusement,
   la valeur illustrée.

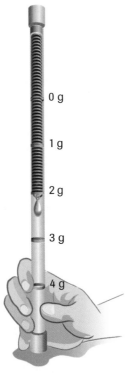

0 g

1 g

2 g

3 g

4 g

Figure 5

43. Un piston à ressort comprime au maximum un
ressort dans le chariot illustré à la **figure 6**. La masse
du chariot est de 0,88 kg. La constante d'élasticité du
ressort est de 36 N/m. Immédiatement après l'activation
du piston par le déclencheur, un détecteur de mouvement détermine que la vitesse du chariot s'éloignant
du mur est de 0,22 m/s. Le chariot roule sur la surface
horizontale et s'arrête après avoir parcouru 2,5 m.

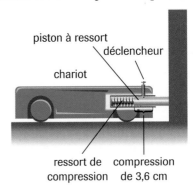

piston à ressort

déclencheur

chariot

ressort de   compression
compression   de 3,6 cm   **Figure 6**

   a) Détermine l'énergie potentielle élastique maximale
   du ressort et l'énergie cinétique maximale du
   chariot lorsque celui-ci commence à se déplacer.
   Qu'est devenue l'énergie potentielle élastique
   restante ?
   b) Détermine le frottement cinétique moyen
   qui ralentit le chariot de la position où il quitte
   le mur à la position où il s'arrête.
   c) Décris les sources les plus probables d'erreurs
   aléatoires et systématiques lorsque des mesures
   sont prises au cours d'une expérience de ce type.

Fais des liens

44. a) Indique comment tu peux réduire les forces de
   trépidation qui s'exercent sur tes jambes pendant
   que tu cours.
   b) Quel est l'avantage de cette réduction ?
45. a) Explique les principes physiques qui justifient
   l'utilisation de coussins frontaux qui se gonflent
   lors d'une collision automobile (**figure 7**).
   b) Décris d'autres situations semblables où des
   principes physiques sont appliqués pour améliorer
   la sécurité.
46. En observant des galaxies lointaines, les astronomes
ont conclu que notre système solaire tourne autour
du centre de notre galaxie, et qu'il se trouve à environ
$2,7 \times 10^{20}$ m de ce centre. Le Soleil décrit une orbite
circulaire autour de ce centre tous les 200 millions
d'années environ. Nous supposons que le centre de
la galaxie est constitué d'un grand nombre d'étoiles
dont l'attraction gravitationnelle s'exerce sur le Soleil.

Figure 7

a) Calcule la masse totale des étoiles qui constituent le centre de notre galaxie.

b) Calcule approximativement le nombre d'étoiles dont la taille est celle de notre Soleil ($2,0 \times 10^{30}$ kg).

Exercices complémentaires

47. Une balle de 4,0 g se déplaçant horizontalement à $5,0 \times 10^2$ m/s [N] frappe un bloc de bois de 2,0 kg initialement immobile sur une surface horizontale rugueuse. La balle traverse le bloc en un temps négligeable et en sort avec une vitesse vectorielle de $1,0 \times 10^2$ m/s [N]. Le bloc parcourt 0,40 m sur la surface avant de s'arrêter.

a) Quelle est la vitesse vectorielle du bloc de bois juste après la sortie de la balle?

b) Quelle est l'énergie cinétique maximale du bloc?

c) Quelle est la force de frottement moyenne qui s'oppose au mouvement du bloc?

d) Quelle est la diminution d'énergie cinétique de la balle?

e) Explique pourquoi la diminution d'énergie cinétique de la balle et l'énergie cinétique maximale du bloc ne sont pas égales. Qu'est devenue l'énergie manquante?

48. Un avion de 1,0 Mg tente de faire un atterrissage forcé sur le pont d'une barge de 2,0 Mg immobile à la surface d'une mer calme. La seule force de frottement significative s'exerce entre les roues et le pont. Cette force de freinage est constante et égale en intensité à un quart du poids de l'avion. Quelle doit être la longueur de la barge pour que l'avion s'arrête de façon sécuritaire s'il se pose à l'extrémité arrière du pont, à une vitesse vectorielle de $5,0 \times 10^1$ m/s, vers l'avant de la barge?

49. À bord de la Station spatiale internationale, les astronautes mesurent leur masse en déterminant la période d'une chaise spéciale qui vibre sur des ressorts. Pour étalonner la chaise, on y fixe une masse connue, on la fait vibrer et on mesure la période des vibrations. Le **tableau 1** présente les données d'étalonnage possibles.

a) Détermine la constante d'élasticité du système constitué de la masse de la chaise vide et des ressorts. (*Indice:* Tu peux utiliser des techniques graphiques pour déterminer ces valeurs. Un tableur est utile.)

b) Quelle fréquence de vibration observerais-tu si tu vibrais sur la chaise?

c) Détermine la perte de masse d'un membre d'équipage pour lequel on observe une période de vibration de 2,01 s au début d'une mission de 3 mois et de 1,98 s à la fin.

Tableau 1 Période de la chaise à ressorts selon la masse fixée

Masse (kg)	0,00	14,1	23,9	33,8	45,0	56,1	67,1
Période (s)	0,901	1,25	1,44	1,61	1,79	1,94	2,09

50. Le **tableau 2** présente la liste des excentricités orbitales des planètes du système solaire.

a) Quelle est la planète dont l'orbite est la plus circulaire? Quelle est celle dont l'orbite est la plus allongée?

b) Dessine un diagramme à l'échelle de l'axe principal de l'orbite de Mercure. Indique qu'un des foyers correspond au Soleil et marque les distances c et a (deux des variables décrites dans la section «À toi d'expérimenter», au début de ce chapitre). Marque les emplacements du périhélie et de l'aphélie de l'orbite de Mercure.

c) Reprends b) pour l'orbite de la Terre. (Tu devras peut-être changer d'échelle.)

d) Les orbites planétaires elliptiques présentées dans ce cours et dans d'autres sources correspondent-elles à la forme des vraies orbites? Explique.

Tableau 2 Excentricités orbitales

Planète	Excentricité
Mercure	0,206
Vénus	0,007
Terre	0,017
Mars	0,093
Jupiter	0,048
Saturne	0,056
Uranus	0,046
Neptune	0,010
Pluton	0,248

Les champs électriques, gravitationnels et magnétiques

Marie D'Iorio, Ph. D.
Institut des sciences des microstructures
Conseil national de recherches du Canada

Marie D'Iorio compte, comme physicienne, plusieurs réalisations à son actif. En plus de diriger d'importantes recherches au Conseil national de recherches du Canada (CNRC), elle est professeure auxiliaire à l'Université d'Ottawa, où elle dirige des étudiants de 2e et de 3e cycle qui mènent des recherches dans son laboratoire. Mme D'Iorio s'est également distinguée en tant que présidente de l'Association canadienne des physiciens et physiciennes, un organisme voué au développement des sciences pures et appliquées au Canada.

Après avoir fait un baccalauréat spécialisé en physique à l'Université d'Ottawa, Mme D'Iorio s'est intéressée à la recherche multidisciplinaire en physique et en biologie.

Ses recherches actuelles portent sur l'utilisation de matière organique en électronique et en photonique. Les diodes organiques électroluminescentes (OLED) apparaissent comme une solution de rechange intéressante aux technologies d'affichage plus courantes, telles que les tubes cathodiques, les écrans à cristaux liquides et les écrans à plasma. Les appareils à OLED utilisent des matériaux peu coûteux et consomment peu d'énergie en plus d'offrir une brillance accrue et des angles de visionnement étendus.

▶ Objectifs globaux

Dans cette unité, tu apprendras à :

- démontrer une bonne compréhension des concepts, des principes et des lois se rapportant aux forces et aux champs électriques, gravitationnels et magnétiques et à expliquer ces grandeurs de façon qualitative et quantitative ;
- effectuer des recherches ainsi qu'à analyser et à résoudre des problèmes concernant les champs électriques, gravitationnels et magnétiques ;
- expliquer le rôle des faits observés et des théories dans le développement de la connaissance scientifique concernant les champs électriques, gravitationnels et magnétiques ;
- évaluer et à décrire les répercussions sociales et économiques des avancées technologiques liées au concept de champ.

Unité 3 Les champs électriques, gravitationnels et magnétiques

ES-TU PRÊT?

Préalables

Concepts

- définir des termes et les utiliser dans la pratique
- appliquer des relations qui font intervenir les principes de l'électromagnétisme
- décrire la nature électrique de la matière et les différentes méthodes de charge
- décrire des champs magnétiques au moyen de diagrammes

Habiletés

- communiquer par écrit et avec des diagrammes
- compiler et présenter des données en tableaux
- concevoir des expériences
- appliquer des théories et des modèles scientifiques
- faire des prévisions
- tracer des diagrammes

Connaissances et compréhension

1. Copie le diagramme du modèle de Bohr-Rutherford de l'atome (**figure 1**) dans ton cahier de notes.
   a) Pour chacune des particules de l'atome, énumère toutes les caractéristiques dont tu peux te souvenir, par exemple la charge, la masse par rapport aux autres particules et la grandeur de la force qui s'exerce sur elle.
   b) Quelle particule est responsable de la conduction de l'électricité dans les solides? Explique ta réponse.
   c) Explique la différence entre un atome, un ion positif et un ion négatif.

régions électroniques
10^{-10} m
protons
10^{-14} m
noyau
neutrons

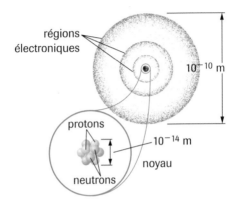

Figure 1
Le modèle de Bohr-Rutherford de l'atome

2. Il y a plusieurs méthodes principales permettant de mettre une charge sur un objet neutre.
   a) Décris ces méthodes et, pour chacune, trace des diagrammes.
   b) Résume ces méthodes de charge en copiant le **tableau 1** dans ton cahier de notes et en le remplissant.

Tableau 1 Méthodes de charge

Méthode de charge	Frottement	Contact	Induction et mise à la terre
charges initiales sur les objets	?	?	?
étapes	?	?	?
charges finales sur les objets	?	?	?

3. Copie chacun des diagrammes de la **figure 2** dans ton cahier de notes et dessine le champ magnétique avoisinant.

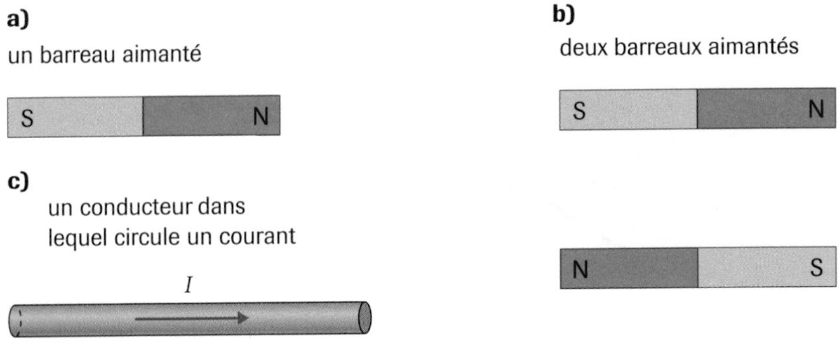

a)
un barreau aimanté
S
N
b)
deux barreaux aimantés
S
N
N
S
c)
un conducteur dans lequel circule un courant
I

Figure 2

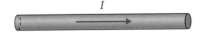

4. Explique comment on peut augmenter la grandeur du champ magnétique de chacun des objets suivants :
   a) un barreau aimanté
   b) un conducteur rectiligne dans lequel circule un courant électrique
   c) un électroaimant

Recherche et communication

5. Conçois une expérience permettant de démontrer les lois des charges électriques.

6. Quand on place dans un champ magnétique un conducteur dans lequel circule un courant, le conducteur peut subir une force.
   a) Dans quelles conditions le conducteur subira-t-il une force ?
   b) Élabore une marche à suivre permettant de déterminer l'effet de chacune des conditions dont il est question en a) sur la force qui s'applique sur le conducteur.

Fais des liens

7. Le fonctionnement des deux appareils que l'on voit à la **figure 3** est basé sur les principes de l'électromagnétisme. Explique comment chaque appareil fonctionne.

a)

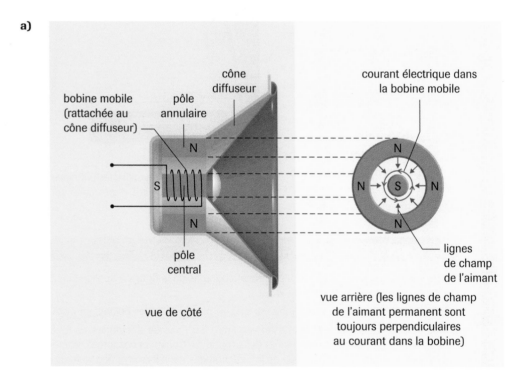

b)

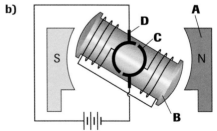

Figure 3
a) Une bobine mobile de haut-parleur
b) Un moteur à courant continu

7

Les charges électriques et les champs électriques

L'étude de la charge électrique et des champs électriques est fondamentale pour comprendre le monde dans lequel nous vivons. Tu as déjà ressenti des transferts de charges électriques durant les froides journées d'hiver et tu as vu l'effet spectaculaire de tels transferts sous la forme d'éclairs (**figure 1**). Tu as vu comment les principes de l'électricité sont utilisés dans du matériel de bureau, comme des photocopieurs, des imprimantes d'ordinateurs et des câbles coaxiaux, et peut-être aussi en médecine, dans des moniteurs cardiaques (**figure 2**).

Dans le présent chapitre, tu vas étudier les concepts de charge, de force électrique et de champ électrique plus en profondeur. Tu verras sans doute, certains sujets pour la première fois : l'énergie potentielle électrique, le potentiel électrique ou le mouvement de particules chargées dans des champs électriques. En progressant à travers ce chapitre, nous ferons des comparaisons avec les deux unités précédentes de cet ouvrage et nous verrons comment nos nouvelles connaissances s'appliquent à divers aspects de la nature et de la technologie.

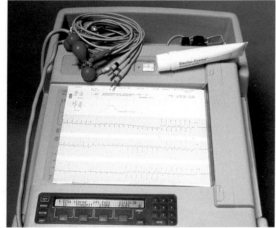

Figure 2
Un électrocardiographe utilise les principes dont il est question dans ce chapitre, d'une façon qui pourrait un jour te sauver la vie.

💡 **FAIS LE POINT** sur tes connaissances ▼

1. Peux-tu expliquer comment l'électrocardiographe de la **figure 2** applique les principes de l'électricité ?

2. Pourquoi, selon toi, les ordinateurs sont-ils placés dans des boîtiers en métal ?

3. Compare la force de gravité à la force entre des charges électriques, en fonction de la direction, de la grandeur et des propriétés. Comment ces forces diffèrent-elles, par exemple, du point de vue de la direction des deux forces et des facteurs qui peuvent modifier leur direction et leur grandeur ?

4. Une masse exerce une force d'attraction sur une autre par l'entremise de son champ gravitationnel. Comment une charge exerce-t-elle une force électrique sur une autre charge située à une certaine distance ?

5. À mesure qu'une fusée s'éloigne de la surface de la Terre, son énergie potentielle gravitationnelle augmente. Comment l'énergie potentielle a) de deux charges de signes opposés et b) de deux charges de même signe change-t-elle quand les charges s'éloignent l'une de l'autre ?

Figure 1
Les éclairs sont une illustration spectaculaire des principes abordés dans ce chapitre.

▶ *À toi* d'expérimenter

La charge par induction

- Place une charge sur une tige d'ébonite en la frottant sur de la fourrure. (Tu peux aussi utiliser une feuille d'acétate ou un morceau de plexiglas en les frottant sur de la fourrure ou de la laine.) Seulement à l'aide de ce matériau, place sur un électroscope neutre une charge opposée à celle que tu viens de placer sur l'objet que tu as frotté.
  a) Décris la marche à suivre (d'une façon qui indique clairement que tu n'as pas eu besoin d'utiliser de matériaux supplémentaires pour charger l'électroscope).
  b) Décris comment tu pourrais t'assurer que ta marche à suivre a fonctionné. Te faudrait-il des matériaux supplémentaires ?

Les photocopieurs, les imprimantes laser et les télécopieurs sont tous conçus pour produire l'empreinte d'éléments graphiques, comme des lignes et des lettres, sur du papier. Ces appareils nous sont si familiers que nous portons rarement attention à la technologie qui les fait fonctionner. Une bonne compréhension de la structure électrique de la matière est au cœur de ces applications présentes et futures, comme l'encre électronique.

Avant d'examiner les principes particuliers qui sous-tendent ces technologies, nous allons revoir certains concepts importants.

Voici les lois fondamentales des charges électriques (**figure 1**) :

Les lois des charges électriques

Les charges électriques opposées s'attirent mutuellement.
Les charges électriques de même signe se repoussent.
Les objets chargés peuvent attirer certains objets neutres.

Figure 1
Les charges opposées s'attirent ;
les charges de même signe
se repoussent.

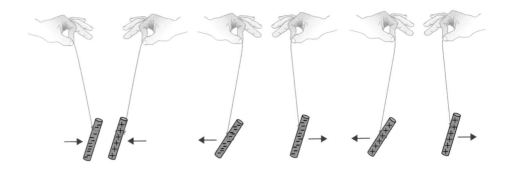

Le modèle de Bohr-Rutherford de l'atome explique l'électrisation. Examinons d'abord les effets électriques dans les solides. Les noyaux des atomes ne sont pas libres de se déplacer dans un solide. Comme ces noyaux fixes renferment tous les protons, la quantité totale de charge positive est constante et stationnaire dans un solide. Dans certains solides, cependant, il est possible que certaines charges négatives se déplacent, car les électrons, surtout les plus éloignés du noyau, ont la capacité de passer d'un atome à l'autre.

Les charges électriques sur les solides proviennent d'un surplus ou d'un manque d'électrons. Ainsi, pour charger un objet, il suffit de lui ajouter ou de lui retirer des électrons. Si on retire des électrons d'un objet, celui-ci devient chargé positivement ; si on lui ajoute des électrons, il devient chargé négativement. On représente les objets neutres, chargés positivement et chargés négativement à l'aide de dessins portant un nombre approprié de signes positifs et négatifs, comme à la **figure 2**.

Dans ces dessins, le nombre de signes + et − ne représente pas le nombre réel de charges positives ou négatives en surplus ; il donne simplement une idée de l'équilibre, du surplus ou du manque. Remarque qu'à la **figure 2** le nombre de + est le même dans chaque cas, puisque les charges positives se trouvent à des positions fixes dans une configuration régulière.

Un conducteur électrique est un solide dont les électrons peuvent passer facilement d'un atome à l'autre. (La plupart des métaux, comme l'argent, l'or, le cuivre et l'aluminium, sont conducteurs.) Certains des électrons extérieurs dans ces conducteurs sont appelés « électrons de conduction », parce qu'ils peuvent se déplacer à l'intérieur de la structure atomique d'un solide. Un isolant est un solide dans lequel les électrons ne sont pas libres

objet
neutre

objet chargé
négativement

objet chargé
positivement

Figure 2
On peut représenter les objets neutres ou chargés par des dessins portant des signes positifs et négatifs.

de passer facilement d'un atome à l'autre (**figure 3**). Le plastique, le liège, le verre, le bois et le caoutchouc sont d'excellents isolants. Il est intéressant de noter que les propriétés thermiques de ces matériaux sont étroitement liées à leurs propriétés électriques.

a)

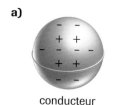

conducteur   isolant

b)

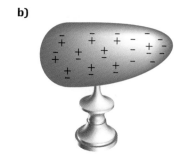

Figure 3
a) Sur un conducteur sphérique, les charges se répartissent également. Sur un isolant, la charge demeure à l'endroit où elle a été introduite.
b) Sur les conducteurs qui ne sont pas sphériques, les charges ont tendance à se repousser les unes les autres vers les surfaces les plus pointues.

Certains liquides conduisent aussi l'électricité. Les molécules d'un liquide sont libres de se déplacer. Dans un liquide isolant, ces molécules sont neutres. Le déplacement de ces molécules ne peut pas produire un mouvement net de charges électriques dans le liquide. Si, toutefois, certaines particules dans le liquide sont chargées, que ce soit positivement ou négativement, le liquide est conducteur. L'eau pure ne contient à toutes fins utiles que des molécules neutres ; c'est donc un isolant. Cependant, quand on lui ajoute un produit chimique comme du sel de table (ou du sulfate de cuivre, du nitrate de potassium, de l'acide chlorhydrique, du chlore, etc.), la solution devient conductrice. Plusieurs substances se dissocient, ou se séparent, en ions positifs et négatifs — porteurs de charge — quand elles se dissolvent dans l'eau, laquelle devient alors une solution conductrice.

Selon les propriétés électriques de ses molécules, un gaz peut aussi être soit conducteur, soit isolant. Un objet chargé exposé à l'air sec demeure longtemps chargé, ce qui montre que l'air ne peut pas décharger l'objet par conduction. Par contre, si l'air a été exposé aux rayons X ou à un rayonnement nucléaire, l'objet commence à se décharger immédiatement. Ici encore, les molécules d'un gaz sont normalement neutres, mais la présence de rayons X ou d'un autre rayonnement peut entraîner l'ionisation des molécules du gaz, et ce gaz ionisé devient un bon conducteur. L'air humide, qui contient un grand nombre de molécules d'eau sous forme de vapeur, est aussi un bon conducteur, parce que les molécules d'eau peuvent se séparer partiellement en charges positives et négatives. De plus, et surtout, l'air humide contient habituellement des substances dissoutes et ionisées.

LE SAVAIS-TU ?

Le plasma
Un plasma est un quatrième état de la matière qui existe à de très hautes températures. Il possède des propriétés bien différentes de celles des trois autres états. Essentiellement, un plasma est un ensemble très chaud d'ions positifs et négatifs et d'électrons. Les gaz utilisés dans les lampes au néon, les flammes et les réactions de fusion nucléaire sont des exemples de plasma.

L'encre électronique

La technologie de l'encre électronique (**figure 4**) découle des lois fondamentales des charges électriques. Contrairement à l'encre ordinaire, l'encre électronique contient des micro-capsules claires d'un diamètre comparable à celui d'un cheveu humain, chacune remplie de dizaines de minuscules perles blanches en suspension dans un liquide sombre. Les perles blanches sont chargées négativement. Des millions de microcapsules se trouvent enfermées entre une plaque inférieure isolante opaque et une plaque supérieure transparente.

a)

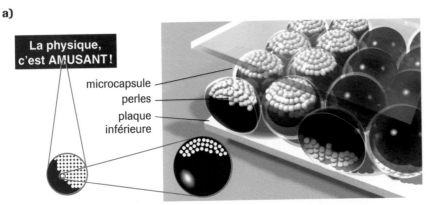

b)

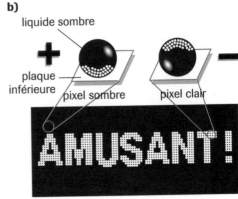

Figure 4

a) Les microcapsules contenues dans l'encre électronique reposent sur une plaque infé-rieure opaque et sont recou-vertes d'une plaque supérieure transparente.

b) Les pixels sombres sont formés quand une charge positive apparaît sur la plaque inférieure. Les pixels blancs sont formés quand une charge négative apparaît sur la plaque inférieure.

Des puces d'ordinateur sont conçues pour placer des charges à des endroits précis sur la plaque inférieure. Lorsqu'une charge positive est placée à un certain endroit (élément d'image ou « pixel ») sur la plaque inférieure, les petites perles chargées négativement sont attirées vers le fond de la microcapsule, ce qui rend le pixel sombre, tel qu'on peut le voir à travers la plaque supérieure transparente. Réciproquement, lorsqu'une charge négative est placée en dessous d'un pixel, les perles blanches se trouvent poussées vers le haut de la microcapsule fluide, ce qui fait paraître le pixel blanc.

Par un agencement approprié de ces pixels noirs et blancs, on peut former des carac-tères et des dessins, comme sur un écran d'ordinateur. Il est possible que, dans les années à venir, l'encre électronique révolutionne le monde de la publication.

La charge par frottement

Nous savons que certaines substances acquièrent une charge électrique quand on les frotte contre d'autres substances. Par exemple, une tige d'ébonite devient chargée néga-tivement quand on la frotte sur de la fourrure. Ce phénomène peut s'expliquer à l'aide d'un modèle de la structure électrique de la matière.

Un atome retient ses électrons par la force d'attraction électrique exercée par son noyau de charge opposée. Quand on frotte ensemble de l'ébonite et de la fourrure, certains des électrons initialement dans la fourrure subissent une plus forte attraction de la part des noyaux atomiques de l'ébonite que de la part de ceux de la fourrure. Par consé-quent, après le frottement, l'ébonite contient un surplus d'électrons, et la fourrure, un manque (**figure 5**).

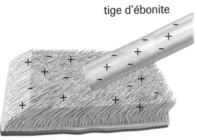

tige d'ébonite

fourrure

Figure 5
Quand on frotte de l'ébonite sur de la fourrure, certains électrons de la fourrure sont capturés par les noyaux atomiques de l'ébonite dont le pouvoir d'attraction est plus grand. Après frottement, il y a surplus d'électrons dans l'ébonite et manque dans la fourrure.

Le même processus se produit avec plusieurs autres paires de substances, comme le verre et la soie. Le **tableau 1** présente une liste de diverses substances qui peuvent être chargées par frottement. Si deux des substances du tableau sont frottées ensemble, la substance qui se trouve plus bas dans le tableau acquiert des électrons en surplus, que l'autre substance perd.

Tableau 1 La série électrostatique

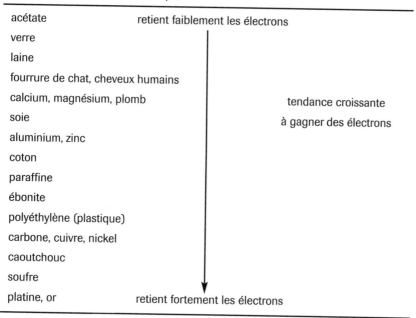

acétate	retient faiblement les électrons
verre	
laine	
fourrure de chat, cheveux humains	
calcium, magnésium, plomb	tendance croissante
soie	à gagner des électrons
aluminium, zinc	
coton	
paraffine	
ébonite	
polyéthylène (plastique)	
carbone, cuivre, nickel	
caoutchouc	
soufre	
platine, or	retient fortement les électrons

La séparation de charge par induction

Les charges positives dans un conducteur solide sont fixes et ne peuvent pas se déplacer. Certains des électrons négatifs peuvent passer assez librement d'un atome à un autre. Quand on approche une tige d'ébonite chargée négativement d'une balle de sureau métallisée neutre ou d'un électroscope à feuilles métalliques neutre, quelques-uns des nombreux électrons libres sont repoussés par la tige d'ébonite et se déplacent du côté éloigné de la balle de sureau ou de l'électroscope à feuilles métalliques (conducteurs).

La séparation de charge sur chacun de ces objets est due à la présence d'une distribution de charge négative sur la tige d'ébonite. Cette séparation s'appelle **séparation de charge par induction** (**figure 6**). La présence d'une charge positive sur la tige entraîne aussi une séparation de charge (**figure 7**).

séparation de charge par induction distribution de charge qui résulte d'un changement dans la distribution des électrons dans ou sur un objet

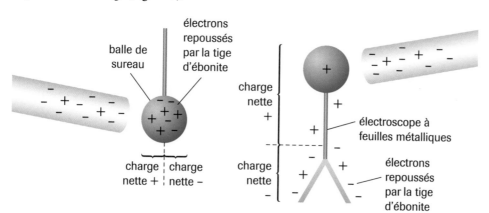

Figure 6
La séparation de charge par induction résultant de l'approche d'une tige d'ébonite chargée négativement

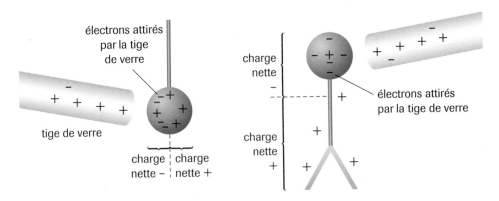

Figure 7
La séparation de charge par induction résultant de
l'approche d'une tige de verre chargée positivement

Dans les deux exemples qui utilisent une balle de sureau neutre, la charge induite du côté rapproché de la balle de sureau est de signe opposé à la charge présente sur la tige qui s'approche. Par conséquent, la balle de sureau se trouve attirée par la tige, que celle-ci soit chargée positivement ou négativement. C'est de cette façon qu'un objet chargé peut attirer certains objets neutres (**figure 8**).

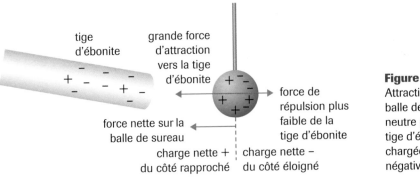

Figure 8
Attraction d'une
balle de sureau
neutre par une
tige d'ébonite
chargée
négativement

Il est vrai que la tige et la charge de même signe du côté opposé de la balle se repoussent. Cependant, la force qui s'exerce entre des charges de même signe ou de signes opposés dépend de la distance entre les charges. Quand la distance augmente, la grandeur de la force d'attraction ou de répulsion diminue, comme tu le verras plus en détail dans la prochaine section. Ainsi, il y a une attraction nette de la balle neutre.

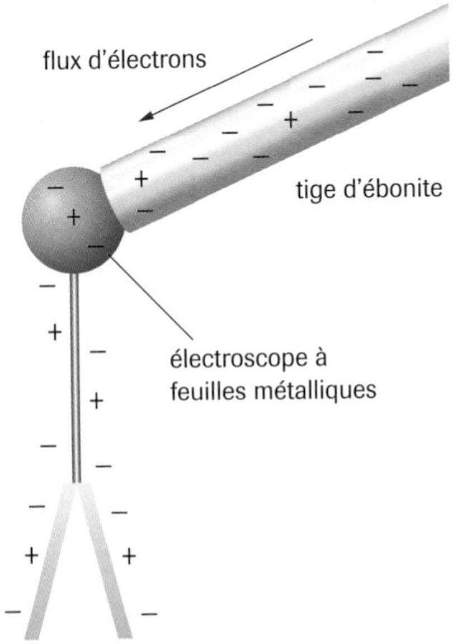

La charge par contact

Quand une tige d'ébonite chargée est mise en contact avec une balle de sureau neutre, certains des électrons en surplus sur la tige d'ébonite, repoussés par la proximité des électrons en surplus voisins, passent sur la balle de sureau. La tige d'ébonite et la balle de sureau se partagent alors les électrons en surplus qui se trouvaient auparavant sur la tige. Les deux ont maintenant des électrons en surplus ; les deux sont donc chargées négativement. Il se produit un partage du même genre quand une tige d'ébonite chargée touche le bouton d'un électroscope à feuilles métalliques (**figures 9** et **10**).

Si l'on fait la même expérience avec une tige de verre chargée positivement, certains des électrons libres de la balle de sureau ou de l'électroscope à feuilles métalliques sont attirés vers la tige de verre pour réduire son manque d'électrons (**figure 11**). L'électroscope et la tige partagent alors le manque d'électrons qu'avait auparavant la tige, et les deux se trouvent maintenant chargés positivement.

flux d'électrons

tige d'ébonite

électroscope à
feuilles métalliques

Figure 9
La charge par contact avec une tige
d'ébonite chargée négativement

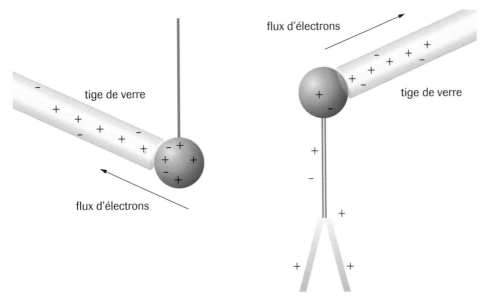

flux d'électrons

tige de verre

flux d'électrons

tige de verre

Figure 10
La charge par contact avec une tige de verre chargée positivement

La charge par induction

Nous avons appris qu'une tige chargée peut induire une séparation de charge sur un conducteur neutre. Quand on approche une tige d'ébonite chargée du bouton d'un électroscope à feuilles métalliques neutre, des électrons libres de l'électroscope s'éloignent autant qu'ils le peuvent de la tige négative. Si tu touches l'électroscope avec ton doigt tout en maintenant la tige d'ébonite en place, les électrons quittent l'électroscope sous l'effet de l'induction en passant à travers ton doigt. Quand tu enlèves ton doigt, l'électroscope reste avec un manque d'électrons, c'est-à-dire avec une charge positive. Les feuilles demeurent séparées, même quand on éloigne la tige d'ébonite.

Une tige chargée positivement tenue près du bouton de l'électroscope permet à des électrons de se déplacer à travers ton doigt jusqu'à l'électroscope. Maintenant, quand tu enlèves ton doigt, l'électroscope se retrouve avec un surplus d'électrons, c'est-à-dire avec une charge négative (**figure 11**).

On peut se demander, pour chacune de ces façons de charger un objet, comment la charge totale initiale se compare à la charge totale finale. Dans toutes les méthodes de charge, un objet gagne des électrons pendant que l'autre en perd la même quantité. Par conséquent, la charge totale est toujours constante. En fait, la charge totale dans un système isolé est toujours conservée ; cette propriété s'appelle la *loi de conservation de la charge*.

> **La loi de conservation de la charge**
> La charge totale (la différence entre les quantités de charge positive et négative) dans un système isolé est conservée.

Comme nous le verrons dans l'unité 5, ceci est vrai dans tous les cas, pas seulement durant la charge d'objets.

▶ À toi d'expérimenter   *La charge d'objets*

Charge un objet par frottement et approche-le d'un courant de fumée s'élevant de la tige d'une allumette de bois. Que remarques-tu ? Explique ce qui se passe.

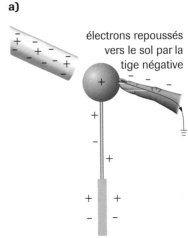
a)

électrons repoussés vers le sol par la tige négative

électroscope mis à la terre en présence d'une tige chargée négativement

b)

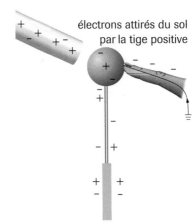

électrons attirés du sol par la tige positive

électroscope mis à la terre en présence d'une tige chargée positivement

Figure 11
Remarque que les feuilles de l'électroscope tombent, ce qui indique une condition neutre des feuilles quand ton doigt est en position.

Saisis bien les concepts

1. Décris comment la technologie de l'encre électronique illustre les lois fondamentales des charges électriques.

2. Quand tu marches sur un tapis durant une journée sèche d'hiver, des électrons sont transférés du tapis à ton corps.
   a) Comment la charge sur ton corps se compare-t-elle à la charge sur le tapis ?
   b) Par quelle méthode réalises-tu un transfert de charge ? Explique ton raisonnement.
   c) Pourquoi cette méthode de formation d'une charge sur ton corps fonctionne-t-elle mieux quand l'air est sec ?

3. Quand un objet portant une charge négative vient en contact avec le bouton métallique au sommet d'un électroscope à feuilles métalliques neutre, les deux feuilles, qui normalement pendent droit vers le bas, s'écartent.
   a) Explique pourquoi les feuilles s'écartent.
   b) Explique comment on peut utiliser l'électroscope à feuilles métalliques pour indiquer la grandeur de la charge sur l'objet.
   c) Est-il nécessaire que l'objet chargé touche l'électroscope pour que les feuilles s'écartent ? Explique ton raisonnement.

4. Quand tu fais une mise à niveau de la mémoire physique dans ton ordinateur, tu es censé toucher le boîtier métallique avant de manipuler la puce. Explique pourquoi.

Le photocopieur

Le photocopieur électrostatique illustre les propriétés fondamentales des charges électriques, dont il a été question dans cette section. L'élément principal dans le processus est un tambour recouvert d'une mince couche (moins de 50 μm d'épaisseur) de sélénium, un métal photoconducteur (**figure 12 a)**). Les *photoconducteurs* sont des matériaux qui se comportent comme des conducteurs lorsqu'ils sont exposés à la lumière et comme des

a)

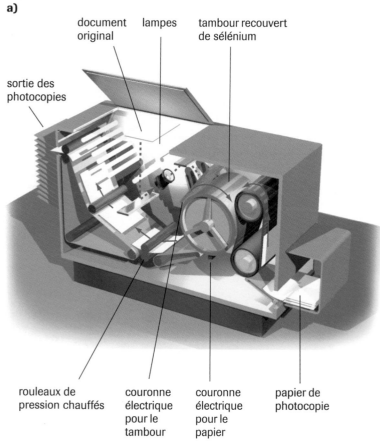

document original — lampes — tambour recouvert de sélénium

sortie des photocopies

rouleaux de pression chauffés — couronne électrique pour le tambour — couronne électrique pour le papier — papier de photocopie

b)

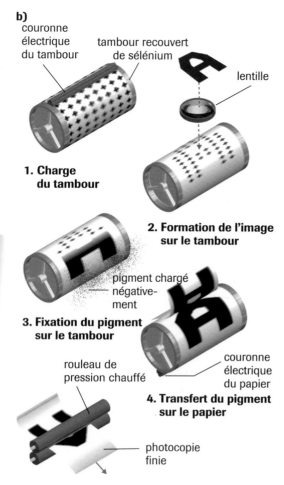

couronne électrique du tambour — tambour recouvert de sélénium

lentille

1. Charge du tambour

2. Formation de l'image sur le tambour

pigment chargé négativement

3. Fixation du pigment sur le tambour

couronne électrique du papier

rouleau de pression chauffé

4. Transfert du pigment sur le papier

photocopie finie

5. Fonte du pigment dans le papier

Figure 12
a) Un photocopieur électrostatique typique
b) Les étapes de la production d'une photocopie

isolants dans le noir. Quand le photocopieur est réglé pour faire une photocopie, une électrode, appelée *couronne électrique*, dépose une charge positive, dans la noirceur, uniformément sur toute la surface de sélénium (**figure 12 b**), **étape** 1). Le sélénium retient cette charge à moins d'être exposé à la lumière, auquel cas des électrons de l'aluminium sous-jacent — un excellent conducteur — se déplacent dans le sélénium et neutralisent la charge positive. Quand la lampe du photocopieur s'allume et que la copie comme telle commence, la lumière qui est réfléchie par le document est acheminée par une série de lentilles et de miroirs sur le sélénium (**étape** 2). Aux endroits où le document est blanc, la lumière est fortement réfléchie sur la surface de sélénium du tambour; la surface devient alors conductrice et perd sa charge. Aux endroits où le document est noir, aucune lumière n'est réfléchie sur le tambour, et la charge est retenue. Une image électrique du document est ainsi créée sur le tambour — neutre là où l'original est blanc et chargé positivement là où l'original est noir. Cette image persiste aussi longtemps que le tambour est maintenu dans l'obscurité.

L'image électrique sur le tambour est développée en une copie sèche au moyen d'une poudre noire sèche appelée pigment. Les particules de pigment, faites de plastique, reçoivent d'abord une charge négative puis s'étendent sur le tambour à mesure que celui-ci tourne (**étape** 3). Les particules sont attirées par les parties chargées du tambour, mais non par les parties neutres. La poudre qui n'adhère pas au tambour tombe dans un bac collecteur pour être réutilisée.

Pour créer une copie de cette image, le pigment doit être transféré sur du papier. Pour ce faire, une deuxième couronne donne à une feuille de papier une charge positive plus grande que la charge sur le sélénium (**étape** 4). À mesure que le tambour roule sur le papier, les particules de pigment qui, jusque-là, adhéraient au tambour sont attirées par le papier et y forment une image. Si tu passais alors tes doigts sur le papier, ils se saliraient de pigment. Pour « fixer » ou immobiliser l'image, la chaleur des rouleaux de pression fait fondre les particules de pigment en plastique, qui collent alors au papier (**étape** 5).

▶ **Mise en pratique**

Saisis bien les concepts

5. Explique pourquoi les photocopies qui sortent d'un photocopieur électrostatique sont chaudes et pourquoi elles ont tendance à coller les unes aux autres.

6. De quel(s) produit(s) faut-il réapprovisionner un photocopieur de temps en temps?

7. Énumère les propriétés du sélénium et explique en quoi elles sont essentielles au fonctionnement d'un photocopieur électrostatique.

Fais des liens

8. Si, après avoir changé le pigment dans un photocopieur, il s'en retrouve un peu sur tes mains, devrais-tu utiliser de l'eau chaude ou de l'eau froide pour l'enlever? Explique ta réponse.

RÉSUMÉ | *La charge électrique et la structure électrique de la matière*

- Les lois des charges électriques stipulent que: les charges électriques opposées s'attirent les unes les autres; les charges de même signe se repoussent les unes les autres; les objets chargés attirent certains objets neutres.

- Il y a trois façons de charger un objet: par frottement, par contact et par induction.

Saisis bien les concepts

1. Dans les exemples suivants, explique comment la charge apparaît sur chaque tige et où on peut la trouver, en discutant du mouvement des électrons. Compare-la à la charge sur le matériau ou l'objet frotté sur la tige.
   a) Une tige de verre est frottée avec un sac en plastique.
   b) Une tige d'ébonite est frottée avec de la fourrure.
   c) Une petite tige métallique sur un support isolant est touchée par une tige métallique identique chargée positivement.
   d) Une petite tige métallique sur un support isolant est touchée par une grosse sphère métallique chargée négativement.

2. Explique à l'aide d'un exemple comment placer une charge positive sur un objet en utilisant seulement un objet chargé négativement.

3. Explique comment un objet électriquement neutre peut être attiré vers un objet chargé.

4. a) Les feuilles d'un électroscope à feuilles métalliques chargé perdent finalement leur charge et retombent à la verticale. Explique pourquoi cela se produit.
   b) Explique pourquoi les feuilles de l'électroscope perdent leur charge plus vite si
      I) l'air est plus humide;
      II) l'électroscope est situé à une altitude plus élevée.

5. a) Détermine si les substances suivantes sont des conducteurs et/ou des isolants et explique en quoi cette propriété de la substance est essentielle dans le processus de photocopie:
      I) aluminium
      II) papier
   b) Explique ce qui ne marcherait pas dans le processus de photocopie si les substances ci-dessus avaient la propriété opposée à celle que tu as déterminée.

Mets en pratique tes connaissances

6. Décris, à l'aide de diagrammes et d'explications, la conception d'un appareil électrostatique capable de filtrer les particules chargées dans les conduites d'air d'une maison. Décris l'entretien que nécessite l'appareil.

7. On utilise deux électroscopes à balle de sureau portant des charges opposées pour déterminer si un objet possède une charge et, le cas échéant, le type de charge. Discute des observations qu'il faut faire et explique pourquoi les deux électroscopes sont requis.

8. Déchire une feuille de papier en plusieurs petits morceaux. Charge un stylo en plastique et deux autres objets en les frottant sur tes cheveux ou sur une pièce de tissu. Approche l'objet chargé des morceaux de papier.
   a) Décris ce que tu observes, en indiquant les trois matériaux que tu as chargés.
   b) Pourquoi les morceaux de papier sont-ils attirés vers l'objet chargé?
   c) Pourquoi certains morceaux de papier tombent-ils des objets chargés après un court moment?

d) Quand on utilise une sphère conductrice avec une grosse charge, le papier «bondit» plutôt que de tomber de la sphère. Explique ce qui se passe.

Fais des liens

9. Les imprimantes laser fonctionnent selon un principe analogue à celui des photocopieurs électrostatiques. Fais une recherche sur la technologie des imprimantes laser et réponds aux questions suivantes:
   a) Quel est le rôle du laser dans la production des imprimés?
   b) Pourquoi la qualité d'impression des imprimantes laser est-elle aussi bonne?

 www.beaucheminediteur.com/physique12

10. Les feuilles d'assouplissant pour tissus sont censées réduire le collement électrostatique entre les vêtements dans une sécheuse. Fais une recherche sur les assouplissants pour tissus et réponds aux questions suivantes:
    a) Pourquoi les vêtements collent-ils les uns aux autres quand on les sort de la sécheuse?
    b) Comment une feuille d'assouplissant pour tissus réduit-elle le problème?

 www.beaucheminediteur.com/physique12

11. Des bandes conductrices longues et minces sont placées près de l'extrémité des ailes d'un avion pour dissiper la charge qui s'accumule sur l'avion durant le vol. Fais une recherche sur cette technologie et réponds aux questions suivantes:
    a) Pourquoi un avion se charge-t-il en volant?
    b) Quelle caractéristique de l'atmosphère contribue à retirer la charge de l'avion?
    c) Pourquoi les bandes conductrices longues et minces sont-elles placées près de l'extrémité des ailes (**figure 13**)?

 www.beaucheminediteur.com/physique12

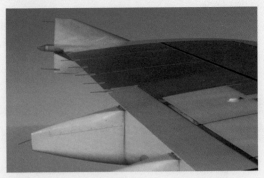

Figure 13
Des bandes conductrices longues et minces sont placées à l'extrémité des ailes d'un avion pour réduire la charge.

Les forces électriques : la loi de Coulomb **7.2**

Toute la matière qui t'entoure contient des particules chargées, et ce sont les forces électriques entre ces particules chargées qui déterminent la solidité des matériaux et les propriétés des substances. Mais il ne suffit pas de savoir si les charges s'attirent ou se repoussent ; il faut aussi connaître les facteurs qui déterminent la grandeur de la force électrique entre les charges. La recherche 7.2.1 dans la section Activités en laboratoire, à la fin de ce chapitre, porte sur ces facteurs.

Souvent, les scientifiques utilisent des théories, des schémas et des lois bien établis quand ils étudient de nouveaux phénomènes. Par exemple, quand des scientifiques du XVIIIe siècle ont commencé à étudier de façon systématique la force électrique entre les charges, ils ont émis l'hypothèse que la force obéit à une loi du carré de la distance, en faisant appel à leur expérience avec la gravitation. En fait, quand le physicien français Charles Augustin de Coulomb a établi expérimentalement, en 1785, la nature quantitative de la force électrique entre des particules chargées, on s'attendait généralement à ce qu'il s'agisse d'une loi du carré de la distance.

Coulomb imagina une balance de torsion semblable à celle utilisée par Cavendish dans son étude des forces gravitationnelles, mais avec de petites sphères chargées au lieu des masses de Cavendish (**figure 1**).

La balance de torsion de Coulomb consistait en un fil d'argent attaché au milieu d'une tige horizontale, légère et isolante. À une extrémité de la tige se trouvait une balle de sureau couverte d'une feuille d'or. À l'autre extrémité, pour équilibrer la tige, il y avait un disque de papier. Coulomb mit une autre balle identique stationnaire en contact avec la balle suspendue. Il chargea les deux balles également en touchant l'une d'elles avec un objet chargé. Les deux balles se sont alors repoussées l'une l'autre, en imprimant une torsion dans le fil qui soutenait la tige, jusqu'à ce qu'elles redeviennent immobiles à une certaine distance l'une de l'autre.

Comme Coulomb savait quelle force était nécessaire pour tordre son fil selon n'importe quel angle, il a pu montrer que la grandeur de cette force électrique F était inversement proportionnelle au carré de la distance r, entre les centres de ses sphères chargées (**figure 2**) :

$$F_E \propto \frac{1}{r^2}$$

Coulomb a aussi étudié la relation entre la grandeur de la force électrique et la charge sur les deux sphères. En touchant l'une ou l'autre des sphères chargées avec une autre sphère neutre identique, il pouvait diviser la charge par deux. En touchant à répétition

⚛ **RECHERCHE 7.2.1**

Les facteurs qui déterminent la force électrique entre des charges
Comment montrerais-tu que la force entre des particules chargées obéit à une loi du carré de la distance ? Peux-tu imaginer deux ou trois expériences différentes ?

a)

b)

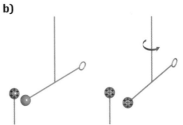

Figure 1
a) Une partie de l'appareil de Coulomb
b) Les deux sphères également chargées se repoussent l'une l'autre, ce qui fait tordre le fil jusqu'à ce que la force de rappel du fil, qui s'oppose à la torsion, équilibre la force électrostatique.

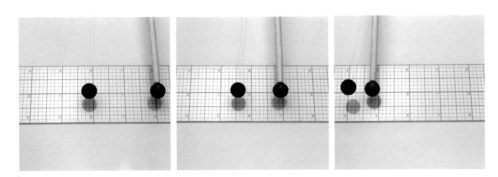

Figure 2
La force de répulsion électrostatique entre deux sphères identiques à différentes distances.

une sphère chargée avec une sphère neutre identique, il a pu réduire la charge au quart, au huitième, au seizième... de sa valeur originale. Ces manipulations ont montré, par exemple, que diviser la charge par deux sur l'une des sphères réduit la force de répulsion électrostatique à la moitié de sa valeur originale alors qu'en divisant la charge par deux sur les deux sphères, la force se trouve réduite au quart de sa valeur originale. Coulomb en a conclu que la grandeur de la force électrique est directement proportionnelle au produit des grandeurs des charges sur les deux sphères:

$$F_E \propto q_1 q_2$$

où q_1 et q_2 sont les grandeurs respectives des charges sur les deux sphères.

En combinant ces deux résultats, on obtient ce que l'on appelle aujourd'hui la loi de Coulomb des forces électriques:

$$F_E \propto \frac{q_1 q_2}{r^2}$$

$$\text{et } \quad F_E = \frac{k q_1 q_2}{r^2}$$

où k est une constante de proportionnalité, appelée constante de Coulomb.

La loi de Coulomb s'applique quand la charge à la surface des deux sphères est très petite et que les deux sphères sont petites comparativement à la distance qui les sépare. Dans ce cas, la distribution de la charge à la surface des sphères est assez uniforme. Si la charge sur les sphères est distribuée uniformément, alors la force mesurée entre les deux sphères est la même que si toute la charge sur chaque sphère était concentrée au centre de la sphère. (C'est pourquoi on mesure r depuis le centre de chaque sphère.) On peut considérer que la loi de Coulomb est extrêmement précise quand on utilise des charges ponctuelles, et raisonnablement précise quand les sphères sont petites.

La différence dans la précision est due à la présence de la seconde sphère chargée, qui provoque une redistribution de la charge à la surface de chaque sphère, de sorte que r ne peut plus être mesuré à partir du centre des sphères. Quand les sphères sont petites, cependant, la distribution de la charge demeure à peu près uniforme à cause des grandes forces de répulsion entre les charges sur chaque sphère. Ceci n'est toutefois vrai que si la distance entre les sphères est grande comparativement à la taille des sphères.

On peut maintenant formuler la loi de Coulomb:

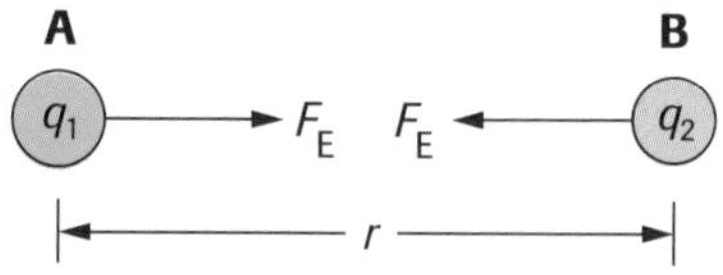

Figure 3
Conformément à la troisième loi de Newton, la force électrique exercée sur le corps A par le corps B est égale en grandeur et opposée en direction à la force exercée sur le corps B par le corps A.

> **La loi de Coulomb**
> La force entre deux charges ponctuelles est inversement proportionnelle au carré de la distance entre les charges et directement proportionnelle au produit des charges.

Les forces s'exercent le long de la ligne qui joint les deux charges ponctuelles. Les charges se repoussent si elles sont de même signe et s'attirent si elles sont de signes contraires. Dans tous les cas, la loi de Coulomb est en accord avec la troisième loi de Newton, c'est-à-dire que lorsqu'on utilise l'équation pour trouver la grandeur de l'une des forces, on sait que la force sur l'autre sphère est égale en grandeur mais opposée en direction (**figure 3**). Cependant, pour calculer la grandeur d'une force électrique, en newtons, au moyen de la loi de Coulomb, il est nécessaire de mesurer la grandeur de chaque charge électrique, q_1 et q_2, et d'établir une valeur numérique pour la constante de proportionnalité de Coulomb, k.

La charge électrique est mesurée en unités appelées **coulombs** (unité SI, C). La définition exacte d'un coulomb de charge est liée à la force qui s'exerce entre des conducteurs dans lesquels des particules chargées sont en mouvement. Nous examinerons ceci en détail au chapitre 8, quand nous nous intéresserons aux forces. Sur le plan pratique, quelle est la taille du coulomb? Un coulomb est approximativement la quantité de charge

coulomb (C) unité SI de la charge électrique

électrique qui passe dans une ampoule de 60 watts (si elle est alimentée par un courant continu) durant deux secondes. Par comparaison, un choc électrostatique que tu peux recevoir en touchant une poignée de porte métallique après avoir marché sur un tapis de laine implique le transfert de beaucoup moins qu'un microcoulomb. Quand on charge un objet par frottement, il se forme typiquement une charge d'environ 10 nC (10^{-8} C) par centimètre carré de surface. Quand on essaie d'ajouter plus de charge, il en résulte généralement une décharge dans l'air. C'est pourquoi il est difficile d'entreposer ne serait-ce que 1 C de charge. Parce que la Terre est très grosse, elle emmagasine, en fait, une charge énorme, d'environ 400 000 C, et relâche approximativement 1 500 C de charge à chaque seconde dans l'atmosphère, dans les régions où il n'y a pas d'orages. L'équilibre de la charge est maintenu sur Terre par des objets qui évacuent la charge en surplus par mise à la terre et quand la foudre touche le sol. Un éclair peut transférer jusqu'à 20 C (**figure 4**).

On peut déterminer la valeur de la constante de proportionnalité k au moyen d'une balance de torsion semblable à celle utilisée par Cavendish. En plaçant des charges de grandeur connue à une distance donnée l'une de l'autre et en mesurant l'angle de torsion résultant dans le fil de support, on peut trouver la valeur de la force électrique qui produit la torsion. Puis, en se servant de la loi de Coulomb sous la forme

$$k = \frac{F_E r^2}{q_1 q_2}$$

Figure 4
Le transfert de charge qui se produit entre la Terre et les nuages maintient l'équilibre de la charge.

on peut déterminer une valeur approximative pour k. Au fil des années, on a fait de grands efforts pour produire des dispositifs sophistiqués permettant de mesurer k avec précision. À deux chiffres significatifs, la valeur acceptée de cette constante est

$$k = 9,0 \times 10^9 \text{ N·m}^2/\text{C}^2$$

▶ **PROBLÈME 1**

La grandeur de la force électrostatique entre deux petits objets chargés, que l'on peut considérer comme ponctuels, est de $5,0 \times 10^{-5}$ N. Calcule la force dans chacune des situations suivantes.

a) La distance entre les charges est doublée alors que la taille des charges demeure la même.

b) La charge sur l'un des objets est triplée alors que sur l'autre, elle est divisée par deux.

c) Les changements en a) et b) se produisent simultanément.

Solution

$F_1 = 5,0 \times 10^{-5}$ N

$F_2 = ?$

a) Puisque $F_E \propto \dfrac{1}{r^2}$,

$$\frac{F_2}{F_1} = \left(\frac{r_1}{r_2}\right)^2$$

$$F_2 = F_1\left(\frac{r_1}{r_2}\right)^2$$

$$= (5,0 \times 10^{-5} \text{ N})\left(\frac{1}{2}\right)^2$$

$$F_2 = 1,2 \times 10^{-5} \text{ N}$$

Quand la distance entre les charges est doublée, la grandeur de la force diminue à $1,2 \times 10^{-5}$ N.

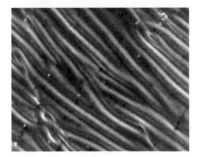
Réponse

1. a) $1,2 \times 10^{-5}$ N

b)   Puisque $F_E \propto q_A q_B$,

$$\frac{F_2}{F_1} = \frac{q_{A_2} q_{B_2}}{q_{A_1} q_{B_1}}$$

$$F_2 = F_1 \left(\frac{q_{A_2}}{q_{A_1}}\right)\left(\frac{q_{B_2}}{q_{B_1}}\right)$$

$$= (5,0 \times 10^{-5}\text{ N}) \left(\frac{1}{2}\right)\left(\frac{3}{1}\right)$$

$$F_2 = 7,5 \times 10^{-5}\text{ N}$$

Quand la charge sur un objet est triplée et que la charge sur l'autre objet est divisée par deux, la grandeur de la force augmente à $7,5 \times 10^{-5}$ N.

c)   Puisque $F_E \propto \dfrac{q_A q_B}{r^2}$,

$$\frac{F_2}{F_1} = \left(\frac{q_{A_2} q_{B_2}}{q_{A_1} q_{B_1}}\right)\left(\frac{r_1}{r_2}\right)^2$$

$$F_2 = F_1 \left(\frac{q_{A_2}}{q_{A_1}}\right)\left(\frac{q_{B_2}}{q_{B_1}}\right)\left(\frac{r_1}{r_2}\right)^2$$

$$= (5,0 \times 10^{-5}\text{ N}) \left(\frac{1}{2}\right)\left(\frac{3}{1}\right)\left(\frac{1}{2}\right)^2$$

$$F_2 = 1,9 \times 10^{-5}\text{ N}$$

Quand les charges et la distance varient comme dans a) et b) simultanément, la grandeur de la force diminue à $1,9 \times 10^{-5}$ N.

▶ PROBLÈME 2

Quelle est la grandeur de la force de répulsion entre deux petites sphères séparées de 1,0 m, si chacune a une charge de $1,0 \times 10^{-12}$ C ?

Solution

$q_1 = q_2 = 1,0 \times 10^{-12}$ C

$r = 1,0$ m

$F_E = ?$

$$F_E = \frac{k q_1 q_2}{r^2}$$

$$= \frac{(9,0 \times 10^9 \text{ N·m}^2/\text{C}^2)(1,0 \times 10^{-12}\text{ C})^2}{(1,0\text{ m})^2}$$

$$F_E = 9,0 \times 10^{-15}\text{ N}$$

La grandeur de la force de répulsion est de $9,0 \times 10^{-15}$ N, une très petite force.

▶ Mise en pratique

Saisis bien les concepts

1. Deux sphères chargées, séparées de 10,0 cm, s'attirent l'une l'autre avec une force de $3,0 \times 10^{-6}$ N. Quelle force résulterait de chacun des changements suivants, si on les analyse séparément ?
   a)   Les deux charges sont doublées, pendant que la distance demeure la même.
   b)   On touche l'une des sphères avec une sphère identique non chargée, que l'on éloigne ensuite.

c) On augmente la distance entre les sphères à 30,0 cm.

2. La grandeur de la force de répulsion électrostatique entre deux petits objets chargés positivement, A et B, est de $3,6 \times 10^{-5}$ N quand $r = 0,12$ m. Trouve la force de répulsion si on augmente r à a) 0,24 m, b) 0,30 m et c) 0,36 m.

3. Calcule la force entre des charges de $5,0 \times 10^{-8}$ C et $1,0 \times 10^{-7}$ C si elles sont séparées de 5,0 cm.

4. Calcule la grandeur de la force qu'exerce une charge de $1,5 \times 10^{-6}$ C sur une charge de $3,2 \times 10^{-4}$ C se trouvant à une distance de 1,5 m.

5. Deux sphères de charges opposées, dont les centres sont séparés de 4,0 cm, s'attirent l'une l'autre avec une force de $1,2 \times 10^{-9}$ N. L'une des sphères porte une charge deux fois plus grande que l'autre. Détermine la grandeur de la charge sur chaque sphère.

6. Deux charges sphériques, uniformes et égales, ayant chacune une grandeur de $1,1 \times 10^{-7}$ C, subissent une force électrostatique d'une grandeur de $4,2 \times 10^{-4}$ N. Quelle distance sépare le centre des deux charges ?

7. Deux petites sphères identiques, ayant une masse de 2,0 g, sont attachées aux extrémités d'un fil de 0,60 m de longueur. Les sphères sont suspendues à partir du centre du fil à un crochet fixé au plafond. Les sphères reçoivent une charge électrique identique et pendent en équilibre, immobiles, les deux moitiés du fil faisant un angle de 30,0° entre elles, comme le montre la **figure 5**. Calcule la grandeur de la charge sur chaque sphère.

Réponses

1. b) $1,5 \times 10^{-6}$ N
   c) $3,3 \times 10^{-7}$ N
2. a) $9,0 \times 10^{-6}$ N
   b) $5,8 \times 10^{-6}$ N
   c) $4,0 \times 10^{-6}$ N
3. $1,8 \times 10^{-2}$ N
4. 1,9 N
5. $1,0 \times 10^{-11}$ C ; $2,0 \times 10^{-11}$ C
6. 0,51 m
7. $1,2 \times 10^{-7}$ C

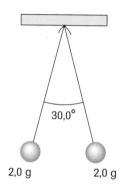

Figure 5
Diagramme se rapportant à la question 7

La loi de Coulomb et la loi de la gravitation universelle

Il y a de nombreuses similitudes entre la loi de Coulomb $\left(F_E = \dfrac{kq_1q_2}{r^2}\right)$ et la loi de la gravitation universelle de Newton $\left(F_g = \dfrac{Gm_1m_2}{r^2}\right)$:

- Les deux sont des lois du carré de la distance et sont aussi proportionnelles au produit d'une autre grandeur physique ; pour la force gravitationnelle, c'est le produit de deux masses, et pour la force électrique, c'est le produit de deux charges.

- La force s'exerce le long de la ligne qui joint les centres des masses ou des charges.

- La grandeur de la force est la même que celle que l'on mesurerait si toute la masse ou la charge était concentrée en un point au centre de la sphère. Par conséquent, la distance, dans les deux cas, est mesurée à partir du centre des sphères. Dans les deux cas, on suppose que r est plus long que le rayon de l'objet.

Toutes ces similitudes ne peuvent pas être attribuées à une coïncidence. Leur existence même implique qu'il pourrait y avoir d'autres analogies entre les forces électriques et gravitationnelles.

Cependant, les deux types de forces présentent aussi d'importantes différences :

- La force électrique peut attirer ou repousser, tout dépendant des charges en cause, alors que la force gravitationnelle ne peut qu'attirer.

- La constante de gravitation universelle, $G = 6,67 \times 10^{-11}$ N·m²/kg² est très petite, ce qui signifie que, dans bien des cas, on peut ignorer la force gravitationnelle, sauf quand l'une des masses est très grande. Par contre, la constante de Coulomb, $k = 9,0 \times 10^9$ N·m²/C², est un très grand nombre (plus de cent milliards de milliards de fois plus grand que G), ce qui signifie que même de petites charges peuvent produire des forces notables.

Tout comme une masse peut subir l'attraction gravitationnelle de plus d'un corps à la fois, une charge peut elle aussi subir les forces électriques de plusieurs corps à la fois. On a démontré expérimentalement que l'on peut déterminer la force entre deux charges au moyen de la loi de Coulomb indépendamment des autres charges présentes et que la force nette sur une charge unique est la somme vectorielle de toutes les forces électriques, calculées indépendamment, qui s'exercent sur elle. Si toutes les charges se trouvent sur une ligne droite, on peut traiter les forces électriques comme des scalaires, en utilisant des signes plus et moins pour indiquer les directions. Si les charges ne sont pas placées en ligne droite, on emploie la trigonométrie et les symétries.

▶ PROBLÈME 3

Les sphères chargées A et B ont des positions fixes (**figure 6**) et des charges de $+4{,}0 \times 10^{-6}$ C et de $-2{,}5 \times 10^{-7}$ C, respectivement. Calcule la force nette sur la sphère C, dont la charge est de $+6{,}4 \times 10^{-6}$ C.

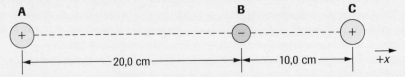

Figure 6

Solution

$q_A = +4{,}0 \times 10^{-6}$ C $\qquad r_{AB} = 20{,}0$ cm

$q_B = -2{,}5 \times 10^{-7}$ C $\qquad r_{BC} = 10{,}0$ cm

$q_C = +6{,}4 \times 10^{-6}$ C $\qquad \sum \vec{F}_{nette} = ?$

Comme les trois charges sont sur une ligne droite, on peut prendre en considération la nature vectorielle de la force en attribuant une valeur positive aux forces qui s'exercent vers la droite. La sphère C subit des forces produites par les sphères A et B. Déterminons d'abord la grandeur de la force qu'exerce A sur C:

$$F_{CA} = \frac{kq_A q_C}{r_{CA}^2}$$

$$= \frac{(9{,}0 \times 10^9 \text{ N·m}^2/\text{C}^2)(4{,}0 \times 10^{-6} \text{ C})(6{,}4 \times 10^{-6} \text{ C})}{(0{,}30 \text{ m})^2}$$

$$F_{CA} = 2{,}6 \text{ N}$$

Donc, $\vec{F}_{CA} = 2{,}6$ N [vers la droite].

Puis, déterminons la grandeur de la force qu'exerce B sur C:

$$F_{CB} = \frac{kq_B q_C}{r_{CB}^2}$$

$$= \frac{(9{,}0 \times 10^9 \text{ N·m}^2/\text{C}^2)(-2{,}5 \times 10^{-7} \text{ C})(6{,}4 \times 10^{-6} \text{ C})}{(0{,}10 \text{ m})^2}$$

$$F_{CB} = 1{,}4 \text{ N ou } 1{,}4 \text{ N [vers la gauche]}$$

Notre formulation de la loi de Coulomb ne nous fournit que la grandeur des forces. Mais, puisque B et C ont des charges opposées, nous savons que B attire C vers la gauche, et donc la direction de la force exercée sur C par B est

$$\vec{F}_{BC} = 1{,}4 \text{ N [vers la gauche]}$$

La force nette qui agit sur la sphère C est la somme de $\vec{F}_{CA}$ et de $\vec{F}_{CB}$:

$$\sum \vec{F} = \vec{F}_{CA} + \vec{F}_{CB}$$
$$= 2{,}6 \text{ N [vers la droite]} + 1{,}4 \text{ N [vers la gauche]}$$
$$\sum \vec{F} = 1{,}2 \text{ N [vers la droite]}$$

La force nette qui s'exerce sur la sphère C est de 1,2 N [vers la droite].

▶ PROBLÈME 4

Les sphères identiques A, B, C et D, chacune portant une charge d'une grandeur de $5{,}0 \times 10^{-6}$ C, sont placées aux coins d'un carré de 25 cm de côté. Deux charges diagonalement opposées sont positives et les deux autres sont négatives, comme le montre la **figure 7**. Calcule la force nette qui agit sur chacune des quatre sphères.

Solution

$q_A = q_B = q_C = q_D = 5{,}0 \times 10^{-6}$ C

$s = 25$ cm $= 0{,}25$ m

$r = 35$ cm $= 0{,}35$ m

$\sum \vec{F} = ?$

Chaque sphère subit trois forces électriques, dont deux provenant de chacune des deux charges adjacentes (agissant le long des côtés du carré) et une, de la charge plus éloignée (agissant le long de la diagonale). Des 12 forces en jeu, certaines sont attractives et d'autres répulsives, et toutes ne peuvent avoir que deux grandeurs possibles : une grandeur dans le cas de charges égales à 25 cm de distance et l'autre dans le cas de charges égales séparées par la longueur de la diagonale, soit 35,4 cm. Commençons par déterminer ces deux grandeurs :

$$F_{\text{côté}} = \frac{kq_1 q_2}{s^2}$$
$$= \frac{(9{,}0 \times 10^9 \text{ N·m}^2/\text{C}^2)(5{,}0 \times 10^{-6} \text{ C})^2}{(0{,}25 \text{ m})^2}$$
$$F_{\text{côté}} = 3{,}6 \text{ N}$$

$$F_{\text{diagonale}} = \frac{kq_1 q_2}{r^2}$$
$$= \frac{(9{,}0 \times 10^9 \text{ N·m}^2/\text{C}^2)(5{,}0 \times 10^{-6} \text{ C})^2}{(0{,}35 \text{ m})^2}$$
$$F_{\text{diagonale}} = 1{,}8 \text{ N}$$

Puis, traçons un diagramme vectoriel montrant chacune de ces forces avec son vecteur dans la direction appropriée, soit une attraction, soit une répulsion. Ce diagramme est celui de la **figure 8**. Il apparaît que les forces agissant sur chaque sphère sont semblables et comportent dans chaque cas une attraction de 3,6 N le long de deux côtés du carré et une répulsion de 1,8 N le long de la diagonale. La force nette sur chaque sphère est la somme vectorielle de ces trois forces. À titre d'exemple, trouvons la somme des trois vecteurs dans le cas de la charge A. En appliquant les règles de l'addition vectorielle et en traçant les vecteurs de façon que l'origine de l'un se superpose à l'extrémité de l'autre, on obtient le diagramme de la **figure 9**.

La somme recherchée (le vecteur en pointillé) a une grandeur égale à la longueur de l'hypoténuse du triangle de vecteurs moins 1,8 N. La grandeur de l'hypoténuse est

$$\sqrt{(3{,}6 \text{ N})^2 + (3{,}6 \text{ N})^2} = 5{,}1 \text{ N}$$

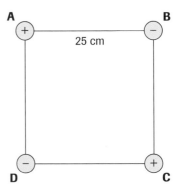

Figure 7
Schéma se rapportant au problème 4

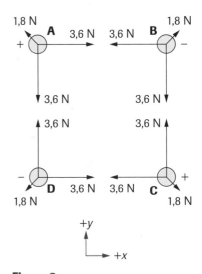

Figure 8
Schéma se rapportant à la résolution du problème 4

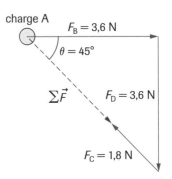

Figure 9
La force nette sur la charge A

Par conséquent,

$$|\sum \vec{F}| = 5{,}1 \text{ N} - 1{,}8 \text{ N}$$
$$|\sum \vec{F}| = 3{,}3 \text{ N}$$

Nous pouvons maintenant trouver la direction de la somme vectorielle sur le diagramme:

$$\sum \vec{F} = 3{,}3 \text{ N [45° vers le bas de la droite]}$$

Le même calcul pour chacun des trois autres coins donne le même résultat: une force nette de 3,3 N dirigée vers l'intérieur le long de la diagonale correspondante.

On peut facilement résoudre ce même problème en utilisant les composantes des forces, dans les directions x et y, qui agissent sur chaque sphère.

Pour la force sur la sphère A:

$$\sum \vec{F} = \vec{F}_B + \vec{F}_C + \vec{F}_D$$

Composantes dans la direction x:

$$F_{Ax} = F_{Bx} + F_{Cx} + F_{Dx} = 3{,}6 \text{ N} + (-1{,}8 \text{ N} \cos 45°) + 0 = 2{,}3 \text{ N}$$

Composantes dans la direction y:

$$F_{Ay} = F_{By} + F_{Cy} + F_{Dy} = 0 + (+1{,}8 \text{ N} \cos 45°) + (-3{,}6 \text{ N}) = -2{,}3 \text{ N}$$

Donc,

$$\sum F = \sqrt{(F_{Ax})^2 + (F_{Ay})^2}$$
$$= \sqrt{(2{,}3 \text{ N}) + (-2{,}3 \text{ N})^2}$$
$$\sum F = 3{,}3 \text{ N}$$

$$\theta = \tan^{-1} \frac{|F_{Ay}|}{|F_{Ax}|}$$
$$= \tan^{-1} 1$$
$$\theta = 45°$$

$$\sum \vec{F} = 3{,}3 \text{ N [45° vers le bas de la droite]}$$

La force nette qui s'exerce sur chaque charge est de 3,3 N [45° vers le bas de la droite]

▶ *Mise en pratique*

Saisis bien les concepts

8. Trois objets, portant des charges de $-4{,}0 \times 10^{-6}$ C, de $-6{,}0 \times 10^{-6}$ C et de $9{,}0 \times 10^{-6}$ C, sont alignés et également espacés, de la gauche vers la droite, d'une distance de 0,50 m. Calcule la grandeur et la direction de la force nette qui s'exerce sur chacun.

9. Trois sphères, portant chacune une charge négative de $4{,}0 \times 10^{-6}$ C, sont fixées aux sommets d'un triangle équilatéral de 20 cm de côté. Calcule la grandeur et la direction de la force électrique nette sur chaque sphère.

Réponses

8. 0,54 N [vers la gauche];
   2,8 N [vers la droite];
   2,3 N [vers la gauche]

9. 6,2 N [vers l'extérieur, à 150° de chaque côté]

**Les forces électriques :
la loi de Coulomb**

- La loi de Coulomb stipule que la force entre deux charges ponctuelles est inversement proportionnelle au carré de la distance entre les charges et directement proportionnelle au produit des charges : $F_E = \dfrac{kq_1q_2}{r^2}$, où $k = 9,0 \times 10^9$ N·m²/C².

- La loi de Coulomb s'applique quand la charge sur les deux sphères est très petite et quand les deux sphères sont petites comparativement à la distance.

- Il y a des similitudes et des différences entre la loi de Coulomb et la loi de la gravitation universelle de Newton. Les deux sont des lois du carré de la distance et sont aussi proportionnelles au produit de grandeurs physiques qui caractérisent les corps impliqués. Les forces s'exercent le long de la ligne qui joint les centres des masses ou des charges, et la grandeur de la force correspond précisément à la force qui serait mesurée si toute la masse ou toute la charge étaient concentrée en un point au centre de la sphère. Cependant, la force gravitationnelle ne peut être qu'attractive alors que la force électrique peut être attractive ou répulsive. La constante de gravitation universelle est très petite alors que la constante de Coulomb est très grande.

▶ *Section 7.2* **Questions**

Saisis bien les concepts

1. a) Décris la force électrique entre deux petites charges et compare cette force à la force gravitationnelle entre deux petites masses. Comment ces deux forces diffèrent-elles ?

b) Énonce la loi de Coulomb et la loi de la gravitation universelle de Newton. En quoi ces lois sont-elles semblables ? En quoi diffèrent-elles ? Organise tes réponses en remplissant la **figure 10**.

Diagramme de Venn

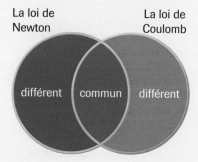

La loi de Newton

La loi de Coulomb

différent   commun   différent

Figure 10

2. Deux sphères métalliques identiques, portant chacune une charge positive q, sont séparées par une distance r, mesurée de centre à centre. Quel effet aura chacun des changements suivants sur la grandeur de la force électrique F exercée sur chacune des sphères par l'autre ?

a) La distance entre les deux sphères est triplée.

b) La distance entre les deux sphères est diminuée de moitié.

c) Les deux charges sont doublées.

d) L'une des charges devient négative.

e) On touche l'une des sphères avec une sphère identique neutre qu'on éloigne ensuite, et la distance est diminuée de 33 %.

3. Deux petites sphères portant des charges de +5,0 µC et de −4,0 µC sont situées à 2,0 m l'une de l'autre. Détermine la grandeur de la force que chaque sphère exerce sur l'autre.

4. Deux masses de 10,0 kg, portant chacune une charge de +1,0 C, sont séparées par une distance de 0,500 km dans l'espace interstellaire, loin de toute autre masse ou charge.

a) Calcule la force de gravité entre les deux objets.

b) Calcule la force électrique entre les deux objets.

c) Trace un diagramme de forces montrant toutes les forces qui s'exercent sur les objets.

d) Calcule la force nette sur chaque objet et utilise ce résultat pour trouver l'accélération initiale de chaque objet.

e) Répète l'étape c), en laissant tomber la force gravitationnelle. Qu'as-tu trouvé ?

5. Deux petites sphères chargées identiquement, de masse négligeable, ont leur centre à 2,0 m de distance. La force entre elles est de 36 N. Calcule la charge sur chaque sphère.

6. Une sphère métallique neutre A, dont la masse est de 0,10 kg, pend au bout d'un câble non conducteur de 2,0 m de long. Une sphère métallique B identique, portant une charge −q, est mise en contact avec la sphère A. Les sphères se repoussent et se stabilisent comme on le voit à la **figure 11**. Calcule la charge initiale sur B.

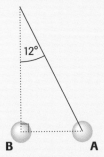

Figure 11

7. Trois objets, avec des charges de +5,0 μC, de −6,0 μC et de +7,0 μC, sont alignés comme à la **figure 12**. Détermine la grandeur et la direction de la force nette sur chaque charge.

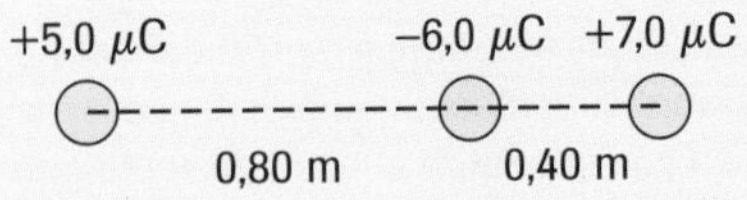

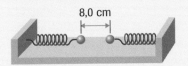

Figure 12

8. Quatre objets, chacun ayant une charge positive de $1,0 \times 10^{-5}$ C, sont placés aux coins d'un losange de 45° dont les côtés sont de 1,0 m, (**figure 13**). Calcule la grandeur de la force nette sur chaque charge.

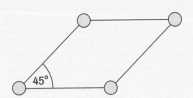

Figure 13

9. Deux petites sphères portant des charges de $1,6 \times 10^{-5}$ C et de $6,4 \times 10^{-5}$ C sont distancées de 2,0 m. Les charges sont de même signe. Où, par rapport aux deux sphères, faudrait-il placer une troisième sphère, d'une charge opposée de $3,0 \times 10^{-6}$ C, si la troisième sphère ne doit subir aucune force électrique nette? Est-il vraiment nécessaire de connaître la grandeur ou le signe de la charge sur le troisième objet?

10. Deux sphères sont attachées à deux ressorts identiques et séparées de 8,0 cm, comme le montre la **figure 14**. Quand on place une charge de $2,5 \times 10^{-6}$ C sur chaque sphère, la distance entre les sphères double. Calcule la constante de force k des ressorts.

Figure 14

Mets en pratique tes connaissances

11. Une sphère chargée est fixée à un ressort isolant sur une surface horizontale. Suppose qu'aucune charge n'est perdue au profit du milieu ambiant. Une sphère identique est fixée à une tige isolante. En te servant seulement de ce matériel, imagine une expérience pour vérifier la loi de Coulomb. Comment la compression du ressort est-elle liée au produit des charges et à la distance entre les charges?

Fais des liens

12. Normalement, on ne perçoit pas les forces électriques ou gravitationnelles entre deux objets.
   a) Explique pourquoi il en est ainsi pour chacune des forces.
   b) Pour chaque force, donne un exemple dans lequel on la perçoit et explique pourquoi.

13. Suppose que ce soit la force électrique, au lieu de la force gravitationnelle, qui maintient la Lune sur son orbite autour de la Terre. Suppose que la charge de la Terre est −q et que la charge de la Lune est +q.
   a) Trouve q, la grandeur de la charge nécessaire sur chaque astre pour maintenir la Lune sur son orbite. (Voir l'annexe C pour les données.)
   b) Quelle serait, selon toi, la stabilité de l'orbite sur une longue période? (La charge resterait-elle constante?) Explique ce qui pourrait arriver à la Lune.

Les champs électriques   7.3

La plupart des appareils audio et des tours d'ordinateurs sont placés dans des boîtiers de métal. Pourquoi, selon toi, le métal est-il nécessaire? Peux-tu croire qu'il y a un rapport entre cette question et le récent intérêt que l'on porte à la cartographie de l'ADN du génome humain? Le point en commun est la force électrique. Pour en savoir plus sur ces applications, il faut examiner de plus près la force électrique.

La force électrique est une «force d'action à distance», puisque les charges électriques s'attirent ou se repoussent même quand elles ne sont pas en contact. Selon la loi de Coulomb, la grandeur de la force entre deux charges ponctuelles est donnée par

$$F_E = \frac{kq_1q_2}{r^2}$$

Comme tu l'as appris à la section 7.2, ce type de force d'action à distance est semblable à la force gravitationnelle entre deux masses. La force de gravité s'étend dans l'espace sur de grandes distances, attirant les planètes vers les étoiles pour former les systèmes solaires, attirant les multitudes de systèmes solaires et d'étoiles pour former les galaxies, et attirant les galaxies entre elles pour former les amas de galaxies. Comment un objet matériel peut-il influencer le mouvement d'un autre objet à travers le vide, que ce soit gravitationnellement ou électriquement? C'est un problème fondamental en physique. La théorie dominante aujourd'hui est la **théorie des champs**.

La théorie des champs a été introduite pour aider les physiciens à visualiser la configuration des forces qui entourent un objet. Par la suite, le champ est lui-même devenu le milieu transmetteur de l'action à distance. On définit un *champ de force* comme suit:

> ### Le champ de force
> Il existe un champ de force dans une région de l'espace quand un objet approprié placé en un point quelconque dans le champ subit une force.

Selon cette définition, toute masse, comme la Terre, produit un champ de force parce que toute autre masse placée dans son champ gravitationnel subit une force d'attraction. De même, tout objet chargé crée un champ de force électrique autour de lui, parce qu'un autre objet chargé placé dans ce champ subit une force d'attraction ou de répulsion. Pour les physiciens qui ont proposé la théorie du champ électrique, l'idée d'un champ de force électrique devint si fondamentale dans leurs explications des forces d'action à distance que le champ de force électrique en vint à ne plus représenter une configuration de forces mais plutôt une grandeur physique réelle avec laquelle les charges interagissent pour subir une force. Faraday expliquait la force électrique en disant qu'un objet chargé émet un champ électrique dans l'espace; une autre charge détecte ce champ quand elle s'y trouve comprise et réagit en fonction de sa charge. Il ne s'agit pas pour nous d'un nouveau concept puisque tant les forces gravitationnelles que les forces magnétiques sont couramment représentées par des champs (**figure 1**).

Faraday a été le premier à représenter des champs électriques en dessinant des lignes de force autour des charges au lieu de vecteurs de forces. Les vecteurs de forces montrent la direction et la grandeur de la force électrique sur une petite charge d'épreuve positive placée à chaque point d'un champ. Par souci de simplicité, on trace des lignes de champ continues pour montrer la direction de cette force en tout point du champ (**figure 2**).

théorie des champs théorie qui explique les interactions entre les corps ou les particules relativement aux champs

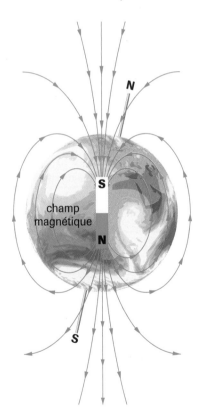

Figure 1
Le champ gravitationnel de la Terre et un champ magnétique

champ électrique $(\vec{\varepsilon})$ région dans laquelle une force s'exerce sur une charge électrique; la force électrique par unité de charge positive

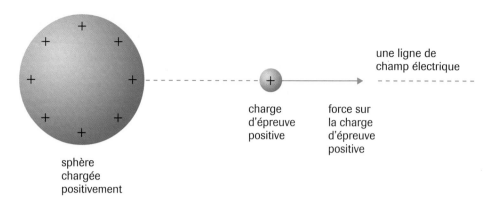

Figure 2
On utilise une petite charge d'épreuve positive pour déterminer la direction des lignes de champ électrique autour d'une charge.

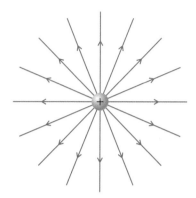

Figure 3
Sphère chargée positivement

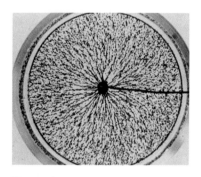

Figure 4
Le champ électrique d'une charge positive, rendu manifeste par des fibres de rayonne dans de l'huile

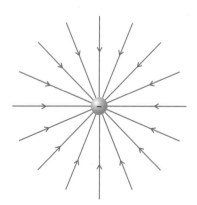

Figure 5
Sphère chargée négativement

Puisqu'on se représente le champ électrique comme une quantité qui existe indépendamment de la présence éventuelle d'une charge d'épreuve q, on peut le définir sans mentionner l'autre charge. Par conséquent, le **champ électrique** $\vec{\varepsilon}$ en tout point est défini comme la force électrique par unité de charge positive, et c'est une quantité vectorielle:

$$\vec{\varepsilon} = \frac{\vec{F}_E}{q}$$

où les unités sont des newtons par coulomb (N/C) dans le système international d'unités SI.

Prends, par exemple, le champ électrique autour d'une sphère dont la surface est couverte uniformément par une charge positive. Nous dirons que c'est la charge primaire. La charge d'épreuve, qui est toujours positive par convention, devrait être assez petite pour que ses effets sur le champ à l'étude soient négligeables. Comme les deux charges sont positives, la charge d'épreuve sera repoussée, quel que soit l'endroit où elle est placée. Si on place une charge d'épreuve à une certaine distance à droite de la sphère chargée positivement, la force sur la charge d'épreuve sera dirigée vers la droite. Si on place ensuite la charge d'épreuve à d'autres points autour de la sphère, et que, dans chaque cas, on trace une ligne de force, tout le champ électrique apparaît comme aux **figures 3** et **4**.

Dans le schéma du champ électrique d'une charge ponctuelle unique, la distance relative entre les lignes de champ adjacentes indique la grandeur du champ électrique en tout point. Dans une région où le champ électrique est fort, les lignes de champ adjacentes sont rapprochées les unes des autres. Des lignes de champ plus espacées indiquent un champ électrique plus faible.

Si la sphère chargée positivement est assez petite pour qu'on puisse la considérer comme une charge ponctuelle, alors le champ électrique, à un point quelconque situé à une distance r de cette charge, est dirigé vers l'extérieur le long d'un rayon et a une grandeur de

$$\varepsilon = \frac{F_E}{q}$$
$$= \frac{kq_1 q}{r^2 q}$$
$$\varepsilon = \frac{kq_1}{r^2}$$

où q_1 est la charge à la surface de la sphère.

Le champ électrique d'une sphère chargée négativement est identique, sauf que les lignes de champ pointent dans la direction opposée, vers l'intérieur (**figure 5**).

On utilise des champs électriques dans un procédé appelé *électrophorèse* pour séparer les molécules. L'électrophorèse utilise cette propriété qu'ont plusieurs grosses molécules d'être chargées et de se déplacer quand elles sont placées dans un champ électrique. Dans un milieu où règne un champ électrique, différents types de molécules se déplacent à différentes vitesses parce qu'elles ont des charges et des masses différentes. Éventuellement, les différents types de molécules se séparent en se déplaçant sous l'action du champ électrique. Les quatre colonnes de gauche dans la **figure 6** sont produites par l'ADN de différents membres d'une même famille. L'électrophorèse produit les bandes séparées, qui, comme des empreintes digitales, sont uniques à une personne. Tu peux voir à la **figure 6** que chaque enfant (E) partage des bandes similaires avec la mère (M) et le père (P), ce qui n'a rien de surprenant.

Lorsqu'il y a plus d'une charge ponctuelle ou que l'objet est trop gros pour être considéré comme une charge ponctuelle, le champ électrique résultant est plus complexe. Dans ces cas, le champ électrique en tout point est la somme vectorielle des champs électriques de toutes les charges ponctuelles qui contribuent à la force électrique nette en ce point. C'est ce qu'on appelle le *principe de superposition* en physique. Cela suppose que les champs ne s'influencent pas mutuellement. La **figure 7** montre les champs électriques qui résultent de distributions de charge typiques.

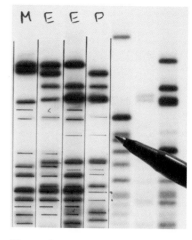

Figure 6
L'électrophorèse utilise des champs électriques pour séparer les grosses molécules chargées. Les bandes d'ADN peuvent servir à identifier une personne de façon unique, comme des empreintes digitales. Des individus parents présentent des similitudes dans leurs bandes.

a)   **b)**

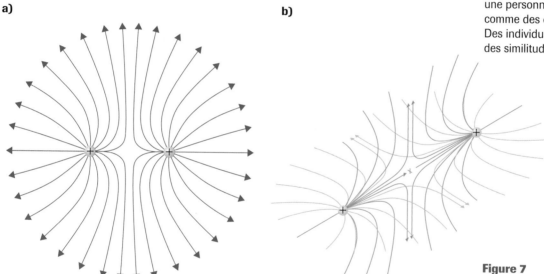

Figure 7
a) Les lignes de champ électrique de deux charges positives de même grandeur, perpendiculaires à l'axe du système. Remarque que le champ électrique est nul à mi-chemin entre les deux charges.
b) Le champ électrique a, en réalité, une nature tridimensionnelle, mais on le représente souvent en deux dimensions, pour plus de simplicité. Quand la symétrie le permet, on peut obtenir le champ tridimensionnel en faisant tourner les diagrammes de 180° (souvent, le champ n'est pas symétrique).

La représentation des champs électriques

Par convention, dans les représentations électrostatiques, les lignes de champ électrique partent des charges positives et aboutissent aux charges négatives. Cela signifie que les lignes de champ électrique divergent ou s'écartent à partir des charges ponctuelles positives et convergent sur les charges ponctuelles négatives. Dans plusieurs des diagrammes utilisés dans ce manuel, l'extrémité des lignes de champ n'est pas montrée, mais quand les lignes se terminent, c'est toujours avec une charge négative.

Quand tu dessines un champ électrique, garde à l'esprit que *les lignes de champ ne se croisent jamais*. Tu dessines le champ électrique net dans la région qui indique la direction de la force nette sur une charge d'épreuve. Si deux lignes de champ se croisaient, cela signifierait que la charge subit deux forces nettes ayant des directions différentes, ce qui n'est évidemment pas possible. La charge d'épreuve ne subit qu'une seule force nette dans la direction du champ électrique.

Le champ dipolaire de la **figure 8** produit par deux charges de signes opposés et de même grandeur est un cas très particulier de champ électrique parce que, en le faisant tourner autour de la ligne qui joint les deux charges, on obtient une image du champ tridimensionnel. Normalement, ce n'est pas le cas. Quand les charges ne sont pas égales, la densité des lignes ne représente pas adéquatement la force relative du champ.

a)

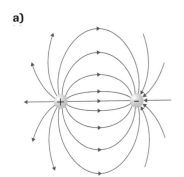

b)

c)

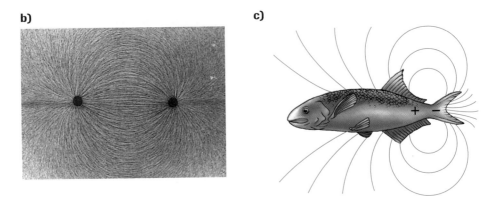

Figure 8

a) Le champ électrique de deux charges égales de signes opposés (un dipôle)

b) Le champ d'un dipôle, révélé par des fibres de rayonne dans l'huile

c) Certains organismes produisent des champs électriques pour détecter les objets à proximité qui peuvent modifier le champ.

Prenons, par exemple, deux charges de grandeurs différentes, l'une de $\pm 4q$ et l'autre, de signe opposé, de $\mp q$. Le nombre de lignes de champ qui quittent une charge positive ou qui s'approchent d'une charge négative est proportionnel à la grandeur de la charge, de telle sorte qu'il y a beaucoup plus de lignes de champ autour de la charge $4q$ qu'autour de la charge q. Cependant, la densité des lignes de champ (le nombre de lignes qui traversent une surface donnée) autour de la charge n'indique pas la force relative du champ dans ce cas. Le fait que le champ électrique soit en réalité maximal sur la ligne entre les deux charges ne se reflète pas dans la densité des lignes de champ. En pareil cas, on peut se servir de la couleur pour indiquer la force relative du champ (comme à la **figure 9**, où l'on a choisi le rouge pour le champ le plus fort et le bleu pour le plus faible). Loin des deux charges, le champ ressemble au champ produit par une charge unique de grandeur $3q$ (**figure 10**).

Figure 9

Le champ électrique autour de deux charges de grandeurs différentes. La densité des lignes de champ est arbitraire. Dans ce diagramme, c'est la couleur, et non la densité des lignes de champ, qui sert à indiquer la force du champ.

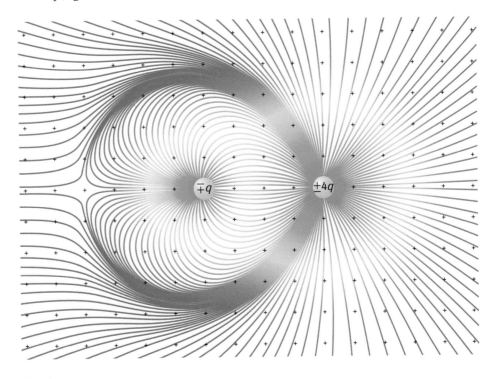

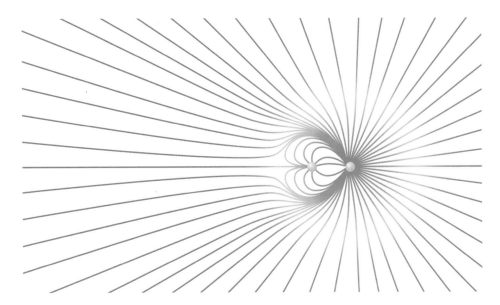

Figure 10
Les mêmes charges, montrant
une partie plus éloignée du champ.
À grande distance, le champ
ressemble au champ d'une
charge ponctuelle à cette distance.

Examinons maintenant le champ électrique de deux grosses plaques conductrices
également chargées, plates, parallèles et rapprochées l'une de l'autre, la plaque du dessus
étant chargée positivement et celle du dessous, négativement (**figure 11a**)). Les plaques
sont trop grosses, par rapport à la distance qui les sépare, pour être considérées comme
des charges ponctuelles. L'attraction entre les charges amène la plus grande partie de la
charge vers la surface intérieure des plaques. De plus, la charge se distribue d'elle-même
à peu près uniformément sur les surfaces intérieures. (Les inégalités dans la distribution
se produisent surtout sur le bord des plaques, où il y a des « effets de bord » dans le champ
électrique. Ces effets sont généralement négligeables entre les plaques tant que la superficie des plaques est grande par rapport à la distance qui les sépare.) Quand on place une
charge d'épreuve positive entre les deux plaques, à une distance raisonnable des bords,
la charge est repoussée par la plaque du dessus et attirée par celle du dessous. La force
nette sur la charge d'épreuve est dirigée droit vers le bas. Donc, le champ électrique est
toujours droit vers le bas et uniforme. On représente cette propriété en traçant des lignes
de champ électrique verticales, parallèles et également espacées (**figure 11c**)). Tant que
l'espacement entre les plaques n'est pas trop grand, les lignes de champ électrique vont
encore aller directement d'une plaque à l'autre, parallèlement les unes aux autres, ce qui
signifie que le champ électrique entre les plaques ne dépend pas de l'espacement entre
celles-ci. La grandeur du champ électrique est directement proportionnelle à la charge
par unité de surface à la surface des plaques.

a)

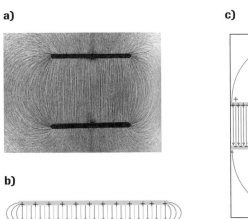

b)

c)

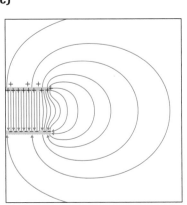

Figure 11
a) Des fibres de rayonne dans
de l'huile permettent de voir
le champ uniforme entre
les plaques.
b) Le champ électrique entre deux
plaques parallèles.
c) Un «effet de bord», négligeable
dans la théorie fondamentale
des plaques parallèles, produit
un faible champ, représenté ici
par des lignes de champ très
espacées au bout des plaques.

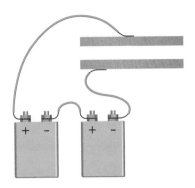

Figure 12
Pour charger les plaques, branche-les aux bornes opposées d'une pile ou d'un bloc d'alimentation. Pour doubler la charge sur chaque plaque, tu peux utiliser deux piles identiques en série ou doubler la différence de potentiel électrique du bloc d'alimentation.

Voici un résumé des propriétés du champ électrique produit par des plaques parallèles :

- Le champ électrique dans la région à l'extérieur des plaques parallèles est nul (à l'exception d'un petit renflement du champ situé près de l'extrémité des plaques — « un effet de bord »).

- Le champ électrique est constant partout dans l'espace qui se trouve entre les plaques parallèles. Les lignes de champ électrique sont droites, également espacées et perpendiculaires aux plaques parallèles.

- La grandeur du champ électrique en tout point entre les plaques (excepté près des bords) dépend seulement de la grandeur de la charge sur chaque plaque.

- $\varepsilon \propto q$, où q est la charge par unité de surface sur chaque plaque (**figure 12**).

▶ **PROBLÈME 1**

Quel est le champ électrique à 0,60 m d'une petite sphère portant une charge positive de $1,2 \times 10^{-8}$ C ?

Solution

$q = 1,2 \times 10^{-8}$ C

$r = 0,60$ m

$\varepsilon = ?$

$$\varepsilon = \frac{kq}{r^2}$$

$$= \frac{(9,0 \times 10^9 \text{ N·m}^2/\text{C}^2)(1,2 \times 10^{-8} \text{ C})}{(0,60 \text{ m})^2}$$

$\varepsilon = 3,0 \times 10^2$ N/C

$\vec{\varepsilon} = 3,0 \times 10^2$ N/C [en rayonnant vers l'extérieur]

Le champ électrique est de $3,0 \times 10^2$ N/C [en rayonnant vers l'extérieur].

▶ **PROBLÈME 2**

Deux charges, l'une de $3,2 \times 10^{-9}$ C, l'autre de $-6,4 \times 10^{-9}$ C, sont séparées de 42 cm. Calcule le champ électrique net au point P, à 15 cm de la charge positive, sur la ligne qui relie les deux charges.

Solution

$q_1 = 3,2 \times 10^{-9}$ C

$q_2 = -6,4 \times 10^{-9}$ C

$\sum \varepsilon = ?$

$q_1 = 3,2 \times 10^{-9}$ C

$q_2 = -6,4 \times 10^{-9}$ C

Le champ net au point P est la somme vectorielle des champs $\vec{\varepsilon}_1$ et $\vec{\varepsilon}_2$ des deux charges. On calcule les champs séparément, puis on en fait la somme vectorielle :

$r_1 = 15$ cm $= 0,15$ m

$$\varepsilon_1 = \frac{kq_1}{r_1^2}$$

$$= \frac{(9,0 \times 10^9 \text{ N·m}^2/\text{C}^2)(3,2 \times 10^{-9} \text{ C})}{(0,15 \text{ m})^2}$$

$\varepsilon_1 = 1,3 \times 10^3$ N/C

$\vec{\varepsilon}_1 = 1,3 \times 10^3$ N/C [vers la droite]

$r_2 = 42 \text{ cm} - 15 \text{ cm} = 27 \text{ cm}$

$$\varepsilon_2 = \frac{kq_2}{r_2^2}$$

$$= \frac{(9,0 \times 10^9 \text{ N·m}^2/\text{C}^2)(-6,4 \times 10^{-9} \text{ C})}{(0,27 \text{ m})^2}$$

$\varepsilon_2 = -7,9 \times 10^2 \text{ N/C ou}$

$\vec{\varepsilon}_2 = 7,9 \times 10^2 \text{ N/C [vers la droite]}$

$$\sum \vec{\varepsilon} = \vec{\varepsilon}_1 + \vec{\varepsilon}_2 = 2,1 \times 10^3 \text{ N/C [vers la droite]}$$

Le champ électrique net est de $2,1 \times 10^3$ N/C [vers la droite].

▶ PROBLÈME 3

La grandeur du champ électrique entre les plaques d'un condensateur plan est de $3,2 \times 10^2$ N/C. Comment la grandeur du champ varierait-elle

a) si la charge sur chaque plaque était doublée ?

b) si la distance entre les plaques était triplée ?

Solution

$\varepsilon = 3,2 \times 10^2 \text{ N/C}$

a) Sachant que $\varepsilon \propto q$, on peut écrire $\dfrac{\varepsilon_2}{\varepsilon_1} = \dfrac{q_2}{q_1}$

$$\varepsilon_2 = \varepsilon_1\left(\frac{q_2}{q_1}\right)$$

$$= (3,2 \times 10^2 \text{ N/C})\left(\frac{2}{1}\right)$$

$$\varepsilon_2 = 6,4 \times 10^2 \text{ N/C}$$

Si la charge sur chaque plaque était doublée, la grandeur du champ électrique serait doublée.

b) Comme $\varepsilon \propto q$ seulement, changer r n'a pas d'effet.

Donc, $\varepsilon_2 = \varepsilon_1 = 3,2 \times 10^2$ N/C.

Si la distance entre les plaques devait tripler, la grandeur du champ électrique ne varierait pas.

▶ *Mise en pratique*

Saisis bien les concepts

1. Une charge négative de $2,4 \times 10^{-6}$ C subit une force électrique d'une grandeur de 3,2 N, vers la gauche.
   a) Calcule la grandeur et la direction du champ électrique à ce point.
   b) Calcule la valeur du champ à ce point si on remplace la charge de $2,4 \times 10^{-6}$ C par une charge $4,8 \times 10^{-6}$ C.

2. À un certain point P dans un champ électrique, la grandeur du champ électrique est de 12 N/C. Calcule la grandeur de la force électrique que subirait une charge ponctuelle de $2,5 \times 10^{-7}$ C, située au point P.

3. Calcule la grandeur et la direction du champ électrique à 3,0 m à droite d'une charge positive ponctuelle de $5,4 \times 10^{-4}$ C.

Réponses

1. a) $1,3 \times 10^6$ N/C [vers la droite]
   b) $1,3 \times 10^6$ N/C [vers la droite]
2. $3,0 \times 10^{-6}$ N
3. $5,4 \times 10^5$ N/C [vers la droite]

Réponses

4. $2{,}0 \times 10^5$ N/C [vers la gauche]
5. $1{,}2 \times 10^5$ N/C [vers le haut]
6. $3{,}0 \times 10^3$ N/C
7. $1{,}5 \times 10^3$ N/C

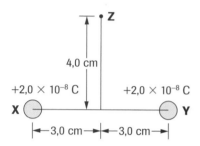

Figure 14
Diagramme se rapportant
à la question 5

4. Calcule la grandeur et la direction du champ électrique au point Z de la **figure 13**, produit par les sphères chargées aux points X et Y.

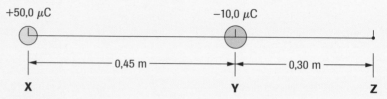

Figure 13

5. Détermine la grandeur et la direction du champ électrique au point Z de la **figure 14**, produit par les charges ponctuelles X et Y.

6. La force du champ électrique à mi-chemin entre une paire de plaques parallèles de charges opposées est de $3{,}0 \times 10^3$ N/C. Trouve la grandeur du champ électrique à mi-chemin entre ce point et la plaque chargée positivement.

7. Dans le dispositif à plaques parallèles de la question 6, que deviendrait la force du champ électrique si on enlevait la moitié de la charge sur chaque plaque et que l'espacement entre les plaques passait de 12 mm à 8 mm ?

Les dépoussiéreurs électrostatiques

Les dépoussiéreurs électrostatiques sont des appareils de lutte contre la pollution qui retirent les fines particules des émissions (gaz de combustion) des usines de traitement et des centrales électriques qui consomment des combustibles fossiles (**figure 15**). Applications directes des propriétés des champs électriques, ces appareils peuvent enlever presque toutes (environ 99 %) les fines particules de suie, de cendre et de poussière. Les gaz de combustion souillés sont acheminés à travers une série de plaques chargées positivement et de fils chargés négativement (**figure 16**).

Figure 15
Les dépoussiéreurs électrostatiques retirent les particules des gaz dans les grandes installations industrielles, comme celle que l'on voit ici.

Quand les fils portent une très grande charge négative, le champ électrique près du fil est si fort que l'air s'en trouve ionisé. Les électrons libérés dans la région ionisée se déplacent vers les plaques positives et se fixent en chemin sur les fines particules résiduaires des gaz de combustion qui passent entre les plaques. Ces particules polluantes sont maintenant chargées négativement et sont attirées par les plaques à la surface desquelles elles se déposent. Les plaques sont secouées périodiquement et la suie, la cendre et la poussière sont recueillies dans une trémie collectrice. Il reste ensuite à disposer des rejets, qui peuvent être incorporés au béton.

a)

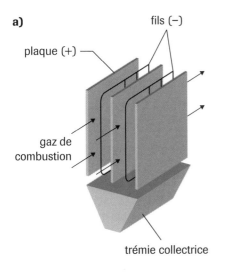

plaque (+)

fils (−)

gaz de combustion

trémie collectrice

b) suie, cendre, poussière

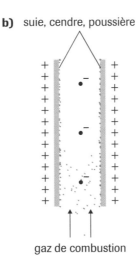

gaz de combustion

Figure 16
Le fonctionnement d'un dépoussiéreur électrostatique
a) Les gaz de combustion circulent entre des plaques chargées positivement et autour des fils chargés négativement.
b) Les particules se déposent sur la surface des plaques.

Les champs électriques dans la nature

Plusieurs animaux peuvent détecter des champs électriques faibles. Les requins, par exemple, possèdent des cellules aptes à réagir à des champs électriques faibles, de l'ordre de 10^{-6} N/C, produits par les muscles des proies éventuelles. Le requin-marteau nage très près des fonds sablonneux de l'océan, à la recherche de proies enfouies dans le sable (**figure 17**). Un gobie se cache des requins dans de petits trous. Même si le requin ne peut pas voir le gobie, il peut détecter les champs électriques produits par le mouvement et la respiration du poisson. Le champ électrique produit par le gobie s'étend jusqu'à environ 25 cm au-dessus du sable, révélant sa présence. Après avoir détecté un gobie, le requin-marteau se met à nager sur un parcours en forme de huit pour le localiser avec précision.

Figure 17
Les requins-marteaux (de même que d'autres requins) ont des cellules qui réagissent aux faibles champs électriques produits par les muscles en action de leurs proies.

Étude de cas Se protéger des champs électriques avec des conducteurs

Si on ajoute des électrons à un conducteur dans une région de l'espace où il n'y a pas de champ électrique net, les électrons en surplus se redistribuent rapidement à la surface du conducteur jusqu'à ce qu'ils atteignent un équilibre et qu'ils ne subissent aucune force nette. Cependant, comme aucune des charges ne subit de force nette, le champ électrique à l'intérieur du conducteur doit être nul (autrement, les charges subiraient une force). C'est ce que l'on nomme l'*équilibre électrostatique*. Faraday a démontré cet effet pour les cavités fermées de façon assez radicale au début du XIXe siècle, en se plaçant lui-même, avec un électroscope, à l'intérieur d'une cabine recouverte d'une feuille métallique étamée (une «cage de Faraday»). Il chargea la cabine, en réalité un conducteur massif renfermant une cavité assez grande pour loger un homme, au moyen d'un générateur électrostatique. Même s'il y avait des étincelles à l'extérieur, il ne put détecter aucun champ électrique (**figure 18**).

Des champs électriques existent à l'extérieur des conducteurs et même à la surface des conducteurs. Cependant, le champ est toujours perpendiculaire à la surface du conducteur; s'il ne l'était pas, il aurait une composante parallèle à la surface qui ferait se déplacer les électrons libres à l'intérieur du conducteur jusqu'à ce que le champ devienne perpendiculaire. Toutefois, dans des conditions électrostatiques, les charges sont en équilibre. Il ne peut donc y avoir de composante du champ électrique parallèle à la surface, et le champ doit être perpendiculaire à la surface du conducteur (**figures 19** et **20**).

Figure 18
Le générateur Van de Graaff, un générateur électrostatique, produit un fort champ électrique, comme l'abondance des étincelles le suggère. Puisque le champ à l'intérieur de la cage de Faraday est nul, la personne à l'intérieur de la cage est parfaitement en sécurité.

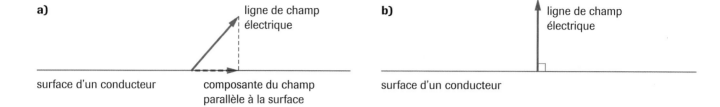

a)
ligne de champ électrique
surface d'un conducteur
composante du champ parallèle à la surface

b)
ligne de champ électrique
surface d'un conducteur

Figure 19

a) Si le champ électrique à la surface d'un conducteur possède une composante parallèle à sa surface, les électrons se déplaceront en fonction de la composante parallèle.

b) S'il n'y a aucun déplacement de charges (les charges sont alors dans un état d'équilibre statique), la composante parallèle aura comme valeur zéro et le champ électrique ne pourra qu'être perpendiculaire à la surface du conducteur.

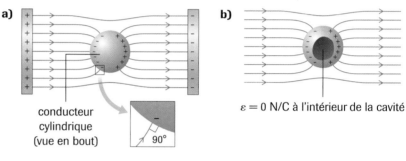

a)
conducteur cylindrique (vue en bout)
90°

b)
$\varepsilon = 0$ N/C à l'intérieur de la cavité

Figure 20

a) Un conducteur neutre dans le champ électrique entre des plaques parallèles. Les lignes de champ sont perpendiculaires à la surface du conducteur.

b) Le champ électrique est nul à l'intérieur du conducteur.

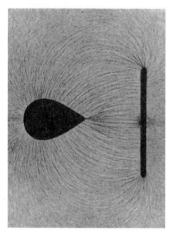

Figure 21

Un conducteur chargé de forme irrégulière à proximité d'une plaque portant une charge opposée. Remarque la concentration des lignes de champ près de la partie pointue. Les lignes de champ sont toujours perpendiculaires à la surface du conducteur.

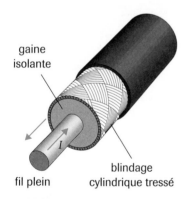

gaine isolante

fil plein

blindage cylindrique tressé

Figure 22

Les parties d'un câble coaxial

Cela ne signifie pas que les charges doivent se répartir uniformément à la surface du conducteur. En fait, sur des conducteurs de forme irrégulière, la charge tend à s'accumuler aux endroits anguleux ou pointus, comme on le voit à la **figure 21**.

Des champs électriques parasites sont continuellement produits dans l'atmosphère, en particulier durant les orages et par l'eau en mouvement. De nombreux appareils électroménagers — comme des horloges, des mélangeurs, des aspirateurs et des chaînes stéréo — produisent des champs électriques; les moniteurs et les téléviseurs en sont les sources les plus importantes. Les circuits électroniques sensibles, comme ceux que l'on trouve dans les ordinateurs et les syntoniseurs amplificateurs haut de gamme, sont blindés contre les champs électriques parasites en étant placés dans des boîtiers métalliques. Les champs électriques extérieurs sont perpendiculaires à la surface du boîtier métallique, nuls dans le métal et nuls à l'intérieur du boîtier.

Les câbles coaxiaux protègent les signaux électriques à l'extérieur des circuits électriques sensibles. On les utilise souvent dans la câblodistribution et entre les éléments d'une chaîne stéréo (haut parleurs et amplificateurs). Un câble coaxial est un fil simple entouré d'une gaine isolante, à son tour couverte d'une tresse métallique et d'une enveloppe extérieure isolante (**figure 22**). La tresse métallique protège le courant électrique dans le fil central contre les champs électriques parasites, puisque les champs électriques extérieurs s'arrêtent à la surface de la tresse métallique. Nous reviendrons sur les câbles coaxiaux au prochain chapitre, quand nous étudierons les champs magnétiques.

Garde à l'esprit qu'on ne peut pas se blinder contre les champs gravitationnels, une autre différence entre ces deux types de champs. On ne peut pas non plus utiliser un conducteur neutre pour protéger le monde extérieur contre une charge. Par exemple, si l'on suspend une charge positive à l'intérieur d'un conducteur sphérique neutre, les lignes de champ de la charge positive s'étendent en rayonnant vers le conducteur neutre (**figure 23**). Ces lignes doivent aboutir sur une quantité égale de charge négative, et donc les électrons vont rapidement se redistribuer sur la surface intérieure. Cela produit une séparation de charge par induction et laisse la surface extérieure avec une quantité égale de charge positive. La charge positive à la surface du conducteur produit un champ électrique extérieur partant de la surface. Remarque que le champ est toujours nul dans le conducteur même.

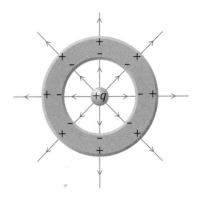

Figure 23
Une charge positive à l'intérieur d'un conducteur neutre. Une charge induite apparaît sur les surfaces intérieure et extérieure du conducteur. Il n'y a pas de champ dans le conducteur même, mais il y a un champ à l'extérieur.

> ### Mise en pratique

Saisis bien les concepts

8. a) Un conducteur portant une charge négative en surplus est en équilibre électrostatique. Décris le champ à l'intérieur du conducteur. Explique ton raisonnement.
   b) Explique comment fonctionne une cage de Faraday.
   c) Pourquoi le champ électrique est-il perpendiculaire à un conducteur chargé en équilibre électrostatique ?

9. a) Peut-on utiliser un conducteur sphérique creux et neutre pour protéger le monde extérieur du champ électrique d'une charge placée à l'intérieur de la sphère ? Explique ta réponse.
   b) Y a-t-il une façon de se servir de la sphère comme d'un écran contre le champ électrique de la charge ? Explique ta réponse.

10. Décris les différentes parties d'un câble coaxial et explique comment le fil est protégé contre les champs électriques extérieurs.

RÉSUMÉ *Les champs électriques*

- Un champ de force existe dans une région de l'espace quand un objet approprié placé en un point quelconque du champ subit une force.

- Le champ électrique en tout point est défini comme la force électrique par unité de charge positive et est une quantité vectorielle : $\vec{\varepsilon} = \dfrac{\vec{F}_E}{q}$.

- On utilise des lignes de champ électrique pour décrire le champ électrique autour d'un objet chargé. Dans un conducteur en équilibre statique, le champ électrique est nul ; la charge se trouve à la surface ; sur les objets de forme irrégulière, la charge s'accumule là où le rayon de courbure est le plus petit ; le champ électrique est perpendiculaire à la surface du conducteur.

> ### Section 7.3 Questions

Saisis bien les concepts

1. On utilise une petite charge d'épreuve positive pour détecter les champs électriques.

   Est-il nécessaire que la charge d'épreuve soit a) petite ou b) positive ? Explique tes réponses.

2. Trace des lignes de champ électrique autour de deux charges négatives faiblement espacées.

3. Copie la **figure 24** dans ton cahier de notes, à l'échelle.
   a) Trace des lignes de champ électrique dans la région qui entoure les deux charges.
   b) À quel point (A, B, C ou D) le champ électrique est-il le plus fort ? Explique ton raisonnement.

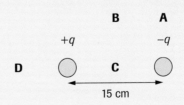

Figure 24

   c) Trace un cercle de 3,0 cm de rayon autour de la charge positive. À quel point sur le cercle le champ électrique est-il le plus fort ? le plus faible ?

4. Refais la question 3, mais change le $-q$ dans la **figure 24** pour un $+q$.

5. Explique pourquoi les lignes de champ électrique ne se croisent jamais.

6. Suppose qu'une petite charge d'épreuve positive soit placée dans un champ électrique. Quelle relation y a-t-il entre les lignes de champ électrique et
   a) la force sur la charge?
   b) l'accélération de la charge?
   c) la vitesse vectorielle de la charge?

7. Un conducteur sphérique métallique possède une charge positive. Une petite charge positive q, placée près du conducteur, subit une force de grandeur F. Comment la quantité $\dfrac{F}{q}$ se compare-t-elle au champ électrique à ce point?

8. Une charge négative est suspendue à l'intérieur d'une coquille sphérique métallique neutre. Trace un schéma de la distribution de la charge sur la coquille métallique et de tous les champs électriques dans cette région. Explique ton raisonnement.

Mets en pratique tes connaissances

9. Explique comment tu pourrais déterminer les propriétés des champs électriques autour de plaques parallèles et entre celles-ci.

10. Une coquille sphérique métallique est placée sur un support isolant. La surface extérieure de la coquille est raccordée à un électromètre (un appareil de mesure de la charge). L'électromètre indique zéro. On abaisse lentement une sphère creuse chargée positivement dans la coquille, comme le montre la **figure 25**, jusqu'à ce qu'elle touche le fond. Quand on retire la sphère, elle est neutre.

a) Pourquoi l'électromètre enregistre-t-il une charge à la **figure 25b)**? Représente la distribution de la charge sur la sphère creuse. (*Indice*: L'électromètre ne peut mesurer la charge que sur la surface extérieure.)

b) Qu'advient-il de la charge sur la sphère en c)? Explique à l'aide d'un diagramme.

c) Pourquoi l'électromètre indique-t-il la même valeur en b) et en d)?

d) Pourquoi la sphère est-elle neutre quand on la retire?

e) L'électromètre indique continuellement la même valeur durant les phases b), c) et d) de l'opération. Quelle conclusion peux-tu tirer à propos de la distribution de la charge sur le conducteur creux?

11. Quand on place une petite charge d'épreuve positive à côté d'une charge plus grande, elle subit une force. Explique pourquoi cette seule observation satisfait aux conditions d'existence d'un champ électrique.

12. Explique comment on peut utiliser le concept de champ pour décrire:
    a) la force de gravité entre une étoile et une planète;
    b) l'électron et le proton dans l'atome d'hydrogène.

13. On emploie le concept de champ pour décrire la force de gravité.
    a) Donne trois raisons pour lesquelles on emploie le même concept de champ pour décrire la force électrique.
    b) Si on devait découvrir une nouvelle sorte de force, dans quelles conditions pourrait-on utiliser le concept de champ pour la décrire?

Fais des liens

14. Une amie remarque que son ordinateur fonctionne mal quand sa chaîne stéréophonique, située à proximité, est allumée. Quel pourrait être le problème et comment ton amie pourrait-elle le résoudre si elle veut continuer à utiliser les deux appareils simultanément?

15. Le requin-marteau n'est que l'une des nombreuses espèces de poissons qui utilisent les champs électriques pour détecter et assommer des proies. Les anguilles, les poissons-chats et les raies électriques ont des capacités similaires. Fais une recherche sur l'un de ces poissons et compare ses habiletés avec celles des requins-marteaux, puis rédige un court rapport sur ce que tu auras trouvé.

ALLER À www.beaucheminediteur.com/physique12

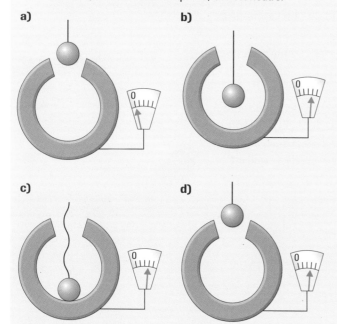

a)

b)

c)

d)

Figure 25
Ceci est souvent appelé «l'expérience du seau à glace de Faraday» à cause de ce qu'il a utilisé quand il a fait son expérience la première fois.

Le fonctionnement de ton propre corps et ta façon de percevoir ton environnement et d'y réagir sont liés aux principes étudiés dans cette section. La médecine doit comprendre les principes de base du potentiel électrique. Elle décrit le corps comme un circuit électrique biologique complexe.

Pour comprendre ce que sont les éclairs, il faut aussi comprendre ces principes. Autrefois, les éclairs étaient considérés comme une force mystique de la nature. Nous connaissons aujourd'hui les principes qui expliquent les éclairs. Les éclairs peuvent causer des dommages aux propriétés, blesser des personnes et même tuer ; ils sont aussi responsables de feux de forêt. Des chercheurs poursuivent présentement des recherches sur les éclairs dans le but de mieux les comprendre et de mieux s'en protéger.

Pour comprendre ces applications, il nous faut d'abord en apprendre davantage sur les interactions entre les charges. Nous avons souvent comparé les interactions entre les charges aux interactions entre les masses. Toute ressemblance entre les deux doit être examinée avec attention, car les deux forces ne sont pas identiques, comme tu l'as appris. La principale différence entre les deux est que la gravité est toujours une attraction alors que la force électrique peut être soit une attraction, soit une répulsion.

Nous savons que la grandeur de la force de gravité entre deux masses est donnée par

$$F_g = \frac{Gm_1m_2}{r^2}$$

L'énergie potentielle gravitationnelle correspondante entre deux masses est donnée par

$$E_g = -\frac{Gm_1m_2}{r}$$

à condition d'attribuer la valeur zéro à l'énergie potentielle gravitationnelle quand les deux masses sont séparées par une distance infinie. Le signe négatif devant cette expression de l'énergie potentielle gravitationnelle provient de ce que la force entre les deux masses est attractive ; autrement dit, l'énergie potentielle augmente (devient de moins en moins négative) à mesure qu'on éloigne deux masses qui gravitent l'une de l'autre.

Considérons maintenant une petite charge d'épreuve q_2, à une distance r d'une charge ponctuelle q_1, comme à la **figure 1**. Selon la loi de Coulomb, la grandeur de la force d'attraction ou de répulsion entre ces deux charges est

$$F_E = \frac{kq_1q_2}{r^2}$$

Il est donc raisonnable de penser qu'une approche semblable à celle utilisée au chapitre 3 pour l'énergie potentielle gravitationnelle dans un système de deux masses mènerait au résultat correspondant pour l'**énergie potentielle électrique** emmagasinée dans un système de deux charges q_1 et q_2 :

$$E_E = \frac{kq_1q_2}{r}$$

Remarque que le signe de l'énergie potentielle électrique E_E, pourrait être positif ou négatif, selon le signe des charges. Si q_1 et q_2 sont des charges de signes opposés, elles s'attirent, et notre expression fonctionne correctement, donnant au potentiel électrique une valeur négative, comme dans le cas de la pesanteur. Si q_1 et q_2 sont des charges de même signe, elles se repoussent. On s'attend à ce que l'énergie potentielle électrique soit positive, étant donné que l'énergie est emmagasinée à mesure qu'on rapproche les charges l'une de l'autre. Dans un cas comme dans l'autre, le remplacement du signe de la charge (+ ou −)

LE SAVAIS-TU ?

L'éclair

En moyenne, à toute heure du jour, il y a approximativement 2 000 orages produisant de 30 à 100 éclairs des nuages vers le sol à chaque seconde, pour un total d'environ 5 millions par jour.

Figure 1
L'énergie potentielle électrique est emmagasinée par deux charges séparées, tout comme l'énergie potentielle gravitationnelle est emmagasinée par deux masses séparées.

énergie potentielle électrique
(E_E) énergie emmagasinée dans un système de deux charges situées à une distance r l'une de l'autre ;
$$E_E = \frac{kq_1q_2}{r}$$

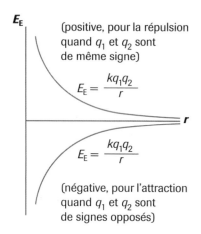

potentiel électrique (V) valeur, en volts, de l'énergie potentielle par unité de charge positive ; $1\,V = 1\,J/C$

pour q_1 et q_2 mène aux résultats appropriés pour le signe de E_E. De plus, dans les deux cas, on s'approche du niveau zéro pour l'énergie potentielle électrique quand la distance entre les charges q_1 et q_2 s'approche de l'infini (**figure 2**).

Pour examiner le concept d'énergie potentielle électrique de façon systématique, nous n'allons pas seulement considérer l'énergie potentielle électrique d'une charge quelconque q_2 mais aussi celle d'une charge d'épreuve positive unitaire se trouvant dans le champ d'une autre charge quelconque q_1. Cette valeur d'énergie potentielle par unité de charge positive s'appelle le **potentiel électrique**, V. Le potentiel électrique est une propriété du champ électrique de la charge q_1. Il représente la quantité de travail nécessaire pour déplacer une charge d'épreuve positive unitaire depuis un point situé à l'infini jusqu'à un point précis dans le champ de la charge q_1, la charge unitaire étant au repos dans les deux cas.

Ainsi, à une distance r d'une charge ponctuelle sphérique q_1, le potentiel électrique est donné par

$$V = \frac{E_E}{q} = \frac{\frac{kq_1q}{r}}{q} = \frac{kq_1}{r}$$

Les unités du potentiel électrique sont les joules par coulomb, ou volts, et

> $1\,V$ est le potentiel électrique en un point d'un champ électrique s'il faut fournir un travail de $1\,J$ pour amener une charge de $1\,C$ d'un point situé à l'infini jusqu'à ce point ; $1\,V = 1\,J/C$.

Il y a deux façons de voir ce que représente V : comme un potentiel absolu, si l'on considère que $V = 0$ à $r = \infty$, et comme une différence de potentiel, mesurée entre l'infini et r. Le potentiel électrique varie avec l'inverse de la première puissance de la distance à partir de la charge plutôt qu'avec l'inverse du carré de la distance, comme c'est le cas pour le champ électrique. Pour une charge positive, le potentiel électrique est grand près de la charge et diminue en tendant vers zéro à mesure que r augmente. Pour une charge négative, le potentiel électrique possède une grande valeur négative près de la charge et augmente en tendant vers zéro à mesure que r augmente (**figure 3**).

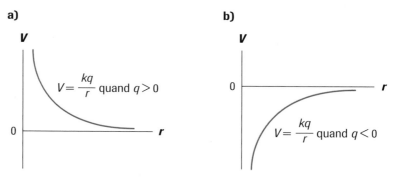

Il faut bien distinguer E_E, l'énergie potentielle électrique d'une charge en un point, de V, le potentiel électrique en ce point. Ces deux propriétés sont liées par l'équation $E_E = qV$. On peut étendre ce concept de potentiel électrique pour inclure les champs électriques produits par une distribution quelconque de la charge électrique plutôt que par une seule charge ponctuelle. La définition du potentiel électrique dans ces cas est la même : c'est le travail fait par unité de charge d'épreuve positive pour déplacer la charge depuis l'infini jusqu'à un point donné du champ. Le plus souvent, cependant, on veut connaître le travail nécessaire pour déplacer une charge d'épreuve unitaire entre deux points du champ plutôt que de l'infini jusqu'à un point particulier du champ. Dans ce cas, on s'intéresse à la différence dans le potentiel électrique entre ces deux points, communément appelée la **différence de potentiel électrique**.

Souvent, pour des raisons de commodité, on considère que, pour la Terre, $V = 0$, surtout quand on s'intéresse seulement aux différences de potentiel électrique plutôt qu'à des potentiels électriques particuliers. Cette méthode est semblable à celle utilisée dans les situations qui mettent en jeu la pesanteur et dans lesquelles on fixe $h = 0$ à n'importe quelle hauteur que l'on estime avantageuse compte tenu des calculs à faire. Alors que le choix du niveau zéro pour le potentiel est arbitraire, les différences dans le potentiel sont physiquement bien réelles. En particulier, le fait que deux objets conducteurs raccordés par un fil conducteur soient au même potentiel est une propriété physique fondamentale. S'ils n'étaient pas au même potentiel, la différence de potentiel électrique engendrerait un courant qui redistribuerait la charge jusqu'à ce que la différence de potentiel électrique devienne nulle. Alors les deux objets conducteurs seraient au même potentiel, comme nous l'avons dit. C'est ce processus que l'on utilise pour faire la mise à la terre, c'est-à-dire pour placer un objet au même potentiel électrique que la Terre.

Maintenant, examinons la variation d'énergie potentielle électrique d'une charge positive q qui se déplace d'un point A à un point B dans un champ électrique (**figure 4**).

différence de potentiel électrique
quantité de travail nécessaire par unité de charge pour déplacer une charge positive entre deux points dans un champ électrique

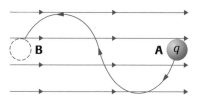

Figure 4
La variation dans l'énergie potentielle électrique quand une charge se déplace de A à B dans un champ électrique est indépendante du trajet emprunté.

Peu importe le trajet réel suivi par la charge q, en allant de A à B,

$$\left\{ \begin{array}{l} \text{la différence entre} \\ \text{le potentiel électrique} \\ \text{à B et le potentiel} \\ \text{électrique à A} \end{array} \right\} = \left\{ \begin{array}{l} \text{le travail par unité de charge qu'il faut} \\ \text{effectuer pour déplacer notre charge} \\ \text{d'épreuve positive hypothétique} \\ \text{de A à B dans le champ électrique} \end{array} \right\}$$

$$\Delta E_E = qV_B - qV_A = q(V_B - V_A) = q\Delta V$$

ΔV, souvent écrit sous la forme V_{BA}, est la différence de potentiel entre les points B et A dans un champ. Le potentiel diminue dans la direction du champ électrique.

Pour une charge ponctuelle q, on peut trouver la différence de potentiel électrique entre deux points A et B en soustrayant les potentiels électriques dus à la charge à chaque position :

$$\Delta V = V_B - V_A = \frac{kq}{r_B} - \frac{kq}{r_A} = kq\left(\frac{1}{r_B} - \frac{1}{r_A}\right)$$

En multipliant cette différence par la charge qui se déplace de A à B, on obtient la variation d'énergie potentielle électrique, ΔE. Le signe de la différence de potentiel électrique dépend à la fois de la grandeur des distances entre les points et la charge et du signe de la charge elle-même, comme le montre la **figure 5**.

En guise de second exemple de calcul de différence de potentiel, considérons le champ électrique entre deux grandes plaques parallèles de charges opposées, dont la superficie est grande par rapport à leur séparation r (**figure 6**).

Le champ électrique est, dans le cas de plaques parallèles, constant en grandeur et en direction à peu près partout, et il est défini comme la force par unité de charge positive :

$$\vec{\varepsilon} = \frac{\vec{F}_E}{q}$$

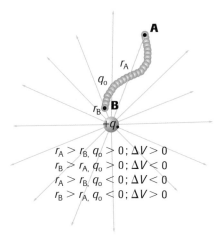

$r_A > r_B, q_o > 0 ; \Delta V > 0$
$r_B > r_A, q_o > 0 ; \Delta V < 0$
$r_A > r_B, q_o < 0 ; \Delta V < 0$
$r_B > r_A, q_o < 0 ; \Delta V > 0$

Figure 5
Le signe de la différence de potentiel électrique dépend de la variation de distance et du signe de la charge.

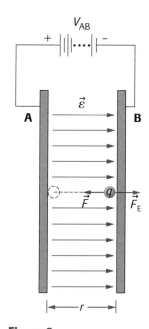

Figure 6
Puisque le champ électrique entre les deux plaques parallèles est uniforme, la force sur la charge est constante.

L'augmentation de l'énergie potentielle électrique de la charge q, quand elle se déplace de la plaque B à la plaque A, est égale au travail fait pour la déplacer de B à A. Pour ce faire, il faut appliquer une force F, égale en grandeur mais opposée en direction à $\vec{F}_E$, sur une distance r. La grandeur du travail est donnée par

$W = Fr$ puisque F et r sont dans la même direction

$W = q\varepsilon r$ puisque $F = F_E = q\varepsilon$

Par conséquent, comme $W = \Delta E_E = q\Delta V$

$q\Delta V = q\varepsilon r$

ou $\varepsilon = \dfrac{\Delta V}{r}$

Cette expression donne la grandeur du champ électrique en tout point situé entre deux grandes plaques parallèles, séparées par une distance r, avec une différence de potentiel $\Delta V = V_{BA}$. Rappelle-toi : la direction du champ électrique va de la plaque positive à la plaque négative, dans la direction du potentiel décroissant.

Pour un champ électrique constant, par exemple entre des plaques parallèles, la différence de potentiel électrique est directement proportionnelle à la distance r :

$\Delta V = \varepsilon r$

Par conséquent, $\Delta V \propto r$ puisque ε est constant.

Cela signifie que si la différence de potentiel électrique entre deux plaques est ΔV et que la charge se déplace d'un tiers de la distance entre les plaques, la charge subira une différence de potentiel de $\dfrac{\Delta V}{3}$.

▶ PROBLÈME 1

Calcule le potentiel électrique à une distance de 0,40 m d'une charge ponctuelle sphérique de $+6,4 \times 10^{-6}$ C. (Suppose que $V = 0$ à l'infini.)

Solution
$r = 0,40$ m

$q = +6,4 \times 10^{-6}$ C

$V = ?$

$V = \dfrac{kq}{r}$

$ = \dfrac{(9,0 \times 10^9 \text{ N·m}^2/\text{C}^2)(6,4 \times 10^{-6} \text{ C})}{0,40 \text{ m}}$

$V = 1,5 \times 10^5$ V

Le potentiel électrique est de $1,5 \times 10^5$ V.

Remarque que la valeur du potentiel créé par une charge positive est positive, ce qui est caractéristique d'un système où la force qui agit sur la charge d'épreuve est une force de répulsion. Si la charge ponctuelle sphérique dans l'exemple ci-dessus avait été négative, alors le remplacement d'une valeur négative pour q aurait mené à une valeur négative pour V, ce qui est cohérent avec un système où la force qui agit est attractive.

> ▶ **PROBLÈME 2**

Quelle quantité de travail doit-on produire pour augmenter le potentiel d'une charge de $3,0 \times 10^{-7}$ C de 120 V?

Solution

$q = 3,0 \times 10^{-7}$ C

$\Delta V = 120$ V

$W = ?$

$$\begin{aligned} W &= \Delta E_E \\ &= q\Delta V \\ &= (3,0 \times 10^{-7} \text{ C})(120 \text{ V}) \\ W &= 3,6 \times 10^{-5} \text{ J} \end{aligned}$$

La quantité de travail à produire est de $3,6 \times 10^{-5}$ J.

> ▶ **PROBLÈME 3**

Dans un champ électrique uniforme, la différence de potentiel entre deux points séparés de 12,0 cm est de $1,50 \times 10^2$ V. Calcule la grandeur de la force du champ électrique.

Solution

$r = 12,0$ cm

$\Delta V = 1,50 \times 10^2$ V

$\varepsilon = ?$

$$\begin{aligned} \varepsilon &= \frac{\Delta V}{r} \\ &= \frac{1,50 \times 10^2 \text{ V}}{1,20 \times 10^{-1} \text{ m}} \\ \varepsilon &= 1,25 \times 10^3 \text{ N/C} \end{aligned}$$

La grandeur de la force du champ électrique est de $1,25 \times 10^3$ N/C.

> ▶ **PROBLÈME 4**

La force du champ électrique entre deux plaques parallèles est de 450 N/C. Les plaques sont raccordées à une pile fournissant une différence de potentiel de 95 V. Quelle est la distance entre les plaques?

Solution

$\varepsilon = 450$ N/C

$\Delta V = 95$ V

$r = ?$

Pour des plaques parallèles, $\varepsilon = \dfrac{\Delta V}{r}$. Ainsi,

$$\begin{aligned} r &= \frac{\Delta V}{\varepsilon} \\ &= \frac{95 \text{ V}}{450 \text{ N/C}} \\ r &= 0,21 \text{ m} \end{aligned}$$

La distance entre les plaques est de 0,21 m.

▶ *Mise en pratique*

Saisis bien les concepts

1. Le potentiel électrique à une distance de 25 cm d'une charge ponctuelle est de $-6,4 \times 10^4$ V. Détermine le signe et la grandeur de la charge ponctuelle.

2. Il faut effectuer un travail de $4,2 \times 10^{-3}$ J pour déplacer une charge de $1,2 \times 10^{-6}$ C du point X au point Y dans un champ électrique. Calcule la différence de potentiel entre X et Y.

3. Calcule la grandeur de la force du champ électrique dans un dispositif à plaques parallèles dont les plaques sont séparées de 5,0 mm si la différence de potentiel entre elles est de $3,0 \times 10^2$ V.

4. Quelle différence de potentiel faudrait-il maintenir entre les plaques d'un dispositif à plaques parallèles si les plaques sont séparées de 1,2 cm et qu'il faut créer un champ électrique d'une force de $1,5 \times 10^4$ N/C?

Les éclairs et les paratonnerres

Nous avons tous fait l'expérience de petits chocs électriques en touchant une poignée de porte métallique après avoir marché sur un tapis de laine durant un jour sec d'hiver. Les éclairs sont des phénomènes de même nature mais se produisant à plus grande échelle, quand la différence de potentiel entre le sol et l'air est d'environ 10^8 V. Un nuage produit typiquement une grande séparation de charge avant de produire un éclair, avec une charge de -40 C centrée dans une région telle que N à la **figure 7** et de $+40$ C dans une région P. Chaque éclair a un courant maximum de 30 000 A, ou 30 000 coulombs par seconde, dure 30 μs et transporte une charge d'un coulomb.

Selon une théorie courante (on mène continuellement des recherches), la séparation de charge dans un nuage est due à la présence de phases mélangées de l'eau, typique des gros nuages — eau liquide, cristaux de glace et grésil. La résistance de l'air et les courants turbulents dans le nuage font en sorte que le grésil tombe plus rapidement que les petits cristaux de glace. Quand le grésil entre en collision avec les cristaux de glace, les deux sont chargés par frottement, le grésil négativement et les cristaux de glace positivement. La séparation de charge se produit parce que le grésil se déplace vers le bas par rapport aux cristaux de glace.

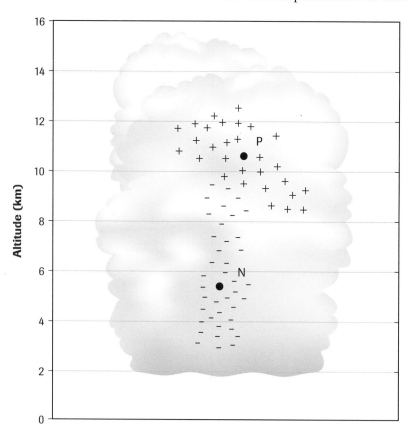

Figure 7
Une vue latérale de la séparation de charge dans un nuage d'orage typique. Les points noirs indiquent les centres de charge, tant pour les distributions de charge positive que pour les distributions de charge négative.

Maintenant que le bas du nuage se trouve chargé négativement, il induit une charge positive à la surface de la Terre. Les deux surfaces plutôt plates — le sol chargé positivement et la base du nuage chargée négativement — sont analogues à des plaques parallèles de charges opposées séparées par de l'air isolant. L'air cesse de se comporter comme un isolant et sert de conducteur à l'éclair quand la charge dans le bas du nuage devient assez grande pour augmenter la force du champ électrique à environ $3,0 \times 10^6$ N/C. Quand la grandeur du champ électrique atteint cette valeur critique, l'air qui était isolant s'ionise et devient conducteur.

L'éclair proprement dit est une séquence de trois événements. Premièrement, le traceur par bonds, une charge qui se déplace de façon erratique en suivant le chemin de moindre résistance, progresse du bas du nuage vers le sol. Durant son trajet, il s'arrête souvent temporairement et se sépare fréquemment en différentes branches. Mais quel que soit son chemin, il laisse un canal d'air faiblement ionisé dans son sillage. Deuxièmement, le traceur par bonds, qui est maintenant proche du sol, induit une forte charge positive sur le sol, et quand il fait contact, un canal ionisé continu est ouvert. Finalement, une décharge principale emprunte ce canal du sol vers le nuage, ce qui produit de la lumière visible et augmente l'ionisation. Si la charge du nuage est assez grande, le processus se poursuit, et un autre traceur par bonds descend du nuage pour donner lieu à une autre décharge principale. Typiquement, il se produit trois ou quatre décharges principales, qui durent chacune de 40 ms à 80 ms (**figure 8**).

Nous savons à quoi servent les paratonnerres, mais les propriétés physiques en vertu desquelles ils protègent les édifices et les personnes sont moins bien connues. Les paratonnerres sont de longues tiges métalliques minces et pointues, habituellement placées au point le plus élevé d'un édifice et raccordées à la terre par un conducteur (**figure 9**). La clé permettant d'influencer le trajet d'un éclair est le canal ionisé. Le traceur par bonds, comme nous l'avons vu, suit le chemin de moindre résistance à travers l'air, qui est normalement un isolant. Comment le paratonnerre aide-t-il ?

Pour répondre à cette question, considérons d'abord deux sphères chargées de rayons différents, raccordées par un long fil conducteur (**figure 10**). Puisqu'un conducteur raccorde les deux sphères, elles ont le même potentiel électrique.

Par conséquent,

$$V_{\text{petite}} = V_{\text{grosse}} \qquad \frac{q}{r} = \frac{Q}{R}$$

$$\frac{kq}{r} = \frac{kQ}{R} \qquad \frac{q}{Q} = \frac{r}{R}$$

La grandeur du champ électrique près de chaque sphère est donnée par les équations

$$\varepsilon_{\text{petite}} = \frac{kq}{r^2} \quad \text{et} \quad \varepsilon_{\text{grosse}} = \frac{kQ}{R^2}$$

Ces équations permettent de trouver le rapport des grandeurs des champs électriques :

$$\frac{\varepsilon_{\text{petite}}}{\varepsilon_{\text{grosse}}} = \frac{\left(\dfrac{kq}{r^2}\right)}{\left(\dfrac{kQ}{R^2}\right)} = \frac{q}{Q}\left(\frac{R^2}{r^2}\right) = \frac{r}{R}\left(\frac{R^2}{r^2}\right)$$

$$\frac{\varepsilon_{\text{petite}}}{\varepsilon_{\text{grosse}}} = \frac{R}{r}$$

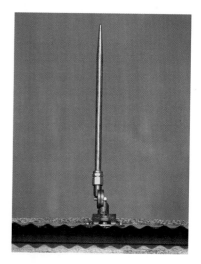

Figure 9
Un conducteur mince et long, pointu au sommet, constitue un paratonnerre efficace.

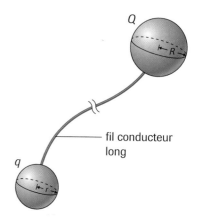

Figure 10
Un fil conducteur mince et long reliant deux sphères conductrices de rayon différent

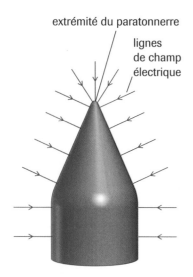

Figure 11
L'extrémité d'un paratonnerre étant petite, il se crée un fort champ électrique près de sa surface et l'air ambiant se trouve ionisé.

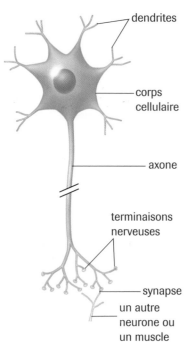

Figure 12
La structure typique d'un neurone

Puisque R est le rayon de la plus grosse sphère, le rapport est plus grand que 1, et donc $\varepsilon_{petite} > \varepsilon_{grosse}$. On peut augmenter le champ électrique près de la petite sphère en diminuant sa taille par rapport à la plus grosse. L'extrémité d'un paratonnerre possède un très petit rayon de courbure comparativement aux surfaces des toits adjacents (**figure 11**). Cela fait en sorte que le champ électrique près de la pointe est grand, assez grand en fait pour ioniser l'air ambiant et le rendre conducteur, ce qui modifie le trajet d'un éclair passant à proximité. L'éclair est donc amené à frapper le paratonnerre et à passer, incognito, le long du fil de mise à la terre, en épargnant les toitures adjacentes.

Les applications médicales du potentiel électrique

Il faut connaître le concept de potentiel électrique pour comprendre le système nerveux humain et comment il arrive à transmettre l'information sous la forme de signaux électriques à travers le corps.

Une cellule nerveuse, ou neurone, consiste en un corps cellulaire muni de courtes extensions, ou dendrites, et aussi d'un long prolongement, ou axone, qui se ramifie en de nombreuses terminaisons nerveuses (**figure 12**). Les dendrites convertissent les stimuli externes en signaux électriques qui voyagent à travers le neurone et le long de l'axone vers les terminaisons nerveuses. Ces signaux électriques doivent traverser une synapse (ou jonction) entre les terminaisons nerveuses et la prochaine cellule dans la chaîne de transmission. Un nerf consiste en un faisceau d'axones.

Le liquide à l'intérieur de la cellule nerveuse (le liquide intracellulaire) contient de fortes concentrations de protéines chargées négativement. Le liquide extracellulaire, d'autre part, contient des concentrations élevées d'ions sodium positifs (Na^+). La différence dans les concentrations est due à la membrane perméable sélective qui entoure la cellule et qui permet l'accumulation d'une quantité égale de charge négative à l'intérieur et de charge positive à l'extérieur de la membrane cellulaire (**figure 13**). Cette séparation de charge engendre une différence de potentiel à travers la membrane. La différence de potentiel normale à travers une membrane « au repos » (présente lorsque la cellule n'envoie pas de signal) est typiquement de −70 mV, négative parce que l'intérieur de la cellule est négatif par rapport à l'extérieur.

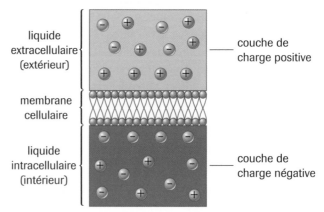

Figure 13
L'accumulation de charges égales mais de signes opposés de chaque côté de la membrane cellulaire produit une différence de potentiel électrique.

Quand un stimulus suffisamment fort s'exerce sur un point approprié du neurone, des « barrières » s'ouvrent dans la membrane cellulaire et les ions sodium chargés positivement peuvent pénétrer dans la cellule (**figure 14**). Les ions sodium entrent dans la cellule par diffusion, sous l'effet de l'attraction électrique entre les charges positive et négative. Au

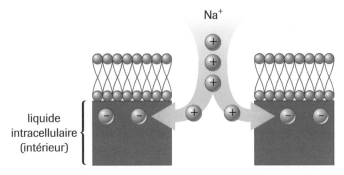

Na⁺

liquide
intracellulaire
(intérieur)

Figure 14
Un stimulus suffisamment fort peut ouvrir des «barrières» par lesquelles les ions sodium chargés positivement se précipitent dans la cellule. L'irruption fait que la surface intérieure de la membrane atteint momentanément un potentiel plus élevé que l'extérieur.

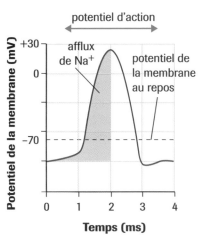

Figure 15
Quand les ions sodium se mettent à entrer, le potentiel d'action commence. La différence de potentiel électrique à travers la membrane passe de -70 mV à $+30$ mV, puis revient à -70 mV.

moment où les ions sodium entrent, l'intérieur de la cellule devient momentanément positif, la différence de potentiel électrique passant brusquement de -70 mV à $+30$ mV. La barrière se referme ensuite et la différence de potentiel électrique revient rapidement à la normale. Ce cycle de variation du potentiel, appelé potentiel d'action, ne dure que quelques millisecondes. Le cycle crée un signal électrique qui voyage le long de l'axone à environ 50 m/s vers le neurone suivant ou la prochaine cellule musculaire (**figure 15**).

Ces variations du potentiel électrique dans les neurones produisent des champs électriques qui ont un effet sur les différences de potentiel électrique mesurées en différents points de la surface du corps, allant de 30 μV à 500 μV. L'activité du muscle cardiaque produit de telles différences de potentiel électrique ; la mesure de ces différences fait l'objet de l'électrocardiographie. Si le cœur est en santé, sa séquence de battement produit une variation prévisible dans la différence de potentiel électrique entre différents points sur la peau, que les médecins peuvent utiliser comme outil de diagnostic. Le graphique de la différence de potentiel électrique en fonction du temps entre deux points de la peau d'un patient s'appelle un électrocardiogramme (ECG) ; la forme du graphique dépend de l'état de santé du cœur et de la position des deux points de mesure sur le patient (**figure 16**).

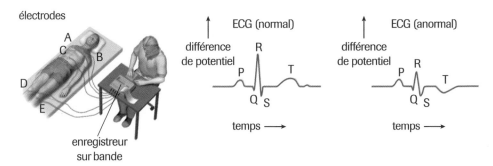

Figure 16
L'électrocardiographie mesure la différence de potentiel électrique entre deux points quelconques parmi ceux montrés sur le patient. Le graphique présente un ECG normal et un ECG anormal, en indiquant chaque partie d'un cycle de battement.

Les principales caractéristiques d'un électrocardiogramme normal sont indiquées par les lettres P, Q, R, S et T de la **figure 16**. La première crête (P) indique l'activité de l'oreillette dans la partie supérieure du cœur. QRS montre l'activité des ventricules, plus gros, dans la partie inférieure. T indique que les ventricules se préparent pour le prochain cycle. La **figure 17** illustre une carte des potentiels sur la peau.

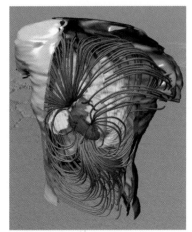

Figure 17
Une carte des différences de potentiel sur la peau causées par l'activité du muscle cardiaque.

Saisis bien les concepts

Réponses

6. b) $1,4 \times 10^7$ N/C

c) $+1,1 \times 10^{-20}$ J

5. Les nuages d'orages produisent une séparation de charge en se déplaçant dans l'atmosphère.
   a)   Qu'est-ce qui cause l'attraction entre les électrons du nuage et le sol ?
   b)   Quelle sorte de charge y a-t-il dans un paratonnerre quand un nuage chargé négativement passe au-dessus de ta tête ? Explique ta réponse.
   c)   Explique pourquoi la foudre est plus susceptible de frapper un paratonnerre qu'un autre endroit à proximité.

6. La différence de potentiel électrique entre l'intérieur et l'extérieur de la membrane cellulaire d'un neurone, dont l'épaisseur est de 5,0 nm, est typiquement de 0,070 V.
   a)   Explique pourquoi on peut assimiler les surfaces intérieure et extérieure de la membrane à des plaques parallèles portant des charges opposées.
   b)   Calcule la grandeur du champ électrique dans la membrane.
   c)   Calcule le travail qu'il faut effectuer sur un ion sodium unique, portant une charge de $+1,6 \times 10^{-19}$ C, pour le déplacer à travers la membrane de la région de faible potentiel vers la région de potentiel élevé.

RÉSUMÉ | *Le potentiel électrique*

- L'énergie potentielle électrique emmagasinée dans le système de deux charges q_1 et q_2 est $E_E = \dfrac{kq_1q_2}{r}$.
- Le potentiel électrique à une distance r d'une charge q est donné par $V = \dfrac{kq}{r}$.
- La différence de potentiel entre deux points dans un champ électrique est donnée par la variation de l'énergie potentielle électrique d'une charge positive qui se déplace entre les deux points : $\Delta V = \dfrac{\Delta E_E}{q}$.
- La grandeur du champ électrique est la variation de différence de potentiel par unité de rayon : $\varepsilon = \dfrac{\Delta V}{r}$.

▶ *Section 7.4 Questions*

Saisis bien les concepts

1. Le potentiel électrique à 0,35 m d'une charge ponctuelle est de +110 V. Trouve la grandeur et le signe de la charge électrique.

2. La charge q_1 se trouve à 0,16 m du point A. La charge q_2 se trouve à 0,40 m du point A. Le potentiel électrique en A est nul. Calcule le rapport $\dfrac{q_1}{q_2}$ des deux charges.

3. Dessine deux charges ponctuelles positives égales et relie-les par une ligne.
   a)   Y a-t-il un point sur la ligne où le champ électrique est nul ?
   b)   Y a-t-il un point sur la ligne où le potentiel électrique est nul ?
   c)   Explique la différence entre les deux réponses.

4. Explique la différence entre chacun des concepts suivants :
   a)   le potentiel électrique et le champ électrique
   b)   le potentiel électrique et l'énergie potentielle électrique

5. Le potentiel électrique en un certain point est nul. Est-il possible que le champ électrique en ce point ne soit pas nul ? Si oui, donne un exemple. Sinon, explique pourquoi.

6. Une particule se déplace d'une région de faible potentiel électrique à une région de potentiel électrique élevé. Est-il possible que son énergie potentielle électrique diminue ? Explique ta réponse.

7. Deux plaques parallèles sont raccordées à une alimentation électrique de 120 V cc et séparées par de l'air. Le champ électrique le plus fort que l'air peut supporter est de $3,0 \times 10^6$ N/C. (Quand cette «valeur de claquage» est dépassée, il se produit des étincelles et des arcs qui font passer une certaine quantité de charge d'une plaque à l'autre, ce qui réduit la charge séparée et le champ.) Calcule le plus petit écart possible entre les plaques.

8. Trois charges sont placées aux coins d'un triangle équilatéral de 2,0 m de côté, comme on le voit à la **figure 18**.
   a) Calcule l'énergie potentielle électrique totale du groupe de charges.
   b) Détermine le potentiel électrique au milieu de chaque côté du triangle.

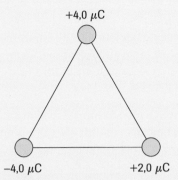

+4,0 μC

−4,0 μC   +2,0 μC

Figure 18

9. La **figure 19** montre un générateur Van de Graaff typique, avec une sphère en aluminium d'un rayon de 12 cm, produisant un potentiel électrique de 85 kV près de sa surface. La sphère est chargée uniformément et on supposera que toute la charge est concentrée en son centre. Remarque que le voltmètre est connecté au sol, ce qui signifie que le potentiel électrique de la Terre est réglé à zéro.
   a) Calcule la charge sur la sphère.
   b) Calcule la grandeur du champ électrique près de la surface de la sphère.

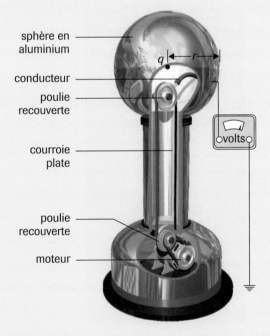

sphère en aluminium

conducteur

poulie recouverte

courroie plate

poulie recouverte

moteur

q | r |

volts

Figure 19
La mesure de la différence de potentiel électrique près d'un générateur Van de Graaff

c) Doit-on s'attendre à ce qu'il y ait une décharge (une étincelle ou un arc) depuis la surface en raison de l'ionisation de l'air ? Explique ta réponse.

Mets en pratique tes connaissances

10. Conçois une expérience pour montrer que deux sphères conductrices raccordées par un long fil sont au même potentiel électrique.

11. Des chercheurs placent deux plaques de charges opposées, une sphère chargée négativement et une sphère chargée positivement à côté de trois paratonnerres différents. Ils attendent qu'un orage passe au-dessus et surveillent la situation sur un ordinateur dans un laboratoire. Discute de ce que les chercheurs pourraient observer en ce qui concerne les charges et explique pourquoi cela se produirait.

Fais des liens

12. Explique comment fonctionne une bougie, en examinant la **figure 20** et en discutant des facteurs suivants :
    a) le petit espace (0,75 mm) entre les deux conducteurs métalliques
    b) la valeur de claquage ($4,7 \times 10^7$ N/C) entre les conducteurs
    c) les variations du potentiel électrique à travers les deux conducteurs pendant que la bougie fonctionne

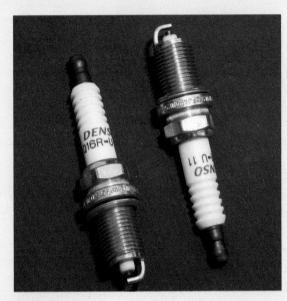

Figure 20
Des bougies d'allumage typiques

13. Certains chercheurs croient que les paratonnerres peuvent réellement empêcher la formation des éclairs. Discute du rôle que pourraient jouer les ions qui se forment près de l'extrémité des paratonnerres dans la prévention des éclairs.

7.5 L'expérience de Millikan : la détermination de la charge élémentaire

L'une des principales caractéristiques des particules élémentaires est leur charge électrique. Cette section présente une brillante expérience visant à mettre en lumière la charge élémentaire dans la nature, c'est-à-dire la charge de l'électron.

Au tournant du XXe siècle, alors qu'on commençait à comprendre un peu mieux les forces électriques, deux questions fondamentales surgirent au sujet de la nature de la charge électrique :

1. Existe-t-il, dans la nature, une charge électrique minimale fondamentale, dont toutes les autres seraient des multiples ?
2. Si oui, quelle est cette charge élémentaire et quelle en est la grandeur, en coulombs ?

L'exercice d'application 7.5.1, dans la section Activités en laboratoire à la fin de ce chapitre, te permet de calculer la charge élémentaire.

Pour répondre à ces questions, le physicien américain Robert Andrews Millikan (**figure 1**), lauréat d'un prix Nobel, a imaginé et réalisé une série d'expériences ingénieuses. Il émit l'hypothèse que la charge élémentaire devait être celle d'un seul électron. Il a supposé ensuite que lorsque de fines gouttes d'huile sont expulsées d'un vaporisateur, elles deviennent chargées électriquement par frottement, certaines accumulant un surplus d'électrons et certaines autres, un manque. Bien qu'il n'y eût pas de façon de savoir combien d'électrons en surplus se trouvaient sur une goutte d'huile donnée ou combien manquaient, Millikan a pensé que s'il était capable mesurer la charge totale sur une certaine goutte d'huile, cette charge devrait être un multiple entier de la charge élémentaire.

Pour mesurer cette charge, Millikan a utilisé le champ électrique uniforme dans la région entre deux plaques parallèles de charges opposées. Il a chargé les plaques en connectant chacune aux bornes opposées d'un gros banc de batterie d'accumulateur dont il pouvait faire varier la différence de potentiel. Millikan est parvenu à utiliser cet appareil, appelé *microbalance électrique*, pour isoler et suspendre des gouttes d'huile et finalement mesurer la charge totale à la surface de chacune.

Quand on pulvérise une brume de gouttes d'huile à travers un petit trou dans la plaque supérieure de l'appareil de Millikan, il est possible, en ajustant soigneusement la différence de potentiel entre les plaques, d'« équilibrer » une gouttelette particulière portant une charge de même signe que celle de la plaque inférieure. Quand la gouttelette est équilibrée, la force gravitationnelle qui la tire vers le bas est égale à la force électrique qui la tire vers le haut (**figure 2**).

Pour une gouttelette chargée positivement de masse m et de charge q, la force électrique agit vers le haut si la plaque inférieure est chargée positivement :

$$\vec{F}_E = q\vec{\varepsilon}$$

où $\vec{\varepsilon}$ est le champ électrique entre les plaques.

Quand la gouttelette est en équilibre,

$$F_E = F_g$$
$$q\varepsilon = mg$$

Mais dans la section 7.4, nous avons appris que le champ électrique dans la région entre deux plaques parallèles est constant et a une grandeur donnée par

$$\varepsilon = \frac{\Delta V}{r}$$

où ΔV est la différence de potentiel électrique et r, la distance entre les plaques.

Figure 1
Robert Millikan (1868-1953)

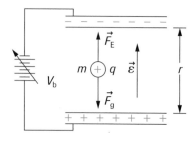

Figure 2
Quand la force totale sur la gouttelette d'huile est nulle, la force électrique vers le haut est égale en grandeur à la force gravitationnelle vers le bas.

EXERCICE 7.5.1

La charge élémentaire
Peux-tu imaginer une méthode que l'on pourrait utiliser et qui tendrait à montrer qu'il existe une charge élémentaire ?

Conséquemment, pour une goutte d'huile de masse m et de charge q, équilibrée par une différence de potentiel $\Delta V = \Delta V_b$,

$$q = \frac{mg}{\varepsilon}$$

$$q = \frac{mgr}{\Delta V_b}$$

où ΔV_b est la valeur compensatrice de différence de potentiel électrique entre les plaques.

Ainsi, il est possible de déterminer la charge totale à la surface d'une goutte d'huile si l'on connaît sa masse. On peut déterminer la masse d'une goutte particulière en mesurant la vitesse limite à laquelle elle tombe quand on enlève la force électrique compensatrice (quand on débranche les piles) et que seuls la pesanteur et le frottement agissent sur elle.

En mesurant la vitesse limite d'une gouttelette d'huile qui tombe sous l'effet de la gravité, Millikan a pu calculer sa masse. Alors, en mesurant la valeur de la différence de potentiel entre les plaques nécessaire pour équilibrer la gouttelette, il parvint à calculer la charge électrique totale sur la gouttelette.

Millikan a répété l'expérience à plusieurs reprises, équilibrant chaque fois la gouttelette d'huile avec grande attention, mesurant sa tension compensatrice, puis lui permettant de tomber sous l'effet de la pesanteur pour finalement mesurer sa vitesse limite. La liste de valeurs qu'il a déterminées pour la charge électrique totale sur chaque goutte étudiée contenait un paramètre significatif: toutes les valeurs étaient des multiples simples d'une valeur plus petite minimale. Plusieurs des gouttelettes avaient cette valeur minimale de charge sur elles, mais aucune ne portait de charge plus petite. Millikan en a conclu que cette valeur minimale représentait la plus petite quantité de charge électrique possible, la charge d'un électron, ou la charge élémentaire. Des mesures précises de la charge élémentaire ont mené à des valeurs proches de celle de Millikan. La valeur présentement acceptée pour la charge élémentaire, couramment appelée e, est, à quatre chiffres significatifs,

$$e = 1,602 \times 10^{-19} \text{ C}$$

Cette connaissance de la valeur de la charge élémentaire nous permet de comprendre la nature de la charge électrique à un niveau fondamental. Dans la section 7.1, nous avons vu que toutes les charges électriques dans les solides sont dues à un surplus ou à un manque d'électrons. Si nous connaissons maintenant la charge d'un seul électron, nous pouvons calculer le nombre d'électrons en surplus ou en manque qui constituent toute charge électrique observée.

Un objet avec un surplus (ou un manque) de N électrons possède une charge q donnée par

$$q = Ne$$

> ▶ **PROBLÈME 1**

Calcule la charge d'une petite sphère à la surface de laquelle il y a un surplus de $5,0 \times 10^{14}$ électrons.

Solution

$N = 5,0 \times 10^{14}$

$q = ?$

$$\begin{aligned} q &= Ne \\ &= (5,0 \times 10^{14})(1,6 \times 10^{-19} \text{ C}) \\ q &= 8,0 \times 10^{-5} \text{ C} \end{aligned}$$

La charge à la surface de la sphère est de $-8,0 \times 10^{-5}$ C (négative puisqu'il s'agit d'un surplus d'électrons).

Dans une expérience de type Millikan, deux plaques horizontales sont à 2,5 cm l'une de l'autre. Une sphère de latex, dont la masse est de $1,5 \times 10^{-15}$ kg, demeure stationnaire quand la différence de potentiel entre les plaques est de 460 V, la plaque du haut étant positive.

a) La sphère est-elle chargée négativement ou positivement?

b) Calcule la grandeur de la charge à la surface de la sphère de latex.

c) Combien d'électrons par surplus ou par manque y a-t-il à la surface de la sphère?

Solution

$r = 2,5$ cm $\qquad\qquad q = ?$

$m = 1,5 \times 10^{-15}$ kg $\qquad N = ?$

$\Delta V = 460$ V

a) La force électrique doit être vers le haut, pour compenser la force de gravité vers le bas. Comme la plaque du haut est positive, la sphère de latex doit être chargée négativement pour être attirée par la plaque du haut et repoussée par la plaque du bas. Le champ électrique est vers le bas, ce qui produit une force vers le haut sur une charge négative.

b) Quand la sphère est en équilibre,

$$F_E = F_g$$
$$q\varepsilon = mg$$

Mais $\varepsilon = \dfrac{\Delta V}{r}$. Par conséquent,

$$\frac{q\Delta V}{r} = mg$$
$$q = \frac{mgr}{\Delta V}$$
$$= \frac{(1,5 \times 10^{-15}\text{ kg})(9,8\text{ m/s}^2)(2,5 \times 10^{-2}\text{ m})}{460\text{ V}}$$
$$q = 8,0 \times 10^{-19}\text{ C}$$

La grandeur de la charge est de $8,0 \times 10^{-19}$ C.

c) $$N = \frac{q}{e}$$
$$= \frac{8,0 \times 10^{-19}\text{ C}}{1,6 \times 10^{-19}\text{ C}}$$
$$N = 5$$

La sphère possède 5 électrons en surplus (puisque la charge est négative).

▶ **Mise en pratique**

Saisis bien les concepts

1. Calcule le nombre d'électrons qu'il faut retirer à une sphère conductrice isolée et neutre pour lui donner une charge positive de $8,0 \times 10^{-8}$ C.

2. Calcule la force de répulsion électrique entre deux petites sphères se trouvant à 1,0 m l'une de l'autre si chaque sphère a un manque de $1,0 \times 10^8$ électrons.

3. Un petit objet possède $5,0 \times 10^9$ électrons en surplus. Calcule la grandeur de l'intensité du champ électrique et le potentiel électrique à une distance de 0,50 m de l'objet.

Réponses

1. $5,0 \times 10^{11}$ électrons

2. $2,3 \times 10^{-12}$ N

3. 29 N/C; $-14,0$ V

4. Deux grandes plaques métalliques horizontales sont séparées de 0,050 m. On suspend une petite sphère de plastique à mi-chemin entre les plaques. La sphère subit une force électrique de $4,5 \times 10^{-15}$ N vers le haut, tout juste suffisante pour équilibrer son poids.
   a) Si la charge sur la sphère est de $6,4 \times 10^{-19}$ C, quelle est la différence de potentiel entre les plaques?
   b) Calcule la masse de la sphère.

5. Une goutte d'huile d'une masse de $4,95 \times 10^{-15}$ kg se trouve en équilibre entre deux grandes plaques horizontales séparées de 1 cm et maintenues à une différence de potentiel de 510 V. La plaque du haut est positive. Calcule la charge à la surface de la goutte, en coulombs et comme un multiple de la charge élémentaire, et indique s'il y a un surplus ou un manque d'électrons.

6. Des mesures minutieuses révèlent que la Terre est entourée d'un champ électrique similaire à celui qui entoure une sphère chargée négativement. À la surface de la Terre, ce champ a approximativement une grandeur de $1,0 \times 10^2$ N/C. Quelle charge une goutte d'huile d'une masse de $2,0 \times 10^{-15}$ kg doit-elle avoir pour demeurer en suspension dans le champ électrique terrestre? Donne ta réponse en coulombs et comme un multiple de la charge élémentaire.

Réponses

4. a) $3,5 \times 10^2$ V
   b) $4,6 \times 10^{-16}$ kg
5. $9,6 \times 10^{-19}$ C; $6e$; un surplus
6. $-2,0 \times 10^{-16}$ C; $-1,2 \times 10^3 e$

La charge du proton

On croit que le proton et l'électron ont des charges égales en grandeur mais de signes contraires. Des expériences modernes ont montré que le rapport des grandeurs des deux charges est, à toutes fins utiles, 1, puisque la différence, en coulombs, est inférieure à 10^{-20}, un nombre extrêmement petit. Mais cela n'est pas évident pour les physiciens des particules. L'une des raisons de cette curiosité est que, mis à part la similarité dans la charge des deux particules, elles sont fort différentes. Contrairement à l'électron, le proton possède une structure complexe. Et comme pour la plupart des autres particules subatomiques lourdes, il comporte d'autres entités fondamentales, appelées quarks.

Les quarks eux-mêmes ont des charges de $\pm\frac{1}{3}e$ et $\pm\frac{2}{3}e$. Cependant, ceci ne change pas notre point de vue sur ce que la charge fondamentale devrait être parce que l'on n'observe jamais de quarks à l'état libre dans des conditions ordinaires. Toutes les particules fondamentales connues ont des charges qui sont des multiples entiers de e. (Nous étudierons les quarks davantage au chapitre 13.)

De prime abord, on pourrait penser que Millikan a seulement découvert la grandeur de la charge de l'électron, qui se trouve à être la même que celle de la charge du proton. Toutefois, sa découverte a des implications plus profondes. En fait, chaque particule subatomique que l'on a pu observer jusqu'à maintenant possède une charge qui est un multiple entier de cette charge vraiment «fondamentale». Il semble que la charge soit quantifiée, ce qui signifie qu'elle se présente dans des quantités déterminées, soit positives, soit négatives. Ceci peut ne pas paraître très surprenant quand on pense que la matière aussi se présente dans des quantités déterminées (particules); alors, pourquoi pas la charge associée à ces particules? Néanmoins, contrairement à la masse, qui peut être convertie en énergie (laquelle est réellement une autre forme de masse) ou vice versa dans des réactions chimiques et nucléaires, la charge est toujours conservée et ne peut se transformer en une autre grandeur physique.

 **RÉSUMÉ**   *L'expérience de Millikan: la détermination de la charge élémentaire*

- Il existe une unité minimale de charge électrique, appelée la charge élémentaire, e, de laquelle les autres unités sont des multiples simples; $e = 1,602 \times 10^{-19}$ C.

Saisis bien les concepts

1. Une sphère A ayant une charge de $-3q$ est à 1,5 m d'une autre sphère identique B ayant une charge de $+5q$. Les deux sphères sont mises en contact puis écartées de 1,5 m ; la force entre les sphères est de $8,1 \times 10^{-2}$ N.
   a) Trouve le nombre d'électrons qui ont été transférés d'une sphère à l'autre. Explique dans quel sens ils se sont déplacés.
   b) Trouve la grandeur du champ électrique et le potentiel électrique à mi-chemin entre les deux sphères.
   c) Détermine la grandeur de la force électrique initiale entre les sphères.

2. Une petite goutte d'eau, d'une masse de $4,3 \times 10^{-9}$ kg, est en suspension, immobile, dans un champ électrique uniforme de $9,2 \times 10^2$ N/C [vers le haut].
   a) La charge sur la goutte est-elle positive ou négative ? Explique ta réponse.
   b) Trouve le nombre d'électrons ou de protons en plus sur la goutte.

3. Une goutte d'huile dont la masse est de $4,7 \times 10^{-15}$ kg est en suspension entre deux plaques parallèles, comme à la **figure 3**.
   a) Calcule la charge à la surface de la goutte d'huile.
   b) Calcule le nombre de charges élémentaires nécessaire pour constituer cette charge.
   c) La goutte d'huile a-t-elle un manque ou un surplus d'électrons ? Explique ta réponse.

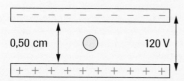

0,50 cm   120 V

Figure 3

4. Deux petits objets portant des charges de même grandeur ont chacun une masse de $2,0 \times 10^{-5}$ kg. Trouve les charges possibles à la surface de chaque objet si la force électrique annule la force gravitationnelle entre les objets.

5. La sphère A, d'une masse de $5,0 \times 10^{-2}$ kg, a un surplus de $1,0 \times 10^{12}$ électrons. La sphère B a un manque de $4,5 \times 10^{12}$ électrons. Les deux sphères sont à 0,12 m l'une de l'autre, comme à la **figure 4**.
   a) Trouve l'angle entre le fil et la verticale.
   b) Trouve la tension dans le fil.

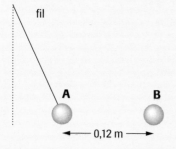

fil

A   B

◀— 0,12 m —▶

Figure 4

Mets en pratique tes connaissances

6. Quand Millikan a commencé sa recherche, il a utilisé des gouttelettes d'eau plutôt que d'huile. Par la suite, il a utilisé des gouttelettes d'huile, parce qu'il éprouvait des difficultés à examiner l'eau (il trouvait difficile de maintenir les gouttelettes d'eau en suspension pendant un certain temps).
   a) Pourquoi serait-il plus difficile de garder des gouttelettes d'eau en suspension que des gouttelettes d'huile ? (*Indice :* Pense aux changements de phases.)
   b) Décris ce que l'on observerait si une expérience de cette nature était réalisée avec de l'eau.
   c) Un autre chercheur aurait pu supposer que d'autres problèmes étaient à l'origine des résultats observés dans le cas de l'eau. Explique l'une de ces fausses suppositions.

Fais des liens

7. La Terre possède un champ électrique de $1,0 \times 10^2$ N/C à sa surface, orienté vers le centre.
   a) Une sphère chargée uniformément produit un champ électrique à l'extérieur d'elle-même exactement identique au champ qu'elle produirait si la charge était concentrée au centre du champ. Suppose que la Terre est chargée uniformément. De quel type et de quelle grandeur est la charge de la Terre ?
   b) Compare le champ électrique et le champ gravitationnel de la Terre en fonction de i) la direction et la forme, ii) l'effet sur les objets et iii) la façon dont il varie quand la distance augmente.
   c) Quelle est la plus grande masse qui peut se trouver en suspension dans le champ électrique terrestre si la particule porte la charge élémentaire ?
   d) Pourrait-on utiliser le champ électrique de la Terre pour garder en suspension i) un proton et ii) un électron ? Explique ton raisonnement.

8. Dans de l'air stationnaire en un lieu ensoleillé, on peut souvent observer de fines particules de poussière qui flottent dans l'air. Explique comment cela est possible. Comment pourrait-on mettre ton hypothèse à l'épreuve ?

Le mouvement des particules chargées dans les champs électriques 7.6

Dans l'expérience de Millikan, quand des gouttes d'huile chargées ont été pulvérisées entre deux plaques parallèles chargées, le champ électrique qu'elles ont utilisé a fait en sorte que quelques-unes se sont lentement déplacées dans une direction et que d'autres se sont déplacées, lentement ou plus vite, dans l'autre direction. En réglant la grandeur du champ électrique entre les plaques, il a été possible d'immobiliser certaines gouttelettes en équilibrant la force de gravité vers le bas par la force du champ électrique vers le haut.

L'appareil de Millikan, toutefois, ne donne pas une image correcte du mouvement des particules dans un champ électrique, à cause de la présence de l'air et de la résistance qu'il oppose au mouvement de si petites particules, qui atteignent une vitesse vectorielle limite constante. Examinons une petite charge positive q_1, possédant une très petite masse m, dans le vide à une distance r d'une charge positive fixe q_2. Nous allons supposer que la masse m est si petite que les effets de la gravité sont négligeables.

À la **figure 1**, la charge q_1 subit une force de Coulomb, vers la droite dans ce cas, dont la grandeur est donnée par

$$F_E = \frac{kq_1q_2}{r^2}$$

Si la masse chargée est libre de se déplacer depuis sa position initiale, elle accélérera dans la direction de cette force électrique (deuxième loi de Newton) avec une accélération instantanée dont la grandeur est donnée par

$$a = \frac{F_E}{m}$$

La description du mouvement que décrit ensuite la particule chargée se complique, parce qu'à mesure qu'elle se déplace, r augmente, ce qui fait diminuer F_E, de telle sorte que a diminue aussi. (Tu peux voir qu'une diminution est inévitable puisque l'accélération, tout comme la grandeur de la force électrique, est inversement proportionnelle au carré de la distance de la charge répulsive.) Le déplacement dans le cas d'une accélération décroissante constitue un épineux problème d'analyse si l'on applique les lois de Newton directement.

Si, par contre, on adopte une approche fondée sur l'énergie pour analyser son mouvement, tout devient beaucoup plus simple. Quand la distance qui sépare q_1 de q_2 augmente, l'énergie potentielle électrique diminue et la masse chargée q_1 commence à acquérir de l'énergie cinétique. Le principe de conservation de l'énergie exige que l'énergie totale demeure constante quand q_1 s'éloigne de q_2. L'activité 7.6.1, dans la section Activités en laboratoire à la fin de ce chapitre, te fournit l'occasion de simuler le mouvement de particules chargées dans des champs électriques.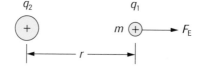

Cet aspect du système est décrit à la **figure 2**. Quand q_1 est à r_1, q_1 est au repos, et donc l'énergie totale de la masse chargée est égale à son énergie potentielle :

$$E = E'$$

$$E_E + E_C = E_E' + E_C'$$

$$\frac{kq_1q_2}{r} + \frac{1}{2}mv^2 = \frac{kq_1q_2}{r'} + \frac{1}{2}m(v')^2$$

$$\frac{kq_1q_2}{r} - \frac{kq_1q_2}{r'} = \frac{1}{2}m(v')^2 - \frac{1}{2}mv^2$$

$$-\left(\frac{kq_1q_2}{r'} - \frac{kq_1q_2}{r}\right) = \frac{1}{2}mm(v')^2 - 0$$

$$-\Delta E_E = \Delta E_C$$

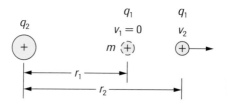

Figure 1
La charge accélère dans la direction de la force électrique, conformément à la deuxième loi de Newton.

ACTIVITÉ 7.6.1

Le mouvement des particules chargées dans les champs électriques
Combien de façons te viennent à l'esprit pour montrer que le principe de conservation de l'énergie gouverne le mouvement des particules chargées ? Comment varient la force, l'accélération et la vitesse vectorielle de particules chargées ?

Figure 2
L'énergie totale des charges demeure constante même si la distance qui les sépare varie.

La particule chargée q_1 se déplace donc dans le champ électrique de q_2 d'une façon telle que l'énergie potentielle électrique qu'elle perd ($-\Delta E_E$) est égale à l'énergie cinétique qu'elle gagne (ΔE_C). Le problème qui suit illustre bien cette propriété.

▶ PROBLÈME 1

La **figure 3** montre deux petites sphères conductrices placées sur des disques isolants. L'un des disques est fixé à la surface alors que l'autre peut se mouvoir librement sur une table à coussin d'air. La masse de la sphère et du disque réunis est de 0,15 kg et la charge à la surface de chaque sphère est de $+3,0 \times 10^{-6}$ C et de $+5,0 \times 10^{-9}$ C. Les deux sphères sont initialement à 0,25 m l'une de l'autre. À quelle vitesse la sphère se déplacera-t-elle quand elle se trouvera à 0,65 m de l'autre?

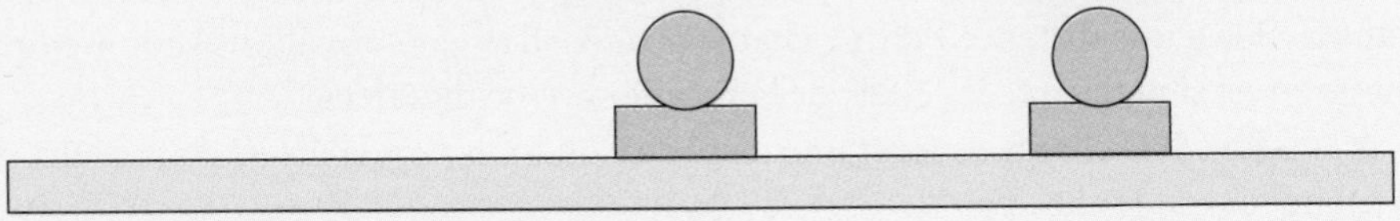

$+3,0 \times 10^{-6}$ C
libre de se déplacer

$+5,0 \times 10^{-9}$ C
ne bougera pas

Figure 3

Solution

$m = 0{,}15$ kg $\qquad r = 0{,}25$ m

$q_1 = +3{,}0 \times 10^{-6}$ C $\qquad r' = 0{,}65$ m

$q_2 = +5{,}0 \times 10^{-9}$ C $\qquad v' = ?$

Pour trouver la vitesse, il nous faut connaître l'énergie cinétique à $r_2 = 0{,}65$ m. Comme l'énergie cinétique initiale est nulle, l'énergie cinétique finale est égale à la variation de l'énergie cinétique. Pour déterminer la variation de l'énergie cinétique, trouvons d'abord la variation de l'énergie potentielle électrique:

$$E_C{'} = \Delta E_C$$
$$= -\Delta E_E$$
$$= -\left(\frac{kq_1q_2}{r'} - \frac{kq_1q_2}{r}\right)$$
$$= -\frac{(9{,}0 \times 10^9 \text{ N·m}^2/\text{C}^2)(3{,}0 \times 10^{-6} \text{ C})(5{,}0 \times 10^{-9} \text{ C})}{0{,}65 \text{ m}} + \frac{(9{,}0 \times 10^9 \text{ N·m}^2/\text{C}^2)(3{,}0 \times 10^{-6} \text{ C})(5{,}0 \times 10^{-9} \text{ C})}{0{,}25 \text{ m}}$$
$$E_C{'} = 3{,}3 \times 10^{-4} \text{ J}$$

Nous pouvons maintenant trouver la vitesse:

$$v' = \sqrt{\frac{2E_C{'}}{m}}$$
$$= \sqrt{\frac{2(0{,}33 \text{ J})}{0{,}15 \text{ kg}}}$$
$$v' = 2{,}1 \text{ m/s}$$

La sphère se déplacera à la vitesse de 2,1 m/s.

Quand le champ électrique dans lequel se déplace la particule chargée est uniforme, son mouvement est beaucoup plus simple. Dans un champ électrique uniforme,

$$\vec{F}_E = q\vec{\varepsilon} = \text{constante}$$

Par conséquent,

$$\vec{a} = \frac{\vec{F}_E}{m} = \text{constante}$$

Ainsi donc, la particule chargée se déplace avec une accélération uniforme. C'est le cas pour les petites particules chargées (comme les ions, les électrons et les protons), pour lesquels les effets gravitationnels sont négligeables, quand elles se déplacent entre deux plaques parallèles dans le vide.

Le travail fait par une force constante est le produit scalaire de la force et du déplacement. Dans un appareil à plaques parallèles séparées par une distance r, le travail fait par la force électrique en déplaçant une charge q d'une plaque à l'autre est

$$
\begin{aligned}
W &= \vec{F}_E \cdot \vec{r} \\
&= \varepsilon q r \qquad \text{(puisque $\vec{\varepsilon}$ et $\vec{r}$ sont dans la même direction)} \\
&= \frac{\Delta V}{d} q r \\
W &= \Delta V q
\end{aligned}
$$

Cette quantité de travail est égale en grandeur à la variation d'énergie potentielle électrique et à la variation d'énergie cinétique de la particule quand elle se déplace d'une plaque à l'autre. Le problème qui suit met en jeu plusieurs de ces relations.

▶ **PROBLÈME 2**

La cathode dans un tube cathodique typique (**figure 4**), que l'on trouve dans un écran d'ordinateur ou un oscilloscope, est chauffée, ce qui fait que des électrons quittent la cathode. Ils sont alors attirés par l'anode chargée positivement. Le potentiel de la première anode n'est que légèrement plus élevé que celui de la cathode, tandis que le potentiel de la seconde anode l'est beaucoup plus. Si la différence de potentiel entre la cathode et la seconde anode est de $2,0 \times 10^4$ V, trouve la vitesse finale des électrons.

Solution

La masse et la charge d'un électron sont indiquées à l'annexe C.

$\Delta V = 2,0 \times 10^4$ V $q = 1,6 \times 10^{-19}$ C

$m = 9,1 \times 10^{-31}$ kg $v = ?$

Pour l'électron libre,

$$
\begin{aligned}
-\Delta E_E &= \Delta E_C \\
q\Delta V &= \frac{1}{2} m v^2 \\
v &= \sqrt{\frac{2 q \Delta V}{m}} \\
&= \sqrt{\frac{2(1,6 \times 10^{-19}\ \text{C})(2,0 \times 10^4\ \text{V})}{9,1 \times 10^{-31}\ \text{kg}}} \\
v &= 8,4 \times 10^7\ \text{m/s}
\end{aligned}
$$

La vitesse finale de l'électron est de $8,4 \times 10^7$ m/s.

plaque de déviation haut-bas

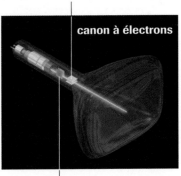

canon à électrons

plaque de déviation
droite-gauche

canon à électrons

grille de
commande

filament

cathode

première
anode

seconde anode

faisceau
d'électrons

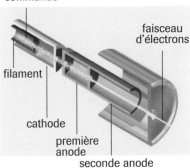

Figure 4
Un tube à rayons cathodiques typique

Remarque que cette vitesse n'est pas négligeable par rapport à celle de la lumière (28 %). La grande vitesse est due à la différence de potentiel électrique et à la très petite masse de l'électron. Cette analyse devient insatisfaisante pour les électrons accélérés par des différences de potentiel supérieures à quelques milliers de volts, car il faut alors tenir compte des effets relativistes (voir le chapitre 11).

> ### ▶ *Mise en pratique*

Saisis bien les concepts

1. La différence de potentiel entre deux plaques parallèles est de $1,5 \times 10^2$ V. Il te faudrait produire un travail de 0,24 J si tu voulais déplacer une petite charge, dans la direction opposée à celle de la force électrique, d'une plaque à l'autre. Calcule la grandeur de la charge.

2. Une particule α possède une charge positive de $2e$ et une masse de $6,6 \times 10^{-27}$ kg. Avec quelle vitesse une particule α atteindrait-elle la plaque négative d'un appareil à plaques parallèles avec une différence de potentiel de $2,0 \times 10^3$ V
   a) si elle partait du repos depuis la plaque positive ?
   b) si elle partait du repos d'un point à mi-chemin entre les plaques ?

3. Une balle de sureau d'une masse de $1,0 \times 10^{-5}$ kg portant une charge positive de $4,0 \times 10^{-7}$ C est tirée lentement à vitesse constante par une corde sur une distance de 50,0 cm à travers une différence de potentiel de $8,0 \times 10^2$ V. On relâche ensuite la boule à partir du repos et elle « retombe » à sa position initiale.
   a) Calcule le travail fait par la corde pour déplacer la balle de sureau.
   b) Calcule la grandeur de la force moyenne requise pour produire ce travail.
   c) Calcule l'énergie cinétique de la balle de sureau au moment où elle se retrouve à sa position initiale.
   d) Calcule la vitesse de la balle de sureau au moment où elle atteint sa position finale.

4. Deux électrons sont maintenus, au repos, à une distance de $1,0 \times 10^{-12}$ m l'un de l'autre, puis relâchés. Avec quelle énergie cinétique et quelle vitesse chacun se déplace-t-il quand ils sont rendus à une grande distance l'un de l'autre ?

Réponses

1. $1,6 \times 10^{-3}$ C
2. a) $4,4 \times 10^5$ m/s
   b) $3,1 \times 10^5$ m/s
3. a) $3,2 \times 10^{-4}$ J
   b) $6,4 \times 10^{-4}$ N
   c) $3,2 \times 10^{-4}$ J
   d) 8,0 m/s
4. $2,3 \times 10^{-16}$ J ; $1,6 \times 10^7$ m/s

Les imprimantes à jet d'encre

Une imprimante à jet d'encre utilise des plaques parallèles chargées pour faire dévier des gouttelettes d'encre vers le papier. Un type de tête d'impression à jet d'encre éjecte un fin courant de petites gouttelettes d'encre pendant son mouvement de va-et-vient au-dessus du papier (**figure 5**). Typiquement, une petite buse brise le jet d'encre en gouttelettes de 1×10^{-4} m de diamètre au taux de 150 000 gouttelettes par seconde qui se déplacent à 18 m/s. Quand la tête d'impression passe au-dessus d'un endroit sur le papier où il ne devrait pas y avoir d'encre, l'électrode de charge est mise sous tension, ce qui crée un champ électrique entre la tête et l'électrode. Les gouttelettes d'encre acquièrent une charge électrique par induction (la tête d'impression elle-même est mise à la terre) et les plaques de déviation empêchent les gouttelettes chargées d'atteindre le papier en les faisant dévier dans un collecteur. Quand la tête d'impression passe au-dessus d'un endroit où elle doit déposer de l'encre, l'électrode est fermée et les gouttelettes d'encre non chargées passent tout droit entre les plaques de déviation pour atteindre le papier. Un autre type d'imprimantes à jet d'encre place une charge sur toutes les gouttelettes d'encre. Deux plaques parallèles reçoivent une charge proportionnelle à un signal de commande venant d'un ordinateur et dirigent les gouttes verticalement pendant que le papier se déplace horizontalement (**figure 6**). Là où il ne doit pas y avoir d'encre, les gouttes sont déviées dans un collecteur, comme dans le modèle précédent.

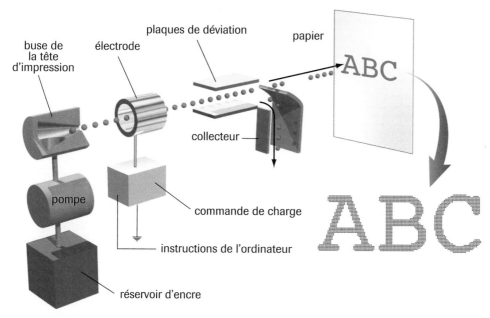

plaques de déviation

papier

buse de
la tête
d'impression

électrode

collecteur

pompe

commande de charge

instructions de l'ordinateur

réservoir d'encre

Figure 5

La tête d'impression émet un flux continu de gouttelettes d'encre. Les gouttelettes d'encre non chargées passent tout droit entre les plaques de déviation pour former les lettres. Les gouttelettes chargées sont déviées dans le collecteur là où le papier doit rester blanc. Remarque qu'on peut voir les empreintes des gouttes d'encre quand on agrandit les lettres.

▶ *PROBLÈME 3*

Un électron est projeté horizontalement à $2,5 \times 10^6$ m/s entre deux plaques parallèles horizontales de 7,5 cm de longueur, comme on le voit à la **figure 7**. La grandeur du champ électrique est de 130 N/C. La séparation des plaques est suffisante pour permettre à l'électron de s'échapper. Les effets de bord et la force de gravité sont négligeables. Trouve la vitesse vectorielle de l'électron au moment où il s'échappe des plaques.

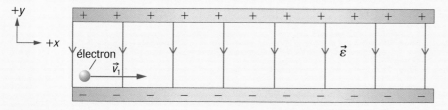

Figure 7

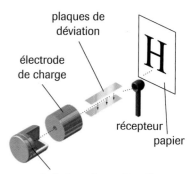

plaques de
déviation

électrode
de charge

récepteur

papier

générateur de gouttes d'encre

Figure 6

Les gouttelettes chargées sont déviées verticalement pour former les lettres.

Solution

$q = 1,6 \times 10^{-19}$ C $\varepsilon = 130$ N/C

$\vec{v}_1 = 2,5 \times 10^6$ m/s [horizontalement] $\vec{v}_2 = ?$

$l = 7,5$ cm

Remarque que $\vec{v}_2$ possède deux composantes, v_{2x} et v_{2y}.

La grandeur du champ électrique est constante et le champ est en tout temps dirigé droit vers le bas. Par conséquent, la force électrique sur l'électron est constante, ce qui fait que son accélération est constante et verticale. On peut diviser le problème en une partie horizontale, qui n'implique qu'un mouvement uniforme, et une partie verticale, qui implique une accélération constante. Il n'est pas nécessaire de recourir à l'énergie ici (bien que nous pourrions le faire). Nous allons plutôt utiliser les forces et la cinématique.

La grandeur de la force nette sur l'électron est

$$F_{\text{nette}} = F_E = q\varepsilon = e\varepsilon$$

Donc, l'accélération de l'électron est donnée par

$$a_y = \frac{e\varepsilon}{m_e} = \frac{(-1,6 \times 10^{-19}\ \text{C})(-130\ \text{N/C})}{9,1 \times 10^{-31}\ \text{kg}}$$

$$a_y = 2,3 \times 10^{13}\ \text{m/s}^2$$

$$\vec{a} = 2,3 \times 10^{13}\ \text{m/s}^2\ [\text{vers le haut}]$$

Cette accélération est vers le haut parce que l'électron est repoussé par la plaque inférieure et attiré par la plaque supérieure, comme l'indique la direction du champ électrique.

La vitesse vectorielle initiale dans la direction verticale est nulle. Pour trouver la vitesse vectorielle verticale finale, il suffit de trouver le temps que dure le mouvement vertical. Or, ce temps est le même que le temps requis pour que l'électron passe entre les plaques. On peut trouver ce temps puisqu'on connaît la vitesse vectorielle horizontale de l'électron et la longueur des plaques. (Rappelle-toi que l'électron se déplace avec un mouvement uniforme dans la direction horizontale).

$$\Delta t = \frac{\Delta l}{v_x} = \frac{7,5 \times 10^{-2}\ \text{m}}{2,5 \times 10^6\ \text{m/s}}$$

$$\Delta t = 3,0 \times 10^{-8}\ \text{s}$$

La composante verticale finale de la vitesse vectorielle est

$$v_{2y} = v_{1y} + a_y \Delta t$$
$$= 0 + (2,3 \times 10^{13}\ \text{m/s}^2)(3,0 \times 10^{-8}\ \text{s})$$
$$v_{2y} = 6,9 \times 10^5\ \text{m/s}\ [\text{vers le haut}]$$

En traçant ces deux vitesses, l'origine de l'une sur l'extrémité de l'autre, et en utilisant le théorème de Pythagore, comme à la **figure 8**, on obtient

$$v_2 = \sqrt{(6,9 \times 10^5\ \text{m/s}) + (2,5 \times 10^6\ \text{m/s})}$$

$$v_2 = 2,6 \times 10^6\ \text{m/s}$$

On détermine l'angle vers le haut par rapport à l'horizontale :

$$\theta = \tan^{-1}\left(\frac{6,9 \times 10^5\ \text{m/s}}{2,5 \times 10^6\ \text{m/s}}\right)$$

$$\theta = 15°$$

La vitesse vectorielle finale est de $2,6 \times 10^6$ m/s [vers la droite à 15° au-dessus de l'horizontale].

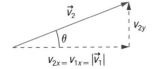

Figure 8

RÉSUMÉ **_Le mouvement des particules chargées dans les champs électriques_**

- Une particule chargée dans un champ électrique uniforme se déplace avec une accélération uniforme.

- De par les principes de conservation, toute variation de l'énergie cinétique d'une particule résulte d'une variation correspondante de son énergie potentielle électrique (quand elle se déplace dans un champ électrique quelconque et en ne tenant pas compte des effets gravitationnels).

> ▶ **Section 7.6** *Questions*

Saisis bien les concepts

1. La **figure 9** montre une technique couramment utilisée pour accélérer des électrons, habituellement émis par un filament chaud avec une vitesse initiale considérée comme nulle. Le petit trou dans la plaque positive permet à certains électrons de s'échapper, ce qui fournit une source d'électrons à déplacement rapide pour les expériences. La grandeur de la différence de potentiel entre les deux plaques est de $1,2 \times 10^3$ V. La distance entre les plaques est de 0,12 m.
   a) À quelle vitesse un électron passera-t-il à travers le trou dans la plaque positive?
   b) L'électron est-il attiré par la plaque positive une fois qu'il a traversé le trou? Explique ta réponse.
   c) Comment pourrait-on modifier l'appareil pour accélérer des protons?
   d) Trouve la vitesse des protons qui sortiraient de l'appareil approprié.

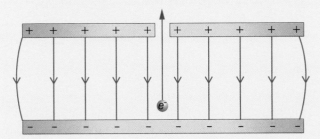

Figure 9

2. Un électron est accéléré dans un champ électrique uniforme d'une grandeur de $2,5 \times 10^2$ N/C avec une vitesse initiale de $1,2 \times 10^6$ m/s parallèle au champ électrique, comme le montre la **figure 10**.
   a) Calcule le travail fait sur l'électron par le champ quand l'électron a parcouru 2,5 cm dans le champ.
   b) Calcule la vitesse de l'électron après qu'il a parcouru 2,5 cm dans le champ.
   c) Si l'on inverse la direction du champ électrique, quelle distance l'électron franchira-t-il dans le champ avant de s'arrêter?

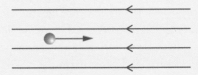

Figure 10

3. Deux électrons sont éjectés à $3,5 \times 10^6$ m/s directement l'un vers l'autre.
   a) Calcule la plus petite distance possible entre les deux électrons.
   b) Est-il vraisemblable que les deux électrons en viennent à se rapprocher à ce point l'un de l'autre si l'expérience est tentée? Explique ta réponse.

4. Ernest Rutherford, dans son laboratoire à l'Université McGill, à Montréal, a projeté des particules *a* d'une masse de $6,64 \times 10^{-27}$ kg sur une feuille d'or pour étudier la nature de l'atome. Quelle énergie initiale une particule *a* (charge $+2e$) doit-elle avoir pour s'approcher à $4,7 \times 10^{-15}$ m d'un noyau d'or (charge $+79e$) avant de s'arrêter? Cette distance représente approximativement la grandeur du rayon du noyau de l'or.

5. Un électron ayant une vitesse vectorielle de $3,00 \times 10^6$ m/s [horizontalement] passe entre deux plaques parallèles horizontales, comme à la **figure 11**. Le champ électrique entre les plaques a une grandeur de 120 N/C. Les plaques sont à 4,0 cm l'une de l'autre. Les effets de bord dans le champ sont négligeables.
   a) Calcule la déviation verticale de l'électron.
   b) Calcule la composante verticale de la vitesse vectorielle finale.
   c) Calcule l'angle selon lequel l'électron émerge.

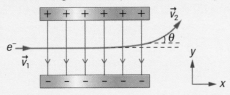

Figure 11

Fais des liens

6. Un oscilloscope est un appareil qui fait dévier un faisceau d'électrons verticalement et horizontalement sur un écran. Ses nombreuses applications (p. ex., l'électrocardiographie) découlent de sa grande sensibilité aux différences de potentiel électrique.
   a) Comment peut-on faire dévier le faisceau d'électrons dans l'oscilloscope verticalement, vers le haut ou vers le bas, par divers degrés?
   b) Comment peut-on faire dévier le faisceau horizontalement de la gauche vers la droite puis, toujours horizontalement, plus rapidement, de la droite vers la gauche?
   c) Si l'on utilise un oscilloscope pour surveiller le rythme cardiaque d'un patient, qu'est-ce qui détermine l'ampleur des déviations verticales et horizontales des électrons?
   d) Conçois un oscilloscope qui peut faire dévier les électrons de 5° verticalement vers le haut et vers le bas et de 10° horizontalement vers la gauche et vers la droite. Discute des variations de potentiel nécessaires à son fonctionnement s'il doit mesurer des rythmes cardiaques.

7. Deux objets de charges opposées et de masse non négligeable m_1 sont placés dans l'espace interstellaire, dans une région où ils ne subissent, à toutes fins utiles, aucune force gravitationnelle d'autres objets.
   a) Discute du mouvement résultant des deux objets et des transformations de l'énergie.
   b) Compare le mouvement de ces deux objets chargés avec le mouvement de deux objets neutres, de masse non négligeable m_2, dans des conditions équivalentes.

⚛ **RECHERCHE 7.2.1**

Les facteurs qui déterminent la force électrique entre des charges

L'objectif de cette recherche est de déterminer la relation qui existe entre la force électrique et la distance séparant les charges de même qu'entre la force électrique et la grandeur des charges. Nous allons commencer en étudiant chaque relation séparément. Plus loin dans la recherche, nous allons combiner les relations pour aboutir à une équation générale de la force électrique entre de petits objets sphériques chargés. Ton enseignant ou ton enseignante peut te demander de réaliser cette recherche avec du matériel de laboratoire autre que celui qui est suggéré ici ou avec un programme de simulation au lieu de matériel de laboratoire.

Il y a plusieurs façons de procéder. Tu pourrais, par exemple, essayer avec de petites sphères isolantes enduites de graphite. Une sphère est suspendue à un fil et deux sphères identiques sont fixées à des tiges isolantes. Habituellement, il n'y a pas de matériel permettant de déterminer la grandeur de la charge sur chaque sphère. Cependant, une fois que tu as placé une charge sur une sphère, tu peux la diviser par deux en touchant la sphère chargée avec une sphère identique neutre. Tu peux mesurer les forces électrostatiques, au moins avec une précision grossière, avec l'installation proposée à la **figure 1**.

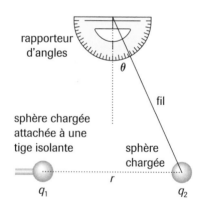

Figure 1
L'installation pour la recherche 7.2.1

rapporteur d'angles

fil

sphère chargée attachée à une tige isolante

sphère chargée

θ

r

q_1

q_2

Questions

I) Comment la force électrique entre de petits objets sphériques chargés dépend-elle de la charge des objets et de la distance qui les sépare?

II) Comment pourrait-on exprimer ces relations à l'aide d'une seule expression?

Habiletés de recherche

- ○ Questionner
- ● Émettre une hypothèse
- ● Prévoir
- ○ Planifier
- ● Mener une expérience
- ● Enregistrer, noter
- ● Analyser
- ● Évaluer
- ● Communiquer

CONSEIL **PRATIQUE**

Indices : Garde les deux sphères à la même hauteur. Mesure les distances et les angles soigneusement. Répète l'expérience au besoin. Fais l'expérience aussi vite que possible sans sacrifier la précision, car tes sphères chargées perdent leur charge au profit de l'atmosphère à mesure que le temps passe.

Hypothèse et prévision

a) Communique tes hypothèses et prévisions en mots, en notation mathématique ou à l'aide d'un graphique.

Matériel

De l'ébonite et de la fourrure
trois petites sphères enduites de graphite (une attachée à un long fil, les deux autres fixées à des tiges isolantes)
un rapporteur d'angles
une règle
une balance

Marche à suivre
Partie A : La force électrique et la distance

1. Mesure et enregistre la masse de la sphère au bout du fil.

2. Fais ton montage soigneusement et vérifie qu'il fonctionne correctement.

3. Charge la sphère de la corde et une des sphères des tiges. Approche la sphère de la tige de celle qui est suspendue, en la maintenant à la même hauteur. Mesure l'angle de déviation de la sphère suspendue et la distance entre les deux sphères.

4. Répète l'étape 3 plusieurs fois, en utilisant les mêmes charges à différentes distances.

⚛ **RECHERCHE 7.2.1** *suite*

Partie B : La force électrique et les charges

5. Charge deux sphères et rapproche-les, en t'assurant qu'elles soient à la même hauteur. Mesure la distance et l'angle soigneusement.

6. Assure-toi que la troisième sphère sur la tige isolante est neutre. Touche-la avec l'une des sphères chargées. Répète l'étape 3, en maintenant les deux sphères à la même distance l'une de l'autre. (Tu devras changer la hauteur quelque peu.)

7. Assure-toi que la troisième sphère est neutre à nouveau. Touche-la avec l'autre sphère chargée. Répète l'étape 3, en maintenant les deux sphères à la même distance l'une de l'autre.

8. Poursuis ce processus en utilisant la sphère neutre jusqu'à ce que tu aies suffisamment de données ou que l'angle soit trop petit pour pouvoir être mesuré avec précision. Si ton ensemble de données final est trop petit, essaie de répéter la marche à suivre en plaçant des charges plus grosses à la surface des sphères.

Analyse

b) Trace un diagramme de forces pour la sphère chargée au bout du fil. Trouve la force électrique sur la sphère en fonction de la force de gravité et de l'angle θ que fait le fil avec la verticale.

c) Copie et remplis le **tableau 1**. Trace la courbe de la force électrique en fonction de la distance entre les charges.

Tableau 1   Charges constantes, distance variable

r	θ	F_E
?	?	?

d) Trouve la relation entre la force électrique et la distance entre les charges. Exprime la relation sous forme de graphique pour t'assurer que tu as raison.

e) Copie et remplis le **tableau 2**.

Tableau 2   Distance constante, charges variables

Fraction de q_1 $\left(1, \frac{1}{2}, \frac{1}{4}, \text{etc.}\right)$	Fraction de q_2 $\left(1, \frac{1}{2}, \frac{1}{4}, \text{etc.}\right)$	θ	F_E
?	?	?	?

f) Trouve la relation et une expression de proportionnalité entre la force électrique et les deux charges. Exprime la relation sous forme de graphique pour t'assurer que tu as raison.

g) Combine les deux relations en une expression de proportionnalité.

Évaluation

h) Commente la précision de tes prévisions.

i) Énumère les sources d'erreurs aléatoires et systématiques les plus probables dans cette expérience. Propose des façons de réduire ces erreurs.

j) Discute de tout écart entre ce que tu as trouvé et la loi de Coulomb. Suggère des explications pour ces écarts, lorsque c'est possible.

Synthèse

k) Si tu t'es servi d'une simulation, la loi de Coulomb est-elle en accord avec la troisième loi de Newton ? Explique et discute d'une façon dont on pourrait le vérifier. Réalise l'expérience si tu as le temps.

EXERCICE 7.5.1

La charge élémentaire

Habiletés de recherche

○ Questionner ● Planifier ● Analyser
○ Émettre une ● Mener une ● Évaluer
   hypothèse   expérience ● Communiquer
● Prévoir ● Enregistrer, noter

Dans cet exercice d'application, tu vas commencer une activité semblable à celle de Millikan. Tu vas ensuite trouver la charge élémentaire réelle à l'aide des données d'une expérience avec des gouttes d'huile.

Partie 1 : Une activité semblable à celle de Millikan

Matériel

Plusieurs sacs contenant des nombres différents d'objets identiques, comme des billes, des trombones ou autres petits objets

Marche à suivre

1. Mesure la masse de chaque sac, sans regarder ce qu'il y a à l'intérieur et sans essayer de compter le nombre d'objets. (Tu peux trouver la masse d'un sac vide, si ton enseignant ou ton enseignante le recommande.)

2. Détermine une marche à suivre (une méthode) pour prévoir la masse d'un objet en particulier contenu dans le sac.

3. Utilise ta méthode pour prévoir la masse d'un objet en particulier.

Partie 2 : Un exercice d'application au moyen des données de l'expérience de Millikan

Faits observés

la distance entre les plaques : $r = 0,50$ cm
la masse des gouttes d'huile et les différences de potentiel électrique indiquées dans le **tableau 1**

Analyse

a) À l'aide des données du **tableau 1**, calcule la valeur de la charge élémentaire.

b) Décris la méthode que tu as utilisée pour déterminer la charge élémentaire. Cette méthode était-elle semblable à la méthode que tu as utilisée pour trouver la masse d'un objet en particulier dans la partie 1 après avoir déterminé la charge ?

Tableau 1 Données de l'expérience de Millikan

Masse de la goutte d'huile (kg)	Différence de potentiel électrique (V)	Charge sur la goutte d'huile (C)
$3,2 \times 10^{-15}$	140,0	?
$2,4 \times 10^{-15}$	147,0	?
$1,9 \times 10^{-15}$	290,9	?
$4,2 \times 10^{-15}$	214,4	?
$2,8 \times 10^{-15}$	428,8	?
$2,3 \times 10^{-15}$	176,1	?
$3,5 \times 10^{-15}$	214,4	?
$3,7 \times 10^{-15}$	566,6	?
$2,1 \times 10^{-15}$	160,8	?
$3,9 \times 10^{-15}$	597,2	?
$4,3 \times 10^{-15}$	263,4	?
$2,5 \times 10^{-15}$	382,8	?
$3,1 \times 10^{-15}$	237,3	?
$3,4 \times 10^{-15}$	173,5	?
$2,2 \times 10^{-15}$	673,8	?

c) Qu'est-ce qui doit être vrai au sujet des charges élémentaires pour que ta méthode de détermination de leur valeur soit valable ?

d) Pourquoi faut-il utiliser un grand nombre de données pour obtenir une réponse fiable ? Quelle erreur pourrait découler de l'emploi de seulement quelques gouttes d'huile, toutes contenant un nombre pair de charges ?

Évaluation

e) Énumère des sources possibles d'erreurs aléatoires et systématiques dans une expérience de ce type. Que pourrait-on faire pour réduire ces erreurs ? (L'expérience de Millikan se prête particulièrement bien à la réflexion sur les sources d'erreurs. Essaie de faire preuve de créativité.)

ACTIVITÉ 7.6.1

Le mouvement des particules chargées dans les champs électriques

Dans cette activité, tu vas simuler le mouvement des particules chargées dans les champs électriques et déterminer l'effet de l'énergie et de la force électrique de la charge.

Questions

I) Comment l'énergie potentielle électrique et l'énergie cinétique changent-elles quand deux particules chargées identiquement et initialement au repos s'éloignent l'une de l'autre?

II) Comment l'énergie potentielle électrique et l'énergie cinétique des particules chargées sont-elles liées?

III) Comment la force, l'accélération et la vitesse vectorielle des particules chargées changent-elles?

Matériel

Un ordinateur avec un programme de simulation approprié

Marche à suivre

1. Exécute la simulation avec deux particules chargées de même masse et de charge égale. Assure-toi que la seule force entre les deux particules est la force électrostatique. (Élimine la force gravitationnelle si elle est incluse dans ta simulation.)

2. Choisis des valeurs appropriées pour la masse des particules, la distance qui les sépare et la charge à la surface de chacune. Rappelle-toi que 1 C est une très grosse charge et que les très petites masses ne portent habituellement pas de très grosses charges. Fais quelques exécutions jusqu'à ce que tu obtiennes une sortie qui suggère que tu es arrivé à un compromis raisonnable entre la masse et la grandeur de la charge. Ta simulation devrait ressembler à ce que l'on voit à la **figure 1**.

particules chargées de
même masse et de charge égale

Figure 1
Deux objets identiques portant des charges

3. Trouve la distance initiale entre les particules et prends note des charges et des masses.

4. Sers-toi de la simulation pour mesurer tous les paramètres à l'étude.

5. Exécute la simulation jusqu'à ce que les particules se soient beaucoup éloignées. Si ton programme offre une fonction de poursuite, active-la.

6. Enregistre les données de la simulation. Utilise la fonction échelon s'il y en a une.

Analyse

a) Décris comment varient les paramètres suivants durant la simulation:

   I)   énergie potentielle électrique

   II)   énergie cinétique

   III)   force électrique

   IV)   accélération

   V)   vitesse vectorielle

   Mets sous forme de graphique chaque paramètre en fonction du temps.

b) Comment les différents types d'énergie sont-ils liés? Qu'arrive-t-il à ces énergies quand la distance devient très grande?

c) Pourquoi utilise-t-on l'énergie plutôt que des calculs directs à l'aide des formules de la cinématique et des lois de Newton pour résoudre ce genre de problèmes?

Synthèse

d) Tes observations sont-elles en accord avec toutes les lois de Newton et avec la loi de la conservation de la quantité de mouvement? Explique tes réponses.

Objectifs clés

- énoncer la loi de Coulomb et la loi de la gravitation universelle de Newton, les analyser et les comparer de façon qualitative (7.2)

- appliquer la loi de Coulomb et la loi de la gravitation universelle de Newton de façon quantitative dans des contextes précis (7.2)

- définir et décrire les concepts et les unités se rapportant aux champs électriques et gravitationnels (p. ex., l'énergie potentielle électrique et gravitationnelle, le champ électrique, l'intensité du champ gravitationnel) (7.2, 7.3, 7.4, 7.5, 7.6)

- déterminer la force nette qui s'exerce sur des objets et des particules chargés ainsi que leur mouvement résultant, en recueillant, en analysant et en interprétant des données quantitatives lors d'expériences ou de simulations par ordinateur mettant en jeu des champs électriques et gravitationnels (p. ex., calculer la charge d'un électron, utiliser des données provenant d'expériences, mener une expérience pour vérifier la loi de Coulomb et analyser les écarts entre les valeurs théoriques et empiriques) (7.2, 7.5, 7.6)

- décrire et expliquer, de façon qualitative, le champ électrique qui existe à l'intérieur et à la surface d'un conducteur chargé (p. ex., à l'intérieur et autour d'un câble coaxial) (7.3)

- expliquer comment le concept de champ est devenu un modèle scientifique général et décrire comment ce modèle a influencé la pensée scientifique (p. ex., expliquer comment la théorie des champs a aidé les scientifiques à comprendre, à une échelle macroscopique, le mouvement des corps célestes et, à une échelle microscopique, le mouvement des particules dans des champs électriques) (7.3)

- analyser et expliquer les propriétés des champs électriques et démontrer comment une bonne compréhension de ces propriétés peut servir à régler ou à modifier le champ électrique autour d'un conducteur (p. ex., démontrer comment le blindage de matériel électronique ou de conducteurs de connexion [câbles coaxiaux] influence les champs électriques) (7.3)

- analyser, de façon quantitative, et représenter, au moyen de diagrammes de champs et de diagrammes vectoriels, le champ électrique et les forces électriques produits par une charge ponctuelle unique, par deux charges ponctuelles et par deux plaques parallèles de charges opposées (p. ex., analyser au moyen de diagrammes vectoriels la force électrique requise pour équilibrer la force gravitationnelle qui s'exerce sur une goutte d'huile ou sur des sphères de latex placées entre deux plaques parallèles) (7.3, 7.5)

- comparer les propriétés des champs électrique et gravitationnel, en décrivant et en représentant la source et la direction du champ dans chaque cas (7.3, 7.6)

- appliquer quantitativement le concept d'énergie potentielle électrique dans diverses situations et comparer les caractéristiques de l'énergie potentielle électrique à celles de l'énergie potentielle gravitationnelle (7.4, 7.6)

Mots clés

séparation de charge par induction

loi de conservation de la charge

loi de Coulomb

coulomb

théorie des champs

champ de force

champ électrique

énergie potentielle électrique

potentiel électrique

différence de potentiel électrique

Équations clés

- $F_E = \dfrac{kq_1q_2}{r^2}$ (7.2)

- $k = 9{,}0 \times 10^9 \text{ N·m}^2/\text{C}^2$ la loi de Coulomb   (7.2)

- $\varepsilon = \dfrac{kq_1}{r^2}$ (7.3)

- $E_E = \dfrac{kq_1q_2}{r}$ (7.4)

- $V = \dfrac{kq_1}{r}$ (7.4)

- $\Delta E = q\Delta V$ pour des plaques chargées $\varepsilon = \dfrac{\Delta V}{r}$ (7.4)

- $e = 1{,}602 \times 10^{-19}$ C   charge élémentaire   (7.5)

- $q = Ne$ (7.5)

▶ *RÉDIGE* un résumé

Il y a différents concepts et diverses équations dans cette section qui sont étroitement liés entre eux. Énumère toutes les équations dans ce chapitre et montre comment elles sont liées. Indique quelles quantités dans tes équations sont des vecteurs, quelles équations s'appliquent à des charges ponctuelles et lesquelles s'appliquent à des plaques parallèles. Propose une application pour chaque équation et discute des principes et des lois des autres sections qui s'y rattachent.

Écris les nombres de 1 à 6 dans ton cahier. Indique à côté de chaque nombre si l'énoncé correspondant est vrai (V) ou faux (F). S'il est faux, donnes-en une version corrigée.

1. Si une charge q exerce une force d'attraction d'une grandeur F sur une charge $-2q$, alors la charge $-2q$ exerce une force d'attraction d'une grandeur $2F$ sur la charge q.

2. La seule différence entre les forces électrique et gravitationnelle est que la force électrique est plus grande.

3. Le champ électrique à la surface d'un conducteur en équilibre statique est perpendiculaire à la surface du conducteur.

4. Les lignes de champ électrique indiquent la trajectoire que des particules chargées suivraient à proximité d'un autre objet chargé.

5. Tu es à l'abri du danger à l'intérieur de ton automobile durant un orage électrique parce que les pneus agissent comme un isolant.

6. L'accélération que subissent deux petites charges qui partent du repos et qui s'éloignent l'une de l'autre est inversement proportionnelle au carré de la distance qui les sépare.

Écris les nombres de 7 à 12 dans ton cahier. À côté de chaque nombre, écris la lettre qui correspond au meilleur choix.

7. En comparant la force d'attraction entre un électron et un proton résultant de la force électrique et de la force de gravité, on peut conclure que
   a) la force gravitationnelle est beaucoup plus grande
   b) la force électrique est beaucoup plus grande
   c) les deux types de force sont les mêmes
   d) on ne peut pas les comparer
   e) la force électrique est légèrement plus grande

8. La force électrique qui s'exerce sur deux petites sphères chargées à cause de l'autre sphère est F. La charge sur l'une des sphères est doublée et la distance entre les centres des sphères est triplée. La force qui s'exerce maintenant sur chaque petite sphère chargée est de
   a) $2F$ c) $\dfrac{2F}{3}$ e) $\dfrac{2F}{9}$
   b) $\dfrac{F}{3}$ d) $\dfrac{F}{9}$

9. La grandeur du champ électrique dû à un petit objet chargé est de 12 N/C à une distance de 3,0 m de la charge. Le champ à 6,0 m de la charge est de
   a) 36 N/C c) 6,0 N/C e) 3,0 N/C
   b) 12 N/C d) 4,0 N/C

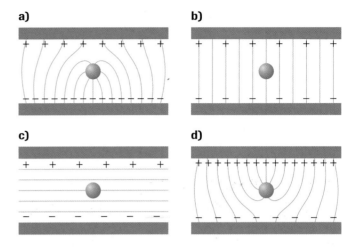

Figure 1

10. Quel diagramme dans la **figure 1** représente le champ électrique net entre deux plaques parallèles chargées si une sphère conductrice neutre est placée entre les plaques?
    a) b) c) d) e) aucun de ces diagrammes

11. On place un conducteur de charge neutre près d'un objet chargé positivement. Le champ électrique à l'intérieur du conducteur neutre est
    a) perpendiculaire à la surface
    b) nul
    c) dirigé vers la charge négative
    d) plus fort que le champ électrique à la surface du conducteur
    e) aucune de ces réponses

12. Une certaine masse possède une charge. Une autre petite masse avec une charge positive est écartée de la première masse qui, elle, demeure au repos. À mesure que la distance augmente, qu'arrive-t-il à l'énergie potentielle gravitationnelle E_g et à l'énergie potentielle électrique E_E?
    a) E_g diminue et E_E diminue
    b) E_E soit diminue, soit augmente, selon le signe de la charge, et E_g diminue
    c) E_g diminue et E_E augmente
    d) E_E diminue ou augmente, selon le signe de la charge, et E_g augmente
    e) E_g augmente et E_E diminue

Une version interactive de cette évaluation est disponible dans Internet.

ALLER A www.beaucheminediteur.com/physique12

Les charges électriques et les champs électriques **377**

Saisis bien les concepts

1. L'un des enfants dans la **figure 1** touche un générateur électrostatique.
   a) Pourquoi les cheveux de l'enfant qui touche le générateur électrostatique sont-ils dressés ?
   b) Pourquoi les cheveux de l'autre enfant sont-ils également dressés ?
   c) Les enfants sont-ils mis à la terre ? Explique ta réponse.

Figure 1
Deux enfants se tenant par la main ; l'un d'eux touche un générateur électrostatique.

2. Sur un graphique, compare les similarités et les différences entre la loi de la gravitation universelle de Newton et la loi de Coulomb.

3. On peut utiliser la loi de Coulomb pour calculer la force entre des charges seulement dans certaines conditions. Indique quelles sont ces conditions et explique d'où elles viennent.

4. Deux petites sphères conductrices portant des charges opposées exercent l'une sur l'autre une force d'attraction électrique d'une grandeur de $1{,}6 \times 10^{-2}$ N. Que devient cette grandeur si l'on touche chaque sphère avec une sphère identique neutre, les sphères initialement neutres étant éloignées par la suite et l'espace entre les sphères initialement chargées étant doublé ?

5. Quelle est la distance entre deux protons ($e = 1{,}602 \times 10^{-19}$ C) si chacun exerce sur l'autre une force de répulsion d'une grandeur de $4{,}0 \times 10^{-11}$ N ?

6. Un certain modèle de la structure de l'atome d'hydrogène consiste en un proton stationnaire et un électron qui se déplace sur une trajectoire circulaire autour de lui. La trajectoire orbitale a un rayon de $5{,}3 \times 10^{-11}$ m. Les masses du proton et de l'électron sont de $1{,}67 \times 10^{-27}$ kg et de $9{,}1 \times 10^{-31}$ kg respectivement.

a) Calcule la force électrostatique entre l'électron et le proton.
b) Calcule la force gravitationnelle entre eux.
c) Quelle force est principalement responsable du mouvement circulaire de l'électron ?
d) Calcule la vitesse et la période de l'électron sur son orbite autour du proton.

7. Deux charges ponctuelles, de $+4{,}0 \times 10^{-5}$ C et de $-1{,}8 \times 10^{-5}$ C, sont placées à 24 cm l'une de l'autre. Quelle force exercent-elles sur une troisième petite charge d'une grandeur de $-2{,}5 \times 10^{-6}$ C, si elle est placée sur la ligne qui passe par les deux autres,
   a) à 12 cm à l'extérieur des deux charges données initialement, du côté de la charge négative ?
   b) à 12 cm à l'extérieur des deux charges données initialement, du côté de la charge positive ?
   c) à mi-chemin entre les deux charges données initialement ?

8. Pourquoi utilise-t-on une « petite » charge d'épreuve pour détecter et mesurer un champ électrique ?

9. Si une particule témoin chargée et stationnaire est libre de se mouvoir dans un champ électrique, dans quelle direction commencera-t-elle à se déplacer ?

10. Pourquoi est-il plus sûr de demeurer à l'intérieur d'une automobile durant une tempête électrique ? (*Indice :* Ce n'est pas à cause des pneus en caoutchouc isolant.)

11. Trois petites sphères chargées négativement sont situées aux sommets d'un triangle équilatéral. Les trois charges sont de même grandeur. Dessine le champ électrique dans la région qui entoure cette distribution de charge, y compris l'espace à l'intérieur du triangle.

12. Une petite charge d'épreuve de $+1{,}0$ µC subit une force électrique de $6{,}0 \times 10^{-6}$ N vers la droite.
   a) Quelle est la force du champ électrique à cet endroit ?
   b) Quelle force s'exercerait sur une charge de $-7{,}2 \times 10^{-4}$ C située au même endroit, à la place de la charge d'épreuve ?

13. Quelles sont la grandeur et la direction de la force du champ électrique à 1,5 m à droite d'une charge ponctuelle positive d'une grandeur de $8{,}0 \times 10^{-3}$ C ?

14. Quelles sont la grandeur et la direction de la force du champ électrique au point Z de la **figure 2** ?

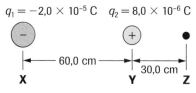

$q_1 = -2{,}0 \times 10^{-5}$ C $q_2 = 8{,}0 \times 10^{-6}$ C

Figure 2

15. Une balle de ping-pong d'une masse de $3,0 \times 10^{-4}$ kg est suspendue à un fil de 1,0 m de longueur entre deux plaques parallèles verticales écartées de 10 cm (**figure 3**). Quand la différence de potentiel entre les plaques est de 420 V, la balle s'immobilise en équilibre à 1,0 cm de sa position originale.

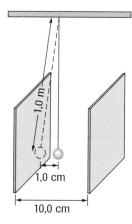

1,0 m

1,0 cm

10,0 cm

Figure 3

a) Calcule la force du champ électrique entre les plaques.
b) Calcule la tension dans le fil.
c) Calcule la grandeur de la force électrique qui s'exerce sur la balle.
d) Calcule la charge sur la balle.

16. Si deux points sont au même potentiel électrique, est-il vrai qu'aucun travail n'est nécessaire pour déplacer une charge d'épreuve d'un point à l'autre ? Cela signifie-t-il aussi qu'aucune force n'est requise ?

17. Quelle quantité de travail faut-il produire pour déplacer une particule chargée à travers un champ électrique si elle suit une trajectoire toujours perpendiculaire à une ligne de champ électrique ? Comment le potentiel changerait-il le long d'un tel parcours ?

18. Une charge de $1,2 \times 10^{-3}$ C est fixée à chaque coin d'un rectangle de 30,0 cm de largeur et de 40,0 cm de longueur. Quelles sont la grandeur et la direction de la force électrique sur chaque charge ? Que valent le champ électrique et le potentiel électrique au centre ?

19. Calcule le potentiel électrique à 0,50 m d'une charge ponctuelle de $4,5 \times 10^{-4}$ C.

20. Une charge d'épreuve de $1,0 \times 10^{-6}$ C se trouve à 40,0 cm d'une sphère portant une charge de $3,2 \times 10^{-3}$ C. Quelle quantité de travail a-t-il fallu produire pour l'amener à cet endroit depuis un point situé à $1,0 \times 10^{-2}$ cm de la sphère ?

21. Combien d'énergie cinétique un électron gagne-t-il lorsqu'il peut se déplacer librement entre deux points dont la différence de potentiel est de $2,5 \times 10^4$ V ?

22. Quelle quantité de travail doit-on produire pour rapprocher deux protons initialement à une distance infinie l'un de l'autre jusqu'à ce qu'ils se trouvent à $1,0 \times 10^{-15}$ m l'un de l'autre, c'est-à-dire une distance comparable au diamètre d'un noyau atomique ? (Le travail nécessaire, bien que petit, est énorme comparativement aux énergies cinétiques typiques des particules dans un laboratoire d'école. Cela explique pourquoi les accélérateurs de particules sont requis.)

23. Quelle est la grandeur du champ électrique entre deux grandes plaques parallèles espacées de 2,0 cm si l'on maintient une différence de potentiel de 450 V entre elles ?

24. Quelle différence de potentiel entre deux plaques parallèles placées à 8,0 cm l'une de l'autre produira un champ électrique d'une force de $2,5 \times 10^3$ N/C ?

25. En physique atomique, la plupart des expériences sont effectuées sous vide. Selon toi, serait-il approprié d'effectuer l'expérience des gouttes d'huile de Millikan sous vide ? Explique.

26. Suppose qu'un électron isolé unique est fixe au niveau du sol. À quelle distance au-dessus de cet électron un autre électron devrait-il se trouver pour que son poids soit équilibré par la force de répulsion électrostatique entre les deux électrons ?

27. Une gouttelette d'huile d'une masse de $2,6 \times 10^{-15}$ kg, en suspension entre deux plaques parallèles séparées de 0,50 cm, demeure stationnaire quand la différence de potentiel entre les plaques est de 270 V. Quelle est la charge à la surface de la gouttelette d'huile ? Combien d'électrons en plus ou en moins la gouttelette a-t-elle ?

28. Une balle de ping-pong métallique d'une masse de 0,10 g possède une charge de $5,0 \times 10^{-6}$ C. Quelle différence de potentiel doit-il exister entre des plaques parallèles séparées de 25 cm pour maintenir la balle stationnaire ?

29. Calcule le potentiel électrique et la grandeur du champ électrique à un point situé à 0,40 m d'une petite sphère portant 1×10^{-2} électrons en surplus.

30. Un électron part du repos depuis la plaque négative d'un appareil à plaques parallèles gardé sous vide et maintenu à une différence de potentiel de $5,0 \times 10^2$ V. À quelle vitesse l'électron entre-t-il en collision avec la plaque positive ?

31. Quelle différence de potentiel ferait accélérer un noyau d'hélium au repos jusqu'à une énergie cinétique de $1,9 \times 10^{-15}$ J? (Pour le noyau d'hélium, $q = +2e$.)

32. Un électron ayant une vitesse de $5,0 \times 10^6$ m/s est injecté dans un appareil à plaques parallèles sous vide, par un trou dans la plaque positive. L'électron entre en collision avec la plaque négative à une vitesse de $1,0 \times 10^6$ m/s. Quelle est la différence de potentiel entre les plaques?

33. Quatre plaques parallèles sont raccordées sous vide, comme à la **figure 4**. Un électron part de la plaque X avec une vitesse nulle et subit une accélération vers la droite. Le mouvement vertical de l'électron est négligeable. L'électron passe à travers les trous W et Y, puis continue en direction de la plaque Z. À partir des renseignements donnés, calcule
   a) la vitesse de l'électron dans le trou W;
   b) la distance par rapport à la plaque Z à laquelle l'électron change de direction;
   c) la vitesse de l'électron quand il revient à la plaque X.

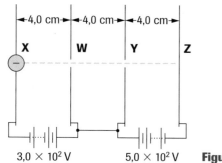

Figure 4

34. Deux particules α, séparées par une grande distance, s'approchent l'une de l'autre. Chacune a une vitesse initiale de $3,0 \times 10^6$ m/s. Calcule leur séparation minimale, en supposant qu'elles ne dévient pas de leur trajectoire originale.

35. Un électron entre dans un appareil à plaques parallèles de 10 cm de long et de 2,0 cm de large, en se déplaçant horizontalement à la vitesse de $8,0 \times 10^7$ m/s, comme à la **figure 5**. La différence de potentiel entre les plaques est de $6,0 \times 10^2$ V. Calcule
   a) la déviation verticale de l'électron de sa trajectoire originale;

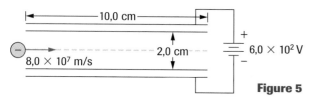

Figure 5

   b) la vitesse vectorielle de l'électron quand il quitte l'appareil à plaques parallèles.

Mets en pratique tes connaissances

36. Un « versorium » est un appareil qui détecte la présence d'une charge électrique à la surface d'un objet. L'appareil est formé d'un matériau convenable quelconque (p. ex., une paille ou une longue bande de papier pliée) en équilibre sur une aiguille ou fixé avec une sorte de base, comme de l'argile à modeler. La paille tournera si on approche un objet chargé d'une extrémité. Construis ton propre « versorium ». Charge plusieurs objets et mets ton dispositif à l'essai. Essaie-le aussi avec l'écran d'un téléviseur allumé. Observe ce qui se produit quand tu éteins et rallumes le téléviseur en maintenant ton *versorium* près de l'écran. Rédige un court rapport sur ce que tu auras trouvé.

37. Conçois une expérience pouvant servir à vérifier les propriétés de conducteurs dans des champs électriques. Tu peux utiliser les deux ou l'un ou l'autre des appareils suivants, selon ce qui convient le mieux: une sonde qui peut détecter les champs électriques; un objet de charge neutre fixé sur une tige isolante.

38. Le champ électrique de la Terre pointe toujours vers la Terre. La grandeur de la force du champ varie selon l'endroit considéré entre 100 N/C par beau temps et 20 000 N/C par temps orageux. Un détecteur de champ mesure la force du champ électrique local. Dans cet appareil, la plaque du bas, parallèle au sol, est raccordée à la Terre au moyen d'un ampèremètre. La plaque du dessus peut être déplacée horizontalement, et elle aussi est raccordée à la Terre.
   a) Quand le détecteur est placé comme à la **figure 6a)**, quelle sorte de charge se trouve à la surface de la Terre et sur chaque plaque? (*Indice:* Examine les lignes de champ.)
   b) Qu'est-ce que l'ampèremètre indiquera si tu déplaces rapidement la plaque du haut au-dessus

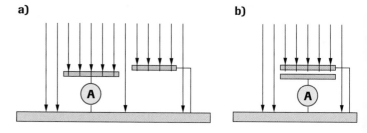

Figure 6
Un détecteur de champ est un appareil qui permet de mesurer la grandeur du champ électrique de la Terre.

de celle du bas, comme à la **figure 6b**)? Explique ta réponse.

c) Qu'est-ce que l'ampèremètre indiquera si la plaque du haut est rapidement écartée de la plaque du bas? Explique ta réponse.

d) Qu'est-ce que l'ampèremètre indiquera si la plaque du haut est fixée à un moteur qui la fait tourner en rond et qu'elle passe périodiquement au-dessus de la plaque du bas?

e) Comment la valeur indiquée de l'ampèremètre est-elle liée à la grandeur du champ électrique terrestre?

39. Tu places un anneau conducteur près d'une plaque chargée dans de l'huile où des fibres de rayonne sont en suspension, comme à la **figure 7**. La configuration adoptée par les fibres révèle la géométrie du champ électrique. Explique les conclusions que cette démonstration permet de tirer au sujet de la nature des champs électriques a) près de la surface des conducteurs et b) à l'intérieur des conducteurs.

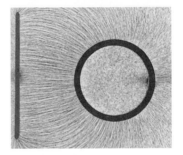

Figure 7

40. En utilisant différents matériaux — laine, fourrure, plastique et papier —, charge un petit tube fluorescent dans une pièce noire. Un tube de 45 cm, de 15 W, fera l'affaire. La brillance du tube dépend de la différence de potentiel obtenue. Charge une tige de plastique ou un bout de tuyau en PVC et approche-le du tube fluorescent. (La **figure 8** montre ce phénomène avec des grands tubes fluorescents.) Rédige un court rapport sur tes observations.

Fais des liens

41. Quand un laboratoire fait des photogravures, le film devient souvent chargé positivement, attire la poussière et fait même des étincelles. Un certain type d'éliminateur d'électricité statique utilise une source radioactive, le polonium 210, qui émet des particules chargées positivement (particules α). Explique comment cela peut aider à prévenir l'accumulation de poussière sur le film.

Figure 8
Les lignes électriques dans les régions rurales supportent une différence de potentiel de plusieurs centaines de milliers de volts par rapport à la terre. Cette chute de tension est suffisamment élevée pour créer une différence de potentiel importante à travers des tubes fluorescents et les allumer.

42. Fais une recherche sur les principes des cristaux piézo-électriques et sur l'utilisation de ces cristaux dans les montres-bracelets. Rédige un rapport d'une page.

 ALLER À www.beaucheminediteur.com/physique12

43. La **figure 9** montre un tube à arc progressif, ou «échelle de Jacob». Il apparaît quand on applique une différence de potentiel à deux plaques. Si la différence de potentiel est assez grande, un arc se forme dans l'espace entre les plaques, là où elles sont les plus rapprochées. L'arc se met ensuite à monter lentement le long de l'espace toujours croissant entre les deux plaques. Discute de la façon dont l'appareil fonctionne en expliquant les conditions requises pour qu'un arc se forme, pourquoi il se forme là où les plaques sont les plus rapprochées et pourquoi il «grimpe» dans l'espace entre les plaques.

Tube à arc progressif 15 000 volts

Figure 9
Tube à arc progressif (échelle de Jacob)

Les champs magnétiques et l'électromagnétisme

▶ **Dans ce chapitre, tu apprendras à :**

- définir et à décrire les concepts liés aux champs magnétiques ;

- comparer et à différencier les propriétés des champs électrique, gravitationnel et magnétique ;

- calculer les forces qui s'exercent sur des charges en mouvement et sur un conducteur traversé par un courant à l'intérieur d'un champ magnétique uniforme ;

- effectuer et à analyser des expériences et des activités sur des objets ou des particules chargées en mouvement dans des champs magnétiques ;

- analyser et à expliquer les champs magnétiques présents autour de câbles coaxiaux ;

- décrire comment les progrès technologiques ont modifié les théories scientifiques ;

- évaluer l'impact des nouvelles technologies sur la société.

Cette unité traite principalement des forces qui agissent à distance. Le magnétisme est justement une force bien connue qui présente cette caractéristique. Un aimant peut facilement faire tourner l'aiguille d'une boussole sans entrer en contact avec elle, ou encore faire « sauter » de la limaille de fer sur un bureau sans même y toucher. Dans ce chapitre, nous utiliserons ce que nous savons de la pesanteur et de la force électrique pour élargir notre compréhension du magnétisme.

Tout comme dans le dernier chapitre, notre but est de fournir une image plus complète du magnétisme au moyen d'une étude rigoureuse et quantitative. Nous examinerons également de nombreuses applications du magnétisme dans des domaines comme le transport, la communication et la sécurité, de même que dans la nature (**figure 1**).

💡 FAIS LE POINT sur tes connaissances ▼

1. Quand une charge traverse un conducteur, elle crée un champ magnétique.
   a) Quel est le sens du champ magnétique autour d'un conducteur rectiligne ?
   b) Comment l'intensité du champ magnétique change-t-elle en s'éloignant du conducteur ?
   c) Quels facteurs, autres que la distance, influencent l'intensité du champ magnétique ?
   d) Quels facteurs déterminent l'intensité du champ magnétique créé par un conducteur enroulé ?

2. a) Si un fil parcouru par un courant subit une force à l'intérieur d'un champ magnétique, une charge en mouvement dans un champ magnétique subit-elle aussi une force ? Dans quelles circonstances cela se produit-il, le cas échéant ?
   b) Quels facteurs modifient l'intensité et l'orientation de la force exercée sur cette charge à l'intérieur du champ magnétique ?
   c) Qu'arrive-t-il à la vitesse vectorielle d'une particule propulsée perpendiculairement dans un champ magnétique uniforme ?
   d) Le mouvement d'une particule chargée propulsée dans un champ magnétique ressemble-t-il au mouvement de projectile d'une masse dans un champ gravitationnel et au mouvement d'une particule chargée dans un champ électrique uniforme ?

3. Nous avons vu que le conducteur central d'un câble coaxial est protégé des champs électriques. Est-il également protégé des champs magnétiques ? Pourquoi ?

4. Énumère quatre appareils qui utilisent les principes du magnétisme. Explique leur fonctionnement.

Les champs magnétiques

Pour cette activité, tu auras besoin d'un vieux tube cathodique et d'une barre aimantée.

✋ **Demande à ton enseignant ou à ton enseignante de vérifier toutes les connexions électriques.**
Les potentiels des tubes cathodiques peuvent être dangereux.

- Installe le tube cathodique de façon que son faisceau d'électrons soit clairement visible.
- Approche le pôle nord de l'aimant du tube suivant plusieurs angles différents. Fais ensuite la même chose avec le pôle sud de l'aimant.
  a) Qu'arrive-t-il au faisceau lorsque tu places le pôle nord près du tube?
  b) Quelle différence notes-tu lorsque tu approches le pôle sud?
  c) Qu'est-ce qui cause le changement de trajectoire du faisceau? Les rayons de lumière et les courants d'eau se comportent-ils de la même façon en présence de pôles magnétiques? Vérifie ton hypothèse et justifie tes résultats.

Figure 1
L'aurore boréale résulte de l'interaction de particules ionisées avec le champ magnétique de la Terre.

L'étude systématique du magnétisme se poursuit depuis maintenant deux cents ans. Pourtant, les physiciens ne peuvent toujours pas expliquer entièrement les propriétés magnétiques du neutron et du proton et s'interrogent encore sur l'origine du champ magnétique de la Terre. De plus, bien qu'on connaisse actuellement beaucoup d'applications des principes du magnétisme et de l'électromagnétisme dans la nature et dans la société, les scientifiques en découvrent continuellement d'autres.

Les aimants

Quand on plonge une barre aimantée dans de la limaille de fer, les fragments de limaille sont attirés vers elle et s'agglomèrent surtout autour des deux extrémités de l'aimant : les **pôles**. Lorsqu'on laisse une barre aimantée pivoter librement, un pôle tend à pointer en direction nord : c'est le pôle nord, ou simplement pôle N. L'autre est attiré vers le sud : c'est le pôle sud, ou pôle S. En plaçant deux aimants droits l'un contre l'autre de manière à mettre côte à côte les pôles identiques, puis les pôles contraires, tu peux démontrer la *loi des pôles magnétiques* (**figure 1**) :

> **La loi des pôles magnétiques**
>
> Les pôles magnétiques contraires s'attirent. Les pôles magnétiques identiques se repoussent.

pôles zones qui se trouvent aux extrémités d'un corps aimanté, là où l'attraction magnétique est la plus forte

Figure 1
La loi des pôles magnétiques

Les champs magnétiques

Puisque la limaille de fer subit une force lorsqu'elle se trouve près d'un aimant, nous en déduisons que l'aimant est entouré d'un **champ de force magnétique**. Ce champ est souvent détecté par son effet sur une petite boussole d'essai. On le représente en traçant des lignes qui indiquent l'orientation du pôle N de la boussole d'essai en tout point du champ. On peut observer les lignes d'un champ magnétique en saupoudrant de la limaille de fer sur une feuille de papier placée dans le champ. Les fragments de limaille se comportent alors comme autant de minuscules boussoles et s'alignent dans le sens du champ. Ils produisent ainsi une « image » du champ magnétique (**figure 2**).

champ de force magnétique zone où s'exercent les forces magnétiques autour d'un aimant

Figure 2
a) Le champ magnétique d'une barre aimantée est révélé par un montage de plusieurs boussoles.
b) La limaille de fer montre clairement le champ, mais n'indique pas l'orientation des pôles.
c) Dans un plan, le champ est représenté par une série de lignes orientées qui, par convention, partent du pôle N et suivent une courbe jusqu'au pôle S.

a)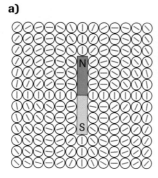

b)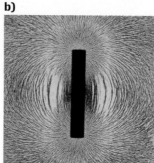

c)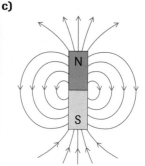

Puisque les fragments de limaille de fer n'ont pas de pôles marqués (N ou S), ils ne révèlent que la configuration des lignes du champ magnétique, et non leur orientation (**figure 3**). L'intensité relative du champ magnétique est indiquée par l'espacement des lignes de champ adjacentes : plus les lignes sont rapprochées, plus le champ magnétique est intense.

a)

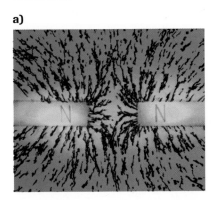

b)

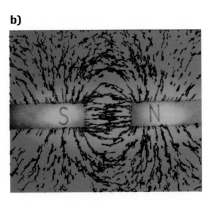

Figure 3
a) Les pôles identiques se font face.
b) Les pôles contraires se font face.

En tout point, le champ magnétique est une quantité vectorielle, représentée par le symbole $\vec{B}$. Son intensité B correspond à la grandeur du couple (ou mouvement de rotation) qui s'exerce sur une petite boussole d'essai non alignée dans le sens du champ.

Le champ magnétique de la Terre

Un aimant pivotant tournera et s'orientera suivant une direction nord-sud en raison de son interaction avec le champ magnétique terrestre. Dès le XVIe siècle, l'éminent physicien anglais Sir William Gilbert a conçu un modèle pour décrire le magnétisme de la Terre. Il a établi que le champ magnétique de la Terre ressemblait à celui d'un gros aimant droit, légèrement incliné par rapport à l'axe de la Terre, son pôle S se trouvant dans l'hémisphère nord. La **figure 4a)** illustre ce champ et l'aimant droit qu'on croyait, à l'époque de Gilbert, en être responsable.

a)

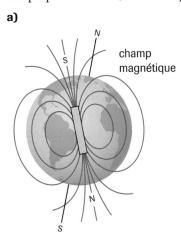

champ magnétique

b)

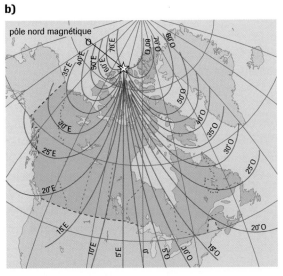

pôle nord magnétique

Figure 4
a) Le champ magnétique de la Terre ressemble beaucoup à celui d'un gros aimant droit.
b) Les lignes de déclinaison magnétique au Canada

L'aiguille d'une boussole pointe vers le pôle nord magnétique de la Terre plutôt que vers son pôle nord géographique. L'angle, ou *déclinaison magnétique*, entre le nord magnétique et le nord géographique change d'un point à l'autre de la surface de la Terre (**figure 4b)**). Lorsqu'on navigue en utilisant un compas magnétique, il faut connaître la déclinaison à un point donné pour déterminer le nord géographique.

Figure 5
Un compas d'inclinaison est un compas qui pivote sur son centre de gravité, libre de tourner dans un plan vertical. Une fois aligné sur un compas horizontal pointant vers le nord, il pointe dans la direction du champ magnétique terrestre. L'angle d'inclinaison est alors lu directement sur le rapporteur d'angles du dispositif.

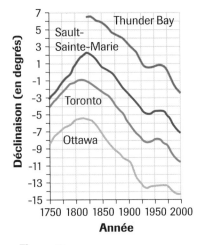

Figure 6
Ce diagramme montre comment la déclinaison magnétique a changé en Ontario depuis 1750 à Thunder Bay, à Sault-Sainte-Marie, à Ottawa et à Toronto. Les signes moins indiquent des déclinaisons vers l'ouest.

Source : Ressources naturelles Canada

théorie des domaines magnétiques théorie qui décrit, en fonction de minuscules zones homogènes magnétiquement (les «domaines»), comment un matériau peut devenir aimanté, chaque domaine agissant comme une barre aimantée

De plus, le champ magnétique de la Terre est tridimensionnel, avec un axe horizontal et un axe vertical. Un compas magnétique posé sur une surface horizontale n'en révèle que l'axe horizontal. L'angle formé entre le champ magnétique de la Terre, en un point quelconque, et l'axe horizontal s'appelle l'*inclinaison magnétique* et se mesure à l'aide d'une boussole d'inclinaison magnétique (**figure 5**).

Les cartes d'inclinaison et de déclinaison doivent être mises à jour de temps en temps, car le champ magnétique de la Terre change peu à peu. On croit que ces changements sont provoqués par la rotation du champ magnétique autour de l'axe de la Terre, une rotation complète prenant environ 1 000 ans (**figure 6**).

▶ *À toi* d'expérimenter

Fabrique ton propre compas d'inclinaison

Donne à un bout de fil métallique la forme d'un étrier et attache un bout de ficelle en son centre, comme dans l'illustration ci-contre. Fais d'abord passer une aiguille à travers un petit cube de styromousse. Fais ensuite passer un cure-dent rond à travers le même cube, perpendiculairement à l'aiguille, puis pose les extrémités du cure-dent sur l'étrier. Aimante enfin l'aiguille de façon à obtenir un compas magnétique doublé d'une aiguille d'inclinaison lorsque tu maintiens le tout en équilibre. Explique le fonctionnement de ton dispositif.

La théorie des domaines magnétiques

Bien qu'ils ne soient pas normalement aimantés, certains matériaux ferromagnétiques peuvent le devenir dans certaines circonstances ; c'est le cas du fer, du nickel, du cobalt et du gadolinium. L'acquisition de propriétés magnétiques peut être expliquée par la **théorie des domaines magnétiques**.

Les matériaux ferromagnétiques sont formés d'un grand nombre de zones minuscules appelées «domaines magnétiques». Chacun de ces domaines se comporte comme un minuscule aimant droit, avec ses propres pôles N et S. Lorsqu'un tel matériau n'est pas aimanté, ses millions de domaines s'orientent de façon aléatoire et leurs effets magnétiques s'annulent mutuellement, comme l'illustre la **figure 7**.

Cependant, lorsqu'un spécimen de matériau ferromagnétique est soumis à un champ magnétique suffisamment puissant, certains de ces domaines pivotent de façon à s'aligner sur le champ externe, alors que d'autres, déjà alignés, tendent à devenir plus volumineux aux dépens de domaines non alignés situés à proximité (**figure 8**). Il en résulte une orientation dominante des domaines (dans le même sens que le champ externe) et le matériau se comporte alors comme un aimant. Lorsqu'on supprime le champ externe, l'orientation adoptée peut subsister un certain temps ou disparaître presque immédiatement, selon le matériau. Les aimants fabriqués de cette façon sont connus sous le nom d'aimants *induits*.

Le modèle des domaines permet d'expliquer de façon simple de nombreuses propriétés des aimants induits :

1. Une aiguille devient aimantée si on la frotte dans un sens donné avec un puissant aimant permanent, pour aligner ses domaines sur le champ de cet aimant.

2. Lorsqu'on casse en deux une barre aimantée, on obtient deux aimants plus petits, chacun doté de ses propres pôles N et S.

3. Les aimants induits faits de fer «doux» se désaimantent dès qu'on cesse de les soumettre à un champ magnétique externe. Les aimants provisoires, dont les électroaimants de levage, en sont un exemple. Par contre, l'acier et les autres alliages durs demeurent aimantés indéfiniment. C'est le cas, notamment, des aimants permanents qui sont utilisés dans les loquets des portes magnétiques. Les impuretés qui se trouvent dans ces alliages semblent en effet «verrouiller» les domaines alignés et les empêcher de reprendre leur orientation aléatoire.

4. Le fait de chauffer ou de laisser tomber un aimant peut lui faire perdre son magnétisme, ses domaines étant ainsi suffisamment déstabilisés pour leur permettre de se déplacer et de reprendre une orientation aléatoire. Chaque matériau ferromagnétique a une température critique au-delà de laquelle il devient désaimanté et le reste même après s'être refroidi.

5. Un champ magnétique externe de forte intensité, agissant dans le sens opposé à celui d'une barre aimantée, peut inverser le magnétisme de cet aimant et transformer son pôle sud en pôle nord, et vice versa. Ce phénomène se produit quand les domaines de l'aimant modifient leur orientation de 180° sous l'influence du champ externe.

6. Les coques de bateau, les piliers et les poutres de bâtiment de même que beaucoup d'autres structures en acier deviennent souvent aimantés sous l'effet combiné du champ magnétique de la Terre et des vibrations auxquelles ils sont soumis en cours de construction. L'effet est semblable à celui qu'on obtient lorsqu'on frotte une aiguille avec un puissant aimant, dans la mesure où les domaines à l'intérieur des métaux s'alignent sur le champ magnétique de la Terre. Les vibrations qui surviennent en cours de construction contribuent aussi au réalignement des domaines.

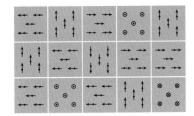

Figure 7
Les dipôles atomiques sont alignés à l'intérieur de chaque domaine. Les domaines pointent dans tous les sens. Le matériau magnétique n'est pas aimanté.

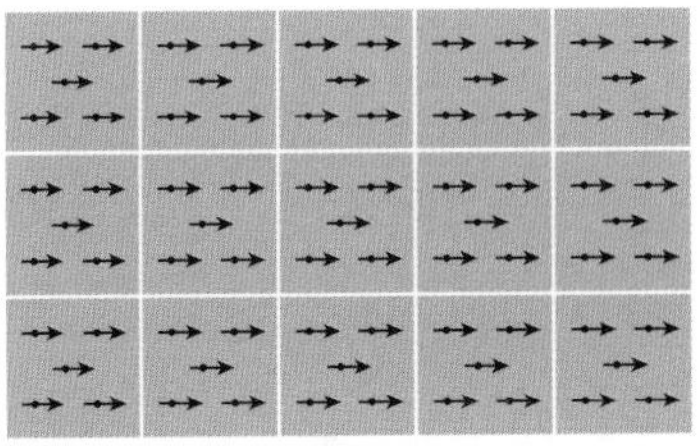

Figure 8
Les dipôles atomiques (et non les domaines) pivotent de telle sorte que tous les domaines pointent dans le sens du champ magnétisant. Le matériau magnétique est entièrement aimanté.

Avant le XIXᵉ siècle, l'électricité et le magnétisme étaient considérés comme des phénomènes distincts. C'est grâce à une découverte accidentelle que le physicien danois Hans Christian Oersted (1777-1851), alors professeur à l'Université de Copenhague, a pu établir un rapport entre les deux. Après avoir observé que l'aiguille d'une boussole déviait lorsqu'elle se trouvait à proximité d'un fil traversé par un courant électrique, Oersted a formulé le *principe* de base *de l'électromagnétisme*:

Le principe de l'électromagnétisme
Des charges électriques en mouvement produisent un champ magnétique.

Le champ magnétique d'un conducteur rectiligne

Quand un courant électrique traverse un long conducteur rectiligne, le champ magnétique qui en résulte se compose de lignes de champ circulaires et concentriques, centrées sur le conducteur (**figure 9**).

Tu peux te rappeler l'orientation de ces lignes de champ (tel que l'indique le pôle N d'une petite boussole d'essai) en utilisant la *règle de la main droite pour les conducteurs rectilignes*:

La règle de la main droite pour les conducteurs rectilignes
Si l'on prend un conducteur dans sa main droite en pointant le pouce dans le sens du courant, les doigts repliés pointent dans le sens des lignes du champ magnétique.

CONSEIL PRATIQUE

Le sens du courant
On utilise ici le sens conventionnel du courant, et non celui du déplacement des électrons.

Figure 9

a) La limaille de fer révèle la configuration circulaire du champ magnétique autour d'un conducteur traversé par un courant.

b) Lorsque le pouce droit pointe dans le sens du courant, les doigts repliés autour du fil pointent dans le sens des lignes du champ magnétique.

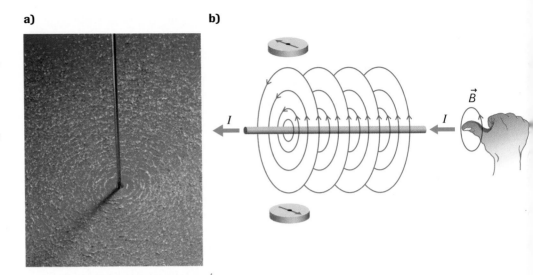

a)

b)

Le champ magnétique d'une boucle de courant

Quand on donne à un fil la forme d'une boucle, son champ magnétique est tel qu'il est représenté à la **figure 10**. Note que les lignes de champ à l'intérieur de la boucle sont plus rapprochées les unes des autres que celles qui se trouvent à l'extérieur, ce qui indique que le champ magnétique y est plus intense.

Figure 10

a) Chaque segment individuel du fil produit son propre champ magnétique, à la façon d'un conducteur rectiligne.

b) Les différents champs s'unissent pour former un champ net comparable au champ tridimensionnel d'une barre aimantée.

c) La règle de la main droite pour les conducteurs rectilignes s'applique et permet de déterminer l'orientation du champ magnétique d'une boucle simple.

d) La limaille de fer révèle la configuration du champ magnétique.

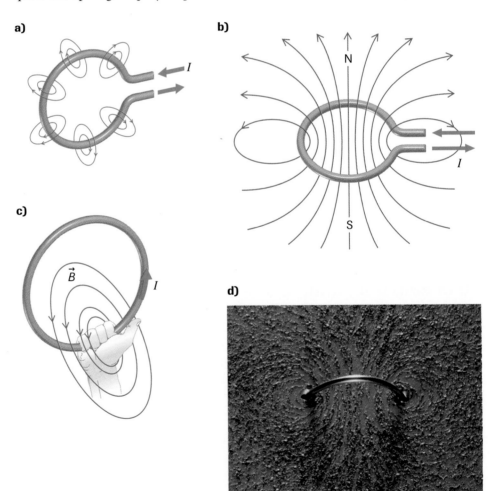

a)

b)

c)

d)

Le champ magnétique d'une bobine ou d'un solénoïde

Un **solénoïde** est un long conducteur enroulé pour former une bobine comportant de nombreuses spires. Le champ magnétique d'un solénoïde (**figure 11**) correspond à la somme des champs magnétiques de chacune de ses spires. À l'intérieur de la bobine, le champ peut donc être très puissant. Lorsque l'enroulement du conducteur est très serré, les lignes de champ sont presque droites et très rapprochées les unes des autres (**figure 12**).

solénoïde fil conducteur enroulé (bobine) à l'intérieur duquel est créé un champ magnétique quand on y fait circuler un courant

a)

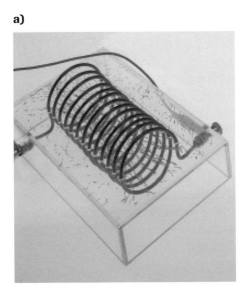

b)

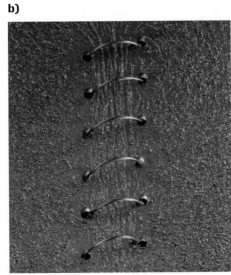

Figure 11
a) Un solénoïde
b) La limaille de fer révèle les lignes de champ à l'intérieur et autour du solénoïde.

a)

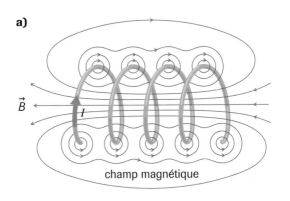

champ magnétique

b)

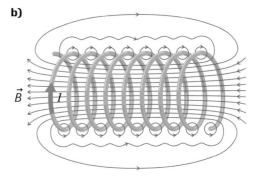

Figure 12
a) Lorsque les spires du solénoïde sont espacées, les lignes de champ à l'intérieur de la bobine sont courbes.
b) Le champ devient plus intense et plus rectiligne à l'intérieur de la bobine lorsque les spires sont plus rapprochées. La règle de la main droite pour les solénoïdes permet de déterminer le sens du champ à l'intérieur de la bobine.

Un solénoïde a un champ magnétique très semblable à celui d'une barre aimantée. Son champ possède toutefois une caractéristique supplémentaire et fort utile : on peut l'activer et le désactiver. Pour nous rappeler le sens du champ magnétique d'un solénoïde, nous appliquons une règle de la main droite particulière :

La règle de la main droite pour les solénoïdes

Si l'on prend un solénoïde dans sa main droite en pointant ses doigts courbés dans le sens du courant électrique, le pouce pointe dans le sens des lignes du champ magnétique créé le long de son axe.

LE SAVAIS-TU ?

L'intensité du champ à l'extérieur de la bobine
Les lignes de champ à l'extérieur de la bobine ont beaucoup d'espace à remplir ; elles se dispersent donc tellement que l'intensité du champ devient négligeable.

L'utilisation des électroaimants et des solénoïdes

Si l'on place un morceau de matériau ferromagnétique, par exemple du fer, dans l'axe d'un solénoïde, le champ magnétique peut augmenter et parfois même devenir plusieurs milliers de fois plus intense. Les domaines du fer s'alignent sous l'influence du champ magnétique de la bobine, le champ magnétique global correspondant alors à la somme du champ de la bobine et du champ du matériau aimanté qui se trouve à l'intérieur du solénoïde. On appelle *perméabilité relative* du matériau le rapport entre l'intensité du champ magnétique d'un noyau formé d'un matériau donné et l'intensité du champ magnétique de la bobine en l'absence de ce matériau. Autrement dit, la perméabilité exprime quantitativement jusqu'à quel point un matériau est influencé par un champ magnétique. Lorsqu'un matériau présente une grande perméabilité, cela signifie que l'intensité du champ magnétique sera élevée lorsqu'on utilisera ce matériau; lorsqu'il présente une faible perméabilité (près de 1), cela signifie que l'intensité du champ magnétique sera presque équivalente à celle d'une bobine vide. Le **tableau 1** indique la perméabilité magnétique relative de quelques matériaux communs. On y constate que le champ magnétique en présence d'un noyau de nickel sera 1 000 fois plus intense qu'en présence d'un noyau vide.

Les applications techniques courantes exigent que le fer du noyau d'un solénoïde soit « magnétiquement doux », ou exempt des impuretés qui ont tendance à verrouiller les domaines en place après la disparition du champ externe. Les solénoïdes à noyau de fer qui perdent leur magnétisme dès l'instant où le courant est interrompu sont utiles non seulement dans les électroaimants de levage, mais aussi dans beaucoup d'autres dispositifs, tels que les sonnettes, relais et haut-parleurs magnétiques.

Tableau 1 La perméabilité magnétique relative de certains matériaux communs

Matériau	Perméabilité magnétique relative
cuivre	0,999 99
eau	0,999 999
vide	1,000 000
oxygène	1,000 002
aluminium	1,000 02
cobalt	170
nickel	1 000
acier	2 000
fer	6 100
permalloy	100 000

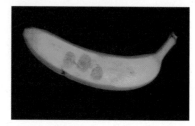
RÉSUMÉ

Le magnétisme naturel et l'électromagnétisme

- Selon la loi des pôles magnétiques, les pôles de signes contraires s'attirent et les pôles de même signe se repoussent.

- Un aimant est entouré d'un champ de force magnétique.

- Selon la théorie des domaines, les substances ferromagnétiques se composent d'un grand nombre de zones minuscules appelées « domaines magnétiques », chacun de ces domaines agissant comme un minuscule aimant droit. Ces domaines peuvent être alignés par un champ magnétique externe.

- Selon le principe de l'électromagnétisme, les charges électriques en mouvement produisent un champ magnétique.

▶ *Section 8.1* *Questions*

Saisis bien les concepts

1. Explique pourquoi un morceau de fer peut être aimanté alors qu'un morceau de cuivre ne peut l'être.

2. a) Qu'arrivera-t-il à la limaille de fer dans un long tube de verre si on l'agite doucement en présence d'un puissant champ magnétique et qu'on retire ensuite délicatement le tube du champ magnétique?
   b) Que se produira-t-il, selon la théorie des domaines, si on agite de nouveau le tube de verre?
   c) Comment, selon la théorie des domaines, ce phénomène est-il lié au comportement d'une barre de fer solide?

3. La section intitulée «La théorie des domaines magnétiques» fournit une liste d'explications sur de nombreuses propriétés des aimants. Trace des diagrammes illustrant chacun des cas énumérés «avant» et «après».

4. Compare les champs magnétique, électrique et gravitationnel de la Terre au moyen d'un tableau de similitudes et de différences.

5. Examine le champ magnétique autour d'un long conducteur rectiligne traversé par un courant stable.
   a) Comment ce champ se compare-t-il à celui qui se forme autour d'une boucle de fil?
   b) Comment le champ d'une boucle de fil se compare-t-il à celui d'une longue bobine de fil?

Mets en pratique tes connaissances

6. Le matériel présenté à **figure 13** a été utilisé par James Clerk Maxwell pour confirmer la nature du champ magnétique qui se forme autour d'un long conducteur rectiligne. Il a constaté que, indépendamment de l'intensité du courant dans le fil, le disque ne tournait pas.
   a) Explique comment ce dispositif peut être utilisé pour déterminer la nature du champ magnétique qui se forme autour d'un conducteur dans lequel circule un courant stable.
   b) Décris les étapes que tu suivrais dans une expérience de cette nature.

Figure 13
Le matériel utilisé par Maxwell

7. Examine le diagramme de la sonnette électrique de la **figure 14** et explique comment elle fonctionne.

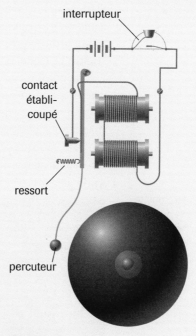

Figure 14

Fais des liens

8. La **figure 15** présente une micrographie de bactérie magnétostatique. On y distingue clairement une rangée de points foncés et circulaires, en réalité une chaîne de cristaux de magnétite. Selon toi, à quoi servent ces cristaux? Comment pourrais-tu vérifier ton hypothèse? Fais des recherches sur la bactérie pour vérifier ta réponse.

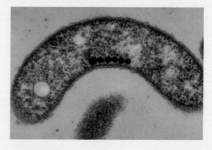

Figure 15
Une bactérie magnétostatique

Si tu places une boussole à proximité d'un conducteur et que tu relies ensuite le conducteur à une source d'alimentation en courant continu, l'aiguille de la boussole se mettra à tourner, ce qui prouve que le courant qui traverse le conducteur produit un champ magnétique (**figure 1**), lequel interagit avec le champ magnétique de l'aiguille. Un courant peut donc exercer une force sur un aimant. De même, deux conducteurs sous tension peuvent exercer une force l'un sur l'autre : si tu places deux fils électriques côte à côte et que tu fais passer un courant dans les deux, ils s'attireront ou se repousseront. Cela signifie qu'un champ magnétique peut exercer une force sur un courant, ou sur des charges en mouvement. On peut dire que cela découle de la troisième loi de Newton : si un courant produit une force sur un aimant, alors l'aimant doit exercer une force égale, mais contraire, sur le courant.

Figure 1

a) L'aiguille de la boussole pointe vers le nord si aucun courant ne passe dans le fil.

b) L'aiguille de la boussole tourne lorsque le fil est traversé par un courant. Si le champ magnétique de la Terre n'était pas présent, l'aiguille serait parfaitement perpendiculaire au fil.

a)

b)

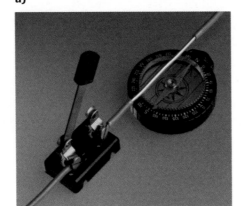

⚛ RECHERCHE 8.2.1

La force magnétique exercée sur une charge en mouvement (p. 421)

Comment le mouvement d'une particule chargée est-il influencé par un champ magnétique ? Comment pourrais-tu vérifier tes hypothèses au moyen d'une expérience ou d'une simulation ? La recherche 8.2.1, à la fin du chapitre, te permettra de vérifier tes réponses.

Ce principe explique certains phénomènes naturels tels que le spectacle des aurores boréales et australes, de même que les techniques de navigation utilisées par les abeilles. Ce principe a également de nombreuses applications techniques, que ce soit dans les tubes de télévision, les accélérateurs de particules qu'utilisent les physiciens ou les physiciennes ou les spectrographes de masse utilisés par les chimistes en laboratoire.

Pour mieux comprendre la force magnétique qui s'exerce sur une charge en mouvement, nous devons trouver les facteurs qui agissent sur la force et exprimer cette force au moyen d'une équation. Quand une particule chargée entre dans un champ magnétique sous un angle quelconque par rapport aux lignes de champ, elle subit une force et sa trajectoire devient courbe. Si la particule n'échappe pas au champ, elle adoptera une trajectoire circulaire (**figure 2**). La recherche 8.2.1, dans la section Activités en laboratoire à la fin de ce chapitre, explore la trajectoire suivie par des particules chargées à l'intérieur de divers champs magnétiques, ainsi que les facteurs qui influencent cette trajectoire. ⚛ ▮

Figure 2

a) Un tube cathodique conventionnel montrant un faisceau d'électrons

b) Le faisceau devient courbe en présence d'un champ magnétique.

c) Un faisceau d'électrons adopte une trajectoire circulaire sous l'effet du champ magnétique uniforme d'une paire de bobines d'Helmholtz. La pâle lueur violette est causée par le gaz ionisé produit lorsque les électrons entrent en collision avec les atomes dans le vide imparfait du tube.

a)

b)

c)

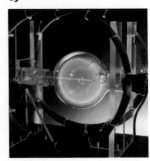

La mesure des champs magnétiques

L'intensité de la force magnétique $\vec{F}_M$ s'exerçant sur une particule chargée

- est directement proportionnelle à l'intensité du champ magnétique $\vec{B}$, à la vitesse vectorielle $\vec{v}$ et à la charge q de la particule ;
- dépend de l'angle θ entre le champ magnétique $\vec{B}$ et la vitesse vectorielle $\vec{v}$. Quand $\theta = 90°$ (la particule se déplace perpendiculairement aux lignes de champ), la force est à son maximum, et quand $\theta = 0°$ ou $180°$ (la particule se déplace parallèlement aux lignes de champ), la force disparaît. Cela concorde avec le fait que l'intensité de la force magnétique est également proportionnelle à $\sin \theta$.

La combinaison de ces facteurs donne : $F_M = qvB \sin \theta$ où F_M est la valeur de la force exercée sur la particule chargée en mouvement, en newtons ; q, la valeur de la charge appliquée à cette particule, en coulombs ; v, la valeur de la vitesse vectorielle de la particule, en mètres par seconde ; B, l'intensité de la force du champ magnétique, en teslas (unité SI, T ; $1\ T = 1\ kg/C{\cdot}s$) ; et θ, l'angle entre $\vec{v}$ et $\vec{B}$.

Cette équation indique l'intensité de la force, mais non son orientation. Visualise un plan parallèle au champ magnétique $\vec{B}$ et à la vitesse vectorielle $\vec{v}$ d'une particule chargée : la force est perpendiculaire à ce plan. Une simple règle de la main droite peut servir à déterminer l'orientation de la force : si le pouce droit pointe dans le sens du mouvement d'une charge positive et que les doigts tendus pointent dans le sens du champ magnétique, la force s'exerce dans le sens vers lequel pousserait normalement la paume droite (**figure 3**).

Si la charge est négative, inverse l'orientation de ton pouce au moment d'appliquer la règle. Cela fonctionne parce qu'une charge négative qui se déplace dans un sens donné est équivalente à une charge positive se déplaçant dans le sens opposé.

Le *Yamato 1* (**figure 4**) a été le premier bateau à appliquer ce principe à la propulsion. Au lieu de faire appel à des hélices, il utilise la propulsion magnétohydrodynamique (MHD) ; autrement dit, il exerce une force magnétique sur un courant. Une unité de propulsion magnétohydrodynamique type fait appel à un gros aimant supraconducteur pour créer un puissant champ magnétique. Les grandes plaques en métal fixées parallèlement de

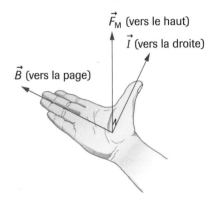

Figure 3
La règle de la main droite indique le sens de la force magnétique.

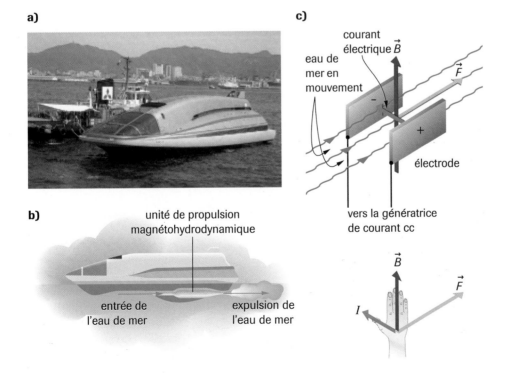

a)

b) unité de propulsion magnétohydrodynamique

entrée de l'eau de mer

expulsion de l'eau de mer

c) courant électrique $\vec{B}$

eau de mer en mouvement

$\vec{F}$

−

+

électrode

vers la génératrice de courant cc

$\vec{B}$

I

$\vec{F}$

Figure 4
a) Le *Yamato 1*
b) L'unité de propulsion magnétohydrodynamique repousse l'eau de mer vers l'arrière, faisant ainsi avancer le bateau.
c) Emploie la règle de la main droite pour déterminer l'orientation de la force sur l'eau de mer.

Le produit vectoriel

L'équation de la force exercée sur une charge en mouvement dans un champ magnétique est dérivée du produit vectoriel de deux vecteurs défini par l'équation $\vec{C} = \vec{A} \times \vec{B}$. La norme et l'orientation du vecteur résultant peuvent être trouvées à l'annexe A. Soit $\vec{A}$ la charge multipliée par la vitesse vectorielle et $\vec{B}$ le champ magnétique.

a) Montre que le produit vectoriel peut être utilisé pour obtenir l'intensité de la force magnétique exercée sur une particule chargée qui se déplace dans un champ magnétique externe.

b) Vérifie que le sens de la force trouvé avec la règle de la main droite appliquée au produit vectoriel est le même que celui obtenu avec la règle de la main droite décrite plus tôt.

CONSEIL PRATIQUE

Vers l'intérieur ou vers l'extérieur de la page?
Une façon de se rappeler à quel sens on a affaire est d'imaginer une fléchette qui apparaît comme un X lorsqu'elle est lancée vers la cible et comme un point lorsqu'elle s'en approche.

---

chaque côté de l'unité présentent entre elles une importante différence de potentiel due à une génératrice d'électricité en courant continu. Cela crée un courant électrique dans l'eau de mer (en raison de la présence d'ions), perpendiculaire au champ magnétique. En utilisant la règle de la main droite, ton pouce pointant dans le sens de la charge positive et tes doigts dans le sens du champ magnétique, ta paume pousserait sur les charges (ions) dans le sens de la force, ce qui repousserait l'eau de mer vers l'arrière de l'unité. Selon la troisième loi de Newton, lorsque l'unité repousse l'eau vers l'arrière du bateau, l'eau exerce une force égale et contraire sur l'unité, donc sur le bateau, ce qui le fait avancer.

La propulsion magnétohydrodynamique est prometteuse parce qu'elle annonce une solution de rechange peu coûteuse aux moteurs marins à carburant, coûteux et encombrants. Puisqu'il n'y a ni hélices, ni arbres de transmission, ni vitesses, ni pistons, les niveaux de bruit sont réduits au minimum et les coûts d'entretien pourraient également être peu élevés.

Examinons maintenant de plus près la trajectoire d'une particule chargée dans un champ magnétique. Puisque $\vec{F}_M$ est toujours perpendiculaire à $\vec{v}$, il s'agit d'une force purement directrice, ce qui signifie qu'elle modifie l'orientation de $\vec{v}$, mais qu'elle n'a aucun effet sur la vitesse. En effet, aucun élément de la force n'agit dans le sens du mouvement de la particule chargée. Par conséquent, le champ magnétique ne modifie pas l'énergie de la particule et n'exerce aucune action sur elle.

La **figure 5** montre une particule chargée positivement dans un champ magnétique perpendiculaire à sa vitesse vectorielle. (Si la particule était négative, sa trajectoire décrirait une courbe inverse, dans le sens des aiguilles d'une montre). Lorsque la force magnétique est l'unique force qui agit sur la particule, elle est égale à la force nette exercée sur la particule et toujours perpendiculaire à sa vitesse vectorielle. C'est là la condition d'un mouvement circulaire uniforme; en fait, si le champ est assez puissant et que la particule ne perd aucune énergie, elle décrit un cercle complet, tel qu'il est illustré.

Figure 5

a) Une charge positive se déplaçant à vitesse constante dans un champ magnétique uniforme selon une trajectoire courbe

b) Dans des conditions idéales, une particule chargée se déplacera en cercle, car la force magnétique est perpendiculaire à la vitesse vectorielle en tout temps.

a)

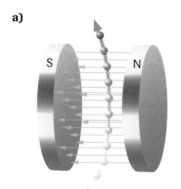

b)

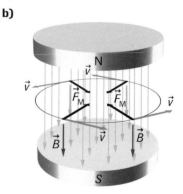

Nous représentons ces champs magnétiques sous forme de diagrammes bidimensionnels en traçant des X pour les lignes de champ orientées vers l'intérieur de la page, perpendiculairement à celle-ci, et des points pour les lignes de champ qui pointent vers l'extérieur de la page, perpendiculairement à celle-ci. Si la vitesse vectorielle est perpendiculaire aux lignes du champ magnétique, alors la vitesse vectorielle et la force magnétique sont parallèles à la page, comme l'indique la **figure 6**.

▶ **PROBLÈME 1**

Dans un champ électrique horizontal, un électron accélère à partir du repos sous l'effet d'une différence de potentiel de 46 V. L'électron quitte alors le champ électrique, pénétrant dans un champ magnétique d'intensité 0,20 T orienté vers l'intérieur de la page (**figure 7**).

a) Calcule la vitesse initiale de l'électron au moment où il pénètre dans le champ magnétique.

b) Détermine l'intensité et le sens de la force magnétique sur l'électron.

c) Calcule le rayon de la trajectoire circulaire de l'électron.

Solution

$\Delta V = 46$ V $v = ?$

$B = 0,20$ T $= 0,20$ kg/C·s $F_M = ?$

$m_e = 9,11 \times 10^{-31}$ kg (de l'annexe C) $r = ?$

$q = 1,6 \times 10^{-19}$ C

a) L'énergie potentielle électrique perdue par l'électron qui se déplace sous l'effet de la différence de potentiel électrique est égale à son gain en énergie cinétique :

$$-\Delta E_E = \Delta E_C$$

$$q\Delta V = \frac{1}{2}mv^2$$

$$v = \sqrt{\frac{2q\Delta V}{m}}$$

$$= \sqrt{\frac{2(1,6 \times 10^{-19}\text{ C})(46\text{ V})}{9,11 \times 10^{-31}\text{ kg}}}$$

$$v = 4,0 \times 10^6 \text{ m/s}$$

La vitesse initiale de l'électron au moment de pénétrer dans le champ magnétique est de $4,0 \times 10^6$ m/s.

b) $\quad F_M = qvB \sin \theta$

$\quad\quad\quad = (1,6 \times 10^{-19}\text{ C})(4,0 \times 10^6\text{ m/s})(0,20\text{ kg/C·s}) \sin 90°$

$\quad F_M = 1,3 \times 10^{-13}$ N

L'intensité de la force est de $1,3 \times 10^{-13}$ N.

Pour appliquer la règle de la main droite, pointe le pouce droit dans le sens opposé à la vitesse vectorielle, comme on doit le faire avec une charge négative. Pointe les doigts perpendiculairement vers la page. Ta paume pousse maintenant vers le bas de la page. Ainsi, $\vec{F}_M = 1,3 \times 10^{-13}$ N [vers le bas].

c) Puisque la force magnétique est la seule force qui agit sur l'électron et qu'elle est perpendiculaire à la vitesse vectorielle, l'électron effectue un mouvement circulaire uniforme. La force magnétique est la force (centripète) nette :

$$F_M = F_c$$

$$qvB = \frac{mv^2}{r} \quad \text{(puisque } \sin 90° = 1\text{)}$$

ou $\quad r = \dfrac{mv}{Bq}$

$$= \frac{(9,11 \times 10^{-31}\text{ kg})(4,0 \times 10^6\text{ m/s})}{(0,20\text{ T})(1,6 \times 10^{-19}\text{ C})}$$

$$r = 1,1 \times 10^{-4} \text{ m}$$

Le rayon de la trajectoire circulaire est de $1,1 \times 10^{-4}$ m.

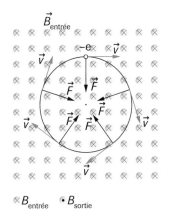

Figure 6
Dans ce cas-ci, la particule est chargée négativement ; le champ magnétique entre dans la page et est perpendiculaire à la vitesse vectorielle. Pour déterminer le sens de la force magnétique, pointe le pouce dans le sens opposé à la vitesse vectorielle, car la charge est négative.

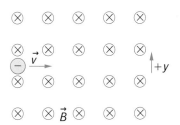

Figure 7
Schéma se rapportant au problème 1

CONSEIL PRATIQUE

Pour tout problème concernant des particules chargées se déplaçant dans un champ magnétique externe, on utilisera comme charge élémentaire la valeur absolue de q :

$$|q| = 1,6 \times 10^{-19} \text{ C}$$

Réponses

2. $1,7 \times 10^{-14}$ N [E]

3. 0,16 T [horizontalement, vers l'observateur]

4. 0,13 m

5. $1,1 \times 10^7$ m/s ; $6,9 \times 10^5$ V

6. 1,0 N

▶ *Mise en pratique*

Saisis bien les concepts

1. Explique le fonctionnement du système de propulsion magnétohydrodynamique du *Yamato 1*.

2. Détermine l'intensité et l'orientation de la force magnétique qui s'exerce sur un proton qui se déplace horizontalement vers le nord, à $8,6 \times 10^4$ m/s, quand il pénètre dans un champ magnétique de 1,2 T dirigé verticalement vers le haut. (La masse d'un proton est de $1,67 \times 10^{-27}$ kg.)

3. Un électron se déplaçant à travers un champ magnétique uniforme avec une vitesse vectorielle de $2,0 \times 10^6$ m/s [vers le haut] subit une force magnétique maximale de $5,1 \times 10^{-14}$ N [vers la gauche]. Détermine l'intensité et l'orientation du champ magnétique.

4. Calcule le rayon de la trajectoire suivie par une particule chargée α (un ion He^{2+} de $3,2 \times 10^{-19}$ C et de $6,7 \times 10^{-27}$ kg) projetée à une vitesse de $1,5 \times 10^7$ m/s dans un champ magnétique uniforme de 2,4 T à angle droit.

5. Calcule la vitesse d'un proton qui suit une trajectoire circulaire de 8,0 cm de rayon dans un plan perpendiculaire à un champ magnétique uniforme de 1,5 T. Quelle serait la tension requise pour accélérer le proton de l'immobilité jusqu'à cette vitesse dans le vide ? ($m_{proton} = 1,67 \times 10^{-27}$ kg)

6. Un avion volant dans le champ magnétique terrestre à une vitesse de $2,0 \times 10^2$ m/s acquiert une charge de $1,0 \times 10^2$ C. Calcule l'intensité maximale de la force magnétique qu'il subit dans une région où l'intensité du champ magnétique terrestre est de $5,0 \times 10^{-5}$ T.

Rapports charge/masse

Le scientifique britannique J. J. Thomson (1856-1940) a utilisé l'appareil illustré à la **figure 8** pour accélérer un mince faisceau d'électrons entre des plaques parallèles et des bobines. L'application soit d'un champ électrique soit d'un champ magnétique à travers le tube faisait dévier le faisceau vers le haut, vers le bas, vers la gauche ou vers la droite par rapport à sa trajectoire originale, selon l'orientation du champ en question. Dans tous les cas, le sens de la déviation était celui d'un courant de particules chargées négativement. Thomson en a conclu que les rayons cathodiques étaient composés de particules négatives se déplaçant à grande vitesse de la cathode à l'anode. Il a appelé ces particules des électrons.

Figure 8
Le tube cathodique de Thomson. La trajectoire de l'électron est incurvée seulement dans le champ magnétique des bobines (selon un arc circulaire) ou dans le champ électrique des plaques (selon une parabole). Après avoir quitté ces champs, les électrons se déplacent en ligne droite vers les points X ou Y.

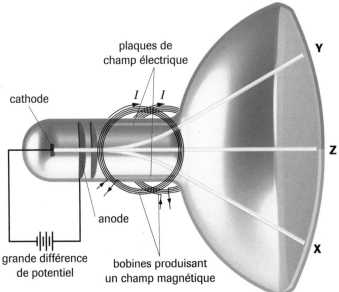

plaques de champ électrique

cathode

anode

grande différence de potentiel

bobines produisant un champ magnétique

Y

Z

X

Lorsqu'un courant circule dans les bobines, il crée un champ magnétique d'intensité B qui fait dévier les électrons le long d'un arc circulaire de rayon r, de telle manière qu'ils frappent l'extrémité du tube au point X. Le travail que nous avons fait sur la déviation magnétique nous a appris que

$$F_M = F_c$$

$$evB = \frac{mv^2}{r} \quad \text{(puisque } \sin 90° = 1\text{)}$$

ou $\quad \dfrac{e}{m} = \dfrac{v}{Br}$

Nous pouvons calculer B si nous connaissons les dimensions physiques des bobines et l'intensité du courant qui y circule. Nous pouvons mesurer r directement.

Pour déterminer la vitesse de l'électron v, Thomson a utilisé des plaques parallèles. Quand on applique une différence de potentiel aux plaques (la plaque du bas étant négative) et qu'aucun courant ne circule dans les bobines, un électron est dévié vers le haut, atteignant l'extrémité du tube au point Y. (Pour un électron se déplaçant à une vitesse standard de laboratoire, l'effet de la gravitation est négligeable.) Lorsqu'un courant circule dans les bobines et qu'un champ magnétique agit encore sur les électrons, la différence de potentiel entre les plaques peut être ajustée jusqu'à ce que les deux déviations (électrique et magnétique) s'annulent et que le faisceau d'électrons atteigne l'extrémité du tube au point Z. Cela ayant été fait,

$$F_M = F_E$$

$$evB = e\varepsilon$$

ou $\quad v = \dfrac{\varepsilon}{B}$

où ε est l'intensité du champ électrique entre les plaques parallèles $\left(\varepsilon = \dfrac{V}{d} \right)$.

Inversement, cette installation peut être utilisée comme « sélecteur de vitesse vectorielle » en permettant seulement aux particules dont la vitesse vectorielle est égale au rapport du champ électrique sur le champ magnétique de traverser sans être déviées. Thomson pourrait maintenant exprimer le rapport charge/masse des électrons (**figure 9**) en fonction des grandeurs mesurables de l'intensité du champ électrique, de l'intensité du champ magnétique et du rayon de courbure :

$$\frac{e}{m} = \frac{v}{Br}$$

$$\frac{e}{m} = \frac{\varepsilon}{B^2 r}$$

La valeur acceptée du rapport charge/masse d'un électron est, avec trois chiffres significatifs,

$$\frac{e}{m} = 1{,}76 \times 10^{11} \text{ C/kg}$$

Figure 9
a) L'appareil utilisé pour déterminer le rapport e/m
b) Les électrons du faisceau se déplacent verticalement en ligne droite.
c) Les électrons se déplacent selon une trajectoire circulaire dans le champ magnétique des bobines.
d) Augmenter l'intensité du champ magnétique diminue le rayon de la trajectoire.

a)

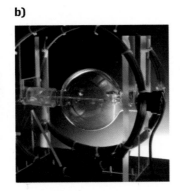

b)

c)

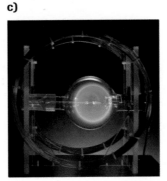

d)

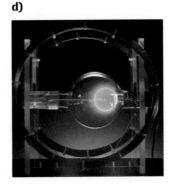

Quelques années plus tard, Millikan (comme nous l'avons vu à la section 7.5) a calculé que la charge d'un électron était de $1,60 \times 10^{-19}$ C. En combinant ces deux résultats, nous trouvons que la masse d'un électron est de $9,11 \times 10^{-31}$ kg.

On peut utiliser la technique de Thomson pour déterminer le rapport charge/masse de n'importe quelle particule chargée en mouvement dans des champs électriques et magnétiques connus et soumise à une force gravitationnelle négligeable. En mesurant seulement le rayon de courbure de la trajectoire de la particule dans le champ magnétique et en ajustant alors le champ électrique pour ne plus produire de déviation apparente, on trouve que le rapport charge/masse est

$$\frac{q}{m} = \frac{\varepsilon}{B^2 r}$$

Les recherches de Thomson ont mené au développement du spectromètre de masse, un instrument utilisé pour trier des particules — notamment des ions — en fonction de leur masse (isotopes). Les particules sont d'abord accélérées sous l'effet de hautes tensions, puis dirigées dans un champ magnétique perpendiculaire à leur vitesse vectorielle. Les particules suivent différentes trajectoires courbes selon leur masse et leur charge.

▶ **PROBLÈME 2**

Calcule la masse d'ions chlore 35 de $1,60 \times 10^{-19}$ C, accélérés dans un spectromètre de masse sous l'effet d'une différence de potentiel de $2,50 \times 10^2$ V dans un champ magnétique uniforme de 1,00 T. Le rayon de la trajectoire courbe est de 1,35 cm.

Solution

$q = 1,60 \times 10^{-19}$ C $r = 1,35$ cm $= 1,35 \times 10^{-2}$ m

$\Delta V = 2,50 \times 10^2$ V $m = ?$

$B = 1,00$ T $= 1,00$ kg/C·s

La combinaison des équations $\Delta E_C = \Delta E_C$ et $F_M = F_C$ donne :

$$qvB = \frac{mv^2}{r} \quad \text{et} \quad \frac{1}{2}mv^2 = q\Delta V$$

On isole alors :

$$v = \frac{qBr}{m} \quad \text{et} \quad v = \sqrt{\frac{2qV}{m}}$$

En combinant les deux expressions de la vitesse :

$$\frac{qBr}{m} = \sqrt{\frac{2q\Delta V}{m}}$$

En élevant au carré les deux côtés :

$$\frac{q^2 B^2 r^2}{m^2} = \frac{2q\Delta V}{m}$$

$$m = \frac{qB^2 r^2}{2\Delta V}$$

$$= \frac{(1,60 \times 10^{-19} \text{ C})(1,00 \text{ kg/C·s})^2 (1,35 \times 10^{-2} \text{ m})^2}{2(2,50 \times 10^2 \text{ V})}$$

$$m = 5,83 \times 10^{-26} \text{ kg}$$

La masse des ions chlore 35 est donc de $5,83 \times 10^{-26}$ kg.

Les effets des champs magnétiques

Lorsque les électrons ne se déplacent pas perpendiculairement aux lignes du champ magnétique, la composante de la vitesse vectorielle parallèle aux lignes n'est pas affectée, et la composante perpendiculaire aux lignes de champ pivote. Ensemble, ces deux composantes produisent le mouvement de spirale de la particule. Si le champ magnétique n'est pas uniforme, mais qu'il s'intensifie dans le sens du mouvement, la force que subit l'électron, due au champ magnétique, ralentira les charges en réduisant la composante de la vitesse vectorielle parallèle au champ ; elle pourra même faire changer le sens de la spirale de l'électron, formant un miroir magnétique (**figure 10**).

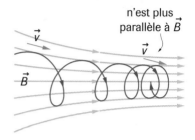

Figure 10
Un miroir magnétique. Le champ s'intensifie dans le sens du mouvement de la particule chargée. La composante de la vitesse vectorielle, initialement parallèle aux lignes de champ, est diminuée par le champ d'intensité variable qui ralentit le mouvement.

a) **b)**

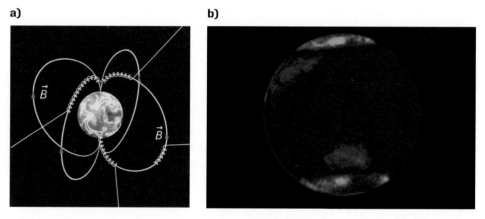

Les particules chargées du Soleil (rayons cosmiques) entrent dans l'atmosphère terrestre en formant une spirale autour des lignes du champ magnétique reliées aux deux pôles magnétiques de la Terre. Il en résulte que la concentration de particules incidentes est plus élevée dans les régions polaires qu'au niveau de l'équateur, où les particules chargées doivent traverser les lignes du champ magnétique. Les particules chargées qui se dirigent vers les pôles sont retenues dans des orbites spiroïdales autour des lignes au lieu de les traverser. Puisque l'intensité du champ augmente près des pôles, il peut se produire une aurore boréale dans l'hémisphère nord et une aurore australe dans l'hémisphère sud. Ce sont les collisions entre les particules chargées et les atomes et molécules de l'atmosphère qui causent la lueur spectaculaire des aurores (**figure 11**).

La Terre est entourée de deux ceintures de radiation majeures, des zones formées de particules chargées qu'elle retient dans son champ magnétique (**figure 12**). La radiation dans ces ceintures est tellement intense qu'elle peut endommager l'équipement de télémesure des satellites ; tous les types d'engins spatiaux les évitent. La ceinture extérieure est à environ 25 500 km au-dessus de la surface de la Terre, et la ceinture intérieure — souvent appelée ceinture de Van Allen depuis sa découverte — se trouve à environ 12 500 km au-dessus de la surface de la Terre. (On croit maintenant que la ceinture intérieure est elle-même formée de deux ceintures.) Les particules chargées dans ces ceintures forment une spirale autour des lignes du champ magnétique et sont souvent réfléchies par les champs les plus forts près des pôles.

LE SAVAIS-TU ?

Les ceintures de Van Allen
À la fin des années 50, les scientifiques croyaient que des particules pouvaient être retenues par le champ magnétique terrestre, mais ils manquaient de preuves. En 1958, James Van Allen, de l'Université de l'Iowa, a construit le petit satellite *Explorer 1*, qui transportait un instrument : un compteur Geiger. L'expérience a bien fonctionné à de basses altitudes. Au sommet de l'orbite, par contre, on n'a dénombré aucune particule. Deux mois plus tard, un compteur sur *Explorer 3* a révélé un haut niveau de radiation là où *Explorer 1* n'en avait trouvé aucune. Il appert que le premier compteur avait détecté un niveau tellement élevé de radiations qu'il ne pouvait le mesurer, et qu'il avait fourni une lecture nulle.

Figure 11
a) Les rayons cosmiques émis par le Soleil et l'espace lointain sont composés d'électrons énergétiques et de protons. Ces particules tournent souvent en spirale autour des lignes du champ magnétique terrestre vers les pôles.
b) La première image fournie par un engin spatial présentant les aurores qui se produisent simultanément à chacun des pôles magnétiques

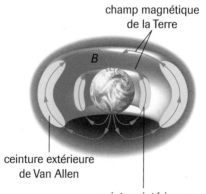

Figure 12
Les ceintures de radiation sont formées par des particules chargées dans les rayons cosmiques retenus dans le champ magnétique terrestre.

a)

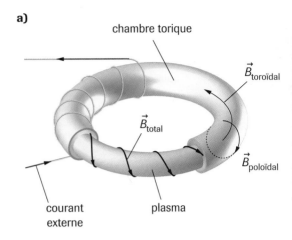

chambre torique

$\vec{B}_{\text{toroïdal}}$

$\vec{B}_{\text{total}}$

$\vec{B}_{\text{poloïdal}}$

courant externe

plasma

b)

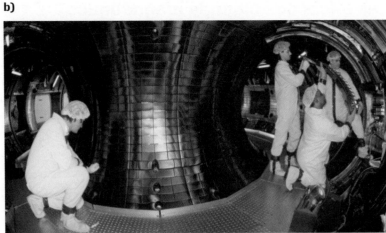

Figure 13

a) Schéma de la chambre torique contenant le plasma d'un réacteur de fusion tokamak

b) L'intérieur d'un tokamak

On utilise les principes du champ magnétique dans les chambres toriques (c'est-à-dire dont la forme ressemble à celle d'un beignet) des prototypes de réacteurs de fusion nucléaire tokamak (**figure 13**). Ce modèle de réacteur utilise des champs magnétiques pour contenir le gaz très chaud et fortement ionisé (le plasma) nécessaire à une réaction thermonucléaire contrôlée. On s'attend à ce que la fusion thermonucléaire contrôlée fournisse, dans quelques décennies, une grande quantité d'énergie sans les déchets radioactifs caractéristiques des réacteurs à fission.

La théorie des champs

On pourrait simplement se contenter du concept voulant qu'une force soit transmise d'un objet à un autre par un contact direct : lorsque ta main pousse sur un livre, le livre se déplace, car ta main et le livre se touchent. Cependant, nous avons appris que tout objet est formé d'atomes spatialement séparés qui interagissent, mais qui en fait ne se touchent pas. Le principe du contact devient donc dénué de sens. Lorsque ta main pousse sur un livre, des forces électromagnétiques entre les électrons de chaque objet sont en réalité en action.

Pour comprendre les forces gravitationnelle, électrique et magnétique, nous avons besoin de recourir au concept du champ. Au début, les champs n'étaient qu'une façon commode de décrire la force dans une région de l'espace, mais avec le succès indéniable des champs dans la description de différents types de forces, une théorie des champs a été développée comme un modèle scientifique général et est maintenant considérée comme une réalité physique reliant différentes sortes de forces qui, autrement, seraient perçues comme des phénomènes complètement séparés. Désormais, nous pouvons dire que, si un objet subit une force particulière sur une certaine étendue, alors il existe un champ de force dans cette région. Le concept du champ a une grande importance et des applications variées allant de la description du mouvement des planètes aux interactions des particules chargées dans l'atome.

Même si on peut expliquer ces trois types de forces à l'aide des champs, il existe quelques différences évidentes entre les forces et les champs eux-mêmes, tout comme quelques ressemblances frappantes. La force gravitationnelle — bien qu'elle soit considérée comme la plus faible des trois — contrôle le mouvement des corps célestes qui parcourent de vastes distances dans l'espace (**figure 14**). Les forces électrique et magnétique sont beaucoup plus puissantes et ont une plus grande influence sur le mouvement des particules chargées comme les électrons et les protons.

L'orientation des forces gravitationnelle et électrique est déterminée par le centre de masse des objets ou le centre de la distribution des charges en cause. Toutefois, la force magnétique est déterminée par le sens du mouvement de la charge par rapport au champ magnétique, et la force est nulle si le mouvement relatif entre le champ et la

Figure 14
Les forces gravitationnelles d'une plus grande galaxie entraînent la fusion de deux galaxies, un processus qui prendra des milliards d'années.

charge est nul. Pour les deux autres, le mouvement des particules n'influence pas l'orientation de la force.

Les deux champs qui sont les plus liés sont les champs électrique et magnétique. Les particules de ces champs sont chargées. Les champs ont aussi été reliés par les équations de Maxwell qui seront étudiées dans des cours plus avancés et utilisées ensemble pour décrire les propriétés de la lumière et pour découvrir la nature de la matière et de nouvelles particules dans les accélérateurs de particules. Dans les accélérateurs de particules, on se sert de champs électriques pour accélérer les électrons et les protons, et de champs magnétiques pour les diriger suivant de grandes trajectoires circulaires (**figure 15**). Nous reparlerons des accélérateurs de particules au chapitre 13.

a)

b)

c)
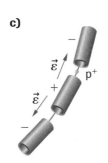

Figure 15
a) Un synchrotron consiste en un anneau d'aimants et de cylindres accélérateurs formant un tunnel circulaire.
b) Une particule traverse le vide entre deux cylindres chargés.
c) On ajuste les charges sur les cylindres pour maintenir l'accélération de la particule.

▶ **APPROFONDIR** *une question*

Habiletés de prise de décision

- ● Définir la question
- ● Défendre une position
- ● Analyser la question
- ○ Identifier des solutions de rechange
- ● Effectuer une recherche
- ● Évaluer

Les dépenses publiques pour le développement de nouvelles technologies

Une partie du budget fédéral est réservée à la recherche scientifique sur de nouvelles technologies coûteuses (par ex., par l'entremise du Conseil de recherches en sciences naturelles et en génie, ou CRSNG). Ce soutien inclut le financement des technologies et d'appareils utilisant des champs gravitationnel, électrique et magnétique, comme les satellites. Plusieurs personnes croient que cet argent est bien dépensé; d'autres pensent qu'il n'est pas justifié d'utiliser ainsi les fonds publics.

Prendre position
Devrait-on dépenser les fonds publics pour la recherche scientifique sur les champs gravitationnel, électrique et magnétique, en vue de développer de nouvelles technologies ?

Se faire une opinion
En groupe, choisissez une nouvelle technologie qui utilise des champs gravitationnel, électrique ou magnétique, et discutez de son impact social et économique. Examinez les bénéfices et les inconvénients de cette nouvelle technologie et des dépenses de fonds publics pour la recherche.

ALLER À www.beaucheminediteur.com/physique12

Définissez les critères que vous utiliserez pour évaluer l'impact social et économique. Préparez un exposé dans lequel vous présenterez votre opinion, les critères à la base de votre opinion et tout argument qui appuie cette opinion. Votre exposé peut prendre la forme d'une page Web, d'une vidéo, d'un compte rendu scientifique ou de tout autre moyen créatif de communication.

La force magnétique exercée sur les charges en mouvement

- Un courant peut exercer une force sur un aimant, et un aimant peut exercer une force sur un courant.

- $F_M = qvB \sin \theta$

- Le sens de la force magnétique est déterminé par la règle de la main droite.

- La vitesse d'un électron dans un tube cathodique peut être déterminée à l'aide de bobines de déviation magnétiques et de plaques de déviation électriques. Le même appareil fournit alors le rapport charge/masse de l'électron. En le combinant avec la charge d'un électron déterminée à partir de l'expérience de Millikan, on obtient la masse de l'électron.

► Section 8.2 Questions

Saisis bien les concepts

1. Détermine l'orientation de la grandeur manquante sur chacun des diagrammes de la **figure 16**.

a)

une charge positive dans un champ magnétique

b)

une charge positive dans un champ magnétique

Figure 16

a)

b)

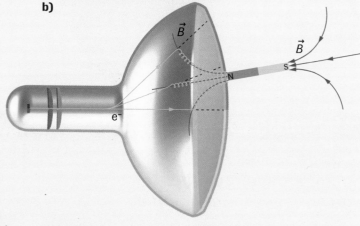

Figure 17

a) Un aimant peut endommager de façon définitive le moniteur d'un ordinateur ou le tube d'un téléviseur couleur.

b) Une spirale d'électrons se dirigeant vers l'écran dans le champ de l'aimant droit.

2. Un élève donne à une tige d'ébonite une charge d'une intensité de 25 nC. Dans le laboratoire, le champ magnétique provoqué par la Terre est de $5,0 \times 10^{-5}$ T [N]. L'élève lance l'ébonite à 12 m/s [O]. Détermine la force magnétique résultante.

3. Si on approche un aimant de l'écran d'un téléviseur couleur, le tube peut être endommagé de façon permanente (donc, ne le fais pas). Le champ magnétique fera dévier les électrons, déformant l'image et magnétisant définitivement le téléviseur (**figure 17**). Calcule le rayon de la trajectoire circulaire suivie par un électron qui, ayant été accéléré sous l'effet d'une différence de potentiel électrique de 10,0 kV dans le col du tube, entre dans un champ magnétique de 0,40 T provoqué par un puissant aimant placé près de l'écran.

4. Un électron est immobile. Cet électron peut-il être mis en mouvement en lui appliquant
  a) un champ magnétique?
  b) un champ électrique?
  Justifie tes réponses.

5. Une particule chargée se déplace en cercle dans un champ magnétique uniforme. Un champ électrique uniforme est soudainement créé, se dirigeant dans le même sens que le champ magnétique. Décris le mouvement de la particule.

6. Décris la règle de la main gauche pour des particules chargées négativement dans un champ magnétique et explique pourquoi elle est équivalente à la règle de la main droite pour des particules chargées positivement.

7. Une particule chargée se déplace avec une vitesse vectorielle constante dans une certaine région de l'espace. Un champ magnétique peut-il être présent? Justifie ta réponse.

8. Une particule chargée négativement entre dans une région avec un champ magnétique uniforme perpendiculaire à la vitesse vectorielle de la particule. Explique ce qui arrivera à l'énergie cinétique de la particule.

9. Explique pourquoi les lignes d'un champ magnétique ne se croisent jamais.

10. Comment peux-tu déterminer que des électrons en mouvement ont été déviés par un champ magnétique, un champ électrique, ou les deux?

11. Un proton venant de l'espace s'approche de la Terre vers le centre du plan de l'équateur.
  a) De quelle façon le proton sera-t-il dévié? Justifie ta réponse.
  b) De quelle façon un électron serait-il dévié dans les mêmes circonstances? Justifie ta réponse.
  c) De quelle façon un neutron serait-il dévié dans les mêmes circonstances? Justifie ta réponse.

12. a) Définis un champ de force.
  b) Compare les propriétés des champs gravitationnel, électrique et magnétique en complétant le **tableau 1**.
  c) Explique pourquoi la théorie des champs est considérée comme un modèle scientifique général.

Mets en pratique tes connaissances

13. Explique comment tu t'y prendrais pour démontrer que les particules chargées tournent en spirale autour des lignes du champ magnétique et forment même un miroir magnétique lorsqu'elles ne se déplacent pas perpendiculairement au champ. Tu peux supposer qu'un aimant puissant et qu'un tube de téléviseur sont disponibles. (Le tube sera endommagé définitivement dans l'expérience.)

Fais des liens

14. Compare les sources d'énergie d'une unité de propulsion marine MHD et d'un moteur à réaction standard.

15. Un aimant puissant est placé sur l'écran d'un téléviseur (endommageant le tube de façon permanente). Explique les observations suivantes:
  a) L'image se déforme.
  b) L'écran est complètement noir là où le champ est le plus fort.

16. Les particules chargées du rayonnement naturel peuvent endommager les cellules humaines. Comment peut-on utiliser les champs magnétiques pour s'en protéger?

17. Thomson et Millikan ont approfondi notre compréhension de la nature électrique de la matière.
  a) Quels principes de la pesanteur, de l'électricité et du magnétisme ont-ils appliqué pour concevoir leurs expériences?
  b) Quelle technologie était utilisée dans ces découvertes?
  c) Comment l'utilisation de cette technologie change-t-elle notre vision de la charge et de la nature de la matière?

18. Le lancement d'un satellite en orbite requiert une compréhension des champs gravitationnel, électrique et magnétique. Détermine l'importance de ces trois champs dans la préparation d'un lancement. Décris trois cas montrant comment le développement de cette technologie a modifié les théories scientifiques (par ex. les modèles météorologiques) ou affecté la société et l'environnement (par ex. les télécommunications ou la protection de la faune et de la flore).

Tableau 1

	Gravitationnel	Élec-trique	Magné-tique
particule	?	?	?
facteurs agissant sur l'intensité de la force	?	?	?
intensité relative	?	?	?

8.3 La force magnétique exercée sur un conducteur

Un faisceau de particules chargées qui traversent un champ magnétique dans le vide subit une force magnétique. Cela se produit aussi si les particules chargées sont à l'intérieur d'un conducteur. Dans des conditions normales, les particules ne peuvent quitter le conducteur. La force qu'elles subissent est donc transmise au conducteur quand les électrons déviés entrent en collision avec les ions contenus dans la matière conductrice.

On utilise ce principe dans les moteurs électriques et les haut-parleurs. Certains pays l'emploient même avec les trains à sustentation magnétique qui utilisent cette force pour s'élever au-dessus du sol et voyager sans frottement entre la roue et le rail à des vitesses supérieures à 500 km/h.

Les facteurs qui influencent l'intensité de la force magnétique sur un conducteur sont semblables à ceux qui influencent la force sur une seule particule chargée (**figure 1**). La recherche 8.3.1, dans la section Activités en laboratoire à la fin de ce chapitre, examine deux de ces facteurs.

Soit un conducteur qui porte un courant I placé dans un champ magnétique d'intensité B. Des mesures précises révèlent que la force sur le conducteur est directement proportionnelle à l'intensité du champ magnétique, au courant circulant dans le conducteur et à la longueur du conducteur. De plus, si l'angle entre le conducteur (ou le courant) et les lignes du champ magnétique est θ, alors la force magnétique est maximale lorsque $\theta = 90°$ et nulle lorsque $\theta = 0°$ ou $180°$. Donc, l'intensité de la force magnétique est directement proportionnelle à $\sin \theta$. En combinant ces relations, on obtient une expression de la force agissant sur un conducteur qui est très semblable à la force magnétique exercée sur une charge ponctuelle : $F \propto IlB \sin \theta$ ou $F = kIlB \sin \theta$

Les unités SI de longueur, de courant et de force ont déjà été choisies, mais si nous utilisons cette équation comme équation de définition des unités de l'intensité du champ magnétique B, alors $B = \dfrac{F}{k Il \sin \theta}$.

L'unité SI de l'intensité du champ magnétique est le tesla (T), défini tel que

> 1 T est l'intensité du champ magnétique présente lorsqu'un conducteur traversé par un courant de 1 A et d'une longueur de 1 m selon un angle de 90° par rapport au champ magnétique subit une force de 1 N ; 1 T = 1 N/A·m.

Alors, dans l'équation de définition de B, nous avons

$$B = \frac{1\,N}{k(1\,A)(1\,m)(1)} \quad \text{et} \quad 1\,T = \frac{1\,N/(A \cdot m)}{k}$$

Il en résulte que la valeur de k sera toujours 1 (quand on utilise les unités appropriées pour B, I, F et l). L'expression de l'intensité de la force exercée sur un conducteur dans lequel circule un courant dans un champ magnétique devient donc

$$F = IlB \sin \theta$$

où F est la force exercée sur le conducteur, en newtons ; B, l'intensité du champ magnétique, en teslas ; I, le courant dans le conducteur, en ampères ; l, la longueur du conducteur dans le champ magnétique, en mètres ; et θ, l'angle entre I et B.

RECHERCHE 8.3.1

La force exercée sur un conducteur dans un champ magnétique (p. 422)

Quels facteurs affectent l'intensité de la force exercée sur un conducteur dans un champ magnétique ? Cette recherche te permettra de vérifier ta réponse.

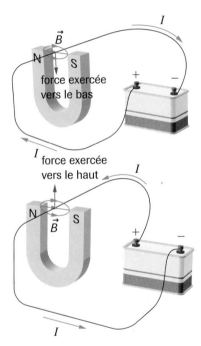

Figure 1
Changer le sens du courant dans le conducteur change le sens de la force.

D'autres observations importantes peuvent être faites à partir de l'utilisation d'un conducteur dans un champ magnétique:

- La force exercée sur un conducteur est perpendiculaire au champ magnétique et à la direction du courant *I*.

- En inversant soit le sens du courant, soit le champ magnétique, on inverse le sens de la force.

Une autre règle simple, équivalente à celle de la main droite qui s'applique aux charges en mouvement dans un champ magnétique, peut servir à déterminer les orientations relatives de $\vec{F}$, de *I* et de $\vec{B}$ (**figure 2**):

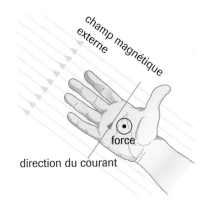

Figure 2
La règle de la main droite pour déterminer le sens de la force magnétique

La règle de la main droite correspondant au principe du fonctionnement d'un moteur

Si le pouce droit pointe dans le sens du courant (flux de charges positives) et que les autres doigts pointent dans le sens du champ magnétique, la force est dans le sens de la poussée de la paume droite.

▶ *PROBLÈME*

Un conducteur rectiligne de 10,0 cm, porteur d'un courant de 15 A, traverse un champ magnétique uniforme de 0,60 T. Calcule l'intensité de la force exercée sur le conducteur lorsque l'angle entre le courant et le champ magnétique est de a) 90°, de b) 45° et de c) 0°.

Solution

$I = 15\,A$	$B = 0,60\,T$
$l = 10,0\,cm$	$F = ?$

En général, l'intensité de la force est donnée par la formule

$$F = IlB \sin\theta = (15\,A)(0,60\,T)(0,10\,m)\sin\theta$$
$$F = (0,90\,N)\sin\theta$$

a) lorsque $\theta = 90°$, $\sin\theta = 1$ et $F = 0,90\,N$

b) lorsque $\theta = 45°$, $\sin\theta = 0,707$ et $F = (0,90\,N)(0,707) = 0,64\,N$

c) lorsque $\theta = 0°$, $\sin\theta = 0$ et $F = 0\,N$

L'intensité de la force est de 0,90 N si $\theta = 90°$, de 0,64 N si $\theta = 45°$, et de 0 N si $\theta = 0°$. Dans chaque cas, l'orientation de la force est donnée par la règle de la main droite déduite du principe du fonctionnement d'un moteur.

▶ *Mise en pratique*

Saisis bien les concepts

1. Un fil dans l'induit d'un moteur électrique mesure 25 cm de long et demeure dans, et perpendiculaire à, un champ magnétique uniforme de 0,20 T. Calcule la force exercée sur le fil lorsqu'un courant de 15 A y circule.

2. Quelle est la longueur du conducteur qui, entrant selon un angle droit dans un champ magnétique de 0,033 T et avec un courant de 20,0 A, subit une force de 0,10 N?

3. Deux poteaux électriques, distants de 50,0 m, se trouvent l'un directement au nord de l'autre. Un fil horizontal suspendu entre eux transporte un courant continu de $2,0 \times 10^2$ A. Si l'intensité du champ magnétique terrestre dans les environs est de $5,0 \times 10^{-5}$ T et l'inclinaison magnétique, de 45°, quelle est l'intensité de la force magnétique exercée sur le fil?

Réponses

1. 0,75 N
2. 0,15 m
3. 0,35 N

L'origine de l'équation de la force magnétique

Le lien entre les deux équations de la force magnétique exercée sur une charge ponctuelle en mouvement et sur un conducteur dans lequel circule un courant peut être fait algébriquement comme suit. La force exercée sur une charge ponctuelle est

$$F_M = qvB \sin \theta$$

S'il y a un nombre n de ces charges dans un conducteur de longueur l placé dans le champ magnétique et traversé par un courant I, alors la force magnétique nette qui s'exerce sur le conducteur résultant de toutes les charges est

$$F_M = n(qvB \sin \theta) \qquad \text{Équation (1)}$$

Nous pouvons utiliser cette équation pour trouver la force magnétique exercée sur un conducteur porteur d'un courant, mais ce ne serait pas très utile, puisque certaines grandeurs dans l'équation sont difficiles à mesurer directement. Toutefois, le courant se mesure facilement. Si n particules chargées passent un point du conducteur en un temps Δt, alors le courant électrique est mesuré par la formule

$$I = \frac{nq}{\Delta t} \text{ et } q = \frac{I\Delta t}{n} \qquad \text{Équation (2)}$$

On peut trouver la vitesse des charges dans le conducteur en divisant la distance qu'elles ont parcourue dans le champ magnétique, ou l, la longueur du conducteur, par le temps Δt :

$$v = \frac{l}{\Delta t} \qquad \text{Équation (3)}$$

En substituant les équations (2) et (3) dans l'équation (1) et en simplifiant :

$$F_M = n(qvB \sin \theta) = n\left(\frac{I\Delta t}{n}\right)\left(\frac{l}{\Delta t}\right)B \sin \theta$$
$$F_M = IlB \sin \theta$$

On obtient une équation identique à l'équation déterminée expérimentalement.

Le train à sustentation magnétique

Le train à sustentation magnétique élimine le frottement entre les roues et les rails en se servant de la force électromagnétique pour élever les wagons au-dessus du sol. D'autres électroaimants, montés sur le train et sur une glissière (**figure 3**), déplacent le train par l'attraction existant entre les pôles contraires et la répulsion exercée entre les pôles identiques. En réalité, le train vole, rencontrant seulement la résistance fluide de l'air. Ces trains peuvent atteindre de grandes vitesses, beaucoup plus élevées que celles d'un train conventionnel. Lorsque le temps est venu de ralentir le train, les courants sont inversés, de telle sorte que l'attraction et la répulsion magnétiques s'opposent au sens du mouvement.

Figure 3
a) Un train à sustentation magnétique
b) Des électroaimants supportent le train à sustentation magnétique.
c) Une autre série d'aimants est utilisée pour entraîner le train vers l'avant et pour le ralentir.

a)

b)

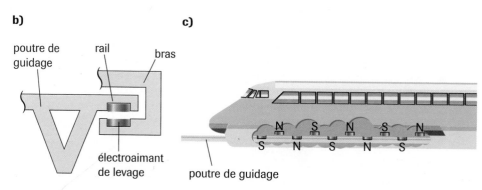

La force magnétique exercée sur un conducteur

- L'intensité de la force exercée sur le conducteur F est perpendiculaire à l'intensité du champ magnétique B et au sens du courant I: $F = IlB \sin \theta$ en unités SI.

- En inversant soit le sens du courant, soit le champ magnétique, on inverse le sens de la force.

Section 8.3 Questions

Saisis bien les concepts

1. Un fil rectiligne de 1,8 m subit une force maximale d'une intensité de 1,8 N quand il tourne dans un champ magnétique uniforme d'une intensité de 1,5 T.
   a) Calcule l'angle entre le champ magnétique et le courant circulant dans le fil lorsque la force est maximale.
   b) Calcule l'intensité du courant dans le fil.
   c) Quelle est l'intensité de la force minimale exercée sur le conducteur dans ce champ magnétique avec le courant trouvé en b)? Justifie ta réponse.

2. Un fil rectiligne horizontal de 2,0 m porte un courant de 2,5 A vers l'est. Le champ magnétique terrestre local est de $5,0 \times 10^{-5}$ T [N, horizontalement]. Calcule l'intensité et le sens de la force exercée sur le conducteur.

3. Quelle est l'intensité de la force exercée sur un fil rectiligne de 1,2 m dans lequel circule un courant de 3,0 A et incliné selon un angle de 45° par rapport à un champ magnétique uniforme de 0,40 T?

4. Examine le montage expérimental de la **figure 4**.
   a) Décris ce qui se produira lorsque le circuit sera fermé.
   b) Comment les changements suivants, pris un à la fois, affectent-ils ce qui est observé? I) On augmente le courant. II) On inverse l'aimant. III) On utilise un aimant plus puissant.
   c) Un élève affirme que la force exercée sur le conducteur diminuera si la barre n'est pas horizontale. Évalue la justesse de cette déclaration.

Mets en pratique tes connaissances

6. Des élèves élaborent une expérience pour étudier les propriétés du champ magnétique terrestre dans leur région en se servant d'un long fil rectiligne suspendu à une corde. Leur enseignant ou leur enseignante leur indique que la valeur acceptée du champ magnétique terrestre est de $5,0 \times 10^{-5}$ T [N, horizontalement] dans leur région. Avec la corde, les élèves tendent le fil dans la direction nord-sud, le connectent à un bloc d'alimentation et commencent l'étude en faisant varier l'intensité du courant. Ils ont l'intention de mesurer l'angle entre la corde et l'horizontale afin de déterminer la force.
   a) Qu'est-ce qui ne va pas dans l'élaboration de cette expérience?
   b) Peut-on modifier la méthode utilisée pour mener l'expérience afin que celle-ci fonctionne? Justifie ta réponse.
   c) Essaie de penser à une meilleure méthode en te servant de principes semblables.

Fais des liens

7. Faraday a conçu un moteur primitif (un «rotateur») en plongeant des fils et des barres aimantées dans le mercure (**figure 5**). Il y a eu deux versions de ce moteur: dans l'une, l'aimant droit tournait autour du fil fixe (à gauche), et dans l'autre, le fil tournait autour de l'aimant fixe (à droite). Explique le fonctionnement de ce moteur.

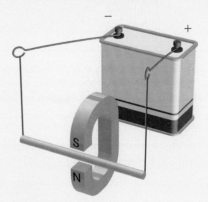

Figure 4

5. Explique comment un train à sustentation magnétique se sert d'électroaimants pour a) se déplacer vers l'avant et b) ralentir.

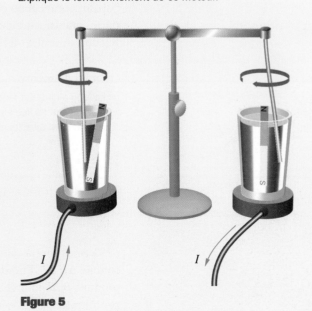

Figure 5

Lors de l'étude de la force exercée sur un conducteur traversé par un courant ou sur une particule chargée en mouvement, nous avons supposé que les champs magnétiques étaient uniformes, c'est-à-dire avec un sens et une intensité stables. Le champ magnétique entre les pôles d'un aimant en fer à cheval et le champ magnétique dans le noyau d'un solénoïde sont pratiquement uniformes. Toutefois, les champs magnétiques varient d'intensité et de sens quand on change de position dans le champ, comme dans le cas du champ magnétique terrestre ou du champ entourant une barre aimantée, le noyau d'un solénoïde ou un long conducteur rectiligne isolé. Comment pouvons-nous déterminer l'intensité d'un tel champ en un point donné?

Commençons avec le long conducteur rectiligne d'abord étudié par Oersted et dont on a traité à la section 8.3. L'activité 8.4.1, dans la section Activités en laboratoire à la fin de ce chapitre, examine la nature des champs magnétiques autour d'un long fil et d'un solénoïde.

Rappelle-toi que le champ magnétique autour d'un conducteur rectiligne est représenté par des lignes disposées en cercles concentriques autour du conducteur (section 8.1). Les cercles deviennent plus espacés quand on s'éloigne du conducteur. Les mesures de l'intensité du champ magnétique B montrent que $B \propto I$ et $B \propto \dfrac{1}{r}$, où I est le courant dans le conducteur et r, la distance entre le point d'observation et le conducteur.

L'intensité du champ magnétique peut donc être exprimée ainsi:

$$B = k\,\frac{I}{r}$$

où k est une constante de proportionnalité. Le sens de B est déterminé à l'aide de la règle de la main droite présentée plus tôt.

Cette relation mathématique est devenue évidente pour Oersted peu de temps après sa découverte de l'électromagnétisme. L'illustre scientifique français André-Marie Ampère (1775-1836) s'en est inspiré pour commencer à établir une relation générale entre, d'une part, le courant et un conducteur quelconque (pas nécessairement rectiligne) et, d'autre part, l'intensité du champ magnétique produit. Ampère a vite découvert qu'une telle relation existait, et il l'a exprimée ainsi:

La loi d'Ampère

Le long d'un trajet fermé quelconque dans un champ magnétique, la somme des produits de la composante scalaire de $\vec{B}$ parallèle à chacun des segments du trajet et de la longueur du segment est directement proportionnelle au courant électrique net qui traverse la zone limitée par le trajet.

Cette relation, appelée *loi d'Ampère*, peut être exprimée en termes mathématiques: le long d'un trajet fermé quelconque dans un champ magnétique,

$$\sum B_{\parallel}\Delta l \;=\; \mu_0\,I$$

où $B_{\parallel}$ est la composante de B qui est parallèle au trajet le long d'un petit segment quelconque Δl; Δl, l'un de ces petits segments qui composent le trajet; $\sum$, la somme des produits $B_{\parallel}\Delta l$ pour chaque segment le long du trajet; I, le courant net circulant dans la zone limitée par le trajet; et μ_0, une constante de proportionnalité, appelée *perméabilité du vide*, dont la valeur est de $4\pi \times 10^{-7}$ T·m/A.

Les champs magnétiques autour des conducteurs et des bobines (p. 424)

Quelles sont les caractéristiques des champs magnétiques autour d'un long conducteur rectiligne et d'une bobine? Comment déterminer les caractéristiques de ces champs?

Pour apprécier pleinement cette loi, appliquons-la à un champ magnétique simple dont Ampère connaissait déjà les caractéristiques, c'est-à-dire celui d'un long conducteur rectiligne transportant un courant I.

Pour calculer l'intensité du champ magnétique au point X, à une distance r du fil, nous appliquons la loi d'Ampère comme suit. Puisque la loi s'applique à *n'importe quel* trajet fermé, choisissons comme trajet un cercle de rayon r passant par X dans un plan perpendiculaire au fil qui se trouve en son centre (**figure 1**). C'est un bon choix de trajet, car nous avons observé précédemment que le champ magnétique en tout point le long de ce trajet a une intensité constante et pointe dans le sens de la tangente du trajet circulaire.

Puisqu'on utilise un trajet circulaire centré autour du courant, nous pouvons simplifier les choses en disant que $B_\parallel = B =$ une valeur constante, car l'intensité du champ magnétique autour d'un fil traversé par un courant est stable à une distance donnée du fil. De plus, $\vec{B}$ est parallèle à Δl, puisque Δl est tangent au cercle (c.-à-d. que $\vec{B}$ n'a qu'une composante, $B_\parallel$). Donc,

$$\sum B_\parallel \Delta l = \sum B \Delta l = B\sum \Delta l = B(2\pi r)$$

car $\sum \Delta l$ représente la longueur du trajet autour d'un cercle de rayon r. Donc,

$$B(2\pi r) = \mu_0 I$$

ou $\qquad B = \mu_0\left(\dfrac{I}{2\pi r}\right)$

B étant l'intensité, en teslas, du champ magnétique à une distance r, exprimée en mètres, d'un long conducteur rectiligne qui transporte un courant I, mesuré en ampères.

Note qu'il s'agit de la même relation qu'Oersted avait trouvée expérimentalement, mais que la constante de proportionnalité est exprimée différemment.

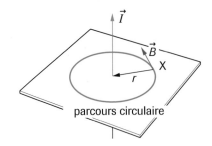

Figure 1
Puisque la loi d'Ampère fonctionne avec n'importe quel trajet fermé, nous choisissons un parcours circulaire, ce qui simplifie le calcul.

▶ **PROBLÈME 1**

Quelle est l'intensité du champ magnétique à 2,0 cm d'un long conducteur rectiligne qui transporte un courant de 2,5 A?

Solution

$r = 2,0$ cm $= 0,020$ m

$I = 2,5$ A

$B = ?$

$$B = \mu_0\left(\frac{I}{2\pi r}\right)$$

$$= \frac{(4\pi \times 10^{-7}\ \text{T·m/A})(2,5\ \text{A})}{2\pi(0,020\ \text{m})}$$

$$B = 2,5 \times 10^{-5}\ \text{T}$$

L'intensité du champ magnétique est de $2,5 \times 10^{-5}$ T.

▶ *Mise en pratique*

Saisis bien les concepts

1. Calcule l'intensité du champ magnétique à 3,5 cm d'un long conducteur rectiligne qui transporte un courant de 1,8 A.

2. L'intensité du champ magnétique à 10,0 cm d'un long fil rectiligne est de $2,4 \times 10^{-5}$ T. Calcule l'intensité du courant qui y circule.

3. À quelle distance d'un conducteur rectiligne, traversé par un courant de 2,4 A, l'intensité du champ magnétique est-elle de $8,0 \times 10^{-5}$ T?

Réponses

1. $1,0 \times 10^{-5}$ T

2. 12 A

3. $6,0 \times 10^{-3}$ m

4. a) $1,2 \times 10^{-5}$ T
   b) $4,0 \times 10^{-6}$ T
5. a) 0 T
   b) $1,0 \times 10^{-5}$ T
   c) $2,0 \times 10^{-5}$ T
   d) $1,3 \times 10^{-5}$ T

4. Calcule l'intensité du champ magnétique à mi-distance entre deux longs fils parallèles, séparés de 1,0 m, dans lesquels circulent des courants de 10,0 A et de 20,0 A respectivement, si les courants sont a) de sens opposés et b) de même sens.

5. Une longue et solide barre de cuivre cylindrique a un diamètre de 10,0 cm. La barre transporte un courant de 5,0 A distribué uniformément sur son diamètre. Calcule l'intensité du champ magnétique
   a) au centre de la barre;
   b) à 2,5 cm du centre;
   c) à 5,0 cm du centre;
   d) à 7,5 cm du centre.

   (*Indice*: Comme toujours, le courant net dans la loi d'Ampère est le courant qui traverse la zone limitée par le trajet choisi. Le courant à l'extérieur du trajet choisi ne contribue pas au courant net.)

Les câbles coaxiaux et les champs magnétiques

Nous pouvons utiliser la loi d'Ampère pour déterminer la nature du champ magnétique près d'un câble coaxial. Si nous imaginons un trajet circulaire autour du fil massif central dans l'espace compris entre les conducteurs présentés à la **figure 2**, alors l'intensité du champ magnétique est donnée par

$$B = \mu_0 \left(\frac{I}{2\pi r} \right)$$

Rappelle-toi que la loi d'Ampère n'utilise que le courant à l'intérieur du trajet; le courant dans la tresse cylindrique extérieure n'influence donc pas le résultat.

Si nous imaginons plutôt un trajet circulaire à l'extérieur du câble, alors deux courants égaux, mais de sens opposés, sont entourés par le trajet, ce qui donne un courant net nul. Selon la loi d'Ampère, le champ magnétique à l'extérieur du câble doit aussi être nul. Non seulement les câbles coaxiaux se protègent-ils contre les champs électriques extérieurs, mais ils réussissent aussi à se protéger de leurs propres champs magnétiques.

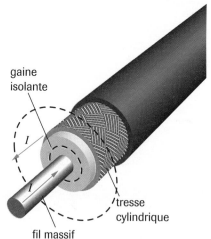

gaine isolante

I

I

tresse cylindrique

fil massif

Figure 2
Un câble coaxial

La loi d'Ampère permet aussi de calculer l'intensité du champ magnétique dans le noyau d'un solénoïde en utilisant la même technique. Nous avons vu que le champ magnétique d'un solénoïde est représenté par des lignes de champ rectilignes, espacées également dans le noyau et qui se courbent légèrement aux extrémités. Il n'existe pratiquement pas de champ magnétique autour de la bobine. La **figure 3** présente la section transversale d'un long solénoïde de longueur L à N spires, qui transporte un courant I.

Cette fois-ci, pour appliquer la loi d'Ampère, nous choisissons comme trajet fermé le rectangle WXYZ présenté à la **figure 3**. Nous pouvons considérer ce trajet comme quatre segments linéaires distincts : WX, XY, YZ et ZW. De cette façon, l'intensité du champ magnétique est perpendiculaire aux trajets WX et YZ et nulle le long de ZW. Le long de XY, le champ magnétique est rectiligne, parallèle à XY et stable avec une intensité B. La longueur de XY est égale à la longueur du solénoïde L ; donc,

$$\sum B_{\parallel} \Delta l = BL$$

Note que le courant total qui circule dans la zone limitée par le trajet WXYZ est NI, puisque le courant I circule vers le bas dans chacun des N conducteurs dans cette zone :

$$\sum B_{\parallel} \Delta l = BL = \mu_0 NI$$

Pour trouver l'intensité du champ magnétique, nous pouvons écrire :

$$B = \mu_0 \left(\frac{NI}{L} \right)$$

où B est l'intensité du champ magnétique dans le noyau du solénoïde, en teslas ; I, le courant dans la bobine, en ampères ; L, la longueur du solénoïde, en mètres ; et N, le nombre de spires de la bobine.

Encore une fois, le sens du champ magnétique est déterminé à l'aide de la règle de la main droite.

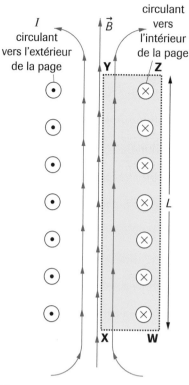

Figure 3
La section transversale d'un solénoïde

▶ PROBLÈME 2

Quelle est l'intensité du champ magnétique dans le noyau d'un solénoïde de 5,0 cm de long formé de 300 spires, s'il est traversé par un courant de 8,0 A ?

Solution

$L = 5,0 \text{ cm} = 5,0 \times 10^{-2} \text{ m}$

$N = 300$

$I = 8,0 \text{ A}$

$B = ?$

$$B = \mu_0 \left(\frac{NI}{L} \right)$$

$$= \frac{(4\pi \times 10^{-7} \text{ T·m/A})(300)(8,0 \text{ A})}{5,0 \times 10^{-2} \text{ m}}$$

$$B = 6,0 \times 10^{-2} \text{ T}$$

L'intensité du champ magnétique est de $6,0 \times 10^{-2}$ T.

▶ *Mise en pratique*

Saisis bien les concepts

6. Un fil de cuivre de grosseur 14 mm est traversé par un courant de 12 A. Combien de spires devra comporter une bobine de 15 cm de long pour produire un champ magnétique de $5,0 \times 10^{-2}$ T ?

7. Calcule l'intensité du champ magnétique dans le noyau d'une bobine de 10,0 cm de long comptant 420 spires et traversée par un courant de 6,0 A.

8. Une bobine de 8,0 cm de long comptant 400 spires produit un champ magnétique d'une intensité de $1,4 \times 10^{-2}$ T dans son noyau. Calcule l'intensité du courant dans la bobine.

Réponses

6. $5,0 \times 10^2$

7. $3,2 \times 10^{-2}$ T

8. 2,2 A

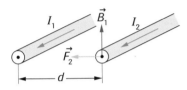

Figure 4
Deux longs conducteurs rectilignes qui transportent chacun un courant

L'ampère comme unité de courant électrique

Tu as appris qu'un ampère était défini comme le courant électrique qui fait passer 1 C de charge par seconde en un point donné du conducteur. Cette affirmation, quoique vraie, n'est qu'une description temporaire et non opérationnelle de l'ampère, puisqu'il est actuellement difficile de mesurer le nombre de coulombs de charge qui passent par un point donné. La définition SI acceptée de l'ampère est une définition magnétique; elle repose sur la compréhension de la force entre deux conducteurs parallèles qui portent chacun un courant.

Soit deux longs conducteurs rectilignes parallèles, séparés d'une distance d dans le vide, et transportant respectivement des courants I_1 et I_2, comme l'illustre la **figure 4**.

Chaque fil crée un champ magnétique et transporte un courant perpendiculairement au champ de l'autre. L'intensité du champ magnétique créé par le fil 1 et subi par le fil 2 à une distance d est donnée par

$$B_1 = \mu_0\left(\frac{I_1}{2\pi d}\right)$$

Ainsi, l'intensité de la force agissant sur le fil 2, perpendiculaire à ce champ, est donnée par la formule

$$F_2 = I_2\, l\, B_1 \sin\theta$$
$$F_2 = I_2\, l\, B_1 \qquad (\text{puisque } \sin\theta = 1)$$

Si nous exprimons cela comme la force par unité de longueur et substituons la valeur de B_1 obtenue précédemment, nous pouvons écrire

$$\frac{F_2}{l} = \frac{\mu_0 I_1 I_2}{2\pi d}$$

pour exprimer la force qui agit sur le fil 2 résultant du courant du fil 1. De plus, selon la troisième loi du mouvement de Newton, une force directement opposée de même intensité agit sur le fil 1 à cause du courant circulant dans le fil 2. En appliquant la règle de la main droite, nous pouvons voir que ces forces mutuelles causeront une attraction si I_1 et I_2 sont de même sens, ou une répulsion si I_1 et I_2 sont de sens opposés.

Ainsi, en utilisant cette équation pour définir l'**ampère**, nous choisissons simplement $d = 1$ m et $I_1 = I_2 = 1$ A, de telle sorte que

$$\frac{F}{l} = \frac{(4\pi \times 10^{-7}\ \text{T·m/A})(1\ \text{A})(1\ \text{A})}{2\pi(1\ \text{m})}$$

$$\frac{F}{l} = 2 \times 10^{-7}\ \text{N/m}$$

ampère (A) unité SI de courant électrique; $\frac{F}{l} = 2 \times 10^{-7}$ N/m

Il s'ensuit que

> 1 A est le courant qui circule dans deux longs conducteurs rectilignes parallèles, distants de 1 m dans le vide, lorsque la force magnétique exercée entre eux est de 2×10^{-7} N par mètre de longueur.

coulomb (C) unité SI de charge électrique; 1 C = 1 A·s

On peut alors définir le **coulomb**, en se servant de la relation établie pour l'ampère, comme ceci:

> 1 C est la charge transportée par un courant de 1 A en 1 s; 1 C = 1 A·s.

> ▶ *PROBLÈME 3*

Quelle est l'intensité de la force entre deux conducteurs parallèles de 2,0 m de long, parcourus respectivement par des courants de 4,0 A et de 10,0 A, et séparés de 25 cm dans le vide?

Solution

$l = 2,0$ m

$I_1 = 4,0$ A

$I_2 = 10,0$ A

$d = 25$ cm $= 0,25$ m

$F = ?$

$$\frac{F_2}{l} = \frac{\mu_0 I_1 I_2}{2\pi d}$$

ou $\quad F_2 = \dfrac{\mu_0 I_1 I_2 l}{2\pi d}$

$$= \frac{(4\pi \times 10^{-7}\ \text{T·m/A})(4,0\ \text{A})(10,0\ \text{A})(2,0\ \text{m})}{2\pi(0,25\ \text{m})}$$

$$F_2 = 6,4 \times 10^{-5}\ \text{N}$$

L'intensité de la force entre les deux conducteurs parallèles est de $6,4 \times 10^{-5}$ N.

> ▶ *Mise en pratique*

Saisis bien les concepts

9. Calcule l'intensité de la force par unité de longueur entre deux conducteurs rectilignes parallèles, distants de 1,0 cm l'un de l'autre et transportant chacun un courant de 8,0 A.

10. Deux conducteurs rectilignes parallèles de 5,0 m de long, situés à 12 cm l'un de l'autre, doivent porter des courants égaux. La force exercée sur chaque conducteur par l'autre ne doit pas dépasser $2,0 \times 10^{-2}$ N. Quel peut être le courant maximal circulant dans chaque conducteur?

11. À quelle distance d'un fil rectiligne qui transporte un courant de 5,0 A se trouve un deuxième fil parallèle qui transporte un courant de 10,0 A si l'intensité de la force par mètre entre eux est de $3,6 \times 10^{-4}$ N/m?

12. Calcule l'intensité de la force par mètre qui écarte deux fils rectilignes inclus dans une rallonge électrique lorsqu'un courant continu de 1,0 A alimente une ampoule de 100 W. Les fils sont séparés de 2,0 mm et l'isolation a l'effet d'un vide.

Réponses

9. $1,3 \times 10^{-3}$ N/m

10. 49 A

11. $2,8 \times 10^{-2}$ m

12. $1,0 \times 10^{-4}$ N/m

RÉSUMÉ   La loi d'Ampère

- Selon la loi d'Ampère : $\sum B_{\parallel}\, \Delta l = \mu_0\, I$.
- Le SI définit un ampère comme le courant circulant dans deux longs conducteurs rectilignes parallèles, séparés de 1 m l'un de l'autre dans le vide, lorsque la force magnétique exercée entre eux est de 2×10^{-7} N par mètre de longueur.
- Le SI définit le coulomb comme la charge transportée par un courant de 1 A en 1 s.

Saisis bien les concepts

1. Calcule l'intensité du champ magnétique à 0,50 m d'un long fil rectiligne qui transporte un courant de 8,0 A.

2. Le courant de la décharge caractéristique d'un éclair est de $2,0 \times 10^4$ A vers le haut à partir du sol. Calcule l'intensité du champ magnétique à 2,5 m d'un éclair normal.

3. Un solénoïde de 25 cm de long est formé de 250 spires. Quelle est l'intensité du champ magnétique en son centre lorsque le courant dans la bobine est de 1,2 A?

4. Deux conducteurs rectilignes parallèles, chacun de 3,0 m de long, sont à 5,0 mm l'un de l'autre. Ils transportent des courants de sens opposés mais de même valeur, soit 2,2 A. Calcule l'intensité de la force magnétique agissant sur chaque conducteur.

5. Une bobine flexible conductrice d'électricité est suspendue au-dessus d'un bain de mercure, comme le montre la **figure 5**. Qu'arrivera-t-il si on envoie un fort courant dans la bobine? Quel effet aurait l'action de suspendre une barre de fer au centre de la bobine?

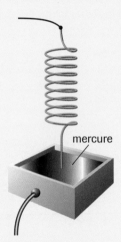

mercure

Figure 5

6. Dans une installation courante de câbles coaxiaux, le fil intérieur et la tresse cylindrique extérieure sont traversés par des courants de même intensité, mais de sens opposés. Un isolant sépare les deux conducteurs. Décris le champ magnétique a) entre les deux conducteurs et b) à l'extérieur du câble. Justifie ton raisonnement.

7. Explique comment le SI définit l'ampère et le coulomb.

Mets en pratique tes connaissances

8. Une seule boucle de fil n'a pas de champ magnétique uniforme en son noyau, mais un long solénoïde fait de plusieurs boucles en aura un. Élabore une expérience afin de déterminer la longueur qu'une bobine de rayon r doit avoir pour que le champ en son noyau soit uniforme.

9. Des ficelles de 0,80 m de longueur soutiennent deux longs fils rectilignes parallèles de 1,0 m de longueur dont la masse est de $6,0 \times 10^{-2}$ kg (**figure 6**). Les courants circulant dans les deux fils sont de sens opposés et l'angle entre les ficelles est de 12°.
   a) Calcule l'intensité du courant dans chaque fil.
   b) Expose brièvement la méthode à suivre pour déterminer, avec un équipement semblable, quels sont les facteurs qui affectent l'intensité de la force magnétique par unité de longueur exercée entre les conducteurs parallèles.

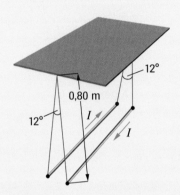

Figure 6

Fais des liens

10. La **figure 7** présente l'équipement utilisé pour enregistrer le son sur une bande magnétique dans un magnétophone. Explique comment cela fonctionne.

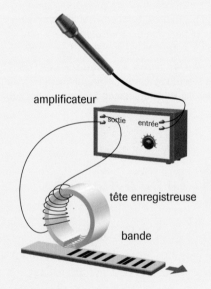

amplificateur

sortie   entrée

tête enregistreuse

bande

Figure 7

Le principe de l'induction électromagnétique a des applications très variées : on s'en sert dans les infrastructures qui distribuent notre énergie électrique à travers le continent, dans les automobiles, à certains feux de circulation, dans les systèmes de sécurité, dans les disques durs des ordinateurs et même dans les manèges des parcs d'amusement.

Comme nous l'avons vu, un courant électrique constant (un flux régulier de charges électriques) produit un champ magnétique stable. Si un flux de charges électriques peut produire un champ magnétique, un champ magnétique peut-il engendrer un flux ? On a d'abord pensé qu'un champ magnétique stable produirait un courant électrique constant, mais des expériences ont rapidement établi que ce n'était pas le cas. Faraday a examiné ce problème particulier et a découvert qu'un champ magnétique pouvait produire un courant de manière plus subtile.

Faraday a d'abord utilisé un solénoïde autour d'un noyau de bois relié en série avec un interrupteur et une puissante batterie pour former un circuit dit « primaire ». Il a ajouté un circuit « secondaire » composé d'un deuxième solénoïde autour du même noyau de bois relié en série avec un galvanomètre configuré en *ampèremètre* (**figure 1**). En fermant l'interrupteur, on induisait un faible courant de courte durée dans le circuit secondaire, comme le montrait l'aiguille du galvanomètre, mais seulement pour un très court instant. Une fois le courant disparu dans le circuit secondaire, aucun autre courant n'était produit, malgré le courant constant dans le circuit primaire. À l'interruption du courant primaire, un petit courant était induit dans le sens opposé dans le circuit secondaire, encore seulement pour un court instant (**figure 2**).

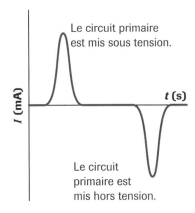

Courant dans le circuit secondaire

Figure 2
C'est seulement au moment de la connexion ou de la déconnexion du circuit primaire qu'un courant est induit dans le circuit secondaire. Il n'y a pas de courant dans le circuit secondaire lorsque le courant dans le circuit primaire est constant. La courbe montre que les deux courants sont de sens opposés.

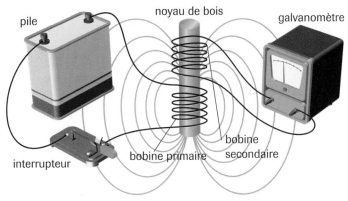

Figure 1
Le premier appareil d'induction de Faraday. Il y a deux circuits séparés. Les charges ne passent pas du circuit primaire au circuit secondaire.

Pour améliorer ses résultats, Faraday a construit un nouvel appareil (aujourd'hui appelé « anneau de Faraday ») qui utilisait un anneau de fer pour augmenter le champ magnétique à l'intérieur des solénoïdes (**figure 3**). Les courants créés étaient suffisamment grands pour être facilement perçus, mais ils n'apparaissaient encore qu'au moment de l'application ou de l'interruption du courant. Comment allait-on expliquer ce genre de courants ?

Lorsque le courant est constant dans le circuit primaire, le champ magnétique dans le solénoïde est stable dans le temps. Plus particulièrement, le champ magnétique en chaque point autour et à l'intérieur de la bobine secondaire est stable. Aucun courant n'est induit dans le circuit secondaire. Au moment de connecter le circuit primaire, le champ magnétique dans le solénoïde secondaire varie très rapidement de zéro à une valeur maximale donnée, produisant un courant. Au moment de déconnecter le circuit primaire, le champ

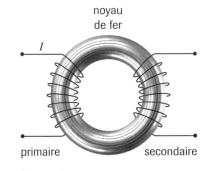

Figure 3
L'anneau de fer de Faraday. Même si les champs magnétiques sont plus puissants que dans le premier appareil de Faraday, un courant induit est produit dans le circuit secondaire seulement au moment de la connexion ou de la déconnexion du circuit primaire, ce qui fait varier le champ magnétique.

magnétique dans le solénoïde secondaire varie de la valeur maximale à zéro, produisant un courant dans le sens opposé.

La clé est la suivante : dans chaque cas, le champ magnétique varie pendant que le courant est induit dans le circuit secondaire. Un champ magnétique stable, même très grand, n'induit aucun courant.

Faraday a combiné toutes ses observations dans sa *loi de l'induction électromagnétique*.

La loi de l'induction électromagnétique

Un courant électrique est induit dans un conducteur chaque fois que le champ magnétique dans la région du conducteur varie dans le temps.

Tu peux démontrer la loi de l'induction électromagnétique de Faraday en insérant une barre aimantée dans un solénoïde connecté à un galvanomètre (configuré comme un ampèremètre) ou à un oscilloscope, comme l'illustre la **figure 4**. (L'oscilloscope n'indique pas directement un courant. Il indique plutôt une différence de potentiel dans la bobine secondaire produite par le champ magnétique qui varie et crée le mouvement des charges.) Quand le pôle S entre dans le solénoïde, le champ magnétique dans la région autour du conducteur varie et un courant est induit dans le circuit. Lorsque l'aimant s'immobilise, aucun courant n'est présent. Lorsqu'on retire l'aimant, un courant est induit dans le sens opposé et tombe à zéro quand l'aimant s'immobilise.

Figure 4
a) Lorsqu'on insère le pôle S dans une bobine, on produit un courant (ici enregistré indirectement par une différence de potentiel entre les bornes d'un oscilloscope) dans la bobine.
b) Lorsque l'aimant s'arrête, le courant tombe à zéro.
c) Retirer l'aimant produit un courant dans le sens opposé.
d) Lorsque l'aimant arrête de bouger, le courant tombe encore une fois à zéro.

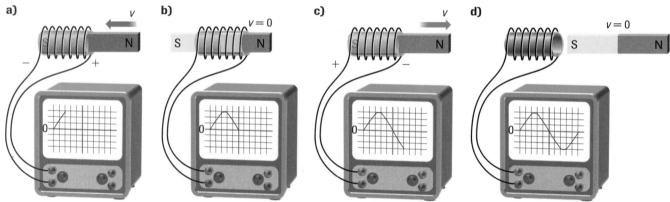

Le courant maximal mesuré dans ce genre de démonstration est supérieur si on déplace l'aimant rapidement, si on utilise un aimant plus puissant ou si la bobine a plus de spires. Un courant est produit même si on tient l'aimant immobile et que la bobine se déplace autour de lui. Nous concluons, comme Faraday, que le courant est produit par un champ magnétique *qui varie*, et que plus la variation est grande, plus le courant induit est grand.

La loi de Faraday est mise en pratique dans les régulateurs automatiques de vitesse de certaines automobiles qui maintiennent constante la vitesse des véhicules (**figure 5**). Deux aimants sont attachés aux côtés opposés de l'arbre de transmission. Une petite bobine près de l'arbre de transmission est connectée à un microprocesseur qui détecte les petites variations dans le courant électrique. Quand les deux aimants passent devant la bobine en

Figure 5
Des aimants rotatifs induisent de brèves impulsions de courant dans une boucle connectée à un microprocesseur dans un régulateur automatique de vitesse. On se sert d'appareils de mesure semblables dans les systèmes de freinage antiblocage (ABS) et d'antipatinage sur les demi-essieux ou sur les roues.

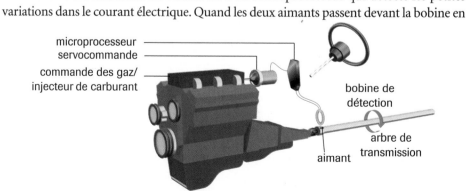

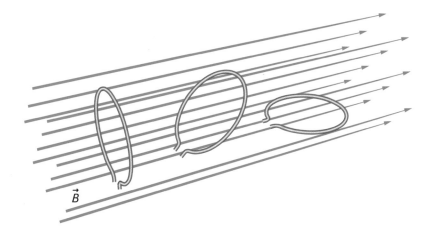

tournant, ils induisent une brève impulsion de courant électrique, de faible valeur, enregistrée par le microprocesseur. La fréquence des impulsions indique la vitesse de rotation de l'arbre de transmission et, donc, la vitesse du véhicule. Si le conducteur ajuste le régulateur automatique de vitesse à une certaine valeur, le microprocesseur peut maintenir cette vitesse en envoyant un signal à un mécanisme de contrôle qui injecte davantage d'essence dans le moteur si la fréquence diminue, et qui en injecte moins si la fréquence augmente. On peut produire un courant dans une boucle de fil en rotation dans un champ magnétique uniforme et connectée à un galvanomètre configuré comme un ampèremètre (**figure 6**). Le champ magnétique dans la boucle varie davantage lorsque celle-ci est perpendiculaire au champ et ne varie pas lorsqu'elle est parallèle. Ce principe est fondamental pour construire des génératrices.

Qu'est-ce qui détermine le sens du courant induit ? En 1834, Heinrich Lenz, en utilisant le principe de conservation de l'énergie, a découvert la réponse. Lenz a calculé que, lorsque le champ d'une barre aimantée en mouvement induisait un courant dans un solénoïde, ce courant engendrait un autre champ magnétique (le champ « induit »). Il n'existe que deux sens possibles pour le courant de charge à travers la bobine. Supposons que le courant s'approche de l'aimant lorsqu'on insère le pôle N dans la bobine, comme à la **figure 7**. La règle de la main droite pour les bobines nous dit alors que l'extrémité droite de la bobine devient un pôle S, attirant l'aimant.

Lenz a conclu que cette situation était impossible, car la force d'attraction accélérerait l'aimant, augmentant son énergie cinétique et induisant un plus grand courant, tout en augmentant le champ magnétique induit (avec l'aimant toujours en accélération, ce qui accroît encore plus son énergie cinétique). Puisque l'énergie totale du système ne peut augmenter, notre supposition doit être fausse et le courant dans le solénoïde doit s'éloigner du pôle N qui approche, comme le montre la **figure 8**.

Par conséquent, sur la bobine, l'extrémité la plus rapprochée est un pôle N. L'aimant droit en mouvement induit un courant dans la bobine qui produit un champ magnétique opposé au mouvement de l'aimant droit vers l'intérieur. Le travail fait en insérant l'aimant dans la bobine contre le champ induit qui s'y oppose est transformé en énergie électrique dans la bobine. Lenz a résumé ce raisonnement dans une loi, *la loi de Lenz*.

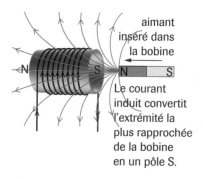

Figure 7
Une situation qui viole le principe de conservation de l'énergie

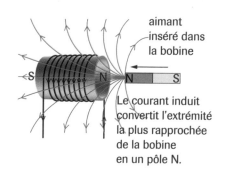

Figure 8
Une situation qui obéit au principe de conservation de l'énergie

La loi de Lenz

Lorsqu'un courant est induit dans une bobine par un champ magnétique qui varie, le courant électrique circule dans un sens de telle sorte que son propre champ magnétique s'oppose au changement qui l'a produit.

Souviens-toi que la loi de Lenz respecte le principe de conservation de l'énergie, car l'énergie perdue par l'aimant sous l'effet du champ induit est égale à l'énergie gagnée par le courant sous l'effet du champ qui l'a induit. L'énergie totale demeure constante.

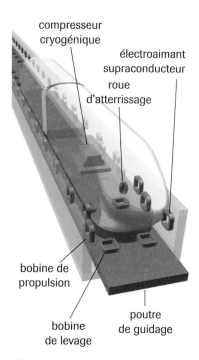

compresseur
cryogénique

électroaimant
supraconducteur
roue
d'atterrissage

bobine de
propulsion

poutre
de guidage

bobine
de levage

Figure 9
Des électroaimants supraconducteurs induisent des courants dans les bobines sous le train à sustentation magnétique. Suivant la loi de Lenz, ces courants produisent des champs magnétiques qui s'opposent au mouvement descendant du train, le soulevant ainsi au-dessus des rails.

Figure 10
La surface d'une cuisinière à induction est toujours fraîche au toucher. L'eau dans une casserole de métal bouillira; l'eau dans une casserole de verre ne se réchauffera pas du tout. Pourquoi serait-il dangereux de toucher le dessus d'une cuisinière à induction si tu portais une bague de métal?

Figure 11
Schéma se rapportant à la question 3

Application de la loi de Lenz

Nous avons déjà parlé du train à sustentation magnétique. Mais, ayant étudié les idées de Lenz, nous pouvons examiner une autre forme de train à sustentation magnétique qui utilise la loi de Lenz pour s'élever au-dessus des rails. De puissants électroaimants supraconducteurs installés sous le train passent au-dessus de deux rangées de bobines le long de la poutre de guidage. Un courant est induit dans ces bobines. Suivant la loi de Lenz, le courant agit pour s'opposer au mouvement des électroaimants vers le bas, permettant au train de continuer à survoler la poutre de guidage en toute sécurité (**figure 9**).

Les bobines ne sont pas nécessaires pour démontrer la loi de Lenz. Si un champ magnétique varie près d'une plaque conductrice, des courants sont induits à l'intérieur de la plaque, formant des trajectoires circulaires fermées. Ceux-là, que l'on appelle *courants de Foucault,* produisent des champs magnétiques qui s'opposent à l'effet d'induction. On utilise ce principe dans les cuisinières à induction. La surface d'une cuisinière à induction est toujours fraîche au toucher. Si on remplit d'eau deux casseroles — l'une de verre, l'autre de métal — et qu'on les place sur une telle cuisinière, l'eau dans la casserole de métal bouillira, alors que la température de l'eau dans la casserole de verre ne changera pas (**figure 10**).

Sous la surface de la cuisinière se trouvent des électroaimants recevant du courant alternatif. Comme le courant est alternatif, le champ magnétique produit n'est pas stable, ce qui induit des courants de Foucault dans la casserole de métal, car le métal agit comme un conducteur. Aucun courant de Foucault n'est produit dans la casserole de verre, car le verre agit comme un isolant. La casserole de métal possède une certaine résistance interne qui provoque son réchauffement. Cette chaleur est transmise à l'eau et l'amène à ébullition.

casserole
de métal

casserole
de verre

RÉSUMÉ *L'induction électromagnétique*

- La loi de l'induction électromagnétique établit qu'un courant électrique est induit dans un conducteur chaque fois que le champ magnétique entourant le conducteur varie.

- Plus grande est la variation du champ magnétique par unité de temps, plus grand est le courant induit.

- La loi de Lenz établit que, lorsqu'un champ magnétique qui varie induit un courant dans un conducteur, le courant électrique circule dans un sens de telle sorte que son propre champ magnétique s'oppose au changement qui l'a produit.

▶ *Section 8.5 Questions*

Saisis bien les concepts

1. Examine le circuit présenté à la **figure 12**. Lorsque l'interrupteur est fermé, suppose que le champ magnétique produit par le solénoïde est très puissant.
   a) Explique ce qui arrivera à l'anneau de cuivre (qui est libre de mouvement) lorsqu'on fermera l'interrupteur.
   b) Explique ce qui arrivera à l'anneau de cuivre lorsqu'un courant constant parcourra le circuit.
   c) Explique ce qui arrivera à l'anneau de cuivre lorsqu'on ouvrira l'interrupteur.
   d) Quelles seraient tes réponses si les bornes du bloc d'alimentation étaient inversées ? Justifie tes réponses.

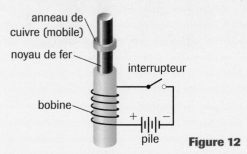

anneau de cuivre (mobile)

noyau de fer

interrupteur

bobine

pile

Figure 12

2. La **figure 13** présente une ampoule reliée à une bobine autour d'un noyau de métal. Quelles sont les causes de l'incandescence de l'ampoule ?

3. Un éclair peut produire un courant dans un appareil électrique même s'il ne frappe pas l'appareil. Explique comment cela est possible.

4. Tu places un anneau de cuivre sur un support isolant à l'intérieur d'un solénoïde connecté à un courant alternatif. Explique ce qui arrivera à l'anneau.

Mets en pratique tes connaissances

5. Une bobine de fil reliée à un galvanomètre est placée dans un champ magnétique uniforme, son axe étant perpendiculaire au champ. Lorsqu'on comprime la bobine, le galvanomètre enregistre un courant. Conçois une expérience afin de déterminer les facteurs qui affectent l'intensité du courant induit dans la bobine.

6. Explique comment tu construirais un appareil pour étudier l'intensité du courant induit produit par une barre aimantée en mouvement. Supposons que tu as accès à une barre aimantée, une boussole, une bobine et du fil. Tu ne peux pas utiliser de galvanomètre. Trace un schéma de ton appareil et explique son fonctionnement.

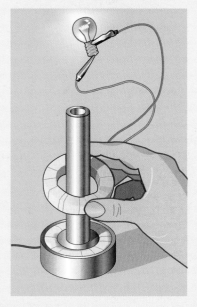

Figure 13
Illustration se rapportant à la question 2

Fais des liens

7. Explique comment la loi de Lenz est mise en pratique dans le fonctionnement d'un type de train à sustentation magnétique.

8. Explique comment fonctionne une cuisinière à induction.

9. La **figure 14** présente un *interrupteur de défaut à la terre* inséré par mesure de sécurité entre une prise de courant et un appareil électrique, par exemple une sécheuse. L'interrupteur se compose d'un anneau de fer, d'une bobine de détection et d'un disjoncteur. Le disjoncteur interrompt le circuit seulement si un courant apparaît dans la bobine.
   a) Le disjoncteur n'interrompra pas le circuit si la sécheuse fonctionne normalement. Explique pourquoi.
   b) Si un fil à l'intérieur de la sécheuse touche le boîtier métallique, une charge traversera la personne qui touchera la sécheuse au lieu de revenir par l'interrupteur de défaut à la terre. Comment l'interrupteur protège-t-il la personne ?
   c) Tous les appareils électriques devraient-ils être branchés à un tel interrupteur ? Pourquoi ?

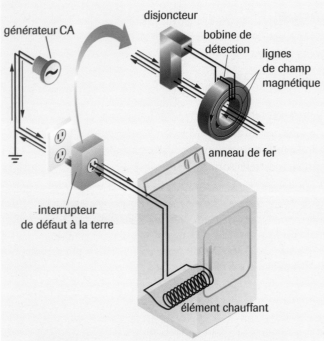

Figure 14
Schéma d'un interrupteur de défaut à la terre
(se rapporte à la question 9)

10. Tu es un ingénieur civil ou une ingénieure civile qui cherche à réduire le nombre d'embouteillages dans une rue très fréquentée à l'heure de pointe. Tu remarques que les feux sont souvent verts dans les rues transversales à la rue fréquentée, ce qui oblige à maintenir les feux de la rue principale rouges, même en l'absence de circulation dans les rues transversales. Tu décides de résoudre ce problème en installant de grandes bobines de fil juste sous la surface de la rue près des intersections. Tu relies ces bobines à de petits microprocesseurs installés dans les feux de circulation. Explique comment ton appareil fonctionne et comment il aidera à prévenir les embouteillages.

11. Le manège d'un parc d'amusement illustré à la **figure 15** soulève ses passagers, puis les laisse tomber. Les passagers accélèrent vers le bas sous la force de gravité. Recherche la méthode utilisée pour les ralentir en toute sécurité et rédige un court rapport expliquant les principes de la physique qui sont en cause. Conçois un autre manège qui utilise les mêmes principes.

ALLER À ▸ www.beauchemineediteur.com/physique12

12. La **figure 16** présente le schéma d'un phonocapteur de guitare électrique, un appareil qui change l'énergie de vibration des cordes de la guitare en son.
   a) Décris comment le phonocapteur fonctionne en expliquant l'effet de la vibration des cordes et l'utilité de la bobine et de l'aimant permanent.
   b) Les cordes de la guitare vibrent comme une onde stationnaire avec une série de nœuds et de ventres. Où doit-on placer le phonocapteur pour envoyer un courant le plus grand possible à l'amplificateur ?

Figure 15
Manège d'un parc d'amusement (se rapporte à la question 11)

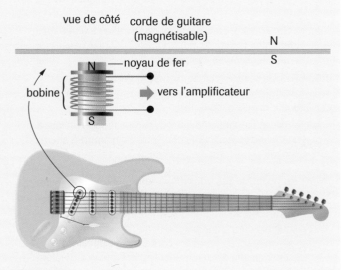

Figure 16
Le schéma d'un phonocapteur sur une guitare électrique
(se rapporte à la question 12)

RECHERCHE 8.2.1

La force magnétique exercée sur une charge en mouvement

Habiletés de recherche

○ Questionner   ○ Planifier   ● Analyser
● Émettre une   ● Mener une   ● Évaluer
   hypothèse   expérience   ● Communiquer
● Prévoir   ● Enregistrer, noter

Cette recherche explore les facteurs qui influencent l'intensité et le sens de la force magnétique exercée sur une particule chargée en mouvement dans un champ magnétique. La réalisation de toutes les parties de cette recherche exigera l'utilisation d'un logiciel de simulation dans lequel on peut envoyer des particules chargées à travers des champs magnétiques. Si la classe ne dispose pas d'un tel logiciel, fais une recherche dans Internet pour en trouver un. Si tu ne peux pas compléter toutes les parties de la recherche, fais-en le plus possible avec les ressources à ta disposition. Sois quantitatif chaque fois que l'équipement, le logiciel et le temps le permettent. Lorsqu'un résultat quantitatif ne peut être obtenu, détermine une tendance.

Décide avec ton groupe comment vous aborderez la recherche et quel équipement (ou, au besoin, quel logiciel) vous utiliserez pour chaque partie. Inclus des schémas des trajectoires de tes particules, pour illustrer clairement l'effet de chaque facteur sur la force magnétique qu'elles subissent. Inscris les données quantitatives dans des tableaux et des graphiques.

Question

Quels facteurs influencent l'intensité et le sens de la force magnétique exercée sur une charge en mouvement ?

Hypothèse et prévision

  a) Prévois dans quelle mesure les facteurs suivants affecteront l'intensité et l'orientation de la force magnétique exercée sur une particule chargée en mouvement :

    I)   l'intensité du champ magnétique

    II) la vitesse de la charge en mouvement

    III) l'angle entre la vitesse vectorielle et le champ magnétique

    IV) la valeur de la charge

    V) le signe de la charge

Matériel

Un tube cathodique
une alimentation en cc à intensité variable
des aimants permanents de différentes forces
des bobines d'Helmholtz
un ordinateur muni d'un logiciel de simulation

Marche à suivre
Partie A : L'intensité du champ magnétique

  1. Mets en marche le tube cathodique et observe le faisceau. Esquisse la trajectoire des particules chargées en l'absence de champ magnétique.

    Demande à ton enseignant ou à ton enseignante de vérifier toutes les connexions électriques.

    Les potentiels des tubes cathodiques peuvent être dangereux. Un tube cathodique peut émettre des rayons X dangereux. Dès lors, allume le tube seulement pour le temps requis pour l'expérience et assure-toi de te tenir à bonne distance.

    Suis bien les instructions qu'on te donnera.

  2. Crée un faible champ magnétique près de la trajectoire des particules et perpendiculaire à celle-ci. Esquisse la nouvelle trajectoire des particules. Calcule la force exercée sur une particule individuelle si tu fais une simulation.

  3. Répète l'étape 2 en utilisant des champs magnétiques plus puissants. Note toute différence.

Partie B : La vitesse des charges

  4. Si possible, augmente la vitesse des particules chargées avant qu'elles n'entrent dans le champ magnétique dans ta simulation. Note l'effet sur la force magnétique en esquissant plusieurs trajectoires de particules chargées à différentes vitesses vectorielles. (Si tu as un bon tube cathodique, tu peux augmenter le potentiel d'accélération. N'allume le tube que pour le temps requis pour l'expérience et assure-toi de te tenir à bonne distance. Si tu utilises un logiciel de simulation, tu peux ajuster la vitesse initiale.) Sois aussi quantitatif que possible en notant l'effet de la force sur les charges.

Partie C : L'angle entre la vitesse vectorielle et le champ magnétique

  5. Fais tourner le champ magnétique (si ton montage le permet) dans le sens du mouvement des charges. Note l'effet sur la trajectoire des charges. Selon quels angles par rapport au faisceau non dévié la déviation est-elle la plus grande ? la plus petite ?

Partie D : La valeur de la charge

6. Sers-toi de ton logiciel de simulation pour représenter des particules qui sont projetées dans un champ magnétique perpendiculairement aux lignes de champ. Fais varier la valeur de la charge sur les particules en notant l'effet de la force sur la charge.

Partie E : Le signe de la charge

7. Répète l'étape 6 en utilisant des charges de signes opposés. Note toute variation dans la trajectoire des particules.

Analyse

b) Laquelle de tes observations concernant les trajectoires des particules chargées indique qu'une plus grande force magnétique s'exerce sur les particules chargées ? Justifie ta réponse.

c) Comment l'intensité du champ magnétique est-elle reliée à la force magnétique exercée sur les charges ? Justifie ta réponse.

d) Comment la vitesse des charges est-elle reliée à la force magnétique exercée sur les charges ?

(Plus particulièrement, qu'arrive-t-il à la vitesse d'une charge lorsqu'elle entre soudainement dans un puissant champ magnétique uniforme à partir d'une région dépourvue de champ puissant ?) Justifie ta réponse.

e) Comment l'angle entre la vitesse vectorielle et le champ magnétique est-il relié à la force magnétique exercée sur les charges ? Justifie ta réponse.

f) Comment la valeur de la charge sur les particules est-elle reliée à la force magnétique qu'elles subissent ? Justifie ta réponse.

g) Qu'arrive-t-il à la trajectoire des particules quand le signe de la charge change ? Justifie ta réponse.

Évaluation

h) Quel équipement supplémentaire améliorerait les résultats de ton expérience ?

Synthèse

i) Décris le mouvement de particules chargées dans un champ magnétique uniforme. Où as-tu déjà vu ce type de mouvement ? Qu'arrive-t-il à la vitesse d'une particule chargée dans un champ magnétique uniforme ?

⚛ **RECHERCHE 8.3.1**

La force exercée sur un conducteur dans un champ magnétique

Habiletés de recherche

○ Questionner	○ Planifier	● Analyser
● Émettre une hypothèse	● Mener une expérience	○ Évaluer
● Prévoir	● Enregistrer, noter	● Communiquer

Cette recherche explore les facteurs qui influencent l'intensité de la force exercée sur un conducteur dans un champ magnétique.

Question

Quels facteurs influencent l'intensité de la force exercée sur un conducteur dans un champ magnétique ?

Hypothèse et prévision

a) Prévois dans quelle mesure les facteurs suivants affecteront l'intensité et le sens de la force magnétique exercée sur un conducteur qui transporte un courant dans un champ magnétique :

I) l'intensité du champ magnétique

II) le courant dans le conducteur

Matériel

Une balance électrodynamique reliée à un solénoïde
2 ampèremètres cc
2 alimentations cc à tension variable (0 à 12 V)
de la corde et des ciseaux
une balance électronique

Marche à suivre

1. Installe l'appareil comme indiqué à la **figure 1**.

2. En faisant légèrement pivoter les points d'appui, équilibre la bande conductrice de sorte que, lorsque les deux alimentations sont coupées, la bande demeure horizontale et immobile.

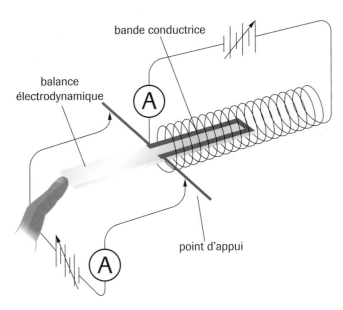

Figure 1
Le montage pour la recherche 8.3.1

3. Fais circuler le courant dans la bobine et dans la bande conductrice. Organise la polarité des connexions aux deux blocs d'alimentation pour que l'extrémité de la bande à l'intérieur de la bobine soit entraînée vers le bas si tu augmentes le courant dans la bande conductrice. Règle approximativement le courant dans la bobine à sa valeur moyenne.

4. Augmente le courant dans la bande conductrice à sa valeur maximale (entraînant de cette façon l'extrémité à l'intérieur de la bobine vers le bas). Forme une boucle avec un bout de corde autour de l'autre extrémité de la bande conductrice, une boucle assez grande pour faire basculer la bande et entraîner l'extrémité à l'intérieur de la bobine vers le haut, au-dessus du point d'équilibre. Coupe de petits segments de la corde très prudemment, avec les ciseaux, jusqu'à ce que la bande conductrice se trouve en équilibre horizontal. Interromps les deux courants. Détermine la masse du bout de corde qui forme une boucle autour de la bande conductrice. Inscris la masse de la corde et le courant dans la bande conductrice dans un tableau.

5. Répète cette marche à suivre au moins quatre fois, faisant passer des courants de plus en plus faibles dans la bande. Encore une fois, inscris dans ton tableau la valeur du courant et la masse de la corde requise pour équilibrer la bande.

6. Règle le courant qui circule dans la bande conductrice à une valeur constante près de sa valeur moyenne. Répète ces manipulations cinq fois, cette fois en faisant varier le courant dans la bobine de sa valeur minimale à sa valeur maximale. Pour chaque essai, prends note du courant circulant dans la bobine et de la masse de la corde requise pour atteindre l'équilibre.

7. Prends des mesures précises des grandeurs suivantes:
   I) la distance du point pivot de la bande conductrice à ses extrémités
   II) le diamètre de la bobine
   III) la longueur de la bobine
   IV) le nombre de spires de la bobine

Analyse

b) En utilisant les dimensions physiques de la bobine et l'équation $B = \mu_0\left(\dfrac{NI}{L}\right)$ (où B est l'intensité du champ magnétique dans le noyau du solénoïde, en teslas; I, le courant circulant dans la bobine, mesuré en ampères; L, la longueur du solénoïde, établie en mètres; N, le nombre de spires de la bobine; et $\mu_0 = 4\pi \times 10^{-7}$ T·m/A), calcule l'intensité B du champ magnétique dans le noyau de la bobine pour chaque valeur du courant qui y circule. Inclus ces valeurs dans ton tableau.

c) En utilisant la masse de chaque bout de corde et le principe du levier (la force de gravité exercée sur la corde multipliée par la distance par rapport au point d'appui est égale à la force exercée sur la bande conductrice multipliée par la distance qui la sépare du point d'appui), détermine l'intensité de la force magnétique agissant vers le bas sur la bande conductrice dans chaque essai. Inscris ces valeurs dans ton tableau.

d) Trace un graphique de l'intensité de la force F exercée sur la bande conductrice en fonction du courant I transporté dans la bande conductrice pour une valeur constante de l'intensité du champ magnétique B. Quelle relation entre I et F ton graphique suggère-t-il?

e) Trace un graphique distinct de l'intensité de la force F exercée sur la bande conductrice en fonction de l'intensité du champ magnétique B, pour une valeur constante du courant I dans la bande conductrice. Quelle relation entre F et B ton graphique suggère-t-il?

f) En utilisant les résultats fournis par ces deux graphiques, établis une relation de proportionnalité qui montre comment F varie en fonction de B et de I. De quels facteurs supplémentaires, non étudiés dans cette expérience, F pourrait-elle dépendre?

ACTIVITÉ 8.4.1

Les champs magnétiques autour des conducteurs et des bobines

Dans cette activité, tu examineras l'intensité et la forme du champ magnétique autour d'un long conducteur rectiligne et d'un solénoïde.

Question

Quelles sont les caractéristiques des champs magnétiques autour d'un long conducteur rectiligne et d'un solénoïde?

Élaboration de l'expérience

a) Décide de la marche à suivre pour déterminer la nature du champ magnétique autour d'un conducteur porteur de courant et d'un solénoïde. Essaie d'être aussi quantitatif que possible dans tes observations. Consigne tes observations dans des tableaux et des schémas appropriés.

Le long conducteur rectiligne

Essaie de déterminer l'effet des facteurs suivants sur le champ magnétique:

   I)   le courant

   II)   la distance par rapport au fil

Le solénoïde

Essaie de déterminer l'effet des facteurs suivants sur le champ magnétique:

   I)   le courant

   II)   le nombre de spires par unité de longueur

 Il est possible de faire passer trop de courant dans un fil de faible résistance. Est-ce que ton enseignant ou ton enseignante a vérifié que tes courants sont dans des limites raisonnables?

Même un fil dont la résistance est suffisamment grande et qui est traversé par un faible courant peut chauffer. Assure-toi que le courant ne circule pas plus longtemps que nécessaire pendant la prise de mesures précises.

Matériel

Un long fil rectiligne
une alimentation en cc à intensité variable
des solénoïdes comportant différents nombres de spires
des sondes magnétiques

Analyse

b) Comment l'intensité du champ magnétique autour d'un conducteur rectiligne est-elle reliée à la distance perpendiculaire entre le point d'observation et le conducteur?

c) Comment l'intensité du champ magnétique autour d'un conducteur rectiligne est-elle reliée au courant qui y circule?

d) Comment l'intensité du champ magnétique à l'intérieur d'un solénoïde est-elle reliée au courant qu'il porte et au nombre de spires par unité de longueur?

e) Décris par écrit et par un schéma le champ magnétique

   I)   autour d'un long conducteur rectiligne;

   II)   à l'intérieur et à l'extérieur d'un solénoïde.

Évaluation

f) Évalue l'élaboration de ton expérience.

Plusieurs types de professions requièrent l'étude des champs électrique, gravitationnel et magnétique.

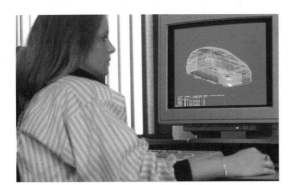

Ingénieurs ou ingénieures en conception automobile

Les ingénieurs et ingénieures en conception automobile doivent suivre une formation d'au moins quatre ans en génie mécanique, après avoir suivi des cours de sciences et de mathématiques au secondaire. Ils et elles travaillent habituellement pour les grands fabricants automobiles (comme General Motors, Ford ou Honda) ou dans des centres de recherche universitaires et se servent d'ordinateurs, de prototypes, de soudeuses, de presses à injecter et de la robotique pour concevoir et fabriquer des automobiles.

Électriciens ou électriciennes industriels

Les électriciens et électriciennes industriels doivent suivre un programme d'apprentissage de cinq ans et passer un examen écrit. Pour être admis, tu as besoin d'un diplôme d'études secondaires et tu dois avoir réussi les cours de mathématiques et de physique de 12e année. Dans les usines et les ateliers, les électriciens et électriciennes industriels installent et entretiennent les moteurs, les systèmes de distribution et l'équipement électronique. Ces professionnels utilisent une variété d'outils, incluant des appareils à souder et à fileter, des marteaux, des clés, des pinces, des couteaux et des machines à dénuder. Il est essentiel de posséder des compétences en lecture de plans et de schémas.

Techniciens ou techniciennes en électronique

Les techniciens et techniciennes en électronique doivent suivre un cours de 12 mois dans un établissement de formation professionnelle après avoir suivi des cours d'anglais, de mathématiques et de physique au secondaire. Ils et elles construisent et entretiennent des équipements de pointe comme les scanneurs, les lasers et les robots de chaîne de montage. Il est essentiel de posséder des compétences dans l'utilisation de matériel électronique d'essai, en particulier des multimètres et des oscilloscopes. Les techniciens et techniciennes en électronique travaillent dans des hôpitaux, des usines et des entreprises de haute technologie.

▶ **Mise en pratique**

Fais des liens

1. Identifie plusieurs professions qui requièrent la connaissance des champs électrique, gravitationnel et magnétique. Choisis une profession qui t'intéresse dans la liste que tu as dressée ou parmi les professions décrites ci-dessus. Imagine que tu as travaillé pendant cinq ans dans la profession de ton choix et que tu t'apprêtes à commencer un autre projet intéressant.
   a) Décris le projet. Il doit être relié à certains des nouveaux éléments que tu as appris dans cette unité. Explique comment les concepts de cette unité sont mis en pratique dans le projet.

   b) Rédige ton curriculum vitæ en y incluant des références et en expliquant pourquoi tu es qualifié pour travailler sur le projet. N'oublie pas d'indiquer:
   - ta formation : diplômes universitaires obtenus, établissements fréquentés, études supérieures réalisées (s'il y a lieu);
   - tes habiletés;
   - tes fonctions dans tes postes précédents;
   - tes attentes salariales.

ALLER À | www.beauchemineediteur.com/physique12

Objectifs clés

- définir et décrire les concepts et les unités reliés aux champs magnétiques (par ex., le champ magnétique, l'induction électromagnétique) (8.1, 8.2, 8.3, 8.4, 8.5)

- comparer les propriétés des champs électrique, gravitationnel et magnétique en décrivant et en illustrant la source et le sens du champ dans chaque cas (8.1)

- prévoir les forces qui agissent sur une charge en mouvement et sur un conducteur porteur de courant (8.2, 8.3, 8.4)

- déterminer la force nette qui s'exerce sur les objets et sur les particules chargées et le mouvement qui en résulte, en recueillant, en analysant et en interprétant des données quantitatives à partir d'expériences et de simulations par ordinateur (8.2, 8.3)

- analyser et expliquer les propriétés des champs électriques et démontrer comment une compréhension de ces propriétés peut être mise en pratique pour contrôler et modifier le champ électrique autour d'un conducteur (par ex., démontrer comment le blindage de l'équipement électronique ou des conducteurs de liaison [câbles coaxiaux] influence les champs magnétiques) (8.4, 8.5)

- décrire des cas où les développements technologiques ont conduit au perfectionnement ou à la révision des théories scientifiques et analyser les principes à l'œuvre dans ces découvertes et ces théories (8.2, 8.4)

- évaluer, en utilisant tes propres critères, l'impact social et économique des nouvelles technologies basées sur une compréhension scientifique des champs électriques et magnétiques (8.2)

Mots clés

pôles

loi des pôles magnétiques

champ de force magnétique

théorie des domaines magnétiques

principe de l'électromagnétisme

solénoïde

loi d'Ampère

ampère

coulomb

loi de l'induction électromagnétique

loi de Lenz

Équations clés

- $F_M = qvB \sin \theta$ (8.2)

- $\dfrac{e}{m} = 1{,}76 \times 10^{11}$ C/kg   (8.2)

- $\dfrac{q}{m} = \dfrac{\varepsilon}{B^2 r}$ (8.2)

- $B = \dfrac{F}{kIl \sin \theta}$ (8.3)

- $F = IlB \sin \theta$ (8.3)

- $\sum B_{\parallel}\, \Delta l = \mu_0 I$ (8.4)

- $B = \mu_0 \left(\dfrac{I}{2\pi r} \right)$ (8.4)

- $B = \mu_0 \left(\dfrac{NI}{L} \right)$ (8.4)

▶ RÉDIGE un résumé

Fais un tableau des ressemblances et des différences entre les deux sujets de ce chapitre : le mouvement de particules chargées dans des champs magnétiques et la façon dont le mouvement décrit la force qui s'exerce sur un conducteur dans un champ magnétique (**figure 1**). Ton tableau doit comparer les règles de la main droite, les mouvements résultants du fil ou des charges, l'effet d'un changement de sens du courant ou de signe de la charge, l'effet d'une variation d'angle entre la vitesse vectorielle de la charge et le champ magnétique et toute autre manière de changer l'intensité ou le sens de la force magnétique.

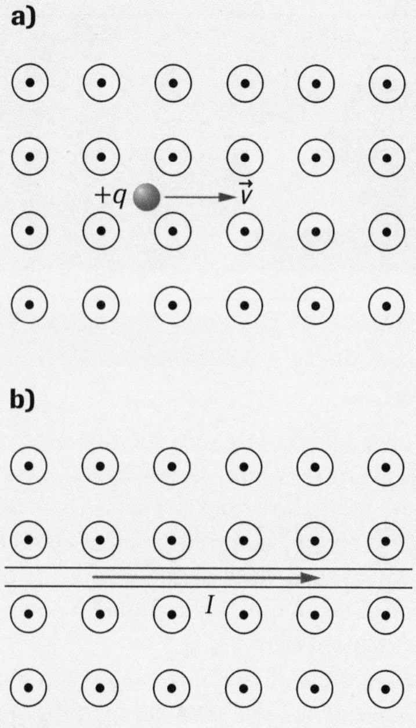

a)

b)

Figure 1

Inscris les nombres de 1 à 7 dans ton cahier. Indique à côté de chaque nombre si l'énoncé qui s'y rapporte est vrai (V) ou faux (F). S'il est faux, écris la version corrigée de l'énoncé.

1. Une charge se déplaçant dans une direction perpendiculaire à un champ magnétique uniforme subit une force, mais sa vitesse vectorielle ne change pas.

2. Lorsqu'une particule chargée est projetée perpendiculairement dans un champ magnétique uniforme, elle se déplace selon une trajectoire circulaire jusqu'à ce qu'elle sorte du champ.

3. La force exercée sur un conducteur dans un champ magnétique uniforme est perpendiculaire au courant dans le conducteur et au champ magnétique.

4. Inverser le sens du courant dans un conducteur, dans un champ magnétique uniforme, a pour effet d'inverser le sens de la force exercée sur le conducteur.

5. Le champ magnétique à l'extérieur d'un câble coaxial est proportionnel au courant dans le câble.

6. Le champ magnétique à l'intérieur d'une longue bobine rectiligne de plusieurs spires rapprochées est pratiquement uniforme.

7. Il est possible de se protéger contre les champs gravitationnel, électrique et magnétique.

Inscris les nombres de 8 à 13 dans ton cahier. Indique à côté de chaque nombre la lettre qui correspond au meilleur choix de réponse.

8. Une particule chargée est placée dans un champ magnétique uniforme avec une vitesse vectorielle initiale nulle. Si aucune force électrique ou gravitationnelle n'agit sur la particule, elle
   a) accélère directement vers l'avant
   b) ne bouge pas
   c) se déplace en cercle
   d) se déplace à vitesse constante
   e) aucune de ces réponses

9. Si des particules avec la même vitesse vectorielle initiale et la même charge passent perpendiculairement dans un champ magnétique uniforme, alors
   a) le rayon de courbure est le même pour chaque particule
   b) le rayon de courbure est plus grand pour les particules les plus massives
   c) le rayon de courbure est plus grand pour les particules les moins massives
   d) toutes les particules tournent en spirale avec un rayon décroissant en toutes circonstances
   e) aucune de ces réponses

10. Si deux fils, parcourus par les courants illustrés à la **figure 1**, se croisent à angle droit, l'un légèrement au-dessus de l'autre, formant quatre régions, quelle région possède le champ magnétique sortant de la page le plus intense?
    a) I   c) III   e) Les champs sont les mêmes
    b) II   d) IV   dans chaque région.

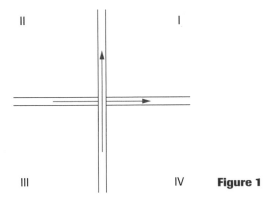

Figure 1

11. Les particules A, B, C et D de même charge et de même vitesse sont placées dans un champ magnétique uniforme (**figure 2**). Laquelle subit la plus petite force?
    a) A   c) C   e) Elles subissent toutes
    b) B   d) D   la même force.

12. Quatre particules de même charge et de même vitesse sont placées dans un champ magnétique uniforme (**figure 2**). Quelle particule subit une force orientée vers l'intérieur de la page?
    a) A   c) C   e) Elles subissent toutes une force
    b) B   d) D   vers l'extérieur de la page.

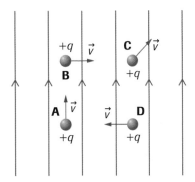

Figure 2
Schéma se rapportant aux questions 11 et 12

13. L'intensité du champ magnétique à une distance r d'un long conducteur rectiligne qui porte un courant I est B. Le même champ magnétique aura une intensité de $2B$ si le courant est triplé à une distance de
    a) $\frac{2r}{3}$ b) $2r$ c) $3r$ d) $\frac{3r}{2}$ e) aucune de ces réponses

Une version interactive de cette évaluation est disponible dans Internet.
ALLER À www.beaucheminediteur.com/physique12

Les champs magnétiques et l'électromagnétisme **427**

Saisis bien les concepts

1. Décris l'effet du champ magnétique terrestre sur le mouvement d'une particule chargée provenant de l'espace qui se dirige vers la Terre. Y a-t-il des directions selon lesquelles la particule pourrait atteindre la Terre sans être déviée?

2. Explique pourquoi le champ magnétique créé par les courants électriques dans les fils de ta maison ne devrait probablement pas avoir d'effet sur une boussole à proximité.

3. Un fil placé horizontalement suivant une direction est-ouest transporte un courant vers l'ouest. Un faisceau de particules chargées positivement descend directement au-dessus du fil. Dans quelle direction les particules seront-elles déviées?

4. Une particule chargée se déplace selon une trajectoire circulaire sous l'influence d'un champ magnétique uniforme. Décris comment la trajectoire changera en réaction à chacun des facteurs suivants:
   a) On augmente l'intensité du champ magnétique.
   b) On ajoute un champ électrique dans le même sens que le champ magnétique.
   c) On supprime le champ magnétique.

5. Deux atomes de même matière, l'un simplement ionisé et l'autre doublement ionisé, accélèrent sous l'effet de la même différence de potentiel. Les ions entrent dans le même champ magnétique uniforme à 90°. Compare
   a) leurs vitesses vectorielles au moment d'entrer dans le champ;
   b) leurs rayons de courbure dans le champ.

6. Un fil rectiligne de 15 cm de long traversé par un courant de 12 A perpendiculaire à un champ magnétique uniforme subit une force magnétique de 0,40 N d'intensité. Quelle est l'intensité du champ magnétique?

7. Un conducteur de 45 cm de long ayant une masse de 15 g se trouve dans une position horizontale et fait un angle de 90° par rapport à un champ magnétique horizontal uniforme d'une intensité de 0,20 T. Quelle doit être l'intensité du courant dans le conducteur s'il faut que la force magnétique supporte le poids du conducteur?

8. Calcule l'intensité et le sens de la force exercée sur un électron qui se déplace horizontalement vers l'ouest à $3,2 \times 10^6$ m/s à travers un champ magnétique uniforme de 1,2 T, orienté horizontalement vers le sud.

9. Une particule α de $+3,2 \times 10^{-19}$ C, d'une masse de $6,7 \times 10^{-27}$ kg, accélère d'abord sous l'effet d'une différence de potentiel de $1,2 \times 10^3$ V, puis entre dans un champ magnétique uniforme de 0,25 T à 90°. Calcule la force magnétique qu'elle subit.

10. Calcule l'intensité et le sens du champ magnétique à 25 cm à l'est d'un fil rectiligne vertical parcouru par un courant de 12 A circulant vers le bas, dans l'air.

11. Un fil rectiligne transporte un courant de 15 A verticalement vers le haut dans le vide. Un électron, initialement à 0,10 m du fil, se déplace à une vitesse de $5,0 \times 10^6$ m/s. Sa vitesse vectorielle instantanée est parallèle au fil, mais est orientée vers le bas. Calcule l'intensité et le sens de la force exercée sur l'électron. Cette force demeurera-t-elle constante?

12. Quelle est l'intensité du champ magnétique à l'intérieur d'un solénoïde de 0,10 m de long qui compte 1 200 spires de fil et qui porte un courant de 1,0 A?

13. Une bobine de 15 cm de long, formée de 100 spires et traversée par un courant de 20,0 A, se trouve dans un plan horizontal. Un cadre léger supporte un fil conducteur rectangulaire WXYZ tenu en équilibre horizontalement au point milieu du noyau de la bobine, comme l'illustre la **figure 1**. Les côtés WX et YZ mesurent 5,0 cm et sont parallèles à l'axe de la bobine. Le côté XY mesure 1,5 cm et est perpendiculaire à l'axe de la bobine. Une masse de $1,8 \times 10^{-2}$ g pend à l'extrémité extérieure du cadre. Quel courant doit circuler dans le conducteur rectangulaire pour conserver l'équilibre horizontal?

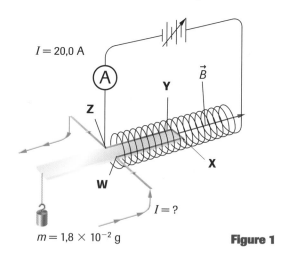

$I = 20,0$ A

$\vec{B}$

$m = 1,8 \times 10^{-2}$ g

$I = ?$

Figure 1

14. Calcule la force magnétique qui s'exerce entre deux fils parallèles de 45 m de long, distants de 0,10 m l'un de l'autre, qui transportent des courants de $1,0 \times 10^2$ A dans le même sens.

15. Un fil rectiligne dont la masse linéaire est de 150 g/m porte un courant de 40,0 A (soutenu par un lien flexible de masse négligeable). Ce fil se trouve au-dessus d'un autre fil rectiligne horizontal parallèle sur une table.

Quel courant doit circuler dans le fil du bas pour repousser et soutenir le fil du haut à une distance de 4,0 cm? (Des plaques de guidage sans friction permettent au fil du haut de demeurer parallèle au fil du bas pendant qu'il s'élève.)

16. Quel est le rapport charge/masse d'une particule accélérée à $6,0 \times 10^6$ m/s, qui se déplace suivant une trajectoire circulaire de 1,8 cm de rayon, perpendiculairement à un champ magnétique uniforme de $3,2 \times 10^{-2}$ T?

17. Un proton de $1,67 \times 10^{-27}$ kg se déplace en cercle dans le plan perpendiculaire à un champ magnétique uniforme de 1,8 T. Le rayon de courbure est de 3,0 cm. Quelle est la vitesse du proton?

18. Un atome simplement ionisé ($q = +e$) se déplace à $1,9 \times 10^4$ m/s perpendiculairement à un champ magnétique uniforme de $1,0 \times 10^{-3}$ T. Le rayon de courbure est de 0,40 m. Quelle est la masse de l'ion?

19. Un atome simplement ionisé $^{235}_{92}$U dont la masse vaut $3,9 \times 10^{-25}$ kg est accéléré sous l'effet d'une différence de potentiel de $1,0 \times 10^5$ V.
    a) Calcule sa vitesse maximale.
    b) Quel est le rayon de la trajectoire qu'il suivrait s'il était projeté à cette vitesse et à 90° dans un champ magnétique uniforme de 0,10 T d'intensité?

20. Une boucle de fil attachée à une corde est libre de tomber de l'horizontale dans un champ magnétique uniforme, comme le montre la **figure 2**. La boucle demeure perpendiculaire au plan de la page en tout temps, le segment XYZ se trouvant derrière ce plan.
    a) Indique le sens du courant, en utilisant ces lettres, quand la boucle se balance de la gauche vers la droite en passant par les positions I et II, où elle continue de s'élever.
    b) Indique le sens du courant, en utilisant ces lettres, quand la boucle se balance de la droite vers la gauche en passant par les positions I et II, où elle descend déjà.
    c) Décris le mouvement de la boucle. Justifie ton raisonnement.

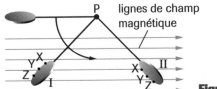

Figure 2

Mets en pratique tes connaissances

21. a) Élabore une expérience afin d'étudier le champ magnétique autour de deux longs conducteurs parallèles qui transportent des courants égaux de sens opposés. Supposons que les fils sont très rapprochés et que les mesures sont prises d'une distance d'au moins 5,0 cm.
    b) Quels résultats t'attends-tu à obtenir de cette expérience?
    c) Comment tes observations différeraient-elles si les courants étaient de même sens?

Fais des liens

22. Un haut-parleur standard possède une bobine fixée à l'arrière d'un cône. Le cône a une paroi flexible lui permettant de bouger vers l'avant et vers l'arrière (**figure 3**). La bobine est enroulée autour d'un noyau qui est un pôle magnétique N et entourée par un pôle circulaire S. Explique le fonctionnement d'un tel haut-parleur.

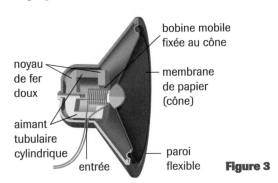

Figure 3

23. La **figure 4** est un schéma d'un microphone électromagnétique. Une tige légère et flexible est attachée à un aimant permanent à une extrémité et à un diaphragme à l'autre. La structure en forme de C autour de l'aimant est aussi faite d'une substance magnétique. Explique comment un tel microphone fonctionne, en accordant une attention particulière à l'utilité des enroulements de chaque bobine.

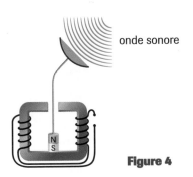

Figure 4

ACTIVITÉ DE SYNTHÈSE

▶ **Critères**

Processus

- Choisir les outils de recherche appropriés, comme des livres, des magazines, Internet, des experts et des expertes du domaine de la technologie choisi.

- Faire des recherches sur une technologie qui met en pratique la théorie des champs et résumer ses résultats d'une manière appropriée.

- Analyser les principes physiques des champs en jeu dans la technologie.

- Définir des critères pour évaluer les impacts sociaux et économiques de la technologie choisie et procéder à l'évaluation.

Produit

- Démontrer une compréhension des liens qui unissent les concepts, les principes, les lois et les théories de la physique.

- Préparer un dossier de recherche approprié sous forme imprimée ou audiovisuelle, ou les deux.

- Utiliser correctement les termes, les symboles, les équations et les unités métriques SI.

- Produire un exposé final tel qu'une présentation audiovisuelle, une simulation ou un modèle de démonstration pour résumer l'analyse.

La théorie des champs et la technologie

Les principes de la théorie des champs sont mis en pratique dans plusieurs domaines : la technologie, les communications, le transport, le monde du spectacle et la recherche scientifique, par exemple (**figure 1**). La construction et le lancement d'un satellite complexe requièrent une compréhension en profondeur des champs gravitationnel, électrique et magnétique. La conception du tube image d'un téléviseur, d'un autre côté, requiert une compréhension en profondeur des champs électrique et magnétique seulement.

Figure 1
Une compréhension des champs gravitationnel, électrique et magnétique est nécessaire dans les différentes technologies présentées sur ces photographies.

Dans cette activité de synthèse, tu es censé faire la preuve de ta compréhension des concepts reliés aux champs gravitationnel, électrique et magnétique présentés aux chapitres 7 et 8, en analysant les impacts d'une technologie. Ton habileté à définir tes propres critères pour évaluer ces impacts est plus importante ici que dans les activités de synthèse des autres unités de ce manuel, car tu disposes de plus de liberté dans la réalisation de cette tâche.

Tâche

Ta tâche consiste à étudier une technologie émergente ou une avancée dans une technologie établie et d'expliquer comment les concepts des champs gravitationnel, électrique et magnétique sont mis en cause dans ton choix. Assure-toi que la technologie que tu as choisie utilise au moins deux des trois types de champs. Après avoir choisi une technologie qui servira à tes recherches, définis tes propres critères pour en évaluer les impacts sociaux et économiques. Si tu as choisi une technologie émergente, examine les impacts qu'elle aura. Si tu as choisi une avancée dans une technologie établie, examine les impacts qu'a déjà la technologie et quels nouveaux effets sont à prévoir dans le futur.

Présente un exposé technique dans le format convenu entre toi et ton enseignant ou ton enseignante (par exemple, un rapport écrit, une affiche, un stand d'expo-sciences avec un modèle réduit, une présentation audiovisuelle, une vidéo, une simulation par ordinateur ou un site Web). Ton enseignant ou ton enseignante peut aussi te demander de présenter le brouillon de tes notes de recherche.

Analyse

Les critères suivants devraient être considérés dans ton analyse :

a) Quels principes physiques sont mis en pratique dans l'élaboration et l'utilisation de la technologie que tu as choisie ?

b) Quels sont les avantages et les désavantages de la technologie choisie ?

c) Comment l'élaboration de la technologie que tu as choisie est-elle affectée par sa fonction ?

d) Quels impacts sociaux, économiques et environnementaux la technologie choisie a-t-elle sur ses utilisateurs en particulier et sur la société en général ? (Utilise tes propres critères pour évaluer ces impacts.)

e) Quelles professions sont reliées à l'utilisation de la technologie que tu as choisie ?

f) Quelles recherches sont menées pour améliorer l'élaboration et l'utilisation de la technologie choisie ?

g) Invente tes propres questions d'analyse et réponds-y.

Évaluation

h) Évalue les ressources que tu as utilisées pendant tes recherches pour cette activité.

i) Si tu amorçais une activité semblable avec un but différent, quels changements apporterais-tu au processus pour t'assurer de réussir à faire tes recherches et à communiquer tes résultats ?

Inscris les nombres de 1 à 14 dans ton cahier. Indique à côté de chaque nombre si l'énoncé qui s'y rapporte est vrai (V) ou faux (F). S'il est faux, écris la version corrigée de l'énoncé.

1. La force électrique entre deux charges ponctuelles est directement proportionnelle au produit des charges et inversement proportionnelle au carré de la distance qui les sépare.

2. Si la somme de toutes les forces électriques exercées sur une charge est nulle, la charge doit être immobile.

3. Les charges électriques se déplacent toujours selon une trajectoire donnée par les lignes du champ électrique.

4. Si le champ électrique dans une région de l'espace est nul, la force électrique exercée sur une charge placée dans cette région est également nulle.

5. Lorsqu'on dirige une petite charge d'essai positive vers une autre charge positive, la charge d'essai subit une force électrique et un champ électrique croissants et son énergie potentielle électrique augmente. De plus, la charge se retrouve dans une région où le potentiel électrique est plus élevé.

6. Les charges négatives se déplacent des régions à haut potentiel électrique vers les régions à potentiel électrique plus bas.

7. Une gouttelette d'huile dans un appareil de Millikan avec des plaques non chargées tombe à une vitesse constante, car elle possède une charge.

8. Les lois de la conservation de la quantité de mouvement et de l'énergie mécanique déterminent le mouvement des particules chargées qui interagissent.

9. Un objet chargé négativement qu'on éloigne d'un objet chargé positivement fera augmenter l'énergie cinétique et diminuer l'énergie potentielle.

10. Les lignes d'un champ magnétique ne se croisent jamais.

11. Les champs électrique, gravitationnel et magnétique uniformes peuvent faire varier les vitesses des particules qui se déplacent, au départ, perpendiculairement aux champs.

12. Une particule chargée qui se déplace parallèlement à un champ électrique, gravitationnel ou magnétique subit une force.

13. Les charges qui se déplacent perpendiculairement à un champ magnétique uniforme exécutent un mouvement circulaire, car la force magnétique est toujours perpendiculaire à la vitesse vectorielle de la charge.

14. Deux longs fils rectilignes parallèles se repoussent si leurs courants sont de même sens.

Inscris les nombres de 15 à 26 dans ton cahier. Indique à côté de chaque nombre la lettre qui correspond au meilleur choix de réponse.

15. La force exercée sur une petite sphère conductrice uniforme de charge q_1 à une distance d d'une autre sphère de charge q_2 est $+F$. Si on touche la sphère de charge q_1 avec une sphère conductrice identique, mais neutre, celle-ci étant repoussée jusqu'à une distance $\frac{d}{2}$ de q_2, la force sur cette sphère est

   a) $+F$
   b) $+2F$
   c) $+\dfrac{F}{2}$
   d) $-F$
   e) aucune de ces réponses

16. Trois charges identiques sont alignées de la gauche vers la droite, séparées l'une de l'autre d'une distance d. L'intensité de la force exercée sur une charge par sa voisine la plus proche est F. La force nette exercée sur chaque charge, de la gauche vers la droite, est

   a) $+2F, +2F, +2F$
   b) $-\dfrac{5F}{4}, 0, +\dfrac{5F}{4}$
   c) $+2F, 0, +2F$
   d) $F, 0, F$
   e) aucune de ces réponses

17. Un électron subit une force de $1{,}6 \times 10^{-16}$ N [vers la gauche] d'un champ électrique. Le champ électrique est de

   a) $1{,}6 \times 10^3$ N/C
   b) $1{,}0 \times 10^3$ N/C [vers la gauche]
   c) $1{,}0 \times 10^3$ N/C [vers la droite]
   d) $1{,}0$ N [vers la droite]
   e) aucune de ces réponses

18. Quand la distance entre deux charges augmente, l'énergie électrique potentielle du système des deux charges

   a) augmente toujours
   b) diminue toujours
   c) augmente si les charges sont de même signe, diminue si elles sont de signes opposés
   d) augmente si les charges sont de signes opposés, diminue si elles sont de même signe
   e) est toujours négative

19. Deux plaques parallèles de charges opposées sont séparées de 12 mm. Le champ électrique uniforme entre les plaques a une intensité de $3{,}0 \times 10^3$ N/C. Un électron est libéré de la plaque négative avec une vitesse vectorielle initiale nulle. L'énergie cinétique de l'électron, lorsqu'il est rendu à mi-chemin entre les plaques, est de

   a) $2{,}9 \times 10^{-18}$ J
   b) $5{,}8 \times 10^{-18}$ J
   c) $1{,}4 \times 10^{-18}$ J
   d) 0 J
   e) aucune de ces réponses

Une version interactive de cette évaluation est disponible dans Internet.

ALLER À ▶ www.beauchemineediteur.com/physique12

20. Une charge positive, de masse $2m$, initialement immobile, se trouvant directement à la gauche d'une charge négative de masse m, se déplace vers la droite à une vitesse v. Lorsque la charge négative a une vitesse vectorielle $\frac{v}{2}$ [vers la droite], la vitesse vectorielle de la charge positive est de

a) 0

b) $\frac{v}{4}$ [vers la droite]

c) $\frac{v}{4}$ [vers la gauche]

d) $\frac{v}{2}$ [vers la droite]

e) $\frac{v}{2}$ [vers la gauche]

21. Laquelle des affirmations suivantes est vraie pour n'importe quel type de lignes de champ?

a) Elles ne se croisent jamais.

b) Elles sont toujours perpendiculaires à la surface de l'objet qui produit ce champ.

c) Elles pointent dans le sens du mouvement.

d) Elles indiquent l'existence d'une force, subie par une particule d'essai de charge positive q, dont l'intensité est égale au produit de q et de l'intensité du champ.

e) Elles ne forment jamais de boucles fermées.

22. Par un trou étroit, tu aperçois un appareil dans lequel une petite sphère chargée, attachée à un mince fil, est suspendue immobile selon un angle de 10° à la droite de la verticale lorsqu'il n'y a pas de vent. À partir de ce que tu observes, tu peux déduire que

a) le champ électrique pointe vers la droite

b) le champ électrique pointe vers la gauche

c) le champ électrique est nul

d) la force nette exercée sur la sphère est nulle

e) la tension dans le fil est plus petite que la force gravitationnelle exercée sur la sphère

23. Un électron se déplace dans un champ magnétique uniforme de 0,20 T à une vitesse de $5,0 \times 10^5$ m/s. La force magnétique exercée sur l'électron

a) est de $1,6 \times 10^{-5}$ N

b) est de $1,6 \times 10^{-14}$ N [perpendiculaire à la vitesse vectorielle]

c) est de $1,6 \times 10^{-14}$ N [perpendiculaire au champ magnétique]

d) est nulle

e) ne peut être déterminée à partir de ces informations

24. Si un bout de fil rectiligne qui transporte un courant est plongé dans un champ magnétique uniforme, le fil

a) ne subit aucune force s'il est perpendiculaire au champ

b) subit une certaine force magnétique, peu importe son orientation dans le champ

c) ne subit aucune force s'il est parallèle au champ

d) ne subit aucune force si le courant est alternatif

e) ne satisfait à aucune des descriptions ci-dessus

25. Un électron passe dans un champ magnétique selon un angle de 90°. Sa trajectoire circulaire résultante a un rayon r. Si la vitesse de l'électron était deux fois plus grande et que le champ magnétique était deux fois plus fort, le rayon serait

a) r b) $2r$ c) $4r$ d) $\frac{r}{2}$ e) $\frac{r}{4}$

26. Dans un spectrographe de masse, les particules émergent d'un sélecteur de vitesse vectorielle dans un champ magnétique uniforme selon un angle de 90°. Si le rayon de la trajectoire circulaire de la particule 1 est plus grand que celui de la particule 2, alors

a) la particule 1 a une masse plus grande que la particule 2

b) la particule 1 a une charge plus petite que la particule 2

c) le rapport charge/masse de la particule 1 est plus petit que le rapport charge/masse de la particule 2

d) le rapport charge/masse de la particule 1 est plus grand que le rapport charge/masse de la particule 2

e) la particule 1 se déplace plus vite que la particule 2

Inscris les nombres 27 et 28 dans ton cahier. À côté de chaque lettre, place le mot, la phrase ou l'équation qui complète la phrase.

27. a) Un(e) __?__ existe dans une région de l'espace lorsqu'un objet approprié subit une force dans cette région.

b) Les forces gravitationnelle et électrique sont régies par une loi __?__ relativement à la distance entre les objets.

c) Si une particule chargée passe dans un champ __?__ perpendiculairement aux lignes de champ, la vitesse ne change pas.

28. a) Les lignes d'un champ électrique sont toujours __?__ à un conducteur dans une situation d'équilibre statique.

b) Un câble __?__ est protégé des champs électrique et magnétique.

c) L'aire sous la courbe d'un graphique force électrique-déplacement représente la variation dans __?__.

d) Pour analyser le mouvement d'une collision élastique entre deux particules chargées, nous utilisons la conservation de __?__ et de __?__.

Une version interactive de cette évaluation est disponible dans Internet.

ALLER À www.beaucheminediteur.com/physique12

Les champs électrique, gravitationnel et magnétique **433**

Saisis bien les concepts

1. Lorsqu'ils utilisent de l'oxygène dans une salle d'opération, les médecins et les infirmières devraient-ils porter des souliers conducteurs ou des souliers de caoutchouc isolants ? Justifie ta réponse.

2. Deux petites charges, de $+6{,}0 \times 10^{-5}$ C et de $-2{,}0 \times 10^{-5}$ C, sont placées à 36 cm l'une de l'autre. Calcule :
   a) la force exercée sur une troisième charge, de $+5{,}0 \times 10^{-5}$ C, placée à mi-distance entre les deux premières
   b) la force exercée sur une troisième charge, de $+5{,}0 \times 10^{-5}$ C, placée à 18 cm à l'extérieur, sur la ligne joignant les deux charges, plus près de la charge négative
   c) l'intensité et le sens du champ électrique à 18 cm, à l'extérieur, sur la ligne joignant les deux charges, plus près de la charge positive
   d) l'intensité du champ électrique en un point situé à 18 cm, directement au-dessus du point milieu de la ligne joignant les deux charges (donc équidistant des charges)
   e) le point où l'intensité du champ électrique est nulle

3. Trois charges sont disposées comme dans la **figure 1**. Calcule l'intensité et l'orientation de la force électrique nette exercée sur chaque charge.

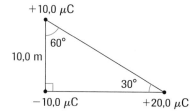

Figure 1

4. La **figure 2** représente un atome neutre d'hélium avec un électron de chaque côté du noyau dans une orbite circulaire bien définie de rayon $2{,}64 \times 10^{-11}$ m. Calcule l'intensité et l'orientation de la force électrique exercée sur chaque électron.

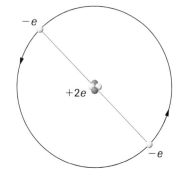

Figure 2

5. La **figure 3** présente le champ électrique près d'un objet.
   a) L'objet pourrait-il être un conducteur dans un équilibre électrostatique ? Explique.
   b) L'objet pourrait-il être un isolant ? Explique.

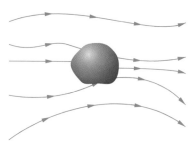

Figure 3

6. Les conducteurs représentés dans la **figure 4** sont introduits un à la fois dans un champ électrique uniforme orienté vers la droite, modifiant le champ. Trace le champ près des conducteurs.

Figure 4

7. Une balle isolante qui possède une masse de 7,0 g et une charge uniforme de 1,5 μC est suspendue à un léger fil incliné, selon un angle de 8,0° par rapport à la verticale (**figure 5**). Calcule l'intensité du champ électrique.

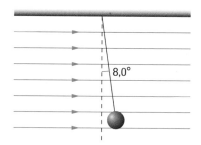

Figure 5

8. La **figure 6** présente deux sphères de charges uniformes opposées et le champ électrique entre elles.
   a) Quels sont les signes de q_1 et de q_2 ?
   b) Quelle est la valeur du rapport $\dfrac{q_1}{q_2}$? Explique.

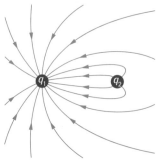

Figure 6

9. Deux électrons séparés par une grande distance sont projetés directement l'un vers l'autre. Le chemin le plus court pour cette collision de front est de $4,0 \times 10^{-14}$ m. L'un des électrons s'élance avec deux fois la vitesse de l'autre. En supposant qu'ils ne dévient pas de leur trajectoire originale, détermine la vitesse initiale de chaque électron.

10. Une particule chargée se déplace à une vitesse vectorielle constante en ligne droite dans une région de l'espace.
    a) Le champ électrique est-il nul dans cette région? Justifie ta réponse.
    b) Le champ magnétique est-il nul dans cette région? Justifie ta réponse.

11. Un électron, ayant été accéléré de l'immobilité par $2,4 \times 10^3$ V, rencontre un champ magnétique uniforme d'une intensité de 0,60 T selon un angle de 90°.
    a) Calcule l'intensité de la force magnétique exercée sur l'électron.
    b) Décris le mouvement de l'électron résultant.
    c) L'électron sera-t-il retenu dans le champ magnétique? Justifie ta réponse.

12. Un fil de 25 cm de long, placé selon un angle droit par rapport à un champ magnétique uniforme de 0,18 T, subit une force magnétique d'intensité 0,14 N. Calcule l'intensité du courant circulant dans le fil.

13. Deux fils horizontaux parallèles, orientés est-ouest et distants de 3,0 m, portent chacun un courant de 1,2 A (**figure 7**). Calcule l'intensité et le sens du champ magnétique à mi-distance entre les deux fils si
    a) le courant est orienté vers l'est dans le fil 1, vers l'ouest dans le fil 2
    b) les courants dans les deux fils sont orientés vers l'est

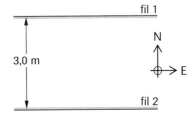

Figure 7

14. Une bobine de 12 cm de long, comptant 500 spires, produit un champ magnétique d'une intensité de $1,6 \times 10^{-2}$ T dans son noyau. Calcule l'intensité du courant circulant dans la bobine.

15. L'intensité de la force magnétique entre deux conducteurs de 4,00 m de long, séparés de 8,00 cm, est de $2,80 \times 10^{-5}$ N. Le courant dans l'un des conducteurs est le double du courant dans l'autre. Calcule les deux courants.

16. La **figure 8** est le schéma d'un sélecteur de vitesse vectorielle et d'un spectromètre de masse. Le champ électrique est perpendiculaire au champ magnétique. Le champ électrique entre les plaques est de $1,2 \times 10^4$ V/m et l'intensité du champ magnétique est de 0,20 T. Un ion chargé, de $2,2 \times 10^{-26}$ kg, est projeté dans le sélecteur de vitesse vectorielle selon un angle droit par rapport au champ électrique et au champ magnétique. La particule passe à travers le sélecteur sans dévier.
    a) Calcule la vitesse de la particule.
    b) Calcule le rayon de la trajectoire de la particule quand elle émerge du sélecteur.

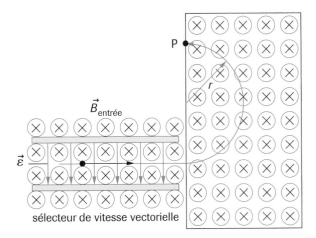

Figure 8

17. La **figure 9** représente la section transversale d'un câble coaxial. Le courant dans le conducteur intérieur est de 1,0 A, orienté vers l'intérieur de la page, alors que le courant dans le conducteur extérieur est de 1,5 A, orienté vers l'extérieur de la page. Détermine l'intensité et le sens du champ magnétique en A et en B.

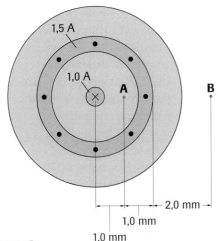

Figure 9

Mets en pratique tes connaissances

18. Lorsqu'on étudie les forces exercées entre les charges ou les propriétés d'une charge, un problème fréquent est que la charge sur l'objet étudié diminue souvent avec le temps. Élabore une expérience qui pourrait être utilisée afin d'étudier les facteurs qui annulent la charge d'un objet.

19. Deux fils rectilignes parallèles de 35 cm de long, chacun ayant une masse de 12 g, sont supportés par des ficelles de 7,0 cm de long (**figure 10**). Lorsque le courant dans chaque fil est I, l'angle entre les ficelles est de 14°.
    a) Détermine l'intensité et le sens du courant dans chaque fil.
    b) Invente une expérience qui permettrait d'étudier la relation entre la force exercée sur chaque conducteur et le courant dans chaque fil.

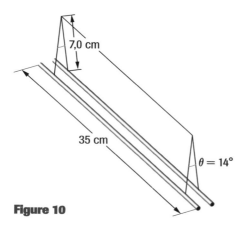

Figure 10

20. Une charge qui se déplace à travers un champ magnétique peut subir une force. Élabore une expérience dans laquelle tu te sers d'une petite balle conductrice afin de déterminer les facteurs qui affectent cette force.

21. Sous certaines conditions, un courant peut subir une force magnétique causée par un champ magnétique extérieur. On utilise ce principe dans les pompes électromagnétiques des réacteurs nucléaires comme manière de transmettre la chaleur. Dans ces pompes, du mercure ou du sodium liquide est placé dans un tuyau et un courant est créé dans le liquide conducteur en présence d'un champ magnétique extérieur. Conçois une pompe électromagnétique en expliquant comment elle fonctionne et comment on peut s'en servir pour transmettre la chaleur. (Note : le mercure et le sodium sont des substances très dangereuses qui exigent des précautions particulières pour prévenir les fuites ; ces substances ne devraient pas être manipulées par les élèves.)

Fais des liens

22. La **figure 11** présente une grande boucle construite sous une ligne de transport haute tension (à courant alternatif).
    a) Peut-on utiliser cette boucle pour tirer du courant des lignes ? D'où l'énergie viendrait-elle et comment cela fonctionnerait-il ?
    b) Si personne ne voit la boucle, la compagnie d'électricité sera-t-elle en mesure de détecter la fraude ?
    c) Pourrait-on utiliser une approche semblable pour espionner une ligne téléphonique ? Justifie ta réponse.

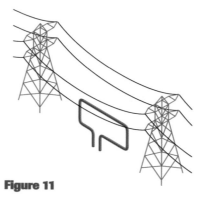

Figure 11

23. Explique pourquoi la surface d'un écran de télévision, même nettoyée depuis peu, est souvent couverte d'une mince couche de poussière.

24. La **figure 12** est un schéma simplifié d'une molécule neutre d'eau. La molécule a une séparation de charge permanente, car les électrons passent plus de temps près de l'oxygène que de l'hydrogène. Pour cette raison, on dit que l'eau possède des *molécules polaires*.

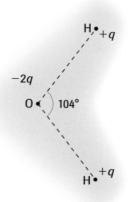

Figure 12

a) Pourquoi l'eau est-elle attirée à la fois par les charges positives et par les charges négatives?

b) Comment l'humidité élimine-t-elle les charges excédentaires des objets? Justifie ta réponse.

c) Les ions dans l'air peuvent souvent se regrouper et former des *germes de condensation* (points de départ pour le rassemblement et la transformation des molécules de vapeur d'eau en eau liquide). Explique pourquoi cela se produit.

25. Des plaques parallèles forment ce que l'on appelle un condensateur. Les condensateurs ont différentes applications dans plusieurs domaines, comme dans les flashs des appareils photo, les défibrillateurs utilisés pour rétablir le rythme cardiaque normal d'une personne et sous les touches de certains claviers d'ordinateur. En te servant d'Internet et d'autres sources, fais des recherches sur les condensateurs. Choisis une application et rédige un court rapport sur tes conclusions.

 www.beaucheminediteur.com/physique12

26. La **figure 13** présente un morceau de bande magnétique passant près d'une tête de lecture dans un magnéto-phone. La tête de lecture est composée d'une bobine enroulée sur un noyau ferromagnétique en forme de C. Décris comment cette tête de lecture fonctionne.

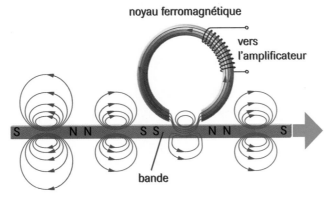

Figure 13

27. Un démagnétiseur est un appareil utilisé pour démagnétiser des matériaux aimantés de façon permanente. En te servant d'Internet et d'autres sources, étudie comment ces appareils fonctionnent. Prépare un court exposé oral sur tes conclusions.

 www.beaucheminediteur.com/physique12

28. Les oiseaux utilisent le champ magnétique terrestre pour naviguer sur de longues distances. En te servant d'Internet et d'autres sources, étudie cette application ou toute autre façon qu'ont les animaux d'utiliser le magnétisme. Rédige un court rapport sur les recherches en cours.

 www.beaucheminediteur.com/physique12

Exercices complémentaires

29. Une petite particule chargée q_1 ayant une vitesse vectorielle initiale $\vec{v}_1$ s'approche d'une charge immobile q_2 (**figure 14**). Trace les graphiques de l'énergie cinétique de la charge en mouvement, de l'énergie potentielle électrique de chaque charge et de l'énergie totale de chaque charge pour différentes valeurs de y (de zéro à une très grande valeur, en passant par des valeurs relativement élevées par rapport au rayon de la charge). Comment la valeur de y affecte-t-elle chaque grandeur? Tu peux utiliser des simulations ou toute autre méthode d'analyse.

Figure 14

30. Fais des recherches pour comprendre comment on se sert des principes des champs gravitationnel, électrique et magnétique pour étudier les objets astronomiques comme les étoiles, les quasars et les trous noirs. Réalise une affiche montrant comment ces concepts sont utilisés dans la recherche de ces objets et ce que les chercheurs ont appris à leur sujet.

31. Une charge ponctuelle $+q$ est placée 3 cm à la gauche d'une charge ponctuelle $-4q$, comme à la **figure 15**. Détermine l'endroit où une troisième charge unitaire ($+q$) serait attirée autant à gauche qu'à droite.

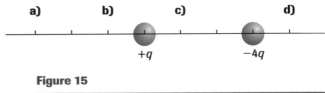

Figure 15

⬛ La question Newton

La nature ondulatoire de la lumière

Mike Lazaridis
Cofondateur du RIM

La communication sans fil fait partie intégrante de nos vies. Des milliards de personnes utilisent chaque jour la radio, la télévision, les satellites, les téléphones cellulaires et autres dispositifs de communication mobile. Chef de file dans le monde de la communication sans fil, l'organisme Research In Movement (RIM), a son siège à Waterloo en Ontario. L'actuel président et directeur général associé du RIM, l'ingénieur électricien Mike Lazaridis, a également été l'un des fondateurs. Grâce aux efforts de Lazaridis et de ses collègues, le RIM détient de nombreux brevets pour des technologies radioélectriques ; il est un leader mondial en communications mobiles.

Lazaridis connaît bien la relation entre théorie et application. « Presque tout ce que nous estimons dans notre monde industriel avancé d'aujourd'hui est le résultat d'études théoriques en physique », dit-il. Les découvertes des scientifiques au cours des 200 dernières années, si l'on pense à Young, Maxwell, Hertz et Marconi, forment la base de nos connaissances actuelles. « Voilà les origines de la radioélectricité », dit-il. « Sans leurs recherches, nous n'aurions pas de société sans fil. »

▶ Objectifs globaux

Dans cette unité, tu apprendras à :

- démontrer ta compréhension du modèle ondulatoire du rayonnement électromagnétique et à décrire comment il explique les phénomènes de diffraction, d'interférence et de polarisation ;
- effectuer des expériences établissant un rapport entre le modèle d'onde lumineuse et l'application du rayonnement électromagnétique et les phénomènes de réfraction, de diffraction, d'interférence et de polarisation ;
- analyser des phénomènes mettant en présence la lumière et la couleur, à les expliquer en fonction du modèle d'onde lumineuse et à expliquer comment ce modèle sert au développement d'équipement technologique.

Connaissances et compréhension

1. Des rayons parallèles incidents frappent un verre plan, comme à la **figure 1**. Copie le schéma dans ton cahier et dessine les rayons réfractés.

2. Choisis l'expression appropriée dans les énoncés suivants : «Les rayons lumineux se déplaçant dans l'air jusqu'à la surface du verre selon un angle oblique *accélèrent/ralentissent* lorsqu'ils atteignent le verre. Le changement de vitesse les fait *s'écarter/se rapprocher* de la normale.»

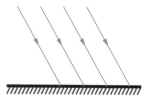

Figure 1
Diagramme se rapportant à la question 1

3. La **figure 2** montre la lumière traversant de l'eau, du verre, puis de l'air. Copie le schéma dans ton cahier et dessine le rayon réfracté sur la surface de verre et dans l'air.

4. La lumière traverse l'air et atteint le diamant selon un angle d'incidence de 60,0°. L'angle de réfraction est de 21,0°.
   a) Quel est l'indice de réfraction du diamant?
   b) Si la vitesse de la lumière dans l'air est de $3,00 \times 10^8$ m/s, calcule la vitesse de la lumière dans le diamant.
   c) Qu'arriverait-il si la lumière voyageait de l'intérieur du diamant jusqu'à l'air, selon un angle d'incidence de 60,0°? Justifie ta réponse à l'aide d'un calcul.

5. La lumière passe du verre à l'air. Dessine ce que tu verrais si l'angle d'incidence dans le verre était a) inférieur à l'angle critique et b) supérieur à l'angle critique.

6. Dessine les couleurs du spectre provenant de la dispersion de la lumière blanche par un prisme.

7. Établis la différence entre ondes longitudinales et ondes transversales.

8. La **figure 3** illustre la coupe transversale d'une onde transversale. Copie le schéma dans ton cahier.
   a) Nomme les parties ou les propriétés de l'onde indiquées par les lettres A, B, C et D.
   b) Place un point F en phase avec le point E.
   c) Si l'onde se déplace vers la gauche, trace un vecteur représentant la vitesse vectorielle instantanée d'une particule dans le milieu au point E.
   d) Calcule la période de l'onde si elle fait 10 vibrations en 2,0 s.

9. Une certaine source d'onde possède une fréquence de 3,0 Hz. La vitesse des ondes est de 5,0 m/s. Quelle est la distance entre les dépressions adjacentes?

10. Une impulsion est envoyée le long d'une corde mince attachée à une corde épaisse. La corde épaisse est attachée solidement à un mur, comme à la **figure 4**. Copie le schéma dans ton cahier.
    a) Dessine ce que tu verrais après que l'impulsion est passée complètement par le point X.
    b) Dessine ce que tu verrais après que l'impulsion est réfléchie au point Y.
    c) Dessine ce que tu verrais après que l'impulsion réfléchie est passée par X.

Figure 4

11. Énumère les trois conditions nécessaires pour que se produise une interférence destructive complète entre deux impulsions.

12. Dans une expérience visant à déterminer la vitesse de propagation des ondes dans une corde, un diagramme d'ondes stationnaires est créé, comme le montre la **figure 5**. L'extrémité vibrante effectue 90 vibrations complètes en une minute. Calcule a) la longueur d'onde et b) la vitesse des ondes.

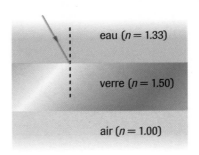

eau ($n = 1.33$)

verre ($n = 1.50$)

air ($n = 1.00$)

Figure 2
Diagramme se rapportant
à la question 3

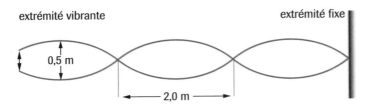

extrémité vibrante   extrémité fixe

0,5 m

2,0 m

Figure 5

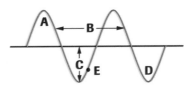

A — B

C — E — D

Figure 3
Diagramme se rapportant
à la question 8

Recherche et communication

13. La **figure 6** illustre le phénomène de diffraction dans une cuve à ondes. Quelles conclusions sur la diffraction peut-on tirer de ces illustrations?

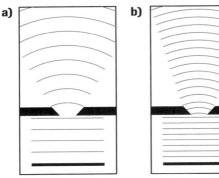

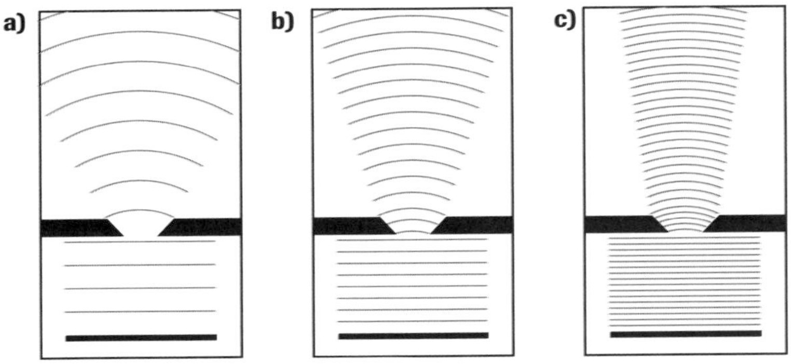

a)   b)   c)

Figure 6

14. À la **figure 7**, S_1 et S_2 sont deux sources ponctuelles situées à 6,0 cm l'une de l'autre, vibrant en phase et produisant des longueurs d'onde de 1,2 cm. P est un point sur une ligne nodale (une ligne d'interférence destructive). Quelles sont les différences de parcours possibles ($PS_1 - PS_2$) exprimées en longueurs d'onde? Explique ta réponse.

Connaissances en mathématiques

15. Réécris l'équation suivante pour produire une expression de λ:
$$x_n = \left(n - \frac{1}{2}\right) L \left(\frac{\lambda}{d}\right)$$

16. À l'aide de l'équation suivante et des valeurs $n = 3$, $\lambda = 632$ nm et $d = 10,0$ μm, trouve la valeur θ, à l'aide de ta calculatrice, et exprime-la avec le bon nombre de chiffres significatifs:
$$\sin \theta_n = \left(n - \frac{1}{2}\right) \frac{\lambda}{d}$$

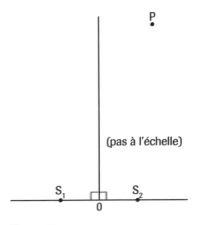

P

(pas à l'échelle)

S_1 S_2

0

Figure 7
Diagramme se rapportant
à la question 14

Les compétences techniques et la sécurité

17. Quelles précautions faut-il prendre lorsqu'on travaille avec des sources de lumière brillante, comme le Soleil, un chalumeau soudeur ou un laser?

chapitre 9

Les ondes et la lumière

▶ **Dans ce chapitre, tu apprendras à :**

- analyser et à interpréter les propriétés des ondes mécaniques bidimensionnelles dans une cuve à ondes et à établir un rapport avec la lumière ;

- établir et à appliquer des équations mettant en présence la vitesse, la longueur d'onde, la fréquence et l'indice de réfraction des ondes et à les appliquer au comportement de la lumière ;

- analyser des modèles d'interférence entre deux points dans une cuve à ondes lors d'une interférence lumineuse (l'expérience de Young) à l'aide de diagrammes ;

- établir et à appliquer des équations mettant en présence les propriétés de l'interférence et de la longueur d'onde ;

- tracer l'évolution historique des théories corpusculaire et ondulatoire de la lumière, incluant le développement de nouvelles technologies et les découvertes, et à résumer les succès et les échecs de chaque théorie ;

- appliquer la théorie ondulatoire à la propriété de dispersion et à déterminer les longueurs d'onde des couleurs du spectre visible.

La lumière n'est pas seulement de l'énergie, c'est aussi un messager : elle transporte de l'information provenant d'étoiles éloignées et d'autres objets célestes (**figure 1**). Cette information arrive non seulement sous forme de lumière visible, mais aussi sous la forme d'une série d'autres rayonnements électromagnétiques tels que les ondes radioélectriques, les rayons X et les rayons cosmiques.

Tous les jours, nous utilisons des fibres optiques, des lasers et des diodes émettrices de lumière dans les communications ; toutes ces technologies utilisent la lumière, mais comment ? Comment l'énergie lumineuse est-elle transmise à partir de sa source ?

C'est là une question à laquelle les scientifiques ont eu de la difficulté à répondre. Ils émirent cependant deux hypothèses : l'une voulant que la lumière se déplace comme une onde, l'autre, comme une particule. Les preuves recueillies ont tantôt favorisé une hypothèse, tantôt l'autre, jusqu'à ce que la plupart des physiciens acceptent la théorie ondulatoire de la lumière vers 1830. Ainsi, vers la fin du XIXe siècle, la lumière visible fut considérée comme étant un seul type d'onde électromagnétique. Cependant, au début du XXe siècle, on a démontré la double nature, à la fois corpusculaire et ondulatoire, de la lumière.

Dans ce chapitre, nous passerons en revue les preuves menant à ces deux théories. Nous nous servirons également de la théorie ondulatoire pour révéler certaines propriétés de la lumière moins couramment observées. Nos recherches serviront de base au chapitre 10, dans lequel nous verrons les applications technologiques modernes de l'aspect ondulatoire de la lumière, telles que les CD, les DVD et l'holographie.

💡 FAIS LE POINT sur tes connaissances ▼

1. D'après toi, quelles sont les conditions qui ont produit le phénomène illustré à la **figure 2** ?

2. À ton avis, qu'est-ce qui détermine les couleurs particulières que nous voyons ?

3. Rappelons-nous que les ondes sonores des haut-parleurs vibrant en phase produisent des interférences ; les zones d'intensité plus faible, qui se trouvent le long d'une ligne nodale, et les zones d'intensité plus forte ont été entendues devant les haut-parleurs. Comment seraient les lignes nodales si les haut-parleurs étaient remplacés par des sources lumineuses oscillant en phase ?

4. À ton avis, que représentent les lignes verticales sombres de la **figure 2** ?

Figure 2
La théorie ondulatoire de la lumière explique cet effet spectaculaire d'une façon simple.

Figure 1
Cette image prise par le télescope spatial Hubble montre la galaxie spirale NGC 4603. Le télescope capte la lumière de diverses longueurs d'onde, permettant ainsi aux scientifiques de mesurer des distances précises nous séparant de galaxies très éloignées.

La diffraction et l'interférence de la lumière

Pour cette activité, tu auras besoin d'une plaque percée de fentes, d'une lampe vitrine et de filtres rouge et vert. Une lampe vitrine est une lampe à incandescence ayant une forme tubulaire.

1. Observe la plaque et choisis une paire de fentes.

2. En tenant la paire de fentes verticalement devant un œil, regarde une lampe vitrine recouverte d'un filtre rouge. Décris ce que tu vois.

3. Répète l'étape 2 en utilisant le filtre vert. Décris ce que tu vois.

4. Répète l'étape 3 avec une paire de fentes différente. Décris ce que tu vois.

   a) Quelle est la largeur de fentes qui a produit un modèle plus large pour un seul choix de couleur?

   b) Quelle est la couleur qui a produit un modèle plus large pour un seul choix de largeur de fentes?

   c) Comment sais-tu si une diffraction ou une interférence lumineuse se sont produites?

Tu viens de recréer une expérience clé ayant servi à l'élaboration de la théorie ondulatoire de la lumière. D'ici la fin de ce chapitre, tu seras en mesure de comprendre l'expérience de façon plus approfondie.

RECHERCHE 9.1.1

La transmission, la réflexion et la réfraction des vagues dans une cuve à ondes

Comment pouvons-nous observer les ondes pour les analyser? Comment les ondes sont-elles transmises, réfléchies et réfractées dans une cuve à ondes?

Il est difficile d'étudier les propriétés des ondes du son, de la lumière et de la radioélectricité, car nous ne pouvons pas les observer directement. Cependant, si nous utilisons une cuve à ondes, nous pouvons non seulement voir les ondes directement, mais aussi recréer la plupart des conditions requises pour démontrer les propriétés des **ondes transversales** dans cet espace bidimensionnel. La recherche 9.1.1, dans la section Activités en laboratoire à la fin de ce chapitre, te permet d'étudier les propriétés des ondes dans une cuve à ondes, dans le but de te faire mieux comprendre et prévoir les comportements similaires d'autres types d'ondes.

La transmission

Une onde provenant d'une source ponctuelle est circulaire, tandis qu'une onde provenant d'une source linéaire est rectiligne. Lorsqu'une onde s'éloigne de sa source à fréquence constante, l'espacement entre les crêtes ou les dépressions successives — la longueur d'onde — demeure le même, à condition que la vitesse de l'onde demeure la même. Une crête ou une dépression continue est considérée comme un **front d'onde**. Pour illustrer la direction du déplacement ou de la transmission du front d'onde, une flèche est tracée selon un angle droit par rapport au front d'onde (**figure 1**). Cette ligne est appelée **rayon d'onde**. On fait parfois référence au rayon d'onde plutôt qu'au front d'onde quand on décrit le comportement d'une onde.

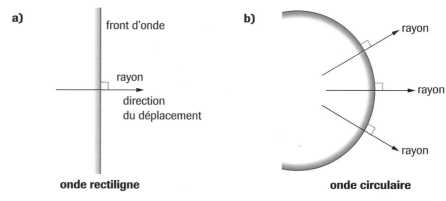

a) front d'onde rayon direction du déplacement — **onde rectiligne**

b) rayon rayon rayon — **onde circulaire**

Figure 1
Dans les deux cas, le rayon d'onde forme un angle de 90° par rapport au front d'onde.

onde transversale perturbation périodique durant laquelle les particules du milieu oscillent selon un angle droit, par rapport à la direction de l'onde

front d'onde front avant d'une crête ou d'une dépression continue

rayon d'onde ligne droite perpendiculaire au front d'onde, indiquant la direction de la transmission

Lorsque la vitesse diminue, la longueur d'onde raccourcit (**figure 2**), car elle est directement proportionnelle à la vitesse ($\lambda \propto v$). Lorsque la fréquence d'une source est accrue, la distance entre les crêtes successives diminue, car la longueur d'onde est inversement proportionnelle à la fréquence $\left(\lambda \propto \dfrac{1}{f}\right)$. Les deux coefficients de proportionnalité résultent de l'équation d'onde universelle $v = f\lambda$. Cette équation vaut pour tous les types d'ondes — unidimensionnelles, bidimensionnelles et tridimensionnelles.

L'onde qui se déplace dans l'eau profonde possède une vitesse de $v_1 = f_1\lambda_1$. De façon similaire, sa vitesse est $v_2 = f_2\lambda_2$ en eau peu profonde. Dans une cuve à ondes, la fréquence d'une vague est déterminée par le générateur d'ondes et elle ne change pas lorsque la vitesse change. Ainsi $f_1 = f_2$.

Si l'on divise la première équation par la deuxième, on obtient $\dfrac{v_1}{v_2} = \dfrac{f_1\lambda_1}{f_2\lambda_2}$.

Cependant, $f_1 = f_2$. Par conséquent,

$$\frac{v_1}{v_2} = \frac{\lambda_1}{\lambda_2}.$$

a)

b)

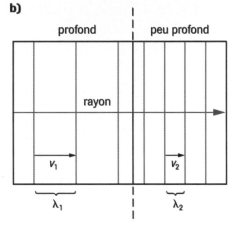

Figure 2
Des ondes rectilignes périodiques se déplaçant de l'eau profonde à de l'eau peu profonde
(de gauche à droite)

▶ *PROBLÈME 1*

Une vague possède une longueur d'onde de 2,0 cm dans la section profonde d'une cuve
et une longueur d'onde de 1,5 cm dans sa section peu profonde. Si la vitesse de l'onde
en eau peu profonde est de 12 cm/s, quelle est sa vitesse en eau profonde?

Solution

$\lambda_1 = 2{,}0$ cm

$\lambda_2 = 1{,}5$ cm

$v_1 = \,?$

$v_2 = 12$ cm/s

$$\frac{v_1}{v_2} = \frac{\lambda_1}{\lambda_2}$$

$$v_1 = \left(\frac{\lambda_1}{\lambda_2}\right)v_2$$

$$= \left(\frac{2{,}0 \text{ cm}}{1{,}5 \text{ cm}}\right) 12 \text{ cm/s}$$

$$v_1 = 16 \text{ cm/s}$$

La vitesse de l'onde en eau profonde est de 16 cm/s.

▶ *Mise en pratique*

Saisis bien les concepts

1. La vitesse et la longueur d'onde d'une vague en eau profonde sont de 18,0 cm/s
   et de 2,0 cm respectivement. La vitesse en eau peu profonde est de 10,0 cm/s.
   Trouve la longueur d'onde correspondante.

2. Une onde se déplace 0,75 fois aussi vite en eau peu profonde qu'en eau
   profonde. Trouve la longueur de l'onde en eau profonde si la longueur d'onde
   en eau peu profonde est de 2,7 cm.

3. À la question 1, quelles sont les fréquences respectives en eau profonde et
   en eau peu profonde?

Réponses

1. 1,1 cm

2. 3,6 cm

3. 9,0 Hz; 9,0 Hz

angle d'incidence (θ_i) angle entre le front d'onde incident et la barrière ou entre le rayon incident et la normale

angle de réflexion (θ_r) angle entre le front d'onde réfléchi et la barrière ou entre le rayon réfléchi et la normale

réfraction déviation de la direction d'une onde lorsqu'elle entre dans un milieu différent selon un certain angle

La réflexion à partir d'une barrière rectiligne

Un front d'onde rectiligne se déplace dans la direction du rayon d'onde, perpendiculaire au front d'onde ; comment réagit-il lorsqu'il rencontre des obstacles ? Lorsqu'un front d'onde rectiligne frappe une barrière réfléchissante rectiligne de plein fouet, il revient sur son trajet original (**figure 3**). Si l'onde rencontre obliquement une barrière rectiligne (c.-à-d. selon un angle autre que 90°), le front d'onde est également réfléchi obliquement. L'angle formé par le rayon d'onde incident et la normale est égal à l'angle formé par le rayon d'onde réfléchi et la normale. Ces angles sont appelés respectivement **angle d'incidence** (θ_i) et **angle de réflexion** (θ_r)(**figure 4**). La réflexion ne modifie ni la longueur d'onde, ni la vitesse, ni la fréquence.

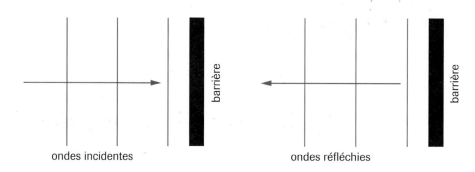

ondes incidentes   ondes réfléchies

Figure 3
Un front d'onde rectiligne frappant de plein fouet une barrière rectiligne est renvoyé sur son trajet original.

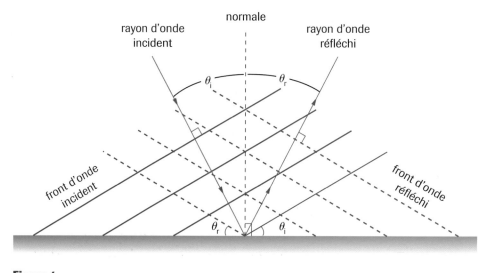

Figure 4
Lorsqu'une onde rencontre obliquement une barrière rectiligne, plutôt que de plein fouet, l'angle d'incidence est égal à l'angle de réflexion.

La réfraction

Lorsqu'une vague passe de l'eau profonde à de l'eau peu profonde, perpendiculairement à la limite entre les deux profondeurs, aucun changement de direction ne se produit. Par contre, si l'onde rencontre la limite selon un angle quelconque, sa direction changera. Ce phénomène s'appelle la **réfraction** (**figure 5**).

a)

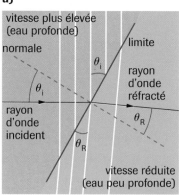

b)

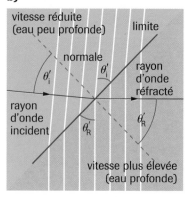

Figure 5
a) Lorsque les vagues se déplacent obliquement dans un milieu plus lent, le rayon d'onde se rapproche de la normale.
b) Si le nouveau milieu est plus rapide, le rayon d'onde s'écarte de la normale.

Nous utilisons habituellement les rayons d'onde pour décrire la réfraction. La **normale** est une ligne tracée selon un angle droit par rapport à une limite, au point où un rayon d'onde incident la frappe. L'angle formé par un rayon d'onde incident et la normale est appelé angle d'incidence, θ_i. L'angle formé par la normale et le rayon d'onde réfracté est appelé **angle de réfraction**, θ_R.

Lorsqu'une onde pénètre obliquement dans un milieu où sa vitesse décroît, le rayon d'onde réfracté est dévié (réfracté) vers la normale, tel qu'on peut le voir à la **figure 5a**). Si l'onde pénètre obliquement dans un milieu où sa vitesse augmente, le rayon d'onde réfracté est dévié à l'opposé de la normale, comme à la **figure 5b**).

La **figure 6** montre géométriquement que θ_i est égal à l'angle compris entre le front d'onde incident et la normale, θ_i', et que θ_R est égal à l'angle compris entre le front d'onde réfracté et la normale, θ_R'. Dans la cuve à ondes, il est plus facile de mesurer les angles compris entre les rayons d'onde et la limite, soit θ_i' et θ_R'.

Pour analyser les fronts d'onde réfractés par rapport à une limite, les angles d'incidence et de réfraction peuvent être définis par les équations : $\sin \theta_i = \dfrac{\lambda_1}{xy}$ et $\sin \theta_R = \dfrac{\lambda_2}{xy}$ (**figure 7**).

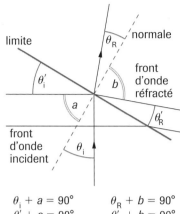

$$\theta_i + a = 90° \qquad \theta_R + b = 90°$$
$$\theta_i' + a = 90° \qquad \theta_R' + b = 90°$$
$$\therefore \theta_i = \theta_i' \qquad \therefore \theta_R = \theta_R'$$

Figure 6

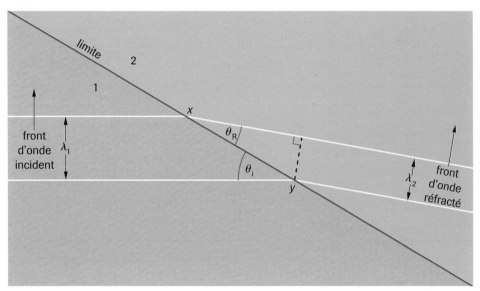

Figure 7

Le rapport des sinus est de

$$\frac{\sin \theta_i}{\sin \theta_R} = \frac{\left(\dfrac{\lambda_1}{xy}\right)}{\left(\dfrac{\lambda_2}{xy}\right)}$$

ce qui se réduit à

$$\frac{\sin \theta_i}{\sin \theta_R} = \frac{\lambda_1}{\lambda_2}$$

Lors d'un changement de milieu spécifique, le rapport $\dfrac{\lambda_1}{\lambda_2}$ constitue une valeur constante. Rappelons-nous la loi de Snell en optique, $\sin \theta_i \propto \sin \theta_R$. Cette équation peut être convertie en $\sin \theta_i = n \sin \theta_R$. La constante de proportionnalité (n) et l'indice de réfraction (n) représentent la même chose.

normale ligne droite perpendiculaire à une limite heurtée par une onde

angle de réfraction (θ_R) angle compris entre la normale et le rayon réfracté ou entre le front d'onde réfracté et la limite

Par conséquent, on peut écrire

$$\frac{\sin \theta_i}{\sin \theta_R} = n$$

Ce rapport vaut pour les ondes de tous les types, y compris la lumière, ce que nous verrons prochainement. Lorsque la lumière passe d'un milieu sous vide à une substance, n est appelé l'**indice de réfraction absolu**. (Consulter le **tableau 1** pour voir la liste des indices de réfraction absolus). La valeur de l'indice de réfraction absolu est si proche de la valeur de l'indice représentant le passage de l'air à une substance que nous établissons rarement une différence entre les deux. Dans le présent manuel, lorsqu'il s'agira de l'indice de réfraction, il sera question de l'indice de réfraction absolu.

Tableau 1 Indices de réfraction absolus approximatifs pour diverses substances*

Substance	Indice de réfraction absolu
sous vide	1,000 000
air	1,000 29
glace	1,31
eau	1,333
alcool éthylique	1,36
térébenthine	1,472
verre	1,50
plexiglas	1,51
verre crown	1,52
polystyrène	1,59
sulfure de carbone CS_2	1,628
cristal anglais	1,66
zircon	1,923
diamant	2,417
phosphure de gallium	3,50

* Mesurés avec une longueur d'onde de 589 nm. Les valeurs peuvent varier selon les conditions physiques.

Rappelle-toi aussi que la loi de Snell nous donne une équation générale qui s'applique à n'importe quelle paire de substances :

$$n_1 \sin \theta_1 = n_2 \sin \theta_2$$

où n_1 est l'indice de réfraction du premier milieu, n_2, l'indice de réfraction du second milieu, et θ_1 et θ_2 sont des angles pour chacun des milieux.

Pour ce qui est des ondes, nous avons trouvé que $\dfrac{\sin \theta_i}{\sin \theta_R} = \dfrac{\lambda_1}{\lambda_2}$, qui peut être généralisé par $\dfrac{\sin \theta_1}{\sin \theta_2} = \dfrac{\lambda_1}{\lambda_2}$. Mais à partir de l'équation d'onde universelle $v = f\lambda$, on peut montrer que $\dfrac{v_1}{v_2} = \dfrac{\lambda_1}{\lambda_2}$, car f est constante. Par conséquent, on peut écrire

$$\frac{\sin \theta_1}{\sin \theta_2} = \frac{v_1}{v_2} = \frac{\lambda_1}{\lambda_2} = \frac{n_2}{n_1}$$

Les problèmes suivants illustrent l'application de ces rapports tant dans la cuve à ondes que pour la lumière.

▶ **PROBLÈME 2**

Une vague de 5,0 Hz, se déplaçant à 31 cm/s en eau profonde, entre en eau peu profonde. L'angle compris entre le front d'onde incident en eau profonde et la limite entre les zones profonde et peu profonde est de 50°. La vitesse de l'onde en eau peu profonde est de 27 cm/s. Détermine

a) l'angle de réfraction en eau peu profonde;

b) la longueur d'onde en eau peu profonde.

Solution

a) $f = 5,0$ Hz $v_2 = 27$ cm/s $v_1 = 31$ cm/s

$\theta_1 = 50,0°$ $\theta_2 = ?$

$$\frac{\sin \theta_1}{\sin \theta_2} = \frac{v_1}{v_2}$$

$$\sin \theta_2 = \left(\frac{v_2}{v_1}\right) \sin \theta_1$$

$$\sin \theta_2 = \left(\frac{27 \text{ cm/s}}{31 \text{ cm/s}}\right) \sin 50,0°$$

$$\theta_2 = 41,9, \text{ ou } 42°$$

L'angle de réfraction est de 42°.

b) $\lambda_2 = \dfrac{v_2}{f_2}$ mais $f_2 = f_1 = 5,0$ Hz

$= \dfrac{27 \text{ cm/s}}{5,0 \text{ Hz}}$

$\lambda_2 = 5,4$ cm

La longueur d'onde en eau peu profonde est de 5,4 cm.

▶ **PROBLÈME 3**

Pour un rayon lumineux se déplaçant du verre, dans l'eau, détermine

a) l'angle de réfraction dans l'eau, si l'angle d'incidence dans le verre est de 30,0°;

b) la vitesse de la lumière dans l'eau.

Solution

À partir du **tableau 1**,

$n_v = n_1 = 1,50$ $\theta_v = \theta_1 = 30,0°$

$n_e = n_2 = 1,333$ $\theta_e = \theta_2 = ?$

a) $\dfrac{\sin \theta_1}{\sin \theta_2} = \dfrac{n_2}{n_1}$

$\dfrac{\sin \theta_v}{\sin \theta_e} = \dfrac{n_e}{n_v}$

$\dfrac{\sin 30,0°}{\sin \theta_e} = \dfrac{1,333}{1,50}$

$\sin \theta_e = \dfrac{1,50 \sin 30,0°}{1,333}$

$\theta_e = 34,3°$

L'angle de réfraction dans l'eau est de 34,3°.

Réponses

4. a) 1,2
   b) 1,2
   c) 1,0
5. 31 cm/s
6. a) 1,36
   b) 3,8 cm, 2,8 cm
   c) 21,6°
7. a) 1,46
   b) 12 cm/s ; 8,2 cm/s
8. 34,7°
9. 28°

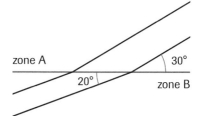

Figure 8
Diagramme se rapportant
à la question 7

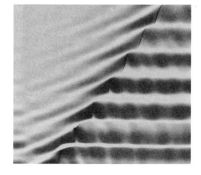

Figure 9
Pour des angles d'incidence plus
grands, il y a à la fois réflexion
et réfraction. On peut constater
les phénomènes de réflexion et
de réfraction partielles sur la partie
droite de la photo.

réflexion interne totale réflexion
de la lumière dans un milieu optique
plus dense ; elle se produit lorsque
l'angle d'incidence dans le milieu
plus dense est plus grand qu'un
certain angle critique

b) $n_a = n_1 = 1,00$

$n_e = n_2 = 1,33$

$v_1 = c = 3,00 \times 10^8$ m/s

$v_2 = ?$

$$\frac{v_1}{v_2} = \frac{n_2}{n_1}$$

$$v_2 = \frac{n_1 v_1}{n_2} = \frac{(1,00)(3,00 \times 10^8 \text{ m/s})}{1,333}$$

$$v_2 = 2,26 \times 10^8 \text{ m/s}$$

La vitesse de la lumière dans l'eau est de $2,26 \times 10^8$ m/s.

> ### Mise en pratique

Saisis bien les concepts

4. Une onde dans une cuve à ondes passe d'une zone profonde à une zone peu profonde avec $\theta_1 = 60°$ et $\theta_2 = 45°$. Calcule, pour les deux milieux, les rapports a) des longueurs d'onde, b) des vitesses et c) des fréquences.

5. Les vagues se déplaçant à une vitesse de 28 cm/s entrent en eau plus profonde à $\theta_1 = 40°$. Détermine la vitesse en eau plus profonde si $\theta_2 = 46°$.

6. Une vague de 10,0 Hz passe de l'eau profonde, où sa vitesse est de 38,0 cm/s, à l'eau peu profonde, où sa vitesse est de 28,0 cm/s et $\theta_1 = 30°$. Détermine a) l'indice de réfraction, b) les longueurs d'onde dans les deux milieux et c) l'angle de réfraction en eau peu profonde.

7. Un générateur d'ondes planes, réglé à une fréquence de 6,0 Hz, crée une vague ayant une longueur d'onde de 2,0 cm dans la zone A d'une cuve à ondes (**figure 8**). L'angle compris entre les crêtes d'ondes et la limite rectiligne entre les zones A et B est de 30°. Dans la zone B, l'angle est de 20°.
   a) Utilise la loi de Snell pour déterminer l'indice de réfraction des deux zones.
   b) Détermine la vitesse de la vague dans chaque zone.

8. La lumière passe d'un verre crown à l'air. (Réfère-toi au **tableau 1** pour les différents indices de réfraction). L'angle de réfraction dans l'air est de 60,0°. Calcule l'angle d'incidence dans le verre crown.

9. Si l'indice de réfraction pour le diamant est de 2,42, quel sera l'angle de réfraction dans le diamant, si l'angle d'incidence est de 60,0° dans l'eau ?

La réflexion et la réfraction partielles

Lorsqu'il y a réfraction, une partie de l'énergie est réfléchie et une autre partie est réfractée. Pour le domaine de l'optique, il s'agit du phénomène de la réflexion et de la réfraction partielles, appellation pouvant aussi être utilisée lorsqu'on se réfère au comportement des vagues. Ce comportement peut être démontré dans une cuve à ondes, avec des vagues qui passent de l'eau profonde à de l'eau peu profonde, à condition que l'angle d'incidence soit assez grand (voir la **figure 9**).

L'ampleur de la réflexion est plus remarquable lorsqu'une vague qui se déplace passe de l'eau peu profonde à de l'eau profonde, où la vitesse augmente et devient plus prononcée à mesure que l'angle d'incidence augmente. La **figure 10** montre qu'un angle incident est atteint là où l'onde est réfractée selon un angle avoisinant 90°. Pour des angles incidents encore plus grands, il ne se produit aucune réfraction, car toute l'énergie ondulatoire est alors réfléchie ; ce comportement de la lumière est appelé **réflexion interne totale**. Ce phénomène est comparable à la réflexion interne totale de la lumière.

a)

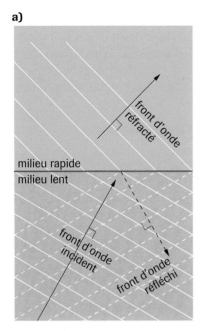

milieu rapide
milieu lent

b)

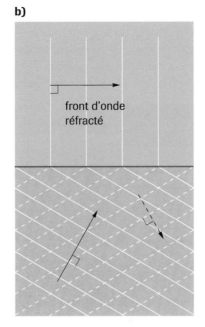

front d'onde
réfracté

c)

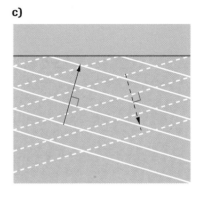

Figure 10
a) Réfraction et réflexion partielles
b) À l'angle critique
c) Réflexion interne totale

On a constaté que la fréquence d'une onde ne change généralement pas lorsque sa vitesse change. Comme $\dfrac{v_1}{v_2} = \dfrac{\lambda_1}{\lambda_2}$, on pourrait s'attendre à ce que l'indice de réfraction et l'ampleur de la déviation ne changent pas selon les différentes fréquences d'onde, à condition que le milieu demeure le même (par exemple, l'eau de même profondeur dans les deux cas).

Cependant, la **figure 11** montre que les indices de réfraction dépendent généralement de la longueur d'onde. À la **figure 11a)**, les ondes de basse fréquence (grande longueur d'onde) sont réfractées, comme l'indique la tige repère placée sous la cuve à ondes transparente. La tige est exactement parallèle aux fronts d'onde réfractés. À la **figure 11b)**, la fréquence a été augmentée (la longueur d'onde réduite) et la tige laissée dans la même position. La tige n'est plus parallèle aux fronts d'onde réfractés. Il apparaît que l'ampleur de la déviation, et par conséquent l'indice de réfraction, est légèrement modifiée par la fréquence de l'onde. Nous pouvons en conclure que, puisque l'indice de réfraction représente un rapport de vitesses dans deux milieux, la vitesse des ondes dans au moins un de ces milieux dépend de leur fréquence. Un tel milieu, dans lequel la vitesse des ondes dépend de la fréquence, est appelé *milieu de dispersion*.

Figure 11
a) La réfraction d'ondes rectilignes avec une tige repère parallèle aux fronts d'onde réfractés.
b) Les fronts d'onde réfractés d'ondes de plus haute fréquence ne sont plus parallèles à la tige repère.

a)

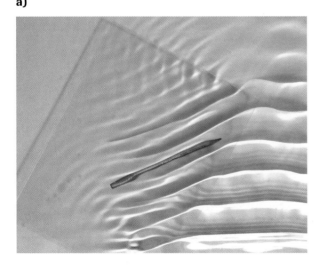

b)

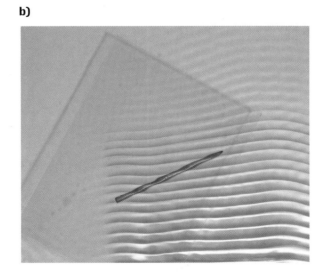

Nous avons établi antérieurement que la vitesse des ondes ne dépend que du milieu. Cet énoncé apparaît maintenant comme une idéalisation. Néanmoins, l'idéalisation constitue une bonne approximation du comportement réel des ondes, car la dispersion d'une onde est le résultat de changements instantanés de vitesse. Dans de nombreuses applications, il est acceptable de supposer que la fréquence n'influe pas sur la vitesse des ondes.

| RÉSUMÉ | Les ondes à deux dimensions |

- La longueur d'onde d'une onde périodique est directement proportionnelle à sa vitesse.

- La fréquence d'une onde périodique est déterminée par sa source et ne change pas pendant que l'onde se déplace dans différents milieux ou qu'elle rencontre des barrières réfléchissantes.

- Toutes les ondes périodiques se comportent selon l'équation d'onde universelle, $v = f\lambda$.

- L'indice de réfraction pour deux milieux est le rapport des vitesses ou le rapport des longueurs d'onde des deux milieux $\left(\dfrac{v_1}{v_2} = \dfrac{\lambda_1}{\lambda_2}\right)$.

- La loi de Snell $\left(n = \dfrac{\sin\theta_i}{\sin\theta_R}\right)$ s'applique aux vagues comme à la lumière.

- Lorsqu'une onde passe d'un milieu à un autre, la longueur d'onde change et une réflexion et une réfraction partielles peuvent se produire.

▶ **Section 9.1 Questions**

Saisis bien les concepts

1. Les fronts d'onde rectilignes dans la zone profonde d'une cuve à ondes se déplacent à une vitesse de 24 cm/s et à une fréquence de 4,0 Hz. L'angle compris entre les fronts d'onde et la limite rectiligne de la zone profonde est de 40°. La vitesse de l'onde dans la zone peu profonde au-delà de la limite est de 15 cm/s. Calcule
   a) l'angle entre le front d'onde réfracté et la limite;
   b) la longueur d'onde en eau peu profonde.

2. Les observations suivantes sont effectuées lorsqu'une onde périodique rectiligne traverse la limite entre eau profonde et eau peu profonde : 10 fronts d'onde traversent la limite toutes les 5,0 s et la distance couvrant 3 fronts d'onde est de 24,0 cm en eau profonde et de 18,0 cm en eau peu profonde. Calcule
   a) la vitesse de l'onde en eau profonde et en eau peu profonde;
   b) l'indice de réfraction.

3. Les fronts d'onde rectilignes, ayant une fréquence de 5,0 Hz et se propageant à 30 cm/s en eau profonde, passent en eau peu profonde. L'angle compris entre le front d'onde incident en eau profonde et la limite rectiligne entre l'eau profonde et l'eau peu profonde est de 50°. La vitesse de l'onde en eau peu profonde est de 27 cm/s. Calcule
   a) l'angle de réfraction en eau peu profonde;
   b) l'indice de réfraction;
   c) la longueur d'onde en eau peu profonde.

4. Les fronts d'onde rectilignes dans la zone profonde d'une cuve à ondes ont une longueur d'onde de 2,0 cm et une fréquence de 11 Hz. Les fronts d'onde frappent la limite de la zone peu profonde de la cuve selon un angle de 60° et sont réfractés selon un angle de 30° par rapport à la limite. Calcule la vitesse de la vague en eau profonde et en eau peu profonde.

5. La vitesse d'une onde sonore dans l'air froid (−20 °C) est de 320 m/s; dans l'air chaud (37 °C), la vitesse est de 354 m/s. Si le front d'onde dans l'air froid est presque linéaire, détermine θ_R dans l'air chaud si θ_i vaut 30°.

6. Une limite rectiligne sépare deux masses de pierre. Des ondes sismiques longitudinales, passant à travers la première masse à 7,75 km/s, rencontrent la limite selon un angle d'incidence de 20,0°. La vitesse de l'onde dans la deuxième masse est de 7,72 km/s. Calcule l'angle de réfraction.

7. Dans quelles conditions les rayons d'onde dans l'eau et la lumière produisent-ils une réflexion interne totale ?

8. La lumière passe de l'air à une certaine substance transparente ayant un indice de réfraction de 1,30. L'angle de réfraction est de 45°. Quel est l'angle d'incidence ?

9. Un rayon de lumière passe de l'eau (indice de réfraction de 1,33) à du sulfure de carbone (indice de réfraction de 1,63). L'angle d'incidence est de 30,0°. Calcule l'angle de réfraction.

La diffraction des ondes 9.2

Les fronts d'onde rectilignes périodiques dans une cuve à ondes se déplacent en ligne droite, tant que la profondeur de l'eau est constante et l'eau libre d'obstacles. Si les ondes contournent le bord d'un obstacle ou le traversent par une petite ouverture, celles-ci se dispersent, comme à la **figure 1a)**. Cette déviation s'appelle **diffraction**. L'utilisation de la cuve à ondes est sans doute l'un des moyens les plus faciles pour observer les propriétés de la diffraction des ondes. La recherche 9.2.1, dans la section Activités en laboratoire à la fin de ce chapitre, te donnera l'occasion d'étudier le phénomène de diffraction.

L'angle de diffraction des ondes à l'ouverture d'une barrière dépend à la fois de leur longueur d'onde et de la grandeur de l'ouverture. La **figure 1b)** montre que les longueurs d'onde courtes sont légèrement diffractées, tandis que les longueurs d'onde plus longues sont diffractées plus fortement par le même bord d'un obstacle ou la même ouverture.

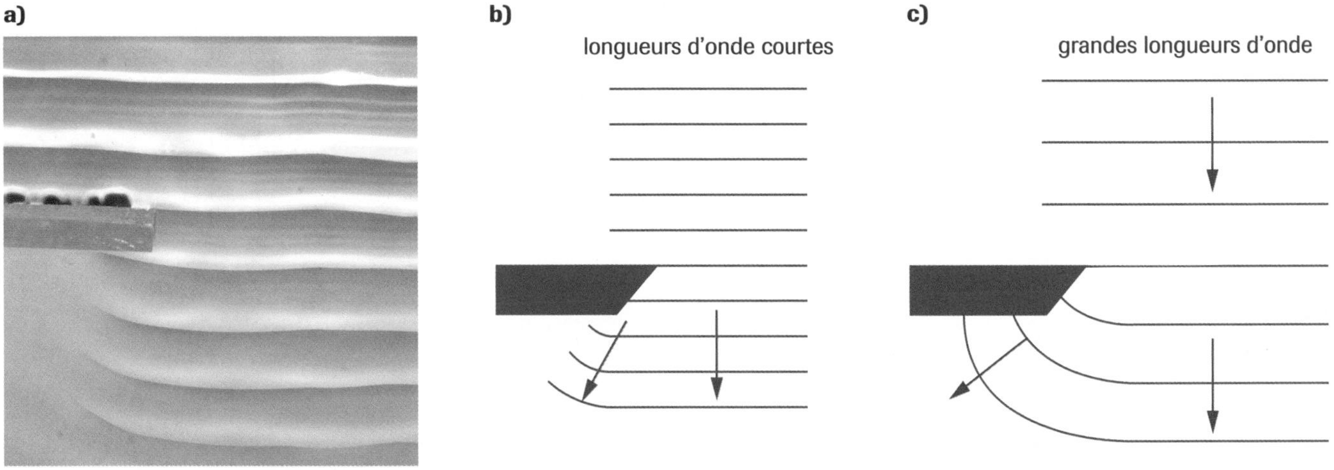

diffraction déviation d'une onde lorsqu'elle traverse une ouverture ou un obstacle

RECHERCHE 9.2.1

La diffraction des ondes (p. 482)
Quels facteurs déterminent l'ampleur de la diffraction d'une onde? Quels rapports ces facteurs ont-ils entre eux?

a)

b)

longueurs d'onde courtes

c)

grandes longueurs d'onde

Figure 1
Lorsque les ondes contournent le bord d'un obstacle, les longueurs d'onde plus longues sont plus diffractées que les longueurs d'onde plus courtes.

On peut prévoir comment la diffraction variera si l'on garde la largeur d'ouverture constante et que l'on utilise des ondes ayant différentes longueurs d'onde. Dans chacune des situations de la **figure 2**, la largeur l de l'ouverture est la même. À la **figure 2a)**, la longueur d'onde λ vaut environ le tiers de l. Seulement une partie des fronts d'onde rectilignes passeront et seront convertis en une série de fronts d'onde circulaires. À la **figure 2b)**, λ vaut approximativement la moitié de l et il y a considérablement plus de diffraction. Il y a toujours des zones d'ombre sur la gauche et la droite, où aucune des ondes n'est diffractée. À la **figure 2c)**, λ vaut environ les trois quarts de l. Ici, les petites sections de l'onde rectiligne qui réussissent à traverser l'ouverture sont presque

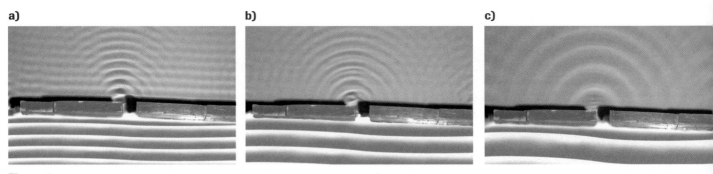

a)

b)

c)

Figure 2
À mesure que la longueur d'onde augmente, l'ampleur de la diffraction augmente.

entièrement converties en fronts d'onde circulaires. L'onde a dévié autour du bord de l'ouverture, remplissant presque toute la zone au-delà de la barrière.

Si l'on garde la valeur λ fixe et que l'on change *l*, on constate que l'ampleur de la diffraction augmente à mesure que diminue la grandeur de l'ouverture. Dans les deux cas, si les ondes doivent être fortement diffractées, elles doivent traverser une largeur d'ouverture comparable à leur longueur d'onde ou plus petite $\left(l \leq \lambda ; \text{de façon équivalente}, \frac{\lambda}{l} \geq 1\right)$. Cela signifie que si la longueur d'onde est très courte, une ouverture très étroite est requise pour produire une diffraction significative (**figure 3**).

a)

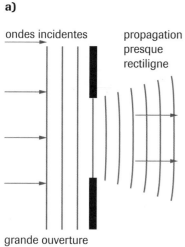

b)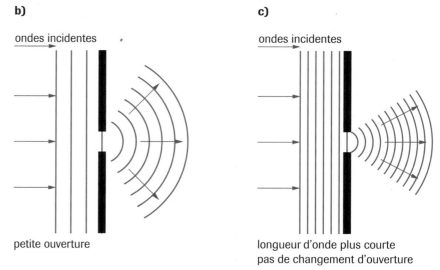

c)

Figure 3
En **a)** et en **b),** des longueurs d'onde similaires sont plus diffractées lorsqu'elles passent par une plus petite ouverture; en **b)** et en **c)**, les ouvertures sont de même grandeur, mais les longueurs d'onde sont plus courtes, et en **c)** la diffraction est moins grande.

Le meilleur exemple de la diffraction des ondes est celui du son. Les bruits d'une salle de classe parviennent jusqu'à nous en passant par une porte ouverte, même si les élèves sont hors de vue derrière un mur. Les ondes de son sont diffractées autour du cadre de la porte principalement parce qu'elles ont de grandes longueurs d'onde par rapport à la largeur de l'ouverture. Si une chaîne stéréo est en marche dans la pièce, ses basses fréquences (grandes longueurs d'onde) sont plus diffractées que ses plus hautes fréquences (longueurs d'onde plus courtes).

RÉSUMÉ   **La diffraction des ondes**

- Les ondes produisent de la diffraction lorsqu'elles contournent un obstacle ou qu'elles traversent une petite ouverture.

- Les ondes ayant des longueurs d'onde plus grandes produisent plus de diffraction que celles qui ont des longueurs d'onde plus courtes.

- Pour une ouverture donnée, l'ampleur de la diffraction dépend du rapport $\frac{\lambda}{l}$. Pour obtenir une diffraction observable, $\frac{\lambda}{l} \geq 1$.

Section 9.2 *Questions*

Saisis bien les concepts

1. Explique quelle condition est requise pour maximiser la diffraction des ondes à travers une ouverture.

2. Si des vagues ayant une longueur d'onde de 2,0 m traversent une ouverture de 4,0 m pratiquée dans une digue, la diffraction sera-t-elle observable?

3. Un rayonnement électromagnétique ayant une longueur d'onde de $6,3 \times 10^{-4}$ m passe à travers une fente. Détermine la largeur de fente maximale qui produira une diffraction observable.

4. Le rayonnement électromagnétique de la question 3 sera-t-il diffracté par des fentes plus larges que celle que tu as calculée? Explique ta réponse.

L'**interférence constructive** et l'**interférence destructive** peuvent survenir dans un espace à deux dimensions, produisant parfois des modèles fixes d'interférence. Pour produire un modèle fixe, les ondes doivent posséder la même fréquence (et la même longueur d'onde) ainsi qu'une amplitude similaire. Des ondes stationnaires dans une ficelle ou une corde, fixée à une extrémité, illustrent l'interférence à une dimension. Des modèles d'interférence surviennent aussi entre deux ondes identiques lorsqu'elles se rencontrent dans un milieu bidimensionnel, comme dans l'eau d'une cuve à ondes.

La **figure 1** montre deux sources ponctuelles vibrant en phase à des fréquences et à des amplitudes identiques. À mesure que les crêtes et les dépressions se succèdent, les ondes interfèrent, se superposant parfois crête sur crête, dépression sur dépression, et parfois crête sur dépression, produisant des zones d'interférence destructive et constructive.

interférence constructive
interférence qui se produit lorsque les ondes s'unissent pour former une onde de plus grande amplitude

interférence destructive
interférence qui se produit lorsque les ondes se réduisent mutuellement pour former une onde de moins grande amplitude

ligne nodale ligne d'interférence destructive

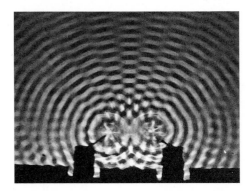

Figure 1
Interférence entre deux sources ponctuelles en phase dans une cuve à ondes

À la **figure 1**, on peut voir que ces zones se propagent sous forme de modèles symétriques à partir de deux sources produisant des **lignes nodales** et des zones d'interférence constructive. Lorsqu'on les éclaire par le dessus, les lignes nodales apparaissent comme des zones grises stationnaires à la surface sous le niveau de l'eau dans la cuve à ondes. Entre les lignes nodales se trouvent des zones d'interférence constructive qui apparaissent comme une alternance de lignes claires (double crête) et de lignes sombres (double dépression). Cette alternance d'interférences destructive et constructive est illustrée à la **figure 2**. Bien que les lignes nodales paraissent rectilignes, leur trajectoire à partir des sources forme des hyperboles.

Figure 2

Le modèle d'interférence entre deux sources identiques (S_1 et S_2), vibrant en phase, est un modèle symétrique de lignes hyperboliques d'interférence destructive (lignes nodales) et de zones d'interférence constructive.

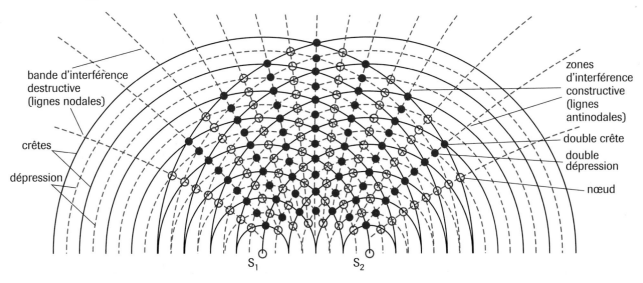

bande d'interférence destructive (lignes nodales)

crêtes

dépression

zones d'interférence constructive (lignes antinodales)

double crête

double dépression

nœud

S_1 S_2

a)

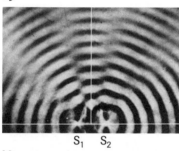

S$_1$ S$_2$

b)

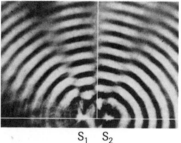

S$_1$ S$_2$

Figure 3
L'effet d'un retard de phase sur le modèle d'interférence de deux sources ponctuelles. En **a)**, les sources sont en phase ; en **b)**, le retard de phase est de 180°.

différence de longueur de trajectoire dans un modèle d'interférence, valeur absolue de la distance entre un point P et deux sources différentes :
$$|P_1S_1 - P_1S_2|$$

Ce modèle symétrique demeure stationnaire, à la condition que trois facteurs ne changent pas : la fréquence des deux sources, la distance entre les sources et la phase relative des sources. Lorsque la fréquence des sources est augmentée, la longueur d'onde est réduite, ce qui rapproche les lignes nodales et augmente leur nombre. Si la distance entre les deux sources est augmentée, le nombre de lignes nodales augmente également. Comme on pourrait le prévoir, aucun de ces facteurs n'influe sur la symétrie du modèle : pourvu que les deux sources continuent d'être en phase, une zone d'interférence constructive se crée le long de la bissectrice et un nombre égal de lignes nodales apparaît sur les deux côtés de la bissectrice. Si d'autres facteurs sont constants, mais que la phase relative des deux sources change, le modèle est modifié (comme à la **figure 3**) et le nombre de lignes nodales reste le même. Par exemple, si S$_1$ est retardée, le modèle se déplace à la gauche de la bissectrice.

L'analyse mathématique du modèle d'interférence à deux sources ponctuelles

Le modèle d'interférence à deux sources ponctuelles est utile, car il permet de mesurer directement la longueur d'onde (parce qu'il est facile de maintenir le modèle d'interférence relativement stable). En examinant de plus près le modèle d'interférence à deux sources ponctuelles, nous pouvons élaborer des rapports mathématiques qui nous aideront à analyser les interférences d'autres sortes d'ondes à la section 9.5 et au chapitre suivant.

Regardons le modèle d'interférence d'une cuve à ondes produit par deux sources ponctuelles identiques, S$_1$ et S$_2$, vibrant en phase et séparées par trois longueurs d'onde. Dans ce modèle, on trouve un nombre égal de lignes nodales de part et d'autre de la bissectrice. Ces lignes sont numérotées 1, 2 et 3 des deux côtés de la bissectrice (**figure 4**). (Par exemple, il y a deux lignes nodales étiquetées $n = 1$: la première ligne d'un côté ou de l'autre de la bissectrice.) Si l'on prend un point P$_1$ sur l'une des premières lignes nodales et qu'on le relie à chacune des deux sources par les lignes P$_1$S$_1$ et P$_1$S$_2$, tel qu'on peut le voir à la **figure 4**, on trouvera que $P_1S_1 = 4\lambda$ et $P_1S_2 = \dfrac{7}{2}\lambda$. La différence entre ces deux distances, appelée **différence de longueur de trajectoire**, est

$$|P_1S_1 - P_1S_2| = \frac{1}{2}\lambda$$

Ce rapport vaut pour tout point situé sur la première ligne nodale d'un côté ou de l'autre de la bissectrice. (Nous prenons des valeurs absolues pour exprimer la différence de longueur de trajectoire, car seul l'écart entre les longueurs de trajectoires nous importe. Nous ne nous préoccupons pas de savoir laquelle des deux est la plus longue.) Lorsque nous mesurons, de la même façon, la différence de longueur de trajectoire pour n'importe quel point P$_2$ situé sur une seconde ligne nodale à partir du centre, nous constatons que

$$|P_2S_1 - P_2S_2| = \frac{3}{2}\lambda$$

En continuant ce processus, nous pouvons établir une équation générale pour tout point P situé sur une énième ligne nodale :

$$\boxed{|P_nS_1 - P_nS_2| = \left(n - \frac{1}{2}\right)\lambda \qquad \text{Équation 1}}$$

Tu peux utiliser cette formule pour déterminer la longueur d'onde d'ondes interférant dans une cuve à ondes, en localisant un point sur une ligne nodale spécifique, en mesurant les longueurs de trajectoire et en y substituant l'équation 1.

Si les longueurs d'onde sont trop courtes ou si le point P est trop éloigné des deux sources, la différence de longueur de trajectoire est trop petite pour être mesurée précisément. Pour traiter ces deux situations (qui peuvent se présenter séparément ou conjointement), nous devons faire appel à une autre technique.

Pour tout point P_n, la différence de longueur de trajectoire est la distance AS_1 de la **figure 5a)** :

$$|P_nS_1 - P_nS_2| = AS_1$$

La **figure 5b)** montre que, lorsque P_n est très éloigné comparativement à la distance d séparant les deux sources, les lignes P_nS_1 et P_nS_2 sont presque parallèles ; ainsi, à mesure que $P_n \to \infty$, P_nS_1 et P_nS_2 deviennent pratiquement parallèles. Dans ce cas, la ligne AS_2 forme un angle droit avec ces deux lignes, donnant le triangle S_1S_2A, un triangle rectangle (**figure 5b)**). Par conséquent, la différence de longueur de trajectoire peut être exprimée en fonction du sinus de l'angle θ_n :

$$\sin \theta_n = \frac{AS_1}{d}$$

$$AS_1 = d \sin \theta_n \qquad \text{Équation 2}$$

Mais $AS_1 = P_nS_1 - P_nS_2$. Par conséquent, en combinant les équations 1 et 2, on obtient

$$d \sin \theta_n = \left(n - \frac{1}{2}\right)\lambda$$

$$\boxed{\sin \theta_n = \left(n - \frac{1}{2}\right)\frac{\lambda}{d}}$$

où θ_n est l'angle de la énième ligne nodale, λ, la longueur d'onde et d, la distance entre les sources.

Cette équation permet d'évaluer approximativement la longueur d'onde pour un modèle d'interférence spécifique. Comme $\sin \theta_n$ ne peut être plus grand que 1, $\left(n - \frac{1}{2}\right)\frac{\lambda}{d}$ ne peut être plus grand que 1. La plus grande valeur de n qui satisfasse à cette condition est le nombre de lignes nodales de chaque côté de la bissectrice. Si l'on mesure d et que l'on compte le nombre de lignes nodales, on obtient une longueur d'onde approximative. Par exemple, si d égale 2 m et que le nombre de lignes nodales est 4, la longueur d'onde peut être estimée ainsi :

$$\sin \theta_n = \left(n - \frac{1}{2}\right)\frac{\lambda}{d}$$

Or, comme la valeur maximale possible de $\sin \theta_n$ est 1,

$$\left(n - \frac{1}{2}\right)\frac{\lambda}{d} \approx 1$$

$$\left(4 - \frac{1}{2}\right)\frac{\lambda}{2,0\,\text{m}} \approx 1$$

$$\lambda \approx 0,57\,\text{cm}$$

Dans la cuve à ondes, il est relativement facile de mesurer l'angle θ_n. Toutefois, il n'est pas facile de le mesurer pour les ondes lumineuses (section 9.5), car la longueur d'onde et la distance entre les sources sont très courtes et les lignes nodales, rapprochées. Nous cherchons donc une technique pour mesurer $\sin \theta_n$ sans mesurer θ_n comme tel.

Nous avons constaté plus haut qu'une ligne nodale est une hyperbole. Mais à certaines positions sur les lignes nodales, relativement éloignées des deux sources, les lignes nodales sont presque droites, semblant provenir du point médian d'une ligne unissant les deux sources.

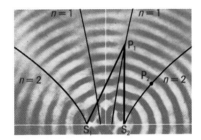

Figure 4
Pour tout point P_1 situé sur la première ligne nodale, la différence de longueur de trajectoire de P_1 à S_1 et de P_1 à S_2 est de $\frac{1}{2}\lambda$. Pour tout point P_2 sur la seconde ligne nodale, la différence de longueur de trajectoire est de $\frac{3}{2}\lambda$.

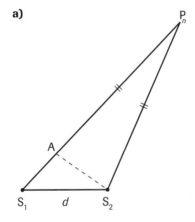

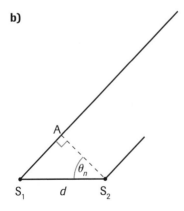

Figure 5
a) Le point P_n est proche.
b) Le point P_n est assez éloigné pour que P_nS_1 et P_nS_2 soient considérés comme parallèles.

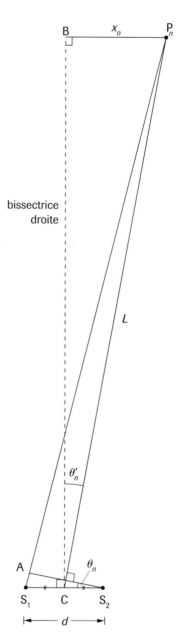

Figure 6

Pour un point P_n situé sur une ligne nodale, très éloigné des deux sources, la ligne partant de P_n jusqu'au point médian entre les deux sources, P_nC, est essentiellement parallèle à P_nS_1 (**figure 6**). Cette ligne est également perpendiculaire à AS_2. Comme la bissectrice (CB) est perpendiculaire à S_1S_2, nous pouvons facilement démontrer que $\theta_n' = \theta_n$ (**figure 7**).

À la **figure 6**, $\sin \theta_n'$ peut être déterminé à partir du triangle P_nBC comme suit :

$$\sin \theta_n' = \frac{x_n}{L}$$

Comme $\sin \theta_n = \left(n - \frac{1}{2} \right)\frac{\lambda}{d}$

et que $\sin \theta_n' = \sin \theta_n$,

$$\frac{x_n}{L} = \left(n - \frac{1}{2} \right)\frac{\lambda}{d}$$

Dans cette dérivation, d est la distance séparant les sources, x_n, la distance perpendiculaire de la bissectrice droite au point sur la ligne nodale, L, la distance du point P_n au point médian entre les deux sources, et n, le nombre de lignes nodales.

Notons que les deux sources ponctuelles dans cette dérivation vibrent en phase.

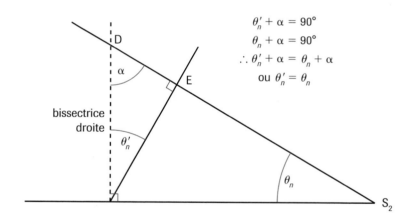

$\theta_n' + \alpha = 90°$
$\theta_n + \alpha = 90°$
$\therefore\ \theta_n' + \alpha = \theta_n + \alpha$
ou $\theta_n' = \theta_n$

Figure 7

▶ **PROBLÈME 1**

Dans un modèle d'interférence à deux sources, la distance entre la bissectrice et un point situé sur la seconde ligne nodale est de 8,0 cm. La distance entre le point médian situé entre les deux sources et le point P est de 28 cm. Quel est l'angle θ_2 de la seconde ligne nodale ?

Solution

$x_2 = 8{,}0$ cm

$L = 28$ cm

$\theta_2 = ?$

$$\sin \theta_2 = \frac{x_2}{L}$$

$$= \frac{8{,}0 \text{ cm}}{28 \text{ cm}}$$

$$\theta_2 = 16{,}6° \text{ ou } 17°$$

L'angle θ_2 de la seconde ligne nodale est de 17°.

▶ *PROBLÈME 2*

Deux sources ponctuelles identiques, situées à 5,0 cm l'une de l'autre et oscillant en phase à une fréquence de 8,0 Hz, génèrent un modèle d'interférence dans une cuve à ondes. Un point sur la première ligne nodale est situé à 10,0 cm d'une source et à 11,0 cm de l'autre. Quelle est a) la longueur d'onde des ondes et b) la vitesse des ondes ?

Solution

d = 5,0 cm PS_2 = 10,0 cm λ = ?

f = 8,0 Hz PS_1 = 11,0 cm v = ?

a)
$$|PS_1 - PS_2| = \left(n - \frac{1}{2}\right)\lambda$$

$$|11,0 \text{ cm} - 10,0 \text{ cm}| = \left(1 - \frac{1}{2}\right)\lambda$$

$$\lambda = 2,0 \text{ cm}$$

La longueur d'onde des ondes est de 2,0 cm.

b)
$$v = f\lambda$$
$$= (8,0 \text{ Hz})(2,0 \text{ cm})$$
$$v = 16 \text{ cm/s}$$

La vitesse des ondes est de 16 cm/s.

▶ *Mise en pratique*

Saisis bien les concepts

1. Deux sources ponctuelles, S_1 et S_2, oscillent en phase et envoient des ondes dans l'air à la même longueur d'onde, soit 1,98 m. En supposant qu'il y ait un point nodal où les deux ondes se superposent, détermine la plus petite différence de longueur de trajectoire correspondante.

2. Dans une cuve à ondes, un point sur la troisième ligne nodale à partir du centre est situé à 35,0 cm d'une source et à 42,0 cm d'une autre. Les sources sont situées à 11,2 cm l'une de l'autre et vibrent en phase à 10,5 Hz. Calcule la longueur d'onde et la vitesse des ondes.

3. Un modèle d'interférence est déterminé par deux sources ponctuelles de même fréquence, vibrant en phase. Un point sur la seconde ligne nodale est situé à 25,0 cm d'une source et à 29,5 cm d'une autre. La vitesse des ondes est de 7,5 cm/s. Calcule la longueur d'onde et la fréquence des sources.

Réponses

1. 0,99 m

2. 2,80 cm ; 29,4 cm/s

3. 3 cm ; 2,5 Hz

Jusqu'à maintenant, nous avons vu, de façon abstraite, l'interférence des ondes avec deux sources ponctuelles, en employant des formules, des diagrammes géométriques et des photographies. Cependant, nous n'avons pas étudié le phénomène directement. La recherche 9.3.1, dans la section Activités en laboratoire à la fin de ce chapitre, t'en donnera l'occasion. ⚛▌

⚛ RECHERCHE 9.3.1

L'interférence des ondes à deux dimensions (p. 452)
Comment peux-tu tester notre analyse de l'interférence générée par deux sources ponctuelles ? De quel équipement auras-tu besoin ?

RÉSUMÉ | *L'interférence des ondes à deux dimensions*

- Deux sources ponctuelles identiques produisent, en phase, des modèles symétriques de zones d'interférence constructive et de lignes nodales. Les lignes nodales sont des hyperboles se propageant à partir de deux sources.

- L'augmentation de la fréquence (réduisant la longueur d'onde) des sources accroît le nombre de lignes nodales.
- L'augmentation de la distance séparant les sources accroît le nombre de lignes nodales.
- Changer la phase relative des sources change la position des lignes nodales mais non leur nombre.
- L'équation $\sin \theta_n = \left(n - \dfrac{1}{2}\right)\dfrac{\lambda}{d}$, ou $\dfrac{x_n}{L} = \left(n - \dfrac{1}{2}\right)\dfrac{\lambda}{d}$, peut être utilisée pour déterminer une inconnue dans un modèle d'interférence à deux sources ponctuelles.

▶ Section 9.3 Questions

Saisis bien les concepts

1. Énumère trois conditions nécessaires pour qu'un modèle d'interférence à deux sources ponctuelles demeure stable.

2. Quelle doit être la différence entre des longueurs de trajectoire, si deux ondes de sources identiques doivent générer de l'interférence destructive?

3. Quel rapport de $\dfrac{\lambda}{d}$ ne produirait aucune ligne nodale?

4. Explique pourquoi le modèle d'interférence entre deux sources ponctuelles est difficile à observer
   a) si la distance entre les sources est grande;
   b) si la phase relative des deux sources change constamment.

5. Dans une cuve à ondes, deux sources ponctuelles, situées à 5,0 cm l'une de l'autre, sont en phase avec une fréquence commune de 6,0 Hz. Une jauge est placée au-dessus de l'eau, parallèle à la ligne unissant les sources. Les premières lignes nodales (celles qui sont adjacentes à l'axe central) traversent la jauge à 35,0 cm et à 55,0 cm. Chacun des points de croisement est situé à 50,0 cm du point médian de la ligne unissant les deux sources. Trace un diagramme de la cuve, puis calcule la longueur d'onde et la vitesse des ondes.

6. Deux sources d'ondes sont en phase et produisent des ondes identiques. Ces sources sont situées aux coins d'un carré. Au centre du carré, les ondes générées par les sources produisent une interférence constructive, peu importe l'endroit où sont situées les sources (coins supérieurs ou inférieurs du carré). Explique pourquoi à l'aide d'un schéma.

7. Dans une grande cuve, des vagues sont générées par des fronts d'onde rectilignes et parallèles, espacés de 3,00 m les uns des autres. Les fronts d'onde traversent deux ouvertures séparées de 5,00 m sur une planche. L'extrémité de la cuve se trouve à 3,00 m au-delà de la planche. Où te placerais-tu, par rapport à la bissectrice perpendiculaire à la ligne entre les ouvertures, si tu voulais recevoir très peu ou aucun mouvement d'onde?

8. Voici l'information que l'on peut trouver dans le cahier d'un élève, à la suite d'une expérience menée dans une cuve à ondes avec deux sources ponctuelles en phase: $n = 3$, $x_3 = 35$ cm, $L = 77$ cm, $d = 6,0$ cm, $\theta_3 = 25°$, et cinq crêtes $= 4,2$ cm. Calcule la longueur des ondes en employant trois méthodes.

Mets en pratique tes connaissances

9. Nous avons vu que les ondes dans une cuve à ondes constituent une «approximation raisonnable» des vraies ondes transversales.
   a) Fais des recherches dans Internet ou dans d'autres sources documentaires et explique pourquoi le comportement d'une particule dans une vague ne produit pas les caractéristiques strictes d'ondes transversales.

    www.beaucheminediteur.com/physique12

   b) Lorsque des vagues traversent de l'eau peu profonde, par exemple quand elles s'approchent d'une plage, non seulement elles ralentissent, mais elles s'enroulent et «se brisent». Explique ce comportement à l'aide de l'information obtenue en a).
   c) Si des vagues ne sont pas de vraies ondes transversales, comment pouvons-nous justifier leur utilisation pour découvrir les propriétés des ondes transversales?

Fais des liens

10. Les deux tours d'une station de radio sont situées à $4,00 \times 10^2$ m l'une de l'autre, sur une ligne est-ouest. Les tours agissent essentiellement comme des sources ponctuelles, émettant en phase à une fréquence de $1,00 \times 10^6$ Hz. Les ondes radioélectriques se propagent à $3,00 \times 10^8$ m/s.
    a) Dans quelles directions l'intensité du signal radio est-elle à son maximum pour les auditeurs situés à 20,0 km au nord de l'émetteur (mais pas nécessairement directement au nord)?
    b) Dans quelles directions trouverions-nous l'intensité à son minimum, au nord de l'émetteur, si les tours commençaient à émettre en opposition de phase?

La nature de la lumière

L'énergie peut se déplacer d'un endroit à l'autre, tout comme l'énergie des objets en mouvement ou l'énergie des ondes. Un objet en mouvement, qu'il soit petit comme un électron ou grand comme une fusée, possède une énergie cinétique. En mécanique classique newtonienne, l'objet doit posséder à la fois une masse et une vitesse vectorielle pour pouvoir transférer de l'énergie. L'énergie est transportée sur de longues distances sous forme d'ondes, même si les particules individuelles ne voyagent pas sur de telles distances. Comment, alors, la lumière voyage-t-elle ? Comment la lumière provenant d'une source lointaine, comme le Soleil, nous apporte-t-elle de l'énergie ?

Les premières études sur la nature de la lumière proviennent des Grecs. Platon croyait que la lumière était constituée de « jets » ou de filaments émis par l'œil. La vue d'un objet était possible lorsque ces jets entraient en contact avec l'objet. Euclide appuyait cette hypothèse en disant : « Comment expliquer autrement que nous ne puissions voir une aiguille sur le plancher à moins que notre regard ne se pose dessus ? » Toutefois, les Grecs ne partageaient pas tous cette opinion. Les pythagoriciens croyaient que la lumière se déplaçait sous forme d'un faisceau de particules en mouvement rapide, tandis qu'Empédocle enseignait que la lumière voyageait comme une perturbation de type ondulatoire.

À compter du XVIIᵉ siècle, ces opinions apparemment contradictoires sur la nature de la lumière divisaient encore les scientifiques en deux camps opposés. Isaac Newton a été le principal défenseur de la théorie particulaire ou corpusculaire. Le mathématicien, physicien et astronome français Simon de Laplace l'appuyait. L'un des principaux défenseurs de la théorie ondulatoire du camp adverse était le Hollandais Christiaan Huygens, également mathématicien, physicien et astronome. Robert Hooke, président de la Royal Society, à Londres, et féroce adversaire de Newton, appuyait plutôt Huygens. Le débat s'est poursuivi pendant plus de cent ans. Vers la fin du XIXᵉ siècle, une abondance de preuves établissait que la nature de la lumière pouvait être mieux comprise à l'aide du modèle ondulatoire. Dans cette section, nous verrons de quelle façon les deux théories sont appropriées pour expliquer les propriétés observées de la lumière.

Avant d'entreprendre cette discussion, il est important de se rappeler les deux fonctions principales d'un modèle ou d'une théorie scientifique (les termes sont interchangeables) :

- expliquer les propriétés connues d'un phénomène ;
- prévoir de nouveaux comportements, ou de nouvelles propriétés, pour un phénomène donné.

La théorie corpusculaire de Newton

S'appuyant sur une théorie déjà établie par le philosophe et mathématicien français René Descartes, Newton pensait que la lumière était constituée de faisceaux de particules minuscules, qu'il appelait « corpuscules », qui étaient projetées comme des boulets provenant d'une source lumineuse.

La propagation rectiligne

Les ombres linéaires et les « rayons » rectilignes du Soleil traversant les nuages démontrent que la lumière se propage en lignes droites. C'est ce qu'on appelle la **propagation rectiligne de la lumière**. Un ballon lancé dans l'espace suit une trajectoire courbe sous l'effet de la pesanteur. Toutefois, la trajectoire d'une balle tirée d'un pistolet produit une courbe moins prononcée, car la vitesse est plus élevée.

LE SAVAIS-TU ?

Robert Hooke
Robert Hooke (1635-1703), un scientifique anglais, a inventé la pompe à air, le ressort en spirale pour les montres, le premier microscope composé efficace, l'hygromètre, l'anémomètre, la roue hélicoïdale, le diaphragme à iris et le réfractomètre. Il a également mené la première étude microscopique de l'anatomie des insectes ; il a été le premier à utiliser le terme « cellule » en biologie ; il a proposé le zéro comme point de congélation de l'eau ; il a été le premier à analyser la structure du cristal ; il a expliqué la nature de la couleur dans les pellicules minces ; il a formulé la théorie de l'élasticité ; il a effectué une enquête à Londres après le Grand Feu et il a découvert (mais n'a jamais pu prouver) la loi de l'inverse du carré de la distance pour la gravitation.

propagation rectiligne de la lumière déplacement de la lumière en lignes droites

La lumière fléchit

En 1905, en élaborant sa théorie générale de la relativité, Einstein a avancé que la lumière fléchit légèrement lorsqu'elle traverse un champ gravitationnel aux interactions fortes, comme près d'une étoile ou d'une galaxie. Des observations expérimentales durant une éclipse solaire ont confirmé cette théorie en 1919. Ce fléchissement est si léger qu'on peut affirmer, pour presque toutes les applications de la lumière, que la lumière se propage en faisceaux rectilignes.

Comme pour le ballon, les particules voyageant à des vitesses normales suivent habituellement une trajectoire courbe sous l'effet de la pesanteur. Cependant, les particules plus rapides produisent une courbe moins prononcée sur une même distance. Newton affirmait que, comme la trajectoire de la lumière ne produit pas de courbe observable, la lumière est constituée de particules dont la vitesse est extrêmement élevée. De plus, il prétendait que la masse de ses particules devait être extrêmement légère.

La diffraction

Newton affirmait également que la lumière ne se propage pas « autour » d'un obstacle comme le font les ondes. À ce propos, il n'avait pas tenu compte des recherches de Francesco Grimaldi, un jésuite italien mathématicien qui avait démontré qu'un faisceau de lumière traversant deux fentes étroites produisait un faisceau lumineux légèrement plus large que la largeur des fentes. Grimaldi croyait que les bords du faisceau à la deuxième ouverture avaient dévié légèrement, un phénomène qu'il a appelé diffraction. Newton soutenait que l'effet Grimaldi résultait des collisions entre les particules de lumière aux bords des fentes, plutôt que de la propagation des ondes vers l'extérieur.

La réflexion

Nous savons que la lumière qui frappe un miroir obéit aux lois de la réflexion. Comment les particules se comportent-elles dans des conditions semblables ? La **figure 1a)** montre des rayons lumineux réfléchis par un miroir (rebondissants, dirait Newton) ; la **figure 1b)** révèle une série d'images d'une bille d'acier qui rebondit.

a)   **b)**

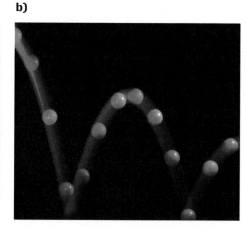

Figure 1
a) Rayons de lumière parallèles réfléchis
b) Bille d'acier rebondissant sur une surface dure

Newton a démontré que, en supposant que les collisions soient parfaitement élastiques, les lois de la réflexion découlent des lois du mouvement. Imaginons une particule dure et sphérique, approchant une surface horizontale sans frottement avec une vitesse dont les composantes horizontale et verticale sont v_x et v_y respectivement. Lorsque la particule est réfléchie, v_x ne change pas. La direction de la composante verticale des vitesses, v_y, est inversée, à cause de la force de réaction de la surface horizontale sur la sphère, laissant sa vitesse inchangée (**figure 2**). (Parce que la collision est parfaitement élastique, $\Delta E_C = 0$.) La vitesse incidente est donc égale en intensité à la vitesse réfléchie, et $\theta_i = \theta_r$.

Figure 2
L'analyse vectorielle de la bille d'acier rebondissante lors d'une collision a révélé qu'elle était parfaitement élastique. La bille obéit aux mêmes lois de réflexion qu'un rayon de lumière.

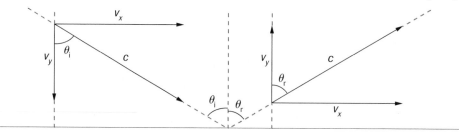

La réfraction

Newton a également démontré la nature de la réfraction à l'aide du modèle corpusculaire : lorsque la lumière passe de l'air à l'eau, elle fléchit vers la normale (**figure 3**). Les particules fléchiront elles aussi vers la normale si leur vitesse augmente. Par exemple, si une balle est roulée selon un angle transversal le long d'une rampe, d'une surface horizontale élevée à une autre surface horizontale plus basse, elle déviera ou se réfractera vers la normale.

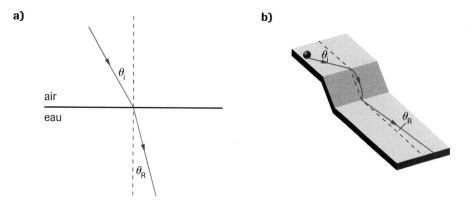

a) **b)**

Figure 3
a) La lumière qui passe obliquement de l'air à l'eau dévie vers la normale.
b) Lorsque la vitesse d'une particule en mouvement augmente, sa trajectoire dévie vers la normale.

Newton croyait que l'eau attirait les particules de lumière de la même façon que la pesanteur attire une balle roulant sur une pente. Si l'on poursuit avec l'analogie de la balle roulante, il supposait que les particules de lumière accélèrent, plus particulièrement à la limite, lorsqu'elles passent de l'air à un milieu ayant un indice de réfraction plus élevé, tel que le verre ou l'eau. Il a alors prévu que la vitesse de la lumière dans l'eau serait plus grande que la vitesse de la lumière dans l'air. À cette époque, la vitesse de la lumière dans l'eau n'était pas connue. Ce ne fut pas avant 1850, 123 ans après la mort de Newton, que le physicien français Jean Foucault démontra expérimentalement que la vitesse de la lumière dans l'eau est, en fait, *moins grande* que la vitesse de la lumière dans l'air — le contraire de ce que la théorie corpusculaire de Newton prévoyait.

La réflexion et la réfraction partielles

Lorsque la lumière se réfracte, une partie de la lumière est réfléchie. Ce phénomène n'a pu être expliqué par la théorie corpusculaire de Newton. En contrepartie, ce dernier a proposé une « théorie de dispositions » : les particules de lumière arrivent à la surface tantôt « disposées » pour une réflexion facile, tantôt « disposées » pour une réfraction facile. Newton admit, cependant, que cette hypothèse était faible.

La dispersion

Lorsque la lumière blanche traverse un prisme de verre, différentes longueurs d'onde sont réfractées suivant différents angles, générant un éventail de couleurs spectrales (**figure 4**). Ce phénomène, appelé *dispersion*, était déjà connu des anciens Égyptiens. En 1666, toutefois, Newton est devenu le premier physicien à approfondir le phénomène de façon méthodique.

Pour expliquer la dispersion à l'aide de sa théorie corpusculaire, Newton a émis l'hypothèse que chaque particule du spectre possède une masse différente. Comme les particules de lumière violette sont plus réfractées que les bleues, Newton affirmait que les particules de lumière violette doivent posséder une masse plus légère que celle des particules de lumière bleue. (Les masses plus légères, ayant une quantité de mouvement moindre, seraient déviées plus facilement.) Similairement, les particules de lumière bleue doivent posséder une masse plus légère que les particules de lumière verte, encore moins disposées à la déflexion. Les particules de lumière rouge doivent posséder les masses les plus lourdes de toutes les espèces de lumière dans le spectre visible.

LE SAVAIS-TU ?

Jean Foucault

Jean Foucault (1819-1868) et un autre physicien français, Armand Fizeau (1819-1896), ont mesuré la vitesse de la lumière à l'aide d'un ensemble de miroirs rotatifs et d'une roue dentée pivotante. En 1853, ils ont établi que la vitesse de la lumière était plus basse dans l'eau que dans l'air, appuyant ainsi fortement la théorie ondulatoire de la lumière. Foucault est reconnu encore aujourd'hui non seulement pour ses recherches en optique, mais également pour son célèbre « pendule de Foucault », une démonstration de la rotation de la Terre.

Figure 4
La dispersion se produit lorsque la lumière blanche est réfractée par un prisme, produisant le spectre.

La théorie corpusculaire de Newton a fourni, à l'époque, une explication satisfaisante pour quatre propriétés de la lumière : transmission rectiligne, réflexion, réfraction et dispersion. Son explication de la diffraction ainsi que de la réflexion et de la réfraction partielles était faible. Si l'on examine les preuves dont disposait Newton, son hypothèse était valide. Elle était, pour l'époque, supérieure à la théorie ondulatoire de la lumière, car elle utilisait les lois de la mécanique qui avaient été validées dans d'autres domaines de la physique. Le fait que de nouvelles preuves, qui ne pouvaient être expliquées par la théorie corpusculaire de Newton, sont devenues disponibles contribua à appuyer davantage la théorie ondulatoire. Cependant, la stature et l'autorité de Newton étaient si irrésistibles que la théorie corpusculaire de la lumière a continué de dominer pendant plus d'un siècle. En fait, ses successeurs ont adhéré à la thèse corpusculaire de la lumière plus fortement que Newton lui-même.

Newton reconnaissait qu'aucune preuve expérimentale n'était alors assez solide pour soutenir l'une ou l'autre des théories (corpusculaire ou ondulatoire). Bien qu'il préférait la théorie corpusculaire, il n'était pas dogmatique à cet égard. Il considérait les deux théories comme des hypothèses requérant une analyse plus approfondie.

La leçon à tirer de l'exemple de Newton est que toute prise de position de personnages célèbres ou estimés du public en faveur d'une théorie devrait être évaluée en fonction des preuves avancées. On ne devrait pas accepter une théorie simplement parce qu'elle est défendue par une personne éminente.

Le modèle ondulatoire de Huygens

Robert Hooke a proposé la théorie ondulatoire de la lumière en 1665. Vingt ans plus tard, Huygens a poussé plus loin l'élaboration de la théorie, en instaurant le *principe de Huygens* (encore utilisé aujourd'hui comme outil pour le dessin schématique) servant à prévoir la position d'un front d'onde.

Pour bien comprendre à quoi sert le principe de Huygens, regardons la **figure 5** illustrant le front d'onde AB qui s'éloigne de la source à un certain moment. Les points sur le front d'onde représentent les centres de nouvelles ondelettes, tracées comme de petits arcs ou cercles. La tangente commune à toutes ces ondelettes, A'B', représente la nouvelle position du front d'onde quelque temps plus tard.

front d'onde circulaire **front d'onde rectiligne**

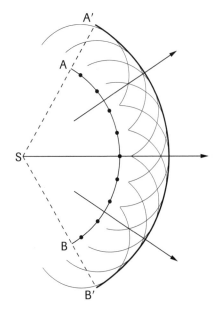
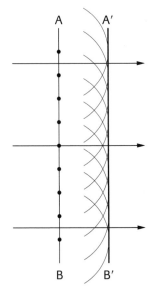

Figure 5
Principe de Huygens
Chaque point sur un front d'onde peut être considéré comme une source ponctuelle de petites ondes secondaires se propageant sur le front de l'onde à la même vitesse que l'onde elle-même. La surface-enveloppe, tangente à toutes les ondelettes, constitue le nouveau front d'onde.

Huygens et ses adeptes ont pu utiliser la théorie ondulatoire pour expliquer certaines des propriétés de la lumière, telles que la réflexion, la réfraction, la réflexion et la réfraction partielles, la dispersion et la diffraction. Cependant, ils ont rencontré des difficultés au moment d'expliquer la propagation rectiligne, car les ondes présentes dans la cuve à ondes ont tendance à se disperser à partir de la source. (C'était la raison principale pour laquelle Newton rejetait la théorie ondulatoire.)

La réflexion

Comme on peut le voir à la **figure 6**, les ondes obéissent aux lois de la réflexion optique. Dans chaque cas, l'angle d'incidence est égal à l'angle de réflexion, que ce soit pour les réflecteurs rectilignes ou courbés.

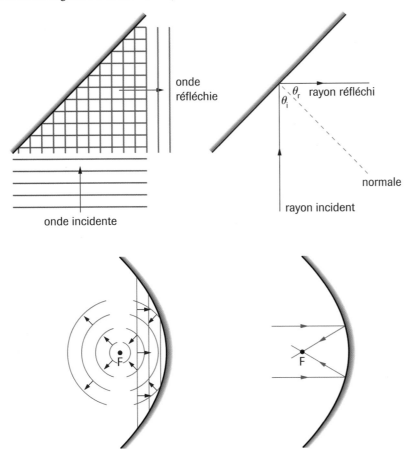

Figure 6
Les ondes, comme la lumière, obéissent aux lois de réflexion lorsqu'elles sont réfléchies par une surface plane ou courbe.

La réfraction

Grâce à son modèle d'ondelettes, Huygens avait prévu que la lumière dévie vers la normale en passant dans un milieu optiquement plus dense, tel que le verre, car sa vitesse est moins rapide dans le second milieu ($v_2 < v_1$). Dans un intervalle donné, Δt, l'ondelette dont la source est le point A, à la **figure 7**, voyage sur une plus courte distance ($v_2\Delta t$) que l'ondelette dont la source est le point B ($v_1\Delta t$). Le nouveau front d'onde, tangent à ces ondelettes, est CD (conformément à la loi de Snell). Nous avons vu que la théorie corpusculaire de Newton avait prévu l'inverse, c'est-à-dire $v_2 > v_1$. À partir de 1850, lorsqu'on a découvert une technique pour mesurer la vitesse de la lumière dans une substance autre qu'un tube à vide, la théorie ondulatoire s'était déjà imposée, pour des raisons que nous verrons un peu plus loin.

a)

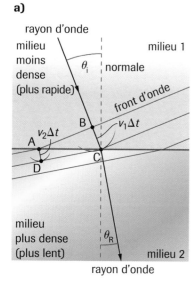

b)

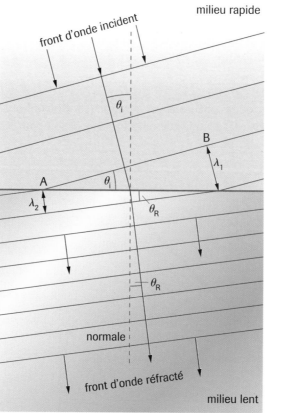

c)

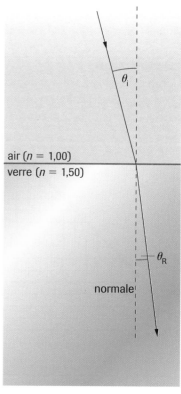

Figure 7

Pendant l'intervalle de temps Δt en **a)**, l'ondelette partant de A parcourt une distance plus courte que l'ondelette partant de B. Les deux rayons d'onde **b)** et les rayons de lumière **c)** sont réfractés vers la normale lorsque la vitesse diminue.

La réflexion et la réfraction partielles

Nous avons déjà vu, grâce à la cuve à ondes, que les ondes sont partiellement réfléchies et partiellement réfractées lorsqu'un changement de vitesse se produit, que l'ampleur de la réflexion partielle varie avec l'angle d'incidence, que la réflexion devient totale pour les angles d'incidence plus grands que l'angle critique et que tous ces phénomènes ont leur pendant en optique. Rappelle-toi que la réflexion interne totale ne se produit que pour des ondes passant d'un milieu lent à un milieu rapide, comme c'est le cas pour la lumière (**figure 8**).

Figure 8

La réflexion partielle se produit également quand les ondes et la lumière s'éloignent de la normale lorsque la vitesse augmente.

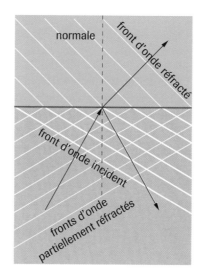

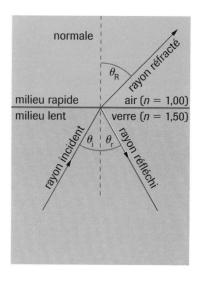

La diffraction

Grimaldi avait observé la diffraction de la lumière lorsqu'un rayon est dirigé à travers deux fentes étroites successives. Newton avait dit que, si la lumière était une onde, les ondes de lumière auraient alors dévié beaucoup plus que ce que Grimaldi avait constaté. Toutefois, nous avons vu dans une section précédente que la diffraction ne commence à être observable qu'à partir du moment où l'ouverture possède environ la même largeur que celle de la longueur d'onde. Si la longueur d'onde est extrêmement courte, la diffraction sera minimale à moins que l'ouverture ne soit également extrêmement petite.

Le principe de Huygens est compatible avec la diffraction autour d'un obstacle : à travers une grande ouverture et à travers une ouverture ayant une largeur comparable à celle de la longueur d'onde de l'onde (**figure 9**). Ni Newton ni Huygens n'ont pu déterminer ce que nous savons aujourd'hui : que les longueurs d'onde de la lumière visible sont si courtes que les effets de diffraction seront aussi très faibles. Les deux théories expliquaient le phénomène de diffraction connu à cette époque. Une fois qu'on a pu constater le caractère infime de la longueur d'onde de la lumière, la théorie ondulatoire a été reconnue comme étant supérieure.

a)

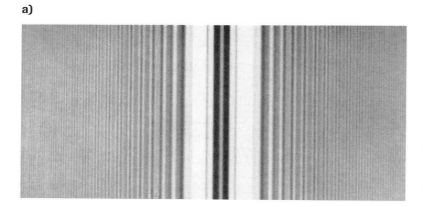

b)

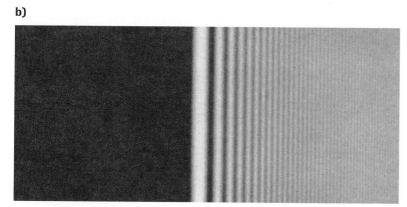

c)

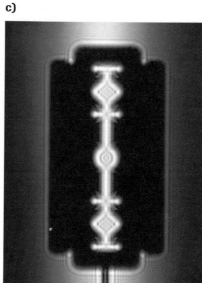

Figure 9
Les modèles de diffraction produits par
a)   un fil mince
b)   un bord aigu
c)   une lame de rasoir

La dispersion

Nous avons vu à la section 9.1 que les ondes qui ont de grandes longueurs d'onde se réfractent différemment des ondes qui en ont des courtes lorsqu'elles passent d'un milieu à un autre à une vitesse plus faible. Les défenseurs de la théorie ondulatoire ont utilisé ce fait pour expliquer la dispersion. Ils avançaient que la lumière blanche est constituée des couleurs du spectre, chacune ayant une longueur d'onde différente. Lorsque la lumière blanche traverse un prisme, les longueurs d'onde du violet, par exemple, sont réfractées davantage que celles du rouge, car leurs longueurs d'onde sont différentes. Nous verrons plus loin que l'explication est en fait plus complexe, mais compte tenu du niveau de connaissances de l'époque, cette explication était satisfaisante.

La propagation rectiligne

La théorie traite la lumière comme une série de fronts d'onde perpendiculaires aux trajectoires des rayons lumineux. Huygens considérait les rayons comme une simple représentation de la direction d'un front d'onde. Newton jugeait que ceci n'expliquait pas adéquatement la propagation rectiligne de la lumière, car les ondes émises par une source ponctuelle se dispersent dans toutes les directions plutôt qu'en ligne droite. À cette époque, la théorie corpusculaire de Newton expliquait cette propriété mieux que la théorie ondulatoire.

En résumé, la théorie ondulatoire de Huygens expliquait de nombreuses propriétés de la lumière, incluant la réflexion, la réfraction, la réflexion et la réfraction partielles, la diffraction, la dispersion et la propagation rectiligne. La théorie ondulatoire était plus pertinente à ce moment que la théorie corpusculaire de Newton, mais en raison de la réputation de ce dernier dans d'autres secteurs de la physique, la théorie corpusculaire domina pendant 100 ans, jusqu'à ce que Thomas Young apporte de nouvelles preuves définitives en 1807.

RÉSUMÉ   *La lumière : une onde ou une particule ?*

- La théorie corpusculaire de Newton a fourni une explication satisfaisante pour quatre propriétés de la lumière : la propagation rectiligne, la réflexion, la réfraction et la dispersion. Toutefois, cette théorie expliquait mal la diffraction ainsi que la réflexion et la réfraction partielles.

- La théorie ondulatoire de Huygens considère chaque point d'un front d'onde comme une source ponctuelle d'ondelettes secondaires se dispersant à l'avant de l'onde, à la même vitesse que l'onde elle-même. La surface-enveloppe, tangente à toutes les ondelettes, constitue le nouveau front d'onde.

- La version de la théorie ondulatoire de Huygens explique plusieurs des propriétés de la lumière, incluant la réflexion, la réfraction, la réflexion et la réfraction partielles, la diffraction et la propagation rectiligne.

▶ Section 9.4 Questions

Saisis bien les concepts

1. De quelle façon la lumière se comporte-t-elle comme une onde ? Trace des diagrammes pour illustrer ta réponse.

2. Lorsqu'un modèle assez représentatif d'une particule, telle qu'une bille d'acier, frappe une surface dure, sa vitesse est légèrement réduite. Explique comment il est possible de constater que la vitesse de la lumière ne change pas lorsqu'elle est réfléchie.

3. Le principe de Huygens s'applique-t-il aux ondes sonores ? aux vagues ?

4. Quelle preuve expérimentale suggère que la lumière est une onde ?

5. L'indice de réfraction d'un certain type de verre est de 1,50. Quelle est, selon la théorie corpusculaire de la lumière, la vitesse de la lumière dans le verre ? Explique ta réponse.

Mets en pratique tes connaissances

6. La théorie corpusculaire de Newton avançait comme hypothèse que les particules de lumière possèdent une masse très faible. Conçois une expérience pour démontrer que, s'il existe vraiment des particules de lumière possédant une faible masse, cette masse ne peut être élevée.

L'interférence des ondes: l'expérience des doubles fentes de Young 9.5

Si la lumière possède des propriétés ondulatoires, alors deux sources lumineuses oscillant en phase devraient produire un résultat similaire au modèle d'interférence produit dans une cuve à ondes, pour des vibrateurs fonctionnant en phase (**figure 1**). La lumière devrait être plus brillante dans les zones d'interférence constructive, et il devrait y avoir obscurité dans les zones d'interférence destructive.

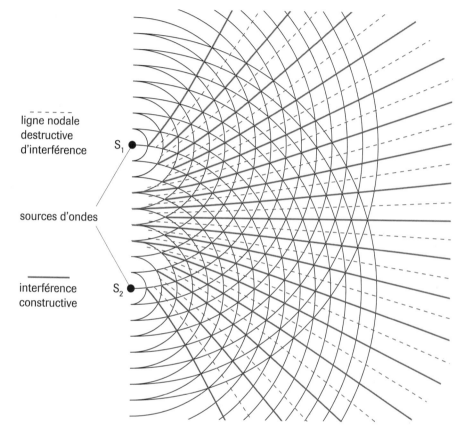

ligne nodale destructive d'interférence

sources d'ondes

interférence constructive

Figure 1
L'interférence d'ondes circulaires produites par deux sources ponctuelles identiques en phase

De nombreux chercheurs ont tenté de démontrer l'interférence de la lumière durant les décennies comprises entre l'époque de Newton et celle de Thomas Young. Dans la plupart des cas, ils ont placé deux sources lumineuses côte à côte. Ils ont examiné des écrans près de leurs sources pour obtenir des modèles d'interférence, mais toujours en vain. Ils ont échoué en partie à cause de la longueur d'onde extrêmement courte de la lumière. Dans une cuve à ondes, où la fréquence des sources est relativement faible et où les longueurs d'onde sont grandes, la distance entre les lignes nodales adjacentes est facilement observable. Dans les expériences avec la lumière, la distance entre les lignes nodales était si petite qu'aucune ligne nodale n'a pu être observée.

Il existe toutefois un second problème, plus fondamental, quand on veut transposer l'expérience de la cuve à ondes au domaine de l'optique. Si la phase relative des sources d'ondes est modifiée, le modèle d'interférence est dévié. Lorsque deux sources lumineuses incandescentes sont placées côte à côte, les atomes de chaque source émettent la lumière au hasard, de façon déphasée. Lorsque la lumière frappe l'écran, un modèle d'interférence en changement constant est produit, et aucun modèle unique n'est observé.

Au cours de ses expériences, pendant la période 1802-1804, Young a utilisé un corps incandescent au lieu de deux, dirigeant sa lumière à travers deux trous d'épingle situés très près l'un de l'autre. La lumière était diffractée à travers chaque trou d'épingle, de façon que chacun agisse comme une source ponctuelle de lumière. Comme les sources étaient très rapprochées, l'espacement entre les lignes nodales était assez grand pour que le modèle de lignes nodales soit visible. Comme la lumière provenant des deux trous d'épingle émanait du même corps incandescent (Young avait choisi le Soleil), les deux faisceaux lumineux en interférence étaient toujours en phase et un modèle d'interférence fixe pouvait être créé sur un écran.

L'expérience de Young a résolu les deux problèmes majeurs reliés à l'observation de l'interférence de la lumière : les deux sources étaient en phase et la distance entre les sources était assez petite pour qu'une série de bandes brillantes et sombres soit créée sur un écran placé sur la trajectoire de la lumière. Ces bandes sont appelées **franges d'interférence** ou **maximums** et **minimums**. Cette expérience, connue sous le nom d'expérience de Young, a fourni des preuves en faveur de la théorie ondulatoire de la lumière.

La façon dont l'expérience de Young confirme la nature ondulatoire de la lumière paraît évidente à la **figure 2**, où des vagues se déversant sur une barrière munie de deux fentes sont diffractées et produisent un modèle d'interférence semblable à celui produit par deux sources ponctuelles vibrant en phase dans une cuve à ondes.

franges d'interférence bandes brillantes (**maximums**) et sombres (**minimums**) produites par l'interférence de la lumière

a)

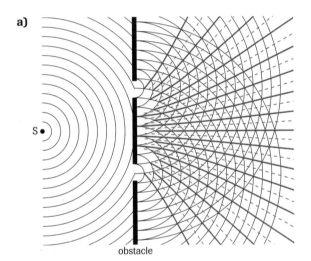

obstacle

b)

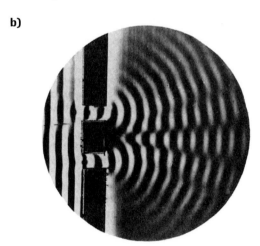

Figure 2
a) Interférence dans une cuve à ondes produite par des ondes provenant d'une source unique traversant des ouvertures adjacentes
b) Photographie illustrant le phénomène d'interférence dans une cuve à ondes

La **figure 3** montre des ondes lumineuses en phase, émergeant des fentes S_1 et S_2, séparées par une distance d. Bien que les ondes se dispersent dans toutes les directions en sortant des fentes, nous les analyserons seulement sous trois angles différents, θ. Dans la **figure 3a)**, où $\theta = 0$, les deux ondes atteignent le centre de l'écran en phase, car elles parcourent la même distance. Une interférence constructive survient alors, produisant un point lumineux au centre de l'écran. Lorsque les ondes de la fente S_2 parcourent une distance additionnelle de $\dfrac{\lambda}{2}$ pour atteindre l'écran en **b)**, les ondes provenant des deux sources parviennent à l'écran déphasées de 180°. L'interférence destructive survient et l'écran est sombre dans cette zone correspondant à la ligne nodale $n = 1$. À mesure que l'on s'éloigne davantage du centre de l'écran, on atteint un point où la différence de trajectoire est de λ, tel qu'en **c)**. Comme les deux ondes sont de nouveau en phase, les ondes émises par S_2 étant une longueur d'onde complète derrière celle de S_1, une interférence constructive survient, rendant cette zone brillante, comme le centre de l'écran.

Comme dans la cuve à ondes, nous constatons une interférence destructive pour des valeurs appropriées de la différence de trajectoire, $d \sin \theta_n$:

$$\sin \theta_n = \left(n - \frac{\lambda}{2} \right) \frac{\lambda}{d} \qquad \text{où } n = 1, 2, 3, \dots$$

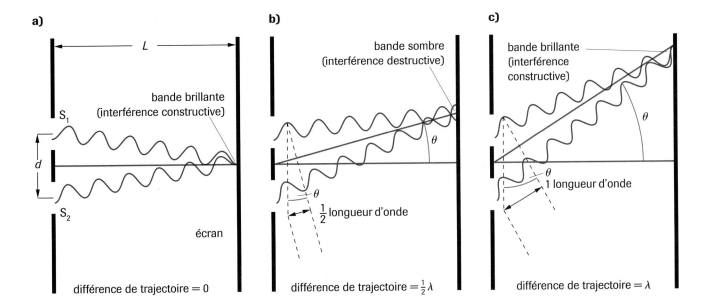

a) différence de trajectoire = 0

b) différence de trajectoire = $\frac{1}{2}\lambda$

c) différence de trajectoire = λ

Figure 3
a) Différence de trajectoire = 0
b) Différence de trajectoire = $\frac{1}{2}\lambda$
c) Différence de trajectoire = λ

Un autre ensemble de valeurs de $d \sin \theta$ produit une interférence constructive :

$$\sin \theta_m = \frac{m\lambda}{d} \qquad \text{où } m = 1, 2, 3, \ldots$$

Comme les franges sombres de l'écran créées par l'interférence destructive sont très étroites comparativement aux zones brillantes, des mesures sont effectuées à partir de ces lignes nodales. De plus, il est plus facile d'évaluer $\sin \theta_n$ sans mesurer θ_n directement et en utilisant le rapport $\frac{x}{L}$, x étant la distance entre la ligne nodale et la ligne située au centre de l'écran et L, la distance entre l'écran et le point médian entre les fentes.

En général, les équations utilisées pour le modèle d'interférence à deux sources ponctuelles dans une cuve à ondes peuvent être utilisées pour la lumière, soit

$$\sin \theta_n = \frac{x_n}{L} = \left(n - \frac{1}{2}\right)\frac{\lambda}{d}$$

x_n étant la distance mesurée à partir de la bissectrice jusqu'à la énième ligne nodale, comme à la **figure 4**.

> **CONSEIL PRATIQUE**
>
> En réalité, $\frac{x_n}{L} = \tan \theta_n$. Cependant, pour $L \gg x$ est presque égal à $\sin \theta_n$. Ainsi, $\frac{x_n}{L}$ constitue une bonne approximation de $\sin \theta_n$ dans ce cas.

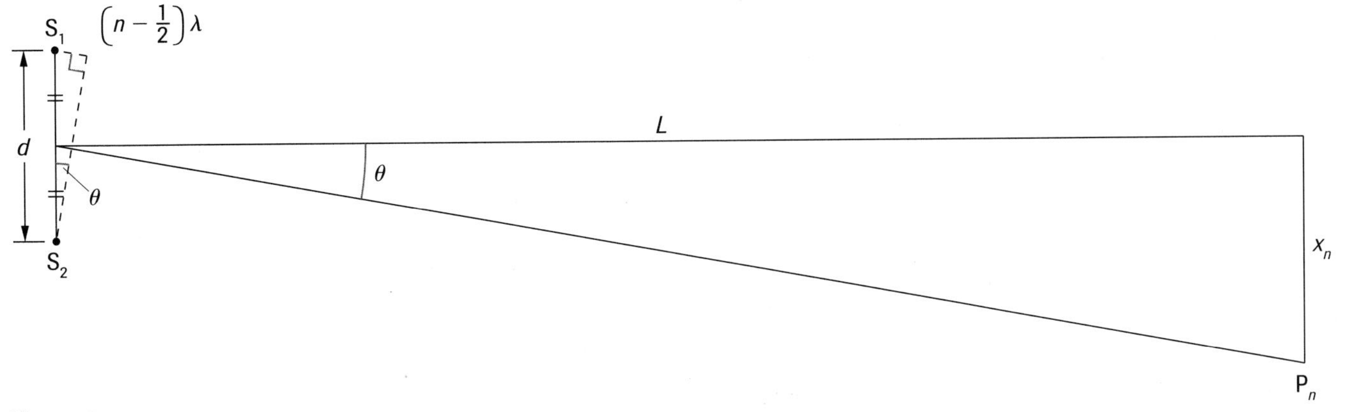

Figure 4

L'«ordre» des minimums et des maximums

Les minimums peuvent s'appeler minimums du premier ordre, minimums du second ordre, etc., m étant $= 1, 2, 3, \ldots$ Les nombres maximums peuvent s'appeler maximums d'ordre zéro, maximums du premier ordre, maximums du second ordre, etc., m étant $= 0, 1, 2, \ldots$ Le maximum d'ordre zéro est le maximum central.

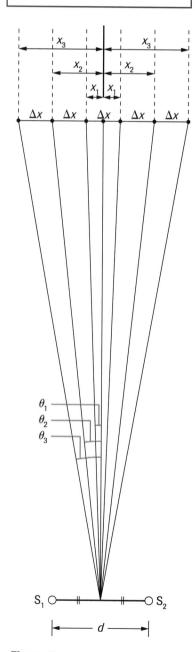

Figure 5

Pour chaque ligne nodale, on peut obtenir une valeur séparée de x (**figure 4**) à partir de l'équation qui suit:

$$x_n = \left(n - \frac{1}{2}\right)\frac{L\lambda}{d}$$

$$x_1 = \left(1 - \frac{1}{2}\right)\frac{L\lambda}{d} = \frac{L\lambda}{2d}$$

$$x_2 = \left(2 - \frac{1}{2}\right)\frac{L\lambda}{d} = \frac{3L\lambda}{2d}$$

$$x_3 = \left(3 - \frac{1}{2}\right)\frac{L\lambda}{d} = \frac{5L\lambda}{2d}$$

etc.

Bien que la valeur de L était différente dans l'équation précédente, cette fois, la ligne L est tellement grande, comparativement à d et aux valeurs de L pour les différentes lignes nodales si semblables, que l'on peut considérer L comme une constante, étant essentiellement égale à la distance perpendiculaire entre les fentes et l'écran.

La **figure 5** montre que le déplacement entre les lignes nodales adjacentes (Δx) est donné par les équations $(x_2 - x_1)$, $(x_3 - x_2)$ et $(x_1 + x_1)$. Dans chaque cas, la valeur est

$$\frac{\Delta x}{L} = \frac{\lambda}{d}$$

Δx étant la distance entre les lignes nodales adjacentes sur l'écran, d, l'écart entre les fentes, et L, la distance perpendiculaire entre les fentes et l'écran.

▶ PROBLÈME 1

Tu mesures la longueur d'onde de la lumière à partir d'une source d'une seule couleur. Tu diriges la lumière à travers deux fentes espacées de 0,15 mm et un modèle d'interférence est créé sur un écran placé à 3,0 m. Tu établis que la distance entre la première et la huitième ligne sombre est de 8,0 cm. À quelle longueur d'onde la source irradie-t-elle?

Solution

$$\Delta x$$

$$\vdash\!\!\!\!\dashv \quad 8{,}0 \text{ cm}$$

$\lambda = 3{,}0$ m

$\lambda = ?$

8 lignes nodales $= 7\Delta x$

$\Delta x = \dfrac{8{,}0 \text{ cm}}{7} = 1{,}14 \text{ cm} = 1{,}14 \times 10^{-2} \text{ m}$

$d = 0{,}15 \text{ mm} = 1{,}5 \times 10^{-4} \text{ m}$

$$\frac{\Delta x}{L} = \frac{\lambda}{d}$$

$$\lambda = \frac{d\Delta x}{L}$$

$$= \frac{(1{,}14 \times 10^{-2} \text{ m})(1{,}5 \times 10^{-4} \text{ m})}{3{,}0 \text{ m}}$$

$$\lambda = 5{,}7 \times 10^{-7} \text{ m}$$

La longueur d'onde de la source est de $5{,}7 \times 10^{-7}$ m ou de $5{,}7 \times 10^2$ nm.

▶ **PROBLÈME 2**

La frange sombre de troisième ordre de 652 nm est observée selon un angle de 15,0°, lorsque la lumière frappe deux fentes étroites. À quelle distance les fentes sont-elles situées l'une de l'autre ?

Solution

$n = 3$ $\qquad\qquad\qquad$ $\theta_3 = 15,0°$

$\lambda = 652\,\text{nm} = 6,52 \times 10^{-7}\,\text{m}$ $\qquad$ $d = ?$

$$\sin \theta_n = \left(n - \frac{1}{2}\right)\frac{\lambda}{d}$$

$$d = \frac{\left(n - \frac{1}{2}\right)\lambda}{\sin \theta_n}$$

$$= \frac{\left(3 - \frac{1}{2}\right)(6,52 \times 10^{-7}\,\text{m})}{\sin 15,0°}$$

$$d = 6,30 \times 10^{-6}\,\text{m}$$

L'écart entre les fentes est de $6,30 \times 10^{-6}$ m.

▶ **Mise en pratique**

Saisis bien les concepts

1. Une élève effectuant l'expérience de Young avec une source d'une seule couleur détermine que la distance entre la première et la septième ligne nodale est de 6,0 cm. L'écran est situé à 3,0 m des deux fentes. L'écart entre les fentes est de $2,2 \times 10^2$ μm. Calcule la longueur d'onde de la lumière.

2. La lumière d'une seule couleur frappant deux fentes éloignées de 0,042 mm produit une frange de cinquième ordre selon un angle de 3,8°. Calcule la longueur d'onde de la lumière.

3. Un modèle d'interférence est formé sur un écran où est dirigé un faisceau laser à hélium-néon ($\lambda = 6,3 \times 10^{-7}$ m) à travers deux fentes. Les fentes sont espacées de 43 μm. L'écran est situé à 2,5 m. Calcule l'écart entre les lignes nodales adjacentes.

4. Dans une expérience sur l'interférence, une lumière rougeâtre ayant une longueur d'onde de $6,0 \times 10^2$ nm traverse deux fentes. La distance entre la première et la onzième bande sombre sur un écran situé à 1,5 m est de 13,2 cm.
   a) Calcule l'écart entre les fentes.
   b) Calcule l'espacement entre les lignes nodales adjacentes à l'aide d'une lumière bleue d'une longueur d'onde de $4,5 \times 10^2$ nm.

5. Un faisceau parallèle de lumière émise par un laser, ayant une longueur d'onde de 656 nm, frappe deux fentes très étroites, éloignées de 0,050 mm. À quelle distance les unes des autres se trouvent les franges centrales d'un modèle formé sur un écran placé à 2,6 m ?

6. Une lumière ayant une longueur d'onde de $6,8 \times 10^2$ nm frappe deux fentes, produisant un modèle d'interférence dans lequel la frange sombre de quatrième ordre est à 48 mm du centre du modèle d'interférence, sur un écran placé à 1,5 m. Calcule l'écart entre les deux fentes.

7. Une lumière rougeâtre possédant une longueur d'onde de $6,0 \times 10^{-7}$ m traverse deux fentes parallèles. Des lignes nodales sont produites sur un écran placé à 3,0 m. La distance entre la première et la dixième ligne nodale est de 5,0 cm. Calcule l'écart entre les deux fentes.

Réponses

1. $7,3 \times 10^{-7}$ m
2. $6,2 \times 10^2$ nm
3. 3,7 cm
4. a) 68 μm
   b) 1,0 cm
5. 3,4 cm
6. $7,4 \times 10^{-2}$ mm
7. $3,2 \times 10^{-4}$ m

monochromatique qui est composé d'une seule couleur; ne comportant qu'une longueur d'onde

⚛ **RECHERCHE 9.5.1**

L'expérience des doubles fentes de Young (p. 484)
Peux-tu prévoir les modèles d'interférence avec la méthode de Young?

LE SAVAIS-TU ?

Augustin Fresnel

Augustin Fresnel (1788-1827) a passé la plus grande partie de sa vie au service du gouvernement français en tant qu'ingénieur civil. Son analyse mathématique a fourni une base théorique au modèle d'onde transversale lumineuse. Fresnel a appliqué son analyse à la conception d'une lentille d'une épaisseur presque uniforme qui peut être utilisée dans les phares pour remplacer les systèmes de miroirs moins efficaces qui existaient à son époque. Aujourd'hui, on trouve la lentille de Fresnel dans une grande variété d'objets, tels que projecteurs, feux de balisage et capteurs solaires.

Des faits nouveaux sur la théorie ondulatoire de la lumière

À la section 9.3, nous avons analysé le modèle d'interférence entre deux sources ponctuelles dans une cuve à ondes et nous avons obtenu des équations permettant de calculer la longueur d'onde de la source. Mais pour ce qui est de la lumière, nous ne pouvons observer que le résultat de l'interférence lumineuse sur un écran; nous ne sommes pas en mesure d'observer ce qui se passe lorsque la lumière traverse les deux fentes. Si l'hypothèse de Young est adéquate, nous devrions pouvoir utiliser les mêmes équations pour mesurer la longueur d'onde de la lumière. Toutefois, la source lumineuse devrait posséder une longueur d'onde fixe. Il existe un nombre limité de sources de lumière **monochromatique** (composées d'une seule couleur et n'ayant qu'une longueur d'onde). Traditionnellement, la lampe à vapeur de sodium était utilisée à cette fin, mais de nos jours les lasers émettent une lumière brillante à une seule longueur d'onde, habituellement dans la zone rouge du spectre. La recherche 9.5.1, dans la section Activités en laboratoire te donnera l'occasion d'utiliser un laser à hélium-néon ou une diode photoémissive (DEL) comme source lumineuse, et, conformément à l'analyse énoncée plus haut, de prévoir le modèle d'interférence à l'aide d'une procédure semblable à celle utilisée par Young. ⚛ ▮

Lorsque Young a annoncé ses résultats, en 1807, il a rappelé au public que Newton s'était montré favorable à une théorie comportant certains aspects ondulatoires. Néanmoins, l'influence de Newton était encore dominante et la communauté scientifique n'a pas pris le travail de Young au sérieux. Ce ne fut pas avant 1818, lorsque le physicien français Augustin Fresnel proposa sa propre théorie ondulatoire mathématique, que les recherches de Young ont été acceptées. Les travaux de Fresnel ont été présentés à un groupe de physiciens et de mathématiciens, fervents partisans de la théorie corpusculaire. Un mathématicien, Simon Poisson, démontra que les équations ondulatoires de Fresnel prévoient un modèle de diffraction unique lorsque la lumière est envoyée au-delà d'un petit disque solide. Si la lumière se comporte comme une onde, affirmait Poisson, la lumière se dispersant autour du disque produirait des interférences constructives, créant un point lumineux exactement au centre du modèle de diffraction (**figure 6**). Poisson n'a pas observé de point lumineux et a eu l'impression d'avoir réfuté la théorie ondulatoire.

En 1818, cependant, Dominique Arago a testé expérimentalement la prévision de Poisson et le point lumineux est apparu au centre de l'ombre (**figure 7**). Même si Poisson avait réfuté la théorie ondulatoire, sa prévision voulant qu'un point lumineux apparaisse au centre de l'ombre a conduit à la naissance du phénomène connu sous le nom de « tache claire de Poisson ».

Dès 1850, la théorie ondulatoire de la lumière était généralement acceptée. Au cours des années subséquentes, les conséquences mathématiques de la théorie ondulatoire ont été appliquées à de nombreux aspects des propriétés de la lumière, incluant la dispersion, la polarisation, la diffraction à une fente et le développement du spectre électromagnétique, que nous aborderons dans la prochaine section et au chapitre 10.

La théorie ondulatoire n'était toutefois pas adéquate pour expliquer le mouvement de la lumière dans l'espace, car les ondes nécessitaient un milieu matériel pour leur transmission. La puissance de cette théorie était tout de même si considérable que les scientifiques avancèrent l'hypothèse d'un « fluide » remplissant tout l'espace. Ils l'appelaient « l'éther ».

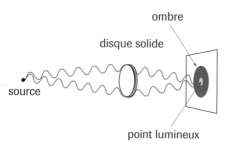

Figure 6
Si la lumière est une onde, un point lumineux devrait apparaître au centre de l'ombre sur un disque solide illuminé par une source ponctuelle de lumière monochromatique.

On a tenté de nombreuses expériences pour détecter cet éther, mais aucune n'a été concluante (voir la section 11.1).

Bien que dans notre exploration de la théorie ondulatoire nous ayons traité la lumière comme une onde transversale, aucune preuve voulant qu'il s'agisse d'une onde transversale et non d'une onde longitudinale n'a été apportée. L'une des propriétés de la lumière qui n'a pas encore été étudiée jusqu'à maintenant est la polarisation. Lorsque nous aurons compris la polarisation et que nous aurons appliqué la théorie ondulatoire, au chapitre suivant, nous aurons des preuves convaincantes validant la théorie ondulatoire de la lumière et conduisant à l'étude des ondes électromagnétiques.

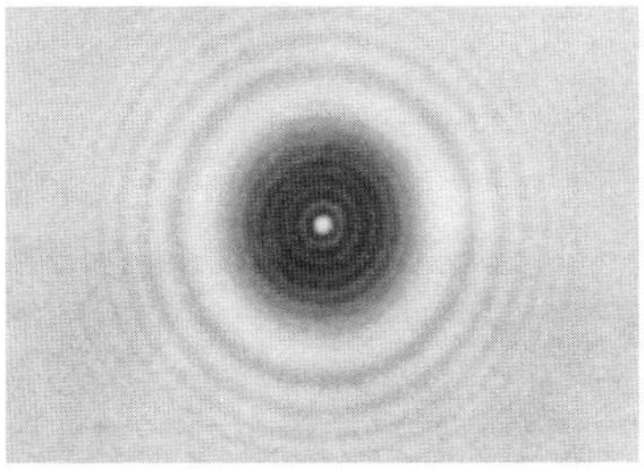

Figure 7
La tache claire de Poisson

RÉSUMÉ — L'interférence des ondes : l'expérience des doubles fentes de Young

- Les premières tentatives pour démontrer les interférences de la lumière n'avaient pas été concluantes, car les deux sources étaient trop éloignées l'une de l'autre et déphasées, et parce que la longueur d'onde de la lumière est très courte.
- L'importante contribution de Thomas Young a consisté à utiliser une source éclairant deux ouvertures très rapprochées sur un écran opaque, créant ainsi par diffraction deux sources lumineuses adjacentes et en phase.
- Dans l'expérience de Young, des bandes brillantes et sombres, appelées franges d'interférence, ont été créées sur un écran placé sur la trajectoire de la lumière, de la même façon qu'avaient été créées les zones d'interférence dans une cuve à ondes.
- Les rapports $\sin \theta_n = \dfrac{x_n}{L} = \left(n - \dfrac{1}{2}\right)\dfrac{\lambda}{d}$ et $\dfrac{\Delta x}{L} = \dfrac{\lambda}{d}$ permettent de calculer des inconnues à l'aide de trois des éléments λ, Δx, L, θ, d et n.
- L'expérience de Young a appuyé la théorie ondulatoire de la lumière, expliquant toutes les propriétés de la lumière, sauf la transmission à travers le vide.

LE SAVAIS-TU ?

Dominique Arago
Dominique Arago (1786-1853) a apporté sa contribution à plusieurs domaines scientifiques. Il appuyait la théorie corpusculaire au début, mais s'est ensuite converti à la théorie ondulatoire. Il a initié Fresnel à l'œuvre de Young. Arago avait effectué des travaux novateurs en électromagnétisme, travaux basés sur les découvertes de Oersted. C'était également un fervent politicien, engagé dans les révolutions françaises de 1830 et de 1852.

▶ Section 9.5 Questions

Saisis bien les concepts

1. Explique pourquoi les découvertes de Grimaldi ont été si importantes pour l'œuvre de Young.

2. Explique pourquoi l'observation du modèle d'interférence à deux fentes représentait une preuve plus concluante pour la théorie ondulatoire de la lumière que l'observation de la diffraction.

3. Une lumière rouge monochromatique incidente frappe deux fentes et produit un modèle d'interférence sur un écran situé un peu plus loin. Explique comment le motif des franges changerait si la source de lumière rouge était remplacée par une source de lumière bleue.

4. Si l'expérience de Young était effectuée complètement sous l'eau, explique de quelle façon le modèle d'interférence serait différent de celui observé dans l'air, si le même équipement expérimental était utilisé.

5. Dans une expérience des doubles fentes de Young, l'angle compris entre la seconde frange sombre (de chaque côté) et la frange brillante centrale égale 5,4°. Calcule la valeur de l'écart des fentes par rapport à la longueur d'onde λ de la lumière.

6. En mesurant la longueur d'onde d'une source étroite de lumière monochromatique, tu utilises deux fentes espacées de 0,15 mm. Ton ami place des marqueurs sur un écran à 2,0 m devant les fentes, à l'emplacement des bandes sombres successives du modèle d'interférence. Vous calculez que les bandes sombres sont à 0,56 cm les unes des autres. Calcule
   a) la longueur d'onde de la source en nanomètres ;
   b) l'espacement entre les bandes sombres si tu utilisais une source ayant une longueur d'onde de $6,0 \times 10^2$ nm.

7. La lumière monochromatique d'une source ponctuelle illumine deux fentes étroites et parallèles. Les centres des ouvertures sont éloignés de 0,80 mm. Un modèle d'interférence se forme sur un écran parallèle au plan des fentes et situé à 49 cm. La distance entre deux franges d'interférence sombres et adjacentes est de 0,30 mm.
   a) Calcule la longueur d'onde de la lumière.
   b) Quel serait l'écart entre les lignes nodales si le centre de la fente était rétréci à 0,60 mm ?

8. Une lumière monochromatique frappe deux fentes très étroites éloignées de 0,040 mm. Des points nodaux successifs sur un écran situé à 5,00 m sont espacés de 5,5 cm au centre du modèle d'interférence. Calcule la longueur d'onde de la lumière.

RECHERCHE 9.6.1

**Les longueurs d'onde
de la lumière visible (p. 485)**
Quelles sont les longueurs d'onde
des couleurs de la lumière visible?

Tableau 1 Le spectre visible

Couleur	Longueur d'onde (nm)
violet	400 à 450
bleu	450 à 500
vert	500 à 570
jaune	570 à 590
orange	590 à 610
rouge	610 à 750

Nous savons, par nos observations de la dispersion de la lumière blanche par un prisme, que la lumière blanche est constituée de toutes les couleurs du spectre visible. Si l'on se reporte à notre travail de la section 9.5, nous savons également que le faisceau laser à hélium-néon possède une longueur d'onde de 630 nm. Mais quelles sont les autres longueurs d'onde présentes dans la lumière visible? La recherche 9.6.1, dans la section Activités en laboratoire à la fin de ce chapitre, te donnera l'occasion d'utiliser une source de lumière blanche avec des filtres pour mesurer les longueurs d'onde des lumières rouge et verte.

La **figure 1** montre trois modèles d'interférence: un pour la lumière blanche, un pour la rouge et un pour la bleue. On peut constater que l'écart entre les lignes nodales est plus grand pour la lumière rouge que pour la lumière bleue. Cela est prévisible, car la lumière rouge possède une plus grande longueur d'onde que la lumière bleue. L'équation $\lambda = \dfrac{d\Delta x}{L}$ montre que la longueur d'onde de la lumière rouge est d'environ $6,5 \times 10^{-7}$ m, et celle de la lumière bleue, d'environ $4,5 \times 10^{-7}$ m. Des calculs similaires produisent des valeurs pour toutes les couleurs du spectre visible. Certaines sont présentées dans le **tableau 1**.

Figure 1
Interférence de faisceaux de
lumière blanche, rouge et bleue
produits séparément à l'aide
du même appareil

Lorsque la lumière blanche traverse deux fentes étroites, les zones brillantes centrales des modèles d'interférence sont blanches, tandis que les couleurs spectrales apparaissent sur les côtés (**figure 1**). Si chaque couleur spectrale possède sa propre bande de longueurs d'onde, chacune produira une interférence constructive à des emplacements spécifiques dans le modèle d'interférence. Donc, les couleurs du spectre sont observées dans le modèle d'interférence, car chaque bande de longueurs d'onde est associée à sa propre couleur.

En traversant un prisme, la lumière blanche est dispersée et divisée en différents éléments pour former le spectre. Chaque faisceau de couleur dévie selon des angles différents et émerge du prisme selon son propre angle distinctif (**figure 2**).

Pour expliquer la dispersion, la théorie ondulatoire doit démontrer que des fréquences différentes (longueurs d'onde) dévient selon des angles différents lorsqu'elles sont réfractées. Des mesures précises effectuées dans une cuve à ondes démontrent ce fait. Par conséquent, si la fréquence d'une onde varie, l'angle de réfraction varie légèrement aussi, expliquant ainsi le phénomène de dispersion.

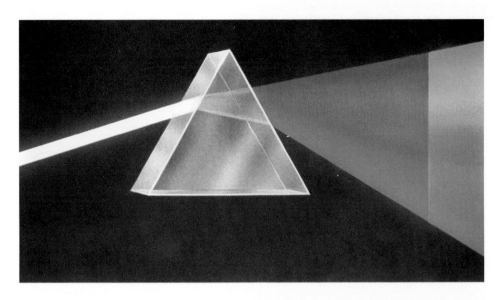

Figure 2
Dispersion de la lumière blanche dans un prisme

Bien que la longueur d'onde de la lumière influe réellement sur l'angle de réfraction, le comportement observé est l'inverse de celui qui est observé dans le cas des vagues produites dans une cuve à ondes. Des longueurs d'onde plus courtes, telles que celles de la zone violette du spectre, sont réfractées davantage que les longueurs d'onde plus longues de la zone rouge du spectre. Chaque couleur spectrale, possédant une longueur d'onde différente de celle des autres, est réfractée selon un angle différent. Cela explique la décomposition de la lumière blanche à travers le prisme, qui produit ainsi les couleurs du spectre.

Comme chaque longueur d'onde de la lumière visible subit un angle de réfraction différent en traversant le prisme, le verre doit posséder un indice de réfraction légèrement différent pour chaque couleur. Par exemple, l'indice de réfraction d'un verre crown est de 1,53 pour la lumière violette et de 1,51 pour la lumière rouge. La vitesse de la lumière violette dans le verre est légèrement moins grande que celle de la lumière rouge.

Les rapports mathématiques régissant les ondes dans des milieux tels qu'une corde ou de l'eau peuvent s'appliquer à l'optique :

$$v = f\lambda$$

$$\frac{\sin \theta_1}{\sin \theta_2} = n$$

$$n_1 \sin \theta_1 = n_2 \sin \theta_2$$

$$\frac{n_2}{n_1} = \frac{v_1}{v_2}$$

$$\frac{v_1}{v_2} = \frac{\lambda_1}{\lambda_2}$$

Par exemple, nous constatons avec l'équation $v = f\lambda$ que la fréquence de la lumière rouge, ayant une longueur d'onde de $6,5 \times 10^{-7}$ m, est

$$f = \frac{v}{\lambda}$$

$$= \frac{c}{\lambda}$$

$$= \frac{3,00 \times 10^8 \text{ m/s}}{6,5 \times 10^{-7} \text{ m}}$$

$$f = 4,6 \times 10^{14} \text{ Hz}$$

CONSEIL PRATIQUE

La vitesse de la lumière c égale $3,00 \times 10^8$ m/s.

La lumière rouge, qui a une longueur d'onde de $6,50 \times 10^2$ nm, passe de l'air au verre ($n_2 = 1,52$).

a) Quelle est sa vitesse dans le verre?

b) Quelle est sa longueur d'onde dans le verre?

Solution

a) $\lambda = 6,50 \times 10^2$ nm

$n_2 = 1,52$ $\qquad\qquad$ $n_1 = 1,00$

$v_2 = ?$ $\qquad\qquad$ $v_1 = 3,00 \times 10^8$ m/s

$$\frac{n_2}{n_1} = \frac{v_1}{v_2}$$

$$v_2 = \frac{n_1}{n_2}v_1$$

$$= \frac{1,00}{1,52}(3,00 \times 10^8 \text{ m/s})$$

$$v_2 = 1,97 \times 10^8 \text{ m/s}$$

La vitesse de la lumière rouge dans le verre est de $1,97 \times 10^8$ m/s.

b) $\lambda = ?$

$$\frac{v_1}{v_2} = \frac{\lambda_1}{\lambda_2}$$

$$\lambda_2 = \left(\frac{v_2}{v_1}\right)\lambda_1$$

$$= \left(\frac{1,97 \times 10^8 \text{ m/s}}{3,00 \times 10^8 \text{ m/s}}\right)6,50 \times 10^2 \text{ nm}$$

$$\lambda_2 = 4,28 \times 10^2 \text{ nm}$$

La longueur d'onde de la lumière rouge dans le verre est de $4,28 \times 10^2$ nm.

▶ *Mise en pratique*

Saisis bien les concepts

1. La longueur d'onde de la lumière orange est de $6,0 \times 10^{-7}$ m dans l'air. Calcule sa fréquence.

2. La lumière provenant d'une certaine source possède une fréquence de $3,80 \times 10^{14}$ Hz. Calcule sa longueur d'onde dans l'air, en nanomètres.

3. Une teinte de lumière violette possède une longueur d'onde de $4,4 \times 10^{-7}$ m dans l'air. Si l'indice de réfraction de l'alcool est de 1,40, quelle est la longueur d'onde de cette lumière violette dans l'alcool?

4. L'indice de réfraction de la térébenthine dans l'air est de 1,47. Un rayon de lumière rouge ($\lambda_r = 6,5 \times 10^{-7}$ m) passe de l'air à la térébenthine selon un angle d'incidence de 40,0°.
   a) Calcule la longueur d'onde de la lumière rouge dans la térébenthine.
   b) Calcule l'angle de réfraction.

5. Un appareil de Young est muni de fentes espacées de 0,12 mm. L'écran est situé à 0,80 m. La troisième bande brillante située d'un côté du centre dans le modèle d'interférence est déplacée de 9,0 mm à partir de la ligne centrale. Calcule la longueur d'onde de la lumière utilisée. De quelle couleur s'agit-il?

Réponses

1. $5,0 \times 10^{14}$ Hz

2. 789 nm

3. $3,1 \times 10^{-7}$ m

4. a) $4,4 \times 10^{-7}$ m
   b) 26°

5. $4,5 \times 10^{-7}$ m

L'expérience de Young de nos jours

Il est peut-être évident pour nous, mais non pour les expérimentateurs des XVIIIe et XIXe siècles, qu'il doit y avoir deux sources ponctuelles de lumière en phase pour pouvoir produire un modèle d'interférence. Bien que la fréquence des sources lumineuses soit très élevée, c'est la façon dont la lumière est émise par une source incandescente qui empêche la production d'interférences. La lumière de chaque source provient d'un grand nombre d'atomes individuels. Les atomes envoient de la lumière à des intervalles d'environ 10^{-9} s. La probabilité que les atomes ou groupes d'atomes de chaque source émettent leurs longueurs d'onde en phase est presque nulle. C'est pourquoi le modèle d'interférence produit par deux sources ponctuelles change de façon irrégulière toutes les 10^{-9} s environ et qu'il est impossible à observer. Au cours des dernières années, on a pu produire des interférences à l'aide de deux lasers. La lumière laser est monochromatique; dans le cas du faisceau laser à hélium-néon, la longueur d'onde se trouve dans la zone rouge du spectre, soit 6,3 × 10^{-7} m. Lorsque deux lasers sont synchronisés pour fonctionner en phase (on dit qu'ils sont «bloqués en phase»), les franges d'interférence deviennent visibles. Comme le «blocage en phase» n'est pas parfait, il se produit un décalage du modèle. Encore aujourd'hui, la technique de Young, qui consiste à placer un émetteur unique derrière deux ouvertures, demeure le moyen le plus adéquat pour illustrer les interférences lumineuses.

RÉSUMÉ *La couleur et la longueur d'onde*

- La lumière blanche est composée de toutes les couleurs du spectre visible, chacune ayant sa propre gamme de longueurs d'onde.
- La dispersion se produit parce que l'indice de réfraction de la lumière dépend légèrement de la fréquence lumineuse.

▶ Section 9.6 Questions

Saisis bien les concepts

1. Explique pourquoi la distance focale de la lumière rouge diffère de celle de la lumière violette, aussi bien pour les lentilles convergentes que pour les lentilles divergentes.

2. Lorsque la lumière blanche traverse une mince pièce de verre plat, elle ne se sépare pas en couleurs comme avec un prisme. Explique pourquoi.

3. Une certaine lumière rouge possède une longueur d'onde de 7,50 × 10^{-7} m dans l'air. Si l'indice de réfraction de l'alcool est de 1,40, calcule la longueur d'onde de cette lumière rouge dans l'alcool.

4. Les longueurs d'onde du spectre visible s'étalent de 4,00 × 10^2 nm à 7,50 × 10^2 nm. Calcule la gamme de fréquences de la lumière visible.

5. Calcule l'angle des maximums du troisième ordre d'une lumière jaune possédant une longueur d'onde de 5,8 × 10^2 nm frappant deux fentes espacées de 0,10 mm.

6. Détermine l'écart entre deux fentes pour lesquelles une lumière orange de 6,10 × 10^2 nm possède son premier maximum selon un angle de 3,0°.

7. À l'aide des calculs effectués aux questions 5 et 6, explique pourquoi il est difficile d'observer et d'analyser le modèle d'interférence produit par des doubles fentes.

Fais des liens

8. Explique pourquoi un arc-en-ciel ne peut se former juste après le lever du soleil et juste avant le coucher du soleil.

RECHERCHE 9.1.1

La transmission, la réflexion et la réfraction des vagues dans une cuve à ondes

La cuve à ondes est l'équipement idéal pour observer des ondes transversales bidimensionnelles. L'objectif de cette recherche est de démontrer le comportement prévu des ondes.

La cuve à ondes est un réservoir peu profond sur pieds, à fond transparent. Habituellement, on le remplit d'eau de façon à obtenir une profondeur d'environ 2 cm. De la lumière provenant d'une source au-dessus du réservoir traverse l'eau et illumine un écran sur une table au-dessous. On fait converger la lumière par crêtes d'ondes et on la fait diverger par creux d'ondes (**figure 1**), créant des zones brillantes et sombres sur l'écran. La distance séparant les zones brillantes successives produites par les crêtes est une longueur d'onde, λ. Des ondes circulaires peuvent être générées sur la surface de l'eau par une source ponctuelle comme un doigt, une goutte d'eau ou un générateur d'ondes à source unique. Faire tourner une cheville de bois ou actionner un générateur d'ondes rectilignes produit des ondes rectilignes.

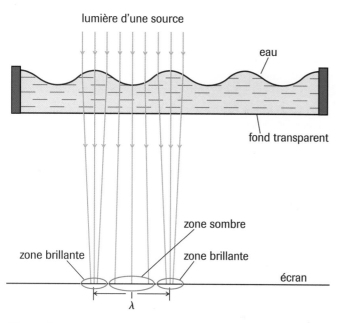

Figure 1
Installation d'une cuve à ondes

Question

Comment les ondes sont-elles transmises, réfléchies et réfractées dans une cuve à ondes ?

Prévision

Les vagues se comportent d'une façon similaire à la lumière et obéissent aux mêmes lois de transmission, de réflexion et de réfraction.

Matériel

Cuve à ondes   générateur d'ondes rectilignes
amortisseurs pour écran   plaque de verre
   (si nécessaire)   supports pour plaque de verre
cheville de bois   stroboscope manuel
cubes de cire   règle

 Comme la source lumineuse et les générateurs sont électriques, maintenir tous les fils à l'écart de l'eau avec du ruban adhésif.

Comme le laboratoire sera sombre, garder les sacs, livres et autres effets hors des allées et loin des sorties.

Marche à suivre
Partie 1 : La transmission

1. Remplis la cuve à ondes avec de l'eau de façon à obtenir une profondeur de 1 cm. Mets la cuve de niveau pour t'assurer que la quantité d'eau est uniforme. (Au besoin, place des amortisseurs autour du réservoir pour réduire la réflexion.)

2. Touche légèrement la surface de l'eau avec un doigt, au centre du réservoir. Observe les ombres sur l'écran. Trace un schéma illustrant l'onde et sa source.

3. Sur ton schéma, trace des flèches indiquant la direction de la propagation des ondes, à quatre points d'égale distance sur la crête de l'onde.

4. Génère une onde rectiligne à l'aide de la cheville de bois en l'agitant de l'avant vers l'arrière sur la surface. Sur ton schéma, trace une onde rectiligne en montrant la direction de son déplacement.

5. Génère des ondes rectilignes continues en agitant la cheville de bois de l'avant vers l'arrière sans arrêt. Crée un schéma avec des flèches pour indiquer la direction du mouvement ondulatoire.

⚛ **RECHERCHE 9.1.1** *suite*

Partie 2 : La réflexion

6. Réduis la profondeur de l'eau à environ 0,5 cm et assure-toi que le réservoir est de niveau.

7. Forme une barrière rectiligne à une extrémité de la cuve en alignant les cubes de cire au fond du réservoir. Envoie des ondes rectilignes en direction de la barrière, de façon que les fronts d'onde soient parallèles à la barrière. Trace un schéma de tes observations.

8. Dispose la barrière pour que les ondes la frappent à un angle. Pour mesurer les angles, aligne les règles ou d'autres objets rectilignes sur l'écran avec les images des fronts d'onde. Trace un schéma montrant les fronts d'onde incidents et les fronts d'onde réfléchis, ainsi que leur direction.

Partie 3 : La réfraction

9. Place le générateur à une extrémité de la cuve. Pose la plaque de verre sur les séparateurs pour qu'elle se trouve à environ 1,5 cm au-dessus du fond du réservoir et à environ 15 cm du générateur d'ondes. Son bord le plus long devrait être parallèle au générateur. Ajoute assez d'eau dans la cuve pour couvrir la plaque de verre jusqu'à une profondeur d'environ 1 mm (**figure 2**).

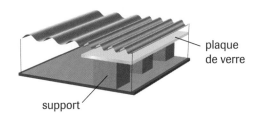

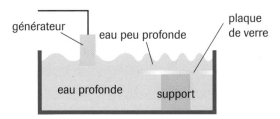

Figure 2
La création de deux profondeurs dans une cuve à ondes

10. Ajuste la hauteur du générateur d'ondes pour que le vibrateur soit juste sous la surface de l'eau.

11. Ajuste la fréquence du générateur afin qu'il produise des ondes avec une grande longueur d'onde dans l'eau profonde. Dessine le modèle obtenu.

12. Regarde les ondes à travers un stroboscope manuel, en ajustant sa fréquence afin que les ondes dans l'eau profonde paraissent fixes.

13. Détermine la longueur d'onde de l'ombre des ondes dans l'eau profonde ainsi que dans l'eau peu profonde, en mesurant les longueurs d'onde des images projetées.

14. Place le bord de la plaque de verre selon un angle d'environ 45° par rapport aux ondes générées. Note tout changement de direction des ondes. Trace un schéma illustrant une série de fronts d'onde et le sens de leur propagation, en eau profonde et en eau peu profonde.

15. Pose une règle sur l'écran pour qu'elle soit perpendiculaire (normale) à la limite entre les deux profondeurs d'eau. Place un crayon le long de la ligne d'incidence (la direction selon laquelle l'onde incidente se déplace). Place un autre crayon le long de la ligne de réfraction. Mesure l'angle d'incidence et l'angle de réfraction. Calcule l'indice de réfraction pour les deux profondeurs.

16. Répète l'étape 15 selon un angle d'incidence différent.

Analyse

a) Comment peux-tu déterminer, par la forme des fronts d'onde, que la vitesse de l'onde est la même dans toutes les directions ?

b) Comment un changement de fréquence influe-t-il sur la vitesse et la longueur d'onde d'une onde ?

c) À mesure que les ondes passent de l'eau profonde à l'eau peu profonde, quels changements peux-tu observer en ce qui concerne leur vitesse, leur direction et leur longueur d'onde ?

d) Comment la valeur du rapport $\dfrac{\lambda_{\text{profond}}}{\lambda_{\text{peu profond}}}$ se compare-t-elle à la valeur obtenue avec la loi de Snell ?

e) Explique le rapport $\dfrac{v_{\text{profond}}}{v_{\text{peu profond}}}$. Comment se compare-t-il à $\dfrac{\lambda_{\text{profond}}}{\lambda_{\text{peu profond}}}$?

f) Évalue l'exactitude de la prévision.

Synthèse

g) Lorsque les ondes passent de l'eau profonde à l'eau peu profonde, pourquoi paraissent-elles immobilisées par le stroboscope ?

h) Si les ondes passaient de l'eau profonde à l'eau peu profonde, comment seraient-elles réfractées ?

La diffraction des ondes

Dans cette recherche, ton défi consiste à utiliser tes connaissances des cuves à ondes pour concevoir ta propre procédure, en réponse à la question et à la prévision énoncées. Si tu prends soin de produire une ombre nette sur l'écran, tes résultats devraient être excellents. Assure-toi de bien comprendre le rapport entre longueur d'onde et largeur de fente.

Question

Quels facteurs influent sur la diffraction d'une onde autour d'un obstacle, près d'un contour et à travers une ouverture?

Prévision

a) Prévois les deux conditions qui maximisent la diffraction à travers une ouverture.

Matériel

Cuve à ondes et accessoires
générateur d'ondes avec source rectiligne
cubes de cire de grosseurs diverses

 Comme la source lumineuse et les générateurs sont électriques, maintenir tous les fils à l'écart de l'eau avec du ruban adhésif.

Comme le laboratoire sera sombre, garder les sacs, livres et autres effets hors des allées et loin des sorties.

Habiletés de recherche

○ Questionner ● Planifier ● Analyser
○ Émettre une ● Mener une ● Évaluer
  hypothèse   expérience ● Communiquer
● Prévoir ● Enregistrer, noter

Marche à suivre

1. Voici quelques aspects à considérer dans ta marche à suivre:
   I) Devras-tu changer la vitesse des fronts d'onde?
   II) Comment changer les fronts d'onde parallèles en fronts d'onde circulaires?
   III) Comment modifieras-tu la longueur d'onde de tes ondes?
   IV) Comment utiliseras-tu les cubes de cire comme barrières et comment créeras-tu des ouvertures dans les barrières?

Analyse

b) De quelle façon le modèle de diffraction derrière le cube est-il modifié lorsque la longueur d'onde est augmentée?

c) Est-ce que la diffraction autour du bord d'un objet augmente ou diminue lorsque la longueur d'onde augmente?

d) Quel rapport doit-il y avoir entre la longueur d'onde et la largeur de l'ouverture, si l'on veut que la diffraction demeure faible?

e) Selon tes prévisions, quelles sont les conditions requises pour obtenir une diffraction maximale à travers une ouverture?

L'interférence des ondes à deux dimensions

Nous avons vu le modèle d'interférence des ondes à deux dimensions sur des photographies dans cet ouvrage et dans des études antérieures. À ton tour maintenant de créer un modèle d'interférence et de prendre des mesures directes. Le but de cette recherche est de tester l'analyse théorique fournie dans le texte et d'appliquer les équations mathématiques à un modèle réel d'interférence à deux sources ponctuelles.

Habiletés de recherche

○ Questionner ○ Planifier ● Analyser
○ Émettre une ● Mener une ● Évaluer
  hypothèse   expérience ● Communiquer
● Prévoir ● Enregistrer, noter

Question

Quels facteurs influent sur les modèles d'interférence produits par deux vagues identiques dans une cuve à ondes?

Prévisions

a) Prévois mathématiquement la longueur d'onde des ondes, en fonction des mesures directes du modèle d'interférence.

RECHERCHE 9.3.1 *suite*

b) Prévois le modèle d'interférence à deux points produit à l'aide de la diffraction d'ondes à travers deux ouvertures, à partir d'une source d'onde unique.

Matériel

Cuve à ondes et accessoires
générateur d'ondes avec séparation
réglable et commande de phase

2 sources ponctuelles
cubes de cire
stroboscope manuel

⊘ **Comme la source lumineuse et les générateurs sont électriques, maintenir tous les fils à l'écart de l'eau avec du ruban adhésif.**

Comme le laboratoire sera sombre, garder les sacs, livres et autres effets hors des allées et loin des sorties.

Marche à suivre

1. Prépare la cuve à ondes et assure-toi qu'elle est de niveau. Remplis-la avec de l'eau de façon à obtenir une profondeur d'environ 1 cm.

2. Produis une onde avec un doigt, puis commence une deuxième onde un peu plus loin. Observe les deux ondes lorsqu'elles passent l'une dans l'autre. Répète la marche à suivre pour plusieurs points dans la cuve.

3. Connecte les deux sources ponctuelles au générateur pour qu'elles soient espacées d'environ 6 cm. Assure-toi que les deux sources sont en phase. (Si ton générateur possède une commande de phase, règle-la à 0.)

4. Installe le générateur de façon que les deux sources ponctuelles trempent également dans l'eau à une extrémité de la cuve. Génère des ondes à une fréquence d'environ 10 Hz. Examine le modèle sur l'écran. Identifie les lignes nodales et les lignes d'interférence constructive. Dessine le modèle des lignes nodales.

5. Règle la fréquence du générateur. Note l'effet d'un changement de fréquence sur le modèle d'interférence.

6. En maintenant la fréquence constante, change la distance entre les sources par étapes, en permettant au modèle d'interférence de se stabiliser entre les changements. Note de quelle façon la distance entre des sources influe sur le modèle d'interférence.

7. La phase relative de deux sources influe également sur le modèle d'interférence. Règle la fréquence du générateur afin de produire un modèle clairement défini sur l'écran. Place un crayon ou un autre objet droit sur l'écran pour qu'il coïncide avec une ligne

nodale. Tourne la commande de phase du générateur de 0 à $\frac{1}{2}$ (ou 180°), puis remets-la à 0. Décris les changements dans le modèle d'interférence.

8. Arrête le générateur. Marque les positions de S_1 et S_2 sur l'écran. Trace une ligne rejoignant les sources. Ensuite, trace la bissectrice de cette ligne, la prolongeant à travers l'écran (**figure 1**).

9. Ajuste la fréquence du générateur de manière que trois lignes nodales soient produites de chaque côté de la bissectrice droite. Choisis une ligne nodale et marque trois points nodaux (P_1, P_2 et P_3) sur l'écran. Assure-toi que l'un de ces points est assez proche de S_1 et de S_2 et qu'un autre en est assez éloigné.

10. En effectuant les mesures et les calculs appropriés, prévois la longueur d'onde des ondes sur l'écran à l'aide de deux équations mathématiques différentes.

11. Répète l'étape 9 pour trois points situés sur une ligne nodale différente, de l'autre côté de la bissectrice droite.

12. Établis une valeur calculée moyenne pour la longueur d'onde des ondes.

a)

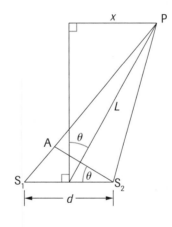

b)

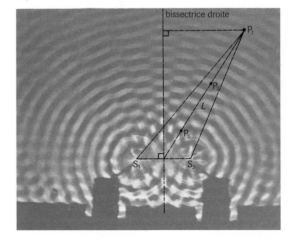

Figure 1
a) Détermine la différence de trajectoire en mesurant θ
b) Mesure L et x sur un modèle d'interférence

13. Sans modifier la fréquence des ondes, utilise un stroboscope manuel de façon que les ondes paraissent stationnaires. Mesure la distance entre trois ou quatre dépressions ou crêtes d'ondes en plaçant des marqueurs sur l'écran. Calcule la longueur d'onde. Compare tes résultats avec ceux que tu as trouvés à l'étape 11.

14. Génère un modèle d'interférence à l'aide d'une source unique rectiligne et de la diffraction, tel que l'illustre la **figure 2**, en plaçant tes cubes de cire de façon à créer deux petites ouvertures, espacées d'environ 6 cm et situées à 10 cm du générateur. Prévois les résultats dans un schéma.

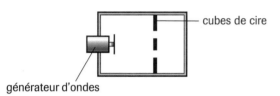

cubes de cire

générateur d'ondes

Figure 2
Installation pour l'étape 14

15. Avec le générateur en marche, dessine le modèle d'interférence.

Analyse

c) De quelle façon le modèle d'interférence change-t-il lorsque la fréquence augmente?

d) De quelle façon le modèle d'interférence change-t-il lorsque la distance séparant les sources augmente?

e) De quelle façon le modèle d'interférence change-t-il et de quelle façon reste-t-il constant lorsque la phase relative des sources passe de 0° à 180°?

Évaluation

f) Comment ta prévision se compare-t-elle aux résultats de l'étape 14?

g) Les longueurs d'onde, prévues en fonction d'équations mathématiques, sont-elles valides lorsqu'on les compare à des mesures directes?

Synthèse

h) Les mesures des valeurs calculées et prévues pour la longueur d'onde ont été effectuées sur l'écran et ne sont pas les longueurs d'onde réelles des vagues. Explique pourquoi. Pourquoi ce facteur n'est-il pas pris en compte au moment de valider les équations mathématiques pour un modèle d'interférence à deux sources ponctuelles?

RECHERCHE 9.5.1

L'expérience des doubles fentes de Young

Young a effectué cette expérience, telle qu'elle est décrite dans le manuel, avec deux trous d'épingle dans une feuille de papier et le Soleil comme source lumineuse. Aujourd'hui, nous pouvons utiliser des plaques préparées comportant deux fentes dont on connaît l'espacement et une source de lumière monochromatique intense. Cette recherche applique les équations élaborées à la section 9.5 aux mesures effectuées pour un patron d'interférence à deux sources ponctuelles. Tu détermineras la longueur d'onde de la lumière laser. Tu pourras vérifier tes résultats avec la longueur d'onde connue du laser à hélium-néon. Mais si tu possèdes une diode émettrice de lumière (DEL), comme celles que l'on trouve couramment sur les baguettes lumineuses ou les porte-clés, tu peux l'utiliser pour recréer l'expérience à la maison, si tu le désires.

Habiletés de recherche

- ○ Questionner
- ○ Émettre une hypothèse
- ○ Prévoir
- ○ Planifier
- ● Mener une expérience
- ● Enregistrer, noter
- ● Analyser
- ● Évaluer
- ● Communiquer

Question

Le modèle d'interférence des doubles fentes est-il conforme à la théorie ondulatoire de la lumière?

Hypothèse

La longueur d'onde d'une source peut être prévue à l'aide d'une formule mathématique pour un modèle d'interférence comportant deux sources ponctuelles.

Matériel

Jauge
support et pince
plaque multi-fentes

écran blanc
laser à hélium-néon
ou DEL rouge

RECHERCHE 9.5.1 *suite*

La lumière laser à hélium-néon de faible puissance peut causer un dommage rétinien. **NE REGARDE PAS** le faisceau laser ni sa réflexion sur une surface brillante.

Marche à suivre

1. Dirige la lumière laser à travers deux fentes et jusque sur l'écran situé à au moins 3,0 m de distance (**figure 1**). Décris le modèle d'interférence.

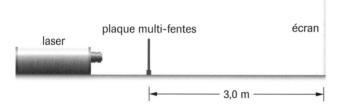

Figure 1
Installation pour l'étape 1

2. Détermine Δx en mesurant la distance d'au moins sept points lumineux sur l'écran.

3. Prévois la longueur d'onde de la lumière laser à hélium-néon à l'aide de l'équation $\dfrac{\Delta x}{L} = \dfrac{\lambda}{d}$.

4. Répète les étapes 1 et 2 pour deux autres paires de fentes séparées par des distances d différentes.

5. Ton enseignant ou ton enseignante te fournira la longueur d'onde de la source lumineuse. Compare cette valeur à la moyenne de tes prévisions des étapes 2 et 3.

Analyse

a) Compare les résultats moyens pour la longueur d'onde de la source lumineuse avec la valeur connue et calcule l'erreur expérimentale.

Évaluation

b) Quels sont facteurs qui contribuent aux erreurs de mesure de la longueur d'onde de la lumière laser?

c) Existe-t-il des méthodes qui permettent de réduire la possibilité d'erreur, étant donné que la longueur d'onde de la lumière laser connue comporte au moins quatre chiffres significatifs?

Synthèse

d) Comme tu l'as vu plus haut, la longueur d'onde λ et la distance d entre les sources influent sur le nombre de lignes nodales produites. Utilise les résultats obtenus aux étapes 2 et 3 pour déterminer les effets de la distance entre les sources sur la structure des lignes nodales de la lumière.

RECHERCHE 9.6.1

Les longueurs d'onde de la lumière visible

Habiletés de recherche

○ Questionner   ○ Planifier   ● Analyser
○ Émettre une   ● Mener une   ● Évaluer
   hypothèse   expérience   ● Communiquer
● Prévoir   ● Enregistrer, noter

Si tu as des diodes DEL de différentes couleurs à portée de main, cette recherche est semblable à celle décrite à la section 9.5.1. Les longueurs d'onde des différentes couleurs de lumière visible peuvent être déterminées directement et avec précision. Comme il est mentionné ici (tu peux effectuer des ajustements si tu utilises des diodes DEL monochromatiques), la procédure inclut des filtres vert et rouge et une source de lumière blanche. Les glissières sur une jauge sont utilisées pour mesurer la distance séparant les franges d'interférence. La distance mesurée entre les fentes et les glissières te permet d'établir le rapport $\dfrac{\Delta x}{L}$. Comme tu connais la valeur de d, la distance entre les fentes, tu peux déterminer la longueur d'onde. Le but de cet exercice n'est pas seulement de mesurer les longueurs d'onde dominantes des filtres vert et rouge, mais aussi d'établir expérimentalement une gamme de longueurs d'onde et donc de fréquences pour la lumière visible.

Question

Quelles sont certaines des longueurs d'onde qui constituent la lumière blanche?

Prévision

a) Prévois le rapport entre les longueurs d'onde de lumière rouge et de lumière verte.

Matériel

Lampe d'étalage transparente
jauge
support et pince à cornue
plaque à double fente
écran blanc

filtres transparents rouge
et vert
diode photo-émettrice
de lumière verte ou bleue
glissières de papier

🤚 **L'ampoule deviendra très chaude. La laisser refroidir avant de changer les filtres.**

Marche à suivre

1. Installe l'appareil tel qu'on le montre à la **figure 1**, en t'assurant que les fentes sont parallèles au filament de la lampe. Observe la lampe à travers la double fente. Décris le modèle aperçu de chaque côté du filament de la lampe.

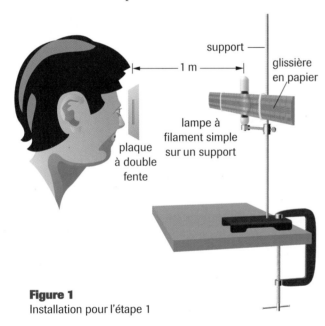

Figure 1
Installation pour l'étape 1

2. Couvre la moitié supérieure de l'ampoule avec le filtre vert et la moitié inférieure avec le filtre rouge, et maintiens les filtres en place avec des bandes élastiques. Compare les modèles d'interférence respectifs pour la lumière verte et la lumière rouge.

3. Couvre la lampe complètement avec le filtre rouge. À l'aide de la règle montée devant la lumière, compte le nombre de lignes nodales visibles pour une distance fixe. Les glissières de papier sur la règle peuvent marquer la distance.

4. Prévois les longueurs d'onde relatives pour la lumière verte et la lumière rouge.

5. En laissant les glissières de papier en place, remplace le filtre rouge par le filtre vert. Observe le modèle d'interférence à partir de la même position qu'à l'étape 3 et compte le nombre de lignes nodales visibles entre les glissières de papier.

6. Utilise le nombre de lignes nodales calculé pour la même distance d'observation aux étapes 3 et 4 et détermine la proportion de lignes rouges par rapport aux lignes vertes; établis le rapport $\frac{\lambda_{rouge}}{\lambda_{vert}}$.

7. Couvre complètement la lampe avec le filtre rouge. Observe la lumière rouge à travers la double fente à exactement 1 m de la règle. Ajuste les glissières de papier pour qu'elles soient positionnées sur deux lignes nodales à des extrémités opposées du modèle d'interférence. Compte le nombre de bandes brillantes entre les marqueurs. Mesure la distance entre les glissières de papier et calcule la distance moyenne Δx entre les lignes nodales adjacentes.

8. À l'aide de l'équation $\frac{\Delta x}{L} = \frac{\lambda}{d}$, détermine la longueur d'onde de la lumière rouge. La valeur de d, la distance entre les fentes, est indiquée sur la plaque à fentes. L est la distance perpendiculaire entre les fentes et la règle (1 m).

9. Répète les étapes 7 et 8 pour la lumière verte.

10. Compare tes résultats avec ceux des autres groupes.

11. Si tu possèdes une diode DEL verte ou bleue, utilise l'équation $\lambda = \frac{d\Delta x}{L}$ pour établir la longueur d'onde de chaque source.

Analyse

b) Explique tes observations en ce qui a trait à la source de lumière blanche à l'étape 1.

c) Pourquoi les bandes du modèle d'interférence pour la lumière verte sont-elles plus rapprochées que celles du modèle correspondant pour la lumière rouge?

d) Étant donné la valeur du rapport $\frac{\lambda_{rouge}}{\lambda_{vert}}$ établie à l'étape 6, quelle couleur a la plus grande longueur d'onde? la plus haute fréquence?

e) Compare la réponse obtenue en b) avec ta prévision.

f) Compare la valeur du rapport $\frac{\lambda_{rouge}}{\lambda_{vert}}$ trouvée à l'étape 6 avec le rapport des valeurs pour les rayons de lumière rouge et verte calculées aux étapes 8 et 9.

Objectifs clés

- analyser et interpréter la preuve expérimentale établissant que la lumière possède des caractéristiques et des propriétés semblables à celles des ondes mécaniques et sonores (9.1, 9.2, 9.6)
- identifier les bases théoriques d'une recherche et élaborer une prévision qui y soit conforme (par ex., prévoir des modèles de diffraction et d'interférence produits dans des cuves à ondes) (9.2, 9.3, 9.6)
- décrire des circonstances où le développement de nouvelles technologies s'est traduit par l'avancement ou la révision de théories scientifiques (9.4)
- décrire les preuves expérimentales qui appuient un modèle d'onde lumineuse (par ex., décrire les principes scientifiques reliés à l'expérience des doubles fentes de Young et expliquer pourquoi les résultats ont mené à l'acceptation générale du modèle d'onde lumineuse) (9.4, 9.5)
- définir les concepts et les éléments reliés à la nature ondulatoire de la lumière (tels que la diffraction, la réflexion, la dispersion, la réfraction, l'interférence) (9.4, 9.5, 9.6)
- décrire le phénomène de l'interférence et son application à la lumière, en termes qualitatifs et quantitatifs, en utilisant des diagrammes et des schémas (9.4, 9.5, 9.6)
- expliquer le phénomène de la diffraction et son application à la lumière en termes quantitatifs, à l'aide de diagrammes (9.5, 9.6)
- réunir des données expérimentales pour appuyer une théorie scientifique (par ex., conduire une expérience pour observer le modèle d'interférence produit par une source lumineuse à travers deux fentes et expliquer de quelle façon les données confirment la théorie ondulatoire de la lumière) (9.5, 9.6)
- analyser la séparation de la lumière en couleurs dans des phénomènes variés, à l'aide des concepts de réfraction, de diffraction et d'interférence (9.6)

Mots clés

onde transversale

front d'onde

rayon d'onde

angle d'incidence

angle de réflexion

réfraction

normale

angle de réfraction

indice de réfraction absolu

réflexion interne totale

diffraction

interférence constructive

interférence destructive

ligne nodale

différence de longueur de trajectoire

propagation rectiligne de la lumière

principe de Huygens

franges d'interférence

maximums

minimums

monochromatique

Équations clés

- $v = f\lambda$ équation d'onde universelle   (9.1)

- $\dfrac{v_1}{v_2} = \dfrac{\lambda_1}{\lambda_2}$ (9.1)

- $\dfrac{\sin\theta_1}{\sin\theta_2} = \dfrac{\lambda_1}{\lambda_2}$ (9.1)

- $n_1\sin\theta_1 = n_2\sin\theta_2$ (9.1)

- $\left|P_nS_1 - P_nS_2\right| = \left(n - \dfrac{1}{2}\right)\lambda$ (9.3)

- $\sin\theta_n = \dfrac{x_n}{L} = \left(n - \dfrac{1}{2}\right)\dfrac{\lambda}{d}$ (9.3)

- interférence destructive :

  $d\sin\theta_n = \left(n - \dfrac{1}{2}\right)\lambda$ où $n = 1, 2, 3, ...$ (9.5)

- interférence constructive :

  $d\sin\theta_m = m\lambda$ où $m = 0, 1, 2, 3, ...$ (9.5)

- $\dfrac{\Delta x}{L} = \dfrac{\lambda}{d}$ (9.5)

▶ *RÉDIGE* un résumé

Crée un tableau à deux colonnes portant les en-têtes Théorie particulaire et Théorie ondulatoire. Écris sept expressions, une par rangée, se rapportant à des phénomènes optiques importants. Pour chaque rangée, indique de quelle façon chacune des théories explique le phénomène donné.

Inscris les nombres de 1 à 10 dans ton cahier. Indique à côté de chaque nombre si l'énoncé qui s'y rapporte est vrai (V) ou faux (F). S'il est faux, écris la version corrigée de l'énoncé.

1. L'équation d'onde universelle, $v = f\lambda$, s'applique seulement aux ondes transversales.

2. La loi de Snell, sous le rapport $n = \dfrac{\sin\theta_1}{\sin\theta_2}$, s'applique à la fois aux ondes et à la lumière.

3. Les ondes ayant des longueurs d'onde plus courtes produisent plus de diffraction que les ondes ayant une plus grande longueur d'onde.

4. Pour une fente donnée, l'angle de diffraction dépend du rapport $\dfrac{\lambda}{l}$. Pour une diffraction observable, $\dfrac{\lambda}{l} \leq 1$.

5. Dans un modèle d'interférence à deux sources ponctuelles en phase, augmenter la longueur d'onde des deux sources augmente le nombre de lignes nodales.

6. Réduire la distance entre les deux sources d'un modèle d'interférence augmente le nombre de lignes nodales.

7. La théorie corpusculaire de Newton a fourni une explication satisfaisante pour quatre propriétés de la lumière : la propagation rectiligne, la réflexion, la réfraction et la dispersion. Seule son explication de la diffraction et de la réflexion et de la réfraction partielles n'était pas concluante.

8. Les premières tentatives pour démontrer l'interférence de la lumière ont échoué, car les deux sources étaient trop éloignées et déphasées, et la fréquence de la lumière était trop faible.

9. La dispersion se produit parce que l'indice de réfraction est légèrement plus élevé pour la lumière rouge que pour la lumière violette.

10. L'expérience de Young a validé la théorie ondulatoire de la lumière et a expliqué toutes les propriétés de la lumière.

Inscris les nombres de 11 à 23 dans ton cahier. Indique à côté de chaque nombre la lettre qui correspond au meilleur choix de réponse.

11. Un faisceau de lumière passe d'un milieu sous vide ($c = 3,00 \times 10^8$ m/s) à une substance donnée, selon un angle de 45°, avec une fréquence de $6,00 \times 10^{14}$ Hz et une vitesse de $2,13 \times 10^8$ m/s. L'indice de réfraction de la substance est
    a) de 0,707
    b) de 1,41
    c) de 1,50
    d) indéterminable, mais < 1
    e) indéterminable, mais > 1

12. Tu observes la diffraction qui se produit dans une cuve à ondes (**figure 1**). Pour augmenter la diffraction des ondes dans la zone au-delà de la barrière, tu prévois effectuer les ajustements suivants :
    I) diminuer la largeur de l'ouverture
    II) abaisser le niveau d'eau
    III) diminuer la fréquence de la source

    Le meilleur ajustement ou la meilleure combinaison d'ajustements est
    a) I) seulement
    b) II) seulement
    c) III) seulement
    d) I) et III) seulement
    e) I), II) et III)

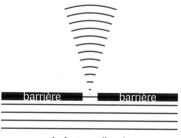

générateur d'ondes **Figure 1**

13. La diffraction par une fente unique dans une cuve à ondes peut être réduite
    a) en augmentant la fréquence de la source
    b) en augmentant l'amplitude des ondes
    c) en réduisant la largeur de la fente
    d) en réduisant la distance entre le générateur d'ondes et la fente
    e) en utilisant une plus grande longueur d'ondes

14. Deux sources ponctuelles d'une cuve à ondes vibrent en phase à une fréquence de 12 Hz pour produire des ondes d'une longueur d'onde de 0,024 m. La différence de longueur de trajectoire entre les deux sources ponctuelles et un point sur la seconde ligne nodale est de
    a) 0,6 cm   d) 3,6 cm
    b) 1,2 cm   e) 4,8 cm
    c) 2,4 cm

15. Deux sources ponctuelles éloignées de 4,5 cm vibrent en phase dans une cuve à ondes. Tu comptes exactement 10 lignes nodales dans le modèle d'interférence. La longueur d'onde approximative des vagues dans la cuve est de
    a) 0,45 cm   d) 10 cm
    b) 1 cm   e) données insuffisantes
    c) 1,5 cm

Une version interactive de cette évaluation est disponible dans Internet.
ALLER À   www.beaucheminediteur.com/physique12

16. Tu observes le modèle d'interférence de la **figure 2** en examinant les ondes périodiques produites dans une cuve à ondes. Tu traces des lignes droites que l'on voit superposées sur le schéma. La longueur d'onde est de

a) $\dfrac{x}{L}$ b) $\dfrac{dx}{L}$ c) $\dfrac{2dx}{L}$ d) $\dfrac{2x}{3L}$ e) $\dfrac{xd}{2L}$

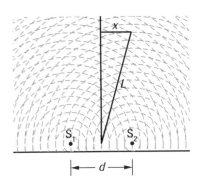

Figure 2
Diagramme
se rapportant aux
questions 16, 17 et 18

17. Tu veux continuer avec le modèle de la question 16, mais tu veux y apporter des ajustements
   I)   en augmentant la fréquence des ondes
   II) en augmentant la séparation des sources
   III) en ajoutant une propagation de phase en S_1

   L'ajustement, ou la combinaison d'ajustements, qui se traduit par un plus grand nombre de lignes nodales est
   a) I) seulement
   b) II) seulement
   c) III) seulement
   d) I) et II) seulement
   e) I), II) et III)

18. L'ajustement, ou la combinaison d'ajustements de la question 17, qui ne se traduit que par un déplacement des lignes nodales est
   a) I) seulement
   b) II) seulement
   c) III) seulement
   d) I) et II) seulement
   e) I), II) et III)

19. La théorie corpusculaire n'a pu justifier le phénomène
   a) de pression de radiation
   b) d'émission
   c) d'interférence
   d) de propagation
   e) de réflexion

20. L'énoncé faux sur l'expérience de Young est:
   a) La diffraction de la lumière se produit aux deux fentes.

   b) Les ondes de lumière sortant des deux fentes possèdent une phase fixe.
   c) Le modèle d'interférence de cette expérience possède une ligne nodale en son centre.
   d) La séparation des lignes nodales dépend de la longueur d'onde de la lumière.
   e) La théorie corpusculaire n'a pu donner une explication satisfaisante de ce phénomène.

21. Dans une expérience de doubles fentes, une lumière monochromatique est utilisée pour produire des franges d'interférence sur un écran. La distance entre les fentes et l'écran est de 1,50 m. Les franges brillantes sont séparées par une distance de 0,30 cm. Si l'écran est déplacé pour se trouver à 1,0 m des fentes, la distance moyenne entre les franges sombres adjacentes sera de
   a) 0,20 cm   c) 0,45 cm   e) 1,5 cm
   b) 0,30 cm   d) 0,67 cm

22. La lumière ultraviolette d'une longueur d'onde de 340 nm frappe une double fente. Un écran fluorescent est placé 2,0 m plus loin. L'écran montre des bandes d'interférence sombres éloignées de 3,4 cm. La distance entre les fentes est de
   a) 2 cm   c) 0,020 cm   e) aucune de
   b) 0,20 cm   d) 0,002 0 cm   ces réponses

23. La **figure 3** montre un modèle de doubles fentes produit par une source monochromatique de modèle a), qui est modifié en modèle b). Les ajustements suivants sont possibles:
   I)   La fréquence de la source a été réduite.
   II) La fréquence de la source a été augmentée.
   III) La largeur de chaque fente a été augmentée.
   IV) La distance entre les fentes a été augmentée.
   V)   La distance entre les fentes a été réduite.

   L'ajustement, ou la combinaison d'ajustements, qui explique le modèle b) est
   a) III) seulement
   b) V) seulement
   c) I) et III) seulement
   d) I) et V) seulement
   e) II) et IV) seulement

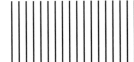

Figure 3

Une version interactive de cette évaluation est disponible dans Internet.
 ALLER À   www.beaucheminediteur.com/physique12

Les ondes et la lumière   **489**

Saisis bien les concepts

1. Explique pourquoi la longueur d'onde de la lumière décroît lorsqu'elle passe d'un milieu sous vide à une substance. Indique quelles propriétés changent et lesquelles demeurent les mêmes.

2. Énumère les similitudes et les différences entre réfraction et diffraction.

3. Quel est le rapport entre le verre crown et l'eau, qui contiendrait le même nombre de longueurs d'onde de lumière? ($n_v = 1,52$, $n_e = 1,33$)

4. La réfraction a posé un problème dans la théorie corpusculaire de la lumière. Quels phénomènes de la réfraction n'étaient pas connus de Newton et des partisans de la théorie corpusculaire?

5. Décris et explique la preuve expérimentale accumulée jusqu'à la fin de ce chapitre pour appuyer la théorie ondulatoire de la lumière.

6. Explique pourquoi la lumière émise par les phares avant d'une voiture ne produit pas de modèle d'interférence.

7. L'expérience de Young a été un événement clé dans l'histoire de la science. Discute des mérites de cet énoncé et résume les concepts de base de l'expérience.

8. L'analyse d'un effet d'interférence dans une substance transparente montre qu'à l'intérieur de cette substance une lumière provenant d'un laser à hélium-néon d'une longueur d'onde de $6,33 \times 10^{-7}$ m dans l'air possède une longueur d'onde de $3,30 \times 10^{-7}$ m. La substance est-elle du zircon ou du diamant? ($n_z = 1,92$, $n_d = 2,42$)

9. La lumière se propage dans l'eau aux trois quarts de sa vitesse dans l'air. Si l'angle d'incidence dans l'air était de 10,0°, quel serait son angle dans l'eau, selon un partisan de la théorie corpusculaire?

10. La lumière monochromatique incidente frappe deux fentes lors d'une expérience de Young. Les fentes sont séparées par une distance de 0,50 mm. Un écran situé à 6,50 m des fentes montre des lignes nodales séparées par une distance de 7,7 mm. Calcule la longueur d'onde de la lumière.

11. Lors d'une expérience à double fente de Young, l'angle qui correspond à la frange brillante (et non sombre) du second ordre est de 2,0°. La distance entre les fentes est de 0,038 mm. Détermine la longueur d'onde de la lumière.

12. Une lumière bleue ($\lambda = 482$ nm) est dirigée à travers des fentes parallèles séparées par une distance de 0,15 mm. Un motif des franges apparaît sur un écran placé à 2,00 m. À quelle distance des deux côtés de l'axe central sont situées les bandes sombres de second ordre?

13. Un faisceau de lumière d'une longueur d'onde de $5,50 \times 10^2$ nm frappe un écran muni d'une paire de fentes étroites séparées par une distance de 0,10 mm. Calcule la distance entre les deux maximums de septième ordre sur un écran placé à 2,00 m des fentes.

14. Dans l'expérience des doubles fentes de Young, est-il possible d'observer des franges d'interférence seulement lorsque la longueur d'onde de la lumière est plus grande que la distance entre les fentes? Explique ta réponse.

15. Un laser émettant à 632,8 nm illumine deux fentes. Un écran est placé à 2,00 m des fentes. Les franges d'interférence observées sont séparées par une distance de 1,0 cm.
    a) Détermine la distance entre les fentes.
    b) Détermine l'angle des franges sombres du premier ordre.

16. Dans une expérience de doubles fentes de Young, l'angle des franges brillantes du second ordre est de 2,0°; la distance entre les fentes est de $3,8 \times 10^{-5}$ m. Calcule la longueur d'onde de la lumière.

17. Calcule la plus grande longueur d'onde de lumière frappant des fentes séparées par une distance de $1,20 \times 10^{-6}$ m, où se trouve un maximum du premier ordre. Dans quelle partie du spectre se trouve cette lumière?

18. Un rayonnement électromagnétique possède une fréquence de $4,75 \times 10^{14}$ Hz. Calcule sa longueur d'onde et, en te référant au **tableau 1** de la section 9.6, établis dans quelle partie du spectre se trouve ce rayonnement.

19. Dans une expérience à double fente, une lumière bleue d'une longueur d'onde de $4,60 \times 10^2$ nm produit un maximum du second ordre, à un point P sur l'écran. Quelle longueur d'onde de lumière visible aurait un minimum au point P?

20. Deux fentes sont séparées par une distance de 0,158 mm. Un mélange de lumière rouge ($\lambda = 665$ nm) et de lumière jaune-vert ($\lambda = 565$ nm) frappe les fentes. Un écran est situé 2,2 m plus loin. Établis la distance entre la frange rouge du troisième ordre et la frange jaune-vert du troisième ordre.

21. La lumière d'une longueur d'onde de $4,00 \times 10^{-7}$ m dans l'air tombe sur deux fentes séparées par une distance de $5,00 \times 10^{-5}$ m. L'appareil complet est plongé dans l'eau, y compris un écran placé à 40 cm. Quelle distance sépare les franges apparaissant sur l'écran? ($n_{eau} = 1,33$)

Mets en pratique tes connaissances

22. La **figure 1** de la section 9.6 est un modèle d'interférence à deux sources ponctuelles pour la lumière rouge, bleue et blanche. En supposant que la photographie est grossie quatre fois, que la distance entre les sources et les fentes doubles est de 1 m et que la distance séparant les fentes est de $6,87 \times 10^{-4}$ m, établis les longueurs d'onde de la lumière rouge et de la lumière bleue.

23. À la **figure 1**, le point P se trouve sur la troisième ligne nodale d'un modèle d'interférence produit dans une cuve à ondes. Le modèle, tracé à l'échelle, a été créé par les deux sources S_1 et S_2 vibrant en phase. À l'aide d'une règle, détermine la valeur de la longueur d'onde des ondes en interférence (échelle : 1 mm = 1 cm).

• P

•   •
S_1 S_2

Figure 1
Schéma se rapportant
à la question 23

Fais des liens

24. Chaque automne, des tempêtes au large de la Nouvelle-Écosse et de la côte est des États-Unis créent des vagues atteignant jusqu'à 35 m de hauteur. Souvent, de fausses lames peuvent apparaître à la suite de tempêtes ayant lieu à des centaines de kilomètres, leur création n'étant pas seulement due à l'effet des grands vents. L'étude de tempêtes anté-rieures aide les spécialistes de prévision océanique à mieux prévoir l'arrivée de vagues. Effectue une recherche dans Internet pour consulter les plus récentes découvertes sur la formation des vagues et les nouvelles techniques de prévisions. Présente les résultats de ta recherche de façon originale.

ALLER À) www.beaucheminediteur.com/physique12

25. L'antenne d'émission d'une station de radio est située à 7,00 km de ta maison. La fréquence de l'onde élec-tromagnétique diffusée par cette station est de 536 kHz. La station construit une seconde antenne qui diffuse une onde électromagnétique identique, en phase avec la première. La nouvelle antenne se trouve à 8,12 km de ta maison. Démontre, à l'aide de diagrammes et de calculs, s'il se produit des interférences constructives ou destructives aux alentours de ta radio.

26. Un concert rock a lieu en plein champ. Deux haut-parleurs sont à une distance de 7,00 m l'un de l'autre. Les deux haut-parleurs émettent en phase et produisent des basses de 85 Hz simultanément. Une ligne centrale est tracée à l'avant des haut-parleurs, perpendiculaire au point médian de la ligne entre les haut-parleurs. Détermine le plus petit angle, relativement à l'un des côtés de cette ligne de réfé-rence, qui représente les places où les spectateurs auront de la difficulté à entendre les basses de 85 Hz. (La vitesse du son est de 346 m/s.)

27. Deux haut-parleurs stéréo sont séparés par une dis-tance de 4,00 m le long d'un mur est-ouest d'une chaîne de cinéma maison. Une erreur de câblage fait que les cônes diffuseurs sont déphasés à 180°.
    a) Quel est le problème principal de cette configu-ration, si tu es assis à un point équidistant des haut-parleurs?
    b) À quel point devrais-tu te déplacer plein est le long du mur opposé, à 5,0 m plus loin, pour entendre une pointe ayant le niveau d'intensité d'un son de 842 Hz? (La vitesse du son est de 346 m/s.)

28. Deux antennes radio de 1,0 MHz diffusant en phase sont séparées par une distance de 585 m le long d'une ligne nord-sud. Un poste de radio situé à 19 km des deux antennes, du côté est de la ligne, capte un signal assez fort. Jusqu'où au nord faudrait-il déplacer le récepteur pour détecter un signal aussi fort?

Le présent chapitre est haut en couleur (**figure 1**); il traite notamment des bulles de savon, des effets colorés de l'huile sur l'eau, du spectre visible et des plumes de paon. Bientôt, tu verras comment se produisent ces effets et comment fonctionnent les CD (disques compacts) et les lunettes de soleil Polaroïd. Ensuite, nous compléterons notre exploration de la nature ondulatoire de la lumière par une analyse des ondes électromagnétiques visibles et invisibles.

Les applications commerciales, qui n'auraient pu être élaborées sans une bonne compréhension de la théorie ondulatoire de la lumière, sont très courantes dans la vie de tous les jours. Par exemple, ta montre numérique ou l'afficheur de ta calculatrice fonctionnent grâce à la polarisation de la lumière. Observe le spectre réfléchi par un CD ou l'effet miroitant d'un autocollant de pare-chocs. C'est la lumière qui a été diffractée par un système de petits prismes ou réseaux. Regarde les couleurs du spectre sur la chaussée après la pluie, admire la beauté d'une grosse bulle de savon à la lumière du jour, ou encore les plumes d'un paon. Tous ces phénomènes mettent en jeu l'interférence lumineuse dans les couches minces. Réponds à un téléphone cellulaire ou regarde les images à la télévision qui ont été transmises par satellite à travers le monde entier. Ces actions rendues possibles grâce à l'élaboration de technologies font appel à la compréhension du phénomène des ondes électromagnétiques. Même la production d'une lotion solaire exige une bonne compréhension du phénomène.

💡 **FAIS LE POINT** sur tes connaissances ▼

1. Pourquoi crois-tu que les lunettes polarisantes diminuent l'éblouissement?
2. Pourquoi crois-tu qu'un CD produit, sous une lumière blanche, un effet d'arc-en-ciel?
3. Pourquoi la lentille de ta caméra produit-elle un éblouissement violet?
4. Les plumes de paon ont des couleurs brillantes, surtout dans les parties vertes et bleues du spectre (**figure 2**). Ces couleurs sont causées par l'effet ondulatoire de la lumière, et non par les pigments des plumes. Peux-tu expliquer cet effet?

Figure 2
Un paon qui déploie son plumage.

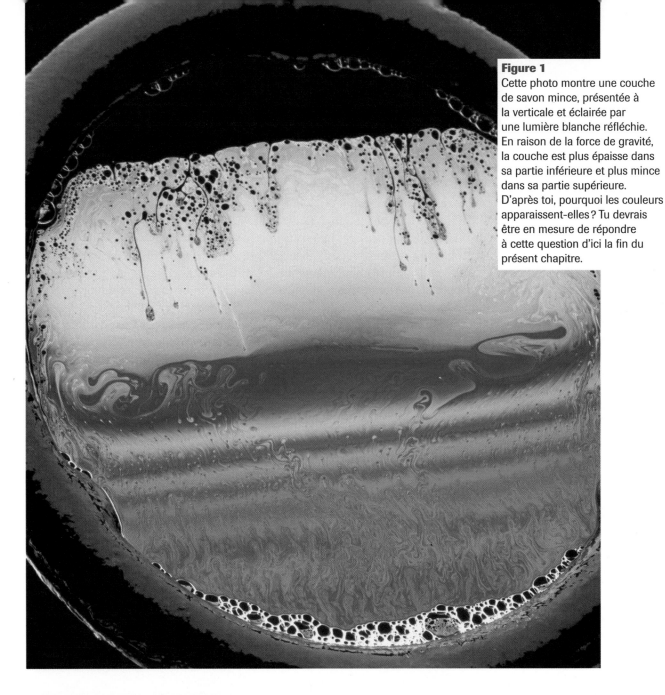

Figure 1
Cette photo montre une couche de savon mince, présentée à la verticale et éclairée par une lumière blanche réfléchie. En raison de la force de gravité, la couche est plus épaisse dans sa partie inférieure et plus mince dans sa partie supérieure. D'après toi, pourquoi les couleurs apparaissent-elles ? Tu devrais être en mesure de répondre à cette question d'ici la fin du présent chapitre.

▶ *À toi* d'expérimenter   *Une couche mince sur l'eau*

Pour cette activité, tu auras besoin d'un bout de tissu noir ou d'un bout de papier de bricolage noir, d'un morceau de verre plat, d'une petite quantité de kérosène ou d'huile légère pour machines, d'une source lumineuse brillante ainsi que de filtres rouge et noir.

- Étends le tissu ou le papier de bricolage sur une table à surface plane.
- Place le verre plat sur le dessus de la surface noire. Couvre la surface du verre d'une mince couche d'eau.
- Verse quelques gouttes d'huile légère pour machines ou de kérosène sur l'eau.

- Dirige vers la surface une source lumineuse blanche brillante, comme une liseuse à quartz. Éteins les lumières dans la pièce. Note le modèle d'interférence à la surface de l'eau.
- Place un filtre rouge, puis un filtre bleu devant la lumière, et note les changements observés dans le modèle.

a) D'après toi, que représentent les zones sombres apparaissant sur la couche d'huile ?

b) Selon toi, qu'est-ce qui a pu provoquer les modèles observés ?

c) Pourquoi le modèle change-t-il lorsque nous modifions la couleur de la lumière ?

Figure 1
Ce cristal de calcite (irradié par une lumière rose) crée une image double.

Figure 2
Les ondes polarisées se propageant verticalement dans une corde sont bloquées presque complètement par une fente polarisante horizontale.

polarisé linéairement qui peut vibrer dans un même plan seulement

non polarisé qui vibre dans toutes les directions perpendiculairement au sens de la propagation

polarisation confinement des vibrations d'une onde dans une direction

polariseur moyen naturel (p. ex., des nuages) ou artificiel (p. ex., des filtres) servant à polariser

L'interférence n'a pas su indiquer si les ondes lumineuses étaient transversales ou longitudinales. Il est possible de produire un modèle d'interférence à deux sources à partir d'ondes sonores longitudinales dans l'air et de vagues transversales dans une cuve à ondes (expérience de Young).

En 1669, le scientifique danois Erasmus Bartholinus a découvert que, lorsqu'il dirigeait un faisceau de lumière dans un cristal de calcite, le rayon se divisait en deux faisceaux, effet observé en plaçant un cristal de calcite sur un mot écrit. La **figure 1** montre que deux rayons créent une image double. Pourquoi la lumière se propage-t-elle dans deux directions ?

Supposons que les vibrations lumineuses sont transversales et qu'elles se propagent dans toutes les directions, perpendiculairement au plan de propagation de la lumière. Si une telle onde traverse un filtre qui permet aux vibrations de se produire dans un même plan, les ondes sont **polarisées linéairement** dans ce cas. Illustrons cela à l'aide d'un modèle mécanique. Les ondes transversales produites d'une corde déplacées rapidement de haut en bas, puis de gauche à droite, sont **non polarisées**. Si la corde traverse une fente verticale, les ondes transmises ne vibrent que dans le plan vertical, de haut en bas. Si ces ondes polarisées verticalement rencontrent une deuxième fente, horizontale cette fois, l'énergie est absorbée ou réfléchie, et la transmission des ondes sera presque complètement bloquée (**figure 2**). Ce comportement vaut également pour la lumière.

Maintenant que tu connais les notions élémentaires de la **polarisation**, nous pouvons étudier l'effet des **polariseurs** — naturels et artificiels — sur la lumière. De quelle façon pouvons-nous réduire ou même presque supprimer l'intensité de la lumière ? Comment pouvons-nous obtenir une lumière polarisée par réflexion ou par diffusion ?

> ### ▶ À toi d'expérimenter — *Les feuilles de polaroïd*
>
> 1. Tends un polaroïd vers une source lumineuse et fais-lui subir une rotation de 180°.
> 2. Tiens deux polaroïds ensemble, de façon à faire passer la lumière au travers. Maintiens une feuille fixe, puis tourne l'autre de 180°.
> 3. Avec une lumière, crée un effet d'éblouissement sur une surface métallique. Observe l'éblouissement à travers un polaroïd. Tourne la feuille.
> 4. Regarde diverses parties de ciel bleu dégagé et tourne le polaroïd.
>
> ✋ **Ne regarde jamais le Soleil directement, même avec des filtres polarisants ; ils ne protègent pas les yeux contre les rayons ultraviolets et infrarouges.**

Lorsque la lumière traverse un filtre polarisant, les ondes lumineuses sont polarisées dans un même plan. Si le filtre est orienté de façon à propager les vibrations à l'horizontale, nous disons que la lumière est polarisée horizontalement. Si cette lumière polarisée horizontalement rencontre un deuxième filtre polarisant (« l'analyseur ») qui la polarise dans un plan vertical, l'énergie de la lumière est presque complètement absorbée (**figure 3**). Une telle absorption se produit chaque fois que les axes des filtres polarisants sont disposés à angle droit l'un par rapport à l'autre. Lorsque les axes des deux filtres sont parallèles, la lumière polarisée par le premier filtre traverse le deuxième filtre sans être absorbée (**figure 4**).

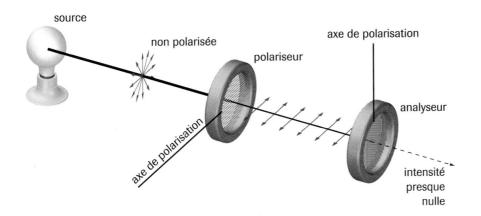

source
non polarisée
polariseur
axe de polarisation
axe de polarisation
analyseur
intensité presque nulle

a)

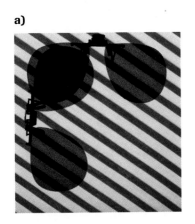

b)

Figure 4
a) Filtres polarisants avec axes perpendiculaires (aucune émission de lumière)
b) Filtres polarisants avec axes parallèles (émission partielle de lumière)

Figure 5
Les ondes longitudinales traversent les filtres polarisants non touchés.

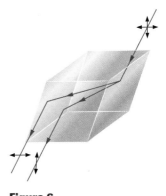

Figure 6
Polarisation dans un cristal de calcite

réfraction double propriété de certains cristaux (p. ex., la calcite) de séparer un faisceau lumineux incident en deux

monochromatique qui est composé d'une seule couleur ou qui comporte une seule longueur d'onde

Si la lumière était émise sous forme d'onde longitudinale, les vibrations ne pourraient se propager que dans une seule direction, la direction de propagation de l'onde. Une onde semblable traverserait une paire de filtres polarisants sans être polarisée (**figure 5**). En d'autres termes, une onde longitudinale ne peut pas être polarisée. La lumière, comme nous l'avons vu, se comporte comme une onde ; elle doit donc agir comme une onde transversale, et non comme une onde longitudinale.

Si nous revenons au cristal de calcite, pourquoi produit-il deux faisceaux ? Lorsqu'un faisceau de lumière non polarisée atteint la calcite, il est divisé par la structure du cristal en deux faisceaux polarisés à angle droit, comme à la **figure 6**, et ce phénomène est appelé **réfraction double**. Il a été déterminé que l'un des faisceaux n'obéit pas à la loi de Snell. Si une lumière **monochromatique** (une seule longueur d'onde par exemple, 590 nm) atteint la calcite, un faisceau réagit comme si le cristal avait un indice de réfraction net de 1,66, et l'autre réagit comme s'il en avait en variant de 1,49 à 1,66, selon l'angle d'incidence. L'explication complète du phénomène est trop complexe pour être intégrée au présent manuel.

Il existe quatre méthodes de polarisation. La première s'obtient par la réfraction double, la deuxième utilise la réflexion, lorsqu'il y a une certaine absorption à l'endroit où la lumière est réfléchie par une surface lisse. Les ondes lumineuses réfléchies par une surface plate sont partiellement polarisées dans le plan horizontal (**figure 7**). En général, la lumière éblouissante est réfléchie par des surfaces horizontales, comme un cours d'eau, un capot d'automobile ou une chaussée pavée. Les filtres polarisants des lunettes Polaroïd sont disposés, pour cette raison, dans un plan vertical, atténuant ainsi l'éblouissement en absorbant horizontalement la lumière polarisée réfléchie par des surfaces horizontales.

non polarisée
polarisée linéairement

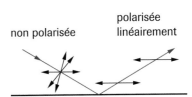

Figure 7
Une lumière réfléchie par une surface non métallique est partiellement polarisée dans le plan horizontal.

Pluie, radar et avions

Les avions sont souvent les cibles de radars, mais par temps pluvieux, il est parfois difficile de faire la distinction entre les impulsions produites par la pluie réfléchie et celles de la cible réfléchie. Étant donné que les impulsions radars réfléchies par la cible sont polarisées d'une manière différente de celles réfléchies par la pluie, les filtres polarisants de la station radar peuvent servir à séparer les fouillis d'échos de la pluie de la cible réelle, c'est-à-dire l'avion.

diffusion changement de direction des particules ou des ondes après une collision avec des particules

polaroïd feuille de plastique polarisant la lumière

photoélasticité propriété d'un matériau qui, à l'analyse, permet de déterminer la répartition des contraintes de ce matériau

▶ À toi d'expérimenter

Les lunettes de soleil Polaroïd

Prends une paire de lunettes de soleil Polaroïd et regarde une automobile rutilante en plein soleil. Ensuite tourne tes lunettes de 90°. Que vois-tu ?

🤚 Ne regarde jamais le Soleil directement, même avec des filtres polarisants ; ils ne protègent pas les yeux contre les rayons ultraviolets et infrarouges.

La troisième méthode est celle de la **diffusion**. La lumière du soleil traverse notre atmosphère et rencontre de petites particules qui diffusent la lumière. La diffusion fait paraître le ciel bleu, puisque les longueurs d'onde plus courtes (tons de violet et de bleu) sont plus diffusées que les longueurs d'onde plus longues (tons d'orange et de rouge). Cette diffusion entraîne également la polarisation de la lumière. Tu peux démontrer la polarisation en regardant le ciel à travers une feuille polaroïd qui tourne ou à travers des lunettes Polaroïd. Le degré de polarisation dépend de la direction dans laquelle tu regardes ; il est plus élevé si tu es placé selon un angle droit par rapport à la direction de la lumière du soleil (**figure 8**). Les photographes utilisent des filtres polaroïd pour améliorer les photos du ciel et des nuages. Puisque de grands passages du ciel sont considérablement polarisés, le filtre polarisant met les nuages bien en vue en atténuant l'éblouissement (**figure 9**).

La quatrième méthode de polarisation consiste à utiliser un filtre polarisant. La calcite, la tourmaline et autres cristaux polarisants naturels sont rares et fragiles, et ont fait de la polarisation une curiosité de laboratoire jusqu'en 1928. Cette année-là, Edwin Land a conçu une matière plastique polarisante appelée **polaroïd**. Le polaroid consiste en de longues chaînes d'alcool polyvinylique imprégnées d'iode et étirées de façon à être disposées en parallèle. (À l'origine, le polariseur était fabriqué de cristaux aciculaires microscopiques d'iode.) Étant donné que le polaroïd facilitait la diffusion d'une lumière polarisée, cela a permis de nombreuses applications courantes. De plus, les feuilles de ce nouveau plastique pouvaient servir d'analyseurs, facilitant la détection de la lumière polarisée dans la nature et permettant de déterminer son plan de polarisation.

Les matériaux tels que le verre et la lucite (un plastique transparent ou translucide), qui deviennent doublement réfringents lorsqu'ils subissent une contrainte mécanique, se caractérisent par une propriété appelée **photoélasticité**. Lorsqu'un matériau photoélastique est installé entre des disques polarisants et des analyseurs, les modèles de contraintes (et donc la répartition des contraintes) sont révélés, comme à la **figure 10**.

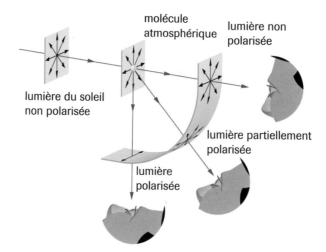

Figure 8
En étant diffusée par des particules atmosphériques, la lumière non polarisée du soleil devient partiellement polarisée.

a)

b)

Figure 9
Les effets de la couche nuageuse sont améliorés lorsque nous ajoutons un filtre polarisant à la caméra.
a) photographie prise sans filtre polarisant
b) photographie prise à l'aide d'un filtre polarisant

Les ingénieurs qui analysent les contraintes dans des objets tels que des armatures et des engrenages créent des modèles en lucite. Lorsque les modèles sont placés sous contrainte mécanique, les zones de concentration de contrainte sont facilement observables, ce qui permet de modifier les dessins techniques avant de construire les objets.

La polarisation a été utilisée au cinéma pour créer l'illusion de trois dimensions. Deux images chevauchantes, cadrées par des caméras à quelques centimètres de distance, telle une paire d'yeux, sont projetées sur l'écran du cinéma par une paire de projecteurs, chacun muni d'un filtre polaroïd. Les directions de polarisation choisies doivent être perpendiculaires. Les gens dans la salle reçoivent des lunettes en carton et en polaroïd, qui contiennent des filtres orientés de façon à correspondre aux filtres polarisants du projecteur. L'œil gauche des gens ne voit donc que les images captées par la caméra de gauche dans le studio de cinéma et l'œil droit, que les images captées par la caméra de droite. Puisque le cerveau reçoit des entrées différentes pour l'œil gauche et l'œil droit, l'écran ressemble à une fenêtre et présente un panorama en trois dimensions.

Pour pouvoir détecter la lumière polarisée, nos yeux exigent un filtre polarisant externe. Toutefois, les yeux de certaines bêtes, comme les fourmis, les limules et les araignées, sont sensibles à la lumière polarisée ; elles utilisent la lumière polarisée du ciel, obtenue par diffusion, comme aide à la navigation.

Plusieurs applications pratiques de la polarisation utilisent le phénomène de l'**activité optique**, c'est-à-dire l'aptitude de certaines substances, comme le sucre, la térébenthine et l'insuline, à faire tourner le plan de polarisation d'un faisceau lumineux (**figure 11**). Les solutions de telles substances font tourner le plan de polarisation en proportion de la concentration de la solution et de la longueur du trajet optique à travers la substance. En plaçant un récipient de verre entre les polariseurs linéaires, nous pouvons mesurer l'angle qu'a pris le plan de polarisation, ce qui fournit une indication quant à l'identité et la quantité de substance dissoute. L'appareil servant à mesurer le pourcentage de polarisation est appelé un *polarimètre*.

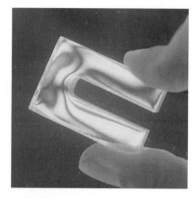

Figure 10
Lorsque la lucite est placée entre deux polariseurs, les contraintes deviennent visibles.

activité optique propriété d'une substance par laquelle un matériau transparent fait tourner le plan de polarisation d'une lumière émise

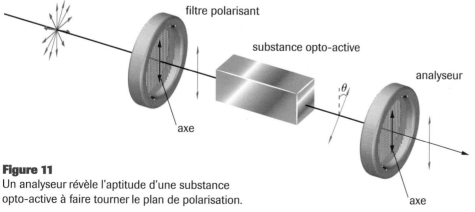

filtre polarisant

substance opto-active

analyseur

axe

θ

axe

Figure 11
Un analyseur révèle l'aptitude d'une substance opto-active à faire tourner le plan de polarisation.

axe

- La polarisation de la lumière peut être obtenue par différentes méthodes : réfraction double, diffusion, réflexion et filtre polarisant.

- La polarisation a permis de prouver que la lumière est une onde transversale.

- Un polaroïd peut servir à détecter la présence d'une lumière polarisée et l'orientation du plan de polarisation.

- La diffusion se produit lorsque la lumière du soleil traverse notre atmosphère et rencontre de petites particules qui diffusent la lumière.

- Les filtres polarisants ont plusieurs utilisations, y compris la réduction de l'éblouissement, l'analyse des contraintes et les utilisations qu'on en fait en photographie.

- L'activité optique de certains matériaux peut servir à identifier certaines substances.

▶ *Section 10.1* *Questions*

Saisis bien les concepts

1. Décris brièvement de quelle façon chacune des méthodes de polarisation polarise la lumière.

2. Explique comment une paire de feuilles de polaroïd peut servir à changer l'intensité d'un faisceau lumineux.

3. Juste avant que le soleil se couche, un conducteur croise la lumière du soleil réfléchie par le côté d'un édifice. Est-ce que des lunettes Polaroïd arrêteront cet éblouissement ?

Mets en pratique tes connaissances

4. Bon nombre de lunettes de soleil sont censées être polarisantes. Décris deux méthodes différentes de vérifier les aptitudes polarisantes des lunettes de soleil.

5. Tu as placé un cristal de calcite sur la lettre A inscrite sur un bout de papier autrement vierge et fait tourner le cristal de façon que deux images se produisent. Si tu devais regarder les images à travers un filtre polaroïd, en tournant lentement le filtre de 180°, que verrais-tu ? Explique.

Fais des liens

6. À l'aide d'Internet et d'autres sources d'information, fais des recherches sur les afficheurs à cristaux liquides (ACL) utilisés couramment dans des écrans électroniques, comme dans les afficheurs de calculatrices et de montres-bracelets numériques. Rédige un bref compte rendu pour expliquer la façon dont les ACL utilisent la polarisation

 www.beauchemineediteur.com/physique12

7. À l'aide d'Internet et de documents imprimés, fais des recherches sur l'activité optique et les polarimètres et réponds aux questions suivantes :

a) Le premier polarimètre a été utilisé au début des années 1900 dans l'industrie de la betterave à sucre. Sais-tu comment on appelait le polarimètre à cette époque ? Pourquoi s'agissait-il d'une importante innovation pour les fermiers et les fermières ?

b) Quelles industries utilisent couramment le polarimètre aujourd'hui, et à quelles fins ?

 www.beauchemineediteur.com/physique12

La lumière qui traverse une fente simple étroite est diffractée. Le pourcentage de diffraction augmente avec l'étroitesse des fentes. Toutefois, il se produit également de l'interférence. La **figure 1** (et la rubrique Recherche 10.2.1) indique qu'un modèle de raies brillantes et sombres apparaît si nous plaçons un écran de l'autre côté de la fente. Le modèle consiste en une région centrale brillante (le **maximum central**) avec des régions sombres d'interférence destructive alternant avec les zones brillantes de moins en moins intenses (les **maximums secondaires**) de chaque côté.

maximum central région centrale brillante dans le modèle d'interférence de la lumière suivie de lignes sombres résultant de la diffraction

maximums secondaires zones de moins en moins brillantes, à l'extérieur de la région centrale, dans le modèle d'interférence

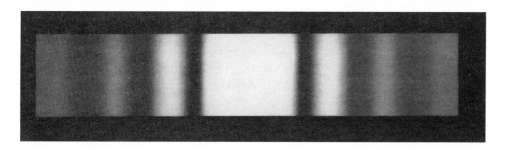

Figure 1
Remarque le maximum central et les maximums secondaires.

Bien que le modèle ressemble un peu à celui de Young, l'intervalle entre les zones brillantes et sombres est bien différent. La **figure 2**, produite avec des sources blanche, bleue et rouge qui traversent séparément la même fente, indique qu'ici, comme pour le modèle à double fente de Young, la longueur d'onde de la source influe sur le pourcentage de diffraction.

Figure 2
Diffraction à fente simple de la lumière blanche, bleue et rouge

Si tu observes attentivement la diffraction des vagues à travers une seule ouverture, tu remarqueras des lignes nodales (**figure 3**), qui indiquent que la théorie ondulatoire prévoit l'interférence pour le modèle de diffraction à fente simple de la lumière. Pour voir de quelle façon un modèle d'interférence est produit à partir de la lumière, nous pouvons analyser le comportement des ondes de la lumière monochromatique qui traverse une fente simple. Il suffit de réaliser une analyse mathématique ou une expérience pratique semblable à celle de la Recherche 10.2.1, dans la section Activités en laboratoire à la fin du présent chapitre. ⬡▮

 **RECHERCHE 10.2.1**

La diffraction de la lumière à travers une fente simple (p. 540)
Quels sont les modèles prévus de diffraction et d'interférence créés par une fente ou un obstacle? Quelle relation nous permet de déterminer la longueur d'onde de la lumière, la taille et la position du modèle d'interférence, ou la largeur d'une fente?

Figure 3
Diffraction des vagues à travers
a) une seule ouverture large
b) une seule ouverture étroite

a) b)

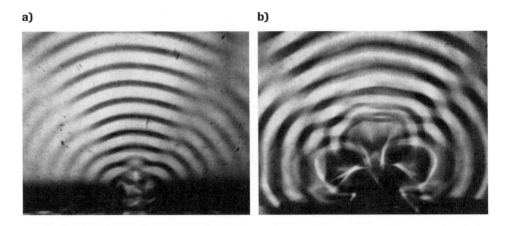

Nous pouvons prendre une fente simple éclairée par une lumière monochromatique comme une rangée de sources ponctuelles comportant un nombre limité raisonnable de sources — disons 12 — rapprochées et vibrant en phase. Chacune de ces sources produit des ondes secondaires circulaires distinctes telles qu'elles sont décrites par Huygens. Un écran placé de l'autre côté de la fente révèle un modèle d'interférence, la somme des contributions de chacune de ces sources ponctuelles. Les diverses sources ponctuelles produisent une interférence constructive et une interférence destructive en raison des différentes phases d'oscillations qui atteignent l'écran sur différentes distances.

Nous utiliserons des rayons de vagues pour représenter la direction du mouvement des ondelettes individuelles de Huygens produites par l'ouverture de la fente. Voyons d'abord le cas de rayons lumineux qui traversent directement la fente (**figure 4**). Puisque les rayons provenant des 12 sources ponctuelles commencent tous en phase et franchissent à peu près la même distance jusqu'à l'écran, ils arrivent essentiellement en phase. L'interférence constructive produit une zone brillante sur l'écran ; c'est le maximum central.

Figure 4
Les rayons de toutes les parties
de la fente arrivent au centre
de l'écran, plus ou moins en phase.

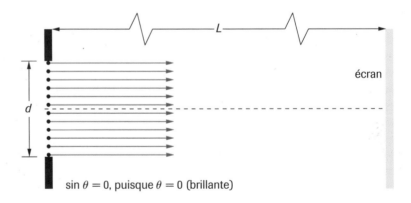

$\sin \theta = 0$, puisque $\theta = 0$ (brillante)

Dans le cas de la lumière diffractée selon un angle vers le bas (**figure 5a)**), les ondes de la partie supérieure de la fente (point 1) se déplacent plus loin que celles de la partie inférieure (point 12). Si la différence de trajet équivaut à une longueur d'onde, les rayons lumineux du centre de la fente parcourront une demi-longueur d'onde de plus que ceux de la partie inférieure de la fente. Ils seront donc déphasés, produisant une interférence destructive. De même, les ondes légèrement au-dessus de la partie inférieure (point 11) et légèrement au-dessus du point central (point 5) s'annuleront. En fait, le rayon provenant de chaque point dans la moitié inférieure de la fente annulera le rayon partant d'un point correspondant dans la moitié supérieure de la fente. Par conséquent, les rayons interfèrent de façon destructive par paires, faisant apparaître une bande sombre, ou frange sombre, sur l'écran. L'interférence destructive se produit de la même manière

a)

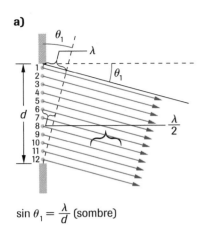

$\sin \theta_1 = \dfrac{\lambda}{d}$ (sombre)

b)

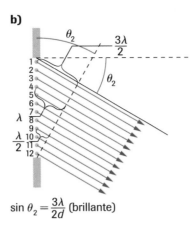

$\sin \theta_2 = \dfrac{3\lambda}{2d}$ (brillante)

c)

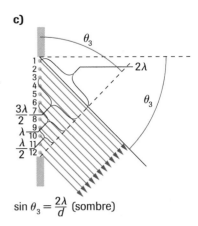

$\sin \theta_3 = \dfrac{2\lambda}{d}$ (sombre)

Figure 5
a) Formation de la première frange sombre
b) Formation de la première frange claire
c) Formation de la deuxième frange sombre

à une distance égale au-dessus du maximum central. Comme dans le cas du premier minimum illustré à la **figure 5a)**, la différence de trajet d'une longueur d'onde est obtenue par $d \sin \theta_1 = \lambda$. En reformulant cette équation, l'angle θ_1 dans lequel apparaît le premier minimum est obtenu comme suit :

$$\sin \theta = \frac{\lambda}{d} \quad \text{(premier minimum)}$$

Si nous considérons maintenant un angle plus grand, θ_2, pour lequel la différence de trajet entre la partie supérieure et la partie inférieure de la fente est de $\frac{3}{2}\lambda$, nous constatons que, pour chaque source ponctuelle dans le tiers inférieur, il existe une source ponctuelle correspondante dans le tiers central, à $\frac{\lambda}{2}$ plus loin de l'écran. Ces paires de sources ponctuelles interfèrent de façon destructive (**figure 5b)**). Toutefois, les ondes du tiers supérieur de la fente atteignent l'écran à peu près en phase, produisant un point brillant. Le point brillant n'est pas aussi intense que le maximum central, puisque la majeure partie de la lumière qui traverse la fente selon cet angle θ_2, calculée selon l'équation $\sin \theta_2 = \frac{3\lambda}{2d}$, aura une interférence destructive.

Pour un angle encore plus grand, θ_3, les ondes supérieures parcourent une distance de 2λ plus grande que celles issues de la partie inférieure de la fente (**figure 5c)**). Les ondes provenant du quartier inférieur annulent, par paires, celles du quartier juste au-dessus, puisque la différence de trajet est de $\frac{\lambda}{2}$. Celles du quartier au-dessus du centre annulent, par paires, celles du quartier supérieur. Selon cet angle θ_3, calculé selon l'équation $\sin \theta_3 = \frac{2\lambda}{d}$, une deuxième ligne d'intensité nulle se produit dans le modèle de diffraction.

En résumé, les minimums, ou franges sombres, se produisent à

$$\sin \theta = \frac{\lambda}{d}, \frac{2\lambda}{d}, \frac{3\lambda}{d}, \dots$$

Ou, en général,

$$\sin \theta_n = \frac{n\lambda}{d} \quad \text{(minimums)}$$

où θ est la direction de la frange, λ, la longueur d'onde, d, la largeur de la fente, et $n = 1, 2, 3, \dots$, l'ordre du minimum.

Les maximums, ou franges brillantes, se produisent à

$$\sin \theta = 0, \frac{3\lambda}{2d}, \frac{5\lambda}{2d}, \dots$$

Ou, en général,

$$\sin \theta_m = \frac{\left(m + \frac{1}{2}\right)\lambda}{d} \quad \text{(maximums)}$$

où θ est la direction de la frange, λ, la longueur d'onde, d, la largeur de la fente, et $m = 1, 2, 3, ...$, l'ordre du maximum au-delà du maximum central.

Puisqu'il y a de plus en plus de sources lumineuses ponctuelles qui interfèrent de façon destructive, par paires, à chaque zone brillante successive, l'intensité de la lumière diminue. La diminution est évidente à la **figure 6**, qui illustre un tracé d'intensité par rapport à sin θ pour une diffraction à fente simple.

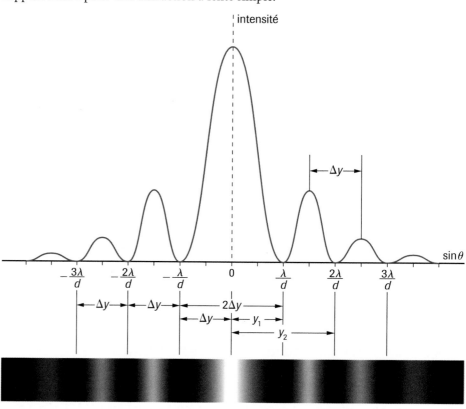

Figure 6
Graphique représentant l'intensité par rapport à sin θ pour une diffraction à travers une fente simple. Le modèle d'interférence réel est représenté sous le graphique.

Comme dans l'analyse du modèle d'interférence à fente double, la valeur de sin θ_1 peut être déterminée à partir du rapport $\sin \theta_1 \simeq \tan \theta_1 = \frac{y_1}{L}$, où y_1 est la distance à partir du point central dans le modèle de diffraction, et L, la distance perpendiculaire entre la fente et l'écran (**figure 7**).

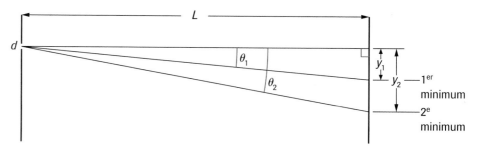

Figure 7

La largeur du maximum central est définie par les premiers minimums de chaque côté de la raie centrale. Pour obtenir la position du premier minimum sur l'écran,

$$\sin \theta_1 = \frac{\lambda}{d}$$

$$\frac{y_1}{L} = \frac{\lambda}{d} \quad \text{(pour une bonne approximation)}$$

$$\lambda = \frac{dy_1}{L}$$

Donc, la largeur du maximum central est $y_1 + y_1$ (**figure 6**). Puisque la séparation des maximums et des minimums (Δy), à l'extérieur de la zone centrale, est identique à y_1, nous pouvons reformuler la relation $\lambda = \frac{dy_1}{L}$ comme suit : $\lambda = \frac{d\Delta y}{L}$. Cette dernière équation est utile pour analyser le modèle de diffraction à fente simple, déterminer la longueur d'onde de la lumière et prévoir les dimensions du modèle et les positions des franges. Le problème ci-dessous illustre cette situation.

> **CONSEIL PRATIQUE**
>
> **tangente par rapport au sinus**
>
> $\sin \theta \simeq \tan \theta = \frac{y}{L}$ pour $L >> y$;
> pour de petits angles, la tangente est une bonne approximation par rapport au sinus. Vérifie-le en dessinant un triangle rectangle avec un très petit angle aigu ou en vérifiant les valeurs à l'aide de ta calculatrice.

▶ **PROBLÈME**

La lumière émise par un pointeur laser et dont la longueur d'onde est de $6{,}70 \times 10^2$ nm traverse une fente de 12 μm de largeur. Un écran est placé à 30 cm de là.

a) Quelle est la largeur du maximum central I) en degrés et II) en centimètres ?

b) Quel est l'écart entre les minimums adjacents (en excluant la paire de chaque côté du maximum central) ?

Solution

a) $\lambda = 6{,}70 \times 10^2$ nm $= 6{,}70 \times 10^{-7}$ m $\qquad n = 1$

$d = 12\ \mu$m $= 1{,}2 \times 10^{-5}$ m $\qquad \theta = ?$

$L = 0{,}30$ m

I) D'un côté ou de l'autre de la raie centrale, la largeur du maximum central est définie par les franges sombres de premier ordre. Donc,

$$\sin \theta_1 = \frac{\lambda}{d}$$

$$= \frac{6{,}70 \times 10^{-7}\ \text{m}}{1{,}2 \times 10^{-5}\ \text{m}}$$

$$\sin \theta_1 = 5{,}58 \times 10^{-2}$$

$$\theta_1 = 3{,}2°$$

La largeur angulaire du maximum central est de $2 \times 3{,}2° = 6{,}4°$.

II) $$\sin \theta_1 = \frac{y_1}{L}$$

$$y_1 = L \sin \theta_1$$

$$= (0{,}30\ \text{m}) \sin 3{,}2°$$

$$y_1 = 1{,}67 \times 10^{-2}\ \text{m ou } 1{,}7\ \text{cm}$$

La largeur du maximum central est de $2y_1$ ou $2 \times 1{,}67$ cm $= 3{,}3$ cm.

b) $$\lambda = \frac{d\Delta y}{L}$$

$$\Delta y = \frac{L\lambda}{d}$$

$$= \frac{(0{,}30\ \text{m})(6{,}70 \times 10^{-7}\ \text{m})}{1{,}2 \times 10^{-5}\ \text{m}}$$

$$\Delta y = 1{,}7 \times 10^{-2}\ \text{m, ou } 1{,}7\ \text{cm}$$

L'écart entre les minimums adjacents est de 1,7 cm. Le maximum central mesure exactement deux fois la distance séparant les autres franges sombres adjacentes.

Comme nous le montre le problème, la théorie ondulatoire prévoit que la largeur du maximum central correspond au double de l'écart compris entre les minimums adjacents. La photographie de la **figure 1** montre que la prévision est vraie. Notre interprétation des ondes selon l'expérience de Young et celle de la diffraction à fente simple semble correcte et apporte un appui additionnel à la théorie ondulatoire de la lumière.

Dans l'expérience de Young, chaque fente individuelle produit son propre modèle de diffraction à fente simple, les centres du modèle se trouvant à une distance d. Le maximum central produit par chaque fente étroite couvre une grande largeur au bord de l'écran, à distance suffisante. Par conséquent, les deux zones brillantes centrales se chevauchent et interfèrent l'une avec l'autre. Le modèle d'interférence à double fente est en réalité l'interférence consécutive de deux modèles de diffraction à fente simple. Les autres maximums d'un modèle de diffraction à fente simple se produisent très loin sur les côtés et sont généralement trop faibles pour pouvoir être observés. Si nous utilisons des fentes plus larges, ces maximums deviennent visibles, comme nous le montre la **figure 8**.

Figure 8
La photographie du haut illustre le modèle d'interférence produit par des fentes simples larges. La photographie du bas est un agrandissement de la section centrale de la photographie du haut. Seule la région centrale est observée dans la plupart des modèles d'interférence à double fente, où des fentes étroites sont utilisées.

Réponses

1. 49°
2. $2{,}2 \times 10^{-6}$ m
4. 4,4 cm
5. $6{,}49 \times 10^{-7}$ m
6. 6,6°
7. 0,67

▶ *Mise en pratique*

Saisis bien les concepts

1. Calcule l'angle selon lequel une lumière de $7{,}50 \times 10^2$ nm produit un deuxième minimum si la largeur de la fente simple est de 2,0 μm.

2. La première frange sombre d'un modèle de diffraction à fente simple se produit selon un angle de 15° pour une lumière dont la longueur d'onde est de 580 nm. Calcule la largeur de la fente.

3. La lumière rouge qui traverse une fente simple étroite forme un modèle d'interférence. Si la lumière rouge était remplacée par une lumière bleue, l'écart entre les maximums d'intensité (où se produit l'interférence constructive) serait différent. En quoi serait-il différent? Pourquoi?

4. Une lumière laser à hélium-néon ($\lambda = 6{,}328 \times 10^{-7}$ m) traverse une fente simple d'une largeur de 43 μm sur un écran situé à 3,0 m de là. Quel est l'écart entre les minimums adjacents, autres que ceux de chaque côté du maximum central?

5. Une lumière monochromatique rencontre une fente de $3{,}00 \times 10^{-6}$ m de largeur. L'angle entre les premières franges sombres de chaque côté du maximum central est de 25,0°. Calcule la longueur d'onde.

6. Une fente simple de $1{,}5 \times 10^{-5}$ m de largeur est éclairée par un laser à rubis ($\lambda = 694{,}3$ nm). Détermine la position angulaire du deuxième maximum.

7. La première frange sombre d'un modèle de diffraction à fente simple se trouve à un angle de $\theta_a = 56°$. Pour la même lumière, la première frange sombre formée avec une autre fente simple se trouve à $\theta_b = 34°$. Calcule le rapport $\dfrac{d_a}{d_b}$ des largeurs des deux fentes.

La résolution

La **résolution** est l'aptitude à séparer deux images rapprochées. Nous avons vu que les ondes lumineuses qui contournent un obstacle ou pénètrent dans une petite ouverture sont diffractées et que, plus l'ouverture ou l'obstacle est petit, plus la diffraction est grande. Cette caractéristique de la diffraction est importante dans la conception des microscopes et des télescopes.

Lorsque la lumière de deux sources traverse le même petit trou, non seulement la lumière de chaque source est-elle diffractée, mais les modèles de diffraction se chevauchent. Le chevauchement rend l'image floue (**figure 9**). Si le trou est très petit et que les sources sont très proches, le chevauchement peut être long, ce qui empêche de distinguer les images individuelles.

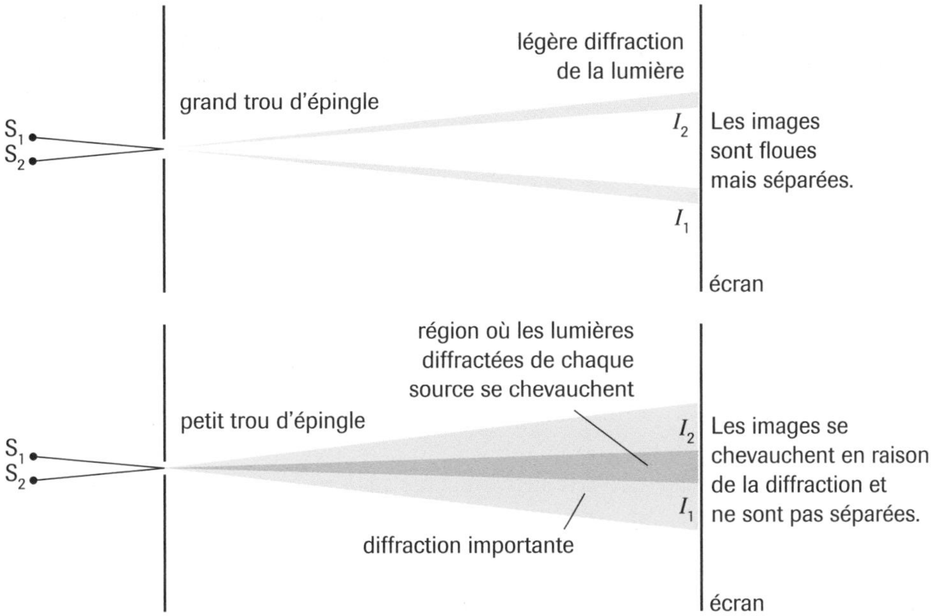

résolution aptitude d'un instrument à séparer deux images rapprochées

Figure 9
En regardant par un grand trou d'épingle, les images sont floues en raison de la diffraction, mais reconnaissables. Avec un petit trou d'épingle, les modèles de diffraction se chevauchent à un point tel que les deux images ne peuvent être séparées.

▶ **À TOI** d'expérimenter   *La résolution*

Installe deux lampes vitrines (lampes à incandescence ayant une forme tubulaire) côte à côte à une extrémité d'une pièce sombre. Découpe une ouverture dans un bout de carton rigide, puis colle un bout de feuille d'aluminium sur l'ouverture. Dans la feuille, perce trois petits trous de diamètres différents, en commençant par un trou d'épingle. Place chaque trou, l'un après l'autre, devant un œil. Regarde les deux ampoules en fermant l'autre œil. Comment la dimension du trou affecte-t-elle ton aptitude à bien distinguer les deux lampes? Quelle est la relation entre la taille de l'ouverture et la résolution?

Si nous remplaçons le petit trou par une lentille, nous définissons la résolution comme étant l'aptitude de la lentille à produire deux images nettes et distinctes. Étant donné que la lumière traverse une ouverture limitée lorsqu'elle pénètre une lentille, un modèle de diffraction se forme autour de l'image. Si l'objet est extrêmement petit, le modèle de diffraction prend la forme d'un point brillant central (appelé tache d'Airy, d'après l'astronome britannique du XIXᵉ siècle Sir George Airy) entouré de franges d'interférence circulaires concentriques brillantes et sombres. Si deux objets sont extrêmement rapprochés, par exemple une étoile double, les deux modèles de diffraction se chevauchent. Les franges brillantes d'un modèle rencontrent les franges sombres du deuxième modèle, donnant l'impression que les deux objets se fondent l'un dans l'autre et ne peuvent être séparés.

Comme pour un trou, le diamètre est important : plus le diamètre de la lentille est petit, plus il est difficile de séparer deux objets très rapprochés. Les photographies de la **figure 10** illustrent ce comportement pour trois lentilles de diamètres différents. (Note que cette discussion se rapporte à la lentille en *entier*. Sur la photo, la lentille n'est pas toujours utilisée complètement. La résolution n'est améliorée qu'en utilisant le centre de la lentille.)

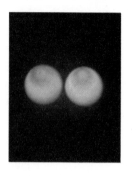

Figure 10
Vue de deux sources lumineuses adjacentes telles qu'elles apparaissent, de gauche à droite, à travers des lentilles de petit, moyen et grand diamètres. La résolution augmente en proportion de la taille de la lentille.

LE SAVAIS-TU ?

Abbé et Rayleigh
Ernst Abbé et Lord Rayleigh furent les premiers physiciens à découvrir les limites de l'optique des rayons et l'importance de la théorie ondulatoire.

Dans un microscope, la lentille d'un objectif comporte un petit diamètre. Tout microscope optique se limite donc à un grossissement maximum utile d'environ $1000\times$, car même la lentille la plus fine ne parvient à séparer un détail que dans une certaine mesure. En diminuant la longueur d'onde, nous pouvons augmenter le pouvoir de séparation. Par exemple, un microscope à ultraviolets peut détecter des détails beaucoup plus fins qu'un microscope utilisant la lumière visible. À la section 12.2, nous verrons que les microscopes électroniques, ayant des longueurs d'onde environ 10^{-5} plus courtes que celles de la lumière, permettent une résolution des objets allant jusqu'à 0,5 nm.

Les télescopes d'observatoire utilisent de grandes lentilles ou de grands miroirs pour augmenter la résolution. Les plus grands télescopes servent à visualiser les distances les plus éloignées dans l'espace, non seulement parce qu'ils reçoivent plus de lumière, mais parce qu'ils peuvent distinguer des étoiles individuelles qui paraissent très rapprochées dans le ciel (**figure 11**).

Figure 11
Le télescope Keck, à Hawaii, est le télescope optique ayant le plus grand diamètre de la planète.

RÉSUMÉ *La diffraction de la lumière à travers une fente simple*

- La lumière qui traverse une fente simple crée un modèle de diffraction. Le modèle consiste en une région centrale brillante avec, de part et d'autre, des régions sombres d'interférence destructive alternant avec des zones brillantes d'interférence constructive devenant graduellement moins intenses.

- Plus la fente est étroite, plus l'écart entre les maximums et les minimums est grand.

- Plus la longueur d'onde est longue, plus l'écart entre les maximums est grand.

- Les minimums, ou franges sombres, se produisent à $\sin \theta_n = \dfrac{n\lambda}{d}$
  ($n = 1, 2, \dots$).

- Les maximums, ou franges brillantes, se produisent au centre du modèle et à

$$\sin \theta_m = \frac{\left(m + \dfrac{1}{2}\right)\lambda}{d} \text{ où } m = 1, 2, \dots$$

- L'intervalle Δy entre les maximums ou les minimums adjacents est obtenu par
  la relation $\Delta y = \dfrac{\lambda L}{d}$ et la largeur du centre maximum est $2\Delta y$.

- Le modèle d'interférence à double fente de Young résulte de l'interférence
  de deux modèles de diffraction à fente simple.

- La résolution est limitée par la diffraction.

▶ *Section 10.2 Questions*

Saisis bien les concepts

1. Tu photographies un modèle de diffraction à fente simple à partir d'une lumière monochromatique. En quoi ton modèle différerait-il si la longueur d'onde était doublée ? si la longueur d'onde et la largeur de la fente étaient doublées en même temps ?

2. La lumière monochromatique rencontre une fente simple de $2{,}60 \times 10^{-6}$ m de largeur. L'angle entre les premières franges sombres de chaque côté du maximum central est de 12°. Calcule la longueur d'onde.

3. La neuvième frange sombre d'un modèle de diffraction à fente simple, obtenu à partir d'une source dont la longueur d'onde est de $6{,}94 \times 10^{-7}$ m, forme un angle de 6,4° à partir de l'axe central. Calcule la largeur de la fente.

4. Une fente simple de $2{,}25 \times 10^{-6}$ m de largeur, éclairée par une lumière monochromatique, produit une frange brillante du deuxième ordre à 25°. Calcule la longueur d'onde de la lumière.

5. Une fente simple étroite de $6{,}00 \times 10^{-6}$ m de largeur, éclairée par une lumière ayant une longueur d'onde de $\lambda = 482$ nm, produit un modèle de diffraction sur un écran situé à 2,00 m de là. Calcule a) la largeur angulaire du maximum central en degrés et b) la largeur en centimètres.

6. À la question 5, quelle serait la largeur angulaire si tout le montage était immergé dans l'eau ($n_e = 1{,}33$) et non dans l'air ($n_a = 1{,}00$) ?

7. Un laser à hélium-néon fonctionnant à 632,7 nm éclaire une fente simple de $1{,}00 \times 10^{-5}$ m de largeur. L'écran se trouve à 10,0 m de là. Calcule l'écart entre les maximums adjacents, autres que le maximum central.

8. Un faisceau émis par un laser à krypton ionisé ($\lambda = 461{,}9$ nm) rencontre une fente simple et produit un maximum central de 4,0 cm de largeur sur un écran situé à 1,50 m de là. Calcule la largeur de la fente.

9. La lumière émise par une lampe à vapeur de sodium ayant une longueur d'onde moyenne de 589 nm rencontre une fente simple de $7{,}50 \times 10^{-6}$ m de largeur.
   a) Quel est l'angle du deuxième minimum ?
   b) Quelle est la plus grande valeur de n ?

10. Alcor et Mizar sont deux étoiles situées dans le manche de la Grande Ourse (Ursa Major). Elles semblent former une seule étoile lorsque nous les regardons à l'œil nu (à moins que les conditions ne soient réellement bonnes) ; mais si nous utilisons des jumelles ou un télescope, nous en distinguons facilement deux. Explique pourquoi.

Mets en pratique tes connaissances

11. Prévois ce que tu verras si tu tiens un trombone entre ton pouce et ton index devant le faisceau d'un laser à hélium-néon. Essaie-le !

 Ne dirige jamais de faisceaux laser directs ou de faisceaux réfléchis droit dans les yeux de quelqu'un.

12. Les images numériques sont formées d'«unités d'image», ou de pixels. L'image de la femme de la **figure 12** comporte 84 pixels de largeur et 62 pixels de hauteur. De quelle façon peux-tu améliorer la résolution ? (*Indice :* Tiens compte de l'ouverture et de la distance.)

Figure 12

réseau de diffraction dispositif dont la surface est gravée d'un grand nombre de traits rapprochés parallèles et équidistants permettant de séparer la lumière en spectres ; les réseaux par transmission sont transparents ; les réseaux par réflexion sont réfléchissants

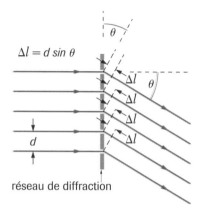

Figure 1
Les rayons lumineux traversant un réseau de diffraction

Un **réseau de diffraction** est un dispositif utilisé pour faire l'analyse des ondes, qui comporte un grand nombre de fentes parallèles et équidistantes agissant comme des sources lumineuses linéaires individuelles. L'analyse des ondes du modèle produit par ces ouvertures ressemble à celle que nous avons faite de la double fente. Les ondes qui traversent les fentes interfèrent de façon constructive sur l'écran de visualisation lorsque $\sin \theta_m = \dfrac{m\lambda}{d}$, où $m = 0, 1, 2, 3, \dots$ est l'ordre de la raie brillante ou du maximum. Cette condition pour une interférence constructive résulte de la différence de trajet $\Delta l = d \sin \theta$ entre des paires successives de fentes du réseau (**figure 1**).

Les modèles à double fente et à fentes multiples sont toutefois bien différents. D'abord, puisqu'il y a plus de fentes dans le réseau, la source à fentes multiples fournit plus d'énergie lumineuse, produisant un modèle d'interférence plus brillant. Ensuite, les maximums brillants sont beaucoup plus nets et étroits lorsqu'ils sont produits par un réseau de diffraction. Finalement, comme les fentes d'un réseau de diffraction sont généralement plus rapprochées, l'écart entre les maximums successifs est plus grand que dans une configuration type à double fente, et la résolution n'en est que meilleure. C'est pourquoi le réseau de diffraction est un moyen très précis de mesurer la longueur d'onde de la lumière.

Il existe deux types communs de réseaux de diffraction : celui par transmission et celui par réflexion. Pour produire un type de réseau ou l'autre, des traits fins peuvent être tracés sur un bout de verre à l'aide d'une pointe de diamant selon une densité de traits dépassant parfois 10 000/cm. Dans un réseau par transmission, les intervalles entre les traits transmettent la lumière, les traits étant eux-mêmes opaques. Lorsque le verre gravé est utilisé comme réseau par réflexion, la lumière n'est diffractée que dans les segments non touchés. Cette lumière réfléchie provient d'un ensemble de sources équidistantes qui fournissent le modèle d'interférence du réseau de diffraction réfléchi sur l'écran. Les réseaux gravés sur du métal brillant peuvent également servir de réseau de diffraction par réflexion (**figure 2**).

▶ À TOI d'expérimenter — Les règles gravées

Dirige le faisceau d'un pointeur laser sur une règle métallique comportant des marquages gravés selon un angle d'incidence faible. Dirige la lumière réfléchie sur un écran ou un mur blanc. Que vois-tu ? Qu'est-ce qui a causé cet effet ?

 Ne dirige jamais de faisceaux laser directs ou de faisceaux réfléchis droit dans les yeux de quelqu'un.

Figure 2
a) Réseau maître sur lequel sont tracés des traits à l'aide d'un traceur à pointe de diamant
b) Vue microscopique d'un réseau gravé

a)

b)

▸ **PROBLÈME**

Selon quel angle une lumière de 638 nm produira-t-elle un maximum du deuxième ordre en traversant un réseau de 900 traits/cm ?

CONSEIL PRATIQUE

Quantités exactes
La quantité de 900 traits/cm est une quantité comptée, et non une quantité mesurée ; par conséquent, elle est considérée comme exacte.

Solution

$\lambda = 638$ nm $= 6{,}38 \times 10^{-7}$ m $\qquad d = \dfrac{1}{900 \text{ traits/cm}} = 1{,}11 \times 10^{-3}$ cm $= 1{,}11 \times 10^{-5}$ m

$m = 2 \qquad\qquad\qquad\qquad \theta = ?$

$$\sin \theta_m = \frac{m\lambda}{d} \quad \text{(pour les maximums brillants)}$$

$$\sin \theta_2 = \frac{2(6{,}38 \times 10^{-7} \text{ m})}{1{,}11 \times 10^{-5} \text{ m}}$$

$$\sin \theta_2 = 1{,}15 \times 10^{-1}$$

$$\theta_2 = 6{,}60°$$

L'angle du deuxième maximum est de 6,60°.

▸ **Mise en pratique**

Saisis bien les concepts

1. Un réseau de 4 000 traits/cm, éclairé par une source monochromatique, produit une frange brillante du deuxième ordre selon un angle de 23,0°. Calcule la longueur d'onde de la lumière.

2. Un réseau de diffraction, comportant des fentes espacées de $1{,}00 \times 10^{-5}$ m, est éclairé par une lumière monochromatique d'une longueur d'onde de $6{,}00 \times 10^{2}$ nm. Calcule l'angle du maximum du troisième ordre.

3. Un réseau de diffraction produit un maximum du troisième ordre selon un angle de 22° pour la lumière rouge (694,3 nm). Détermine l'écart entre les traits, en centimètres.

4. Calcule l'ordre spectral visible le plus élevé lorsqu'un réseau de 6 200 traits/cm est éclairé par une lumière laser de 633 nm.

Réponses

1. $4{,}88 \times 10^{-7}$ m

2. $10{,}4°$

3. $7{,}4 \times 10^{-4}$ cm

4. $n = 2$

Les réseaux croisés et le spectroscope

Si tu regardes à travers un réseau ayant des traits perpendiculaires à la source lumineuse, tu verras un modèle de diffraction horizontal. Si tu fais tourner le réseau de 90°, tu verras un modèle vertical. Si tu regardes une source lumineuse ponctuelle à travers deux de ces réseaux, tu obtiendras un modèle semblable à celui de la **figure 3**, appelé modèle de réseau de diffraction croisé.

Figure 3
a) Un réseau vertical produit un modèle horizontal.
b) Lorsque le réseau est horizontal, le modèle est vertical.
c) Croise les réseaux et le modèle est également croisé.
d) Une source lumineuse ponctuelle vue à travers des réseaux croisés.

a)

b)

c)

d)

réseau vertical   réseau horizontal   réseaux croisés

▶ **À TOI** d'expérimenter **Les réseaux croisés**

Prends un mouchoir ordinaire dans une pièce sombre. Tends le mouchoir et observe une source lumineuse ponctuelle distante à travers le tissu. (La source ponctuelle ne devrait pas être un faisceau laser.) De quelle façon le modèle de diffraction résultant ressemble-t-il à celui de la **figure 3** ? Tire sur le tissu en diagonale de façon que la maille soit à angle. De quelle façon le modèle est-il modifié ? Répète cette étape avec un tissu plus grossier, tel qu'un linge à vaisselle, puis avec un tissu plus fin comme un morceau de bas culotte. Quels changements observes-tu ? Par une nuit sombre, regarde une étoile brillante à travers un parapluie. Décris ce que tu vois.

Si la lumière qui frappe le réseau n'est pas monochromatique, mais plutôt un mélange de longueurs d'onde, chaque longueur d'onde produit un modèle de maximums brillants à différents points sur l'écran. C'est ce qui se produit lorsqu'une lumière blanche traverse un réseau de diffraction. Le maximum central prend la forme d'une crête nette et blanche, mais, pour chaque couleur, les maximums se produisent à différents endroits sur l'écran, produisant ainsi l'effet d'un spectre. L'affichage ressemble à celui qui est obtenu lorsque la lumière blanche traverse un prisme sur un écran, sauf que le modèle spectral produit par un réseau de diffraction est beaucoup plus étalé et plus facile à observer, ce qui en fait un excellent dispositif pour l'analyse spectrale. L'instrument qui effectue cette analyse est appelé **spectroscope**.

Dans un spectroscope, la lumière émise par une source traverse d'abord un collimateur, un système de miroirs ou de lentilles qui rend les rayons de la source essentiellement parallèles. Cette lumière parallèle traverse un réseau de diffraction. Nous pouvons observer le modèle d'interférence résultant à l'aide d'un petit télescope. Puisque nous pouvons mesurer l'angle θ de façon très précise, nous pouvons déterminer la longueur d'onde de la lumière avec grande précision (**figure 4**).

spectroscope instrument utilisant un réseau de diffraction permettant d'observer visuellement les spectres

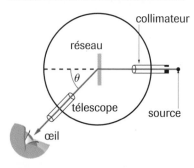

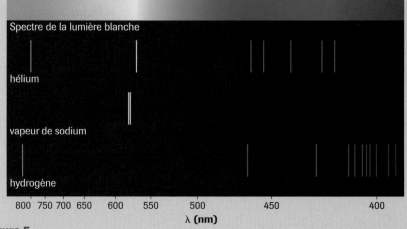

Figure 4
Un spectroscope

▶ **À TOI** d'expérimenter **L'utilisation d'un spectroscope à réseau**

Observe plusieurs sources lumineuses à décharge de gaz avec un spectroscope, par exemple de l'hydrogène et du néon, ou utilise une lampe fluorescente (**figure 5**). Si tu possèdes le matériel nécessaire, mesure les angles des raies spectrales de l'une des sources, par exemple ceux de l'hydrogène. Calcule leurs longueurs d'onde.

Figure 5
Spectres de la lumière blanche, de l'hélium, de la vapeur de sodium et de l'hydrogène tels qu'ils sont produits par un spectroscope

Les réseaux de diffraction

- La surface d'un réseau de diffraction consiste en un grand nombre de traits parallèles et rapprochés.

- Les réseaux de diffraction fournissent des modèles d'interférence plus brillants que les montages types à double fente, avec des maximums plus étroits et plus espacés.

- Les réseaux de diffraction sont régis par la relation $\sin \theta_m = \dfrac{m\lambda}{d}$, où d est la distance entre les réseaux adjacents et m, l'ordre des maximums.

▶ Section 10.3 Questions

Saisis bien les concepts

1. Les CD réfléchissent les couleurs de l'arc-en-ciel lorsqu'ils sont éclairés par une lumière blanche. Quel type de surface y a-t-il sur le CD (**figure 6**)? Explique ton raisonnement.

8318-2-R

Figure 6

2. Selon quel angle une lumière de $6,50 \times 10^2$ nm produira-t-elle un maximum du deuxième ordre lorsqu'elle rencontre un réseau comportant des traits espacés de $1,15 \times 10^{-3}$ cm?

3. La lumière dirigée vers un réseau de 10 000 traits/cm produit trois raies brillantes dans le spectre du premier ordre, selon des angles de 31,2°, de 36,4° et de 47,5°. Calcule les longueurs d'onde des raies spectrales en nanomètres. Quelles sont les couleurs du spectre?

4. Les raies «Balmer α» et «Balmer δ» du spectre de l'hydrogène atomique visible ont des longueurs d'onde de $6,56 \times 10^2$ nm et de $4,10 \times 10^2$ nm respectivement. Quelle sera la séparation angulaire, en degrés, de leurs maximums du premier ordre, si ces longueurs d'onde traversent un réseau de 6 600 traits/cm?

5. Un réseau de diffraction produit un maximum du premier ordre selon un angle de 25,0° pour une lumière ultraviolette de $4,70 \times 10^2$ nm. Calcule le nombre de traits par centimètre dans le réseau.

Mets en pratique tes connaissances

6. Souffle sur un morceau de verre de façon à l'embuer, morceau de verre à travers lequel tu regardes une source lumineuse ponctuelle dans une pièce sombre. Que vois-tu? Pourquoi? Où as-tu déjà observé un tel effet dans le ciel? Explique.

Fais des liens

7. Un certain spectroscope, se trouvant dans le vide, diffracte une lumière de $5,00 \times 10^2$ nm selon un angle de 20° dans le spectre du premier ordre. Nous transportons maintenant ce même spectroscope sur une grande planète éloignée dont l'atmosphère est dense. La même lumière subit une diffraction de 18°. Détermine l'indice de réfraction de l'atmosphère de la planète.

Tu as probablement déjà remarqué les couleurs tourbillonnantes du spectre obtenu lorsqu'une quantité d'essence ou d'huile est déversée dans l'eau. Comme tu as probablement déjà vu les couleurs du spectre qui brillent sur une bulle de savon. Ces effets sont produits par une interférence optique, lorsque la lumière est réfléchie ou transmise par une couche mince.

> ▶ **À TOI** d'expérimenter   **Les bulles de savon**
>
> Verse une petite quantité de solution moussante sur un plateau de plastique propre, comme un plateau de cafétéria. Utilise une paille pour souffler une bulle d'un diamètre d'au moins 20 cm. Dirige une lumière brillante sur le dôme du film de savon. Note les zones brillantes d'interférence constructive (différentes couleurs) et les zones sombres d'interférence destructive. Ces zones brillantes et sombres correspondent à des variations d'épaisseur du film et au mouvement de l'eau dans le film.

Compare une couche horizontale, comme une bulle de savon extrêmement mince, à la longueur d'onde d'une lumière monochromatique dirigée vers elle à partir du dessus, dans l'air. Lorsque les rayons lumineux frappent la surface supérieure de la couche, une partie de la lumière est réfléchie et l'autre partie est réfractée. Une situation semblable se produit à la surface inférieure. Par conséquent, deux rayons sont réfléchis vers l'œil d'un observateur : un (rayon 1) à partir de la surface du haut et l'autre (rayon 2) à partir de la surface du bas (**figure 1**). Ces deux rayons lumineux parcourent différents trajets. L'interférence sera constructive ou destructive selon leur différence de phase au moment où ils atteignent l'œil.

Figure 1
Les ondes lumineuses ont subi un changement de phase de 180° lorsqu'elles ont été réfléchies en **a)**, mais aucun changement en **b)**. Les réflexions de a) et de b) sont illustrées ensemble en **c)**. (Un angle est illustré pour fins de clarté, mais en réalité tous les rayons sont verticaux.)

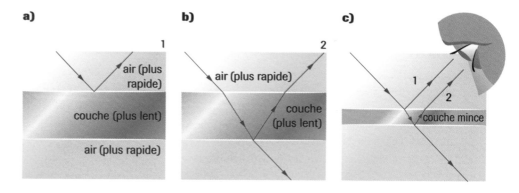

N'oublie pas que lorsque des ondes traversent un milieu plus lent, les ondes partiellement réfléchies sont inversées (une impulsion positive réfléchie devient une impulsion négative). Lorsque la transition s'effectue à partir d'un milieu lent vers un milieu rapide, les ondes réfléchies ne sont pas inversées. Les ondes transmises ne sont jamais inversées. Puisque les deux rayons sont issus de la même source, ils sont initialement en phase. Le rayon 1 sera inversé lorsqu'il est réfléchi, contrairement au rayon 2. Puisque le film est très mince ($t << \lambda$), la distance supplémentaire parcourue par le rayon 2 est négligeable, et les deux rayons, déphasés de 180°, interfèrent de façon destructive (**figure 2a)**). C'est pourquoi une zone sombre apparaît au-dessus d'un film de savon vertical, là où le film est très mince.

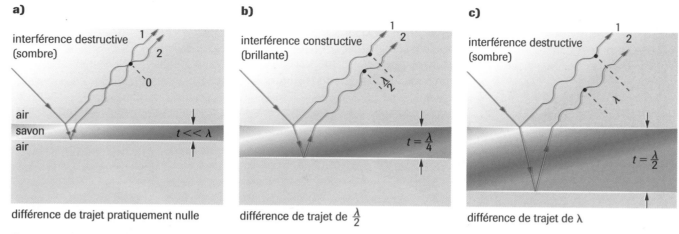

a)

interférence destructive
(sombre)

air
savon
air

$t \ll \lambda$

différence de trajet pratiquement nulle

b)

interférence constructive
(brillante)

$t = \dfrac{\lambda}{4}$

différence de trajet de $\dfrac{\lambda}{2}$

c)

interférence destructive
(sombre)

$t = \dfrac{\lambda}{2}$

différence de trajet de λ

Figure 2
Lorsque nous remplaçons la couche très mince en **a)**
par des couches plus épaisses, comme en **b)** et en **c)**,
les deux rayons ont des longueurs de trajet considérablement différentes.
(Les diagrammes ne sont pas à l'échelle.)

Voyons maintenant ce qui arrive lorsque le film de savon est un peu plus épais (**figure 2b**). Dans ce cas, le rayon 2 aura une différence de trajet appréciable comparativement à celui du rayon 1. Si l'épaisseur t du film est de $\dfrac{\lambda}{4}$, la différence de trajet est de $2 \times \dfrac{\lambda}{4}$ ou $\dfrac{\lambda}{2}$, pour des trajets quasi normaux, ce qui produit un temps de propagation de phase de 180°. Les deux rayons, qui étaient initialement déphasés en raison de la réflexion, sont de nouveau en phase. L'interférence constructive se produit et une zone brillante est observée.

Lorsque l'épaisseur du film est de $\dfrac{\lambda}{2}$ et la différence de trajet, de λ (**figure 2c**), les deux rayons réfléchis sont de nouveau déphasés et il y a une interférence destructive.

Il se produira donc des zones sombres provenant de la réflexion, lorsque l'épaisseur du film est de $0, \dfrac{\lambda}{2}, \lambda, \dfrac{3\lambda}{2}, \dots$ Pour la même raison, les zones brillantes apparaissent lorsque l'épaisseur est de $\dfrac{\lambda}{4}, \dfrac{3\lambda}{4}, \dfrac{5\lambda}{4}, \dots$ Dans ces conditions d'interférence destructive et constructive, λ est la longueur d'onde de la lumière dans le film, qui serait inférieure à la longueur d'onde dans l'air par un facteur de n, l'indice de réfraction.

▶ **À TOI** *d'expérimenter*

L'interférence dans les bulles de savon

Couvre une lampe vitrine claire avec un filtre rouge (lampe à incandescence ayant une forme tubulaire). Trempe une boucle métallique dans une solution savonneuse. Observe le film de savon qui est réfléchi par la lumière rouge, en tenant la boucle à la verticale pendant au moins une minute. Retire le filtre de la source lumineuse de façon que la lumière blanche frappe le film de savon. Place la lumière blanche et le film de savon de façon que la lumière traverse le film. Compare les modèles respectifs pour la lumière transmise et pour la lumière réfléchie.

Les effets de la pesanteur sur un film de savon vertical lui donnent une forme en coin, mince au-dessus et épaisse au-dessous, avec un changement d'épaisseur assez régulier. L'épaisseur change uniformément, produisant des segments horizontaux successifs de réflexions sombres et brillantes, semblables à ceux du modèle à double fente éclairé par une lumière monochromatique (**figure 3**).

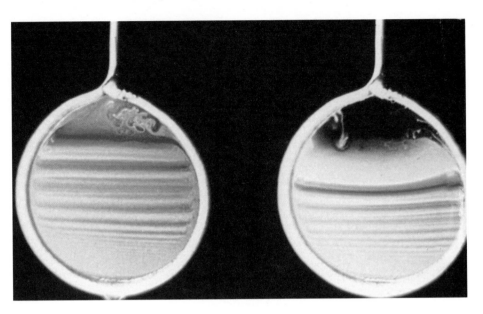

Lorsqu'on l'observe sous une lumière blanche, le film de savon produit un effet différent. Puisque les couleurs spectrales ont des longueurs d'onde différentes, l'épaisseur du film requis pour produire une interférence constructive est différente pour chaque couleur. Par exemple, une épaisseur de $\frac{\lambda}{4}$ pour la lumière rouge est supérieure à l'épaisseur correspondante de $\frac{\lambda}{4}$ pour la lumière bleue, car la lumière rouge a une longueur d'onde plus longue dans le film que la lumière bleue. La lumière bleue et la lumière rouge réfléchiront donc de façon constructive selon différentes épaisseurs de film. Lorsque la lumière blanche est dirigée vers le film, chaque couleur du spectre est réfléchie de façon constructive à partir de sa propre épaisseur de film particulière, et les couleurs spectrales sont observées.

L'interférence se produit également lorsque la lumière passe à travers un film mince. Utilisons le film de savon comme exemple. Lorsque l'épaisseur t du film est essentiellement de zéro ($t << \lambda$), nous pouvons dire que la lumière transmise se compose de deux rayons : le rayon 1, qui est transmis sans changement de phase, et le rayon 2, qui est réfléchi deux fois à l'intérieur et transmis également sans changement de phase. (Comme nous l'avons vu, la réflexion d'un milieu lent à un milieu rapide n'entraîne aucun changement de phase.) Puisque la différence de trajet est négligeable, les deux rayons émergent en phase, en produisant une zone brillante d'interférence constructive (**figure 4a**). C'est le résultat contraire de la lumière réfléchie sur ce même film mince. En ce qui a trait à la transmission, les zones sombres d'interférence destructive se produisent lorsque l'épaisseur est de $\frac{\lambda}{4}, \frac{3\lambda}{4}, \frac{5\lambda}{4}, \dots$ (**figure 4b**)). Les zones de transmission brillantes apparaissent lorsque l'épaisseur est de $0, \frac{\lambda}{2}, \lambda, \frac{3\lambda}{2}, \dots$ (**figure 4c**)). (Rappelle-toi que la différence de trajet équivaut au double de l'épaisseur du film.) Dans tous les cas, λ est la longueur d'onde de la lumière dans le matériau du film, laquelle sera inférieure à la longueur d'onde de la lumière dans l'air par un facteur de n, l'indice de réfraction.

a)

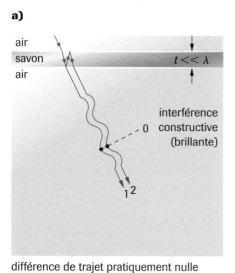

différence de trajet pratiquement nulle

b)

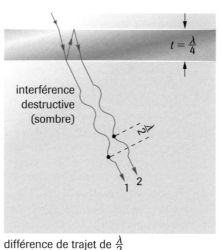

différence de trajet de $\frac{\lambda}{2}$

c)

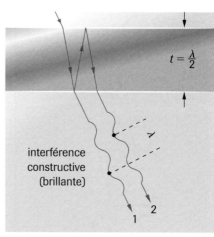

différence de trajet de λ

Figure 4
a) Les rayons 1 et 2 émergent en phase. Étant donné qu'il n'y a aucun changement de phase pour le rayon 2 et que t est très petit, il y a une interférence constructive.

b) Le rayon 2 est retardé de $\frac{\lambda}{2}$ et interfère de façon destructive avec le rayon 1.

c) Le rayon 2 est retardé de λ et interfère de façon constructive avec le rayon 1.

▶ **PROBLÈME 1**

Durant les mois d'été, la quantité d'énergie solaire qui pénètre dans une maison doit être minimisée. Le verre des fenêtres fournit un bon rendement énergétique s'il est protégé d'un revêtement qui maximise la lumière réfléchie. La lumière au milieu du spectre visible (de 568 nm) traverse le verre de la fenêtre à haut rendement énergétique, comme le montre la **figure 5**. Quelle épaisseur doit avoir le revêtement ajouté pour maximiser la lumière réfléchie, et ainsi minimiser la lumière transmise?

Solution

La réflexion se produit à l'interface air-revêtement et à l'interface revêtement-verre. Dans les deux cas, la lumière réfléchie est déphasée de 180° par rapport à la lumière incidente, puisque les deux réflexions se produisent d'un milieu rapide à un milieu lent. Les deux rayons réfléchis seraient donc en phase si la différence de trajet était nulle. Pour produire une interférence constructive, il faut que la différence de trajet soit de $\frac{\lambda}{2}$. Autrement dit, l'épaisseur t du revêtement doit être de $\frac{\lambda}{4}$, où λ est la longueur d'onde de la lumière dans le revêtement.

$n_{\text{revêtement}} = 1,4$
$t = ?$

$$n_{\text{revêtement}} = \frac{\lambda_{\text{air}}}{\lambda_{\text{revêtement}}}$$

$$\lambda_{\text{revêtement}} = \frac{\lambda_{\text{air}}}{n_{\text{revêtement}}}$$

$$= \frac{568 \text{ nm}}{1,4}$$

$$\lambda_{\text{revêtement}} = 406 \text{ nm}$$

$$t = \frac{\lambda_{\text{revêtement}}}{4}$$

$$= \frac{406 \text{ nm}}{4}$$

$$t = 101 \text{ nm ou } 1,0 \times 10^{-7} \text{ m}$$

L'épaisseur du revêtement doit être de $1,0 \times 10^{-7}$ m.

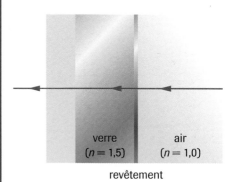

revêtement
($n = 1,4$)

Figure 5
Schéma se rapportant au problème 1

> ▶ *Mise en pratique*

Saisis bien les concepts

1. Quelles sont les trois plus petites épaisseurs que peut avoir une bulle de savon lui permettant de produire une interférence destructive réfléchissante avec une lumière d'une longueur d'onde de 645 nm dans l'air ? (Suppose que l'indice de réfraction de l'eau savonneuse est identique à celui de l'eau pure, c'est-à-dire 1,33.)

2. Un morceau de verre mince ($n = 1,50$) flotte sur un liquide transparent ($n = 1,35$). Le verre est éclairé d'en haut par une lumière dont la longueur d'onde dans l'air est de $5,80 \times 10^2$ nm. Calcule l'épaisseur minimale du verre, en nanomètres, autre que zéro, qui permet de produire une interférence destructive dans la lumière réfléchie. Dessine un diagramme pour illustrer ta solution.

3. Un revêtement de 177,4 nm d'épaisseur est appliqué sur une lentille pour minimiser la réflexion. Les indices de réfraction du revêtement et du matériau de la lentille sont de 1,55 et de 1,48 respectivement. Quelle longueur d'onde dans l'air est à peine réfléchie pour une incidence normale dans la plus petite épaisseur ? Dessine un diagramme qui illustre ta solution.

4. Une huile transparente ($n = 1,29$) se déverse sur la surface de l'eau ($n = 1,33$), produisant une réflexion maximale, avec une lumière orange ayant une incidence normale et dont la longueur d'onde est de $6,00 \times 10^{-7}$ m dans l'air. En supposant que le maximum se produit dans le premier ordre, détermine l'épaisseur de la nappe d'huile. Dessine un diagramme pour illustrer ta solution.

Une analyse mathématique de l'interférence dans un coin d'air

coin d'air air entre deux pièces de verre plates, d'un point de vue optique, placées de biais pour former un coin

Le coin d'un film de savon tenu à la verticale et éclairé produit des bandes d'interférence irrégulières. Si un **coin d'air** est créé entre deux morceaux de verre réguliers et éclairés, un modèle mesurable d'interférence constructive et destructive se produit également (**figure 6**). Ce coin d'air peut également servir à trouver la longueur d'onde de la lumière incidente, et plus important encore, il peut servir à mesurer la taille d'objets très petits.

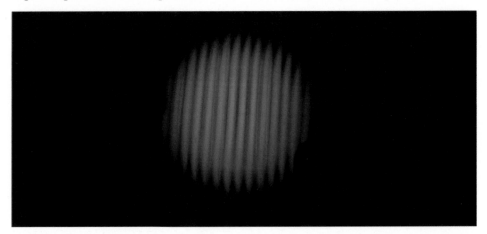

Figure 6
Une interférence dans un coin d'air éclairé par une lampe à vapeur de mercure

L'intervalle entre les franges sombres successives d'un modèle d'interférence par réflexion d'un coin d'air peut être calculé comme suit (**figure 7**) :

Prenons, par exemple, les points G et F, où les distances entre les verres à travers le coin d'air sont de $\dfrac{\lambda}{2}$ et de λ respectivement. Au point G, il se produit une transmission et une réflexion. Puisque la lumière passe d'un milieu lent à un milieu rapide, le rayon 1 ne subit aucun changement de phase. Au point B, la réflexion se produit parce qu'il y a passage d'un milieu rapide à un milieu lent, entraînant un changement de phase. Mais

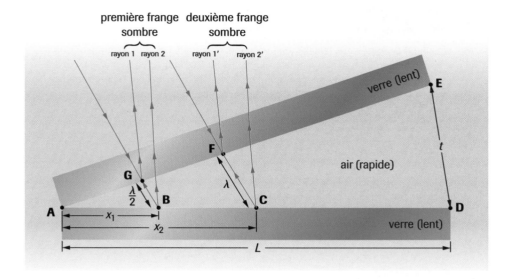

première frange sombre deuxième frange sombre

rayon 1 rayon 2 rayon 1′ rayon 2′

verre (lent)

air (rapide)

verre (lent)

Figure 7
Une interférence dans un coin d'air. Le diagramme n'est pas à l'échelle, et bien que les rayons soient dessinés selon un angle oblique pour fins de clarté, l'angle d'incidence approche zéro.

durant le temps que prend le rayon 2 pour s'aligner sur le rayon 1, il a parcouru deux largeurs de GB ou une longueur d'onde de plus, conservant ainsi le changement de phase. La différence de trajet entre le rayon 1 et le rayon 2 est d'une longueur d'onde, et les rayons 1 et 2 interfèrent de façon destructive, puisqu'ils sont déphasés de 180°. De même, l'interférence destructive se produit au point F, étant donné que le rayon 1′ et le rayon 2′ sont déphasés de 180° à la suite de la réflexion et restent déphasés puisque le rayon 2′ se trouve à deux longueurs d'onde plus loin.

Par des triangles semblables, nous obtenons, pour la première frange sombre, $\triangle ABG \cong \triangle ADE$.

Donc,

$$\frac{x_1}{L} = \frac{\left(\frac{\lambda}{2}\right)}{t}$$

$$x_1 = \frac{L\lambda}{2t}$$

De même, pour la deuxième frange sombre, $\triangle ACF \cong \triangle ADE$.

$$\frac{x_2}{L} = \frac{\lambda}{t}$$

$$x_2 = \frac{L\lambda}{t}$$

Puisque $\Delta x = x_2 - x_1$

$$= \frac{L\lambda}{t} - \frac{L\lambda}{2t}$$

$$\Delta x = \frac{L\lambda}{t}\left(1 - \frac{1}{2}\right) \text{ ou}$$

$$\Delta x = L\left(\frac{\lambda}{2t}\right)$$

où Δx est la distance entre les franges sombres, L, la longueur du coin d'air, t, l'épaisseur de la base du coin, et λ, la longueur d'onde de la lumière dans le coin. Essaie d'appliquer la théorie en exécutant les étapes de la Recherche 10.4.1 dans la section Activités en laboratoire, à la fin du présent chapitre, où tu peux mesurer la largeur d'un cheveu.

RECHERCHE 10.4.1

L'interférence dans les coins d'air (p. 542)
De quelle façon peux-tu mesurer la largeur d'objets tout petits, trop minuscules pour permettre l'utilisation d'instruments de mesure conventionnels ? Cette recherche te donne la chance de mesurer la longueur d'onde de la lumière ainsi que la largeur d'un objet très petit : un de tes cheveux.

a) Un coin d'air entre deux lames de microscope, mesurant 11,0 cm de longueur, séparées à une extrémité par un morceau de papier de 0,091 mm d'épaisseur, est éclairé par une lumière rouge d'une longueur d'onde de 663 nm. Quel est l'écart entre les franges sombres dans le modèle d'interférence réfléchi par le coin d'air?

b) De quelle façon l'écart changerait-il si le coin était rempli d'eau ($n = 1,33$)?

Solution

$L = 11,0$ cm $t = 0,091$ mm $= 9,1 \times 10^{-3}$ cm

$\lambda = 663$ nm $= 6,63 \times 10^{-5}$ cm $\Delta x = ?$

a) Dans l'air:

$$\Delta x = L\left(\frac{\lambda}{2t}\right)$$

$$= 11,0 \text{ cm} \left(\frac{6,63 \times 10^{-5} \text{ cm}}{2(9,1 \times 10^{-3} \text{ cm})}\right)$$

$$\Delta x = 4,0 \times 10^{-2} \text{ cm}$$

L'écart entre les franges sombres dans l'air est de $4,0 \times 10^{-2}$ cm.

b) Si l'air avait été remplacé par de l'eau:

$$\frac{n_e}{n_a} = \frac{\lambda_{air}}{\lambda_{eau}}$$

$$\lambda_{eau} = \left(\frac{n_a}{n_e}\right)\lambda_{air}$$

$$= \frac{1,00}{1,33}(6,63 \times 10^{-5} \text{ cm})$$

$$\lambda_{eau} = 4,98 \times 10^{-5} \text{ cm}$$

$$\Delta x = L\left(\frac{\lambda}{2t}\right)$$

$$= 11,0 \text{ cm} \left(\frac{4,98 \times 10^{-5} \text{ cm}}{2(9,1 \times 10^{-3} \text{ cm})}\right)$$

$$\Delta x = 3,0 \times 10^{-2} \text{ cm}$$

L'écart entre les franges sombres dans l'eau serait de $3,0 \times 10^{-2}$ cm.

▶ *Mise en pratique*

Saisis bien les concepts

5. Deux pièces de verre formant un coin d'air de 9,8 cm de longueur sont séparées à une extrémité par un bout de papier de $1,92 \times 10^{-3}$ cm d'épaisseur. Lorsque le coin est éclairé par une lumière monochromatique, la distance entre les centres de la première et de la huitième bandes sombres successives est de 1,23 cm. Calcule la longueur d'onde de la lumière.

6. Une lumière d'une longueur d'onde de $6,40 \times 10^2$ nm éclaire un coin d'air de 7,7 cm de longueur, formé par deux pièces de verre séparées par une feuille de papier. L'intervalle entre les franges est de 0,19 cm. Calcule l'épaisseur de la feuille de papier.

7. Un morceau de papier est placé à l'extrémité d'un coin d'air de 4,0 cm de longueur. Des franges d'interférence apparaissent lorsqu'une lumière d'une longueur d'onde de 639 nm est réfléchie sur le coin. Une franche sombre se produit au vertex du coin et à l'extrémité de son papier, avec 56 franges brillantes entre eux. Calcule l'épaisseur du papier.

Réponses

5. $6,9 \times 10^{-5}$ cm

6. $1,3 \times 10^{-3}$ cm

7. $1,8 \times 10^{-3}$ cm

Maintenant que nous avons traité de la théorie ondulatoire dans les couches minces et des mathématiques des coins d'air, nous pouvons utiliser ces connaissances à la section suivante et faire l'examen de quelques applications réelles des couches minces.

RÉSUMÉ *L'interférence dans les couches minces*

- Dans le cas d'une lumière réfléchie dans des couches minces, l'interférence destructive se produit lorsque la couche mince a une épaisseur de $0, \frac{\lambda}{2}, \lambda, \frac{3\lambda}{2}, \ldots$, et l'interférence constructive, une épaisseur de $\frac{\lambda}{4}, \frac{3\lambda}{4}, \frac{5\lambda}{4}, \ldots$, où λ est la longueur d'onde dans la couche.

- Dans le cas d'une lumière transmise dans des couches minces, l'interférence destructive se produit à $\frac{\lambda}{4}, \frac{3\lambda}{4}, \frac{5\lambda}{4}, \ldots$, et l'interférence constructive, à $0, \frac{\lambda}{2}, \lambda, \frac{3\lambda}{2}, \ldots$, où λ est la longueur d'onde dans la couche.

- Des coins d'air peuvent être utilisés pour déterminer l'épaisseur d'objets très petits suivant la relation $\Delta x = L\left(\frac{\lambda}{2t}\right)$.

▶ *Section 10.4 Questions*

Saisis bien les concepts

1. Lorsque la lumière est transmise par un film de savon vertical, le dessus du film paraît brillant, et non foncé comme lorsqu'on le regarde à partir de l'autre côté. Explique ce phénomène à l'aide de diagrammes et de la théorie ondulatoire de la lumière.

2. Explique pourquoi il est généralement impossible de voir les effets de l'interférence dans des couches épaisses.

3. Quelle est l'épaisseur minimale requise pour la couche d'air comprise entre deux surfaces plates de verre a) pour que le verre paraisse brillant lorsque la lumière de $4,50 \times 10^2$ nm est incidente selon un angle de 90° et b) pour que le verre paraisse sombre? Utilise un diagramme pour expliquer ton raisonnement dans les deux cas.

4. Une couche d'essence ($n = 1,40$) flotte sur l'eau ($n = 1,33$). Une lumière jaune, d'une longueur d'onde de $5,80 \times 10^2$ nm, brille sur cette couche selon un angle de 90°.
   a) Détermine l'épaisseur minimale non nulle de cette couche pour que celle-ci paraisse jaune brillant à la suite d'une interférence constructive.
   b) Quelle aurait été ta réponse si l'essence s'était répandue sur du verre ($n = 1,52$) plutôt que sur de l'eau?

5. Deux plaques de verre plates de 10,0 cm de longueur se touchent à une extrémité et sont séparées à l'autre extrémité par une bande de papier de $1,5 \times 10^{-3}$ mm d'épaisseur. Lorsque les plaques sont éclairées par une lumière monochromatique, la distance moyenne entre les franges sombres consécutives est de 0,20 cm. Calcule la longueur d'onde de la lumière.

6. Deux plaques de verre plates de 12,0 cm de longueur se touchent à une extrémité et sont séparées à l'autre extrémité par une bande de papier. Elles sont éclairées par une lumière d'une longueur d'onde de $6,30 \times 10^{-5}$ cm. Le compte des franges donne en moyenne huit franges sombres par centimètre. Calcule l'épaisseur du papier.

Fais des liens

7. Les semi-conducteurs, comme le silicium, servent à fabriquer des piles solaires. Ces piles sont généralement protégées par une couche mince transparente servant à réduire les pertes de réflexion et à augmenter l'efficacité de la conversion de l'énergie solaire en énergie électrique. Calcule l'épaisseur de couche minimale requise pour produire le moins de réflexion lumineuse possible avec une longueur d'onde de $5,50 \times 10^{-5}$ m lorsqu'une mince couche d'oxyde de silicium ($n = 1,45$) est appliquée sur le silicium ($n = 3,50$).

8. Les normes nationales en matière de construction de maisons neuves peuvent inclure des revêtements à couches minces pour fenêtres à vitrage thermos (revêtements E) à des fins d'économie d'énergie. Fais des recherches sur cette norme et trouve de quelle façon les revêtements E sont utilisés pour réduire la perte de chaleur en hiver et diminuer le gain de chaleur en été. Rédige un bref compte rendu de tes découvertes.

 www.beaucheminediteur.com/physique12

Les anneaux de Newton

Lorsqu'une surface courbe de verre est mise en contact avec une surface plate de verre et qu'elle est éclairée par une lumière, un ensemble d'anneaux concentriques, appelés les **anneaux de Newton** (**figure 1**), apparaissent. Le modèle résulte de l'interférence entre les rayons réfléchis par le dessus et le dessous de la lame d'air variable, un peu comme l'interférence dans un coin d'air entre deux feuilles de verre plates.

anneaux de Newton série d'anneaux concentriques produits à la suite d'une interférence entre les rayons lumineux réfléchis par le dessus et le dessous d'une surface courbe

verre

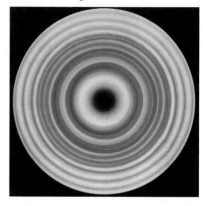

Figure 1
Le modèle d'interférence des anneaux de Newton

Ces effets d'interférence sont très utiles. Par exemple, en observant les franges d'interférence, on peut comparer la surface d'une pièce optique modifiée pour donner une courbure voulue à la courbure d'une autre surface, que l'on sait correcte. De même, on peut tester la surface d'un bloc de métal qui exige d'être parfaitement plate en la couvrant d'un morceau de verre plat (un « plan optique »). Si la surface du bloc n'est pas plate, il se forme des lames d'air qui créent des modèles d'interférence et qui révèlent les zones exigeant d'être usinées davantage (**figure 2**). Cette technique d'usinage permet d'obtenir un niveau de précision de l'ordre de la longueur d'onde de la lumière.

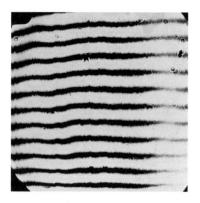

Figure 2
Une interférence causée par un plan optique

éblouissement inverse réflexion lumineuse provenant de l'arrière des lentilles et atteignant l'œil

De l'huile sur l'eau

Les couleurs éclatantes, nettement visibles lorsque la lumière est réfléchie par une mince couche d'huile flottant sur l'eau, proviennent de l'interférence entre les rayons réfléchis par la surface de l'huile et ceux réfléchis sur la surface de l'eau. L'épaisseur de la couche d'huile est sujette à des variations locales. De plus, l'épaisseur de la couche à n'importe quel endroit subit des changements avec le temps, notamment en raison de l'évaporation de l'huile. Tout comme la bulle de savon, les différentes épaisseurs produisent de l'interférence constructive à des longueurs d'onde différentes. Les couleurs du spectre réfléchi par l'huile flottant sur l'eau changent constamment en fonction de l'épaisseur de la couche d'huile, d'où le tourbillon des couleurs spectrales. Dans le cas illustré à la **figure 3**, les deux rayons réfléchis ont des phases inversées, à l'interface air-huile en **a)** et à l'interface huile-eau en **b)**, puisque $n_{air} < n_{huile} < n_{eau}$.

Les lunettes et les lentilles

Un problème que l'on rencontre souvent avec les lunettes est celui de l'**éblouissement inverse**, un effet qui se produit lorsque la lumière est réfléchie dans les yeux par l'arrière des verres. Ces réflexions sont réduites considérablement si une couche antireflet est appliquée sur la surface des lentilles. Si la couche antireflet est d'environ $\frac{\lambda}{4}$ d'épaisseur, la lumière réfléchie à l'interface lentille-antireflet interfère de façon destructive avec la

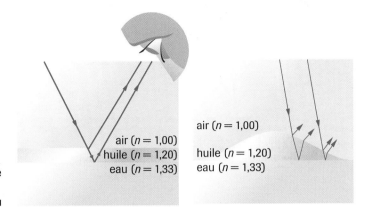

Figure 3
La lumière réfléchie par les surfaces supérieure et inférieure d'une mince couche d'huile flottant sur l'eau

air (n = 1,00)
huile (n = 1,20)
eau (n = 1,33)

air (n = 1,00)
huile (n = 1,20)
eau (n = 1,33)

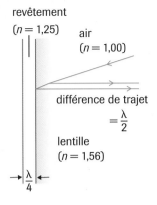

revêtement
(n = 1,25)

air
(n = 1,00)

différence de trajet
$= \frac{\lambda}{2}$

lentille
(n = 1,56)

$\frac{\lambda}{4}$

Figure 4
L'éblouissement inverse est réduit dans les lentilles comportant une mince couche antireflet.

lumière de l'interface air-antireflet, minimisant l'éblouissement (**figure 4**). Les couches antireflets sont utilisées couramment sur les lunettes de soleil pour les mêmes raisons.

Plusieurs problèmes oculaires plus sérieux sont liés aux dommages causés par les rayons ultraviolets (UV) du soleil. Par exemple, l'absorption UV peut provoquer des cataractes ou une dégénérescence maculaire, principale cause de cécité chez les personnes âgées. Une couche antireflet d'une épaisseur appropriée appliquée sur la surface avant des lunettes peut créer une interférence destructive et éliminer certaines longueurs d'onde dommageables des rayons UV. Toutefois, une grande partie du blocage des rayons UV dans les lunettes de soleil se produit dans la lentille même. Les lunettes de soleil comportent souvent une étiquette qui indique le degré de protection assuré contre les rayons UV.

Une autre importante application des couches minces touche le revêtement des lentilles des instruments d'optique. Une surface de verre réfléchit environ 4 % de la lumière qui la traverse. À chaque surface, des réflexions internes peuvent créer des images multiples ou floues. Par exemple, si nous prenons une caméra, qui peut renfermer jusqu'à 10 lentilles distinctes, il est évident que nous ne pouvons ignorer ce problème. L'application d'une couche antireflet très mince sur la surface de chaque lentille atténue la réflexion. L'épaisseur sélectionnée doit faire en sorte que la lumière réfléchie sur les deux surfaces de la couche antireflet interfère de façon destructive. Le matériau de l'antireflet doit avoir un indice de réfraction à mi-chemin entre les indices de l'air (n = 1,0) et du verre (n = 1,5). Le degré de réflexion à l'interface air-antireflet est alors à peu près égal à celui de l'interface antireflet-verre, et l'interférence destructive lors de la réflexion peut se produire selon une longueur d'onde définie qui dépend de l'épaisseur de la couche. La longueur d'onde généralement choisie s'approche du point milieu du spectre visuel (550 nm). Étant donné que la lumière réfléchie près des couleurs extrêmes du violet et du rouge du spectre n'est pas très atténuée, la surface de la lentille traitée réfléchit un mélange de lumière violette et rouge et prend une couleur pourpre. Si la lentille comporte plusieurs couches antireflets, la réflexion peut être réduite sur une plus grande gamme de longueurs d'onde. La lumière réfléchie ne peut pas être éliminée complètement. Généralement, une simple couche permet de réduire la réflexion à 1 % de la lumière incidente.

Les CD et les DVD

Un CD peut stocker jusqu'à 74 minutes de musique. Mais comment peut-on stocker plus de 783 mégaoctets (Mo) de données audio sur un disque de 12 cm de diamètre à peine et de 1,2 mm d'épaisseur ?

La plupart des CD consistent en une pièce de plastique polycarbonate moulée par injection. Lorsque le CD est fabriqué, les données sont enregistrées sous la forme d'un ensemble de bosses le long d'une piste en spirale, décrivant des cercles de l'intérieur vers l'extérieur du disque (**figure 5**). Ensuite, une couche mince et claire d'aluminium est

Figure 5
La piste mesure seulement 0,5 µm de largeur ; si on l'étirait de façon à en faire une ligne droite, sa longueur atteindrait 5 km.

déposée sur le disque, couvrant les bosses. Cette couche est à son tour enduite d'une couche d'acrylique qui protège l'aluminium. Finalement, l'étiquette est imprimée sur l'acrylique (**figure 6**).

Figure 6
Les couches sur un CD

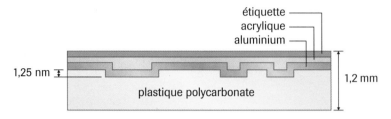

La lecture des données stockées sur le disque exige une grande précision du lecteur de CD. Le lecteur comprend trois sous-systèmes : le système du moteur d'entraînement, le système du laser et de la lentille et le système de poursuite (**figure 7**). Le moteur d'entraînement fait tourner le disque à des vitesses allant de 200 à 500 tr/min, selon la piste « lue ». Un réseau de diffraction, placé devant le laser, produit trois faisceaux (**figure 8**). Le faisceau central suit la piste de données, mais les deux faisceaux du premier ordre diffractés suivent la surface lisse entre les pistes adjacentes. La lumière réfléchie par les deux faisceaux diffractés maintient le laser en bonne position sur la piste de données de bosses et d'espaces. Pendant la lecture du CD, le laser suit la piste depuis le centre vers l'extérieur du disque. Comme les bosses doivent se déplacer à une vitesse constante au-delà du laser, le moteur d'entraînement doit ralentir d'une façon bien définie pendant que le laser se déplace vers le bord.

LE SAVAIS-TU ?

Des bosses et des petits trous
Les bosses dans les CD sont souvent appelées des petits trous. Ces bosses ressemblent à de petits trous sur la face du dessus, mais ce sont des bosses sur la face du dessous, là où s'effectue la lecture par laser.

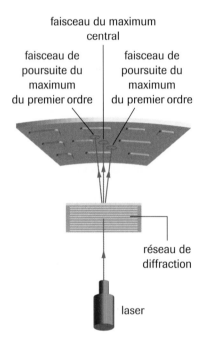

Figure 8
La construction d'un ensemble de capteurs à laser. Les lecteurs de CD utilisent souvent une méthode de poursuite à trois faisceaux pour s'assurer que le laser suit correctement la piste en spirale. Les trois faisceaux sont créés par un réseau de diffraction provenant d'un seul faisceau laser.

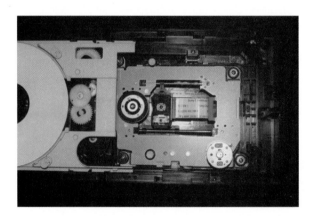

Figure 7
L'intérieur d'un lecteur de CD

La lumière laser traverse une petite lentille avant d'atteindre la piste de données (**figure 9**), où elle est réfléchie par les bosses aluminisées. Le faisceau laser d'origine est polarisé à la verticale, ce qui fait qu'il est transmis par le diviseur de faisceau polarisé sans aucune réflexion. Comme le faisceau est polarisé, le diviseur de faisceau réfléchit pratiquement tout le faisceau dans le détecteur à photodiodes. La profondeur des espaces entre les bosses équivaut sensiblement au quart de la longueur d'onde de la lumière laser dans l'acrylique. Dans les couches minces, où l'épaisseur est de $\frac{\lambda}{4}$, la lumière réfléchie par la face du dessous et celle réfléchie par la face du dessus sont déphasées de 180°. Elle est propagée $\frac{\lambda}{2}$ plus loin que la lumière de la bosse. L'interférence destructive résultante entraîne un baisse d'intensité de la lumière réfléchie sur les espaces. La variation d'intensité de la lumière laser réfléchie produit un signal électrique ayant les mêmes caractéristiques que celui qui est gravé à l'origine en usine. Les circuits électroniques du lecteur interprètent ces changements d'intensité sous forme de bits, exprimés en octets. Les données numériques sont converties en un signal analogique qui est amplifié pour produire de la musique. D'autres données codées sur le disque donnent la position du laser sur la piste et codent l'information supplémentaire, comme les titres de musique. Les octets sont lus de la même manière que sur un CD-ROM dans une unité de disque d'ordinateur.

Les CD produisent un meilleur son que les bandes magnétiques et les disques de vinyle parce qu'il y a peu de bruit et de distorsion de fond. Chaque note comporte un pas de sillonnage qui ne change pas et la gamme dynamique est plus grande que celle de la bande magnétique et du vinyle. Les CD sont également plus durables puisqu'il n'y a pas de tête de lecture qui frotte sur la surface enregistrée.

Les graveurs de CD sont des lecteurs de disque qui peuvent également enregistrer des données sur un CD vierge. Dans le format CD-R (inscriptible), l'enregistrement est permanent (comprend des données « en lecture seule »). Ces CD servent à sauvegarder des données, à enregistrer en mémoire permanente les logiciels d'ordinateur et à créer des CD de musique. Dans le format CD-RW (réinscriptible), l'information stockée est effaçable, ce qui permet de réutiliser le disque. Le disque numérique polyvalent (DVD) ressemble à un CD mais il comporte sept fois plus de mémoire et permet de stocker jusqu'à 133 minutes de vidéo haute définition. Par conséquent, le DVD est un format populaire pour regarder des films à la maison. Bien que les DVD soient physiquement de la même taille que les CD, ils doivent être construits différemment pour pouvoir enregistrer autant de données : les pistes sont plus étroites (320 nm de largeur, comparativement à 500 nm pour le CD conventionnel) et plus rapprochées, et le laser utilisé a une longueur d'onde plus courte (635 nm comparativement à 780 nm pour le CD). Une autre différence marquée consiste en l'ajout d'une couche dorée semi-réfléchissante sur le dessus. Le laser du DVD peut focaliser de la couche extérieure à la couche intérieure en recevant de l'information des deux couches. Un DVD peut enregistrer jusqu'à 4,7 Go sur une couche simple, 8,5 Go sur une couche double et 17 Go si les deux faces du disque sont utilisées (**figure 10**). La plupart des lecteurs de DVD peuvent lire des CD ainsi que des CD-R puisque le mécanisme physique est semblable. Les unités des DVD sont maintenant utilisées dans les ordinateurs et remplacent les CD-ROM en raison de leur capacité de mémoire beaucoup plus grande.

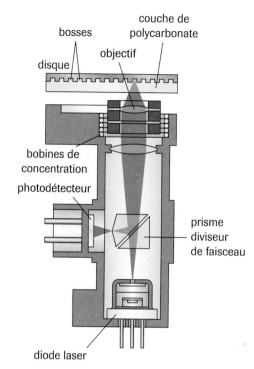

Figure 9
La lecture d'un CD

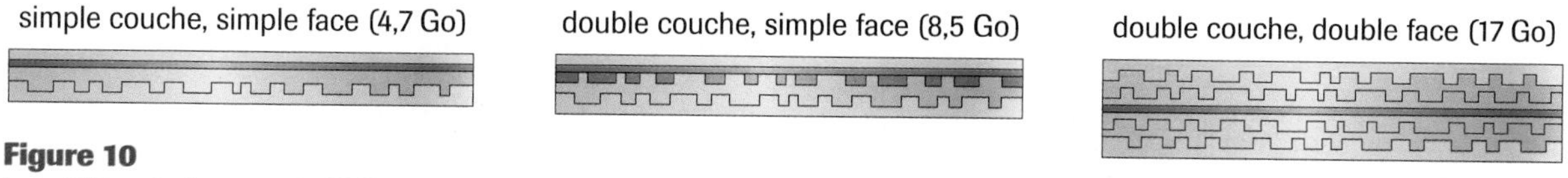

simple couche, simple face (4,7 Go)   double couche, simple face (8,5 Go)   double couche, double face (17 Go)

Figure 10
Les différents formats de DVD

RÉSUMÉ   *Les applications des couches minces*

- Les anneaux de Newton peuvent servir à déterminer la « planéité » des objets.
- Les lentilles enrobées d'une couche antireflet réduisent ou éliminent les réflexions indésirables et le rayonnement UV. Si la couche est de $\frac{\lambda}{4}$ d'épaisseur, l'interférence destructive réduit efficacement la lumière réfléchie.
- Les CD et les DVD utilisent des principes d'interférence en couche mince et de polarisation.
- Les DVD ont une bien plus grande capacité que les CD : leurs pistes sont plus étroites ; ils peuvent enregistrer des données sur deux niveaux ; et ils utilisent les deux faces du disque.

Saisis bien les concepts

1. Explique pourquoi un point sombre apparaît au centre des anneaux de Newton. Examine les changements de phase qui se produisent lorsque la lumière est réfléchie par la surface courbe supérieure et la surface plate inférieure.

2. Explique ce qui cause l'effet à la **figure 11**.

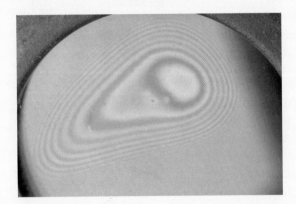

Figure 11

3. Une lentille plan-convexe (plate d'un côté et convexe de l'autre) est déposée sur sa face courbe sur une surface plate de verre. La lentille est éclairée d'en haut au moyen d'une lumière d'une longueur d'onde de 521 nm. Un point sombre est observé au centre, entouré par 15 anneaux concentriques sombres (séparés par des anneaux brillants). Calcule la différence d'épaisseur entre le coin d'air au 16e anneau sombre et celui du centre.

4. Calcule l'épaisseur minimale d'une couche de fluorure de magnésium ($n = 1,38$) sur un verre flint ($n = 1,66$) dans un système de lentilles, si la lumière d'une longueur d'onde de $5,50 \times 10^2$ nm dans l'air subit une interférence destructive.

5. Une lentille ressort jaune verdâtre ($\lambda = 5,70 \times 10^2$ nm étant la plus forte) lorsque la lumière blanche est réfléchie sur elle. Quelle est l'épaisseur minimale de la couche ($n = 1,38$) utilisée sur cette lentille de verre ($n = 1,50$) et pourquoi? Dessine un diagramme pour illustrer ta solution.

6. Tu conçois un système de lentilles utilisé principalement avec de la lumière rouge ($7,00 \times 10^2$ nm). Quelle est la deuxième couche la plus mince de fluorure de magnésium ($n = 1,38$) qui ne serait pas réfléchissante pour cette longueur d'onde?

7. L'indice de réfraction du revêtement acrylique d'un certain CD est de 1,50. Calcule la hauteur des bosses requise pour produire une interférence destructive si le laser fonctionne à une longueur d'onde de $7,80 \times 10^2$ nm dans l'air.

8. Explique en fonction d'un système de poursuite de quelle façon les CD peuvent être plus petits que le CD standard de 12 cm.

9. Explique comment différencier un DVD régulier d'un DVD à vitesse lente par un simple éclairage en lumière blanche.

Mets en pratique tes connaissances

10. Prévois ce que tu verras si tu prends deux lames de microscope et que tu les presses l'une contre l'autre, puis les éclaires selon un certain angle sous une source lumineuse ponctuelle, comme une lampe de lecture au quartz halogène. Tente l'expérience pour vérifier tes prévisions.

Fais des liens

11. Un verre antireflet est utilisé dans des cadres pour réduire l'éblouissement. Explique, à l'aide de la théorie ondulatoire de la lumière, comment le verre antireflet peut être fabriqué.

12. Utilise Internet et d'autres sources d'information pour faire des recherches et rédiger un bref compte rendu sur le processus d'enregistrement des CD et des DVD par ordinateur. Porte une attention particulière au fonctionnement du laser et à son effet sur la surface d'enregistrement.

 www.beaucheminediteur.com/physique12

13. Une mince couche d'or a été appliquée sur la surface extérieure du verre de la tour de la Banque Royale, à Toronto (**figure 12**). L'interférence n'est pas la principale raison qui motive l'utilisation d'une couche mince dans cette application. Quelles sont les autres raisons?

Figure 12
Tour de la Banque Royale, à Toronto

14. La technologie des couches minces sert à fabriquer des micropuces et des microprocesseurs afin de mesurer l'épaisseur des diverses couches appliquées. Fais des recherches sur cette application et rédige un bref compte rendu de tes découvertes.

 www.beaucheminediteur.com/physique12

15. Lorsque l'information contenue sur une feuille d'acétate est balayée par le scanneur à plat d'un ordinateur, il arrive que des franges sombres apparaissent à certains endroits de l'image. Explique ce qui peut causer cet effet.

Lorsque quelqu'un photographie ton visage, l'image est enregistrée sur une pellicule photographique. On obtient une image bien nette en utilisant la lentille appropriée à la bonne distance du film. Mais la lentille ne focalise sur le détail que dans une direction. Donc, pour obtenir une image de ton visage en trois dimensions, la caméra doit enregistrer bon nombre de positions différentes.

Une technique de production d'images en trois dimensions a été découverte en 1947 par un physicien hongrois, Dennis Gabor, qui travaillait au Imperial College de Londres, au Royaume-Uni. Gabor tentait alors d'améliorer les images produites par microscope électronique, que nous verrons plus en détail à la section 12.2. Seules de petites zones de l'objet minuscule observé étaient focalisées. Il soutenait que la réponse n'était pas liée à l'image du microscope électronique conventionnel, mais plutôt à une image contenant toutes les informations émanant de l'objet éclairé. La zone d'intérêt pourrait ensuite être affinée par des moyens optiques. Autrement dit, il était en train d'imaginer une méthode pour photographier non pas la scène même, mais la lumière provenant de la scène.

Les théories de Gabor supposaient que les ondes lumineuses rayonnées par divers points d'un objet éclairé interféreraient et que les images enregistrées sur la pellicule photographique formeraient les modèles d'interférence résultants. Une fois le film développé et traversé par la lumière, l'image originale serait reproduite en trois dimensions. Gabor a appelé ce type de film un **hologramme** (du grec *holos*, qui signifie « entier », et de *gramma*, qui signifie « lettre, écriture »).

Gabor a été capable de démontrer, à l'aide de la lumière blanche, que ses idées pouvaient être mises en application. Toutefois, les images, bien que tridimensionnelles, étaient tout sauf nettes. Le problème était lié au fait qu'une source de lumière blanche ordinaire comporte une vaste gamme de fréquences. De plus, même en utilisant des fréquences particulières, la lumière blanche est « incohérente » ; elle consiste en un mélange d'ondes qui exhibent à court terme tous les déphasages possibles. Le problème fut résolu en 1960 avec le développement des lasers, qui sont des sources lumineuses de forte intensité, monochromatiques et, par-dessus tout, cohérentes.

En 1963, E. N. Leith et Juris Upatnieks, deux physiciens américains travaillant à l'Université du Michigan, ont produit la première image holographique au laser. Ils ont éclairé un objet avec un faisceau laser qui dispersait la lumière laser sur une pellicule photographique. À partir de ce premier faisceau laser, ils en ont produit un deuxième,

hologramme image à trois dimensions formée à la suite d'une interférence de la lumière cohérente (transmise ou réfléchie)

Figure 1
a) Fabrication d'un hologramme de transmission laser
b) Visualisation d'un olographe

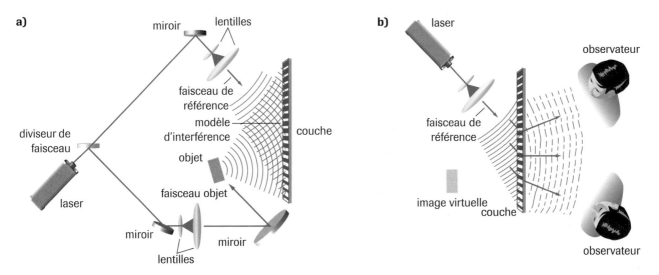

a) miroir · lentilles · faisceau de référence · modèle d'interférence · couche · objet · diviseur de faisceau · laser · faisceau objet · miroir · lentilles · miroir

b) laser · observateur · faisceau de référence · image virtuelle · couche · observateur

qu'ils ont, en utilisant des miroirs, dirigé vers la même pellicule (**figure 1**). Les deux faisceaux de lumière ont interféré la surface de la pellicule, qui a enregistré le modèle d'interférence produit. À l'œil nu sous une lumière blanche, la pellicule ne paraissait contenir que des taches grises. Toutefois, lorsque ces modèles ont été éclairés à nouveau avec la même lumière laser, une vraie image tridimensionnelle est apparue. Presque toutes les images holographiques scientifiques et commerciales sont maintenant créées de cette manière (**figure 2**). Les implications des travaux de Dennis Gabor ont été reconnues en 1971, alors qu'il recevait le prix Nobel de physique.

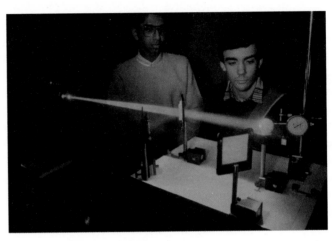

Figure 2
La production d'une image à trois dimensions d'une balle de golf au moyen d'une lumière laser

L'holographie compte déjà de nombreuses applications et en comptera probablement davantage d'ici quelque temps. Les idées mises de l'avant en holographie optique, par exemple, ont déjà été adaptées aux ultrasons, qui produisent des images tridimensionnelles des structures et des organes internes du corps humain. Les images holographiques apparaissent également sur des cartes de crédit et la monnaie imprimée afin de décourager les faux-monnayeurs. Les principes de l'holographie servent à enregistrer les barres et les espaces du code universel des produits (CUP) permettant d'identifier les produits d'épicerie scannés par un laser à la caisse (**figure 3**).

Figure 3
Un laser de faible puissance rebondit sur un miroir vers un disque tournant comportant 21 facettes triangulaires. Chaque facette consiste en un hologramme distinct qui dirige la lumière dans une seule direction, à une hauteur, à une distance focale et selon un angle différent des autres facettes. Un des balayages réussit à atteindre le code universel (CUP) d'un produit d'épicerie. La lumière du balayage réussi sera réfléchie vers un photodétecteur, qui convertit le signal optique en impulsions électriques. Un ordinateur interprète les impulsions, enregistre l'achat, puis met les stocks à jour.

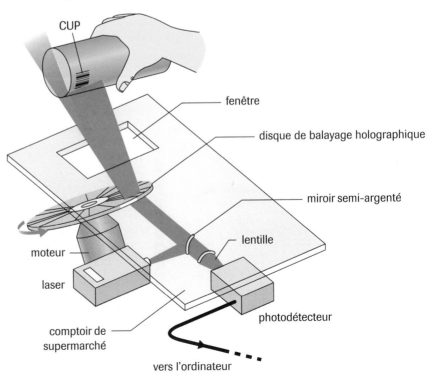

Figure 4
Ces hologrammes d'un pneu indiquent toutes les zones de séparation du pneu.

La lumière laser et un appareil semblable à l'interféromètre de Michelson (section 10.7) sont utilisés pour détecter des défauts invisibles dans des produits tels que des pneus, des tuyaux, des pièces d'avions, des unités de disque d'ordinateur et même des raquettes de tennis (**figure 4**). À l'avenir, les hologrammes pris au moyen de lasers à rayons X pourraient fournir des images détaillées d'objets microscopiques. Le vrai cinéma en trois dimensions, la télévision et l'infographie seront probablement produits par une technique holographique. La mémoire holographique promet de stocker l'information d'un millier de CD dans un cristal de la taille d'un cube de sucre.

RÉSUMÉ **L'holographie**

- L'holographie est le processus d'enregistrement d'ondes lumineuses émanant d'un objet et de restitution de l'objet.

- L'holographie est utilisée pour des examens en trois dimensions, la sécurité, le balayage et le contrôle de la qualité.

▶ **À TOI** d'expérimenter

La visualisation des hologrammes

Éclaire des hologrammes du commerce avec une lumière laser. Utilise une loupe pour examiner les hologrammes sur de l'argent en papier et des cartes de crédit.

🖐 **Ne dirige jamais de faisceaux laser directs ou de faisceaux réfléchis droit dans les yeux de quelqu'un.**

▶ **Section 10.6 Questions**

Saisis bien les concepts

1. Explique en quoi l'invention du laser a contribué à la technique holographique.

2. Quelle est la différence entre un hologramme et un négatif de film normal?

3. Pourquoi un hologramme inspecté sous une lumière blanche apparaît-il comme un mélange de taches?

Mets en pratique tes connaissances

4. Le directeur d'une boutique d'accessoires spécialisée dans les réceptions, située près de ton école, a retenu les services de ta classe de science et du département des arts afin de créer une vitrine pour l'Halloween. Tu dois concevoir la partie de la vitrine qui inclut un hologramme de fantôme. De quelle façon t'y prendras-tu?

Fais des liens

5. Les mots «hologramme» et «holographique» ont quelques usages particuliers en dehors de la physique. Cherche ce que les historiens veulent dire par «document holographique» et ce que les avocats entendent par «testament olographe», puis fais un compte rendu de tes découvertes.

 www.beaucheminediteur.com/physique12

6. Fais des recherches sur les mémoires holographiques et prépare un rapport de recherche sur la façon dont elles fonctionnent.

 www.beaucheminediteur.com/physique12

a)

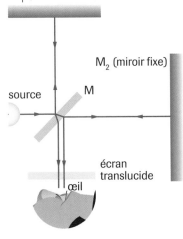

M₁ (miroir mobile)

M₂ (miroir fixe)

source M

écran translucide

œil

b)

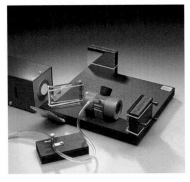

Figure 1
a) L'interféromètre de Michelson
b) L'utilisation d'un interféromètre de Michelson

Le physicien américain d'origine allemande Albert Michelson (1852-1931) a développé l'interféromètre (**figure 1**), un instrument servant à mesurer de petites distances. La lumière monochromatique frappe un miroir semi-argenté M, qui fait fonction de diviseur de faisceau. La moitié de la lumière est réfléchie jusqu'au miroir M₁, où elle est réfléchie vers l'observateur. L'autre moitié est d'abord réfléchie par le miroir fixe M₂, puis réfléchie par le miroir M jusqu'à l'observateur. Si les deux longueurs du trajet sont identiques, les deux faisceaux pénètrent dans l'œil en phase, produisant une interférence constructive. Si le miroir mobile (M₁) est déplacé sur une distance égale à $\frac{\lambda}{4}$, un faisceau parcourt une distance supplémentaire de $\frac{\lambda}{2}$, produisant une interférence destructive. Si M₁ est déplacé plus loin, il se produit une interférence constructive ou destructive, selon la différence de trajet. Si M₁ ou M₂ est légèrement incliné, des franges constructives et destructives apparaissent puisque les longueurs du trajet varient pour différents points de la surface du miroir incliné.

Lorsque M₁ est déplacé sur une distance de $\frac{\lambda}{2}$, une frange donnée passe de sombre à brillante et redevient sombre à nouveau. L'effet global se traduit donc par un modèle de franges décalées d'une position. (Une frange sombre est remplacée par la frange sombre suivante, par rapport à un point de référence fixe.) En comptant le nombre de franges qui se déplacent latéralement dans cette direction, nous pouvons déterminer le déplacement total du miroir mobile en fonction de la longueur d'onde de la source, puisque chaque déplacement de frange représente un mouvement de $\frac{\lambda}{2}$ dans le miroir. Un problème à venir illustrera ce concept.

> **▶ PROBLÈME**
>
> Tu visites une installation de génie optique dans laquelle un interféromètre est éclairé par une source monochromatique d'une longueur d'onde de $6,4 \times 10^{-7}$ m. Tu déplaces lentement et soigneusement le miroir mobile. Tu remarques que 100 franges brillantes se déplacent au-delà du point de référence. Sur quelle distance as-tu déplacé le miroir?
>
> **Solution**
>
> $\lambda = 6,4 \times 10^{-7}$ m
>
> 100 franges $= 50\lambda$
>
> La différence de trajet est de 50λ ou $(50)(6,4 \times 10^{-7}$ m$) = 3,2 \times 10^{-5}$ m.
>
> Le miroir a parcouru la moitié de la distance ou $1,6 \times 10^{-5}$ m.

> **▶ *Mise en pratique***
>
> **Saisis bien les concepts**
>
> **1.** Tu es en train d'observer un système de franges verticales rectilignes dans un interféromètre de Michelson à l'aide d'une lumière d'une longueur d'onde de $5,00 \times 10^{2}$ nm. De combien de mètres devras-tu déplacer les miroirs pour que la bande brillante passe à la position occupée précédemment par une bande brillante adjacente?
>
> **2.** Tu comptes 598 franges brillantes en déplaçant de 0,203 mm le miroir mobile d'un interféromètre de Michelson. Calcule la longueur d'onde de la lumière.

Réponses

1. $2,50 \times 10^{2}$ nm
2. 0,319 nm
3. 679 nm

3. L'un des miroirs d'un interféromètre de Michelson est déplacé, faisant déplacer 1 000 paires de franges au-delà du réticule du télescope optique. L'interféromètre est éclairé par une source de 638 nm. De quelle distance le miroir a-t-il été déplacé ?

L'utilisation de l'interféromètre

Michelson a utilisé son interféromètre pour essayer de déterminer la longueur du mètre standard en fonction de la longueur d'onde d'une ligne rouge dans le spectre du cadmium. Il cherchait une norme de longueur qui serait plus précise que le « mètre standard » (une paire de lignes inscrites sur une barre de platine iridié près de Paris) et qui pourrait être reproduite avec précision partout dans le monde. La technique de Michelson fut acceptée et le mètre redéfini, mais, cette fois-ci, en fonction de la longueur d'onde de la ligne orange-rouge dans le spectre du krypton 86.

Une autre importante utilisation historique de l'interféromètre consistait à mesurer avec précision la vitesse de la lumière dans divers milieux, en plaçant l'objet transparent dans un faisceau de l'interféromètre. Ces mesures illustrent davantage la relation entre l'indice de réfraction d'un matériau et la vitesse de la lumière inhérente, une autre vérification de la théorie ondulatoire de la lumière (consulte la section 9.5).

Toutefois, c'est Michelson et Morley qui ont utilisé cet instrument de la façon la plus célèbre en découvrant que la vitesse de la lumière dans le vide est une constante et qu'elle est indépendante du mouvement de l'observateur. Nous verrons au chapitre 11 qu'Einstein a utilisé ces importantes découvertes dans sa théorie de la relativité restreinte en 1905.

RÉSUMÉ   *L'interféromètre de Michelson*

- Les interféromètres peuvent mesurer des distances de l'ordre de la longueur d'onde de la lumière, en utilisant des franges d'interférence.
- Les interféromètres ont été utilisés pour définir le mètre standard et pour mesurer la vitesse de la lumière dans divers milieux. Les interféromètres servaient historiquement à vérifier si la vitesse de la lumière est une constante.

▶ *Section 10.7* Questions

Saisis bien les concepts

1. Pourquoi les mesures prises avec un interféromètre de Michelson sont-elles si précises ?

2. Un micromètre est connecté au miroir mobile d'un interféromètre. Dans le processus de réglage du micromètre visant à permettre d'insérer un ruban métallique mince, 262 franges brillantes se déplacent au-delà du réticule de l'oculaire. L'interféromètre est éclairé par une source de 638 nm. Calcule l'épaisseur du ruban.

3. Un interféromètre de Michelson est éclairé par une lumière monochromatique. Lorsqu'un de ses miroirs est déplacé de $2,32 \times 10^{-5}$ m, 89 paires de franges défilent. Calcule la longueur d'onde du faisceau incident.

4. Calcule la distance de déplacement du miroir de l'interféromètre de Michelson si 580 franges d'une lumière de 589 nm doivent passer par un point de référence.

5. Tu utilises un interféromètre de Michelson et une source monochromatique. Tu comptes 595 franges brillantes en déplaçant le miroir de $2,14 \times 10^{-4}$ m. Calcule la longueur d'onde de la lumière qui pénètre dans l'interféromètre.

Mets en pratique tes connaissances

6. Explique de quelle façon un interféromètre peut servir à mesurer l'indice de réfraction des liquides et des gaz.

Fais des liens

7. Quel est le processus utilisé avec un interféromètre pour définir la longueur d'un mètre standard ? Rédige un bref résumé.

8. De quelle façon peux-tu utiliser un interféromètre pour déterminer les moindres mouvements de l'écorce terrestre ?

10.8 Les ondes électromagnétiques et la lumière

James Clerk Maxwell (1831-1879) est considéré comme l'un des plus grands physiciens du monde. Einstein a mentionné que ses travaux ont conduit aux plus profonds changements en physique depuis Newton. Maxwell est mort jeune et n'a pu être témoin de la corroboration de sa théorie par la création des ondes radioélectriques au laboratoire de Hertz. Ses travaux ont ouvert la voie à la théorie de la relativité restreinte d'Einstein et ont permis de marquer l'arrivée de l'autre innovation majeure en physique du xxe siècle, la théorie quantique.

Dès qu'Oersted et Faraday ont établi les relations de base entre l'électricité et le magnétisme, au début du xixe siècle, d'autres ont vite fait d'étendre la théorie électromagnétique à des phénomènes étroitement liés. L'une des grandes réalisations scientifiques du xixe siècle a été la découverte de la propagation des ondes électromagnétiques dans l'espace.

En 1864, le physicien et mathématicien écossais James Clerk Maxwell a résumé ses théories sur les champs électromagnétiques en quatre relations de base, appelées, de façon appropriée, les équations de Maxwell. Bien que les équations exigent une notation mathématique qui dépasse le cadre du présent texte, nous pouvons résumer les idées principales de Maxwell en ces termes :

1. La distribution des charges électriques, dans l'espace, produit un champ électrique.

2. Les lignes du champ magnétique sont constituées de boucles continues sans début ni fin. Par contre, les lignes du champ électrique commencent et se terminent par des charges électriques.

3. Un champ électrique d'intensité variable produit un champ magnétique.

4. Un champ magnétique d'intensité variable produit un champ électrique.

Tu devrais déjà connaître ces énoncés, à l'exception peut-être du quatrième. Il s'agit en fait de la loi de l'induction électromagnétique de Faraday qui, comme nous l'avons vu au chapitre 8, soutient qu'un champ magnétique variable dans la région d'un conducteur provoque une différence de potentiel dans le conducteur, en faisant circuler un courant. Pour qu'un tel courant induit circule dans un conducteur, il faut qu'il y ait un champ électrique dans le conducteur, amenant ses particules chargées à se déplacer.

Ces deux phénomènes contraires — un champ électrique variable qui produit un champ magnétique et un champ magnétique variable qui produit un champ électrique — ont amené Maxwell à une inévitable conclusion. Il prévoit que si les champs électriques et magnétiques interactifs changeaient continuellement, ils devaient en fait parcourir l'espace sous forme d'ondes électromagnétiques. Plus tard, Maxwell a trouvé les caractéristiques essentielles d'une telle onde :

- Les ondes électromagnétiques sont produites chaque fois que des charges électriques sont accélérées. La charge accélérée perd de l'énergie qui est portée par l'onde électromagnétique.

- Si la charge électrique est accélérée en un mouvement périodique, la fréquence des ondes électromagnétiques produites équivaut exactement à la fréquence d'oscillation de la charge.

- Toutes les ondes électromagnétiques se propagent dans le vide à une vitesse commune ($c = 3,00 \times 10^8$ m/s) et satisfont à une équation d'onde universelle, $c = f\lambda$.

- Les ondes électromagnétiques consistent en des champs électrique et magnétique qui oscillent en phase, perpendiculaires entre eux et qui sont tous deux orientés selon un angle de 90° par rapport au sens de la propagation de l'onde, comme il est décrit à la **figure 1**.

- Les ondes électromagnétiques exhibent les propriétés d'interférence, de diffraction, de polarisation et de réfraction, et peuvent porter une quantité de mouvement linéaire et angulaire.

- Toutes les ondes électromagnétiques peuvent être polarisées, et on dit du rayonnement où le vecteur de champ électrique est dans un seul plan qu'il est polarisé
linéairement. (Le plan de polarisation est le plan qui contient tous les vecteurs de
champ électrique d'intensité variable.)

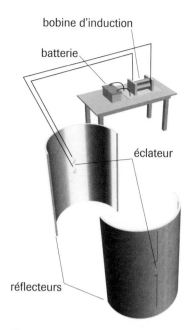

Figure 2
Montage expérimental de Hertz

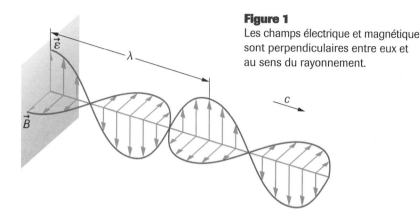

Figure 1
Les champs électrique et magnétique
sont perpendiculaires entre eux et
au sens du rayonnement.

Une onde électromagnétique semblable fut produite et détectée pour la première fois
en laboratoire par le physicien allemand Heinrich Hertz (1857-1894), en 1887, peu de
temps après le décès de Maxwell. En utilisant un éclateur, au travers duquel des charges
électriques se déplacent rapidement dans un mouvement de va-et-vient, Hertz a réussi
à produire des ondes électromagnétiques dont la fréquence atteignait environ 1 MHz.
Il a détecté ces ondes à partir d'une certaine distance, en utilisant comme antenne
une boucle métallique dans laquelle un courant circulait lorsqu'un champ magnétique
variable la traversait (**figure 2**).

Hertz a pu démontrer également que ces ondes se propagent à la vitesse de la lumière
dans le vide et qu'elles présentent les phénomènes caractéristiques des ondes, soit la
réflexion, la réfraction, l'interférence et même la polarisation.

Hertz appelait ses ondes des **ondes radio**. Sa découverte a jeté les bases expérimentales
d'ingénierie pour Marconi et d'autres pionniers de la radio, qui les premiers ont transmis
des ondes radio de l'autre côté de la Manche en 1889. Malgré les prévisions voulant que
la courbure de la Terre rendrait impossible la communication à longue distance par des
ondes électromagnétiques, Marconi a traversé l'Atlantique en 1901, pour aller à un
endroit appelé aujourd'hui Signal Hill, à Saint-Jean de Terre-Neuve, où il a reçu un « S » en
code morse qui lui a été transmis de Cornwall, en Angleterre, ville située à 3 360 km de là.

La prévision de Maxwell, vérifiée par Hertz, voulant que les ondes électromagnétiques
se propagent à la vitesse de la lumière a eu une importance primordiale. Même s'il était
généralement admis, depuis près d'un demi-siècle, que la lumière agit comme une onde,
on n'était toujours pas certain de bien comprendre, en termes physiques concrets, ce
qu'était une onde.

Maxwell, en se basant sur sa vitesse calculée des ondes électromagnétiques, a soutenu
que la lumière est électromagnétique. Après la découverte des ondes radio par Hertz,
l'allégation de Maxwell fut aussitôt acceptée par la majorité.

ondes radio ondes électromagnétiques dans la gamme de
fréquences de 10^4 à 10^{10} Hz ;
utilisées pour les transmissions
radioélectriques et télévisuelles

Le spectre électromagnétique

La lumière visible et les ondes radio occupent seulement deux petites gammes de toutes
les gammes de fréquences possibles des champs électriques et magnétiques oscillants. Nous
savons aujourd'hui qu'il existe une vaste gamme de fréquences d'ondes électromagnétiques — le spectre électromagnétique — qui possède toutes les caractéristiques de

base prévues par Maxwell. Le **tableau 1** indique les noms donnés aux diverses régions de ce spectre et la gamme de fréquences approximative pour chaque région, avec une description brève du type de charge accélérée qui entraîne la formation de chacune d'elles.

Un problème est proposé ci-après pour illustrer la résolution des problèmes par une analyse traditionnelle des ondes à l'aide des diverses régions du spectre.

Tableau 1 Le spectre électromagnétique

Type de rayonnement	Gamme de fréquences	Origine du rayonnement	Applications ou effets des rayonnements
c.a. basse fréquence	60 Hz	faible rayonnement émis par des conducteurs d'alimentation c.a.	cause de l'interférence dans la réception radio lorsqu'elle passe près de lignes de transmission à haute tension
radio, radar, télévision	10^4 à 10^{10} Hz	oscillations dans des circuits électriques renfermant des composants inductifs et capacitifs	transmission de signaux de communication de radio et de télévision ; navigation aérienne et nautique au radar ; réception des ondes radioélectriques de l'espace par des télescopes radio ; contrôle de satellites, sondes spatiales et missiles guidés
micro-ondes	10^9 à 10^{12} Hz	courants oscillants dans des tubes spéciaux et des dispositifs à semi-conducteurs	transmission à grande distance d'informations télévisuelles et télécommunications ; cuisson dans des fours à micro-ondes
infrarouge	10^{11} à 4×10^{14} Hz	transitions des électrons périphériques en atomes et en molécules	entraîne la production de chaleur directe du soleil et d'autres sources de chaleurs rayonnantes ; utilisée pour la télédétection et la thermographie
lumière visible	4×10^{14} à 8×10^{14} Hz	transitions énergétiques supérieures des électrons périphériques en atomes	rayonnement perçu par l'œil humain, donnant la sensation de «visibilité»
ultraviolet	8×10^{14} à 10^{17} Hz	transitions énergétiques encore plus élevées des électrons en atomes	cause la fluorescence dans certains matériaux ; cause le «bronzage» de la peau ; tue les bactéries ; aide à la synthèse de la vitamine D par le corps humain
rayons X	10^{15} à 10^{20} Hz	transitions des électrons internes des atomes ou décélération rapide des électrons libres à haute énergie	pénètrent facilement les tissus mous, mais sont absorbés par les tissus plus durs tels que les os et les dents, pour produire des images radiologiques des structures internes du corps ; utilisés pour la radiothérapie et les essais non destructifs dans l'industrie
rayons gamma	10^{19} à 10^{24} Hz	noyaux d'atomes, spontanés et issus de la décélération brusque de particules à très haute énergie provenant des accélérateurs	traitement des tumeurs cancéreuses localisées
rayons cosmiques	$> 10^{24}$ Hz	bombardement de l'atmosphère terrestre par des particules à haute énergie provenant de l'espace	responsables des aurores

▶ **PROBLÈME**

On utilise des micro-ondes ayant une longueur d'onde de 1,5 cm pour transmettre des signaux de télévision d'un océan à l'autre grâce à un réseau de pylônes.

a) Quelle est la fréquence de ces micro-ondes?

b) Combien de temps un signal d'hyperfréquences prend-il pour traverser le continent de Saint-Jean de Terre-Neuve à Victoria, en Colombie-Britannique, c'est-à-dire une distance d'environ $5,0 \times 10^3$ km?

Solution

a) $\lambda = 1,5$ cm

$v = c = 3,00 \times 10^8$ m/s

$f = ?$

$$f = \frac{c}{\lambda}$$

$$= \frac{3,00 \times 10^8 \text{ m/s}}{1,5 \times 10^{-2} \text{ m}}$$

$$f = 2,0 \times 10^{10} \text{ Hz}$$

La fréquence est de $2,0 \times 10^{10}$ Hz.

b) $\Delta d = 5,0 \times 10^3$ km $= 5,0 \times 10^6$ m

$\Delta t = ?$

$$\Delta d = v\Delta t$$

$$= c\Delta t$$

$$\Delta t = \frac{\Delta d}{c}$$

$$= \frac{5,0 \times 10^6 \text{ m}}{3,0 \times 10^8 \text{ m/s}}$$

$$\Delta t = 1,6 \times 10^{-2} \text{ s}$$

Le temps requis est de $1,6 \times 10^{-2}$ s.

▶ **Mise en pratique**

Saisis bien les concepts

1. Calcule la longueur d'onde du signal émis par une station de radiodiffusion FM ayant une fréquence de 107,1 MHz.

2. Ta classe visite le laboratoire de physique d'une université. Tu remarques une machine à rayons X qui fonctionne à $3,00 \times 10^{17}$ Hz. Quelle est la longueur d'onde des rayons X produits?

3. Calcule la période de la lumière émise par un laser à hélium-néon dont la longueur d'onde est de 638 nm.

4. Combien de longueurs d'onde de rayonnement émis par une ligne de transmission électrique de $6,0 \times 10^1$ Hz faudrait-il pour couvrir le continent nord-américain (une distance d'environ $5,0 \times 10^3$ km)?

Réponses

1. 2,80 m

2. $1,00 \times 10^{-9}$ m

3. $2,13 \times 10^{-15}$ s

4. 1,0

Dans la présente unité, nous avons d'abord fait un inventaire systématique des propriétés de la lumière, puis nous sommes arrivés à la conclusion que la lumière n'est qu'un des nombreux rayonnements du spectre électromagnétique, tous ces rayonnements comportant les mêmes propriétés essentielles.

Les ondes électromagnétiques et la lumière

- Maxwell a postulé et Hertz a prouvé que la lumière et tous les rayonnements se déplacent dans l'espace comme des ondes électromagnétiques à la vitesse de la lumière ($3,00 \times 10^8$ m/s).

- Les ondes électromagnétiques consistent en des champs électrique et magnétique qui oscillent en phase et qui sont perpendiculaires entre eux et au sens de la propagation des ondes.

- Les ondes électromagnétiques présentent les propriétés d'interférence, de diffraction, de polarisation, de réflexion et de réfraction.

- Le spectre électromagnétique comprend tous les rayonnements qui proviennent d'une source ayant un champ électrique ou magnétique variable.

- Le spectre électromagnétique consiste en des ondes radioélectriques (incluant les micro-ondes), des ondes infrarouges, la lumière visible, les rayons ultraviolets, les rayons X, les rayons gamma et les rayons cosmiques.

▶ Section 10.8 Questions

Saisis bien les concepts

1. Calcule la quantité indiquée pour chacune des ondes électromagnétiques suivantes :
   a) la fréquence d'une micro-onde d'une longueur d'onde de 1,80 cm
   b) la longueur d'onde d'un signal radar de $3,20 \times 10^{10}$ Hz
   c) la distance entre les maximums adjacents de l'intensité du champ magnétique dans l'onde électromagnétique créée par la ligne de transmission de 60,0 Hz
   d) la fréquence de la lumière visible rouge, dont la longueur d'onde est de $6,5 \times 10^{-7}$ nm

2. Deux amateurs de football écoutent la partie de la Coupe Grey à la radio ; l'un se trouve à Montréal, où la partie se joue, et l'autre, à Inuvik, dans les Territoires du Nord-Ouest, à $6,00 \times 10^3$ km de là. Le signal distant est émis par micro-ondes au moyen d'un satellite de télécommunications situé à une altitude de $3,6 \times 10^4$ km. En imaginant toutes sortes d'hypothèses raisonnables, détermine combien de temps à l'avance l'amateur de Montréal reçoit les résultats de n'importe quel jeu.

3. Une fente de 6,0 cm de largeur est placée en avant d'une source hyperfréquence fonctionnant à une fréquence de 7,5 GHz. Calcule l'angle (mesuré à partir du maximum central) du premier minimum dans le modèle de diffraction.

4. Les premiers amateurs radio utilisaient des arcs électriques haute tension, tout comme Hertz, pour produire des ondes radio et communiquer entre eux. Pourquoi cette pratique est-elle vite devenue irréalisable ?

Mets en pratique tes connaissances

5. Comment pourrais-tu utiliser une petite radio portative pour repérer une fuite de haute tension dans un circuit d'allumage d'une automobile ?

Fais des liens

6. Pourquoi y a-t-il un court délai avant que tu entendes les réponses d'un correspondant de presse lorsqu'il est interviewé en direct à l'autre bout de la planète ?

7. Les ondes télé et radio peuvent être réfléchies par les montagnes avoisinantes ou par des avions. Ces réflexions peuvent interférer avec le signal direct de la station.
   a) Détermine quel type d'interférence se produit lorsque les signaux de télévision de 75 MHz émis par une station éloignée atteignent un récepteur et que ces mêmes signaux sont également réfléchis par un avion qui se trouve à 134 m juste au-dessus du récepteur. (Suppose un changement de phase de l'onde de $\frac{\lambda}{2}$ lors de la réflexion.) Explique ton raisonnement.
   b) Détermine quel type d'interférence se produit si l'avion se trouve 42 m plus près du récepteur. Explique ton raisonnement.

Quelques applications des ondes électromagnétiques **10.9**

Les communications radio et télévisées

Marconi a été le premier à reconnaître le potentiel de transmission de l'information sur de longues distances en utilisant des ondes électromagnétiques par fils.

La **figure 1** illustre les composants types d'un émetteur de communications moderne. Les ondes sonores sont détectées par un microphone et converties en un signal audio faible. Ce signal électrique est augmenté au moyen d'un amplificateur avant qu'il ne traverse un modulateur, qui modulera son amplitude (en mode AM) ou créera de légères perturbations dans la fréquence (en mode FM) de la porteuse radiofréquence (RF) de l'oscillateur RF. La longueur d'onde de ce signal RF est différente d'une station à l'autre.

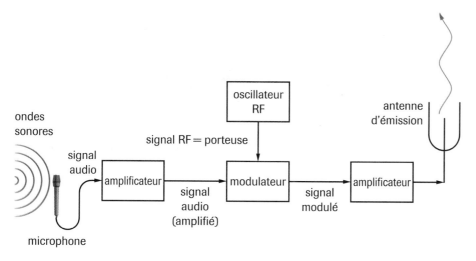

Figure 1
Circuit émetteur

La fréquence porteuse est celle que tu « syntonises » sur ton appareil radio. Le signal amplifié est envoyé à une antenne d'émission, qui produit l'onde électromagnétique. Un signal de télévision est produit de la même manière, excepté que la fréquence porteuse est mélangée à deux signaux : l'un pour l'audio et l'autre pour la vidéo. Avec la télévision et la radio audiofréquence, les électrons de l'antenne émettrice oscillent en synchronisme avec la fréquence porteuse et l'onde électromagnétique se propage à la vitesse de la lumière jusqu'au récepteur.

Dans le récepteur type illustré à la **figure 2**, l'antenne réceptrice détecte les ondes électromagnétiques entrantes. Les champs électromagnétiques oscillants entrants forcent les électrons libres à se déplacer dans le matériau conducteur, ce qui crée un courant électrique faible dans l'antenne qui contient un mélange de fréquences provenant de plusieurs stations émettrices différentes.

Le récepteur sélectionne une fréquence porteuse correspondant à une station particulière et est ensuite amplifié et envoyé dans un démodulateur, qui sépare le signal audio du signal porteur. Une fois que ce signal audio (AF) est bien séparé, il est amplifié et envoyé au haut-parleur pour être converti en ondes sonores. En transmission télévisuelle, deux signaux distincts sont démodulés, le signal audio étant envoyé au haut-parleur et le signal vidéo, au cinéscope.

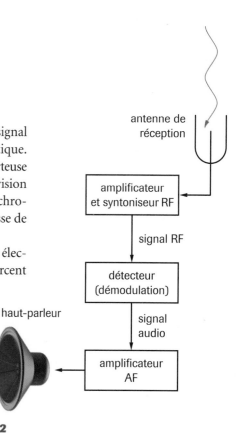

Figure 2
Circuit récepteur

Les effets ondulatoires de la lumière **535**

Figure 3
Une tour de communications par micro-ondes utilise des réflecteurs paraboliques pour concentrer le rayonnement électromagnétique sur une petite antenne en mode réception et pour disperser le rayonnement de la petite antenne en mode émission.

lumière incohérente lumière ayant une ou plusieurs longueurs d'onde, déphasée (p. ex., la lumière blanche)

lumière cohérente lumière ayant une seule longueur d'onde, en phase (p. ex., la lumière laser)

En plus des bandes radiophoniques et télévisuelles, des bandes de fréquences ont été attribuées à la bande publique (BP), aux liaisons terre-navire, aux avions, à la police, à la défense, et à la radio amateur, aux téléphones cellulaires, aux communications spatiales et par satellite ainsi qu'aux radars (**figure 3**).

Le rayonnement infrarouge

Le rayonnement infrarouge (IR) occupe les fréquences de $1,0 \times 10^{11}$ Hz à 4×10^{14} Hz. À des températures relativement basses, nous pouvons ressentir la chaleur — rayonnement infrarouge — dégagée par l'élément d'une cuisinière électrique. À des températures plus élevées, l'élément commence à rougir, indiquant une région visible du spectre. À des températures comme celle d'une lampe à incandescence, nous observons une lueur blanche. Lorsque la température du matériau augmente, la fréquence est de plus en plus élevée. Mais les fréquences plus basses sont toujours présentes. Une ampoule qui s'éteint dégage toujours de la chaleur.

Les détecteurs de rayonnement infrarouge les plus courants sont la pellicule photographique et les caméras de télévision sensibles à la bande infrarouge. Les images multicolores peuvent montrer les variations de température infimes d'un objet, indiquées par une couleur différente. Par exemple, les photographies à infrarouge de l'extérieur d'une maison révèlent des points « chauds » autour des portes et des fenêtres, là où il y a perte de chaleur (**figure 4**). Des images thermiques du corps humain révèlent les zones d'infection et l'emplacement des tumeurs. Les photographies à infrarouge par satellite révèlent le type des plantes cultivées (**figure 5**), la densité de la population des zones urbaines et la distribution des pluies acides. Les photographies de reconnaissance des installations militaires révèlent la position des pistes d'aéroport, des usines camouflées et des bases de lancement.

Le rayonnement laser

Les sources lumineuses classiques sont des corps chauds émetteurs de longueurs d'onde bien définies. Des températures élevées excitent les atomes du filament de tungstène d'une ampoule ordinaire, atomes qui passent à des niveaux supérieurs d'énergie. Excités, ils émettent une lumière et retournent à un état d'énergie plus faible, couvrant une vaste gamme de fréquences. Dans un tube fluorescent, le courant électronique traversant le gaz excite les atomes et les fait passer à des niveaux supérieurs d'énergie. Les atomes fournissent cette énergie d'excitation en la propageant sous forme d'ondes lumineuses (consulte la section 12.4). Chaque atome produit des ondes de façon spontanée, indépendamment des autres atomes. L'énergie globale produite par l'une de ces sources lumineuses classiques — la lampe à incandescence ou fluorescente — est un méli-mélo de fréquences provenant d'atomes individuels et la lumière émise est **incohérente**.

Par contre, la lumière laser est **cohérente**. Les ondes lumineuses sont émises en phase, avec toutes les crêtes et les creux qui coïncident pendant une grande période, et forment une onde constructive. Les atomes laser n'émettent pas au hasard mais sous l'action d'une stimulation (consulte la section 12.4 pour plus de détails). Puisque la lumière émise a une longueur d'onde ou une couleur constante, la lumière laser est dite monochromatique. Finalement, les ondes lumineuses sont émises principalement dans une direction.

Ces propriétés de cohérence, d'intensité et de directivité des faisceaux laser permettent une grande variété d'applications scientifiques, médicales et militaires. La directivité fait en sorte que le faisceau laser parcourt de longues distances en ligne droite. Cette propriété est utile pour la surveillance, pour l'établissement des directions de référence lors du perçage des tunnels, pour mesurer le très faible mouvement des continents, pour déterminer la vitesse d'une balle de baseball ou d'une automobile, pour guider les fermiers dans la pose des tuyaux d'argile et pour diriger les missiles. De plus, comme la lumière peut être modulée, elle est utilisée dans les fibres optiques, ce qui permet de remplacer des milliers de fils par une seule fibre optique.

> ▶ *À TOI* d'expérimenter
>
> ## La diffusion de la lumière laser
>
> La plus grande partie de la divergence d'un faisceau laser est causée par la diffusion de la lumière par des particules d'air. Pour accroître la diffusion et rendre le faisceau plus visible, frappe deux brosses à tableau au-dessus d'un faisceau laser dans une pièce sombre. Pourquoi peux-tu voir maintenant le faisceau laser?
>
> Ne dirige jamais de faisceaux laser directs ou de faisceaux réfléchis droit dans les yeux de quelqu'un.
>
> Si tu es allergique ou sensible à la poussière de craie, vaporise plutôt une légère brume à l'aide d'un flacon pulvérisateur. Pulvérise l'eau sur le faisceau, mais garde la brume éloignée du laser.

L'intensité des faisceaux laser permet de couper et de souder des matériaux, y compris les métaux. Un laser industriel peut concentrer dix mille millions de watts pendant de courts intervalles. Lasers peuvent réaliser des coupes précises dans des tissus destinés à la fabrication de vêtements, cautériser et effectuer divers types de chirurgie (y compris la chirurgie plastique), souder des portes, plaquer facilement des métaux corrodés, graver les modèles des microcircuits et percer le chas des aiguilles chirurgicales (**figure 6**).

Le rayonnement ultraviolet

Le rayonnement ultraviolet (UV) consiste en une bande de fréquences située entre la lumière visible et les rayons X, avec des fréquences de $8{,}0 \times 10^{14}$ Hz (violet) à 10^{17} Hz. Les rayons UV sont émis par des objets très chauds. Environ 7 % des rayons émis par le soleil sont des rayons UV. Ce sont ces rayons qui changent la couleur de la peau. De petites quantités de rayons UV sont nécessaires pour produire la vitamine D dans le corps humain. Mais une trop grande quantité de rayons UV cause le bronzage et les coups de soleil, qui augmentent le risque d'un cancer de la peau et la formation de cataractes. Les sources UV causent une fluorescence dans certains minerais et substances chimiques, comme les colorants et les peintures, qui sont utilisés pour leur effet spectaculaire dans les affiches et les T-shirts.

Figure 4
Cette photo infrarouge révèle que les fenêtres sont beaucoup plus chaudes que la structure avoisinante. Le remplacement des fenêtres actuelles par des fenêtres isolantes à double ou à triple vitrage permettrait de diminuer la perte de chaleur, de conserver l'énergie et de réduire les factures d'électricité.

Figure 5
Les patrons d'occupation des sols sont bien nets sur cette image infrarouge de la zone périphérique de l'Alberta et du Montana. Les montagnes touffues et les berges très végétalisées apparaissent en rouge. Les crêtes à différents stades de croissance dans le Montana (moitié inférieure de l'image) prennent différentes couleurs.

 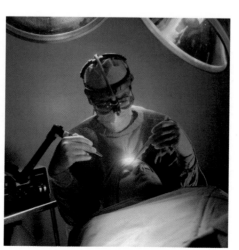

Figure 6
Les lasers comportent plusieurs applications telles que le découpage de l'acier (à gauche) et les interventions chirurgicales (à droite).

Le rayonnement ionisant

rayonnement ionisant rayonnement à la limite duquel il y a risque d'ionisation, à des fréquences supérieures à celles de l'ultraviolet

rayonnement non ionisant rayonnement égal ou inférieur à la limite permettant une ionisation, à des fréquences inférieures à celles de l'ultraviolet

Les rayons X et les rayons gamma sont **ionisants**. Un rayonnement se produisant à des fréquences égales ou inférieures à celles du rayonnement UV est **non ionisant**. L'ionisation peut rompre les liaisons chimiques. Dans le corps humain, le rayonnement ionisant peut causer une mort cellulaire ou des cancers. Nous reviendrons sur ce sujet à l'unité 5.

La théorie ondulatoire de la lumière vers 1890

À la fin du XIXe siècle, la théorie ondulatoire de la lumière était solidement établie. L'interférence à simple et à double fente et la polarisation ont corroboré la théorie. Avec les travaux de Maxwell et de Hertz, tous les autres rayonnements électromagnétiques pouvaient être représentés comme des ondes transversales. La communauté avait le sentiment que tous les principes fondamentaux qui régissent l'univers physique étaient désormais connus, ne laissant aux physiciens rien de plus que la responsabilité de les étoffer.

Cette suffisance a pourtant disparu vers la fin des années 1890 lorsqu'en Allemagne Wilhelm Roentgen a découvert les « rayons X » qui étaient suffisamment puissants pour noircir une plaque photographique après avoir traversé la chair et le bois. Peu de temps après, en France, Henri Becquerel laissait accidentellement un morceau de minerai d'uranium dans un tiroir, au-dessus d'une plaque photographique ; il s'aperçut, quelques jours plus tard, que la plaque avait été exposée à un certain rayonnement étrange. Il en conclut que le rayonnement de l'uranium avait dû traverser l'épais couvercle. Et c'est en 1897, en Angleterre, que Joseph John (« J. J. ») Thomson identifiait formellement l'électron comme étant le porteur d'électricité. Toutefois, peu de temps après, la suffisance des scientifiques se dissipa de façon permanente. Des concepts radicalement nouveaux émergèrent du monde de la physique, mettant en doute la théorie ondulatoire du rayonnement électromagnétique et la mécanique newtonienne. Ces sujets seront abordés dans la prochaine unité.

▶ *APPROFONDIR* une question

Les téléphones cellulaires

La popularité explosive des téléphones cellulaires à l'échelle mondiale a relancé le débat public sur les dangers possibles qu'ils représentent pour la santé. Les téléphones cellulaires sont de petits postes radio qui émettent et reçoivent des micro-ondes. Nous avons vu dans la présente section que les ondes radioélectriques, de même que les micro-ondes, sont des rayonnements non ionisants. Est-ce à dire qu'ils sont sans danger ? Il semblerait que les micro-ondes produisent un certain effet calorifique sur les tissus, y compris le cerveau, près d'un téléphone cellulaire. Mais il n'est pas certain qu'il puisse y avoir des effets biologiques mesurables, comme un risque de cancer accru.

La plupart des études ont conclu que « l'utilisation de téléphones cellulaires portatifs n'est pas liée au risque de cancer du cerveau ». Mais ces résultats sont toujours accompagnés de mises en garde signalant, entre autres, que « d'autres études à long terme sont requises pour tenir compte de l'utilisation sur une longue période, surtout dans le cas des tumeurs à croissance lente ».

Habiletés de prise de décision

- Définir le débat
- Analyser le débat
- Chercher
- Défendre la position
- ○ Identifier les options
- Évaluer

Prends position
L'utilisation du téléphone cellulaire représente-t-elle un danger pour ta santé ?

Fais-toi une opinion
Fais des recherches sur le sujet, en citant les principales études menées au cours des trois dernières années. Prends note du financement pour chacune des études que tu passes en revue.

- Évalue les études en fonction de critères objectifs.
- Résume tes découvertes et indique dans quelle mesure la preuve corrobore objectivement (ou, selon le cas, ne corrobore pas) une conclusion.
- Expose ta conclusion personnelle, en défendant ta position.
- Est-ce que tes recherches t'amèneront à modifier tes habitudes d'utilisation du téléphone cellulaire ? Pourquoi ?

 ALLER À www.beauchemineediteur.com/physique12

RÉSUMÉ *Quelques applications des ondes électromagnétiques*

- Les ondes radioélectriques proviennent d'un champ électrique oscillant dans une antenne et mettent en jeu une onde porteuse modulée par une onde audio et/ou vidéo.

- Les rayons infrarouges proviennent d'un objet chaud qui propage une lumière dont la fréquence augmente graduellement à mesure que la température s'élève.

- Les rayons infrarouges peuvent être détectés photographiquement à l'aide de caméras sensibles à l'infrarouge.

- Les rayons ultraviolets ont une fréquence suffisamment élevée pour causer des dommages aux tissus humains.

- Le spectre électromagnétique est divisé en deux parties: le rayonnement ionisant et le rayonnement non ionisant.

- En 1890, il était généralement admis que la lumière est une onde électromagnétique qui se propage à une vitesse de $3{,}00 \times 10^8$ m/s dans le vide.

LE SAVAIS-TU ?

Les fréquences des canaux de télévision et des stations radio
Les fréquences de radiodiffusion varient entre 500 kHz et 1 600 kHz pour les stations AM à ondes moyennes et entre 88 MHz et 108 MHz pour les stations FM. Les fréquences porteuses de la télévision varient entre 54 MHz et 216 MHz pour les canaux THF 2 à 13 et de 470 MHz à 890 MHz pour les canaux UHF.

▶ *Section 10.9 Questions*

Saisis bien les concepts

1. Explique pourquoi les émetteurs AM en ondes moyennes ne diffusent pas dans les ombres (régions sans réception) derrière des obstacles tels qu'édifices et collines, alors que c'est le cas avec les émetteurs de télévision et les émetteurs FM.

2. Une onde électromagnétique se propage directement vers le haut, perpendiculairement à la surface terrestre. Son champ électrique oscille dans un plan est-ouest. Quelle est la direction de l'oscillation de son champ magnétique?

3. Explique pourquoi la réception radio dans une automobile risque de se déformer lorsque l'automobile passe à proximité de lignes de transmission à haute tension ou sous du béton armé ferraillé.

Mets en pratique tes connaissances

4. Certains faisceaux laser peuvent être modulés. De quelle façon monterais-tu un laser et un récepteur qui te permettent d'émettre le signal audio d'une radio à travers la chambre avec une lumière laser? Mets à l'essai ton idée si tu peux te procurer le matériel nécessaire.

Fais des liens

5. Les lotions solaires ont des facteurs de protection variant entre 15 et 45. Quelle est la relation entre ce facteur et les rayons UV?

6. Fais des recherches pour trouver la différence entre les rayons UV-A et UV-B, apparaissant sur les étiquettes de lotion solaire. Résume tes découvertes.

7. Fais des recherches sur les applications médicales des rayons infrarouges. Choisis deux utilisations, l'une diagnostique et l'autre thérapeutique, puis rédige un bref compte rendu sur chacune d'elles (maximum de 500 mots).

8. Cite plusieurs influences positives ou négatives du rayonnement électromagnétique sur notre santé ou notre bien-être en général.

9. Explique pourquoi il est interdit d'utiliser des téléphones cellulaires dans les hôpitaux.

10. Les rayons infrarouges et ultraviolets ont des effets calorifiques différents sur la peau de l'homme. Explique en quoi ils diffèrent et pourquoi.

11. L'effet calorifique des micro-ondes a été remarqué à l'origine par des opérateurs radar à la fin de la Seconde Guerre mondiale. Ils ont découvert qu'ils pouvaient réchauffer des repas en les plaçant près des magnétrons qui produisent des micro-ondes. Cette découverte a finalement conduit au four à micro-ondes. Fais des recherches dans Internet et dans d'autres sources d'information, puis réponds aux questions suivantes:

    a) Quelles sont les longueurs d'onde des micro-ondes utilisées dans les fours à micro-ondes domestiques?

    b) Quelle est leur source?

    c) De quelle façon les micro-ondes chauffent-elles les aliments?

    d) Quels sont les types d'aliments qui ne peuvent pas être chauffés dans un four à micro-ondes?

    e) Dessine un diagramme étiqueté indiquant la construction d'un four à micro-ondes type. Commente les dispositifs de sécurité.

    f) Pourquoi la pratique des opérateurs radar était-elle dangereuse?

 www.beaucheminediteur.com/physique12

⚛ RECHERCHE 10.2.1

La diffraction de la lumière à travers une fente simple

Habiletés de recherche

- ○ Questionner
- ○ Émettre une hypothèse
- ● Prévoir
- ○ Planifier
- ● Mener une expérience
- ● Enregistrer, noter
- ● Analyser
- ● Évaluer
- ● Communiquer

La présente recherche comporte trois parties. Dans la première partie, tu exploreras la diffraction à fente simple, en faisant des observations qualitatives sur l'effet de la largeur de la fente sur la diffraction, sur la structure du modèle d'interférence, ainsi que sur l'influence de la largeur de la fente et de la longueur d'onde (couleur). Dans la deuxième partie, tu mesureras le modèle d'interférence de diffraction à l'aide d'un laser à hélium-néon ou à DEL. Mais revois d'abord la section 10.2, puisque tu devras utiliser les relations mathématiques abordées dans cette section. Dans la partie 3, tu apprendras à prévoir le modèle de diffraction lorsqu'un faisceau laser est dirigé sur un cheveu humain. Cette recherche te permettra de mieux comprendre la diffraction à fente simple et fournira une base pour les travaux ultérieurs sur les réseaux de diffraction et d'autres effets d'interférence.

Question

De quelle façon les obstacles et les fentes simples diffractent-ils la lumière dans des modèles définis ?

Hypothèse

La lumière diffractée donne des modèles prévisibles qui peuvent être analysés et utilisés pour déterminer des variables, comme la longueur d'onde de la lumière et la largeur d'une fente.

Prévision

a) Prévois le modèle de diffraction créé par un cheveu humain éclairé par un faisceau laser.

Matériel

Lampe vitrine à filament long ou ampoule au quartz halogène
filtres transparents rouge et vert
bandes élastiques
plaque à fente simple
plaque à fente variable
laser à hélium-néon ou à DEL
lame de rasoir
lentille divergente
écran blanc
ruban à mesurer métrique
photomètre ou interface d'ordinateur
lames de microscope

Marche à suivre

Partie 1 : La diffraction à fente simple

 La lampe vitrine deviendra très chaude. Assure-toi de ne pas y toucher.

1. Installe la lampe de façon que le filament soit à la verticale.

2. Appuie les coussinets de tes deux index l'un contre l'autre, en créant une petite fente (**figure 1**). Modifier la pression sur le bout de tes doigts te permet de modifier la largeur de la fente.

Figure 1
Illustration se rapportant aux étapes 2 et 3

3. Place la fente créée par tes doigts parallèle au filament de la lampe. Fais varier la largeur de la fente en observant tout changement associé au passage de la lumière à travers la fente.

4. Regarde le long filament de nouveau, cette fois avec une fente déjà préparée. Note tes observations en faisant une esquisse.

5. Couvre la lampe complètement avec le filtre rouge tenu en place au moyen d'une bande élastique. Regarde la lumière rouge à travers de multiples fentes simples. Note les changements observés dans le modèle lorsque tu augmentes la largeur d de la fente, tout en maintenant constantes la longueur d'onde de la source et la distance entre la source et la fente.

6. En regardant la lumière à travers une fente simple et étroite, éloigne lentement la fente de la source, puis ramène-la près d'elle. Note les changements observés dans le modèle.

7. Couvre la lampe avec les filtres rouge et vert de façon que la moitié supérieure émette une lumière rouge et la moitié inférieure, une lumière verte. Tout en prenant soin de maintenir la distance de la source, compare le déplacement y du premier minimum à partir de la ligne médiane pour la lumière rouge et la lumière verte.

Partie 2 : L'utilisation d'un laser comme source de lumière monochromatique

 Une lumière laser à hélium-néon de faible puissance peut causer des dommages temporaires à la rétine. Ne regarde pas directement le faisceau laser ou le faisceau réfléchi par une surface brillante.

Fais attention en manipulant les lames de rasoir.

8. Dirige le faisceau laser à hélium-néon sur un écran blanc situé à environ 1,0 m de là. Insère lentement la bordure d'une lame de rasoir dans le côté du faisceau. Note le modèle sur l'écran.

9. Place la plaque à fente variable dans le faisceau laser. Réduis lentement la largeur de la fente, en notant tout changement observé dans le modèle sur l'écran.

10. Fais passer le faisceau laser à travers une fente simple et étroite déjà préparée, puis élargis le faisceau à l'aide d'une lentille divergente. Note le modèle sur l'écran.

11. En maintenant la fente simple et la lentille divergente en place, assombris la pièce et déplace un photomètre sensible, ou une sonde connectée à une interface d'ordinateur, en traversant d'un bout à l'autre le modèle produit sur l'écran. Note les variations d'intensité à des intervalles de 5 mm. Trace un graphique représentant l'intensité lumineuse en fonction de la distance, en fixant la distance de zéro au centre du modèle.

12. Avec l'écran se trouvant toujours à 1,0 m devant l'ouverture laser, retire la fente simple. Marque au moyen d'un point l'endroit précis représentant le milieu du faisceau laser sur l'écran. Mesure la distance L entre l'ouverture laser et ce point.

13. Place une fente simple devant le faisceau laser de façon à produire un modèle de diffraction sur l'écran. Il faudra peut-être que tu ajustes un peu la fente pour t'assurer que le milieu du maximum central se trouve bien aligné sur le point que tu as inscrit à l'étape 12.

14. Sur l'écran, mesure les distances entre le centre du maximum central et la première ligne nodale de chaque côté du modèle. Trouve la moyenne y_1 de ces deux distances.

15. Enregistre la largeur d de la fente simple. En utilisant $\lambda = \dfrac{dy_1}{L}$, détermine la longueur d'onde de la lumière.

16. Répète les étapes 14 et 15 avec une fente différente. Cette fois-ci, comme la longueur d'onde est connue, détermine la largeur d de la fente.

Partie 3 : La diffraction par un cheveu humain

17. Fixe soigneusement un cheveu humain à une lame de microscope. Prévois dans un croquis le modèle d'interférence que tu obtiendras lorsque tu insères la lame dans le faisceau laser.

18. Monte le cheveu à la verticale devant le faisceau laser. Ajuste la focale pour assurer la netteté de l'image du cheveu sur l'écran au moyen d'une lentille divergente. Dessine un croquis du modèle sur l'écran.

Analyse

b) Quelle largeur la fente simple doit-elle avoir pour produire de la diffraction ? Qu'indique la largeur à propos de la longueur d'onde ? Explique ton raisonnement.

c) Tu as comparé la diffraction de la lumière rouge avec celle de la lumière verte. Laquelle de ces lumières indiquait la longueur d'onde la plus longue ? Pourquoi ?

d) Tu as observé l'effet produit lorsque la lumière blanche traverse la fente simple. Que révèlent tes observations à propos des longueurs d'onde respectives des couleurs du spectre ?

e) I) De quelle façon la largeur d de la fente influe-t-elle sur la distance y_1 jusqu'à la première ligne nodale ? Donne ta réponse sous la forme d'une proportion.

   II) Quelle est la relation entre la distance y_1 de la ligne médiane jusqu'au premier minimum et la distance L entre la source et le premier minimum ? Donne ta réponse sous la forme d'une proportion.

   III) Quelle est la relation entre y et la longueur d'onde λ ? Donne ta réponse sous la forme de proportion.

   IV) Combine les énoncés de proportionnalité des trois dernières étapes en un seul énoncé de proportionnalité mettant en jeu y, d, L et λ, en faisant de λ la variable dépendante.

f) Le modèle de diffraction que tu as observé pour le cheveu humain correspond-il à tes prévisions ? Est-ce que tes observations comprenaient quelque chose d'analogue à la tache claire de Poisson (section 9.5) ?

⊛ **RECHERCHE 10.4.1**

Habiletés de recherche

○ Questionner	● Planifier	● Analyser
○ Émettre une	● Mener une	● Évaluer
hypothèse	expérience	● Communiquer
○ Prévoir	● Enregistrer, noter	

L'interférence dans les coins d'air

Les effets d'interférence dans les couches minces ont été abordés à la section 10.4, mais de façon théorique seulement. Dans la présente recherche, tu appliqueras les concepts d'interférence dans un coin d'air. Tu détermineras l'épaisseur d'un cheveu humain, en longueurs d'onde de la lumière, et tu compareras tes mesures avec celles obtenues par des méthodes plus traditionnelles. Étant donné que tu possèdes une certaine expérience avec le laser et la diffraction à fente simple, tu peux appliquer les mêmes approches à un coin d'air. Le coin d'air que tu utiliseras consiste en deux lames de microscope en verre maintenues fermement l'une contre l'autre par une bande élastique à une extrémité, puis séparées par un cheveu humain à l'autre extrémité et maintenues en place par une autre bande élastique (**figure 1**). Ton défi consiste à élaborer une marche à suivre et à faire un compte rendu de tes résultats.

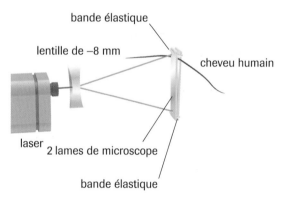

Figure 1
Montage pour la recherche 10.4.1

Question

Comment la précision de la technique du coin d'air se compare-t-elle à celle d'autres méthodes de mesure de petits objets?

Hypothèse

La technique du coin d'air est la méthode la plus précise à utiliser pour mesurer la taille de petits objets.

Matériel

Lentille divergente (−8 mm)
2 lames de microscope
2 bandes élastiques
laser à hélium-néon
écran blanc
cheveu humain
micromètre
microscope

Marche à suivre

a) Conçois ta propre recherche afin de déterminer l'épaisseur d'un cheveu humain à l'aide d'un coin d'air, d'un microscope et d'un micromètre. Ton rapport doit inclure un énoncé sur la marche à suivre, indiquant les étapes à suivre et toutes les mesures de sécurité requises. La section portant sur l'analyse doit inclure tous les calculs pour chaque méthode utilisée, une comparaison des précisions relatives à chaque méthode, ainsi que des suggestions qui permettraient de réduire tes erreurs. Enfin, ton rapport doit inclure une évaluation.

Il existe différents types de carrières liées à l'étude de la nature ondulatoire de la lumière. Renseigne-toi sur les carrières décrites ci-dessous ou sur d'autres carrières intéressantes liées à la nature ondulatoire de la lumière.

Fabricant ou fabricante de lentilles

Les connaissances nécessaires à l'exercice de ce métier s'acquièrent sur le tas. Les employeurs recherchent des personnes qui détiennent un diplôme d'études secondaires comportant des crédits en physique. Un intérêt marqué pour l'optique est utile. Les fabricants et les fabricantes de lentilles utilisent de l'équipement optique, y compris des radioscopes, des lensomètres et des tours informatisés, ainsi que du matériel de stérilisation et de polissage. Ils ou elles travaillent pour des compagnies privées qui fabriquent des lunettes optiques et des lentilles de contact. Une bonne coordination œil-main est essentielle.

Ingénieur ou ingénieure en photonique

Les ingénieurs et ingénieures en photonique s'occupent des propriétés et des applications de la lumière comme moyen de transmission de l'information. Les personnes qui accèdent à ce domaine diversifié ont étudié l'électricité, la physique, l'électronique et la photonique. Les domaines de spécialisation incluent la recherche, la conception, la réparation et l'entretien, la fabrication et la représentation technique dans des secteurs tels que les télécommunications, la photographie, la médecine, l'imprimerie et l'électronique grand public. Les spécialistes en photonique travaillent avec différentes technologies, dont les fibres optiques, le traitement de codes à barres, la photographie CCD, la lecture et l'enregistrement de CD et de DVD, les diodes électroluminescentes (DEL), les mémoires d'ordinateur, les écrans plats et les lasers. La photonique est vouée à une croissance rapide.

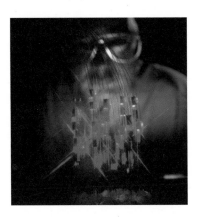

Astronome

Les astronomes utilisent la lumière pour analyser des données astronomiques et tenter de comprendre l'origine et l'évolution de l'univers. Ils ou elles observent la lumière provenant des étoiles, du gaz entre les étoiles et des galaxies. Un astronome qui détient un doctorat est appelé à effectuer des travaux avancés dans une université ou un centre de recherche, mais plusieurs travaillent pour des observatoires ou dans des domaines connexes avec un baccalauréat ou une maîtrise en astronomie. Les astronomes qui font de la recherche évoluée utilisent divers télescopes, y compris des télescopes optiques comme le télescope spatial Hubble ou le télescope Canada-France-Hawaï.

▶ Mise en pratique

Fais des liens

1. Identifie plusieurs carrières qui exigent des connaissances sur la nature ondulatoire de la lumière. Choisis une carrière qui t'intéresse dans la liste que tu as dressée ou parmi les carrières décrites ci-dessus. Imagine que tu exerces la fonction de ton choix depuis cinq ans et que tu t'apprêtes à travailler sur un nouveau projet intéressant.

   a) Décris le projet. Celui-ci doit être lié à certains des nouveaux éléments que tu as appris dans la présente unité. Explique comment les concepts de cette unité sont appliqués dans le projet.

   b) Rédige un curriculum vitæ indiquant tes attestations d'études et tes qualifications pour le projet. Ton curriculum vitæ doit inclure
   - ta formation scolaire : le niveau universitaire atteint ou le diplôme obtenu, le nom de l'établissement d'enseignement fréquenté, tes études supérieures (si c'est le cas) ;
   - tes habiletés ;
   - tes fonctions dans les emplois antérieurs ;
   - tes exigences salariales.

 www.beaucheminediteur.com/physique12

Objectifs clés

- analyser et interpréter la preuve expérimentale soutenant que la lumière possède quelques caractéristiques et propriétés semblables à celles des ondes mécaniques et sonores (10.1 et 10.2)

- identifier la base théorique d'une recherche, puis faire une prévision qui correspond à cette base théorique (p. ex., prévoir les effets liés à la polarisation de la lumière lorsqu'elle traverse deux filtres polarisants; prévoir le modèle de diffraction produit lorsqu'un cheveu humain passe devant un faisceau laser) (10.1, 10.2 et 10.4)

- décrire et expliquer la conception et le fonctionnement des technologies liées au rayonnement électromagnétique (p. ex., décrire la façon de stocker et d'extraire des données à l'aide de disques compacts et de faisceaux laser) (10.1, 10.5, 10.6 et 10.9)

- décrire des cas où l'élaboration de nouvelles technologies a entraîné des progrès ou une révision des théories scientifiques (10.1, 10.6, 10.7 et 10.8)

- décrire et expliquer la preuve expérimentale soutenant un modèle d'onde lumineuse (10.1, 10.2 et 10.8)

- décrire le phénomène d'interférence relativement à la lumière en termes qualitatifs et quantitatifs, à l'aide de diagrammes et de croquis (10.1, 10.2, 10.3, 10.4, 10.6 et 10.7)

- définir et expliquer les concepts et les unités liés à la nature ondulatoire de la lumière (p. ex., la diffraction, l'interférence, la polarisation, le rayonnement électromagnétique et le spectre électromagnétique) (10.1, 10.2, 10.3, 10.4, 10.6, 10.7 et 10.8)

- décrire et expliquer le phénomène de la diffraction appliquée à la lumière en termes quantitatifs, à l'aide de diagrammes (10.2 et 10.3)

- identifier le modèle d'interférence produit par la diffraction de la lumière à travers des fentes étroites simples et des réseaux de diffraction, puis l'analyser en termes qualitatifs et quantitatifs (10.2 et 10.3)

- analyser, à l'aide des concepts de réfraction, de diffraction et d'interférence, la séparation de la lumière en couleurs dans divers phénomènes (p. ex., les couleurs produites par des couches minces), qui sont à la base de la conception de dispositifs technologiques (10.2, 10.3, 10.4 et 10.5)

- décrire, en citant des exemples, la façon dont le rayonnement électromagnétique est produit et transmis sous forme d'énergie, et comment il interagit avec le matériau (10.8 et 10.9)

Mots clés

polarisé linéairement
non polarisé
polarisation
polariseur
réfraction double
monochromatique
diffusion
polaroïd
photoélasticité
activité optique
maximum central
maximums secondaires

résolution
réseau de diffraction
spectroscope
coin d'air
anneaux de Newton
éblouissement inverse
hologramme
ondes radio
lumière incohérente
lumière cohérente
rayonnement ionisant
rayonnement non ionisant

Équations clés

- $\sin \theta_n = \dfrac{n\lambda}{d}$ pour des franges sombres (fente simple) (10.2)

- $\sin \theta_m = \dfrac{\left(m + \frac{1}{2}\right)\lambda}{d}$ pour des raies spectrales (fente simple) (10.2)

- $\sin \theta_m = \dfrac{m\lambda}{d}$ pour des franges brillantes (réseaux) (10.3)

- $\Delta x = L\left(\dfrac{\lambda}{2t}\right)$ pour un coin d'air (10.4)

- $c = f\lambda$ pour toutes les ondes électromagnétiques (10.8)

▸ *RÉDIGE* un résumé

Crée un tableau à quatre colonnes comprenant les en-têtes Propriété, Son, Ondes électromagnétiques et Équations. Dans la colonne Propriété, énumère toutes les propriétés d'une onde qui te viennent à l'esprit. Dans les colonnes Son et Ondes électromagnétiques, indique la propriété relative au son et au rayonnement électromagnétique respectivement. Dans la colonne Équations, inscris toute équation propre à chacune des propriétés.

a) Résume en quelques phrases les similitudes et les différences entre le son et le rayonnement électromagnétique.

b) L'interférence devrait être une des propriétés mentionnées. Énumère cinq applications où l'interférence des ondes électromagnétiques joue un rôle important.

Inscris les nombres de 1 à 9 dans ton cahier. Indique à côté de chaque nombre si l'énoncé qui s'y rapporte est vrai (V) ou faux (F). S'il est faux, écris la version corrigée de l'énoncé.

1. La polarisation a démontré que la lumière est une onde longitudinale.

2. Dans le cas d'une diffraction à fente simple,
   a) plus la fente est étroite, plus la distance entre les maximums et les minimums adjacents est courte ;
   b) plus la longueur d'onde est longue, plus la distance entre les maximums est grande ;
   c) les minimums, ou franges sombres, se produisent à $\frac{\lambda}{d}, \frac{2\lambda}{d}, \frac{3\lambda}{d}, \ldots$

3. Dans un instrument d'optique, plus l'ouverture est petite, meilleure est sa résolution.

4. Pour la lumière transmise dans des couches minces, l'interférence destructive se produit pour la lumière réfléchie lorsque l'épaisseur du film est de $\frac{\lambda}{4}, \frac{3\lambda}{4}, \frac{5\lambda}{4}, \ldots$, où λ est la longueur d'onde dans le film.

5. Dans un interféromètre, lorsque le miroir est déplacé de façon à pouvoir observer quatre franges, cela signifie qu'il a été déplacé sur une distance de 2λ, où λ est la longueur d'onde de la source lumineuse.

6. Hertz a postulé et Maxwell a prouvé que la lumière et les ondes radio se propagent dans l'espace à la vitesse de la lumière.

7. Les ondes radio proviennent d'un champ électrique oscillant dans une antenne.

8. Les ondes électromagnétiques consistent en des champs électrique et magnétique qui oscillent en phase, perpendiculaires entre eux et au sens de propagation des ondes.

9. Le rayonnement ionisant est issu d'une lumière ayant une longueur d'onde plus longue que celle de la lumière visible.

Inscris les nombres de 10 à 16 dans ton cahier. Indique à côté de chaque nombre la lettre qui correspond au meilleur choix de réponse.

10. La **figure 1** représente une fente simple, avec des lignes indiquant la direction jusqu'au point P dans le modèle de diffraction ; X et Y indiquent les bordures de la fente. La valeur possible pour la différence de trajet PY – PX qui place P au deuxième minimum d'intensité à partir du maximum central est de
    a) $\frac{\lambda}{2}$ b) λ c) $\frac{3\lambda}{2}$ d) 2λ e) $\frac{5\lambda}{2}$

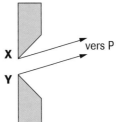

Figure 1
Schéma se rapportant aux questions 10 et 11

11. À la **figure 1**, la valeur de la différence de trajet PY – PX qui place P au maximum d'intensité le plus proche du maximum central est de
    a) $\frac{\lambda}{2}$ b) λ c) $\frac{3\lambda}{2}$ d) 2λ e) $\frac{5\lambda}{2}$

12. Nous observons souvent des couleurs lorsque nous versons de l'essence sur de l'eau. Cet effet est produit essentiellement par une
    a) diffraction   d) absorption
    b) réflexion diffuse   e) incandescence
    c) interférence

13. La **figure 2** montre trois expériences qui permettent d'étudier l'interaction de la lumière monochromatique avec des couches minces de verre de différentes épaisseurs *t*. L'œil représente la position de l'observateur. L'observateur voit une interférence constructive dans
    a) I seulement   d) I et III seulement
    b) II seulement   e) II et III seulement
    c) III seulement

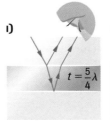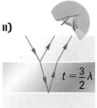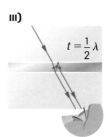

I) $t = \frac{5}{4}\lambda$ II) $t = \frac{3}{2}\lambda$ III) $t = \frac{1}{2}\lambda$

Figure 2

14. Une couche mince ayant un indice de réfraction de 1,2 est déposée sur une lentille de caméra, dont l'indice de réfraction $n > 1,2$, afin de minimiser l'intensité de la lumière réfléchie. La longueur d'onde de la lumière est de λ. L'épaisseur de couche requise pour minimiser la lumière réfléchie est de
    a) $\frac{\lambda}{2}$ c) $\frac{1,2\lambda}{4}$ e) $\frac{\lambda}{4}$
    b) $\frac{\lambda}{2 \times 1,2}$ d) $\frac{\lambda}{4 \times 1,2}$

Une version interactive de cette évaluation est disponible dans Internet.
ALLER À www.beaucheminediteur.com/physique12

Les effets ondulatoires de la lumière **545**

Saisis bien les concepts

1. Décris de quelle façon tu pourrais utiliser deux grands filtres polaroïd circulaires comme stores devant une fenêtre circulaire.

2. Une fente de $4,30 \times 10^{-5}$ m de largeur se trouve à 1,32 m d'un écran plat. La lumière monochromatique brille à travers la fente sur l'écran. La largeur de la frange centrale dans le modèle de diffraction est de 3,8 cm. Quelle est la longueur d'onde de la lumière ?

3. Un réseau de diffraction, éclairé par une lumière jaune d'une longueur d'onde de $5,50 \times 10^2$ nm, produit un minimum du deuxième ordre selon un angle de 25°. Détermine l'intervalle entre les traits.

4. Calcule la longueur d'onde de la lumière qui produit son premier minimum selon un angle de 36,9° lorsqu'elle rencontre une fente simple mesurant 1,00 μm de largeur.

5. Un faisceau de rayons parallèles d'une lumière rouge émise par un laser à rubis ($\lambda = 694{,}3$ nm), incident sur une fente simple, produit une bande centrale brillante, de 42 mm de largeur, sur un écran situé à 2,50 m de là. Calcule la largeur de la fente.

6. a) Quelle est la largeur d'une fente simple qui produit son premier minimum selon un angle de 28,0° pour une lumière de $6,00 \times 10^{-7}$ m ?
   b) Quelle est la longueur d'onde de la lumière dont le deuxième minimum est produit selon un angle de 67,0° pour cette même fente ?

7. Un réseau produit un maximum du premier ordre selon un angle $\theta = 18{,}0°$. Quel est l'angle du maximum du troisième ordre avec la même lumière et la même largeur de fente ?

8. Un réseau de transmission comportant des traits espacés de $3,00 \times 10^{-6}$ m est éclairé par un faisceau étroit de lumière rouge ($\lambda = 694{,}3$ nm) émis par un laser à rubis. Des points brillants de lumière rouge apparaissent des deux côtés du faisceau central, sur un écran situé à 2,00 m de là. À quelle distance se trouvent les points par rapport à l'axe central ?

9. La longueur d'onde du faisceau laser utilisé dans un certain lecteur de CD est de $7,80 \times 10^2$ nm. Un réseau de diffraction crée deux faisceaux de poursuite du premier ordre, espacés de 1,2 mm, à une distance de 3,0 mm du réseau. Calcule l'écart entre les traits du réseau.

10. Un réseau de diffraction de 2 400 traits/cm et éclairé par une source monochromatique produit une frange brillante du premier ordre à une distance de $8,94 \times 10^{-2}$ m de la frange brillante centrale sur un écran plat situé à 0,625 m du réseau. Calcule la longueur d'onde de la lumière.

11. Lorsqu'un certain réseau de transmission est éclairé à une longueur d'onde de 638 nm, un maximum du troisième ordre se forme selon un angle de 19,0°. Calcule le nombre de traits par centimètre dans le réseau.

12. Un certain revêtement transparent d'une épaisseur t, déposé sur une plaque de verre, a un indice de réfraction supérieur à celui du verre, et non inférieur, comme c'est le cas avec un antireflet type. Pour une certaine longueur d'onde dans le revêtement, l'épaisseur du revêtement est de $\frac{\lambda}{4}$. Le revêtement améliore la réflexion de la lumière. Explique pourquoi.

13. Un mince film d'un produit flotte sur l'eau ($n = 1{,}33$). Lorsque le produit a un indice de réfraction de $n = 1{,}20$, le film a une apparence brillante sous la lumière réfléchie lorsque son épaisseur s'approche du zéro. Mais lorsque le produit a un indice de réfraction de $n = 1{,}45$, le film devient noir sous la lumière réfléchie lorsque son épaisseur s'approche du zéro. Explique ces observations à l'aide de diagrammes.

14. Lorsque tu observes directement d'en haut une couche d'huile flottant sur l'eau, tu vois du rouge. Quelle épaisseur la couche d'huile doit-elle avoir pour causer cet effet ? Quelle épaisseur doit-elle avoir ailleurs pour que tu voies du violet ?

15. Une mince couche d'huile ($n = 1{,}25$) flotte sur l'eau ($n = 1{,}33$). Quelle est l'épaisseur de la couche d'huile dans la région qui reflète vivement une lumière verte ($\lambda = 556$ nm) ?

16. Un film de savon ayant un indice de réfraction de 1,34 est jaune ($\lambda = 5{,}80 \times 10^2$ nm) lorsque tu le regardes directement du même côté que la source lumineuse. Calcule deux valeurs possibles de l'épaisseur du film.

17. Une nappe d'huile de 122 nm d'épaisseur ($n = 1{,}40$), à la surface de l'eau, est éclairée par une lumière blanche incidente perpendiculaire à sa surface. Quelle est la couleur de l'huile ?

18. Tu travailles avec un appareil de mesure des anneaux de Newton, éclairé par une source monochromatique à 546 nm. L'une des surfaces de ton appareil est fixe tandis que l'autre est mobile le long de l'axe du système. Lors du réglage de cette deuxième surface, les anneaux semblent se contracter, alors que le centre du modèle, qui était à l'origine à son plus sombre, alterne maintenant entre le brillant et le sombre. Le modèle traverse 26 phases brillantes et finit dans la partie la plus sombre. Jusqu'où la surface a-t-elle été déplacée? Est-ce qu'elle s'approchait ou s'éloignait de la surface fixe?

19. Une couche de fluorure de magnésium ($n = 1,38$), de $1,25 \times 10^{-5}$ cm d'épaisseur, est déposée sur une lentille de caméra ($n = 1,55$). Est-ce que des longueurs d'onde du spectre visible sont intensifiées dans la lumière réfléchie?

20. Une mince couche d'iodure de méthylène liquide ($n = 1,76$) est intercalée entre deux surfaces de verre plates qui sont parallèles ($n = 1,50$). La lumière ayant une longueur d'onde de 689 nm dans l'air est fortement réfléchie. Calcule l'épaisseur de la couche de liquide.

21. Tu observes un modèle de franges dans un interféromètre de Michelson. Jusqu'où dois-tu déplacer un des miroirs pour qu'une frange sombre s'étende jusqu'à la position qu'occupait antérieurement une frange brillante?

22. a) L'embrasure d'une porte mesure 81 cm de largeur. Calcule l'angle qui localise la première frange sombre dans le modèle de diffraction formé lorsqu'une lumière bleue ($\lambda = 489$ nm) traverse l'embrasure de la porte.

    b) Répète la partie a) pour une onde sonore de 512 Hz, en supposant que la vitesse du son est de 342 m/s.

    c) Pourquoi tes réponses en a) et en b) sont-elles si différentes?

Fais des liens

23. Fais des recherches sur la polarisation utilisée comme aide à la navigation chez les araignées. Fais un compte rendu de tes découvertes.

ALLER À www.beauchemineediteur.com/physique12

24. Les chauves-souris utilisent les réflexions produites par les ondes sonores à ultra-haute fréquence pour repérer leurs proies. Évalue la fréquence type du sonar d'une chauve-souris, en supposant que la vitesse du son est de $3,40 \times 10^2$ m/s et que la cible type est une petite mite de 3,0 mm de diamètre.

25. Les radiotélescopes servent à représenter les sources d'ondes radio célestes. En 1967, l'Observatoire Algonquin de radioastronomie (**figure 1**), situé dans le Parc Algonquin, en Ontario, a été relié au radiotélescope de Prince Albert, en Saskatchewan, afin d'accroître la ligne de base (la distance entre les deux télescopes). L'établissement de cette liaison fut la première expérience concluante en matière de très longue base d'interférométrie. Explique pourquoi une telle disposition est souhaitable.

26. L'iridescence vive du paon, formée principalement de bleus et de verts, est causée par l'interférence de la lumière blanche au moment où elle est réfléchie par la surface complexe des couches de plumes. Ce phénomène s'appelle le biomimétisme.

    a) À l'aide d'Internet et d'autres sources d'information, fais des recherches sur le biomimétisme et décris brièvement la façon dont cet effet est produit dans le plumage du paon, ainsi que les effets semblables observés dans le plumage des quiscales et des oiseaux-mouches.

    b) Pourquoi les chercheurs s'intéressent-ils au plumage iridescent?

ALLER À www.beauchemineediteur.com/physique12

27. Les lunettes de soleil photochromatiques sont pourvues de verres constitués d'un film qui s'assombrit lorsqu'il est exposé à la lumière du soleil et qui revient à la normale lorsqu'il n'est plus exposé. Explique le principe de ces verres.

Figure 1
L'antenne parabolique orientable de l'Observatoire Algonquin de radioastronomie mesure 46 m de diamètre. (Se rapporte à la question 25.)

Les effets ondulatoires de la lumière **547**

ACTIVITÉ DE SYNTHÈSE

▶ **Critères**

Processus

- Choisir des outils de recherche appropriés.
- Effectuer la recherche et résumer tes découvertes de façon appropriée.
- Analyser les principes physiques visés dans le type de photographie choisi.
- Traiter et présenter une image photographique ou un hologramme.

Résultat

- Démontrer la compréhension des concepts de physique connexes dans ton compte rendu.
- Préparer un portfolio de recherche approprié.
- Utiliser correctement les termes, les symboles, les équations et les unités métriques SI.
- Rédiger un rapport final indiquant le processus suivi et produisant un résultat tangible.

Les phénomènes optiques physiques

« Le présent chapitre traite des bulles de savon, des effets colorés de l'huile sur l'eau, du spectre visible et des plumes de paon. » Il est intéressant puisqu'il te permet d'expérimenter la physique des ondes, t'aidant à bien saisir les phénomènes optiques courants et les applications qui ont changé notre monde. Lorsque tu feuillettes les pages de la présente unité, tu peux voir plusieurs photos intéressantes qui ont, pour la plupart, été prises par des photographes professionnels. Mais la technologie a évolué à un point tel que nous pouvons tous utiliser des caméras automatiques qui nous assurent une mise au point et une exposition appropriées et obtenir des résultats rapides. Avec les caméras numériques, nous pouvons capter sur-le-champ des événements immobiles ou en mouvement, et à des niveaux d'éclairage beaucoup plus faibles.

Par exemple, lorsque nous étudions la polarisation, un matériau comme le verre ou la lucite devient doublement réfringent lorsqu'il est soumis à des contraintes mécaniques. Lorsque ces matériaux sont placés entre des filtres polarisants et des filtres d'analyse, les modèles de contraintes (et donc la répartition des contraintes) apparaissent (**figures 1** et **2**). Tu peux prendre des photos comme celles-là.

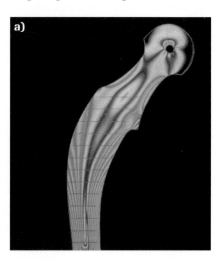
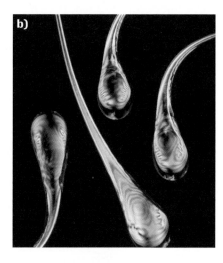

Figure 1
a) Répartition des contraintes dans un modèle de plastique de remplacement de la hanche en recherche médicale. Le modèle de contraintes est produit lorsque le modèle de plastique est placé entre deux polariseurs croisés.
b) Ces objets de verre, appelés des gouttes de Prince Rupert, sont produits en versant du verre fondu dans l'eau. La photographie a été prise entre deux polariseurs croisés.

Figure 2
Contraintes d'une lentille en plastique placée entre des polariseurs croisés

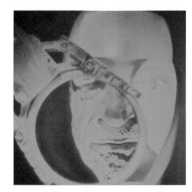

Figure 3
Les artistes holographiques peuvent réaliser des effets dramatiques.

La science de l'holographie te permet de créer tes propres images (hologrammes), puisqu'il existe maintenant des lasers moins coûteux et que des plaques photographiques spéciales sont disponibles hors laboratoire. Les images holographiques peuvent aussi bien représenter une simple pièce de 1 $ qu'une image artistique comme celle de la **figure 3**.

Dans la présente activité de synthèse, tu devras choisir l'une des deux options. La première option consiste à prendre des photos qui illustrent quelques-uns des phénomènes optiques physiques que nous avons étudiés. Un exemple de la photoélasticité a été fourni, mais cela pourrait être l'un ou l'autre des effets abordés dans la présente unité. Les exemples peuvent se rapporter aux propriétés ondulatoires observées dans les cuves à ondes, aux effets de réfraction et de dispersion, aux applications de la polarisation, aux effets de diffraction dans les fentes et les réseaux de diffraction, aux phénomènes des couches minces, etc. Tu peux recréer des photos semblables à celles présentées dans ce texte et dans d'autres sources, ou en créer de nouvelles.

La deuxième option consiste à configurer et à enregistrer une image holographique à l'aide de la trousse fournie. Puisque la trousse utilise un pointeur laser peu coûteux et des plaques photographiques spécialement préparées, cette option peut être réalisée en classe ou à la maison. La trousse a été beaucoup utilisée par des élèves qui avaient à peine 12 ans, alors ne te laisse pas impressionner par cette option.

Option 1 : la photographie
d'un phénomène optique physique

Commence par chercher des images dans ce livre, dans d'autres manuels de physique et dans des magazines de science tels que *Québec Science*. Les sites Web de photo-marketing fourniront d'autres exemples de photos. Cette recherche peut t'aider à sélectionner le phénomène optique physique voulu, si ce n'est déjà fait. On t'indiquera les ressources physiques disponibles dans ta classe de physique. Nous te recommandons d'utiliser un appareil photo numérique, soit le tien ou celui qui te sera fourni.

Tâche

Ta tâche consistera à monter et à prendre un minimum de quatre images photographiques qui illustrent au moins deux phénomènes différents. Tu devras fabriquer une affiche qui présentera les images sous lesquelles une description concise du phénomène physique sous-jacent apparaîtra. Ton compte rendu devra inclure au moins trois images photographiques provenant de ta recherche, une description du processus d'imagerie utilisé, ainsi que les concepts et les principes physiques visés pour chacune des images présentées. Ta recherche comprendra également un aperçu historique et le nom des personnes ayant participé à la découverte et/ou à l'application des phénomènes.

Option 2 : l'holographie

Dennis Gabor, inventeur de l'holographie, a décrit son processus comme « une méthode d'imagerie optique en deux étapes ». La première étape consiste à enregistrer un jeu d'ondes lumineuses réfléchies sur un objet, et la seconde, à reconstruire ces ondes lumineuses pour créer une image. Autrement dit, tu dois d'abord enregistrer un hologramme, puis le « reproduire ».

Pour cette tâche, tu dois respecter la marche à suivre pour l'enregistrement et la reproduction d'une image holographique à trois dimensions d'un petit objet trouvé à la maison ou dans la classe. Tu te procures tout le matériel nécessaire, puis tu le disposes selon la configuration requise pour l'enregistrement d'un hologramme. Tu enregistres ensuite un hologramme et le traites. Peu de temps après, tu devrais être en mesure de voir le résultat de ton travail : une image holographique de l'objet à partir duquel tu as créé un hologramme. La lumière monochromatique cohérente sera émise par les lasers à diode à semi-conducteurs utilisés dans les pointeurs laser.

Ton enseignant ou ton enseignante te fournira les instructions particulières et le matériel requis pour exécuter cette tâche.

Tâche

- Fais des recherches sur le fonctionnement d'un laser à diode à semi-conducteurs et décris brièvement comment il fonctionne, en incluant des diagrammes au besoin.
- Fais des recherches et un compte rendu sur le processus utilisant une pellicule à l'halogénure d'argent qui sert à créer une image photographique. (Voir p. 525)
- Crée et projette un olographe à trois dimensions.
- Évalue le processus et suggère des façons d'améliorer ton image.
- Rédige un compte rendu en indiquant la marche à suivre utilisée, ton analyse ainsi que ton évaluation du processus.

 Ne dirige jamais de faisceaux laser directs ou de faisceaux réfléchis droit dans les yeux de quelqu'un.

Évaluation

Ton compte rendu écrit sera évalué en fonction des critères suivants :

- la quantité et la précision des informations recueillies
- la démonstration des connaissances et de la compréhension des principes de physique visés
- les bonnes références et accréditations
- une aptitude à bien suivre les directives
- la qualité de l'hologramme créé
- la qualité de la communication écrite

Inscris les nombres de 1 à 8 dans ton cahier. Indique à côté de chaque nombre si l'énoncé qui s'y rapporte est vrai (V) ou faux (F). S'il est faux, écris la version corrigée de l'énoncé.

1. Deux sources d'une cuve à ondes vibrant en phase produisent un modèle d'interférence. Si la fréquence des deux sources augmente, le nombre de lignes nodales diminue.

2. La théorie ondulatoire prévoit que la lumière ralentit lors de son passage de l'air dans le verre, alors que la théorie atomique newtonienne prévoit qu'elle accélère.

3. Toutes les propriétés ondulatoires de la lumière peuvent être expliquées avec un modèle d'ondes.

4. Deux rayons lumineux provenant d'une même source interfèrent de façon destructive si les longueurs de leurs trajets diffèrent de $3{,}5\lambda$.

5. Si un appareil à double fente de Young, ayant fonctionné à l'air, était plongé dans l'eau, le modèle des franges serait moins étendu.

6. Si un appareil à double fente, ayant fonctionné avec une source monochromatique rouge, devait être utilisé avec une source monochromatique bleue, le modèle de franges serait alors plus étendu.

7. Lorsque nous utilisons une fente simple, la distance entre les franges sombres adjacentes augmente si la largeur de la fente diminue, et tous les autres facteurs sont maintenus constants.

8. Toutes les ondes ont les mêmes propriétés que les ondes électromagnétiques.

Inscris les nombres de 9 à 16 dans ton cahier. Indique à côté de chaque nombre la lettre qui correspond au meilleur choix de réponse.

9. Dans une cuve à ondes, la longueur d'onde λ_1 des vagues dans l'eau profonde est de 2,0 cm. La longueur d'onde λ_2 des vagues dans l'eau peu profonde est de 1,2 cm. La fréquence du générateur d'ondes est de 12 Hz. La vitesse des vagues dans l'eau profonde est de
   a) 2,0 cm/s   d) 14 cm/s
   b) 6,0 cm/s   e) 24 cm/s
   c) 12 cm/s

10. Un faisceau lumineux étroit est émis par différents milieux comme on peut le voir à la **figure 1**. Si v_1, v_2 et v_3 sont les vitesses respectives de la lumière dans les trois milieux, alors
    a) $v_1 > v_2 > v_3$ d) $v_2 > v_1 > v_3$
    b) $v_3 > v_2 > v_1$ e) $v_1 > v_3 > v_2$
    c) $v_3 > v_1 > v_2$

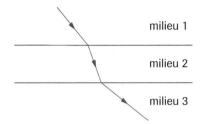

Figure 1

11. Lorsqu'une onde transversale progressant le long d'une corde atteint la jonction d'une corde plus fine, l'onde est
    a) réfléchie complètement à la jonction
    b) émise partiellement, avec un changement de phase
    c) émise, en formant un modèle d'ondes stationnaires dans la corde plus fine
    d) réfléchie de façon à former un nœud dans la jonction
    e) réfléchie partiellement, sans changement de phase

12. Un modèle de lignes nodales est produit par deux sources ponctuelles qui vibrent en phase dans une cuve à ondes. Un point P sur la deuxième ligne nodale se trouve à 37,0 cm de l'une des sources et à 28,0 cm de l'autre source. La longueur d'onde est de
    a) 18,0 cm   c) 9,0 cm   e) 4,5 cm
    b) 13,5 cm   d) 6,0 cm

13. La lumière monochromatique de la **figure 2** traverse la fente S d'un carton, puis rencontre une feuille de métal percée par les fentes B et C, pour produire finalement un modèle d'interférence, centré sur le point P situé sur un écran. Toutes les fentes sont de la même largeur.

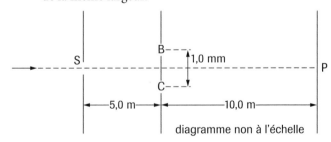

Figure 2

Le modèle d'intensité sur l'écran ne change pas si
a) l'écart entre les fentes B et C est augmenté
b) la largeur des fentes B et C est diminuée
c) la distance entre la feuille de métal et l'écran est réduite
d) la distance entre le carton et les feuilles de métal est augmentée
e) la longueur d'onde est réduite

Une version interactive de cette évaluation est disponible dans Internet.
ALLER À www.beaucheminediteur.com/physique12

14. Parmi les cinq diagrammes présentés à la **figure 3**, choisis celui qui illustre le plus fidèlement une diffraction à fente simple provenant d'une source monochromatique.

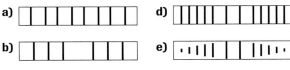

a) ⟨⟩   d) ⟨⟩
b) ⟨⟩   e) ⟨⟩
c) ⟨⟩

Figure 3

15. Une lumière rouge, d'une longueur d'onde de λ dans une eau savonneuse, est observée à travers un mince film de savon tenu à la verticale (**figure 4**). À la deuxième zone sombre à partir du haut, l'épaisseur du film est de

a) λ c) $\frac{1}{2}\lambda$ e) beaucoup moins que λ

b) $\frac{3}{4}\lambda$ d) $\frac{1}{4}\lambda$

grande zone rouge
zone sombre
zone rouge
zone sombre

Figure 4

16. La condition nécessaire pour émettre un maximum d'énergie lumineuse traversant le revêtement à l'extérieur de la lentille de la **figure 5** est la suivante:

a) les rayons 3 et 4 doivent interférer de façon constructive

b) le revêtement doit être plus transparent que la lentille

c) les rayons 1 et 2 doivent interférer de façon destructive

d) la vitesse de la lumière dans le revêtement doit être inférieure à celle dans la lentille

e) l'énergie lumineuse totale réfléchie doit être un minimum

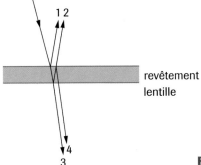

revêtement
lentille

Figure 5

Inscris les nombres de 17 à 26 dans ton cahier. Indique à côté de chaque nombre le mot ou la phrase qui complète le mieux l'énoncé.

17. À une vitesse constante, la longueur d'onde d'une vague est directement proportionnelle à sa __?__ .

18. La fréquence d'une onde est déterminée par sa __?__ et reste intacte lorsque le milieu change.

19. Pour une fente donnée, le pourcentage de diffraction dépend du rapport __?__ / __?__ .

20. Si tu augmentes l'écart entre les deux sources d'une cuve à ondes, la diffraction augmente le nombre de lignes __?__ .

21. Les premières tentatives visant à démontrer l'interférence de la lumière furent infructueuses parce que les deux sources étaient __?__ et que la __?__ de la lumière est très petite.

22. La polarisation a démontré que la lumière est une onde __?__ .

23. La position des minimums, ou des franges sombres, dans une diffraction à fente simple est obtenue par l'équation __?__ .

24. Plus grande est l'ouverture d'un instrument d'optique, __?__ est sa résolution.

25. Plus la fréquence est élevée, plus l'énergie d'une onde électromagnétique est __?__ .

26. Le **tableau 1** énumère des noms de scientifiques ainsi que des découvertes ou des innovations importantes dans l'histoire de la théorie ondulatoire de la lumière. Établis la correspondance entre le scientifique et la découverte ou l'innovation appropriée.

Tableau 1

Scientifique	Découverte ou innovation
Gabor	diffraction de la lumière
Grimaldi	diffraction de la lumière autour d'un petit disque
Hertz	théorie mathématique des ondes électromagnétiques
Huygens	holographie
Land	interféromètre
Marconi	théorie corpusculaire de la lumière
Maxwell	filtres polarisants commerciaux viables
Michelson	transmission des signaux radio
Newton	création et détection des ondes radio
Poisson	interférence à double fente
Young	modèle d'ondelettes pour la propagation des fronts d'onde

Une version interactive de cette évaluation est disponible dans Internet.

ALLER A www.beaucheminediteur.com/physique12

La nature ondulatoire de la lumière **551**

Saisis bien les concepts

1. Énumère les succès et les échecs des modèles corpus-culaire et ondulatoire expliquant le comportement de la lumière comme suit :
   a) Nomme quatre phénomènes optiques qui sont bien expliqués par les deux modèles.
   b) Nomme quatre phénomènes qui sont mal représentés par le modèle corpusculaire.
   c) Nomme un phénomène qui est mal représenté par le modèle ondulatoire.

2. Si l'indice de réfraction du verre au silicate de plomb est de 1,60, quelle est la longueur d'onde de la lumière violette dans le verre si sa longueur d'onde dans l'air est de 415 nm ?

3. Le son et la lumière sont des ondes ; pourtant nous pouvons entendre des sons autour des coins, mais nous ne pouvons voir autour des coins. Explique pourquoi.

4. Dans une cuve à ondes, une onde complète est émise toutes les 0,10 s. L'onde est arrêtée au moyen d'un stroboscope et révèle que l'écart entre la première et la sixième crête est de 12 cm. Calcule a) la longueur d'onde et b) la vitesse de l'onde.

5. Un modèle d'interférence est créé par deux sources ponctuelles en phase ayant la même fréquence. Un point sur la deuxième ligne nodale se trouve à 25,0 cm de l'une des sources et à 29,5 cm de l'autre source. La vitesse des ondes est de 7,5 cm/s. Calcule a) la longueur d'onde et b) la fréquence des sources.

6. À l'époque de Young, pourquoi l'observation d'une interférence à double fente constituait-elle une preuve plus convaincante pour la théorie ondulatoire de la lumière que l'observation de la diffraction ?

7. Tu es en train de faire l'expérience de Young et tu mesures une distance de 6,0 cm entre les premier et septième points nodaux sur un écran situé à 3,00 m de la plaque à fente. L'écart entre les traits est de $2,2 \times 10^{-4}$ m.
   a) Calcule la longueur d'onde de la lumière utilisée.
   b) Identifie la couleur de la lumière.

8. Dans une expérience à double fente de Young, l'angle qui permet de repérer la deuxième frange sombre de part et d'autre de la frange brillante centrale est de 5,2°. Trouve le rapport de la distance entre les fentes d en fonction de la longueur d'onde λ de la lumière.

9. Une lumière monochromatique rencontre deux fentes espacées de 0,018 mm et produit une frange sombre du cinquième ordre selon un angle de 8,2°. Calcule la longueur d'onde de la lumière.

10. La frange du troisième ordre d'une lumière de 638 nm forme un angle de 8,0° lorsque la lumière rencontre deux fentes étroites. Calcule la distance entre les fentes.

11. La lumière rouge émise par un laser à hélium-néon ($\lambda = 633$ nm) est incidente sur un écran constitué de deux fentes horizontales très étroites espacées de 0,100 mm. Un modèle de franges apparaît sur un écran situé à 2,10 m de là. Calcule la distance en millimètres de la première frange sombre au-dessus et au-dessous de l'axe central.

12. La lumière monochromatique rencontre deux fentes très étroites espacées de 0,042 mm. Des minimums successifs sont espacés de 5,5 cm près du centre du modèle sur un écran situé à 4,00 m de là. Calcule la longueur d'onde et la fréquence de la lumière.

13. Un faisceau lumineux parallèle émis par un laser, fonctionnant à 639 nm, rencontre deux fentes très étroites espacées de 0,048 mm. Les fentes produisent un modèle d'interface sur un écran situé à 2,80 m de là. À quelle distance se trouve la première frange sombre par rapport au centre du modèle ?

14. Une lumière d'une longueur d'onde de 656 nm rencontre deux fentes et produit un modèle d'interfé-rence sur un écran situé à 1,50 m de là. Chacun des maximums du troisième ordre se trouve à 48,0 mm de la frange brillante centrale. Calcule la distance entre les deux fentes.

15. Une lumière ayant des longueurs d'onde de $4,80 \times 10^2$ nm et de $6,20 \times 10^2$ nm rencontre une paire de fentes horizontales espacées de 0,68 mm et produit un modèle d'interférence sur un écran situé à 1,6 m de là. Quelle distance sépare les maximums du deuxième ordre ?

16. Une lumière d'une longueur d'onde de $4,00 \times 10^2$ nm rencontre deux fentes espacées de $5,00 \times 10^{-4}$ m. Les fentes sont immergées dans l'eau ($n = 1,33$), tout comme un écran de visualisation situé à 50,0 cm de là. Quelle distance sépare les franges sur l'écran ?

17. Lorsqu'une lumière blanche traverse le verre plat d'une fenêtre, elle ne se décompose pas en couleurs, comme dans le cas d'un prisme. Explique pourquoi.

18. Explique pourquoi la polarisation a joué un rôle important dans la validation de la théorie ondulatoire de la lumière.

19. Explique, à l'aide de diagrammes, de quelle façon les lunettes de soleil en polaroïd réduisent l'éblouissement réfléchi.

20. Une lumière brille à travers une fente simple de $5,60 \times 10^{-4}$ m de largeur. Un modèle de diffraction est formé sur un écran situé à 3,00 m de là. La distance entre le milieu de la frange brillante centrale et la première frange sombre est de 3,5 mm. Calcule la longueur d'onde de la lumière.

21. Un modèle de diffraction est formé lorsque la lumière traverse une fente simple. La longueur d'onde de la lumière est de 675 nm. Détermine l'angle qui repère la première frange sombre lorsque la largeur de la fente est de a) $1,80 \times 10^{-4}$ m et de b) $1,80 \times 10^{-6}$ m.

22. Une lumière ayant une longueur d'onde de 638 nm rencontre une fente simple de $4,40 \times 10^{-4}$ m de largeur et produit un modèle de diffraction sur un écran situé à 1,45 m de là. Détermine la largeur de la frange centrale.

23. a) Quel est l'angle du premier minimum si une lumière de 589 nm rencontre une fente simple de $1,08 \times 10^{-6}$ m de largeur?
    b) Est-ce qu'un deuxième minimum apparaît? Explique ton raisonnement.

24. Une fente simple étroite est éclairée par une lumière infrarouge de $1,15 \times 10^{-7}$ m provenant d'un laser à hélium-néon. Le centre des huit bandes sombres forme un angle de 8,4° avec l'axe central. Détermine la largeur de la fente.

25. Une lumière d'une longueur d'onde de 451 nm rencontre une fente de 0,10 mm de largeur, produisant un modèle de diffraction sur un écran situé à 3,50 m de là. Quelle est la largeur du maximum central?

26. Un faisceau lumineux de 639 nm est dirigé à travers une fente simple de $4,2 \times 10^{-4}$ m de largeur sur un écran situé à 3,50 m de là. Quelle est la distance entre les maximums?

27. La largeur de la frange brillante centrale d'un modèle de diffraction à fente simple est égale à la distance entre l'écran et la fente. Trouve le rapport $\frac{\lambda}{d}$ de la longueur d'onde de la lumière par rapport à la largeur de la fente.

28. Énumère les avantages à utiliser un réseau de diffraction au lieu d'un prisme pour disperser la lumière lors d'une analyse spectrale.

29. Qu'adviendrait-il de la distance entre les franges brillantes produites par un réseau de diffraction si tout le système d'interférence (source lumineuse, réseau et écran) était immergé dans l'eau? Donne une explication.

30. La distance entre les fentes d'un réseau est de $2,2 \times 10^{-6}$ m. Ce réseau est utilisé avec une lumière dont les longueurs d'onde varient entre 412 nm et 661 nm. Des spectres ayant la forme d'un arc-en-ciel se forment sur un écran situé à 3,10 m de là. Quelle est la largeur du spectre du premier ordre?

31. Une lumière monochromatique rencontre un réseau de diffraction de 5 000 traits/cm et produit un deuxième maximum selon un angle de 35,0°. Détermine la longueur d'onde de la lumière.

32. a) Prouve qu'un réseau de 30 000 traits/cm ne produit pas de maximum pour la lumière visible.
    b) Quelle est la longueur d'onde maximale à laquelle ce réseau ne produit pas un maximum du premier ordre?

33. Deux raies spectrales du premier ordre sont mesurées au moyen d'un spectroscope de 8 500 raies/cm selon des angles de $+26,6°$, de $+41,1°$ et de $-26,8°$, de $-41,3°$ de part et d'autre du centre. Calcule les longueurs d'onde.

34. Calcule l'épaisseur minimale d'une nappe d'huile sur l'eau qui a une apparence bleutée lorsqu'elle est éclairée par une lumière blanche perpendiculaire à sa surface (**figure 1**). ($\lambda_{bleu} = 482$ nm, $n_{huile} = 1,40$)

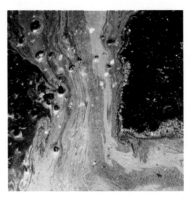

Figure 1
Nappe d'huile sur l'eau

35. Une couche antireflet de fluorure de magnésium ($n = 1,38$) est déposée sur le verre ($n = 1,52$) d'une lentille de caméra. Si l'antireflet empêche la réflexion d'une lumière jaune-vert ($\lambda = 565$ nm), détermine l'épaisseur minimale non nulle de l'antireflet. Explique tes calculs à l'aide d'un diagramme.

36. Un couche transparente ($n = 1,61$) sur du verre ($n = 1,52$) devient noire lorsqu'elle est éclairée par une lumière réfléchie d'une longueur d'onde de 589 nm dans le vide. Calcule les deux plus petites valeurs possibles non nulles pour l'épaisseur de la couche.

37. Une couche mince d'alcool éthylique ($n = 1{,}36$) est déposée sur une surface plate de verre ($n = 1{,}52$) et éclairée par une lumière blanche, produisant un modèle de couleurs par réflexion. Si une partie de la couche ne reflète fortement que du vert (525 nm), quelle est l'épaisseur de la couche?

38. Une bulle de savon de 112 nm d'épaisseur est éclairée par une lumière blanche dont l'angle d'incidence est de 90° (**figure 2**). Quelle longueur d'onde et quelle couleur seront réfléchies de la façon la plus constructive, en supposant que l'indice de réfraction est identique à celui de l'eau?

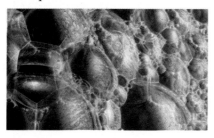

Figure 2
Bulles de savon sous une lumière blanche

39. Une boucle métallique, trempée dans une solution savonneuse, est observée sous une lumière jaune réfléchie. À un moment donné, le film apparaît comme à la **figure 3**.

    a) Explique ce que représente le grand espace sombre au-dessus du film.

    b) Quels changements observeras-tu dans le modèle avec le temps? Donne une explication.

    c) Calcule la différence d'épaisseur entre les bandes brillantes adjacentes. Exprime ta réponse en longueurs d'onde.

    d) En supposant que la longueur d'onde de la lumière jaune dans l'air est de 588 nm, calcule l'épaisseur du film de savon ($n = 1{,}33$) de la bande sombre inférieure.

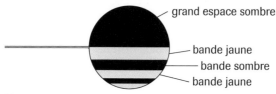

grand espace sombre
bande jaune
bande sombre
bande jaune

Figure 3

40. Une feuille de métal fin sépare une extrémité de deux morceaux de verre optiquement plats. Lorsque le verre est éclairé, selon une incidence essentiellement normale, avec une lumière de 639 nm, 38 raies sombres sont observées (dont une à chaque extrémité). Détermine l'épaisseur de la feuille.

41. Tu as créé un film d'air en coin entre deux feuilles de verre, en utilisant un bout de papier de $7{,}62 \times 10^{-5}$ m d'épaisseur comme intercalaire. Tu éclaires le coin avec une lumière de 539 nm, selon une incidence essentiellement normale. Détermine le nombre de franges brillantes observées à travers le coin.

42. Tu formes un coin d'air avec deux plaques de verre de 15,8 cm de longueur. À une extrémité, les plaques de verre sont maintenues fermement l'une contre l'autre; à l'autre extrémité, elles sont séparées par une bande de papier. Tu éclaires ton coin avec une lumière d'une longueur d'onde de 548 nm et observes le modèle d'interférence sous la lumière réfléchie. La distance moyenne entre les deux bandes sombres dans le modèle est de 1,3 mm. Calcule l'épaisseur de la bande de papier qui sépare les plaques de verre.

43. À quelle distance dois-tu déplacer le miroir mobile d'un interféromètre de Michelson, éclairé par une source de 589 nm, pour que 2 000 franges se déplacent au-delà du point de référence?

44. Normalement, la lumière monochromatique est incidente sur une fente (**figure 4**). Un écran est situé loin de la fente. Le miroir produit une image virtuelle de la fente.

    a) L'image virtuelle est-elle *cohérente* avec la fente même?

    b) L'écran présente-t-il un modèle d'interférence à double fente ou une paire de modèles de diffraction à fente simple?

    c) S'il s'agit d'un modèle d'interférence, la frange la plus proche de la surface du miroir est-elle brillante ou sombre? Explique. (Cette disposition est appelée le miroir de Lloyd.)

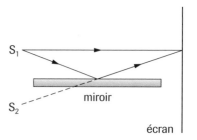

S_1
S_2
miroir
écran
Figure 4

45. Compare les rayons radio, infrarouges, ultraviolets et X sous les en-têtes suivantes:
    a) Nature de la source
    b) Moyens de détection types
    c) Non ionisants ou ionisants

46. Tu as dirigé un faisceau de micro-ondes parallèles sur un écran métallique dont l'ouverture est de 20,0 cm de largeur. Lorsque tu déplaces un détecteur à micro-ondes parallèle à la plaque, tu repères un minimum qui forme un angle de 36° par rapport à l'axe central. Détermine la longueur d'onde des micro-ondes.

Mets en pratique tes connaissances

47. Une lumière émise par une petite source dans un labo traverse une fente simple étroite et est réfléchie sur un écran distant, produisant un modèle de diffraction. La **figure 5a)** présente un graphique illustrant l'intensité de la lumière par rapport à la position sur l'écran. Un deuxième essai avec le même matériel produit la **figure 5b)**, dessinée à la même échelle. Quel(s) changement(s) peuvent être à l'origine de ce résultat ? Donne une explication.

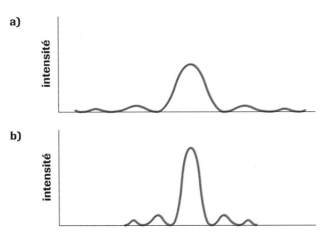

a)

b)

Figure 5
Graphiques se rapportant à la question 47

48. Tu fais la démonstration d'une diffraction à fente simple à l'aide de micro-ondes de 10,5 GHz et d'une fente métallique de 2,0 cm de largeur. Un écran se trouve à 0,50 m de ton émetteur hyperfréquence. Prévois les valeurs numériques pour les quantités B et C de la **figure 6**.

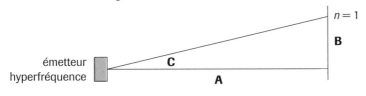

Figure 6
Schéma se rapportant à la question 48

Fais des liens

49. Jusqu'à récemment, ta station radio préférée diffusait au moyen d'une seule antenne. Elle vient d'ajouter une deuxième antenne qui permet un rayonnement en phase avec la première antenne, dans un nouvel emplacement. Es-tu sûr de jouir d'une meilleure réception ? Justifie ta réponse.

50. Une tour d'émission et une tour de réception hyper-fréquences sont espacées de 0,50 km et installées toutes deux à 60,0 m au-dessus du sol. Le récepteur peut recevoir des signaux directement de l'émetteur et indirectement du sol. Si le sol est à un niveau situé entre l'émetteur et le récepteur et qu'un décalage de phase $\frac{\lambda}{2}$ se produit par réflexion, détermine les longueurs d'onde les plus longues possible qui interfèrent a) de façon constructive et b) de façon destructive.

51. Les ondes ultrasoniques servent à observer les bébés pendant leur développement, de la période fœtale à la naissance (**figure 7**). Les fréquences varient généralement de $3{,}0 \times 10^4$ Hz à $4{,}5 \times 10^4$ Hz.
    a) Quelles seraient les longueurs d'onde types s'il s'agissait d'ondes radio ?
    b) Calcule les longueurs d'onde réelles, dans l'air, en supposant qu'il s'agit d'ondes sonores haute fréquence d'une vitesse de $3{,}4 \times 10^2$ m/s.

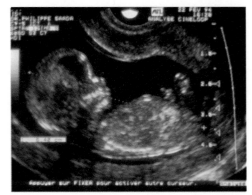

Figure 7

Le lien entre la matière et l'énergie

Art McDonald, Ph. D.
Professeur de physique, Université Queen
Directeur, Observatoire de neutrinos de Sudbury

Les scientifiques étudient la théorie du Big Bang et ses effets sur l'univers depuis de nombreuses années. Art McDonald, qui est directeur de l'Observatoire de neutrinos de Sudbury (ONS), effectue des recherches dans le domaine de l'astrophysique des particules. Il est fasciné par une certaine particule élémentaire créée lors du Big Bang : le neutrino. Ses travaux de recherche portent sur les changements que subissent les propriétés des neutrinos lors de leur parcours du Soleil à la surface de la Terre. Ses recherches ont permis de corroborer des théories sur les processus nucléaires qui génèrent de l'énergie dans le Soleil.

Pour observer les propriétés des neutrinos, il faut un environnement qui présente une faible radioactivité et peu d'interférence des rayons cosmiques solaires qui frappent la surface de la Terre. L'ONS a trouvé cet environnement idéal dans un site situé à deux kilomètres sous la surface de la Terre. On y loge du matériel hautement perfectionné, y compris des capteurs de lumière, des circuits électroniques, des ordinateurs et 1 000 tonnes d'eau lourde (évaluée à 300 millions de dollars) comme celle qui est utilisée dans les réacteurs nucléaires CANDU.

▶ Objectifs globaux

Dans cette unité, tu apprendras à :

- te familiariser avec les concepts de base de la théorie de la relativité restreinte d'Einstein et à développer des modèles de la matière fondés sur les théories mécaniques classiques et sur les premières théories quantiques qui établissent un lien entre la matière et l'énergie ;
- interpréter des données pour appuyer des modèles scientifiques de la matière et à mener des expériences abstraites de manière à explorer des idées scientifiques abstraites ;
- décrire comment de nouveaux modèles conceptuels et de nouvelles théories peuvent influencer et changer la pensée scientifique et concourir au développement de nouvelles technologies.

▶ **Unité 5**

*Le lien entre
la matière et
l'énergie*

ES-TU PRÊT?

▶ **Préalables**

Concepts

- théorie de la relativité restreinte
- matière et énergie
- mécanique quantique
- radioactivité
- classification des particules

Habiletés

- analyser des graphiques
- analyser des vecteurs
- utiliser des équations algébriques
- utiliser des fonctions trigonométriques de base
- utiliser des logarithmes
- trouver une inconnue
- utiliser des unités SI
- définir des termes et les utiliser en contexte
- communiquer par écrit tant verbalement qu'en langage mathématique
- mener des recherches à partir de documents imprimés et d'Internet

Connaissances et compréhension

1. Trace une ligne horizontale. Identifie les segments de la ligne avec les noms des divers segments du spectre électromagnétique. Trace une flèche au-dessus de la ligne pour indiquer la direction suivant laquelle la fréquence augmente. Trace une autre flèche au-dessous de la ligne pour indiquer la direction suivant laquelle la longueur d'onde augmente. Enfin, trace une flèche brisée au-dessous de la ligne pour indiquer la direction suivant laquelle l'énergie augmente.

2. À l'aide des données du **tableau 1** :
   a) calcule le produit de la fréquence et de la longueur d'onde dans chaque exemple de rayonnement électromagnétique;
   b) explique la signification des résultats;
   c) nomme le segment du spectre électro-magnétique associé à chaque exemple de rayonnement électromagnétique.

Tableau 1 Données se rapportant à la question 2

Fréquence (Hz)	Longueur d'onde (m)
$5,0 \times 10^{10}$	$6,0 \times 10^{-3}$
$3,8 \times 10^{14}$	$8,0 \times 10^{-7}$
$1,2 \times 10^{15}$	$2,5 \times 10^{-7}$
$1,0 \times 10^{18}$	$3,0 \times 10^{-10}$

3. Énonce brièvement le point de vue de Maxwell sur ce qui suit :
   a) la source générale de tout rayonnement électromagnétique
   b) les propriétés de tous les types de rayonnement électromagnétique
   c) la vitesse, dans le vide, de tout rayonnement électromagnétique

4. Les croix dans la **figure 1** indiquent que le champ magnétique est orienté vers le fond de la page. Comment peux-tu établir la charge de chaque particule à partir de son mouvement?

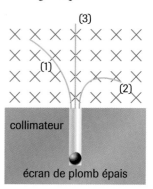

Figure 1
Particules chargées dans un champ magnétique

5. Un électron ($m_e = 9,11 \times 10^{-31}$ kg, $q = 1,60 \times 10^{-19}$ C) au repos est accéléré d'une plaque parallèle à une autre. La différence de potentiel entre les plaques est de 258 V. Calcule la vitesse de l'électron juste avant qu'il ne frappe la seconde plaque.

6. Énonce le principe de conservation de l'énergie.

7. a) Quelles sont les deux quantités conservées dans une collision élastique?
   b) La **figure 2** montre deux boules de billard identiques avant et après une collision à ricochet. Trace un vecteur pour cette collision. Trouve la vitesse de la boule 1 après la collision.

8. a) Quelle est la différence entre la vitesse de la lumière et une année-lumière?
   b) Si tu peux voyager à $0,50c$, combien de jours prendras-tu pour te rendre à l'étoile Alpha du Centaure, qui se trouve à 4,3 années-lumière du Soleil?
   c) La lumière du Soleil met environ 8,33 min à atteindre la Terre. À quelle distance de la Terre se trouve le Soleil?

9. Équilibre les équations de réactions nucléaires suivantes :

   a) $^{226}_{88}\text{Ra} \rightarrow\ ^{4}_{2}\text{He} +\ ?$ b) $^{214}_{82}\text{Pb} \rightarrow\ ^{0}_{-1}\text{e} +\ ?$

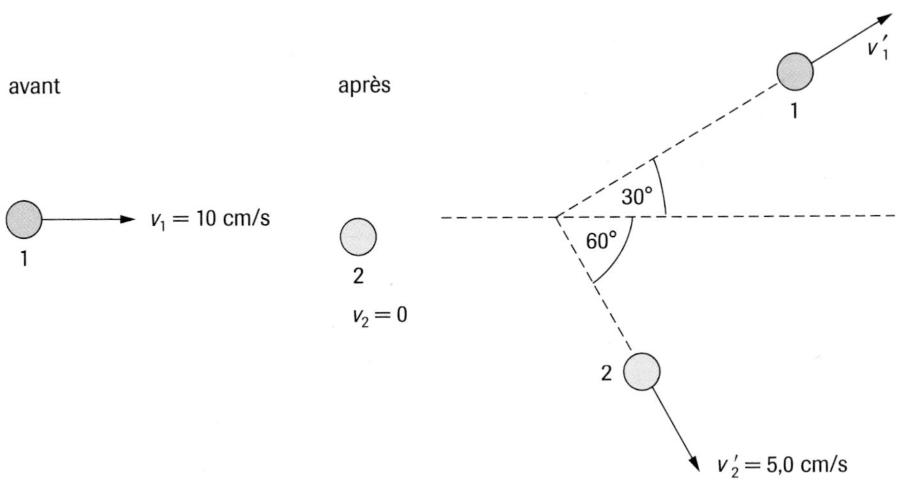

Figure 2
Schéma se rapportant à la question 7

avant

après

$v_1 = 10$ cm/s

1

2
$v_2 = 0$

30°

60°

1

v_1'

2

$v_2' = 5,0$ cm/s

Connaissances en mathématiques

10. En te référant à la **figure 3**, réponds aux questions suivantes :
    a) Quelle est l'équation générale de la famille des courbes dont fait partie ce graphique ?
    b) Quels sont les points d'interception de la fréquence et de l'énergie ?
    c) Quelle est la pente de la droite sur le graphique (en incluant les unités) ?
    d) Quelle est l'équation de la droite sur le graphique ?

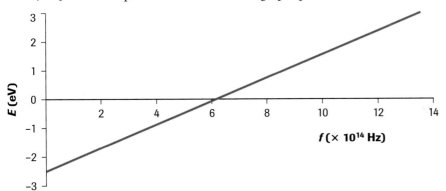

Figure 3
Graphique de l'énergie et de la fréquence

E (eV)

f (× 10^{14} Hz)

11. a) Si $x = 0,5y$ et $t_1 = 1,0$ h, trouve la valeur de t_2 en secondes dans l'équation suivante :

$$t_2 = \frac{t_1}{\sqrt{1 - \dfrac{x^2}{y^2}}}$$

   b) Trouve la valeur de t dans l'équation suivante :

$$25 = 220\left(\frac{1}{2}\right)^{\frac{t}{4\,200}}$$

Les compétences techniques et la sécurité

12. Quelles mesures de précaution faut-il prendre lorsqu'on travaille avec une source de lumière ultraviolette ?

13. Quelles mesures de précaution faut-il prendre lorsqu'on utilise une alimentation d'énergie à haute tension ?

La théorie de la relativité restreinte d'Einstein

À la fin du XIXᵉ siècle, les physiciens pensaient comprendre assez bien le monde physique dans lequel nous vivons. La mécanique newtonienne avait réussi à expliquer le mouvement des objets sur Terre et dans les cieux. La théorie de l'électromagnétisme de Maxwell avait établi le lien particulier qui existe entre les forces électriques et les forces magnétiques et prévoyait l'existence d'ondes électromagnétiques ayant des propriétés semblables à celles de la lumière — si semblables en fait que l'on croyait que la lumière était une onde électromagnétique. La physique telle qu'on la pratiquait jusqu'à cette époque est appelée la physique classique.

On s'attendait à trouver des réponses aux énigmes non résolues — la structure de l'atome et de son noyau — en recourant à d'autres applications découlant des théories acceptées. Ce ne fut toutefois pas ce qui se produisit. Ces énigmes ne furent résolues que lorsque l'on proposa deux concepts à la fois révolutionnaires et astucieux : la théorie de la relativité et la théorie quantique. Ces théories ont changé radicalement notre perception de l'univers. Leur développement ainsi que leur utilisation pour trouver la structure de l'atome constituent ce que l'on appelle la physique moderne.

Ce chapitre et les deux derniers chapitres de ton manuel traitent du développement de ces théories et de la façon dont on les utilise pour expliquer la structure atomique et nucléaire.

💡 FAIS LE POINT sur tes connaissances ▼

1. Jacques et Kayla se trouvent sur le pont d'un bateau qui se déplace à 16 m/s par rapport au rivage. Kayla lance une balle à Jacques, qui se trouve plus loin sur le pont près du garde-fou. Pourquoi n'est-il pas exact de dire que la balle se déplace à 16 m/s ?

2. Que signifie l'expression « tout est relatif » ?

3. Des expressions comme « le temps passe vite » et « cette journée a été la plus longue de ma vie » suggèrent que le temps n'a pas toujours la même durée. Peux-tu décrire des situations où la durée du temps semble vraiment différente ?

4. Tu voyages sur un vaisseau spatial dont la vitesse, relativement à la Terre, est de 90 % celle de la vitesse de la lumière. Tu diriges un rayon laser dans la même direction que se déplace le vaisseau spatial. À quelle vitesse se déplace le rayon laser relativement au vaisseau ? relativement à la Terre ?

5. Le principe de conservation de la masse stipule que la masse de tous les réactants dans une réaction chimique doit être égale à la masse de tous les produits. Les réactions à l'intérieur du Soleil ou d'un réacteur nucléaire contredisent-elles le principe de conservation de la masse ?

6. L'une des équations les plus connues d'Einstein est $E = mc^2$. Que représentent ces lettres ? Que peut-on déduire de cette équation ?

▶ À toi d'expérimenter   *Une expérience abstraite*

L'étude de la relativité permet d'analyser les propriétés d'objets qui voyagent à une vitesse se rapprochant de la vitesse de la lumière. Il va de soi que l'observation et les prises de mesures directes ne sont pas envisageables à cette vitesse. Pour mieux comprendre ce qui se produit, il faut donc concevoir des situations hypothétiques que l'on appelle «expériences abstraites». Une expérience abstraite permet de soulever des questions, mais pas nécessairement d'y répondre.

À l'âge de 16 ans, Einstein a démontré la puissance de l'expérience abstraite en s'imaginant courir après un rayon de lumière jusqu'à ce qu'il le rattrape. Sers-toi des questions suivantes pour discuter de cette expérience abstraite d'Einstein.

a) Pourrais-tu rattraper ce rayon de lumière ?
b) Si tu pouvais le rattraper, ce rayon demeurerait-il stationnaire par rapport à toi ?
c) En quoi consisterait ce rayon de lumière ?
d) Selon la théorie de Maxwell, pourquoi ce rayon de lumière ne peut-il pas demeurer stationnaire ?
e) Pourrais-tu voir ce rayon de lumière dans un miroir ?

Figure 1
Une barre de combustible radioactif d'un réacteur nucléaire est immergée profondément dans de l'eau. L'intense lueur bleue émanant de la barre est causée par les électrons qui voyagent dans l'eau à une vitesse supérieure à la vitesse de la lumière. C'est ce qu'on appelle l'effet Cerenkov, d'après le physicien russe qui l'a découvert. Pourtant, rien ne peut voyager à une vitesse supérieure à la vitesse de la lumière. Mais est-ce vraiment le cas ?

Les systèmes de référence et la relativité

Les lois du mouvement de Newton fonctionnent à merveille à de faibles vitesses. La théorie de la relativité restreinte d'Einstein analyse les effets du mouvement à de grandes vitesses se rapprochant de la vitesse de la lumière. De plus, comme le mot « relatif » le laisse entendre, les mesures obtenues dépendent du système de référence à partir duquel elles sont prises. Avant d'explorer le mouvement à de grandes vitesses, nous allons passer en revue les concepts de mouvement relatif qui s'appliquent à des objets se déplaçant à de faibles vitesses.

Les systèmes de référence

Dans l'unité 1, nous avons vu que pour décrire et expliquer le mouvement d'un objet il faut avoir un système de référence à partir duquel il est possible d'observer ce mouvement. La plupart du temps, nous choisissons la Terre comme système de référence, en présumant qu'elle est stationnaire, et mesurons toutes les positions d'un objet en mouvement par rapport à un point de départ et à des axes fixes sur la Terre. C'est en utilisant la Terre comme système de référence que la première loi de Newton, la loi d'inertie, a été découverte. Tout système de référence où la loi d'inertie s'applique est qualifié de **système de référence inertiel**, à condition qu'aucune force n'agisse sur un objet immobile et que cet objet demeure immobile ou qu'il continue de se déplacer en ligne droite à vitesse constante.

La physique newtonienne s'applique dans son intégralité lorsque nous faisons la transition d'un système de référence inertiel à un autre. Supposons que tu sois debout dans la caisse d'une camionnette et que tu tiennes une pomme dans ta main. La camionnette progresse à une vitesse constante sur une route droite de niveau. Si tu laisses tomber la pomme, tu la vois alors tomber, relativement à la camionnette, tout droit vers le bas (**figure 1a**)). Mais pour l'observateur qui se trouve sur le bord de la route, que nous désignerons comme le système de référence Terre, la pomme tombe en suivant une courbe (**figure 1b**)). De quelle manière la physique newtonienne s'applique-t-elle dans ces deux systèmes de référence ?

Dans ces deux cas, la force de gravité fait accélérer la pomme tout droit vers le bas. La trajectoire verticale observée de la pomme dans le système de référence qu'est la camionnette peut être prévue correctement au moyen de la cinématique classique, étant

système de référence inertiel
système de référence où la loi d'inertie s'applique

Figure 1
On laisse tomber une pomme dans une camionnette.
a) Dans le système de référence qu'est la camionnette, la pomme tombe en ligne droite.
b) Dans le système de référence que constitue la Terre, la pomme suit un parcours parabolique.

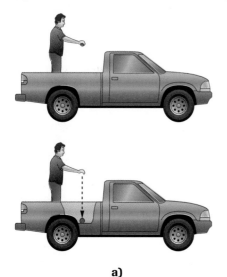

a)
système de référence = camionnette

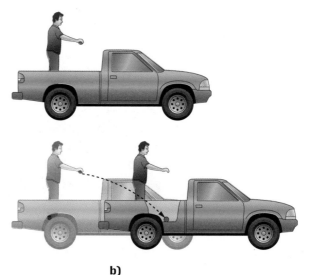

b)
système de référence = Terre

donné que la pomme a une vitesse vectorielle horizontale initiale de zéro dans ce système de référence. La trajectoire en courbe observée de la pomme dans le système de référence qu'est la Terre peut également être prévue au moyen de la cinématique classique, étant donné que la pomme a une vitesse vectorielle horizontale initiale vers l'avant autre que zéro dans ce système de référence. Autrement dit, ce sont les mêmes lois de physique (les lois de Newton et les équations cinématiques) qui s'appliquent dans ces deux systèmes de référence, même si les trajectoires sont différentes. Nous pouvons généraliser et dire que les lois de la physique newtonienne sont les mêmes dans tous les systèmes de référence inertiels.

Notre expérience du mouvement nous a familiarisés avec les **systèmes de référence non inertiels**. Lorsqu'un véhicule change de vitesse ou prend un virage serré tout en maintenant une vitesse constante, des choses étranges semblent se produire. Imagine une balle immobile sur une table à surface plate, lisse et de niveau dans une voiture se déplaçant en ligne droite à une vitesse constante sur une route de niveau. Aussi longtemps que la voiture demeure un système de référence inertiel, la première loi de Newton s'applique et la balle demeure immobile (**figure 2a**).

> **système de référence non inertiel** système de référence qui accélère relativement à un système de référence inertiel

$\vec{v}$ = constante $\qquad$ $\vec{a} = 0$

balle demeurant immobile

a)

vélocité constante

$\vec{v}$ croissante $\qquad$ $\vec{a} > 0$ (pour la voiture)

balle se déplaçant vers l'arrière dans la voiture

b)

vitesse vectorielle croissante

$\vec{v}$ décroissante $\qquad$ $\vec{a} < 0$ (pour la voiture)

balle se déplaçant vers l'avant dans la voiture

c)

vitesse vectorielle décroissante

$\vec{v}$ change de direction (la voiture tourne à droite)

la voiture change de direction et la balle se déplace vers la gauche

d)

nouvelle direction de la vitesse vectorielle de la voiture

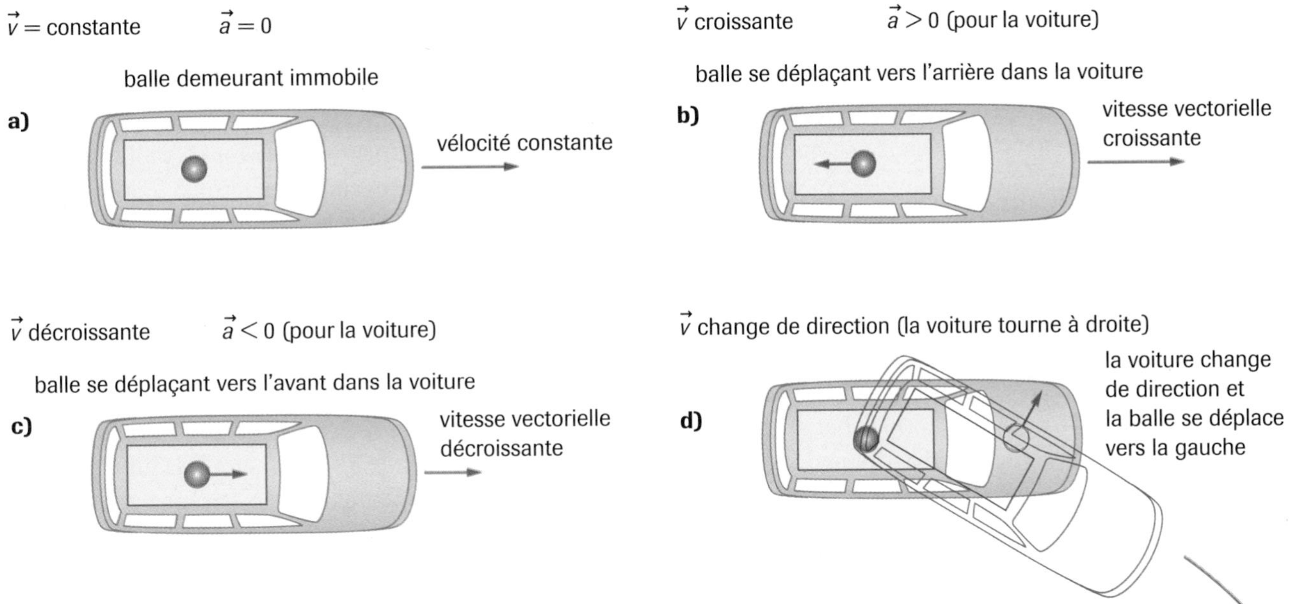

Figure 2
a) La voiture se déplace à une vitesse vectorielle constante et la balle est immobile relativement à la voiture.
b) La voiture accélère et la balle roule vers l'arrière relativement à la voiture.
c) La voiture ralentit et la balle roule vers l'avant relativement à la voiture.
d) La voiture change de direction et la balle roule vers la gauche relativement à la voiture.
Dans tous les cas, la balle a un mouvement continu relativement à la Terre.

Lorsque la vitesse de la voiture augmente sur une route droite de niveau, la balle accélère vers l'arrière de la table (**figure 2b**), ce qui va à l'encontre de la loi d'inertie de Newton. De même, si la voiture ralentit, la balle commence à se déplacer vers l'avant (**figure 2c**). Si la voiture prend une courbe serrée vers la droite, la balle commence à se déplacer vers la gauche (**figure 2d**). Dans chaque cas, lorsque le mouvement est observé du système de référence Terre, la balle obéit à la loi d'inertie et continue de se déplacer en ligne droite à une vitesse constante.

Notre croyance dans les lois de Newton est tellement bien ancrée que nous préférons inventer une « force fictive » pour expliquer ces mouvements étranges observés dans des systèmes de référence non inertiels plutôt que de remettre en question ces lois. Dans l'exemple précédent, nous devons présumer dans chaque cas qu'il y avait une force fictive agissant en sens opposé au sens de l'accélération de la voiture pour expliquer le mouvement de la balle. Dans le cas où la voiture roule dans une courbe, nous avons créé une force fictive, appelée couramment « la force centrifuge », qui semble intuitivement justifiée.

Observer ce même mouvement dans un système de référence inertiel facilite beaucoup l'analyse, qui sera alors conforme aux lois de Newton. Cela nous amène à formuler trois énoncés importants sur le mouvement relatif et les systèmes de référence :

- Dans un système de référence virtuel, un objet n'a aucune force nette agissant sur lui et il est soit au repos, soit en mouvement en ligne droite à vitesse constante.
- Les lois de la mécanique newtonienne ne valent que dans un système de référence inertiel.
- Les lois de la mécanique newtonienne s'appliquent intégralement dans tous les systèmes de référence inertiels.

Mettons une dernière chose au clair : la vitesse absolue n'existe pas dans la mécanique newtonienne. Que tu laisses tomber une balle dans un véhicule se déplaçant à une vitesse constante vers l'est ou vers l'ouest, ou que tu la laisses tomber dans un véhicule stationnaire, la balle se déplacera verticalement dans le système de référence que constitue le véhicule. Par conséquent, mesurer le déplacement de cette balle ne t'aidera pas à savoir si tu te déplaces vraiment. En général, avec deux systèmes de référence inertiels se déplaçant l'un par rapport à l'autre, la question « Lequel de ces deux systèmes se déplace réellement ? » n'a aucun sens du point de vue physique.

La théorie de la relativité restreinte

Nous venons de souligner que les lois du mouvement de Newton s'appliquent dans tous les systèmes de référence inertiels. Nous savons maintenant que le mouvement comme tel est perçu différemment suivant le système de référence à partir duquel il est observé. Par exemple, si l'on fait rouler une balle vers l'avant à 10 m/s dans une voiture se déplaçant à 30 m/s, sa vitesse sera alors de 40 m/s dans le système de référence Terre. Inversement, si l'on fait rouler cette balle vers l'arrière à la même vitesse dans la même voiture, sa vitesse relativement à la Terre sera de 20 m/s. Il est clair que la vitesse perçue de la balle dépend du système de référence de l'observateur.

Au début du XXe siècle, bon nombre de physiciens se demandaient si les mêmes règles d'addition de vecteurs s'appliquaient au mouvement de la lumière. Si la lumière a une vitesse c dans le système de référence Terre, la lumière émise vers l'avant à partir d'une source se déplaçant relativement à la Terre à $\frac{1}{10}c$ aurait-elle une vitesse de $\frac{11}{10}c$ si elle était mesurée par un observateur sur Terre ? La lumière émise de la même source vers l'arrière aurait-elle une vitesse de $\frac{9}{10}c$ si elle était mesurée à partir de la Terre ? Autrement dit, la vitesse de la lumière, tout comme la vitesse d'une balle roulant dans un véhicule, dépend-elle du système de référence à partir duquel elle est observée ?

Nous avons eu une première indication que la lumière est différente d'autres phénomènes lorsque Maxwell, vers la fin du XIXe siècle, a décrit la lumière comme une onde électromagnétique voyageant dans le vide à la vitesse de $3,00 \times 10^8$ m/s. Mais selon quel système de référence la vitesse de la lumière aurait-elle cette valeur ? Ce calcul présupposait-il l'existence d'un système de référence absolu particulier ?

Jusqu'alors, les physiciens avaient toujours associé les ondes au milieu dans lequel elles se déplacent. Il leur apparaissait donc tout à fait naturel de supposer que la lumière devait également se déplacer dans un milieu quelconque. Ce milieu était peut-être le système de référence absolu dans l'univers, et la vitesse des ondes électromagnétiques calculée par Maxwell était une mesure relative à ce système de référence. On croyait que ce milieu présumé, appelé **éther**, laissait les corps le traverser librement, présentait une densité nulle et occupait tout l'espace.

CONSEIL PRATIQUE

Symboles
Étant donné que la nature de la lumière est une constante, on lui a attribué le symbole c et une valeur de $c = 3,00 \times 10^8$ m/s.
Dès lors, $\frac{1}{2}c$ ou $0,5c$ vaut
$\frac{3,00 \times 10^8 \text{ m/s}}{2}$,
soit $1,50 \times 10^8$ m/s.

éther fluide hypothétique qui était censé ne pas pouvoir être observé directement et à travers lequel le rayonnement électromagnétique devait se propager

Selon les lois de la mécanique classique, la vitesse de la lumière mesurée relativement à n'importe quel système de référence en mouvement dans cet éther serait différente de $3,00 \times 10^8$ m/s suivant la vitesse à laquelle ce système de référence se déplace. On présumait que la Terre constituait un tel système de référence en mouvement, étant donné qu'elle tourne autour du Soleil. De nombreuses expériences ont été conçues pour mesurer la vitesse de la Terre dans l'éther. La plus réussie a été menée en 1887 par deux Américains, A. A. Michelson (1852-1931) et E. W. Morley (1838-1923). Ils ont comparé les vitesses relatives de la lumière suivant deux directions perpendiculaires par rapport au mouvement de la Terre dans l'éther (**figure 3**). Si la Terre se déplace dans le système de référence absolu qu'est l'éther à une vitesse de $\vec{v}$, alors dans un système de référence sur la Terre, l'éther se déplacerait à une vitesse de $-\vec{v}$, ce qui produirait un « vent d'éther ». Michelson et Morley s'attendaient à trouver une différence dans la vitesse mesurée de la lumière suivant l'orientation de leur appareil dans le vent d'éther. Lorsqu'un bateau à moteur de puissance constante monte et descend une rivière, sa vitesse varie, qu'il se déplace parallèlement au rivage ou perpendiculairement à la rivière ; il devrait en être de même pour la vitesse de la lumière. Pour détecter le faible écart de vitesse prévu, Michelson et Morley ont utilisé un interféromètre, qui génère une structure d'interférence entre deux parties d'un faisceau de lumière divisé. La **figure 4a)** montre comment est installé l'appareil. Tout l'appareil pouvait être tourné de manière à changer la position des miroirs.

Tout écart, aussi faible soit-il, dans la vitesse de la lumière le long des deux parcours serait signalé par un changement dans la configuration de l'interférence selon la rotation de l'appareil. Lorsque l'appareil est tourné de 90°, la distance L_1 devient perpendiculaire au vent d'éther et la distance L_2 est parallèle à celui-ci (**figure 4b)**). Le temps nécessaire pour parcourir ces distances devrait donc changer lorsque l'appareil est tourné. Cela devrait produire un changement de phase dans la configuration de l'interférence.

L'importance de cette expérience réside dans le fait qu'elle n'a pu démontrer ce qui était prévu. Michelson et Morley ont répété sans succès leur expérience à différents points de l'orbite terrestre. Ils n'ont noté aucun changement dans la configuration de l'interférence. La vitesse de la lumière était la même dans tous les cas, qu'elle se déplace dans l'une ou l'autre direction. La vitesse relative de l'éther par rapport à la Terre n'avait aucun effet sur la vitesse de la lumière. Autrement dit, *l'éther n'existait pas*. Cette absence d'écart dans la vitesse de la lumière constituait l'une des plus grandes énigmes de la physique au début du XXe siècle. Bon nombre d'explications ont été avancées pour expliquer cette absence de

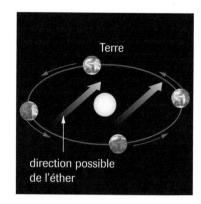

Figure 3
Sur la plus grande partie de la trajectoire de son orbite, la Terre se déplace relativement à l'éther.

a)

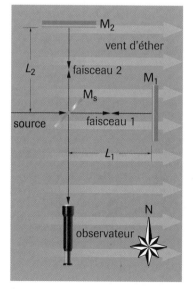

b)

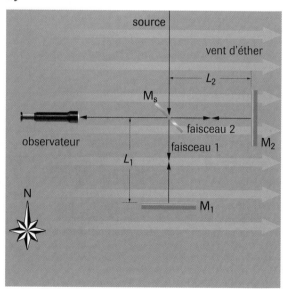

Figure 4
a) Vue simplifiée d'un interféromètre dans l'éther hypothétique
b) L'appareil est tourné de 90°.

changement dans la configuration de l'interférence. En 1905, Albert Einstein (1879-1955) proposa une explication révolutionnaire sous la forme de la théorie de la relativité restreinte. Sa théorie reposait sur deux postulats.

> **Théorie de la relativité restreinte**
>
> 1. *Le principe de relativité :* toutes les lois de la physique sont valables dans tous les systèmes de référence inertiels.
> 2. *La constance de la vitesse de la lumière :* la lumière voyage dans l'espace vide à une vitesse $c = 3,00 \times 10^8$ m/s relativement à tous les systèmes de référence inertiels.

Le premier postulat est le prolongement naturel du concept de relativité newtonienne mentionné plus tôt. Einstein avança l'idée que, non seulement la mécanique newtonienne était valable pour tous les systèmes de référence inertiels, mais également pour toutes les lois de la physique, y compris celles régissant l'électricité, le magnétisme et l'optique. Le second postulat est plus difficile à saisir, car il contredit nos connaissances de sens commun sur le mouvement relatif. Nous pourrions nous attendre à ce que deux observateurs, l'un se déplaçant vers une source lumineuse et l'autre s'en éloignant, mesurent deux vitesses relatives de la lumière. D'après Einstein, ces observateurs en arriveraient au même résultat, soit $c = 3,00 \times 10^8$ m/s. Il est évident que notre expérience quotidienne et notre bon sens ne sont d'aucun secours pour comprendre le mouvement à la vitesse de la lumière.

En abandonnant le concept de système de référence absolu, la théorie d'Einstein résout le problème posé par les équations de Maxwell : la vitesse de la lumière prévue par Maxwell n'est pas une vitesse dans un système de référence particulier, c'est la vitesse dans n'importe quel système de référence inertiel.

Avec la mécanique newtonienne, nous avons vu que la perception de tout mouvement est susceptible de changer d'un système de référence à l'autre. Nous verrons dans la suite de ce chapitre que la conception d'Einstein est semblable, mais plus radicale : les changements dans la perception du monde, lorsque nous nous déplaçons d'un système de référence à un autre à vitesse élevée par rapport à ceux-ci, vont à l'encontre du bon sens.

Il convient de noter que la relativité restreinte constitue une partie particulière de la théorie générale de la relativité publiée par Einstein en 1916. La théorie générale de la relativité traite de l'attraction universelle et des systèmes de référence non inertiels.

Les théories restreinte et générale de la relativité et leurs nombreuses implications sont maintenant considérées comme une partie intégrante de la physique, au même titre que les lois de Newton. La différence réside dans le fait que les nombreuses ramifications de ces théories exigent, pour être saisies, une ouverture d'esprit beaucoup plus grande que celle qui caractérise la mécanique newtonienne.

La simultanéité

Commençons par examiner les conséquences qu'Einstein a déduites de ses deux postulats en tenant compte du temps. Dans la mécanique newtonienne, il existe une échelle de temps universelle qui est la même pour tous les observateurs. Cela semble plausible. Une séquence d'événements d'une durée de 2,0 secondes, telle que peut la mesurer un observateur, aura sans aucun doute la même durée pour un autre observateur se déplaçant par rapport au premier.

La **simultanéité**, soit l'occurrence de deux événements ou plus en même temps, est également un concept relatif. Nous l'étudierons avant d'aborder la relativité d'un intervalle de temps. Nous recourrons à une expérience abstraite pour montrer que des événements qui sont simultanés dans un système de référence inertiel ne le sont pas dans d'autres systèmes de référence inertiels.

simultanéité occurrence de deux événements ou plus en même temps

Un observateur O$_s$, stationnaire dans le système de référence inertiel Terre, est debout sur un quai de chemin de fer à mi-distance entre deux lampadaires, L$_1$ et L$_2$ (**figure 5**). Les lampadaires sont reliés au même circuit, ce qui assure, du moins du point de vue d'un système de référence fixe sur le quai, qu'ils s'allument en même temps lorsque le courant est appliqué. Pour suivre plus facilement cette expérience, supposons que les lampadaires ne demeurent pas allumés lorsque le courant est appliqué, mais qu'ils s'allument, puis explosent en projetant de la suie et de la vitre cassée. La lumière de chaque explosion se répand dans toutes les directions à la vitesse de la lumière, soit *c*. Comme O$_s$ se trouve à mi-distance des deux lampadaires, la distance parcourue par les faisceaux de lumière est égale, de sorte que la lumière d'un lampadaire arrive en même temps que celle de l'autre lampadaire. En position adjacente à O$_s$ se trouve un second observateur, O$_m$, assis dans un train sur une voie ferrée longeant le quai. Nous ferons deux essais pour notre expérience abstraite : dans le premier, le train demeure stationnaire relativement à la Terre et, dans le second, il se déplace à une vitesse *v* relativement à la Terre.

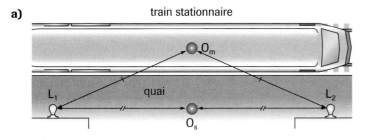

a) train stationnaire

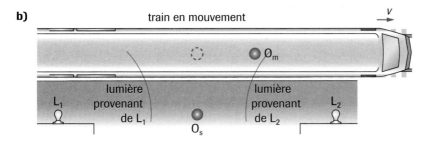

b) train en mouvement

Figure 5
a) Lorsque le train est stationnaire, chaque observateur voit les lampadaires s'allumer simultanément, étant donné que chacun d'eux se trouve à mi-distance des lampadaires.
b) Quand le train est en mouvement, chaque observateur ne voit pas les lampadaires s'allumer simultanément, étant donné que la lumière de L$_1$ prend plus de temps à atteindre O$_m$ que la lumière de L$_2$; $\Delta t_{L1} > \Delta t_{L2}$.

Si le train est stationnaire, O$_m$ perçoit simultanément la lumière provenant des deux lampadaires (**figure 5a**)). O$_m$ procède ensuite à un examen rétrospectif : il mesure les marques de suie laissées sur le train par l'explosion des lampadaires ; il est à mi-distance des marques de suie et la lumière voyage toujours à la même vitesse, soit *c*. Par conséquent, O$_m$ doit conclure que les lampadaires ont explosé simultanément. O$_s$ en arrive à la même conclusion pour les mêmes raisons.

Procédons maintenant au second essai dans notre expérience abstraite : le train se déplace devant O$_s$ à une vitesse élevée par rapport au système de référence inertiel Terre ; les autres conditions précédentes demeurent inchangées. Dans l'intervalle de temps que prend la lumière de l'explosion des deux lampadaires pour atteindre O$_s$, O$_m$ se sera déplacé sur une courte distance vers la droite (**figure 5b**)). Dans cet intervalle de temps, O$_m$ perçoit la lumière de l'explosion de L$_2$, mais pas encore celle de L$_1$. O$_m$ perçoit donc la lumière du lampadaire arrière un peu plus tard que celle du lampadaire avant. En tenant compte de cette observation, O$_m$ procède à un examen rétrospectif comme pour le premier essai : il est à mi-distance des marques de suie et la lumière voyage toujours à la même vitesse, soit *c*. Par conséquent, O$_m$ doit conclure que les deux lampadaires n'ont pas explosé simultanément. Nous tenons à souligner que cette conclusion de non-simultanéité repose sur le second postulat d'Einstein. Étant donné que les distances sont égales (comme le révèle l'emplacement des marques de suie) et que la lumière de l'explosion des deux lampadaires voyage à la même vitesse, le fait que la lumière des explosions n'ait pas été perçue simultanément signifie que les deux lampadaires n'ont pas explosé simultanément. Nous devons donc conclure ce qui suit :

> Deux événements simultanés dans un système de référence donné ne sont en général pas simultanés dans un second système de référence se déplaçant par rapport au premier ; la simultanéité n'est pas un concept absolu.

Dans cette expérience abstraite, il serait tentant de se demander quel observateur a eu la bonne perception de la simultanéité : $O_{s'}$ ou $O_{m'}$? Étrangement, les deux perceptions sont valables. Aucun des systèmes de référence n'est meilleur que l'autre pour évaluer la simultanéité. La simultanéité est un concept relatif plutôt qu'un concept absolu. Dans la vie quotidienne, cet effet passe inaperçu. La simultanéité devient beaucoup plus apparente à mesure que la vitesse relative entre deux observateurs augmente jusqu'à une fraction importante de c.

RÉSUMÉ   Les systèmes de référence et la relativité

- Tout système de référence où s'applique la loi d'inertie est appelé un système de référence inertiel.
- Un système de référence non inertiel est un système de référence qui accélère relativement à un système de référence inertiel.
- Les lois de la mécanique newtonienne ne sont valables que dans un système de référence inertiel et sont les mêmes dans tous les systèmes de référence inertiels.
- Selon la mécanique newtonienne, aucune expérience ne permet de savoir quel système de référence inertiel est vraiment stationnaire et lequel se déplace. Il n'y a aucun système de référence inertiel absolu et aucune vitesse absolue.
- L'expérience de Michelson et Morley menée à l'aide d'un interféromètre a démontré que l'éther n'existait pas.
- Les deux postulats de la théorie de la relativité restreinte sont : 1) toutes les lois de la physique sont valables dans tous les systèmes de référence inertiels ; 2) la lumière voyage dans l'espace vide à une vitesse de $c = 3,00 \times 10^8$ m/s dans tous les systèmes de référence inertiels.
- La simultanéité des événements est un concept relatif.

▶ *Section 11.1* Questions

Saisis bien les concepts

1. Tu te trouves dans une voiture de train sans fenêtres. Cette voiture est stationnaire ou se déplace à une vitesse constante par rapport à la Terre. Y a-t-il une expérience que tu peux effectuer dans le train pour savoir si tu es en mouvement ? Justifie ta réponse.

2. Explique ce qui distingue un système de référence non inertiel d'un système de référence inertiel ; donne un exemple de chaque système. Comment peut-on expliquer le mouvement qui se produit, en contradiction apparente avec la loi d'inertie appliquée, dans un système de référence non inertiel ?

3. Tu voyages dans un train qui ralentit à l'approche d'une station. Tu lances une balle lourde en visant directement le plafond au-dessus de ton fauteuil. À quel endroit tombera la balle relativement à toi ? Justifie ta réponse.

4. Explique la signification que revêt l'expérience de Michelson et Morley. Pourquoi leur échec apparent était-il en fait un succès ?

5. Énonce les deux postulats de la théorie de la relativité restreinte.

6. Y a-t-il une situation où deux événements se produisant simultanément pour un observateur peuvent également se produire simultanément pour un second observateur se déplaçant par rapport à ce premier ? Justifie ta réponse.

Maintenant que nous avons une idée des conséquences découlant des deux postulats d'Einstein en ayant démontré la relativité de la simultanéité, nous pouvons tirer une autre conclusion encore plus audacieuse sur le temps et remettre en question les concepts de distance couramment acceptés.

La dilatation du temps

Pendant des siècles, les philosophes ont débattu le concept du temps. Le temps se déroule-t-il à la même vitesse partout sur la Terre ou, pourquoi pas, sur la Lune ? Nous savons que le temps progresse. Peut-il reculer ? En dépit de ce qu'on peut penser, le temps est un concept relatif pour l'observateur. Le temps absolu n'existe pas.

Pour illustrer ce propos, procédons à une expérience abstraite où deux observateurs mesurent différents intervalles de temps pour la même séquence d'événements. Un vaisseau spatial comporte deux miroirs parallèles (miroir supérieur et miroir inférieur) et peut émettre une impulsion lumineuse du miroir inférieur au miroir supérieur selon un angle droit par rapport à ceux-ci (**figure 1a**)). L'astronaute a placé une horloge dans le miroir inférieur. Cette horloge enregistre un tic à l'instant où l'impulsion quitte le miroir et un tac lorsqu'elle y revient.

Figure 1

a) L'astronaute, stationnaire relativement à l'horloge intégrée au miroir inférieur, mesure un intervalle de temps $2\Delta t_s$ pour que la lumière fasse un aller-retour. Il en déduit que la lumière se déplace vers le haut en Δt_s.

b) L'intervalle de temps tel que le mesure un observateur sur Terre, qui le note en tant que Δt_m.

c) Le triangle de la distance. (Les chronomètres indiquent la dilatation de temps réelle qui se produit pour un vaisseau spatial voyageant à $0,83c$.)

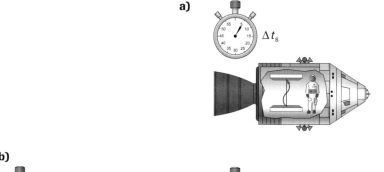

a)

Δt_s

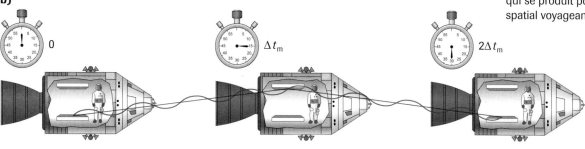

b)

0 Δt_m $2\Delta t_m$

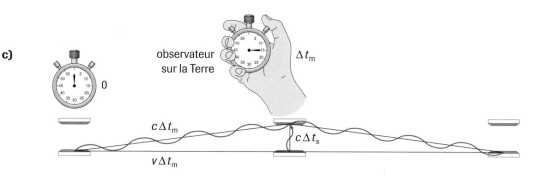

c)

0

observateur sur la Terre Δt_m

$c\Delta t_m$

$c\Delta t_s$

$v\Delta t_m$

Pour l'astronaute, stationnaire par rapport à l'horloge, l'impulsion monte et descend, que le vaisseau soit stationnaire ou en mouvement, à une vitesse élevée constante, relativement à la Terre. L'intervalle s'écrit $2\Delta t_s$ dans le système de référence inertiel qu'est le vaisseau spatial (le « s » indique « stationnaire » pour nous rappeler que l'horloge est stationnaire dans le système de référence que nous venons de choisir). L'intervalle nécessaire pour que la lumière voyage du miroir inférieur au miroir supérieur est donc Δt_s, et la distance entre les miroirs, $c\Delta t_s$.

Le vaisseau spatial se déplace à une vitesse v relativement à un observateur sur Terre. Du point de vue de l'observateur, l'impulsion voyage pendant un intervalle plus long Δt_m pour parcourir la plus grande distance $c\Delta t_m$, où Δt_m correspond à l'intervalle de temps, dans le système de référence Terre, que prend la lumière pour voyager du miroir inférieur au miroir supérieur. Nous écrirons « m » pour nous rappeler que, dans ce système de référence, les deux miroirs sont en mouvement. En même temps que l'impulsion se déplace vers le miroir, le vaisseau se déplace d'une distance de $v\Delta t_m$ relativement à un observateur sur Terre (**figure 1b**)). Comment pouvons-nous savoir si Δt_s et Δt_m sont différents? Selon le second postulat d'Einstein, la lumière a la même vitesse c pour ces deux observateurs. En utilisant le triangle de distance illustré à la **figure 1c**), nous pouvons conclure, d'après le théorème de Pythagore, que :

$$(c\Delta t_m)^2 = (v\Delta t_m)^2 + (c\Delta t_s)^2$$

Isolons Δt_m et voyons comment il se compare à Δt_s.

$$(c\Delta t_m)^2 - (v\Delta t_m)^2 = (c\Delta t_s)^2$$
$$c^2(\Delta t_m)^2 - v^2(\Delta t_m)^2 = c^2(\Delta t_s)^2$$

Divisons les deux côtés de l'équation par c^2 :

$$(\Delta t_m)^2 - \frac{v^2}{c^2}(\Delta t_m)^2 = (\Delta t_s)^2$$
$$(\Delta t_m)^2 \left(1 - \frac{v^2}{c^2}\right) = (\Delta t_s)^2$$

À présent, isolons $\Delta t_m{}^2$ et, en éliminant le carré, on obtient :

$$\Delta t_m = \frac{\Delta t_s}{\sqrt{1 - \dfrac{v^2}{c^2}}}$$

où Δt_s est l'intervalle de temps perçu par un observateur stationnaire relativement à la séquence d'événements, et Δt_m, l'intervalle de temps perçu par un observateur se déplaçant à une vitesse v relativement à la séquence des événements.

Cette équation montre que, pour toute vitesse v où $0 < v < c$, $\Delta t_m > \Delta t_s$. L'intervalle de temps $2\Delta t_m$ perçu par l'observateur sur Terre et se déplaçant par rapport aux miroirs doit être supérieur à l'intervalle de temps correspondant $2\Delta t_s$ perçu par un observateur à l'intérieur du vaisseau, stationnaire par rapport aux miroirs.

Pour mieux comprendre ce phénomène, il faut prendre en compte les positions des événements entre lesquels l'intervalle de temps est mesuré. Les événements initial et final dans notre expérience abstraite sont l'émission de l'impulsion de lumière du miroir inférieur (tic) et la détection de cette impulsion retournant vers ce miroir (tac). Dans le système de référence qu'est le vaisseau spatial, le tic et le tac se produisent à la même position. Dans le système de référence Terre, le tic et le tac se produisent à deux positions séparées d'une distance $2v\Delta t_m$. Nous pouvons maintenant cerner le fait spécifique visé par notre expérience abstraite soit que : l'intervalle de temps entre des événements se produisant à la même position dans un système de référence est inférieur à l'intervalle de temps entre ces mêmes événements comme mesuré dans un autre système de référence. En résumé, un « temps position » est inférieur à « deux temps position » par un facteur de

$$\frac{1}{\sqrt{1 - \dfrac{v^2}{c^2}}} \quad \text{(pour n'importe quelle vitesse } v \text{ où } 0 < v < c)$$

La durée d'un processus ($2\Delta t_s$ dans notre exemple), mesurée par quelqu'un qui observe de la même position le début et la fin de ce processus, est appelée le **temps propre**. **Dilatation du temps** est l'expression utilisée pour désigner le phénomène suivant lequel le temps indiqué sur une horloge qui se déplace semble, par rapport à un observateur, s'écouler plus lentement que le temps indiqué sur une horloge stationnaire, par rapport à ce même observateur. Intuitivement, nous percevons le temps comme étant dilaté ou en expansion dans ce vaisseau spatial. Comment expliquer ce phénomène ? N'avons-nous pas vu que Δt_s est inférieur à Δt_m ? C'est le terme dilatation, et non contraction, qui décrit le mieux ce phénomène. Pour l'observateur sur Terre, le tic et le tac sont très espacés dans le temps. Alors un processus censé se produire rapidement a ralenti.

Ceci vaut pour tout dispositif indiquant le temps, que ce soit une montre, un ressort, un pendule, un cœur qui bat, une cellule qui se divise ou un événement galactique. Tout temps est relatif à l'observateur. Le temps absolu n'existe pas.

Prends note que, dans l'équation ci-dessus, Δt_s peut être un nombre réel seulement si l'expression $1 - \dfrac{v^2}{c^2}$ est positive, c'est-à-dire si

$$1 - \frac{v^2}{c^2} > 0$$
$$\frac{v^2}{c^2} < 1$$
$$v^2 < c^2$$

et, finalement, si $\quad v < c$

Des effets de dilatation du temps ont été mesurés. En 1971, quatre horloges atomiques extrêmement précises ont fait deux fois le tour de la Terre à bord d'avions de passagers sur des vols réguliers. L'hypothèse de base était que ces horloges n'indiqueraient pas le même temps qu'une horloge semblable installée à l'observatoire de la marine américaine. En raison de la rotation de la Terre, deux parcours ont été effectués, l'un vers l'est et l'autre vers l'ouest. En tenant compte de la dilatation du temps, la perte de temps prévue aurait dû être de 40 ns ± 23 ns pour le parcours vers l'est et de 275 ns ± 21 ns pour le parcours vers l'ouest. On a constaté que les horloges se dirigeant vers l'est avaient perdu 59 ns ± 10 ns et que celles se dirigeant vers l'ouest, 273 ns ± 7 ns. La théorie de la dilatation du temps a donc été confirmée dans les faits en tenant compte de la marge d'erreur expérimentale prévue.

Les muons, étudiés au chapitre 13, sont des particules subatomiques semblables à des électrons, sauf qu'ils ne sont pas stables. Les muons se désintègrent en particules moins massives après une durée de vie moyenne de 2,2 μs. En 1976, des muons ont été accélérés jusqu'à une vitesse de $0,994c$ dans l'accélérateur circulaire du CERN (Organisation européenne pour la recherche nucléaire), en Suisse. Avec leur durée de vie de 2,2 μs, les muons n'auraient dû accomplir que 14 ou 15 circuits avant de se désintégrer. En fait, en raison de la dilatation du temps, les muons ne se sont désintégrés qu'après avoir parcouru 400 fois la circonférence, soit 30 fois le temps prévu. La durée de vie moyenne des muons avait augmenté de 30 fois relativement à la Terre ou, si l'on veut, le temps

temps propre (Δt_s) intervalle de temps entre deux événements mesuré par un observateur qui voit ceux-ci se produire à partir de la même position

dilatation du temps ralentissement du temps dans un système, tel qu'il est perçu par un observateur en mouvement relativement à ce système

CONSEIL **PRATIQUE**

Dilatation
Le mot « dilatation » est synonyme d'agrandissement. Par exemple, nos pupilles se dilatent pour laisser passer plus de lumière.

LE SAVAIS-TU ?

Joliment relatif !
Einstein disait : « Lorsqu'un homme demeure assis près d'une jolie femme pendant une heure, il lui semble qu'une minute s'est écoulée. Mais s'il était assis sur une plaque chauffante pendant une minute, cela lui semblerait plus long qu'une heure. C'est ça la relativité ! »

LE SAVAIS-TU ?

Théorie de la relativité générale
Comme les avions utilisés pour valider la dilatation du temps se déplaçaient au-dessus de la surface de la Terre, le champ gravitationnel en vol était moins intense que celui à l'observatoire de la marine américaine. Les scientifiques ont donc dû tenir compte dans leurs calculs de la relativité générale en plus de la relativité restreinte.

écoulé relativement à la Terre était plus long; il s'était dilaté. C'est comme si les muons vivaient au ralenti. De ce point de vue, les muons en mouvement ont une durée de vie plus longue que les muons stationnaires, mais la «quantité de temps» écoulé pour les muons relativement à leur propre système de référence est exactement la même.

À partir de cette preuve fournie par la durée de vie des muons, nous pourrions tirer la même conclusion au sujet des personnes se déplaçant dans un vaisseau spatial à une vitesse se rapprochant de la vitesse de la lumière. Les passagers de ce vaisseau auraient une durée de vie prévue de centaines d'années relativement à la Terre. Mais dans le vaisseau spatial, rien n'aurait changé. De notre point de vue dans le système de référence inertiel Terre, ils vivraient leur vie au ralenti. Leur cycle de vie normal aurait une durée incroyablement longue par rapport à la nôtre. Ce point peut être illustré en posant le problème suivant:

▶ **PROBLÈME 1**

Une astronaute dont le pouls demeure constant à 72 battements/min part en mission. Quel est son pouls, relativement à la Terre, lorsque le vaisseau spatial se déplace à a) $0,10\,c$ et b) $0,90\,c$ par rapport à la Terre?

Solution

$c = 3,0 \times 10^8$ m/s

pouls = 72 battements/min

pouls à une vitesse relative = Δt_m = ?

Le pouls mesuré sur le vaisseau spatial (le pouls se produit dans la même position) est

$$\Delta t_s = \frac{1}{72\ \text{min}^{-1}} = 0,014\ \text{min}$$

a) À $v = 0,10c$,

$$\Delta t_m = \frac{\Delta t_s}{\sqrt{1 - \dfrac{v^2}{c^2}}} = \frac{0,014\ \text{min}}{\sqrt{1 - \dfrac{(0,10c)^2}{c^2}}} = \frac{0,014\ \text{min}}{0,995}$$

$\Delta t_m = 0,014$ min, à deux chiffres significatifs près

$$f = \frac{1}{T} = \frac{1}{0,014\ \text{min}}$$

$f = 72$ battements/min

Le pouls à $v = 0,10c$, relativement à la Terre, mesuré à deux chiffres significatifs près, demeure inchangé à 72 battements/min.

b) À $v = 0,90c$,

$$\Delta t_m = \frac{0,014\ \text{min}}{\sqrt{1 - \dfrac{(0,90c)^2}{c^2}}} = \frac{0,014\ \text{min}}{0,436}$$

$\Delta t_m = 0,032$ min

$$f = \frac{1}{T} = \frac{1}{0,032\ \text{min}}$$

$f = 31$ battements/min

Le pouls à $v = 0,90c$, relativement à la Terre, est de 31 battements/min. Ce pouls est de beaucoup inférieur au pouls de 72 battements/min que l'astronaute prendrait elle-même sur le vaisseau.

Saisis bien les concepts

1. Les montres des pilotes de ligne tournent-elles plus lentement comparativement aux horloges sur la Terre? Pourquoi?

2. Un faisceau de particules élémentaires inconnues voyage à une vitesse de $2,0 \times 10^8$ m/s. Leur durée de vie moyenne dans le faisceau est de $1,6 \times 10^{-8}$ s. Calcule leur durée de vie moyenne lorsqu'elles sont immobiles.

3. Un engin spatial vulcain se déplace à une vitesse de $0,600c$ relativement à la Terre. Les Vulcains établissent à 32,0 h l'intervalle de temps entre deux événements sur la Terre. Quel intervalle de temps mesureraient-ils si leur engin spatial se déplaçait à une vitesse de $0,940c$ par rapport à la Terre?

4. Le méson K⁺, une particule subatomique, a une durée de vie moyenne de $1,0 \times 10^{-8}$ s. Si cette particule se déplace à travers un laboratoire à $2,6 \times 10^8$ m/s, quelle est l'augmentation de sa durée de vie relativement au laboratoire?

Réponses

2. $1,2 \times 10^{-8}$ s
3. 75,0 h
4. 2×

Le paradoxe des jumeaux

L'une des plus célèbres expériences abstraites menée par Einstein est «le paradoxe des jumeaux» qui illustre la dilatation du temps. Supposons qu'un des deux jumeaux identiques se rende à une étoile, puis en revienne à une vitesse se rapprochant de c, et que l'autre jumeau demeure sur Terre. Nous pourrions nous attendre à ce que le jumeau en mouvement vieillisse moins rapidement que son frère demeuré sur Terre.

Mais l'inverse pourrait-il également être vrai pour le jumeau dans le vaisseau spatial voyant son frère sur Terre s'éloigner puis revenir à une vitesse élevée? Ne s'attendrait-il pas à ce que son jumeau demeuré sur Terre ait vieilli moins rapidement pour la même raison (**figure 2**)? N'est-ce pas là un paradoxe?

Non! La théorie de la relativité restreinte ne s'applique que dans un système de référence inertiel, dans ce cas-ci, la Terre. Le jumeau sur Terre se trouve dans le même système de référence pendant tout le parcours de l'autre jumeau. Le jumeau en mouvement se trouve dans un système de référence où la vitesse change continuellement, c'est-à-dire dans un système de référence non inertiel. Comme cette situation n'est pas symétrique, les observations peuvent différer. C'est bien le jumeau dans le vaisseau spatial qui, au retour, est plus jeune que son frère jumeau.

La contraction des longueurs

Le temps, que l'on croyait un concept absolu, n'est pas perçu pareillement par différents observateurs. La longueur, un autre concept censé être absolu, change également.

Prenons un vaisseau spatial voyageant de la planète A à la planète B, toutes deux stationnaires l'une par rapport à l'autre et éloignées d'une distance de L_s (relativement entre elles). Ce vaisseau voyage à une vitesse v telle que la mesure un observateur sur l'une ou l'autre planète (**figure 3**). (Tout comme Δt_s définit le temps propre, L_s définit la **longueur propre**.)

Pour la capitaine dans le vaisseau spatial, le processus (le départ de A et l'arrivée sur B) se produit à un seul endroit: le vaisseau spatial. Elle peut donc attribuer une durée de temps propre Δt_s au processus en utilisant une seule horloge dans le vaisseau spatial. Comme elle voit A s'éloigner et B s'approcher à la vitesse v, elle constate que la distance entre les deux événements est $L_m = v\Delta t_s$. Pour des observateurs sur ces planètes, ce processus (le décollage sur A et l'atterrissage sur B) survient à deux endroits différents. Ces observateurs peuvent utiliser une paire d'horloges synchronisées pour attribuer une durée Δt_m au processus à deux événements consistant en un décollage et en un atterrissage.

Figure 2
a) Au moment du départ, les jumeaux ont le même âge.
b) Lorsqu'il revient, le jumeau astronaute a vieilli moins rapidement que le jumeau demeuré sur Terre.

longueur propre (L_s) longueur, dans un système de référence inertiel, d'un objet stationnaire dans ce système

CONSEIL **PRATIQUE**

Longueur propre
Prends note que la «longueur propre» ne signifie pas nécessairement la «bonne longueur».

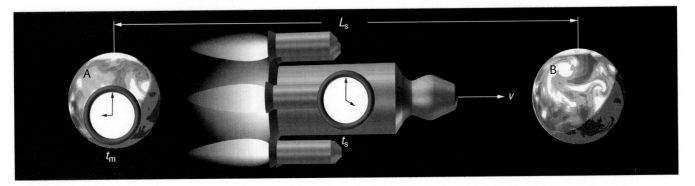

Figure 3
Les planètes A et B sont stationnaires l'une par rapport l'autre.

Observateur	Distance	Temps
observateur stationnaire	L_s	Δt_m
observateur du vaisseau	L_m	Δt_s

contraction des longueurs
diminution des distances dans un système, telles qu'elles sont perçues par un observateur en mouvement relativement à ce système

Ils constateraient alors que la distance séparant ces événements est $L_s = v\Delta t_m$. Nous pouvons maintenant postuler ce qui suit :

En calculant la dilatation du temps,

$$\Delta t_m = \frac{\Delta t_s}{\sqrt{1 - \dfrac{v^2}{c^2}}}$$

En multipliant les deux côtés par v, nous obtenons

$$v\Delta t_m = \frac{v\Delta t_s}{\sqrt{1 - \dfrac{v^2}{c^2}}}$$

Mais $L_m = v\Delta t_s$ et $L_s = v\Delta t_m$. En substituant les valeurs ci-dessus, nous obtenons

$$L_s = \frac{L_m}{\sqrt{1 - \dfrac{v^2}{c^2}}} \quad \text{ou}$$

$$L_m = L_s\sqrt{1 - \frac{v^2}{c^2}}$$

où L_s est la distance propre entre A et B, directement mesurable dans le système de référence où A et B sont stationnaires, et où L_m est la distance — déduite à partir des principes de la cinématique — entre A et B telle qu'on la perçoit dans un système de référence inertiel où la paire A et B est en mouvement.

Comme $\sqrt{1 - \dfrac{v^2}{c^2}} < 1$, $L_m < L_s$. La longueur mesurée d'un objet est plus petite dans un système inertiel où cet objet est en mouvement que dans un système non inertiel où il est stationnaire. Notre analyse nous montre que la **contraction des longueurs** survient dans la direction du mouvement. C'est ainsi qu'un vaisseau spatial cylindrique de 10 m de diamètre, par exemple, passant près de la Terre à une vitesse élevée conserve toujours son diamètre de 10 m dans le système de référence Terre (bien qu'il ait raccourci de l'avant à l'arrière).

Si tu étais dans un vaisseau spatial volant à une vitesse de 0,9*c*, devant un immeuble en hauteur stationnaire, la largeur de cet immeuble serait moindre, mais sa hauteur ne changerait pas. Tu constaterais que les côtés de l'immeuble sont légèrement incurvés vers le milieu, car la lumière s'est déplacée sur des distances différentes vers toi, l'observateur, et que tu vois les côtés de l'immeuble en t'approchant et en t'éloignant.

▶ PROBLÈME 2

Un OVNI (objet volant non identifié) se dirige directement vers le centre de la Terre à 0,500c et est repéré lorsqu'il passe près d'un satellite de communication orbitant autour de la Terre à une distance de $3,28 \times 10^3$ km de la surface terrestre. Quelle est l'altitude de l'OVNI à cet instant, telle que l'a établie le pilote de l'OVNI ?

Solution

Avant de tenter de résoudre un problème de relativité restreinte, nous devons d'abord établir quelles longueurs et durées sont propres. Dans ce cas, le pilote de l'OVNI évalue la longueur séparant deux événements d'un processus en *mouvement* dans son système de référence (le premier événement étant l'arrivée de l'OVNI près du satellite et le second, l'arrivée de l'OVNI à la surface de la Terre). La longueur établie par le pilote n'est donc pas une longueur propre. On la désignera L_m. D'autre part, la longueur donnée de $3,28 \times 10^3$ km correspond à la longueur séparant deux événements d'un processus *stationnaire* dans le système de référence utilisé (le premier événement étant l'arrivée de l'OVNI près du satellite et le second, l'arrivée de l'OVNI à la surface de la Terre). La longueur donnée est donc une longueur propre. On la désignera L_s.

$v = 0,500c$

$L_s = 3,28 \times 10^3$ km

$L_m = ?$

$$L_m = L_s \sqrt{1 - \frac{v^2}{c^2}} = (3,28 \times 10^3 \text{ km}) \sqrt{1 - \frac{(0,500c)^2}{c^2}}$$

$$L_m = 2,84 \times 10^3 \text{ km}$$

L'altitude, telle qu'on peut l'observer de l'OVNI, est de $2,84 \times 10^3$ km. Comme la vitesse de l'OVNI est assez faible, dans le cadre d'événements relatifs, la contraction de la distance est relativement faible.

▶ PROBLÈME 3

Un vaisseau spatial passant près de la Terre à une vitesse de 0,87c, relativement à la Terre, a une longueur de 48,0 m telle que la mesurent des observateurs sur Terre. Quelle est la longueur propre du vaisseau spatial ?

Solution

Comme le vaisseau se déplace relativement aux observateurs sur la Terre, 48,0 m représentent L_m.

$v = 0,87c$

$L_m = 48,0$ m

$L_s = ?$

$$L_m = L_s \sqrt{1 - \frac{v^2}{c^2}}$$

$$L_s = \frac{L_m}{\sqrt{1 - \frac{v^2}{c^2}}} = \frac{48,0 \text{ m}}{\sqrt{1 - \frac{(0,87c)^2}{c^2}}}$$

$$L_s = 97,35 \text{ m ou } 97,4 \text{ m}$$

La longueur propre du vaisseau est de 97,4 m.

LE SAVAIS-TU ?

La quatrième dimension

Le temps est souvent considéré comme la quatrième dimension. Un événement peut être défini par quatre valeurs mesurables : trois pour le situer dans l'espace et une quatrième pour le situer dans le temps. Quand des objets se déplacent à des vitesses se rapprochant de la vitesse de la lumière, l'espace et le temps se confondent. Chaque système de référence inertiel représente une façon d'établir un système de coordonnées pour l'espace-temps. Pour comparer des mesures prises par des observateurs dans des systèmes de référence inertiels différents, il faut changer les coordonnées, entrelacer l'espace et le temps.

Réponses

5. 115 m

6. 6,0 al

7. $3,9 \times 10^2$ m

8. a) 37,7 al

 b) 113 a

masse au repos masse mesurée au repos relativement à un observateur

▶ *Mise en pratique*

Saisis bien les concepts

5. Un vaisseau spatial te dépasse à une vitesse de 0,90c. Tu mesures sa longueur, soit 50,0 m. Quelle est sa longueur lorsqu'il est stationnaire?

6. Tu voyages dans l'espace à une vitesse de 0,60c par rapport à la Terre, à destination d'une étoile stationnaire relativement à la Terre. Tu obtiens 8,0 années-lumière (al) lorsque tu mesures la longueur de ton parcours. Ton amie fait le même voyage à une vitesse de 0,80c par rapport à la Terre. Quelle longueur ton amie obtient-elle lorsqu'elle mesure son parcours?

7. Un engin spatial se déplace le long de la plateforme d'une station spatiale à une vitesse de 0,65c relativement à cette plateforme. Un astronaute dans l'engin spatial évalue la longueur de la plateforme à $3,00 \times 10^2$ m. Quelle est la longueur de la plateforme telle que la mesure un observateur sur la plateforme?

8. On évalue qu'une étoile se trouve à 40,0 al de la Terre dans le système de référence où l'étoile et la Terre sont stationnaires.
   a) Quelle distance mesurerais-tu si tu te rendais vers cette étoile dans un vaisseau spatial se déplaçant à une vitesse de $1,00 \times 10^8$ m/s par rapport à la Terre?
   b) Quel temps estimes-tu que ce voyage durerait?

La quantité de mouvement relativiste

La quantité de mouvement est l'un des concepts les plus importants de la physique. N'oublie pas que les lois de Newton peuvent également s'exprimer en termes de quantité de mouvement, et que la quantité de mouvement est conservée lorsqu'il n'y a aucune force externe non équilibrée qui s'exerce dans un système. En physique des particules subatomiques (voir le chapitre 13), une bonne partie de ce que nous savons concerne la collision de particules voyageant à des vitesses relativistes. Il est donc important de comprendre le concept de quantité de mouvement relativiste.

À l'aide d'une dérivation, qui n'est pas à l'étude dans le présent manuel, mais qui est basée sur le concept de conservation de la quantité de mouvement de Newton, Einstein a pu démontrer que la quantité de mouvement d'un objet s'exprime comme suit:

$$p = \frac{mv}{\sqrt{1 - \dfrac{v^2}{c^2}}}$$

où p est la quantité de mouvement relativiste, m, la masse de l'objet, et v, la vitesse de l'objet relativement à un observateur stationnaire.

Le m dans cette équation est la masse de l'objet mesurée par un observateur stationnaire par rapport à la masse. On désigne cette masse comme la **masse au repos**.

Comment mesure-t-on la masse au repos? Nous la mesurons comme nous le faisons depuis toujours, à l'aide de la physique newtonienne. Nous la mesurons soit en fonction de l'inertie, en utilisant la deuxième loi de Newton $\left(m = \dfrac{\Sigma F}{a} \right)$, soit en fonction de la force de la gravitation $\left(m = \dfrac{\Sigma F}{g} \right)$. Pour les objets se déplaçant à faible vitesse, la masse inertielle et la masse gravitationnelle sont équivalentes. Lorsqu'un objet est accéléré à vitesse élevée, la masse ne peut être définie; les physiciens n'utilisent que la masse au repos.

Dans la prochaine section, nous verrons que la masse au repos peut changer, mais seulement si l'énergie totale du système change.

Tout comme pour les équations relativistes utilisées pour calculer le temps et la longueur, l'expression non relativiste de la quantité de mouvement d'une particule ($p = mv$) peut être utilisée si la valeur v est très faible comparativement à c. En règle générale, tout ce qui voyage plus rapidement que $0{,}1c$ peut être qualifié de relativiste, et des corrections importantes doivent alors être apportées en recourant aux concepts de la relativité restreinte.

Dans l'équation de la quantité de mouvement, à mesure que v se rapproche de c, la quantité $\sqrt{1 - \dfrac{v^2}{c^2}}$ se rapproche également de 0. Par conséquent, pour tout objet de masse au repos autre que zéro, p se rapproche de l'infini. La quantité de mouvement relativiste deviendrait donc infinie à la vitesse de la lumière (**figure 4**) pour tout objet de masse au repos autre que zéro. L'augmentation illimitée de la quantité de mouvement relativiste reflète le fait qu'aucun corps de masse autre que zéro (masse au repos) ne peut être accéléré d'une vitesse inférieure à c à une vitesse égale ou supérieure à c. (Au chapitre 12, tu apprendras ce que sont les photons, qui se comportent comme des particules de lumière. Comme les photons voyagent à la vitesse de la lumière, ils doivent avoir une masse au repos de zéro. Notre formule pour la quantité de mouvement relativiste ne s'applique pas dans ce cas. En fait, il a été démontré expérimentalement que les photons présentent une quantité de mouvement bien définie, même s'ils n'ont aucune masse.)

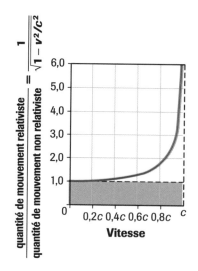

Figure 4
La quantité de mouvement relativiste, mesurée suivant le rapport de la quantité de mouvement relativiste à la quantité de mouvement non relativiste (le produit de la vitesse et de la masse au repos), tend vers l'infini à mesure que la vitesse se rapproche de c.

▶ *PROBLÈME 4*

Les accélérateurs linéaires accélèrent les particules chargées presque à la vitesse de la lumière (**figure 5**). Un proton est accéléré à $0{,}999\ 994c$.

a) Détermine la quantité de mouvement relativiste.

b) Établis une comparaison entre les ordres de grandeur de la quantité de mouvement relativiste et de la quantité de mouvement non relativiste.

Solution

a) $v = 0{,}999\ 994c$

$m = 1{,}67 \times 10^{-27}$ kg (de l'annexe C)

$p = ?$

$$p = \frac{mv}{\sqrt{1 - \dfrac{v^2}{c^2}}} = \frac{(1{,}67 \times 10^{-27}\ \text{kg})(0{,}999\ 994c)}{\sqrt{1 - \dfrac{(0{,}999\ 994c)^2}{c^2}}}$$

$$p = \frac{5{,}010 \times 10^{-18}\ \text{kg·m/s}}{3{,}464\ 1 \times 10^{-3}} = 1{,}45 \times 10^{-15}\ \text{kg·m/s}$$

La quantité de mouvement relativiste du proton est de $1{,}45 \times 10^{-15}$ kg·m/s. (Cette valeur concorde avec la valeur pouvant être mesurée dans l'accélérateur.)

b) La quantité de mouvement non relativiste, obtenue à l'aide de l'équation newtonienne classique, est

$$p = mv = (1{,}67 \times 10^{-27}\ \text{kg})(0{,}999\ 994c)$$

$$p = (1{,}67 \times 10^{-27}\ \text{kg})(0{,}999\ 994)(3{,}00 \times 10^8\ \text{m/s}) = 5{,}01 \times 10^{-19}\ \text{kg·m/s}$$

La quantité de mouvement non relativiste est de $5{,}01 \times 10^{-19}$ kg·m/s. La quantité de mouvement relativiste est plus de trois mille fois supérieure à la quantité de mouvement non relativiste.

Figure 5
Un accélérateur linéaire

▶ *Mise en pratique*

Saisis bien les concepts

9. Quelle est la quantité de mouvement relativiste d'un électron voyageant à une vitesse de $0,999c$ dans un accélérateur linéaire? ($m_e = 9,11 \times 10^{-31}$ kg)

10. Une petite sonde spatiale d'une masse de 2,00 kg se déplace en ligne droite à une vitesse de $0,40c$ relativement à la Terre. Calcule sa quantité de mouvement relativiste dans le système de référence Terre.

11. Un proton est en mouvement à une vitesse de $0,60c$ par rapport à un système de référence inertiel. Détermine sa quantité de mouvement relativiste dans ce système. ($m_p = 1,67 \times 10^{-27}$ kg)

RÉSUMÉ | *La relativité du temps, de la longueur et de la quantité de mouvement*

- Le temps propre Δt_s est l'intervalle de temps séparant deux événements tels qu'ils sont perçus par un observateur pour qui ces événements se produisent à la même position.

- La dilatation du temps est le ralentissement du temps dans un système, tel qu'il est perçu par un observateur en mouvement relativement à ce système.

- L'expression $\Delta t_m = \dfrac{\Delta t_s}{\sqrt{1 - \dfrac{v^2}{c^2}}}$ représente la dilatation du temps pour n'importe quel objet en mouvement.

- Le temps n'est pas absolu: les événements et les durées de temps qui se produisent simultanément pour un observateur peuvent ne pas se produire simultanément pour un autre observateur. L'intervalle de temps entre deux événements mesuré par un observateur peut différer de celui que mesure un autre observateur.

- La longueur propre L_s est la longueur d'un objet telle qu'elle est mesurée par un observateur stationnaire relativement à cet objet.

- La contraction des longueurs ne se produit que dans la direction du mouvement et s'exprime comme suit:

$$L_m = L_s \sqrt{1 - \frac{v^2}{c^2}}$$

- L'amplitude p de la quantité de mouvement relativiste augmente à mesure que la vitesse augmente en fonction de la relation $p = \dfrac{mv}{\sqrt{1 - \dfrac{v^2}{c^2}}}$.

- La masse au repos m d'un objet est sa masse dans un système de référence inertiel où cet objet est immobile et où il constitue la seule masse pouvant être définie.

- Il est impossible pour un objet de masse au repos autre que zéro d'être accéléré à la vitesse de la lumière.

Section 11.2 Questions

Saisis bien les concepts

1. L'effet de la dilatation du temps est souvent mal compris lorsqu'on dit, par exemple, que des horloges en mouvement ralentissent. En fait, cet effet ne veut pas dire que le mouvement a une incidence sur le fonctionnement des horloges. Alors, de quoi s'agit-il?

2. Pour qui le temps d'un processus semble-t-il le plus long? Pour un observateur en mouvement relativement au processus ou pour un observateur stationnaire relativement au processus? Quel observateur mesure le temps propre?

3. De quelle manière la longueur et le temps se comporteraient-ils si les postulats d'Einstein étaient vrais, mais que la vitesse de la lumière était infinie? (*Indice:* Y aurait-il absence d'effets relativistes ou les effets relativistes seraient-ils d'une certaine manière exception-nellement importants?)

4. Quelle incidence cela aurait-il sur nos vies si les postulats d'Einstein étaient vrais, mais que la vitesse de la lumière était de 100 km/h? (*Indice:* Imagine des situations très simples comme de rouler sur une autoroute à 60 km/h. Que se produirait-il si tu accélérais à 110 km/h?)

5. «La matière peut percer le mur du son, mais ne peut pas excéder la vitesse de la lumière.» Explique cet énoncé.

6. Les muons créés au cours d'une collision survenue à très haute altitude dans notre atmosphère entre des rayons cosmiques et des atomes sont instables et se désintègrent en d'autres particules. Au repos, ces particules ont une durée de vie moyenne de seulement $2,2 \times 10^{-6}$ s.
   a) Dans le système de référence inertiel qu'est un labo-ratoire, quelle est la durée de vie moyenne de muons se déplaçant à $0,99c$ dans ce laboratoire?
   b) Si la durée de vie des muons n'augmente pas relative-ment, alors sur quelle distance moyenne peuvent-ils voyager dans le système de référence qu'est un laboratoire avant de se désintégrer s'ils se déplacent à $0,99c$?
   c) Sur quelle distance moyenne les muons voyagent-ils dans le système de référence qu'est un laboratoire s'ils se déplacent à $0,99c$?

7. En 2000, une astronaute de 20 ans quitte la Terre pour explorer la galaxie. Son vaisseau spatial voyage à une vitesse de $2,5 \times 10^8$ m/s. Elle revient sur Terre en 2040. Quel âge semblera-t-elle avoir à ce moment?

8. Un vaisseau spatial passe près d'une planète à une vitesse de $0,80c$ relativement à cette planète. Un observateur sur cette planète mesure la longueur du vaisseau en mouvement, soit 40,0 m. Cet observateur mesure également le diamètre de la planète, soit $2,0 \times 10^6$ m.
   a) L'astronaute dans le vaisseau mesure également la longueur du vaisseau. Quelle est sa longueur?
   b) L'astronaute, bien qu'il ne puisse mesurer directement le diamètre de la planète, réussit tout de même à en calculer indirectement le diamètre. Quelle valeur obtient-il?

   c) Selon l'observateur sur la planète, le vaisseau prend 8,0 s pour atteindre la prochaine planète du système solaire. Combien de temps ce voyage dure-t-il d'après l'astronaute?

9. Un cube d'aluminium de 1,00 m × 1,00 m × 1,00 m se déplace à $0,90c$ suivant la direction indiquée à la **figure 6**. La masse volumique au repos de l'aluminium est de $2,70 \times 10^3$ kg/m³.
   a) Laquelle des trois dimensions, a, b ou c, est touchée par le mouvement?
   b) Calcule le volume relativiste du cube.
   c) Calcule la quantité de mouvement relativiste du cube.

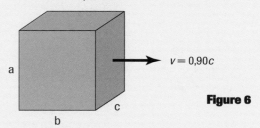

Figure 6

10. Calcule la quantité de mouvement relativiste d'un noyau d'hélium ayant une masse au repos de $6,65 \times 10^{-27}$ kg et se déplaçant à une vitesse de $0,400c$ dans le système de référence qu'est un laboratoire.

Mets en pratique tes connaissances

11. Génère les données dans les deux premières colonnes du **tableau 1** pour des valeurs $\frac{v}{c}$ de 0,05 à 0,95 établies par intervalles de 0,05. Utilise ces valeurs pour calculer Δt_m et L_m. Il est recommandé d'utiliser un tableur tel qu'Excel.

Tableau 1

$\frac{v}{c}$	$\sqrt{1 - \frac{v^2}{c^2}}$	Δt_s	Δt_m	L_s	L_m
0,05	?	100 s	?	100 m	?
0,10	?	100 s	?	100 m	?
0,15	?	100 s	?	100 m	?
0,20	?	100 s	?	100 m	?
0,25	?	100 s	?	100 m	?
⋮	⋮	⋮	⋮	⋮	⋮

a) Dans quelle fourchette de vitesses le temps est-il le double du temps propre?
b) À quelle vitesse la longueur de l'objet s'est-elle contractée de 10%?
c) D'après le tableau, à quelle vitesse commence-t-on à remarquer les effets relativistes? Quels objets voyagent à ces vitesses?
d) Trace les graphiques de Δt_m et de L_m par rapport à $\frac{v}{c}$.

11.3 La masse et l'énergie : E = mc²

Dans la section précédente, nous avons vu qu'il fallait changer la définition de la quantité de mouvement dans le cas des vitesses relativistes si nous voulions qu'une loi de la conservation de la quantité de mouvement puisse s'appliquer. De même, si nous voulons avoir un principe de conservation de l'énergie, nous devons revoir la définition de l'énergie.

Lorsqu'une force est appliquée à un objet, un travail est effectué et l'énergie cinétique augmente. Dans la section 4.2, tu as appris que

$$
\begin{aligned}
\text{travail effectué} &= \Delta E_{\text{C}} \\
&= E_{\text{Cf}} - E_{\text{Ci}} \\
&= \frac{1}{2} m v_{\text{f}}^2 - \frac{1}{2} m v_{\text{i}}^2 \\
\text{travail effectué} &= \frac{1}{2} m (v_{\text{f}}^2 - v_{\text{i}}^2)
\end{aligned}
$$

Nous supposions que la masse de l'objet demeurait constante et que l'énergie transférée pour en accroître l'énergie cinétique entraînait uniquement une augmentation de la vitesse. Normalement, nous nous attendrions à ce que cette relation se poursuive pourvu que la force continue d'agir — la vitesse augmente sans limite, tout simplement. Mais ce n'est pas le cas. À mesure que la vitesse devient relativiste, le concept classique de l'énergie doit être revu.

Einstein suggéra que l'énergie totale (relativiste) associée à un objet ayant une masse au repos m et se déplaçant à une vitesse v relativement à un système de référence inertiel est

$$
E_{\text{totale}} = \frac{mc^2}{\sqrt{1 - \dfrac{v^2}{c^2}}}
$$

Si l'objet est stationnaire dans ce système de référence, alors v est zéro et l'énergie totale (relativiste) est simplement

$$
E_{\text{au repos}} = mc^2
$$

C'est l'équation bien connue $E = mc^2$ d'Einstein. Il proposa deux choses : la masse au repos est une forme d'énergie propre à tous les objets ayant une masse, et il pourrait y avoir des forces ou des interactions dans la nature qui peuvent transformer la masse en énergie de types plus connus ou vice versa. En mécanique classique, la masse et l'énergie sont conservées séparément. En relativité restreinte, ces lois de conservation sont généralisées pour devenir une loi commune, la **conservation de la masse et de l'énergie**.

conservation de la masse et de l'énergie principe voulant que la masse au repos et l'énergie soient équivalentes

L'énergie cinétique relativiste est l'énergie supplémentaire que présente un objet ayant une masse en raison de son mouvement :

$$
\begin{aligned}
E_{\text{totale}} &= E_{\text{au repos}} + E_{\text{C}} \\
E_{\text{C}} &= E_{\text{totale}} - E_{\text{au repos}} \\
E_{\text{C}} &= \frac{mc^2}{\sqrt{1 - \dfrac{v^2}{c^2}}} - mc^2
\end{aligned}
$$

Pour un objet au repos dans un système de référence donné ($v = 0$), son énergie totale dans ce système de référence n'est pas zéro, mais est égale à son énergie au repos, laquelle est convertible en d'autres formes d'énergie.

Cette conversion de la masse en énergie a pu être corroborée dans bon nombre de cas :

- L'énergie libérée ΔE au cours de la fission de l'uranium dans un réacteur nucléaire est accompagnée d'une réduction Δm de la masse au repos des réactants. Des mesures précises prises pour ces deux valeurs ont montré que $\Delta m = \dfrac{\Delta E}{c^2}$.

- Lorsque le méson π^0 (une particule subatomique) se désintègre, il disparaît complètement et perd toute sa masse au repos. À sa place apparaît un rayonnement électromagnétique ayant une énergie équivalente. (Nous reverrons le méson π^0 au chapitre 13.)

- Lorsque des atomes d'hydrogène réagissent à l'intérieur du Soleil, dans un processus que l'on appelle la fusion, l'incroyable quantité d'énergie libérée, ΔE, est accompagnée d'une perte équivalente de la masse au repos, Δm, exprimée par l'équation $\Delta m = \dfrac{\Delta E}{c^2}$. En fait, le Soleil perd de sa masse dans ce processus à une cadence de $4{,}1 \times 10^9$ kg/s.

Seules les percées technologiques du XXe siècle ont permis aux physiciens d'examiner les systèmes atomiques et subatomiques où se produit la conversion de la matière en énergie et de l'énergie en matière. Auparavant, on pensait que la masse et l'énergie se conservaient séparément. On croit que l'équation $E = mc^2$ s'applique à la plupart des processus, bien que ces changements se produisent habituellement à une échelle beaucoup trop petite pour pouvoir les mesurer.

Par exemple, la chaleur de la combustion du charbon est d'environ $3{,}2 \times 10^7$ J/kg. Si l'on brûle $1{,}0$ kg de charbon, quel changement apporterait l'énergie libérée sous forme de lumière et de chaleur à la masse de charbon comparativement à la masse des produits de la combustion ? En utilisant $\Delta E = (\Delta m)c^2$ pour une masse au repos initiale de charbon de $1{,}0$ kg,

$$\Delta m = \frac{\Delta E}{c^2}$$

$$= \frac{3{,}2 \times 10^7 \text{ J}}{(3{,}0 \times 10^8 \text{ m/s})^2}$$

$$\Delta m = 3{,}6 \times 10^{-10} \text{ kg}$$

Exprimé comme un pourcentage de la masse initiale du charbon,

$$\frac{3{,}6 \times 10^{-10} \text{ kg}}{1{,}0 \text{ kg}} \times 100\,\% = 0{,}000\,000\,036\,\%$$

Comme tu peux le constater, cela représente une perte négligeable de masse, qu'on ne peut détecter même avec la meilleure balance électronique.

Toutefois, cette équation constitue un outil théorique puissant qui permet de prévoir la quantité d'énergie disponible à partir de n'importe quel processus réduisant la masse. Par exemple, calculons maintenant l'énergie disponible à partir d'une conversion complète de cette même masse de charbon de $1{,}0$ kg. Encore une fois, en utilisant $\Delta E = (\Delta m)c^2$ et $\Delta m = 1{,}0$ kg,

$$\Delta E = (\Delta m)c^2$$

$$= (1{,}0 \text{ kg})(3{,}0 \times 10^8 \text{ m/s})^2$$

$$\Delta E = 9{,}0 \times 10^{16} \text{ J}$$

C'est la même quantité d'énergie résultant de la combustion d'environ trois milliards de kilogrammes de charbon. Il n'est donc pas étonnant que les scientifiques fassent des recherches sur la conversion de la masse en énergie. Même dans les meilleurs réacteurs à fission nucléaire, seule une fraction de un pour cent de la masse réagissante est convertie en énergie, mais la quantité d'énergie libérée est énorme. La découverte de méthodes pour convertir une faible fraction de la masse normale en énergie sans produire de sous-produits radioactifs permettrait de résoudre les problèmes d'énergie de la planète.

▶ PROBLÈME 1

Si la masse au repos d'une balle de 0,50 kg était entièrement convertie en une autre forme d'énergie, quelle quantité d'énergie produirait-on?

Solution

$\Delta m = 0{,}50$ kg

$\Delta E = ?$

$$\Delta E = (\Delta m)c^2$$
$$= (0{,}50 \text{ kg})(3{,}00 \times 10^8 \text{ m/s})^2$$
$$\Delta E = 4{,}5 \times 10^{16} \text{ J}$$

L'équivalent en énergie est de $4{,}5 \times 10^{16}$ J, soit environ la moitié de l'énergie émise par le Soleil à chaque seconde.

▶ PROBLÈME 2

En physique des particules subatomiques, il est plus pratique d'utiliser l'électron-volt que le joule comme unité d'énergie. Un électron se déplace à une vitesse de $0{,}860c$ dans un laboratoire. Calcule l'énergie au repos de l'électron, son énergie totale et son énergie cinétique en électrons-volts.

Solution

$m = 9{,}11 \times 10^{-31}$ kg

$v = 0{,}860c$

$E_{\text{au repos}} = ?$

$E_{\text{totale}} = ?$

$E_C = ?$

$$E_{\text{au repos}} = mc^2$$
$$= (9{,}11 \times 10^{-31} \text{ kg})(3{,}00 \times 10^8 \text{ m/s})^2$$
$$E_{\text{au repos}} = 8{,}199 \times 10^{-14} \text{ J}$$

Conversion en électrons-volts:

$1{,}60 \times 10^{-19}$ J $= 1$ eV

$$(8{,}199 \times 10^{-14} \text{ J})\frac{1 \text{ eV}}{1{,}60 \times 10^{-19} \text{ J}} = 5{,}12 \times 10^5 \text{ eV}$$

Ce résultat constitue quand même un chiffre impressionnant. Il est donc plus pratique d'exprimer l'énergie en millions d'électrons-volts (MeV), ce qui donne 0,512 MeV.

Les manuels de référence indiquent toutefois que la valeur acceptée pour l'énergie au repos d'un électron est de 0,511 MeV. D'où vient donc l'erreur? Dans notre calcul, nous avons supposé que $3,00 \times 10^8$ m/s était la valeur de c. Comme il a été mentionné précédemment, $2,997\ 924\ 58 \times 10^8$ m/s constitue une valeur plus précise de c. En utilisant cette valeur pour c et $9,109\ 389 \times 10^{-31}$ kg pour la masse au repos (mesurée) d'un électron, nous obtenons 0,511 MeV pour l'énergie au repos d'un électron, ce qui concorde avec la valeur acceptée.

L'énergie totale est obtenue au moyen de l'équation suivante:

$$E_{totale} = \frac{mc^2}{\sqrt{1 - \dfrac{v^2}{c^2}}}$$

Mais $mc^2 = 0,511$ MeV; par conséquent,

$$E_{totale} = \frac{0,511\ \text{MeV}}{\sqrt{1 - \dfrac{(0,860c)^2}{c^2}}}$$

$$E_{totale} = 1,00\ \text{MeV}$$

L'énergie totale d'un électron est de 1,00 MeV.

$$E_{totale} = E_C + E_{au\ repos}$$
$$E_C = E_{totale} - E_{au\ repos}$$
$$= 1,00\ \text{MeV} - 0,511\ \text{MeV}$$
$$E_C = 0,489\ \text{MeV}$$

L'énergie cinétique d'un électron est de 0,489 MeV.

▶ *Mise en pratique*

Saisis bien les concepts

1. Calcule en joules et en mégaélectrons-volts l'énergie au repos d'un proton. ($m_p = 1,67 \times 10^{-27}$ kg)

2. L'énergie au repos d'un petit objet est de $2,00 \times 10^2$ MJ. Calcule sa masse au repos.

3. Un proton voyage à une vitesse de $0,950c$ dans un laboratoire.
   a) Calcule l'énergie totale d'un proton dans le système de référence qu'est le laboratoire.
   b) Calcule l'énergie cinétique d'un proton dans le système de référence qu'est le laboratoire.
   Indique les résultats en mégaélectrons-volts.

4. Un électron est au repos dans un système de référence inertiel. Calcule le travail nécessaire pour l'accélérer à une vitesse de $0,990c$.

5. La consommation annuelle totale d'énergie au Canada est d'environ $9,80 \times 10^{18}$ J. Quelle quantité de masse devrait-on convertir entièrement en énergie pour satisfaire ce besoin?

6. L'énergie au repos d'un proton et d'un neutron est respectivement de 938,3 MeV et de 939,6 MeV. Quelle est leur différence de masse au repos en kilogrammes?

Réponses

1. $1,50 \times 10^{-10}$ J ; 939 MeV

2. $2,22 \times 10^{-9}$ kg

3. a) $3,00 \times 10^3$ MeV
   b) $2,07 \times 10^3$ MeV

4. $4,99 \times 10^{-13}$ J

5. $1,09 \times 10^2$ kg

6. $2,31 \times 10^{-30}$ kg

La masse et l'énergie : $E = mc^2$

- La masse au repos est la masse d'un objet au repos.

- Seule la masse au repos est utilisée dans les calculs relativistes.

- La célèbre équation d'Einstein sur l'équivalence de la masse et de l'énergie est $E = mc^2$.

- L'énergie totale d'une particule est obtenue par l'équation $E_{\text{totale}} = \dfrac{mc^2}{\sqrt{1 - \dfrac{v^2}{c^2}}}$.

- La masse au repos est une forme d'énergie convertible en d'autres formes d'énergie plus courantes et utilisables, par exemple l'énergie thermique.

▶ Section 11.3 Questions

Saisis bien les concepts

1. Explique comment l'équation $E = mc^2$ est conforme au principe de conservation de la masse et de l'énergie.

2. Calcule quelle quantité d'énergie peut être produite par la désintégration complète d'une masse de 1,0 kg.

3. La Terre, d'une masse de $5,98 \times 10^{24}$ kg, tourne autour du Soleil à une vitesse moyenne de $2,96 \times 10^4$ m/s. Quelle quantité de masse, si elle était convertie en énergie, serait nécessaire pour accélérer à cette vitesse la Terre au repos ?

4. Une centrale nucléaire génère en moyenne 5,0 GW d'énergie électrique en convertissant une partie de la masse au repos du combustible nucléaire. Quelle quantité de combustible nucléaire est convertie en énergie au cours d'une année si la production d'énergie électrique à partir de la désintégration de la masse est efficace à 100 % ? (*Indice :* N'oublie pas qu'une machine qui génère 1 W de puissance génère de l'énergie à un rythme de 1 J/s.)

5. Calcule l'énergie nécessaire pour accélérer un proton au repos à une vitesse de 0,90c. ($m_p = 1,673 \times 10^{-27}$ kg)

6. Une particule hypothétique a une énergie au repos de 1,60 MeV et (dans un système de référence inertiel donné) une énergie totale de 3,20 MeV.
   a) Calcule sa masse au repos.
   b) Calcule son énergie cinétique dans ce système de référence.

Fais des liens

7. Combien coûterait l'énergie au repos à la question 2 au prix de 0,15 $/kW·h facturé par les services publics ?

8. Est-il raisonnable de supposer que 4 L d'essence produisent $1,05 \times 10^8$ J d'énergie et que cette énergie suffise à faire rouler une voiture sur 30,0 km ? Un comprimé analgésique a une masse de 325 mg. Combien de kilomètres cette voiture pourrait-elle parcourir si ce comprimé était converti en énergie thermique ?

9. Le deutéron, un noyau d'hydrogène lourd ($_1^2$H), est constitué d'un proton et d'un neutron. Son énergie au repos est de 1 875,6 MeV. Quelle quantité d'énergie est libérée sous forme d'énergie cinétique et de rayons gamma lorsqu'un deutéron est créé à partir d'un proton (une particule ayant une énergie au repos de 938,3 MeV) et d'un neutron (une particule ayant une énergie au repos de 939,6 MeV) distincts ?

Albert Einstein (1879-1955) naît dans la petite ville d'Ulm, en Allemagne, où il fait également ses premières études. Durant son enfance, il ne semble pas particulièrement doué, sauf pour les mathématiques. Il fréquente l'université en Suisse, mais on ne l'estime pas assez qualifié pour poursuivre des études supérieures ou pour enseigner à l'université (**figure 1**).

En 1901, il accepte un emploi comme commis dans un bureau de brevets à Berne, où il travaillera jusqu'en 1909. En 1905, il publie des articles scientifiques qui décrivent trois nouveaux concepts importants de physique. Le premier, en physique quantique, constitue son explication de l'effet photoélectrique (un phénomène abordé au chapitre 12). Le deuxième, publié deux mois plus tard, fait état de son interprétation mathématique du mouvement aléatoire de particules dans un fluide, un phénomène connu sous le nom de mouvement brownien. Le troisième, son plus célèbre, décrit le principe de la relativité restreinte et a profondément modifié notre conception du temps, de la longueur et de l'énergie.

Dès 1909, les travaux d'Einstein sont bien connus. Il se voit offrir des postes universitaires, tout d'abord à l'Université de Zurich en 1913, puis au prestigieux Institut d'études physiques Kaiser Wilhelm de Berlin (rebaptisé plus tard Institut Max Planck). En 1915, il publie sa théorie générale de la relativité. Cette théorie élargie anticipe des effets non prévus par la mécanique newtonienne. Dans celle-ci, il propose une théorie de l'attraction universelle suivant laquelle la théorie de l'attraction universelle de Newton ne constituerait qu'une occurrence particulière régie par une loi beaucoup plus générale. L'une des conséquences de cette théorie générale est qu'un champ gravitationnel peut faire dévier la lumière. Cette hypothèse devait être confirmée au cours de l'éclipse du Soleil de 1919.

Einstein jouissait alors d'une renommée mondiale. Dans le monde de la science, aucun autre chercheur depuis Newton n'avait été aussi reconnu de son vivant ou ne le serait, dans les décennies suivant sa mort. La plupart des scientifiques considéraient Newton et Einstein comme les grandes figures de la science, et cela est encore vrai de nos jours. Bien que la plupart des profanes ne comprenaient pas ses théories et leurs applications, Einstein s'était attiré un grand respect. Il faisait souvent les nouvelles. Il était même une figure mythique populaire dont aimaient s'inspirer gentiment de nombreux humoristes. On citait souvent ses paroles de sagesse sur une foule de sujets (**figure 2**).

En 1930, Einstein se rend en Californie à titre de professeur invité. Il décide par la suite de s'établir aux États-Unis à cause de l'accession de Hitler au pouvoir et de la montée du nazisme en Allemagne. En 1933, il accepte un poste à l'Institut des études supérieures de Princeton, poste qu'il occupera jusqu'à sa mort en 1955. Au cours des vingt-deux dernières années de sa vie, il chercha en vain une théorie unifiée qui pourrait expliquer tous les phénomènes gravitationnels et électromagnétiques: une «théorie de champ unitaire». Einstein ne réalisera jamais ce rêve, en grande partie parce qu'à l'époque on ignorait plusieurs propriétés intrinsèques de la matière et des forces de la nature. Comme nous l'aborderons succinctement au chapitre 13, les connaissances scientifiques se sont accrues considérablement au cours des 50 dernières années. Les physiciens cherchent aujourd'hui à établir une structure mathématique grâce à laquelle on pourrait formuler une théorie expliquant à elle seule tous les phénomènes physiques. Une de ces théories est appelée la théorie des supercordes.

Einstein n'acceptait pas toutes les nouvelles idées en physique, dont bon nombre étaient inspirées des théories qu'il avait lui-même émises en 1905. Plus particulièrement, il demeurait sceptique à l'égard des théories de Werner Heisenberg (voir la section 12.5) suivant lesquelles bon nombre des propriétés de l'univers subatomique se fondaient

Figure 1
Albert Einstein, jeune homme à Vienne

LE SAVAIS-TU ?

Ernst Mach

Ernst Mach (1818-1916), professeur de physique à l'Université de Vienne (dont on trouve le nom dans le «nombre de Mach»), a écrit: «J'accepte la théorie de la relativité aussi peu que j'accepte l'existence des atomes et d'autres croyances semblables.»

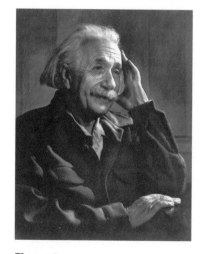

Figure 2
Le photographe canadien Joseph Karsh a pris cette célèbre photo d'Einstein.

Einstein en tant que personne
Einstein était un esprit très original non seulement dans le domaine de la physique, mais également dans ses positions sociales et dans son comportement personnel. Par exemple, il ne portait jamais de chaussettes.

Figure 3
Une explosion thermonucléaire

sur les lois de la probabilité. Il déclara entre autres : «Dieu est subtil, mais il n'est pas malveillant» et «Dieu ne joue pas aux dés».

En 1939, Einstein devait voir se réaliser sa célèbre prévision que la masse pouvait être convertie en énergie, au cours d'une expérience sur la fission nucléaire menée en Allemagne par Otto Hahn et Lise Meitner. Plusieurs scientifiques convainquirent Einstein, en tant que savant le plus influent aux États-Unis, d'écrire au président Franklin D. Roosevelt pour le prier de devancer les Allemands qui cherchaient à mettre au point une arme nucléaire. Le gigantesque projet Manhattan a alors été mis sur les rails, et des bombes atomiques furent produites. Lorsqu'il fut clair que la bombe atomique avait été mise au point, Einstein écrivit de nouveau à Roosevelt, au nom d'un groupe de scientifiques, l'implorant de ne pas l'utiliser, sauf peut-être pour en démontrer la puissance aux Japonais. Roosevelt mourut trois semaines plus tard, laissant cette décision au président Harry S. Truman. L'administration Truman ignora les supplications d'Einstein, et deux bombes atomiques furent lâchées sur le Japon en 1945. L'ère nucléaire était amorcée (**figure 3**).

Ironiquement, Einstein était un pacifiste convaincu qui s'était opposé à l'invasion de l'Allemagne au cours des deux Grandes Guerres. Il fit souvent part des réformes sociales qu'il préconisait lorsqu'il vivait aux États-Unis. Il était un sioniste fervent et a appuyé toute sa vie la cause du désarmement global. Lorsqu'il mourut à son domicile de Princeton, New Jersey, le 18 avril 1955, le monde perdit non seulement un grand physicien, mais également un grand humaniste. On devait peu de temps après nommer en son honneur un nouvel élément synthétisé artificiellement et portant le nombre atomique 99, l'Einsteinium.

> ### ▶ *Mise en pratique*

Fais des liens

1. Einstein est probablement le savant le plus célèbre depuis Newton. Choisis parmi les sujets ci-dessous un sujet qui t'intéresse, trouve de l'information dans Internet et dans d'autres sources, puis rédige un compte rendu de 500 mots au plus sur ce que tu as trouvé. Ton compte rendu doit inclure une description d'Einstein en tant que personne, quelques renseignements sur les gens qu'il a connus et des remarques sur le climat scientifique ou (si cela est pertinent) social qui prévalait à l'époque.
   a) Le cheminement intellectuel d'Einstein jusqu'à 1905
   b) Les travaux d'Einstein en physique, hormis ceux portant sur la relativité
   c) L'apport d'Einstein au projet Manhattan
   d) Les interventions d'Einstein à l'échelle internationale pendant la guerre froide
   e) Les recherches d'Einstein pour formuler une théorie de champ unitaire

 ALLER À   www.beaucheminediteur.com/physique12

Objectifs clés

- énoncer les deux postulats d'Einstein sur la théorie de la relativité restreinte et décrire des expériences abstraites portant sur la constance de la vitesse de la lumière dans tous les systèmes de référence inertiels, sur la dilatation du temps et sur la contraction des longueurs (11.1, 11.2, 11.3)

- définir et décrire les concepts et unités sur lesquels sont fondées nos connaissances actuelles sur l'équivalence de la masse et de l'énergie (11.1, 11.2, 11.3)

- décrire dans les grandes lignes l'évolution historique des théories scientifiques et des modèles de la matière et de l'énergie (11.1)

- effectuer des expériences abstraites afin de comprendre par l'abstrait le monde physique (p. ex. : énumérer la séquence logique amenant à prévoir les effets découlant de la dilatation du temps, de la contraction des longueurs et de l'augmentation de la quantité de mouvement lorsqu'un objet se déplace à diverses vitesses, y compris à la vitesse de la lumière) (11.2)

- mettre en application quantitativement les lois de conservation de la masse et de l'énergie en utilisant l'équation d'Einstein sur l'équivalence de la masse et de l'énergie (11.3)

Mots clés

système de référence inertiel

système de référence non inertiel

éther

théorie de la relativité restreinte

simultanéité

temps propre

dilatation du temps

longueur propre

contraction des longueurs

masse au repos

conservation de la masse et de l'énergie

Équations clés

- $\Delta t_m = \dfrac{\Delta t_s}{\sqrt{1 - \dfrac{v^2}{c^2}}}$ (11.2)

- $L_m = L_s \sqrt{1 - \dfrac{v^2}{c^2}}$ (11.2)

- $p = \dfrac{mv}{\sqrt{1 - \dfrac{v^2}{c^2}}}$ (11.2)

- $E_{\text{au repos}} = mc^2$ (11.3)

- $E_{\text{totale}} = \dfrac{mc^2}{\sqrt{1 - \dfrac{v^2}{c^2}}}$ (11.3)

► *RÉDIGE* un résumé

L'étoile de Barnard, située à environ 6 al de la Terre, aurait deux planètes de type Jupiter. Tu es le commandant d'un vaisseau spatial qui entreprendra un long voyage vers ce système solaire à une vitesse se rapprochant de la vitesse de la lumière. Tu disposes d'une année pour former ton équipage d'astronautes afin qu'ils maîtrisent entièrement le fonctionnement du vaisseau. Mais avant de choisir les membres de l'équipage, tu dois les mettre au courant afin qu'ils comprennent clairement de quoi il retourne avant de décider de s'engager dans cette aventure.

Pour commencer, tu dois leur donner un aperçu des effets relativistes associés aux voyages dans l'espace. À l'aide des points ci-dessous comme référence, résume les faits que tu présenteras à ton équipe d'astronautes :

a) le temps perçu dans le vaisseau par opposition au temps perçu sur Terre

b) les liens avec les amis et parents sur Terre

c) les limites imposées à la vitesse maximale

d) les conversions énergétiques dans le système de propulsion nucléaire

Inscris les nombres de 1 à 11 dans ton cahier. Indique à côté de chaque nombre si l'énoncé qui s'y rapporte est vrai (V) ou faux (F). S'il est faux, écris la version corrigée de l'énoncé.

1. La vitesse de la lumière dans l'eau est $\frac{c}{n}$, où $n = 1,33$ est l'indice de réfraction de l'eau. La vitesse de la lumière dans l'eau est donc inférieure à la vitesse de la lumière dans le vide. Ce fait va à l'encontre du postulat de la vitesse de la lumière de la théorie de la relativité restreinte.

2. Nous disons couramment que la Terre tourne autour du Soleil. Nous pouvons également dire que le Soleil tourne autour de la Terre.

3. Si les événements E_1 et E_2 se produisent simultanément dans un système de référence inertiel, alors aucun observateur stationnaire dans le même système de référence ne percevra que E_1 se produit en même temps que E_2.

4. a) Deux observateurs se déplaçant ensemble avec une horloge s'entendront sur l'heure que celle-ci indique.
   b) Deux observateurs se déplaçant l'un par rapport à l'autre et simultanément par rapport à une horloge s'entendront sur l'heure que celle-ci indique.
   c) L'observateur se déplaçant avec une horloge et mesurant le temps qui s'écoule entre deux positions des aiguilles mesure en fait le temps propre qui s'écoule entre ces deux positions.

5. La Terre prend une journée pour tourner autour de son axe. Pour une personne observant la Terre à partir d'un système de référence inertiel situé dans l'espace, c'est-à-dire stationnaire relativement à la Terre, les aiguilles d'une horloge se déplaceront plus lentement au pôle Nord qu'à l'Équateur. (Ne tiens pas compte du mouvement orbital de la Terre autour du Soleil.)

6. Une jeune astronaute vient tout juste de revenir sur Terre après une longue mission dans l'espace. Elle se dirige vers un vieil homme et s'adresse à lui comme s'il était son fils. Ce vieil homme ne peut pas être son fils.

7. a) Lorsqu'il se déplace en même temps qu'un objet, un observateur perçoit ce dernier comme étant plus long que s'il se déplaçait par rapport à lui.
   b) Un observateur stationnaire relativement à un objet en mouvement mesurera en fait la longueur propre de cet objet.

8. Les effets relativistes tels que la dilatation du temps et la contraction des longueurs sont à toutes fins utiles indétectables dans une automobile.

9. L'énergie relativiste totale d'un objet est toujours égale ou supérieure à l'énergie de sa masse au repos.

10. Comme la masse au repos est une forme d'énergie, un ressort comprimé a plus de masse que lorsqu'il est détendu.

11. Les lois classiques de conservation de l'énergie et de la masse s'appliquent lorsqu'on fait intervenir la relativité.

Inscris les nombres de 12 à 23 dans ton cahier. Indique à côté de chaque nombre la lettre qui correspond au meilleur choix de réponse.

12. Tu te trouves dans un vaisseau spatial dépourvu de hublots. Tu dois établir si ton vaisseau se déplace à une vitesse vectorielle constante autre que zéro ou s'il est au repos, dans le système de référence inertiel Terre.
    a) Tu peux établir ce fait en prenant des mesures très précises du temps.
    b) Tu peux établir ce fait en prenant des mesures très précises de la masse.
    c) Tu peux établir ce fait en prenant des mesures très précises de la longueur et du temps.
    d) Tu ne peux pas établir ce fait, peu importe les mesures que tu prends.
    e) Tu te trouves dans une situation dont ne tient compte aucune de ces propositions.

13. Ton amie et toi vous éloignez l'une de l'autre à bord de vaisseaux spatiaux se déplaçant sans accélération loin dans l'espace. À partir du système de référence qu'est ton vaisseau spatial, ton amie s'éloigne à une vitesse de $0,999\,9c$. Si tu projettes un faisceau de lumière en direction de ton amie et que celle-ci en projette un dans ta direction, alors :
    a) aucun des faisceaux de lumière n'atteindra le vaisseau vers lequel il est projeté
    b) tu verras le faisceau de lumière de ton amie arriver à une vitesse de $2c$, et ton amie verra ton faisceau arriver à une vitesse de $2c$
    c) tu verras le faisceau de lumière de ton amie arriver à la vitesse c, et ton amie verra ton faisceau arriver à la vitesse c
    d) l'une de vous deux verra le faisceau de lumière arriver à la vitesse c, et l'autre le verra arriver à une vitesse de $2c$
    e) aucune de ces propositions n'est vraie

Une version interactive de cette évaluation est disponible dans Internet.

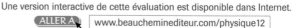

ALLER À   www.beaucheminediteur.com/physique12

14. La simultanéité est
    a) dilatée
    b) absolue
    c) invariable
    d) relative
    e) aucune de ces réponses

15. L'expérience de Michelson et Morley a permis d'établir
    a) qu'il n'y a aucun vent d'éther observable à la surface de la Terre
    b) que l'éther voyage à une vitesse c lorsque la Terre se déplace sur son orbite
    c) que l'éther est un solide élastique qui englobe la Terre
    d) que la Terre ne se déplace pas relativement au Soleil
    e) aucune de ces réponses

16. Un vaisseau Klingon se rapproche de la Terre à une vitesse de $0,8c$ relativement à la Terre. Le vaisseau projette un rayon laser directement à travers la fenêtre de ta classe de physique. Tu mesures la vitesse de la lumière. Quelle valeur obtiens-tu?
    a) $1,8c$
    b) $1,0c$
    c) $0,9c$
    d) $0,8c$
    e) $0,2c$

17. Tu es un astronaute te dirigeant vers une étoile. Dans le cadre de référence qu'est l'étoile, tu te diriges droit sur celle-ci à une vitesse constante. Tu peux établir que tu es en mouvement en constatant
    a) le ralentissement des horloges de bord
    b) la contraction d'un ruban à mesurer à bord du vaisseau
    c) l'augmentation de ta masse
    d) l'augmentation de ton rythme cardiaque
    e) aucune de ces réponses

18. Une horloge, conçue pour marquer chaque seconde, te dépasse à une vitesse constante. Tu trouves que l'horloge en mouvement
    a) marque les secondes plus lentement
    b) marque les secondes plus rapidement
    c) marque les secondes avec précision
    d) fonctionne à reculons
    e) aucune de ces réponses

19. Le temps propre qui s'écoule entre les événements E_1 et E_2 est
    a) le temps indiqué sur des horloges stationnaires par rapport à E_1 et à E_2
    b) le temps indiqué sur des horloges stationnaires dans un système de référence inertiel en mouvement par rapport à E_1 et à E_2
    c) le temps indiqué sur des horloges se déplaçant à vitesse constante par rapport à E_1 et E_2
    d) le temps qui s'écoule entre E_1 et E_2 indiqué sur une horloge d'un organisme de normalisation tel que le Conseil national de recherches à Ottawa
    e) aucune de ces réponses

20. On compte environ $2,81 \times 10^9$ battements de cœur au cours d'une durée de vie moyenne établie à 72 années. Des voyageurs de l'espace qui naîtraient et mourraient sur un vaisseau spatial voyageant à une vitesse constante de $0,600c$ pourraient s'attendre au cours de leur vie à ce que leur cœur batte
    a) $(0,600)(2,81 \times 10^9)$ fois
    b) $2,81 \times 10^9$ fois
    c) $(0,800)(2,81 \times 10^9)$ fois
    d) $(1,25)(2,81 \times 10^9)$ fois
    e) aucune de ces réponses

21. Un dispositif masse-ressort oscille de haut en bas à une fréquence T lorsqu'il est stationnaire dans le système de référence inertiel fixe d'un observateur sur Terre. Le même dispositif s'éloigne ensuite de l'observateur terrestre à une vitesse qui, du point de vue de l'observateur, est constante et d'une valeur de $0,50c$. L'observateur établit maintenant la fréquence d'oscillation à
    a) $0,50\ T$
    b) $0,87\ T$
    c) $1,0\ T$
    d) $1,2\ T$
    e) $2,0\ T$

22. Si l'on tient compte des effets de la contraction des longueurs, du point de vue d'un observateur stationnaire par rapport à un corps se déplaçant à vitesse constante relativement à lui,
    a) ce corps n'est pas actuellement contracté, mais le serait s'il accélérait
    b) ce corps se contracte dans le sens du mouvement
    c) le temps que prend une horloge intégrée à ce corps qui fait tictac pour se contracter
    d) ce corps se contracte suivant une direction transversale au sens du mouvement
    e) aucune de ces réponses

23. La production d'énergie du Soleil est de $3,7 \times 10^{26}$ J/s. La matière du Soleil est convertie en énergie à un rythme de
    a) $4,1 \times 10^9$ kg/s
    b) $6,3 \times 10^9$ kg/s
    c) $7,4 \times 10^1$ kg/s
    d) $3,7 \times 10^9$ kg/s
    e) aucune de ces réponses

Une version interactive de cette évaluation est disponible dans Internet.

ALLER A) www.beaucheminediteur.com/physique12

La théorie de la relativité restreinte d'Einstein **589**

Saisis bien les concepts

1. Supposons que tu sois à un passage à niveau et que tu regardes passer un train. Un passager dans le train et toi regardez une horloge dans le train.
   a) Lequel de vous deux mesure l'intervalle de temps propre ?
   b) Lequel de vous deux mesure la longueur propre de la voiture de chemin de fer ?
   c) Lequel de vous deux mesure la longueur propre entre les traverses de chemin de fer ?

   Justifie tes réponses.

2. Un joueur de baseball au marbre frappe la balle qui ricoche directement vers le haut. Le receveur l'attrape au marbre lorsqu'elle redescend. Indique lequel des observateurs suivants peut noter l'intervalle de temps propre entre ces deux événements.
   a) un spectateur assis dans les estrades
   b) un amateur de sport assis sur son canapé et regardant la partie à la télé
   c) l'arrêt-court se précipitant pour recevoir la balle

   Justifie ta réponse dans chaque cas.

3. Lorsque tu voles dans un avion de ligne, il semble que celui-ci soit stationnaire et que la Terre soit en mouvement. Cette impression est-elle justifiée ? Explique brièvement.

4. La dilatation du temps signifie-t-elle que le temps s'écoule plus lentement dans des systèmes de référence en mouvement ou qu'il semble seulement s'écouler plus lentement ? Justifie ta réponse.

5. Deux horloges identiques sont synchronisées. L'une est mise en orbite autour de la Terre et l'autre demeure sur Terre. Lorsque l'horloge en orbite revient sur Terre, sera-t-elle toujours synchronisée avec l'autre ? Justifie ta réponse.

6. Pourquoi doit-on utiliser une paire d'horloges synchronisées plutôt qu'une seule horloge pour mesurer tout intervalle de temps autre qu'un intervalle de temps propre ?

7. Décris deux instances où l'on a pu confirmer les hypothèses découlant de la théorie de la relativité restreinte.

8. Un vaisseau spatial te dépasse à une vitesse de $0,92c$. Tu mesures sa longueur, soit 48,2 m. Quelle serait la longueur du vaisseau au repos ?

9. La distance en ligne droite de Toronto à Vancouver est de $3,2 \times 10^3$ km (en ne tenant pas compte de la courbure de la Terre). Un OVNI vole entre ces deux villes à une vitesse de $0,70c$ relativement à la Terre. Quelle mesure les passagers à bord de cet OVNI obtiendraient-ils pour cette distance ?

10. Un OVNI survole un terrain de football à une vitesse de $0,90c$ relativement aux poteaux du but. Sur ce terrain, tu mesures la longueur de l'OVNI, soit 228 m. L'OVNI atterrit, ce qui te permet de le mesurer. Quelle longueur obtiens-tu maintenant ?

11. Deux vaisseaux spatiaux, X et Y, explorent une planète. Relativement à cette planète, le vaisseau X se déplace à une vitesse de $0,70c$, tandis que le vaisseau Y se déplace à une vitesse de $0,86c$. Quel est le rapport entre les diamètres de la planète mesurés respectivement par chaque vaisseau se déplaçant dans une direction parallèle au mouvement de cette planète ?

12. Un électron voyage à une vitesse de $0,866c$ relativement à la partie avant du tube cathodique d'un téléviseur. Quelle est la valeur de sa quantité de mouvement relativiste par rapport au tube cathodique ?

13. Le noyau du radium est un élément instable. Dans le système de référence inertiel qu'est un laboratoire, il se désintègre en émettant un noyau d'hélium doté d'une énergie cinétique d'environ 4,9 MeV. Calcule la masse au repos équivalente de cette énergie.

14. Un réacteur nucléaire génère $3,00 \times 10^9$ W d'énergie. En une année, quel a été le changement de masse du combustible nucléaire attribuable à la conversion d'énergie ? (*Indice :* Rappelle-toi qu'une source d'énergie de 1 W génère 1 J/s).

15. L'électron et le positron présentent chacun une masse au repos de $9,11 \times 10^{-31}$ kg. Au cours d'une expérience, un électron et un positron entrent en collision et disparaissent, ne laissant que le rayonnement électromagnétique de cette interaction. Avant la collision, chaque particule se déplaçait à une vitesse de $0,20c$ relativement au laboratoire. Détermine l'énergie du rayonnement électromagnétique.

16. L'énergie totale d'un certain muon, une particule ayant une énergie au repos de 105,7 MeV, est de 106,7 MeV. Quelle est son énergie cinétique ?

17. a) Supposons que la vitesse de la lumière ne soit que de 47,0 m/s. Calcule l'énergie cinétique relativiste d'une voiture ayant une masse au repos de $1,20 \times 10^3$ kg et se déplaçant à 28,0 m/s dans le système de référence inertiel que constitue une route.
    b) Calcule le rapport entre cette énergie cinétique relativiste et l'énergie cinétique, obtenu conformément aux lois de la mécanique newtonienne.

18. On estime que le Big Bang, qui serait à l'origine de l'univers, a généré $1,00 \times 10^{68}$ J d'énergie. Combien d'étoiles cette énergie aurait-elle permis de créer, en supposant que la masse moyenne d'une étoile est de $4,00 \times 10^{30}$ kg?

19. L'explosion en supernova (**figure 1**) d'une étoile ayant une masse au repos de $1,97 \times 10^{31}$ kg génère $1,02 \times 10^{44}$ J d'énergie cinétique et de rayonnement.
    a) Combien de kilogrammes de masse sont convertis en énergie lors de cette explosion?
    b) Calcule le rapport de la masse détruite à la masse originale de l'étoile.

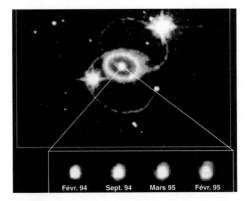

Figure 1
La supernova 1987A a été découverte
par le Canadien Ian Shelton.

Fais des liens

20. Décris plusieurs façons dont les auteurs de livres de science-fiction et de voyages dans l'espace exploitent les effets de la relativité restreinte.

21. Dans l'introduction de ce chapitre, on trouve une image représentant l'effet Cerenkov suivant lequel des particules émettent de la lumière lorsqu'elles voyagent dans la matière, dans ce cas, l'eau, à une vitesse $v > \dfrac{c}{n}$ où n est l'indice de réfraction de cette matière. (Par conséquent, $\dfrac{c}{n}$ est la vitesse de la lumière dans cette matière.) Mais il est impossible d'excéder la vitesse de la lumière. Comment l'effet Cerenkov est-il possible?

22. Environ $1,0 \times 10^{34}$ J d'énergie est disponible à partir de la fusion de l'hydrogène des océans de la Terre.
    a) Si $1,0 \times 10^{33}$ J de cette énergie étaient utilisés, quelle serait la perte de masse des océans?
    b) Quel volume d'eau cela représente-t-il?

23. Supposons que tu utilises en moyenne 485 kW·h d'énergie électrique par mois dans ta maison.
    a) À ce rythme, combien de temps durerait une masse de 1,00 g convertie en énergie électrique suivant une efficacité de 40,0 %?
    b) Combien de maisons pourraient être alimentées chaque mois avec 485 kW·h pendant une année avec l'énergie convertie à partir de cette masse?

Exercices complémentaires

24. Un électron comporte, dans un système de référence inertiel donné, une énergie totale cinq fois supérieure à son énergie au repos. Calcule sa quantité de mouvement dans ce système de référence.

25. Le scientifique Ludwig von Drake mesure dans son laboratoire la période radioactive d'une matière radioactive. Cette matière radioactive se trouve dans une bombe s'approchant du laboratoire à la vitesse c. Donald Duck, qui chevauche cette bombe, mesure également la période radioactive de cette matière. La valeur qu'il mesure est 2 fois plus petite que celle mesurée par Ludwig. Quelle est la valeur de v exprimée en tant que fraction de c?

🍎 La question Newton

26. À quelle vitesse la quantité de mouvement relativiste d'une particule est-elle trois fois plus élevée que la quantité de mouvement non relativiste?

27. Une fusée ayant une masse au repos de $1,40 \times 10^5$ kg comprend, dans un système de référence inertiel donné, une quantité de mouvement relativiste de $3,15 \times 10^{13}$ kg·m/s. À quelle vitesse se déplace cette fusée?

Les ondes, les photons et la matière

Deux découvertes majeures ont révolutionné le domaine de la physique au tout début du XXᵉ siècle. L'une était la théorie de la relativité restreinte, l'autre, la théorie quantique. Les deux ont influencé notre compréhension du monde physique. Nous devons la première à Albert Einstein, qui l'a développée en 1905. La théorie quantique, par ailleurs, a émergé plus lentement, soit sur une période de trente ans, et ce, avec la contribution de nombreux chercheurs. La physique quantique a vu le jour dans les années 1890 avec les études portant sur le rayonnement du corps noir. Vers 1920, Werner Heisenberg, Wolfgang Pauli et Erwin Schrödinger utilisaient la théorie quantique pour expliquer le comportement des électrons dans les atomes.

Dans ce chapitre, nous examinerons le développement et l'application de la théorie quantique et sa relation avec la lumière, la matière et l'énergie des atomes. Il sera également question de quelques applications courantes telles que les photodétecteurs, les appareils photo numériques, les microscopes électroniques et les lasers (**figure 1**).

▶ Dans ce chapitre, tu apprendras à :

- définir les concepts et les unités de mesure reliés à notre compréhension moderne de la nature de l'atome ;
- décrire l'effet photoélectrique relativement au concept de quantum d'énergie ;
- établir la preuve qui appuie la théorie du modèle ; de photon pour la lumière
- décrire et à expliquer le modèle de Bohr de l'atome d'hydrogène ;
- réunir ou à interpréter des données expérimentales sur l'effet photoélectrique et le spectre d'émission de l'hydrogène ;
- établir l'histoire des modèles de la matière et de l'énergie de 1890 à 1925 ;
- décrire comment le développement de la théorie quantique a mené à des découvertes scientifiques et technologiques ;
- citer des exemples de contribution canadienne au développement de la physique moderne.

💡 FAIS LE POINT sur tes connaissances ▼

1. Une ampoule ordinaire devient très chaude lorsqu'elle est allumée ; une ampoule fluorescente devient beaucoup moins chaude. Comment se fait-il que les deux produisent une lumière blanche, mais une température différente ?

2. Sur une photo ou une affiche couleur, les tons de rouge et de vert se décolorent avant les bleus et les violets (**figure 2**). Comment cela s'explique-t-il ?

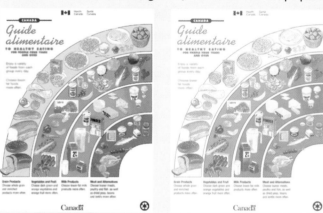

Figure 2

3. Que signifie l'expression «saut quantique» ?

4. La légende de la **figure 1** indique que l'image a été créée à l'aide d'un microscope électronique. Selon toi, comment un électron peut-il servir à créer une image ?

5. Un satellite gravite autour de la Terre selon un rayon assez constant.
   a) Quelle est la force qui maintient le satellite en orbite ?
   b) Qu'est-ce qui fait qu'il finira par s'écraser sur la Terre ?
   c) Un électron gravite autour d'un noyau chargé positivement. Quelle force le maintient dans son orbite ? Va-t-il «s'écraser» sur le noyau ?

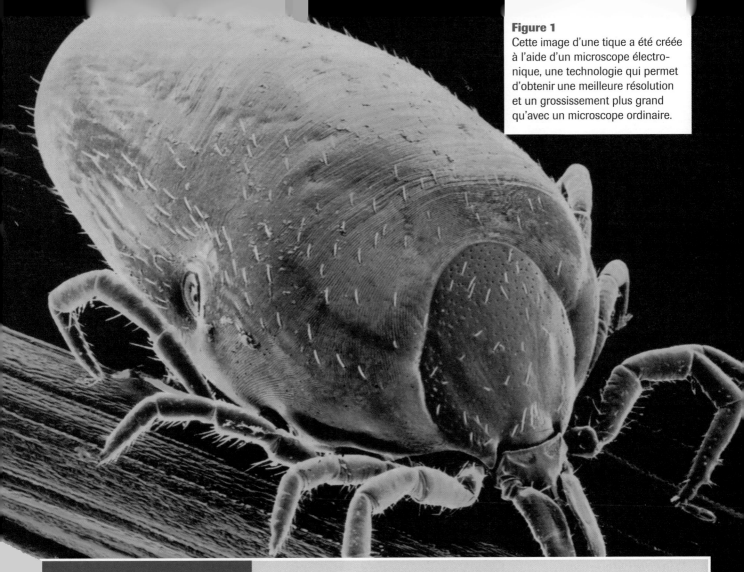

Figure 1
Cette image d'une tique a été créée à l'aide d'un microscope électronique, une technologie qui permet d'obtenir une meilleure résolution et un grossissement plus grand qu'avec un microscope ordinaire.

▶ *À TOI* d'expérimenter   *Décharger avec la lumière*

 Ne regarde pas directement une lampe ultraviolette de faible puissance. Utilise un écran avec les sources lumineuses ultraviolettes de grande puissance.

Pour cette activité, tu auras besoin d'une plaque de zinc, de papier d'émeri ou de laine d'acier, d'un électroscope à feuilles métalliques, d'un support isolé, d'ébonite, de fil électrique et de pinces, d'une lampe ultraviolette et d'une plaque de verre.

- Polis un côté de la plaque de zinc avec le papier d'émeri ou la laine d'acier jusqu'à ce qu'elle soit brillante. Place-la sur le support isolé (**figure 3**) et assemble-la au bouton de l'électroscope.

- Charge la plaque de zinc négativement, à l'aide d'une tige d'ébonite chargée. Laisse l'appareil tel quel pendant au moins 2 minutes. Note le temps que l'appareil prend pour se décharger.

- Place la plaque de zinc de façon que le côté poli soit face à la lumière ultraviolette (UV). Positionne la plaque de verre pour qu'elle forme un filtre entre la surface polie du zinc et la lampe. Allume la lampe. Note le temps que l'appareil prendra pour se décharger.

- Répète l'exercice, cette fois en enlevant la plaque de verre.
- Compare les résultats obtenus lorsque l'appareil est testé I) sans lampe UV, II) avec une lampe UV et un filtre de verre et III) avec une lampe UV sans filtre de verre.
  a) Qu'a-t-il pu arriver aux électrons sur la plaque de zinc pour que l'électroscope chargé négativement réagisse de cette façon ?
  b) Propose une explication pour appuyer tes observations.

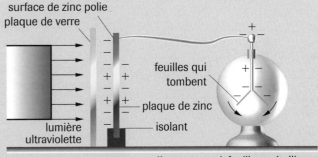

Figure 3

surface de zinc polie
plaque de verre
feuilles qui tombent
plaque de zinc
lumière ultraviolette
isolant
électroscope à feuilles métalliques chargé négativement au début

L'analyse spectrale de la lumière émise par les solides et les gaz chauds était l'un des principaux domaines de recherche à la fin du XIXe siècle. L'étude du rayonnement du corps noir faisait état de divergences entre les données théoriques et expérimentales que les savants ne pouvaient expliquer. De nombreuses théories ont alors été proposées pour tenter d'interpréter et de prévoir les phénomènes observés du spectre, mais aucune n'était adéquate.

Le rayonnement du corps noir

Si un morceau d'acier est placé dans la flamme d'un chalumeau soudeur, l'acier commence à luire : d'abord d'un rouge terne, puis rouge orangé plus brillant, puis jaune, et finalement blanc. À des températures élevées (au-delà de 2 000 K), l'acier chauffé émet la plupart des couleurs visibles du spectre ainsi que des rayons infrarouges. S'il est chauffé suffisamment, l'acier peut également produire des radiations ultraviolettes. Il a été constaté que ce phénomène vaut pour tous les solides incandescents, indépendamment de leur composition. Par conséquent, à mesure que la température augmente, le spectre du rayonnement électromagnétique passe à des fréquences plus élevées (**figure 1**). Il a aussi été prouvé que la brillance des différentes couleurs émises par un solide incandescent dépend principalement de la température de la matière.

a)   b)   c)

Figure 1
Un filament chaud et le spectre émis pour élever la température, **a)** à **b)** à **c)**. À mesure que la température augmente, le spectre s'étend dans la région du violet.

Le spectre réel des longueurs d'onde émises par un objet chauffé à diverses températures est illustré à la **figure 2**. La courbe représente deux aspects clés du rayonnement du corps noir :

- À une température donnée, un spectre de différentes longueurs d'onde est émis, d'intensités variables, mais il y a une intensité maximale à une certaine longueur d'onde.

- À mesure que la température augmente, l'intensité maximale passe à une longueur d'onde plus courte (fréquence plus haute).

Les courbes de la **figure 2** représentent le rayonnement provenant d'un objet considéré comme l'émetteur ou l'absorbeur de rayonnement idéal. Un tel objet absorberait toutes les longueurs d'onde de lumière, sans les réfléchir. Il apparaîtrait donc noir dans un rayonnement réfléchi et serait par le fait même appelé un **corps noir**. L'analyse détaillée de l'absorption et de l'émission du rayonnement démontre qu'un objet qui absorbe tous les types de rayonnement, de quelque longueur d'onde que ce soit, est également le meilleur émetteur de rayonnement. Le rayonnement émis par un corps noir s'appelle **rayonnement du corps noir**.

corps noir objet qui absorbe complètement tout type de rayonnement

rayonnement du corps noir rayonnement maximal pouvant être émis par un corps noir

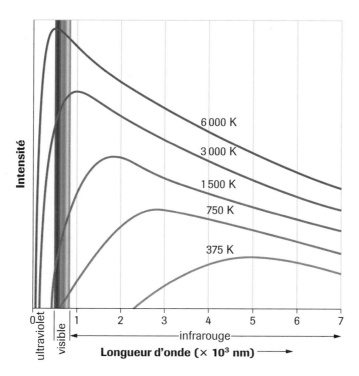

Figure 2
L'intensité du rayonnement émis par un objet chauffé à différentes températures

Dans les années 1890, les scientifiques tentaient d'expliquer la dépendance du rayonnement du corps noir de la température. Selon la théorie électromagnétique de Maxwell, le rayonnement est généré par l'oscillation des charges électriques dans les molécules ou les atomes de la matière (voir la section 10.8). Lorsque la température augmente, la fréquence de ces oscillations augmente aussi. La fréquence de lumière correspondante devrait augmenter également. Selon la théorie classique de Maxwell, l'intensité en fonction de la longueur d'onde devrait suivre le modèle de la ligne pointillée de la **figure 3**. Mais ce n'est pas le cas. Le rayonnement réel se comporte comme la ligne continue. La zone du schéma où les données théoriques et expérimentales se contredisent se trouve dans la portion ultraviolette du spectre. Les scientifiques des années 1890 appelaient ce phénomène la catastrophe ultraviolette.

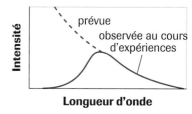

Figure 3
Ce schéma illustre la catastrophe ultraviolette. La courbe obtenue est bien différente de celle qui avait été prévue.

L'hypothèse des quanta de Planck

Au début des années 1900, le physicien allemand Max Planck proposait une nouvelle théorie radicale pour expliquer les données recueillies. Il avança que les molécules ou atomes en vibration dans une matière chauffée ne vibrent qu'à des quantités spécifiques d'énergie et que l'énergie des molécules ou atomes en vibration n'est pas émise de façon continue, mais plutôt en lots ou paquets que Planck appelait des **quanta**. Il avança même que l'énergie d'un seul quantum était directement proportionnelle à la fréquence du rayonnement :

$$E = hf$$

E étant le quantum d'énergie en joules, *f*, la fréquence en hertz, et *h*, la constante en joules par seconde.

Planck calculait la valeur de la constante *h* en faisant concorder son équation avec les données expérimentales. Aujourd'hui, la constante *h* est appelée **constante de Planck**. Sa valeur reconnue à trois chiffres significatifs est

Constante de Planck
$h = 6{,}63 \times 10^{-34}$ J·s

quanta paquets d'énergie ; un quantum est la quantité minimale d'énergie émise par une particule

constante de Planck constante avec la valeur $h = 6{,}63 \times 10^{-34}$ J·s, reliant le rapport énergétique d'un photon à sa fréquence

Quanta et valeurs discrètes

Le terme «quantum» (quanta au pluriel) est dérivé du mot latin *quantus,* qui signifie «combien». Pour «quantifier» une variable physique, on n'en tient compte qu'avec des valeurs discrètes, ou distinctes. «Discrètes» ici ne veut pas dire faire preuve de prudence.

Figure 4

a) Sur la rampe, la boîte peut posséder n'importe laquelle des valeurs d'une gamme continue d'énergies potentielles gravita-tionnelles.

b) Dans l'escalier, la boîte ne peut posséder qu'une des valeurs d'un ensemble de valeurs discrètes ou quantifiées.

CONSEIL PRATIQUE

Quantification

Nous avons observé la quanti-fication des ondes stationnaires d'une corde d'une longueur donnée, alors qu'un modèle stable de nœud et de ventre de vibration ne pouvait être créé qu'à des fréquences spécifiques. De plus, la résonance dans les colonnes d'air ne peut se produire que dans les colonnes d'air de longueurs spécifiques.

Planck a également émis l'hypothèse que l'énergie émise doit être un multiple intégral de l'énergie minimale, qu'elle ne peut être que hf, $2hf$, $3hf$, … :

$$E = nhf \quad \text{où } n = 1, 2, 3, …$$

Si l'énergie lumineuse est quantifiée et que l'énergie de chaque lot est déterminée par le rapport $E = hf$, les lots de la zone de rouge produiront une faible émission d'énergie et ceux de la zone ultraviolette une forte émission d'énergie. En utilisant son modèle de quantum et en appliquant des méthodes statistiques, Planck a expliqué la forme de la courbe du graphique opposant intensité et longueur d'onde pour toutes les zones du spectre, y compris la zone ultraviolette, pour un corps noir à une température donnée.

Le concept de quantification peut être compris à l'aide d'une simple analogie : compare le changement d'énergie gravitationnelle lorsqu'une boîte est poussée vers le haut d'une rampe avec la progression de la même boîte poussée vers le haut d'un escalier (**figure 4**). Selon les règles de la physique classique, la boîte sur la rampe accumule une gamme continue d'énergies potentielles gravitationnelles, à mesure qu'elle est poussée le long de la rampe. Selon le modèle quantique, la boîte poussée en haut de l'escalier accumule l'énergie par «étages» discrets, quantifiés.

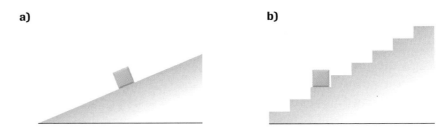

a)   **b)**

Le concept de valeurs quantifiées n'était pas nouveau. Dalton, avec sa théorie de l'atome, quatre-vingt-dix ans plus tôt, déterminait que la structure de la matière était basée sur la plus petite particule indivisible, l'atome, hypothèse bien acceptée en 1900. Thomson, d'autre part, avait démontré que la charge électrique était quantifiée : la plus petite charge présente dans la nature est celle de l'électron. Néanmoins, l'idée que l'énergie est quanti-fiée n'était pas facile à accepter.

L'hypothèse des quanta de Planck était révolutionnaire pour deux raisons :

- elle défiait la théorie ondulatoire de la lumière classique en avançant que les ondes électromagnétiques ne transmettaient pas l'énergie de façon continue mais plutôt en petits paquets ou lots ;

- elle défiait les fondements de la physique classique de Newton, car elle suggérait qu'un objet physique n'est pas libre de vibrer avec n'importe quel type d'énergie, que l'énergie était limitée à certaines valeurs discrètes.

Planck, lui-même, était d'abord sceptique sur sa propre théorie. Il a affirmé que, même si son hypothèse était valable pour expliquer le rayonnement du corps noir, il espérait une meilleure explication. Des éléments de preuve supplémentaires pour appuyer la théorie quantique étaient nécessaires. La quantification de l'énergie n'a en général pas été acceptée avant 1905. Au cours de cette année-là, Einstein plaida en sa faveur en démontrant de quelle façon la théorie de Planck contribuait à expliquer l'effet photoélec-trique produit lorsque la lumière cause l'éjection des électrons d'un métal selon un processus proportionnel à la fréquence. (L'effet photoélectrique est traité plus loin dans ce chapitre.) En rétrospective, l'idée avancée par l'hypothèse de Planck était si radicale que les historiens ont établi une division très nette : la physique avant 1900 est devenue la physique classique et la physique après 1900, la physique moderne. Comme l'œuvre de Planck (**figure 5**) a été si importante au point de vue historique, les honneurs et le respect qu'il a récoltés auprès de la communauté scientifique n'ont été égalés que par Einstein, dans la première moitié du XXᵉ siècle.

Figure 5
Max Karl Planck (1858-1947) travaillait à l'Université de Berlin. Son premier ouvrage d'influence sur le rayonnement du corps noir date de 1889. Il a obtenu le prix Nobel de physique pour sa découverte des quanta d'énergie (de Planck) en 1918. Stimulé par le travail de Planck, Einstein est devenu l'un des premiers promoteurs de la théorie quantique. La société allemande Max Planck gère des instituts de recherche semblables à ceux qu'appuie le Conseil national de recherches du Canada.

> **PROBLÈME 1**

Calcule l'énergie en joules et en électrons-volts

a) d'un quantum de lumière bleue ayant une fréquence de $6,67 \times 10^{14}$ Hz

b) d'un quantum de lumière rouge ayant une longueur d'onde de 635 nm

Solution

a) $f = 6,67 \times 10^{14}$ Hz

$h = 6,63 \times 10^{-34}$ J·s

$E = hf = (6,63 \times 10^{-34} \text{ J·s})(6,67 \times 10^{14} \text{ Hz})$

$E = 4,42 \times 10^{-19}$ J

$1,60 \times 10^{-19}$ J $= 1$ eV

$\dfrac{4,42 \times 10^{-19} \text{ J}}{1,60 \times 10^{-19} \text{ J/eV}} = 2,76$ eV

L'énergie est de $4,42 \times 10^{-19}$ J ou de 2,76 eV.

b) $\lambda = 635$ nm $= 6,35 \times 10^{-7}$ m

$h = 6,63 \times 10^{-34}$ J·s

$E = hf$

Mais $v = f\lambda$ ou $c = f\lambda$ et $f = \dfrac{c}{\lambda}$, c étant la vitesse de la lumière $= 3,00 \times 10^8$ m/s.

$E = \dfrac{hc}{\lambda} = \dfrac{(6,63 \times 10^{-34} \text{ J·s})(3,00 \times 10^8 \text{ m/s})}{6,35 \times 10^{-7} \text{ m}}$

$E = 3,13 \times 10^{-19}$ J

1 eV $= 1,60 \times 10^{-19}$ J

$\dfrac{3,13 \times 10^{-19} \text{ J}}{1,60 \times 10^{-19} \text{ J/eV}} = 1,96$ eV

L'énergie est de $3,13 \times 10^{-19}$ J ou de 1,96 eV.

> **Mise en pratique**

Saisis bien les concepts

1. Explique lesquelles des quantités suivantes sont discrètes : le temps, l'argent, la matière, l'énergie, la longueur, le pointage dans les parties de hockey.

2. Calcule l'énergie en électrons-volts pour les quanta de rayonnement électromagnétique ayant les caractéristiques suivantes :
    a) longueur d'onde de 941 nm (rayonnement infrarouge)
    b) fréquence de $4,4 \times 10^{14}$ Hz (lumière rouge)
    c) longueur d'onde de 435 nm (lumière violette)
    d) fréquence de $1,2 \times 10^{18}$ Hz (rayons X)

CONSEIL PRATIQUE

Électrons-volts
Il est plus courant d'utiliser des électrons-volts en mécanique quantique. Rappelle-toi que $\Delta E = q\,\Delta V$; pour convertir des joules en électrons-volts, la formule est la suivante : 1 eV $= 1,60 \times 10^{-19}$ J.

Réponses
2. a) 1,32 eV
    b) 1,8 eV
    c) 2,86 eV
    d) $5,0 \times 10^3$ eV

3. Calcule la longueur d'onde, en nanomètres, d'un quantum de rayonnement électromagnétique ayant $3,20 \times 10^{-19}$ J d'énergie. De quelle couleur est-il ? (voir à la section 9.6)

4. Détermine la fréquence d'un quantum de rayonnement électromagnétique de 2,25 eV.

5. Compare les énergies respectives d'un quantum de rayonnement ultraviolet « mou » ($\lambda = 3,80 \times 10^{-7}$ m) et d'un quantum de rayonnement ultraviolet « dur » ($\lambda = 1,14 \times 10^{-7}$ m) en exprimant ta réponse sous forme de rapport.

Fais des liens

6. Pendant que tu lis ce texte, il se peut que ton corps soit bombardé de quanta d'ondes radioélectriques ($\lambda = 10^2$ m) et de quanta de rayons cosmiques, de particules énergétiques, plutôt que d'ondes électromagnétiques ; ce qui représente néanmoins en théorie quantique un quantum d'onde ($\lambda = 10^{-16}$ m). Combien de quanta d'ondes radioélectriques faudrait-il pour transmettre la même quantité d'énergie qu'un seul quantum de rayonnement cosmique ? Explique les dangers biologiques relatifs que représente chacune des sources d'énergie.

effet photoélectrique phénomène par lequel des électrons sont libérés d'une matière exposée au rayonnement électromagnétique

photoélectrons électrons libérés lors de l'effet photoélectrique

source lumineuse

lumière

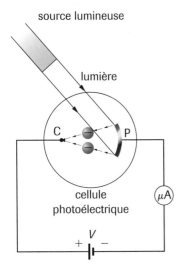

cellule photoélectrique

Figure 6
Lorsque la lumière frappe la surface photoélectrique (P), des électrons sont éjectés et s'échappent vers le collecteur (C).

Einstein et l'effet photoélectrique

En 1887, le physicien allemand Heinrich Hertz testait la théorie de Maxwell sur les ondes électromagnétiques lorsqu'il s'est aperçu que certaines surfaces métalliques perdent leur charge négative lorsqu'elles sont exposées à la lumière ultraviolette. Il a démontré la perte de charge en branchant une plaque de zinc polie et isolée à un électroscope à feuilles métalliques. La lumière ultraviolette incidente a amené la plaque de zinc à libérer des électrons, provoquant la tombée des feuilles de l'électroscope. Le phénomène découvert par Hertz a été nommé l'**effet photoélectrique** (puisqu'il mettait en présence la lumière et l'électricité) et les électrons émis ont été appelés **photoélectrons**. De nos jours, nous pouvons aisément démontrer l'effet photoélectrique avec de la lumière visible et une cellule photoélectrique (**figure 6**).

La **figure 7** illustre également l'effet photoélectrique. Une cathode photosensible est illuminée par une lumière de fréquence f et d'intensité i, suscitant une émission de photoélectrons de la cathode. Ces photoélectrons traversent le tube à vide et se dirigent vers l'anode, grâce à l'application externe d'une différence de potentiel, ce qui constitue un courant photoélectrique, I, mesuré par le microampèremètre (**figure 7a**). Mais le circuit contient aussi une source variable de potentiel électrique qui peut rendre l'anode négative. Ceci a pour effet de réduire le courant photoélectrique en faisant « retourner » tous les photoélectrons, sauf les plus rapides (**figure 7b**). Si on rend l'anode

Figure 7

a) Lorsque l'anode est positive, un courant passe dans le cylindre tant que la lumière est dirigée sur la surface photosensible (cathode).

b) Si on rend l'anode graduellement plus négative, une différence de potentiel, le potentiel d'arrêt, suffisant à réduire le courant à zéro est progressivement atteinte.

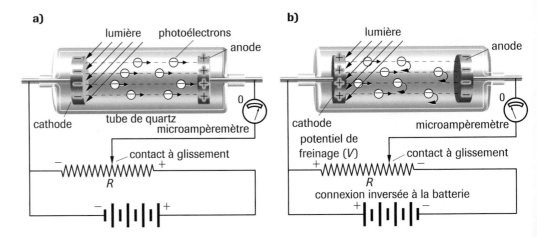

graduellement plus négative par rapport à la cathode, une différence de potentiel, le potentiel de coupure, suffisant à réduire le courant à zéro est atteinte. Ce **potentiel d'arrêt** correspond à l'énergie cinétique maximale des photoélectrons.

De nombreux scientifiques ont répété les expériences de Hertz avec des appareils semblables. Non seulement leurs résultats appuyaient-ils les théories de Planck, mais ils fournissaient aussi les fondements de l'analyse d'Einstein sur l'effet photoélectrique. Tu peux l'expérimenter toi-même en effectuant l'exercice d'application 12.1.1 dans la section Activités en laboratoire, à la fin du présent chapitre.

Voici quelques-uns des plus importants résultats de la recherche :

1. Les photoélectrons proviennent de la surface photoélectrique, lorsque la lumière incidente est au-dessus d'une certaine fréquence f_0, appelée **fréquence de seuil**. Au-dessus de la fréquence de seuil, plus grande est l'intensité de la lumière, plus grand est le courant de photoélectrons (**figure 8a**).

2. L'intensité (brillance) de la lumière n'a aucun effet sur la fréquence de seuil. Quelle que soit l'intensité de la lumière incidente, si elle se trouve sous la fréquence de seuil, pas un seul photoélectron n'est émis (**figure 8b**).

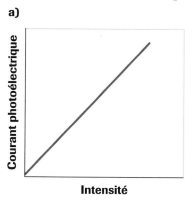
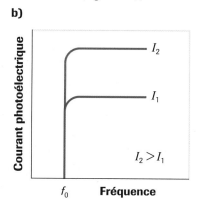

Figure 8
a) courant photoélectrique en fonction de l'intensité de lumière
b) courant photoélectrique en fonction de la fréquence de lumière pour deux intensités

3. La fréquence de seuil, à laquelle l'émission photoélectrique se produit d'abord, est différente pour les différentes surfaces. Par exemple, la lumière produisant une émission photoélectrique à partir d'une cathode de césium n'a aucun effet sur une cathode de cuivre (**figure 9**).

4. À mesure que le potentiel de freinage appliqué à l'anode est augmenté, le courant photoélectrique I faiblit, sans égard à l'intensité de la lumière. Les photoélectrons sont alors émis avec différentes énergies cinétiques. Une valeur V_0 de potentiel de freinage est finalement atteinte, suffisamment pour réduire le courant photoélectrique à zéro. Même les photoélectrons les plus rapides ne peuvent parvenir à l'anode et sont retournés par le potentiel de freinage (**figure 10**).

5. Si différentes fréquences de lumière, toutes au-dessus de la fréquence de seuil, sont dirigées sur la même surface photoélectrique, le potentiel d'arrêt varie pour chacune. Il apparaît que plus la fréquence de la lumière est élevée, plus le potentiel d'arrêt est élevé. Le potentiel d'arrêt est relié à l'énergie cinétique maximale avec laquelle les photoélectrons sont émis : pour un photoélectron de charge e et une énergie cinétique de E_C, le potentiel de freinage est de V_0, $E_C = eV_0$. (Ceci est conforme à la définition de la différence de potentiel donnée dans le chapitre 7.) Les valeurs utilisées dans le graphique de la **figure 11** sont obtenues par l'illumination de plusieurs surfaces photoélectriques avec des flux lumineux de

---

Analyser l'effet photoélectrique (p. 654)
Quel effet ont la fréquence et l'intensité d'une source de lumière sur l'émission de photoélectrons ? Les matières utilisées comme surface photoélectrique réagissent-elles de la même façon ? Pourquoi ? Cet exercice d'application fournit des données que tu pourras utiliser pour simuler des expériences avec des photocathodes.

potentiel d'arrêt plus petite différence de potentiel suffisant à réduire le courant photoélectrique à zéro

fréquence de seuil (f_0) fréquence minimale à laquelle les photoélectrons sont libérés d'une surface photoélectrique donnée

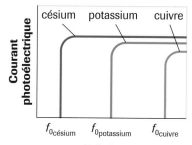

Figure 9
Le ccourant photoélectrique en fonction de la fréquence de la lumière incidente pour trois surfaces. Le césium possède une fréquence de seuil de plus basse que celle du potassium et du cuivre.

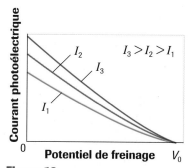

Figure 10
Le potentiel d'arrêt est constant pour toutes les matières, à n'importe quelle intensité, pour une fréquence de lumière donnée.

fréquences diverses et par la mesure du potentiel d'arrêt de chaque surface. Bien que chaque surface ait une fréquence de seuil différente, les courbes ont toutes la même pente.

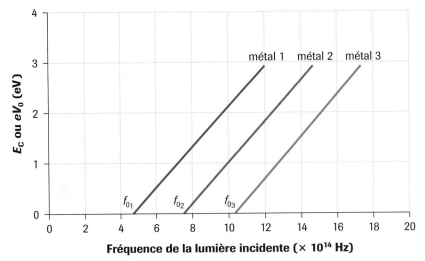

Figure 11
Graphique de l'énergie cinétique des photoélectrons en fonction de la fréquence pour trois métaux. Les courbes ont toutes la même pente, mais les différences de potentiel affichent des fréquences différentes.

6. Durant la photoémission, la libération de l'électron est immédiate, sans temps d'attente notable entre l'illumination et l'émission du photoélectron, même avec une lumière extrêmement faible. Il semble que l'électron absorbe l'énergie lumineuse immédiatement : aucun temps n'est requis pour l'accumulation d'énergie suffisant à libérer les électrons.

Parmi tous ces résultats de recherche, seul le premier pouvait être expliqué par la théorie électromagnétique classique. Plus particulièrement, selon la théorie ondulatoire classique, il n'existe aucune raison pour laquelle un faisceau intense de lumière à basse fréquence ne pourrait produire un courant photoélectrique, ni que l'intensité lumineuse n'affecte pas l'énergie cinétique maximale des photoélectrons libérés. La théorie ondulatoire classique de la lumière ne pouvait vraiment pas expliquer l'effet photoélectrique.

Pour utiliser une analogie, imaginons un bateau dans un port. Tant que les vagues sont de faible amplitude (c.-à-d. de faible intensité), le bateau ne sera pas rejeté sur le rivage, indépendamment de la fréquence des vagues. Toutefois, à la lumière des observations mentionnées plus haut, même une onde de faible amplitude (faible intensité) peut libérer un photoélectron si la fréquence est assez élevée. Ceci est comparable au bateau qui pourrait être projeté sur le rivage par une petite vague ayant une fréquence assez élevée, certainement pas ce que la théorie ondulatoire classique prévoirait.

Einstein était bien au fait de ces nouvelles expériences et de l'hypothèse du corps noir de Planck. Il connaissait aussi la théorie atomique de la lumière de Newton, dont il a retenu certains aspects pour avancer une hypothèse audacieuse : l'énergie du rayonnement électromagnétique, y compris celle de la lumière visible, n'est pas transmise de façon continue ; elle se concentre plutôt en lots d'énergie appelés **photons**. Einstein avança également l'idée que l'énergie contenue dans chacun de ses photons devait forcément être l'une des valeurs discrètes possibles établies par l'équation de Planck, $E = hf$. Il a utilisé sa théorie sur les photons pour expliquer certains résultats d'expériences portant sur l'effet photoélectrique, tout en prévoyant de nouveaux effets.

Le raisonnement d'Einstein voulait que si un électron, près de la surface d'un métal, absorbe un photon, l'énergie gagnée par l'électron pourrait être assez forte pour que l'électron quitte le métal. Une partie de l'énergie absorbée serait utilisée par l'électron pour s'éjecter de la surface du métal, et l'autre partie devenant l'énergie cinétique de l'électron (**figure 12**). Comme l'énergie d'un photon est donnée en hf, plus la fréquence est élevée, plus l'énergie cinétique du photoélectron éjecté est grande.

photon le quantum d'énergie électromagnétique dont l'énergie équivaut à hf

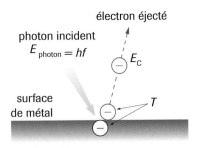

Figure 12
Une partie de l'énergie du photon incident va libérer l'électron de surface. (T est l'énergie liant l'électron à la surface.) L'autre partie fournit l'énergie cinétique de l'électron éjecté.

Ce comportement expliquait également pourquoi il existe une fréquence de seuil. L'électron doit recevoir une quantité minimale d'énergie pour s'échapper des forces d'attraction qui le retiennent au métal. Lorsque la fréquence de la lumière incidente est trop faible, le photon ne fournit pas suffisamment d'énergie à l'électron et il demeure lié à la surface.

L'intensité (brillance) de la lumière n'est que la mesure de la vitesse à laquelle les photons frappent la surface, et non l'énergie par photon. Ceci aide à comprendre pourquoi l'énergie cinétique des photoélectrons et la fréquence de seuil sont indépendantes de l'intensité de la lumière incidente.

En résumé, lorsqu'un photon frappe une surface photoélectrique, un électron de surface absorbe son énergie. Une partie de l'énergie est requise pour libérer l'électron, tandis que le reste devient l'énergie cinétique du photoélectron éjecté. Ceci résume le principe de la conservation de l'énergie. Voilà comment Einstein a décrit ce constat dans une formule mathématique : $E_{photon} = T + E_C$, E_{photon} étant l'énergie du photon incident, T, l'énergie avec laquelle l'électron est lié à la surface photoélectrique, et E_C, l'énergie cinétique du photoélectron libéré.

Si nous modifions l'équation, nous obtenons : $E_C = E_{photon} - T$. En réécrivant la formule en fonction de la fréquence du photon incident, nous obtenons l'*équation photoélectrique d'Einstein* : $E_C = hf - T$.

La valeur T (l'énergie requise pour libérer un électron d'un métal illuminé) est appelée **travail d'extraction** d'un métal. Le travail d'extraction est différent pour tous les métaux (**tableau 1**) et, dans la plupart des cas, il représente moins de $1,6 \times 10^{-18}$ J (de façon équivalente, moins de 10 eV).

Lorsque les électrons de surface absorbent les photons, de nombreuses interactions se produisent. Certains électrons absorbants se déplacent vers la surface et ne deviennent jamais des photoélectrons. D'autres émergent immédiatement selon un grand angle ou entrent en collision inélastique avant d'émerger. D'autres encore émergent immédiatement selon un petit angle, se déplaçant plus ou moins directement vers l'anode. Ceci a pour effet que seul un petit nombre de photoélectrons parmi les plus énergétiques parvienne à s'approcher de l'anode. Ils sont d'autant plus bloqués que la tension de freinage se rapproche du potentiel d'arrêt. C'est pourquoi seuls les électrons les plus énergétiques atteignent l'anode. Par conséquent, le potentiel d'arrêt V_0 mesure l'énergie cinétique maximale des photoélectrons (représentée par E_C dans l'équation $E_C = hf - T$).

Le même rapport mathématique peut être dérivé des trois surfaces de la **figure 13**, sauf que l'axe vertical a été allongé pour pouvoir inclure la coordonnée négative.

travail d'extraction énergie avec laquelle un électron est lié à une surface photoélectrique

Tableau 1 Travail d'extraction photoélectrique approximatif pour divers métaux

Métal	Travail d'extraction (eV)
aluminium (Al)	4,20
baryum (Ba)	2,52
césium (Cs)	1,95
cuivre (Cu)	4,48
or (Au)	5,47
fer (Fe)	4,67
plomb (Pb)	4,25
lithium (Li)	2,93
mercure (Hg)	4,48
nickel (Ni)	5,22
platine (Pt)	5,93
potassium (K)	2,29
rubidium (Rb)	2,26
argent (Ag)	4,74
sodium (Na)	2,36
étain (Sn)	4,42
zinc (Zn)	3,63

Source : *CRC Handbook of Chemistry and Physics*, 81e éd. (CRC Press, Boca Raton, FL, 2000).

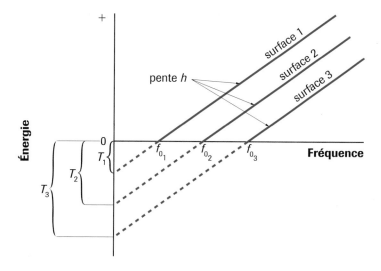

Figure 13
L'énergie de photoélectrons en fonction de la fréquence de la lumière incidente pour trois surfaces

Pour chacune des surfaces photoélectriques, le graphique montre une ligne droite de la forme $y = m(x - a)$, où m est la pente et a, la coordonnée horizontale.

Dans ce cas,

$$eV_0 = mf - mf_0$$

étant donné que la coordonnée sur l'axe de fréquence est f_0.

Nous avons déjà établi que eV_0 est égal à l'énergie cinétique du photoélectron. L'équation devient alors

$$E_C = mf - mf_0$$

ce qui correspond à l'équation d'Einstein si m, la pente du graphique, est égale à la constante de Planck h et $W = hf_0$.

De plus, si on allonge la ligne droite (lignes pointillées de la **figure 13**) jusqu'à ce qu'elle croise l'axe vertical, l'équation $E_C = hf - T$ apparaît sous la forme $y = mx + b$, avec la valeur absolue de la coordonnée verticale b donnant le travail d'extraction T pour cette surface.

Remarque que dans un graphique de E_C (ou eV_0) par rapport à f, toutes les photo-surfaces affichent la même pente (h ou constante de Planck), mais chacune possède ses propres coordonnées horizontale (f_0 ou fréquence de seuil) et verticale ($-T$ ou travail d'extraction) (**figure 14**).

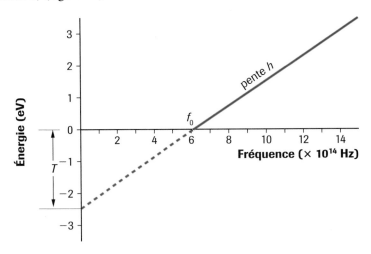

Figure 14
Pour le sodium, la fréquence de seuil f_0 est de $6,0 \times 10^{14}$ Hz, et le travail d'extraction T est de $-2,5$ eV. Ces valeurs représentent les coordonnées sur les axes de fréquence et d'énergie, respectivement.

L'équation photoélectrique d'Einstein concordait qualitativement avec les résultats expérimentaux connus en 1905, mais des résultats quantitatifs étaient nécessaires pour savoir si l'énergie cinétique maximale augmentait véritablement de façon linéaire avec la fréquence et si la pente du graphique h était commune à toutes les matières photo-électriques.

Les impuretés d'oxydation sur la surface des photocathodes de métal causaient des difficultés aux expérimentateurs. Ce n'est qu'en 1916 que Robert Millikan conçoit un appareil dont la surface métallique est taillée dans un espace sous vide avant chaque série de lectures. Millikan se trouvait à confirmer les hypothèses et les prévisions d'Einstein. Il a également établi que la valeur numérique h, la pente de ses unités de statistique, concordait avec la valeur que Planck avait calculée antérieurement en utilisant une méthode complètement différente. C'était pour son explication de l'effet photoélectrique, basée sur la théorie quantique appliquée à la lumière, qu'Albert Einstein a reçu le prix Nobel de physique en 1921 (et non pour son non moins célèbre travail sur la relativité).

▶ **PROBLÈME 2**

Une lumière orangée ayant une longueur d'onde de $6,00 \times 10^2$ nm est dirigée sur une surface métallique avec un travail d'extraction de 1,60 eV. Calcule

a) l'énergie cinétique maximale des électrons émise, en joules;

b) leur vitesse maximale;

c) le potentiel d'arrêt nécessaire pour bloquer ces électrons.

Solution

a) $\lambda = 6,00 \times 10^2 \, nm = 6,00 \times 10^{-7} \, m$

$h = 6,63 \times 10^{-34} \, J \cdot s$

$E_C = ?$

$$T = 1,60 \, eV = (1,60 \, eV)(1,60 \times 10^{-19} \, J/eV)$$
$$T = 2,56 \times 10^{-19} \, J$$

$$E_{C, \, max} = \frac{hc}{\lambda} - T = \frac{(6,63 \times 10^{-34} \, J \cdot s)(3,00 \times 10^8 \, m/s)}{6,00 \times 10^{-7} \, m} - 2,56 \times 10^{-19} \, J$$

$$E_{C, max} = 7,55 \times 10^{-20} \, J$$

L'énergie cinétique maximale des électrons est de $7,55 \times 10^{-20}$ J.

b) $v = ?$

$m_e = 9,11 \times 10^{-31} \, kg$ (de l'Annexe C)

$$E_C = \frac{1}{2}mv^2$$

$$v = \sqrt{\frac{2E_C}{m}} = \sqrt{\frac{2(7,55 \times 10^{-20} \, J)}{9,11 \times 10^{-31} \, kg}}$$

$$v = 4,07 \times 10^5 \, m/s$$

La vitesse maximale des électrons émis est de $4,07 \times 10^5$ m/s.

c) $V_0 = ?$

$$E_C = eV_0$$

$$V_0 = \frac{E_C}{e} = \frac{7,55 \times 10^{-20} \, J}{1,60 \times 10^{-19} \, C}$$

$$V_0 = 0,472 \, V$$

Le potentiel d'arrêt nécessaire pour bloquer ces électrons est de 0,472 V.
La réponse de la question c) aurait pu être trouvée à partir de a) comme suit:

$$7,55 \times 10^{-20} \, J = \frac{7,55 \times 10^{-20} \, J}{1,60 \times 10^{-19} \, J/eV} = 0,472 \, eV$$

▶ **Mise en pratique**

Saisis bien les concepts

7. Crée un graphique de l'énergie en fonction de la fréquence pour une surface photoélectrique. Note les valeurs du travail d'extraction et de la fréquence de seuil.

8. Explique pourquoi c'est la fréquence et non l'intensité de la source lumineuse qui détermine si la photoémission se produit.

photodiode semi-conducteur dans lequel des électrons sont libérés par des photons incidents, entraînant la conductivité

dispositif à transfert de charge (DTC) microplaquette de semi-conducteur avec un ensemble de cellules photosensibles utilisées pour convertir des images lumineuses en signaux électriques

9. Pourquoi toutes les courbes du graphique de la **figure 11** affichent-elles la même pente?

10. Pourquoi la théorie ondulatoire classique n'explique-t-elle pas le fait qu'il n'y a pas de temps d'attente lors de la photoémission?

11. Calcule la fréquence de photon minimale requise pour libérer des électrons d'un métal dont le travail d'extraction est de 2,4 eV.

12. Trouve la fréquence de seuil pour une surface de calcium dont le travail d'extraction est de 3,33 eV.

13. Le baryum possède un travail d'extraction de 2,48 eV. Quelle est l'énergie cinétique maximale des électrons éjectés si le métal est illuminé à 450 nm?

14. Lorsqu'un métal donné est illuminé à $3,50 \times 10^2$ nm, l'énergie cinétique maximale des électrons éjectés est de 1,20 eV. Calcule le travail d'extraction de ce métal.

15. Une lumière de fréquence $8,0 \times 10^{14}$ Hz illumine une surface dont le travail d'extraction est de 1,2 eV. Si le potentiel de freinage est de 1,0 V, quelle est la vitesse maximale avec laquelle un électron atteint la plaque?

Mets en pratique tes connaissances

16. À l'aide d'une base de données, dresse un tableau comme celui de la page 601 qui comprend les fréquences de seuil de chaque métal.

Les photodiodes et les appareils photo numériques

En plus de son rôle théorique confirmant la notion de photon dans la lumière, l'effet photoélectrique possède de nombreuses applications, particulièrement dans les semi-conducteurs connus sous le nom de **photodiodes**. L'absorption d'un photon libère un électron, ce qui modifie la conductivité de la photodiode. Les dispositifs antivol, les portes de garage et les dispositifs de fermeture de porte automatiques comportent souvent des photodiodes. Lorsqu'un faisceau lumineux est interrompu, la baisse de courant dans le circuit active un interrupteur, déclenchant une alarme ou démarrant un moteur. Un faisceau infrarouge est parfois utilisé pour son invisibilité. Les télécommandes de certaines télévisions et de magnétoscopes fonctionnent de façon semblable. De nombreux détecteurs de fumée utilisent l'effet photoélectrique: les particules de fumée interrompent le flux de lumière et modifient le courant électrique. Les détecteurs à cellules photoélectriques dans les appareils photo mesurent le degré de lumière, ajustant la vitesse de l'obturateur ou l'ouverture du diaphragme pour obtenir le meilleur temps de pose. Les cellules photoélectriques sont présentes dans toute une gamme d'autres dispositifs tels que les mécanismes d'éclairage extérieurs de sécurité et les réverbères automatiques.

L'une des applications les plus importantes de l'effet photoélectrique est le **dispositif à transfert de charge** (DTC). Un réseau de ces dispositifs est utilisé dans les appareils photo numériques pour capter les images électroniquement.

Un réseau de DTC est en fait un sandwich composé de couches de silicium semi-conducteur et de couches isolantes de dioxyde de silicium avec des électrodes. Le réseau est divisé en de nombreuses petites sections ou pixels, comme le montre la **figure 15** (où, par souci de simplicité, un réseau de 16 pixels est présenté, même si certains appareils photo ont des réseaux de plus de trois millions de pixels). Le gros plan de la **figure 15** montre un seul pixel. Des photons incidents de lumière visible frappent le silicium, libérant des photoélectrons à la suite de l'effet photoélectrique. Le nombre d'électrons produits est proportionnel au nombre de photons frappant le pixel. Chaque pixel dans le réseau de DTC capte donc une représentation précise de l'intensité de lumière à ce point de l'image. Dans certaines applications, des prismes ou des filtres rouges, verts ou bleus sont utilisés pour séparer les couleurs.

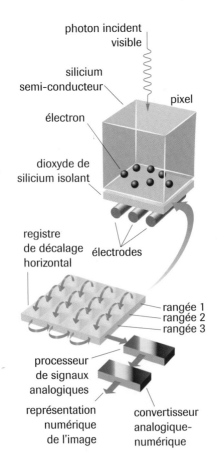

Figure 15
Un DTC capte des images grâce à l'effet photoélectrique.

Le DTC a été inventé en 1969 par Willard S. Boyle (**figure 16**), un Canadien, et George Smith, du Bell Research Laboratories aux États-Unis. Leur invention a non seulement introduit sur le marché la photographie numérique et l'enregistrement sur bande vidéo, mais elle a aussi causé une révolution dans le domaine du traitement d'images en astronomie.

Figure 16
Willard S. Boyle (1924-) est né à Amherst, en Nouvelle-Écosse, et a obtenu tous ses diplômes de physique à l'Université McGill de Montréal. Avant de découvrir le DTC, pour lequel lui et George Smith ont obtenu de nombreux prix, il a également inventé le premier laser à rubis à fonctionnement continu, en 1962. Toujours dans les années soixante, alors qu'il était directeur du Space Science and Exploratory Studies chez Bellcomm, une filiale de Bell qui fournissait un soutien technologique au Programme spatial Apollo, Boyle a aidé la NASA à choisir un site d'alunissage.

> ▶ *Mise en pratique*

Fais des liens

17. L'effet photoélectrique a de nombreuses applications. Choisis-en une, soit à partir du présent manuel ou en cherchant dans Internet ou dans un autre média. Prépare un document de recherche en te servant des questions suivantes comme guide de procédure :
    a) Explique en détail, à l'aide de diagrammes annotés, de quelle façon ton dispositif détecte la lumière en utilisant l'effet photoélectrique.
    b) Explique comment ton dispositif utilise l'information fournie par le détecteur photoélectrique.
    c) Identifie au moins trois autres dispositifs qui fonctionnent de façon similaire.

 www.beaucheminediteur.com/physique12

La quantité de mouvement d'un photon : l'effet Compton

En 1923, le physicien américain A. H. Compton (1892-1962) a dirigé un faisceau de photons de rayons X à grande énergie sur une feuille de métal mince. L'expérience était semblable à celles menées avec l'effet photoélectrique, sauf que des photons de rayons X à grande énergie étaient utilisés au lieu de la lumière. Non seulement Compton a-t-il observé des électrons éjectés, tel qu'il était prévu dans la théorie de l'effet photoélectrique, mais il a aussi détecté une émission de photons de rayons X de plus faible énergie et, par conséquent, de plus faible fréquence que les photons du faisceau de bombardement. Il a aussi remarqué que les électrons étaient dispersés selon un angle formé avec les photons de rayons X. La diffusion de photons de rayons X de plus faible fréquence par des photons à grande énergie provenant d'une feuille de métal bombardée par des photons à grande énergie est appelée l'**effet Compton** (**figure 17**).

Toute une série d'expériences utilisant différents types de feuilles métalliques et différents faisceaux de rayons X ont produit des résultats similaires qui ne pouvaient être expliqués à l'aide de la théorie des ondes électromagnétiques. Compton avançait que le photon incident de rayons X agit comme une particule qui entre en collision élastique avec un électron dans le métal, émergeant avec une énergie plus faible. L'électron s'échappe avec l'énergie cinétique gagnée lors de la collision. Les données de Compton indiquaient que l'énergie était réellement conservée.

Si l'énergie était conservée dans la collision (**figure 18**), la formule suivante serait vraie :

$$E_{\text{rayon X}} = E'_{\text{rayon X}} + E_{\text{électron}}$$

$$hf = hf' + \frac{1}{2}mv^2$$

Le trait de génie de Compton a été de se demander si la quantité de mouvement était conservée, comme dans les collisions ordinaires. Il n'est pas évident, de prime abord, de savoir dans quel sens la quantité de mouvement peut être reliée à un paquet d'énergie sans masse se déplaçant à la vitesse de la lumière. Compton a réglé ce problème en utilisant l'équation $E = mc^2$ d'Einstein, basée sur le principe de la relativité restreinte. Un corps

effet Compton diffusion de photons par des photons à grande énergie

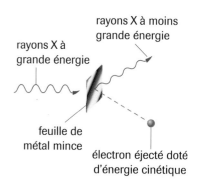

Figure 17
L'effet Compton

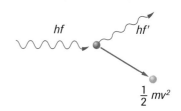

Figure 18

avec une énergie E possède une masse équivalente à $\dfrac{E}{c^2}$ (voir la section 11.3). La solution de Compton était la suivante : l'ampleur de la quantité de mouvement p d'un corps est définie par le produit de la masse m et de la vitesse v : $p = mv$. Si l'on remplace m par son équivalence de masse, $\dfrac{E}{c^2}$, et si on remplace v par c, on obtient l'équation suivante :

$$p = \left(\frac{E}{c^2}\right)v \quad \text{ou} \quad p = \left(\frac{E}{c}\right)$$

exprime un rapport de p dans lequel la masse n'apparaît pas explicitement.

Comme le photon se déplace à la vitesse de la lumière, atteignant $v = c$, nous pouvons écrire l'équation suivante pour exprimer un rapport de p dans le cas spécial d'un photon :

$$p = \frac{h}{\lambda}$$

Cette formule fournit la **quantité de mouvement d'un photon**, où p est la quantité de mouvement en kilogrammes mètres par seconde, h, la constante de Planck d'une valeur de $6{,}63 \times 10^{-34}$ J·s, et λ, la longueur d'onde en mètres.

Utilisant cette définition pour la quantité de mouvement du photon, Compton a établi que l'hypothèse de la conservation de la quantité de mouvement s'appliquait bien à la diffusion des photons de rayons X en collision, comme montré à la **figure 19** et exprimé dans l'équation vectorielle : $\vec{p}_{\text{photon}} = \vec{p}'_{\text{photon}} + \vec{p}'_{\text{électron}}$

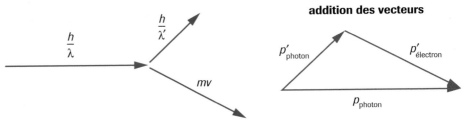

Figure 19
La loi de la conservation de la quantité de mouvement

Les expériences de Compton ont clairement démontré la composition particulaire de la lumière, car non seulement une énergie discrète, hf, peut-elle être assignée à un photon, mais également une valeur de quantité de mouvement, $\dfrac{h}{\lambda}$. Son œuvre a apporté une preuve concluante à la théorie quantique appliquée à la lumière. C'est grâce à cette découverte que Compton a reçu le prix Nobel de physique en 1927.

▶ **Problème 3**

Quelle est la quantité de mouvement d'un photon d'une longueur d'onde de $1{,}2 \times 10^{-12}$ m ?

Solution

$\lambda = 1{,}2 \times 10^{-12}$ m $\qquad h = 6{,}63 \times 10^{-34}$ J·s $\qquad p = ?$

$$p = \frac{h}{\lambda} = \frac{6{,}63 \times 10^{-34}\ \text{J·s}}{1{,}2 \times 10^{-12}\ \text{m}} = 5{,}5 \times 10^{-22}\ \text{kg·m/s}$$

L'ampleur de la quantité de mouvement du photon est de $5{,}5 \times 10^{-22}$ kg·m/s.

Les interactions des photons avec la matière

Si un faisceau de lumière intense est dirigé sur une surface absorbante, l'énergie des photons est absorbée en grande partie par cette surface. Par conséquent, la surface s'échauffe. Toutefois, l'effet Compton démontre que les photons transfèrent une quantité de mouvement également. La somme des impacts sur la surface de tous les photons par unité de temps se traduit par une pression sur la surface. Cette pression n'est pas détectable normalement. (Nous ne sentons pas la pression de la lumière lorsque nous sommes exposés au soleil ou à un éclairage fort.) De nos jours, cependant, à l'aide d'un équipement très sensible, nous pouvons réellement mesurer la pression de la lumière sur une surface et confirmer que le rapport $p = \frac{h}{\lambda}$ est valide pour exprimer la quantité de mouvement d'un photon individuel.

Nous avons vu, avec l'effet photoélectrique et l'effet Compton, que lorsqu'un photon entre en contact avec la matière, il survient une interaction. Cinq grandes interactions sont possibles :

1. L'interaction la plus courante est la réflexion primaire, lorsque des photons présents dans la lumière visible subissent des collisions parfaitement élastiques avec un miroir.

2. Dans le cas de l'effet photoélectrique, un photon peut libérer un électron, étant absorbé dans le processus.

3. Dans l'effet Compton, le photon ressort avec une perte d'énergie et une quantité de mouvement moindre, après l'éjection d'un photoélectron. Après son interaction avec la matière, le photon se déplace encore à la vitesse de la lumière mais il est moins énergétique, étant doté d'une fréquence plus faible.

4. Un photon peut interagir avec un seul atome, conférant un plus grand niveau d'énergie à l'électron au sein de l'atome. Dans ce cas, le photon disparaît complètement. Toute son énergie est transférée à l'atome, ce qui donne à l'atome un surplus d'énergie ou d'« excitation ». (Nous étudierons les détails de cette interaction plus loin dans ce chapitre.)

5. Un photon peut disparaître complètement et créer deux particules de masse non nulle, processus qu'on appelle **production de paires** (voir la section 13.1). La production de paires nécessite un photon de très haute énergie ($> 1,02$ MeV) et, de façon correspondante, une longueur d'onde très courte (comme les photons de rayons X durs et gamma). Lorsqu'un tel photon entre en collision avec un noyau lourd, il disparaît en créant un électron ($_0^-$e) et une particule de masse égale mais de charge opposée, le positron ($_0^+$e) (**figure 20**). Cette création de masse à partir d'énergie est conforme à l'équation d'équivalence de masse-énergie d'Einstein, $E = mc^2$.

Réponses

18. $1,33 \times 10^{-27}$ kg·m/s

19. $9,9 \times 10^{-27}$ kg·m/s

20. $8,00 \times 10^{-26}$ kg·m/s

21. $0,73$ nm

CONSEIL **PRATIQUE**

Pression subie par le photon
Si une surface est hautement réfléchissante, chaque photon subit une modification deux fois plus grande de sa quantité de mouvement qu'il ne le ferait s'il était absorbé, et la pression de radiation sur la surface est deux fois plus grande que sur celle d'une surface absorbante. Ceci revient à comparer un ballon rebondissant à un morceau de mastic collant.

production de paires création d'une paire de particules (un électron et un positron) résultant de la collision d'un photon à grande énergie avec un noyau

avant

noyau lourd

photon

après

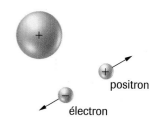

positron

électron

Figure 20
Représentation d'une production de paires

Les fondements de la théorie quantique

- Un corps noir à une température donnée émet un rayonnement électromagnétique selon un spectre de fréquences continu, avec une intensité maximale définie à une fréquence particulière. À mesure que la température augmente, l'intensité maximale atteint progressivement des fréquences plus grandes.

- Planck a avancé l'hypothèse selon laquelle les molécules ou les atomes d'un corps noir rayonnant sont contraints de vibrer à des niveaux d'énergie discrets, qu'il appelait quanta. L'énergie d'un seul quantum est directement proportionnelle à la fréquence du rayonnement émis, selon le rapport $E = hf$, où h est la constante de Planck.

- Les photoélectrons sont éjectés d'une surface photoélectrique lorsque la lumière incidente se situe au-dessus d'une certaine fréquence f_0, appelée fréquence de seuil. L'intensité (brillance) de la lumière entrante n'a aucun effet sur la fréquence de seuil. Celle-ci est différente pour chaque surface.

- Le potentiel d'arrêt est la différence de potentiel qui empêche les photoélectrons les plus énergétiques d'atteindre l'anode. Pour une surface donnée, le potentiel d'arrêt varie pour chaque fréquence, et plus grande est la fréquence lumineuse, plus grand est le potentiel d'arrêt.

- L'énergie lumineuse est transmise en paquets d'énergie appelés photons dont l'énergie possède une quantité discrète, fixe, déterminée par l'équation de Planck, $E = hf$.

- Lorsqu'un photon frappe une surface photoélectrique, un électron de surface absorbe son énergie. Une partie de l'énergie absorbée libère l'électron et l'autre partie devient l'énergie cinétique de l'électron libéré, selon l'équation photoélectrique $E_C = hf - T$.

- Dans l'effet Compton, des photons à grande énergie frappent une surface, libérant des électrons avec l'énergie cinétique et des photons de plus faible énergie. Les photons possèdent une quantité de mouvement dont la valeur est représentée par $p = \dfrac{h}{\lambda}$.

- Les interactions entre les photons et la matière sont de cinq types : la réflexion, l'effet photoélectrique, l'effet Compton, les changements dans les niveaux d'énergie des électrons dans les atomes, et la production de paires.

▶ **Section 12.1** *Questions*

Saisis bien les concepts

1. Énumère les découvertes historiques et les interprétations qui ont mené à la confirmation de la théorie quantique appliquée à la lumière.

2. À l'aide de la théorie quantique de Planck, essaie d'expliquer pourquoi les photoélectrons ne sont pas libérés d'une surface tant qu'une lumière d'une fréquence suffisamment élevée ne rencontre pas la surface.

3. Nomme au moins cinq appareils que tu as à la maison qui fonctionnent à l'aide de l'effet photoélectrique.

4. Nomme les variables physiques qui sont représentées par les symboles dans l'équation photoélectrique $E_C = hf - T$.

5. Compare les caractéristiques de l'effet photoélectrique avec celles de l'effet Compton.

6. Décris cinq interactions entre les photons et la matière.

7. La température moyenne dans les couches incandescentes visibles du Soleil est d'environ 6 000 K. Une lumière incandescente possède une température de 2 500 K.

   a) Pourquoi les sources lumineuses artificielles ne fournissent-elles pas un niveau d'éclairement approprié lorsqu'un film couleur destiné à être utilisé à la lumière du soleil est exposé ?

   b) Pourquoi une lampe éclair au xénon (fonctionnant à environ 6 000 K) procure-t-elle un niveau d'éclairement approprié pour la même pellicule ?

8. Calcule l'énergie d'un photon ultraviolet d'une longueur d'onde de 122 nm, en joules et en électrons-volts.

9. Le rapport $E = \dfrac{1{,}24 \times 10^3}{\lambda}$, où E est l'énergie d'un photon en électrons-volts et λ, sa longueur d'onde en nanomètres, est une forme pratique de l'équation $E = \dfrac{hc}{\lambda}$. Cette formule est très utile dans les calculs en mécanique quantique, car de nombreuses mesures de particules subatomiques et de photons mettent en présence des électrons-volts et des nanomètres.

   Substitue $E = \dfrac{hc}{\lambda}$ à la formule et effectue les conversions d'unités nécessaires pour démontrer que $E = \dfrac{1{,}24 \times 10^3}{\lambda}$ est valide en nanomètres et en électrons-volts.

10. De quelle façon les deux courbes de la **figure 8b)** démontrent-elles que la vitesse maximale des photoélectrons est indépendante de l'intensité de la lumière dirigée sur la surface photoélectrique ?

11. Repère le sodium et le cuivre dans le **tableau 1** (page 601). Faut-il plus d'énergie pour libérer un photoélectron du sodium ou du cuivre ? Quel métal possède la fréquence de seuil la plus élevée : le potassium ou le baryum ? Justifie ta réponse.

12. Trouve la fréquence lumineuse minimale requise pour libérer des photoélectrons d'une surface métallique dont le travail d'extraction est de $7{,}2 \times 10^{-19}$ J.

13. Quelle longueur d'onde lumineuse est requise pour libérer des photoélectrons d'une surface de tungstène ($T = 4{,}52$ eV) si l'énergie cinétique maximale des électrons est de 1,68 eV ?

14. Quand une lumière d'une longueur d'onde de 482 nm frappe une certaine surface métallique, un potentiel de freinage de 1,2 V est suffisant pour que le courant passant à travers le phototube baisse à zéro. Calcule le travail d'extraction du métal.

15. a) Calcule la fréquence d'un photon dont la longueur d'onde est de $2{,}0 \times 10^{-7}$ m.
    b) Calcule l'énergie du même photon, en joules et en électrons-volts.
    c) Calcule la quantité de mouvement de ce même photon.

16. a) Calcule la quantité de mouvement d'un photon d'une longueur d'onde de $2{,}50 \times 10^{-9}$ m.
    b) Calcule la vitesse d'un électron possédant la même quantité de mouvement que le photon en a). ($m_e = 9{,}11 \times 10^{-31}$ kg).
    c) Calcule l'énergie cinétique de l'électron. Comment diffère-t-elle de l'énergie du photon ?

17. Calcule, en électrons-volts, l'énergie des photons émis par les stations de radio diffusant aux fréquences de $5{,}70 \times 10^2$ kHz et de 102 MHz.

Mets en pratique tes connaissances

18. La photosynthèse est une réaction chimique entre le dioxyde de carbone et l'eau qui produit du sucre et de l'oxygène en présence de la lumière et de la chlorophylle. Le graphique de la **figure 21** montre que le taux de réaction dépend de la longueur d'onde de la lumière incidente. À l'aide de la théorie quantique de la lumière et du graphique, explique

    a) pourquoi les feuilles contenant de la chlorophylle paraissent vertes dans la lumière blanche ;
    b) pourquoi une lumière verte pure ne produit pas de photosynthèse ;
    c) pourquoi une lampe incandescente, fonctionnant à 2 500 K, ne produit pas suffisamment de photosynthèse pour maintenir une plante verte en santé.

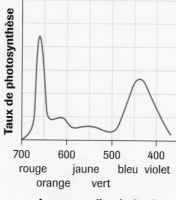

Figure 21
Taux de photosynthèse en fonction de la longueur d'onde de la lumière incidente

Fais des liens

19. Nomme quelques aspects de la vie qui seraient différents si la valeur de la constante de Planck était beaucoup plus grande ou beaucoup plus petite que sa valeur réelle.

20. Une calculatrice solaire reçoit la lumière avec une longueur d'onde moyenne de 552 nm, convertit 15 % de l'énergie solaire en énergie électrique et consume 1,0 mW de puissance. Calcule le nombre de photons requis chaque seconde par la calculatrice.

21. a) Calcule l'énergie d'un quantum d'hyperfréquence d'une longueur d'onde de 1,0 cm.
    b) Calcule combien de quanta d'énergie micro-onde de 1,0 cm seraient requis pour augmenter la température de 250,0 mL d'eau de 20 °C au point d'ébullition, étant donné que la capacité thermique massique de l'eau est de $4{,}2 \times 10^3$ J/kg·°C.

22. Effectue une recherche dans Internet pour savoir comment les astronomes utilisent les photodétecteurs sur le télescope spatial Hubble de la NASA pour produire des images galactiques telles que celle présentée au début du chapitre 9.

 www.beaucheminediteur.com/physique12

23. La lumière ultraviolette peut tuer les cellules de la peau, comme cela se produit lors d'un coup de soleil. La lumière infrarouge, provenant aussi du soleil, ne fait que réchauffer les cellules de la peau. Explique cette différence de comportement à l'aide de la théorie quantique de la lumière.

 www.beaucheminediteur.com/physique12

L'effet photoélectrique et l'effet Compton ont révélé que la lumière et les rayons X ont une nature particulaire ; ce qui veut dire que les photons se déplacent comme des particules avec une énergie et une quantité de mouvement données. Toutefois, dans les chapitres précédents, nous avons vu que pour les propriétés suivantes : réflexion, réfraction, diffraction, interférence et polarisation, le rayonnement électromagnétique agit comme une onde. Dans cette section, nous verrons comment la théorie quantique réconcilie ces deux points de vue apparemment opposés.

La nature particulaire des ondes électromagnétiques

En 1910, Geoffrey Taylor, un jeune étudiant de l'Université de Cambridge, a effectué des expériences pour savoir si les interférences lumineuses résultaient des interactions entre de nombreux photons ou si le comportement des photons individuels pouvait être prévu à partir de leurs propriétés ondulatoires. L'équipement de base que Taylor utilisait est illustré à la **figure 1a**).

Une lumière émise par une petite lampe passait d'abord à travers une fente, puis à travers une suite de filtres atténuants qui réduisaient l'intensité de la lumière. Après être passée à travers une autre fente, la lumière était diffractée par une aiguille verticale et l'image résultante était enregistrée sur une plaque photographique (**figure 1b**)). Taylor avait ajusté les dimensions de la boîte et de son contenu de façon que les bandes de diffraction autour de l'ombre de l'aiguille soient visibles à la lumière crue, sans l'usage de filtres. Puis il a réduit l'intensité de la lumière en ajoutant des filtres. Il a donc constaté que des temps d'exposition progressivement plus longs étaient requis pour obtenir une plaque photographique bien exposée, car de moins en moins de photons passaient à travers la fente par seconde, à mesure qu'il ajoutait des épaisseurs de filtres atténuants. Finalement, Taylor en est arrivé à une très faible exposition qui a duré trois mois. Même sur cette plaque, les franges d'interférence de diffraction étaient parfaitement nettes.

Figure 1
a) Boîte à l'épreuve de la lumière
b) Diffraction créée par une aiguille

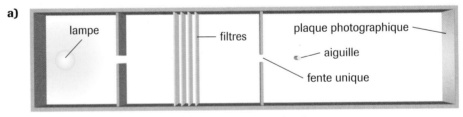

boîte à l'épreuve de la lumière

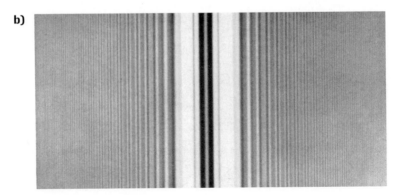

À l'aide de calculs, Taylor a pu prouver qu'avec une source lumineuse aussi faible deux photons ou plus se trouveraient rarement, peut-être jamais, dans la boîte en même temps. Autrement dit, le comportement d'un seul photon est régi par la théorie ondulatoire.

L'une des façons de visualiser la relation entre un photon et ses ondes électromagnétiques est d'admettre que les ondes électromagnétiques agissent comme un « guide » qui prévoit le comportement probable du photon. Les ondes électromagnétiques établissent la probabilité qu'un photon sera à une certaine position dans l'espace, à un moment donné. Pour une particule classique, la probabilité d'être à certains endroits est soit de 100 % (si elle s'y trouve), soit de 0 % (si elle ne s'y trouve pas). Cette exactitude ne s'applique pas aux photons. Nous connaissons seulement les probabilités établies par les ondes électromagnétiques. La théorie quantique stipule qu'à n'importe quel moment il y a probabilité que le photon se trouve dans n'importe quelle position. La probabilité est plus grande dans les zones où les interférences des ondes électromagnétiques sont plus importantes.

Si un faisceau lumineux intense est dirigé à travers deux fentes adjacentes, comme dans l'expérience de Young (section 9.6), une série de bandes d'interférences constructives et destructives apparaît sur l'écran. Les photons passent à travers deux fentes, et c'est la probabilité de leur arrivée sur l'écran qui est prévue par leurs ondes électromagnétiques. Si deux ondes électromagnétiques interagissent de façon destructive, l'amplitude est moins grande que celle des ondes originales, donc la probabilité qu'un photon survienne est réduite. Lorsque les conditions sont telles que l'amplitude résultante est de zéro, comme c'est le cas pour une ligne nodale, la probabilité de trouver un photon est de zéro. Si, au contraire, deux ondes électromagnétiques interagissent de façon constructive, l'amplitude résultante est plus grande et la probabilité qu'un photon se trouve dans cette position est élevée ; en effet, une zone plus lumineuse apparaît.

Si un film photographique remplace l'écran, la nature particulaire des photons devient évidente. Un film photographique peut être constitué d'une pellicule plastique sur laquelle une mince couche de minuscules cristaux de bromure d'argent a été déposée. Chaque photon absorbé par un cristal de bromure d'argent fournit une quantité fixe d'énergie, libérant l'argent et produisant une zone lumineuse sur la photo (**figure 2**). Les ondes électromagnétiques donnent la probabilité que le photon puisse se trouver sur

Figure 2

Lorsqu'une photo est prise, les photons entraînent des changements dans les molécules de bromure d'argent. À mesure qu'un nombre grandissant de photons frappent la pellicule, l'image est créée progressivement. Le nombre de photons mis en œuvre pour former chaque reproduction de la même image dans cette séquence de photos va comme suit :

a) 2×10^3 photons
b) $1,2 \times 10^4$ photons
c) $9,3 \times 10^4$ photons
d) $7,6 \times 10^5$ photons
e) $3,6 \times 10^6$ photons
f) $2,8 \times 10^7$ photons

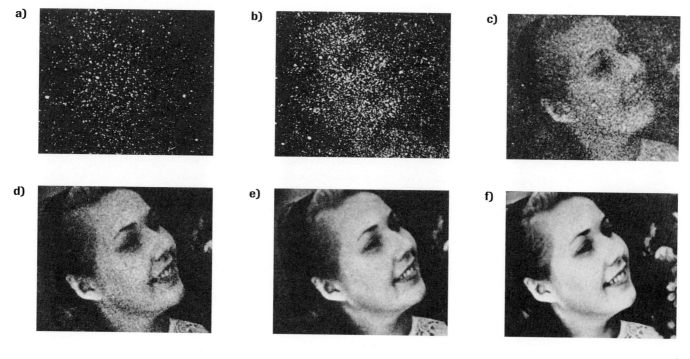

a) b) c)

d) e) f)

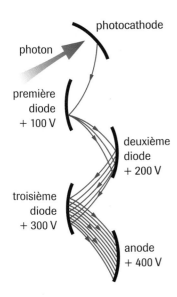

Figure 3
Un photomultiplicateur est un appareil qui capte une faible quantité d'énergie lumineuse et qui, par l'intermédiaire de plusieurs surfaces émettrices d'électrons, amplifie le signal des milliers de fois. Celui-ci est un photomultiplicateur à trois étages.

dualité onde-particule propriété du rayonnement électromagnétique qui définit une nature double affichant à la fois des caractéristiques ondulatoires et particulaires

n'importe quelle partie du film. Cependant, comme la possibilité qu'un photon survienne dans les zones d'interférence constructive est élevée, de nombreux cristaux de bromure d'argent sont transformés à ces endroits et une zone lumineuse apparaîtra sur l'image. Dans les zones presque complètes d'interférences destructives, moins de cristaux sont transformés et une zone assez sombre apparaîtra sur l'image. Sur les lignes nodales, les cristaux ne changent pas.

De nos jours, à l'aide d'un photomultiplicateur (**figure 3**), les expériences sur les photons peuvent être effectuées beaucoup plus rapidement et avec plus de précision qu'à l'époque de Geoffrey Taylor. En plaçant le photomultiplicateur à divers endroits dans les zones d'interférences, le nombre de photons individuels parvenant à la photocathode peut être mesuré. Tous les résultats mènent à la même conclusion : même si les photons arrivent un à la fois, leur distribution sur l'écran de détection est prévue par leurs propriétés ondulatoires.

La preuve expérimentale nous amène à conclure que la lumière ne possède non seulement une nature ondulatoire, mais qu'elle est également constituée d'une succession de particules : des photons dotés d'une quantité de mouvement. Les physiciens qualifient cette réalité de **dualité onde-particule**.

Les deux aspects de la lumière sont complémentaires, et il est essentiel de comprendre chacun des deux pour bien saisir l'essence de la lumière. Niels Bohr (1885-1962), le grand physicien danois, a partiellement clarifié la situation avec son principe de complémentarité :

> **Principe de complémentarité**
> Pour tirer des conclusions d'une expérience scientifique, on doit utiliser soit la théorie ondulatoire, soit la théorie quantique, mais non les deux.

Pour comprendre de quelle façon la lumière agit après être passée à travers deux fentes parallèles, nous devons utiliser la théorie ondulatoire, telle qu'elle est illustrée dans l'expérience de Young, et non la théorie atomique. Pour comprendre l'effet photoélectrique ou savoir pourquoi une plaque photographique est exposée telle quelle, nous devons prendre le photon, cette particule de lumière, comme référence, et non la théorie ondulatoire. En règle générale, lorsque la lumière traverse l'espace ou un milieu donné, il convient mieux d'expliquer son comportement en fonction de ses propriétés ondulatoires. Mais lorsque la lumière interagit avec la matière, son comportement ressemble plus à celui d'une particule. Les limites de l'expérience humaine font qu'il nous est difficile de comprendre la double nature de la lumière. Il est très difficile pour nous, sinon impossible, de visualiser cette dualité. Nous avons l'habitude de créer des images d'ondes dans certaines applications et des images de particules dans d'autres applications, mais jamais les deux en même temps.

Dans l'étude de la lumière, particulièrement lorsqu'elle transfère de l'énergie d'un endroit à un autre, nous devons fonder nos connaissances sur les résultats d'expériences indirectes. Nous ne pouvons voir directement la manière dont l'énergie lumineuse est transmise, que ce soit en tant qu'onde ou en tant que particule. Nous ne pouvons qu'observer les résultats des interactions entre la lumière et la matière. Nos connaissances se limitent à l'information indirecte disponible. Donc, pour décrire la double nature de la lumière, nous ne pouvons pas employer de méthodes visuelles. Des études plus poussées en mécanique quantique font usage de modèles mathématiques, donc non visuels.

Le modèle onde-particule de la lumière que nous utilisons aujourd'hui est beaucoup plus subtil que la théorie atomique de Newton ou la théorie électromagnétique de

Maxwell. Les deux ont été utiles, mais leur application était limitée, malgré leur importance et leur contribution à notre compréhension du comportement de la lumière. Ces modèles ne suffisaient pas pour expliquer toutes les propriétés de la lumière. Comme toutes les théories, celles-ci peuvent être perfectionnées ou même remplacées lorsque de nouvelles données surviennent. Ce fut le cas pour ces deux théories classiques de la lumière. Elles ont été dépassées par le modèle onde-particule que nous jugeons satisfaisant aujourd'hui pour apporter une compréhension complète de la nature de la lumière.

La nature ondulatoire de la matière

En 1923, Louis de Broglie (**figure 4**), un jeune diplômé de l'Université de Paris, proposa une idée tout à fait radicale. Il avança l'hypothèse suivante : comme la quantité de mouvement d'un photon est donnée par le rapport $p = \dfrac{h}{\lambda}$, toute particule dotée d'une quantité de mouvement pourrait également posséder une longueur d'onde correspondante. Il suggéra également que cette longueur d'onde pouvait être déterminée à partir de l'effet Compton, soit : si $p = \dfrac{h}{\lambda}$ pour les photons, puis pour les particules de masse non nulle,

$$\lambda = \frac{h}{p} = \frac{h}{mv}$$

Cette longueur d'onde est connue sous le nom de **longueur d'onde de de Broglie**. Comme les longueurs d'ondes sont associées aux particules de masse non nulle, elles ont été nommées **ondes de matière**. Le concept était si radical à l'époque que la remise du diplôme de de Broglie a été suspendue pendant un an. (Parce qu'Einstein appuyait ses théories, de Broglie a obtenu son diplôme en 1924.) Avant de commenter les implications de son hypothèse, il est important de déterminer l'ampleur des ondes d'un objet macroscopique et d'une particule subatomique.

Figure 4
Prince Louis-Victor de Broglie (1892-1987) a originalement appliqué sa théorie à l'électron, l'utilisant pour analyser les niveaux d'énergie dans l'hydrogène (voir la section 12.5). On lui a décerné le prix Nobel de physique en 1929 pour son analyse des électrons.

longueur d'onde de de Broglie longueur d'onde associée au mouvement d'une particule possédant une quantité de mouvement de p : $\lambda = \dfrac{h}{p}$

ondes de matière nom donné aux propriétés ondulatoires associées à la matière

---

> ▸ **PROBLÈME 1**

Quelle longueur d'onde de de Broglie est associée à une balle de 0,10 kg se déplaçant à 19,0 m/s ?

Solution

$m = 0,10$ kg

$v = 19,0$ m/s

$\lambda = ?$

$$\lambda = \frac{h}{mv} = \frac{6,63 \times 10^{-34} \text{ J·s}}{(0,10 \text{ kg})(19,0 \text{ m/s})}$$

$$\lambda = 3,5 \times 10^{-34} \text{ m}$$

La longueur d'onde de de Broglie pour cette balle est de $3,5 \times 10^{-34}$ m.

Nous constatons, avec cet exemple, que pour les objets macroscopiques, la longueur d'onde est extrêmement petite, même en fonction des mesures subatomiques (équivalant à un milliardième de milliard de million du diamètre approximatif d'un atome typique).

Quelle longueur d'onde de de Broglie est associée à un électron qui a été accéléré par une différence de potentiel de 52,0 V?

Solution

$m = 9,11 \times 10^{-31}$ kg

$\Delta V = 52,0$ V

$\lambda = ?$

$$\Delta V = \frac{\Delta E_e}{q} \qquad \Delta E_e = q\Delta V$$

La perte d'énergie potentielle électrique est équivalente au gain d'énergie cinétique de l'électron:

$$\Delta E_C = \Delta E_e$$

Pour un électron,

$$E_C = e\Delta V = (1,60 \times 10^{-19} \text{ C})(52,0 \text{ J/C})$$

$$E_C = 8,32 \times 10^{-18} \text{ J}$$

Mais $E_C = \frac{1}{2}mv^2$

$$v = \sqrt{\frac{2E_C}{m}} = \sqrt{\frac{2(8,32 \times 10^{-18} \text{ J})}{9,11 \times 10^{-31} \text{ kg}}}$$

$$v = 4,27 \times 10^6 \text{ m/s}$$

Donc, $\lambda = \dfrac{h}{mv} = \dfrac{6,63 \times 10^{-34} \text{ J·s}}{(9,11 \times 10^{-31} \text{ kg})(4,27 \times 10^6 \text{ m/s})}$

$$\lambda = 1,70 \times 10^{-10} \text{ m}$$

La longueur d'onde de de Broglie de l'électron est de $1,70 \times 10^{-10}$ m.

Avec cet exemple, nous voyons que, même si pour une particule subatomique dotée d'une quantité de mouvement faible, tel qu'un électron, la longueur d'onde de de Broglie est toujours courte, elle n'est plus très courte. Par exemple, le diamètre d'un atome d'hydrogène équivaut approximativement à $1,0 \times 10^{-10}$ m, ce qui est moindre que la longueur d'onde de de Broglie associée à un électron. C'est là une question de grande importance à laquelle nous nous attarderons à la section 12.5.

▶ Mise en pratique

Saisis bien les concepts

1. Calcule la longueur d'onde de de Broglie associée aux phénomènes suivants:
   a) un ballon de 2,0 kg lancé à 15 m/s
   b) un proton accéléré à $1,3 \times 10^5$ m/s
   c) un électron se déplaçant à $5,0 \times 10^4$ m/s
2. Calcule la longueur d'onde, en mètres, associée à un photon de 3,0 eV et à un électron de 5,0 eV.
3. Calcule la longueur d'onde de de Broglie associée à un obus d'artillerie ayant une masse de 0,50 kg et une vitesse de $5,00 \times 10^2$ m/s.
4. Calcule l'énergie, en électrons-volts, requise pour donner une longueur d'onde de de Broglie de 0,15 nm à un électron.
5. Un électron est accéléré par une différence de potentiel de $1,00 \times 10^2$ V. Calcule la longueur d'onde de de Broglie correspondante.
6. a) Calcule la quantité de mouvement d'un électron qui possède une longueur d'onde de de Broglie de $1,0 \times 10^{-10}$ m.
   b) Calcule la vitesse du même électron.
   c) Calcule l'énergie cinétique du même électron.

Réponses

1. a) $2,2 \times 10^{-35}$ m
   b) $3,0 \times 10^{-12}$ m
   c) $1,5 \times 10^{-8}$ m
2. $4,1 \times 10^{-7}$ m; $5,5 \times 10^{-10}$ m
3. $2,7 \times 10^{-36}$ m
4. 67 eV
5. $1,23 \times 10^{-10}$ m
6. a) $6,6 \times 10^{-24}$ kg·m/s
   b) $7,3 \times 10^6$ m/s
   c) $2,4 \times 10^{-17}$ J, ou $1,5 \times 10^2$ eV

Les ondes de matière

Nous avons vu dans les problèmes précédents que les ondes de matière d'objets courants, tels que des balles de baseball, sont excessivement courtes, même à l'échelle atomique. Nous avons vu également que les ondes de matière d'éléments tels que des électrons sont courtes sur une échelle macroscopique, mais plus considérables sur une échelle atomique (comparables, en fait, aux ondes de certains rayons X). Rappelons-nous que la nature ondulatoire de la lumière était imprécise avant l'époque de Young, car les ondes de la lumière sont très courtes. Les ondes de matière d'objets macroscopiques sont si petites qu'il est impossible de les détecter. Les ondes de matière des particules subatomiques sont aussi trop petites pour être détectées.

En 1927, deux physiciens américains, C. J. Davisson et L. H. Germer, ont prouvé l'existence des ondes de matière de de Broglie. Avant eux, en Angleterre, W. H. Bragg (1862-1942) et son fils, W. L. Bragg (1890-1971), avaient élaboré des équations qui prévoyaient la diffraction de rayons X résultant de la diffusion de fins cristaux. L'intensité du rayonnement diffusé a produit un maximum à plusieurs angles espacés régulièrement, tel que le montre la **figure 5a)**. Davisson et Germer ont utilisé l'analyse de Bragg pour prouver qu'un faisceau d'électrons pouvait être diffracté à peu près de la même façon, démontrant par le fait même les propriétés ondulatoires des particules. Lorsqu'ils ont dirigé un faisceau d'électrons sur un seul cristal de nickel, le modèle de diffraction observé était presque totalement conforme aux calculs effectués à l'aide de la longueur d'onde de de Broglie. La **figure 5b)** illustre comment l'expérience de Davisson-Germer a contribué à confirmer l'hypothèse de de Broglie.

Figure 5

La nature ondulatoire des photons et des électrons

a) diffraction de rayons X causée par un cristal de nickel

b) diffraction d'électrons causée par une pellicule d'or

a)

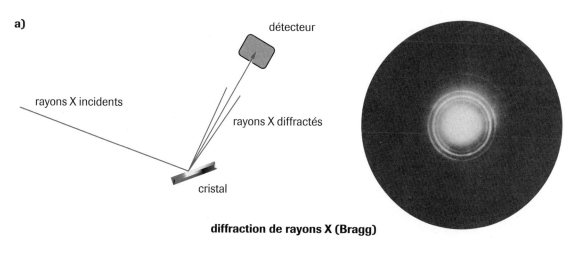

diffraction de rayons X (Bragg)

b)

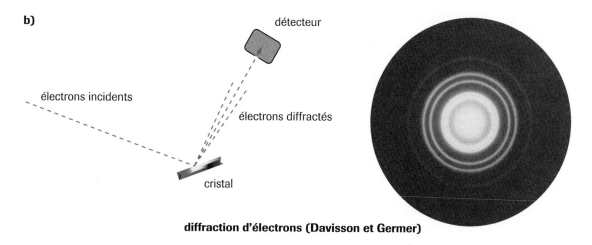

diffraction d'électrons (Davisson et Germer)

Au cours de cette même année, 1927, l'Anglais G. P. Thomson a fait passer un faisceau d'électrons à travers une mince feuille de métal. Le modèle de diffraction était le même que celui pour les rayons X, une fois que la bonne longueur d'onde a été prise en considération. Les expériences de Davisson-Germer et de Thomson laissaient peu de doutes concernant la possibilité que les particules possèdent des propriétés ondulatoires. Des expériences ultérieures mettant en jeu des protons, des neutrons, des noyaux d'hélium et d'autres particules ont produit des résultats similaires. La **mécanique quantique**, l'interprétation mathématique de la structure et des interactions de la matière basée sur la nature ondulatoire des particules, a été justifiée.

La dualité onde-particule pour les petites particules correspondait à la dualité onde-particule du photon, tel que l'a démontré Compton. Le principe de complémentarité s'applique donc à la matière ainsi qu'au rayonnement. La question se pose alors, comme pour la lumière, de savoir dans quelles conditions générales la matière révèle ses propriétés ondulatoires. Rappelons-nous que, pour que la propriété ondulatoire du phénomène de diffraction soit évidente en optique, une ouverture comparable à la longueur d'onde de la lumière est nécessaire. Autrement, la lumière se comporte comme un faisceau de particules se déplaçant en ligne droite à travers une ouverture ou un obstacle, sans diffraction ni interférence. Une exigence semblable s'applique pour les ondes de matière.

Les objets ordinaires, comme les balles de baseball, possèdent des ondes de matière dont la longueur d'onde est extrêmement courte, comparativement aux dimensions d'autres objets ou d'autres ouvertures qu'ils rencontrent. C'est pourquoi ils agissent comme des particules, dissimulant leur nature ondulatoire. Les particules subatomiques telles que les électrons, possèdent au contraire des ondes de matière dont la longueur d'onde est du même ordre de grandeur que les objets avec lesquels elles interagissent. Par conséquent, ces particules produisent des modèles de diffraction assez importants pour être observables.

Que dire de l'interprétation conceptuelle des ondes de matière ? Tout comme les ondes électromagnétiques, les ondes de matière prévoient la probabilité qu'une particule suivra un parcours particulier dans l'espace. Il est important de noter que les ondes de matière ne transportent pas d'énergie. Elles ne prévoient que le comportement des particules. La particule transporte l'énergie.

Le fait que la dualité onde-particule existe pour la matière et la lumière a renforcé l'assertion d'Einstein (section 11.4) voulant que la masse soit interchangeable avec l'énergie en fonction du rapport $E = mc^2$. En 1927, le concept établissant que la masse et l'énergie étaient reliées n'étonnait pas autant que lorsqu'Einstein l'avait proposé en 1905. De plus, les caractéristiques ondulatoires des électrons en orbite autour du noyau d'un atome pouvaient maintenant être étudiées à la lumière de la mécanique quantique (voir la section 12.5).

Les microscopes électroniques

La résolution d'un microscope ordinaire est limitée par la longueur d'onde de la lumière utilisée. Le plus fort grossissement possible avec un objectif à immersion est de 2 000×, et la meilleure résolution, approximativement de $2,0 \times 10^{-7}$ m (environ la moitié de la longueur d'onde de la lumière visible). De plus, un faisceau d'électrons possédant une longueur d'onde de de Broglie de moins de 1,0 nm peut produire une résolution d'environ 0,5 nm. Cela signifie que, si les électrons pouvaient se comporter comme la lumière dans un microscope, le grossissement pourrait être augmenté jusqu'à 2 millions de fois ou plus.

Les développements technologiques des années 1920, qui ont permis d'examiner les faisceaux d'électrons par l'intermédiaire de bobines magnétiques, ont donné lieu à la création d'un microscope électronique primaire en Allemagne, en 1931. Le premier microscope électronique nord-américain et le premier à trouver une application immédiate dans la vie courante a été conçu pendant l'hiver 1937-1938 par James Hillier (**figure 6**) et Albert Prebus, deux jeunes diplômés de l'Université de Toronto. À l'été 1938, ils produisaient des microphotographies avec un grossissement de 20 000× et une résolution de 6,0 nm (30 diamètres atomiques). Le fabricant d'électronique RCA a rapidement emprunté leur modèle pour commercialiser le premier microscope électronique.

Un **microscope électronique à transmission** fonctionne à peu près comme un microscope classique ordinaire, sauf que les lentilles magnétiques remplacent les lentilles de verre (**figure 7**). Les lentilles magnétiques sont faites de bobines électromagnétiques circulaires qui créent de forts champs magnétiques. Ces champs exercent une force sur les électrons en mouvement, les faisant converger de la même façon qu'une lentille de verre fait converger la lumière. Les électrons libérés d'une cathode chauffée sont accélérés par une anode au moyen d'un potentiel électrique de 50 kV à 100 kV ou plus. Les électrons convergent en un faisceau parallèle par une lentille de champ collectif avant de passer à travers le spécimen ou l'objet pris en image. Pour que la transmission s'effectue, le spécimen doit être très mince (approximativement 20 nm à 50 nm); autrement, les électrons seraient trop ralentis ou diffusés, ce qui brouillerait l'image résultante.

Ensuite, le faisceau d'électrons passe à travers la bobine objective puis à travers la bobine du projecteur (correspondant à un oculaire de microscope optique.) Le faisceau est projeté sur un écran fluorescent ou une plaque photographique, créant une image bidimensionnelle du spécimen. Comme le faisceau puissant d'électrons peut détériorer le spécimen, de courts temps d'exposition sont nécessaires. De plus, il est indispensable d'expérimenter avec les bobines, les faisceaux lumineux et les spécimens dans un vide élevé pour éviter la diffusion du faisceau d'électrons causée par des collisions avec les molécules d'air.

Figure 6
Sur cette photo prise en 1944, James Hillier, alors jeune (debout), montre un vieux modèle de microscope électronique chez RCA Laboratories, où il était ingénieur de recherche. Lorsqu'il a pris sa retraite en 1978, il était vice-président exécutif et préposé principal à la recherche chez RCA Labs. Né à Brantford, en Ontario, il a obtenu son doctorat en physique en 1941, de l'Université de Toronto. Une génération plus tard, plus de 2 000 microscopes électroniques, certains pouvant grossir plus de 2 millions de fois, étaient utilisés dans les laboratoires du monde entier.

microscope électronique à transmission type de microscope qui utilise des lentilles magnétiques fabriquées à partir de bobines électromagnétiques circulaires créant de forts champs magnétiques

a)

source lumineuse

lentille de champ collectif

objet

objectif

image formée par l'objectif

oculaire (lentille de projection)

image finale

écran ou plaque photographique

b)

source d'électrons

bobine de champ collectif

objet

bobine d'objectif

image formée par la bobine d'objectif

bobine de projecteur

image finale

écran fluorescent ou plaque photographique

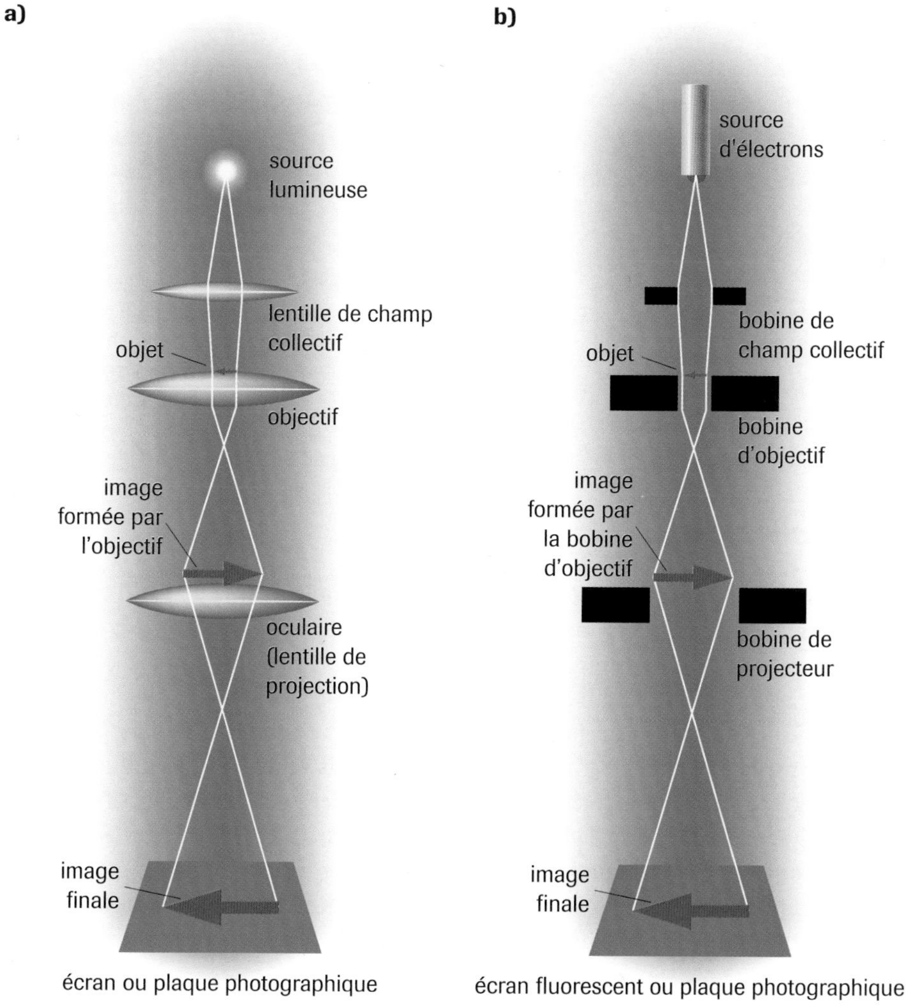

Figure 7
Similitudes de conception entre **a)** un microscope optique composé et **b)** un microscope électronique. Pour mieux visualiser les similitudes, le microscope optique est représenté à l'envers.

**microscope électronique
à balayage** type de microscope
dans lequel un faisceau d'électrons
est balayé sur un spécimen

**microscope électronique
à balayage à effet tunnel** type de
microscope dans lequel une sonde
est tenue près de la surface de
l'échantillon ; les électrons forment
un « tunnel » entre l'objet étudié et
la sonde, créant un courant

Le **microscope électronique à balayage**, contrairement au plus traditionnel microscope électronique à transmission, permet d'obtenir des images tridimensionnelles avec contours. Avec ce type de microscope, un faisceau d'électrons parcourt le spécimen avec précision (**figure 8a**)). À chaque position sur le spécimen, les électrons secondaires libérés de la surface sont récupérés, contrôlant l'intensité (brillance) d'un élément d'image sur un écran de contrôle. Par conséquent, à mesure que le faisceau « balaie » le spécimen, une image correspondante tridimensionnelle est créée sur l'écran de contrôle. Comme le faisceau d'électrons endommagera un spécimen biologique, le temps d'exposition restera limité. Par ailleurs, il est habituellement nécessaire d'enduire le spécimen d'une mince couche d'or pour ne pas qu'il accumule une charge négative du faisceau d'électrons. (Une charge accumulée repousserait le faisceau qui parcourt le spécimen et déformerait l'image.)

a)

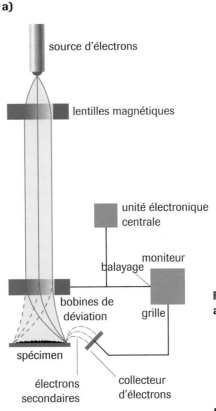

source d'électrons

lentilles magnétiques

unité électronique
centrale

moniteur

balayage

grille

bobines de
déviation

spécimen

électrons
secondaires

collecteur
d'électrons

b)

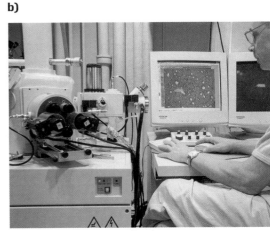

Figure 8

a) Microscope électronique à balayage (MEB). Des bobines de déviation déplacent un faisceau d'électrons sur un spécimen dans un mouvement de va-et-vient. Les électrons secondaires sont captés. Le signal résultant est utilisé pour moduler le faisceau d'électrons dans un moniteur afin de produire une image.

b) Opérateur utilisant un MEB

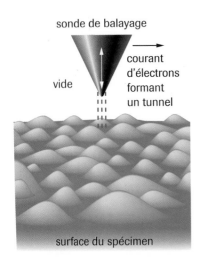

sonde de balayage

vide

courant
d'électrons
formant
un tunnel

surface du spécimen

Figure 9
La pointe d'une sonde dans un microscope électronique à balayage à effet tunnel se déplace de haut en bas pour maintenir la constance du courant, produisant une image de la surface.

Le **microscope électronique à balayage à effet tunnel** utilise la pointe d'une sonde de l'épaisseur de quelques atomes pour balayer de très près la surface du spécimen (**figure 9**). Au cours du balayage, une petite différence de potentiel entre la pointe et la surface du spécimen cause la libération d'électrons de surface, créant un courant à travers la sonde dans un processus nommé « effet tunnel ». Ce courant est utilisé pour créer une image tridimensionnelle enregistrant des caractéristiques de surface aussi petites que celles de l'atome. En fait, les images peuvent réellement « capter » la distribution des électrons ; l'une des images de la **figure 10** illustre la structure de la molécule d'ADN.

Les microscopes électroniques ont élargi les frontières de la recherche dans l'univers microscopique. Bien que les spécimens biologiques produisent les images les plus spectaculaires, la microscopie de structures atomiques et moléculaires est encore plus prometteuse.

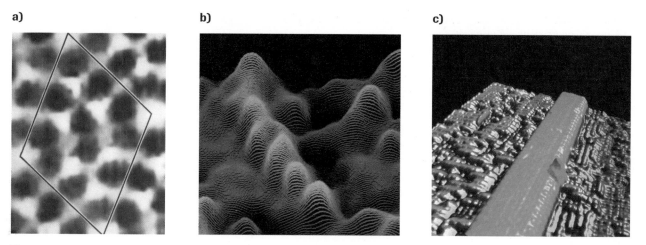

a)   **b)**   **c)**

Figure 10
Images en couleurs fausses obtenues avec un microscope électronique à balayage à effet tunnel
a) Atomes et liaisons d'électrons dans un cristal de silicium. Les points noirs sont des atomes de silicium individuels d'une seule «cellule unité». Les zones claires montrent la position des liaisons d'électrons qui maintiennent la structure ensemble.
b) Un brin d'ADN
c) Ce nanocâble de seulement 10 atomes de largeur pourrait être utilisé dans un ordinateur fonctionnant à la limite de la miniaturisation. Le fil est fait d'un métal des terres rares (lanthanides) et de silicium.

RÉSUMÉ   *La dualité onde-particule*

- Le comportement d'un photon était déterminé par la théorie ondulatoire. L'onde électromagnétique permet de prévoir la probabilité qu'un photon se trouvera à une certaine position sur une surface détectrice à un moment donné.

- La lumière n'est pas uniquement onde, ni uniquement particule, mais démontre une dualité «onde-particule».

- Comprendre les propriétés des ondes et des particules de lumière est essentiel pour bien saisir les propriétés de la lumière, les deux aspects étant complémentaires.

- Lorsque la lumière passe à travers l'espace ou un médium, son comportement s'explique mieux à l'aide de ses propriétés ondulatoires, avec la matière, son comportement ressemble plus à celui d'une particule.

- Le modèle onde-particule de la lumière a supplanté la théorie atomique de Newton et la théorie électromagnétique de Maxwell, incorporant des éléments des deux.

- Une particule de masse non nulle possède une nature ondulatoire et une longueur d'onde λ, que de Broglie évaluait à $\frac{h}{mv}$.

- Les ondes de matière de la plupart des objets ordinaires sont très courtes, donc inobservables.

- Les ondes de matière prévoient la probabilité qu'une particule suivra un parcours particulier dans l'espace. La diffraction des électrons a révélé ces caractéristiques ondulatoires.

- Les microscopes électroniques utilisent les principes de la mécanique quantique et des ondes de matière pour produire de très forts grossissements, excédant dans certains cas 2 millions de fois.

Saisis bien les concepts

1. Décris un type de preuve de
   a) la nature ondulatoire de la matière ;
   b) la nature particulaire du rayonnement électro-magnétique.

2. Explique de quelle façon utiliser les équations de diffraction à une fente pour prévoir le comportement d'un photon traversant une seule fente.

3. Compare un électron de 2 eV et un photon de 2 eV en nommant au moins quatre propriétés pour chacun.

4. Calcule la longueur d'onde de de Broglie
   a) d'un neutron se déplaçant à $1,5 \times 10^4$ m/s $(m_n = 1,67 \times 10^{-27}$ kg) ;
   b) d'un électron se déplaçant à $1,2 \times 10^6$ m/s $(m_e = 9,11 \times 10^{-31}$ kg) ;
   c) d'un proton doté d'une énergie cinétique de $1,0 \times 10^9$ eV $(m_p = 1,67 \times 10^{-27}$ kg).

5. Un faisceau d'électrons dans un microscope électronique donné comporte des électrons dotés d'une énergie cinétique individuelle de $5,00 \times 10^4$ eV. Calcule la longueur d'onde de de Broglie de ces électrons.

6. Calcule la quantité de mouvement et la masse équivalente d'un photon de rayons X de 0,20 nm. (Ceci n'implique pas que les photons ont une masse !)

7. Un objet microscopique a une vitesse de $1,2 \times 10^5$ m/s. Sa longueur d'onde de de Broglie est de $8,4 \times 10^{-14}$ m. Calcule sa masse.

8. Quelle largeur de fente faudrait-il avoir pour que les effets des ondes de matière soient observables pour un électron de 5,0 eV passant à travers une fente unique ?

9. Un proton émerge d'un accélérateur de Van de Graaff à une vitesse équivalant à 25,0 % de la vitesse de la lumière. En supposant, contrairement aux faits connus, que le proton peut être traité d'une façon non relativiste, calcule
   a) la longueur d'onde de de Broglie ;
   b) l'énergie cinétique ;
   c) la différence de potentiel avec laquelle le proton a été accéléré s'il était immobile au départ.

10. Dans un tube image, les électrons immobiles sont accélérés par une différence de potentiel anode-cathode. Juste avant qu'un électron frappe l'écran, sa longueur d'onde de de Broglie est de $1,0 \times 10^{-11}$ m. Calcule la différence de potentiel.

Fais des liens

11. Fais une recherche sur l'utilisation de microscopes électroniques à balayage à effet tunnel pour déterminer la distribution des électrons dans les atomes. Écris un bref compte rendu sur les résultats de ta recherche.

 www.beaucheminediteur.com/physique12

12. Cherche de l'information sur les microscopes électroniques pour connaître les précautions à prendre pour éviter d'endommager les échantillons.

 www.beaucheminediteur.com/physique12

13. Dans les sections 12.1 et 12.2, nous avons souligné deux réalisations importantes de scientifiques canadiens : Willard Boyle et le DTC, et James Hillier et le premier microscope électronique commercial. Choisis l'un de ces scientifiques canadiens (ou un autre de ton choix qui a contribué à la physique moderne) et rédige un compte rendu comprenant des données biographiques, la technologie employée, le contexte dans lequel la technologie a été développée, les lois de la physique qui s'y appliquent. Explique ensuite comment cette technologie a contribué au(x) domaine(s) de la science en question et à la société. Ton compte rendu peut prendre la forme d'un document de recherche, d'un site Web ou d'une brochure destinée à vendre cette technologie.

 www.beaucheminediteur.com/physique12

Aussi loin qu'en l'an 400 av. J.-C., le philosophe grec Démocrite affirmait que la matière était composée de particules minuscules, indivisibles, appelées atomes (*atomos* en grec signifie « indivisible »). Sa théorie était basée sur un raisonnement philosophique plutôt que sur l'expérimentation. La preuve en laboratoire de l'existence des atomes n'a été établie que beaucoup plus tard, au début du XIXe siècle, par le chimiste britannique John Dalton (1766-1844). Dalton prétendait que les atomes sont comme de minuscules boules de billard solides pouvant se regrouper dans des combinaisons de nombres entiers pour former des composés variés. Une hypothèse sur la structure interne de l'atome a été avancée au tournant du XXe siècle par J. J. Thomson, qui suggérait que l'atome était une sphère de charge positive avec des électrons négatifs incrustés à l'intérieur, tels que des raisins dans une brioche. À cette époque, les physiciens étaient convaincus que l'atome possédait réellement une structure interne et ils cherchaient des façons de le démontrer.

Notre conception moderne de la structure de l'atome est largement fondée sur le travail investigateur d'Ernest Rutherford (**figure 1**) au début du XXe siècle, qui a atteint son apogée en 1911 avec sa théorie du modèle atomique.

Vers la fin du XIXe siècle, il était connu que la charge négative d'un atome est transmise par ses électrons, dont la masse ne correspond qu'à une infime fraction de la masse atomique totale. Par la suite, il a été admis que le reste de l'atome devait contenir une quantité égale de charge positive (l'atome était neutre) et la plus grande partie de la masse. Mais comment la masse et la charge positive sont-elles réparties dans l'atome?

Une réponse possible se trouvait dans le résultat d'une expérience proposée par Rutherford lorsqu'il était directeur du laboratoire de recherche à l'Université de Manchester. Ses associés, Hans Geiger et Eric Marsden, ont mené ces expériences entre 1911 et 1913. L'essentiel de leur technique consistait à montrer comment de minuscules particules ultra-rapides pouvaient être diffusées par la structure interne inconnue de l'atome.

Un exemple simple d'expérimentation illustre bien les principes de diffusion. Imaginons une grande boîte noire dont nous connaissons la grandeur et la masse, mais dont nous ne pouvons voir comment la masse est répartie à l'intérieur. La boîte pourrait être complètement remplie d'une substance de masse volumique uniforme telle que du bois. Elle pourrait également être remplie d'un mélange de ballons gonflés et de billes d'acier. Comment savoir quel modèle représente le mieux la répartition réelle de la masse?

Nous pourrions tirer une décharge de balles dans la boîte, les balles ayant toutes la même vitesse et allant dans la même direction. Si toutes les balles ressortaient dans la même direction avec seulement une vitesse légèrement réduite, on pourrait supposer que la boîte contient une substance uniforme, de faible densité (comme le bois), qui ne peut faire dévier les balles (c.-à-d. les diffuser) mais qui les ralentira légèrement. D'autre part, si quelques balles déviaient de façon importante mais que la plupart ressortaient de la boîte avec leur vitesse et leur direction originales, nous pourrions en conclure que ces quelques balles ont traversé une substance très dense, de petite taille et largement dispersée. Puis, en analysant la répartition des balles diffusées par la boîte (leur direction et leur vitesse), nous pourrions mieux comprendre la manière dont la masse est distribuée.

L'expérience de Rutherford

Rutherford proposait d'utiliser les particules ultra-rapides d'une source de polonium radioactif en tant que balles et une couche très mince de feuille d'or pour la boîte noire. La **figure 2** montre l'appareillage expérimental de Rutherford.

Figure 1
Ernest Rutherford (1871-1937). Après ses études à l'Université de Nouvelle-Zélande, Rutherford s'est rendu à l'Université de Cambridge pour collaborer avec J. J. Thomson. Il a commencé sa recherche sur la diffusion des particules α pendant son séjour à l'Université McGill à Montréal (1898-1907) et l'a poursuivie une fois de retour à l'Université de Manchester, en 1907. Il a reçu le prix Nobel de chimie en 1908 pour son ouvrage sur la radioactivité et a été fait chevalier en 1914. Il est retourné à Cambridge en 1919 en tant que professeur de physique.

Un faisceau étroit de particules a a été créé en perçant un trou dans un écran de plomb (appelé un collimateur) entourant le polonium. Ces particules α frappaient une feuille d'or très mince dans une boîte à vide. (La feuille d'or la plus mince que Rutherford pouvait obtenir mesurait 10^{-7} m d'épaisseur. Même une feuille aussi mince comporte environ 400 couches d'atomes d'or.) Après avoir été dispersées par la feuille d'or, les particules α ont été détectées par un compteur à scintillation placé selon un angle θ par rapport au faisceau. Le compteur à scintillation était un écran recouvert d'une mince pellicule de sulfure de zinc. Lorsqu'une particule frappait l'écran, le sulfure de zinc émettait un léger éclair de lumière, ou scintillation, qui était observé au microscope. L'expérience consistait à faire passer le compteur à scintillation par toutes les valeurs possibles de θ de 0° à près de 180° et à compter le nombre de particules, détectées à chaque angle θ de diffusion α (**figure 2b)**).

a)

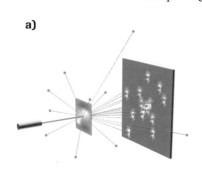

b)

Figure 2
Appareillage expérimental de Rutherford
a) Lorsque les particules α frappent une feuille métallique, quelques-unes sont diffusées.
b) L'écran scintillant est utilisé pour compter les particules α diffusées.

Pendant près de deux ans, Geiger et Marsden ont investi beaucoup d'efforts dans leurs expériences de diffusion avec. En 1913, ils étaient parvenus aux résultats suivants :

1. La grande majorité des particules sont passées à travers la feuille d'or pratiquement sans être déviées de leur trajectoire originale.

2. Très peu de particules α ont été diffusées selon des angles assez importants (seulement 1 sur 10 000 a dévié de plus de 10°).

3. Dans des cas extrêmement rares, une particule était déviée de près de 180°, de retour sur sa trajectoire originale.

4. Après une période d'exposition au faisceau, la feuille métallique a acquis une charge positive.

En interprétant ces résultats, Rutherford a formulé un modèle de structure atomique utilisant des principes de mécanique classique comprenant les caractéristiques suivantes :

1. La plus grande proportion du volume d'un atome est de l'espace vide.

Ceci pourrait justifier l'affirmation que la plupart des particules α ont traversé ce grand volume d'espace vide sans être déviées.

2. L'atome possède une zone centrale très petite mais extrêmement dense et chargée positivement — le noyau — contenant toute la charge positive de l'atome et la plus grande partie de sa masse.

Rutherford affirmait que la force de répulsion électrique provenant de ce petit noyau positif faisait dévier une particule α positive seulement lorsque celle-ci approchait du noyau de très près. Comme très peu de particules étaient déviées d'un angle considérable, le noyau devait être si petit que la plupart des particules α ne se sont pas approchées d'assez près pour être déviées. Ceci pourrait justifier l'affirmation selon laquelle la plupart des particules α ont traversé ce grand volume d'espace vide sans être déviées.

3. La plus grande proportion du volume d'un atome est de l'espace vide et, à l'intérieur de cet espace vide, une quantité d'électrons très légers chargés négativement gravitent autour du noyau.

À mesure que les particules α passaient sans être déviées à travers l'espace vide de l'atome, l'une d'elles rencontrait occasionnellement un électron, le captait par la force d'attraction électrostatique puis continuait sa trajectoire, n'ayant subi pratiquement aucune déviation à la suite de l'acquisition de la masse très légère de l'électron. L'atome d'or, ayant perdu un électron, allait maintenant devenir un ion positif.

Comment les électrons à proximité du noyau, non captés par une particule en mouvement, se comportent-ils ? Rutherford affirmait que ces électrons se déplaçaient autour du noyau positif, maintenus en orbite par la force d'attraction électrique tout comme les planètes gravitant autour du Soleil sous l'influence de la pesanteur. (Si les électrons étaient immobiles, ils seraient captés par le noyau, le neutraliseraient et feraient en sorte qu'il ne puisse faire dévier les particules α.)

À la suite de ces hypothèses, le modèle de Rutherford est devenu le « modèle planétaire » de l'atome. Avec quelques modifications et quelques caractéristiques additionnelles, ce modèle correspond à notre vision moderne de l'atome (**figure 3**).

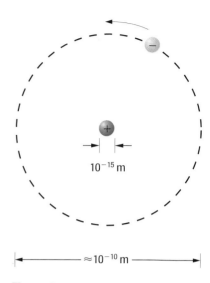

Figure 3
Le modèle de l'atome de Rutherford (non à l'échelle). Les électrons gravitent autour d'un très petit noyau positif.

Les données de recherches sur la diffusion des particules α

Rutherford et ses collègues ont continué à analyser de près la diffusion des particules α et ont pu arriver à d'autres conclusions à propos de la structure atomique.

1. La trajectoire des particules α

Rutherford a commencé par se demander quelle force agissant entre le noyau d'or stationnaire et les particules α en mouvement entraînait leur diffusion. Il savait que les particules α sont chargées positivement. Son modèle suggérait que toute la charge positive de l'atome était concentrée dans le noyau. Il émit l'hypothèse que la force qui causait la diffusion des particules était la répulsion électrostatique entre une particule α et le noyau, comme établi par la loi de Coulomb. Donc, l'ampleur de la force est inversement proportionnelle au carré de la distance entre une particule α et le noyau : $F = \dfrac{kq_1q_2}{r^2}$.

Il était nécessaire, par la suite, d'obtenir une preuve expérimentale confirmant que cette hypothèse sur la force coulombienne était valide. À l'aide de formules mathématiques dépassant la portée du présent manuel, Rutherford a démontré que la trajectoire empruntée par une particule α en mouvement, en présence d'un champ de force coulombienne, doit être une hyperbole, avec les directions initiale et finale de la particule α représentant ses asymptotes et le noyau à l'un de ses foyers. La **figure 4** illustre quelques trajectoires hyperboliques, montrant que l'excentricité (angle de courbure) de chaque hyperbole dépend de la distance entre le point initial et le point cible.

Geiger et Marsden ont confirmé qu'à l'intérieur des limites expérimentales leur force de diffusion obéissait à la loi de Coulomb. Il est fondamental, pour comprendre la structure atomique, de savoir que la loi de Coulomb s'applique à la force électrique entre petites particules chargées, même à des distances subatomiques.

2. La charge du noyau

L'hypothèse que nous avons utilisée pour expliquer la diffusion des particules α par les noyaux d'or pourrait également s'appliquer à d'autres types de noyaux, si ce n'est pour deux aspects : la masse et la charge. Comme Rutherford supposait que le noyau causant

CONSEIL PRATIQUE

Logiciel de simulation
Il existe un type de logiciel permettant de simuler la diffusion des particules α.

ALLER A
www.beaucheminediteur.com/physique12

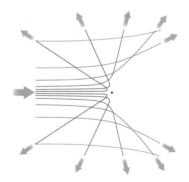

Figure 4
La diffusion de particules α par un noyau atomique : plus la particule α est près de la ligne de frappe, plus grande est la diffusion.

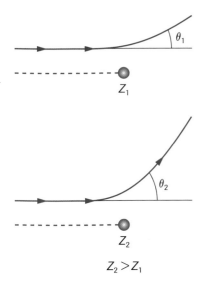

Figure 5
La charge sur le noyau affecte l'angle de diffusion d'une particule α.

la diffusion se trouvait en position fixe, un noyau de masse différente n'aurait pas d'effet important sur la trajectoire d'une particule α. Une charge nucléaire différente modifierait toutefois l'ampleur de la force coulombienne affectant la particule α en mouvement et, par conséquent, modifierait l'angle de diffusion. La **figure 5** illustre comment deux particules α dotées de la même énergie sont diffusées par deux noyaux différents de charges Z_1 et Z_2. (La charge d'un noyau, représentée par Z, est son numéro atomique — 79 dans le cas de l'or.)

Dans l'exemple qui est montré, Z_2 est plus grand que Z_1, exerçant une force plus grande sur la particule α et produisant une déviation plus importante. Des calculs détaillés, basés sur les lois du mouvement de Newton et celle de Coulomb et considérant la géométrie de diffusion, ont montré que le nombre de particules diffusées à un angle θ donné est proportionnel au carré de la charge nucléaire, Z^2. Ces résultats ont été vérifiés expérimentalement en comparant les données de particules α de même énergie ayant été propulsées sur des feuilles métalliques composées d'atomes différents.

3. La grosseur du noyau

Le fait qu'une particule α occasionnelle puisse être freinée par un noyau d'or et être retournée sur sa trajectoire initiale nous donne une façon d'établir une limite maximale pour la grosseur du noyau.

Les particules alpha s'approchent davantage du noyau lorsqu'elles sont dirigées directement sur le centre du noyau. Une particule α d'une masse m, d'une charge q_1 et d'une vitesse v_0, à une très grande distance d'un noyau stationnaire de masse m_{noyau} et de charge q_2, ne possède qu'une énergie cinétique exprimée par la formule :

$$E_{C0} = \frac{1}{2}mv_0^2$$

À mesure que la particule approche du noyau, elle entre dans le champ électrique du noyau, perdant alors son énergie cinétique et gagnant une énergie potentielle électrique de E_E. Cependant, l'énergie totale E_{C0} de la particule demeure constante à n'importe quel point de la trajectoire hyperbolique :

$$E_{totale} = E_C + E_E = E_{C0} \text{ (constante)}$$

Une particule α qui frappe le centre du noyau sera amenée au repos à une distance r_0 du noyau, au point où toute son énergie cinétique sera momentanément convertie en énergie potentielle électrique (**figure 6**).

Pour déterminer cette position, r_0, nous commençons avec l'équation

$$E_{totale} = E_E = E_{C0} = \frac{1}{2}mv_0^2$$

Mais pour deux charges, q_1 et q_2, à une distance de r_0, afin que

$$E_E = \frac{kq_1q_2}{r_0}$$

$$\frac{kq_1q_2}{r_0} = \frac{1}{2}mv_0^2 \qquad r_0 = \frac{2kq_1q_2}{mv_0^2}$$

Une source de polonium produit des particules α à une vitesse de $1,6 \times 10^7$ m/s. La charge et la masse d'une particule α sont de $3,2 \times 10^{-19}$ C et de $6,6 \times 10^{-27}$ kg, respectivement. La charge d'un noyau d'or, de nombre atomique 79, est de $+79e$ ou $1,3 \times 10^{-17}$ C. Par conséquent,

$$r_0 = \frac{2(9,0 \times 10^9 \text{ N·m}^2/\text{C}^2)(3,2 \times 10^{-19} \text{ C})(1,3 \times 10^{-17} \text{ C})}{(6,6 \times 10^{-27} \text{ kg})(1,6 \times 10^7 \text{ m/s})^2} = 4,2 \times 10^{-14} \text{ m}$$

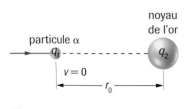

Figure 6

Ceci représente la plus courte distance à laquelle une particule α se déplaçant à une vitesse initiale de $1,6 \times 10^7$ m/s peut approcher d'un noyau d'or, constituant alors une limite maximale pour le rayon du noyau d'or. Si le noyau était plus gros que $4,2 \times 10^{-14}$ m, la particule α entrerait en collision avec une autre et la diffusion ne serait pas conforme aux principes de la loi de Coulomb.

D'autres mesures de la distance entre des atomes d'or adjacents donnent une valeur d'environ $2,5 \times 10^{-10}$ m, ce qui donne un rayon atomique d'environ $1,2 \times 10^{-10}$ m. Nous pouvons alors calculer le volume de l'atome d'or en fonction du volume de son noyau :

$$\frac{V_{atome}}{V_{noyau}} = \left(\frac{r_{atome}}{r_{noyau}}\right)^3 = \left(\frac{1,2 \times 10^{-10} \text{ m}}{4,2 \times 10^{-14} \text{ m}}\right)^3 = 2,3 \times 10^{10}$$

En langage courant, on peut dire que si le noyau était de la taille d'une tête d'épingle (environ 1 mm de diamètre), l'atome serait de la grosseur d'une petite voiture.

RÉSUMÉ   *Le modèle de l'atome de Rutherford*

- L'expérience sur la diffusion des particules α nous a montré que la grande majorité des particules α passaient directement à travers la feuille d'or ; seules quelques particules α étaient diffusées par des angles assez importants ; un très petit nombre d'entre elles déviaient à 180°.

- Le modèle de Rutherford suppose que l'atome est formé d'un petit noyau positif, extrêmement dense, contenant la plus grande partie de sa masse ; le volume de l'atome est surtout constitué d'espace vide, et la force coulombienne maintient les électrons en orbite.

- Des études plus poussées sur la diffusion ont révélé que la loi de Coulomb, $F_e = \dfrac{kq_1q_2}{r^2}$, s'applique à la force électrique entre de petites particules chargées, même à des distances plus petites que la grosseur d'un atome ; la charge positive du noyau est son nombre atomique.

▶ *Section 12.3* *Questions*

Saisis bien les concepts

1. Qu'est-ce que le modèle de diffusion des particules α nous apprend sur le noyau de l'atome ?

2. Selon le modèle planétaire de l'atome de Rutherford, qu'est-ce qui empêche les électrons de s'envoler dans l'espace ?

3. Calcule le rapport de force gravitationnelle entre le proton et l'électron d'un atome d'hydrogène et la force électrique entre eux, pour un rayon orbital de $5,3 \times 10^{-11}$ m. L'une de ces forces est-elle négligeable ? Justifie ta réponse.

4. Calcule jusqu'à quelle distance une particule α de 4,5 MeV et possédant une masse de $6,6 \times 10^{-27}$ kg peut s'approcher d'un noyau d'or fixe de +79e.

5. Calcule jusqu'à quelle distance une particule α, dotée d'une énergie donnée, peut s'approcher d'un noyau d'aluminium ($Z_{Al} = 13$) et d'un noyau d'or ($Z_{Au} = 79$). Établis le rapport entre les deux distances.

Mets en pratique tes connaissances

6. Décris la manière dont on pourrait utiliser des aimants disques (avec des connecteurs n pôles sur le dessus) pour simuler l'expérience en deux dimensions de Rutherford avec la feuille d'or. Explique les limites d'une telle simulation.

Fais des liens

7. Rutherford a été reconnu pour ses compétences étonnantes d'expérimentateur et son habileté à inspirer et à stimuler les gens autour de lui. Deux exemples pour appuyer cette affirmation : sa relation d'amitié avec Frederick Soddy à l'Université McGill et avec Hans Geiger à l'Université de Manchester. Effectue une recherche sur la vie de Rutherford dans Internet ou utilise d'autres sources d'information et rédige un compte rendu pour expliquer de quelle façon les compétences personnelles de Rutherford l'ont aidé, ainsi que ses collègues, à aller si loin dans ses recherches.

 ALLER À   www.beaucheminediteur.com/physique12

Bien avant que Rutherford ne propose son modèle planétaire de structure atomique, il était connu que la matière dégage de la lumière lorsqu'elle est chauffée intensivement. Les solides, les liquides et les gaz très denses libéraient de la lumière dans un spectre continu de longueurs d'onde. Toutefois, la lumière émise lorsqu'une haute tension était appliquée à un gaz raréfié était très différente. Le comportement spécial des gaz raréfiés incandescents, étudiés pendant un demi-siècle avant Rutherford, apportait maintenant un indice précieux pour comprendre la structure de l'atome.

spectre continu spectre montrant des changements d'intensité continus (non discrets)

Le **spectre continu**, tel celui qui émane de la lumière blanche, est habituellement produit par un solide chauffé et résulte des interactions entre chaque atome ou molécule et les particules avoisinantes en grappes serrées. Par contraste, dans un gaz chaud raréfié, les atomes sont assez éloignés les uns des autres pour assurer que la lumière émise proviendra d'atomes individuels, isolés. C'est pour cette raison qu'une analyse de la lumière émise par un gaz raréfié fournit de l'information sur la structure des atomes de gaz eux-mêmes.

spectre d'émission spectre qu'une substance émet avec sa propre série de fréquences

Aussi tôt qu'au début du XIXᵉ siècle, il était connu que le rayonnement des gaz « excités » électriquement était discret plutôt que continu, en supposant qu'un gaz excité n'émet que des fréquences spécifiques de lumière. Lorsque cette lumière est passée à travers un spectroscope, un spectre d'émission est observé, contenant des raies brillantes de longueurs d'onde correspondant à celle du gaz en question. Chaque gaz émet son propre éventail de fréquences caractéristiques, appelé **spectre d'émission**, ce qui fait de la spectroscopie une méthode particulièrement précise pour identifier des éléments (**figure 1**).

Figure 1
a) Représentation d'un tube à décharge gazeuse
b) L'hydrogène est le gaz utilisé dans ce tube à décharge.

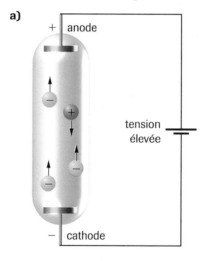

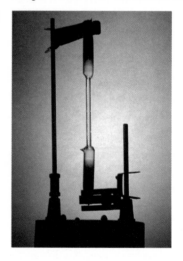

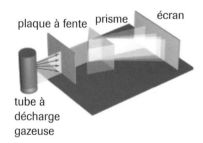

Figure 2
Appareil utilisé pour produire un spectre d'émission

Par exemple, si un échantillon d'hydrogène sous basse pression dans un tube à vide est excité par un potentiel électrique élevé appliqué entre les électrodes aux extrémités du tube, une lueur rose violet apparaît. Si cette lumière rose violet est passée à travers un spectroscope (section 10.3), on constate qu'elle est composée de nombreuses longueurs d'onde discrètes. Quatre d'entre elles sont visibles dans un laboratoire scolaire dans les parties rouge, bleu vert, bleu et violet du spectre. Une dizaine de lignes additionnelles dans l'ultraviolet proche sont visibles par photographie au moyen d'un modeste spectrographe. La **figure 2** montre la formation d'un spectre d'émission typique et l'appareil utilisé pour le créer. La **figure 3a)** montre les spectres de lignes produites par ces gaz.

Un examen plus approfondi du spectre d'émission d'hydrogène, à l'aide d'une pellicule photographique sensible à l'infrarouge et à l'ultraviolet lointain, révèle qu'il contient aussi un certain nombre de fréquences dans ces régions du spectre électromagnétique.

Il peut également être démontré que si la lumière blanche passe à travers un gaz et que la lumière transmise est analysée avec un spectroscope, des lignes foncées de lumière manquante apparaissent dans le spectre continu, exactement aux mêmes fréquences que les lignes dans le spectre d'émission correspondant. Ce **spectre d'absorption** est créé par la lumière absorbée à partir du spectre continu, à mesure qu'il traverse le gaz (**figure 3b**)).

spectre d'absorption lignes de couleur manquante dans un spectre continu, aux mêmes fréquences que celles qui seraient émises par un gaz incandescent du même élément

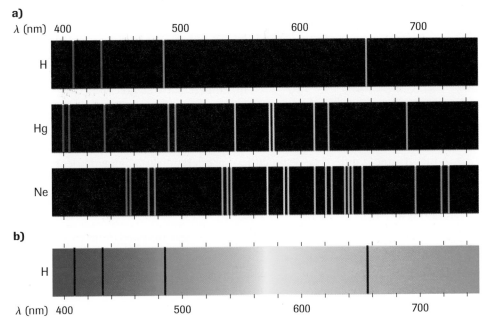

Figure 3
Spectres visibles
a) Spectres de lignes produits par des émissions d'hydrogène, de mercure et de néon
b) Spectre d'absorption pour de l'hydrogène. Les raies d'absorption obscures se produisent aux mêmes longueurs d'onde et de fréquences que les raies d'émissions pour l'hydrogène en **a)**.

Il est évident que les atomes absorbent la lumière de la même fréquence que celle qu'ils émettent. Notre modèle de l'atome doit pouvoir expliquer pourquoi les atomes n'émettent et n'absorbent que certaines fréquences discrètes de lumière ; en fait, il devrait pouvoir prévoir quelles sont ces fréquences. Comme le modèle planétaire de Rutherford ne prenait pas en considération les émissions discrètes et les spectres d'absorption, des modifications étaient requises.

L'expérience de Franck et Hertz

En 1914, deux physiciens allemands, James Franck et Gustav Hertz (**figure 4**), apportaient une autre importante contribution à la découverte de la structure atomique. Ils ont élaboré une expérience visant à démontrer la manière dont les atomes absorbent l'énergie lors des collisions avec des électrons qui se déplacent rapidement.

a)

b)

Figure 4
a) James Franck (1882-1964) et **b)** Gustav Hertz (1887-1975) ont reçu le prix Nobel de physique en 1925. Lorsque les nazis ont pris le pouvoir en Allemagne, Franck a dû s'enfuir aux États-Unis. Afin d'emporter sa médaille d'or de prix Nobel avec lui, il l'a dissoute dans un flacon d'acide. Il a précipité le métal plus tard et l'a refondu.

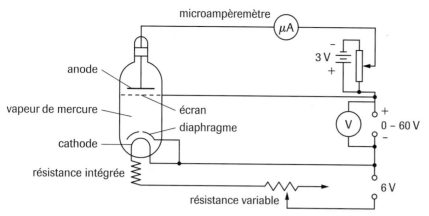

Figure 5
Appareil utilisé par Franck et Hertz pour déterminer la manière dont les atomes absorbent l'énergie

Franck et Hertz utilisaient un appareil semblable à celui illustré à la **figure 5**. Des électrons libérés d'une cathode étaient accélérés au moyen de vapeur de mercure à faible pression par une tension positive appliquée à une anode filiforme ou «grille». La plupart des électrons ont raté cet écran et ont été captés par une plaque maintenue à une tension légèrement plus faible. Ces électrons captés formaient un courant électrique mesuré par un ampèremètre de précision.

L'expérience consistait à mesurer le courant électrique pour des différences de potentiel électrique variées. Franck et Hertz ont obtenu les résultats suivants:

- À mesure que la différence de potentiel d'accélération est augmentée lentement à partir de zéro, le courant augmente graduellement également.
- Avec une différence de potentiel de 4,9 V, le courant baisse considérablement, presque à zéro.
- À mesure que le potentiel d'arrêt est augmenté, le courant recommence à augmenter.
- Des baisses de courant similaires mais mineures se sont produites avec des potentiels de 6,7 V et de 8,8 V.
- Une autre baisse importante de courant s'est produite avec un potentiel de 9,8 V.

La **figure 6** présente un graphique de courant collecté transmis par la vapeur de mercure en fonction de la tension d'accélération des électrons.

Figure 6
Collection de courant en fonction de l'accélération de différence de potentiel

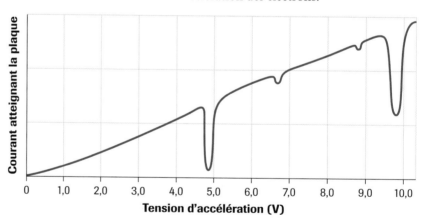

Un électron accéléré par une différence de potentiel de 4,9 V acquiert une énergie cinétique de 4,9 eV. Franck et Hertz ont trouvé que pour certaines valeurs d'énergie cinétique d'électrons bombardés (4,9 eV, 6,7 eV, 8,8 eV, 9,8 eV, ...) les électrons ne passaient pas à travers la vapeur de mercure et ne contribuaient pas à la valeur mesurée du courant de la plaque. À ces valeurs spécifiques, les électrons perdaient leur énergie cinétique lors des collisions avec les atomes de vapeur de mercure.

Franck et Hertz ont alors proposé une explication simple mais efficace:

- Lorsque l'énergie cinétique d'électrons incidents atteint moins de 4,9 eV, ils frappent les atomes de vapeur de mercure et rebondissent sans perte d'énergie cinétique pour continuer leur course avec le courant (**figure 7**). Ces collisions sont élastiques, n'entraînant presque aucune perte d'énergie des électrons qui passent quand même entre les grilles et atteignent la plaque.

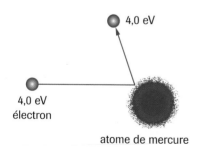

Figure 7
Un électron incident doté d'une énergie cinétique de moins de 4,9 eV rebondit sans perte d'énergie cinétique après avoir heurté un atome de mercure.

- Ces électrons dotés d'une énergie cinétique de 4,9 eV, qui entrent en collision avec un atome de mercure, transfèrent toute leur énergie cinétique à celui-ci (**figure 8**). Ne conservant aucune énergie, ils n'atteignent pas la plaque, étant plutôt attirés vers la grille positive.

- À des énergies cinétiques excédant 4,9 eV, les électrons qui entrent en collision avec des atomes de mercure peuvent libérer 4,9 eV lors de la collision et conservent assez d'énergie cinétique pour atteindre la plaque (**figure 9**).

- Avec des énergies électroniques de 6,7 eV et de 8,8 eV, les collisions privent les électrons de toute leur énergie cinétique. Comme ces collisions se produisent moins souvent que celles de 4,9 eV, l'effet sur le courant est moins important.

- Avec une tension d'accélération de 9,8 V, les électrons atteignent une énergie cinétique de 4,9 eV à mi-chemin de leur trajectoire. Il y a de bonnes chances pour que les électrons perdent leur énergie cinétique dans une collision avec un atome de mercure. Les électrons sont accélérés à nouveau. Juste avant d'atteindre la grille, ils ont perdu leur énergie dans une seconde collision qui fait plonger le courant à 9,8 V.

Lors d'une collision entre une rondelle en mouvement et une rondelle stationnaire, cette dernière peut absorber n'importe quelle quantité d'énergie de la rondelle en mouvement. Lorsque la masse de la rondelle en mouvement est très petite comparativement à celle de la rondelle stationnaire, presque aucune énergie cinétique n'est transférée à la rondelle stationnaire, donc la rondelle en mouvement continue sa trajectoire avec presque toute son énergie cinétique originale. Par contre, lors d'une collision de l'atome de mercure avec l'électron, l'atome de mercure absorbe toute l'énergie de l'électron à certaines valeurs discrètes (4,9 eV, 6,7 eV, 8,8 eV,…), contrairement au résultat auquel on s'attendrait en mécanique classique. Voici la signification des expériences de Franck et Hertz : les atomes peuvent modifier leur énergie interne à la suite de collisions avec des électrons, mais seulement dans le contexte de valeurs discrètes spécifiques.

Un atome de mercure qui n'a pas absorbé un surplus d'énergie interne à la suite d'une collision avec un électron se trouve normalement dans son **état fondamental**. Lorsqu'il a absorbé 4,9 eV, la plus petite quantité d'énergie qu'il peut absorber — sa **première énergie d'excitation** —, on dit que l'atome est dans son *premier état d'excitation*. D'autres quantités plus grandes d'énergie interne constituent respectivement la deuxième

Figure 8
Un électron incident doté d'une énergie cinétique de 4,9 eV frappe un atome de mercure et perd toute son énergie.

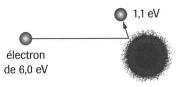

Figure 9
Un électron incident avec une énergie cinétique excédant 4,9 eV perd 4,9 eV d'énergie cinétique lorsqu'il heurte un atome de mercure, mais conserve assez d'énergie pour pouvoir atteindre la plaque.

état fondamental plus bas niveau d'énergie d'un atome

première énergie d'excitation plus faible quantité d'énergie qu'un atome peut absorber

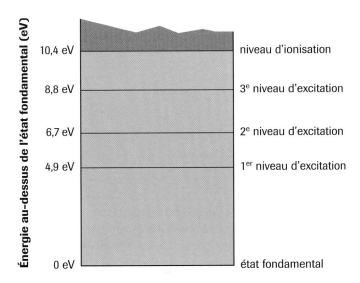

Figure 10
Diagramme des niveaux d'énergie du mercure. Bien que seulement trois niveaux d'excitation soient illustrés, il en existe encore plusieurs au-delà du troisième niveau, progressivement plus rapprochés entre eux, jusqu'au niveau d'ionisation.

niveaux d'énergie valeurs discrètes d'énergie interne qu'un atome peut posséder

énergie d'ionisation énergie requise pour libérer un électron d'un atome

et la troisième énergie d'excitation. Ces valeurs successives d'énergie interne qu'un atome peut posséder s'appellent des **niveaux d'énergie** et peuvent être représentées sur un diagramme des niveaux d'énergie, comme celui de la **figure 10**.

Lorsque l'énergie absorbée atteint 10,4 eV ou plus, la structure de l'atome de mercure elle-même est modifiée. Les 10,4 eV d'énergie interne sont trop considérables pour être absorbés sans qu'un électron d'atome de mercure soit éjecté, abandonnant un ion de mercure dans son état fondamental. L'électron éjecté peut emporter tout surplus d'énergie cinétique non utilisé lors de son éjection. De cette façon, l'atome peut absorber n'importe quelle valeur d'énergie incidente excédant 10,4 eV. Pour ce qui est du mercure, 10,4 eV constituent son **énergie d'ionisation**. Le diagramme des niveaux d'énergie est une continuité au-delà de cette énergie, plutôt qu'une série des niveaux discrets.

> ▶ **PROBLÈME 1**

Des électrons dotés d'une énergie cinétique de 12,0 eV entrent en collision avec des atomes de l'élément métallique X, dans un état gazeux. Après la collision, les électrons sont laissés avec des énergies de 4,0 eV et de 7,0 eV seulement. Quels sont les premier et second niveaux d'excitation des atomes de l'élément X ?

Solution

Comme l'énergie est conservée au cours de l'interaction entre un électron libre et un électron lié à un atome dans son état fondamental,

$$E_n = E_{C,\text{initiale}} - E_{C,\text{finale}}$$
$$E_1 = 12,0\ eV - 7,0\ eV = 5,0\ eV$$
$$E_2 = 12,0\ eV - 4,0\ eV = 8,0\ eV$$

Les premier et second niveaux d'excitation sont de 5,0 eV et de 8,0 eV, respectivement.

> ▶ **Mise en pratique**

Saisis bien les concepts

1. Un électron doté d'une énergie cinétique de 3,9 eV entre en collision avec un atome libre de mercure. Quelle sera l'énergie cinétique de l'électron après la collision ?

2. La **figure 10** présente le diagramme des niveaux d'énergie du mercure. Un électron doté d'une énergie cinétique de 9,00 eV entre en collision avec un atome de mercure dans son état fondamental. Avec quelle énergie sera-t-il diffusé ?

3. Les données suivantes ont été recueillies lorsque l'échantillon gazeux d'un élément métallique a été bombardé d'électrons d'une énergie cinétique croissante :
   i) électrons avec $E_C < 1,4$ eV entrés en collision élastique avec les atomes gazeux ;
   ii) électrons avec $E_C = 1,8$ eV diffusés avec $E_C = 0,3$ eV ;
   iii) électrons avec $E_C = 5,2$ eV diffusés avec $E_C = 3,7$ eV ou $E_C = 1,9$ eV.

   Quelles sont les valeurs probables des deux premiers niveaux d'énergie de cet élément ?

Réponses

1. 3,9 eV
2. 4,14 eV ; 2,33 eV ; 0,16 eV
3. 1,5 eV ; 3,3 eV

L'analyse des spectres atomiques

Une autre observation du duo Franck-Hertz fournit plus d'informations sur les niveaux d'énergie internes dans les atomes. Lorsqu'elle est bombardée d'électrons dont l'énergie atteint moins de 4,9 eV, la vapeur de mercure ne libère aucune lumière. Mais lorsque l'énergie des électrons dépasse légèrement 4,9 eV, de la lumière est émise. Au moment d'examiner cette lumière au spectroscope, il est apparu qu'elle était constituée d'une seule fréquence de lumière ultraviolette d'une longueur d'onde de 254 nm.

Il semble que, lorsque les atomes absorbent de l'énergie lors de collisions avec des électrons, ils émettent rapidement ce surplus d'énergie sous forme de lumière. Nous avons vu, à la section 12.1, l'hypothèse de Planck qui affirme que la lumière est constituée de photons dont l'énergie et la longueur d'onde sont mises en relation par l'équation

$$E_p = \frac{hc}{\lambda}$$

Ainsi, la lumière ultraviolette émise par la vapeur de mercure est constituée de photons d'énergie:

$$E_p = \frac{(6,63 \times 10^{-34}\ \text{J·s})(3,00 \times 10^8\ \text{m/s})}{2,54 \times 10^{-7}\ \text{m}}$$

$$E_p = 7,83 \times 10^{-19}\ \text{J} = 4,89\ \text{eV}$$

Cette découverte était considérable; elle établissait que les atomes qui absorbent seulement l'énergie en formats de 4,89 eV émettent de nouveau l'énergie sous la forme de photons dotés de la même énergie. Autrement dit, les atomes de mercure parvenus à leur premier niveau d'excitation à la suite de collisions avec des électrons retournent à leur état fondamental en émettant un photon dont l'énergie équivaut à la différence entre l'énergie du premier état d'excitation et celle de l'état fondamental.

Quelle longueur d'onde trouverons-nous en analysant la lumière émise par les mêmes atomes de mercure lorsque l'énergie des électrons en mouvement est augmentée au-delà du second niveau d'excitation, disons à 7,00 eV? Il devrait y avoir une raie brillante dans le spectre composée de photons émis, lorsque l'atome revient de son second niveau d'excitation de 6,67 eV et retourne à son état fondamental. La longueur d'onde prévue est de

$$\lambda = \frac{hc}{E_p} = \frac{(6,63 \times 10^{-34}\ \text{J·s})(3,00 \times 10^8\ \text{m/s})}{(6,67\ \text{eV})(1,60 \times 10^{-19}\ \text{J/eV})}$$

$$\lambda = 1,86 \times 10^{-7}\ \text{m ou } 186\ \text{nm}$$

Bien que cette raie soit plus difficile à observer dans un spectre de mercure, car sa longueur d'onde est trop courte pour être visible sur une pellicule photographique normale (encore moins à l'œil nu), un film spécial, sensible au rayonnement ultraviolet, confirmera sa présence.

Il se trouve, toutefois, des raies additionnelles dans le spectre de mercure qui ne correspondent pas au retour des atomes à leurs niveaux d'excitation inférieurs jusqu'à leur état fondamental. Apparemment, d'autres photons sont émis pendant que l'atome libère son excédent d'énergie en passant du second niveau d'excitation à l'état fondamental. Une raie observée à une longueur d'onde de 697 nm fournit un indice. L'énergie de ces photons est de

$$E_p = \frac{hc}{\lambda} = \frac{(6,63 \times 10^{-34}\ \text{J·s})(3,00 \times 10^8\ \text{m/s})}{6,97 \times 10^{-7}\ \text{m}}$$

$$E_p = 2,85 \times 10^{-19}\ \text{J, ou } 1,78\ \text{eV}$$

Comme le premier niveau d'excitation (donc le plus bas) du mercure est de 4,89 eV, ce photon ne peut correspondre à une valeur transitoire entre un état d'excitation et un état fondamental. Une analyse attentive des niveaux d'énergie du mercure révèle que la différence entre les premier et second niveaux d'excitation est

$$E_2 - E_1 = 6,67\ \text{eV} - 4,89\ \text{eV}$$

$$E_p = 1,78\ \text{eV}$$

LE SAVAIS-TU

Cecilia Payne-Gaposchkin

À cause des spectres d'absorption provenant de la lumière du soleil, il a été établi que tous les éléments trouvés sur la Terre étaient présents sur le Soleil et les autres étoiles. En 1925, l'astronome britannique Cecilia Payne-Gaposchkin, travaillant à Harvard, a découvert que les atmosphères stellaires sont composées principalement d'hélium et d'hydrogène. Sa découverte sert de fondement à la théorie maintenant acceptée voulant que les éléments plus lourds soient synthétisés à partir de l'hydrogène et de l'hélium.

Il semble donc que l'atome de mercure puisse passer du second niveau d'excitation à l'état fondamental en deux étapes, d'abord en émettant un photon de 1,78 eV pour abaisser l'énergie au premier niveau d'excitation, puis en émettant un photon de 4,89 eV pour atteindre l'état fondamental. Une étude plus complète du spectre de mercure révèle d'autres raies brillantes correspondant aux transitions de niveaux d'excitation supérieurs vers des niveaux inférieurs.

En général, pour le spectre d'émission de tout élément, la formule suivante peut être utilisée :

$$E_p = E_i - E_f$$

étant l'énergie du photon émis, E_i, l'énergie du niveau initial (le plus haut), et E_f, l'énergie du niveau final (le plus bas).

Pour ce qui est de la longueur d'onde de la raie spectrale, $\lambda = \dfrac{hc}{E_h - E_l}$.

▶ **PROBLÈME 2**

Une substance inconnue possède un premier et un second niveau d'excitation de 3,65 eV et de 5,12 eV respectivement. Détermine l'énergie et la longueur d'onde de chaque photon trouvé dans le spectre d'émission lorsque les atomes sont bombardés d'électrons dotés d'une énergie cinétique de a) 3,00 eV, b) 4,50 eV et c) 6,00 eV.

Solution

a) Comme la première énergie d'excitation est de 3,65 eV, aucune énergie n'est absorbée et il n'y a aucun spectre d'émission.

b) Avec des électrons incidents dotés d'une énergie de 4,50 eV, seules des transitions vers le premier niveau d'excitation sont possibles.

$E_p = ?$

$\lambda = ?$

$$E_p = E_i - E_f$$
$$ = 3{,}65 \text{ eV} - 0 \text{ eV}$$
$$E_p = 3{,}65 \text{ eV}$$

$$\lambda = \frac{hc}{E_p} = \frac{(6{,}63 \times 10^{-34} \text{ J·s})(3{,}00 \times 10^8 \text{ m/s})}{(3{,}65 \text{ eV})(1{,}60 \times 10^{-19} \text{ J/eV})}$$
$$\lambda = 3{,}41 \times 10^{-7} \text{ m ou } 341 \text{ nm}$$

L'énergie et la longueur d'onde de chaque photon sont de 3,65 eV et de 341 nm, respectivement.

c) Avec des électrons incidents dotés d'une énergie de 6,00 eV, une excitation au premier et au second niveau est possible. Ainsi, en plus du photon émis en b), on obtient

$$E_p = E_h - E_l \qquad\qquad \text{et} \qquad E_p = E_h - E_l$$
$$ = 5{,}12 \text{ eV} - 0 \text{ eV} \qquad\qquad\qquad = 5{,}12 \text{ eV} - 3{,}65 \text{ eV}$$
$$E_p = 5{,}12 \text{ eV} \qquad\qquad\qquad\qquad E_p = 1{,}47 \text{ eV}$$

L'énergie des photons est de 1,47 eV et de 5,12 eV. Les longueurs d'onde, calculées avec la même équation qu'en b), sont de 243 nm et de 846 nm, respectivement. (Aucun de ces photons ne serait visible à l'œil nu, car l'un se situe au niveau de l'infrarouge et les deux autres se situent au niveau de l'ultraviolet.)

> **Mise en pratique**

Saisis bien les concepts

4. Calcule la différence d'énergie entre les deux niveaux d'énergie d'un atome de sodium émettant un photon de 589 nm.

5. Un atome émet un photon d'une longueur d'onde de 684 nm. Combien d'énergie perd-il?

6. Une substance possède un second niveau d'énergie de 8,25 eV. Si un atome absorbe complètement un photon (λ = 343 nm), propulsant l'électron au troisième niveau d'énergie, quelle est l'énergie pour ce niveau?

7. Des électrons sont accélérés et bombardent la vapeur de mercure, au cours d'une expérience de Franck-Hertz, avec une différence de potentiel de 7,0 V. Calcule l'énergie de tous les photons qui peuvent être émis par la vapeur de mercure.

8. Un spectroscope est utilisé pour analyser la lumière blanche qui a traversé un échantillon de vapeur de mercure. Des raies obscures, caractéristiques du spectre d'absorption du mercure, sont observées.
   a) Explique ce que devient l'énergie que la vapeur de mercure absorbe à partir de la lumière blanche.
   b) Explique pourquoi les raies d'absorption sont obscures.

Réponses

4. 2,11 eV

5. 1,82 eV

6. 11,9 eV

7. 4,9 eV; 6,7 eV; 1,8 eV

> **LE SAVAIS-TU ?**

Des problèmes avec les niveaux d'énergie

Les niveaux d'énergie utilisés dans certains problèmes sont donnés à titre d'exemple seulement et ne correspondent pas nécessairement à des éléments réels ou aux règles qui les régissent.

L'analyse des spectres d'absorption

Comme nous l'avons vu plus haut, l'analyse des spectres d'émission ne constitue pas la seule façon de connaître les niveaux d'énergie interne d'un atome. On obtient une information similaire lorsqu'un faisceau de lumière blanche traverse un échantillon de la substance. Les photons absorbés par les atomes sont absents de la lumière transmise, ce qui fait apparaître des lignes obscures (vides) dans le spectre continu.

L'absorption des photons par les atomes entraîne des transitions d'un niveau d'énergie interne inférieur (normalement l'état fondamental) à un niveau supérieur (un état d'excitation), mais seulement si l'énergie du photon est égale à la différence entre les deux niveaux d'énergie. La relation entre l'énergie des photons absorbés et les niveaux d'énergie interne de l'atome est la même que dans le cas d'un spectre d'émission, sauf que l'ordre du processus est inversé, le niveau d'énergie initial étant plus bas et le niveau final plus haut:

$$E_p = E_f - E_i$$

Par exemple, dans le spectre d'absorption du sodium, des espaces sombres apparaissent à des longueurs d'onde (ultraviolettes) de 259 nm, de 254 nm et de 251 nm. Quelle différence d'énergie entre les niveaux d'énergie interne correspond à chacune de ces bandes d'absorption?

Pour une bande de 254 nm, l'énergie du photon absorbé est donnée par l'équation

$$E_p = \frac{hc}{\lambda}$$

$$= \frac{(6,63 \times 10^{-34}\ \text{J·s})(3,00 \times 10^8\ \text{m/s})}{2,59 \times 10^{-7}\ \text{m}}$$

$$E_p = 7,68 \times 10^{-19}\ \text{J ou 4,80 eV}$$

Ainsi, les niveaux d'énergie du sodium ont un écart de 4,80 eV. Les photons de cette énergie générés par la lumière sont absorbés, propulsant les électrons dans les atomes de

> **LE SAVAIS-TU ?**

Gerhard Herzberg

Gerhard Herzberg (1904-1999), Ph. D., est né en Allemagne, où il a étudié la spectroscopie moléculaire. Il y a découvert les célèbres «bandes Herzberg» d'oxygène dans la haute atmosphère, expliquant des phénomènes comme la lumière dans le ciel nocturne et la production d'ozone. Il a quitté l'Allemagne avant la Seconde Guerre mondiale et s'est établi au Canada, enseignant à l'Université de la Saskatchewan. Même si Herzberg se considérait comme un physicien, ses idées et ses découvertes ont grandement contribué à stimuler le développement de la chimie moderne. Il a reçu le prix Nobel de chimie en 1971. L'Institut Herzberg d'astrophysique d'Ottawa a été nommé en son honneur.

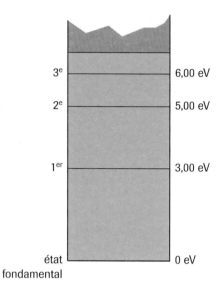

Figure 12
Le diagramme des niveaux d'énergie d'un hypothétique élément X (question 11)

3ᵉ — 6,00 eV
2ᵉ — 5,00 eV
1ᵉʳ — 3,00 eV
état fondamental — 0 eV

Réponses

10. a)   4,82 eV; 6,41 eV; 7,22 eV
    b)   518 nm; 782 nm; 152 nm

11. 1 240 nm; 414 nm; 207 nm; 622 nm; 249 nm; 249 nm; 414 nm; 207 nm

fluorescence processus convertissant une radiation de haute fréquence en une radiation de plus basse fréquence au moyen de l'absorption de photons par un atome; lorsque la source lumineuse est retirée, la fluorescence cesse

sodium d'un niveau inférieur à un niveau supérieur. De même, pour les deux autres lignes d'absorption, les différences d'énergie sont de 4,89 eV et de 4,95 eV, respectivement.

Cette analyse des spectres d'absorption explique pourquoi la plupart des gaz, y compris la vapeur de mercure, sont invisibles à l'œil nu à la température de la pièce. Même les photons les plus énergétiques à la lumière visible (violet foncé ~3 eV) n'ont pas l'énergie suffisante pour faire passer un atome de mercure de son état fondamental à son premier niveau d'excitation (4,87 eV) et être absorbés à partir de la lumière blanche. Tous les photons de la lumière visible traversent la vapeur de mercure sans être absorbés, ce qui rend la vapeur invisible.

On peut se demander pourquoi la réémission des photons ne parvient pas à remplir les espaces vides dans le spectre d'absorption. Jusqu'à un certain point, c'est ce qui se produit. Cependant, les photons réémis sont propagés dans toutes les directions, au hasard; seuls quelques-uns se déplacent vers le faisceau original. De plus, pour ce qui est de l'absorption des photons à un niveau d'excitation autre que le premier niveau, le retour à l'état fondamental peut produire une série de photons différents de ceux absorbés.

Le spectre d'émission de tout élément contient plus de lignes que son spectre d'absorption. Comme nous l'avons vu, les lignes d'un spectre d'émission peuvent correspondre aux transitions vers un niveau inférieur entre deux états d'excitation, ou aux transitions d'un état d'excitation quelconque à l'état fondamental. Par contre, comme la plupart des atomes se trouvent normalement dans leur état fondamental, seules des absorptions de l'état fondamental à un état d'excitation sont probables. Les atomes ne demeurent pas dans un état d'excitation suffisamment longtemps pour permettre une absorption à un niveau d'excitation plus élevé. Par exemple, les spectres d'émission et d'absorption de la vapeur de sodium sont illustrés à la **figure 11**.

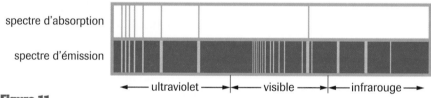

spectre d'absorption

spectre d'émission

← ultraviolet → ← visible → ← infrarouge →

Figure 11
Les spectres d'émission et d'absorption de la vapeur de sodium

> **Mise en pratique**

Saisis bien les concepts

9. Les atomes peuvent recevoir de l'énergie de deux façons différentes. Décris-les et fournis un exemple pour chacune d'elles.

10. Le spectre d'émission d'une substance inconnue contient des lignes avec des longueurs d'onde de 172 nm, de 194 nm et de 258 nm, résultant toutes de transitions vers l'état fondamental.
    a) Calcule l'énergie des trois premiers états d'excitation.
    b) Calcule les longueurs d'onde de trois autres lignes dans le spectre d'émission de la substance.

11. La **figure 12** présente le diagramme des niveaux d'énergie d'un hypothétique élément X. Calcule toutes les longueurs d'onde des spectres d'émission et d'absorption.

La fluorescence et la phosphorescence

Lorsqu'un atome absorbe un photon et atteint un état d'excitation, il peut retourner à l'état fondamental en passant par des états intermédiaires. Les photons émis posséderont une énergie plus faible et donc une fréquence plus basse que celle des photons absorbés. Ce processus qui consiste à convertir une radiation haute fréquence en une radiation de plus basse fréquence est appelé **fluorescence**.

Une simple lampe fluorescente applique ce principe. Les électrons sont libérés dans le tube alors qu'un filament à l'extrémité est chauffé. Une différence de potentiel anode-cathode accélère les électrons qui viennent heurter et exciter les atomes de gaz dans le tube. Lorsque les atomes excités retournent à leurs niveaux normaux, ils émettent des photons d'ultraviolet (UV) qui frappent une couche fluorescente à l'intérieur du tube. La lumière que l'on aperçoit provient du matériau fluorescent bombardé des photons UV. Les phosphores émettent de la lumière de différentes couleurs. La lumière fluorescente « blanche et crue » émet presque toutes les couleurs visibles, tandis que la lumière fluorescente « blanc chaud » possède un phosphore qui émet plus de rouge et produit donc une lumière plus « chaude ».

La longueur d'onde à laquelle la fluorescence se produit dépend des niveaux d'énergie des atomes ou des molécules bombardés. Parce que les fréquences de désexcitation sont différentes pour des substances différentes et parce que bien des substances émettent une fluorescence facilement (**figure 13**), la fluorescence est un outil efficace pour identifier les composés. Parfois, la simple observation de la fluorescence suffit pour identifier un composé. Dans d'autres cas, des spectromètres doivent être utilisés.

Les lasers et la fluorescence sont souvent employés en détection des crimes. Le rayonnement d'un laser à argon rend fluorescentes la transpiration et les huiles corporelles des empreintes digitales. Avec cette technique, un faisceau laser illumine une zone plus foncée où l'on croit que se trouvent des empreintes digitales. Le spécialiste judiciaire porte des verres qui filtrent la lumière laser mais qui laissent passer la fluorescence des empreintes digitales.

Une autre classe d'éléments continue de luire longtemps après que la lumière a été retirée. Cette propriété s'appelle la **phosphorescence**. Un atome excité dans une substance fluorescente retombe à son niveau normal en 10^{-8} s environ. Par contraste, un atome excité dans une substance phosphorescente peut demeurer dans un état d'excitation pendant un intervalle allant de quelques secondes à plusieurs heures, dans un **état métastable**. Après un certain temps, l'atome revient à son état normal, émettant un photon visible. Des peintures et des teintures fabriquées à partir de ces substances sont utilisées sur des cadrans et des aiguilles de montres et d'horloges luminescents et dans les peintures appliquées comme mesures de sûreté sur les portes et les escaliers.

Les lasers

Le principe du **laser** a d'abord été élaboré pour les hyperfréquences du maser (le « m » représente micro-ondes), découvert par le physicien américain Charles H. Townes dans les années 1950. (Townes a partagé le prix Nobel de physique avec Basov et Prochorov en 1964 pour cet ouvrage.) Le premier maser utilisait de l'ammoniac. Par la suite, d'autres substances, comme le rubis, le dioxyde de carbone, l'argon et un mélange d'hélium et de néon, ont révélé qu'ils produisaient un effet maser ou laser. Bien qu'il y ait plusieurs types de lasers, les principes généraux en cause peuvent être illustrés par le laser à hélium-néon, le type le plus couramment utilisé pour les démonstrations en classe ou en laboratoire.

Un atome excité peut émettre des photons soit par **émission spontanée**, soit par **émission stimulée**. L'absorption d'un quantum d'énergie par un atome d'hélium élève l'électron à un plus haut niveau d'énergie. L'électron passe habituellement à un niveau d'énergie plus bas dans un laps de temps relativement court ($\sim 10^{-8}$ s) en émettant un photon. Il ne se produit pas d'amplification lors d'une émission spontanée, car l'énergie absorbée par les atomes est presque égale à celle qui est propagée.

D'abord envisagée par Einstein, l'émission stimulée peut produire une amplification, mais seulement sous certaines conditions. Si un photon croise un atome de néon excité, il peut inciter l'atome à émettre un photon additionnel et identique au photon incident. Par conséquent, même si un seul photon approche l'atome, on obtient deux photons

a)

b)

Figure 13
a) Lorsque la lumière ultraviolette est dirigée sur certaines roches – dans ce cas, une withérite fixée à un morceau de barytine – elles émettent une fluorescence.
b) Lorsque la source lumineuse est retirée, la fluorescence cesse.

phosphorescence propriété de certaines substances qui leur permet d'émettre de la lumière après l'arrêt de l'excitation

état métastable état d'excitation soutenue des électrons dans lequel ces derniers peuvent demeurer pendant des périodes relativement longues

laser acronyme pour *Light Amplification by Stimulated Emission of Radiation* (amplification de la lumière par émission stimulée de radiation) ; source de lumière cohérente monochromatique

émission spontanée émission d'un photon par un électron résultant de l'absorption d'un quantum d'énergie par un atome ; l'électron passe instantanément à un niveau d'énergie plus bas, dans un laps de temps relativement court ($\sim 10^{-8}$ s)

émission stimulée processus dans lequel un atome excité est stimulé pour émettre un photon identique à un autre s'approchant rapidement

Figure 15
Absorption d'énergie, transfert d'énergie par collision et émission spontanée de lumière de néon

identiques. Pour qu'une émission stimulée se produise, le photon incident doit posséder exactement la même fréquence que le photon émis par l'atome. Non seulement les deux photons se libérant de l'atome ont une fréquence et une longueur d'onde identiques, mais ils se déplacent aussi dans la même direction, exactement en phase, et avec les mêmes propriétés de polarisation. On peut parler ici de la **cohérence de la lumière**.

Imaginons une grande quantité d'atomes, dont la majorité est dans un état d'excitation plutôt que dans un état fondamental, et supposons que la différence de niveaux d'énergie des atomes est exactement la même que l'énergie des photons dans le faisceau de lumière incidente. Un premier photon en interaction avec un atome excité pourrait produire un second photon ; ces deux photons pourraient stimuler l'émission de deux autres, et ces quatre photons, quatre de plus. Une réaction en chaîne se produirait avec rapidité, entraînant une amplification de la lumière. Cependant, le nombre d'atomes dans un état fondamental est, dans des conditions normales, plus grand que le nombre d'atomes dans un état d'excitation.

Lorsqu'il y a plus d'atomes dans un état métastable que dans un état fondamental, on dit qu'il y a **inversion des populations**. Pour qu'un effet laser se produise, une inversion des populations ainsi que des conditions pour une émission stimulée doivent exister simultanément dans le milieu actif.

La lumière rouge du laser à hélium-néon est produite dans un tube de verre étroit (tube capillaire) contenant un mélange de 85 % d'hélium et 15 % de néon, à basse pression. Une cathode de métal est fixée à l'extérieur du tube et une anode, à l'intérieur de l'une des extrémités du tube. Une différence de potentiel d'environ 8 kV crée un fort champ électrique qui fournit une source d'énergie continue pour le laser, semblable à un tube à décharge gazeuse. Un miroir plat réfléchissant à 99,9 % est incorporé à l'une des extrémités du tube capillaire. À l'autre extrémité, un autre miroir réfléchit 99 % de la lumière, en en transmettant 1 %. Cette lumière constitue l'émission laser (**figure 14**).

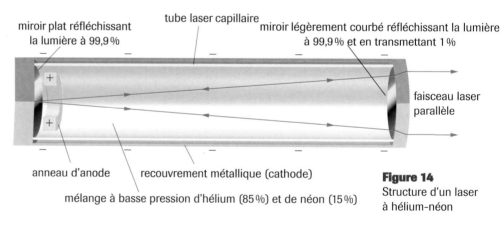

Figure 14
Structure d'un laser à hélium-néon

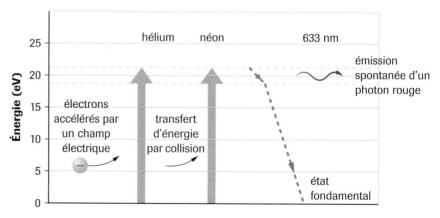

Le fort champ électrique le long du tube laser incite les électrons libres à gagner de l'énergie cinétique à mesure qu'ils sont accélérés vers l'anode positive. Il existe une forte probabilité qu'un électron énergétique entre en collision avec un atome d'hélium avant d'atteindre l'anode, mettant l'atome dans un état d'excitation alors qu'un de ses électrons est propulsé à un niveau d'énergie plus élevé. L'agitation thermique des atomes d'hélium excités produit des collisions avec des atomes de néon dans le tube laser. Au cours de ces collisions, un atome d'hélium peut retourner à son état fondamental, transmettant de l'énergie à l'atome de néon. D'une façon avantageuse, l'hélium possède exactement la même énergie dans son état d'excitation que celle dont l'atome de néon a besoin pour élever le néon à son état métastable. Lorsqu'un électron de néon excité effectue une transition vers un niveau inférieur (**figure 15**), 1,96 eV d'énergie est libéré et un photon avec une longueur d'onde de 633 nm est créé. Comme il se produit une inversion des populations dans le tube, ce photon provoque l'émission d'un photon identique à partir d'un atome de néon adjacent qui, à son tour, produit des stimulations additionnelles dans le tube. Afin de renforcer l'émission de lumière cohérente, les miroirs situés à chaque extrémité du tube réfléchissent la lumière le long de l'axe du tube, dans un mouvement de va-et-vient dans le milieu laser. Un renforcement supplémentaire est obtenu à chaque passage de photons le long du tube, alors qu'une multitude d'atomes de néon sont stimulés pour produire des photons de 633 nm. Les miroirs réfléchissent la majorité, mais non la totalité de la lumière. Ils transmettent un faible pourcentage de lumière avec chaque réflexion, suffisamment pour produire ce faisceau laser brillant sortant de l'ouverture du dispositif laser (**figure 16**).

Le type de laser décrit ci-dessus est un laser continu. Avec un tel laser, lorsque les atomes sont stimulés et passent à un niveau d'énergie plus bas, ils remontent rapidement à un niveau plus élevé, ce qui donne une production d'énergie continue. Par contre, avec un laser pulsé, les atomes sont excités par des apports d'énergie périodiques, après lesquels ils retournent à un niveau d'excitation plus bas. Puis le processus recommence, avec un autre apport d'énergie d'excitation.

Les lasers sont utilisés dans une grande variété d'applications médicales : la chirurgie oculaire (**figure 17**), la destruction des tissus, la dissolution des calculs biliaires ou rénaux, la chirurgie par fibre optique, l'enlèvement de plaques d'artères occluses, le traitement du cancer et la cautérisation durant les chirurgies conventionnelles. De plus, les lasers sont utiles pour la recherche sur les fonctions des cellules. Dans l'industrie, les lasers sont utilisés pour la soudure et l'usinage des métaux, le perçage de trous miniatures, le découpage de tissus vestimentaires, la prise de mesures de surfaces et de distances, les télécommunications par fibres optiques et l'holographie.

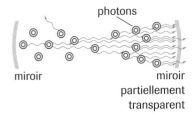

Figure 16
Effet de réaction en chaîne d'émissions stimulées dans le tube laser

RÉSUMÉ
L'absorption atomique et les spectres d'émission

- Un spectre continu produit par un solide chauffé résulte des interactions entre les molécules ou les atomes avoisinants. Un spectre d'émission ou un spectre de raies est émis par des gaz « excités » électriquement.

- Un spectre d'absorption se produit lorsqu'une partie de la lumière d'un spectre continu est absorbée en traversant un gaz. Les atomes absorbent la lumière aux mêmes fréquences qu'ils l'émettent.

- Les expériences de Franck et Hertz ont prouvé que l'énergie cinétique d'électrons incidents est absorbée par les atomes de mercure, mais seulement à des niveaux d'énergie distincts.

- Un atome se trouve normalement dans son état fondamental. Les états d'excitation ou niveaux d'énergie proviennent des quantités d'énergie discrètes que l'atome peut absorber intérieurement.

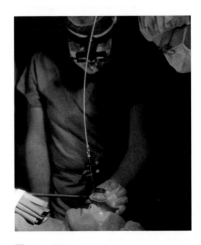

Figure 17
Laser utilisé en chirurgie oculaire

- L'énergie d'ionisation est l'énergie maximale qui peut être absorbée intérieurement par un atome sans causer la perte d'un électron.

- Dans un spectre d'émission, l'énergie du photon émis équivaut à la valeur modifiée du niveau d'énergie interne : $E_p = E_i - E_f$.

- Lorsqu'un photon est absorbé, son énergie équivaut à la différence entre les niveaux d'énergie internes : $E_p = E_f - E_i$.

- Les atomes peuvent recevoir de l'énergie de deux façons : par des collisions avec des particules en mouvement rapide, tels que des électrons, et par l'absorption d'un photon.

- Une fois dans un état d'excitation, un atome peut émettre des photons soit par émission spontanée, soit par émission stimulée. L'amplification de la lumière requiert une émission stimulée.

- Certaines substances ou combinaisons de substances possèdent des états d'excitation métastables. Une inversion des populations se produit lorsque plus d'atomes sont dans un état métastable que dans un état fondamental.

- Pour qu'un effet laser se produise, une inversion des populations aisni que des conditions pour une émission stimulée doivent exister simultanément dans le milieu laser.

- Les lasers sont de deux types : continus ou pulsés.

▶ Section 12.4 Questions

Saisis bien les concepts

1. Compare spectre continu, spectre de raies et spectre d'absorption.

2. Explique pourquoi les expériences de Franck et Hertz ont été aussi importantes pour le développement du modèle quantique de l'atome.

3. Compare émission spontanée et émission stimulée.

4. Explique comment un faisceau laser de 0,000 5 W, photographié à distance, peut paraître beaucoup plus fort qu'un réverbère de 1 000 W.

5. Une certaine variation d'un laser à hélium-néon produit un rayonnement donnant lieu à une transition entre des niveaux d'énergie différents de $3,66 \times 10^{-19}$ J. Calcule la longueur d'onde émise par le laser.

6. Un laser convenant à l'holographie possède une puissance de sortie moyenne de 5,0 mW. Le faisceau laser est réellement une collection d'impulsions de rayonnement électromagnétique d'une longueur d'onde de 632,8 nm, durant $2,50 \times 10^{-2}$ s. Calcule
   a) l'énergie (en joules) émise à chaque impulsion ;
   b) le nombre de photons par impulsion.

Mets en pratique tes connaissances

7. Le diagramme des niveaux d'énergie d'un atome X est illustré à la **figure 18**. En supposant que l'atome X est dans son état fondamental, à quel résultat doit-on s'attendre lorsque
   a) un électron de 9,0 eV entre en collision avec l'atome ;
   b) un photon de 9,0 eV entre en collision avec l'atome ;
   c) un photon de 11,0 eV entre en collision avec l'atome ;
   d) un électron de 22,0 eV entre en collision avec l'atome.

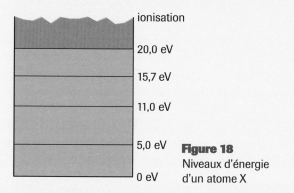

Figure 18
Niveaux d'énergie d'un atome X

8. Décris une méthode avec laquelle un astronome peut déterminer la température moyenne approximative de la surface d'une étoile en analysant son spectre.

Fais des liens

9. Que peut révéler le spectre d'absorption de la lumière solaire à propos de la composition des gaz trouvés à la surface du Soleil ?

10. Le spectre d'émission d'hydrogène d'une étoile éloignée est détourné vers la partie rouge du spectre visible. Quelle conclusion peut-on tirer à propos de l'étoile ?

ALLER À www.beaucheminediteur.com/physique12

Les niveaux d'énergie de l'hydrogène

Dès le milieu du XIXᵉ siècle, il était connu que l'hydrogène était l'atome le plus léger et le plus simple, donc le plus facile à étudier quant à sa structure atomique. Son spectre d'émission était particulièrement intéressant. Les espacements entre les raies spectrales dans la zone visible formaient un modèle régulier. En 1885, ce modèle a attiré l'attention de J. J. Balmer, un enseignant suisse qui a conçu une simple équation empirique avec laquelle toutes les raies dans le spectre visible de l'hydrogène pouvaient être évaluées. Il a conclu que les longueurs d'onde des raies spectrales étaient conformes à l'équation

$$\frac{1}{\lambda} = R\left(\frac{1}{2^2} - \frac{1}{n^2}\right)$$

où R est une constante, nommée plus tard constante de Rydberg, dont la valeur estimée par Balmer équivalait à $1{,}097 \times 10^7$ m^{-1}, et n, un nombre entier plus grand que 2. Chaque valeur successive de n (3, 4, 5, …) correspond à une valeur de longueur d'onde d'une raie dans le spectre.

Des études plus poussées du spectre d'hydrogène se sont poursuivies au cours des trois ou quatre décennies suivantes, à l'aide de techniques de détection à ultraviolet et à infrarouge. Ces études ont révélé que le spectre d'hydrogène en entier se comportait selon un rapport qui généralisait celui inventé par Balmer. En remplaçant le terme 2^2 dans l'équation de Balmer avec les carrés d'autres nombres entiers, une formule plus généralisée a été imaginée pour pouvoir prévoir les longueurs d'onde de toutes les raies possibles dans le spectre d'hydrogène :

$$\frac{1}{\lambda} = R\left(\frac{1}{n_l^2} - \frac{1}{n_u^2}\right)$$

n_l étant n'importe quel nombre entier 1, 2, 3, 4, … et n_u, n'importe quel nombre entier plus grand que n_l. Le choix des indices l pour « plus bas » et u pour « plus haut » reflète l'idée d'une transition entre les niveaux d'énergie.

En prenant $E_p = \dfrac{hc}{\lambda}$ comme l'énergie d'un photon émis et en supposant que n_u et n_l représentent les nombres des niveaux d'énergie dans l'atome d'hydrogène lors de la transition qui a produit le photon, on peut écrire la formule suivante :

$$\frac{1}{\lambda} = \frac{E_p}{hc}$$

$$\frac{1}{\lambda} = \frac{E_u - E_l}{hc}$$

$$\frac{E_u - E_l}{hc} = R\left(\frac{1}{n_l^2} - \frac{1}{n_u^2}\right)$$

$$E_u - E_l = Rhc\left(\frac{1}{n_l^2} - \frac{1}{n_u^2}\right)$$

$$E_l - E_u = Rhc\left(\frac{1}{n_l^2} - \frac{1}{n_u^2}\right)$$

Et maintenant, lorsque n_u devient très grand, E_u approche de l'état d'ionisation. Si l'on attribue à cet état la valeur énergétique zéro, alors $E_u \to 0$ et $\dfrac{1}{n_u^2} \to 0$, et la formule des niveaux d'énergie se réduit à :

$$E_l = \frac{-Rhc}{n_l^2}$$

Le modèle planétaire de Rutherford proposait que l'atome d'hydrogène était constitué d'un noyau à proton unique (le Soleil) et d'un unique électron (une planète) en gravitation. Dans ce modèle, la force coulombienne lie l'électron à son noyau de la même façon que la Terre est attirée par le Soleil par une force gravitationnelle. Lorsque nous avons étudié un autre cas d'attraction gravitationnelle (section 6.4), nous avons trouvé utile de choisir le niveau d'énergie zéro en tant que point où les deux masses ne sont plus liées l'une à l'autre. Ce niveau d'énergie zéro marque le point limite entre un état lié et un état libre. Si un objet possède une énergie totale plus grande que zéro, il peut atteindre une distance infinie, alors que son énergie potentielle approche zéro, sans devenir immobile. Pour ce qui est de l'atome d'hydrogène, cet état correspond à l'ionisation : l'électron n'est plus lié à son noyau en tant que partie de l'atome ; il est libéré. Ainsi, si l'on choisit $E_I = 0$ lorsque *n* approche l'infini, les formules représentant les niveaux d'énergie de l'hydrogène sont simplifiées :

$$E_n = E_I - \frac{Rhc}{n^2}$$

$$= 0 - \frac{(1{,}097 \times 10^7 \text{ m}^{-1})(6{,}63 \times 10^{-34} \text{ J·s})(3{,}00 \times 10^8 \text{ m/s})}{n^2}$$

$$E_n = -\frac{2{,}18 \times 10^{-18}}{n^2} \text{ J}$$

En convertissant les joules en électrons-volts, on obtient

$$E_n = -\frac{13{,}6}{n^2} \text{ eV} \quad \text{où } n = 1, 2, 3, \ldots$$

RECHERCHE 12.5.1

Les niveaux d'énergie de l'hydrogène (p. 656)
Tu peux mesurer les longueurs d'onde et calculer l'énergie des quatre premières raies spectrales dans la série de Balmer, puis comparer tes résultats avec les valeurs théoriques.

À l'aide de cette équation, nous pouvons calculer les valeurs de tous les niveaux d'énergie de l'atome d'hydrogène, comme illustré au **tableau 1**. Les valeurs peuvent être représentées graphiquement sur un diagramme de niveaux d'énergie (**figure 1**), illustrant l'énergie au-delà de l'état fondamental (à droite) et l'énergie au-dessous de l'ionisation (à gauche).

En effectuant la partie Recherche 12.5.1 de la section Activités en laboratoire, à la fin de ce chapitre, tu pourras mesurer les spectres de raies de l'hydrogène.

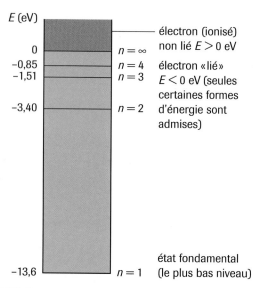

Figure 1
Niveaux d'énergie de l'hydrogène

Tableau 1 Niveaux d'énergie de l'hydrogène

Niveau	Valeur de *n*	Énergie	Énergie au-delà de l'état fondamental
état fondamental	1	−13,6 eV	0
1er état d'excitation	2	−3,4 eV	10,2 eV
2e état d'excitation	3	−1,51 eV	12,1 eV
3e état d'excitation	4	−0,85 eV	12,8 eV
4e état d'excitation	5	−0,54 eV	13,1 eV
⋮			
énergie d'ionisation	∞	0	13,6 eV

▶ **PROBLÈME 1**

Calcule l'énergie de la valeur $n = 6$ de l'hydrogène et détermine-la en fonction de l'état fondamental.

Solution

$n = 6$

$E = ?$

$$E = -\frac{13,6 \text{ eV}}{n^2}$$

$$= -\frac{13,6 \text{ eV}}{6^2}$$

$$E = -0,38 \text{ eV}$$

Le niveau d'énergie pour $n = 6$ est de $-0,38$ eV ou de $-13,6$ eV $- (-0,38$ eV$) = 13,2$ eV, au-delà de l'état fondamental.

▶ **PROBLÈME 2**

Si un électron dans un atome d'hydrogène passe de $n = 6$ à $n = 4$, quelle sera la longueur d'onde du photon émis? Dans quelle zone du spectre électromagnétique se trouve-t-il?

Solution

$\lambda = ?$

Selon la solution du problème 1, l'énergie de $n = 6$ est de $-0,38$ eV.

L'énergie de $n = 4$ est de

$$E = -\frac{13,6 \text{ eV}}{4^2}$$

$$E = -0,85 \text{ eV}$$

modification d'énergie $= -0,38$ eV $- (-0,85$ eV$)$
modification d'énergie $= 0,47$ eV

$0,47$ eV $= (0,47 \text{ eV})(1,60 \times 10^{-19} \text{ J/eV}) = 7,52 \times 10^{-20}$ J

La longueur d'onde est calculée en fonction du rapport

$$E = \frac{hc}{\lambda}$$

$$\lambda = \frac{hc}{E}$$

$$= \frac{(6,63 \times 10^{-34} \text{ J·s})(3,00 \times 10^8 \text{ m/s})}{7,52 \times 10^{-20} \text{ J}}$$

$$\lambda = 2,6 \times 10^{-6} \text{ m ou } 2,6 \times 10^2 \text{ nm}$$

La longueur d'onde du photon émis est de $2,6 \times 10^2$ nm, dans la zone ultraviolette du spectre.

> ▶ *Mise en pratique*

Saisis bien les concepts

1. Quelles valeurs de n sont présentes lors de la transition qui provoque l'émission d'un photon de 388 nm par l'hydrogène?

2. Combien d'énergie est requise pour ioniser l'hydrogène lorsqu'il est
   a) dans son état fondamental?
   b) dans un niveau $n = 3$?

3. Un atome d'hydrogène émet un photon d'une longueur d'onde de 656 nm. Entre quels niveaux la transition s'est-elle produite?

4. Quelle est l'énergie d'un photon qui, absorbé par un atome d'hydrogène, entraîne
   a) une transition électronique de niveau $n = 3$ à $n = 5$?
   b) une transition électronique de niveau $n = 5$ à $n = 7$?

Figure 2
Niels Bohr (1885-1962) a complété son doctorat à l'Université de Copenhague en 1911, mais a travaillé à l'Université de Manchester avec Rutherford jusqu'en 1916 avant de retourner à Copenhague où on lui a attribué une chaire de physique. Il a obtenu le prix Nobel de physique en 1922 pour ses travaux sur le modèle atomique. Adepte passionné de l'utilisation pacifique de l'énergie nucléaire, il est à l'origine de la première conférence ayant pour objet l'utilisation pacifique de l'atome en 1955. En 1957, il a reçu le premier «Atoms for Peace Award».

Le modèle de Bohr

Le modèle planétaire de l'atome de Rutherford avait des électrons chargés négativement gravitant autour d'un petit noyau, dense et positif, maintenu par la force d'attraction coulombienne entre des charges différentes. Ce concept était très intéressant malgré deux lacunes importantes: premièrement, selon les théories bien établies de Maxwell en électrodynamique, toute charge électrique accélératrice émettrait de l'énergie continuellement sous forme d'ondes électromagnétiques. Un électron gravitant autour d'un noyau dans le modèle de Rutherford produirait une accélération centripète et, par conséquent, libérerait de l'énergie continuellement sous forme de rayonnement électromagnétique. L'électron tomberait en vrille en direction du noyau dans un rayon décroissant, à mesure que son énergie totale diminuerait. Quand toute son énergie serait épuisée, il serait capté par le noyau et l'atome se serait effondré. D'après les fondements de la mécanique classique et de la théorie électromagnétique, les atomes ne devraient rester stables que pendant une période relativement courte. Ceci est, bien sûr, en complète contradiction avec la preuve que les atomes existent de façon permanente et ne démontrent aucune tendance à s'effondrer.

Deuxièmement, sous certaines conditions, les atomes émettent réellement un rayonnement sous forme de lumière visible et invisible, mais seulement à des fréquences spécifiques et discrètes. L'électron chutant en vrille décrit plus haut émettrait un rayonnement dans un spectre continu, avec une fréquence augmentant graduellement jusqu'au moment d'arriver au noyau. De plus, le travail de Franck et Hertz ainsi que l'analyse des spectres d'émission et d'absorption avaient à peu près confirmé la notion de niveaux d'énergie internes, discrets et bien définis dans l'atome, une caractéristique qui manquait au modèle de Rutherford.

Peu après la publication des hypothèses de Rutherford, le jeune physicien danois Niels Bohr (**figure 2**), étudiant de niveau postdoctoral au centre de recherche de Rutherford, a commencé à s'intéresser aux problèmes inhérents à ce modèle. Il avait constaté que les lois de la mécanique classique et de l'électrodynamique ne pouvaient s'appliquer jusqu'aux confins de l'atome. Inspiré par l'introduction des quanta de Planck et d'Einstein dans la théorie du rayonnement électromagnétique, Bohr suggéra une approche quantique au mouvement des électrons à l'intérieur de l'atome.

Son document de recherche, publié en 1913, a créé des remous dans la communauté scientifique. En posant les trois postulats suivants sur le mouvement des électrons dans les atomes, il défiait les règles bien établies de la mécanique et de l'électromagnétisme:

- Parmi toutes les orbites circulaires et elliptiques possibles pour les électrons autour d'un noyau, seules quelques-unes sont physiquement « permises ». Chaque orbite permise est caractérisée par une quantité spécifique d'énergie électronique.

- Lorsqu'il se déplace dans une orbite permise, un électron est exempt des lois classiques de l'électromagnétisme et, en particulier, il n'émet pas d'énergie le long de sa trajectoire orbitale. Par conséquent, chacune de ces orbites est appelée un **état stationnaire**.

- Les électrons sont propulsés d'une orbite à haute énergie à une orbite à énergie plus faible, avec une différence énergétique entre ces deux états stationnaires produite sous la forme d'un photon unique de rayonnement électromagnétique. De façon similaire, un atome ne peut absorber de l'énergie que si cette quantité d'énergie est égale à la différence d'énergie entre un état stationnaire plus faible et un autre plus élevé.

état stationnaire orbite d'un électron dans laquelle il ne propage pas d'énergie

En résumé, la théorie de Bohr avançait que les atomes n'existent qu'en certains états stationnaires caractérisés par certaines orbites permises pour leurs électrons, lesquels se déplacent dans ces orbites avec seulement certaines quantités d'énergie totale, soit les niveaux d'énergie de l'atome. Mais en quoi ces orbites permises diffèrent-elles de toutes les autres orbites non permises?

Bohr croyait, en se basant sur les découvertes de Planck, qu'un élément dans le modèle de l'atome devait être quantifié. Bien qu'il ait choisi la quantité de mouvement angulaire, il est plus simple de se projeter une décennie plus tard et d'emprunter le concept de dualité onde-particule de de Broglie. Supposons que les électrons ne puissent exister dans des orbites stables que si la longueur de la trajectoire orbitale est un nombre entier des longueurs d'onde électroniques de de Broglie. Rappelons-nous qu'un électron de masse m et de vitesse v possède une longueur d'onde de de Broglie donnée par

$$\lambda = \frac{h}{mv}$$

où h est la constante de Planck ($6,63 \times 10^{-34}$ J·s).

Le diagramme d'ondes stationnaires pour un électron dans une orbite stable pourrait bien être, par exemple, trois longueurs d'onde (**figure 3a**). Des conditions similaires s'appliquent pour le diagramme d'interférence d'une ficelle attachée aux deux extrémités (**figure 3b**).

a)

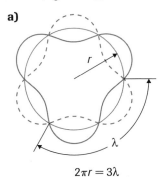

$2\pi r = 3\lambda$

b)

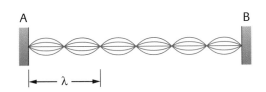

Figure 3
a) Le diagramme d'ondes stationnaires d'un électron dans une orbite d'hydrogène stable, choisi ici parce qu'il a exactement trois longueurs d'onde
b) Le diagramme d'ondes stationnaires d'une ficelle attachée aux deux extrémités

Si les orbites sont circulaires et si la première orbite permise a un rayon de r_1 et est occupée par un électron se déplaçant à une vitesse de v_1, la longueur de la trajectoire orbitale sera une longueur d'onde :

$$2\pi r_1 = \lambda$$
$$2\pi r_1 = \frac{h}{mv_1}$$

Symboles

L'expression mv_0r_0 représente la quantité de mouvement angulaire d'une masse m, se déplaçant dans un cercle de rayon r_0, à une vitesse constante de v_0. La quantité $\dfrac{h}{2\pi}$ apparaît si fréquemment en physique quantique qu'elle est souvent abrégée par $\hbar$ (h barré).

a)

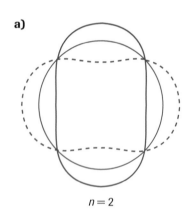

$n = 2$

b)

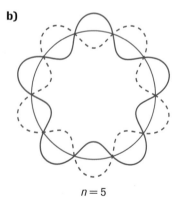

$n = 5$

Figure 4

Les ondes stationnaires circulaires pour **a)** deux et **b)** cinq longueurs d'ondes de de Broglie. Le nombre de longueurs d'ondes n est également le nombre quantique.

De la même façon, pour la seconde orbite permise,

$$2\pi r_2 = 2\lambda$$

Plus généralement, pour la énième orbite permise,

$$2\pi r_n = n\lambda = n\left(\frac{h}{mv_n}\right)$$

Ainsi, selon Bohr, les orbites permises sont celles qui sont déterminées par le rapport

$$mv_nr_n = n\left(\frac{h}{2\pi}\right) \quad (n = 1, 2, \dots)$$

Le nombre entier n apparaissant dans cette équation, qui représente le nombre de longueurs d'onde de de Broglie dans la trajectoire orbitale, est appelé « nombre quantique » pour l'orbite permise (**figure 4**). L'équation elle-même, nommée « condition quantique de Bohr », fournit une explication plus complète de la structure atomique que celle de Rutherford.

Le modèle de mécanique ondulatoire de l'atome d'hydrogène

Grâce à la formule appuyant l'hypothèse quantique de Bohr sur la nature particulière des orbites permises, il est devenu possible de combiner la mécanique classique avec la mécanique quantique pour produire un nouveau modèle de structure atomique satisfaisant pour l'hydrogène (mais révisé quelques années plus tard pour englober les trajectoires électroniques de tous les éléments).

Un atome d'hydrogène est constitué d'un proton stationnaire de masse m_p et d'une charge de $+1e$, d'un électron en mouvement de masse m_e et d'une charge $-1e$. L'électron se déplace dans une orbite circulaire de rayon r_n, à une vitesse constante de v_n, de façon que n longueurs d'onde complètes de de Broglie s'insèrent exactement dans chaque trajectoire orbitale. La force coulombienne d'attraction électrique entre le proton et l'électron procure la force nécessaire pour maintenir l'orbite circulaire, c'est-à-dire

$$F_c = F_e \qquad \frac{m_e v_n^2}{r_n} = \frac{ke^2}{r_n^2}$$

ou, plus simplement, $m_e v_n^2 = \dfrac{ke^2}{r_n}$ Équation (1)

En appliquant l'hypothèse quantique de Bohr,

$$mv_nr_n = n\left(\frac{h}{2\pi}\right) \qquad \text{Équation (2)}$$

En résolvant l'équation (2) en fonction de v_n, on obtient

$$v_n = \frac{nh}{2\pi m_e r_n} \qquad \text{Équation (2a)}$$

En substituant cette valeur à v_n dans l'équation (1), on obtient

$$m_e\left(\frac{nh}{2\pi m_e r_n}\right)^2 = \frac{ke^2}{r_n}$$

$$\frac{n^2h^2}{4\pi^2 m_e r_n^2} = \frac{ke^2}{r_n} \qquad r_n = \frac{n^2h^2}{4\pi^2 m_e ke^2} \qquad \text{Équation (3)}$$

comme expression du rayon de la énième orbite circulaire permise dans l'atome d'hydrogène.

En substituant des valeurs connues aux variables, nous pouvons estimer ce rayon :

$$r_n = n^2 \left[\frac{(6,63 \times 10^{-34} \text{ J·s})^2}{4\pi^2 \, (9,1 \times 10^{-31} \text{ kg})(9,0 \times 10^9 \text{ N·m}^2/\text{C}^2)(1,6 \times 10^{-19} \text{ C})^2} \right]$$

$$r_n = 5,3 \times 10^{-11} n^2 \text{ m}$$

Le rayon de la plus petite orbite dans l'hydrogène (avec une valeur $n = 1$) est de $5,3 \times 10^{-11}$ m, appelé parfois le rayon de Bohr. Il offre une bonne estimation de la grosseur normale d'un atome d'hydrogène. Les rayons d'autres orbites, donnés par l'équation ci-dessus, sont

$$r_2 = 2^2 r_1 = 4r_1 = 4(5,3 \times 10^{-11} \text{ m}) = 2,1 \times 10^{-10} \text{ m}$$

$$r_3 = 3^2 r_1 = 9r_1 = 4,8 \times 10^{-10} \text{ m} \qquad \text{(et ainsi de suite)}$$

Rappelons-nous que, selon Bohr, un électron ne peut exister que dans l'une de ces orbites permises, sans possibilité physique d'un autre rayon.

Pour déterminer la vitesse v_n à laquelle l'électron se déplace dans son orbite, nous modifions l'équation (2a) pour obtenir

$$v_n = \frac{nh}{2\pi m_e \left(\dfrac{n^2 h^2}{4\pi^2 k m_e e^2} \right)}$$

$$v_n = \frac{2\pi k e^2}{nh} \qquad\qquad \text{Équation (4)}$$

En substituant des valeurs connues aux variables, on obtient

$$v_n = \frac{1}{n} \left[\frac{2\pi (9,0 \times 10^9 \text{ N·m}^2/\text{C}^2)(1,6 \times 10^{-19} \text{ C})^2}{6,63 \times 10^{-34} \text{ J·s}} \right]$$

$$v_n = \frac{1}{n}(2,2 \times 10^6) \text{ m/s}$$

afin que
$$v_1 = 2,2 \times 10^6 \text{ m/s}$$

$$v_2 = \frac{1}{2} v_1 = 1,1 \times 10^6 \text{ m/s}$$

$$v_3 = \frac{1}{3} v_1 = 7,3 \times 10^5 \text{ m/s} \qquad \text{(et ainsi de suite)}$$

Tout comme un satellite qui gravite autour de la Terre, l'électron possède une énergie définie, caractéristique, donnée par la somme de son énergie cinétique et de son énergie électrique potentielle. Ainsi, dans sa énième orbite, l'énergie totale de l'électron est

$$E_n = E_C + E_e$$

$$E_n = \frac{1}{2} m_e v_n^2 + \left(-\frac{ke^2}{r_n} \right)$$

En substituant à v_n sa valeur à partir de l'équation (4) et à r_n sa valeur à partir de l'équation (3), on obtient

$$E_n = \frac{1}{2} m_e \left(\frac{2\pi k e^2}{nh} \right)^2 - \frac{ke^2}{\left(\dfrac{n^2 h^2}{4\pi^2 k m_e e^2} \right)}$$

$$= \frac{2\pi^2 m_e k^2 e^4}{n^2 h^2} - \frac{4\pi^2 m_e k^2 e^4}{n^2 h^2}$$

$$E_n = -\frac{2\pi^2 m_e k^2 e^4}{n^2 h^2}$$

En substituant des valeurs connues aux variables, on obtient

$$E_n = -\frac{1}{n^2}\left[\frac{2\pi^2(9,1 \times 10^{-31} \text{ kg})(9,0 \times 10^9 \text{ N·m}^2/\text{C}^2)^2(1,6 \times 10^{-19} \text{ C})^4}{(6,63 \times 10^{-34} \text{ J·s})^2}\right]$$

$$= -\frac{2,17 \times 10^{-18}}{n^2} \text{ J}$$

$$E_n = -\frac{13,6}{n^2} \text{ eV}$$

Ainsi, les niveaux d'énergie pour les orbites permises de l'hydrogène sont

$$E_1 = -\frac{13,6}{1^2} = -13,6 \text{ eV}$$

$$E_2 = -\frac{13,6}{2^2} = -3,40 \text{ eV}$$

$$E_3 = -\frac{13,6}{3^2} = -1,51 \text{ eV} \qquad \text{(et ainsi de suite)}$$

Ce modèle permet de vérifier exactement les niveaux d'énergie de l'atome d'hydrogène établis antérieurement en fonction du spectre d'émission de l'hydrogène. Bien que tous les niveaux d'énergie soient négatifs, ce qui est caractéristique d'un milieu « lié », l'énergie des orbites externes est moins négative, et donc plus grande, que l'énergie des orbites internes. L'orbite la plus près du noyau ($n = 1$) possède l'énergie la plus faible ($-13,6$ eV), le plus petit rayon ($0,53 \times 10^{-10}$ m) et la vitesse d'électron la plus élevée ($2,2 \times 10^6$ m/s).

Il est maintenant possible de tracer un diagramme complet et détaillé des niveaux d'énergie de l'atome d'hydrogène (**figure 5**).

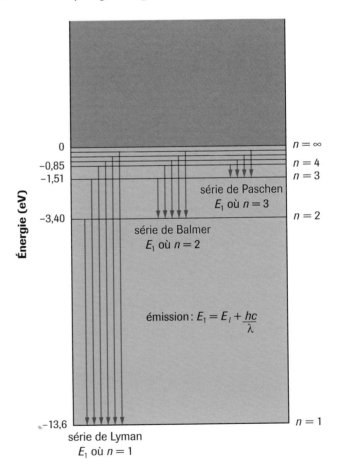

Figure 5

Diagramme des niveaux d'énergie de l'atome d'hydrogène

L'électron célibataire de l'atome d'hydrogène se trouve normalement dans un état fondamental ($n = 1$). Cependant, en absorbant l'énergie des photons ou lors des collisions avec des particules en mouvement rapide, il peut être amené à n'importe quel état d'excitation ($n = 2, 3, 4 ...$). Une fois dans un état d'excitation, l'électron retombe normalement à un niveau d'énergie moindre, libérant le surplus d'énergie en créant un photon. Les flèches à la **figure 5** représentent les transitions vers des niveaux inférieurs qui produisent les diverses raies du spectre d'émission d'hydrogène. Elles sont regroupées en séries selon leur niveau inférieur commun; les séries portent le nom des spectroscopistes célèbres qui les ont découvertes. La **série de Lyman** représente l'ensemble des transitions des niveaux d'énergie plus élevés vers l'état fondamental ($n = 1$); la **série de Balmer** constitue l'ensemble des transitions vers le niveau inférieur $n = 2$ et la **série de Paschen**, l'ensemble des transitions vers le niveau inférieur $n = 3$.

Le problème ci-dessous illustre comment on peut identifier ces raies spectrales.

série de Lyman série de longueurs d'onde d'un photon émises en transition d'un niveau d'énergie plus élevé au niveau $n = 1$, ou état fondamental

série de Balmer série de longueurs d'onde d'un photon émises en transition d'un niveau d'énergie plus élevé au niveau inférieur $n = 2$

série de Paschen série de longueurs d'onde d'un photon émises en transition d'un niveau d'énergie plus élevé au niveau inférieur $n = 3$

▶ PROBLÈME 3

Détermine, à l'aide de la **figure 5**, la longueur d'onde de la lumière émise lorsqu'un atome d'hydrogène effectue une transition d'une orbite de $n = 5$ à une orbite de $n = 2$.

Solution

$\lambda = ?$

Si $n = 5$, $\quad E_5 = -\dfrac{13,6}{5^2}$ eV $= -0,54$ eV

Si $n = 2$, $\quad E_2 = -\dfrac{13,6}{2^2}$ eV $= -3,40$ eV

$E_p = E_5 - E_2$

$\quad = -0,54$ eV $- (-3,40$ eV$)$

$E_p = 2,86$ eV

Ainsi,

$\lambda = \dfrac{hc}{E_p}$

$\quad = \dfrac{(6,63 \times 10^{-34} \text{ J·s})(3,00 \times 10^8 \text{ m/s})}{(2,86 \text{ eV})(1,60 \times 10^{-19} \text{ J/eV})}$

$\lambda = 4,35 \times 10^{-7}$ m ou 435 nm

La longueur d'onde de la lumière émise est de 435 nm. (Celle-ci est une raie violette dans le spectre visible, la troisième raie dans la série de Balmer.)

▶ Mise en pratique

Saisis bien les concepts

5. Compare la valeur de la longueur d'onde d'électron de de Broglie avec la circonférence de la première orbite.

6. Calcule l'énergie de tous les photons qu'émettrait un échantillon considérable d'atomes d'hydrogène, tous excités au départ au niveau $n = 5$.

7. Lors d'une expérience de type Franck-Hertz, les électrons sont accélérés par de l'hydrogène à la température de la pièce avec une différence de potentiel de 12,3 V. Quelles longueurs d'onde de lumière pourraient être émises par l'hydrogène?

8. Calcule la longueur d'onde d'une raie spectrale d'hydrogène dans la série de Balmer pour un niveau $n = 4$.

Réponses

6. 0,31 eV; 0,65 eV; 0,96 eV; 1,9 eV; 2,6 eV; 2,86 eV; 10,2 eV; 12,1 eV; 12,8 eV; 13,1 eV

7. 122 nm; 103 nm; 654 nm

8. 488 nm

9. Calcule les longueurs d'onde a) du photon le plus énergétique et b) du photon le moins énergétique qui peuvent être émises par un atome d'hydrogène à un niveau $n = 7$.

10. Calcule l'énergie et la longueur d'onde du photon le moins énergétique qui peut être absorbé par un atome d'hydrogène à la température de la pièce.

11. Calcule les plus grandes longueurs d'onde des raies d'hydrogène dans a) la série de Lyman ($n = 1$) et b) la série de Paschen ($n = 3$).

12. Quelle valeur de n donnerait une orbite Bohr d'un rayon de 1,0 mm à un atome d'hydrogène ? Quelle serait l'énergie d'un électron dans cette orbite ?

Le succès du modèle de Bohr

Bien que fondé sur des énoncés théoriques conçus pour appuyer des observations plutôt que sur des preuves empiriques, le modèle de Bohr a remporté un grand succès pour de nombreuses raisons :

- Il offrait un modèle physique de l'atome dont les niveaux d'énergie internes correspondaient à ceux du spectre d'hydrogène déjà observés.

- Il établissait la stabilité des atomes : lorsqu'un électron retournait à son état fondamental, il n'existait aucune énergie plus faible où il aurait pu se trouver. Alors, il y demeurait indéfiniment et l'atome était stable.

- Il s'appliquait également bien à d'autres atomes à électron unique tels qu'un ion d'hélium ionisé.

Toutefois, le modèle était incomplet, ne résistant pas à une analyse plus approfondie :

- Il s'est avéré inefficace lorsqu'on a tenté de l'appliquer aux atomes à électrons multiples, car il ne prenait pas en considération les interactions entre les électrons dans l'orbite.

- Avec le développement de techniques spectroscopiques plus précises, il est devenu manifeste que chacun des états d'excitation n'était pas un niveau d'énergie unique mais un groupe de niveaux finement divisés, approchant du niveau de Bohr. Pour expliquer cette séparation de niveaux, il était nécessaire d'apporter des modifications à la forme des orbites de Bohr ainsi qu'au concept selon lequel l'électron tourne autour d'un axe pendant qu'il se déplace.

Même si le modèle de Bohr a dû être abandonné avec le temps, sa conception originale a été un triomphe et ses principes de base sont toujours utiles. Il fut le premier à incorporer les fondements de la mécanique quantique à la structure interne de l'atome et à fournir un modèle physique de base pour l'atome. Plus tard, les découvertes scientifiques le remplaceraient avec des théories moins tangibles sur les ondes électroniques et la distribution de probabilités, comme il en sera question dans la prochaine section.

RÉSUMÉ   *Le modèle de l'atome de Bohr*

- Balmer a conçu une simple équation empirique à partir de laquelle on peut évaluer toutes les raies du spectre visible de l'hydrogène : $\dfrac{1}{\lambda} = R\left(\dfrac{1}{n_l^2} - \dfrac{1}{n_u^2}\right)$.
Son équation permettait de prévoir les niveaux d'énergie de l'hydrogène ainsi : $E_n = -\dfrac{13,6\,\text{eV}}{n^2}$ ($n = 1, 2, 3, \ldots$)

- Les recherches de Franck et Hertz, de même que l'analyse des spectres d'émission et d'absorption, avaient confirmé la présence de niveaux d'énergie internes discrets et bien définis au sein de l'atome.

- Bohr a suggéré que les atomes n'existent que dans certains états stationnaires, avec certaines orbites permises pour leurs électrons. Les électrons se déplacent dans ces orbites avec des quantités précises d'énergie totale, appelées niveaux d'énergie de l'atome.

- Bohr a énoncé les trois postulats suivants à propos du mouvement des électrons dans les atomes :

  1. Il existe quelques orbites spéciales d'électrons qui sont « permises », chacune étant caractérisée par une énergie électronique spécifique.

  2. Lorsqu'il se déplace dans une orbite stationnaire permise, un électron ne propage pas d'énergie.

  3. Les électrons peuvent passer d'une orbite de haute énergie à une orbite de plus faible énergie, libérant un photon unique. De la même façon, un atome ne peut absorber d'énergie que si cette énergie est égale à la différence d'énergie entre un état stationnaire inférieur et un autre plus élevé.

- Bohr a combiné la mécanique classique avec la mécanique quantique pour produire un modèle satisfaisant de structure atomique pour l'hydrogène.

- L'électron célibataire d'un atome d'hydrogène se trouve normalement dans son état fondamental ($n = 1$). En absorbant de l'énergie des photons, cependant, ou à la suite de collisions avec des particules en mouvement rapide, l'électron peut être transféré à l'un des états d'excitation supérieurs ($n = 2, 3, 4, ...$). Une fois dans un état d'excitation, l'électron retombe rapidement à un niveau plus bas, créant un photon au cours du processus.

- Le modèle de Bohr a réussi à fournir un modèle physique pour l'atome d'hydrogène correspondant aux niveaux d'énergie interne observés dans le spectre d'émission d'hydrogène tout en établissant la stabilité de l'atome d'hydrogène.

- Le modèle de Bohr était incomplet, car il a été inefficace lorsqu'on a tenté de l'appliquer aux atomes à électrons multiples.

▶ *Section 12.5* *Questions*

Saisis bien les concepts

1. Dans l'atome d'hydrogène, le nombre quantique n peut augmenter sans limite. La fréquence des raies spectrales possibles de l'hydrogène peut-elle aussi augmenter sans limite ?

2. Un atome d'hydrogène initialement dans son état fondamental ($n = 1$) absorbe un photon et est propulsé au niveau $n = 3$.
   a) Calcule l'énergie du photon absorbé.
   b) Si l'atome finit par retourner à son état fondamental, quelle énergie peut-il émettre ?

3. Quelle énergie est requise pour ioniser un atome d'hydrogène à partir d'un niveau $n = 2$? Quelle est la probabilité qu'une telle ionisation se produise ? Explique ta réponse.

4. Détermine la longueur d'onde et la fréquence de la quatrième raie de Balmer du spectre d'hydrogène (émise dans une transition de $n = 6$ à $n = 2$).

5. Selon la théorie de Bohr, pour quel état d'excitation l'atome d'hydrogène peut-il avoir un rayon de 0,847 nm ?

6. Selon la théorie atomique de Bohr, la vitesse d'un électron dans la première orbite de l'atome d'hydrogène est de $2,19 \times 10^6$ m/s.
   a) Calcule la longueur d'onde de de Broglie associée à cet électron.
   b) Établis la preuve, à l'aide de la longueur d'onde de de Broglie, que si le rayon de l'orbite de Bohr est de $4,8 \times 10^{-10}$ m, le nombre quantique est $n = 3$.

7. Calcule la force d'attraction coulombienne de l'électron lorsqu'il se trouve dans l'état fondamental de l'atome d'hydrogène de Bohr.

Le principe d'incertitude d'Heisenberg

Dès que les scientifiques ont abandonné les lois bien établies de la mécanique classique newtonnienne et qu'ils sont entrés dans l'univers inexploré de la mécanique quantique, ils ont découvert de nombreux phénomènes étranges et difficiles à visualiser. En mécanique classique, les objets que nous identifions comme étant des particules se comportent toujours comme des particules, et les phénomènes ondulatoires manifestent toujours des propriétés ondulatoires. Mais les hypothèses quantiques de Planck, d'Einstein et de Bohr ont créé un nouveau dilemme : la lumière, qui était perçue traditionnellement comme un phénomène ondulatoire, paraissait maintenant composée de photons possédant des caractéristiques particulaires distinctes. Les électrons, jusqu'ici considérés comme des particules minuscules dotées d'une charge et d'une masse définies, se comportaient comme des ondes ayant une longueur d'onde définie, se déplaçant dans les orbites de l'atome et interagissant avec des objets de dimensions atomiques. Décidément, une nouvelle façon de concevoir les phénomènes particulaires et ondulatoires devait être trouvée.

Les équations de la section 12.5 suggèrent que nous pouvons évaluer très précisément les propriétés d'un électron dans un atome d'hydrogène. La position d'un électron en orbite, de même que sa vitesse et son énergie, peuvent être déterminées exactement à l'aide de l'équation pour r_n. En 1927, le physicien allemand Werner Heisenberg (**figure 1**) avançait qu'il existait toujours une incertitude inhérente reliée à la détermination de ces quantités. Il ne s'agissait pas d'une question de précision dans les mesures. L'incertitude était inhérente et provenait de la nature mécanique quantique des particules subatomiques. Examinons une illustration de l'hypothèse d'Heisenberg.

Supposons que nous voulons mesurer la température d'une tasse de café chaud à l'aide d'un thermomètre de laboratoire. Lorsque le thermomètre à la température de la pièce est immergé dans le café, il extrait une partie de la chaleur du café. Par conséquent, la température enregistrée est celle du système, et non la température originale du café. Un plus petit thermomètre perturbera moins la température du café, donc donnera une lecture plus précise. Dans une situation limite, un thermomètre infiniment petit produirait un résultat infiniment précis. Il n'existe aucune limite inférieure inhérente pour la grosseur du thermomètre qui limiterait la précision de l'évaluation de la température.

Figure 1
Werner Heisenberg (1901-1976) a remporté le prix Nobel de physique en 1932 pour avoir formulé le principe d'incertitude.

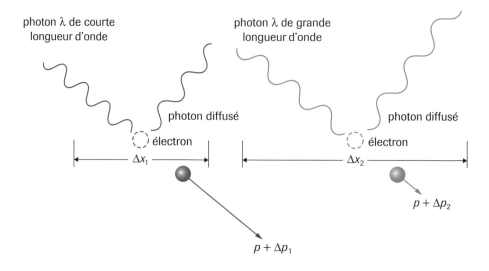

photon λ de courte longueur d'onde

photon λ de grande longueur d'onde

photon diffusé

photon diffusé

électron

électron

Δx_1

Δx_2

$p + \Delta p_1$

$p + \Delta p_2$

Figure 2
Plus nous tentons de localiser l'électron précisément, moins nous connaissons sa quantité de mouvement.

Imaginons maintenant que nous voulions déterminer la position d'un électron dans un atome. À cette fin, nous bombardons l'atome d'un rayonnement électromagnétique hautement énergétique d'une longueur d'onde donnée (**figure 2**). Un photon d'une longueur d'onde de λ possédera une quantité de mouvement $\frac{h}{\lambda}$. Nous savons, à la suite de notre analyse de l'effet Compton (section 12.3), que ce photon transmet une partie de sa quantité de mouvement à l'électron lorsque ces derniers entrent en contact. Ainsi, l'électron acquiert une nouvelle valeur inconnue de quantité de mouvement à la suite de de sa rencontre avec un photon. Plus nous tentons de localiser l'électron précisément en choisissant un photon d'une longueur d'onde plus petite, moins nous connaîtrons sa quantité de mouvement précisément. Si nous utilisons un photon d'une longueur d'onde plus grande pour obtenir une quantité de mouvement plus précise, nous devrons nous contenter d'une position plus approximative.

Il s'ensuit que nous ne pouvons mesurer à la fois la position et la quantité de mouvement d'un électron avec une précision illimitée. Heisenberg a établi les limites de ces incertitudes inhérentes et les a exprimées sous forme mathématique, dans une formule connue sous le nom de *principe d'incertitude d'Heisenberg*:

> ### Principe d'incertitude d'Heisenberg
>
> Si Δx est la valeur d'incertitude représentant la position d'une particule et que Δp est la valeur d'incertitude de la quantité de mouvement, alors
>
> $\Delta x \Delta p \geq \dfrac{h}{2\pi}$ h étant la constante de Planck

Pour comprendre le principe d'Heisenberg, prenons des exemples dans les univers macroscopique et microscopique. Pour une grosse particule d'une masse de 1,0 kg, dont la quantité de mouvement p est donnée par l'équation $p = mv$,

$$\Delta x \Delta p = \Delta x m \Delta v \geq \frac{h}{2\pi}$$

$$\Delta x \Delta v \geq \frac{h}{2\pi m}$$

$$\geq \frac{6,63 \times 10^{-34}\,\text{J·s}}{2\pi(1,0\,\text{kg})}$$

$$\Delta x \Delta v \geq 1,1 \times 10^{-34}\,\text{J·s/kg}$$

Alors, si nous pouvons connaître la position d'une particule jusqu'à une incertitude Δx de $\pm 10^{-6}$ m, il nous est possible de connaître sa vitesse jusqu'à une incertitude de Δv de $\pm 10^{-28}$ m/s (le produit de $\Delta x \Delta v$ ne peut être plus petit que $\sim 10^{-34}$ J·s/kg). Des incertitudes aussi minimes n'ont aucune conséquence lorsqu'il s'agit d'objets macroscopiques.

Par contre, pour un électron de masse $9,1 \times 10^{-31}$ kg,

$$\Delta x \Delta v \geq \frac{h}{2\pi m}$$

$$\geq \frac{6,63 \times 10^{-34}\,\text{J·s}}{2\pi(9,1 \times 10^{-31}\,\text{kg})}$$

$$\Delta x \Delta v \geq 1,2 \times 10^{-4}\,\text{J·s/kg}$$

Si l'on confine l'incertitude dans la position de l'électron à $\pm 10^{-10}$ m (environ la grosseur d'un atome), on ne peut connaître sa vitesse que jusqu'à une incertitude de $\pm 10^6$ m/s. Ces incertitudes sont assez importantes pour annuler l'hypothèse de Bohr concernant un électron fini se déplaçant dans une orbite bien définie. Il semble que la notion d'électron ait bien besoin d'être redéfinie. Nous garderons cette discussion pour le chapitre 13.

Déterminisme
Le déterminisme est la doctrine
philosophique suivant laquelle
chaque événement, action ou
décision est une conséquence
inévitable d'antécédents qui
sont indépendants de la volonté
humaine.

La probabilité et le déterminisme

La vision newtonienne de la mécanique était déterministe. Si la position et la vitesse d'un objet à un moment donné étaient connues, sa position et sa vitesse pourraient être déterminées pour tous les temps futurs, simplement en sachant quelles forces agissent sur lui. Plus de deux siècles de succès dans la description de l'univers macroscopique avaient rendu concluante la vision déterministe de la nature. Bohr n'avait aucune raison de croire que le mouvement des électrons dans les atomes pourrait être différent.

Cependant, à cause de la difficulté d'évaluer la position et la vitesse d'un électron, il devient impossible de déterminer, pour un électron donné, l'endroit où il se trouve maintenant et où il se trouvera dans un temps futur. À cause de ses propriétés ondulatoires inhérentes, un électron dans un atome ne peut être visualisé comme une particule newtonienne. Plutôt que de dire où il se trouve, on doit se contenter de décrire sa position, en énonçant la probabilité qu'il sera trouvé près d'un certain point.

Une des façons de visualiser cette situation est d'imaginer l'électron comme un nuage de charge négative distribué autour de l'atome, plutôt qu'à la manière d'une particule se déplaçant dans une orbite circulaire (**figure 3**). Le nuage est plus dense dans les zones de haute probabilité et moins dense dans les zones où il est moins probable de trouver l'électron. Pour la première orbite de Bohr de l'atome d'hydrogène ($n = 1$), le nuage est plus dense dans une enveloppe sphérique d'un rayon de $5,3 \times 10^{-11}$ m, le premier rayon de Bohr. Même si c'est l'endroit le plus probable où l'on peut trouver l'électron, il existe quand même une faible probabilité statistique qu'il se trouve ailleurs.

Figure 3
Nuage électronique ou distribution de probabilités de l'état fondamental de l'atome d'hydrogène. Le nuage est le plus dense — selon la probabilité la plus élevée — à une distance de $5,3 \times 10^{-11}$ m du noyau, soit ce que le modèle de Bohr prévoit pour le rayon de la première orbite. Cependant, la mécanique quantique moderne s'écarte du modèle de Bohr en affirmant que l'électron peut se trouver à une distance moindre ou supérieure à n'importe quel moment.

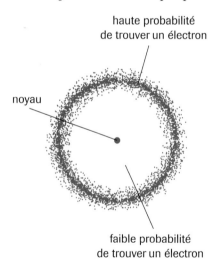

haute probabilité
de trouver un électron

noyau

faible probabilité
de trouver un électron

Le « nuage de probabilité » pour les autres orbites de Bohr permises prend des formes différentes qui peuvent être déterminées mathématiquement. En 1925, Heisenberg et Erwin Schrödinger, œuvrant séparément, ont conçu des équations mathématiques équivalentes dont les solutions procuraient la distribution des probabilités pour pratiquement n'importe quel problème en mécanique quantique. Les formules furent connues sous le nom d'équations de Schrödinger et remportèrent un immense succès dans la résolution de problèmes de structure atomique. Elles donnent une interprétation mathématique d'une situation physique, fournissant les valeurs de toutes les quantités mesurables telles que la quantité de mouvement et l'énergie, ainsi que la probabilité pour toutes les positions qu'une particule peut occuper. Les physiciens ont testé ces techniques longtemps, les appliquant à un vaste éventail de problèmes, avec un résultat concluant presque à chaque fois. On en trouve un exemple dans le domaine de la physique des solides à partir duquel ont été développés les semi-conducteurs, l'armature de l'électronique moderne.

RÉSUMÉ   *La probabilité par opposition au déterminisme*

- En mécanique classique, les objets que nous identifions comme étant des corpuscules se comportent toujours comme des particules, et les phénomènes ondulatoires manifestent toujours des propriétés ondulatoires.

- En mécanique quantique, la lumière est composée de photons ayant des caractéristiques particulaires distinctes et les électrons se comportent comme des ondes ayant une longueur d'onde définie.

- Heisenberg affirmait que l'incertitude était inhérente à toute quantité mesurée et provenait de la nature ondulatoire mécanique quantique des particules.

- Nous ne pouvons mesurer à la fois la position et la quantité de mouvement d'un électron avec une précision illimitée. Heisenberg a pu établir les limites de ces incertitudes inhérentes et les exprimer sous forme mathématique avec la formule $\Delta x \Delta p \geq \dfrac{h}{2\pi}$.

- La physique considère maintenant l'électron dans un atome comme un nuage de probabilité à charge négative distribué autour de l'atome, plutôt que comme une particule se déplaçant dans une orbite circulaire. Le nuage est plus dense dans les zones de haute probabilité et moins dense dans les zones où il est moins probable de trouver l'électron.

- Il est impossible de prévoir la position et la vitesse vectorielle d'un électron; nous ne connaissons que la probabilité que l'électron soit trouvé à un point donné. La forme et les dimensions de ces distributions de probabilités peuvent être déterminées mathématiquement.

LE SAVAIS-TU ?

Incertitude
Einstein, qui acceptait difficilement le principe d'incertitude, avait affirmé: «Dieu ne joue pas aux dés avec l'univers.» Le cosmologiste contemporain Steven Hawking, par contre, avait déclaré: «Non seulement Dieu joue aux dés avec l'univers, mais il les lance parfois où ils ne peuvent être vus.» (Tiré de *Une brève histoire du temps*, à propos des trous noirs.)

▶ **Section 12.6** *Questions*

Saisis bien les concepts

1. Dans quel sens le modèle de l'atome de Bohr enfreint-il le principe d'incertitude?

2. Avec quelle précision la position et la vitesse d'une particule peuvent-elles être connues simultanément?

3. Une balle de 12,0 g quitte le canon d'un fusil à une vitesse de $1,80 \times 10^2$ m/s.
   a) Calcule la longueur d'onde de de Broglie associée à la balle.
   b) Si la position de la balle est connue jusqu'à une précision de 0,60 cm (rayon du canon de fusil), quelle sera l'incertitude minimale dans la quantité de mouvement?

4. Si la valeur de la constante de Planck était très grande, quel effet serait produit si une flèche était tirée en direction d'une cible stationnaire? Quel effet obtiendrait-on avec une cible en mouvement, par exemple, un chevreuil?

EXERCICE D'APPLICATION 12.1.1

Habiletés de recherche

○ Questionner ○ Planifier ● Analyser
○ Émettre une ○ Mener une ○ Évaluer
  hypothèse   expérience ● Communiquer
○ Prévoir ○ Enregistrer, noter

Analyser l'effet photoélectrique

Comme la plupart des écoles n'ont pas accès à un phototube, les données d'une expérience réelle sont fournies à des fins d'analyse. Ces données te permettront de te familiariser avec la plupart des concepts nécessaires à la compréhension de l'effet photoélectrique et sa relation avec la théorie quantique de la lumière.

Lorsqu'un phototube est utilisé commercialement, le collecteur est positif et le courant photoélectrique est produit chaque fois qu'une lumière de fréquence suffisamment élevée frappe la surface photoélectrique. Dans cet exercice d'application, toutefois, le collecteur est habituellement négatif, entravant le courant dans le phototube. À une tension suffisamment négative, V_0, le courant s'arrêtera complètement. À ce point, la différence de potentiel entre les électrodes représente l'énergie cinétique maximale des photoélectrons libérés (voir la section 12.1). Si la différence de potentiel est exprimée en volts, cette énergie cinétique maximale des électrons peut être trouvée en joules avec l'expression $E = qV_0$. De la lumière de différentes couleurs (longueurs d'onde) est dirigée sur la surface photoélectrique durant l'expérience (**figure 1**).

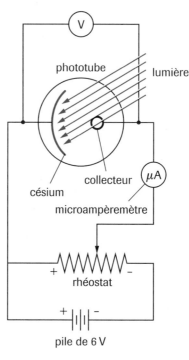

Figure 1
Soit que le voltmètre possède une résistance très élevée, soit qu'une correction doit être apportée à la mesure de courant pour qu'il y ait une fuite.

Preuve

a) Réfère-toi aux données du **tableau 1**.

Analyse

b) Pour chacune des sources lumineuses utilisées, trace un graphique du courant photoélectrique en fonction du potentiel de freinage. Choisis les facteurs d'échelle des axes de façon que les cinq graphiques puissent s'insérer dans le même type d'axes.

c) Établis le rapport entre le courant électrique maximal et l'intensité de la lumière incidente.

d) Quelle couleur de lumière est associée à la plus grande différence de potentiel? Les deux graphiques pour la lumière violette révèlent-ils le fait que l'intensité de la lumière incidente affecte le potentiel d'arrêt?

e) Le potentiel d'arrêt est une mesure de l'énergie cinétique maximale des électrons éjectés de la surface photoélectrique. À l'aide d'un diagramme semblable au **tableau 2**, détermine l'énergie cinétique maximale des photoélectrons, en électrons-volts et en joules. Quelle couleur de lumière possèdent les photons ayant la plus haute énergie? Explique ton raisonnement.

f) À l'aide du rapport $c = f\lambda$, détermine la fréquence de chaque couleur. Trace un graphique de l'énergie cinétique maximale des électrons éjectés en joules, par opposition à la fréquence des photons, en hertz. L'axe énergie devrait avoir un axe négatif égal à l'axe positif et la fréquence devrait commencer à zéro. Pour simplifier ton graphique, utilise une notation scientifique pour les échelles des deux axes. Qu'est-ce que les deux variables ont en commun?

g) Détermine la pente de la courbe du graphique énergie en fonction de la fréquence. La valeur acceptée pour cette pente est la constante de Planck ($6,63 \times 10^{-34}$ J·s). Calcule ton erreur expérimentale.

h) Tu peux voir, d'après l'expérience en f), que si la courbe du graphique est extrapolée, elle possède des coordonnées sur les deux axes, énergie et fréquence. Les coordonnées négatives sur l'axe énergie représente un travail d'extraction qui équivaut à l'énergie requise pour libérer un électron de la surface photoélectrique (voir la section 12.1). Quel est le travail d'extraction pour le césium? Que signifie la valeur négative des coordonnées?

Tableau 1 Grille d'observation

Couleur	Jaune	Vert	Bleu	Violet	
Longueur d'onde	578 nm	546 nm	480 nm	410 nm (faible intensité)	410 nm (haute intensité)
Potentiel de freinage (V)	Photo-courant (μA)	Photo-courant (μA)	Photo-courant (μA)	Photo-courant (μA)	Photo-courant (μA)
0,00	3,2	10,4	11,2	8,5	14,8
0,05	2,3	8,7	10,1	8,1	14,0
0,10	1,3	7,1	9,0	7,6	13,3
0,15	0,6	5,5	8,0	7,2	12,6
0,20	0,2	4,0	7,0	6,7	11,9
0,25	0	2,4	6,0	6,2	11,1
0,30	0	1,0	4,9	5,7	10,4
0,35		0,2	3,8	5,3	9,6
0,40		0	2,8	4,8	8,9
0,45		0	1,7	4,4	8,2
0,50			1,2	3,9	7,0
0,55			0,7	3,4	6,7
0,60			0,4	3,0	6,0
0,65			0,1	2,5	5,2
0,70			0	2,0	4,5
0,75			0	1,6	3,7
0,80				1,1	3,0
0,85				0,9	2,3
0,90				0,7	1,7
0,95				0,5	1,2
1,00				0,3	0,8
1,05				0,2	0,4
1,10				0,1	0,1
1,15				0	0
1,20				0	0

Tableau 2

Couleur de lumière	Longueur d'onde de lumière (nm)	Différence de potentiel (V)	E_C maximale des électrons éjectés		Fréquence de lumière (Hz)
			(eV)	(J)	
jaune	578				
vert	546				
bleu	480				
violet (faible intensité)	410				
violet (haute intensité)	410				

i) Les coordonnées sur l'axe fréquence représentent la fréquence de seuil f_0 ou la fréquence minimale des photons qui fera en sorte que les électrons seront éjectés d'une surface de césium. Quelles sont les fréquences de seuil et de longueur d'onde du césium ?

j) À l'aide des valeurs de pente et de coordonnées ci-dessus, écris une équation générale pour décrire le graphique ayant la forme mathématique $y = mx + b$.

k) Écris une équation d'économie d'énergie à l'aide des variables E_{photon}, E_C et T. Modifie-la pour qu'elle soit du même format que l'équation en j). Tu devras revoir l'équation portant sur l'énergie et la fréquence d'un photon.

l) Le **tableau 3** fournit des données pour deux autres surfaces photoélectriques. Après avoir effectué les calculs appropriés, inscris les données sur le graphique que tu as utilisé à l'étape f).

Tableau 3

Fréquence du baryum ($\times 10^{14}$ Hz)	Différence de potentiel du baryum (V)	Fréquence du calcium ($\times 10^{14}$ Hz)	Différence de potentiel du calcium (V)
6,25	0,10	8,50	0,20
6,55	0,25	9,25	0,50
7,00	0,40	10,0	0,80
7,50	0,65	11,0	1,25

m) À l'aide des deux nouvelles courbes, détermine les fréquences de seuil et le travail d'extraction pour le baryum et le calcium. Laquelle des trois substances utilisées dans cet exercice d'application ne produirait pas d'émission photoélectrique dans la zone visible du spectre ?

n) Compare les pentes des trois graphiques. Que peut-on déduire à propos de la constante de Planck ?

RECHERCHE 12.5.1

Les niveaux d'énergie de l'hydrogène

Dans la section 12.4, nous avons étudié les spectres d'émission et d'absorption et avons effectué des calculs portant sur les niveaux d'énergie. À cette étape, tu as peut-être examiné les spectres d'émission de gaz excités électriquement, comme l'hydrogène, à travers un spectroscope, dans des tubes à décharge. Dans cette recherche, tu devras te servir de tes connaissances sur les réseaux de diffraction et utiliser le spectroscope (section 10.3) pour prendre des mesures et déterminer les longueurs d'onde des raies visibles de l'hydrogène. La procédure exacte dépendra, jusqu'à un certain point, de la qualité du spectroscope qui te sera fourni. Même avec un spectroscope de base, cependant, les valeurs obtenues devraient être assez proches des valeurs théoriques.

Question

Quelle est la valeur des longueurs d'onde des raies visibles dans le spectre d'émission de l'hydrogène ?

Prévision

Les longueurs d'onde et les énergies mesurées pour les quatre premières raies de la série dans Balmer sont les mêmes que les valeurs théoriques calculées.

Habiletés de recherche

- ○ Questionner
- ○ Émettre une hypothèse
- ○ Prévoir
- ○ Planifier
- ● Mener une expérience
- ● Enregistrer, noter
- ● Analyser
- ● Évaluer
- ● Communiquer

Matériel

Spectroscope avec réseau de diffraction
source de haute tension (transformateur ou bobine d'induction)
tube à décharge avec hydrogène
règle métrique

Marche à suivre

Remarque : la marche à suivre suivante s'applique à un spectroscope de base. Si le spectroscope peut mesurer les angles de diffraction des raies spectrales, les étapes 2, 5, 6 et 7 peuvent être omises.

1. Examine l'appareil qui a été mis à ta disposition par ton enseignant ou ton enseignante. Prends note de chaque pièce en traçant un diagramme annoté. Ne déplace pas le collimateur ni le télescope de son support. (L'ajustement et la mise au point peuvent exiger beaucoup de temps.)

2. Colle un morceau de papier sous le support du télescope pour t'assurer que le support peut bouger librement.

3. Déplace le tube à décharge gazeuse en touchant le porte-tubes seulement, de façon qu'il soit aligné le mieux possible avec la fente du collimateur. Installe l'écran noir pour que seule la lumière passant dans le collimateur entre dans le télescope. Active la source de haute tension.

 Ne touche à aucune pièce du tube, ni au porte-tubes, aux fils et à la source d'énergie, excepté au bouton marche-arrêt.

4. Éteins les lumières de la pièce. Ajuste le support du télescope pour que ce dernier soit aligné avec la fente. Règle le viseur du télescope avec soin, afin que la bordure frontale de l'oculaire soit alignée avec le maximum central (une ligne brillante). Un léger ajustement du tube à décharge gazeuse peut être nécessaire pour obtenir un meilleur alignement.

5. Bouge le télescope d'un côté, puis repère les trois raies les plus brillantes (dont les couleurs sont le violet, le bleu verdâtre et le rouge). Si ta vue est bonne, que la pièce est très sombre et que ton équipement est ajusté convenablement, tu verras une raie violette plus pâle à côté de la raie violette brillante. Bouge le télescope de l'autre côté du maximum central pour voir le même ensemble de raies spectrales.

6. Retourne à la raie centrale et trace une marque avec un crayon bien aiguisé dans l'encoche de ton papier. Bouge le télescope d'un côté et fais des marques similaires pour noter les positions de chaque raie spectrale identifiée. Effectue des marques correspondantes de l'autre côté du maximum central.

7. Coupe le courant.

8. Mesure la distance entre la raie centrale et la marque que tu as inscrite pour chaque raie spectrale. Établis la moyenne des distances des deux côtés du maximum central.

9. En utilisant tes connaissances sur le réseau de diffraction (section 10.3) et la valeur de *d*, la séparation des fentes du spectroscope, calcule la longueur d'onde correspondant à chacune des trois raies spectrales.

Analyse

a) Calcule la longueur d'onde des photons dans chacune des raies spectrales observées.

b) Calcule l'énergie des photons, en électrons-volts, dans chacune des raies spectrales observées.

c) Calcule l'énergie des électrons dans chacun des six premiers niveaux d'énergie permis pour l'hydrogène, à l'aide de l'équation $E_n = -\dfrac{13,6\text{ eV}}{n^2}$.

d) Détermine l'énergie des quatre premiers photons dans la série de Balmer (la série dans laquelle les électrons sont abaissés au niveau $n = 2$).

e) Détermine les niveaux d'énergie spécifiques qui se manifestent lors des transitions menant à chacune des raies spectrales observées.

Évaluation

f) Évalue la pertinence de la prévision résultant des mesures effectuées avec le spectroscope en comparant l'énergie de chaque photon avec sa valeur théorique.

Synthèse

g) Décris une procédure à suivre pour évaluer l'énergie des photons visibles émis par le néon.

Objectifs clés

- définir et décrire les concepts reliés à notre compréhension moderne de la nature de l'atome et des principes qui le régissent, tels que la théorie quantique, l'effet photoélectrique, les ondes de matière, la dualité onde-particule, les niveaux d'énergie dans l'atome et le principe d'incertitude (12.1, 12.2, 12.3, 12.4, 12.5, 12.6)

- décrire l'effet photoélectrique en termes de quantum d'énergie et tracer les grandes lignes de la preuve expérimentale qui appuie la thèse de la nature particulaire de la lumière (12.1)

- décrire le modèle de Bohr de l'atome d'hydrogène en termes qualitatifs, en tant que synthèse de la mécanique quantique classique originale (12.5)

- réunir et interpréter des données expérimentales appuyant les principes de l'effet photoélectrique et, pour le modèle de Bohr de l'atome, rassembler des données sur l'analyse du spectre d'émission de l'hydrogène (12.1, 12.5)

- donner les grandes lignes du développement historique des théories scientifiques et des modèles de matière et d'énergie qui ont mené à la conception du modèle de Bohr de l'atome d'hydrogène (12.1, 12.3, 12.5, 12.6)

- expliquer la manière dont le développement de la théorie quantique a donné lieu à des découvertes scientifiques et technologiques bénéfiques pour la société (12.1, 12.2, 12.4)

- donner des exemples de la contribution des Canadiens et des Canadiennes au développement de la physique moderne (12.1, 12.2)

Mots clés

corps noir

rayonnement du corps noir

quanta

constante de Planck

effet photoélectrique

photoélectrons

potentiel d'arrêt

fréquence de seuil

photon

équation photoélectrique d'Einstein

travail d'extraction

photodiode

dispositif à transfert de charge

effet Compton

quantité de mouvement d'un photon

production de paires

dualité onde-particule

principe de complémentarité

longueur d'onde de de Broglie

ondes de matière

mécanique quantique

microscope électronique à transmission

microscope électronique à balayage

microscope électronique à balayage à effet tunnel

spectre continu

spectre d'émission

spectre d'absorption

état fondamental

première énergie d'excitation

niveaux d'énergie

énergie d'ionisation

fluorescence

phosphorescence

métastable

laser

émission spontanée

émission stimulée

cohérence de la lumière

inversion des populations

état stationnaire

série de Lyman

série de Balmer

série de Paschen

principe d'incertitude d'Heisenberg

Équations clés

- $E = hf$ (12.1)
- $h = 6{,}63 \times 10^{-34}$ J·s   constante de Planck (12.1)
- $E_C = E_{\text{photon}} - T$ équation photoélectrique d'Einstein (12.1)
- $E_C = hf - T$ (12.1)
- $p = \dfrac{h}{\lambda}$ (12.1)
- $\lambda = \dfrac{h}{p} = \dfrac{h}{mv}$ longueur d'onde de de Broglie (12.2)
- $E_p = E_i - E_f$ émission de photon (12.4)
- $E_p = E_f - E_i$ absorption de photon (12.4)
- $E_n = -\dfrac{13{,}6}{n^2}$ eV   hydrogène (12.5)
- $\Delta x \Delta p \geq \dfrac{h}{2\pi}$ principe d'incertitude d'Heisenberg (12.6)

▶ *RÉDIGE* un résumé

Élabore un schéma conceptuel des théories scientifiques ayant contribué au développement de la théorie quantique et à son application à l'atome d'hydrogène, en commençant par Planck et en finissant avec Bohr. Utilise le plus possible les mots clés, les équations et les concepts que tu as étudiés dans ce chapitre.

Inscris les nombres de 1 à 11 dans ton cahier. Indique à côté de chaque nombre si l'énoncé qui s'y rapporte est vrai (V) ou faux (F). S'il est faux, écris la version corrigée de l'énoncé.

1. Planck a avancé que l'énergie est propagée en paquets qu'il appelait quanta. L'énergie d'un seul quantum est directement proportionnelle à sa longueur d'onde.

2. Au potentiel d'arrêt, même les photoélectrons les plus énergétiques ne peuvent atteindre l'anode.

3. Plus grande est la longueur d'onde de la lumière incidente frappant une surface photoélectrique donnée, plus grand est le potentiel d'arrêt.

4. Dans l'effet Compton, des photons à grande énergie frappent une surface, éjectant des électrons avec l'énergie cinétique et des photons de plus faible énergie.

5. Les photons possèdent une quantité de mouvement dont la valeur est exprimée par $p = \dfrac{hc}{\lambda}$.

6. Lorsque la lumière passe à travers un milieu, son comportement s'explique mieux grâce à ses propriétés particulaires, tandis que lorsqu'elle interagit avec la matière, son comportement s'explique mieux grâce à ses propriétés ondulatoires.

7. La diffraction des électrons a révélé que les particules possèdent des caractéristiques ondulatoires.

8. Des gaz « excités » électriquement produisent un spectre continu, tandis qu'un spectre d'émission ou spectre de raies est émis par un solide chauffé.

9. Un atome se trouve normalement dans son état fondamental. Les états d'excitation ou niveaux d'énergie sont les quantités d'énergie que l'atome peut absorber.

10. L'analyse des spectres d'émission et d'absorption a confirmé qu'il existe des niveaux d'énergie interne, bien définis et discrets dans l'atome.

11. Nous considérons l'électron dans l'atome comme une particule se déplaçant dans une orbite circulaire, dont les propriétés ondulatoires prévoient sa position exacte et sa vitesse vectorielle.

Inscris les nombres de 12 à 24 dans ton cahier. Indique à côté de chaque nombre la lettre qui correspond au meilleur choix de réponse.

12. Dans l'effet photoélectrique, augmenter la fréquence de la lumière incidente sur une surface métallique
   a) abaisse la fréquence de seuil pour l'émission de photoélectrons
   b) diminue le nombre de photoélectrons émis
   c) augmente la fréquence de seuil pour l'émission de photoélectrons

   d) augmente l'énergie cinétique des photoélectrons les plus énergétiques
   e) n'a pas d'effet sur l'énergie cinétique des photoélectrons

Utilise la **figure 1** pour répondre aux questions 13 à 15. La **figure 1** montre les résultats d'une expérience qui illustre l'effet photoélectrique. Le graphique montre les intensités de courant observées dans le circuit de la photocellule représentant la différence de potentiel entre les plaques de la photocellule lorsque les faisceaux lumineux A, B, C et D, ayant chacun leur propre longueur d'onde, ont été dirigés sur la photocellule.

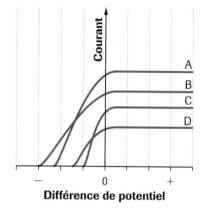

Figure 1
Graphique opposant courant et différences de potentiel pour quatre faisceaux lumineux différents (questions 13, 14, 15)

13. Lequel des faisceaux avait la fréquence la plus élevée ?
   a) A   c) C   e) Ils avaient tous la même
   b) B   d) D   fréquence.

14. Lequel des faisceaux avait la plus grande longueur d'onde ?
   a) A   c) C   e) Ils avaient tous la même
   b) B   d) D   longueur d'onde.

15. Lequel des faisceaux a éjecté des photoélectrons ayant la plus grande quantité de mouvement ?
   a) A   d) D
   b) B   e) Ils ont tous éjecté des photoélectrons
   c) C   ayant la même quantité de mouvement.

Utilise la **figure 2** pour répondre aux questions 16 et 17. Ici, les électrons d'une seule énergie sont dirigés dans un faisceau étroit comme un crayon, selon un angle d'incidence de 90° sur une couche cristalline d'or très mince. De l'autre côté de la couche, un ensemble d'anneaux circulaires apparaissent sur un écran fluorescent.

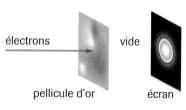

électrons   vide

pellicule d'or   écran

Figure 2
Schéma se rapportant aux questions 16 et 17

Une version interactive de cette évaluation est disponible dans Internet.
ALLER A www.beaucheminediteur.com/physique12

Les ondes, les photons et la matière   **659**

16. Cette expérience fournit la preuve
    a) de la nature ondulatoire de la matière
    b) de la vitesse élevée des électrons
    c) d'orbites circulaires d'électrons autour du noyau
    d) de la forme sphérique de l'atome de l'or
    e) aucune de ces réponses

17. Si l'énergie des électrons était augmentée, les anneaux
    a) prendraient la forme d'une ellipse de plus en plus excentrique
    b) demeureraient essentiellement inchangés
    c) deviendraient moins intenses
    d) augmenteraient en largeur
    e) diminueraient de grosseur

Utilise la **figure 3** pour répondre aux questions 18 à 20. La **figure 3** montre une expérience de Franck-Hertz utilisant un potentiel d'accélération de 8,00 V dans un tube contenant de la vapeur de mercure.

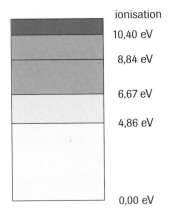

ionisation

10,40 eV

8,84 eV

6,67 eV

4,86 eV

0,00 eV

Figure 3
Niveaux d'énergie du mercure (questions 18, 19, 20)

18. Après avoir traversé le gaz, les électrons peuvent avoir une énergie
    a) de 4,86 eV et de 6,67 eV seulement
    b) de 1,33 eV et de 8,00 eV seulement
    c) de 0,84 eV, de 2,40 eV et de 8,00 eV seulement
    d) de 3,14 eV, de 1,33 eV et de 8,00 eV seulement
    e) dans un continuum de valeurs allant de 0 à 8,00 eV

19. Un électron avec une énergie cinétique de 9,00 eV entre en collision avec un atome de mercure qui est dans son état fondamental. L'atome de mercure
    a) ne peut être excité qu'à une énergie de 8,84 eV
    b) ne peut être excité qu'à une énergie de 1,40 eV
    c) ne peut être excité qu'à une énergie de 0,16 eV
    d) peut être excité jusqu'à n'importe lequel de ces niveaux d'énergie : 4,86 eV, 6,67 eV ou 8,84 eV
    e) ne peut être excité par cet électron

20. Un photon avec une énergie de 9,00 eV entre en collision avec un atome de mercure qui est dans son état fondamental. L'atome de mercure
    a) ne peut être excité qu'à une énergie de 8,84 eV
    b) ne peut être excité qu'à une énergie de 1,40 eV
    c) ne peut être excité qu'à une énergie de 0,16 eV
    d) peut être excité jusqu'à n'importe lequel de ces niveaux d'énergie : 4,86 eV, 6,67 eV ou 8,84 eV
    e) ne peut être excité par ce photon

21. Analyse les énoncés suivants basés sur le modèle de l'atome de Rutherford :
    I. Les électrons dans un atome tombent en spirale dans le noyau.
    II. Le noyau des atomes diffuse des particules α lors d'une interaction coulombienne.
    III. Les atomes désexcités émettent de la lumière dans un spectre continu plutôt que dans un ensemble discret de couleurs.

    Parmi ces énoncés,
    a) seul I est contredit lors d'une observation
    b) seul II est contredit lors d'une observation
    c) seuls I et II sont contredits lors d'une observation
    d) seuls I et III sont contredits lors d'une observation
    e) aucun n'est confirmé par observation

Pour les questions 22 à 24, rappelle-toi que $c = 3,00 \times 10^8$ m/s, $h = 6,6 \times 10^{-34}$ J·s et 1 eV = $1,6 \times 10^{-19}$ J et suppose que les niveaux d'énergie suivants s'appliquent à un atome de type hydrogène :

$n = \infty$ ...	18 eV
$n = 5$ ...	17 eV
$n = 4$ ...	15 eV
$n = 3$ ...	12 eV
$n = 2$ ...	8 eV
$n = 1$ ...	0 eV

22. Le potentiel d'ionisation de cet atome est de
    a) 0 V   d) 18 V
    b) 8 V   e) impossible à évaluer
    c) 10 V   avec les données fournies

23. L'énergie du photon émis lors de la désexcitation de cet atome, du niveau $n = 3$ à $n = 2$, est de
    a) 4 eV   c) 8 eV   e) 12 eV
    b) 6 eV   d) 10 eV

24. Un électron ayant une énergie cinétique de 10 eV bombarde cet atome dans son état fondamental. Une des valeurs possibles pour l'énergie cinétique de cet électron après cette interaction est de
    a) 0 eV   c) 8 eV   e) 28 eV
    b) 2 eV   d) 18 eV

Saisis bien les concepts

1. Explique, à l'aide de la théorie quantique de la lumière, pourquoi on ne peut pas voir dans l'obscurité.

2. Dans la chambre noire d'un photographe, la lumière est très dommageable pour les émulsions sensibles et peut ruiner des photographies. Cependant, des ampoules rouges peuvent être utilisées pour travailler sur certains types de pellicules. À l'aide de la théorie quantique de la lumière, explique pourquoi la lumière rouge n'a pas d'effet néfaste sur la pellicule photographique.

3. Lorsqu'une lumière monochromatique illumine une surface photoélectrique, des photoélectrons dotés de plusieurs vitesses différentes, atteignant une valeur maximale, sont éjectés. Explique pourquoi il existe des variations de vitesse.

4. Calcule la plus grande longueur d'onde de lumière qui peut éjecter des électrons d'une surface avec un travail d'extraction de 2,46 eV.

5. Une lumière ayant une longueur d'onde de $6,0 \times 10^2$ nm frappe une surface de métal dotée d'un travail d'extraction de $2,3 \times 10^{-19}$ J. Calcule l'énergie cinétique maximale, en joules, des électrons émis et la différence de potentiel requise pour les bloquer.

6. Une lumière ayant une longueur d'onde de $4,30 \times 10^2$ nm tombe sur une surface photoélectrique. L'énergie cinétique maximale des photoélectrons est de 1,21 eV. Calcule le travail d'extraction de la surface.

7. Calcule la quantité de mouvement d'un photon de lumière violette de $4,10 \times 10^2$ nm.

8. Calcule l'énergie requise, en électrons-volts, pour donner à un électron une longueur d'onde de de Broglie de $7,5 \times 10^{-10}$ m.

9. Un électron au repos est accéléré avec une différence de potentiel de $1,50 \times 10^4$ V. Calcule sa longueur d'onde de de Broglie.

10. Un électron est propulsé sur une cible de métal, atteignant une vitesse de $1,00 \times 10^6$ m/s. Lors de l'impact, il décélère rapidement jusqu'à atteindre la moitié de sa vitesse, émettant un photon au cours du processus. Calcule la longueur d'onde du photon.

11. a) Calcule la longueur d'onde d'un photon ayant la même quantité de mouvement qu'un électron se déplaçant à une vitesse de $2,52 \times 10^6$ m/s.

    b) Calcule la longueur d'onde de de Broglie associée à l'électron.

12. Comment la diffraction d'électrons par une mince feuille de nickel illustre-t-elle le concept de dualité onde-particule?

13. Identifie les divergences majeures entre les faits observés et les explications de Rutherford sur l'émission de la lumière par les atomes.

14. Pourquoi est-il difficile pour un observateur sur la Terre de déterminer par analyse spectrale si les atmosphères de Vénus et de Mars contiennent de l'oxygène? Explique ton raisonnement brièvement.

15. Lorsque la lumière d'une gamme continue de longueurs d'onde, allant de l'ultraviolet lointain à l'infrarouge lointain, traverse l'hydrogène à la température de la pièce, seule la série de Lyman des raies d'absorption apparaît. Explique pourquoi les autres séries n'apparaissent pas.

16. Suppose que l'électron dans l'atome d'hydrogène se comporte selon la mécanique classique plutôt que selon la mécanique quantique. Explique pourquoi cet atome hypothétique émettrait un spectre continu.

17. Explique pourquoi l'ultraviolet lointain et les rayons X sont considérés comme des rayonnements ionisants.

18. Énonce le principe de complémentarité.

19. Explique les différences et les similitudes entre l'interférence des vagues et l'interférence des électrons.

20. Compare la façon dont les particules sont perçues en mécanique quantique et en mécanique classique.

21. En supposant que l'atome d'hydrogène est sphérique, par quel facteur son volume est-il plus grand dans son premier état d'excitation que dans son état fondamental?

22. Quelle preuve expérimentale appuyait le postulat de Bohr concernant l'existence de niveaux d'énergie discrets dans l'atome d'hydrogène?

23. Décris le changement qui survient dans chacune des quantités suivantes lorsqu'un électron passe d'une orbite de Bohr à une autre de plus haute énergie:

    a) vitesse
    b) rayon orbital
    c) énergie
    d) longueur d'onde de de Broglie

24. Selon la théorie de Bohr, quel est le rayon du second état d'excitation de l'atome d'hydrogène?

25. L'énergie solaire moyenne reçue au niveau du sol à Toronto et à Montréal est d'environ 1,0 kW/m².

    a) Si la longueur d'onde moyenne de la lumière du soleil est de $5,50 \times 10^2$ nm, combien de photons par seconde frappent une zone de 1,0 cm², en supposant que les rayons lumineux frappent la surface selon un angle de 90°?

    b) Calcule combien de photons tu trouverais dans un dé à coudre ayant un volume de 1 cm³.

26. Comment le principe d'incertitude s'applique-t-il à un électron gravitant autour d'un noyau ?

27. Un objet est-il jamais complètement immobile ? Utilise le principe d'incertitude pour expliquer ta réponse.

Mets en pratique tes connaissances

28. Crée un graphique du courant électrique en fonction du potentiel d'accélération représentant les résultats des expériences de Franck-Hertz.

29. Le graphique de la **figure 1** montre l'énergie cinétique des photoélectrons les plus énergétiques en fonction de la fréquence de lumière frappant la cathode dans la cellule photoélectrique.
    a) Selon le graphique, quelle différence de potentiel serait requise pour retarder tous les électrons émis si la lumière incidente avait une fréquence de $7,5 \times 10^{14}$ Hz ?
    b) Quelle est la signification physique du point d'intersection du graphique avec l'axe de fréquence (axe des x) ?
    c) Quelle est la signification physique du point d'intersection obtenu lorsque le graphique est extrapolé à l'axe d'énergie cinétique (axe des y) ?

d) Utilise le graphique pour déterminer une valeur pour la constante de Planck.

30. Tu as utilisé un spectroscope avec un réseau de diffraction de 5 000 lignes/cm pour déterminer la longueur d'onde de la raie verte de mercure. La **figure 2** te fournit des mesures. Calcule la longueur d'onde de la raie verte de mercure du premier ordre.

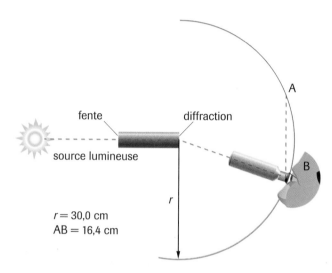

$r = 30,0$ cm
AB = 16,4 cm

Figure 2

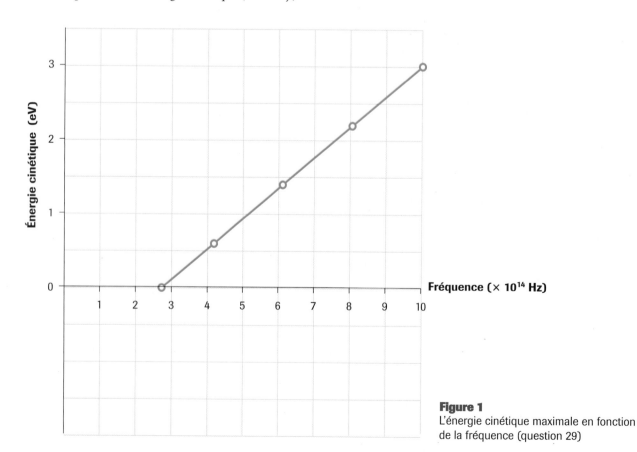

Figure 1
L'énergie cinétique maximale en fonction de la fréquence (question 29)

Fais des liens

31. L'une des applications les plus importantes de l'effet photoélectrique est la pile solaire (**figure 3**). Effectue une recherche dans Internet et dans d'autres sources de documentation pour répondre aux questions suivantes :

    a) Comment les piles solaires utilisent-elles l'effet photoélectrique ?

    b) Donne des détails sur leur efficacité et les méthodes prises pour les perfectionner.

    c) Énumère les avantages et les désavantages les plus importants reliés aux piles solaires, comparativement à d'autres types de sources d'électricité.

    d) Décris trois applications de la pile solaire sur Terre et deux dans l'espace.

    e) Suggère la manière dont les piles solaires pourraient être utilisées dans le futur.

ALLER À) www.beaucheminediteur.com/physique12

Figure 3
Le télescope spatial Hubble utilise des piles solaires pour générer de l'électricité.

32. Un neutron à grande énergie libéré dans un réacteur nucléaire possède une vitesse approximative de 4×10^6 m/s. Lorsqu'un tel neutron s'approche d'un noyau d'uranium, il a tendance à se diffracter autour du noyau au lieu de le frapper et de causer une fission (divisant l'atome en deux parties relativement égales et libérant de l'énergie). Pour cette raison, un modérateur, tel que de l'eau lourde ou du graphite, ralentit les neutrons à environ 2×10^3 m/s, rendant les collisions productrices de fission plus probables. À l'aide de tes connaissances sur les ondes de matière, explique pourquoi un modérateur est nécessaire pour augmenter les probabilités de fission. À l'aide de tes connaissances sur les collisions élastiques, explique la manière dont le modérateur agit pour remplir sa fonction.

33. Quelques termes du vocabulaire de physique se sont retrouvés dans le langage courant. Par exemple, « saut quantique » est employé pour exprimer des changements importants et le terme « polarisation » est employé pour qualifier des opinions, des tendances politiques et des philosophies. Donne des exemples de deux ou trois autres termes du langage courant empruntés au domaine de la physique.

Exercices complémentaires

34. Lors d'une expérience à double fente de Young mettant en présence des électrons au lieu de photons, l'angle permettant de repérer les franges brillantes du premier ordre est $\theta_1 = 1,6 \times 10^{-4\circ}$ lorsque la quantité de mouvement des électrons est de $p_1 = 1,2 \times 10^{-22}$ kg·m/s. Quelle est la quantité de mouvement nécessaire avec la même paire de fentes si un angle de $\theta_2 = 4,0 \times 10^{-4\circ}$ permet de repérer les franges brillantes de premier ordre ?

35. Un électron et un proton sont accélérés à la même énergie cinétique, atteignant des vitesses assez basses pour que les effets relativistes soient négligeables. Établis le rapport de leurs longueurs d'onde de de Broglie.

36. Les neutrons dans un faisceau parallèle, ayant chacun une vitesse de $8,75 \times 10^6$ m/s, sont dirigés à travers deux fentes espacées de $5,0 \times 10^{-6}$ m. À quelle distance les maximums d'interférence seront-ils les uns des autres sur un écran placé à 1,0 m ?

37. L'énergie cinétique d'une certaine particule est égale à l'énergie d'un photon. La particule se déplace à 5,0 % de la vitesse de la lumière. Établis le rapport entre la longueur d'onde du photon et la longueur d'onde de de Broglie de la particule.

chapitre
13

La radioactivité et les particules élémentaires

La curiosité est le moteur de la recherche scientifique. À l'origine de toute recherche scientifique, il y a généralement une question qui commence par comment ou pourquoi. Comment les étoiles et le Soleil produisent-ils les énormes quantités de chaleur et de lumière qui se propagent à travers tout l'espace ? Pourquoi un échantillon d'uranium impressionne-t-il une pellicule photographique dans le noir ? Pourquoi l'Univers semble-t-il en expansion ? En fin de compte, les scientifiques aimeraient savoir d'où proviennent toute la matière et l'énergie dans l'Univers.

Dans leur quête de réponses aux grandes questions de la science, les scientifiques ont élaboré des théories qui tentent d'expliquer la nature de très vastes entités, telles que les planètes, les étoiles et les galaxies, et de très petites choses, telles que les atomes, les protons et les électrons. Deux théories fondamentales de la science — la théorie de la relativité et la mécanique quantique — contrastent vivement l'une avec l'autre. La théorie générale de la relativité d'Einstein explique la nature de la pesanteur et de ses effets sur de très grands objets, et la théorie quantique décrit la nature de très petits objets. Puisque les protons, les électrons, les planètes et les galaxies sont autant de formes de matière qui interagissent suivant les quatre forces fondamentales de la nature, il semble raisonnable qu'une seule théorie puisse tout expliquer.

Einstein a passé les trente dernières années de sa vie à tenter — en vain — de concevoir une vision universelle de l'Univers en cherchant à unifier la relativité et la mécanique quantique. L'Univers semble obéir à deux ensembles de règles : l'un pour les objets très grands et l'autre pour les objets très petits.

Avons-nous fait beaucoup de progrès depuis la mort d'Einstein en 1955 ? Il existe aujourd'hui des modèles de plus en plus perfectionnés qui décrivent les progrès survenus dans la connaissance des éléments constitutifs fondamentaux de la matière. Ces modèles peuvent jeter la lumière sur la question encore plus essentielle : *pourquoi* la matière se comporte-t-elle comme elle le fait ? Il est possible que la physique découvre, de ton vivant, une théorie qui unifie tout.

FAIS LE POINT sur tes connaissances

1. Définis ou décris la radioactivité.

2. De nombreuses découvertes en archéologie dépendent de la datation au carbone 14. Quel est le rapport avec la radioactivité ?

3. a) Quelles sont les quatre forces fondamentales de la nature ?
   b) Laquelle de ces forces permet de déplacer une balle de golf immobile lorsqu'on la frappe avec un bâton ?
   c) Laquelle de ces forces maintient les neutrons et les protons ensemble dans un noyau ?

4. a) Qu'est-ce que l'antimatière ?
   b) Que se passe-t-il lorsque l'antimatière entre en collision avec la matière ?

5. Si une substance a une période radioactive de deux jours, quel sera le pourcentage d'échantillon de la matière après quatre jours ?

6. Que sont les particules élémentaires et comment sont-elles classifiées ?

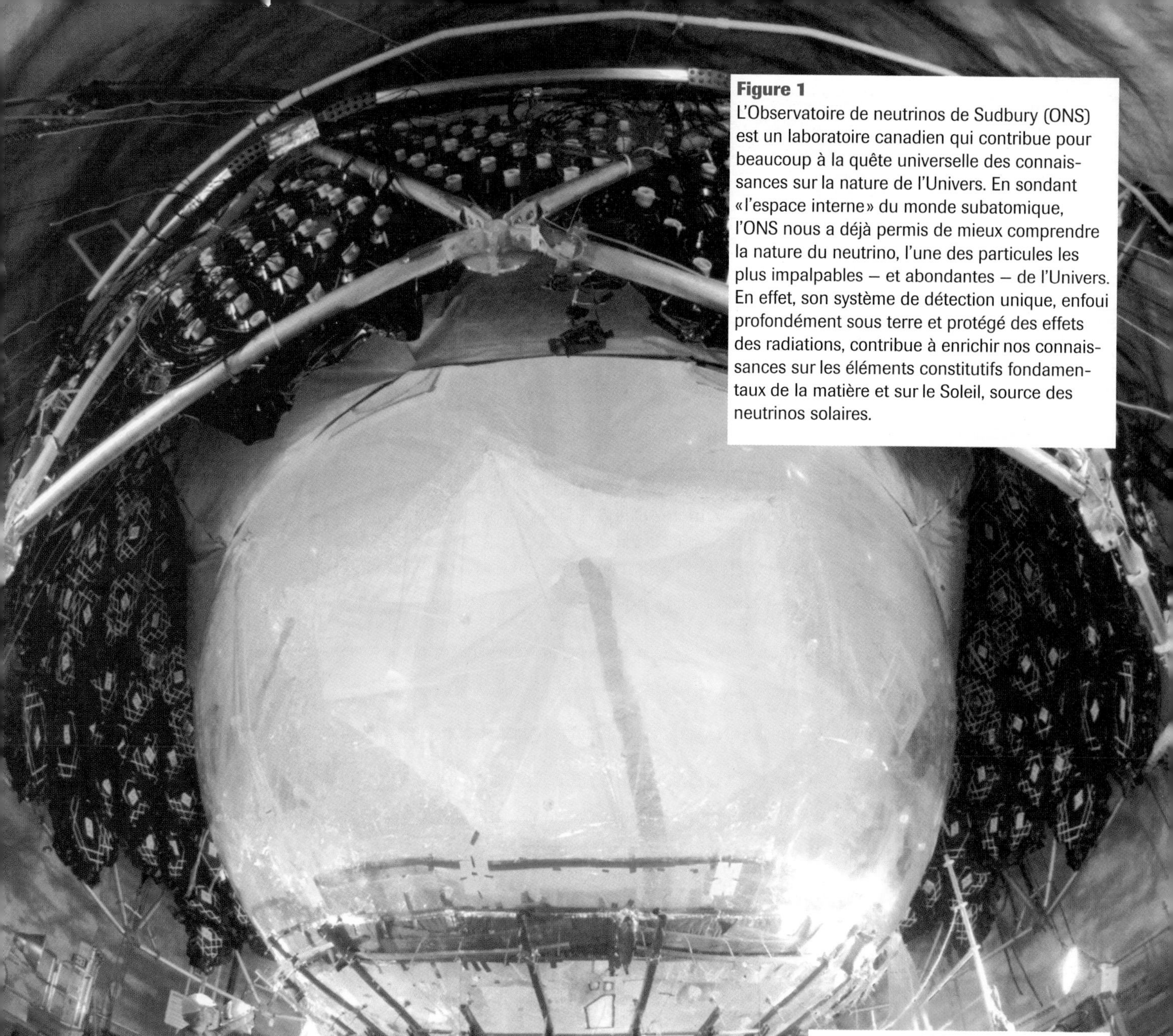

Figure 1

L'Observatoire de neutrinos de Sudbury (ONS) est un laboratoire canadien qui contribue pour beaucoup à la quête universelle des connaissances sur la nature de l'Univers. En sondant «l'espace interne» du monde subatomique, l'ONS nous a déjà permis de mieux comprendre la nature du neutrino, l'une des particules les plus impalpables — et abondantes — de l'Univers. En effet, son système de détection unique, enfoui profondément sous terre et protégé des effets des radiations, contribue à enrichir nos connaissances sur les éléments constitutifs fondamentaux de la matière et sur le Soleil, source des neutrinos solaires.

▶ À TOI d'expérimenter   *La radiation*

- Verse plusieurs millilitres d'alcool dans un flacon de 1 L (**figure 2**).
- Suspends une montre à cadran lumineux dans le flacon. Couvre le flacon d'une poire en caoutchouc ajustée à un bouchon en caoutchouc.
- Utilise la pompe pour augmenter la pression à l'intérieur du flacon. Maintiens la pression pendant une minute, puis relâche-la subitement.
- Vérifie s'il y a des traînées ionisées dans le nuage produit.
- Si possible, utilise de la glace sèche pour refroidir l'alcool et, ainsi, augmenter l'effet produit.

Les traînées sont causées par la radiation du cadran lumineux de la montre.

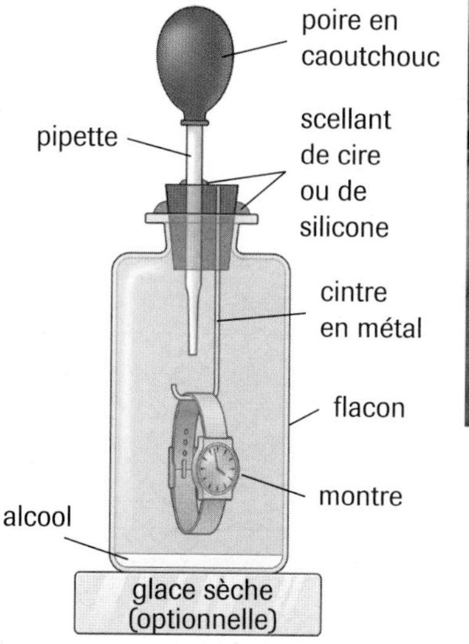

poire en caoutchouc

pipette

scellant de cire ou de silicone

cintre en métal

flacon

montre

alcool

glace sèche (optionnelle)

Figure 2

La radioactivité et les particules élémentaires   **665**

13.1 La radiation et la désintégration radioactive

La radioactivité

Des observations inattendues orientent parfois la science dans des directions nouvelles et excitantes. La découverte de Henri Becquerel (1852-1908) en 1896 en est un exemple fascinant : alors qu'il étudiait la phosphorescence, Becquerel a remarqué qu'un minerai contenant de l'uranium pouvait obscurcir une plaque photographique, même si la plaque était couverte et protégée de la lumière. Peu après, d'autres scientifiques, y compris Pierre (1859-1906) et Marie (1867-1934) Curie, ont isolé d'autres substances ayant la même propriété.

Cette nouvelle propriété était bien différente des autres propriétés telles que le magnétisme et la conductivité électrique. Des traitements physiques, comme le chauffage et le refroidissement, et même le traitement chimique le plus fort, restaient sans effet. Manifestement, la **radioactivité**, telle qu'on la désignait à l'époque, semblait être une propriété fondamentale de l'atome. Le noyau d'un atome radioactif émet un rayonnement lorsqu'il se désintègre.

De nouvelles découvertes étaient imminentes. Les recherches intensives de Rutherford et de ses collègues, exécutées en grande partie à l'Université McGill de Montréal, révélèrent l'existence de trois types d'émissions radioactives, appelées particules alpha, bêta et rayons gamma.

Dans le cas d'une désintégration alpha (α), les noyaux émettent des objets à charge positive, les particules α, à des vitesses pouvant atteindre jusqu'à $1,6 \times 10^7$ m/s (**figure 1**). Un faisceau de particules α provenant d'une source naturelle type, comme de la pechblende, une source d'uranium, ne pénètre pas à plus de 5 cm dans l'air et est facilement arrêté par quelques feuilles de papier.

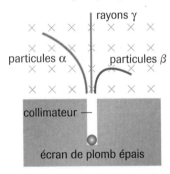

Figure 1
Particules alpha, bêta et rayons gamma dans un champ magnétique. Le collimateur fait fonction de canon de fusil pour s'assurer que les particules se déplacent initialement en ligne droite. Les croix indiquent que le champ magnétique est dirigé à l'intérieur de la page du présent manuel.

Les particules émises par la désintégration bêta (β) sont essentiellement des particules à charge négative (**figure 1**). Dans certains cas, les particules peuvent porter une charge positive. Les particules bêta provenant d'une source radioactive type se déplacent à une vitesse moins grande que celle de la lumière mais plus grande que celle des particules α. Un faisceau de particules β peut traverser de 3 mm à 6 mm d'aluminium.

Contrairement aux particules α et β, la désintégration gamma (γ) produit une forme de rayonnement électromagnétique appelé les rayons γ. Ces rayons sont composés de photons sans charge électrique et voyagent à la vitesse de la lumière (**figure 1**). Un faisceau de rayons γ provenant d'une source radioactive type peut traverser une barrière de plomb atteignant jusqu'à 30 cm d'épaisseur.

La désintégration alpha

Les **particules alpha** (α) détectées par Rutherford consistaient en deux protons et deux neutrons. Puisque le noyau de l'isotope de l'hélium le plus abondant est formé de

LE SAVAIS-TU ?

Découverte des rayons X
L'année précédant la découverte de Becquerel, W. C. Roentgen avait découvert par hasard les rayons X alors qu'il étudiait le comportement des électrons dans un tube à vide à haute tension. À cette occasion, une matière voisine était devenue fluorescente. Durant les vingt années suivantes, des modèles de diffraction produits à l'aide de rayons X sur des structures cristallines ont commencé à expliquer la structure la plus fine des cristaux, tout en mettant en évidence la nature ondulatoire des rayons X. Depuis, les rayons X constituent un outil d'imagerie indispensable en sciences médicales.

radioactivité émission spontanée d'un rayonnement électromagnétique (gamma) ou de particules d'une masse non nulle par un noyau

CONSEIL PRATIQUE

Les isotopes
Un isotope est une forme possible de noyau d'un même élément dont les atomes contiennent le même nombre de protons que toutes les autres formes de cet élément, mais un nombre différent de neutrons. La désignation $^4_2$He est une façon de représenter un atome, dans ce cas, l'hélium ; le chiffre 4 est la masse atomique (qui équivaut au nombre de protons et de neutrons) et le chiffre 2, le nombre atomique (nombre de protons). Les symboles suivants constituent autant de façons acceptables de représenter l'isotope de l'hélium contenant deux protons et deux neutrons : $^4_2$He, hélium 4, He-4 et ^{4}He.

particule alpha (α) forme de rayon constitué de deux protons et de deux neutrons, qui est émis durant une désintégration α

ces particules, la particule α est souvent désignée $^4_2$He et peut être perçue comme l'équivalent d'un noyau d'hélium. Lorsqu'une matière radioactive émet une particule α (**figure 2**), le noyau d'un de ses atomes perd deux protons et deux neutrons. La perte de deux protons fait passer l'atome d'un type d'élément à un autre. Ce processus est appelé la **transmutation**. Le noyau du nouvel atome est appelé le **noyau fille**.

Si un atome de l'élément X se transforme en un élément Y en émettant une particule α, nous parlons alors d'une réaction nucléaire. Le nombre total de protons et de neutrons est conservé. La réaction nucléaire peut être représentée symboliquement par l'équation suivante :

$$^A_Z X \rightarrow {}^4_2 He + {}^{A-4}_{Z-2} Y$$

où A correspond à la masse atomique (le nombre de particules, ou nucléons, dans le noyau) et Z, au nombre atomique (le nombre de protons).

> ▶ **PROBLÈME 1**

Un atome de polonium instable émet spontanément une particule α et se transforme en un atome d'un autre élément. Illustre le processus, en incluant le nouvel élément, dans une notation de réaction nucléaire classique.

Solution

X = nouvel élément

$$^{218}_{84} Po \rightarrow {}^4_2 He + {}^{A-4}_{Z-2} X$$

$$^{218}_{84} Po \rightarrow {}^4_2 He + {}^{218-4}_{84-2} X$$

$$^{218}_{84} Po \rightarrow {}^4_2 He + {}^{214}_{82} X$$

Chaque élément comprend un seul nombre atomique. Le tableau périodique indique que le nouvel élément est le plomb (Pb). L'équation finale devient donc :

$$^{218}_{84} Po \rightarrow {}^4_2 He + {}^{214}_{82} Pb$$

Dans la réaction nucléaire, le polonium se transforme en plomb à la suite d'une désintégration α.

Comme nous l'avons mentionné précédemment, les particules α émises lors d'une désintégration nucléaire peuvent traverser 5 cm d'air et quelques feuilles de papier. Elles doivent donc posséder une certaine énergie cinétique. Puisque l'énergie est une quantité conservée, on peut se demander d'où provient cette énergie cinétique. La théorie de l'*énergie de liaison* et de la *force nucléaire forte* fournit une réponse satisfaisante.

Les protons à l'intérieur du noyau se repoussent mutuellement sous l'action de la force électrique. Les éléments d'un noyau stable doivent donc être maintenus ensemble par une force qui est — du moins sur de courtes distances — supérieure à la force électrique. Cette force est appelée la **force nucléaire forte**. La force nucléaire forte n'est efficace que sur des distances de l'ordre de $1,5 \times 10^{-15}$ m environ, ce qui correspond à peu près au rayon d'un petit noyau. Puisque la force nucléaire forte est une force d'attraction sur de courtes distances, un travail est nécessaire pour séparer le noyau.

Des études ont démontré que la masse d'un noyau atomique est toujours inférieure à la somme des masses de ses neutrons et protons constitutifs. L'énergie équivalant à la différence de masse est l'**énergie de liaison**, c'est-à-dire le travail (positif) requis pour séparer un noyau.

transmutation processus de transformation d'un atome d'un élément en un autre à la suite d'une désintégration radioactive

noyau fille noyau d'un atome créé à la suite d'une désintégration radioactive

a) Opération normale

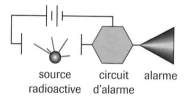

source radioactive   circuit d'alarme   alarme

b) Présence de fumée

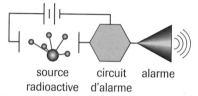

source radioactive   circuit d'alarme   alarme

Figure 2
Un détecteur de fumée est un dispositif de protection qui utilise une matière radioactive dans une partie de ses circuits.
a) Une infime quantité de dioxyde d'américium radioactif émet des particules α, qui ionisent les molécules d'air et, par conséquent, entraînent un faible courant entre les plaques.
b) Les particules de fumée absorbent la radiation et font chuter le courant de façon significative, ce qui active un circuit d'alarme.

force nucléaire forte force qui lie le noyau d'un atome stable

énergie de liaison énergie requise pour séparer le noyau en protons et en neutrons

L'énergie de liaison

Si tu te souviens bien, le rapport $E = mc^2$ indique la masse d'un objet en kilogrammes par rapport à l'énergie de l'objet, exprimée en joules. Si la masse est donnée en unités (u) de masse atomique, nous pouvons alors effectuer la conversion suivante en électrons-volts:

$$1\,u = 1{,}660\,54 \times 10^{-27}\;kg$$
$$E = mc^2$$
$$= (1{,}660\,54 \times 10^{-27}\;kg)\,(2{,}997\,9 \times 10^8\;m/s)^2$$
$$E = 1{,}492\,3 \times 10^{-10}\;J$$

$$1\,eV = 1{,}602\,2 \times 10^{-19}\;J$$
$$E = 1{,}492\,3 \times 10^{-10}\;J \times \frac{1\,eV}{1{,}602\,2 \times 10^{-19}\;J}$$
$$E = 9{,}315 \times 10^8\;eV$$
$$E = 931{,}5\;MeV$$
$$E = mc^2$$
$$m = \frac{E}{c^2}$$
$$E = 931{,}5\;MeV/c^2$$

Puisque $m = u$,

$$u = 931{,}5\;MeV/c^2$$

Donc, $1\,u = 931{,}5\;MeV/c^2$.

CONSEIL PRATIQUE

La signification de MeV/c^2
MeV/c^2 est une mesure de masse communément utilisée en physique.

$$1\;MeV/c^2 = 1{,}782\,663 \times 10^{-30}\;kg$$

▶ PROBLÈME 2

Les molécules «d'eau lourde», utilisées dans les réacteurs nucléaires CANDU et à l'Observatoire de neutrinos de Sudbury, contiennent un atome d'oxygène, un atome d'hydrogène ordinaire et un atome d'un isotope rare de l'hydrogène, le *deutérium*. Le noyau d'un atome de deutérium est appelé un *deutéron*. Il est composé d'un proton et d'un neutron. Calcule l'énergie de liaison par nucléon dans un deutéron.

Solution

$$m_d = 2{,}013\,553\;u \text{ (de l'annexe C)}$$
$$m_p = 1{,}007\,276\;u$$
$$m_n = 1{,}008\,665\;u$$

$$E = ((m_p + m_n) - m_d)c^2$$
$$= ((1{,}007\,276\;u + 1{,}008\,665\;u) - 2{,}013\,553\;u)c^2$$
$$E = (0{,}002\,388\;u)c^2$$

Puisque $1\,u = 931{,}5\;MeV/c^2$,

$$E = (0{,}002\,338\;u)c^2 \left(\frac{931{,}5\;MeV/c^2}{1\;u}\right)$$
$$= 2{,}18\;MeV$$
$$E = 2{,}18 \times 10^6\;eV$$

Le deutéron est composé de deux nucléons (un proton et un neutron); donc,

$$E_n = \frac{E}{2}$$
$$= \frac{2{,}18 \times 10^6\;eV}{2}$$
$$E_n = 1{,}09 \times 10^6\;eV$$

L'énergie de liaison par nucléon est de $1{,}09 \times 10^6\;eV$.

La **figure 3** est un graphique qui illustre que l'énergie de liaison moyenne par nucléon est maximale lorsque le nombre de masse est 56 (le fer) et diminue régulièrement par la suite. Les noyaux au centre du tableau périodique sont donc liés ensemble plus solidement que les autres noyaux.

Qu'est-ce qui fait que les éléments du centre offrent de plus grandes énergies de liaison? Le noyau est un champ clos entre les forces nucléaires fortes et électromagnétiques. Si nous progressons dans le tableau périodique jusqu'au fer, nous remarquons que les noyaux contiennent plus de nucléons, déviant tous vers l'intérieur les uns sur les autres. Par conséquent, l'énergie de liaison augmente. Si nous continuons au-delà des éléments du centre, nous remarquons encore plus de nucléons. Mais là, certaines paires de nucléons sont si éloignées qu'elles ne peuvent plus subir l'attraction mutuelle causée par la force nucléaire forte (courte distance). Les paires de protons parmi ces paires de nucléons sont toujours repoussées par la force électromagnétique (distance infinie). Dans le cas des éléments vraiment massifs, par exemple le radium, le polonium et l'uranium, l'énergie de liaison est si faible que le noyau n'est pas stable du tout. De temps à autre, deux protons et deux neutrons se joignent et forment une particule α à l'intérieur du noyau. La particule α fournit de l'énergie cinétique et est libérée en cours de formation.

Lorsque nous comparons la masse d'un noyau parent avec la somme des masses du noyau fille et d'une particule α, nous voyons que les produits de la désintégration nucléaire sont moins massifs (**figure 4**). Cette masse manquante augmente l'énergie cinétique des produits.

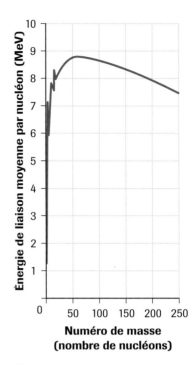

Figure 3
Énergie de liaison moyenne par nucléon

▶ PROBLÈME 3

Calcule l'énergie cinétique totale du produit lorsque $^{236}_{92}$U subit une désintégration α à $^{232}_{90}$Th. Donne ta réponse en électrons-volts.

Solution

$m_U = 236{,}045\,562$ u (de l'annexe C)

$m_{Th} = 232{,}038\,051$ u

$m_{He} = 4{,}002\,602$ u

$E_C = ?$

masse du parent	$^{236}_{92}$U $= 236{,}045\,562$ u
masse des produits	$^{232}_{90}$Th $= 232{,}038\,051$ u
	$^{4}_{2}$H $= 4{,}002\,602$ u
masse totale des produits	$232{,}038\,051$ u $+ 4{,}002\,602$ u $= 236{,}040\,653$ u
différence de masse	$236{,}045\,562$ u $- 236{,}040\,653$ u $= 0{,}004\,909$ u
énergie équivalente	$0{,}004\,909$ u $\times 931{,}5$ MeV/u $= 4{,}572$ MeV

L'énergie cinétique totale du produit est de 4,572 MeV.

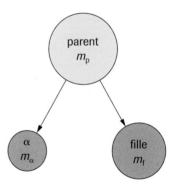

Figure 4
Selon la théorie de conservation de la masse, nous devrions obtenir $m_p = m_\alpha + m_f$, mais $m_p > m_\alpha + m_f$. La masse manquante est convertie en énergie cinétique en fonction du rapport $E = mc^2$.

Bien que les deux produits partagent l'énergie cinétique fournie, ils ne la partagent pas également. Comme nous le savons, la quantité de mouvement est une quantité conservée. Dans un objet, fixe dans un système de référence inertiel, qui se brise en deux fragments, la conservation de la quantité de mouvement exige que les deux fragments volent dans des directions opposées à l'intérieur de ce système de référence, où la somme vectorielle de leur élan est égale à zéro. Les vitesses de recul des fragments dépendent de leurs masses relatives. Lorsque nous sautons d'une petite embarcation fixe par rapport à la rive, notre corps et l'embarcation se déplacent dans des directions opposées par rapport à la rive. Puisque notre corps est moins massif que l'embarcation, nous nous déplaçons plus vite que celle-ci, et notre quantité de mouvement, $m_1\vec{v}_1$, est égale et à l'opposé de la quantité de mouvement $m_2\vec{v}_2$ de l'embarcation.

Nous pouvons appliquer cette analyse à la désintégration α de l'uranium en thorium. Prenons par exemple un noyau de thorium au repos dans un système de référence inertiel. Puisque $m_{\text{Th}} >> m_{\alpha}$, après l'émission d'une particule α, la vitesse vectorielle de recul de l'atome de thorium sera beaucoup plus petite que celle de la particule α émise puisque la quantité de mouvement et l'énergie sont conservées.

La désintégration bêta

particules bêta (β) particules à charge négative émises pendant la désintégration β^- (électrons); électrons à charge positive (positrons) émis lors de la désintégration β^+

positron particule identique à un électron mais portant une charge positive; appelé également anti-électron

Les **particules bêta (β)** émises lors de certaines formes de désintégration radioactive peuvent être formées d'électrons à charge négative ou d'électrons à charge positive, appelés des **positrons**. Un positron est une particule au même titre qu'un électron, sauf qu'il porte une charge positive. Lorsque la désintégration β libère des électrons, il s'agit d'une désintégration β^-; lorsqu'elle libère des positrons, il s'agit d'une désintégration β^+. La particule β est désignée par le symbole $_{-1}^{0}e$ dans le cas d'un électron et par $_{+1}^{0}e$ dans le cas d'un positron. La désintégration β^- est beaucoup plus courante que la désintégration β^+.

Il est important de noter que l'électron libéré lors de la désintégration β^- ne correspond pas à l'un des électrons dans les orbitales d'un atome qui participe à la liaison chimique. La particule β^- est produite dans le noyau de l'atome radioactif. Bien que son mécanisme de production soit complexe, il se compare à la conversion d'un neutron en un proton et en un électron :

$$_{0}^{1}n \rightarrow _{1}^{1}p + _{-1}^{0}e$$

La désintégration β^+ peut être considérée comme la transformation d'un proton en un neutron et en un positron :

$$_{1}^{1}p \rightarrow _{0}^{1}n + _{+1}^{0}e$$

Note que, dans chaque cas, un nucléon change d'identité. Dans le cas de la désintégration β^-, le noyau gagne un proton; dans le cas de la désintégration β^+, le noyau perd un proton. La masse du noyau ne change pas puisqu'un proton et un neutron ont à peu près la même masse.

Une désintégration β^- type se produit lorsque le carbone 14 se décompose en azote 14 :

$$_{6}^{14}C \rightarrow _{7}^{14}N + _{-1}^{0}e$$

Nous pouvons représenter la désintégration β^- par l'équation générale suivante :

$$_{Z}^{A}X \rightarrow _{Z-(-1)}^{A}Y + _{-1}^{0}e$$

qui est réduite comme suit : $_{Z}^{A}X \rightarrow _{Z+1}^{A}Y + _{-1}^{0}e$

Une désintégration β^+ type se produit lorsque l'azote 12 se désintègre en carbone 12 :

$$_{7}^{12}N \rightarrow _{6}^{12}C + _{+1}^{0}e$$

En général, $_{Z}^{A}X \rightarrow _{Z-(+1)}^{A}Y + _{+1}^{0}e$ est réduite à

$$_{Z}^{A}X \rightarrow _{Z-1}^{A}Y + _{+1}^{0}e$$

La désintégration β^+ se produit dans les isotopes qui ne contiennent pas assez de neutrons comparativement au nombre de protons.

CONSEIL PRATIQUE

La désintégration bêta
Certains préfèrent concevoir la désintégration β en présumant qu'un neutron est la combinaison d'un proton et d'un électron. Toutefois, ce modèle est erroné pour bien des raisons. Nous reviendrons à la désintégration β après avoir abordé les particules élémentaires, appelées *quarks*, à la section 13.5. À cette étape-là, nous serons en mesure de formuler un meilleur modèle pour la désintégration β.

▶ **PROBLÈME 4**

Un atome de sodium 24 peut se transformer en un atome d'un tout autre élément en émettant une particule β^-. Représente cette réaction à l'aide de symboles et identifie l'élément fille.

Solution

$$^{24}_{11}\text{Na} \rightarrow ^{A}_{Z+1}\text{Y} + ^{0}_{-1}\text{e}$$
$$^{24}_{11}\text{Na} \rightarrow ^{24}_{11+1}\text{Y} + ^{0}_{-1}\text{e}$$
$$^{24}_{11}\text{Na} \rightarrow ^{24}_{12}\text{Y} + ^{0}_{-1}\text{e}$$

Le tableau périodique indique que le nouvel élément est le magnésium :

$$^{24}_{11}\text{Na} \rightarrow ^{24}_{12}\text{Mg} + ^{0}_{-1}\text{e}$$

Lorsque le sodium 24 subit une désintégration β^-, nous obtenons le magnésium 24.

Comme pour la désintégration α, le fait de bien comprendre l'équation $E = mc^2$ nous permet de calculer la valeur théorique de l'énergie libérée lors d'une simple désintégration β.

▶ **PROBLÈME 5**

Calcule l'énergie libérée par la réaction indiquée au problème 4.

Solution

m_{Na} = 23,990 961 u   (de l'annexe C)
m_{Mg} = 23,985 042 u

$$\Delta m = m_{\text{Na}} - m_{\text{Mg}}$$
$$= (23{,}990\,961\text{ u} - 23{,}985\,042\text{ u})$$
$$\Delta m = 0{,}005\,937\text{ u}$$

Puisque 1 u = 931,5 MeV,

$$\Delta E = (0{,}005\,937\text{ u})(931{,}4\text{ MeV/u})$$
$$\Delta E = 5{,}529\,7\text{ MeV}$$

L'énergie libérée est de 5,529 7 MeV.

CONSEIL **PRATIQUE**

Masses
Le problème 5 démontre que nous pouvons utiliser la masse de l'atome neutre, puisqu'il contient les mêmes composants que les produits de l'interaction.

Comme nous le savons, la masse de l'électron est environ 2 000 fois plus petite que celle du proton. La masse de la particule β est donc beaucoup plus petite que celle du noyau fille. En raison de la conservation de la quantité de mouvement, la vitesse vectorielle de recul du noyau fille devrait être pratiquement nulle. Nous pourrions donc nous attendre à ce que 100 % de l'énergie libérée dans la réaction se retrouve dans la particule β.

Malheureusement, ce n'est pas ce qui se produit. Lors d'expériences effectuées avec des atomes qui se désintègrent en libérant des particules α, les particules α produites contenaient la même énergie cinétique (mesurée par leur pouvoir de pénétration) et cette énergie correspondait étroitement à sa valeur calculée. En revanche, les particules β avaient tendance à présenter une gamme d'énergies cinétiques, toutes inférieures à la valeur requise définie par la loi de la conservation de l'énergie. (Les énergies cinétiques types atteignaient à peine le tiers de la valeur prévue.)

De plus, la loi de la conservation de la quantité de mouvement semblait avoir été enfreinte. Si la réaction n'a réellement produit que deux particules — le noyau fille et la particule β —, la loi de la conservation de la quantité de mouvement exigerait que les produits de la désintégration partent dans des directions opposées (dans un système de référence inertiel donné). Ce qui n'a pas été le cas. Au contraire, les deux particules ont été éjectées avec des angles autres que 180°. Et pour aggraver la situation, la notion de quantité de mouvement angulaire ne semblait pas avoir été conservée non plus. Comme nous l'avons mentionné au chapitre 5, la quantité de mouvement linéaire est une quantité de mouvement calculée et exprimée d'après le produit mv. Tout comme l'énergie, la quantité de mouvement est une quantité conservée. De façon similaire, les objets rotatifs produisent également une quantité de mouvement appelée la *quantité de mouvement angulaire*, qui est aussi une quantité conservée. Sur l'échelle quantique, cette quantité est appelée *spin*. (Nous reviendrons sur cette notion à la section 13.5.) Chose intéressante, les calculs basés sur les particules β émises semblaient indiquer que cette quantité n'était pas conservée.

En 1930, Wolfgang Pauli (1900-1958) proposait une explication : peut-être y avait-il un autre produit de la réaction : une troisième particule qui aurait une charge nulle et une masse nulle, ou très faible. Cette particule pourrait emporter l'énergie cinétique, la quantité de mouvement et la quantité de mouvement angulaire non comptabilisées. Enrico Fermi (1901-1954), qui a élaboré une théorie approfondie de la désintégration β, a désigné la particule comme étant la « petite particule neutre », ou *neutrino*. Le neutrino est représenté par la lettre grecque nu (ν). Lorsque les lois de la conservation ont été calculées pour la désintégration β, elles ont révélé que cette réaction particulière exigeait un *antineutrino* ($\bar{\nu}$), c'est-à-dire une « antiparticule » représentant le positron (un antiélectron) du neutrino, $_{+1}^{0}e$, lié à l'électron, $_{-1}^{0}e$. (Ces deux exemples illustrent la différence entre matière et « antimatière », sujets abordés ultérieurement.) Les neutrinos sont extrêmement difficiles à détecter. L'existence du neutrino n'a été confirmée qu'en 1956, par preuves indirectes. Cette particule demeure encore aujourd'hui une entité impalpable, puisqu'elle présente une très faible probabilité de réaction avec la matière.

▶ À TOI d'expérimenter   *Les neutrinos*

1. Place ta main sur cette page.
2. Regarde ta main et compte jusqu'à 3.
3. Environ $1,5 \times 10^{15}$ neutrinos viennent tout juste de traverser ta main.

Voici donc une équation plus appropriée pour le processus de désintégration du problème 4 : $\quad _{11}^{24}\text{Na} \rightarrow \, _{12}^{24}\text{Mg} + \, _{-1}^{0}e + \bar{\nu}$

Une équation plus appropriée pour la désintégration β^+ inclut la production d'un neutrino, comme dans l'exemple suivant, qui représente la désintégration du chrome 46 en vanadium 46 : $\quad _{24}^{46}\text{Cr} \rightarrow \, _{23}^{46}\text{V} + \, _{+1}^{0}e + \nu$

Donc, les équations générales représentant la désintégration β^- et la désintégration β^+ sont les suivantes :

$$_{Z}^{A}X \rightarrow \, _{Z+1}^{A}Y + \, _{-1}^{0}e + \bar{\nu} \quad \text{(désintégration } \beta^-)$$

$$_{Z}^{A}X \rightarrow \, _{Z-1}^{A}Y + \, _{+1}^{0}e + \nu \quad \text{(désintégration } \beta^+)$$

Comme nous l'avons déjà mentionné, une désintégration α est établie par rapport à la force nucléaire forte, qui lie les nucléons ensemble. Ni cette force ni les deux forces fondamentales plus courantes — la force de gravité et la force électromagnétique — n'ont pu expliquer la désintégration β de façon satisfaisante. Il a donc fallu reconnaître la présence d'une quatrième force, la *force nucléaire faible*. Somme toute, nous reconnaissons quatre forces fondamentales dans la nature : la pesanteur, la force électromagnétique, ainsi que les forces nucléaires forte et faible.

La désintégration gamma

Contrairement aux désintégrations α et β, la désintégration γ entraîne la production de photons ayant une masse nulle et ne portant aucune charge électrique. Ce type de désintégration se produit lorsqu'un noyau très excité passe subitement à un niveau d'énergie inférieur tout en émettant un photon d'énergie. Si un atome d'une matière Y émet un rayon γ (photon γ), la réaction nucléaire peut être représentée symboliquement comme suit : $^A_Z Y \rightarrow {}^A_Z Y + \gamma$.

Il ne se produit alors aucune transmutation. Les désintégrations gamma se produisent souvent en même temps que les désintégrations α ou β. Par exemple, le processus de désintégration β^- par lequel le plomb 211 se transforme en bismuth 211 s'accompagne généralement d'une désintégration γ puisque le noyau du bismuth 211 excité passe à un niveau inférieur. La réaction est représentée comme suit : $^{211}_{82} Pb \rightarrow {}^{211}_{83} Bi + {}^{0}_{-1} e + \bar{\nu} + \gamma$.

En réalité, les **rayons gamma (γ)** sont identiques aux rayons X. Les rayons γ types se produisent à une fréquence plus élevée et produisent une plus grande énergie que les rayons X ; toutefois, les gammes de fréquences des deux types de rayons se chevauchent. D'un point de vue pratique, les physiciens les distinguent en fonction de la manière dont ils sont produits. Les rayons produits lorsque des électrons à haute énergie interagissent avec la matière sont normalement appelés rayons X, alors que ceux produits à partir du noyau même sont généralement appelés rayons γ.

rayon gamma (γ) émission à haute fréquence (masse nulle, charge nulle) de photons pendant la désintégration γ

> **PROBLÈME 6**

Trouve la valeur de x et de y dans chaque réaction. Classe chacune des réactions selon le type de désintégration : α, β ou γ.

a) $^{212}_{82} Pb \rightarrow {}^{212}_{x} Bi + {}^{0}_{-1} e$

b) $^{210}_{84} Po \rightarrow {}^{y}_{x} Pb + {}^{4}_{2} He$

c) $^{227}_{89} Ac \rightarrow {}^{227}_{90} Th + x$

d) $^{226}_{88} Ra \rightarrow {}^{y}_{x} Ra + \gamma$

Solution

a) $x = 83$. Puisque $^{0}_{-1} e$ est une particule β^-, la réaction est une désintégration β^-.

b) $x = 82$, $y = 206$. La réaction est une désintégration α puisque 2 protons et 2 neutrons sont émis sous la forme d'une particule.

c) $x = {}^{0}_{-1} e$. Le numéro atomique a augmenté d'une unité et le nombre de masse est demeuré intact, ce qui indique l'apparition d'un proton et donc une désintégration β^-.

d) $x = 88$, $y = 226$. Puisqu'il s'agit d'un processus de désintégration γ, le numéro atomique et le nombre de masse demeurent inchangés.

> ### Mise en pratique

Saisis bien les concepts

1. Détermine les valeurs de x et y dans chacune des équations suivantes :

   a) $^{212}_{x} Pb \rightarrow {}^{212}_{83} Bi + y$

   b) $^{214}_{83} Bi \rightarrow {}^{x}_{y} Po + {}^{0}_{-1} e$

   c) $^{x}_{y} Ra \rightarrow {}^{222}_{86} Rn + {}^{4}_{2} He$

   d) $^{215}_{84} Po \rightarrow {}^{211}_{82} Pb + x$

   e) $^{3}_{1} H \rightarrow x + \gamma$

Réponses

1. a) $x = 82$; $y = {}^{0}_{-1} e$

   b) $x = 214$; $y = 84$

   c) $x = 226$; $y = 88$

   d) $x = {}^{4}_{2} He$

   e) $x = {}^{3}_{1} H$

Les détecteurs de rayonnement

Lorsque des particules de la désintégration traversent un gaz, elles provoquent une ionisation considérable. Les particules α et β sont chargées et présentent une très grande énergie cinétique (de l'ordre de 1 MeV, comparativement à la valeur d'environ 10 eV requise pour l'ionisation). Par conséquent, elles n'ont aucun mal à libérer les électrons orbitaux en les tirant ou en les frappant. Les particules γ de charge nulle peuvent également provoquer une certaine ionisation par effet photoélectrique ou effet Compton.

Un **tube Geiger-Mueller** (compteur Geiger) utilise l'ionisation pour détecter le rayonnement. Le dispositif consiste en un tube partiellement sous vide muni d'une cathode cylindrique en cuivre (électrode à charge négative) et d'une anode à deux conducteurs (électrode à charge positive) à l'intérieur du cylindre en cuivre (**figure 5**). La différence de potentiel aux électrodes est tout juste sous la valeur à laquelle une étincelle peut jaillir.

tube Geiger-Mueller instrument permettant de détecter et de mesurer l'ionisation des particules α et β

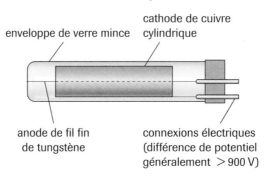

Figure 5
Un tube Geiger-Mueller

tube à scintillation instrument permettant de détecter et de mesurer l'énergie fournie à un cristal par les photons γ entrants

Lorsqu'une particule pénètre dans le tube, elle ionise de nombreuses molécules de gaz. Les électrons se précipitent vers l'anode, et les ions positifs vers la cathode. Les ions entrent en collision avec les molécules neutres sur leur chemin et entraînent une plus grande ionisation. Il en résulte un flux de charges négatives dans l'anode et de charges positives dans la cathode, produisant un courant de courte durée. Ensuite, l'impulsion est amplifiée. Une résistance dans le circuit dissipe le courant, puis le tube se stabilise jusqu'à ce qu'une autre particule α ou β provoque un autre flux.

Les rayons γ sont loin de provoquer une aussi grande ionisation que les particules α et β. De plus, ils sont difficiles à détecter à l'aide d'un tube Geiger-Mueller. Dans leur cas, il faut utiliser le **tube à scintillation** (**figure 6**). Le photon γ entrant vient frapper un cristal à scintillation dans le tube, en libérant la plus grande partie de son énergie. Le cristal émet cette énergie emmagasinée sous la forme d'un photon à plus faible énergie. Lorsque le photon frappe la première électrode d'un groupe d'électrodes, de nombreux électrons sont libérés. Ces électrons se précipitent à leur tour vers la deuxième électrode. Chacun des électrons incidents nouvellement libérés entraîne d'autres libérations. Finalement, un flux d'électrons vient frapper la dernière électrode. Cette petite impulsion de courant est amplifiée et peut servir à actionner le compteur de certains détecteurs Geiger-Mueller. Puisque les impulsions sont proportionnelles à la quantité d'énergie déposée à l'origine par le photon γ dans le cristal, elles peuvent servir à mesurer l'énergie des rayons γ.

Un troisième type de détecteur utilise une diode à semi-conducteur. Le semi-conducteur permet à un courant transitoire de circuler lorsqu'il est frappé par une particule.

photon entrant

photon

cathode
photosensible

cristal à
scintillation

+200 V

+400 V

+600 V

+800 V

+1 000 V

+1 200 V

+1 400 V

+1 600 V

tube
photomultiplicateur

impulsion de sortie

Figure 6
Un tube à scintillation

La production et l'annihilation de paires

Au début des années 1930, Carl Anderson (1905-1991) a fait une observation fascinante. Lorsque le rayonnement à grande énergie provenant d'un espace lointain traversait un détecteur, des paires de particules se formaient spontanément. Le rayonnement incident (constitué en grande partie de rayons X à grande énergie) semblait disparaître. À sa place, apparaissaient des paires de particules. Leur mouvement indiquait qu'elles avaient des masses et des vitesses équivalentes ; par conséquent, elles avaient des quantités de mouvement d'une égale grandeur et des charges opposées d'une même intensité. Une des particules était l'électron familier ; l'autre était appelée l'antiélectron, ou positron (**figure 7**). L'observation d'Anderson concordait avec l'équivalence de l'énergie et de la masse selon le principe de la relativité restreinte. Le contraire a également pu être observé. Lorsque les électrons et les positrons interagissent, ils s'annihilent mutuellement, en produisant généralement une paire de photons ayant chacun une énergie de 0,511 MeV (la masse au repos-énergie d'un électron). La production de deux photons, plutôt qu'un seul, est conforme à la conservation de la quantité de mouvement (**figure 8**).

L'antimatière

Nous avons vu que le sodium subit une désintégration β^- selon la réaction $^{24}_{11}\text{Na} \rightarrow {}^{24}_{12}\text{Mg} + {}^{0}_{-1}\text{e} + \overline{\nu}$ et que les produits de la réaction incluent un antineutrino. La théorie actuelle soutient que chaque particule comporte sa propre antiparticule. Dans quelques cas, la particule est sa propre antiparticule. Plus intéressant encore, un photon est sa propre antiparticule. Tu peux t'imaginer une antiparticule comme une sorte d'image opposée ou miroir d'une particule donnée ; par exemple, la particule et l'antiparticule ont des charges opposées, lorsqu'elles portent une charge.

L'existence de l'antimatière a d'abord été proposée en raison du fait que les équations qui comportent des exposants pairs possèdent plus d'une racine. À la fin des années 1920, le brillant théoricien Paul Dirac a proposé une théorie qui combinait les concepts de la relativité restreinte et ceux de la mécanique quantique. L'équation de Dirac intégrait la nature ondulatoire des électrons et la relativité du mouvement ; toutefois, il y avait une particularité : avec la nouvelle théorie de Dirac, le rapport entre l'énergie et la masse était exprimé par $E^2 = m^2 c^4$, d'où l'obtention subséquente des deux rapports distincts : l'équation bien connue $E = mc^2$ et une seconde équation, $E = -mc^2$.

La seconde équation indique que l'énergie de l'électron pourrait être négative. Étant donné que la plupart des systèmes physiques recherchent l'énergie la plus faible possible, l'idée a une incidence troublante : l'énergie de l'électron pourrait, en théorie, devenir de plus en plus négative, sans limite inférieure. Ce qui n'a aucun sens. La solution de Dirac fait intervenir le **principe d'exclusion de Pauli**, selon lequel, dans un état stationnaire donné, il n'y a de place que pour une particule. Dirac soutenait que les états d'énergie négative peuvent déjà être occupés par des électrons, et comme ceux-ci n'ont jamais été observés, son raisonnement supposait qu'ils étaient invisibles.

Dirac prétendait que, si un des électrons invisibles absorbait assez d'énergie, il pouvait passer à un état d'énergie positive et devenir observable. La transition laisserait un « trou » dans le lot des particules à énergie négative. Si les particules à énergie négative étaient visibles, le trou laissé par l'absence d'une telle particule serait forcément visible. Cette nouvelle particule ressemblerait presque en tous points à un électron, sauf qu'elle porterait une charge positive. Cela signifiait que, lorsqu'un électron apparaissait, il était accompagné par son opposé, un antiélectron, appelé aujourd'hui un positron.

Des études portant sur la radiation de l'espace lointain ont confirmé la présence de ces particules au début des années 1930. Certaines particules déviaient dans la mauvaise direction dans un champ magnétique. Elles devaient constituer les positrons fugitifs. Plusieurs autres types d'antiparticules, tels les antiprotons, les antineutrons et les antineutrinos, ont depuis été observés, produits et même stockés.

D'autres découvertes en théorie quantique ont permis d'empêcher que les électrons ne passent à des états d'énergie négative sans cesse croissants. La partie « énergie négative » de la relation entre la masse et l'énergie est toujours acceptée. Cette partie de l'équation prévoit que tous les types de particules devraient avoir une antiparticule correspondante. Les trous dans le spectre d'énergie négative ont été redéfinis comme étant des antiparticules d'énergie positive.

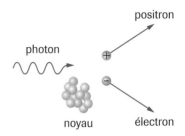

Figure 7
Production de paires

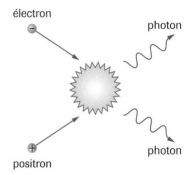

Figure 8
Annihilation de paires

principe d'exclusion de Pauli
principe selon lequel, dans un état stationnaire donné, il n'y a de place que pour une particule

La radiation et la désintégration radioactive

- La désintégration alpha se produit lorsqu'un noyau instable émet une particule, souvent désignée $_2^4$He, qui consiste en deux protons et en deux neutrons. Le noyau fille résultant est d'un élément différent et comporte deux protons et deux neutrons de moins que le noyau parent.

- La désintégration bêta suppose deux formes. En désintégration β^-, un neutron est remplacé par un proton et une particule β^- (un électron de grande vitesse). En désintégration β^+, un proton est remplacé par un neutron et une particule β^+ (un positron de grande vitesse).

- L'analyse des désintégrations β révèle que des particules supplémentaires, des antineutrinos ou des neutrinos, doivent être produites pour permettre la conservation de l'énergie ainsi qu'une quantité de mouvement angulaire et linéaire.

- La désintégration gamma est produite par un noyau excité qui a émis un photon et chuté à un niveau inférieur.

- Le phénomène de jumelage de la production et de l'annihilation de paires démontre l'équivalence de l'énergie et de la masse.

▶ Section 13.1 Questions

Saisis bien les concepts

1. Prépare un tableau de comparaison des trois types d'émissions radioactives. Classe chaque type sous les rubriques suivantes : Type d'émission, Masse, Charge, Vitesse, Pouvoir de pénétration et Capacité d'ionisation.

2. Dans chacune des équations suivantes, identifie la particule manquante et indique si l'élément a subi une désintégration de type α ou de type β (sans inclure les émissions γ).
   - a) $_{86}^{222}$Rn $\rightarrow$ $_{84}^{218}$Po + ?
   - b) $_{57}^{141}$La $\rightarrow$ $_{58}^{141}$Ce + ?
   - c) $_{92}^{238}$U $\rightarrow$ $_{90}^{234}$Th + ?
   - d) $_{56}^{141}$Ba $\rightarrow$ $_{57}^{141}$La + ?
   - e) $_{17}^{35}$Cl $\rightarrow$ $_{18}^{35}$Ar + ?
   - f) $_{82}^{212}$Pb $\rightarrow$ $_{83}^{212}$Bi + ?
   - g) $_{88}^{226}$Ra $\rightarrow$ $_{86}^{222}$Rn + ?
   - h) $_{84}^{215}$Po $\rightarrow$ $_{82}^{211}$Pb + ?

3. Donne la valeur de x et de y dans les équations suivantes :
   - a) $_x^{212}$Pb $\rightarrow$ $_{83}^{212}$Bi + y
   - b) $_{83}^{214}$Bi $\rightarrow$ $_y^x$Po + $_{-1}^0$e
   - c) $_y^x$Ra $\rightarrow$ $_{86}^{222}$Rn + $_2^4$He
   - d) $_{84}^{215}$Po $\rightarrow$ $_{82}^{211}$Pb + x
   - e) $_1^3$H $\rightarrow$ x + ν
   - f) $_{58}^{141}$Ce $\rightarrow$ $_{59}^x$Pr + $_{-1}^0$e

4. a) En règle générale, lequel est le plus instable, le petit ou le grand noyau ? Pourquoi ?
   b) Qu'est-ce que cela signifie pour les éléments ayant des nombres de masse élevés ?

5. Les particules produites lorsqu'un isotope donné subit une désintégration α présentent toutes la même énergie cinétique. Par contre, les particules produites lorsqu'un isotope donné subit une désintégration β peuvent produire une gamme d'énergies cinétiques. Explique les différences.

6. Calcule l'énergie de liaison totale et l'énergie de liaison moyenne par nucléon de carbone 14. Consulte l'annexe C pour connaître le nombre de masse du carbone 14, du neutron et du proton.

7. La désintégration du carbone 14 se fait par une émission de particules β^-.
   a) Exprime la réaction à l'aide de symboles.
   b) Le noyau fille a un nombre de masse de 14,003 074 u. Calcule l'énergie libérée lors d'une désintégration.

8. Explique pourquoi un échantillon de matière radioactive est toujours légèrement plus chaud que son milieu ambiant.

Fais des liens

9. À la maison, fais l'inventaire de tous les dispositifs qui renferment une substance radioactive. Explique sa présence. Ensuite, fais des recherches dans Internet pour découvrir de quelle façon on utilise la radiation dans la fabrication des produits de consommation illustrés à la **figure 9**.

a)

b)

c)

Figure 9
a) Les cosmétiques sont stérilisés par radiation pour enlever les allergènes.
b) Les poêles antiadhésives sont traitées par radiation pour fixer le revêtement antiadhésif à la poêle.
c) Les disquettes d'ordinateur « conservent » mieux les données lorsqu'elles sont traitées avec des matières radioactives.

La période radioactive

La probabilité de désintégration d'un noyau donné dépend de la nature de ce noyau. Certains noyaux sont plus instables que d'autres et sont donc plus sujets à la désintégration dans une période donnée. Il est impossible de déterminer le moment précis où un noyau particulier subira une désintégration radioactive.

Les atomes sont tellement petits que n'importe quelle quantité significative de matière en contiendra toujours énormément. À cette échelle, le comportement de la matière peut être déterminé avec grande précision. Examinons l'analogie suivante : si tu joues à pile ou face, il n'y a aucune façon de prévoir, avec exactitude, de quel côté tombera la pièce de monnaie. Par contre, si tu joues avec un milliard de pièces, tu pourrais prévoir, avec une quasi-certitude, que 50 % des pièces tomberont du côté face. De même, si nous avons une quantité mesurable d'une substance radioactive donnée, nous pouvons prévoir de façon précise, à l'échelle macroscopique, le niveau de radioactivité à n'importe quel instant futur.

Le concept de **période radioactive**, d'abord utilisé par Rutherford, est un outil mathématique utile pour la modélisation d'une désintégration radioactive. Il est fondé sur le principe que la vitesse de désintégration des noyaux est liée au nombre de noyaux instables présents. Ce raisonnement a un dénouement fort simple : le temps nécessaire pour que la moitié des noyaux instables se désintègrent sera toujours une constante.

> ▶ **À TOI** d'expérimenter

La modélisation d'une désintégration radioactive

Supposons que 40 pièces de monnaie représentent 40 atomes instables et qu'ils ont deux états : désintégrés ou non désintégrés. Place toutes les pièces dans un bocal, secoue le bocal, puis vide les pièces dans une assiette en carton. Supposons maintenant que les pièces montrant le côté pile ne sont pas encore désintégrées. Note ce nombre et retire ces pièces de l'assiette. Jette les pièces montrant le côté face. Remets les pièces non désintégrées (pile) dans le bocal et répète le processus. Note à nouveau le nombre de pièces qui ne se sont pas désintégrées. Continue jusqu'à ce que toutes les pièces se soient désintégrées. Illustre à l'aide d'un graphique les résultats et compare la forme de la courbe à celle illustrée à la **figure 1**. Inscris tes remarques sur la similitude.

période radioactive mesure de la radioactivité d'un isotope ; temps $t_{1/2}$ requis pour que la moitié des atomes de tout échantillon de cet isotope, préparé à tout instant, se désintègrent

> ▶ **PROBLÈME 1**

La période radioactive du carbone 14 est de 5 730 a. La masse d'un certain échantillon de cet isotope est de 800 μg. Illustre à l'aide d'un graphique l'activité des cinq premières périodes radioactives.

Solution

$m = 800\ \mu$g

$t_{1/2}$ = période radioactive = 5 730 a

Après 5 730 a, la quantité initiale du carbone 14 aura diminué de moitié, c'est-à-dire de 400 μg. Après une autre période de 5 730 a, la quantité aura encore diminué de moitié. Ce raisonnement permet de faire les calculs sommaires présentés au **tableau 1** et de tracer une courbe (**figure 1**).

Tableau 1

Temps (a)	0	5 730	11 460	17 190	22 920	28 650
Quantité restante (μg)	800	400	200	100	50	25

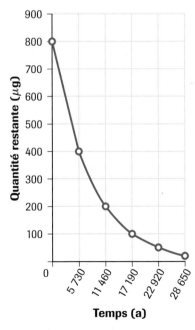

Figure 1
Graphique pour le problème 1

L'équation d'une désintégration radioactive

Le niveau de radioactivité dans une substance correspond au nombre de désintégrations nucléaires par unité de temps. Une substance hautement radioactive est donc une substance dans laquelle la désintégration est rapide ; et la période radioactive serait réduite en conséquence.

Si un échantillon renferme à l'origine N noyaux instables, le taux de désintégration peut être représenté par $\frac{\Delta N}{\Delta t}$. Cette quantité est appelée normalement l'*activité*, A, exprimée en désintégrations par seconde. Le taux de désintégration est donc proportionnel au nombre N de noyaux instables ($A \propto N$) :

$$A \doteq \frac{\Delta N}{\Delta t} = -\lambda N$$

constante de désintégration
constante de proportionnalité concernant le taux de désintégration d'un isotope radioactif par rapport au nombre total de noyaux de cet isotope

où A représente l'activité de l'échantillon (SI, s^{-1}) et λ, la **constante de désintégration** de l'isotope (également s^{-1}). Chaque isotope comporte une constante de désintégration qui lui est propre. Les quantités dont le taux de désintégration dépend de la quantité de substance présente subissent une *décroissance exponentielle*. La quantité N de substance radioactive laissée après un temps t donné est calculée comme suit :

$$N = N_0\left(\frac{1}{2}\right)^{\frac{t}{t_{1/2}}}$$

où N_0 représente la quantité initiale et $t_{1/2}$, la période radioactive. On détermine également l'activité A d'un échantillon après un certain temps t par l'équation suivante :

$$A = A_0\left(\frac{1}{2}\right)^{\frac{t}{t_{1/2}}}$$

où A_0 représente l'activité initiale.

becquerel (Bq) unité SI adoptée pour la radioactivité ; 1 Bq = 1 s^{-1}

L'unité SI adoptée pour la radioactivité est le **becquerel**, Bq. Dans les unités de base du SI, 1 Bq = 1 s^{-1}. Il s'agit d'une très petite unité. Par exemple, 1,0 g de radium représente une activité de 3,7 × 10^{10} Bq. Et puisque le kilobecquerel (kBq) et le mégabecquerel (MBq) sont des unités courantes, nous pourrions donc dire qu'une activité de 1,0 g de radium est de 3,7 × 10^4 MBq.

> ▶ **PROBLÈME 2**

> La période radioactive du carbone 14 est de 5 730 a. Un échantillon de tourbe provenant d'une ancienne tourbière contient présentement 800 μg de carbone 14.
> a) Quelle sera la quantité de carbone 14 après 10 000 a?
> b) À quel moment la quantité restante atteindra-t-elle 300 μg?

Solution

a) $N_0 = 800,0 \; \mu g \qquad t = 10\,000 \; a$

$t_{1/2} = 5\,730 \; a \qquad N = ?$

$$N = N_0\left(\frac{1}{2}\right)^{\frac{t}{t_{1/2}}} = 800\left(\frac{1}{2}\right)^{\frac{10\,000}{5\,730}}$$

$$N = 240$$

Après 10 000 a, la quantité restante sera de 240 μg.

b) $N_0 = 400 \; \mu g \qquad t_{1/2} = 5\,730 \; a$

$N = 300 \; \mu g \qquad t = ?$

$$N = N_0\left(\frac{1}{2}\right)^{\frac{t}{t_{1/2}}}$$

$$300 = 800,0\left(\frac{1}{2}\right)^{\frac{t}{5\,730}}$$

$$\frac{3}{8} = \left(\frac{1}{2}\right)^{\frac{t}{5\,730}}$$

$$\log\left(\frac{3}{8}\right) = \log\left(\frac{1}{2}\right)^{\frac{t}{5\,730}} \quad \text{(où nous choisissons arbitrairement des logarithmes de n'importe quelle base)}$$

$$\log\left(\frac{3}{8}\right) = \frac{t}{5\,730} \log\left(\frac{1}{2}\right)$$

$$t = 5\,730 \, \frac{\log\left(\frac{3}{8}\right)}{\log\left(\frac{1}{2}\right)} = 8\,100 \; a$$

Après 8 100 a, la quantité de matière radioactive restante sera de 300 μg.

> **CONSEIL PRATIQUE**
>
> **Les logarithmes**
> N'oublie pas la propriété suivante des logarithmes : $\log x^y = y \log x$.

▶ PROBLÈME 3

La période radioactive du cobalt 60 est de 5,271 4 a. Dans une certaine installation d'approvisionnement en fournitures médicales spécialisée en radiothérapie, un échantillon particulier de cet isotope présente actuellement une activité de 400,00 kBq. Combien de temps s'écoulera-t-il avant que l'activité diminue à 40,000 kBq ?

Solution

$t_{1/2} = 5,271\,4 \; a \qquad A = 40,000 \; kBq$

$A_0 = 400,00 \; kBq \qquad t = ?$

$$A = A_0\left(\frac{1}{2}\right)^{\frac{t}{t_{1/2}}}$$

$$40,000 = 400,00\left(\frac{1}{2}\right)^{\frac{t}{5,271\,4}}$$

$$\frac{40,000}{400,00} = \left(\frac{1}{2}\right)^{\frac{t}{5,271\,4}}$$

$$\log\left(\frac{40,000}{400,00}\right) = \log\left(\frac{1}{2}\right)^{\frac{t}{5,271\,4}}$$

$$\log(0,1) = \frac{t}{5,271\,4} \log\left(\frac{1}{2}\right)$$

$$t = 5,271\,4 \, \frac{\log(0,1)}{\log\left(\frac{1}{2}\right)} = 17,511 \; a$$

La radioactivité atteindra 40,000 kBq après 17,511 a.

Réponses

4. a) 4,43 mg

   b) 164 a

5. a) 496 μg

   b) 2^{-45}, ou $\approx 2,8 \times 10^{-14}$

   c) 1 280 h

Mise en pratique

Saisis bien les concepts

4. Une masse de sol contaminé provenant d'un site d'essai d'armes nucléaires des années 1950 contient 5,0 mg de strontium 90. Cet isotope radioactif comporte une période radioactive de 29,1 a.
   a) Calcule la quantité de matière radioactive restante après 5,00 a.
   b) Calcule le temps nécessaire pour que la quantité se désintègre à 0,100 mg.

5. La glande thyroïde recueille et concentre l'iode dans le sang. L'isotope radioactif I-131, avec une période radioactive de 193 h, peut donc être utilisé comme marqueur pour déterminer le bon fonctionnement de la glande thyroïde. Une quantité initiale de $5,00 \times 10^2$ μg est administrée à un patient.
   a) Le patient est examiné 2,00 h après l'administration du I-131. Quelle quantité de matière reste-t-il dans le corps du patient?
   b) Quelle fraction de la quantité initiale reste-t-il après une année?
   c) Combien de temps faut-il pour que la quantité atteigne $\dfrac{1}{100}$ de la quantité initiale?

6. Un tube Geiger-Mueller est irradié par un gramme de C-14 ($t_{1/2}$ = 5 730 a). Un tube identique est irradié par un gramme de I-131 ($t_{1/2}$ = 8,04 d). Les sources se trouvent toutes deux à la même distance de leurs détecteurs respectifs. Quel détecteur indiquera la plus grande valeur? Justifie ta réponse.

La datation radioactive

datation radioactive technique employant les propriétés connues de substances radioactives pour déterminer l'âge d'objets anciens

Les archéologues et les géologues utilisent la **datation radioactive** pour déterminer l'âge d'objets anciens. La méthode la plus employée est la datation par le carbone 14.

Les neutrons dans le flux de particules de haute énergie de l'espace lointain réagissent avec les atomes de l'azote atmosphérique, en entrant en collision avec un proton du noyau de $^{14}_{7}N$. Le neutron est absorbé, produisant un atome $^{14}_{6}C$ (**figure 2**). Cet atome de carbone peut se combiner à l'oxygène dans l'atmosphère pour produire une molécule CO_2. Les plantes peuvent ainsi absorber une partie de ce carbone radioactif au cours de la photosynthèse, processus par lequel elles produisent leur nourriture. Les animaux qui mangent ces plantes peuvent également ingérer du carbone radioactif (**figure 3**).

La teneur en carbone 14 de la quantité totale de carbone est très faible, soit environ $1,3 \times 10^{-12}$. Cette quantité est tout de même mesurable. Tant que l'être est vivant, il continue d'absorber et d'accumuler cette substance radioactive. Cette ingestion cesse dès que l'être meurt, puis la teneur en carbone 14 commence à diminuer. Il est alors possible de mesurer l'activité présente pour déterminer l'âge du spécimen. La méthode par le carbone 14 est la plus utile pour déterminer l'âge d'une matière de moins de 60 000 a. Après environ quatre périodes radioactives, la fraction, $\dfrac{1}{16}$, de la quantité restante de C-14 est trop petite pour permettre une mesure précise.

LE SAVAIS-TU ?

La datation au carbone 14

Dans sa forme la plus simple, la datation au carbone 14 suppose que la teneur en carbone 14 de la quantité totale de carbone a été stable pendant plusieurs milliers d'années, d'où l'obtention d'un processus de désintégration simple. Dans la plupart des cas, cette supposition est valable. Toutefois, il faut tenir compte des fluctuations dans le rapport du carbone 14/carbone 12 lorsque des calculs très précis sont requis. Il est possible de déterminer ces fluctuations et d'apporter les corrections nécessaires à nos étalonnages en prélevant des échantillons dans de très vieux arbres vivants.

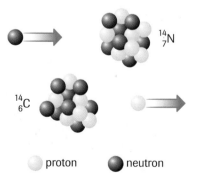

proton neutron

Figure 2
Une interaction avec un neutron de grande vitesse peut transformer un atome d'azote en un atome de carbone 14.

Les rayons cosmiques qui passent dans l'atmosphère produisent des neutrons rapides.

Les neutrons entrent en collision avec l'azote de l'atmosphère, ce qui produit du carbone 14 et de l'hydrogène.

Figure 3

La datation au carbone 14 est possible puisque les végétaux et les animaux absorbent du carbone 14 radioactif par l'intermédiaire du CO_2. Lorsqu'un organisme meurt, le carbone 14, qui se désintègre à une vitesse déterminée par la période radioactive du carbone 14 de 5 730 a, n'est pas remplacé. À n'importe quelle phase, la proportion de carbone 14 qui reste dans un spécimen indique son âge.

neutron

atome d'azote

hydrogène

atome de carbone 14

Le carbone 14 se mélange à l'oxygène pour former du dioxyde de carbone radioactif.

La végétation absorbe le dioxyde de carbone radioactif.

Les animaux qui se nourrissent de végétaux absorbent du carbone 14.

Lorsque les animaux et les plantes meurent, le carbone 14 se désintègre à une vitesse connue.

Au moment de la mort

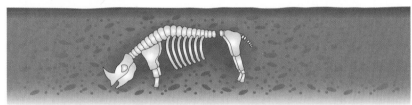

5 730 années : $\frac{1}{2}$ du carbone 14 subsiste

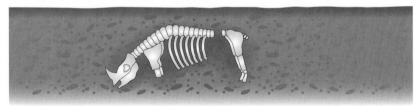

11 460 années : $\frac{1}{4}$ du carbone 14 subsiste

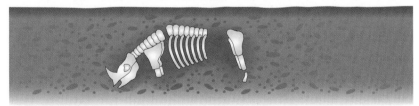

17 190 années : $\frac{1}{8}$ du carbone 14 subsiste

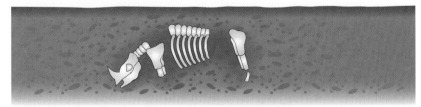

70 000 années : il ne reste presque plus de carbone 14

▶ **PROBLÈME 4**

Un morceau de bois provenant d'un ancien site d'enfouissement présente une activité de $3,00 \times 10^1$ Bq. L'activité initiale est évaluée à $2,4 \times 10^2$ Bq. Quel est l'âge estimé du bois ?

Solution

$A = 3,00 \times 10^1$ Bq $\qquad t_{1/2} = 5\ 730$ a
$A_0 = 2,4 \times 10^2$ Bq $\qquad t = ?$

$$A = A_0\left(\frac{1}{2}\right)^{\frac{t}{t_{1/2}}}$$

$$3,00 \times 10^1 = 2,4 \times 10^2\left(\frac{1}{2}\right)^{\frac{t}{5\ 730}}$$

$$\frac{3,00 \times 10^1}{2,4 \times 10^2} = \left(\frac{1}{2}\right)^{\frac{t}{5\ 730}}$$

$$\log\left(\frac{3,00 \times 10^1}{2,4 \times 10^2}\right) = \log\left(\frac{1}{2}\right)^{\frac{t}{5\ 730}}$$

$$\log\left(\frac{3,00 \times 10^1}{2,4 \times 10^2}\right) = \frac{t}{5\ 730}\log\left(\frac{1}{2}\right)$$

$$t = 5\ 730\ \frac{\log\left(\frac{3,00 \times 10^1}{2,4 \times 10^2}\right)}{\log\left(\frac{1}{2}\right)} = 1,7 \times 10^4\ \text{a}$$

L'âge de l'échantillon est évalué à $1,7 \times 10^4$ a.

LE SAVAIS-TU ?

Réchauffement de la Terre
Les isotopes radioactifs les plus abondants présents dans l'écorce et le manteau terrestres sont le potassium 40, l'uranium 235, l'uranium 238 et le thorium 238. Leurs périodes radioactives sont longues et ils produisent suffisamment de chaleur pour maintenir l'intérieur de la Terre très chaud.

Des matières présentant des périodes radioactives plus longues peuvent être utilisées pour déterminer l'âge absolu des formations géologiques. L'uranium 238, par exemple, avec une période radioactive de $4,5 \times 10^9$ a, peut être utilisé pour déterminer l'âge des plus anciens dépôts sur la Terre. Puisqu'il se désintègre plusieurs fois, pour se transformer ensuite en plomb 206, il faut s'attendre à ce qu'il y ait plusieurs types de noyaux filles. Pour déterminer l'âge d'une roche, le géochimiste mesure la masse contenue de l'uranium 238 ainsi que les masses des isotopes filles prévus. Les quantités relatives d'uranium 238 et des isotopes filles peuvent alors servir à évaluer l'âge de la roche. Cette méthode a permis de déterminer l'âge de certains échantillons prélevés près de Sudbury à plus de $3,5 \times 10^9$ ans, les classifiant ainsi parmi les roches les plus anciennes du monde.

Tableau 2 Quelques isotopes employés couramment pour la datation radioactive

Substance radioactive	Matière à l'essai	Période radioactive (a)	Domaine de potentiel (a)
Carbone 14	bois, charbon, couche	5 730	70 000
Protactinium 231	sédiment de mer profonde	32 000	120 000
Thorium 230	sédiment de mer profonde, corail	75 000	400 000
Uranium 234	corail	250 000	10^6
Chlore 36	roches ignées et volcaniques	300 000	500 000
Béryllium 10	sédiment de mer profonde	2,5 milliards	800 000
Hélium 4	corail	4,5 milliards	—
Potassium 40	cendre volcanique (contenant de l'argon 40)	1,3 milliard	—

Saisis bien les concepts

7. La teneur initiale en carbone 14 d'un morceau d'écorce ancien était de 2,00 μg. Les mesures ont révélé qu'il contenait maintenant 0,25 μg de carbone 14. Évalue son âge.

8. L'Anse Aux Meadows, dans le nord de Terre-Neuve, est le seul site de colonie viking confirmé en Amérique du Nord. Supposons qu'un échantillon de charbon est trouvé sur le site et que l'activité mesurée est actuellement de 7,13 Bq. L'activité initiale est évaluée à 8,00 Bq. Évalue l'âge de la colonie.

9. La teneur initiale en uranium 238 d'un échantillon de minerai d'uranium était de 772 mg. Une analyse révèle que l'échantillon contient actuellement 705 mg d'uranium 238. Quel en est l'âge estimé ? (Consulte l'annexe C pour connaître la période radioactive de l'uranium 238.)

10. Un ancien cimetière contient un bout de parchemin et la lame d'un couteau. Est-ce que la datation au carbone 14 peut déterminer l'âge d'aucun des éléments, d'un seul élément ou des deux éléments ? Justifie ta réponse.

Réponses

7. $1,7 \times 10^4$ a
8. $9,5 \times 10^2$ a
9. $5,9 \times 10^8$ a

La famille de désintégration

L'uranium 238 se désintègre en émettant une particule α. L'isotope fille, le Th-234, qui est lui-même instable, se désintègre pour former du Pa-234 en émettant une particule β^-. En fait, jusqu'à 14 transformations peuvent se produire avant qu'un isotope fille, le Pb-206, soit créé. La **figure 4** illustre une suite de transmutations que peut subir l'uranium 238 lors de sa désintégration. Cette désintégration produit des isotopes instables (comme le radium 226, avec une période radioactive de 1 600 a) qui auraient disparu depuis longtemps de la surface de la Terre s'ils n'avaient été présents uniquement lorsque la Terre s'est formée, il y a 4 ou 5 milliards d'années, et s'ils ne s'étaient renfloués d'une certaine manière ces derniers temps.

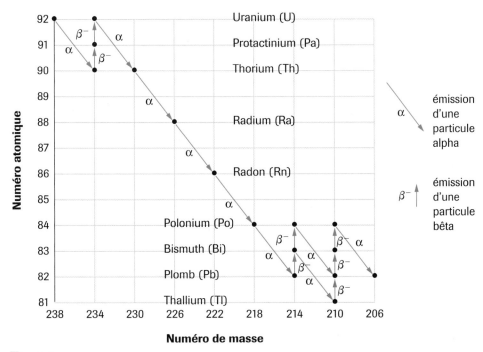

Figure 4
Un *diagramme des nucléides* illustre tous les produits de désintégration d'un radio-isotope donné. En physique nucléaire, les diagrammes de nucléides sont plus utiles que le tableau périodique. Le dernier isotope d'un tel diagramme est généralement stable. Le diagramme concernant l'uranium 238 l'illustre bien : le plomb 206 n'est pas radioactif, et est donc stable.

Saisis bien les concepts

11. Exprime à l'aide de symboles les quatre premières réactions de désintégration de la famille radioactive de l'uranium 238.

12. À l'aide de la **figure 4**, détermine le nombre de façons uniques possibles pour produire un élément fille stable.

Les applications médicales de la radioactivité

Comme nous l'avons mentionné à la section 13.1, les particules α et β libérées au cours des désintégrations nucléaires ionisent les molécules des substances qu'elles traversent. Par exemple, les particules β de grande vitesse peuvent déloger les électrons des molécules d'air de leurs orbitales. Cela s'applique encore davantage aux particules α, qui portent une charge deux fois plus élevée. Les particules émises lors des processus de désintégration radioactive sont dotées d'énergies cinétiques relativement grandes, de l'ordre de 10^4 eV à 10^7 eV. Puisqu'il suffit d'une énergie cinétique de 10 eV pour ioniser un atome ou une molécule, une seule particule peut produire un très grand nombre d'ionisations. De plus, les photons produits par une désintégration γ peuvent ioniser des atomes et des molécules, par effet Compton et par effet photoélectrique.

L'ionisation est un désavantage pour les tissus vivants qui sont bombardés par des particules α ou β, ou pas des rayons γ. Les molécules ionisées peuvent provoquer des réactions chimiques nocives au sein des cellules qui les abritent. Les dommages causés à l'ADN peuvent être encore plus préjudiciables. Si la radiation est suffisamment intense, elle détruira les molécules plus rapidement qu'elles ne se reproduisent, éliminant ainsi la cellule. Pis encore, les dommages causés à l'ADN de la cellule peuvent être si importants que les cellules altérées pourraient survivre et continuer à se diviser. Cette situation pourrait causer l'une des nombreuses formes de cancer.

Heureusement, les effets détériorants de la radiation sur les tissus vivants peuvent être utilisés de manière favorable, puisque les procédés qui provoquent la mort des cellules saines sont utilisés plus efficacement à des fins d'élimination des cellules cancéreuses à croissance rapide. Les radiothérapeutes concentrent la radiation à l'endroit ciblé, réduisant ainsi au minimum l'effet sur les tissus sains environnants. Un procédé localise les dommages en déplaçant la source de radiation autour du corps tout en dirigeant un mince faisceau de particules sur le tissu cancéreux. Un second procédé localise l'effet en insérant de très petites particules radioactives semblables à des grains de riz près du cancer (**figure 5**).

La radiation est également employée à des fins de diagnostic. Le sodium 24, par exemple, qui est soluble dans le sang, est injecté dans le corps afin de mesurer la fonction des reins. L'isotope $^{99}_{43}$ Tc (technétium), ayant une période radioactive de 6 h, est un constituant essentiel de bien des traceurs radioactifs populaires employés actuellement. Étant donné que l'isotope peut se combiner avec de nombreuses autres matières, les composés

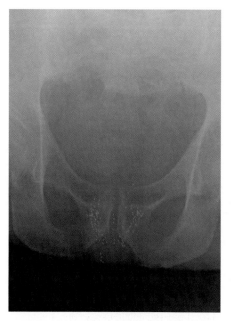

Figure 5
Les points blancs sur ce rayon X sont des implants radioactifs utilisés pour le traitement du cancer de la prostate.

du traceur peuvent être conçus spécialement pour divers systèmes et fonctions du corps. Ces traceurs de pointe peuvent être jumelés à des détecteurs tout aussi perfectionnés — les gamma-caméras — pour fournir des données en temps réel à des fins d'études.

Les gamma-caméras peuvent également être utilisées avec des produits chimiques contenant des émetteurs de positrons pour obtenir des balayages tridimensionnels en *tomographie par émission de positrons* (TEP). Lorsque les émetteurs subissent une désintégration β^+ à l'intérieur du corps, le positron créé parcourt généralement une courte distance avant d'entrer en collision avec un électron. Deux photons γ ayant une quantité de mouvement opposée sont émis et enregistrés par les détecteurs de la gamma-caméra de chaque côté du patient. Les emplacements des annihilations, échelonnés sur toute la longueur de la ligne entre les deux photons γ, peuvent être tracés dès que les écarts de temps d'arrivée sont calculés (**figure 6**).

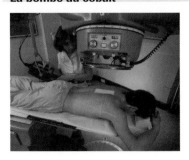

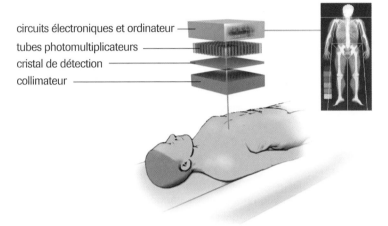

circuits électroniques et ordinateur
tubes photomultiplicateurs
cristal de détection
collimateur

Figure 6
Montage d'une gamma-caméra. Les photons émis dans le corps du patient sont détectés par les photomultiplicateurs. Un écran d'ordinateur affiche l'image calculée à partir des signaux des photomultiplicateurs.

Les progrès en matière de vitesse et de sophistication de l'électronique en TEP ont permis d'améliorer constamment la résolution de l'image (**figure 7**). De plus, l'imagerie TEP emploie un pourcentage beaucoup plus grand de désintégrations nucléaires que la plupart des autres techniques. Cela permet d'administrer une dose d'irradiation beaucoup plus faible, rendant les dispositifs plus sûrs que les techniques comme les tomodensitomètres (TDM) à rayons X.

a)

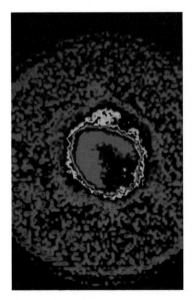

b)

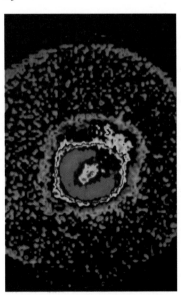

Figure 7
L'imagerie TEP permet d'identifier des problèmes tels que des tumeurs et des organes atteints.
a) Un cœur en santé
b) Un cœur ayant subi un infarctus du myocarde

Le taux de désintégration radioactive

- La période radioactive, qui est unique à tout isotope donné, correspond au temps requis pour que la moitié du noyau d'origine se désintègre.

- L'activité A, exprimée en nombre de désintégrations par seconde (Bq), est proportionnelle au nombre N de noyaux instables présents.

- La quantité N de substance radioactive laissée après un certain temps t est représentée par $N = N_0\left(\dfrac{1}{2}\right)^{\frac{t}{t_{1/2}}}$, où N_0 correspond à la quantité initiale et $t_{1/2}$ à la période radioactive.

- L'activité A, exprimée en becquerels après un temps t donné, est obtenue par l'équation $A = A_0\left(\dfrac{1}{2}\right)^{\frac{t}{t_{1/2}}}$, où A_0 correspond à l'activité initiale.

- Si la période radioactive d'un isotope radioactif, le niveau de radioactivité et la quantité ou l'activité initiale sont connus, alors nous pouvons déterminer l'âge d'une matière.

▶ Section 13.2 Questions

Saisis bien les concepts

1. L'uranium 238 a une période radioactive de $4{,}5 \times 10^9$ a. Un échantillon de la matière contenant actuellement 1,00 mg de U-238 a une activité de $3{,}8 \times 10^8$ Bq.
   a) Calcule l'activité de l'échantillon après $1{,}00 \times 10^6$ a.
   b) Combien d'années vont s'écouler avant que la quantité restante d'uranium 238 atteigne 0,100 mg ?

2. L'activité d'un échantillon contenant une quantité fictive X d'isotopes radioactifs est établie initialement à $1{,}20 \times 10^3$ Bq. Une heure plus tard, l'activité chute à une valeur de $1{,}00 \times 10^3$ Bq. Calcule la période radioactive de X.

3. La spectrométrie de masse d'un échantillon de minerai composé essentiellement à l'origine d'uranium 238 révèle que 9,55 % de la teneur en métal correspond aux produits filles de la désintégration de cet isotope. Évalue l'âge de l'échantillon.

4. Un fragment osseux de charbon présente une activité de 4,00 Bq. L'activité initiale est évaluée à 18,0 Bq. Détermine l'âge du fragment.

5. Il est fort probable que des éléments transuraniens (éléments dont le numéro atomique est supérieur à 92) étaient présents dans l'écorce terrestre peu de temps après la formation de la planète. Suggère des raisons pour expliquer le fait que ces éléments n'entrent plus dans la composition des minéraux actuels.

6. Si tu trouvais une tablette d'argile enfouie dans ta cour, pourquoi la datation au carbone 14 serait-elle erronée ? Suggère une solution de rechange raisonnable.

Mets en pratique tes connaissances

7. Le thorium 232 subit la famille de désintégrations suivante avant de produire une fille stable : β^-, β^-, α, α, α, α, β^-, β^-, α. Trace un graphique semblable à celui de la **figure 4** pour décrire la famille.

Fais des liens

8. La datation radioactive a permis d'établir que l'origine de la Terre remonte à environ 3 milliards d'années. Suggère la façon dont cet âge a pu être déterminé.

9. Détermine le coût d'achat et d'entretien d'un tomographe. Tire des conclusions sur la rentabilité d'un tel achat.

10. Trouve les méthodes utilisées pour extraire des substances radioactives telles que l'uranium. Décris brièvement quelques mesures utilisées pour protéger la santé des mineurs.

 www.beauchemineediteur.com/physique12

Supposons que tu défies deux amis d'identifier un objet dissimulé, comme une balle de golf. Tu leur permets de bombarder l'objet à l'aide d'un grand nombre de billes (particules) d'exploration, selon l'angle de leur choix, et de mesurer les trajectoires des billes qui ont ricoché, comme dans la recherche sur la diffusion α de Rutherford. Tu fournis à chacun un lot de billes, l'un des lots contenant des billes beaucoup plus petites que l'autre (**figure 1**). Lequel de tes amis obtiendra les données les plus précises sur l'objet bombardé ?

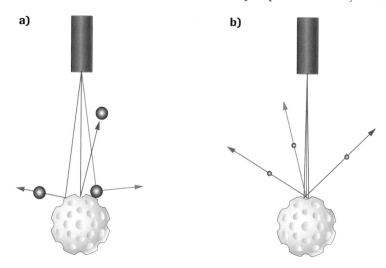

a)

b)

Figure 1
a) Une balle de golf semble sphérique lorsqu'elle est sondée avec des billes d'acier de 4 mm de diamètre.
b) L'utilisation de billes d'acier de 1 mm de diamètre permet de révéler certaines dépressions.

L'ami qui utilise les plus petites billes d'exploration serait en mesure de reproduire les dépressions de surface. Les scientifiques emploient une technique semblable pour sonder l'atome avec des faisceaux de particules ayant le pouvoir de résolution le plus élevé possible, selon la longueur d'onde de de Broglie.

Comme nous l'avons mentionné au chapitre 12, la longueur d'onde de de Broglie associée à tout objet mobile ayant une masse non nulle est $\lambda = \dfrac{h}{mv}$. Cela veut dire que la longueur d'onde associée à une particule diminue en fonction de la hausse de vitesse (sans tenir compte des effets relativistes), qui est inversement proportionnelle à la racine carrée de l'énergie cinétique. Par conséquent, il est préférable d'utiliser des particules à grande énergie pour sonder des noyaux inconnus.

Le cyclotron et le synchrocyclotron

Il est évident que des particules chargées peuvent être accélérées au moyen de tensions élevées en utilisant, par exemple, un accélérateur Van de Graaff. En 1930, des problèmes de tensions très élevées ont amené l'Américain Ernest Lawrence à envisager de faire dévier magnétiquement les particules dans une orbite circulaire. La clé de ce dispositif, appelé *cyclotron* (**figure 2**), repose sur le fait que les orbites des particules chargées dans un champ magnétique uniforme sont **isochrones** : le temps requis par des particules ayant une masse et une charge identiques pour effectuer un cycle complet est le même, et ce à n'importe quelle vitesse. Puisque le rayon du parcours circulaire augmente exactement selon la vitesse, le temps demeure constant pour n'importe quelle orbite. Cela permet à une modeste différence de potentiel d'inverser la polarité à une fréquence constante et d'accélérer une particule chargée plusieurs fois.

Figure 2
Ernest O. Lawrence tenant son premier cyclotron

isochrone qui survient à intervalles réguliers même lorsque des variables changent ; par exemple, la période d'un pendule est isochrone par rapport aux variations de la masse de la lentille du pendule

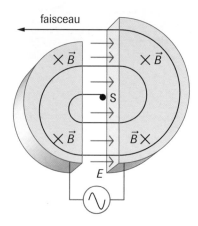

Figure 3

Un cyclotron. Les croix indiquent que le champ magnétique est descendant, à travers les dés. Le champ électrique, oscillant à travers l'entrefer entre les dés, donne un regain d'énergie chaque fois qu'il traverse l'entrefer. Le champ magnétique, agissant vers le bas au travers des dés, fait en sorte que la particule se déplace dans une trajectoire circulaire, mais à rayon croissant. Que se passerait-il si nous inversions le sens du champ magnétique ?

Le cyclotron se caractérise principalement par une paire de « dés », électrodes creuses en forme de D, qui forcent les particules accélératrices (généralement des protons) à se déplacer en spirale. La **figure 3** illustre un champ magnétique dirigé vers le bas au travers des dés, provoquant une déviation. Une tension c.a. est fournie aux dés opposés. La période de variation électrique est synchronisée de façon à coïncider avec la période de mouvement circulaire des particules. De cette façon, le champ électrique entre les dés fait accélérer les particules chaque fois qu'elles franchissent l'entrefer.

L'accélération entraîne un allongement progressif des rayons liés à la trajectoire du mouvement circulaire. Après un certain nombre de tours, les particules sont tellement chargées qu'elles ratent le deuxième dé et peuvent être utilisées pour des expériences de collision.

À des vitesses non relativistes, la mécanique est facile, puisque la charge du proton et de la particule α est connue et que la force du champ magnétique peut être calculée à partir de la géométrie et de la charge actuelle de l'électro-aimant.

L'énergie cinétique des particules émises dépend de la différence de potentiel entre les dés. Une très haute tension entraîne une énorme accélération dans l'entrefer, formant ainsi une spirale à croissance rapide, que la particule quitte après quelques cycles seulement. En revanche, une tension plus faible produit moins d'accélération dans l'entrefer, formant une spirale à croissance plus lente, que la particule quitte après plusieurs cycles. La même somme de travail est effectuée dans les deux cas, garantissant que la particule chargée résultante présente la même énergie cinétique dans les deux cas.

Toutefois, à des vitesses relativistes, la mécanique du cyclotron est plus complexe. Tout comme la durée et la longueur, la quantité de mouvement est altérée par les grandes vitesses. Lorsque la vitesse de la particule atteint à peu près la vitesse de la lumière, la quantité de mouvement approche l'infini. Cette hausse relativiste constante de la quantité de mouvement entraîne une désynchronisation de la fréquence du cyclotron par rapport aux particules tournoyant à de hautes énergies, ce qui oblige à définir une limite supérieure d'énergie.

Un *synchrocyclotron*, ou *cyclotron à modulation de fréquence (FM)*, est un cyclotron classique modifié dans lequel la fréquence de l'alternance du potentiel électrique est modifiée pendant le cycle d'accélération. Cela permet aux particules de demeurer en phase avec le champ électrique alternatif même si la quantité de mouvement relativiste augmente de façon significative. Par conséquent, la relativité n'impose pas une limite d'énergie aussi basse pour les particules accélérées qu'avec le cyclotron classique.

Nous pouvons illustrer ce concept à l'aide de protons. Au tout début de l'accélération, alors que la vitesse est plus petite, la fréquence utilisée pour l'accélération des protons est de 32 MHz. Durant le temps que prend le proton pour atteindre une énergie de 400 MeV, la fréquence requise chute à 20 MHz. Ce changement de fréquence dure environ 10 ms. Par la suite, les protons accélérés sont livrés en paquets, un pour chaque cycle de modulation de fréquence. Après la livraison d'un paquet de protons, la fréquence doit revenir à 32 MHz pour que l'appareil puisse ramasser un autre lot de protons.

Puisque le faisceau n'est pas continu mais plutôt en rafales, son intensité est bien inférieure à celle d'un cyclotron classique. Pour compenser, plusieurs pays se sont dotés de très gros synchrocyclotrons, munis d'énormes aimants. La taille et le coût des aimants fixent actuellement une limite supérieure de 1 GeV au gain d'énergie réalisable dans un synchrocyclotron. Les aimants supraconducteurs peuvent toutefois augmenter cette limite en permettant l'installation de plus petits aimants.

Le cyclotron TRIUMF

Durant les années 1970, plusieurs nouvelles versions du synchrocyclotron ont été conçues pour améliorer l'intensité du faisceau de protons et la durée des rafales en variant le champ magnétique pour compenser l'effet de la quantité de mouvement relativiste. Il a fallu effectuer certains réglages du champ magnétique à la suite de problèmes de focalisation. Cela a permis de découvrir que si les électro-aimants sont segmentés, ce problème est en partie résolu. Le cyclotron TRIUMF, à l'Université de la Colombie-Britannique, est un synchrocyclotron doté d'aimants segmentés, appelé *cyclotron à focalisation par secteurs* (**figure 4**).

Le cyclotron TRIUMF est du type « usine à mésons ». On le désigne ainsi parce qu'il convient particulièrement bien à la production de particules à période courte, appelées *mésons pi*, qui appartiennent à la famille des *mésons*.

Les ions d'hydrogène à charge négative accélérés par l'accélérateur TRIUMF atteignent des vitesses d'environ 0,75c. À ce stade, les ions possèdent des énergies de l'ordre de 520 MeV et sont dirigés hors du cyclotron dans des endroits où ils servent à la recherche. L'emploi d'un feuillard de décollage à l'intérieur du cyclotron permet d'extraire les électrons des ions, en ne laissant que les faisceaux de protons à énergies diverses, qui peuvent également servir à la recherche. Les faisceaux de protons peuvent être dirigés dans des tuyaux, appelés des *lignes de faisceaux*, où les électro-aimants les guident jusqu'à l'endroit approprié, c'est-à-dire dans le hall des protons, là où le faisceau peut être utilisé directement, ou dans le hall des mésons. Les protons entrent ensuite en collision avec des cibles, en produisant des mésons pi à période courte.

Figure 4
L'accélérateur TRIUMF est le plus grand cyclotron au monde. (TRIUMF signifie *tri-university meson facility*, bien que les installations concernent maintenant 11 universités.)

Les accélérateurs linéaires

Les cyclotrons et les synchrocyclotrons présentent de nombreux inconvénients. Étant donné que les particules sont contenues à l'intérieur d'un champ magnétique, l'éjection d'un faisceau à haute énergie est difficile et inefficace. L'utilisation de cibles internes limite donc les types d'expériences réalisables. En plus, dans le cas des électrons à haute énergie, le rayonnement synchrotron entraîne de lourdes pertes d'énergie.

L'*accélérateur linéaire*, ou *linac*, est conçu de façon à surmonter certaines de ces restrictions. Le linac consiste en un long tube à vide contenant de nombreux *tubes de glissement*. Des tubes de glissement de réserve sont connectés à l'opposé d'un générateur haute fréquence par des lignes de transmission qui parcourent toute la longueur de l'accélérateur (**figure 5a**). Si une particule portant une charge négative est injectée alors que la tension dans le premier tube de glissement est positive, la particule accélère en acquérant de l'énergie cinétique. Une fois à l'intérieur du premier tube, elle n'accélère pas davantage mais se déplace plutôt avec une vitesse de « glissement » constante. (À l'intérieur du tube, le champ électrique est nul.) Si la différence de potentiel électrique entre les tubes de glissement de réserve est inversée avant que la particule n'ait atteint la fin du premier tube de glissement, la particule accélère entre les tubes. La particule glisse plus rapidement à l'intérieur du deuxième tube, qui est plus long. Elle accélère davantage dans l'espace entre le deuxième et le troisième tube, puisque la différence de potentiel s'est inversée de nouveau. Le processus se poursuit à travers un jeu de tubes de glissement de plus en plus longs, où l'énergie cinétique des particules augmente à chaque transition.

Figure 5
a) Un accélérateur linéaire. Les particules chargées accélèrent à mesure qu'elles sont attirées par les tubes de glissement à charge alternative.
b) L'accélérateur linéaire de Stanford

a)

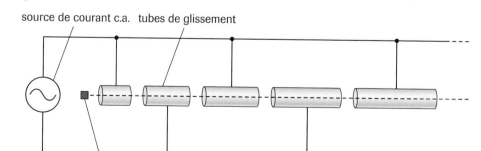

source de courant c.a.   tubes de glissement

source de particules chargées

b)

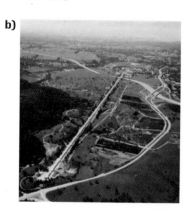

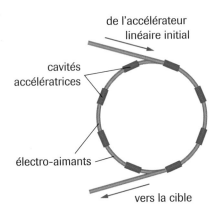

de l'accélérateur linéaire initial

cavités accélératrices

électro-aimants

vers la cible

Figure 6
Un schéma simplifié d'un synchrotron

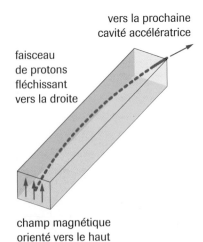

vers la prochaine cavité accélératrice

faisceau de protons fléchissant vers la droite

champ magnétique orienté vers le haut

Figure 7
Un aimant de courbure à secteurs

L'accélérateur linéaire de Stanford (SLAC), achevé en 1961, mesure 3,2 km de longueur et renferme 240 tubes de glissement (**figure 5b**)). Il permet d'accélérer les électrons à des énergies d'environ 20 GeV. À cette énergie, et avec la quantité de mouvement relativiste accrue, la masse de l'électron devient 40 000 fois plus élevée que sa masse au repos. Le plus puissant accélérateur de protons (linac) se trouve à Los Alamos, au Nouveau-Mexique. Achevé en 1973, cet appareil accélère les protons à 800 MeV.

Les linacs de protons fournissent des protons à haute énergie avec des impulsions intenses, ce qui en fait les meilleurs injecteurs pour les synchrotrons à protons. Toutefois, lorsqu'ils sont utilisés seuls, ces appareils servent surtout à produire des mésons pour le bombardement de cibles.

Les synchrotrons

Des énergies plus grandes sont atteintes en combinant certaines idées de conception du linac et du synchrocyclotron. Dans un *synchrotron*, ce n'est pas un grand aimant mais un groupe de petits aimants qui maintient le faisceau accéléré dans un parcours circulaire. Des systèmes accélérateurs à radiofréquence, appelés des *cavités*, sont disposés entre les électro-aimants successifs. Ces cavités fonctionnent un peu comme les courtes sections d'un accélérateur linéaire. Les protons sont d'abord accélérés par un accélérateur linéaire, puis dirigés dans une chambre à vide circulaire qui traverse un ensemble d'électro-aimants (**figure 6**). Les électro-aimants sont conçus de façon à augmenter le champ à mesure que le rayon grandit, ce qui confine le faisceau de protons dans une section transversale relativement petite. Ce faisceau peut servir directement à frapper des cibles à l'extérieur de l'anneau. Il est aussi possible d'installer une cible dans le faisceau, de façon à faire éjecter les particules secondaires. Dans un cas comme dans l'autre, des aimants spéciaux dirigent les particules hors de l'anneau.

Bien que des électrons soient parfois utilisés dans les synchrotrons (comme c'est le cas au Centre canadien de rayonnement synchrotron, que nous aborderons ultérieurement), les particules les plus courantes sont encore les protons. Pourquoi ? Parce que les particules chargées émettent des photons — rayonnement synchrotron — lorsqu'elles sont accélérées. Puisque les particules dans le synchrotron subissent un mouvement circulaire, elles sont constamment accélérées non seulement par les cavités, mais aussi par les aimants de courbure (**figure 7**). Il en résulte que la plus grande partie du travail effectué sur les particules est irradiée, sans augmenter l'énergie cinétique. Étant donné que la quantité et l'intensité du rayonnement synchrotron dépendent de la vitesse des particules et de la force du champ magnétique, l'émission augmente considérablement à des vitesses relativistes. Tout spécialement, le rayonnement synchrotron augmente en fonction du cube du rapport de l'énergie d'une particule à son énergie de masse au repos (le produit de la masse au repos et c^2). Comme ce rapport tend à être plus élevé pour des particules plus légères, il est préférable d'utiliser des particules plus lourdes. L'énergie des protons est augmentée par un ensemble d'accélérateurs avant que les protons soient injectés dans un « anneau principal » du synchrotron. Le synchrotron, communément appelé Tevatron, au Fermi National Accelerator Laboratory (Fermilab) à Batavia, en Illinois, présente cette disposition. L'anneau principal du Tevatron est constitué de 1 000 aimants supraconducteurs (à 40 000 $ chacun), avec des bobines de niobium et de titane refroidies à −268 °C par de l'hélium liquide. À cette température, les bobines perdent pratiquement toute leur résistance électrique, minimisant ainsi les appels de courant.

Les particules sont stockées dans un deuxième anneau, prêtes pour la collision avec des particules accélérées dans le premier anneau. Dans le cas des particules qui se déplacent à peu près à la vitesse de la lumière, par exemple, si un proton possédant une énergie de

400 GeV frappe un proton au repos, il ne reste que 27,4 GeV disponible pour l'interaction. Par contre, si les deux particules entrent en collision en sens inverse, alors toute l'énergie est disponible pour l'interaction (**figure 8**). Par exemple, si deux protons dont l'énergie est de 31,4 GeV entrent en collision, une énergie de 62,8 GeV sera disponible pour l'interaction.

Une disposition semblable est obtenue avec le grand collisionneur électron-positron (LEP) du CERN (Organisation européenne pour la recherche nucléaire) à Genève, en Suisse. Des faisceaux de particules sont accélérés dans deux anneaux, dans le sens horaire dans l'un, et dans le sens antihoraire dans l'autre. Lorsque les faisceaux se rencontrent, certaines particules interagissent. Une équipe, sous la direction de Carlo Rubbia, a utilisé des faisceaux de protons et d'antiprotons dans un accélérateur du CERN pour confirmer l'existence de trois particules, soit les particules W^+, W^- et Z, appelées communément des bosons. (Nous reviendrons aux bosons plus loin dans le présent chapitre.)

Les synchrotrons sont énormes et très coûteux. Le synchrotron de Fermilab a une circonférence de 6,3 km, et celui du LEP, une circonférence de 27 km. Un supercollisionneur supraconducteur géant avait été planifié à Waxahachie, au Texas. On avait prévu construire un anneau de 87 km de circonférence qui aurait produit des collisions atteignant des énergies de 40 TeV. Il a été surnommé Desertron, étant donné que sa taille imposante nécessitait qu'il soit construit dans un espace très vaste, comme le désert américain. Ce projet fut annulé en 1993 en raison de son coût trop élevé. Apparemment, l'ampleur et les coûts de la recherche en physique des particules de haute énergie ont atteint des niveaux tels qu'ils dépassent la capacité des gouvernements nationaux en tant qu'intervenants uniques.

Malgré les défis de financement, plusieurs projets d'envergure sont présentement en cours. On apporte constamment des améliorations au Tevatron de Fermilab. On projette également la construction d'un très grand collisionneur à hadrons près de Fermilab. Cet appareil permettra d'accélérer la collision de muons (cousins lourds de l'électron) avec environ 50 fois l'énergie disponible au Tevatron. Les perspectives d'avenir en matière de coopération internationale en physique des particules sont bonnes si on pense à la construction du grand collisionneur à hadrons (LHC) du CERN. Il sera construit à même le tunnel LEP existant et sera opérationnel d'ici la fin de la première décennie de ce siècle. Cet instrument devrait permettre d'atteindre des énergies aussi élevées que 7 TeV (**figure 9**).

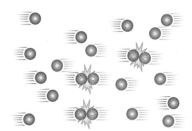

Figure 8
Collision de faisceaux de particules

Figure 9
a) Le nouveau grand collisionneur à hadrons du CERN
b) Le détecteur du collisionneur géant de Fermilab

a)

b)

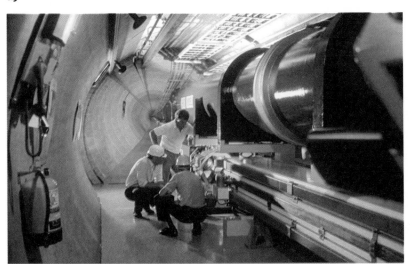
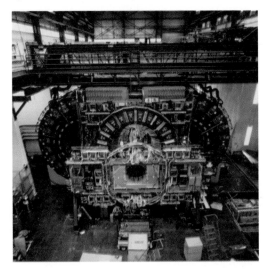

Le financement de la recherche sur les particules élémentaires

Les progrès en matière de physique des particules vont de pair avec ceux de la technologie des accélérateurs de particules. Le processus rapide mais coûteux par lequel la bombe atomique a été élaborée a suggéré aux décisionnaires de l'époque que la nouvelle physique, si elle recevait un soutien financier suffisant, pourrait servir à des fins militaires. Après la Seconde Guerre mondiale, la physique a profité d'un appui financier important aux États-Unis. Le climat de financement favorable a vite permis de produire la bombe à hydrogène et a, du même coup, encouragé la construction d'accélérateurs de particules de plus en plus puissants. Grâce aux accélérateurs, le zoo des particules connues s'est grandement élargi et les prévisions théoriques ont été testées.

Toutefois, à la fin des années 80, la baisse du climat de tension généré par la guerre froide a incité les pays de l'Ouest à réduire significativement les investissements dans la physique des particules, toute la question de la sécurité nationale ayant perdu de son importance. L'un des premiers projets d'envergure à écoper fut le Desertron, qui fut annulé en 1993, faisant passer en tête de liste la construction du LHC international au CERN. Le message était clair : l'avenir de la physique des particules à grands budgets reposerait dorénavant sur la coopération internationale.

Pour comprendre la question

1. Effectue des recherches dans Internet en utilisant des mots clés tels que «physique des particules» et «accélérateurs

de particules». Pour te faire une idée des mégaprojets en cours de développement, visite les sites Web des organismes suivants : Brookhaven, CERN, Fermilab, TRIUMF et Stanford.

 ALLER À   www.beauchemineediteur.com/physique12

2. Imagine que tu es en charge de la construction de la prochaine génération de superaccélérateurs. Ton choix s'est porté sur un synchrotron de 100 km de circonférence.
   a) Auprès de quels organismes chercherais-tu à obtenir du financement? Quelle serait la base de ta proposition?
   b) Quelle opposition redouterais-tu? Comment y ferais-tu face?

3. Quelles recommandations ferais-tu à la communauté internationale de recherche concernant l'orientation future de la physique des particules élémentaires?

Exprime une opinion

4. Selon tes recherches et tes réponses aux questions ci-dessus, émets une opinion quant au niveau approprié de financement public accordé à la recherche en physique des particules. Présente ton opinion oralement à la classe.

Le rayonnement synchrotron : Le Centre canadien de rayonnement synchrotron

Tableau 1   Brillance relative de diverses sources lumineuses

Source	Intensité $\left(\dfrac{\text{photons/s}}{\text{mm}^2}\right)$
synchrotron CCRS	10^{19}
lumière du soleil	10^{13}
chandelle	10^{9}
rayons X médicaux	10^{7}

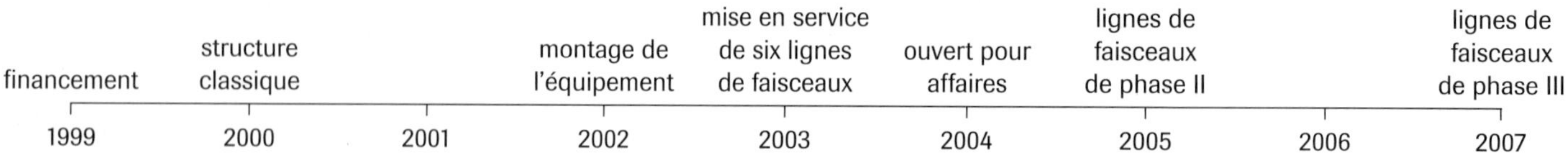

Le rayonnement synchrotron, appelé communément lumière synchrotron au Canada, peut être utilisé à bon escient en microscopie. Le synchrotron du Centre canadien de rayonnement synchrotron (CCRS), à Saskatoon, a été conçu spécialement dans le but de produire des faisceaux lumineux intenses à diverses longueurs d'onde, plus particulièrement ceux de la gamme des rayons X. La minuscule longueur d'onde de la lumière, jumelée à sa grande intensité (**tableau 1**), en fait une sonde parfaite pour examiner les structures les plus infimes.

Lancées en 1999, la plupart des lignes de faisceaux du CCRS devraient être en service d'ici 2007 (**figure 10**). Le financement total du CCRS, qui s'élève à 173,5 millions de dollars, est assuré par diverses sources, tant publiques que privées (**tableau 2**).

financement	structure classique		montage de l'équipement	mise en service de six lignes de faisceaux	ouvert pour affaires	lignes de faisceaux de phase II		lignes de faisceaux de phase III
1999	2000	2001	2002	2003	2004	2005	2006	2007

Figure 10
Calendrier d'exécution des lignes de faisceaux du CCRS

Le CCRS regroupe en fait plusieurs systèmes intégrés. Il combine d'abord un canon électronique et un linac pour accélérer les électrons à une vitesse voisine de la vitesse de la lumière, où ils atteignent une énergie cinétique d'environ 0,3 GeV. Ensuite, les particules sont injectées dans l'anneau élanceur qui augmente leur énergie cinétique par un facteur approximatif de 10, jusqu'à 2,9 GeV. De là, les électrons à haute énergie sont transférés dans l'anneau de stockage de 54 m de diamètre, où la lumière synchrotron est produite.

Les lignes de faisceaux dirigent ensuite la lumière synchrotron vers une zone appelée la *huche optique*, où le spectre complet est séparé en plusieurs bandes discrètes, y compris les rayons X durs et mous et les rayons infrarouges. Ces faisceaux sont alors disponibles pour des fins de recherche à la huche expérimentale et à divers postes dans les installations (**figure 11**).

La lumière synchrotron est employée dans de nombreuses applications (**tableau 3**). La science médicale, par exemple, peut tirer profit des images très détaillées produites par cette lumière. Les chercheurs prévoient surtout utiliser les installations pour étudier les structures plus fines du cœur et du cerveau. De plus, les chercheurs en chimie peuvent utiliser l'intensité de la lumière pour représenter des interactions moléculaires en nanosecondes par nanoseconde. Cette information peut ensuite servir à concevoir des médicaments qui auront des résultats plus prévisibles. Les autres applications en chimie incluent la conception de matériaux de pointe.

Tableau 2 Financement pour le CCRS

Source	Millions de dollars
Contributions «en nature»	32,6
Fondation canadienne pour l'innovation	56,4
Gouvernement fédéral	28,3
Gouvernement provincial de la Saskatchewan	25
Consortium des synchrotrons de l'Ontario	9,4
Université de la Saskatchewan	7,3
Ville de Saskatoon	2,4
SaskPower	2,0
Université de l'Alberta	0,3
Université Western Ontario	0,3 + en nature
Autre	9,5

Tableau 3 Applications en recherche

Type	Applications d'échantillons
infrarouge	Étude du comportement des molécules biologiques Conception de matériaux de pointe
rayons X mous	Étude de la structure chimique des matériaux
rayons X durs	Étude des matériaux au niveau moléculaire

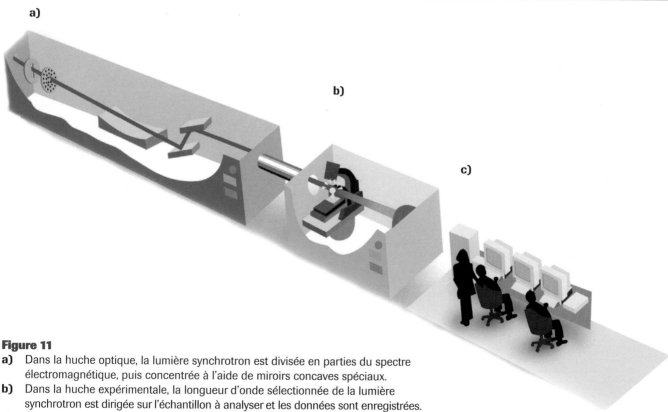

Figure 11
a) Dans la huche optique, la lumière synchrotron est divisée en parties du spectre électromagnétique, puis concentrée à l'aide de miroirs concaves spéciaux.
b) Dans la huche expérimentale, la longueur d'onde sélectionnée de la lumière synchrotron est dirigée sur l'échantillon à analyser et les données sont enregistrées.
c) Les données sont transférées à des postes de travail pour des fins d'analyse.

Saisis bien les concepts

1. Les modèles mathématiques simples ne peuvent être appliqués aux accélérateurs de particules que si les énergies et les vitesses sont relativement basses. Pourquoi la situation devient-elle si compliquée en pratique?

2. Pourquoi appelle-t-on l'accélérateur TRIUMF «l'usine à mésons»?

3. L'accélérateur TRIUMF utilise des protons ou des ions d'hydrogène. Pense à une raison pour laquelle l'électron est la particule privilégiée du synchrotron du CCRS.

4. Donne des raisons pour lesquelles les opérateurs du CCRS préfèrent parler de lumière synchrotron plutôt que de rayonnement synchrotron (terme classique).

Les détecteurs de particules

Les particules subatomiques sont beaucoup trop petites et se déplacent beaucoup trop rapidement pour que nous puissions les observer et les mesurer directement. De plus, la plupart des particules élémentaires ont des durées de vie très courtes et se désintègrent généralement en d'autres particules en moins d'une nanoseconde. Les détecteurs de particules utilisés pour observer les produits légèrement perceptibles des accélérateurs à haute énergie sont, d'une certaine façon, tout aussi impressionnants que les accélérateurs eux-mêmes. Par exemple, nous devons être en mesure de photographier les effets d'une particule subatomique qui reste dans le détecteur pendant tout juste 10^{-11} s.

Pour qu'un détecteur détecte une particule, il doit y avoir une interaction entre la particule et le matériau du détecteur. L'interaction se manifeste généralement par l'émission de la lumière, l'ionisation du support, ou un changement de phase ou une réaction chimique du support. Le **tableau 4** indique divers dispositifs servant à détecter les particules subatomiques. Nous allons d'abord examiner deux des détecteurs utilisés traditionnellement pour la recherche en physique des hautes énergies, la chambre à brouillard et la chambre à bulles, puis nous verrons brièvement quelques instruments plus modernes.

Tableau 4 Quelques-unes des propriétés des détecteurs de particules

Réponse primaire	Type de dispositif	Matière sensible	Résolution temporelle	Résolution spatiale
ionisation	détecteur solide	solide	10^{-6} s à 10^{-7} s	taille du détecteur
	chambre d'ionisation compteur proportionnel compteur Geiger	gaz		
	chambre à étincelles			1 mm
émission de lumière	compteur à scintillations	gaz, liquide ou solide	10^{-9} s	taille du détecteur
	compteur Cerenkov			
	chambre à scintillations	solide	10^{-8} s	1 mm
changement de phase ou réaction chimique	chambre à brouillard	gaz	aucune	0,1 mm
	chambre à bulles	liquide		
	émulsion nucléaire	gel		1 μm
	détecteur solide de traces	solide		

La chambre à brouillard

La chambre à brouillard a été mise au point en 1911 par Charles Wilson (1869-1959), en Angleterre. Wilson a découvert que, dans un gaz sursaturé en vapeur, il se forme de la condensation le long du parcours des ions chargés, laissant des traînées de gouttelettes qui peuvent être photographiées.

Une simple chambre à brouillard peut être constituée d'un contenant cylindrique en verre ou en plastique, avec une extrémité ouverte. Un bout de tissu noir imbibé d'alcool est placé sur un bloc de glace sèche et abrité par le contenant. Le contenant se remplit rapidement de vapeur d'alcool. Une couche d'alcool sursaturé se forme juste au-dessus du tissu noir. Si une source radioactive, émettant des particules α ou β, est insérée dans le contenant, les particules mobiles condensent la vapeur d'alcool et laissent des traînées de vapeur, rappelant un peu les traînées que laissent les jets dans le ciel. (L'utilisation d'une forte source lumineuse sur le côté, comme le faisceau d'un projecteur de diapositives 35 mm, permet de voir les traînées.)

L'argon et l'alcool éthylique sont les produits les plus utilisés dans les chambres à brouillard plus perfectionnées. Dans le détecteur de la **figure 12**, l'air comprimé force un piston vers l'avant lorsque le robinet A est ouvert. Lorsque le robinet B est ouvert à l'air libre, le piston est ramené vers l'arrière, la pression augmente et la vapeur se répand dans un état sursaturé, pouvant entraîner la formation de gouttelettes. Lorsque des particules chargées traversent la chambre, elles attirent les molécules voisines, en créant de minuscules gouttelettes qui forment des traînées de vapeur dans la chambre. Une caméra à strobo-flash, déclenchée par le passage d'une particule, enregistre toute traînée présente dans la chambre, y compris celles qui représentent des collisions.

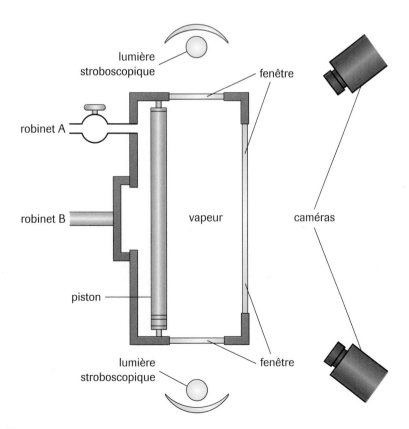

Figure 12
Schéma d'une chambre à brouillard

Les chambres à bulles

Les chambres à bulles (**figure 13**) utilisent un gaz liquéfié, par exemple du propane, de l'hydrogène, de l'hélium ou du xénon, mais le plus souvent, c'est de l'hydrogène liquide.

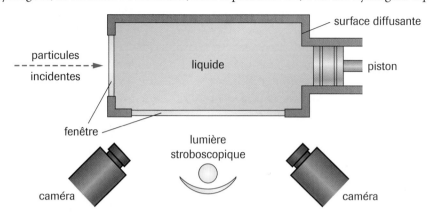

Figure 13

La chambre à bulles maintient un gaz liquéfié à son point d'ébullition en fonction de la pression particulière appliquée. Le liquide est ensuite surchauffé en laissant baisser légèrement la pression. Les bulles formées sont rendues visibles sur la surface diffusante et sont photographiées en stéréo.

L'hydrogène doit être maintenu à une température inférieure à −252,8 °C afin de conserver une pression de fonctionnement type. Si la pression chute subitement, le liquide bout. Si une particule chargée, de grande vitesse, traverse l'hydrogène au moment où la pression diminue, alors il se forme des ions d'hydrogène. L'hydrogène bout quelques millièmes de seconde plus tôt autour de ces ions que dans le reste du contenant. Des photographies synchronisées enregistrent les traînées de bulles résultantes. Un champ magnétique est appliqué fréquemment dans la chambre, faisant dévier les trajectoires des particules à charge positive dans un sens et celles des particules à charge négative dans l'autre sens. En mesurant la courbe de leurs trajectoires et en connaissant la force du champ magnétique, nous pouvons déterminer le rapport de la quantité de mouvement avec la charge. De plus, puisqu'un atome d'hydrogène est constitué d'un proton et d'un électron, si le support choisi est l'hydrogène, des collisions entre les protons accélérés et les protons dans le réservoir peuvent se produire et être enregistrées. Une telle collision est illustrée à la partie inférieure gauche de la **figure 14a**). Les chambres à bulles sont particulièrement grandes et complexes (**figure 14b**)).

Figure 14

a) Une photographie de chambre à bulles

b) Une chambre à bulles à l'hydrogène

a)
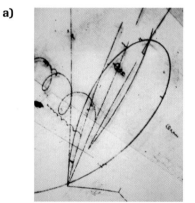

b)

Les détecteurs de traces et les calorimètres

Les détecteurs des supercollisionneurs consistent en plusieurs dispositifs, qui vérifient chacun des différents événements causés par une collision.

Le *détecteur de traces* utilise un ensemble de grilles métalliques (**figure 15**). Les particules traversent chaque grille et produisent un signal électrique. Le modèle à plusieurs grilles permet de reproduire la trajectoire au moyen du détecteur. Si un champ magnétique a été appliqué et que la particule entrante a été chargée, la forme de la trajectoire fournit des indices sur le type de particule et son énergie. Ce détecteur ne perçoit pas les photons.

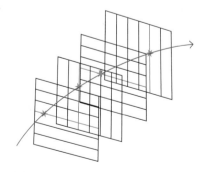

Figure 15
Un détecteur de traces

Les *calorimètres électromagnétiques* sont généralement constitués de plaques de matériau absorbant insérées entre les détecteurs photoélectriques (**figure 16**). Ces détecteurs indiquent l'énergie cinétique que possèdent les particules entrantes, puisque le degré de pénétration des particules dans le matériau et la quantité de lumière produite sont déterminés par l'énergie. En général, les photons et les électrons, qui perdent rapidement leur énergie, sont arrêtés dans les couches internes des détecteurs. Les jets produits par des particules provenant des protons et des neutrons voyagent plus loin. Les muons (particules à haute énergie produites à l'intérieur des accélérateurs) pénètrent plus loin.

Ces divers types de détecteurs sont souvent combinés en une seule unité. La **figure 17** illustre un tel dispositif. Mais un élément clé du détecteur contemporain n'est pas illustré. Toute expérience donnée produira plusieurs millions d'interactions de particules à la seconde. Le détecteur produit des données à une vitesse de 20 Mb/s. L'ordinateur constitue donc une partie essentielle du système de détection. Les données sont généralement analysées à l'aide de centaines d'ordinateurs personnels « groupés » en un super-ordinateur.

■ détection de traces
■ calorimètre électromagnétique
■ calorimètre hadronique
■ chambre à muons

Figure 16
Détecteur de particules. Les particules et les antiparticules sont forcées de se frapper au centre du tube. Les produits de la collision, que ce soit des photons de rayonnement électromagnétique, des hadrons (une famille de particules que nous aborderons bientôt) ou des muons, sont détectés dans les cylindres environnants.

RÉSUMÉ *L'utilisation des particules*

- La plupart des données sur les atomes sont obtenues grâce à des expériences de collisions dans lesquelles des particules à haute énergie entrent en collision les unes avec les autres ou avec des atomes fixes.

- Les accélérateurs de particules servent à accélérer des particules chargées, comme les protons et les électrons, à de très hautes énergies cinétiques.

- Le cyclotron, un accélérateur à haute énergie, fonctionne en accélérant des particules lorsqu'elles traversent l'entrefer entre deux électrodes creuses.

- Les synchrocyclotrons transmettent des énergies cinétiques plus élevées que le cyclotron classique en faisant varier la fréquence de la tension accélératrice pour compenser l'augmentation de la masse relativiste.

- Les accélérateurs linéaires utilisent des champs électriques pour accélérer des particules chargées sur une trajectoire rectiligne à travers plusieurs jeux d'électrodes de charges opposées.

- Les synchrotrons accélèrent les objets dans un cercle ayant un rayon constant. La fréquence radio de la cavité accélératrice et la force des aimants de courbure sont réglées de façon à compenser l'augmentation de la masse relativiste.

- Les synchrotrons font entrer en collision des particules mobiles de charges opposées, contribuant ainsi à augmenter considérablement les énergies des collisions.

- Les particules à haute énergie dans des synchrotrons tels que le CCRS émettent un spectre complet d'ondes électromagnétiques. Cette lumière synchrotron convient tout à fait au sondage des structures fines.

- Les détecteurs de particules fonctionnent en tandem avec les accélérateurs pour fournir de l'information sur les particules élémentaires.

- Les chambres à brouillard et les chambres à bulles affichent les trajectoires des particules chargées sous forme de traînées de vapeur. Des champs électromagnétiques forts peuvent être appliqués pour faire dévier les particules chargées, ce qui fournit des indices sur les masses et les énergies cinétiques.

- Les détecteurs dans les accélérateurs modernes intègrent souvent un détecteur de traces et des calorimètres électromagnétiques dans un même système.

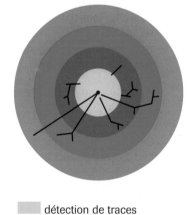

■ détection de traces
■ calorimètre électromagnétique
■ calorimètre hadronique
■ chambre à muons

Figure 17
Coupe transversale d'un détecteur de particules complexe. Les éclairs ramifiés qui apparaissent sur certaines trajectoires indiquent que les particules se désintègrent en particules filles, qui elles-mêmes ont des chances de se désintégrer. Les lignes, qui semblent venir de nulle part, représentent des photons, qui sont visibles pour le calorimètre électromagnétique mais invisibles pour le détecteur de traces situé plus en profondeur dans l'appareil.

Saisis bien les concepts

1. Explique pourquoi il existe une limite supérieure quant à la quantité d'énergie que peut transmettre un cyclotron à une particule. Comment les accélérateurs de forme circulaire, plus perfectionnés que le cyclotron, surmontent-ils cette limite ?

2. Explique pourquoi un neutron à l'intérieur du linac Stanford ne serait pas accéléré.

3. Les protons pénètrent dans un synchrotron hypothétique, de 1,0 km de rayon, avec une énergie initiale de 8,0 GeV. Les protons gagnent 2,5 MeV à chaque tour. Suppose maintenant que, même si les protons complètent chaque tour essentiellement à la vitesse de la lumière, l'augmentation de la masse relativiste peut être ignorée.
   a) Calcule la distance parcourue par les protons avant qu'ils n'atteignent 1,0 TeV.
   b) Calcule le temps requis pour que les protons parcourent cette distance.

Mets en pratique tes connaissances

4. Tu as construit une chambre à brouillard simple à partir d'un cylindre d'observation à éclairage latéral appuyé sur de la glace sèche. Tu as disposé une source radioactive dans la chambre. Comment peux-tu maintenant déterminer si les particules observées sont neutres ou chargées, et, si elles sont chargées, si leur charge est positive ou négative ?

5. Tu utilises une source radioactive émettant différents types de particules, toutes à charge positive, mais pas nécessairement de la même masse. Comment peux-tu savoir si toutes les particules ont la même charge ?

Fais des liens

6. Certaines antennes paraboliques pour communications micro-ondes ne sont pas fabriquées en tôle mais en treillis métallique. (Le treillis permet de réduire la charge exercée par les vents faibles.) Utilise tes connaissances en matière d'énergie des particules et ta capacité à résoudre des problèmes pour expliquer pourquoi ces antennes paraboliques réfléchissent les micro-ondes aussi efficacement que les anciennes antennes en tôle.

7. Comme nous l'avons vu au chapitre 12, chaque objet ayant une masse m non nulle et se déplaçant à une vitesse v non nulle présente une longueur d'onde de de Broglie de $\lambda = \dfrac{h}{mv}$. Supposons qu'un proton a été accéléré à 1 TeV. Si tu ignores l'augmentation de la masse relativiste et que tu compares la longueur d'onde de de Broglie du proton avec la longueur d'onde de la lumière visible, explique pourquoi ces particules à haute énergie sont des outils prometteurs pour la résolution des détails plus fins des rouages des atomes.

8. Le **tableau 5** compare quelques-uns des accélérateurs de particules qui ont été abordés dans la présente section. Copie et complète le tableau.

Tableau 5

Nom	Méthode d'accélération des particules	Particules accélérées	Énergies obtenues
cyclotron	?	?	?
synchrocyclotron	?	?	?
linac	?	?	?
synchrotron	?	?	?

9. Le **tableau 6** résume une partie de la recherche de base pouvant être effectuée à l'aide de divers types d'accélérateurs de particules. Copie le tableau et complète-les. Dans la colonne «Capacité à résoudre», fournis une évaluation en fonction de la longueur d'onde de de Broglie.

Tableau 6

Expérience	Énergies types des particules	Capacité à résoudre	Types de questions formulées par expérience
diffusion α par feuilles d'or	?	?	?
premières expériences avec des cyclotrons	?	?	?
expériences avec des synchrocyclotrons	?	?	?
expériences avec des linacs	?	?	?
expériences avec le Tevatron	?	?	?
expériences avec le LHC du CERN	?	?	?

10. Dans la présente section, nous avons vu qu'il faut des ordinateurs perfectionnés pour traiter les données des expériences sur les particules. Visite le site Web de TRIUMF et prends connaissance des nouvelles micropuces créées à cette fin. Expose brièvement tes conclusions.

 www.beaucheminediteur.com/physique12

La force électromagnétique

L'idée que la matière est composée d'éléments constitutifs élémentaires a été proposée par Démocrite, environ 500 ans avant J.-C. Au début des années 1800, une fois adoptée la théorie atomique de Dalton, l'atome fut considéré comme élémentaire. Au début du XXᵉ siècle, la découverte de l'électron et de la structure subatomique fondamentale de l'atome nous a également amené à considérer l'électron, le proton et le neutron comme des particules élémentaires. Au milieu des années 1930, il en fut de même pour le photon, le positron et le neutrino. Depuis, nous avons découvert et continuons de découvrir des centaines d'autres particules. La question que l'on peut se poser est la suivante : lesquelles des particules sont élémentaires ? C'est à cette question que tentent de répondre les intervenants dans le domaine de la *physique des particules élémentaires*.

Le théoricien britannique Paul Dirac (**figure 1**) a posé les bases de la physique des particules élémentaires. En 1927, il a élaboré la mécanique quantique des champs magnétiques en expliquant la formation et l'absorption des photons dans l'atome et, comme nous l'avons vu à la section 13.1, en postulant l'existence du positron.

Comme nous l'avons mentionné précédemment, c'est la force électromagnétique qui attire l'électron jusqu'au noyau positif et qui, en fait, maintient la matière ensemble. Dans les études sur les objets en collision, certaines interactions sont souvent décrites comme des forces exercées à distance, où deux objets interagissent sans contact physique, en échangeant les énergies et la quantité de mouvement. Alors, comment se produit le transfert d'énergie et de quantité de mouvement ?

En examinant la dualité onde-particule, nous avons réalisé qu'une onde électromagnétique (comme le rayon γ ou la lumière visible) peut être considérée comme un flux de photons, où chaque photon possède une énergie et une quantité de mouvement. Cette approche quantique peut être appliquée aux effets causés lorsque le champ électromagnétique d'une particule agit sur le champ électromagnétique d'une autre particule. Dans un sens, nous pensons qu'un champ électromagnétique est formé de particules. Lorsqu'un champ électromagnétique agit sur un autre, les deux champs échangent des photons durant l'interaction. Autrement dit, les photons sont des porteurs, ou des agents de transfert, qui transportent la force électromagnétique d'une particule chargée à l'autre.

Par analogie, nous pourrions imaginer une fille et un garçon debout, face à face, sur une surface glacée sans frottement, et tenant chacun une rondelle de hockey. Si la fille lance sa rondelle au garçon, elle reculera (action-réaction et impulsion). Le garçon reculera également en attrapant la rondelle. Leurs mouvements démontrent la force de répulsion. Par contre, s'ils échangent leurs rondelles en saisissant la rondelle dans la main de l'autre, ils seront tirés l'un vers l'autre, ce qui équivaut à une force d'attraction.

Nous pouvons également concevoir que les particules ainsi échangées transmettent des messages. Le message transmis invite à « s'approcher » ou à « s'éloigner ». En fait, la physique désigne souvent des particules telles que le photon comme des *particules messagères*.

En raison des incertitudes inhérentes à la mécanique quantique, il est impossible d'observer directement les types d'échanges déjà mentionnés. Toutefois, nous pouvons les décrire. En 1940, Richard Feynman (**figure 2**) et Julian Schwinger ont élaboré une théorie complète des échanges, appelée **électrodynamique quantique** (EDQ). Depuis, de nombreuses expériences ont prouvé que l'EDQ peut décrire, de façon détaillée, les interactions subtiles possibles entre les particules en termes de photons virtuels.

Feynman a également élaboré le concept d'un diagramme espace-temps tout à fait particulier, le **diagramme de Feynman,** pour illustrer de telles interactions électrodynamiques.

Figure 1
Paul Dirac (1902-1984)

Figure 2
Richard Feynman (1918-1988)

électrodynamique quantique
étude des interactions des particules chargées en termes de photons virtuels

diagramme de Feynman
diagramme espace-temps qui illustre les interactions des particules chargées

photon virtuel photon échangé dans une interaction électromagnétique; virtuel au sens d'inobservable

Le cas le plus simple se produit lorsqu'un seul photon est échangé. Supposons qu'un électron produise un photon et qu'un autre électron l'absorbe. Chaque électron subit des changements d'énergie et de quantité de mouvement en raison de cet échange. Puisqu'un changement de quantité de mouvement est causé par une force, les électrons se repoussent mutuellement (**figure 3**). Ce concept a mené à la conclusion que l'échange d'un photon, ou de photons, est responsable de toutes les interactions électromagnétiques entre les particules chargées. Le photon échangé est appelé un **photon virtuel**, afin de le distinguer d'un photon réel.

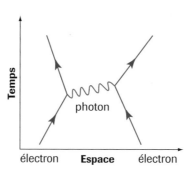

Figure 3
Un diagramme de Feynman illustrant la force électromagnétique. L'axe vertical représente le temps et l'axe horizontal, la position dans l'espace. La ligne ondulée rouge représente l'échange d'un photon virtuel entre deux électrons. Le photon transmet la quantité de mouvement et l'énergie d'un électron à l'autre. Étant donné que le transfert n'est pas vraiment instantané (la vitesse du photon, *c*, est infinie), la ligne n'est pas tout à fait horizontale.

Il peut arriver aussi que deux ou plusieurs photons soient échangés. La probabilité que ces situations se complexifient diminue toutefois avec le nombre d'échanges, tout comme le fait la force de l'interaction.

La force nucléaire forte

Dans le noyau d'un atome stable, les protons et les neutrons sont liés ensemble par la force nucléaire forte. En 1935, le physicien japonais Hideki Yukawa (1907-1981) proposait qu'il y ait une certaine particule qui transfère la force nucléaire forte entre les nucléons du noyau, au même titre que le photon transfère la force électromagnétique. Yukawa prévoyait que cette nouvelle particule aurait une masse au repos à mi-chemin entre l'électron et le proton. La particule postulée fut donc appelée le **méson**, qui signifie « au milieu ».

méson particule élémentaire qui, à l'origine, semblait être responsable de la force nucléaire forte; elle forme maintenant une classe de particules

Examinons l'interaction hypothétique de la **figure 4**. La particule qui porte l'interaction doit provenir d'un vide quantique. Selon le principe d'incertitude, la violation apparente de la conservation de la masse signifie ce qui suit:

$$(\Delta E)(\Delta t) \approx \frac{h}{2\pi}$$

$$(\Delta E) \approx \frac{h}{2\pi(\Delta t)}$$

$$mc^2 \approx \frac{h}{2\pi\left(\dfrac{d}{c}\right)} \approx \frac{hc}{2\pi d}$$

En utilisant les valeurs connues de *h* et de *c* ainsi que la valeur $d = 1{,}5 \times 10^{-15}$ m (diamètre type du noyau d'un petit atome), nous obtenons un ΔE de $2{,}2 \times 10^{-11}$ J, ou environ 130 MeV. Si nous comparons ces résultats à l'énergie équivalente de la masse au repos de l'électron, 0,511 MeV, nous estimons la masse du méson à un peu plus de 250 fois celle de l'électron ($250m_\text{e}$).

Suivant un tel raisonnement, Yukawa a calculé que la masse au repos du méson serait de $270m_\text{e}$. Il a ensuite émis l'hypothèse que les photons n'étaient pas que des participants inobservables des interactions électromagnétiques, mais qu'ils pouvaient être observés sous forme de particules libres, et qu'un méson libre était observable. À cette époque, le meilleur endroit pour observer cette particule était le ciel, en examinant les particules créées

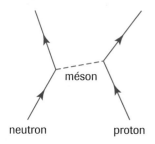

Figure 4
La force nucléaire forte. La particule virtuelle échangée cette fois-ci est la porteuse de la force nucléaire forte, et non le photon, qui transporte la force électromagnétique.

par les collisions dues aux rayons cosmiques entrants de l'espace lointain. En 1936, une nouvelle particule, ayant une masse de 207 m_e, a été découverte. Au début, les scientifiques croyaient qu'il s'agissait du méson impalpable, mais les résultats d'une étude plus approfondie révélèrent que, non seulement sa masse était-elle trop basse, mais que ses interactions avec la matière étaient trop faibles. Par exemple, ces particules trouvées intactes dans des mines profondes avaient traversé plusieurs kilomètres de terre. Mais le méson, à titre de porteur d'une force forte, se devait d'interagir fortement avec la matière. Ces nouvelles particules furent appelées mu (μ) mésons ou **muons**. Elles existent sous deux formes : positive et négative.

En 1947, le physicien britannique Patrick Blackett (1897-1974) a trouvé la particule de Yukawa. Ses observations ont été faites à partir de rayons cosmiques contenant généralement très peu de mésons. Blackett n'a donc pu observer qu'un petit nombre de particules recherchées ; il se demandait si ses observations étaient simplement dues au hasard. Heureusement, un cyclotron de 4,7 m venait tout juste d'être mis au point au Laboratoire Lawrence Berkeley. Cet instrument, jumelé à une méthode photographique élaborée par la scientifique britannique Cecil Powell (1903-1969), a confirmé ses observations. La particule de Blackett a été classifiée dans une famille de mésons et appelée le **méson pi** (π). Il existe deux variétés de mésons pi, π^+ et π^- (positif et négatif), dont la masse au repos est de 274 m_e, comme l'avait prévu Yukawa. Plus tard, un troisième méson pi, le π^0 neutre, a été découvert, avec une masse légèrement plus faible de 264 m_e.

Les mésons π présentaient des interactions fortes avec la matière. Il fut généralement admis que les mésons transmettent, ou transfèrent, la force nucléaire forte à peu près de la même manière que les photons transmettent la force électromagnétique. Les mésons π libres sont instables et se désintègrent rapidement (en 10^{-8} s) en mésons μ (muons). En fait, les muons observés dans les rayons cosmiques résultent probablement de la désintégration des mésons pi. Depuis la découverte du méson pi, plusieurs autres mésons ont été découverts ; ils semblent également transférer la force nucléaire forte (**figure 5**).

L'évolution récente de la physique a grandement amélioré cette image. Aujourd'hui, nous croyons que les porteurs de la force nucléaire forte sont les gluons (voir la section 13.5).

> ### ▶ *Mise en pratique*
>
> #### Saisis bien les concepts
> 1. Un positron et un électron peuvent s'annihiler mutuellement, en produisant des photons γ. Dessine un diagramme de Feynman illustrant ce processus.
> 2. Comme nous l'avons vu au chapitre 12, l'effet photoélectrique signifie qu'un photon qui frappe une surface métallique avec suffisamment d'énergie peut libérer des électrons de cette surface. Dessine un diagramme de Feynman illustrant cette interaction.

La force nucléaire faible

Nous avons déjà vu que le processus de désintégration β ne peut être expliqué en termes de force électromagnétique ou de force nucléaire forte. Ce processus exige une troisième force, que nous appelons aujourd'hui la **force nucléaire faible**.

Une explication moderne du processus de désintégration β suppose que le proton et le neutron ne sont pas des particules élémentaires. Chacun serait plutôt formé d'une combinaison de plus petites particules élémentaires appelées des quarks. Il existe plusieurs types de quarks, y compris les quarks u et les quarks d. Nous supposons que les protons sont formés de deux quarks u et d'un quark d, et que les neutrons sont formés d'un quark u et de deux quarks d. (Nous examinerons les quarks plus en détail à la section 13.5.)

muon particule élémentaire ; un méson mu

méson pi particule élémentaire ; un méson pi

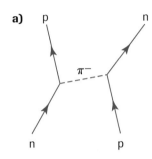

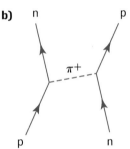

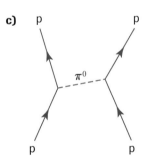

Figure 5
Diagrammes de Feynman illustrant des interactions entre nucléons par l'échange de mésons pi virtuels
a) interaction neutron-proton
b) interaction proton-neutron
c) interaction proton-proton

force nucléaire faible force faible dans un noyau qui pourrait être associée à la désintégration β

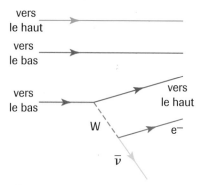

Figure 6
Un diagramme de Feynman illustrant une désintégration β. Un seul quark est touché. Il en résulte une particule composée de deux quarks u, d'un quark d (un proton) ainsi que d'une particule β et d'un antineutrino.

Dans le processus de désintégration β^-, un neutron disparaît et est remplacé par un proton, une particule β et un antineutrino. La théorie des quarks propose une description du processus ; la voici : une particule composée d'un quark u et de deux quarks d est transformée lorsqu'un des quarks d disparaît et est remplacé par un quark u et une particule assez massive, un **boson W** virtuel. Ce boson W virtuel, comme n'importe quelle particule, présente une période très courte et se désintègre presque aussitôt pour donner des produits de la désintégration β plus familiers : la particule β et l'antineutrino (**figure 6**). Il s'agit d'un des porteurs de la force faible.

La *théorie électrofaible*, qui cherchait à unifier la force électromagnétique et la force faible, prévoyait une seconde particule, appelée ultérieurement le **boson Z**. Ces particules sont difficiles à observer directement. Toutefois, l'examen minutieux de plusieurs interactions a révélé certains événements qui ne pouvaient s'expliquer sans leur existence. Une preuve directe fut faite en 1983 lorsque des accélérateurs de particules à haute énergie ont causé des collisions qui ont produit des bosons W et Z.

La pesanteur : l'exception

Puisque les autres forces s'expliquent en termes d'échange de particules, il serait logique de supposer quelque chose de semblable pour la pesanteur. Au cours des dernières années, plusieurs travaux ont été effectués sur le **graviton**, le porteur hypothétique de la force de gravitation. La particule est encore invisible ; plusieurs croient que nous ne la verrons jamais. Par conséquent, la théorie devra fournir des indices sur sa nature.

Nous supposons que, tout comme les photons, les gravitons se déplacent à la vitesse de la lumière. Mais, contrairement aux photons qui n'interagissent pas directement entre eux, les gravitons peuvent le faire. Deux faisceaux de photons croisés, par exemple, se traverseront l'un l'autre sans être diffusés. Les gravitons, en revanche, se diffuseront à la suite d'une interaction. Cette auto-interaction constitue peut-être la principale barrière empêchant les scientifiques de formuler une théorie quantique de la gravité. Cela signifie que deux gravitons peuvent échanger un troisième graviton tout en interagissant simultanément avec des particules. Ces échanges multiples rendent les interactions beaucoup trop compliquées et incertaines pour les décrire.

Malgré ces défis, les travaux se poursuivent sur la théorie de la gravité quantique, car il faudra la compléter avant de pouvoir saisir entièrement la théorie du big bang. À ce moment-là, lorsque nous pensions que tout l'Univers ne constituait qu'un objet incroyablement dense, l'intensité de la force gravitationnelle était comparable à celle des autres types d'interactions.

Le **tableau 1** résume les quatre forces fondamentales et leurs porteurs.

Tableau 1 Les forces et leurs porteurs

Force	Porteur	Symbole	Charge	Masse
électromagnétique	photon	γ	0	0
forte	gluon	g	0	0
faible	boson W	W^+	+	80,1 GeV
		W^-	−	80,6 GeV
	boson Z	Z	0	91,2 GeV
gravitationnelle	graviton	G	0	0

À l'heure actuelle, la recherche la plus prometteuse dans le domaine considère les particules comme des boucles fermées, ou des cordes, plutôt que comme des entités en forme de points. Nous décrirons quelques-unes des plus importantes caractéristiques des nouvelles théories des cordes à la section 13.7.

Saisis bien les concepts

3. Décris brièvement le processus qui permet d'évaluer la masse du méson.

4. Comment les scientifiques ont-ils réalisé que le muon, découvert en 1936, n'était pas le méson recherché?

Lauréats du prix Nobel

Patrick Blackett, Hideki Yukawa et Cecil Powell ont chacun obtenu un prix Nobel pour leurs travaux en physique nucléaire : Blackett, en 1948, pour l'élaboration d'une chambre à nuages et les découvertes inhérentes en physique nucléaire ; Yukawa, en 1949, pour avoir prévu l'existence des mésons ; et Powell, en 1950, pour avoir conçu une méthode photographique permettant d'étudier les processus nucléaires et pour ses travaux sur les mésons.

L'Observatoire de neutrinos de Sudbury

D'une certaine manière, les accélérateurs et les détecteurs abordés à la section 13.3 sont comme des observatoires actifs où les scientifiques cherchent à approfondir les particules élémentaires. Les observatoires sont actifs dans le sens où ils produisent leurs propres particules à observer. Mais ce n'est pas la seule approche possible. Les premiers observatoires utilisaient des rayons cosmiques. Ces observatoires étaient donc passifs puisqu'ils utilisaient des particules produites ailleurs.

Il existe actuellement de nombreux observatoires passifs. L'un des plus récents, et excitants, est sans doute l'Observatoire de neutrinos de Sudbury (ONS), exploité par un groupe de 80 scientifiques du Canada, des États-Unis et de la Grande-Bretagne. L'ONS, situé près de Sudbury en Ontario, à 2 km sous terre, dans la partie la plus profonde de la mine Creighton d'Inco, mesure les neutrinos qui proviennent du noyau solaire libérant de l'énergie. L'observatoire, dont la construction a commencé en 1990 pour se terminer en 1998, au coût de 78 millions de dollars, a été exploité de façon quasi continue depuis 1999.

Le cœur de l'observatoire se trouve dans une caverne de dix étages où un contenant sphérique en acrylique de 12 m contient 1 000 t d'oxyde de deutérium, D_2O, ou «eau lourde». Il est placé dans une cavité remplie d'eau mesurant 22 m de diamètre et 34 m de hauteur. À l'extérieur de la sphère en acrylique se trouve une sphère géodésique contenant 9 456 détecteurs optiques ou phototubes pouvant détecter le peu de rayonnement lumineux Cerenkov bleu-violet formé lorsque les neutrinos sont arrêtés ou diffusés par les molécules de D_2O (**figure 7**). Le D_2O est idéal pour détecter les neutrinos, puisqu'il interagit avec les trois types de neutrinos existants en donnant trois réactions distinctes ; l'ONS est unique quand il s'agit de rechercher une conversion, ou «oscillation», d'un type de neutrino du noyau du Soleil en un des deux autres types. Plusieurs milliers d'interactions sont enregistrées chaque année à l'observatoire.

Les détecteurs de neutrinos précédents avaient enregistré beaucoup moins d'interactions que prévu, car ils fonctionnaient selon des modèles expliquant la production d'énergie dans le Soleil. L'ONS s'était donc fixé comme objectif de faire des essais et d'en trouver la cause. Une cause possible mise de l'avant a été que le neutrino peut se transformer en passant d'un des trois types à un autre. Ce qui suppose que la particule a une masse. Contrairement à d'autres observatoires, qui ne s'intéressent qu'à une seule réaction du neutrino, l'ONS propose trois types d'interactions de neutrinos dont il peut déterminer la présence.

En 2001, les scientifiques de l'ONS ont annoncé qu'ils avaient trouvé la clé d'un mystère vieux de 30 ans, à savoir pourquoi seulement le tiers des neutrinos prévus étaient détectés dans les détecteurs (modèles solaires) de neutrinos précédents. L'ONS a en fait découvert que les deux autres tiers de neutrinos se transforment en deux autres types de neutrinos inobservés par les autres laboratoires. Selon ces résultats, une petite masse peut être attribuée au neutrino (que l'on croyait sans masse), et son effet sur l'expansion de l'Univers pourrait être évalué. Ces résultats ont attiré l'attention de la communauté scientifique mondiale et comptent parmi les plus grandes découvertes de l'année 2001.

Figure 7
Les détecteurs de l'ONS sont maintenus en place dans une sphère de 18 m, qui entoure le contenant d'eau lourde.

Eau coûteuse

Le D_2O, emprunté à Énergie atomique du Canada, est évalué à 300 millions de dollars. Il s'agit d'une matière qui a été produite et emmagasinée pour des fins d'utilisation dans les réacteurs nucléaires CANDU. L'eau lourde ressemble à l'eau ordinaire ; toutefois, le deutérium, qui renferme un neutron dans son noyau à côté du proton, tient la place de l'hydrogène. Le Canada est le seul pays au monde qui emmagasine le D_2O et le seul à pouvoir construire un observatoire comme l'ONS.

LE SAVAIS-TU ?

Lauréats du prix Nobel
Le prix Nobel de la physique fut décerné en 1984 à Simon van der Meer et à Carlo Rubbia, pour leur contribution à la construction des installations du CERN et leur leadership dans la conduite des expériences menant à la découverte, à la production et à la détection des bosons W et Z.

- La force électromagnétique peut être considérée comme un échange de particules. La particule, un photon virtuel, est invisible.

- La théorie de l'électrodynamique quantique décrit les interactions en termes d'échange de particules.

- Un diagramme de Feynman est une façon abrégée de décrire des interactions de particules. Les diagrammes à deux dimensions ont pour objet de représenter l'espace et le temps.

- Le méson, dont l'existence a été prévue par Yukawa en 1935 et qui semblait être, à l'origine, le messager de la force nucléaire forte, a finalement été détecté en 1947 par Blackett.

- La force nucléaire faible peut s'expliquer en termes d'échange de particules. Les messagers de cette force, les bosons W et Z, bien que difficiles à observer, ont été détectés en 1983.

- Les gravitons sont les messagers hypothétiques de la force gravitationnelle ; parce qu'ils sont capables d'auto-interactions, il est difficile de formuler une théorie de la gravité quantique.

- L'Observatoire de neutrinos de Sudbury détecte les trois types de neutrinos, en captant le rayonnement émis lorsqu'un neutrino est diffusé ou arrêté par une molécule de D_2O.

▶ **Section 13.4** *Questions*

Saisis bien les concepts

1. Explique pourquoi le terme «élément» est maintenant désuet.

2. Explique de quelle façon une interaction peut être attractive lorsque des particules échangent des particules.

3. Explique pourquoi le photon visé par la force électromagnétique est un photon virtuel.

4. Certaines interactions électromagnétiques mettent en cause l'échange de plusieurs photons. Comment ces interactions diffèrent-elles de celles qui occasionnent l'échange d'un seul photon ?

5. a) Quel processus nucléaire a permis d'établir clairement l'existence d'une force autre que les forces électro-magnétique, gravitationnelle et nucléaire forte ?
   b) Nomme les messagers de cette quatrième force.

6. a) Dessine un diagramme de Feynman illustrant une désintégration β.
   b) Un proton et un antiproton peuvent s'annihiler mutuellement et produire deux mésons pi. Dessine un diagramme de Feynman illustrant ce processus.

7. a) Explique pourquoi il est vrai que la pesanteur est «l'exception».
   b) Explique pourquoi il est difficile de formuler une théorie quantique de la gravité.

8. Indique dans quelle interaction impliquant les quatre forces chacune des particules ci-dessous joue un rôle.
   a) électron   c) proton   e) neutrino
   b) positron   d) neutron

9. Si le processus pouvant évaluer la masse de la particule de Yukawa a donné l'équation approximative $mc^2 \approx \dfrac{hc}{2\pi d}$, et en supposant que les masses des bosons W et Z sont de 80,3 GeV/c^2 et de 91,2 GeV/c^2, évalue l'étendue de la force faible à l'aide de cette équation.

Fais des liens

10. Visite le site Web de l'ONS et répond aux questions suivantes :
    a) Indique le nombre approximatif de personnes qui sont intervenues dans la construction des installations.
    b) De quelle façon les installations ont-elles été financées ?
    c) Décris brièvement une des trois façons de détecter les neutrinos à l'ONS.
    d) Décris brièvement quelques résultats de recherche obtenus grâce à ces installations.

 ALLER À   www.beaucheminediteur.com/physique12

La classification des particules

Il y a plus de 150 ans, les scientifiques ont reconnu que les éléments pouvaient être regroupés selon leurs propriétés chimiques, ce qui a mené au tableau périodique des éléments. La découverte de nombreuses particules subatomiques a ensuite laissé supposer qu'elles aussi pouvaient être regroupées selon leurs propriétés. Un tableau des particules subatomiques a d'abord été proposé par Murray Gell-Mann (**figure 1**), puis par le physicien indépendant japonais Kazuhiko Nishijima (1912-).

À l'origine, les tableaux étaient principalement fondés sur la masse, mais la découverte de nouvelles particules a amené les chercheurs à découvrir d'autres propriétés.

Plusieurs observations curieuses concernant la lumière émise et absorbée par la matière pourraient être clarifiées si les électrons possédaient certaines propriétés magnétiques. N'oublions pas qu'une particule chargée qui se déplace sur un certain axe forme une boucle de courant électrique et donc un dipôle magnétique. Il semblait que la rotation pourrait être à l'origine de ces propriétés magnétiques. Les physiciens néerlandais G. E. Uhlenbeck et S. Goudsmit énonçaient en 1925 que l'électron devait tourbillonner et tourner. On réalisa alors la nécessité d'un nouveau nombre quantique, le **spin**.

Les travaux d'autres scientifiques ont révélé que toutes les particules élémentaires ont un nombre de spin. Deux faits sont à souligner. Premièrement, puisqu'il s'agit d'un nombre quantique, on ne peut lui attribuer une série de valeurs ; seules certaines quantités discrètes sont possibles. Deuxièmement, le spin est une propriété intrinsèque de la particule ; c'est-à-dire que chaque type de particule donné possède une valeur de spin unique. Tous les électrons, par exemple, ont un spin de $\frac{1}{2}$. Il est impossible pour l'électron d'avoir une autre valeur de spin.

Ce nombre quantique est plus facile à comprendre si nous le représentons par la quantité de mouvement angulaire d'un objet. Lorsque nous disons que l'électron a un spin de $\frac{1}{2}$, cela signifie que sa quantité de mouvement angulaire est de $\frac{1}{2}\hbar$, où $\hbar = \frac{h}{2\pi}$.

Le spin et la masse sont deux éléments dont il faut tenir compte dans le regroupement des particules. Le **tableau 1** présente les classifications actuelles principales. Autrement dit, le plan actuel distingue d'abord les bosons de jauge, les leptons et les hadrons, puis subdivise les hadrons en sous-catégories.

- Les **bosons de jauge** sont désignés ainsi en raison de la théorie de jauge, qui en fait les médiateurs des interactions. (Nous verrons plus loin que cette théorie regroupe la force électromagnétique et la force nucléaire faible en une seule force électrofaible.) Les particules de la classe des bosons de jauge incluent le photon, qui est messager de la force électromagnétique, et les bosons W et Z, messagers de la force nucléaire faible.

- Les **leptons** sont des particules qui interagissent sous l'action de la force nucléaire faible, mais, pas sous l'action de la force nucléaire forte. Les leptons se composent de trois particules chargées — chacune existant sous une forme positive et négative —, l'électron, le muon et le tau, et des neutrinos des trois types correspondants : le neutrino électronique, le neutrino muonique et le neutrino tauonique.

- Les **hadrons** sont des particules qui interagissent principalement sous l'action de la force nucléaire forte. Les hadrons incluent le neutron, le proton, le méson pi et d'autres particules possédant des masses au repos plus grandes. Ils sont ensuite subdivisés, selon leur masse et leur spin, en mésons et en baryons plus lourds.

Figure 1
Murray Gell-Mann (1929-)

spin grandeur quantique des particules indiquant la rotation ; chaque particule possède son propre nombre quantique

bosons de jauge classe de particules qui interagissent sous l'action de la force électrofaible ; elle comprend le photon et les bosons W et Z

leptons classe de particules qui interagissent sous l'action de la force nucléaire faible ; elle comprend l'électron, le muon, le tau et les trois types de neutrinos

hadrons classe de particules qui interagissent principalement sous l'action de la force nucléaire forte ; elle comprend le neutron, le proton, le méson pi et d'autres particules de grande masse

LE SAVAIS-TU ?

Le magnétisme et le spin
Une théorie moderne du magnétisme propose que le spin de l'électron soit responsable du magnétisme observé dans des morceaux de matière macroscopiques. Si les électrons d'une substance sont répartis également dans le spin, les champs magnétiques autour des électrons s'annulent mutuellement et la substance est non aimantée. Lorsque la répartition est inégale, l'échantillon macroscopique est aimanté.

Tableau 1 Quelques particules subatomiques

Nom	Symbole	Antiparticule	Masse au repos (MeV/c^2)	Spin	Durée de vie (s)
Bosons de jauge					
photon	γ	même	0	1	stable
W	W^+	W^-	$80,3 \times 10^3$	1	3×10^{-25}
Z	Z^0	Z^0	$91,2 \times 10^3$	1	3×10^{-25}
Leptons					
électron	e^-	e^+	0,511	$\frac{1}{2}$	stable
muon	μ	$\overline{\mu}$	105,7	$\frac{1}{2}$	$2,2 \times 10^{-6}$
tau	τ	$\overline{\tau}$	1 777	$\frac{1}{2}$	$2,91 \times 10^{-13}$
neutrino (e)	ν_e	$\overline{\nu}_e$	$< 7,0 \times 10^{-6}$	$\frac{1}{2}$	stable
neutrino (μ)	ν_μ	$\overline{\nu}_\mu$	$< 0,17$	$\frac{1}{2}$	stable
neutrino (τ)	ν_τ	$\overline{\nu}_\tau$	< 24	$\frac{1}{2}$	stable
Hadrons					
Certains mésons					
méson pi	π^+	π^-	139,6	0	$2,60 \times 10^{-8}$
	π^0	même	135,0		$0,84 \times 10^{-16}$
kaon	K^+	K^-	493,7	0	$1,24 \times 10^{-8}$
					$0,89 \times 10^{-10}$
	K^0_S	$\overline{K}^0_S$	497,7	0	$5,17 \times 10^{-8}$
	K^0_L	$\overline{K}^0_L$	497,7		
êta	η^0	même	547,5	0	5×10^{-19}
Certains baryons					
proton	p	$\overline{p}$	938,3	$\frac{1}{2}$	stable
neutron	n	$\overline{n}$	939,6	$\frac{1}{2}$	stable
lambda	Λ^0	$\overline{\Lambda}^0$	1 115,7	$\frac{1}{2}$	$2,63 \times 10^{-10}$
sigma	Σ^+	$\overline{\Sigma}^-$	1 189,4	$\frac{1}{2}$	$0,80 \times 10^{-10}$
	Σ^0	$\overline{\Sigma}^0$	1 192,6	$\frac{1}{2}$	$7,4 \times 10^{-20}$
	Σ^-	$\overline{\Sigma}^+$	1 197,4	$\frac{1}{2}$	$1,48 \times 10^{-10}$
xi	Ξ^0	même	1 314,9	$\frac{1}{2}$	$2,90 \times 10^{-10}$
	Ξ^-	$\overline{\Xi}^+$	1 321,3	$\frac{1}{2}$	$1,64 \times 10^{-10}$
oméga	Ω^-	Ω^+	1 672,5	$\frac{3}{2}$	$0,82 \times 10^{-10}$

L'étrangeté et le schéma de l'octet

Au début des années 1960, le physicien américain Murray Gell-Mann a tiré des conclusions à partir du comportement inhabituel de certains hadrons, incluant le kaon, le lambda et le sigma. D'abord, les vitesses de désintégration de ces particules étaient inopinément longues, comme si les particules étaient produites par une force faible au lieu d'une force nucléaire forte. Ensuite, les réactions semblaient toujours produire ces particules en paires, de sorte que si, par exemple, une certaine réaction produisait un kaon, il était assuré de produire quelques variantes d'un autre kaon, ou peut-être un lambda ou un sigma.

Gell-Mann a expliqué plusieurs des observations imprévues en attribuant un nouveau nombre quantique, appelé de façon appropriée l'**étrangeté**. Il a fallu faire preuve d'un peu plus d'imagination pour expliquer les temps de désintégration généralement longs. La notion d'étrangeté n'a pas été conservée telle quelle. Les particules étranges, qui interagissaient principalement sous l'action de la force nucléaire forte, ont plutôt été postulées pour se désintégrer grâce à la force nucléaire faible, relativement plus lente.

Ensuite, Gell-Mann a proposé un autre schéma de classification des hadrons, basé sur des octets (groupements de huit éléments) de baryons, de mésons et de nombres de spin. Le schéma n'a pu être complété immédiatement, puisqu'il décrivait des particules inconnues. Gell-Mann suggéra de combler les lacunes par la recherche.

Le schéma de l'octet de Gell-Mann fut particulièrement bien accepté dans les années 1960 (**tableau 2**). Plus tard, d'autres découvertes telles qu'une famille de hadrons à 10 éléments, et non pas à 8, ont semé le doute quant à son utilité générale.

étrangeté propriété de certaines particules qui interagissent principalement sous l'action de la force nucléaire forte, mais qui se désintègrent sous l'effet de la force nucléaire faible

Tableau 2 Les hadrons classifiés selon le schéma de l'octet de Gell-Mann

	Mésons								Baryons			
Spin	0				1				$\frac{1}{2}$			
Nom	méson pi	kaon	anti-kaon	êta	rho	hyper-kaon	antihy-perkaon	oméga	sigma	proton/neutron	xi	lambda
Charge	1, 0, −1	1, 0	0, −1	0	1, 0, −1	1, 0	0, −1	0	1, 0, −1	1, 0	0, −1	0
Étrangeté	0	1	−1	0	0	1	−1	0	−1	0	−2	−1

> ### Mise en pratique
>
> **Saisis bien les concepts**
>
> 1. Sur quoi se base-t-on pour nommer une particule a) un boson de jauge, b) un lepton et c) un baryon ?
> 2. Explique ce que signifie la propriété «étrangeté».
> 3. Analyse ce que Gell-Mann a fait pour ordonner les hadrons en fonction de l'étrangeté. Dirais-tu que ses travaux étaient tout à fait logiques, purement imaginatifs, ou les deux ? Explique.

Les trois quarks…

Les particules découvertes dans les années 1960 et 1970 étaient toutes des hadrons. Il devint évident que les quatre leptons (l'électron, le muon et les deux neutrinos correspondants) connus faisaient partie de la famille des particules élémentaires, puisqu'elles ne semblaient pas se décomposer en de plus petites particules, comme c'est le cas avec les hadrons. La preuve que les hadrons n'étaient pas fondamentaux a surgi à la fin des années 1960. Jerome Friedman, Henry Kendall et Richard Taylor, d'origine canadienne, ont démontré que les particules à l'intérieur du noyau étaient elles-mêmes composées de sous-particules.

quarks particules élémentaires constituant tous les hadrons

saveurs variétés de quarks : u, d et s

nombre baryonique propriété d'une particule élémentaire ; les quarks ont un nombre baryonique de $\frac{1}{3}$

loi de conservation du nombre baryonique lorsque le nombre baryonique total avant une interaction des particules est égal au nombre baryonique restant

À ce moment-là, Gell-Mann, à l'Institut de technologie de Californie, tentait de classifier toutes les particules connues, en cherchant une sous-structure générale. Il a postulé un modèle selon lequel les hadrons étaient construits à partir de six sous-particules (trois paires de particules et d'antiparticules), appelées **quarks**.

Gell-Mann distinguait ses trois quarks (**tableau 3**) selon une propriété appelée **saveur** : up, down et sideways (abrégées u, d et s). Ensuite, il apparut que la famille s était liée à l'étrangeté, alors on a changé le terme «sideways» pour «strange» (étrange), qui était plus approprié.

Tableau 3 Quarks, tels qu'ils ont été perçus à l'origine

Nom	Symbole	Charge	Spin	Nombre baryonique	Étrangeté
Quarks					
u	u	$+\frac{2}{3}$	$\frac{1}{2}$	$\frac{1}{3}$	0
d	d	$-\frac{1}{3}$	$\frac{1}{2}$	$\frac{1}{3}$	
s	s	$-\frac{1}{3}$	$\frac{1}{2}$	$\frac{1}{3}$	-1
Antiquarks					
u	$\overline{u}$	$-\frac{2}{3}$	$\frac{1}{2}$	$-\frac{1}{3}$	0
d	$\overline{d}$	$+\frac{1}{3}$	$\frac{1}{2}$	$-\frac{1}{3}$	0
s	$\overline{s}$	$+\frac{1}{3}$	$\frac{1}{2}$	$-\frac{1}{3}$	$+1$

On a observé que les interactions des particules conservent le nombre de baryons présents ; ce qui nous amène à admettre l'existence d'un autre nombre quantique, le **nombre baryonique**, et la **loi de conservation du nombre baryonique**. On attribue aux quarks un nombre baryonique égal à $\frac{1}{3}$ puisqu'il faut trois quarks pour former un baryon. Le **tableau 4** indique les nombres baryoniques d'autres particules.

Comme l'indique le **tableau 3**, la théorie des quarks suggère, avec un peu d'imagination, que la charge d'un quark n'est pas un entier mais un multiple fractionnaire de la charge élémentaire (où le quark u porte une charge de $+\frac{2}{3}$ et les quarks d et s portent une charge de $-\frac{1}{3}$). Ces attributions fractionnaires permettent de combiner deux ou trois quarks pour obtenir des valeurs de charges de ± 1 ou 0.

Chaque hadron est décrit comme étant composé de trois quarks. Par exemple, un neutron consistant en trois quarks u, d et d, dont les charges s'élèveraient à zéro, les nombres baryoniques à 1 et l'étrangeté à 0 ; les spins des quarks u et d, postulés opposés, donnant au neutron un spin total de $\frac{1}{2}$. Autrement dit, si on additionne les propriétés des quarks, celles-ci équivaudraient à celles du neutron (**figure 2**).

Tableau 4 Nombres baryoniques

Particule	Nombre baryonique
baryon	$+1$
antibaryon	-1
mésons	0
leptons	0
bosons de jauge	0
quarks	$\frac{1}{3}$
antiquarks	$-\frac{1}{3}$

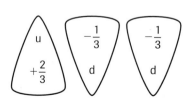

Figure 2
Modèle des quarks d'un neutron. Les trois charges s'élèvent à 0, donc la particule est neutre. Les nombres baryoniques, les étrangetés et les spins s'élèvent également aux valeurs prévues d'un neutron.

▶ PROBLÈME 1

Crée et dessine un modèle des quarks pour un proton.

Solution

La charge d'un proton est de +1. Le **tableau 1** indique que le spin du proton est de $\frac{1}{2}$, et le **tableau 2** indique que l'étrangeté du proton est de 0. Puisque le proton est composé de trois quarks, ayant chacun un nombre baryonique de $\frac{1}{3}$, le nombre baryonique est de 1. Pour répondre à ces contraintes, nous avons besoin de trois quarks, combinant des quarks u et d. Le **tableau 3** indique que la combinaison uud porte une charge totale de +1. Nous pouvons donc vérifier les autres nombres quantiques :

nombre baryonique : $\frac{1}{3} + \frac{1}{3} + \frac{1}{3} = 1$ (correct)

spin : un u et un d s'annulent, laissant $\frac{1}{2}$ (correct)

étrangeté : $0 + 0 + 0 = 0$ (correct)

Puisque les sommes pour les autres nombres quantiques sont exactes, la combinaison uud est exacte (**figure 3**).

Ce système a permis à Gell-Mann de démontrer la composition de chaque baryon à l'aide de ses trois quarks ; il a également réussi à former chaque méson en jumelant un quark et un antiquark.

▶ PROBLÈME 2

Crée et dessine un modèle des quarks pour un méson pi π^+.

Solution

Dans le **tableau 1**, nous voyons que le méson pi π^+ a un spin de 0 ; dans le **tableau 2**, nous voyons que le méson pi π^+ a une charge de +1 et une étrangeté de 0. Puisque le méson pi π^+ est un méson, le nombre baryonique est 0. Pour obtenir toutes les propriétés de π^+, nous avons besoin d'un quark et d'un antiquark. Le **tableau 3** indique que nous ne pouvons inclure le quark s : si nous l'incluons, nous devons le jumeler avec son anti-particule pour obtenir un spin de 0. Mais cela produirait une charge de 0, qui est incorrecte. Il reste donc les combinaisons u$\bar{\text{u}}$, d$\bar{\text{d}}$, u$\bar{\text{d}}$ et d$\bar{\text{u}}$. Les deux premières possibilités sont écartées puisque nous obtiendrions la charge 0. La combinaison d$\bar{\text{u}}$ est écartée parce qu'elle produit également une charge incorrecte de $\left(-\frac{1}{3}\right) + \left(-\frac{2}{3}\right) = -1$. Alors, il ne reste plus que la combinaison u$\bar{\text{d}}$.

Pour confirmer la justesse de cette combinaison, nous vérifions les autres nombres quantiques :

baryon : $\frac{1}{3} + \left(-\frac{1}{3}\right) = 0$ (correct)

spin : u et d ont des spins opposés, d'où une somme de 0   (correct)

étrangeté : $0 + 0 = 0$ (correct)

Le modèle des quarks du méson pi π^+ est u$\bar{\text{d}}$ (**figure 4**).

▶ Mise en pratique

Saisis bien les concepts

4. Calcule la charge de chacune des particules hypothétiques suivantes :
   a) uuu   b) u$\bar{\text{u}}$ c) d$\bar{\text{d}}$u   d) $\bar{\text{d}}$s

5. Crée des modèles de quarks pour chacun des hadrons suivants :
   a) antiproton   b) antineutron   c) méson pi (π^0) neutre   d) kaon K$^-$

CONSEIL PRATIQUE

Les quarks et le spin
Si tu te reportes au **tableau 3**, tu verras que les nombres de spin des quarks u et d ne possèdent pas de signes, mais qu'ils sont néanmoins censés être opposés. Par conséquent, le spin de la combinaison des quarks u et d est de zéro.

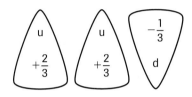

Figure 3
Modèle des quarks d'un proton. La somme des charges est de +1. Le nombre baryonique, le spin et l'étrangeté correspondent également aux valeurs prévues d'un proton.

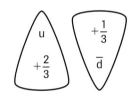

Figure 4
Modèle des quarks d'un méson pi π^+. La charge nette est de +1, et les autres nombres quantiques correspondent également aux valeurs prévues d'un π^+. Étant donné que le méson est composé d'une particule et d'une antiparticule, il se désintègre rapidement.

a)

b)

Figure 5
a) Sheldon Glashow a proposé que les quarks possèdent une autre propriété, appelée la couleur. Cela signifiait 9 quarks et 9 antiquarks correspondants. Les antiquarks, qui ne sont pas illustrés, sont censés avoir des couleurs opposées: antirouge, antivert et antibleu.
b) Sheldon Glashow

couleur propriété attribuée aux quarks, qui les maintient dans des états quantiques différents pour éviter de violer le principe d'exclusion de Pauli

gluons particules hypothétiques neutres, de masse nulle, qui semblent être porteuses de la force nucléaire forte

chromodynamique quantique (QCD) théorie qui décrit l'interaction forte en termes d'échanges de gluons s'exerçant entre quarks et antiquarks

Le champ de couleur

Le modèle d'origine de Gell-Mann posait un problème. Selon le principe d'exclusion de Pauli, deux particules identiques ayant des lots de nombres quantiques identiques ne peuvent se produire ensemble dans le même système atomique ou subatomique. Toutefois, chaque quark a un demi-spin, et des quarks à saveurs identiques existent dans la même particule. Par exemple, le proton se compose de deux quarks u et d'un quark d, et une particule oméga (Ω) (un baryon) comporte trois quarks s.

Le physicien dano-américain Sheldon Glashow avançait que les quarks avaient une autre propriété, la **couleur** (**figure 5**). Il proposait que chaque quark et antiquark avait une des trois valeurs possibles de cette propriété, le rouge, le vert et le bleu. Il proposait ensuite que les trois quarks composant les baryons présentaient tous une couleur différente, rendant le baryon incolore. Dans le cas présent, les trois quarks s de la particule Ω étaient de couleurs différentes, ce qui est en accord avec le principe d'exclusion de Pauli.

Les mésons se composent d'un quark et d'un antiquark. Le quark et l'antiquark possédant déjà des états quantiques différents, ils n'ont pas besoin d'avoir des couleurs différentes. La théorie propose plutôt qu'ils changent rapidement de couleur, en passant du rouge au vert au bleu si rapidement que les couleurs s'annulent, rendant le méson incolore.

La force nucléaire forte réexaminée

Les observations de Taylor voulant que les nucléons soient composés de sous-particules n'ont pu être expliquées entièrement en termes de quarks. Les noyaux aussi semblaient contenir des particules neutres — pas des quarks, qui portent tous une certaine charge fractionnaire. Glashow croyait que la couleur des quarks avait un rapport avec la force nucléaire forte et que les quarks échangeaient des particules, les **gluons**. Selon cette théorie, c'est l'échange des gluons (de couleur) dans les interactions entre les quarks, et non (comme il avait été proposé antérieurement) l'échange des mésons, qui était à l'origine de la force nucléaire forte.

La théorie du champ de couleur et des interactions des particules par l'intermédiaire des gluons est appelée la **chromodynamique quantique**, ou QCD. La chromodynamique quantique joue un rôle analogue à celui de l'électrodynamique quantique de Feynman; la couleur correspond à la charge électrique et le gluon correspond au photon.

Nous pouvons illustrer la QCD en analysant la façon dont les quarks réagissent dans le neutron, qui est constitué de la combinaison des quarks udd. Selon Glashow, les trois particules doivent avoir des couleurs différentes pour maintenir la qualité du blanc du champ de couleur. Six des huit gluons possibles qui sont échangés portent une charge de couleur, ce qui leur permet de changer les couleurs des quarks et de maintenir les quarks constitutifs ensemble, tout en s'assurant que l'ensemble reste incolore (**figure 6**).

a)

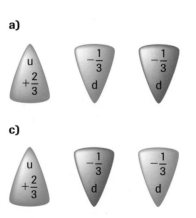

b)

c)

Figure 6
Trois états d'un même neutron
a) Le neutron avant l'échange d'un gluon
b) Le quark u a échangé un gluon avec le quark d adjacent, permutant ainsi les couleurs.
c) Le premier et le deuxième quark d ont échangé un gluon. Une fois de plus, les couleurs sont permutées. Un quark de chaque couleur est présent en tout temps.

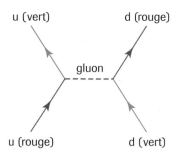

Figure 7
Un diagramme de Feynman illustrant l'échange du champ de couleur dans le passage de **a)** à **b)** à la **figure 6**.

Saisis bien les concepts

6. Dans la **figure 6a)**, suppose que le quark u échange un gluon porteur de couleur avec le quark d à l'extrême droite. Fais un croquis du résultat.

7. Si le mot souche *chromos* signifie couleur, explique pourquoi le terme «chromodynamique quantique» est approprié.

8. La **figure 7** présente un diagramme de Feynman illustrant l'échange de gluon pour passer de **a)** à **b)** à la **figure 6**. Dessine un diagramme de Feynman qui illustre l'échange de gluon permettant de passer de **c)** à **b)**.

L'organigramme complet des quarks

Peu avant 1970, Glashow ainsi que Steven Weinberg et Abdus Salam ont présenté leurs travaux unifiant les forces électromagnétique et nucléaire faible. La **théorie électrofaible**, ou **de jauge**, indiquait que les deux champs n'en formaient qu'un à des températures et à des pressions très élevées. (Les théories de jauge sont des théories selon lesquelles les champs sont produits par des symétries sous-jacentes.) Comme prévu, la théorie a permis d'étudier le comportement des leptons, les particules sur lesquelles devraient s'exercer l'action. Fait surprenant toutefois, la théorie prévoyait un quatrième quark — postulé en raison du fait que les hadrons étaient aussi soumis, dans une certaine mesure, à la force faible. Puisque la force électrofaible dérivait de quatre particules, la symétrie suggérait que la famille des leptons soit également fondée sur quatre particules. Glashow prévoyait donc un quatrième quark, le **charme** (symbole c). Au grand étonnement de la communauté de la physique, qui doutait sérieusement des travaux de Glashow, Weinberg et Salam, Samuel Ting et Burton Richter ont découvert la particule en 1974.

En 1975, Martin Perl et ses associés ont lancé une troisième famille de leptons en découvrant un cinquième lepton, le tau. La symétrie exigeait alors que les hadrons comportent une troisième famille, avec deux nouveaux quarks. L'équipe de Perl proposait donc un cinquième et un sixième quark, appelés **top** et **bottom** en Amérique du Nord (et *truth* (vérité) et *beauty* (beauté) en Europe). Le quark b a été découvert au Fermilab en 1977 dans une particule composite quark-antiquark (bbw) appelée upsilon, Υ.

Le sixième quark t était le plus impalpable. Bien que longtemps espérée, sa présence ne fut découverte qu'en 1995, alors qu'une équipe a réussi, à l'aide du collisionneur à haute énergie du Fermilab, à prouver son existence de façon concluante, quoique indirecte. Le quark t se désintègre rapidement, produisant un quark b et un boson W. Le boson W, se désintègre à son tour pour produire des paires de quarks ou un lepton et un neutrino. Des détecteurs spéciaux ont permis de prouver la présence des descendants du quark t et des particules qui en découlent, et de soutenir ainsi la conclusion voulant qu'il y ait eu un quark t à l'origine (**figure 8**).

Durant les années 1970 et au début des années 1980, la physique était persuadée que les particules fondamentales, ou élémentaires, étaient les quarks et les leptons. Des trois particules fondamentales retenues au XXᵉ siècle — le proton, le neutron et l'électron — seul l'électron est encore considéré comme fondamental.

Cela soulève la question suivante: «Quelle importance ont les quarks sur les matières que nous utilisons tous les jours?» Les seuls leptons requis pour expliquer les interactions faibles courantes sont l'électron et son neutrino correspondant. Les quarks u et d sont requis pour former les deux nucléons courants, le proton et le neutron. Le muon, son neutrino et le quark s, par contre, n'apparaissent que dans le domaine à haute énergie des rayons cosmiques, bien au-dessus de la Terre. De même, le charme et les quarks b et t n'apparaissent que dans les explorations des accélérateurs de particules. Il semble que les quarks n'ont pas vraiment rapport avec nous. Pourtant, ces particules impalpables semblent s'appliquer dans l'ordre de la nature. Il ne reste qu'à déterminer ladite application.

théorie électrofaible (de jauge)
théorie unifiée des interactions électromagnétiques et des interactions faibles

charme quatrième type de quark

top cinquième type de quark

bottom sixième type de quark

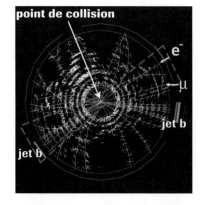

Figure 8
La découverte du quark t résulte d'un processus international regroupant presque 1 000 scientifiques de 22 pays. Le terme «jet b» sur la photographie signifie «jet de quarks b»; les quarks (et les gluons) prennent la forme d'un faisceau étroit de particules, appelé jet.

- Les particules élémentaires ont été réparties en groupes selon leurs propriétés fondamentales, y compris la masse et le spin.

- Un schéma de classification traitait les particules comme des bosons de jauge, des leptons et des hadrons.

- Les hadrons sont ensuite subdivisés, selon leur masse et leur spin, en deux sous-classes : les mésons et les baryons.

- Lorsque certains hadrons observés se sont comportés étrangement, en ayant des temps de désintégration inopinément longs, le nombre de spin a été complété avec un nombre quantique représentant l'étrangeté.

- Gell-Mann utilisait le nouveau nombre quantique pour répartir les hadrons en trois groupes distincts, comportant chacun huit particules, selon leur spin.

- On a découvert que les hadrons n'étaient pas des particules élémentaires. Trois nouvelles particules fondamentales, appelées quarks — u, d et s, avec des charges égales à $+\frac{2}{3}$, $-\frac{1}{3}$ et $-\frac{1}{3}$, et une étrangeté égale à 0, 0 et 1 —, ont donc été proposées.

- On suppose que les baryons sont constitués de trois quarks, et que les mésons consistent en un quark et un antiquark. Les divers nombres quantiques d'une particule complexe correspondent à la somme des nombres quantiques de ses éléments constitutifs.

- Le champ de couleur a été conçu comme une solution de rechange pour pouvoir appliquer le principe d'exclusion de Pauli aux quarks. Chaque saveur de quark est censée exister sous trois couleurs différentes. Les baryons contiennent les trois couleurs. Les mésons changent rapidement de couleurs.

- Le porteur de la force nucléaire forte n'est plus le méson. Les médiateurs de la force forte semblent être les gluons.

- La famille des trois quarks d'origine a été complétée avec trois autres quarks : le charme (c), le bottom (b) et le top (t).

▶ ***Section 13.5* Questions**

Saisis bien les concepts

1. Identifie la particule correspondant à chacune des combinaisons de quarks suivantes :
   a) $s\bar{u}$ c) uds
   b) $d\bar{u}$ d) uus

2. Étant donné que chaque quark a un spin égal à $\frac{1}{2}$, explique comment une combinaison de trois quarks peut encore produire une particule – un baryon – ayant un spin égal à $\frac{1}{2}$.

3. Est-il possible de produire un proton en utilisant deux quarks u rouges et un quark d bleu ? Pourquoi ?

4. Explique comment des mésons peuvent avoir une couleur neutre et être composés néanmoins de deux quarks.

5. Quel rôle joue un gluon en théorie contemporaine ? Quelle particule devait à l'origine jouer ce rôle ?

6. a) Décris brièvement chaque type de quark.
   b) Explique pourquoi les scientifiques croient que tous les quarks possibles ont été observés.

7. Identifie la combinaison de quarks qui produirait chacune des particules suivantes :
   a) kaon +   b) sigma 0

Mets en pratique tes connaissances

8. Dessine un diagramme de Feynman illustrant une interaction du gluon entre n'importe lesquels des deux quarks d'un proton.

Fais des liens

9. Combien de particules élémentaires différentes la molécule CO_2 contient-elle ?

 ALLER À www.beaucheminediteur.com/physique12

La chambre à bulles

La chambre à bulles a été conçue en 1952 par Donald Glaser (**figure 1**), qui a reçu le prix Nobel de physique en 1960 pour son invention. Ce fut le détecteur de particules le plus utilisé depuis le milieu des années 1950 jusqu'au début des années 1980. Bien qu'elles soient incompatibles avec les fonctions des systèmes des accélérateurs de particules modernes, les chambres à bulles ont fourni aux scientifiques une foule de renseignements sur la nature des particules élémentaires et leurs interactions.

Plusieurs des propriétés des particules fondamentales peuvent être déterminées en analysant les traînées qu'elles créent dans une chambre à bulles. En utilisant les mesures prises directement sur des photographies d'une chambre à bulles (comme celle qui orne la page couverture de ce livre), nous pouvons bien souvent identifier les particules à partir de leurs trajets et calculer des propriétés telles que la masse, la quantité de mouvement et l'énergie cinétique. Dans une expérience type, le faisceau d'un type particulier de particule quitte un accélérateur et pénètre dans une chambre à bulles, qui consiste en un grand contenant rempli d'hydrogène liquide, tel que décrit à la section 13.3. La **figure 2** présente le schéma d'une chambre à bulles.

L'hydrogène liquide passe à l'état « surchauffé » et bout en réponse à la moindre perturbation. Lorsque les particules subatomiques rapides entrent à flots dans l'hydrogène liquide, elles laissent des « traînées de bulles » caractéristiques qui peuvent être photographiées pour des fins d'analyse. La chambre est placée dans un champ magnétique fort, qui force les particules chargées à suivre des trajectoires courbes.

Dans les photographies de chambre à bulles que nous examinerons, le champ magnétique pointe vers l'extérieur de la page, de sorte que les particules à charge positive dévient vers la droite (sens horaire) et les particules à charge négative, vers la gauche (sens antihoraire) (**figure 3**).

Figure 1
Donald Glaser

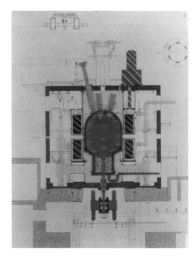

Figure 2
Chambre à bulles

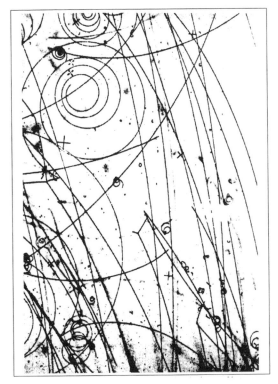

Figure 3
Les particules pénètrent dans la chambre par la partie du bas de la photographie. C'est le cas pour toutes les photographies de chambres à bulles utilisées dans la présente étude de cas. Note que, pour déterminer le signe de la charge d'une particule, il faut connaître le sens de déplacement de la particule le long du trajet.

Dans la présente étude de cas, nous analyserons les quatre particules subatomiques suivantes : le proton (p), le kaon (K), le méson pi (π) et le sigma (Σ). Parmi ces particules, seul le proton porte une charge positive et constitue un composant stable de matière ordinaire. Les trois autres particules ont une durée de vie courte et peuvent avoir une charge positive, négative ou neutre (**tableau 1**).

Tableau 1 Quelques particules élémentaires et leurs charges

Nom de la particule	Charge		
	Positive	*Négative*	*Neutre*
proton	p^+	aucune particule	aucune particule
kaon	K^+	K^-	K^0
méson pi	π^+	π^-	π^0
sigma	Σ^+	Σ^-	Σ^0

Les réactions des particules

Lorsqu'un faisceau d'un type de particule frappe une cible, diverses interactions sont observées. La photo à la **figure 4** indique un nombre de kaons pénétrant dans la chambre par le bas. Puisque le champ magnétique $\vec{B}$ pointe vers l'extérieur de la page, la déviation dans le sens antihoraire des trajets indique que les particules portent des charges négatives. Si nous suivons la trajectoire d'un K^-, nous remarquons que plusieurs de ces particules traversent la chambre sans incident. Toutefois, certaines interagissent avec un noyau d'hydrogène (un proton) et déclenchent un nombre de réactions. Le type d'interaction le plus simple entre deux particules est appelé la *diffusion élastique*, qui peut être comparée à la collision d'une boule de billard. Nous représentons symboliquement la diffusion élastique d'une particule K^- et d'un proton (p^+) comme suit :

$$K^- + p^+ \rightarrow K^- + p^+$$

Dans le cas présent, aucun changement ne se produit en ce qui concerne l'identité des particules interagissantes — elles se frappent et rebondissent sans s'altérer. Toutefois, dans certains cas, une particule K^- incidente réagit de façon à produire de nouvelles particules. Bien souvent, les particules créées ont une durée de vie de moins de 10^{-10} s, après quoi elles se désintègrent en d'autres particules qui peuvent, à leur tour, se désintégrer davantage. Nous nous concentrerons sur la réaction de production de Σ^-, qui peut être représentée comme suit :

$$K^- + p^+ \rightarrow \Sigma^- + \pi^+$$

Dans l'équation ci-dessus, la particule K^- et le proton disparaissent, et une particule sigma négative (Σ^-) et une particule pi positive (π^+) sont créées. La particule Σ^- est le produit le plus instable de l'interaction et, en 10^{-10} s environ, elle se désintègre en une particule π^- et une particule neutre, que nous appellerons X^0, en ne laissant aucune traînée dans la chambre à bulles. (Contrairement aux particules Σ^- et π^+, X^0 ne constitue le symbole d'aucune particule subatomique connue ; il s'agit d'un symbole générique qui sert à indiquer une particule neutre invisible produite lors de cet événement.) Nous symbolisons la réaction de désintégration de la particule Σ^- comme suit :

$$\Sigma^- \rightarrow \pi^- + X^0$$

L'interaction générale peut être démontrée par un processus en deux étapes :

$$K^- + p^+ \xrightarrow{(1)} \Sigma^- + \pi^+$$
$$(2) \rightarrow \pi^- + X^0$$

où (1) représente la production de Σ^- et (2), la désintégration de Σ^-.

L'identification d'événements sur une photo de chambre à bulles

Les photographies de chambre à bulles peuvent sembler déroutantes à première vue ; toutefois, elles deviennent plus faciles à comprendre lorsque nous savons ce que nous cherchons. C'est relativement facile de repérer des événements sur la photographie. Un événement est un changement de caractéristiques d'une particule ou une interaction des particules qui est visible sur la photographie.

Les mésons K^- se déplacent avec une énergie suffisamment faible pour que plusieurs d'entre eux ralentissent, puis s'immobilisent. Pour qu'une réaction de production de Σ^- se produise, le méson K^- et le proton doivent se trouver à environ 10^{-15} m de distance. Bien qu'il y ait une force d'attraction entre le proton à charge positive et le méson K^- à charge négative, il est plus probable que l'interaction se produira lorsque la particule K^- se déplace lentement ou lorsqu'elle est au repos. Nous savons maintenant que la quantité de mouvement du système K^-/p^+ est de zéro. La loi de conservation de la quantité de mouvement exige que les quantités de mouvement des particules Σ^- et π^+ soient opposées. Par conséquent, les trajectoires de Σ^- et de p^+ semblent être une seule et même trajectoire. La réaction de production de la particule Σ^- libère de l'énergie parce que la masse au repos combinée du système K^-/p^+ est supérieure à la masse au repos combinée du système Σ^-/π^+. La **figure 4** présente une photographie de chambre à bulles illustrant un événement de production/désintégration de la particule Σ^- ; l'événement est encerclé.

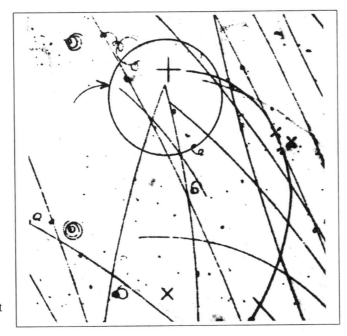

Figure 4
Une photographie de chambre à bulles indiquant une interaction K^-/p^+ (événement encerclé)

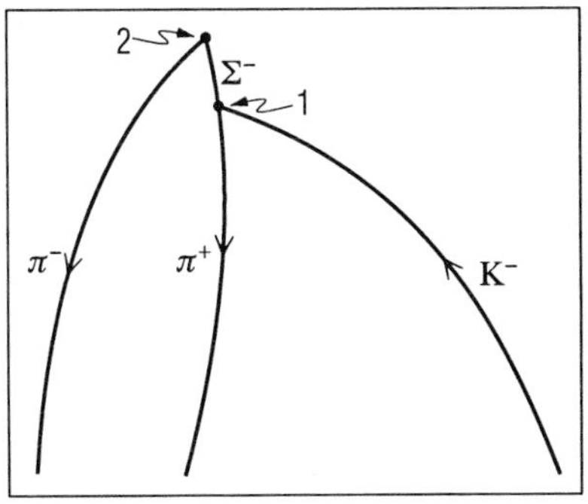

Figure 5
Schéma de l'interaction K^-/p^+ représentée à la **figure 4**

La **figure 5** présente une esquisse de cet événement ; elle indique les identités et les directions du déplacement des particules. Remarque à quel point les trajectoires de Σ^- et de π^+ semblent être une seule et même trajectoire. Nous croyons que cela signifie que la réaction de production de Σ^- s'est produite après que la particule K^- s'est immobilisée (au point 1). Observe également le coude court dans la trajectoire de Σ^-, à moins de 1,0 cm du point de sa création (point 2). C'est à ce coude court que la particule Σ^- s'est désintégrée en un méson π^- et en la particule X^0 invisible (neutre). La longueur de la trajectoire de Σ^- sera courte en raison de la durée de vie courte de la particule Σ.

Regarde chacune des photos des **figures 6** et **7** et essaie d'identifier des événements individuels ; chaque photo comporte un ou plusieurs événements.

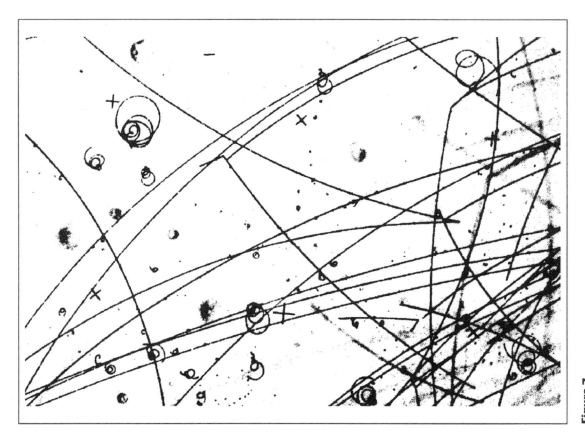

Figure 7
Un autre événement évident se produit dans la partie inférieure de la photographie.

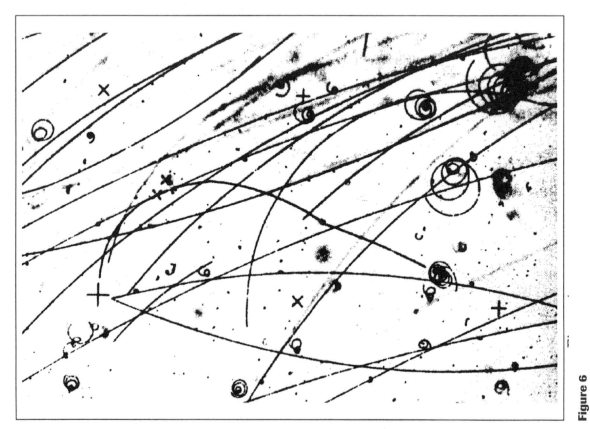

Figure 6
Il y a un événement évident dans le coin supérieur gauche de la photographie.
Vois-tu d'autres événements moins évidents?

Une analyse quantitative des événements d'une chambre à bulles

Des mesures minutieuses de la longueur, de la direction et de la courbure des trajectoires sur les photographies de chambre à bulles révèlent bien plus de renseignements sur les particules et leurs interactions qu'une simple inspection visuelle des photos. Une analyse quantitative des particules apparaissant sur les photos peut également mener à la découverte de particules invisibles telles que X^0.

Dans la partie A de cette étude de cas, tu analyseras la trajectoire d'une particule π^- (p_{π^-}) et détermineras son rapport charge/masse et sa masse au repos. Tu évalueras ensuite la masse au repos calculée en comparant sa valeur à la valeur admise indiquée dans un tableau de référence normalisé (**tableau 2**). Dans la partie B, tu détermineras la masse au repos de la particule X^0 invisible qui est formée lors de l'événement Σ^-.

Tableau 2 Masses au repos de π^- et Σ^-

Particule	Masse au repos m (MeV/c^2)
π^-	139,6
Σ^-	1 197,4

Partie A: Détermination du rapport charge/masse et de la masse au repos de la particule π^- formée par la désintégration de Σ^-

Garde à l'esprit qu'une particule de charge q et de masse m, se déplaçant perpendiculairement à un champ magnétique uniforme d'une amplitude B, a un rapport charge/masse de $\dfrac{q}{m}$ obtenu par $\dfrac{q}{m} = \dfrac{v}{Br}$.

En supposant que des particules subatomiques chargées (à période longue) se déplacent à la vitesse de la lumière ($c = 3,00 \times 10^8$ m/s) à l'intérieur d'une chambre à bulles, nous pouvons déterminer le rapport charge/masse en mesurant le rayon de courbure r des trajectoires. Sur les photos de chambre à bulles que nous allons examiner, le champ magnétique pointe vers l'extérieur de la page et a une amplitude B égale à 1,43 T. Nous obtenons donc:

$$\frac{q}{m} = \frac{c}{Br} = \frac{3,00 \times 10^8 \text{ m/s}}{(1,43 \text{ T})r} \quad (1 \text{ T} = 1 \text{ kg/C·s})$$

$$\frac{q}{m} = \frac{1,98 \times 10^8 \text{ C·m/kg}}{r}$$

> **CONSEIL PRATIQUE**
>
> L'équation de rapport charge/masse $\dfrac{q}{m} = \dfrac{v}{Br}$ a d'abord été abordée au chapitre 8, section 8.2, sous la forme $\dfrac{e}{m} = \dfrac{v}{Br}$. Dans le cas présent, e représente la charge d'un électron, $1,6 \times 10^{-19}$ C (la charge élémentaire). La forme d'équation utilisée ici utilise le symbole q pour représenter la charge d'une particule analysée.

Si le rayon de courbure de la trajectoire de la particule est mesuré en mètres, le rapport charge/masse sera calculé en coulombs par kilogramme (C/kg). Si la charge de la particule est connue, alors sa masse peut également être calculée. Puisque toutes les particules subatomiques (à période longue) connues possèdent une charge q identique à celle d'un électron ($e = 1,6 \times 10^{-19}$ C), nous pouvons utiliser cette valeur pour calculer la masse au repos de la particule π^-.

Calcul du rayon de courbure par la méthode de la flèche

Dans le cas d'une trajectoire courbe, le rayon de courbure r ne peut pas être mesuré directement puisque le centre de l'arc circulaire n'est pas connu. Toutefois, si nous dessinons une corde sur la trajectoire et mesurons la longueur de la corde l et la longueur de la flèche s (la flèche correspond à la distance entre le point milieu d'un arc et le point milieu de sa corde), nous pouvons obtenir le rayon r en termes de l et de s (**figure 8**). Comme tu peux voir à la **figure 8**, le théorème de Pythagore donne la relation suivante entre le rayon r, la longueur de la corde l et la flèche s:

$$r^2 = (r - s)^2 + \left(\frac{l}{2}\right)^2$$

Solution pour r: $\quad r^2 = r^2 - 2rs + s^2 + \dfrac{l^2}{4}$

$$2rs = s^2 + \dfrac{l^2}{4}$$

$$r = \dfrac{l^2}{8s} + \dfrac{s}{2}$$

Il est préférable de dessiner la plus longue corde possible sous-tendant l'arc de la trajectoire afin d'obtenir la plus grande exactitude possible pour la valeur de r.

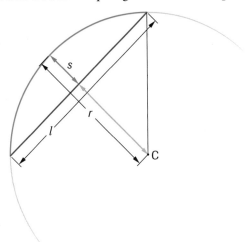

Figure 8
La méthode de la flèche servant à calculer le rayon de courbure r

Résumé : Partie A

Pour déterminer le rapport charge/masse de la particule π^- dans la désintégration de Σ^-, nous suivons les étapes ci-après :

1. Identifie un événement Σ^- sur la photo de chambre à bulles et repère la trajectoire de π^-.

2. Détermine le rayon de courbure r en mesurant la longueur de corde l et la longueur de la flèche s et en substituant les valeurs dans l'équation $r = \dfrac{l^2}{8s} + \dfrac{s}{2}$.

3. Calcule le rapport charge/masse en substituant la valeur de r dans l'équation $\dfrac{q}{m} = \dfrac{1{,}98 \times 10^8 \text{ C·m/kg}}{r}$.

4. Puisque la charge q de la particule π^- est égale à la charge élémentaire, $1{,}6 \times 10^{-19}$ C, cette valeur peut être utilisée pour calculer la masse de la particule π^- en kilogrammes à partir du rapport charge/masse.

▶ PROBLÈME 1

Un événement de désintégration sigma est identifié dans la chambre à bulles présentée à la **figure 9**.

a) Calcule la masse au repos de la particule π^-.

b) Évalue ta réponse en a) en comparant cette masse au repos calculée avec la valeur acceptée ($m_{\pi^-} = 2{,}48 \times 10^{-28}$ kg). Calcule la différence en pourcentage.

Solution

a) Mesures prises dans le schéma (**figure 10**) :

$l_{\pi^-} = 6{,}8$ cm

$s_{\pi^-} = 0{,}20$ cm

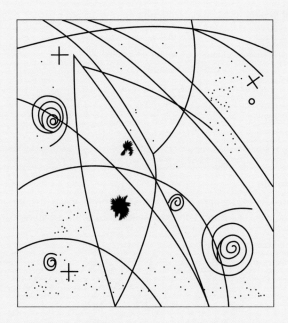

Figure 9

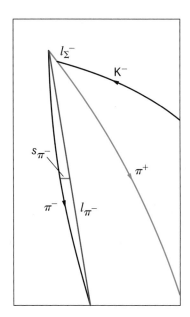

Figure 10

Calcule d'abord le rayon de courbure r pour la particule π^- :

$$r = \frac{l^2_{\pi^-}}{8s_{\pi^-}} + \frac{s_{\pi^-}}{2}$$

$$= \frac{(6,8 \text{ cm})^2}{8(0,20 \text{ cm})} + \frac{0,20 \text{ cm}}{2}$$

$$r = 29 \text{ cm, ou } 0,29 \text{ m}$$

Pour calculer le rapport charge/masse de la particule π^-, remplace r par sa valeur dans l'équation :

$$\frac{q}{m} = \frac{1,98 \times 10^8 \text{ C·m/kg}}{r}$$

$$= \frac{1,98 \times 10^8 \text{ C·m/kg}}{0,29 \text{ m}}$$

$$\frac{q}{m} = 6,6 \times 10^8 \text{ C/kg}$$

Le rapport charge/masse de la particule π^- ($6,6 \times 10^8$ C/kg) est inférieur à celui de l'électron ($1,76 \times 10^{11}$ C/kg). Puisque les deux particules portent la même charge, nous pouvons prévoir que la masse de la particule π^- est plus grande.

Nous calculons la masse de la particule π^- en remplaçant q par la valeur de la charge élémentaire ($e = 1,6 \times 10^{-19}$ C) :

Puisque $q = 1,6 \times 10^{-19}$ C, alors

$$\frac{q}{m} = 6,6 \times 10^8 \text{ C/kg}$$

$$m = \frac{q}{6,6 \times 10^8 \text{ C/kg}}$$

$$= \frac{1,6 \times 10^{-19} \text{ C}}{6,6 \times 10^8 \text{ C/kg}}$$

$$m = 2,42 \times 10^{-28} \text{ kg}$$

La masse de la particule π^- est de $2,42 \times 10^{-28}$ kg. La masse est vraiment plus grande que la masse de l'électron ($9,1 \times 10^{-31}$ kg).

b) Calcule maintenant la différence en pourcentage entre la valeur calculée et la valeur admise :

$$\text{différence }\% = \frac{\left|\text{valeur calculée} - \text{valeur acceptée}\right|}{\text{valeur acceptée}} \times 100\%$$

$$= \frac{\left|(2{,}42 \times 10^{-28}\ \text{kg}) - (2{,}48 \times 10^{-28}\ \text{kg})\right|}{2{,}48 \times 10^{-28}\ \text{kg}} \times 100\%$$

différence $\% = 2{,}3\%$

▶ *Mise en pratique*

Saisis bien les concepts

1. À partir de la photo de la chambre à bulles illustrant un faisceau de kaons à la **figure 11**, calcule a) le rapport charge/masse et b) la masse au repos de la particule π^-.

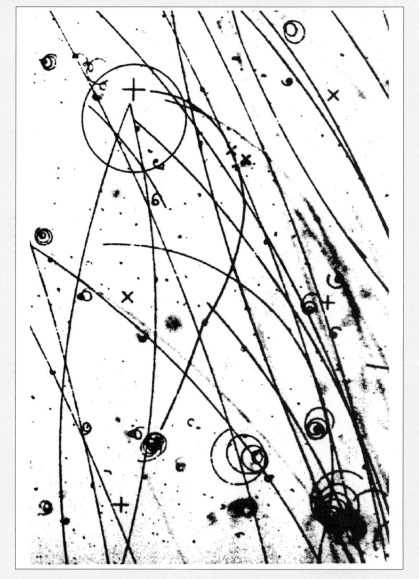

Figure 11

Réponses

1. a) $7{,}9 \times 10^8$ C/kg

   b) $2{,}0 \times 10^{-28}$ kg

Partie B : Détermination de l'identité de la particule X⁰

Pour déterminer l'identité de la particule X^0 invisible, nous devons calculer les valeurs suivantes :

A. la quantité de mouvement de la particule π^- (p_{π^-})

B. la quantité de mouvement de la particule Σ^- (p_{Σ^-})

C. l'angle θ entre les vecteurs de quantité de mouvement des particules π^- et Σ^- au point de désintégration

D. la masse au repos de la particule X^0

Nous pouvons utiliser ces valeurs pour comparer la masse au repos calculée avec les masses au repos de particules subatomiques (neutres) connues (**tableau 3**).

Nous allons maintenant décrire chacun des quatre calculs à effectuer.

A. Calcul de la quantité de mouvement de la particule π^-

Une particule ayant une charge q et une quantité de mouvement d'amplitude p, se déplaçant perpendiculairement à un champ magnétique uniforme d'amplitude B, décrit un arc circulaire de rayon r, donnant l'équation : $r = \dfrac{p}{qB}$.

Nous pouvons remanier l'équation pour trouver la quantité de mouvement d'une particule π^- : $p = qBr$.

La charge q de toutes les particules subatomiques à période longue connues est constante ($q = 1,6 \times 10^{-19}$ C) et la valeur de B est également constante pour un réglage donné de la chambre à bulles. Si le rayon de courbure r est mesuré (en centimètres), l'équation pour la quantité de mouvement devient : $(6,86 \text{ MeV}/c \cdot \text{cm})r$.

Cette équation peut servir à calculer la quantité de mouvement de la particule π^- à l'aide des photos de chambre à bulles de la présente étude de cas.

B. Calcul de la quantité de mouvement de la particule Σ^-

La quantité de mouvement de la particule Σ^- ne peut pas être déterminée à partir de son rayon de courbure étant donné que la trajectoire est trop courte. Nous partons plutôt du fait établi qu'une particule perd de sa quantité de mouvement en fonction de la distance parcourue. Pour tout événement où la particule K^- s'immobilise avant d'interagir, le principe de la conservation de l'énergie exige que la particule Σ^- ait une quantité de mouvement spécifique de 174 MeV/c. La particule relativement massive Σ^- perd de l'énergie rapidement, de sorte que sa quantité de mouvement au point de sa désintégration est considérablement plus basse que 174 MeV/c, même si elle ne parcourt qu'une courte distance.

On sait que le parcours d d'une particule chargée, c'est-à-dire la distance qu'elle parcourt avant de s'immobiliser, est à peu près proportionnel à la quatrième puissance de sa quantité de mouvement initiale (c'est-à-dire $d \propto p^4$). Pour une particule Σ^- se déplaçant dans de l'hydrogène liquide, la constante de proportionnalité est telle qu'une particule ayant une quantité de mouvement initiale de 174 MeV/c aura un parcours maximum de 0,597 cm, avant qu'elle se désintègre et devienne invisible. Mais dans la plupart des cas, la particule Σ^- se désintègre avant de s'immobiliser, ce qui fait que la distance parcourue, l_{Σ^-}, est inférieure à son parcours maximum, $d_0 = 0,597$ cm. Par conséquent, l'équation

$$d = 0,597 \text{ cm} \left(\frac{p_{\Sigma^-}}{174 \text{ MeV}/c} \right)^4$$

permettra d'obtenir le parcours approprié de la particule Σ^-.

Tableau 3 Masses au repos de plusieurs particules subatomiques (neutres) connues

Particule	Masse au repos (MeV/c^2)
π^0	135,0
K^0	497,7
n^0	939,6
Λ^0	1 115,7
Σ^0	1 192,6
Ξ^0	1 314,9

La différence entre le parcours maximum d_0 et la longueur réelle de la trajectoire l_{Σ^-} de la particule Σ^- est appelée le *parcours résiduel*. Donc, la relation entre le parcours résiduel $(d_0 - l_{\Sigma^-})$ et la quantité de mouvement de la particule Σ^- est exprimée par

$$d_0 = 0,597 \text{ cm} \left(\frac{p_{\Sigma^-}}{174 \text{ MeV/}c} \right)^4$$

$$p_{\Sigma^-} = 174 \text{ MeV/}c \sqrt[4]{\frac{d_0}{0,597 \text{ cm}} - \frac{l_{\Sigma^-}}{0,597 \text{ cm}}}$$

Puisque $d_0 = 0,597$ cm,

$$p_{\Sigma^-} = 174 \text{ MeV/}c \sqrt[4]{1 - \frac{l_{\Sigma^-}}{0,597 \text{ cm}}}$$

Un fait à noter : lorsque $l_{\Sigma^-} = 0,597$ cm, $p_{\Sigma^-} = 0$, comme on pourrait s'y attendre.

C. Mesure de l'angle θ entre les vecteurs de quantité de mouvement des particules π^- et Σ^- au point de désintégration

L'angle θ entre les vecteurs de quantité de mouvement des particules π^- et Σ^- au point de désintégration peut être mesuré directement en traçant des tangentes aux trajectoires des particules π^- et Σ^-, au point de désintégration de la particule Σ^- (**figure 12**). Nous mesurons ensuite l'angle entre les tangentes à l'aide d'un rapporteur d'angles.

Calcul de la masse de la particule X^0 invisible

Bien que la particule X^0 ne laisse aucune trajectoire visible dans la chambre à bulles, sa masse peut être calculée à partir des mesures prises directement sur les photos de chambre à bulles. Pour y parvenir, nous utilisons les valeurs de p_{π^-} et p_{Σ^-} ainsi que l'angle θ, déterminé dans les trois parties précédentes, pour calculer l'énergie et la quantité de mouvement des particules qui participent au processus de désintégration Σ (π^- et Σ^-). Nous utilisons ensuite le principe de la conservation de l'énergie et la loi de conservation de la quantité de mouvement pour calculer l'énergie et la quantité de mouvement de la particule X^0 invisible. Ces valeurs servent à calculer la masse de la particule invisible. Enfin, l'identité de la particule peut être déterminée en comparant la masse calculée aux valeurs indiquées dans un tableau de masses de particules connues.

Puisque les particules qui participent à l'événement de désintégration Σ se déplacent à des vitesses avoisinant la vitesse de la lumière c, tous les calculs doivent être effectués en utilisant des équations relativistes. Nous utiliserons les deux équations suivantes :

$$E = mc^2 \qquad \text{et} \qquad E^2 = p^2c^2 + m^2c^4$$

où E correspond à l'énergie totale de la particule dans MeV, m, à la masse au repos de la particule dans MeV/c^2, et p, à la quantité de mouvement de la particule dans MeV/c.

En effectuant les calculs, utilise les valeurs des masses au repos des particules Σ^- et π^- indiquées dans le **tableau 2**.

Souviens-toi que la particule X^0 invisible, dont nous voulons trouver la masse, est produite lors du processus de désintégration de Σ^- selon l'équation

$$\Sigma^- \to \pi^- + X^0$$

La loi de conservation de la quantité de mouvement exige que la particule X^0 ait une quantité de mouvement p_{X^0}, qui est obtenue par l'équation

$$\vec{p}_{X^0} = \vec{p}_{\Sigma^-} - \vec{p}_{\pi^-}$$

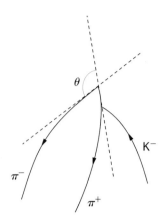

Figure 12
Mesure de l'angle θ entre les vecteurs de quantité de mouvement des particules π^- et Σ^-

---

CONSEIL PRATIQUE

L'équation relativiste $E^2 = p^2c^2 + m^2c^4$ a été abordée au chapitre 11 sous la forme

$$p = \frac{mv}{\sqrt{1 - \frac{v^2}{c^2}}}.$$

Avec un petit effort, tu devrais pouvoir convertir une équation en l'autre. Dans le cas présent, suppose que $m_0 = m$.

Le principe de la conservation de l'énergie exige que la particule X^0 possède une énergie E_{X^0}, qui est obtenue par l'équation

$$E_{X^0} = E_{\Sigma^-} - E_{\pi^-}$$

Puisque $E^2 = p^2c^2 + m^2c^4$, alors

$$mc^2 = \sqrt{E^2 - p^2c^2}$$

Donc, nous calculons la masse au repos m_0 de la particule X^0 comme suit :

$$m_{X^0}c^2 = \sqrt{(E_{\Sigma^-} - E_{\pi^-})^2 - (p_{\Sigma^-}{}^2c^2 - p_{\pi^-}c^2)^2}$$

En développant le terme $(p_{\Sigma^-}c^2 - p_{\pi^-}c^2)^2$, nous obtenons

$$m_{X^0}c^2 = \sqrt{(E_{\Sigma^-} - E_{\pi^-})^2 - (p_{\Sigma^-}{}^2c^4 - 2p_{\Sigma^-}p_{\pi^-}c^4 + p_{\Sigma^-}{}^2c^4)}$$

Cette équation peut servir à calculer la masse au repos de la particule X^0 invisible à l'aide des mesures prises sur une photo de chambre à bulles. La particule X^0 peut être identifiée en comparant sa masse au repos calculée avec des masses de particules connues d'un tableau de référence, comme le **tableau 3**.

Résumé : Partie B

Pour mesurer la masse au repos de la particule X^0 invisible formée lors d'un événement de désintégration Σ, il faudra que tu utilises tous les concepts et équations que nous avons vus dans la partie B de la présente étude de cas. Voici les étapes à suivre :

1. Analyse les trajectoires de chambre à bulles sur une photo de chambre à bulles et identifie un événement de désintégration Σ^-.

2. a) Identifie la trajectoire de la particule π^-.
   b) Dessine la plus longue corde possible qui sous-tend l'arc de la trajectoire de π^-.
   c) Mesure la longueur de l'arc l_{π^-} et la flèche s_{π^-} en centimètres. Utilise ces valeurs pour calculer le rayon de courbure r_{π^-} de la trajectoire π^-, puis remplace cette valeur dans l'équation $p_{\pi^-} = (6{,}86 \text{ MeV}/c\cdot\text{cm})r$ afin de calculer la quantité de mouvement de la particule π^- en MeV/c.
   d) Remplace la valeur de p_{π^-} et la valeur de $m_{0\pi^-}$ $(140{,}0 \text{ MeV}/c^2)$ dans l'équation $E_{\pi^-}{}^2 = p_{\pi^-}{}^2c^2 + m_{\pi^-}{}^2c^4$ afin de calculer l'énergie totale E_{π^-} de la particule π^- en MeV.

3. a) Identifie la trajectoire Σ^-.
   b) Mesure la longueur de la trajectoire de la particule Σ^-, l_{Σ^-}, en centimètres, puis remplace cette valeur dans l'équation $p_{\Sigma^-} = 174\sqrt[4]{1 - \dfrac{l_{\Sigma^-}}{0{,}597}}$ afin de calculer la quantité de mouvement de la particule Σ^- en MeV/c.
   c) Remplace la valeur de p_{Σ^-} et la valeur de $m_{0\Sigma^-}$ $(1\,197{,}0 \text{ MeV}/c^2)$ dans l'équation $E_{\Sigma^-}{}^2 = p_{\Sigma^-}{}^2c^2 + m_{\Sigma^-}{}^2c^4$ afin de calculer l'énergie totale E_{Σ^-} de la particule Σ^- en MeV.

4. Dessine les tangentes aux trajectoires de π^- et Σ^- et utilise un rapporteur d'angles pour mesurer l'angle θ.

5. Remplace les valeurs de p_{π^-}, E_{π^-}, p_{Σ^-}, E_{Σ^-} et θ dans l'équation
$m_{X^0} = \sqrt{(E_{\Sigma^-} - E_{\pi^-})^2 - (p_{\Sigma}{}^{-2} - 2p_{\Sigma}p_{\pi}\cos\theta + p_{\pi}{}^{-2})}$ afin de calculer la masse de X^0 en MeV/c^2.

6. Détermine l'identité de la particule X^0 en comparant sa masse au repos calculée avec les masses de particules connues d'un tableau de référence, comme le **tableau 3**.

▶ PROBLÈME 2

La photographie de la chambre à bulles à la **figure 13** montre un événement de désintégration Σ^- dans la zone encerclée.

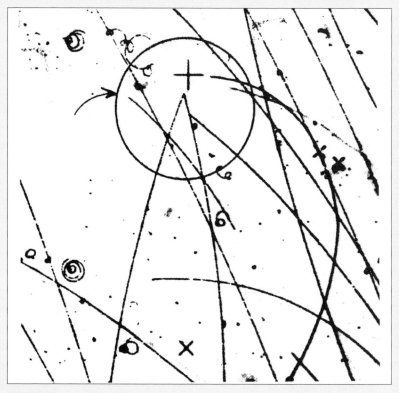

Figure 13
Photographie d'une chambre à bulles

a) Calcule la masse au repos de la particule X^0 invisible formée au moment de l'interaction.

b) Identifie la particule X^0 en comparant sa masse au repos calculée avec les masses des particules connues présentées au **tableau 3**.

Solution

a) Pour calculer la masse au repos de la particule X^0, nous devons mesurer l_{π^-}, s_{π^-}, l_{Σ^-} et θ directement sur la photographie de chambre à bulles. Reporte-toi au schéma de l'événement Σ^- à la **figure 14**.

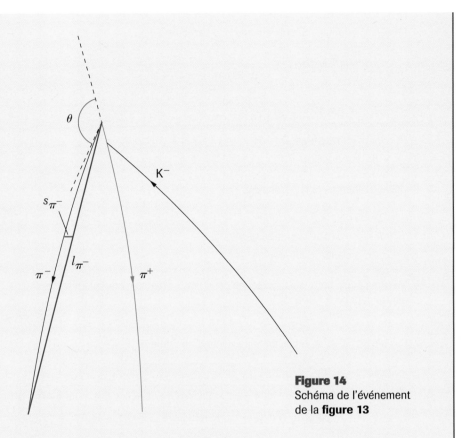

Figure 14
Schéma de l'événement
de la **figure 13**

Mesures prises à partir du schéma (**figure 14**) :

$l_{\pi^-} = 8,0$ cm $\qquad m_{\pi^-} = 140,0$ MeV/c^2

$s_{\pi^-} = 0,30$ cm $\qquad m_{\Sigma^-} = 1\,197,0$ MeV/c^2

$l_{\Sigma^-} = 0,6$ cm $\qquad \theta = 137°$

1. Calcule le rayon de courbure de la trajectoire de π^-.

$$r_{\pi^-} = \frac{l_{\pi^-}^2}{8s_{\pi^-}} + \frac{3\pi^-}{2}$$

$$= \frac{(8,0 \text{ cm})^2}{8(0,30 \text{ cm})} + \frac{0,30 \text{ m}}{2}$$

$$r_{\pi^-} = 26,8 \text{ cm}$$

2. Calcule la quantité de mouvement de la particule π^-.

$$p_{\pi^-} = 6,86\, r_{\pi^-}$$
$$= (6,86 \text{ MeV}/c)\,(26,8)$$
$$p_{\pi^-} = 184 \text{ MeV}/c$$

3. Calcule l'énergie de la particule π^-.

$$E_{\pi^-}^2 = p_{\pi^-}^2 c^2 + m_{\pi^-}^2 c^4$$
$$= (184 \text{ MeV}/c)^2 c^2 + (140,0 \text{ MeV}/c^2)c^4$$
$$= (3,4 \times 10^4 \text{ MeV}/c^2)c^2 + (1,96 \times 10^4 \text{ MeV}^2/c^4)c^4$$
$$E_{\pi^-}^2 = 5,4 \times 10^2 \text{ MeV}$$
$$E_{\pi^-} = 2,3 \times 10^2 \text{ MeV}$$

4. Calcule la quantité de mouvement de la particule Σ^-.

$$p_{\Sigma^-} = 174 \text{ MeV}/c \sqrt[4]{1 - \dfrac{l_{\Sigma^-}}{0{,}597 \text{ cm}}}$$

$$= 174 \text{ MeV}/c \sqrt[4]{1 - \dfrac{0{,}6 \text{ m}}{0{,}597 \text{ cm}}}$$

$$\doteq 174 \text{ MeV}/c \sqrt[4]{1 - 1}$$

$$p_{\Sigma^-} \doteq 0 \text{ MeV}/c$$

5. Calcule l'énergie de la particule Σ^-.

$$E_{\Sigma^-}^2 = p_{\Sigma^-}^2 c^2 + m_{\Sigma^-}^2 c^4$$

$$E_{\Sigma^-}^2 = 0 \text{ MeV}^2 + (1\,197{,}0 \text{ MeV}^2/c^4)c^4$$

$$E_{\Sigma^-} = 1{,}197 \times 10^3 \text{ MeV}$$

6. Mesure l'angle entre les trajectoires de π^- et Σ^- (vecteurs de quantité de mouvement de π^- et Σ^-)

$$\theta = 119°$$

7. Calcule la masse au repos de la particule X^0 invisible.

$$m_{X^0}c^2 = \sqrt{(E_{\Sigma^-} - E_{\pi^-})^2 - (p_{\Sigma^-}^2 c^4 - 2p_{\Sigma^-}p_{\pi^-}c^4 + p_{\pi^-}^2 c^4)}$$

$$= \sqrt{(1{,}197 \times 10^3 \text{ MeV} - 2{,}3 \times 10^2 \text{ MeV})^2 - (0 - 0 + (3{,}4 \times 10^4 \text{ MeV}^2/c^4)c^4)}$$

$$= \sqrt{(9{,}7 \times 10^2 \text{ MeV})^2 - (3{,}4 \times 10^4 \text{ MeV}^2)}$$

$$m_{X^0}c^2 = 9{,}5 \times 10^2 \text{ MeV}$$

$$m_{X^0} = 9{,}5 \times 10^2 \text{ MeV}/c^2$$

b) La masse au repos de la particule X^0 ($9{,}9 \times 10^2 \text{ MeV}/c^2$) correspond davantage à la masse au repos de la particule n^0 (nu) ($940 \text{ MeV}/c^2$). Par conséquent, nous supposons que la particule neutre invisible produite au moment de l'événement sigma est la particule n^0.

RÉSUMÉ

Une étude de cas : L'analyse des trajectoires des particules élémentaires

- Certaines propriétés des particules fondamentales peuvent être identifiées en analysant des photos de chambre à bulles.
- Lors de l'analyse des particules π et Σ, nous déterminons les quantités de mouvement des deux particules et l'angle θ entre les vecteurs de quantité de mouvement au point de désintégration. Cela nous amène à calculer la masse de la particule invisible, qui peut ensuite être comparée à celles d'un tableau de masses connues pour des fins d'identification.

Le modèle classique

Le **modèle classique**, qui s'est développé à partir des travaux entrepris en physique des particules au début du xxe siècle, unifie la théorie de la chromodynamique quantique (QCD) et la théorie électrofaible. Le modèle constitue une théorie complète et complexe qui perçoit l'univers comme étant composé de deux types de particules essentiels : les **fermions** et les **bosons**. Nous supposons que les fermions, dont le nombre quantique de spin est $\frac{1}{2}$, sont les particules fondamentales qui composent la matière. Ces particules sont subdivisées à leur tour en leptons et en quarks. Nous supposons que les bosons sont les particules interagissantes responsables des forces fondamentales de la nature.

Le **tableau 1** résume les particules du modèle classique. Étant donné que les quarks existent supposément en trois couleurs, il y a 18 quarks, et non 6. Nous obtenons donc 24 fermions au total. En ajoutant chaque fermion et son antiparticule, cela représente pas moins de 48 particules fondamentales pour la composition de la matière.

modèle classique théorie qui unifie la chromodynamique quantique et la théorie électrofaible ; elle maintient que toute matière est composée de fermions et de bosons

fermions selon le modèle classique, particules à partir desquelles toute matière est composée ; subdivisés en leptons et en quarks

bosons selon le modèle classique, particules responsables des forces fondamentales de la nature

Tableau 1 Le modèle classique

Fermions éléments constitutifs de la matière ; spin $= \frac{1}{2}$					
Leptons			Quarks		
Nom	Charge	Masse (m_e)	Nom	Charge	Masse (m_e)
électron	-1	1	up	$\frac{2}{3}$	20
neutrino électronique	0	~ 0	down	$-\frac{1}{3}$	20
muon	-1	200	charme	$\frac{2}{3}$	3 000
neutrino muonique	0	~ 0	étrange	$-\frac{1}{3}$	300
tau	-1	3 600	top	$\frac{2}{3}$	350 000
neutrino tau	0	~ 0	bottom	$-\frac{1}{3}$	11 000

Bosons porteurs de forces		
Nom	Spin	Force
photon	1	force électromagnétique
bosons W^+, W^0 et Z	1	force nucléaire faible
gluons (8 types différents)	1	force nucléaire forte
graviton	2	force gravitationnelle

Les fermions sont répartis en trois familles distinctes, chacune contenant deux leptons et deux quarks. La *première famille*, qui consiste en l'électron, son neutrino et les quarks u et d, forme la matière qui existe à des énergies courantes. On présume que les deux autres familles sont plus répandues à des énergies très grandes.

Le modèle classique
Sous de nombreux aspects,
le modèle classique ressemble
davantage à une loi, qui décrit
une interaction, qu'à une
théorie, qui donne les causes
d'une interaction.

LE SAVAIS-TU ?

La symétrie en physique
La symétrie a souvent été utilisée
dans la formulation des principes
de la physique :

- Galilée considérait que les lois
de la physique étaient symétriques en ce sens qu'elles
demeurent inchangées lorsque
nous nous transformons
mathématiquement en passant
d'un système de référence à
un autre, à condition que les
systèmes de référence aient
une vitesse vectorielle relative
constante.

- Einstein se servait de la relativité
spéciale pour généraliser la
notion de Galilée, montrant ainsi
que le phénomène électrique
est le même dans tous les
systèmes de référence inertiels
(considérant un champ
magnétique comme un champ
électrique dans un système
de référence mobile).

- Emily Noether a démontré que
les lois de conservation peuvent
être tout aussi symétriques par
rapport au temps.

- Feynman proposait que l'électron
et le positron étaient symétriques
par rapport au temps, où le
positron recule en fait dans
le temps.

théorie de la grande unification
(GUT) théorie qui tente de combiner
les forces forte, faible et électromagnétique en une seule théorie

échelle d'unification limite
(10^{-30} m) précisée par la théorie
de la grande unification selon
laquelle une seule force est prévue,
au lieu des forces électromagnétique,
nucléaire forte et nucléaire faible
distinctes

Le modèle classique est la théorie la plus complète et la plus complexe de tous les temps. Il constitue l'apogée de plus d'un siècle de recherches et d'expériences menées par plusieurs milliers d'individus. À l'exception du graviton, chaque particule prévue par le modèle a été découverte.

Malgré tout, le modèle a parfois été jugé rudimentaire, car il n'a pas la simplicité de la notion de gravitation universelle de Newton et l'élégance mathématique des équations du champ électromagnétique de Maxwell et d'Einstein. Et comme il est tellement lié aux résultats expérimentaux, le modèle a tendance à examiner davantage le « quoi » que le « pourquoi », laissant en suspens des questions comme celles-ci :

- Qu'y a-t-il de si spécial avec le nombre trois ? (Par exemple, pourquoi trois familles de leptons et de quarks ?)

- Si le nombre trois est tellement spécial, alors pourquoi y a-t-il seulement deux types de particules de matière ?

- Pourquoi les masses augmentent-elles autant d'une famille à l'autre, sans aucun rapport précis ?

- Quelle est la caractéristique sous-jacente dont la présence donne une masse à une particule et dont l'absence lui confère une masse nulle ?

- De quelle façon les quatre forces cadrent-elles ensemble ? (Plus particulièrement, de quelle façon la pesanteur interagit-elle avec les trois autres forces au niveau quantique ?)

- Pourquoi doit-on vérifier l'existence de divers paramètres, comme les masses des particules, par l'expérimentation ? Pourquoi ne peut-on pas tout simplement les prévoir ?

Les théories de la grande unification

Pendant des décennies, la physique a cherché un point de vue plus complet que celui de l'unification théorique des forces faible et électromagnétique en une force électro-faible. Nous pouvons distinguer deux entreprises, l'une plus ambitieuse que l'autre : il existe une tentative d'unification des forces forte, faible et électromagnétique en une force unique, appelée la quête pour une **théorie de la grande unification** (GUT). Il existe également une autre tentative qui vise à trouver une abstraction encore plus grande fondée sur la notion que *toutes* les lois de la nature découlent d'une seule loi fondamentale. Il s'agit de la recherche pour l'unification des forces faible, électromagnétique et gravitationnelle, parfois décrite comme une *théorie du tout* (TOE).

Considérons d'abord la quête pour une théorie de la grande unification. Une unification fructueuse doit tenir compte de tous les divers bosons médiateurs de la force. La tâche est ardue du fait que les trois forces agissent de façons radicalement différentes. Tout particulièrement la force nucléaire forte, qui *augmente* véritablement en fonction de la distance.

Sheldon Glashow et ses associés se sont attaqués au problème de la théorie de la grande unification en appliquant la symétrie à la conservation de la charge et du spin. Par exemple, l'électron et le positron sont symétriques par rapport à la charge. La **figure 1** montre que si les fermions de la première famille sont considérés comme les vertex sur un cube, les diverses particules deviennent symétriques les unes par rapport aux autres. Les GUT ont poussé plus loin les symétries déjà présentes dans le modèle classique en unifiant les trois forces et les particules sur lesquelles elles agissent. Selon cette soi-disant **échelle d'unification**, avec des distances inférieures à 10^{-30} m, les trois forces se fondent vraisemblablement en une superforce, symétrique et incapable de faire la distinction entre une charge et un spin. À des distances supérieures à l'échelle d'unification, on présume que la symétrie se brise, laissant paraître des distinctions entre les trois forces.

La symétrie a permis de réaliser bien des choses. L'unification des forces forte, faible et électromagnétique a été obtenue non seulement à l'échelle d'unification mais également à de très hautes énergies. Cela nous a permis d'expliquer la disposition des quarks et des leptons dans les trois grandes familles de fermions, ainsi que la quantification de la charge.

L'unification a prévu un nouveau champ de force fondamental. La particule médiatrice du champ, X, le **boson de Higgs**, est massive, et peut atteindre jusqu'à 10^{14} fois la masse d'un proton. Il ne faut pas oublier que les particules médiatrices de la force sont virtuelles, et non réelles ; qu'elles semblent surgir de nulle part, du « vide quantique », parce que l'incertitude $\Delta E \Delta t$ d'Heisenberg permet de très brèves violations de la loi de conservation de l'énergie ; et que cette même incertitude $\Delta E \Delta t$, qui leur permet de subsister, rend leur existence si fugace qu'elles ne peuvent pas être observées. Par conséquent, la vie de la particule massive de Higgs est vraiment brève, environ 10^{-35} s, ou une période suffisante pour parcourir au plus 10^{-23} m.

Selon les GUT, si les particules élémentaires s'approchent les unes des autres à des distances d'environ 10^{-30} m, elles pourront échanger une particule X. À ces distances, la particule X favoriserait des transmutations radicales, rendant peut-être même les quarks et les leptons interchangeables. Mais d'après la présumée conservation du nombre baryonique, il est peu probable que cela se produira. Les particules X, en raison de leur énorme masse, ont très peu de chance de surgir spontanément du vide quantique, même à des énergies extrêmement hautes telles que celles fournies par les accélérateurs de particules.

Une conséquence inquiétante de l'unification

En raison de l'incertitude quantique, il est possible que le boson de Higgs apparaisse spontanément pour une brève période à l'intérieur d'un proton. Cela soulève une question qui doit être résolue si les GUT doivent survivre à l'épreuve de l'expérimentation. Supposons que, durant cette brève apparition à l'intérieur du proton, le boson de Higgs rencontre un des trois quarks. Supposons maintenant que ce quark s'approche ensuite d'un autre quark. Dans ce scénario, le boson de Higgs peut être échangé, modifiant ainsi les deux quarks en deux nouvelles particules : un antiquark et un positron. Le positron sera éjecté. L'antiquark, quant à lui, s'unira au dernier (troisième) quark pour former un méson pi. Le méson pi se désintégrera par la suite en photons.

Il est possible qu'après une période considérablement longue, tous les protons de l'Univers en viennent à se désintégrer, ne laissant que photons, positrons et électrons. Ces deux derniers, étant des antiparticules mutuelles, s'annihileraient pour ne laisser que des photons.

Cette chaîne d'événements — possible, selon les GUT, bien que très peu probable — a un effet radical sur notre conception de la matière, puisque cela signifie que le proton, et donc chaque atome, est instable en soi. Mais ces événements sont tellement peu probables que la vie d'un proton est à peu près de 10^{32} années.

L'incertitude quantique, cause de la désintégration des protons, est exploitée dans la recherche de la preuve. Comme la désintégration est décrite en termes de probabilités, il existe une infime probabilité pour qu'un quelconque proton se désintègre sur une période finie. Des expériences ont déjà été entamées pour profiter de cet aspect. La méthodologie est simple. Des quantités massives d'une substance non radioactive sont examinées sur de longues périodes pour voir si la désintégration des protons peut être détectée. À ce jour, aucune désintégration semblable n'a pu être détectée. Ce manque de preuve, bien qu'il ne suffise pas à discréditer les théories unifiées, a mené à l'élaboration d'autres avenues théoriques créatives, comme la théorie des cordes.

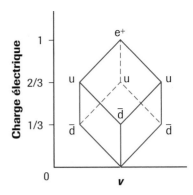

Figure 1
Un cube indiquant la symétrie de la première famille de quarks et de leptons. Il y a trois quarks de chaque type, puisque chacun possède vraisemblablement trois couleurs.

boson de Higgs particule X théorique qui porte vraisemblablement un quatrième champ de force fondamental dans la théorie de la grande unification des forces nucléaires forte, faible et électromagnétique

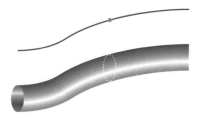

Figure 2
Un hypertube. Un tuyau est en fait un cylindre. Toutefois, lorsque nous l'observons de loin, une section transversale ressemble à un point sur une ligne. De façon similaire, une particule peut être un cercle minuscule dans la quatrième dimension.

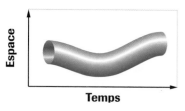

Figure 3
Corde en boucle fermée. Lorsqu'on l'observe dans un graphique espace-temps, elle nous apparaît comme un tube.

La physique sur une corde

Peu de temps après qu'Einstein eut publié sa théorie sur la relativité générale, le mathématicien allemand Theodor Kaluza élaborait une représentation géométrique de l'électromagnétisme. Selon sa théorie, le champ électromagnétique est une sorte de déformation ou ride dans la quatrième dimension spatiale. Si la théorie de l'attraction universelle d'Einstein est formulée suivant la conception de Kaluza, on obtient un univers à cinq dimensions, intégrant la pesanteur à quatre dimensions dans les équations de Maxwell.

Le Suédois de souche Oskar Klein a poussé plus loin la théorie de Kaluza en suggérant que la dimension spatiale supplémentaire était invisible, étant enroulée un peu à la manière d'une bobine de corde. Selon Klein, les particules sont en fait des cercles minuscules qui se déplacent dans un espace à quatre dimensions (**figure 2**). Les cercles calculés étaient incroyablement petits — avec une taille d'environ un milliardième de celle du noyau — et étaient donc à toutes fins pratiques invisibles.

La théorie Kaluza-Klein a fini par s'éteindre d'elle-même, puisqu'elle ne tenait pas compte des deux nouvelles venues en dynamique : les forces nucléaires forte et faible. Dans les années 1980, toutefois, la théorie a refait surface et semblait convenir à certaines complexités des nouvelles venues. Dans sa reformulation, la théorie des cordes traite des complications des forces nucléaires forte et faible en mettant des cordes dans plusieurs dimensions supplémentaires, autres que celle introduite à l'origine pour la force électromagnétique.

La nouvelle théorie considérait les particules fondamentales comme des cordes ouvertes ou fermées (**figure 3**), chaque particule fondamentale pouvant vibrer différemment sur une même corde.

Comme dans le modèle original de Kaluza-Klein, les cordes sont de taille minuscule (de l'ordre de 10^{-33} m) et apparaissent comme de petits points, même du point de vue des grands accélérateurs. Puisque les cordes obéissaient vraisemblablement aux équations d'Einstein dans un espace-temps, il y avait de l'espoir quant à l'unification de la mécanique quantique et de la relativité générale.

À l'origine, les travaux sur les cordes ont suscité un grand intérêt. Le fait que le graviton puisse prendre la forme de la plus faible énergie pour une corde a donné l'idée d'une unification possible de la pesanteur et des trois autres forces. Malheureusement, les mathématiques sont vite devenues trop compliquées, puisque le modèle devait placer les cordes dans 26 dimensions. Cette situation, jumelée aux importants développements des GUT, a été la cause du ralentissement des recherches.

En 1984, Michael Green et John Schwartz ont simplifié le modèle mathématique en le ramenant à 10 dimensions. Parmi ces dimensions, six sont « enroulées », et donc invisibles, n'en laissant que quatre pouvant être étudiées. La théorie des *supercordes* résultante a ravivé l'intérêt, en intégrant la *supersymétrie* qui permet aux fermions et aux bosons de tourner les uns dans les autres. Chaque fermion était maintenant apparié à un boson, appelé une sparticule, et chaque boson était apparié à un fermion, appelé un bosino.

À peu près à l'époque où les travaux de Green et Schwartz devinrent notoires, il y eut un autre développement important. La théorie des cordes proposait inopinément l'existence d'une particule jusque-là inconnue dans le noyau. La particule, possédant une masse nulle et un nombre de spin de 2, voyageait à la vitesse *c*. On a suggéré que la théorie intégrait déjà cette particule mais qu'elle était inconnue dans le noyau : le graviton. Ainsi, la théorie des cordes décrivait également la gravité.

Les dimensions supplémentaires intrinsèques à la théorie des cordes continuent de soulever des possibilités fascinantes, mais difficiles à prouver. La taille des cordes est généralement un milliard de fois plus petite que celle du noyau. Comme nous l'avons mentionné au chapitre 12, la théorie quantique associe la distance (ou la longueur d'onde de de Broglie associée à la particule explorant cette distance) avec l'énergie. L'examen de ces distances minuscules nécessitera donc des particules exploratrices à des énergies extrêmement hautes, dépassant largement la capacité de n'importe quel accélérateur imaginable.

En fait, le seul événement mettant en cause ces types d'énergies est le big bang théorique. Si la théorie des supercordes est valable, alors il se pourrait que les dimensions supplémentaires aient pu être capitales lors cet événement. En fait, il se pourrait fort bien qu'à l'époque du big bang, toutes les dimensions aient existé comme partenaires ayant la même importance, puis que trois d'entre elles aient pris une expansion telle qu'elles auraient fait disparaître les autres. Bien que toujours existantes, les dimensions supplémentaires ne sont perçues qu'à travers leurs effets sur les processus internes à des niveaux subatomiques.

La pesanteur, toujours « l'exception », reste donc la seule force qui peut être associée à l'espace-temps que nous percevons.

Aussi étrange que cela puisse paraître, la symétrie inhérente à la théorie suggère une conséquence encore plus étrange. Toute la théorie prévoit l'unification complète de toutes les interactions à deux reprises. Cela nous porte à soupçonner l'existence d'un univers d'ombre parallèle, qui pourrait interagir avec le nôtre uniquement par la pesanteur. Un objet de faible masse provenant de cet univers serait invisible aux objets de celui-ci, puisque la seule interaction possible serait par pesanteur. Par contre, un objet massif provenant de cet univers (ayant, par exemple, la masse d'une planète ou d'une étoile) serait observable à partir de ses effets gravitationnels. Un tel objet, s'il s'approchait d'un corps de notre Univers, le ferait réagir de manière imprévisible, en lui faisant subir une forte attraction gravitationnelle, sans source détectable.

Nous pouvons maintenant imaginer que les étoiles, les planètes et autres grands objets pourraient se former à partir de cette matière invisible. Observés depuis la Terre, on ne pourrait distinguer ces objets des trous noirs produits par l'écroulement vers l'intérieur de grandes quantités de matière, dans l'Univers auquel nous avons accès. Peut-être cela justifie-t-il certaines des présumées matières noires existant manifestement dans notre Univers et qui trahissent leur existence par leurs effets gravitationnels.

Évidemment, la théorie des supercordes est spéculative ; elle sera peut-être appelée à se hisser au même rang éminent que la théorie quantique ou encore à prendre la route de l'éther.

Conclusion

Pour bien des gens, la science est la quête d'une compréhension de la nature de l'Univers. En admettant que ce soit vrai, la plupart d'entre eux tirent de cette observation raisonnable une conclusion naïve. Ils supposent que, dans un avenir pas trop lointain, tout sera connu ; ce qui n'est pas possible à l'heure actuelle. Vers la fin du XIXe siècle, après la publication des équations de Maxwell, plusieurs scientifiques ont supposé que la plupart des vérités sur le monde de la physique avaient été dévoilées, et qu'il ne restait qu'à remplir quelques lacunes ici et là.

Un siècle plus tard, nous pouvons maintenant regarder en arrière et voir à quel point l'idée était naïve. La théorie quantique a démoli le concept voulant que la nature du monde de tous les jours pouvait se réduire à la taille de l'atome. Les lois logiques décrivant le comportement ont vite été remplacées par des excentricités individuelles qui ne peuvent être comprises que statistiquement. Au cours du XXe siècle, la situation s'est incroyablement compliquée, avec toute la série de découvertes des interactions.

Aujourd'hui, en début de ce XXIe siècle, les meilleures théories — et le modèle classique en est un bon exemple — soulèvent plus de questions que de réponses. Si nous commençons à évaluer tout cela, force est de conclure que nous ne parviendrons jamais à découvrir la vérité tant recherchée. Elle semble être à tout jamais hors de portée.

Dans ton étude de la physique, tu as pris connaissance des théories proposées, éprouvées, épurées ou abandonnées. Durant tout ce bouleversement continu, une chose est demeurée constante : nous recherchons constamment une compréhension physique de l'Univers et nous utilisons tous les moyens possibles pour arriver à cette fin. Peut-être est-ce la plus belle leçon de toutes. La science, et en fait la vie, devraient être perçues comme une interaction incessante entre le besoin, l'innovation technologique et la théorie. Si notre soif de perspectives physiques est destinée à ne jamais être entièrement satisfaite, nous éprouverons toujours une satisfaction à diriger nos intellects limités vers une réalité qui dépasse nos limites intellectuelles. Peut-être le processus compte-t-il plus que le résultat final.

RÉSUMÉ *Le modèle classique et les théories de la grande unification*

- Le modèle classique, qualifié parfois de modèle le plus complet et le mieux élaboré de l'histoire de la science, décrit l'Univers en termes de deux classes de particules : les fermions, les composants de la matière, et les bosons, les porteurs de la force. Les fermions sont ensuite subdivisés en deux sous-classes : les leptons et les quarks.

- Le modèle classique, bien qu'il soit très élaboré, n'est pas très élégant d'un point de vue mathématique ; il laisse plusieurs questions sans réponse.

- Les théories de la grande unification ont généralement exploité la symétrie en vue de réconcilier les interactions électrofaibles et fortes. À de très courtes distances, le porteur présumé de cette force unifiée est la particule X très massive, ou le boson de Higgs.

- Les interactions du boson X, jumelées aux concepts de la mécanique quantique, se soldent par une probabilité faible, mais non nulle, qu'un proton se désintégrera et nous amènent à penser que la matière est en soi instable.

- Les tentatives faites pour observer la désintégration des protons ont été infructueuses, ce qui a fait croître l'intérêt pour d'autres types de théories, en particulier celles qui sont liées aux cordes.

- La version actuelle de la théorie des cordes, la théorie des supercordes, suppose que les entités fondamentales de l'Univers sont des cordes multidimensionnelles très minuscules. Bien que ces cordes soient vraisemblablement composées de 11 dimensions, ou plus, seules trois de ces dimensions spatiales sont visibles.

- Selon la théorie des supercordes, l'importance des trois dimensions actuellement observées s'est accrue après le big bang théorique, dérobant ainsi à la vue les autres dimensions.

▶ Section 13.7 Questions

Saisis bien les concepts

1. Le **tableau 1** énumère 16 particules fondamentales selon le modèle classique.
   a) Comment peux-tu dire qu'il y a 48 différents fermions ?
   b) Combien y a-t-il de particules différentes dans le modèle classique ?

2. Dresse un tableau semblable au **tableau 1**, en n'incluant que les particules qui auraient un rapport avec la première famille, c'est-à-dire les particules qui sont censées composer la matière que tu trouves dans la vie de tous les jours.

3. Explique pourquoi le modèle classique est rudimentaire.

4. a) Qu'est-ce qui est unifié par les GUT ?
   b) Décris brièvement les moyens utilisés pour réaliser cette unification.

5. Explique pourquoi la particule X est difficile à observer.

6. Comment la nature de la particule X nous amène-t-elle à penser que la matière peut être instable ?

7. Pourquoi plusieurs scientifiques et autres penseurs élaborent-ils encore des théories de rechange aux GUT ?

8. Pourquoi les cordes, dans la théorie des supercordes, apparaissent-elles comme des particules ?

9. S'il n'y a qu'un seul type de corde, alors comment justifier la grande variété de particules observées ?

10. Évalue les énergies des particules que l'on devrait produire pour observer les cordes et le boson X.

11. Utilise le principe d'incertitude ou l'équation de de Broglie pour montrer que la distance d'unification correspond à un niveau d'énergie d'environ 10^{17} MeV.

Il y a différents types de carrières reliées à l'étude de la matière et de l'énergie. Renseigne-toi sur les carrières décrites ci-dessous et sur certaines autres carrières intéressantes reliées à la matière et à l'énergie.

Les spécialistes des nanosciences

Les spécialistes des nanosciences conçoivent et créent leurs propres outils perfectionnés, qui permettent d'obtenir des images de surface à l'échelle atomique. Dans bien des cas, la construction des outils exige de connaître les techniques de conception assistée par ordinateur (CAO) et une étroite coopération avec des machinistes qualifiés. L'objectif ultime consiste à assembler des structures utiles à partir de molécules ou d'atomes individuels. Ces scientifiques sont appelés des physiciens de la matière condensée. La nanoscience est un domaine émergent et seules quelques entreprises, comme IBM et Hewlett-Packard, emploient activement des chercheurs dans ce secteur. On s'attend toutefois à ce que ce secteur gagne en importance. La recherche fondamentale exige un baccalauréat en sciences avec une concentration en physique. Les postes supérieurs exigent des études universitaires supérieures.

Les enseignants ou enseignantes en physique

L'élève doit étudier à l'université pendant trois ou quatre ans en vue d'obtenir un baccalauréat en sciences et poursuivre ses études en vue d'obtenir un baccalauréat en éducation dans une institution pédagogique. Les enseignants et enseignantes en physique utilisent un éventail de matériel, y compris des ordinateurs, des calculateurs graphiques, des dispositifs de lancement de projectile, des minuteries, des capteurs de mouvement, des multimètres et des blocs d'alimentation. Ils travaillent dans des institutions publiques et privées et, parfois, comme tuteurs ou tutrices.

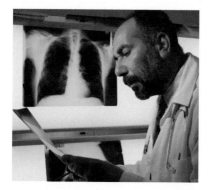

Les radiologistes

Les radiologistes s'inscrivent d'abord dans un programme de premier cycle de deux ans incluant une concentration en sciences. Ils poursuivent ensuite leurs études de médecine et font une résidence de quatre ans en radiologie. Les technologies appliquées incluent la tomographie axiale transverse commandée par ordinateur (TACO) et l'imagerie par résonance magnétique (IRM), ainsi que l'imagerie ultrasonique et la radiologique traditionnelle. Les radiologistes contemporains ne font pas que diagnostiquer des états tels que des fractures et des tumeurs ; ils ou elles peuvent aussi faire l'examen des niveaux d'activité cérébrale. En fait, tous les hôpitaux et plusieurs cliniques emploient des radiologistes.

▸ Mise en pratique

Fais des liens

1. Identifie plusieurs carrières qui exigent des connaissances sur la matière et l'énergie. Choisis une carrière qui t'intéresse dans la liste que tu viens de dresser ou parmi les carrières décrites ci-dessus. Imagine que tu as pu travailler dans ton domaine de prédilection pendant cinq ans et que tu poses ta candidature en vue de travailler sur un nouveau projet intéressant.

   a) Décris le projet. Il doit être lié aux diverses notions apprises dans la présente unité. Explique comment les concepts de cette unité s'appliquent au projet.

   b) Rédige un curriculum vitæ dans lequel tu décriras ton expérience de travail et expliqueras pourquoi tu te crois qualifié pour travailler sur le projet. N'oublie pas d'inclure les renseignements suivants :
   - ta formation scolaire : diplôme universitaire obtenu, institution fréquentée, études supérieures (s'il y a lieu)
   - tes habiletés
   - tes tâches relatives aux postes antérieurs
   - le salaire escompté

 www.beaucheminediteur.com/physique12

Objectifs clés

- définir et décrire les concepts et les unités liés à la compréhension actuelle de l'atome et des particules élémentaires (13.1, 13.2, 13.3, 13.4, 13.5, 13.6, 13.7)

- décrire les principales formes de désintégration nucléaire et comparer les propriétés des particules alpha, des particules bêta et des rayons gamma en termes de masse, de charge, de vitesse, de pouvoir de pénétration et de capacité ionisante (13.1, 13.2)

- analyser les images des trajectoires des particules élémentaires afin de déterminer le rapport charge/masse (13.6)

- décrire le modèle classique des particules élémentaires en termes de propriétés caractéristiques des quarks, des leptons et des bosons, puis identifier les quarks qui forment des particules familières telles que le proton et le neutron (13.4, 13.5, 13.7)

- compiler, organiser et afficher les données liées à la nature de l'atome et des particules élémentaires, en utilisant des formats et des traitements appropriés (13.2, 13.6, 13.7)

- décrire des exemples de contribution canadienne en physique moderne (13.3, 13.4, 13.7)

Mots clés

radioactivité

particule alpha (α)

transmutation

noyau fille

force nucléaire forte

énergie de liaison

particules bêta (β)

positron

rayon gamma (γ)

tube Geiger-Mueller

tube à scintillation

principe d'exclusion de Pauli

période radioactive

constante de désintégration

becquerel

datation radioactive

isochrone

électrodynamique quantique

diagramme de Feynman

photon virtuel

méson

muon

méson pi

force nucléaire faible

boson W

boson Z

graviton

spin

bosons de jauge

leptons

hadrons

étrangeté

quarks

saveurs

nombre baryonique

loi de conservation du nombre baryonique

couleur

gluons

chromodynamique quantique

théorie électrofaible (théorie de jauge)

charme

top

bottom

modèle classique

fermions

bosons

théorie de la grande unification (GUT)

échelle d'unification

boson de Higgs

Équations clés

- $E = mc^2$ (13.1)

- $E = 931,5 \text{ MeV}/c^2 \times m$ (13.1)

- ${}^A_Z X \rightarrow {}^4_2 He + {}^{A-4}_{Z-2} Y$ désintégration α (13.1)

- ${}^A_Z X \rightarrow {}^A_{Z+1} Y + {}^0_{-1} e + \overline{\nu}$ désintégration β^- (13.1)

- ${}^A_Z X \rightarrow {}^A_{Z-1} Y + {}^0_{+1} e + \nu$ désintégration β^+ (13.1)

- ${}^A_Z Y \rightarrow {}^A_Z Y + \gamma$ désintégration γ (13.1)

- $N = N_0 \left(\dfrac{1}{2}\right)^{\frac{t}{t_{1/2}}}$ quantité restante de substance radioactive (13.2)

- $A = A_0 \left(\dfrac{1}{2}\right)^{\frac{t}{t_{1/2}}}$ niveau de radioactivité (13.2)

▶ RÉDIGE un résumé

Crée une carte conceptuelle des notions scientifiques qui ont contribué à l'élaboration de la théorie quantique, en commençant par Planck et en terminant avec le modèle classique. Si tu as terminé la carte conceptuelle de la rubrique Rédige un résumé du chapitre 12, utilise-la comme base pour la carte actuelle, en ajoutant les concepts appropriés du présent chapitre.

Inscris les nombres de 1 à 9 dans ton cahier. Indique à côté de chaque nombre si l'énoncé correspondant est vrai (V) ou faux (F). Si l'énoncé est faux, inscris la bonne version.

1. La quantité d'énergie libérée par une désintégration α ou β est obtenue en déterminant la différence de masse entre les produits et le parent. Le calcul de l'équivalence masse-énergie permet ensuite d'obtenir l'énergie.

2. L'énergie de liaison moyenne par nucléon diminue en fonction de l'augmentation du nombre de masse.

3. La période radioactive pour la désintégration illustrée à la **figure 1** est de 250 a.

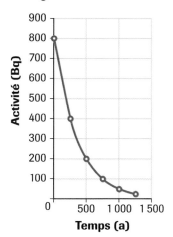

Figure 1

4. Les désintégrations α et β peuvent toutes deux s'expliquer en termes de force nucléaire forte.

5. Le fait que les gravitons peuvent interagir entre eux constitue l'un des principaux obstacles à l'élaboration d'une théorie quantique de la gravité.

6. Dans le schéma de l'octet de Murray Gell-Mann, chacun des trois jeux de huit particules comporte un nombre de spin unique.

7. Les électrons, qui ont normalement un spin de $\frac{1}{2}$, peuvent prendre d'autres valeurs de spin s'ils acquièrent suffisamment d'énergie.

8. Selon la théorie des quarks, il faut deux quarks pour former un hadron, et deux quarks pour former un méson.

9. Lorsqu'un quark absorbe ou émet un gluon, sa masse change.

Inscris les nombres de 10 à 16 dans ton cahier. À côté de chaque nombre, écris la lettre correspondant au meilleur choix.

10. Le processus représenté par l'équation nucléaire $^{230}_{90}\text{Th} \rightarrow {}^{226}_{88}\text{Ra} + {}^{4}_{2}\text{He}$ est une
    a) annihilation
    b) désintégration α
    c) désintégration β
    d) désintégration γ
    e) production de paires

11. Les valeurs de x et de y qui complètent correctement l'équation $^{214}_{82}\text{Pb} \rightarrow {}^{x}_{y}\text{Bi} + {}^{0}_{-1}\text{e} + \bar{\nu}$ sont
    a) $x = 214, y = 81$
    b) $x = 214, y = 82$
    c) $x = 214, y = 83$
    d) $x = 215, y = 83$
    e) $x = 212, y = 81$

12. Un échantillon de charbon contient initialement 10,0 mg de carbone 14. Cet isotope a une période radioactive de 5 730 a. La quantité de carbone 14 dans l'échantillon après 573 a est de
    a) 0,00 mg
    b) 1,00 mg
    c) 5,00 mg
    d) 9,30 mg
    e) 9,99 mg

13. Si la masse de la particule accélérée dans un cyclotron doublait, il faudrait que la fréquence du cyclotron soit
    a) réduite par un facteur de 2
    b) réduite par un facteur de 4
    c) augmentée par un facteur de 2
    d) augmentée par un facteur de 4
    e) maintenue, puisque la fréquence dépend de la masse

14. Les synchrotrons modernes exécutent des recoupements de faisceaux parce que
    a) les collisions résultantes sont plus énergétiques
    b) les particules résultantes sont plus faciles à contenir
    c) seules les dispositions des faisceaux collisionneurs conservent la quantité de mouvement
    d) les collisions avec des cibles fixes ne produisent pas de particules
    e) aucune de ces réponses

15. La nécessité d'amener la théorie des quarks à concorder avec le principe d'exclusion de Pauli exigeait de modifier les idées actuelles en
    a) postulant le quark s
    b) postulant une deuxième famille de quarks
    c) postulant une troisième famille de quarks
    d) dotant les quarks d'une charge fractionnaire
    e) introduisant un nombre quantique pour la couleur

16. Les tentatives d'élaboration d'une théorie de la grande unification ont éprouvé des difficultés particulièrement sérieuses en unifiant
    a) la force nucléaire forte avec les forces faible et électromagnétique
    b) la force nucléaire faible avec la force électromagnétique
    c) la force nucléaire forte avec la pesanteur
    d) la pesanteur avec la force électromagnétique
    e) la force nucléaire faible avec la pesanteur

Saisis bien les concepts

1. Résume les propriétés des rayonnements α, β et γ dans un tableau comprenant les rubriques suivantes : composition, puissance de pénétration et charge.

2. Donne les valeurs de x et de y pour chacune des équations suivantes :

   a) $^{x}_{y}\text{Pb} \rightarrow {}^{212}_{83}\text{Bi} + {}^{0}_{-1}e$

   b) $^{238}_{92}\text{U} \rightarrow {}^{x}_{y}\text{Th} + {}^{4}_{2}\text{He}$

   c) $^{215}_{84}\text{Po} \rightarrow {}^{211}_{x}\text{Pb} + {}^{4}_{2}\text{He}$

   d) $^{116}_{49}\text{In} \rightarrow {}^{y}_{x}\text{In} \rightarrow \gamma$

   e) $^{30}_{15}\text{P} \rightarrow {}^{30}_{14}\text{Si} + {}^{y}_{x}z + \nu$

   f) $^{13}_{7}\text{N} \rightarrow {}^{y}_{x}z + {}^{0}_{+1}e + \nu$

3. Compare la force nucléaire forte avec la force électrique et relève les différences entre les deux.

4. Le $^{2}_{1}\text{H}$ peut-il subir une désintégration α? Explique ton raisonnement.

5. Le plutonium 239 se désintègre et forme de l'uranium 235 par une émission α.

   a) Exprime la réaction dans une équation nucléaire équilibrée.

   b) Calcule la quantité d'énergie libérée par une désintégration. (Consulte l'annexe C pour obtenir les masses atomiques du plutonium 239, de l'uranium 235 et d'une particule α.)

6. Un échantillon contient initialement 22,0 mg de plomb 212.

   a) Combien restera-t-il de plomb 212 après 24 heures?

   b) Combien de temps s'écoulera-t-il avant que la quantité restante de plomb 212 soit de 5,0 mg?

7. Un morceau de charbon, provenant vraisemblablement des cendres d'un ancien incendie, présente une activité de 89 Bq. L'activité initiale est évaluée à 105,4 Bq. Évalue l'âge de l'échantillon.

8. Décris brièvement deux applications médicales de la radioactivité.

9. a) Explique pourquoi il existe une limite supérieure à la quantité d'énergie qu'un cyclotron peut transmettre à une particule.

   b) De quelle façon les synchrocyclotrons et synchrotrons surmontent-ils ce problème de limite supérieure?

10. Pourquoi un synchrotron accélère-t-il plus facilement les protons que les électrons à de très hautes énergies?

11. Suppose que tu es en train de concevoir un accélérateur de particules à très haute énergie. Pourquoi aurais-tu plus de chances d'obtenir des énergies extrêmement hautes avec un synchrotron qu'avec un accélérateur linéaire?

12. Pourquoi les détecteurs utilisés dans les accélérateurs de particules possèdent-ils généralement plusieurs pièces intégrées?

13. Deux protons collisionneurs à énergie suffisamment haute peuvent, à partir de l'énergie cinétique libérée, produire un méson pi neutre (π^{0}) suivant le processus $p + p \rightarrow p + p + \pi^{0}$. Dessine un diagramme de Feynman qui représente cette interaction.

14. Deux protons qui se déplacent à vitesse égale et dans des directions opposées se frappent. La collision produit un méson pi neutre (π^{0}). Utilise les masses des particules pour calculer l'énergie cinétique minimale requise pour chaque proton.

15. Identifie les particules associées à chacune des combinaisons de quarks suivantes :

    a) uss

    b) u$\overline{\text{u}}$

16. Pourquoi est-il approprié d'appeler un boson une particule « messagère »?

17. Fais la distinction entre

    a) fermions et bosons

    b) leptons et hadrons

    c) mésons et baryons

18. Les fermions sont répartis en familles (groupements distincts de ceux indiqués à la question précédente).

    a) Explique ce qu'on entend par une « famille » de fermions.

    b) Dresse un tableau mettant en évidence l'organisation des particules de chaque famille.

19. Explique brièvement ce que signifie chacune des variables quantiques suivantes :

    a) spin

    b) étrangeté

20. Un événement Σ^{-} a été identifié sur une photographie de chambre à bulles dans laquelle les valeurs mesurées de s et l pour la trajectoire π^{-} sont de 0,6 cm et de 4,0 cm respectivement. Calcule

    a) le rapport charge/masse de la particule π^{-};

    b) la masse de la particule.

21. Copie la **figure 1** dans ton cahier. Complète le diagramme en indiquant le nom des forces fondamentales et le nom des théories de l'unification.

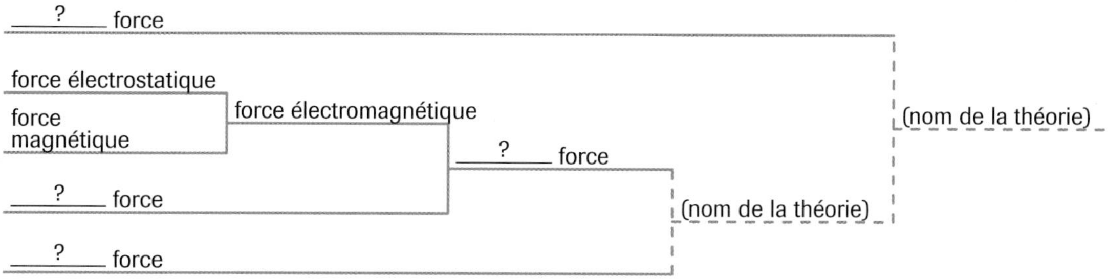

_____?_____ force

force électrostatique

force magnétique

force électromagnétique

_____?_____ force

_____?_____ force

_____?_____ force

_____(nom de la théorie)_____

_____(nom de la théorie)_____

Figure 1
Diagramme pour la question 21. Quelles sont les théories qui visent à unifier quelles forces ?

Mets en pratique tes connaissances

22. L'activité initiale d'un échantillon de cobalt 60 est de 240 Bq. Trace le graphique de l'activité pour une période d'une année. (Consulte l'annexe C pour obtenir la période radioactive.)

23. Le **tableau 1** présente les niveaux d'activité d'un échantillon de substance radioactive à différents moments.

Tableau 1

t (h)	A (Bq)
0	1 000,0
12	786,6
24	618,8
36	486,8
48	382,9
60	301,2
72	236,9
84	186,4
96	146,6
108	115,3

a) Trace un graphique avec une courbe de meilleure adaptation.

b) Calcule la période radioactive.

c) Écris une équation donnant l'activité en tout temps.

24. Place un compteur Geiger-Mueller sur un support, loin de toute source radioactive. Enregistre le taux de comptage pour une période de 5 min. Couvre le compteur Geiger-Mueller avec du papier d'aluminium et remets-le sur le support. Enregistre le taux de comptage pendant 5 minutes.

a) Quel changement as-tu observé dans la vitesse à laquelle les émissions radioactives ont été détectées ?

b) Émets une hypothèse justifiant les différences observées.

Fais des liens

25. Les percées technologiques sont souvent à l'origine des percées scientifiques correspondantes.

a) Donne un exemple démontrant cet énoncé en science des particules élémentaires.

b) Les applications dérivées de ces percées technologiques peuvent également présenter de très grands avantages pour la société. Donne un exemple où il a été démontré que la technologie élaborée a été conçue initialement pour la recherche en science des particules élémentaires.

26. Donne des raisons pour lesquelles on pourrait être réticent à adopter la théorie des cordes plutôt que le modèle classique.

27. Comme nous l'avons vu en étudiant la théorie quantique présentée dans ce livre, des particules peuvent surgir spontanément du « vide quantique » dans des conditions appropriées. Nous avons également vu que des particules virtuelles, comme les photons virtuels, peuvent échanger des forces.

a) Quelles conditions spéciales s'appliquent à la création et aux propriétés des particules virtuelles ?

b) De quelle façon ces conditions régissent-elles la relation entre la masse d'une particule virtuelle et la distance sur laquelle elle peut agir ?

c) Si une particule virtuelle est de masse nulle, quelle conclusion peux-tu raisonnablement tirer sur la portée de la force conséquente ?

 www.beaucheminediteur.com/physique12

▶ **Unité 5**

*Le lien entre
la matière
et l'énergie*

ACTIVITÉ DE SYNTHÈSE

▶ **Critères**

Processus

- Choisir les outils de recherche appropriés.
- Effectuer la recherche et résumer tes conclusions de façon appropriée.
- Analyser les principes de l'effet photoélectrique mis en cause dans la technologie.
- Évaluer les impacts sur la société.

Résultats

- Démontrer que tu as saisi les concepts liés à la physique dans ton compte rendu.
- Préparer un portfolio de recherche approprié.
- Utiliser des termes, des symboles, des équations et des unités métriques SI correctement.
- Produire une communication finale, incluant un modèle de démonstration d'une pile solaire fonctionnelle (tâche 1) OU un compte rendu écrit sur une application des cellules photovoltaïques (tâche 2).

La cellule (solaire) photovoltaïque

Une des plus importantes applications de l'effet photoélectrique est sans doute la cellule *photovoltaïque*, communément appelée *pile solaire*. Le matériel utilisé dans la cellule photovoltaïque, comme le silicium et l'arséniure de gallium, convertit la lumière du soleil en électricité. Des semi-conducteurs, comme ceux qui entrent dans la fabrication des transistors et des puces d'ordinateur, ont été introduits sur le marché dans les années 1950. Cette technologie coûteuse était utilisée à l'origine pour alimenter les satellites (**figure 1**).

Toutefois, les améliorations apportées à cette technologie au fil des ans ont permis d'en réduire considérablement les coûts et de l'appliquer à plusieurs autres marchés.

Figure 1
La Station spatiale internationale (SSI) utilise des générateurs solaires pour accumuler et ensuite convertir l'énergie solaire en électricité.

Des produits de grande consommation, tels que calculatrices et montres à pile solaire, comptent pour environ le tiers de toute l'utilisation de l'énergie photovoltaïque. Bien que la puissance de sortie moyenne de ces cellules s'exprime en milliwatts, les produits de consommation ont constitué un vaste terrain d'essais pour la technologie photovoltaïque.

Le plus grand marché de la photovoltaïque touche l'alimentation à distance des secteurs qui ne sont pas desservis par un réseau d'électricité comme les communautés éloignées en Amérique du Nord et dans les pays en développement (**figure 2**).

Le troisième marché en importance touche l'approvisionnement en électricité des réseaux électriques (**figure 3**). Cet approvisionnement peut être réalisé soit par la mise en place de vastes réseaux de modules photovoltaïques disposés dans un emplacement centralisé soit par la mise en place de réseaux décentralisés de cellules photovoltaïques installées sur les toits des maisons et des édifices.

Figure 2
Cette nomade mongole se tient debout tout près de deux panneaux solaires alimentant un appareil d'éclairage et un téléviseur à l'intérieur de sa tente.

Figure 3
Une centrale solaire complémentaire

Partie 1

Prépare-toi à effectuer la tâche sélectionnée, en faisant des recherches dans Internet et dans d'autres sources; présente ensuite un compte rendu sur les sujets suivants:

a) De quelle façon les piles solaires utilisent-elles l'effet photoélectrique pour convertir l'énergie solaire en électricité?

b) Quelle est l'efficacité des piles solaires ? Parle des méthodes permettant une amélioration de l'efficacité.

c) Compare la technologie photovoltaïque avec d'autres modes de production d'électricité ; parle de leur impact sur l'environnement.

d) Résume sommairement les avantages et les principaux inconvénients liés à la production d'électricité solaire.

 www.beaucheminediteur.com/physique12

Sous la supervision de ton enseignant ou de ton enseignante, choisis l'une des tâches suivantes.

Tâche 1 : Fabrication d'une cellule photovoltaïque

En utilisant la trousse fournie par ton enseignant ou ton enseignante, construis une cellule photovoltaïque et vérifie son rendement.

1. Suis les instructions concernant la fabrication d'une cellule photovoltaïque, et note les étapes du processus.

2. Utilise tes connaissances en physique de l'électricité pour rédiger une procédure en vue de tester et de mesurer le rendement électrique de la cellule photovoltaïque. N'oublie pas d'intégrer un schéma électrique dans ton compte rendu.

3. Une fois la cellule photovoltaïque en état de fonctionner, utilise tes connaissances en optique physique pour proposer une façon de contrôler l'intensité et/ou la couleur de la lumière. (L'équipement et les installations pourraient limiter tes choix.) Imagine ensuite un processus qui servira à mesurer la relation entre l'intensité et/ou la couleur et le rendement de ta cellule photovoltaïque.

4. Suis ta procédure, et tente de noter tes résultats sous forme graphique si c'est possible.

5. Rédige un rapport scientifique en bonne et due forme comprenant une description du matériel utilisé, la marche à suivre, l'analyse, l'évaluation et la synthèse.

Tâche 2 : Utilisation de l'énergie solaire à distance

Fais des recherches sur la technologie à utiliser pour alimenter une maison en électricité (**figure 4**) et rédige un compte rendu.

Données fournies

Un écrivain construit une maison au sommet d'une petite montagne sur l'île de Vancouver, en Colombie-Britannique. Cette maison est située à 10 km de la ville la plus proche en empruntant un chemin d'exploitation forestière. Il n'y a donc

Figure 4

pas d'électricité disponible en cet endroit. Il projette de combler ses besoins en énergie de la façon suivante : le système de chauffage et la cuisinière seront alimentés au propane, le tout complété par un poêle à bois efficace. Les appareils suivants détermineront ses besoins en électricité : un ordinateur portatif, un téléviseur de 19 pouces, un magnétoscope, une chaîne audio, un téléphone cellulaire, un récepteur de signaux de satellite/Internet, ainsi qu'une lampe fluorescente de 60 W et trois de 40 W. (Les lampes resteront allumées durant trois heures chaque soir.)

Tu dois déterminer :

- le nombre minimum d'heures d'ensoleillement prévu pour les mois les plus sombres de l'année à cet endroit ;
- les besoins moyens en électricité pour 24 heures ;
- la taille et le type de panneaux solaires requis, l'alimentation de l'onduleur (c.c. à 100 V c.a.), ainsi que le nombre et le type de piles accumulatrices requises ;
- le type de turbine hydraulique qui fournirait l'électricité supplémentaire à partir d'un cours d'eau situé tout près (chute verticale de 50 m) durant les mois d'hiver.

Ton compte rendu comprendra des informations relatives à l'équipement requis, au coût du matériel (sont exclus les coûts reliés aux installations spéciales), ainsi que tes observations sur la durée de vie du système et les coûts d'entretien.

Analyse

Partie 1

Ton compte rendu écrit sera évalué en fonction des éléments suivants :

- la quantité et la précision des informations recueillies ;
- ta maîtrise des connaissances et ta compréhension des principes de physique visés ;
- les bonnes références et accréditations ;
- la qualité de la communication écrite ;
- la qualité des diagrammes présentés ;
- les impacts sociaux de la technologie photovoltaïque.

Partie 2

L'évaluation de la tâche sera basée sur ce qui suit :

- ton aptitude à suivre attentivement les instructions ;
- la viabilité de ta cellule photovoltaïque ;
- la qualité de ton rapport de recherche.

Unité 5   AUTOÉVALUATION

Inscris les nombres de 1 à 16 dans ton cahier. Indique à côté de chaque nombre si l'énoncé correspondant est vrai (V) ou faux (F). S'il est faux, écris la version corrigée de l'énoncé.

1. L'intervalle de temps séparant deux événements n'est pas absolu mais relatif au choix du système de référence inertiel.

2. Il est possible d'accélérer une particule, ayant une masse au repos non nulle, à la vitesse de la lumière.

3. L'énergie au repos, les produits de c^2 et la masse au repos peuvent être convertis en d'autres formes d'énergies.

4. Les photoélectrons sont émis à partir d'une matière photoélectrique lorsque la fréquence de la lumière incidente dépasse la fréquence de seuil de la matière.

5. Dans l'effet photoélectrique, l'intensité de la lumière incidente n'a aucun effet sur la fréquence de seuil.

6. Le pouvoir de coupure mesure l'énergie cinétique maximale à laquelle les photoélectrons sont émis.

7. La loi de Coulomb, $F_e = \dfrac{k q_1 q_2}{r^2}$, ne s'applique pas aux forces entre des particules chargées à des distances plus petites que la taille des atomes.

8. L'expérience de Franck-Hertz a révélé que l'énergie des électrons incidents n'est absorbée par des atomes de mercure qu'à des niveaux d'énergie discrets.

9. Une particule α est également appelée un noyau d'hydrogène.

10. Le neutrino a été proposé comme solution pour le problème de conservation d'énergie et de quantité de mouvement lors de la désintégration β.

11. Pour toute énergie donnée, il y a moins de rayonnement synchrotron produit dans un accélérateur lorsque des particules moins massives sont utilisées.

12. La force nucléaire forte peut être attractive ou répulsive.

13. Étant donné que les particules qui échangent la force faible sont relativement massives, la force agit sur une distance relativement courte.

14. Tous les hadrons sont des leptons ou des mésons.

15. Le modèle classique représente toute particule observée.

16. La symétrie est souvent appliquée à des théories scientifiques pour prévoir des événements qui n'ont jamais été observés.

Inscris les nombres de 17 à 25 dans ton cahier. Indique à côté de chaque nombre la lettre qui correspond au meilleur choix de réponse.

17. Ton ami et toi êtes postés dans des vaisseaux spatiaux distincts. Ton ami s'éloigne de toi à une vitesse de 0,999 9 c par rapport au système de référence inertiel de ton vaisseau. Si tu diriges un faisceau laser vers ton ami et que ton ami dirige le sien vers toi, alors
   a) chacun de vous voit la lumière laser arriver à une vitesse de c
   b) chacun de vous voit la lumière laser arriver à une vitesse de $2c$
   c) aucun de vous ne voit la lumière laser de l'autre
   d) l'un de vous voit la lumière laser arriver à une vitesse de c, alors que l'autre voit la lumière laser arriver à une vitesse de $2c$
   e) aucune de ces propositions n'est vraie

18. Une horloge, conçue de façon à marquer toutes les secondes, est installée à bord d'un vaisseau spatial qui se déplace à une vitesse constante de 0,5c dans un système de référence inertiel. Tu trouves que l'horloge
   a) marque les secondes une fois à la seconde
   b) marque les secondes plus rapidement qu'une fois à la seconde
   c) marque les secondes moins rapidement qu'une fois à la seconde
   d) recule
   e) aucune de ces réponses

19. La physique classique a permis d'expliquer de façon satisfaisante
   a) la déviation des particules chargées dans un champ électrique
   b) la diffraction des électrons par des cristaux
   c) le spectre d'intensité du rayonnement du corps noir
   d) l'effet photoélectrique
   e) les ondes de la matière

20. Lors de l'étude de la désintégration β, le neutrino a été postulé pour expliquer
   a) la conservation d'énergie et la quantité de mouvement
   b) la conservation du nombre de nucléons
   c) l'amortissement de l'effet ionisant de la radiation
   d) la production d'antiparticules
   e) l'énergie qui emporte la particule β

21. Le rayonnement gamma diffère des émissions α et β pour la raison suivante :
    a) il se compose de photons plutôt que de particules ayant une masse au repos nulle
    b) il n'a pratiquement aucune puissance de pénétration
    c) l'énergie n'est pas conservée dans les désintégrations nucléaires qui le produisent
    d) la quantité de mouvement n'est pas conservée dans les désintégrations nucléaires qui le produisent
    e) il ne se produit pas dans le noyau

22. Comment pourrais-tu faire la distinction entre des particules α et β dans une chambre à brouillard ?
    a) Ce serait banal puisque seules les particules α produisent des trajectoires visibles.
    b) Ce serait banal puisque seules les particules β produisent des trajectoires visibles.
    c) Ce serait impossible.
    d) Les particules α ont tendance à produire des traînées doubles.
    e) Les particules se déplacent dans des directions opposées dans un champ magnétique.

23. Le diagramme de Feynman de la **figure 1** illustre une
    a) désintégration β+   d) production de paires
    b) désintégration β⁻   e) annihilation
    c) désintégration α

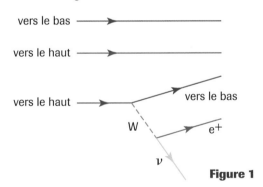

Figure 1

24. Le quantum appelé étrangeté a été postulé après qu'on a observé
    a) des charges opposées et une production de paires
    b) des temps de désintégration subitement longs et une production de paires
    c) des charges opposées et des temps de désintégration subitement longs
    d) des charges opposées et des nombres de spin subitement hauts
    e) des nombres de spin subitement bas et des temps de désintégration subitement longs

25. Lequel de ces choix est une combinaison de quarks impossible ?
    a) uud   c) uuu   e) us
    b) udd   d) ud

Inscris les nombres de 26 à 37 dans ton cahier. Écris à côté de chaque nombre l'expression ou les expressions, l'équation ou les équations appropriées pour compléter l'énoncé.

26. Tout système dans lequel la loi d'inertie s'applique est appelé un système ___?___. Tout système dans lequel la loi d'inertie ne s'applique pas est appelé un système ___?___.

27. L'expérience de Michelson et Morley utilisant un interféromètre a démontré que ___?___.

28. Selon les effets de la contraction linéaire, un corps se contracte dans la direction de ___?___.

29. La seule masse qui peut être mesurée directement est ___?___.

30. Planck a proposé que l'énergie est irradiée en faisceaux discrets appelés des ___?___.

31. Le seuil de fréquence pour l'émission de photoélectrons à partir d'une matière photoélectrique est ___?___ (identique, différent) pour tous les métaux.

32. Plus la fréquence de la lumière est élevée, plus le pouvoir de coupure est ___?___ (haut, bas).

33. Les ondes de la matière prévoient la ___?___ qu'une particule suivra une trajectoire particulière.

34. Un photon de 4,0 eV est absorbé par une surface métallique ayant une énergie seuil de 3,0 eV. Un électron peut être émis avec une énergie cinétique variant de ___?___ eV à ___?___ eV.

35. Un spectre continu est produit par un ___?___. Un spectre d'émission est produit par des ___?___.

36. Dans l'expérience de diffusion de Rutherford, les particules sont transmises à une mince feuille d'or. Après avoir heurté la feuille d'or, la plupart des particules n'étaient pas ___?___.

37. Lorsque l'électron d'un atome d'hydrogène passe d'une orbitale plus haute à une orbitale plus basse, son rayon orbital ___?___ (augmente, diminue), sa vitesse ___?___ (augmente, diminue) et son énergie ___?___ (augmente, diminue).

Une version interactive de cette évaluation est disponible dans Internet.
ALLER À www.beaucheminediteur.com/physique12

Le lien entre la matière et l'énergie   **741**

Saisis bien les concepts

1. Pendant que tu attends à un feu rouge, tu remarques que le véhicule d'à côté avance. Instinctivement, tu appuies sur la pédale de freinage, en pensant que c'est ton automobile qui recule. Qu'est-ce que cela révèle à propos du mouvement absolu et du mouvement relatif?

2. À qui la durée d'un processus semble-t-elle la plus longue: un observateur qui se déplace par rapport au processus ou un observateur qui se déplace avec le processus? Quel observateur mesure le temps approprié?

3. Explique de quelle façon les équations de contraction de longueur et de dilatation de temps pourraient servir à indiquer que c est la vitesse limite dans l'Univers.

4. Donne un argument propre à la physique qui prouve qu'il est impossible d'accélérer un objet ayant une masse non nulle à la vitesse de la lumière, même en y appliquant une force continue.

5. Un faisceau d'un certain type de particule élémentaire se déplace à une vitesse de $2,80 \times 10^8$ m/s par rapport à la Terre. À cette vitesse, la durée de vie moyenne des particules est de $4,86 \times 10^{-6}$ s. Calcule la durée de vie de la particule au repos.

6. Tu quittes la Terre pour Jupiter, qui se trouve à $5,9 \times 10^8$ km de distance. Lors du lancement, tu synchronises ta montre avec l'heure du centre de contrôle de la mission, qui confirme que l'heure locale est 12 h (midi). La vitesse moyenne du vaisseau spatial pour le trajet est de $0,67c$ par rapport à la Terre.
   a) Quelle heure déclarerez-vous, toi et le centre de contrôle, à l'arrivée sur Jupiter?
   b) Quelle est la distance entre la Terre et Jupiter, dans le système de référence inertiel de ton vaisseau?
   c) Ton vaisseau satisfait une partie de ses exigences en matière d'alimentation électrique en accumulant de l'hydrogène de l'espace, à un rythme de $1,0 \times 10^{-3}$ kg/s, et en convertissant la masse en une énergie utilisable, efficace à 10 %. Quelle alimentation électrique utilisable ce système fournit-il?

7. Un vaisseau spatial te dépasse à une vitesse de $0,850c$ par rapport à la Terre. De la Terre, tu établis sa longueur à 52,2 m. Quelle longueur aura-t-il lorsqu'il sera à l'état de repos sur la Terre?

8. Un proton se déplace à une vitesse de $0,60c$ par rapport à un système de référence inertiel donné. Calcule sa quantité de mouvement relativiste comme pourrait le faire un observateur à partir de ce même système de référence.

9. Un électron se déplace à $0,866c$ par rapport à la surface d'un tube cathodique de téléviseur. Calcule sa quantité de mouvement relativiste par rapport au tube.

10. Un électron est accéléré à la vitesse de $2,8 \times 10^8$ m/s dans un accélérateur de particules. L'accélérateur mesure 3,0 km de longueur selon les physiciens qui l'utilisent.
    a) Dans le système de référence de l'électron, combien de temps faut-il pour atteindre la cible à l'extrémité de l'accélérateur?
    b) Calcule la quantité de mouvement de l'électron au moment où il frappe la cible.

11. Explique pourquoi il est plus facile d'accélérer un électron qu'un proton à une vitesse approchant c.

12. Calcule la quantité de masse qui doit être convertie pour produire une énergie de $2,3 \times 10^8$ J.

13. Calcule la quantité de masse qui doit être convertie pour faire fonctionner en continu une lampe de bureau de 60 W pendant une année.

14. Calcule l'énergie associée à un seul quantum de rayonnement X ayant une fréquence de $2,15 \times 10^{18}$ Hz.

15. Dans des tableaux indiquant les propriétés des particules élémentaires, les masses sont parfois représentées en unités de méga-électrons-volts plutôt qu'en kilogrammes. Qu'est-ce que cela signifie?

16. Compare l'énergie d'un quantum de rayonnement ultraviolet « mou » ($\lambda = 3,80 \times 10^{-7}$ m) avec un quantum de rayonnement ultraviolet « dur » ($\lambda = 1,14 \times 10^{-7}$ m). Exprime ta réponse sous la forme d'un rapport.

17. Calcule la longueur d'onde, en nanomètres, d'un photon ayant une énergie de $3,20 \times 10^{-19}$ J.

18. En utilisant l'hypothèse de Planck, donne une raison expliquant pourquoi une surface photoélectrique ne libère aucun photoélectron tant qu'on n'y dirige pas une lumière ayant une longueur d'onde suffisamment courte.

19. Explique ce qui suit:
    a) La fréquence de seuil est différente pour des métaux différents.

b) Une lumière rouge extrêmement intense peut ne pas pouvoir libérer de photoélectrons d'une surface, contrairement à une lumière bleue faiblement intense.

c) Le courant photoélectrique augmente en fonction de l'intensité de l'éclairage dès que la fréquence de seuil est atteinte.

20. Le baryum possède un travail d'extraction de 2,48 eV. Quelles couleurs du spectre visible libèrent des photoélectrons d'une surface de baryum?

21. Le nickel possède un travail d'extraction de 5,01 eV.
    a) Calcule la fréquence de seuil pour l'effet photoélectrique.
    b) Calcule le pouvoir de coupure pour le rayonnement d'une longueur d'onde de $1,50 \times 10^{-7}$ m.

22. Le baryum possède un travail d'extraction de 2,48 eV. Calcule l'énergie cinétique des photons éjectés lorsque le baryum est éclairé par une source de 452 nm.

23. Lorsqu'une lumière de 355 nm frappe un certain métal, l'énergie cinétique maximale des photoélectrons est de 1,20 eV. Calcule le travail d'extraction du métal.

24. Une lumière d'une fréquence de $8,0 \times 10^{14}$ Hz éclaire une surface photoélectrique dont le travail d'extraction est de 1,2 eV. Calcule la vitesse maximale avec laquelle un électron atteint le collecteur, si le potentiel de freinage est de 1,0 V.

25. En le fondant sur les questions ci-dessous, compare et mets en contraste l'effet photoélectrique et l'effet Compton.
    I) Que faut-il pour déclencher l'effet?
    II) Quel est le résultat de l'interaction?
    III) Pourquoi chaque effet a-t-il une incidence considérable sur la nature de la lumière?

26. Une mince feuille de métal est bombardée de rayons X dans une chambre à vide. Une collision Compton se produit entre un photon de rayon X et un électron de la feuille, faisant émerger l'électron selon un certain angle par rapport à la trajectoire du photon incident, avec une certaine énergie cinétique et une certaine quantité de mouvement. Décris deux caractéristiques du photon émergent.

27. Calcule la quantité de mouvement d'un proton dont la longueur d'onde est de 525 nm.

28. Calcule la quantité de mouvement d'un proton dont la fréquence est de $4,5 \times 10^{15}$ Hz.

29. Calcule la quantité de mouvement d'un photon dont l'énergie est de 136 eV.

30. Un photon incident ayant une énergie de $6,0 \times 10^4$ eV déclenche un effet Compton alors que l'électron diffusé présente une énergie cinétique de $5,6 \times 10^4$ eV.
    a) Calcule l'énergie du photon diffusé.
    b) Calcule la vitesse de l'électron visé dans l'événement.
    c) Calcule la quantité de mouvement de l'électron.

31. Calcule la longueur d'onde d'un photon ayant la même quantité de mouvement qu'un électron qui se déplace à $1,0 \times 10^6$ m/s (en supposant qu'il n'y a aucun effet relativiste).

32. Dans une expérience de Franck-Hertz, les électrons ont été accélérés par une différence de potentiel ΔV, puis introduits dans une vapeur de mercure. Après que les électrons ont traversé la vapeur de mercure, leur énergie restante a été mesurée. Considérons uniquement les niveaux d'énergie marquants suivants pour le mercure au-dessus de l'état fondamental : 4,9 eV, 6,7 eV, 8,8 eV et 10,4 eV.
    a) Si un électron pénètre dans la vapeur avec une énergie de 3,0 eV, quelle quantité d'énergie aura-t-il après avoir traversé la vapeur?
    b) Si un électron pénètre dans la valeur avec une énergie 8,0 eV, quelle quantité d'énergie aura-t-il après l'avoir traversé?

33. Un électron à l'état fondamental de l'hydrogène peut-il absorber un photon ayant une énergie inférieure à 13,6 eV ou supérieure à 13,6 eV? Explique ton raisonnement dans chaque cas.

34. La **figure 1** dans la section 12.5 présente les niveaux d'énergie de l'hydrogène.
    a) Calcule les longueurs d'onde des photons émis dans la seconde transition Lyman et dans la seconde transition Balmer.
    b) Calcule l'énergie que doit absorber l'atome s'il doit effectuer une transition de $n = 2$ à $n = 4$.

35. Un photon ayant une masse au repos nulle est réfléchi par une surface. Ce photon exerce-t-il une force sur la surface? Explique.

36. Prépare un tableau de comparaison des trois types de désintégrations radioactives abordés à la section 13.1. Inclus une description de la particule émise, son effet sur les nombres N et Z de la substance parente, ainsi qu'un exemple de matière subissant ce type de désintégration radioactive.

37. Complète chaque spécification d'une équation nucléaire. Indique pour chacune s'il s'agit d'une désintégration α, β ou γ.

a) $^{15}_{8}\text{O} \rightarrow ^{y}_{x}\text{Z} + ^{0}_{+1}\text{e} + \nu$

b) $^{226}_{88}\text{Ra} \rightarrow ^{y}_{x}\text{Z} + ^{4}_{2}\text{He}$

c) $^{231}_{91}\text{Pa} \rightarrow ^{227}_{89}\text{Ac} + ^{y}_{x}\text{Z}$

d) $^{214}_{82}\text{Pb} \rightarrow ^{y}_{x}\text{Z} + ^{0}_{-1}\text{e} + \overline{\nu}$

e) $^{239}_{92}\text{U} \rightarrow ^{y}_{x}\text{Z} + ^{0}_{-1}\text{e} + \overline{\nu}$

38. Utilise les données du **tableau 1** pour calculer l'énergie de liaison moyenne par nucléon dans le cuivre 65.

Tableau 1

Nom	Masse au repos (u)
électron	0,000 55
proton	1,007 28
neutron	1,008 67
cuivre 65	64,927 79

39. a) Complète l'équation suivante, qui décrit une désintégration du polonium 214:

$^{214}_{84}\text{Po} \rightarrow ^{y}_{x}\text{Z} + ^{r}_{q}\text{S}$

b) La différence de masse entre un parent et les filles révèle que la désintégration libère une énergie de 7,82 MeV. Explique l'origine de cette énergie.

c) Cette énergie est libérée sous la forme d'une énergie cinétique, partagée entre les deux filles. Porte une attention particulière à ta réaction et donne une raison justifiant cette situation.

40. a) Explique pourquoi les tubes Geiger-Mueller sont moins sensibles aux rayons γ qu'aux particules α et β.

b) Identifie un dispositif permettant de détecter un faible rayonnement γ. Explique pourquoi ce dispositif est plus efficace que le tube Geiger-Mueller.

41. La **figure 1** décrit l'activité d'un échantillon radioactif. Évalue la période radioactive.

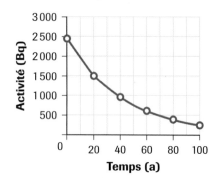

Figure 1

42. Un échantillon de strontium 90 (ayant une période radioactive de 28,8 a) a une activité initiale estimée de $2,50 \times 10^{12}$ Bq.

a) Détermine l'activité après une période radioactive.

b) Calcule l'activité après 5,0 a.

43. Un échantillon de radium 226 (ayant une période radioactive de 1 600 a) possède une masse initiale de 2,50 μg. Combien de temps s'écoulera-t-il avant qu'il ne reste que 1,00 μg?

44. Un échantillon de charbon a eu une activité initiale estimée de 2,99 Bq. La présente activité mesurée est de 1,93 Bq. Évalue l'âge de l'échantillon.

45. La période radioactive d'un échantillon est de 3,7 a. Si l'activité initiale est de 450,0 Bq, calcule l'activité après 10,0 a.

46. Une théorie de la grande unification cherche à unifier trois forces. Quelle force est exclue?

47. Explique en quoi un synchrocyclotron diffère d'un cyclotron.

48. Décris brièvement de quelle façon un synchrotron et un accélérateur linéaire accélèrent respectivement les particules. Nomme deux synchrotrons importants et un accélérateur linéaire important.

49. Décris la fonction des pièces suivantes dans un détecteur de particules moderne, qui pourrait être utilisé avec un accélérateur à haute énergie: détecteur de traces, calorimètres, chambre à muons.

50. Quelle quantité d'énergie minimale d'un photon permet de produire spontanément une paire neutron-antineutron?

51. Décris brièvement une désintégration β^{+} en utilisant un modèle de quarks du noyau.

52. Quelle est la composition des quarks de Λ^{0}?

53. La pesanteur est parfois désignée comme «l'exception». Explique pourquoi cette description est vraie.

54. Identifie la particule associée à chaque combinaison de quarks:

a) udd   b) sdd

55. Explique comment la force nucléaire forte est expliquée dans un modèle atomique qui suppose que les nucléons sont composés de quarks.

56. Le diagramme de Feynman à la **figure 2** indique le résultat d'une interaction entre un neutrino et un neutron. Le processus consiste en une interaction faible, induite par un boson W1. Le processus donne un électron et une autre particule. Nomme l'autre particule produite dans la réaction. Explique ton raisonnement.

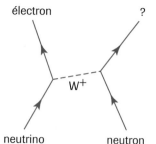

électron   ?

W$^+$

neutrino   neutron   **Figure 2**

57. Détermine, parmi les choix suivants, lequel sera conservé dans chacune des réactions précisées ci-dessous : nombre baryonique, nombre leptonique, spin, charge.
    a) $e^+ \rightarrow \nu + \gamma$
    b) $p + p \rightarrow p + \bar{n} + n$
    c) $K \rightarrow \mu + \bar{\nu}_\mu$

58. Utilise tes réponses de la question 57 pour déterminer laquelle, s'il y a lieu, des réactions précisées peut vraiment se produire. Explique tes réponses.

59. Utilise la conservation de la masse, la charge, le nombre baryonique et le nombre leptonique pour déterminer laquelle des réactions suivantes peut se produire :
    a) $p + e^- \rightarrow n + \nu$
    b) $n \rightarrow \pi^+ + \pi^-$

60. a) Donne plusieurs raisons pour lesquelles les scientifiques ne considèrent pas le modèle classique comme approprié.
    b) Quels autres modèles pourraient le remplacer éventuellement ? Décris brièvement un tel modèle.

Mets en pratique tes connaissances

61. Certaines télécommandes de téléviseur utilisent un faisceau infrarouge pour envoyer des signaux au photodétecteur du téléviseur. Cherche dans Internet et dans d'autres sources comment il se fait que la télécommande peut émettre divers signaux en utilisant une seule longueur d'onde de lumière. Présente tes conclusions à la classe.

 ALLER A www.beaucheminediteur.com/physique12

62. Procure-toi une montre ou une horloge à cadran lumineux. Arrête l'horloge de façon que les aiguilles ne bougent pas. Dans une pièce sombre, place une pellicule photographique non développée sur l'horloge et couvre l'appareil pour le protéger de la lumière environnante. Récupère la pellicule après quelques jours et fais-la développer. Décris ce que tu remarques.

Fais des liens

63. Quels sont les impacts de la théorie de la relativité restreinte sur les voyages dans l'espace ?

64. Une cellule photovoltaïque produit de l'électricité. Les meilleures cellules offrent actuellement un rendement d'environ 25 %. Combien de photons d'une longueur d'onde moyenne de 550 nm devraient être incidents sur une pile solaire à chaque seconde pour fournir l'alimentation appropriée à une ampoule de 60 W ?

65. On a proposé d'utiliser la quantité de mouvement des photons dans un système de propulsion pour des vaisseaux interstellaires. Calcule combien de photons d'une longueur d'onde moyenne de $5,0 \times 10^{-7}$ m sont requis pour accélérer un vaisseau spatial d'une masse de $4,0 \times 10^5$ t de l'état de repos à une vitesse de $1,5 \times 10^8$ m/s. (Suppose que la quantité de mouvement de tous les photons est appliquée d'un coup. Ignore tout effet relativiste.)

Exercices complémentaires

66. Fais des recherches en vue de trouver comment la vitesse de la lumière a été mesurée pour la première fois avec une certaine précision. Pour t'amuser, fais une petite mise en scène pour la classe.

67. Fais des recherches sur les travaux de Stephen Hawking et indique de quelle façon ils s'appuient sur ceux d'Einstein. Présente tes conclusions dans un bref compte rendu.

68. Fais des recherches sur les effets de la dilatation du temps pour un passager qui franchirait l'horizon des événements autour d'un trou noir et pour des observateurs distants surveillant la progression du passager. Présente tes conclusions dans un bref compte rendu.

Annexes

A1 Les connaissances en mathématiques

Les chiffres significatifs et les nombres arrondis

On utilise deux types de grandeurs en science : les valeurs exactes et les mesures. Les valeurs exactes incluent les grandeurs définies (p. ex., 1 kg = 1 000 g) et les valeurs comptées (p. ex., 23 élèves dans une classe). Les mesures, par contre, ne sont pas exactes, car elles comportent toujours un certain niveau d'incertitude.

Dans toute mesure, les chiffres significatifs sont les chiffres dont on est sûr et ils incluent le dernier chiffre approximatif ou incertain. Ainsi, si la mesure de la largeur d'un morceau de papier est de 21,6 cm, cette mesure comprend trois chiffres significatifs et le dernier (6) est approximatif ou incertain.

On utilise les règles suivantes pour déterminer si un chiffre est significatif dans une mesure :

- Tous les chiffres non nuls sont significatifs : 345,6 N a quatre chiffres significatifs.
- Dans une mesure exprimée par un nombre décimal, les zéros placés devant d'autres chiffres ne sont pas significatifs : 0,005 6 m a deux chiffres significatifs.
- Les zéros placés entre d'autres chiffres sont toujours significatifs : 7 003 s a quatre chiffres significatifs.
- Les zéros décimaux placés après d'autres chiffres sont significatifs : 9,100 km et 802,0 kg ont chacun quatre chiffres significatifs.
- On utilise la notation scientifique pour indiquer si les zéros à la fin d'une mesure sont significatifs : $4,50 \times 10^7$ km a trois chiffres significatifs et $4,500 \times 10^7$ km a quatre chiffres significatifs. Le même nombre écrit 45 000 000 km a au moins deux chiffres significatifs, mais leur nombre total est inconnu tant que la mesure n'est pas écrite en notation scientifique. (Il existe une exception à cette dernière règle si le nombre de chiffres significatifs peut être déterminé par inspection : une lecture de 1 250 km sur l'odomètre d'une automobile possède quatre chiffres significatifs.)

On utilise souvent dans les calculs les mesures prises durant des expériences scientifiques ou données dans les problèmes. Dans un calcul, la réponse finale doit tenir compte du nombre de chiffres significatifs de chaque mesure et peut devoir être arrondie selon les règles suivantes :

- Lors de l'addition ou de la soustraction de grandeurs mesurées, la réponse finale ne doit pas comporter plus d'un chiffre approximatif ; autrement dit, la réponse doit être arrondie au plus petit nombre de décimales que possédaient les mesures initiales.
- Lors de la multiplication ou de la division de grandeurs mesurées, la réponse finale doit avoir le même nombre de chiffres significatifs que la mesure initiale qui en possédait le moins.

Exemple

Un morceau de papier a une longueur de 48,5 cm, une largeur de 8,44 cm et une épaisseur de 0,095 mm.

a) Détermine le périmètre du morceau de papier.

b) Détermine son volume.

Solution

a) L = 48,5 cm (le 5 est approximatif)

l = 8,44 cm (le dernier 4 est approximatif)

P = ?

$$P = 2L + 2l$$
$$= 2(48,5 \text{ cm}) + 2(8,44 \text{ cm})$$
$$P = 113,88 \text{ cm}$$

Les deux chiffres après la virgule sont approximatifs ; la réponse doit donc être arrondie à une seule décimale. Ainsi, le périmètre est de 113,9 cm.

b) h = 0,095 mm = $9,5 \times 10^{-3}$ cm (deux chiffres significatifs)

V = ?

$$V = Llh$$
$$= (48,5 \text{ cm})(8,44 \text{ cm})(9,5 \times 10^{-3} \text{ cm})$$
$$= 3,888 \ 73 \text{ cm}^3$$
$$V = 3,9 \text{ cm}^3$$

La réponse est arrondie à deux chiffres significatifs, le nombre le plus petit que possède l'une des mesures initiales.

On doit tenir compte d'autres règles dans certaines situations. Suppose qu'après avoir complété certains calculs, la réponse d'un problème doit être arrondie à trois chiffres significatifs. Applique les règles suivantes pour y arriver :

- Si le premier chiffre à être supprimé est 4 ou moins, le chiffre qui le précède ne change pas ; p. ex., 8,674 est arrondi à 8,67.
- Si le premier chiffre à être supprimé est plus grand que 5 ou s'il est un 5 suivi par au moins un chiffre non nul, le chiffre qui le précède est augmenté de 1 ; p. ex., 8,675 123 est arrondi au chiffre supérieur à 8,68.

- Si le premier chiffre à être supprimé est un 5 seul ou un 5 suivi de zéros, le chiffre qui le précède ne change pas s'il est pair, mais est augmenté de 1 s'il est impair ; p. ex., 8,675 est arrondi au chiffre supérieur à 8,68 alors que 8,665 est arrondi à 8,66. (Cette règle existe pour éviter l'accumulation des erreurs qui se produirait si les 5 étaient toujours arrondis au chiffre supérieur. Elle est respectée dans ce manuel, mais pas dans toutes les situations, comme lors de l'utilisation de ta calculatrice ou de certains logiciels. Cette règle n'est pas déterminante pour réussir à résoudre les problèmes.)

Lors de la résolution de problèmes en plusieurs étapes, une erreur d'approximation surviendra si tu utilises la réponse arrondie de la première partie de la question dans les parties subséquentes. Ainsi, en faisant les calculs, conserve tous les chiffres ou enregistre-les dans ta calculatrice jusqu'à ce que la réponse finale soit déterminée, et arrondis alors la réponse au bon nombre de chiffres significatifs. Par exemple, dans un problème en plusieurs étapes avec deux parties a) et b), on écrit la réponse de la partie a) avec le bon nombre de chiffres significatifs, mais on utilise tous les chiffres de la réponse pour résoudre la partie b).

La notation scientifique

Les nombres extrêmement grands et extrêmement petits sont peu commodes à écrire en notation décimale habituelle et n'indiquent pas toujours le nombre de chiffres significatifs d'une grandeur mesurée. Il est possible d'exprimer de tels nombres en changeant leur préfixe métrique, de sorte qu'ils se retrouvent entre 0,1 et 1 000 ; p. ex., 0,000 000 906 kg peut être exprimé comme étant 0,906 mg. Par contre, un changement de préfixe n'est pas toujours possible, soit parce que le préfixe approprié n'existe pas ou qu'il est essentiel d'utiliser une unité particulière de mesure. Dans un tel cas, il vaut mieux utiliser la notation scientifique. La notation scientifique exprime un nombre en l'écrivant sous la forme $a \times 10^n$, où $1 \leq |a| < 10$, et les chiffres du coefficient a sont tous significatifs. Par exemple, la masse du Soleil est égale à $1,99 \times 10^{30}$ kg et la période de vibration de l'atome de césium 133 (utilisée pour définir la seconde) est de $1,087\ 827\ 757 \times 10^{-8}$ s.

Les calculs qui touchent de très grands et de très petits nombres sont plus simples si on utilise la notation scientifique. On doit appliquer les règles suivantes dans l'exécution d'opérations mathématiques.

- Pour additionner et soustraire des nombres en notation scientifique :

  Ramène tous les facteurs à un facteur commun, soit la même puissance de 10, puis additionne ou soustrais les nombres. En général, $ax + bx = (a + b)x$.

Exemple

$$1,234 \times 10^5 + 4,2 \times 10^4 = 1,234 \times 10^5 + 0,42 \times 10^5$$
$$= (1,234 + 0,42) \times 10^5$$
$$= 1,654 \times 10^5$$

On arrondit cette réponse à $1,65 \times 10^5$ pour qu'elle n'ait qu'un chiffre approximatif, dans ce cas-ci deux décimales.

- Pour multiplier et diviser des nombres en notation scientifique :

  Multiplie ou divise les coefficients, additionne ou soustrais les exposants et exprime le résultat en notation scientifique.

Exemple

$$\left(1,36 \times 10^4\ \frac{kg}{m^3}\right)(3,76 \times 10^3\ m^3)\ =\ 5,11 \times 10^7\ kg$$

Exemple

$$\frac{(4,51 \times 10^5\ N)}{(7,89 \times 10^{-4}\ m)}\ =\ 0,572 \times 10^9\ N/m$$
$$=\ 5,72 \times 10^8\ N/m$$

Lorsque tu travailles avec des exposants, souviens-toi que les règles suivantes s'appliquent :

$$x^a \cdot x^b\ =\ x^{a+b}$$
$$\frac{x^a}{x^b}\ =\ x^{a-b}$$
$$(x^a)^b\ =\ x^{ab}$$
$$(xy)^b\ =\ x^b y^b$$
$$\left(\frac{x}{y}\right)^b\ =\ \frac{x^b}{y^b}$$
$$a\log x\ =\ \log x^a$$

Sur plusieurs calculatrices, on entre un élément en notation scientifique en utilisant les touches EXP ou EE. Cette touche inclut le « ×10 » de la notation scientifique ; tu n'as donc qu'à entrer l'exposant. Par exemple, pour entrer $6,51 \times 10^{-4}$, fais 6,51 EXP $+/-4$.

Les équations mathématiques

Plusieurs équations mathématiques relatives à la géométrie, à l'algèbre et à la trigonométrie peuvent être appliquées à la physique.

Géométrie

Pour un rectangle de longueur L et de largeur l, le périmètre P et l'aire A sont

$$P = 2L + 2l$$
$$A = Ll$$

Pour un triangle de base b et de hauteur h, l'aire est

$$A = \frac{1}{2}bh$$

Pour un cercle de rayon r, la circonférence C et l'aire A sont

$$C = 2\pi r$$
$$A = \pi r^2$$

Pour une sphère de rayon r, l'aire A et le volume V sont

$$A = 4\pi r^2$$
$$V = \frac{4}{3}\pi r^3$$

Pour un prisme cylindrique droit de hauteur h et de rayon r, l'aire et le volume sont

$$A = 2\pi r^2 + 2\pi rh$$
$$V = \pi r^2 h$$

Algèbre

Formule quadratique:

Soit une équation quadratique de la forme $ax^2 + bx + c = 0$,

$$x = \frac{-b \pm \sqrt{b^2 - 4ac}}{2a}$$

Dans cette équation, le discriminant $b^2 - 4ac$ indique le nombre de racines réelles de l'équation. Si $b^2 - 4ac < 0$, la fonction quadratique n'a pas de racine réelle. Si $b^2 - 4ac = 0$, la fonction quadratique a une racine réelle. Si $b^2 - 4ac > 0$, la fonction quadratique a deux racines réelles.

Trigonométrie

Les **fonctions trigonométriques** pour l'angle θ présenté à la **figure 1a)** sont

$$\sin \theta = \frac{y}{r}$$
$$\cos \theta = \frac{x}{r}$$
$$\tan \theta = \frac{y}{x}$$

Loi de Pythagore: Pour le triangle rectangle de la **figure 1b)**, $c^2 = a^2 + b^2$, où c est l'hypoténuse et a et b sont les autres côtés.

Pour le triangle obtusangle de la **figure 1c)** avec les angles A, B et C et les côtés opposés a, b et c:

Somme des angles: $A + B + C = 180°$

Loi des sinus: $\dfrac{\sin A}{a} = \dfrac{\sin B}{b} = \dfrac{\sin C}{c}$

Pour utiliser la loi des sinus, on doit connaître deux côtés et un angle opposé (CCA) ou deux angles et un côté (AAC).

CONSEIL PRATIQUE

Avertissement concernant la loi des sinus

La loi des sinus peut donner comme résultat un angle aigu plutôt que l'angle obtus recherché lorsque le problème porte sur un angle supérieur à 90°. Ce problème survient parce que, pour un angle A compris entre 0° et 90°, $\sin A = \sin (A + 90°)$. Pour éviter ce problème, vérifie toujours la justesse de l'angle opposé au plus grand côté du triangle.

Loi des cosinus: $c^2 = a^2 + b^2 - 2ab \cos C$

Pour utiliser la loi des cosinus, on doit connaître trois côtés (CCC) ou deux côtés et l'angle qui les sépare (CAC). Note que, dans la loi des cosinus, si $C = 90°$, l'équation correspond à la loi de Pythagore.

a)

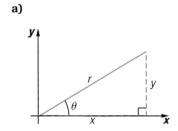

b)

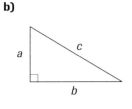

c)

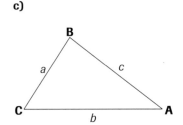

Figure 1
a) Définition des rapports trigonométriques
b) Un triangle rectangle
c) Un triangle obtusangle

Les identités trigonométriques suivantes peuvent être utiles :

$$\cos \theta = \sin(90° - \theta)$$
$$\sin \theta = \cos(90° - \theta)$$
$$\tan \theta = \frac{\sin \theta}{\cos \theta}$$
$$\sin^2 \theta + \cos^2 \theta = 1$$
$$\sin 2\theta = 2\sin \theta \cos \theta$$
$$\cos 2\theta = \cos^2 \theta - \sin^2 \theta$$

L'analyse des dimensions et des unités

La plupart des grandeurs physiques ont des dimensions qui peuvent être exprimées en fonction de cinq dimensions de base : la masse [M], la longueur [L], le temps [T], le courant électrique [I] et la température [θ]. Les unités SI qui correspondent à ces dimensions sont le kilogramme [kg], le mètre [m], la seconde [s], l'ampère [A] et le kelvin [K]. Par convention, on utilise les crochets pour indiquer la dimension ou l'unité d'une grandeur.

Le processus qui consiste à utiliser les dimensions pour analyser un problème ou une équation est appelé *analyse des dimensions*, et le processus correspondant qui consiste à utiliser les unités est appelé *analyse des unités*. Bien que cette discussion ne s'attarde qu'aux dimensions, le même processus peut s'appliquer à l'analyse des unités. On utilise l'analyse des dimensions et des unités pour déterminer si une équation a été écrite correctement et pour convertir les unités.

Exemple

Démontre que l'équation du déplacement d'un objet qui subit une accélération constante respecte les dimensions.

$$\vec{\Delta d} = \vec{v_i}\Delta t + \frac{1}{2}\vec{a}\Delta t^2$$
$$[L] \stackrel{?}{=} \left[\frac{L}{T}\right][T] + \left[\frac{L}{T^2}\right][T^2]$$
$$[L] \stackrel{?}{=} [L] + [L]$$

La dimension de chaque terme est la même.

Note que, dans l'exemple précédent, nous pouvons ignorer le nombre $\frac{1}{2}$, car il n'a pas de dimension. Les grandeurs sans dimension incluent :

- tous les nombres incommensurables (4, π, etc.)
- les grandeurs dénombrées (12 personnes, 5 voitures, etc.)
- les angles (bien que les angles aient des unités)
- les cycles
- les fonctions trigonométriques
- les fonctions exponentielles
- les logarithmes

Les unités dérivées peuvent être écrites en fonction des unités SI de base et, donc, des dimensions de base. Par exemple, le newton correspond aux unités de base kg·m/s² ou aux dimensions [M][L][T^{-2}]. Peux-tu écrire les dimensions du joule et du watt ? (Une liste des unités dérivées se trouve à l'annexe C.)

L'analyse des données expérimentales

Dans le domaine de la physique, on mène des expériences dirigées pour établir la relation qui existe entre des variables. Les données expérimentales peuvent être analysées de différentes façons pour déterminer comment la variable dépendante varie en fonction de la ou des variables indépendantes. La relation résultante peut souvent être exprimée sous la forme d'une équation.

Constat de proportionnalité et représentation graphique

Le constat de la variation d'une grandeur en fonction d'une autre est appelé *constat de proportionnalité*. (On pourrait aussi l'appeler constat de variation.) Les constats de proportionnalité types sont :

$y \propto x$ (directement proportionnel)

$y \propto \dfrac{1}{x}$ (inversement proportionnel)

$y \propto x^2$ (proportionnel au carré)

$y \propto \dfrac{1}{x^2}$ (inversement proportionnel au carré)

Un constat de proportionnalité peut être converti en une équation en remplaçant le signe de proportionnalité par un signe d'égalité et en ajoutant une constante de proportionnalité. Si l'on représente cette constante par k, les constats de proportionnalité deviennent les équations suivantes :

$y = kx$

$y = \dfrac{k}{x}$

$y = kx^2$

$y = \dfrac{k}{x^2}$

On peut déterminer la constante de proportionnalité en utilisant un logiciel graphique ou en appliquant les techniques graphiques classiques de la façon décrite ci-après :

1. Trace un graphique de la variable dépendante en fonction de la variable indépendante. S'il en résulte une droite, la relation est directe. Passe à l'étape 3.

2. S'il en résulte une courbe, retrace le graphique pour essayer d'obtenir une droite (voir la **figure 2**). Si le nouveau tracé résulte en une autre courbe, trace encore un autre graphique pour obtenir une droite.

3. Détermine la pente et l'ordonnée à l'origine de la droite sur le graphique. Substitue dans l'équation exprimée sous la forme pente/ordonnée à l'origine les valeurs qui correspondent aux variables indiquées sur le graphique de la droite.

4. Vérifie l'équation en remplaçant les couples de données initiaux.

5. Au besoin, utilise l'équation (ou le graphique de la droite) pour donner des exemples d'interpolation et d'extrapolation.

Exemple

Utilise les techniques graphiques classiques pour obtenir l'équation qui lie les données présentées dans le **tableau 1**.

Tableau 1 Données vitesse vectorielle-temps

t (s)	0,00	2,00	4,00	6,00
$\vec{v}$ (m/s [E])	10,0	15,0	20,0	25,0

Solution

La **figure 3** présente le graphique qui correspond aux données du **tableau 1**. C'est une droite qui a la pente suivante :

$$\text{pente} = \frac{\Delta \vec{v}}{\Delta t}$$

$$= \frac{25,0 \text{ m/s [E]} - 10,0 \text{ m/s [E]}}{6,00 \text{ s} - 0,00 \text{ s}}$$

$$\text{pente} = 2,50 \text{ m/s}^2 \text{ [E]}$$

L'ordonnée à l'origine est 10,0 m/s [E].

En utilisant $y = mx + b$, l'équation est

$$\vec{v} = 2,50 \text{ m/s}^2 \text{ [E]} \, (t) + 10,0 \text{ m/s [E]}$$

Vérifie l'équation en substituant à t la valeur 4,00 s :

$$\vec{v} = 2,50 \text{ m/s}^2 \text{ [E]} \, (4,00 \text{ s}) + 10,0 \text{ m/s [E]}$$

$$= 10,0 \text{ m/s [E]} + 10,0 \text{ m/s [E]}$$

$$\vec{v} = 20,0 \text{ m/s [E]}$$

L'équation est valable.

Graphique original et ses variations	Première façon d'obtenir une droite	Deuxième façon d'obtenir une droite

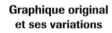

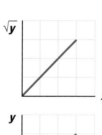

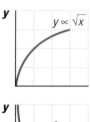
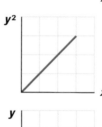
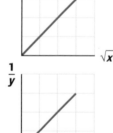

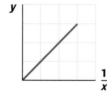

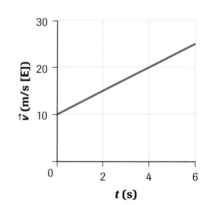

Figure 3
Le graphique vélocité-temps

Figure 2
On retrace les graphiques pour essayer d'obtenir une droite

En utilisant $t = 3,20$ s comme un exemple d'interpolation

$$\vec{v} = 2,50 \text{ m/s}^2 \text{ [E] } (3,20 \text{ s}) + 10,0 \text{ m/s [E]}$$
$$= 8,00 \text{ m/s [E]} + 10,0 \text{ m/s [E]}$$
$$\vec{v} = 18,0 \text{ m/s [E]}$$

Exemple

Utilise les techniques graphiques habituelles pour obtenir l'équation liant les données des deux premières lignes du **tableau 2**.

Tableau 2 Données accélération-masse

m (kg)	2,0	4,0	6,0	8,0
$\vec{a}$ (m/s^2 [E])	4,0	2,0	1,3	1,0
$\dfrac{1}{m}$ (kg^{-1})*	0,50	0,25	0,167	0,125

* La troisième ligne servira à retracer le graphique de la relation.

La **figure 4a)** présente le graphique des données des deux premières lignes du tableau. La **figure 4b)** présente le graphique retracé avec m remplacé par $\dfrac{1}{m}$, ce qui produit une droite.

La pente de la droite est la suivante:

$$\text{pente} = \frac{\Delta \vec{a}}{\Delta \left(\dfrac{1}{m}\right)}$$

$$= \frac{3,2 \text{ m/s}^2 \text{ [E]} - 1,6 \text{ m/s}^2 \text{ [E]}}{0,40 \text{ kg}^{-1} - 0,20 \text{ kg}^{-1}}$$

$$\text{pente} = 8,0 \text{ kg·m/s}^2 \text{ [E]}$$

La pente est égale à 8.0 kg·m/s^2 [E], ce qui peut aussi s'écrire 8,0 N [E].

L'ordonnée à l'origine est 0,0. En utilisant $y = mx + b$, on obtient l'équation

$$\vec{a} = 8,0 \text{ kg·m/s}^2 \text{ [E]} \times \frac{1}{m}$$

ou $\quad \vec{a} = \dfrac{8,0 \text{ N [E]}}{m}$

Vérifie l'équation en remplaçant m par 6,0 kg:

$$\vec{a} = \frac{8,0 \text{ kg·m/s}^2 \text{ [E]}}{6,0 \text{ kg}}$$

$$\vec{a} = 1,333 \text{ m/s}^2 \text{ [E]}$$

Cette valeur s'arrondit à 1,3 m/s^2 [E]; l'équation est donc valable.

Nous pouvons utiliser cette équation pour illustrer l'extrapolation; par exemple, l'accélération pour une masse de 9,6 kg est de

$$\vec{a} = \frac{8,0 \text{ kg·m/s}^2 \text{ [E]}}{9,6 \text{ kg}}$$

$$\vec{a} = 0,83 \text{ m/s}^2 \text{ [E]}$$

L'accélération est donc de 0,83 m/s^2 [E].

a)

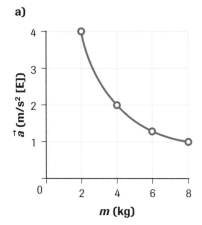

b)

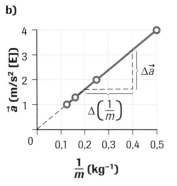

Figure 4
a) Le graphique accélération-masse
b) Le graphique accélération-$\dfrac{1}{\text{masse}}$

Les logarithmes

En physique, plusieurs relations peuvent être exprimées sous la forme $y = kx^n$. Comme pour d'autres relations mathématiques, ce type d'équations peut être analysé en se servant d'un logiciel graphique. Une autre méthode fondée sur une représentation graphique logarithmique donne toutefois de bons résultats. Si on représente une relation sur un graphique logarithmique, il en résulte une droite, et l'équation de cette droite peut être déterminée. Un graphique logarithmique possède une échelle logarithmique sur chaque axe. Les axes peuvent avoir un ou plusieurs cycles, et le graphique choisi dépend du domaine et de l'étendue des variables à tracer. Par exemple, un graphique logarithmique type peut avoir trois cycles sur l'axe horizontal et deux sur l'axe vertical.

Pour obtenir une équation à deux variables en utilisant un graphique logarithmique, tu dois suivre les étapes suivantes:

1. Inscris les nombres sur les axes du graphique en commençant par n'importe quelle puissance de 10, comme 10^{-3}, 10^{-2}, 10^{-1}, 10^0, 10^1, 10^2, 10^3 ou 10^4. (Il n'y a pas de zéro sur un graphique logarithmique.)

2. Marque les points des données sur le graphique et utilise une échelle indépendante, comme une règle millimétrée, pour déterminer la pente de la droite. Cela te donne l'exposant n de l'équation $y = kx^n$.

3. Substitue un couple de données dans l'équation $y = kx^n$ pour déterminer la valeur de k et inclure ses unités, puis écris l'équation finale.

4. Vérifie l'équation en remplaçant les couples de données initiaux.

Exemple

Utilise un graphique logarithmique pour déterminer l'équation correspondant aux données du **tableau 3**.

Tableau 3 Données énergie-température

T (K)	2,00	3,00	4,00
E (J)	$4,80 \times 10^3$	$2,43 \times 10^4$	$7,68 \times 10^4$

La **figure 5** présente le graphique logarithmique correspondant aux données du **tableau 3**. La pente de la droite est

$$\text{pente} = \frac{\Delta y}{\Delta x}$$

$$= \frac{40 \text{ mm}}{10 \text{ mm}}$$

$$\text{pente} = 4$$

CONSEIL PRATIQUE

L'exposant n et la constante k

Arrondis toujours le nombre trouvé en calculant la pente de la droite sur un graphique logarithmique. La pente représente l'exposant, n, et aura des valeurs telles que 1, 2, 3, 4, $\frac{1}{2}$, $\frac{1}{3}$, $\frac{1}{4}$, etc. Lorsque deux variables sont représentées sur un graphique logarithmique, tu peux trouver la constante k en déterminant la valeur de y lorsque $x = 1$ sur le graphique. Par contre, la méthode de substitution est habituellement plus précise et elle a l'avantage de fournir les unités de k.

À l'aide de l'équation $y = kx^n$, où $n = 4$:

$$E = kT^4$$

Pour déterminer k, nous utilisons les données initiales :

$$k = \frac{E}{T^4}$$

$$= \frac{4,80 \times 10^3 \text{ J}}{(2,00 \text{ K})^4}$$

$$k = 3,00 \times 10^2 \text{ J/K}^4$$

L'équation finale est

$$E = 3,00 \times 10^2 \text{ J/K}^4 (T)^4$$

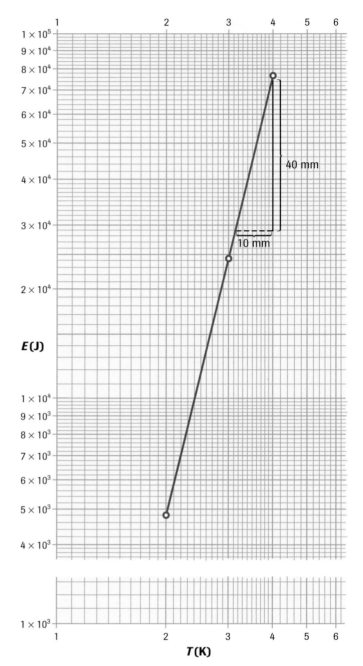

Figure 5

Le graphique logarithmique (tronqué pour économiser de l'espace)

Vérifions l'équation en utilisant $T = 4,00$ K :

$$E = 3,00 \times 10^2 \text{ J/K}^4 (4,00 \text{ K})^4$$
$$E = 7,68 \times 10^4 \text{ J}$$

L'équation est valable.

Dans cet exemple, les valeurs de n et de k ont été calculées une seule fois. Dans son expérience, l'élève devrait calculer les valeurs au moins trois fois pour accroître la précision de ses résultats.

Le graphique logarithmique est particulièrement utile lorsque trois variables ou plus sont en cause dans l'expérience, comme dans une recherche sur l'accélération centripète. On peut suivre les étapes suivantes pour obtenir l'équation qui lie les variables.

1. Trace les données sur du papier logarithmique.

2. Trouve la pente n de chaque droite sur le graphique et utilise les pentes pour formuler les constats de proportionnalité. Par exemple, suppose que a dépend de b et de c de sorte que les pentes soient respectivement de $+3$ et de -4. Les constats de proportionnalité sont
$$a \propto b^3 \text{ et } a \propto c^{-4} \text{ ou } a \propto \frac{1}{c^4}.$$

3. Combine les constats de proportionnalité $\left(\text{par ex., } a \propto \dfrac{b^3}{c^4}\right)$.

4. Convertis le constat de proportionnalité en une équation en y insérant un signe d'égalité et une constante $\left(\text{p. ex., } a = \dfrac{kb^3}{c^4}\right)$.

5. Résous l'équation pour trouver la constante k en effectuant trois substitutions en moyenne $\left(\text{par ex., } k = \dfrac{ac^4}{b^3}\right)$.

6. Écris l'équation et inclus les unités de k.

7. Vérifie l'équation en faisant des substitutions.

L'analyse de l'erreur expérimentale

Dans les expériences où des mesures sont prises, il y a toujours un certain degré d'incertitude. Cette incertitude peut être attribuée à l'instrument utilisé, à la marche à suivre de l'expérience, à la théorie à la base de l'expérience, ou à l'expérimentateur.

Pendant ces expériences, les mesures et les calculs subséquents doivent être notés avec le nombre de chiffres significatifs approprié. Dans les rapports formels, cependant, il est nécessaire d'inclure une analyse de l'incertitude absolue, de l'incertitude relative et de l'erreur relative ou de l'écart relatif.

L'*incertitude absolue* est la déviation acceptable d'une mesure par rapport à la moyenne des lectures de la même mesure. Cette incertitude peut être estimée ; elle est alors appelée *incertitude estimée*. On admet généralement qu'elle est plus ou moins égale à la moitié de la plus petite division de l'échelle de l'instrument utilisé ; par exemple, l'incertitude estimée de 15,8 cm est de $\pm 0,05$ cm ou de $\pm 0,5$ mm. Cette règle s'applique aussi à l'incertitude théorique, c'est-à-dire à l'incertitude attachée à une mesure écrite. Par exemple, l'incertitude théorique de la masse du Soleil de $1,99 \times 10^{30}$ kg est de $\pm 0,005 \times 10^{30}$ kg ou de $\pm 5 \times 10^{27}$ kg.

Chaque fois que sont effectués des calculs comportant une addition ou une soustraction, les incertitudes absolues

CONSEIL PRATIQUE

Erreur possible
On peut aussi parler de l'incertitude comme d'une erreur possible. Ainsi, l'incertitude estimée est l'erreur possible estimée, l'incertitude théorique est l'erreur possible théorique et l'incertitude relative est l'erreur possible relative.

s'accumulent. Ainsi, pour trouver l'incertitude totale, on doit additionner les incertitudes absolues individuelles. Par exemple,

$$(34,7 \text{ cm} \pm 0,05 \text{ cm}) - (18,4 \text{ cm} \pm 0,05 \text{ cm}) = 16,3 \text{ cm} \pm 0,10 \text{ cm}$$

On trouve l'*incertitude relative* en divisant l'incertitude par la grandeur mesurée et en multipliant le résultat par 100 %. Utilise ta calculatrice pour prouver que l'incertitude relative de 28,0 cm $\pm 0,05$ cm est de $\pm 0,18$ %.

Chaque fois que sont effectués des calculs comportant une multiplication ou une division, les incertitudes relatives doivent être additionnées. Si on le souhaite, l'incertitude relative totale peut être reconvertie en incertitude absolue. Par exemple, considère l'aire d'un rectangle donné :

$$A = Ll$$
$$= (28,0 \text{ cm} \pm 0,18 \%)(21,5 \text{ cm} \pm 0,23 \%)$$
$$= 602 \text{ cm}^2 \pm 0,41 \%$$
$$A = 602 \text{ cm}^2 \pm 2,5 \text{ cm}^2$$

On peut trouver l'*erreur relative* seulement s'il est possible de comparer la valeur expérimentale d'une grandeur à la valeur la plus couramment acceptée de cette grandeur. L'équation est

$$\% \text{ erreur} = \frac{\text{valeur mesurée} - \text{valeur acceptée}}{\text{valeur acceptée}} \times 100\%$$

L'*écart relatif* est utile pour comparer des mesures lorsqu'on ne connaît pas la mesure de référence ou pour comparer une valeur expérimentale à une valeur prévue. L'équation est

$$\% \text{ différence} = \frac{|\text{différence des valeurs}|}{\text{moyenne des valeurs}} \times 100\%$$

L'*exactitude* exprime le degré de fidélité d'une valeur mesurée par rapport à la valeur réelle ou acceptée. L'incertitude d'une mesure exacte est faible.

La *précision* est une indication de la plus petite unité fournie par un instrument. Un instrument très précis fournit plusieurs chiffres significatifs.

L'*erreur aléatoire* apparaît dans les mesures lorsque le dernier chiffre significatif est estimé. Elle correspond à une variation par rapport à une valeur moyenne. Une telle erreur peut être réduite en prenant la moyenne de plusieurs lectures.

L'*erreur de parallaxe* est le changement apparent de position d'un objet lorsque la position de l'observateur change. Cette source d'erreur peut être réduite en se plaçant directement face à l'instrument ou au cadran.

L'*erreur systématique* résulte d'un problème permanent causé par l'emploi d'un appareil de mesure ou lié à la personne qui l'utilise. De telles erreurs sont réduites en additionnant ou en soustrayant l'erreur connue, en étalonnant l'instrument ou en réalisant une recherche plus complexe.

Les vecteurs

Plusieurs grandeurs en physique sont des quantités vectorielles — grandeurs qui ont une norme et une orientation. La compréhension et l'utilisation des vecteurs sont indispensables pour résoudre plusieurs problèmes de physique.

CONSEIL PRATIQUE

Les vecteurs géométriques et cartésiens
Les vecteurs utilisés dans ce manuel sont des *vecteurs géométriques* à une et à deux dimensions, représentés par des segments orientés ou des flèches. Les *vecteurs cartésiens* correspondent à des séries de couples ordonnés à une et à deux dimensions. Les propriétés des vecteurs géométriques et cartésiens peuvent aussi s'appliquer à des plans en trois dimensions.

Les symboles vectoriels

Un vecteur est représenté dans un diagramme par une flèche ou un segment de droite orienté. La longueur de la flèche est proportionnelle à la norme du vecteur, et son orientation est la même que celle du vecteur. La queue de la flèche représente le point initial et sa tête, le point final. Si le vecteur est dessiné en appliquant une échelle, celle-ci devrait être indiquée sur le diagramme (**figure 6**).

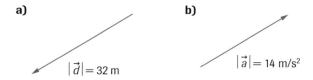

a)

b)

$|\vec{d}| = 32$ m

$|\vec{a}| = 14$ m/s²

Figure 6
Exemples de quantités vectorielles
a) Un déplacement vectoriel (échelle : 1 cm = 10 m)
b) Une accélération vectorielle (échelle : 1 cm = 5 m/s²)

Dans ce manuel, la quantité vectorielle est représentée par une lettre surmontée d'une flèche (p. ex., $\vec{A}$, $\vec{a}$, $\Sigma\vec{F}$, $\vec{p}$, etc.). La norme d'un vecteur est représentée par le symbole de la valeur absolue $|\vec{A}|$ ou simplement par la lettre A. La norme est toujours positive (sauf si elle est nulle).

L'orientation des vecteurs

L'orientation des vecteurs est indiquée entre crochets, après la norme et les unités de mesure. Les quatre points cardinaux — est, ouest, nord et sud — sont indiqués par les symboles

[E], [O], [N] et [S]. D'autres orientations sont par exemple [vers le bas], [vers l'avant], [11,5° sous l'horizontale], [vers le centre de la Terre] et [N 66° O] (voir la **figure 7**).

Les orientations utilisées dans les ordinateurs et les calculatrices sont mesurées dans le sens antihoraire à partir de l'axe des abscisses positifs, dans un système de coordonnées *x-y*. En utilisant cette convention, l'orientation [N 66° O] est simplement 156°.

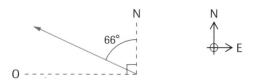

Figure 7
La détermination de l'orientation [N 66° O]

La multiplication d'un vecteur par un nombre scalaire (produit scalaire)

Le produit d'un vecteur et d'un nombre scalaire donne un vecteur ayant la même orientation que le vecteur original, mais dont la norme est différente (sauf si le nombre scalaire est 1). Ainsi, $8,5\vec{v}$ est un vecteur 8,5 fois plus long que $\vec{v}$ de même orientation. La multiplication d'un vecteur par un nombre scalaire négatif donne un vecteur de sens opposé (**figure 8**).

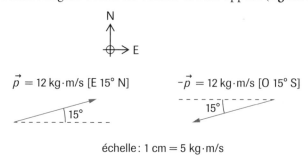

$\vec{p} = 12$ kg·m/s [E 15° N] $-\vec{p} = 12$ kg·m/s [O 15° S]

échelle : 1 cm = 5 kg·m/s

Figure 8
La multiplication du vecteur quantité de mouvement $\vec{p}$ par -1 donne le vecteur quantité de mouvement $-\vec{p}$.

Les composantes vectorielles

La *composante d'un vecteur* est la projection de ce vecteur sur l'un des axes d'un système de coordonnées rectangulaires. Tout vecteur peut être décrit par ses composantes rectangulaires. Dans ce manuel, nous utilisons deux coordonnées rectangulaires, car les situations sont bidimensionnelles ; trois composantes rectangulaires sont requises pour les situations tridimensionnelles. Les composantes rectangulaires sont toujours perpendiculaires entre elles et peuvent être appelées *composantes orthogonales*. (Le mot « orthogonal » est formé des mots grecs *orthos*, qui signifie « droit », et *gonia*, qui signifie « angle ».)

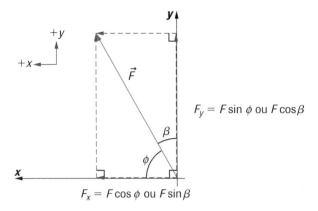

Figure 9
Le vecteur force $\vec{F}$ et ses composantes

Soit le vecteur force $\vec{F}$ représenté à la **figure 9** où les $+x$ sont orientés vers la gauche et les $+y$ vers le haut. La projection de $\vec{F}$ sur l'axe des x est F_x et sa projection sur l'axe des y est F_y. Note que, bien que $\vec{F}$ soit un vecteur, ses composantes, F_x et F_y, ne sont pas des vecteurs; elles sont plutôt des nombres positifs ou négatifs ayant les mêmes unités que $\vec{F}$. Dans les diagrammes, les composantes sont souvent représentées par des segments en pointillé.

Note qu'à la **figure 9**, deux angles servent à indiquer pour chaque composante la norme et l'orientation du vecteur. Ces angles forment toujours un angle droit (c.-à-d., dans ce cas-ci, $\phi + \beta = 90°$).

Il est souvent commode de choisir un autre système de coordonnées qu'un système d'axes horizontal/vertical ou est-ouest/nord-sud. Par exemple, pense à un skieur qui accélère en descendant une pente inclinée selon un angle θ par rapport au plan horizontal (**figure 10a**)). La résolution de problèmes reliés à l'accélération et aux forces est simplifiée si l'orientation des $+x$ est la même que celle de l'accélération, dans ce cas-ci le long de la pente; cela signifie que l'orientation des ordonnées positives doit être perpendiculaire à la pente. Le diagramme de forces du skieur correspondant est présenté à la **figure 10b**).

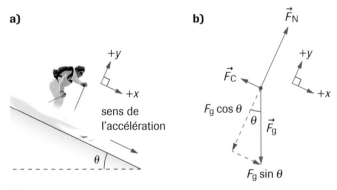

Figure 10
a) Un skieur qui accélère en descendant une pente
b) Le diagramme de forces du skieur

L'addition vectorielle

En arithmétique, $3 + 3$ égale toujours 6. Mais si ces grandeurs sont des vecteurs, $\vec{3} + \vec{3}$ peut avoir n'importe quelle valeur entre 0 et $\vec{6}$, selon leur orientation. Ainsi, l'addition vectorielle doit tenir compte de l'orientation des vecteurs.

Pour additionner des quantités vectorielles, on dispose les flèches qui représentent les vecteurs à la queue leu leu, le vecteur issu de la queue du premier vecteur étant joint à la tête du dernier vecteur additionné (**figure 11**). En traçant les diagrammes vectoriels, les vecteurs peuvent être déplacés de sorte qu'ils soient aussi à la queue leu leu. Lorsqu'on reporte un vecteur sur un diagramme, il est important que le vecteur conserve la même norme et la même orientation que le vecteur original.

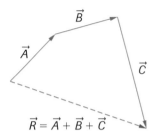

Figure 11
L'addition de trois vecteurs

Le résultat d'une addition de vecteurs peut être appelé addition vectorielle, vecteur résultant, résultante, vecteur net ou somme vectorielle. Ce manuel utilise ces termes indifféremment; dans les diagrammes, le vecteur résultant est de couleur différente ou d'un type de ligne différent (comme en pointillé) pour le distinguer des vecteurs originaux.

L'addition vectorielle a les propriétés suivantes:

- L'addition vectorielle est commutative; l'ordre de l'addition n'a pas d'importance: $\vec{A} + \vec{B} = \vec{B} + \vec{A}$.

- L'addition vectorielle est associative. Si on additionne plus de deux vecteurs, la manière dont ils sont regroupés n'a pas d'importance: $(\vec{A} + \vec{B}) + \vec{C} = \vec{A} + (\vec{B} + \vec{C})$.

Exemple

Utilise un diagramme vectoriel pour additionner les déplacements suivants et démontre que l'addition est commutative:

$$\vec{A} = 24 \text{ km [N 58° E]}$$
$$\vec{B} = 18 \text{ km [E]}$$
$$\vec{C} = 38 \text{ km [E 65° S]}$$

Solution

La **figure 12** présente la solution en utilisant l'échelle 1 cm = 10 km. Le déplacement résultant $\vec{R}$ est le même que nous utilisions $\vec{R} = \vec{A} + \vec{B} + \vec{C}$ ou $\vec{R} = \vec{A} + \vec{C} + \vec{B}$, ce qui démontre que l'addition vectorielle est commutative. Comment utiliserais-tu cet exemple pour démontrer que l'addition vectorielle est associative?

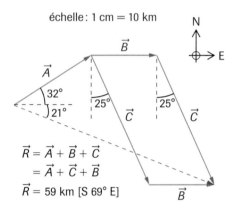

$$\vec{R} = \vec{A} + \vec{B} + \vec{C}$$
$$= \vec{A} + \vec{C} + \vec{B}$$
$$\vec{R} = 59 \text{ km [S } 69° \text{ E]}$$

Figure 12
Une addition vectorielle utilisant un diagramme vectoriel à l'échelle

L'exactitude de l'addition vectorielle peut être améliorée en appliquant la trigonométrie. Si on additionne deux vecteurs perpendiculaires, on peut utiliser la loi de Pythagore pour déterminer la norme du vecteur résultant. On peut utiliser un rapport trigonométrique (sinus, cosinus ou tangente) pour déterminer l'orientation du vecteur résultant. Si les vecteurs ont un angle quelconque différent de 90° l'un par rapport à l'autre, on peut utiliser la loi des cosinus et la loi des sinus pour déterminer la norme et l'orientation du vecteur résultant.

Exemple

Deux forces agissent sur un objet. Détermine la force nette qui s'exerce si les forces individuelles sont

a) $\vec{F}_1 = 10,5 \text{ N [S]}$ et $\vec{F}_2 = 14,0 \text{ N [O]}$
b) $\vec{F}_3 = 10,5 \text{ N [S]}$ et $\vec{F}_4 = 14,0 \text{ N [O } 64,5° \text{ S]}$

Solution

a) Voir la **figure 13a)**. En appliquant la loi de Pythagore:

$$\sum\vec{F} = \vec{F}_1 + \vec{F}_2$$
$$|\sum\vec{F}| = \sqrt{|\vec{F}_1|^2 + |\vec{F}_2|^2}$$
$$= \sqrt{(10,5 \text{ N})^2 + (14,0 \text{ N})^2}$$
$$|\sum\vec{F}| = 17,5 \text{ N}$$

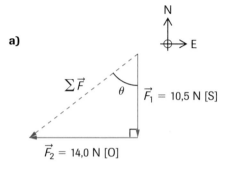

a)

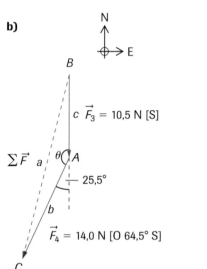

b)

Figure 13
a) Les forces qui agissent sur l'objet
b) La détermination de la force nette

On trouve l'angle θ en utilisant la trigonométrie:

$$\tan\theta = \frac{|\vec{F}_2|}{|\vec{F}_1|}$$
$$\theta = \tan^{-1}\frac{|\vec{F}_2|}{|\vec{F}_1|}$$
$$= \tan^{-1}\frac{14,0 \text{ N}}{10,5 \text{ N}}$$
$$\theta = 53,1°$$

La force nette est de 17,5 N [O 36,9° S].

b) Voir la **figure 13b)**. En appliquant la loi des cosinus:

$$a^2 = b^2 + c^2 - 2bc\cos A$$
$$a^2 = (14,0 \text{ N})^2 + (10,5 \text{ N})^2 - 2(14,0 \text{ N})(10,5 \text{ N})(\cos 154,5°)$$
$$a = 23,9 \text{ N}$$

En appliquant la loi des sinus :

$$\frac{\sin B}{b} = \frac{\sin A}{a}$$

$$\sin B = \frac{b \sin A}{a}$$

$$\sin B = \frac{(14{,}0 \text{ N})(\sin 154{,}5°)}{23{,}9 \text{ N}}$$

$$B = 14{,}6°$$

La force nette est de 23,9 N [O 75,4° S].

Pour additionner des vecteurs avec précision, une autre méthode consiste à utiliser leurs composantes. Cette méthode est recommandée lorsqu'on additionne au moins trois vecteurs. Pour additionner des vecteurs à partir de leurs composantes, procède de la façon suivante :

1. Définis un système de coordonnées x-y et indique le sens des $+x$ et des $+y$

2. Détermine les composantes x et y de tous les vecteurs à additionner.

3. Détermine la composante x nette en additionnant toutes les composantes x individuelles.

4. Détermine la composante y nette en additionnant toutes les composantes y individuelles.

5. Détermine la norme et l'orientation du vecteur net en appliquant la loi de Pythagore ou les rapports trigonométriques.

Exemple

Détermine le déplacement résultant d'un chien qui court en exécutant les mouvements suivants :

$$\vec{A} = 10{,}5 \text{ m [E]}$$
$$\vec{B} = 14{,}0 \text{ m [E 68,5° S]}$$
$$\vec{C} = 25{,}6 \text{ m [S 71,1° O]}$$

Solution

Le tracé du mouvement représenté à la **figure 14a)** indique que le déplacement résultant est orienté à l'ouest et au sud de la position initiale. Par souci de commodité, l'ouest est représenté par l'axe des $+x$ et le sud par l'axe des $+y$. Les composantes x des vecteurs sont

$$A_x = -10{,}5 \text{ m}$$
$$B_x = -14{,}0 \text{ m } (\sin 21{,}5°) = -5{,}13 \text{ m}$$
$$C_x = 25{,}6 \text{ m } (\cos 18{,}9°) = 24{,}2 \text{ m}$$

Les composantes y des vecteurs sont

$$A_y = 0 \text{ m}$$
$$B_y = 14{,}0 \text{ m } (\cos 21{,}5°) = 13{,}0 \text{ m}$$
$$C_y = 25{,}6 \text{ m } (\sin 18{,}9°) = 8{,}29 \text{ m}$$

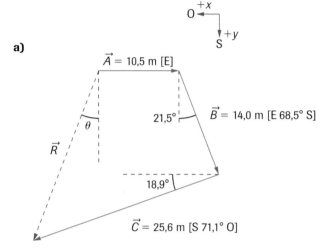

a)

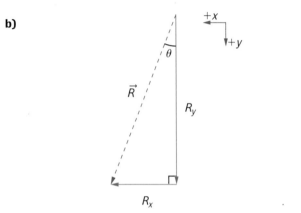

b)

Figure 14
a) Le mouvement du chien
b) La détermination des composantes des déplacements

La composante x nette est

$$R_x = A_x + B_x + C_x$$
$$= -10{,}5 \text{ m} - 5{,}13 \text{ m} + 24{,}2 \text{ m}$$
$$R_x = 8{,}6 \text{ m}$$

La composante y nette est

$$R_y = A_y + B_y + C_y$$
$$= 0 \text{ m} + 13{,}0 \text{ m} + 8{,}29 \text{ m}$$
$$R_y = 21{,}3 \text{ m}$$

Comme le montre la **figure 14b)**, la norme du déplacement résultant est

$$R = \sqrt{R_x^2 + R_y^2}$$
$$= \sqrt{(8{,}6 \text{ m})^2 + (21{,}3 \text{ m})^2}$$
$$R = 23 \text{ m}$$

Pour trouver l'orientation du déplacement résultant:

$$\tan \theta = \frac{R_x}{R_y}$$

$$\theta = \tan^{-1} \frac{R_x}{R_y}$$

$$= \tan^{-1} \frac{8,6 \text{ m}}{21,3 \text{ m}}$$

$$\theta = 22°$$

Le déplacement résultant est de 23 m [O 68° S].

La soustraction vectorielle

La soustraction vectorielle $\vec{A} - \vec{B}$ est définie comme l'addition vectorielle de $\vec{A}$ et de $-\vec{B}$, $-\vec{B}$ ayant la même norme que $\vec{B}$, mais une orientation opposée. Ainsi,

$$\vec{A} - \vec{B} = \vec{A} + (-\vec{B})$$

Tu devrais être en mesure de démontrer que $\vec{A} - \vec{B}$ n'égale pas $\vec{B} - \vec{A}$; en fait, les résultats des deux soustractions vectorielles sont de norme égale, mais de sens opposés.

Les composantes peuvent être utiles pour soustraire des vecteurs. Par exemple, si $\vec{C} = \vec{A} - \vec{B}$, alors

$$C_x = A_x - B_x$$

et

$$C_y = A_y - B_y$$

Tout comme pour l'addition vectorielle, la soustraction de deux vecteurs peut être évaluée en utilisant un diagramme vectoriel muni d'une échelle, la trigonométrie ou les composantes.

Exemple
Étant donné $\vec{A} = 35$ m/s [27° N-E] et $\vec{B} = 47$ m/s [E], détermine la variation de la vélocité $\vec{C} = \vec{A} - \vec{B}$ en utilisant un diagramme vectoriel muni d'une échelle et de composantes vectorielles.

Solution
Le diagramme vectoriel muni d'une échelle de la **figure 15a)** montre que $\vec{C} = \vec{A} + (-\vec{B})$, où le vecteur $-\vec{B}$ est additionné de telle sorte que sa queue touche la tête de $\vec{A}$. Dans ce cas-ci, $\vec{C} = 23$ m/s [O 45° N]. Les composantes x des vecteurs sont

$$A_x = -35 \text{ m/s } (\cos 27°) = -31 \text{ m/s}$$

$$B_x = -47 \text{ m/s}$$

Les composantes y des vecteurs sont

$$A_y = 35 \text{ m/s } (\sin 27°) = 16 \text{ m/s}$$

$$B_y = 0 \text{ m/s}$$

a)

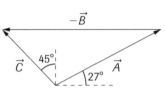

$$\vec{C} = \vec{A} - \vec{B}$$
$$\vec{C} = 23 \text{ m [O 45° N]}$$

b)

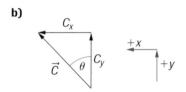

Figure 15
a) La soustraction vectorielle
b) La détermination de la variation nette de la vélocité

La composante x nette est

$$C_x = A_x - B_x$$
$$= -31 \text{ m/s} - (-47 \text{ m/s})$$
$$C_x = 16 \text{ m/s}$$

La composante y nette est

$$C_y = A_y - B_y$$
$$= 16 \text{ m/s} - 0 \text{ m/s}$$
$$C_y = 16 \text{ m/s}$$

Comme le montre la **figure 15b)**, la norme de la variation nette de la vélocité est

$$C = \sqrt{C_x^2 + C_y^2}$$
$$= \sqrt{(16 \text{ m/s})^2 + (16 \text{ m/s})^2}$$
$$C = 23 \text{ m/s}$$

On trouve l'orientation de la variation nette de la vélocité ainsi :

$$\tan \theta = \frac{C_x}{C_y}$$

$$\theta = \tan^{-1} \frac{C_x}{C_y}$$

$$= \tan^{-1} \frac{16 \text{ m}}{16 \text{ m}}$$

$$\theta = 45°$$

La variation nette de la vélocité est de 23 m/s [O 45° N].

Le produit scalaire de deux vecteurs

Le *produit scalaire* de deux vecteurs est égal au produit de leurs normes par le cosinus de l'angle qu'ils forment entre eux. On peut utiliser un point comme symbole du produit. Un exemple de produit scalaire est l'équation du travail W effectué par une force nette $\sum \vec{F}$ qui entraîne le déplacement d'un objet $\Delta \vec{d}$ (section 4.1).

$$W = \sum \vec{F} \cdot \Delta \vec{d}$$
$$= \sum F \Delta d \cos \theta$$
ou $\qquad W = \left(\sum F \cos \theta \right) \Delta d$

Ainsi, l'équation établie pour définir le produit scalaire des vecteurs $\vec{A}$ et $\vec{B}$ est

$$\vec{A} \cdot \vec{B} = AB \cos \theta$$

où θ est l'angle entre $\vec{A}$ et $\vec{B}$, A étant la norme de $\vec{A}$ et B la norme de $\vec{B}$. Note que $\vec{A}$ et $\vec{B}$ ne représentent pas les mêmes grandeurs.

On peut représenter un produit scalaire dans un diagramme comme celui de la **figure 16** dans lequel une force appliquée $\vec{F}_A$ forme un angle θ par rapport au déplacement de l'objet tiré (avec un frottement négligeable).

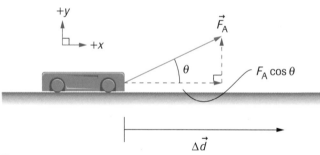

Figure 16
En supposant que le frottement est négligeable, le travail effectué par $\vec{F}_A$ sur le chariot en le déplaçant de $\Delta \vec{d}$, est le produit scalaire $F_A \cos \theta \Delta d$.

Le produit vectoriel de deux vecteurs

Le *produit vectoriel* de deux vecteurs a une norme égale au produit des normes des deux vecteurs et du sinus de l'angle existant entre eux. On utilise un « × » comme symbole du produit vectoriel. Ainsi, pour les vecteurs $\vec{A}$ et $\vec{B}$, le produit vectoriel $\vec{C}$ est défini par l'équation suivante :

$$\vec{C} = \vec{A} \times \vec{B}$$

où la norme est donnée par $C = |\vec{C}| = |AB \sin \theta|$, la direction étant perpendiculaire au plan formé par $\vec{A}$ et $\vec{B}$. Toutefois, cette direction comporte deux sens perpendiculaires au plan formé par $\vec{A}$ et $\vec{B}$; pour déterminer le bon sens, tu peux utiliser la règle suivante, illustrée à la **figure 17** :

- La règle de la main droite pour le produit vectoriel : Lorsque les doigts de la main droite pointent de $\vec{A}$ vers $\vec{B}$, le pouce tendu pointe pour sa part dans le sens de $\vec{C}$.

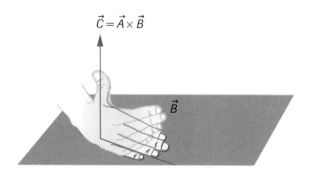

Figure 17
La règle de la main droite pour déterminer le sens du vecteur résultant du produit vectoriel $\vec{C} = \vec{A} \times \vec{B}$

Le produit vectoriel a les propriétés suivantes :

- L'ordre dans lequel les vecteurs sont multipliés est important, car $\vec{A} \times \vec{B} = -\vec{B} \times \vec{A}$. (Utilise la règle de la main droite pour le vérifier.)
- Si $\vec{A}$ et $\vec{B}$ sont parallèles, $\theta = 0°$ ou $180°$ et $\vec{A} \times \vec{B} = 0$, car $\sin 0° = \sin 180° = 0$. Donc, $\vec{A} \times \vec{A} = 0$.
- Si $\vec{A} \perp \vec{B}$ ($\theta = 90°$), alors $|\vec{A} \times \vec{B}| = AB$, car $\sin 90° = 1$.
- Le produit vectoriel obéit à la loi de la distributivité ; $\vec{A} \times (\vec{B} + \vec{C}) = \vec{A} \times \vec{B} + \vec{A} \times \vec{C}$.

CONSEIL *PRATIQUE*

Une notation alternative
Dans certains manuels de physique avancés, les vecteurs sont souvent écrits en caractère gras plutôt que comme une grandeur surmontée d'une flèche. Ainsi, tu peux trouver le produit scalaire et le produit vectoriel écrits comme suit :

$\mathbf{A} \cdot \mathbf{B} = AB \cos \theta$
$\mathbf{A} \times \mathbf{B} = AB \sin \theta$

L'utilisation de calculatrices ou de programmes graphiques

Tu peux utiliser une calculatrice ou un programme graphique pour plusieurs raisons, notamment dans le but de déterminer les racines d'une équation ou d'analyser des fonctions linéaires, quadratiques, trigonométriques et coniques. Tu peux également créer un graphique avec des données fournies ou mesurées et déterminer l'équation qui exprime la relation entre les variables représentées graphiquement, ou encore résoudre deux équations simultanées à deux inconnues.

Les calculatrices graphiques

Exemple

Si une balle est lancée verticalement vers le haut à une vitesse initiale de 9,0 m/s, à quel moment atteindra-t-elle un point situé à 3,0 m au-dessus de sa position initiale? (Néglige la résistance de l'air.)

Solution

Note: La solution présentée ci-après a été calculée en utilisant une calculatrice TI-83 Plus. Si tu as une calculatrice programmable différente, réfère-toi à son mode d'emploi pour obtenir des informations détaillées sur la résolution d'équations.

En définissant le mouvement ascendant comme l'orientation positive et en utilisant uniquement les normes, les grandeurs données sont $\Delta d = 3{,}0$ m, $v_i = 9{,}0$ m/s et $a = -9{,}8$ m/s^2. L'équation représentant l'accélération constante lors d'un déplacement se présente comme suit:

$$\Delta d = v_i \Delta t + \frac{1}{2} a \Delta t^2$$

$$3{,}0 = 9{,}0\Delta t - 4{,}9\Delta t^2$$

$$4{,}9\Delta t^2 - 9{,}0\Delta t + 3{,}0 = 0$$

Pour trouver Δt, nous pouvons utiliser la formule quadratique et entrer les données dans la calculatrice. L'équation s'établit comme suit: $Ax^2 + Bx + C = 0$, où $A = 4{,}9$, $B = -9{,}0$ et $C = 3{,}0$.

1. Enregistre les coefficients A et B et la constante C dans la mémoire de la calculatrice:

   - 4.9 [STO▸] [ALPHA] [A]
   - [ALPHA] [:]
   - −9 [STO▸] [ALPHA] [B]
   - [ALPHA] [:]
   - 3 [STO▸] [ALPHA] [C]
   - [ENTER]

2. Entre l'expression de la formule quadratique,

   $$\frac{-b \pm \sqrt{b^2 - 4ac}}{2a} :$$

   - [(] [(] [−] [ALPHA] [B] [+] [2nd] [√] [(] [ALPHA] [B] [x²] [−] 4 [ALPHA] [A] [ALPHA] [C] [)] [)] [)] [÷] [(] 2 [ALPHA] [A] [)]

3. Appuie sur [ENTER] pour trouver une solution pour le temps. Pour trouver l'autre solution, on doit insérer un signe négatif devant le discriminant. Les réponses sont 1,4 s et 0,44 s.

Exemple

Trace le graphique de la fonction $y = \cos x$ pour $0° \le x \le 360°$.

Solution

1. Mets la calculatrice en mode degré:
   - [MODE] → «Degree» → [ENTER].

2. Entre $y = \cos x$ dans l'éditeur d'équation:
   - Y = [COS] [X,T,Θ,n] [)].

3. Ajuste la fenêtre pour qu'elle corresponde au domaine donné:
   - [WINDOW] → $X_{min} = 0$, $X_{max} = 360$, $X_{sel} = 90$ (pour un intervalle de 90° sur l'axe des x), $Y_{min} = -1$, et $Y_{max} = 1$.

4. Trace le graphique de la fonction en utilisant la fonction ZoomFit:
   - [ZOOM] [0].

Soit une ellipse, un élément important en physique, car c'est la forme des orbites des planètes et des satellites. La forme classique de l'équation d'une ellipse dont le centre est à l'origine et l'axe principal le long de l'axe des x est

$$\frac{x^2}{a^2} + \frac{y^2}{b^2} = 1, \text{ où } a > b.$$

Les sommets de l'ellipse sont à $(a, 0)$ et $(-a, 0)$, comme le montre la **figure 18**.

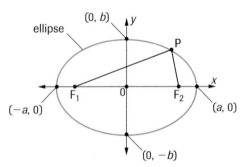

Figure 18
Une ellipse

de sorte que $PF_1 + PF_2 = $ constante

Exemple

Utilise la fonction «Zap-a-Graph» pour tracer une ellipse dont le centre est à l'origine des axes x-y et détermine l'effet d'une modification des paramètres de l'ellipse.

Solution

1. Choisis «ellipse» dans le menu Zap-a-Graph:
   - [DEFINE] → Ellipse.

2. Entre les paramètres de l'ellipse (p. ex., $a = 6$ et $b = 4$), puis trace le graphique.

3. Modifie l'ellipse en choisissant «Scale» dans le menu «Grid» et en entrant différentes valeurs.

Représentation graphique sur une feuille de calcul

Un tableur est un programme informatique dont on peut se servir pour créer un tableau de données et le graphique qui correspond à ces données. Il utilise des cellules désignées par une lettre identifiant la colonne (A, B, C, etc.) et un nombre correspondant à la ligne (1, 2, 3, etc.) ; ainsi, B1 et C3 sont des exemples de cellules (**figure 19**). Chaque cellule peut contenir un nombre, une étiquette ou une formule.

	A	**B**	**C**	**D**	**E**
1	A1	B1	C1		
2	A2	B2			
3	A3				

Figure 19
Les cellules d'une feuille de calcul

Pour créer un tableau de données et tracer le graphique correspondant, inspire-toi des étapes décrites dans le prochain exemple.

Exemple

Soit un objet ayant une vélocité initiale de 5,0 m/s [E] et une accélération constante de 4,0 m/s^2 [E] ; crée une feuille de calcul pour la relation $\Delta \vec{d} = \vec{v_i}\Delta t + \frac{1}{2}\vec{a}\Delta t^2$. Trace un graphique dont les données vont de $t = 0$ s à $t = 8,0$ s par intervalles de 1,0 s.

Solution

1. Accède à la feuille de calcul et entre dans la cellule A1 le nom de la variable indépendante, dans ce cas-ci t, et dans la cellule B1 le nom de la variable dépendante, dans ce cas-ci Δd.

2. Entre les valeurs de t de 0 à 8,0 dans les cellules A2 à A10. Dans la cellule B2, entre le membre de droite de l'équation sous la forme suivante : $v_i\text{*}t + \frac{1}{2}\text{*}a\text{*}t\text{*}t$, où «*» représente une multiplication.

3. Utilise le curseur pour sélectionner les cellules B2 à B10 puis la commande Contrôle+D (Fill Down), ou utilise la poignée de remplissage de la cellule B1 en la déplaçant jusqu'à B10 pour copier l'équation dans chaque cellule.

4. Demande au programme de tracer le graphique correspondant aux valeurs du tableau de données (choisis la fonction de création d'un graphique, p. ex., Make Chart, selon le logiciel).

On peut utiliser une feuille de calcul pour résoudre un système de deux équations, par exemple lors de l'analyse de collisions élastiques (voir la section 5.3). Dans une collision élastique à une dimension, les deux équations touchées simultanément sont

$$m_1\vec{v_1} + m_2\vec{v_2} = m_1\vec{v_1'} + m_2\vec{v_2'}$$

de la loi de la conservation de la quantité de mouvement

et

$$\frac{1}{2}mv_1^2 + \frac{1}{2}mv_2^2 = \frac{1}{2}mv_1'^2 + \frac{1}{2}mv_2'^2$$

du principe de conservation de l'énergie

Si les grandeurs connues sont m_1, m_2, v_1 et v_2, alors les grandeurs inconnues sont v_1' et v_2'. Pour déterminer ces grandeurs inconnues, réécris les équations afin qu'une grandeur inconnue soit isolée et liée à toutes les autres variables. Dans cet exemple, entre v_2' dans la cellule A1, entre la première grandeur v_1' basée sur l'équation de la loi de la conservation de la quantité de mouvement dans la cellule B1 et entre la seconde grandeur v_1' (appelle-la v_1''), établie à partir de l'équation du principe de conservation de l'énergie, dans la cellule C1. Entre ensuite des données en suivant le modèle précédent et en utilisant des valeurs raisonnables pour les variables. Trace le graphique correspondant aux données et détermine l'intersection des deux lignes résultantes. Cette intersection est la solution des deux équations simultanées.

A2 La planification d'une recherche

Dans nos efforts pour approfondir notre connaissance de la nature, nous sommes confrontés à des questions et à des mystères quasi insolubles ou à des événements difficiles à expliquer. Pour trouver des explications, nous procédons à des recherches basées sur une démarche scientifique. Les méthodes appliquées dépendent, en grande partie, de l'objectif de la recherche.

Expériences dirigées

Une expérience dirigée est une démarche scientifique qui consiste à faire varier délibérément et progressivement une variable indépendante pour déterminer son effet sur une deuxième variable, celle-ci dépendante, tout en conservant la valeur de toutes les autres variables. On réalise des expériences dirigées lorsque l'objectif de la démarche est de créer, tester ou appliquer un concept scientifique.

Les éléments communs des expériences dirigées sont exposés ci-après. *Même si ces étapes sont présentées dans l'ordre chronologique, chacune d'entre elles peut être répétée plusieurs fois au cours d'une véritable expérience.*

La formulation de l'objectif

Chaque recherche en sciences a un objectif. Il peut s'agir de

- développer un concept scientifique (une théorie, une loi, une généralisation ou une définition);
- tester un concept scientifique;
- déterminer une constante scientifique; ou
- tester l'élaboration de l'expérience, la marche à suivre ou ton habileté.

Détermine quel est l'objectif de ta recherche. Indique ton choix en énonçant ton objectif.

La question

Ta question jette les bases de ta recherche: en fait, la recherche est élaborée pour répondre à la question. Les expériences dirigées portant sur des relations, la question posée pourrait traiter des effets d'une variation de la variable B sur la variable A.

La formulation d'une prévision ou d'une hypothèse

Une prévision est une réponse provisoire à la question que tu étudies. La prévision sert à énoncer les résultats que tu attends de ton expérience.

Une hypothèse est une explication provisoire. Pour qu'elle soit scientifique, une hypothèse doit être vérifiable. Le degré de certitude des hypothèses peut varier et ainsi reposer sur une supposition apprise ou, à l'inverse, sur un concept largement reconnu par la communauté scientifique.

L'élaboration de la recherche

L'étape de l'élaboration permet d'identifier la méthode que tu prévois employer pour traiter la variable indépendante, mesurer la réponse de la variable dépendante et contrôler toutes les autres variables au cours de ta recherche. L'élaboration de la recherche est un résumé du plan de ton expérience.

La cueillette, l'enregistrement et l'organisation des observations

Il existe plusieurs façons de recueillir et d'enregistrer les observations durant ta recherche. Il est utile de planifier et de réfléchir aux données dont tu auras besoin pour répondre à la question posée et au meilleur moyen de les enregistrer. Cela te permettra de mieux réfléchir sur la question posée au commencement, sur les variables, le nombre d'essais, la marche à suivre, le matériel et tes aptitudes. Cela t'aidera aussi à organiser ta preuve pour faciliter l'analyse.

L'analyse des observations

Après avoir analysé minutieusement tes observations, tu pourrais avoir une preuve suffisante et solide pour te permettre de répondre à la question posée au commencement de la recherche.

L'évaluation de la preuve et de la prévision ou de l'hypothèse

À ce stade de la recherche, tu évalues les méthodes que tu as suivies pour planifier et réaliser ta recherche.

Tu évalues aussi le résultat de ta recherche, ce qui implique une évaluation de la ou des prévisions que tu as faites, ainsi que de l'hypothèse ou du concept plus reconnu sur lequel reposaient tes prévisions. Tu dois identifier toutes les sources d'erreur et d'incertitude dans tes mesures et les prendre en compte.

Enfin, compare la réponse que tu avais prévue à la réponse formulée après analyse de la preuve. Ton hypothèse est-elle acceptable? Le concept reconnu est-il acceptable?

Le compte rendu de la recherche

En préparant ton rapport, tu dois chercher à décrire le processus de planification de ta recherche et la méthode que tu as suivie avec clarté, en donnant suffisamment de détails pour que le lecteur puisse répéter l'expérience exactement comme tu l'as faite. Tu dois aussi présenter tes observations, ton analyse et ton évaluation de l'expérience avec précision et honnêteté.

A3 **La prise de décision**

La vie moderne est remplie de problèmes environnementaux et sociaux qui ont des dimensions scientifiques et technologiques. Un problème comporte au moins deux solutions possibles plutôt qu'une seule. Face à un problème, on peut prendre plusieurs positions ; celles-ci sont généralement déterminées par les valeurs des individus ou des sociétés. Savoir quelle solution est « la meilleure » est une affaire d'opinion ; idéalement, la solution retenue est celle qui est la plus opportune pour l'ensemble de la société.

Les méthodes qui sont habituellement appliquées au cours du processus de prise de décision sont exposées ci-après. *Même si ce processus est présenté comme linéaire, il est possible que tu aies à répéter plusieurs fois les mêmes étapes avant de décider de prendre position.*

La définition du problème

La première étape pour comprendre un problème est de savoir pourquoi il s'agit d'un problème, de décrire les difficultés qui lui sont associées et d'identifier les individus ou les groupes, appelés intervenants, qui y participent. Tu pourrais réfléchir aux questions suivantes pour analyser le problème en cause : Qui ? Quoi ? Où ? Quand ? Pourquoi ? Comment ? Rassemble les renseignements de base sur le problème analysé en clarifiant les faits et les concepts et en identifiant les aspects pertinents ainsi que les caractéristiques du problème.

L'identification des options/positions

Étudie le problème en cause et réfléchis au plus grand nombre de solutions possible. À ce stade, il importe peu que les solutions semblent irréalistes. Tu dois analyser les options suivant diverses perspectives. Les intervenants peuvent apporter différents points de vue et cela peut influencer leur position. Pense aux réactions des autres intervenants face à tes positions. Le **tableau 1** présente les points de vue que les intervenants peuvent adopter pour analyser un problème.

La question de recherche

Formule une question qui t'aidera à circonscrire ou à préciser le problème. Ensuite, développe un plan pour identifier et trouver des sources d'information fiables et pertinentes. Présente les étapes de ta recherche d'information : recueillir, classer, évaluer, sélectionner et intégrer l'information pertinente. Tu peux recourir à un organigramme, à une carte conceptuelle ou à un autre outil graphique pour exposer les étapes de ta recherche d'information. Rassemble des renseignements tirés de plusieurs sources : journaux, magazines, revues scientifiques, Internet et bibliothèques, par exemple.

L'analyse du problème

À cette étape, tu analyses le débat dans le but de clarifier ta position. Tu dois d'abord établir des critères d'évaluation afin de déterminer la pertinence de tes informations et leur importance. Tu peux ensuite évaluer tes sources, déterminer quelles suppositions pourraient avoir été faites et évaluer si tu as suffisamment d'éléments pour prendre ta décision.

Pour analyser efficacement un problème, tu dois suivre cinq étapes :

1. Établis les critères permettant de déterminer la pertinence et l'importance des données que tu as recueillies.
2. Évalue les sources d'information.

Tableau 1 Quelques points de vue pour l'analyse d'un problème

Culturel	Coutumes et pratiques d'un groupe particulier
Environnemental	Effets sur les processus naturels et les organismes vivants
Économique	Production, distribution et consommation des richesses
Pédagogique	Effets sur l'apprentissage
Affectif	Sentiments et émotions
Esthétique	Aspects artistiques, de bon goût, beauté
Morale/éthique	Le bien/le mal, le bon/le mauvais
Juridique	Droits et devoirs
Spirituel	Effets sur les croyances personnelles
Politique	Visées d'un groupe ou d'un parti identifiable
Scientifique	Logique ou résultats d'une recherche significative
Social	Effets sur les relations humaines, la collectivité
Technologique	Utilisation des machines et des procédés

3. Identifie et détermine quelles suppositions ont été faites. Remets en question les preuves non fondées.

4. Détermine toutes les relations causales, séquentielles ou structurales associées au problème.

5. Évalue les solutions proposées, par exemple en réalisant une analyse risques-avantages.

La justification de la décision

Après avoir analysé tes informations, tu peux répondre à la question posée et prendre une position éclairée sur le problème débattu. Tu devrais être en mesure de défendre la solution que tu privilégies de manière appropriée — délibération, discussion en classe, discours, exposé, présentation multimédia (p. ex., présentation informatisée), brochure, affiche, vidéo…

Ta position doit être justifiée en utilisant les informations que tu as sélectionnées dans tes recherches et examinées dans ton analyse. Tu dois être en mesure de défendre ta position face à des gens dont la perspective est différente. En préparant ta défense, pose-toi les questions suivantes :

- Pour appuyer ma position, ai-je des preuves provenant de plusieurs sources ?
- Puis-je énoncer ma position clairement ?
- Ai-je des arguments solides (avec des preuves solides) pour défendre ma position ?
- Ai-je considéré les arguments opposés à ma position et identifié leurs défauts ?
- Ai-je analysé les points forts et les points faibles de chaque perspective ?

L'évaluation du processus

Dans la phase finale du processus de décision, la décision arrêtée par le groupe doit être évaluée, ainsi que le processus même de décision et le rôle que tu y as joué. Après avoir pris une décision, examine soigneusement la réflexion qui l'a motivée. Voici quelques questions qui te guideront dans ton évaluation :

- Quel était mon point de vue initial ? Comment mon point de vue a-t-il changé depuis que j'ai commencé à explorer ce problème ?
- Comment avons-nous pris notre décision ? Quel processus avons-nous utilisé ? Quelles étapes avons-nous suivies ?
- De quelle façon notre décision résout-elle le problème posé ?

- Quels sont les effets probables à court terme et à long terme de notre décision ?
- Suis-je satisfait de cette décision ?
- Quelles raisons donnerais-je pour expliquer notre décision ?
- Si nous avions à prendre cette décision une autre fois, que ferais-je différemment ?

Un modèle d'analyse risques-avantages

L'analyse risques-avantages est un outil utilisé pour organiser et analyser les informations recueillies au cours d'une recherche. Une analyse approfondie des risques et des avantages associés à chaque solution proposée peut t'aider à choisir la meilleure option.

- Recherche le plus grand nombre de facettes possible de la proposition. Examine la proposition sous différents angles.
- Rassemble le plus de preuves possible, y compris les projections raisonnables de résultats probables si la proposition est adoptée.
- Classe chaque résultat éventuel en le définissant comme un avantage ou un risque.
- Évalue l'importance de chaque avantage ou risque (par exemple, en termes financiers ou par rapport au nombre de vies affectées, ou sur une échelle de 1 à 5).
- Évalue la probabilité (pourcentage) que l'événement se produise.
- En multipliant l'importance d'un avantage (ou d'un risque) par la probabilité qu'il se produise, tu peux attribuer une valeur significative à chaque résultat possible.
- Fais la somme des valeurs significatives de tous les risques et avantages définis et compare les résultats pour déterminer si tu adoptes ou non l'action proposée.

Bien que tu doives essayer d'être objectif dans ton évaluation, tu verras que tes opinions auront un effet sur le résultat : deux personnes, même si elles utilisent les mêmes informations et les mêmes outils, peuvent parvenir à une conclusion différente sur le rapport entre les risques et les avantages d'une même proposition.

A4 La résolution de problèmes par la technologie

L'objectif de la science est de comprendre la nature, alors que celui de la technologie est de résoudre des problèmes en développant ou en analysant un produit ou un processus pour répondre à un besoin humain. Ce produit ou ce processus doit remplir sa fonction, mais, il n'est pas essentiel de comprendre pourquoi ni comment il fonctionne. Les solutions technologiques sont évaluées en fonction de critères tels que la simplicité, la fiabilité, l'efficacité, le coût et les répercussions écologiques et politiques.

Même si elles sont présentées comme étant linéaires, les étapes de résolution de problèmes sont normalement répétées plusieurs fois.

La définition du problème

Ce processus comprend la reconnaissance et l'identification du besoin qui nécessite une solution technologique. Tu dois formuler clairement ta question ainsi que les critères qui te guideront dans la résolution du problème et l'évaluation de ta solution. Dans tous les cas, certains critères sont plus importants que d'autres. Par exemple, si une solution est précise et économique, mais n'offre aucune garantie de sécurité, elle est évidemment inacceptable.

L'identification des solutions

Utilise tes connaissances et ton expérience pour proposer des solutions. Fais preuve de créativité.

Exprime le plus grand nombre d'idées possible sur le fonctionnement de ta solution et sur ses formes éventuelles. Le but d'un remue-méninges est d'émettre beaucoup d'idées sans les juger. Elles seront évaluées, acceptées ou rejetées par la suite.

Les schémas aident à visualiser les solutions, car ils réussissent souvent mieux à communiquer une idée que les descriptions verbales.

La planification

La planification est au cœur de l'ensemble du processus. Un plan présente les grandes lignes du processus, identifie les sources d'information disponibles et le matériel, définit les paramètres des ressources ainsi que les critères d'évaluation.

On utilise généralement sept types de ressources dans l'élaboration de solutions technologiques : les personnes, l'information, le matériel, les outils, l'énergie, l'argent et le temps.

L'élaboration et la vérification

Au cours de cette étape, tu construis et mets à l'essai un prototype en procédant systématiquement par essai et erreur. Essaie de traiter une seule variable à la fois. Sers-toi des échecs pour expliquer tes décisions avant ton prochain essai. Tu peux aussi effectuer une analyse coûts-avantages du prototype.

Pour t'aider à choisir la meilleure solution, attribue une note à chaque solution proposée pour chacun des critères de conception définis, en utilisant une échelle de cinq points : faible (1), passable (2), bon (3), très bon (4) et excellent (5). Compare ensuite tes solutions en faisant le total des notes.

Après avoir choisi la solution, tu dois produire et mettre à l'essai un prototype. Pendant sa fabrication, tu expérimenteras les caractéristiques des différentes composantes. Un modèle, à plus petite échelle, pourrait t'aider à décider si le résultat est fonctionnel. L'essai de ton prototype doit permettre de répondre à trois questions fondamentales :

- Le prototype résout-il le problème ?
- Satisfait-il aux critères de conception ?
- La solution présente-t-elle des problèmes imprévus ?

S'il n'y a pas de réponses satisfaisantes à ces questions, tu devras peut-être revoir la conception de la solution ou en choisir une autre.

La présentation de la solution

Présente ta solution en la décrivant, en identifiant ses applications éventuelles et en l'appliquant.

Le prototype fabriqué et testé, un essai dans des conditions réelles constitue la meilleure présentation qui soit de la solution. Tout commentaire doit être retenu en vue de modifications ultérieures. Rappelle-toi qu'aucune solution ne doit être considérée comme définitive.

L'évaluation de la solution et du processus

La résolution technologique des problèmes est de nature cyclique. À cette étape-ci, l'évaluation de la solution retenue et de son processus de développement peut t'amener à revoir la solution choisie.

L'évaluation ne se fait pas qu'à l'étape finale ; il est en effet important d'évaluer le résultat en utilisant les critères établis précédemment et d'évaluer le processus suivi pour en arriver à la solution. Pose-toi les questions suivantes :

- Jusqu'à quel point le résultat obtenu satisfait-il aux critères de conception ?
- A-t-on fait des compromis dans la conception ? Si c'est le cas, est-il possible de réduire leurs effets au minimum ?
- Peut-on envisager d'autres solutions ?
- As-tu dépassé les paramètres de l'une ou l'autre des ressources ?
- Comment s'est déroulé le travail d'équipe ?

A5 Les rapports de laboratoire

Au cours de leurs travaux de recherche, il est important que les scientifiques conservent leurs plans et leurs résultats et partagent leurs découvertes. Pour que leurs recherches puissent être répétées et acceptées par la communauté scientifique, les chercheurs partagent généralement les résultats de leurs travaux en publiant des articles qui décrivent en détail le projet, le matériel, la marche à suivre, la preuve, l'analyse et l'évaluation.

Les rapports de laboratoire sont préparés à la fin de la recherche. Pour pouvoir décrire avec précision ta recherche, il est important que tu conserves des dossiers complets et précis de tes activités tout au long des travaux.

Les chercheurs présentent leurs rapports finals ou leurs cahiers de laboratoire en suivant un modèle similaire, bien que les en-têtes et l'ordre des sections varient parfois. Ton cahier ou rapport de laboratoire doit faire état du type de démarche scientifique que tu as suivie dans ta recherche et comporter les sections suivantes, s'il y a lieu.

Titre

Au début du rapport, inscris le numéro et le titre de ta recherche. Dans le présent cours, le titre est habituellement donné, mais, si tu conçois ta propre recherche, crée un titre qui identifie son sujet. Inclus la date de réalisation de la recherche et le nom de tous tes partenaires de laboratoire (si tu as travaillé en équipe).

But

Énonce le but de ta recherche. Pourquoi fais-tu cette recherche ?

Question

Précise la question à laquelle tu as tenté de répondre en réalisant ta recherche. Si le sujet s'y prête, exprime la question sous la forme de variables indépendantes et dépendantes.

Prévision et hypothèse

Une prévision est une réponse provisoire à la question à la base d'une recherche. Dans la prévision, tu indiques le résultat que tu attends de ton expérience.

Une hypothèse est une explication provisoire. Pour qu'elle soit scientifique, une hypothèse doit être vérifiable. Les hypothèses peuvent varier, en ce qui a trait à leur degré de certitude, en reposant simplement sur une supposition apprise ou, au mieux, sur un concept largement accepté par la communauté scientifique. Selon la nature de ta recherche, tu auras ou non une hypothèse ou une prévision.

Élaboration de l'expérience

Si tu as conçu ta propre recherche, présente brièvement dans ce paragraphe (en une à trois phrases) ce qui a été fait. Si des variables indépendantes, dépendantes et dirigées sont traitées dans ta recherche, énumère-les. Identifie tout témoin ou groupe témoin ayant été utilisé dans ta recherche.

Matériel

Ce paragraphe doit comporter une liste détaillée du matériel utilisé, y compris les grandeurs et les quantités, s'il y a lieu. N'oublie pas de décrire le matériel de sécurité et les précautions particulières à prendre lors de l'utilisation de l'équipement ou de l'exécution des travaux. Représente les montages complexes d'appareils à l'aide de schémas.

Marche à suivre

Décris, au moyen d'étapes numérotées et détaillées, la marche à suivre que tu as adoptée dans ta recherche. N'oublie pas de présenter les étapes suivies pour recueillir et éliminer les déchets.

Observations

Dans ce paragraphe, inclus tes observations qualitatives et quantitatives. Sois aussi précis ou précise qu'il le faut dans tes observations quantitatives. Rapporte toute observation inattendue et présente ton information le plus simplement possible. Si tu n'as que quelques observations, fais-en une liste. Pour les expériences dirigées et pour présenter un grand nombre d'observations, un tableau sera l'idéal.

Analyse

Interprète tes observations et présente les preuves sous la forme de tableaux, de graphiques ou de figures, accompagnés d'un titre. Inclus des calculs et présente leurs résultats dans un tableau. Décris les modèles ou les tendances que tu constates. Conclus l'analyse par un énoncé basé sur les preuves que tu as recueillies en répondant à la question à l'origine de ta recherche.

Évaluation

L'évaluation, c'est ton jugement sur la qualité des preuves obtenues et sur la validité de la prévision et de l'hypothèse formulées (le cas échéant). Cette section peut être divisée en deux parties :

- Tes observations fournissent-elles des preuves fiables et valables te permettant de répondre à la question posée ? As-tu suffisamment confiance en la preuve pour l'utiliser pour évaluer ta prévision ou ton hypothèse ?

- Les preuves apportées appuient-elles ou contredisent-elles la prévision que tu as faite avant de commencer la recherche ? Selon ton évaluation des preuves et de la prévision, l'hypothèse ou la source à l'origine de ta prévision est-elle confirmée ou doit-elle être rejetée ?

Les questions qui suivent devraient t'aider dans ton évaluation.

Évaluation de l'expérience

1. As-tu été en mesure de répondre à la question posée grâce à l'expérience choisie ? Cette expérience comporte-t-elle des lacunes évidentes ? Quelles autres expériences sont possibles (meilleures ou pires) ? Selon toi, cette expérience est-elle la meilleure sur le plan du contrôle, de l'efficacité et des coûts ? Selon toi, quel est le niveau de fiabilité de cette expérience ?

   Tu peux consigner tes conclusions sur l'expérience réalisée de la manière suivante : « L'expérience [nom ou courte description] est jugée adéquate/inadéquate parce que… »

2. L'ordre des étapes suivies en laboratoire était-il correct, et ces étapes ont-elles permis de recueillir des preuves suffisantes ? De quelle façon pourrait-on améliorer la marche à suivre ? Quelles étapes, si elles n'avaient pas été suivies correctement, pourraient avoir eu une influence déterminante sur les résultats ?

   Résume tes conclusions dans un énoncé de ce type : « La marche à suivre est jugée adéquate/inadéquate parce que… »

3. Quelles connaissances particulières, s'il y a lieu, pourraient avoir l'effet le plus important sur les résultats expérimentaux ? Les preuves recueillies à l'issue d'essais répétés sont-elles similaires ? Les mesures effectuées auraient-elles pu être plus précises ?

   Résume tes conclusions de la manière suivante : « Les connaissances technologiques sont jugées adéquates/ inadéquates parce que… »

4. Tu devrais maintenant être prêt ou prête à résumer ton évaluation. As-tu suffisamment confiance en tes résultats pour évaluer l'hypothèse mise à l'épreuve ? Compte tenu des incertitudes et des erreurs que tu as identifiées au cours de l'évaluation, quel serait le pourcentage d'écart acceptable pour cette expérience (1 %, 5 % ou 10 %) ?

   Présente ton degré de certitude de la façon suivante : « Selon mon évaluation de l'expérience, je ne suis pas certain(e))/je suis raisonnablement certain(e))/je suis tout à fait certain(e)) de mes résultats expérimentaux. Les principales sources d'incertitude ou d'erreur sont… »

Évaluation de la prévision et de la source

1. Calcule le pourcentage d'écart de ton expérience.

$$\% \text{ différence} = \frac{\left| \text{différence des valeurs} \right|}{\text{moyenne des valeurs}} \times 100 \%$$

   Comment cet écart se compare-t-il à ton estimation de l'incertitude totale (cet écart est-il plus grand ou plus petit que la différence que tu as jugée acceptable pour cette expérience) ? La réponse prévue confirme-t-elle clairement la réponse expérimentale présentée dans ton analyse ? L'écart constaté peut-il s'expliquer par les sources d'incertitude énumérées plus tôt dans l'évaluation ?

   Résume ton évaluation de la prévision comme suit : « La prévision est jugée vérifiée/non concluante/faussée parce que… »

2. Si la prévision est vérifiée, l'hypothèse ou la proposition sur laquelle elle repose est confirmée par l'expérience. Dans le cas contraire, si les résultats de l'expérience ne sont pas concluants ou si la prévision est faussée, un doute plane sur l'hypothèse ou la proposition. Crois-tu pouvoir exprimer avec confiance un jugement sur l'expérience réalisée ? Faut-il poser une nouvelle hypothèse ou la revoir, ou encore restreindre, inverser ou remplacer la proposition mise à l'épreuve ?

   Résume ton évaluation de la manière suivante : « [L'hypothèse ou la proposition] vérifiée est jugée acceptable/inacceptable parce que… »

Synthèse

Tu peux résumer tes connaissances et ta compréhension de l'une des façons suivantes :

- Fais le lien entre ce que tu as découvert au cours de l'expérience et les théories et concepts étudiés précédemment.

- Applique tes observations et tes conclusions à des situations pratiques.

B1 Les conventions et les symboles

Même si l'on prend toutes les précautions nécessaires pour que les expériences scientifiques se déroulent en toute sécurité, certaines recherches comportent inévitablement des risques. En règle générale, ces risques sont liés au matériel et à l'équipement utilisés et au non-respect des consignes de sécurité qui régissent les recherches et les expériences. Toutefois, il peut y avoir des risques associés au lieu où est effectuée la recherche, que ce soit en laboratoire, à la maison ou à l'extérieur. La plupart des risques ne présentent pas plus de danger que ceux de la vie courante. Ces risques peuvent presque tous être évités si l'on prend des précautions, si l'on connaît les règles à respecter, si l'on adopte le comportement approprié et que l'on fait preuve d'un peu de bon sens.

Rappelle-toi que tu es responsable non seulement de ta propre sécurité, mais aussi de celle des gens qui t'entourent. Préviens toujours ton enseignant ou ton enseignante en cas d'accident.

Dans ce manuel, les produits chimiques, l'équipement et les méthodes qui présentent un danger sont mis en évidence en rouge et sont précédés du symbole SIMDUT (Système d'information sur les matières dangereuses utilisées au travail) ou par le pictogramme .

Les symboles SIMDUT et SPMD

Le Système d'information sur les matières dangereuses utilisées au travail (SIMDUT) offre aux travailleurs, aux travailleuses et aux élèves une information précise et complète sur les produits dangereux. Tous les produits chimiques fournis aux écoles et aux entreprises doivent être munis d'étiquettes normalisées et être accompagnés d'une fiche signalétique (FS) présentant des renseignements détaillés sur le produit. Un étiquetage précis et normalisé est un élément important du SIMDUT (**tableau 1**). Ces étiquettes doivent être posées sur le contenant original du produit et être ajoutées si le produit est placé dans un autre contenant.

La *Loi canadienne sur les produits dangereux* exige que les fabricants d'articles de consommation qui contiennent des produits chimiques apposent sur les articles un symbole précisant la nature du principal risque posé et sa gravité. Les risques secondaires, les premiers soins requis, le mode d'entreposage et la manière de se débarrasser du produit doivent également être indiqués. Le type de bordure qui encadre les symboles des produits ménagers dangereux (SPMD) sert à distinguer la gravité des risques posés (**figure 1**).

	Corrosif
	Ce produit peut brûler la peau et les yeux. S'il est avalé, il causera des dommages à la gorge et à l'estomac.
	Inflammable
	Ce produit ou le gaz (ou la vapeur) qu'il dégage peut s'enflammer rapidement. Ne pas exposer ce produit à la chaleur et aux flammes et le tenir loin des étincelles.
	Explosif
	Le contenant peut exploser s'il est chauffé ou perforé. Des éclats de métal ou de plastique pourraient être projetés et atteindre les yeux ou toute autre partie du corps et causer des blessures.
	Poison
	Si tu avales ce produit ou si tu le mets dans ta bouche ce produit, tu pourrais devenir très malade ou même mourir. Certains produits dont l'étiquette porte ce symbole peuvent te causer des blessures si tu les inhales (respires).

Danger

Avertissement

Mise en garde

Figure 1
Les symboles des produits ménagers dangereux (SPMD)

Tableau 1 Le Système d'information sur les matières dangereuses utilisées au travail (SIMDUT)

Classe et type de composés	Symbole SIMDUT	Risques	Précautions
Classe A *Gaz comprimé* Produit normalement gazeux qui est conservé dans un contenant sous pression		• pourrait exploser sous la pression • pourrait exploser si chauffé ou secoué • risque possible résultant de la force de l'explosion et du déversement du contenu	• s'assurer que le contenant est toujours protégé • conserver dans des lieux prévus à cet effet • ne pas renverser ni laisser tomber
Classe B *Matière inflammable et combustible* Matière qui continuera de brûler après avoir été exposée à une flamme ou à une autre source de chaleur		• peut prendre feu spontanément • peut dégager des produits inflammables si elle se dégrade ou est exposée à l'eau	• conserver dans des lieux prévus à cet effet • utiliser dans des zones bien aérées • éviter la chaleur • éviter les étincelles et les flammes • ne pas exposer à une source d'électricité
Classe C *Matière comburante* Matière qui peut provoquer ou favoriser la combustion d'une autre matière		• peut provoquer des brûlures • risque d'incendie et d'explosion • peut faire exploser ou faire réagir violemment les combustibles	• entreposer à l'abri des combustibles • porter des vêtements de protection, des gants et un masque • conserver dans un contenant approprié
Classe D *Matière toxique Effet grave et immédiat* Poison ou matière potentiellement mortelle ayant un effet nocif immédiat		• peut être mortelle en cas d'ingestion ou d'inhalation • peut être absorbée par la peau • de petits volumes ont un effet toxique	• éviter de respirer la poussière ou les vapeurs • éviter tout contact avec la peau ou les yeux • porter des vêtements de protection et un masque • utiliser dans des endroits bien aérés et porter un masque à gaz
Classe D *Matière toxique Effet occulte à long terme* Matière dont l'effet nocif se manifeste après des expositions répétées ou une longue période		• peut entraîner la mort ou des blessures permanentes • peut provoquer des maladies congénitales ou la stérilité • peut causer le cancer • peut rendre allergique	• porter des vêtements de protection appropriés • utiliser dans un endroit bien aéré • conserver dans des lieux prévus à cet effet • éviter tout contact direct • se protéger les mains, le corps, le visage et les yeux • veiller à porter un masque à gaz
Classe D *Biorisque Matière contaminante* Agent infectieux ou biotoxine provoquant une maladie grave ou la mort		• peut provoquer un choc anaphylactique • contient des virus, levures, moisissures, bactéries et parasites nuisibles pour les êtres humains • contient des fluides qui renferment des produits toxiques • contient des corps cellulaires	• une formation spéciale est requise pour manipuler ce produit • utiliser dans des zones biologiques identifiées soumises à des contrôles • éviter la formation d'aérosols • éviter de respirer les vapeurs • éviter de contaminer les personnes et les lieux • conserver dans des lieux prévus à cet effet
Classe E *Matière corrosive* Matière qui réagit avec les métaux et les tissus vivants		• peut irriter la peau et les yeux • une plus longue exposition provoque des brûlures sévères • inhaler endommage les poumons • peut causer la cécité en cas de contact avec les yeux • les vapeurs causent des dommages à l'environnement	• se protéger le corps, les mains, le visage et les yeux avec un matériel approprié • utiliser un masque à gaz • utiliser dans un endroit bien aéré • éviter tout contact direct avec le corps • utiliser des contenants d'entreposage adéquats et étanches
Classe F *Matière réactive dangereuse* Matière présentant des risques en raison de réactions imprévisibles		• peut réagir avec l'eau • peut être chimiquement instable • peut exploser si exposée à des chocs ou à la chaleur • peut dégager des vapeurs toxiques ou inflammables • peut se polymériser violemment • peut brûler de manière imprévue	• manipuler avec soin et éviter vibrations, chocs et changements de température • conserver dans des contenants prévus à cet effet • s'assurer que les contenants d'entreposage sont scellés • conserver et utiliser dans des lieux prévus à cet effet

B2 La sécurité au laboratoire

Les règles générales de sécurité

La sécurité au laboratoire est plus une question d'attitude et d'habitude qu'un ensemble de règles. Il est plus facile de prévenir les accidents que de faire face à leurs conséquences. La plupart des règles qui suivent sont l'expression du bon sens.

- N'entre pas dans un laboratoire sauf si un adulte responsable est présent ou si tu en as la permission.
- Informe-toi des règles de ton école sur la sécurité.
- Informe ton enseignant si tu souffres d'une allergie ou d'un autre problème de santé.
- Écoute attentivement les consignes données par ton enseignant ou ton enseignante et observe-les.
- Porte des verres protecteurs, un tablier ou un sarrau de laboratoire et des gants de protection s'il y a lieu.
- Porte des chaussures fermées (et non des sandales) pendant que tu travailles dans le laboratoire.
- Laisse tes livres et tes sacs à l'écart de la zone de travail. Conserve cette zone libre de tout matériel, à l'exception de l'équipement qui sert à la recherche.
- Évite de manger, de boire ou de mâcher de la gomme. N'entrepose pas de nourriture dans les réfrigérateurs.
- Renseigne-toi sur l'emplacement des fiches signalétiques des produits, des sorties et du matériel de sécurité, comme la couverture anti-feu, l'extincteur et le bassin oculaire.
- Utilise des supports, des pinces et des accessoires pour fixer le matériel dangereux ou fragile qui risque de se renverser.
- Évite tout mouvement soudain qui pourrait créer de l'obstruction à quelqu'un qui transporte ou utilise des produits chimiques ou des instruments tranchants.
- Ne fais pas de chahut et ne joue pas de tour dans le laboratoire.
- Demande de l'aide si tu n'es pas sûr ou sûre de toi pour une étape de la marche à suivre.
- N'entreprends jamais d'expériences non autorisées.
- Ne travaille pas dans une zone où il y a trop de personnes à la fois ou si tu es seul ou seule dans le laboratoire.
- Signale tous les accidents.
- Nettoie sans délai les déversements, même s'il s'agit d'eau.
- Lave-toi les mains avec de l'eau et du savon chaque fois que tu entres dans le laboratoire ou que tu en sors. Lave-les aussi avant de toucher à des aliments.
- N'oublie pas les consignes de sécurité lorsque tu quittes le laboratoire. Les accidents surviennent aussi à l'extérieur, à la maison ou au travail.

La protection des yeux et du visage

- Protège tes yeux avec un équipement approuvé, même si la tâche te semble sans danger. Conserve la protection devant tes yeux, ne la remonte pas sur ta tête. Pour certaines expériences, il est parfois nécessaire de se couvrir tout le visage en portant des lunettes à coques latérales ou un écran facial, par exemple.
- Ne regarde jamais directement par l'ouverture des flacons ou des éprouvettes.
- Si, malgré toutes ces précautions, un produit chimique atteint l'un de tes yeux, utilise rapidement le bassin oculaire ou le robinet d'eau froide le plus près. Rince ton œil avec de l'eau pendant au moins 15 minutes. Ce sera long — quelqu'un doit chronométrer l'opération. Un autre élève doit informer ton enseignant ou ton enseignante de l'accident. L'œil atteint doit être examiné par un médecin.
- Ne touche jamais tes yeux sans t'être d'abord lavé les mains. Si tu portes des verres de contact, sois encore plus prudent; assure-toi que ton enseignant ou ton enseignante le sait. Apporte au laboratoire un étui pour tes verres de contact et une paire de lunettes.
- Si tu reçois un éclat de verre ou un autre corps étranger dans l'œil, tente immédiatement d'obtenir des soins médicaux.
- Ne fixe pas une source de lumière vive directement (p. ex., un morceau de ruban de magnésium en combustion, un laser ou le soleil). Tu ne ressentiras aucune douleur alors que ta rétine sera endommagée par un rayonnement intense.
- Lorsque tu travailles avec des lasers, n'oublie pas qu'un rayon laser réfléchi peut agir comme un rayon direct sur ton œil.

La manipulation des articles de verre

- N'utilise jamais de contenant de verre fêlé ou ébréché. Donne-le à ton enseignant ou à ton enseignante ou jette-le conformément aux consignes en vigueur.
- Ne ramasse jamais du verre brisé à mains nues. Sers-toi d'un balai et d'une pelle à poussière.
- Ne jette pas les morceaux de verre brisé dans les poubelles. Place-les plutôt dans des contenants spécialement identifiés pour ce type de déchets.
- Ne fais chauffer qu'un contenant de verre conçu pour être chauffé. Vérifie avant de commencer.

- Avertis immédiatement si tu te coupes. Si un éclat de verre a pénétré sous ta peau ou si tu saignes, il te faut obtenir des soins médicaux.

- Pour insérer un tube de verre ou un thermomètre dans un bouchon de caoutchouc, utilise un perce-bouchons de la grosseur appropriée. Insère le perce-bouchons dans la petite extrémité du trou du bouchon. Une fois le perce-bouchons bien en place au travers du trou, insère le tube ou le thermomètre à travers lui. Retire le perce-bouchons du trou en laissant le tube ou le thermomètre à l'intérieur. Pour enlever le tube ou le thermomètre du bouchon, pousse le perce-bouchons dans le bouchon en commençant du côté de la petite extrémité, jusqu'à ce qu'il ressorte de l'autre côté. Fais sortir le tube ou le thermomètre du perce-bouchons.

- Protège tes mains en portant des gants robustes ou plusieurs couches de tissu avant d'insérer du verre dans des bouchons de caoutchouc.

- Sois très prudent lorsque tu nettoies les articles de verre. Il y a plus de risques de les échapper lorsqu'ils sont mouillés et glissants.

L'utilisation d'instruments tranchants

- Assure-toi que les instruments que tu utilises sont bien affûtés. Une des principales causes d'accident avec ce type d'instruments est leur lame émoussée. En effet, il faut exercer une plus grande pression et il y a un plus grand risque que l'instrument glisse.

- Sélectionne l'instrument qui convient à la tâche à accomplir. N'utilise jamais de couteau lorsque des ciseaux feraient mieux l'affaire.

- Quand tu coupes, ta main doit s'éloigner de toi et des personnes qui t'entourent.

- Si tu te coupes, avertis ton enseignant ou ton enseignante immédiatement et obtiens les premiers soins nécessaires.

- Prends des précautions lorsque tu travailles avec un coupe-fils ou une scie à bois. Utilise une planche à découper au besoin.

La sécurité électrique

- N'utilise jamais d'équipement électrique si tu as les mains mouillées ou s'il y a de l'eau à proximité.

- Ne fais pas fonctionner d'équipement électrique près de l'eau courante ou de grands contenants d'eau.

- Vérifie l'état de l'équipement électrique. Ne l'utilise pas si des fils ou des fiches sont endommagés ou si la tige de mise à la terre a été enlevée.

- Assure-toi que les cordons électriques ne risquent pas de faire trébucher quelqu'un.

- Lorsque tu débranches un équipement, retire doucement la fiche de la prise. Ne tire pas sur le cordon.

- Lorsque tu utilises des blocs à tension variable, règle d'abord à basse tension, puis augmente-la lentement.

L'élimination des déchets

L'élimination des déchets à l'école, à la maison ou au travail constitue un débat social et environnemental. Pour protéger l'environnement, les gouvernements émettent des règlements destinés à contrôler les déchets. Par exemple, le programme SIMDUT s'applique à la manipulation des produits contrôlés. (Leur transport est réglementé par la Loi sur le transport des marchandises dangereuses, alors que ce sont des règlements fédéraux, provinciaux et municipaux qui régissent leur élimination.) La plupart des déchets de laboratoire peuvent être jetés dans les égouts ou, s'ils sont solides, placés dans des contenants à ordures ordinaires. Toutefois, certains déchets exigent un traitement plus particulier. Suis les procédures et élimine les déchets de la façon la plus sécuritaire possible.

Les premiers soins

Ces directives s'appliquent lorsque toi ou l'un de tes camarades vous blessez par brûlure, coupure, déversement de produit chimique, ingestion, inhalation ou éclaboussure dans les yeux.

- Si une blessure survient, préviens ton enseignant ou ton enseignante immédiatement.

- Tu dois savoir où trouver la trousse de premiers soins, la couverture anti-feu, le bassin oculaire et la douche, et connaître leur mode d'utilisation.

- Si tu ingères ou inhales une substance dangereuse, préviens immédiatement. La fiche signalétique du produit te fournira l'information sur les premiers soins applicables à la substance en question. Communique avec le centre antipoison de ta région.

- En cas de brûlure, baigne immédiatement la zone touchée dans l'eau froide. Cette mesure abaissera la température de la peau et limitera les dommages.

- Si une personne a subi un choc électrique, ne la touche pas et ne touche pas non plus l'équipement qu'elle utilisait. Supprime le contact en interrompant la source d'électricité ou en débranchant la connexion.

- Si un ou une camarade de classe a été blessé et a perdu conscience, avertis un adulte immédiatement. Il effectuera la réanimation cardio-respiratoire (RCR) nécessaire. N'administre pas toi-même la RCR à moins d'indications précises. Tu peux aider en maintenant la personne à la chaleur et en la rassurant.

Tableau 1 Les unités de mesure de base du système international (SI)

Grandeur	Symbole de la grandeur	Unité de base SI	Symbole de l'unité
longueur	$L, l, h, d, w, r, \lambda, \vec{\Delta d}$	mètre	m
masse	m	kilogramme	kg
temps	t	seconde	s
intensité de courant électrique	I	ampère	A
température thermodynamique	T	kelvin	K
quantité de matière	n	mole	mol
intensité lumineuse	I_v	candela	cd

Tableau 2 Les préfixes métriques et leur origine

Préfixe	Abréviation	Signification	Origine
exa	E	10^{18}	du grec *exa* – hors de
peta	P	10^{15}	du grec *peta* – se déployer
tera	T	10^{12}	du grec *teratos* – monstre
giga	G	10^{9}	du grec *gigas* – géant
mega	M	10^{6}	du grec *mega* – grand
kilo	k	10^{3}	du grec *khilioi* – mille
hecto	h	10^{2}	du grec *hekaton* – cent
deca	da	10^{1}	du grec *deka* – dix
unité standard		10^{0}	
deci	d	10^{-1}	du latin *decimus* – dixième
centi	c	10^{-2}	du latin *centum* – cent
milli	m	10^{-3}	du latin *mille* – mille
micro	μ	10^{-6}	du grec *mikros* – très petit
nano	n	10^{-9}	du grec *nanos* – nain
pico	p	10^{-12}	de l'italien *piccolo* – petit
femto	f	10^{-15}	du grec *femten* – quinze
atto	a	10^{-18}	du danois *atten* – dix-huit

Tableau 3 L'alphabet grec

Majuscule	Minuscule	Nom	Majuscule	Minuscule	Nom
A	α	alpha	N	ν	nu
B	β	beta	Ξ	ξ	xi
Γ	γ	gamma	O	o	omicron
Δ	δ	delta	Π	π	pi
E	ϵ	epsilon	P	ρ	rho
Z	ζ	zeta	Σ	σ	sigma
H	η	eta	T	τ	tau
Θ	θ	theta	Υ	υ	upsilon
I	ι	iota	Φ	ϕ	phi
K	κ	kappa	X	χ	chi
Λ	λ	lambda	Ψ	ψ	psi
M	μ	mu	Ω	ω	oméga

Tableau 4 Quelques unités dérivées du SI

Grandeur	Symbole	Unité	Symbole de l'unité	Unité SI de base
accélération	$\vec{a}$	mètre par seconde par seconde	m/s^2	m/s^2
aire	A	mètre carré	m^2	m^2
température Celsius	t	degré Celsius	°C	°C
masse volumique	ρ, D	kilogramme par mètre cube	kg/m^3	kg/m^3
charge électrique	Q, q	coulomb	C	A·s
champ électrique	$\vec{E}$	volt par mètre	V/m	$kg·m/A·s^3$
intensité d'un champ électrique	$\vec{\varepsilon}$	newton par coulomb	N/C	$kg·m/A·s^3$
différence de potentiel	V	volt	V	$kg·m^2/A·s^3$
résistance électrique	R	ohm	Ω	$kg·m^2/A^2·s^3$
énergie	E	joule	J	$kg·m^2/s^2$
force	$\vec{F}$	newton	N	$kg·m/s^2$
fréquence	f	hertz	Hz	s^{-1}
chaleur	Q	joule	J	$kg·m^2/s^2$
champ magnétique	$\vec{B}$	weber par mètre carré (Tesla)	T	$kg/A·s^2$
champ gravitationnel	$\vec{g}$	newton par kilogramme	N/kg	m/s^2
quantité de mouvement	$\vec{p}$	kilogramme mètre par seconde	kg·m/s	kg·m/s
période	T	seconde	s	s
puissance	P	watt	W	$kg·m^2/s^3$
pression	P	newton par mètre carré	N/m^2	$kg/m·s^2$
activité nucléaire	A	becquerel	Bq	s^{-1}
vitesse	v	mètre par seconde	m/s	m/s
vélocité	$\vec{v}$	mètre par seconde	m/s	m/s
volume	V	mètre cube	m^3	m^3
poids	$\vec{F}_w$	newton	N	$kg·m/s^2$
travail	W	joule	J	$kg·m^2/s^2$

Tableau 5 Les constantes physiques

Grandeur	Symbole	Valeur approximative
vitesse de la lumière dans le vide	c	$3,00 \times 10^8$ m/s
constante universelle de gravitation	G	$6,67 \times 10^{-11}$ N·m²/kg²
constante de Coulomb	k	$9,00 \times 10^9$ N·m²/C²
charge sur un électron	$-e$	$-1,60 \times 10^{-19}$ C
charge sur un proton	e	$1,60 \times 10^{-19}$ C
masse d'un électron au repos	m_e	$9,11 \times 10^{-31}$ kg
masse d'un proton au repos	m_p	$1,673 \times 10^{-27}$ kg
masse d'un neutron au repos	m_n	$1,675 \times 10^{-27}$ kg
unité de masse atomique	u	$1,660 \times 10^{-27}$ kg
électron-volt	eV	$1,60 \times 10^{-19}$ J
constante de Planck	h	$6,63 \times 10^{-34}$ J·s

Tableau 6 Le système solaire

Objet	Masse (kg)	Rayon de l'objet (m)	Période de rotation sur son axe (s)	Rayon moyen de son orbite (m)	Période de révolution sur son orbite (s)	Excentricité orbitale
Soleil	$1,99 \times 10^{30}$	$6,96 \times 10^8$	$2,14 \times 10^6$	—	—	—
Mercure	$3,28 \times 10^{23}$	$2,44 \times 10^6$	$5,05 \times 10^6$	$5,79 \times 10^{10}$	$7,60 \times 10^6$	0,206
Vénus	$4,83 \times 10^{24}$	$6,05 \times 10^6$	$2,1 \times 10^7$	$1,08 \times 10^{11}$	$1,94 \times 10^7$	0,007
Terre	$5,98 \times 10^{24}$	$6,38 \times 10^6$	$8,64 \times 10^4$	$1,49 \times 10^{11}$	$3,16 \times 10^7$	0,017
Mars	$6,37 \times 10^{23}$	$3,40 \times 10^6$	$8,86 \times 10^4$	$2,28 \times 10^{11}$	$5,94 \times 10^7$	0,093
Jupiter	$1,90 \times 10^{27}$	$7,15 \times 10^7$	$3,58 \times 10^4$	$7,78 \times 10^{11}$	$3,75 \times 10^8$	0,048
Saturne	$5,67 \times 10^{26}$	$6,03 \times 10^7$	$3,84 \times 10^4$	$1,43 \times 10^{12}$	$9,30 \times 10^8$	0,056
Uranus	$8,80 \times 10^{25}$	$2,56 \times 10^7$	$6,20 \times 10^4$	$2,87 \times 10^{12}$	$2,65 \times 10^9$	0,046
Neptune	$1,03 \times 10^{26}$	$2,48 \times 10^7$	$5,80 \times 10^6$	$4,50 \times 10^{12}$	$5,20 \times 10^9$	0,010
Pluton	$1,3 \times 10^{23}$	$1,15 \times 10^6$	$5,51 \times 10^5$	$5,91 \times 10^{12}$	$7,82 \times 10^9$	0,248
Lune	$7,35 \times 10^{22}$	$1,74 \times 10^6$	$2,36 \times 10^6$	$3,84 \times 10^8$	$2,36 \times 10^6$	0,055

Tableau 7 La masse atomique des particules

Nom	Symbole	Masse atomique (u)
neutron	n	1,008 665
proton	p	1,007 276
deutéron	d	2,013 553
particule alpha	α	4,002 602

Tableau 8 Des données sur les radio-isotopes

Numéro atomique (Z)	Nom	Symbole	Masse atomique (u)	Type de désintégration	Période radioactive
1	hydrogène 3	$^{3}_{1}\text{H}$	3,016 049	β^-	12,33 a
4	béryllium 7	$^{7}_{4}\text{Be}$	7,016 928	γ	53,29 j
6	carbone 11	$^{11}_{6}\text{C}$	11,011 433	β^+	20,385 min
6	carbone 14	$^{14}_{6}\text{C}$	14,003 242	β^-	5 730 a
8	oxygène 15	$^{15}_{8}\text{O}$	15,003 065	β^+	122,24 s
11	sodium 22	$^{22}_{11}\text{Na}$	21,994 434	β^+, γ	2,608 8 a
14	silicone 31	$^{31}_{14}\text{Si}$	30,975 362	β^-, γ	157,3 min
15	phosphore 32	$^{32}_{15}\text{P}$	31,973 908	β^-	14,262 j
16	soufre 35	$^{35}_{16}\text{S}$	34,969 033	β^-	87,51 j
19	potassium 40	$^{40}_{19}\text{K}$	39,96 400	β^-, β^+	$1,28 \times 10^9$ a
27	cobalt 60	$^{60}_{27}\text{Co}$	59,933 820	β^-, γ	5,271 4 a
38	strontium 90	$^{90}_{38}\text{Sr}$	89,907 737	β^-	29,1 a
43	technétium 98	$^{98}_{43}\text{Tc}$	97,907 215	β^-, γ	$4,2 \times 10^6$ a
49	indium 115	$^{115}_{49}\text{In}$	114,903 876	β^-, γ	$4,41 \times 10^{14}$ a
53	iode 131	$^{131}_{53}\text{I}$	130,906 111	β^-, γ	8,04 j
61	prométhéum 145	$^{145}_{61}\text{Pm}$	144,912 745	γ, α	17,7 a

Tableau 8 suite

Numéro atomique (Z)	Nom	Symbole	Masse atomique (u)	Type de désintégration	Période radioactive
75	rhénium 187	$^{187}_{75}$ Re	186,955 746	β^-	$4,35 \times 10^{10}$ a
76	osmium 191	$^{191}_{76}$ Os	190,960 922	β^-, γ	15,4 j
82	plomb 210	$^{210}_{82}$ Pb	209,984 163	β^-, γ, α	22,3 a
82	plomb 211	$^{211}_{82}$ Pb	210,988 734	β^-, γ	36,1 min
82	plomb 212	$^{212}_{82}$ Pb	211,991 872	β^-, γ	10,64 h
82	plomb 214	$^{214}_{82}$ Pb	213,999 798	β^-, γ	26,8 min
83	bismuth 211	$^{211}_{83}$ Bi	210,987 254	α, β, β^-	2,14 min
84	polonium 210	$^{210}_{84}$ Po	209,982 848	α, γ	138,376 j
84	polonium 214	$^{214}_{84}$ Po	213,995 177	α, γ	0,164 3 s
85	astate 218	$^{218}_{85}$ At	218,008 68	α, β^-	1,6 s
86	radon 222	$^{222}_{86}$ Rn	222,017 571	α, γ	3,823 5 s
87	francium 223	$^{223}_{87}$ Fr	223,019 733	β^-, γ, α	21,8 min
88	radium 226	$^{226}_{88}$ Ra	226,025 402	α, γ	1 600 a
89	actinium 227	$^{227}_{89}$ Ac	227,027 749	α, β^-, γ	21,773 a
90	thorium 228	$^{228}_{90}$ Th	228,028 716	α, γ	1,913 1 a
90	thorium 232	$^{232}_{90}$ Th	232,038 051	α, γ	$1,405 \times 10^{10}$ a
91	protactinium 231	$^{231}_{91}$ Pa	231,035 880	α, γ	$3,276 \times 10^4$ a
92	uranium 232	$^{232}_{92}$ U	232,037 131	α, γ	68,9 a
92	uranium 233	$^{233}_{92}$ U	233,039 630	α, γ	$1,592 \times 10^5$ a
92	uranium 235	$^{235}_{92}$ U	235,043 924	α, γ	$7,038 \times 10^8$ a
92	uranium 236	$^{236}_{92}$ U	236,045 562	α, γ	$2,341\ 5 \times 10^7$ a
92	uranium 238	$^{238}_{92}$ U	238,050 784	α, γ	$4,468 \times 10^9$ a
92	uranium 239	$^{239}_{92}$ U	239,054 289	β^-, γ	23,50 min
93	neptunium 239	$^{239}_{93}$ Np	239,052 932	β^-, γ	2,355 j
94	plutonium 239	$^{239}_{94}$ Pu	239,052 157	α, γ	24 119 a
95	américium 243	$^{243}_{95}$ Am	243,061 373	α, γ	7 380 a
96	curium 245	$^{245}_{96}$ Cm	245,065 484	α, γ	8 500 a
97	berkélium 247	$^{247}_{97}$ Bk	247,070 30	α, γ	1 380 a
98	californium 249	$^{249}_{98}$ Cf	249,074 844	α, γ	351 a
99	einsteinium 254	$^{254}_{99}$ Es	254,088 02	α, β^-, γ	275,7 j
100	fermium 253	$^{253}_{100}$ Fm	253,085 174	α, γ	3,00 j
101	mendélévium 255	$^{255}_{101}$ Md	255,091 07	α, γ	27 min
102	nobélium 255	$^{255}_{102}$ No	255,093 24	α, γ	3,1 min
103	lawrencium 257	$^{257}_{103}$ Lr	257,099 5	α	0,646 s
104	rutherfordium 261	$^{261}_{104}$ Rf	261,108 69	α	65 s
105	dubnium 262	$^{262}_{105}$ Db	262,113 76	α	34 s
106	seaborgium 263	$^{263}_{106}$ Sg	263,116 2	α	0,9 s
107	bohrium 262	$^{262}_{107}$ Bh	262,123 1	α	0,10 s
108	hassium 264	$^{264}_{108}$ Hs	264,128 5	α	0,000 08 s
109	meitnerium 266	$^{266}_{109}$ Mt	266,137 8	α	0,003 4 s

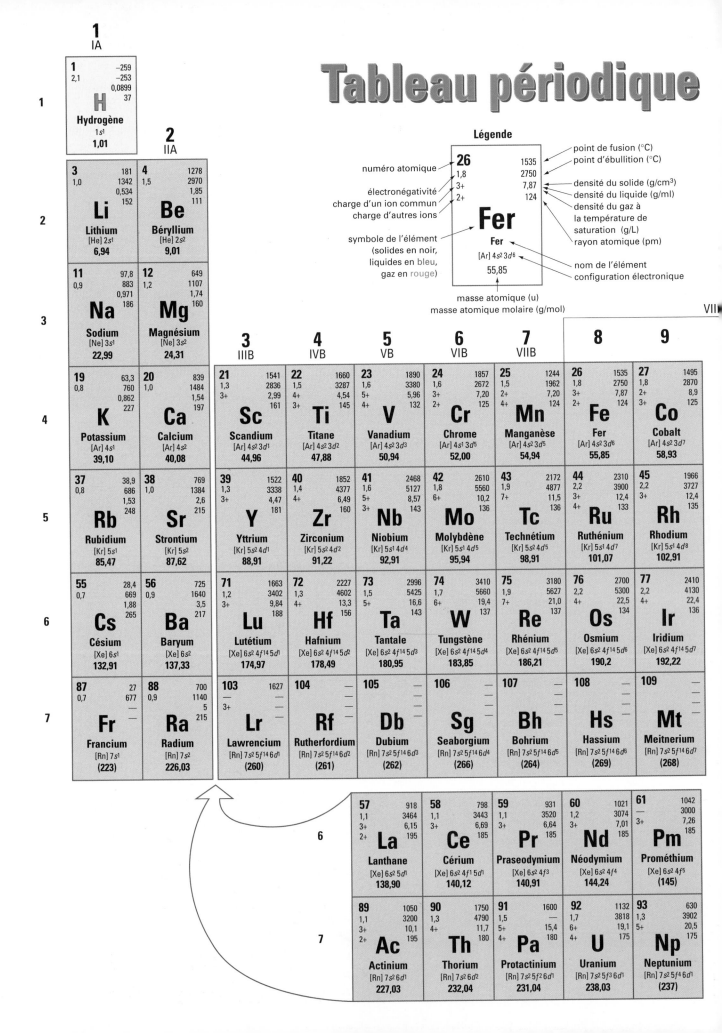

Tableau périodique

Légende

	26	1535	point de fusion (°C)
numéro atomique	1,8	2750	point d'ébullition (°C)
électronégativité	3+	7,87	densité du solide (g/cm³)
charge d'un ion commun	2+	124	densité du liquide (g/ml)
charge d'autres ions			densité du gaz à la température de saturation (g/L)
symbole de l'élément (solides en noir, liquides en bleu, gaz en rouge)	**Fer**		rayon atomique (pm)
	Fer		nom de l'élément
	[Ar] 4s²3d⁶		configuration électronique
	55,85		

masse atomique (u)
masse atomique molaire (g/mol)

18
VIIIA

10	11 IB	12 IIB	13 IIIA	14 IVA	15 VA	16 VIA	17 VIIA	18 VIIIA

2 −272 / −269 / X 0,179 / 50
He
Hélium
[He] $1s^2$
4,00

— **1**

5 2300 / 2,0 2550 / X 2,34 / 88
B
Bore
[He] $2s^2 2p^1$
10,81

6 3550 / 2,5 4827 / X 2,26 / 77
C
Carbone
[He] $2s^2 2p^2$
12,01

7 −210 / 3,0 −196 / 1,25 / 70
N
Azote
[He] $2s^2 2p^3$
14,01

8 −218 / 3,5 −183 / 1,43 / 66
O
Oxygène
[He] $2s^2 2p^4$
16,00

9 −220 / 4,0 −188 / 1,70 / 64
F
Fluor
[He] $2s^2 2p^5$
19,00

10 −249 / X −246 / 0,900 / 62
Ne
Néon
[He] $2s^2 2p^6$
20,18

— **2**

13 660 / 1,5 2467 / 2,70 / 143
Al
Aluminum
[Ne] $3s^2 3p^1$
26,98

14 1410 / 1,8 2355 / X 2,33 / 117
Si
Silicium
[Ne] $3s^2 3p^2$
28,09

15 44,1 / 2,1 280 / 1,82 / 110
P
Phosphore
[Ne] $3s^2 3p^3$
30,97

16 113 / 2,5 445 / 2,07 / 104
S
Soufre
[Ne] $3s^2 3p^4$
32,06

17 −101 / 3,0 −34,6 / 3,21 / 99
Cl
Chlore
[Ne] $3s^2 3p^5$
35,45

18 −189 / −186 / X 1,78 / 95
Ar
Argon
[Ne] $3s^2 3p^6$
39,95

— **3**

28 1455 / 1,8 2730 / 2+ 8,90 / 3+ 124
Ni
Nickel
[Ar] $4s^2 3d^8$
58,69

29 1083 / 1,9 2567 / 2+ 8,92 / 1+ 128
Cu
Cuivre
[Ar] $4s^1 3d^{10}$
63,55

30 420 / 1,6 907 / 2+ 7,14 / 133
Zn
Zinc
[Ar] $4s^2 3d^{10}$
65,38

31 29,8 / 1,6 2403 / 3+ 5,90 / 122
Ga
Gallium
[Ar] $4s^2 3d^{10} 4p^1$
69,72

32 937 / 1,8 2830 / 4+ 5,35 / 123
Ge
Germanium
[Ar] $4s^2 3d^{10} 4p^2$
72,61

33 817 / 2,0 613 / 5,73 / 121
As
Arsenic
[Ar] $4s^2 3d^{10} 4p^3$
74,92

34 217 / 2,4 684 / 4,81 / 117
Se
Sélénium
[Ar] $4s^2 3d^{10} 4p^4$
78,96

35 −7,2 / 2,8 58,8 / 3,12 / 114
Br
Brome
[Ar] $4s^2 3d^{10} 4p^5$
79,90

36 −157 / −152 / X 3,74 / 112
Kr
Krypton
[Ar] $4s^2 3d^{10} 4p^6$
83,80

— **4**

46 1554 / 2,2 2970 / 2+ 12,0 / 4+ 138
Pd
Palladium
[Kr] $4d^{10}$
106,42

47 962 / 1,9 2212 / 1+ 10,5 / 144
Ag
Argent
[Kr] $5s^1 4d^{10}$
107,87

48 321 / 1,7 765 / 2+ 8,64 / 149
Cd
Cadmium
[Kr] $5s^2 4d^{10}$
112,41

49 157 / 1,7 2080 / 3+ 7,30 / 163
In
Indium
[Kr] $5s^2 4d^{10} 5p^1$
114,82

50 232 / 1,8 2270 / 4+ 7,31 / 2+ 140
Sn
Étain
[Kr] $5s^2 4d^{10} 5p^2$
118,69

51 631 / 1,9 1750 / 3+ 6,68 / 5+ 141
Sb
Antimoine
[Kr] $5s^2 4d^{10} 5p^3$
121,75

52 450 / 2,1 990 / 6,2 / 137
Te
Tellure
[Kr] $5s^2 4d^{10} 5p^4$
127,60

53 114 / 2,5 184 / 4,93 / 133
I
Iode
[Kr] $5s^2 4d^{10} 5p^5$
126,90

54 −112 / −107 / X 5,89 / 130
Xe
Xénon
[Kr] $5s^2 4d^{10} 5p^6$
131,29

— **5**

78 1772 / 2,2 3827 / 4+ 21,5 / 2+ 138
Pt
Platine
[Xe] $6s^1 4f^{14} 5d^9$
195,08

79 1064 / 2,4 2808 / 3+ 19,3 / 1+ 144
Au
Or
[Xe] $6s^1 4f^{14} 5d^{10}$
196,97

80 −39,0 / 1,9 357 / 2+ 13,5 / 1+ 160
Hg
Mercure
[Xe] $6s^2 4f^{14} 5d^{10}$
200,59

81 304 / 1,8 1457 / 1+ 11,85 / 3+ 170
Tl
Thallium
[Xe] $6s^2 4f^{14} 5d^{10} 6p^1$
204,38

82 328 / 1,8 1740 / 2+ 11,3 / 4+ 175
Pb
Plomb
[Xe] $6s^2 4f^{14} 5d^{10} 6p^2$
207,20

83 271 / 1,9 1560 / 3+ 9,80 / 5+ 155
Bi
Bismuth
[Xe] $6s^2 4f^{14} 5d^{10} 6p^3$
209,98

84 254 / 2,0 962 / 2+ 9,40 / 4+ 167
Po
Polonium
[Xe] $6s^2 4f^{14} 5d^{10} 6p^4$
(209)

85 302 / 2,2 337 / X 142
At
Astate
[Xe] $6s^2 4f^{14} 5d^{10} 6p^5$
(210)

86 −71 / −61,8 / X 9,73 / 140
Rn
Radon
[Xe] $6s^2 4f^{14} 5d^{10} 6p^6$
(222)

— **6**

110 —
Uun —
Ununnilium
[Rn] $7s^2 5f^{14} 6d^8$
(269, 271)

111 —
Uuu —
Unununium
[Rn] $7s^2 5f^{14} 6d^9$
(272)

112 —
Uub —
Ununbium
[Rn] $7s^2 5f^{14} 6d^{10}$
(277)

113

114 —
Uuq —
Ununquadium
[Rn] $7s^2 5f^{14} 6d^{10} 7p^2$
(285)

115

116 —
Uuh —
Ununhexium
[Rn] $7s^2 5f^{14} 6d^{10} 7p^4$
(289)

117

118

— **7**

62 1074 / 1,2 1794 / 3+ 7,52 / 2+ 185
Sm
Samarium
[Xe] $6s^2 4f^6$
150,36

63 822 / — 1527 / 3+ 5,24 / 2+ 185
Eu
Europium
[Xe] $6s^2 4f^7$
151,96

64 1313 / 1,1 3273 / 3+ 7,90 / 180
Gd
Gadolinium
[Xe] $6s^2 4f^7 5d^1$
157,25

65 1356 / 1,2 3230 / 3+ 8,23 / 175
Tb
Terbium
[Xe] $6s^2 4f^9$
158,92

66 1412 / — 2567 / 3+ 8,55 / 175
Dy
Dysprosium
[Xe] $6s^2 4f^{10}$
162,50

67 1474 / 1,2 2700 / 3+ 8,80 / 175
Ho
Holmium
[Xe] $6s^2 4f^{11}$
164,93

68 1529 / 1,2 2868 / 3+ 9,07 / 175
Er
Erbium
[Xe] $6s^2 4f^{12}$
167,26

69 1545 / 1,2 1950 / 3+ 9,32 / 175
Tm
Thulium
[Xe] $6s^2 4f^{13}$
168,93

70 819 / — 1196 / 1,1 6,97 / 3+ 175 / 2+
Yb
Ytterbium
[Xe] $6s^2 4f^{14}$
173,04

— **6**

94 641 / 1,3 3232 / 4+ 19,8 / 6+ 175
Pu
Plutonium
[Rn] $7s^2 5f^6$
(244)

95 994 / 1,3 2607 / 3+ 13,7 / 4+ 175
Am
Américium
[Rn] $7s^2 5f^7$
(243)

96 1340 / — 3110 / 3+ 13,5
Cm
Curium
[Rn] $7s^2 5f^7 6d^1$
(247)

97 986 / — 3+ 14 / 4+
Bk
Berkélium
[Rn] $7s^2 5f^9$
(247)

98 900 / — 3+
Cf
Californium
[Rn] $7s^2 5f^{10}$
(251)

99 860 / — 3+
Es
Einsteinium
[Rn] $7s^2 5f^{11}$
(252)

100 1527 / — 3+
Fm
Fermium
[Rn] $7s^2 5f^{12}$
(257)

101 1021 / — 3074 / 2+ 3+
Md
Mendélévium
[Rn] $7s^2 5f^{13}$
(258)

102 863 / — 2+ 3+
No
Nobélium
[Rn] $7s^2 5f^{14}$
(259)

— **7**

Les lauréats du prix Nobel de physique

Pour obtenir plus d'information sur les lauréats du prix Nobel de physique et sur leur travail, visite le site Web officiel de la Fondation Nobel à l'adresse http://www.nobel.se/physics/laureates. Les citoyens et citoyennes canadiens ou les chercheurs et chercheures qui ont travaillé principalement au Canada sont identifiés par une feuille d'érable.

2001 Eric A. Cornell (1961-), Wolfgang Ketterle (1957-), Carl E. Wieman (1951-)

2000 Zhores I. Alferov (1930-), Herbert Krœmer (1928-), Jack S. Kilby (1923-)

1999 Gerardus 't Hooft (1946-), Martinus J.G. Veltman (1931-)

1998 Robert B. Laughlin (1950-), Horst L. Störmer (1949-), Daniel C. Tsui (1939-)

1997 Steven Chu (1948-), Claude Cohen-Tannoudji (1933-), William D. Phillips (1948-)

1996 David M. Lee (1931-), Douglas D. Osheroff (1945-), Robert C. Richardson (1937-)

1995 Martin L. Perl (1927-), Frederick Reines (1918-1998)

1994 Bertram N. Brockhouse (1918-) 🍁 , Clifford G. Shull (1915-2001)

1993 Russell A. Hulse (1950-), Joseph H. Taylor Jr. (1941-)

1992 Georges Charpak (1924-)

1991 Pierre-Gilles de Gennes (1932-)

1990 Jerome I. Friedman (1930-), Henry W. Kendall (1926-), Richard E. Taylor (1929-) 🍁

1989 Norman F. Ramsey (1915-), Hans G. Dehmelt (1922-), Wolfgang Paul (1913-1993)

1988 Leon M. Lederman (1922-), Melvin Schwartz (1932-), Jack Steinberger (1921-)

1987 J. Georg Bednorz (1950-), K. Alexander Müller (1927-)

1986 Ernst Ruska (1906-1988), Gerd Binnig (1947-), Heinrich Rohrer (1933-)

1985 Klaus von Klitzing (1943-)

1984 Carlo Rubbia (1934-), Simon van der Meer (1925-)

1983 Subramanyan Chandrasekhar (1910-1995), William Alfred Fowler (1911-1995)

1982 Kenneth G. Wilson (1936-)

1981 Nicolaas Bloembergen (1920-), Arthur Leonard Schawlow (1921-1999), Kai M. Siegbahn (1918-)

1980 James Watson Cronin (1931-), Val Logsdon Fitch (1923-)

1979 Sheldon Lee Glashow (1932-), Abdus Salam (1926-1996), Steven Weinberg (1933-)

1978 Pyotr Leonidovich Kapitsa (1894-1984), Arno Allan Penzias (1933-), Robert Woodrow Wilson (1936-)

1977 Philip Warren Anderson (1923-), Sir Nevill Francis Mott (1905-1996), John Hasbrouck van Vleck (1899-1980)

1976 Burton Richter (1931-), Samuel Chao Chung Ting (1936-)

1975 Aage Niels Bohr (1922-), Ben Roy Mottelson (1926-), Leo James Rainwater (1917-1986)

1974 Sir Martin Ryle (1918-1984), Antony Hewish (1924-)

1973 Leo Esaki (1925-), Ivar Giæver (1929-), Brian David Josephson (1940-)

1972 John Bardeen (1908-1991), Leon Neil Cooper (1930-), John Robert Schrieffer (1931-)

1971 Dennis Gabor (1900-1979)

1970 Hannes Olof Gösta Alfvén (1908-1995), Louis Eugène Félix Néel (1904-2000)

1969 Murray Gell-Mann (1929-)

1968 Luis Walter Alvarez (1911-1988)

1967 Hans Albrecht Bethe (1906-)

1966 Alfred Kastler (1902-1984)

1965 Sin-Itiro Tomonaga (1906-1979), Julian Schwinger (1918-1994), Richard P. Feynman (1918-1988)

1964 Charles Hard Townes (1915-), Nicolay Gennadiyevich Basov (1922-), Aleksandr Mikhailovich Prokhorov (1916-2002)

1963 Eugene Paul Wigner (1902-1995), Maria Gœppert-Mayer (1906-1972), J. Hans D. Jensen (1907-1973)

1962 Lev Davidovich Landau (1908-1968)

1961 Robert Hofstadter (1915-1990), Rudolf Ludwig Mössbauer (1929-)

1960 Donald Arthur Glaser (1926-)

1959 Emilio Gino Segrè (1905-1989), Owen Chamberlain (1920-)

1958 Pavel Alekseyevich Cherenkov (1904-1990), Il'ja Mikhailovich Frank (1908-1990), Igor Yevgenyevich Tamm (1895-1971)

1957 Chen Ning Yang (1922-), Tsung-Dao Lee (1926-)

1956 William Bradford Shockley (1910-1989), John Bardeen (1908-1991), Walter Houser Brattain (1902-1987)

1955 Willis Eugene Lamb (1913-), Polykarp Kusch (1911-1993)

1954 Max Born (1882-1970), Walther Bothe (1891-1957)

1953 Frits (Frederik) Zernike (1888-1966)

1952 Felix Bloch (1905-1983), Edward Mills Purcell (1912-1997)

1951 Sir John Douglas Cockcroft (1897-1967), Ernest Thomas Sinton Walton (1903-1995)

1950 Cecil Frank Powell (1903-1969)

1949 Hideki Yukawa (1907-1981)

1948 Patrick Maynard Stuart Blackett (1897-1974)

1947 Sir Edward Victor Appleton (1892-1965)

1946 Percy Williams Bridgman (1882-1961)

1945 Wolfgang Pauli (1900-1958)

1944 Isidor Isaac Rabi (1898-1988)

1943 Otto Stern (1888-1969)

1939 Ernest Orlando Lawrence (1901-1958)

1938 Enrico Fermi (1901-1954)

1937 Clinton Joseph Davisson (1881-1958), George Paget Thomson (1892-1975)

1936 Victor Franz Hess (1883-1964), Carl David Anderson (1905-1991)

1935 James Chadwick (1891-1974)

1933 Erwin Schrödinger (1887-1961), Paul Adrien Maurice Dirac (1902-1984)

1932 Werner Karl Heisenberg (1901-1976)

1930 Sir Chandrasekhara Venkata Raman (1888-1970)

1929 Prince Louis-Victor Pierre Raymond de Broglie (1892-1987)

1928 Owen Willans Richardson (1879-1959)

1927 Arthur Holly Compton (1892-1962), Charles Thomson Rees Wilson (1869-1959)

1926 Jean-Baptiste Perrin (1870-1942)

1925 James Franck (1882-1964), Gustav Ludwig Hertz (1887-1975)

1924 Karl Manne Georg Siegbahn (1886-1978)

1923 Robert Andrews Millikan (1868-1953)

1922 Niels Henrik David Bohr (1885-1962)

1921 Albert Einstein (1879-1955)

1920 Charles-Edouard Guillaume (1861-1938)

1919 Johannes Stark (1874-1957)

1918 Max Karl Ernst Ludwig Planck (1858-1947)

1917 Charles Glover Barkla (1877-1944)

1915 Sir William Henry Bragg (1862-1942), William Lawrence Bragg (1890-1971)

1914 Max von Laue (1879-1960)

1913 Heike Kamerlingh Onnes (1853-1926)

1912 Nils Gustaf Dalén (1869-1937)

1911 Wilhelm Wien (1864-1928)

1910 Johannes Diderik van der Waals (1837-1923)

1909 Guglielmo Marconi (1874-1937), Carl Ferdinand Braun (1850-1918)

1908 Gabriel Lippmann (1845-1921)

1907 Albert Abraham Michelson (1852-1931)

1906 Sir Joseph John Thomson (1856-1940)

1905 Philipp Eduard Anton von Lenard (1862-1947)

1904 Lord (John William Strutt) Rayleigh (1842-1919)

1903 Antoine-Henri Becquerel (1852-1908), Pierre Curie (1859-1906), Marie Curie (1867-1934)

1902 Hendrik Antoon Lorentz (1853-1928), Pieter Zeeman (1865-1943)

1901 Wilhelm Conrad Röntgen (1845-1923)

Aucun prix n'a été décerné en 1916, 1931, 1934 et de 1940 à 1942.

Cette section contient les réponses numériques aux questions des chapitres et aux questions de révision de l'unité qui requièrent des calculs.

Chapitre 1

Section 1.1 Questions, p. 17
4. a) $4,97 \times 10^2$ s
   b) 2,56 s
5. a) 0,0 m/s; 5,0 m/s
   b) 2,5 m/s [E]; 11 m/s [O]; 0,31 m/s [E]
   c) 0,0 m/s; 2,5 m/s
   d) 11 m/s [O]
9. Voir le tableau 3 ci-dessous.

Section 1.2 Questions, p. 30–31
3. a) 1,54 (km/h)/s [E]
   b) 0,427 m/s² [E]
5. b) 13 m/s² [O]
7. 12 m/s [E]
8. 28 m/s
10. a) 15 m/s [vers l'avant]
    b) 25 m [vers l'avant]
11. a) $2,0 \times 10^{15}$ m/s² [E]
    b) $1,0 \times 10^{-8}$ s
12. $1,05 \times 10^4$ m [vers l'avant]
13. a) $2,1 \times 10^2$ m/s [vers l'avant]
    b) $2,7 \times 10^{-3}$ s
14. a) 45 s (à partir du graphique)
    b) 75 s
    c) 900 m
15. 0,76 m/s² [E 59° N]
16. 3,45 (km/h)/s [O 37,3° S]

Section 1.3 Questions, p. 40
3. a) 27 m/s; 97 km/h
   b) 31 m/s; $1,1 \times 10^2$ km/h
4. Java: 1,336 m;
   Londres: 1,330 m
5. $2,9 \times 10^3$ m/s; $1,1 \times 10^4$ km/h
6. a) 1,3 s
   b) 13 m/s [vers le haut]
   c) 6.8 s
7. 9,6 m/s [vers le bas]
8. a) 1,1 s
10. Non; 7,10 m

Section 1.4 Questions, p. 50–51
3. 29 m/s [horizontalement]
4. a) 0,71 s
   b) 17 m
   c) 25 m/s [16° sous l'horizontale]
   d) 0,38 m
5. a) 0,87 s
   b) 2,3 m
   c) 11 m/s [75° sous l'horizontale]
6. 54°, 74°, 44,4°
7. a) $1,6 \times 10^2$ m
   b) $1,2 \times 10^5$ km
   c) 31 km
8. a) $1,1 \times 10^2$ m
   b) 24 s
   c) $6,2 \times 10^2$ m
11. a) 22 m

Section 1.5 Questions, p. 57
2. a) $4,0 \times 10^1$ m/s [N 37° O]
   b) 74 m/s [N 46° O]
3. a) 0,56 m/s
   b) 0,94 m/s [en aval, 53° par rapport à la position initiale sur la rive]
   c) en amont, 42° par rapport à la rive
4. $3,5 \times 10^2$ km/h [E 56° S]
5. a) environ 32 km/h

Chapitre 1 Autoévaluation, p. 63
1. F	9. F	16. c)
2. F	10. V	17. e)
3. F	11. F	18. e)
4. V	12. a)	19. e)
5. F	13. d)	
6. V	14. b)	
7. V	15. d)	
8. F		

Chapitre 1 Révision, p. 64–67
1. a) 27,8 m/s
   b) $3,5 \times 10^2$ km/h
2. a) $l \times t^{-1}$
   b) $(l/t^3) \times t$
   c) $(l/t^2) \times t \times t$
8. a) et b) $3,1 \times 10^2$ m [N 82,6° E]
9. a) 7,0 km [N 62° O]
   b) 11 km [N 72° O]

10. a) environ 2×10^3 m [vers le bas] (en supposant que les gens soient assis pour dîner)
    b) environ 0 m (en supposant que les gens dorment dans des lits et que les lits soient orientés au hasard)
11. 52,426 m/s
12. a) 64 m
    b) environ 13 longueurs de voiture (en supposant qu'une voiture mesure 5 m)
13. a) $1,2 \times 10^2$ s
    b) 21 m/s
15. a) 2,3 m/s
    b) 1,6 m/s [33° sous l'horizontale]
16. a) 17 m [E 61° S]
    b) 2,7 m/s [E 61° S]
18. a) 0,53 km
    b) 2,4 (km/h)/s
19. a) 21 m/s² [vers l'avant]
    b) 25 m/s
    c) $2,1 |\vec{g}|$
20. $1,0 \times 10^5$ m/s² [vers l'avant]
21. 533 m/s [vers l'avant]
22. 6,1 m/s [vers le haut]
23. a) 16 s
    b) 12 s
24. 3,9 m/s² [O 37° S]
25. 54 m/s [E]
27. a) $3,50 \times 10^4$ m/s; $1,26 \times 10^5$ km/h
    b) $2,23 \times 10^4$ m/s
    c) $1,02 \times 10^{-2}$ m/s²
29. a) 0,50 s
    b) 0,3 m
    c) 19 m/s [15° sous l'horizontale]
30. 29 m/s [horizontalement]
32. $2,6 \times 10^2$ km/h [E 30° S]
33. a) 0,50 m/s
    b) 0,94 m/s [en aval, 58° par rapport à la rive la plus proche]
    c) en amont, 51° par rapport à la rive la plus proche
34. $5,5 \times 10^2$ km/h [S 75° O]
35. 8,9 m au-dessus
37. a) 5,2° au-dessus de l'horizontale
    b) 0,89 m/s²
39. a) 2,0 min
40. a) 0,87 s
45. 62 m/s
46. a) [O 82,5° S]
    b) 14 s

Chapitre 2

Section 2.1 Questions, p. 76
4. 1,3 N [71° sous l'horizontale]
5. a) et b) 6,4 N [S 51° O]
   c) et d) 4,9 N [S 30° E, à deux chiffres significatifs]
6. $5,0 \times 10^1$ N [N 60° O, à deux chiffres significatifs]

Section 2.2 Questions, p. 87
1. 0 N
2. 19 N [vers le haut]
3. $6,6 \times 10^2$ N [vers le haut]
4. $3,51 \times 10^{15}$ m/s²
5. a) $4,3 \times 10^3$ m/s² [vers le haut]
   b) $2,8 \times 10^3$ N [vers le haut]
   c) 4,4:1
6. 28,0 g
7. b) diminution de 9 %
9. 1,96 N
11. b) 58 kg
    c) 1,1 m

Section 2.3 Questions, p. 95–96
2. 0 N
3. a) 9,80 N
   b) 29,4 N
   c) 78,4 N
4. a) $2,9 \times 10^7$ N
5. a) 1,2 m/s²
   b) $3,9 \times 10^2$ N
   c) 0,15 m
6. a) 2,5 N
   b) 1,8 N; 6,7 N
   c) 3,1 N [54° au-dessus de l'horizontale]
7. a) 0,744 m/s²
   b) 12,0 N
   c) 21,8 N
8. a) 25 kg
   b) 86 N
9. 8,8°
10. a) 0,273 m/s²
    b) 30,7 N
11. a) 1,0 m/s²
    b) 56 N
    c) 56 N
    d) 0,84 m

Section 2.4 Questions, p. 106–107
2. $3,7 \times 10^3$ N; 0,76 m/s²
3. a) $\mu_C = \tan \phi$
   b) $a = g(\sin \phi - \mu_C \cos \phi)$
4. b) 8,6 m/s²

Section 2.5 Questions, p. 111
2. e) 1,9 m/s²
   f) $2,2 \times 10^{-2}$ N

Tableau 3 Les données de la question 10 (Section 1.1)

Vitesse	Distance de réaction		
	sans alcool	4 bouteilles	5 bouteilles
17 m/s (60 km/h)	14 m	34 m	51
25 m/s (90 km/h)	20 m	50 m	75
33 m/s (120 km/h)	26 m	66 m	99

Chapitre 2 Autoévaluation, p. 115–116

1. V   8. F   15. d)
2. F   9. V   16. b)
3. F   10. V   17. a)
4. F   11. F   18. b)
5. F   12. a)   19. b)
6. V   13. d)   20. e)
7. F   14. b)   21. e)

Chapitre 2 Révision, p. 117–119

6. 5,8 m/s²
7. a) 0,213 m/s²
   b) 2,41 × 10⁻² N
8. a) 1,4 m/s²
   b) corde de gauche :
      2,9 × 10² N ;
      corde de droite :
      3,4 × 10² N
9. 729 N [27,0° au-dessus de l'horizontale]
10. a) 18,3 N
    b) 70,1 N
14. a) 96 N
    b) 1,3 s
15. 4,4 kg
16. 13 m
17. c) 4,6 m/s²
19. 21,2 cm/s
20. 27,0 kg
21. $\mu_S = \dfrac{mg}{F_{app}}$
23. a) 2,9 × 10³ N
24. a) 2,7 × 10² N
    b) 43 N
25. 3,02 × 10⁻² m

Chapitre 3
Section 3.1 Questions, p. 127

3. a) 9,19 m/s²
   b) 5,2 m/s²
4. a) 3,4 × 10⁻² m/s²
5. 0,50 Hz
6. 75 m
7. 3,8 × 10⁸ m
9. a) 3,4 × 10⁵ g

Section 3.2 Questions, p. 138

2. 22,4 m/s
3. 3,2 × 10² N
4. a) 9,3 × 10²² m/s²
   b) 8,4 × 10⁻⁸ N
5. a) 1,96 N
   b) 2,22 N
6. a) 3,8 m/s
7. 1,1 N ; 0,54 N
9. b) 21 m/s
   d) 2,0 g

Section 3.3 Questions, p. 144

2. 3,1 × 10² N
3. $(\sqrt{2} - 1)r_T$
4. 4,1 × 10⁻⁴⁷ N

5. a) 6,8 × 10⁻⁸ N [O]
   b) 7,9 × 10⁻⁷ N [S 52° O]
6. a) à 3,5 × 10⁵ m du centre de la Terre
8. c) 4,23 × 10⁷ m

Section 3.4 Questions, p. 151

3. 9,02:1
4. a) 2,42 × 10⁴ m/s
   b) 2,00 × 10³⁰ kg
5. a) 1,2 × 10² s
   b) 8,3 × 10⁻³ Hz

Chapitre 3 Autoévaluation, p. 157–188

1. V   9. F   17. c)
2. F   10. V   18. c)
3. V   11. V   19. b)
4. F   12. c)   20. b)
5. F   13. d)   21. c)
6. V   14. e)   22. e)
7. V   15. a)   23. d)
8. V   16. e)

Chapitre 3 Révision, p. 159–161

4. 1,4 × 10² m
5. 0,11 cm/s² ; 2,4 × 10⁻⁴ cm/s² ;
   1,3 × 10⁻⁷ cm/s²
6. 5,4 s
8. b) 7,5 m/s
   c) 1,4 × 10² N
9. a) 5,44 × 10³ m/s
   b) 1,6 × 10² a
10. 2,70 × 10² N
11. a) 0,25
13. b) 1,7 N ; 6,2 N
    c) 2,7 m/s
15. 15 fois
16. 5,0 r_T
17. 4,21 × 10⁻¹⁰ N
18. 1,3 × 10⁻² m/s²
19. 4,82 × 10²⁰ N selon un angle de 24,4° par rapport à la direction du Soleil
20. a) 9,92 × 10⁵ N
21. 1,9 × 10² unités
22. c) 1,65 m/s
    d) 0,567 Hz
25. 9,80 m/s²
26. 85 m
27. 8,0 m
28. D

Unité 1 Autoévaluation p. 164–166

1. V   9. F   17. c)
2. F   10. V   18. a)
3. V   11. F   19. c)
4. V   12. F   20. b)
5. F   13. c)   21. c)
6. V   14. e)   22. e)
7. V   15. b)   23. d)
8. F   16. e)   24. d)

25. a) 3
    b) 3
    c) 2
    d) 2
26. a) 30,3 m/s
    b) 1,19 × 10⁶ m/s
    c) 3,4 × 10⁻³ m/s²
    d) 5,7 × 10⁴ m/s²
    e) 1,28 × 10⁻³ m/s²
27. la direction et la grandeur relative du vent
28. la pédale de frein, l'accélérateur et le volant
29. vers l'ouest et vers le bas ; vers le bas
30. inchangé
31. 26 m/s [71° N-E]
32. $\vec{v}_{CE}$
33. zéro
34. zéro
35. a) LT⁻²
    b) LT⁻¹
    c) MLT⁻²
    d) L³M⁻¹T⁻²
    e) LT⁻²
    f) sans dimension
    g) T⁻¹
    h) M⁻¹
36. première loi du mouvement de Newton
37. diminue
38. non inertiel ; forces fictives ; force centrifuge
39. $m(a - g)$; $m(a + g)$
40. masse ; poids ; 6,0
41. b)
42. g)
43. e)
44. a)
45. a)
46. c) ; d)

Unité 1 Révision, p. 167–171

6. a) 0,71 m/s ; 0,79 m/s
   b) 0,50 m/s [N 45° E] pour les deux
7. 6,1 fois plus loin sur la Lune
9. a) 0,43 km
   b) 3,0 (km/h)/s
   c) 1,0 × 10³ N
10. a) 0,60 m/s
    b) 0,32 m [N]
    c) 0,13 m/s [N]
11. a) 1,5 cm/s
    b) 1,5 cm/s [horizontalement vers la gauche] ; 1,5 cm/s [30° à droite à partir du haut]
    c) 1,2 cm/s [vers le bas]
12. 27 m/s [S 58° E]
15. 2,5 × 10² N
16. 1,4 r_T
17. 9,7 × 10² N

19. 1,1 × 10² m
20. a) 2,42 × 10⁴ m/s
    b) 1,88 année terrestre
21. a) 16 m/s [vers le bas]
    b) 16 m/s [vers la gauche]
    c) 16 m/s [30° au-dessus de la gauche]
22. a) 7,04 m/s²
    b) 1,73 × 10⁻³ m/s²
23. a) 3,2 × 10³ N
    b) 3,2 × 10³ N
24. c) 0,87 m/s² [E]
25. 0,47
26. 3,9 m/s²
27. a) 7,6 × 10² N
    b) 4,5 × 10² N
    c) 6,1 × 10² N
33. 3,6 kg
35. a) 0,30 s
    b) 0,042 s
37. 95,0 m
38. a) 0,83 s
    b) 4,1 m/s
39. de 1,3 m à 5,1 m
41. 5,6 m
42. 0,13 s
46. a) 3,0 × 10⁴ km/h
    b) 4,8 × 10³ km
48. a) 4,5 m/s
50. trop court de 1,1 m

Chapitre 4
Section 4.1 Questions, p. 183

5. a) 1,7 × 10³ J
   b) −1,7 × 10³ J
6. 27,9°
7. a) 6,3 × 10² N ; 0,088
   b) −2,1 × 10³ J
   d) 1,4 × 10³ J

Section 4.2 Questions, p. 188

2. 2,43 × 10⁵ J
3. a) 3,21 × 10⁵ J
   b) 32 %
   c) 7,8 × 10⁴ J
4. 11 m/s
5. 0,60 kg
6. a) 3,09 J
   b) 4,18 m/s
7. 18 m/s
8. 4,7 m/s

Section 4.3 Questions, p. 194

2. a) 2,1 × 10³ J
   b) 3,4 × 10² J
3. a) 4,29 J ; 0 J
   b) 0 J ; 4,29 J
4. 15 m
5. a) −97 J
   b) 97 J
   c) 97 J
7. a) 7,43 × 10¹⁵ J
   b) 6,52 fois plus

Section 4.4 Questions, p. 201–202

2. a) 0,056 J
   b) 0 J
   c) −0,056 J
   d) 0,056 J ; 1,5 m/s
3. 11 m/s
4. a) $6,10 \times 10^6$ J
   b) 13,6 m/s
5. a) 4,9 m/s
   b) revient à la hauteur d'origine à la verticale
6. 17,5°
7. 2,4 m
8. a) $3,5 \times 10^5$ J
   c) $1,2 \times 10^3$ kg
   d) 0,61
9. a) -2×10^2 J
   b) $1,8 \times 10^2$ J
   c) 2×10^2 J

Section 4.5 Questions, p. 218–219

5. 0,042 m
6. 1,8 N
7. 229 N
8. 2×10^{-2} m
9. a) 0,962 [vers le bas] ; 3,33 m/s² [vers le bas]
   b) 0,51 m
10. 6,37 m/s
11. a) 91 N/m
    b) 0,40 J
12. 2×10^1 N/m
13. 0,38 m
14. 0,14 m
15. b) 0,10 m
    c) 1×10^3 N/m
    d) 9,1 m/s
16. $6,4 \times 10^4$ N/m

Chapitre 4 Autoévaluation, p. 225

1. V   8. F
2. F   9. c)
3. F   10. c)
4. V   11. e)
5. V   12. d)
6. V   13. e)
7. F   14. d)

Chapitre 4 Révision, p. 226–229

9. a) −49,1 J   b) 49,1 J
10. 32°
11. a) $1,29 \times 10^3$ J
    b) $1,29 \times 10^3$ J
    c) $8,14 \times 10^3$ J
12. 5,6 m
13. 8,90 m/s
14. a) $2,5 \times 10^{12}$ J
    b) 3×10^3 personnes

15. a) $-2,9 \times 10^2$ J
    b) $2,9 \times 10^2$ J
    c) $2,9 \times 10^2$ J
16. a) 9,2 m/s
17. a) 29 m/s
    b) 29 m/s
18. a) $2,3 \times 10^2$ N ; $1,3 \times 10^2$ N
    b) 1,4 m/s   c) $2,0 \times 10^2$ J
19. 1×10^4 m/s
20. 8,40 m/s
21. 42 J
22. a) 239 N/m
    b) 35,9 N
    c) 2,69 J ; 10,8 J
23. 0,32 m
24. 0,21 kg
25. a) 0,053 J
    b) 0,50 m/s
    c) 0,33 m/s
    d) 0,053 J
32. a) 19,8 m/s
    b) 20,4 m/s
34. 0,079 m
35. 0,019 J
36. 2,0 m/s
37. 8,4 m/s
38. 12 unités

Chapitre 5

Section 5.1 Questions, p. 238

3. a) 77 N·s [E]
   b) 1,1 N·s [vers l'avant]
   c) $3,5 \times 10^2$ N·s [vers le bas]
   d) environ 0,12 N·s [S]
4. 2,4 m/s [O]
5. $1,6 \times 10^4$ N [O]
6. a) 0,66 kg·m/s [vers la gauche]
   b) 0,66 N·s [vers la gauche]
7. a) 1,1 kg·m/s [vers l'arrière]
   b) 1,1 N·s [vers l'arrière]
   c) 0,45 N [vers l'arrière]
8. 1,8 m/s [vers l'arrière]
9. 3,0 m/s [N]

Section 5.2 Questions, p. 244–245

5. 1,9 m/s dans le sens initial de la vitesse vectorielle du chariot
6. 5,8 m/s [N]
7. 4,95 m/s [E]
8. a) $2,34 \times 10^4$ kg·m/s [O] ; $2,34 \times 10^4$ kg·m/s [E]
   c) zéro
9. 82 kg
10. 0 m/s

Section 5.3 Questions, p. 253

4. 3,1 m/s vers l'avant et 0,4 m/s vers l'arrière

5. $\dfrac{m}{2}$
6. 11 m/s
7. b) $\dfrac{mv}{(m + M)}$
   d) $h = \dfrac{m^2v^2}{2g\,(m + M)^2}$
   e) $v = \left(\dfrac{(m + M)}{m}\right)\sqrt{2gh}$
   f) $6,6 \times 10^2$ m/s

Section 5.4 Questions, p. 258–259

2. 66° par rapport au sens initial du déplacement du neutron
3. 55 kg
4. 1,7 m/s [S 43° E]
5. a) 0,22 kg
   b) 1,2 J

Chapitre 5 Autoévaluation, p. 267–268

1. F   8. F   15. e)
2. V   9. V   16. e)
3. F   10. F   17. e)
4. F   11. e)   18. b)
5. V   12. d)   19. a)
6. V   13. d)   20. d)
7. F   14. d)   21. a)

Chapitre 5 Révision, p. 269–271

7. $8,1 \times 10^2$ kg·m/s ; $7,9 \times 10^2$ kg·m/s
8. 25 m/s
9. $3,2 \times 10^5$ N [E]
10. a) 1,7 N·s [horizontallement]
    b) 28 m/s [horizontallement]
11. 1,00 m/s
12. 0,619 km/s
13. $1,90 \times 10^2$ m/s [en direction de Jupiter]
15. 0,08 m/s [N] pour la voiture de 253 g ; 1,88 m/s [N] pour la voiture de 232 g
16. b) 3,0 m/s ; 4.0 m/s
17. 0,561
18. 3,00 m/s [O]
19. a) 2,3 m/s
    b) 2,5 m/s
20. a) 0,80 m/s
    b) 7,7 N
21. $3,4 \times 10^3$ km/h
22. 2,0 m/s [S 68° O]
    (Voir le tableau 1 ci-dessous.)

Chapitre 6

Section 6.1 Questions, p. 277

2. a) $3,99 \times 10^2$ N [vers le centre de la Terre]
   b) 1,77 m/s² [vers le centre de la Terre]
3. $7,3 \times 10^{-2}$ N/kg [vers le centre de la Terre]
4. a) $3,0 \times 10^6$ m
   b) $2,8 \times 10^3$ N
5. 11,2 N/kg
6. a) 0,64 m/s² [vers le centre de la Terre]
   b) $2,9 \times 10^2$ N [vers le centre de la Terre]
7. a) $2,6 \times 10^3$ km
   b) 0,24 N
8. 0,75 r_T

Section 6.2 Questions, p. 284

4. $1,8 \times 10^8$ s
5. 1,6 fois
6. 4,0 h
7. $9,2 \times 10^6$ m

Section 6.3 Questions, p. 294

3. a) $1,7 \times 10^{10}$ J
   b) $5,4 \times 10^3$ m/s
4. $1,4 \times 10^9$ J
5. a) $-1,18 \times 10^{11}$ J
   b) $5,88 \times 10^{10}$ J
   c) $-5,88 \times 10^{10}$ J
   d) $7,74 \times 10^3$ m/s
6. a) $-3,03 \times 10^{10}$ J
   b) $1,52 \times 10^{10}$ J
   c) $-1,52 \times 10^{10}$ J
   d) 94 %
7. a) $6,18 \times 10^5$ m/s
   b) $4,37 \times 10^4$ m/s

Chapitre 6 Autoévaluation, p. 298–299

1. V   10. F   19. e)
2. V   11. a)   20. c)
3. V   12. d)   21. c)
4. V   13. c)   22. d)
5. F   14. d)   23. c)
6. F   15. a)   24. c)
7. F   16. c)   25. a)
8. F   17. a)   26. e)
9. V   18. d)

Chapitre 6 Révision, p. 300–301

3. $5,3 \times 10^4$ km
4. 0,318 N/kg
5. $4,23 \times 10^{-3}$ N/kg [1,26° à partir de la droite reliant l'engin spatial à la Terre]

Tableau 1 Données se rapportant à la question 22 (Chapitre 5 RÉVISION)

Composante	1	2	3
Masse	2,0 kg	3,0 kg	4,0 kg
Vitesse vectorielle finale	1,5 m/s [N]	2,5 m/s [E]	2,0 m/s [S 68° O]

6. $3,3 \times 10^{23}$ kg
7. a) $1,22\, r_T$
   b) $0,22\, r_T$
8. a) $3,1 \times 10^5$ km
   b) 2,1 d
9. $1,08 \times 10^{11}$ m
10. a) $1,21 \times 10^4$ km
    b) $9,92 \times 10^7$ J
11. a) $2,64 \times 10^3$ m/s
    b) $8,15 \times 10^9$ J
12. a) $-3,99 \times 10^8$ J
    b) $3,99 \times 10^8$ J
    c) $2,82 \times 10^2$ m/s
13. $-5,33 \times 10^{33}$ J
14. a) 4,23 km/s b) 2,37 km/s
15. a) $2,3 \times 10^8$ m/s
    b) 77 % de la vitesse de la lumière
16. a) $1,1 \times 10^{26}$ kg
17. a) $1,7 \times 10^5$ m/s
19. $3,2 \times 10^{14}$ m
20. a) et b) $1,48 \times 10^{14}$ m³/s²
    c) $1,49 \times 10^{14}$ m³/s², oui
    d) 0,556 d, $1,48 \times 10^{14}$ m³/s²; $7,52 \times 10^4$ km, $1,48 \times 10^{14}$ m³/s²; 8,67 d, $1,48 \times 10^{14}$ m³/s²; $5,84 \times 10^5$ km, $1,48 \times 10^{14}$ m³/s²; Voir aussi le tableau ci-dessous.
22. a) $1,6 \times 10^3$ kg
    b) $1,0 \times 10^{11}$ J
    c) $1,2 \times 10^4$ m/s
    d) $5,0 \times 10^3$ m/s
24. 40 min.
25. $7,9 \times 10^7$ s

Unité 2 Autoévaluation, p. 304–306
1. F   11. F   21. e)
2. V   12. F   22. d)
3. F   13. V   23. c)
4. F   14. F   24. a)
5. V   15. c) 25. c)
6. F   16. c) 26. a)
7. F   17. a) 27. d)
8. F   18. d) 28. d)
9. F   19. e)
10. F 20. c)

29. a) Galilée
    b) Johannes Kepler
    c) James Prescott Joule
    d) Tycho Brahe
    e) Robert Hooke
    f) Karl Schwartzschild
30. a) travail
    b) constante de force d'un ressort
    c) impulsion
    d) force
    e) énergie thermique
    f) masse de la Terre
31. complètement inélastique; égale; complètement inélastique
32. zéro
33. singularité; rayon de Schwartzschild
34. a) A
    b) E

Unité 2 Révision, p. 307–311
9. 11 m
10. a) $1,0 \times 10^1$ J
    b) $2,0 \times 10^1$ J
    c) 2,00 m/s [O]
11. a) 10,0 kg
    b) $2,50 \times 10^3$ N [E]
12. 71 kg·m/s
13. 0,60 m
14. a) $1,00 \times 10^{-2}$ J
    b) $8,00 \times 10^{-2}$ J
    c) 0,671 m/s
17. 31 N
18. 3,8 kg
19. a) 2,7 J
    b) 0,60 m/s [O]
    c) −1,6 J
    d) $2,2 \times 10^2$ N/m
20. 0,20 m
21. a) 0,42 m/s [gauche]
    b) 0,87 m/s [gauche]
    c) 0,38 m/s [gauche]
22. 2,8 s
23. 1,6 kg
24. $\dfrac{2m}{3}$
25. 11 m/s [S 53° E]

26. a) 9,1 m/s [N 63° O]
    b) 31 %
27. 4,9 m/s [N 78° O]
31. $8,06$ m/s²
32. 0,69 g
33. $5,93 \times 10^{-3}$ N/kg [vers le centre du Soleil]
34. a) 6,16 a
    b) $1,62 \times 10^4$ m/s
35. a) $1,73 \times 10^{14}$ m³/s²
    b) $1,09 \times 10^8$ m
    c) $8,40 \times 10^4$ km
36. $1,90 \times 10^{27}$ kg
37. a) $4,13 \times 10^3$ m/s
    b) $2,06 \times 10^3$ m/s
    c) $3,67 \times 10^3$ m/s
    d) $2,39 \times 10^{-19}$ J
38. a) $2,4 \times 10^2$ m
41. a) $2,8 \times 10^2$ N/m
43. a) $2,3 \times 10^{-2}$ J; $2,1 \times 10^{-2}$ J
    b) $-8,5 \times 10^{-3}$ N
46. a) $2,9 \times 10^{41}$ kg
    b) $1,5 \times 10^{11}$ étoiles
47. a) 0,80 m/s [N]
    b) 0,64 J
    c) 1,6 N [S]
    d) $-4,8 \times 10^2$ J
48. $3,4 \times 10^2$ m
49. a) 744 N/m; 15,3 kg
    c) 2,3 kg

Chapitre 7

Section 7.2 Questions, p. 335–336
3. $4,5 \times 10^{-2}$ N
4. a) $2,67 \times 10^{-14}$ N
   b) $3,6 \times 10^4$ N
   d) $3,6 \times 10^4$ N, $3,6 \times 10^3$ m/s²
   e) $3,6 \times 10^4$ N, $3,6 \times 10^3$ m/s²
5. $1,3 \times 10^{-4}$ C
6. $3,9 \times 10^{-6}$ C
7. 0,20 N [vers la droite], 1,94 N [vers la droite], 2,14 N [vers la gauche]
8. 2,2 N, 1,9 N
9. sur la ligne qui les relie, à 0,67 m de la charge de $1,6 \times 10^{-5}$ C
10. 55 N/m
13. a) $5,7 \times 10^{13}$ C

Section 7.4 Questions, p. 358–359
1. $4,3 \times 10^{-9}$ C
2. −0,40
7. $4,0 \times 10^{-5}$ m
8. a) $-7,2 \times 10^{-2}$ J
   b) $1,0 \times 10^4$ V, $3,3 \times 10^4$ V, $2,8 \times 10^3$ V
9. a) $1,1 \times 10^{-6}$ C
   b) $7,1 \times 10^{-5}$ N/C

Section 7.5 Questions, p. 364
1. a) $1,1 \times 10^{14}$
   b) $1,1 \times 10^5$ V
   c) 1,2 N

2. b) $2,9 \times 10^{-8}$
3. a) $1,9 \times 10^{-18}$ C
   b) 12
4. $1,7 \times 10^{-15}$ C
5. a) 8,4°
   b) 0,50 N
7. a) $4,5 \times 10^5$ C
   c) $1,6 \times 10^{-18}$ kg

Section 7.6 Questions, p. 371
1. a) $2,1 \times 10^7$ m/s
   d) $4,8 \times 10^5$ m/s
2. a) $1,0 \times 10^{-18}$ J
   b) $1,9 \times 10^6$ m/s
   c) 1,6 cm
3. a) $2,1 \times 10^{-11}$ m
      $4.7,7 \times 10^{-12}$ J
5. a) $1,8 \times 10^{-3}$ m
   b) $2,7 \times 10^5$ m/s
   c) 5,1°

Chapitre 7 Autoévaluation, p. 377
1. F   5. F   9. e)
2. F   6. V   10. e)
3. V   7. b) 11. b)
4. F   8. e) 12. b)

Chapitre 7 Révision, p. 378–381
4. $1,0 \times 10^{-3}$ N
5. $2,4 \times 10^{-9}$ m
6. a) $8,2 \times 10^{-8}$ N
   b) $3,6 \times 10^{-47}$ N
   d) $2,2 \times 10^6$ m/s, $1,5 \times 10^{-16}$ s
7. a) 21 N, en s'éloignant de la charge négative
   b) 59 N, vers la charge positive
   c) 91 N, vers la charge positive
12. a) 6,0 N/C [vers la droite]
    b) $4,3 \times 10^3$ N [vers la gauche]
13. $3,2 \times 10^7$ N/C [vers la droite]
14. $5,8 \times 10^5$ N/C [vers la droite]
15. a) $4,2 \times 10^3$ N/C
    b) $2,9 \times 10^{-3}$ N
    c) $2,9 \times 10^{-5}$ N
    d) $6,9 \times 10^{-9}$ C
18. $2,1 \times 10^5$ N [55° vers le haut, de la gauche], 0, $1,7 \times 10^8$ V
19. $8,1 \times 10^6$ V
20. 43 J
21. $4,0 \times 10^{-15}$ J
22. $2,3 \times 10^{-13}$ J
23. $2,2 \times 10^4$ N/C
24. $2,0 \times 10^2$ V
26. 5,1 m
27. $4,7 \times 10^{-19}$ C, ±3 électrons
28. 49 V
29. $-3,6 \times 10^3$ V, $9,0 \times 10^3$ N/C [vers la sphère]
30. $1,3 \times 10^7$ m/s
31. $5,9 \times 10^3$ V
32. 68 V
33. a) $1,0 \times 10^7$ m/s
    b) 1,6 cm, à gauche
    c) 0 m/s

Tableau 1 Données sur plusieurs lunes de la planète Uranus (se rapporte à la question 20, Chapitre 6 Révision)

Lune	Découverte	r_{moyen} (km)	T (jours terrestres)	C_U (m³/s²)
Ophelia	*Voyager 2* (1986)	$5,38 \times 10^4$	0,375	$1,48 \times 10^{14}$
Desdemona	*Voyager 2* (1986)	$6,27 \times 10^4$	0,475	$1,48 \times 10^{14}$
Juliet	*Voyager 2* (1986)	$6,44 \times 10^4$	0,492	$1,48 \times 10^{14}$
Portia	*Voyager 2* (1986)	$6,61 \times 10^4$	0,512	$1,48 \times 10^{14}$
Rosalind	*Voyager 2* (1986)	$6,99 \times 10^4$	0,556	$1,48 \times 10^{14}$
Belinda	*Voyager 2* (1986)	$7,52 \times 10^4$	0,621	$1,48 \times 10^{14}$
Titania	Herschel (1787)	$4,36 \times 10^5$	8,66	$1,48 \times 10^{14}$
Obéron	Herschel (1787)	$5,85 \times 10^5$	13,46	1.48×10^{14}

34. $1,6 \times 10^{-14}$ m
35. a) 0,41 cm
    b) $8,0 \times 10^7$ m/s [4,7° vers le haut, de la droite]

Chapitre 8

Section 8.2 Questions, p. 402–403
2. $1,5 \times 10^{-2}$ N [vers le haut]
3. $8,4 \times 10^{-4}$ m

Section 8.3 Questions, p. 407
1. a) 90°
   b) 0,67 A
   c) 0 N
2. $2,5 \times 10^{-4}$ N [vers le haut]
3. 1,0 N

Section 8.4 Questions, p. 414
1. $3,2 \times 10^{-6}$ T
2. $1,6 \times 10^{-3}$ T
3. $1,5 \times 10^{-3}$ T
4. $5,8 \times 10^{-4}$ N
9. a) 230 A

Chapitre 8 Autoévaluation, p. 427
1. F	6. V	11. a)
2. V	7. F	12. d)
3. V	8. b)	13. a)
4. V	9. b)	
5. F	10. b)	

Chapitre 8 Révision, p. 428–429
6. 0,22 T
7. 1,6 A
8. $6,1 \times 10^{-13}$ N [vers le bas]
9. $2,7 \times 10^{-14}$ N
10. $9,6 \times 10^{-6}$ T [S]
11. $2,4 \times 10^{-17}$ N horizontalement vers le fil
12. $1,5 \times 10^{-2}$ T
13. 0,70 A
14. 0,90 N
15. $7,4 \times 10^3$ A
16. $1,0 \times 10^{10}$ C/kg
17. $5,2 \times 10^6$ m/s
18. $3,4 \times 10^{-27}$ kg

Unité 3 Autoévaluation, p. 432–433
1. V	10. V	19. a)
2. F	11. F	20. b)
3. F	12. F	21. a)
4. V	13. V	22. d)
5. V	14. F	23. e)
6. V	15. b)	24. c)
7. F	16. b)	25. a)
8. V	17. c)	26. c)
9. F	18. d)	

27. a) champ
    b) carré inverse
    c) magnétique
28. a) perpendiculaires
    b) coaxial
    c) l'énergie potentielle électrique
    d) l'énergie, du mouvement

Unité 3 Révision, p. 434–437
2. a) $1,1 \times 10^3$ N [vers la charge négative]
   b) $3,7 \times 10^2$ N [vers la charge négative]
   c) $1,6 \times 10^7$ N/C [s'éloignant de la charge positive]
   d) $6,6 \times 10^6$ N/C
   e) 0,49 m
4. $5,8 \times 10^{-7}$ N [vers le noyau]
7. $6,7 \times 10^3$ N/C
9. $5,3 \times 10^7$ m/s
11. a) $2,8 \times 10^{-12}$ N
12. 3,1 A
13. a) $3,2 \times 10^{-9}$ T [vers le bas]
    b) 0 T
14. 3,1 A
15. 1,18 A, 2,36 A
16. a) $6,0 \times 10^4$ m/s
    b) $4,1 \times 10^{-2}$ m
17. $2,0 \times 10^{-4}$T [vers le bas]
    $2,5 \times 10^{-5}$T [vers le haut]

Chapitre 9

Section 9.1 Questions, p. 452
1. a) 24°
   b) 3,8 cm
2. a) 24 cm/s, 18 cm/s
   b) 1,3
3. a) 44°
   b) 1,1
   c) 5,4 cm
4. 22 cm/s, 13 cm/s
5. 34°
6. 19,9°
8. 67°
9. 24°

Section 9.2 Questions, p. 454
3. $6,3 \times 10^{-4}$ m

Section 9.3 Questions, p. 460
3. 2
5. 2 cm, 12 cm/s
7. 1,25 m
8. 1,0 cm, 1 cm, 1 cm
10. a) plein nord, N49°E, N49°O
    b) N49°E, N49°O

Section 9.4 Questions, p. 468
5. $4,50 \times 10^8$ m/s

Section 9.5 Questions, , p. 475
5. 16
6. a) $4,2 \times 10^2$ nm
   b) $8,0 \times 10^{-3}$ m
7. a) $5,4 \times 10^{-7}$ m
   b) $4,4 \times 10^{-4}$ m
8. $4,4 \times 10^{-7}$ m

Section 9.6 Questions, p. 479
3. $5,4 \times 10^{-7}$ m
4. $7,50 \times 10^{14}$ Hz à $4,00 \times 10^{14}$ Hz
5. 1°
6. $1,2 \times 10^{-5}$ m

Chapitre 9 Autoévaluation, p. 488–489
1. F	9. F	17. d)
2. V	10. F	18. c)
3. F	11. b)	19. c)
4. F	12. d)	20. c)
5. F	13. a)	21. a)
6. F	14. d)	22. d)
7. V	15. b)	23. e)
8. F	16. e)	

Chapitre 9 Révision, p. 490–491
3. 0,88
8. zircon
9. 13,4°
10. $5,9 \times 10^{-7}$ m
11. $6,6 \times 10^{-7}$ m
12. 3,8 mm
13. 15,4 cm
15. a) $1,3 \times 10^{-4}$ m
    b) 0,43°
16. $6,6 \times 10^{-7}$ m
17. 12 nm
18. 631 mm
19. 621 nm
20. 28 mm
21. 2,4 mm
26. 17°
27. b) 26 cm
28. 9,7 km

Chapitre 10

Section 10.2 Questions, p. 507
2. 541×10^{-7} m
3. $5,57 \times 10^{-5}$ m
4. $6,34 \times 10^{-7}$ m
5. a) 9,2°
   b) 18,4 cm
6. 12,2°
7. 63,3 cm
8. $3,5 \times 10^{-5}$ m
9. a) 9,0°
   b) 12

Section 10.3 Questions, p. 511
2. 6,5°
3. 518 nm, 593 nm, 737 nm
4. 10,0°
5. $9,00 \times 10^3$ traits/cm

Section 10.4 Questions, p. 519
3. 112 nm, 225 nm
4. a) 104 nm
   b) 207 nm
5. $6,0 \times 10^{-7}$ m
6. $3,0 \times 10^{-3}$ cm
7. 94,8 nm

Section 10.5 Questions, p. 524
3. $3,90 \times 10^{-6}$ m
4. 199 nm
5. 103 nm
6. 380 nm
7. $1,30 \times 10^2$ nm

Section 10.7 Questions, p. 529
2. $8,36 \times 10^{-5}$ m
3. $5,21 \times 10^{-7}$ m
4. 171 nm
5. 719 nm

Section 10.8 Questions, p. 534
1. a) $1,67 \times 10^{10}$ Hz
   b) $9,38 \times 10^{-3}$ m
   c) $5,00 \times 10^6$ m
   d) $4,62 \times 10^{14}$ Hz
2. 0,12 s
3. 42°

Chapitre 10 Autoévaluation, p. 545
1. F	5. V	11. c)
2. a) F	6. F	12. c)
b) V	7. V	13. d)
c) V	8. V	14. d)
3. F	9. F	
4. V	10. d)	

Chapitre 10 Révision, p. 546–547
2. $6,2 \times 10^{-7}$ m
3. $1,3 \times 10^{-6}$ m
4. $6,00 \times 10^{-7}$ m
5. $8,3 \times 10^{-5}$ m
6. a) $1,28 \times 10^{-6}$ m
   b) 589 nm
7. 46,1°
8. 69,4 cm
9. $3,9 \times 10^{-6}$ m
10. 596 nm
11. $1,70 \times 10^5$ traits/cm
14. $1,14 \times 10^{-7}$ m, $8,02 \times 10^{-8}$ m
15. 222 nm
16. $1,10 \times 10^2$ nm, 329 nm
17. 218 nm (U.V.)
18. $7,10 \times 10^2$ mm
19. 6,9 s $\times 10^{-5}$ cm
20. 97,8 nm
22. a) $3,5 \times 10^{-5}$°
    b) 56°
24. $1,13 \times 10^5$ Hz

Unité 4 Autoévaluation, p. 550-à 551
1. V	9. e)	
2. V	10. c)	
3. F	11. e)	
4. V	12. d)	
5. V	13. d)	
6. F	14. b)	
7. V	15. b)	
8. F	16. e)	

17. période
18. source
19. $\dfrac{\lambda}{w}$
20. nodales
21. déphasées, longueur d'onde
22. transversale
23. $\sin \theta_n = \dfrac{n\lambda}{w}$

Tableau 1 (se rapporte à la question 26, Unité 4 Autoévaluation.)

Scientifique	Découverte ou innovation
Gabor	holographie
Grimaldi	diffraction des rayonnements par deux fentes successives
Hertz	création et détection des ondes radio
Huygens	modèle à ondelettes pour la propagation de fronts d'ondes
Land	filtres de polarisation commercialisables
Maxwell	théorie mathématique des ondes électromagnétiques
Marconi	transmission des signaux radio
Michelson	interféromètre
Newton	théorie corpusculaire de la lumière
Poisson	diffraction des rayonnements autour d'un disque de petites dimensions
Young	interférence à deux fentes

Section 13.1 Questions, p. 676

1. Consulte le tableau 1 ci-dessous.

2. a) $^4_2$He, désintégration α
   b) $^0_{-1}$e, désintégration β
   c) $^4_2$He, désintégration α
   d) $^0_{-1}$e, désintégration β
   e) $^0_{-1}$e, désintégration β
   f) $^0_{-1}$e, désintégration β
   g) $^4_2$He, désintégration α
   h) $^4_2$He, désintégration α

3. a) $x = 82$, $y = 10\,e$
   b) $x = 214$, $y = 84$
   c) $x = 226$, $y = 88$
   d) $x = ^4_2$He
   e) $x = ^3_1$He
   f) $x = 141$

6. $E = 1,02 \times 10^8$ eV
   $E_n = 7,30 \times 10^6$ eV

7. a) $^{14}_6$C $\rightarrow$ $^{14}_7$C $+$ $^0_{-1}$e $+$ $\bar{\nu}$
   b) $1,56 = 10^5$ eV

Section 13.2 Questions, p. 686

1. a) $3,8 \times 10^8$ Bq
   b) $1,5 \times 10^{10}$ a

2. $t_{1/2} \times 3,8$ h

3. $6,47 \times 10^8$ a

4. $1,24 \times 10^4$ a

Section 13.3 Questions, p. 698

3. a) $2,0 \times 10^7$ m
   b) 0,067 s

Section 13.4 Questions, p. 704

5. a) désintégration β
   b) Boson W et boson Z

8. a) électromagnétique, faible, pesanteur
   b) électromagnétique, faible, pesanteur

c) faible, forte, pesanteur
d) électromagnétique, faible, forte, pesanteur
e) faible

9. de $2,5 \times 10^{-18}$ m à $2,2 \times 10^{-18}$ m

Section 13.5 Questions, p. 712

1. a) kaon (K^-)
   b) pi moins (π^-)
   c) sigma zéro (Σ°)
   d) sigma plus (Σ^+)

7. a) u$\bar{s}$
   b) uds

Section 13.7 Questions, p. 732

10. $2,0 \times 10^{28}$ eV; $2,0 \times 10^{17}$ eV

Chapitre 13 Autoévaluation, p. 735

1. V
2. F
3. V
4. F
5. V
6. V
7. F
8. F
9. F
10. b)
11. c)
12. d)
13. a)
14. a)
15. e)
16. c)

Chapitre 13 Révision, p. 736- 737

2. a) $x = 212$, $y = 82$
   b) $x = 234$, $y = 90$
   c) $x = 82$
   d) $x = 49$, $y = 16$
   e) $x = +1$, $y = 0$, $z = e$
   f) $x = 6$, $y = 13$, $z = C$

5. a) $^{239}_{94}$Pu $\rightarrow$ $^{235}_{92}$U $+$ $^4_2$He
   b) 5,24 MeV

6. a) 4,61 mg
   b) 23 h

7. 1382 a

20. a) $7,3 \times 10^8$ C/kg
    b) $2,2 \times 10^{-28}$ kg

23. b) 35 h

Unité 5 Autoévaluation, p. 740-741

1. V
2. F
3. V
4. V
5. F
6. V
7. F
8. V
9. F
10. V
11. F
12. F
13. V
14. F
15. V
16. V
17. a)
18. c)
19. a)
20. a)
21. a)
22. e)
23. a)
24. b)
25. e)
26. inertiel, non inertiel
27. l'éther n'existe pas
28. longueur
29. masse au repos
30. quanta
31. différent
32. bas
33. probabilité
34. 0, 1,0
35. solide chauffé, gaz excités électriquement
36. déviées
37. diminue, augmente, diminue

Unité 5 Révision, p. 742-745

5. $1,74 \times 10^{-6}$ s
6. a) 12 h 49, 13 h 06,
   b) $7,9 \times 10^8$ km
   c) $2,6 \times 10^{16}$ J
7. 99,1 m
8. $3,8 \times 10^{-19}$ kg·m/s
9. $4,73 \times 10^{-22}$ kg·m/s
10. a) $3,8 \times 10^{-6}$ s
    b) $7,1 \times 10^{-22}$ kg·m/s
12. $3,1 \times 10^{-9}$ kg
13. $2,1 \times 10^{-8}$ kg

14. $1,42 \times 10^{-15}$ J
16. 3,33:1
17. 622 nm
21. a) $1,21 \times 10^{15}$ Hz
    b) $-3,28$ V
22. 0,27 eV
23. 2,30 eV
24. $6,2 \times 10^5$ m/s
27. $1,26 \times 10^{-27}$ kg·m/s
28. $9,9 \times 10^{-27}$ kg·m/s
29. $9,86 \times 10^{-24}$ kg·m/s
30. a) 0,4 eV
    b) $1,4 \times 10^8$ m/s
    c) $1,1 \times 10^{-22}$ kg·m/s
31. $7,3 \times 10^{-10}$ m
32. a) 3,0 eV
    b) 3,1 eV, 1,3 eV, 8,0 eV
34. a) 12,1 eV
    b) 2,55 eV
37. a) $x = 9$, $y = 15$, Z = N
    b) $x = 90$, $y = 222$, Z = Rn
    c) $x = 2$, $y = 4$, Z = He
    d) $x = 83$, $y = 214$, Z = Tl
    e) $x = 93$, $y = 239$, Z = Np
38. 8,762 MeV/nucléon
39. $x = 82$, $y = 210$, Z = Pb, $q = 2$, $r = 4$, S =He
41. 30 a
42. a) $1,25 \times 10^{12}$ Bq
    b) $2,22 \times 10^{12}$ Bq
43. $2,10 \times 10^3$ a
44. $3,62 \times 10^3$ a
45. 69 Bg
64. $6,67 \times 10^{20}$ photons
65. $4,5 \times 10^{43}$ photons

Tableau 1 (se rapporte à la question 1 Section 13.1)

Type d'émission	Masse	Charge	Vitesse pénétration	Pouvoir de d'ionisation	Capacité
α	$6,68 \times 10^{-27}$ kg	2+	jusqu'à $6,67 \times 10^7$ m/s	5 cm d'air	oui
β	$9,31 \times 10^{-31}$ kg	β négative β positive	$6,67 \times 10^7$ m/s à 3×10^8 m/s	3 à 6 mm d'aluminium	oui
γ	aucune	aucune	3×10^8 m/s	30 cm de plomb	oui

Glossaire

A

Accélération ($\vec{a}$) taux de variation de la vitesse vectorielle

Accélération centripète accélération instantanée dirigée vers le centre du cercle

Accélération due à la pesanteur ($\vec{g}$) accélération d'un objet qui tombe verticalement vers la surface de la Terre

Accélération instantanée accélération à un instant donné

Accélération moyenne ($\vec{a}_{moy}$) variation de la vitesse vectorielle divisée par l'intervalle de temps associé à cette variation

Activité optique propriété d'une substance par laquelle un matériau transparent fait tourner le plan de polarisation d'une lumière émise

Ampère (A) unité SI de courant électrique ; $\frac{F}{l} = 2 \times 10^{-7}\,\text{N/m}$

Angle de réflexion (θ_r) angle entre le front d'onde réfléchi et la barrière ou entre le rayon réfléchi et la normale

Angle de réfraction (θ_R) angle compris entre la normale et le rayon réfracté ou entre le front d'onde réfracté et la limite

Angle d'incidence (θ_i) angle entre le front d'onde incident et la barrière ou entre le rayon incident et la normale

Anneaux de Newton série d'anneaux concentriques produits à la suite d'une interférence entre les rayons lumineux réfléchis par le dessus et le dessous d'une surface courbe

B

Becquerel (Bq) unité SI adoptée pour la radioactivité ; $1\,\text{Bq} = 1\,\text{s}^{-1}$

Boson de Higgs particule X théorique qui porte vraisemblablement un quatrième champ de force fondamentale dans la théorie de la grande unification des forces nucléaires forte, faible et électromagnétique

Boson W particule élémentaire à période courte ; l'une des porteuses de la force nucléaire faible

Boson Z particule élémentaire à période courte ; l'une des porteuses de la force nucléaire faible

Bosons selon le modèle classique, particules responsables des forces fondamentales de la nature

Bosons de jauge classe de particules qui interagissent sous l'action de la force électrofaible ; elle comprend le photon et les bosons W et Z

bottom sixième type de quark

C

Centrifugeuse appareil qui tourne rapidement, utilisé pour séparer des substances et entraîner des astronautes

Champ de force espace qui entoure un objet et dans lequel une force existe

Champ de force magnétique zone où s'exercent les forces magnétiques autour d'un aimant

Champ électrique ($\vec{\varepsilon}$) région dans laquelle une force s'exerce sur une charge électrique ; la force électrique par unité de charge positive

Champ gravitationnel un champ gravitationnel existe dans l'espace entourant un objet soumis à la force de gravité

Charme quatrième type de quark

Chromodynamique quantique (QCD) théorie qui décrit l'interaction forte en termes d'échanges de gluons s'exerçant entre quarks et antiquarks

Chute libre mouvement d'un objet vers la Terre sous l'effet de la seule force de la pesanteur

Cinématique étude du mouvement

Coefficient de frottement cinétique (μ_C) rapport entre la grandeur du frottement cinétique et la grandeur de la force normale

Coefficient de frottement statique (μ_S) rapport entre la grandeur du frottement statique maximum et la grandeur de la force normale

Cohérence de la lumière lumière dans laquelle les photons possèdent la même fréquence et la même polarisation, se déplacent dans la même direction et sont en phase

Coin d'air air entre deux pièces de verre plates, d'un point de vue optique, placées de biais pour former un coin

Collision élastique collision où la somme des énergies cinétiques après la collision est égale à la somme des énergies cinétiques avant la collision

Collision inélastique collision où la somme des énergies cinétiques après la collision diffère de la somme des énergies cinétiques avant la collision

Collision parfaitement inélastique collision suivie d'une baisse maximale d'énergie cinétique, puisque les objets restent unis après la collision et se déplacent à la même vitesse vectorielle

Conservation de la masse et de l'énergie principe voulant que la masse au repos et l'énergie soient équivalentes

Constante de désintégration constante de proportionnalité concernant le taux de désintégration d'un isotope radioactif par rapport au nombre total de noyaux de cet isotope

Constante de force (k) constante de proportionnalité d'un ressort

Constante de Planck constante avec la valeur $h = 6{,}63 \times 10^{-34}\,\text{J·s}$, reliant le rapport énergétique d'un photon à sa fréquence

Contraction des longueurs diminution des distances dans un système, telle qu'elles sont perçues par un observateur en mouvement relativement à ce système

Corps noir objet qui absorbe complètement tout type de rayonnement

Couleur propriété attribuée aux quarks, qui les maintient dans des états quantiques différents pour éviter de violer le principe d'exclusion de Pauli

Coulomb (C) unité SI de la charge électrique ; 1 C = 1A·s

D

Datation radioactive technique employant les propriétés connues de substances radioactives pour déterminer l'âge d'objets anciens

Déplacement ($\Delta\vec{d}$) variation de position d'un objet dans une direction donnée

Deuxième loi de Kepler sur le mouvement des planètes Le segment de droite joignant une planète et le Soleil balaie des surfaces égales au cours d'intervalles de temps égaux.

Deuxième loi du mouvement de Newton Si la force nette extérieure sur un objet n'est pas zéro, l'objet accélère dans la direction de la force nette. L'accélération est directement proportionnelle à la force nette et inversement proportionnelle à la masse de l'objet.

Diagramme de Feynman diagramme espace-temps qui illustre les interactions des particules chargées

Diagramme de Force diagramme pour un seul objet montrant toutes les forces qui agissent sur cet objet

Différence de longueur de trajectoire dans un modèle d'interférence, valeur absolue de la distance entre un point P et deux sources différentes : $\left| P_1S_1 - P_1S_2 \right|$

Différence de potentiel électrique quantité de travail nécessaire par unité de charge pour déplacer une charge positive entre deux points dans un champ électrique

Diffraction déviation d'une onde lorsqu'elle traverse une ouverture ou un obstacle

Diffusion changement de direction des particules ou des ondes après une collision avec des particules

Dilatation du temps ralentissement du temps dans un système, tel qu'il était perçu par un observateur en mouvement relativement à ce système

Dispositif à transfert de charge (DTC) microplaquette de semi-conducteur avec un ensemble de cellules photosensibles utilisées pour convertir des images lumineuses en signaux électriques

Dualité onde-particule propriété du rayonnement électromagnétique qui définit une nature double affichant à la fois des caractéristiques ondulatoires et particulaires

Dynamique étude des forces et des effets qu'elles ont sur le mouvement

E

Éblouissement inverse réflexion lumineuse provenant de l'arrière des lentilles et atteignant l'œil

Échelle d'unification limite (10^{-30} m) précisée par la théorie de la grande unification selon laquelle une seule force est prévue, au lieu des forces électromagnétique, nucléaire forte et nucléaire faible distinctes

Écoulement laminaire écoulement stable d'un fluide visqueux dans lequel les couches adjacentes de liquide glissent doucement les unes sur les autres

Effet Compton diffusion de photons par des photons à grande énergie

Effet photoélectrique phénomène par lequel des électrons sont libérés d'une matière exposée au rayonnement électromagnétique

Électrodynamique quantique étude des interactions des particules chargées en termes de photons virtuels

Émission spontanée émission d'un photon par un électron résultant de l'absorption d'un quantum d'énergie par un atome ; l'électron passe instantanément à un niveau d'énergie plus bas, dans un temps relativement court ($\sim 10^{-8}$ s)

Émission stimulée processus dans lequel un atome excité est stimulé pour émettre un photon identique à un autre s'approchant rapidement

Énergie cinétique (E_C) énergie du mouvement

Énergie de liaison énergie cinétique supplémentaire requise pour qu'une masse m échappe à la force gravitationnelle d'une masse M avec une vitesse nulle ; énergie requise pour séparer le noyau en protons et en neutrons (matière)

Énergie de libération énergie cinétique minimale requise pour qu'une masse m projetée de la surface d'une masse M échappe à la force gravitationnelle de M

Énergie d'ionisation énergie requise pour libérer un électron d'un atome

Énergie potentielle élastique (E_e) énergie emmagasinée dans un objet qui subit une traction, une compression, une flexion ou une torsion

Énergie potentielle électrique (E_E) énergie emmagasinée dans un système de deux charges situées à une distance r l'une de l'autre ; $E_E = \dfrac{kq_1q_2}{r}$

Énergie potentielle gravitationnelle (E_g) énergie résultant de l'élévation au-dessus de la surface de la Terre

Énergie thermique (E_{th}) énergie interne associée au mouvement des atomes et des molécules

Équation photoélectrique d'Einstein $E_K = hfW$

Équilibre propriété d'un objet ne subissant aucune accélération

État fondamental plus bas niveau d'énergie d'un atome

État métastable état d'excitation soutenue des électrons dans lequel ces derniers peuvent demeurer pendant des périodes relativement longues

État stationnaire orbite d'un électron dans laquelle il ne propage pas d'énergie

Éther fluide hypothétique qui était sensé ne pas pouvoir être observé directement et à travers lequel le rayonnement électromagnétique devait se propager

Étrangeté propriété de certaines particules qui interagissent principalement sous l'action de la force nucléaire forte, mais qui se désintègrent sous l'effet de la force nucléaire faible

F

Fermions selon le modèle classique, particules à partir desquelles toute matière est composée ; subdivisées en leptons et en quarks

Fluide substance qui coule et prend la forme de son contenant

Fluorescence processus convertissant une radiation de haute fréquence en une radiation de plus basse fréquence au moyen de l'absorption de photons par un atome ; lorsque la source lumineuse est retirée, la fluorescence cesse

Force ($\vec{F}$) une poussée ou une traction

Force centrifuge force fictive dans un système de référence en rotation (en accélération)

Force centripète force nette qui cause l'accélération centripète

Force de Coriolis force fictive qui agit perpendiculairement à la vitesse vectorielle d'un objet dans un système de référence en rotation

Force de gravité ($\vec{F}_g$) force d'attraction entre tous les objets

Force fictive force inventée employée pour expliquer un mouvement dans un système de référence en accélération

Force nette ($\Sigma\vec{F}$) somme de toutes les forces agissant sur un objet

Force normale ($\vec{F}_N$) force perpendiculaire à la surface d'objets en contact

Force nucléaire faible force faible dans un noyau qui pourrait être associée à la désintégration β

Force nucléaire forte force qui lie le noyau d'un atome stable

Franges d'interférence bandes brillantes (**maximums**) et sombres (**minimums**) produites par l'interférence de lumière

Fréquence de seuil (f_0) fréquence minimale à laquelle les photoélectrons sont libérés d'une surface photoélectrique donnée

Front d'onde front avant d'une crête ou d'une dépression continue

Frottement ($\vec{F}_f$) force qui résiste ou qui s'oppose au mouvement entre des objets en contact ; il agit dans la direction opposée au mouvement

Frottement cinétique ($\vec{F}_C$) force qui ralentit un objet en mouvement

Frottement statique ($\vec{F}_S$) force qui cherche à empêcher un objet immobile de se mettre en mouvement

G

Gluons particules hypothétiques neutres, de masse nulle, qui semblent être porteuses de la force nucléaire forte

Grandeur scalaire grandeur qui possède une valeur, mais pas d'orientation

Graviton particule hypothétique prévue pour porter la force gravitationnelle

H

Hadrons classe de particules qui interagissent principalement sous l'action de la force nucléaire forte ; elle comprend le neutron, le proton, le méson pi et d'autres particules de grande masse

hologramme image à trois dimensions formée à la suite d'une interférence de la lumière cohérente (transmise ou réfléchie)

Horizon des événements surface d'un trou noir

I

Impulsion produit $\Sigma\vec{F}\Delta t$, égal à la variation de la quantité de mouvement d'un objet

Indice de réfraction absolu indice de réfraction de la lumière qui passe de l'air ou d'un milieu sous vide à une substance

Inertie propriété de la matière qui fait qu'un objet résiste aux modifications de son mouvement

Intensité du champ gravitationnel ($\vec{g}$) quantité de force par unité de masse

Interférence constructive interférence qui se produit lorsque les ondes s'unissent pour former une onde de plus grande amplitude

Interférence destructive interférence qui se produit lorsque les ondes se réduisent mutuellement pour former une onde de moins grande amplitude

Inversion des populations condition dans laquelle il y a plus d'atomes dans un état métastable que dans un état fondamental

Isochrone qui survient à intervalles réguliers même lorsque des variables changent ; par exemple, la période d'un pendule est isochrone par rapport aux variations de la masse de la lentille du pendule

J

Joule (J) unité SI dérivée servant à mesurer les formes d'énergie et de travail ; un Joule est égal au travail accompli lorsqu'une force de 1 N déplace un objet sur 1 m en direction de la force exercée

L

Laser acronyme pour *Light Amplification by Stimulated Emission of Radiation* (amplification de la lumière par émission stimulée de radiation) ; source de lumière cohérente monochromatique

Leptons classe de particules qui interagissent sous l'action de la force nucléaire faible; elle comprend l'électron, le muon, le tau et les trois types de neutrinos

Ligne nodale ligne d'interférence destructive

Loi d'Ampère Le long d'un trajet fermé quelconque dans un champ magnétique, la somme des produits de la composante scalaire de $\vec{B}$ parallèle à chacun des segments du trajet et de la longueur du segment est directement proportionnelle au courant électrique net qui traverse la zone limitée par le trajet.

Loi de conservation de la charge La charge totale (la différence entre les quantités de charge positive et négative) dans un système isolé est conservée.

Loi de conservation de la quantité de mouvement Si la force nette agissant sur un système d'objets en interaction est égale à zéro, alors la quantité de mouvement linéaire du système avant l'interaction est égale à la quantité de mouvement du système après l'interaction.

Loi de conservation de l'énergie Dans un système isolé, l'énergie peut être convertie en différentes formes mais ne peut être ni créée ni détruite.

Loi de conservation du nombre baryonique lorsque le nombre baryonique total avant une interaction des particules est égal au nombre baryonique restant

Loi de Coulomb La force entre deux charges ponctuelles est inversement proportionnelle au carré de la distance entre les charges et directement proportionnelle au produit des charges.

Loi de Hooke loi selon laquelle de la force exercée par un ressort est directement proportionnelle au déplacement de ce dernier par rapport à sa position d'équilibre

Loi de la gravitation universelle de Newton La force d'attraction gravitationnelle entre deux objets est directement proportionnelle au résultat du produit des masses des objets et inversement proportionnelle au carré de la distance entre leurs centres.

Loi de Lenz Lorsqu'un courant est induit dans une bobine par un champ magnétique qui varie, le courant électrique circule dans un sens de telle sorte que son propre champ magnétique s'oppose au changement qui l'a produit

Loi de l'induction électromagnétique Un courant électrique est induit dans un conducteur chaque fois que le champ magnétique dans la région du conducteur varie dans le temps.

Loi des pôles magnétiques Les pôles magnétiques contraires s'attirent. Les pôles magnétiques identiques se repoussent.

Lois des charges électriques Les charges électriques opposées s'attirent mutuellement. Les charges électriques de même signe se repoussent. Les objets chargés peuvent attirer certains objets neutres.

Longueur d'onde de de Broglie longueur d'onde associée au mouvement d'une particule possédant une quantité de mouvement de p: $\lambda = \dfrac{h}{p}$

Longueur propre (L_s) longueur, dans un système de référence inertiel, d'un objet stationnaire dans ce système

Lumière cohérente lumière ayant une longueur d'onde, en phase (p. ex., la lumière laser)

Lumière incohérente lumière ayant une ou plusieurs longueurs d'onde, déphasée (p. ex., la lumière blanche)

M

Masse au repos masse mesurée au repos relativement à un observateur

Maximum central région centrale brillante dans le modèle d'interférence de la lumière suivie de lignes sombres résultant de la diffraction

Maximums secondaires zones de moins en moins brillantes, à l'extérieur de la région centrale, dans le modèle d'interférence

Mécanique quantique interprétation mathématique de la composition et du comportement de la matière basée sur la nature ondulatoire des particules

Méson particule élémentaire qui, à l'origine, semblait être responsable de la force nucléaire forte; elle forme maintenant une classe de particules

Méson pi particule élémentaire; un méson pi

Microscope électronique à balayage type de microscope dans lequel un faisceau d'électrons est balayé sur un spécimen

Microscope électronique à balayage à effet tunnel type de microscope dans lequel une sonde est tenue près de la surface de l'échantillon; les électrons forment un « tunnel » entre l'objet étudié et la sonde, créant un courant

Microscope électronique à transmission type de microscope qui utilise des lentilles magnétiques fabriquées à partir de bobines électromagnétiques circulaires créant de forts champs magnétiques

Modèle classique théorie qui unifie la chromodynamique quantique et la théorie électrofaible; elle maintient que toute matière est composée de fermions et de bosons

Monochromatique qui est composé d'une seule couleur; ne comportant qu'une longueur d'onde

Mouvement circulaire uniforme mouvement d'un objet dont la vitesse et le rayon de la trajectoire sont constants

Mouvement de projectile mouvement dont la vitesse vectorielle horizontale et l'accélération verticale due à la pesanteur sont constantes

Mouvement harmonique amorti mouvement périodique ou répété dans lequel la vibration et l'énergie diminuent avec le temps

Mouvement harmonique simple (MHS) mouvement vibratoire périodique dans lequel la force (et l'accélération) est directement proportionnelle au déplacement

Muon particule élémentaire; un méson mu

N

Niveaux d'énergie valeurs discrètes d'énergie interne qu'un atome peut posséder

Nombre baryonique propriété d'une particule élémentaire; les quarks ont un nombre baryonique de $\frac{1}{3}$

Non polarisé qui vibre dans toutes les directions perpendiculairement au sens de la propagation

Normale ligne droite perpendiculaire à une limite heurtée par une onde

Noyau fille noyau d'un atome créé à la suite d'une désintégration radioactive

O

Onde transversale perturbation périodique durant laquelle les particules du milieu oscillent à angle droit par rapport à la direction de l'onde

Ondes de matière nom donné aux propriétés ondulatoires associées à la matière

Ondes radio ondes électromagnétiques dans la gamme de fréquences de 10^4 à 10^{10} Hz; utilisées pour les transmissions radioélectriques et télévisuelles

P

Particule alpha (α) forme de rayon constitué de deux protons et de deux neutrons, qui est émis durant une désintégration α

Particule bêta (β) particules à charge négative émises pendant la désintégration β^- (électrons); électrons à charge positive (positrons) émis lors de la désintégration β^+

Période radioactive mesure de la radioactivité d'un isotope; temps $t_{1/2}$ requis pour que la moitié des atomes de tout échantillon de cet isotope, préparé à tout instant, se désintègrent

Pesanteur artificielle situation dans laquelle le poids apparent d'un objet est semblable à son poids sur Terre

Phosphorescence propriété de certaines substances qui leur permet d'émettre de la lumière sans source d'exitation

Photodiode semi-conducteur dans lequel des électrons sont libérés par des photons incidents, entraînant la conductivité

Photoélasticité propriété d'un matériau qui, à l'analyse, permet de déterminer la répartition des contraintes de ce matériau

Photoélectrons électrons libérés dans l'effet photoélectrique

Photon quantum d'énergie électromagnétique dont l'énergie équivaut à hf

Photon virtuel photon échangé dans une interaction électromagnétique; virtuel au sens d'inobservable

Poids apparent force nette exercée sur un objet en accélération dans un système de référence non inertiel

Poids force de gravité exercée sur un objet

Polarisation confinement des vibrations d'une onde dans une direction

Polarisé linéairement qui peut vibrer dans un même plan seulement

Polariseur moyen naturel (p. ex., des nuages) ou artificiel (p. ex., des filtres) servant à polariser

Polaroid feuille de plastique polarisant la lumière

Pôles zones qui se trouvent aux extrémités d'un corps aimanté, là où l'attraction magnétique est la plus forte

Portée horizontale (Δx) déplacement horizontal d'un projectile

Position ($\vec{pd}$) distance et orientation d'un objet par rapport à un point de référence

Positron particule identique à un électron mais portant une charge positive; appelé également antiélectron

Potentiel d'arrêt plus petite différence de potentiel suffisant à réduire le courant photoélectrique à zéro

Potentiel électrique (V) valeur, en volts, de l'énergie potentielle par unité de charge positive; 1 V $= 1$ J/C

Première énergie d'excitation plus faible quantité d'énergie qu'un atome peut absorber

Première loi de Kepler sur le mouvement des planètes Chaque planète se déplace autour du Soleil en décrivant une ellipse, le Soleil étant un des foyers de l'ellipse.

Première loi du mouvement de Newton Si la force nette agissant sur un objet est nulle, cet objet maintient son état de repos ou sa vitesse constante.

Principe de Bernoulli Là où la vitesse d'un fluide est basse, la pression est élevée. Là où la vitesse du même fluide est élevée, la pression est basse.

Principe de complémentarité Pour tirer des conclusions d'une expérience scientifique, on doit utiliser soit la théorie ondulatoire, soit la théorie quantique, mais non les deux.

Principe de Huygens Chaque point sur un front d'onde peut être considéré comme une source ponctuelle de petites ondes secondaires se propageant sur le front de l'onde à la même vitesse que l'onde elle-même. La surface-enveloppe, tangente à toutes les ondelettes, constitue le nouveau front d'onde.

Principe de l'électromagnétisme Des charges électriques en mouvement produisent un champ magnétique.

Principe d'exclusion de Pauli principe selon lequel, dans un état stationnaire donné, il n'y a place que pour une particule

Principe d'incertitude d'Eisenberg Si Δx est la valeur d'incertitude représentant la position d'une particule et que Δp est la valeur d'incertitude de la quantité de mouvement, alors $\Delta x \Delta p \geq \dfrac{h}{2\pi}$ étant la constante de Planck

Production de paires création d'une paire de particules (un électron et un positron) résultant de la collision d'un photon à grande énergie avec un noyau

Profilage processus par lequel on réduit la turbulence en modifiant le profil d'un objet

Projectile objet qui se déplace dans l'air sans système de propulsion, selon une certaine trajectoire

Propagation rectiligne de la lumière déplacement de la lumière en lignes droites

Q

Quanta paquets d'énergie; un quantum est la quantité minimale d'énergie émise par une particule

Quantité de mouvement d'un photon définie par $p = \dfrac{h}{\lambda}$

Quantité de mouvement linéaire $(\vec{p})$ produit de la masse d'un objet en mouvement et de sa vitesse vectorielle; une grandeur vectorielle

Quantité vectorielle grandeur qui possède à la fois une norme et une orientation

Quarks particules élémentaires constituant tous les hadrons

R

Radioactivité émission spontanée d'un rayonnement électromagnétique (gamma) ou de particules d'une masse non nulle par un noyau

Rayon de Schwartzschild distance entre le centre de la singularité et l'horizon des événements

Rayon d'onde ligne droite perpendiculaire au front d'onde, indiquant la direction de la transmission

Rayon gamma (γ) émission à haute fréquence (masse nulle, charge nulle) de photons pendant la désintégration γ

Rayonnement du corps noir rayonnement maximal pouvant être émis par un corps

Rayonnement ionisant rayonnement à la limite duquel il y a risque d'ionisation, à des fréquences supérieures à celle de l'ultraviolet

Rayonnement non ionisant rayonnement égal ou inférieur à la limite permettant une ionisation, à des fréquences inférieures à celles de l'ultraviolet

Réflexion interne totale réflexion de la lumière dans un milieu optique plus dense; elle se produit lorsque l'angle d'incidence dans le milieu plus dense est plus grand qu'un certain angle critique

Réfraction déviation de la direction d'une onde lorsqu'elle entre dans un milieu différent selon un certain angle

Réfraction double propriété de certains cristaux (p. ex., le calcite) de séparer un faisceau lumineux incident en deux

Réseau de diffraction dispositif dont la surface est gravée d'un grand nombre de traits rapprochés parallèles et équidistants permettant de séparer la lumière en spectre; les réseaux par transmission sont transparents; les réseaux par réflexion sont réfléchissants

Résistance de l'air force de frottement qui s'oppose au mouvement d'un objet dans les airs

Résolution aptitude d'un instrument à séparer deux images rapprochées

Ressort idéal ressort qui obéit à la loi de Hooke parce qu'il ne subit aucun frottement interne ou externe

S

Satellite objet ou corps en orbite autour d'un autre corps

Saveurs variétés de quarks: u, d et s

Séparation de charge par induction distribution de charge qui résulte d'un changement dans la distribution des électrons dans ou sur un objet

Série de Balmer série de longueurs d'ondes d'un photon émises en transition d'un niveau d'énergie plus élevé au niveau inférieur $n = 2$

Série de Lyman série de longueurs d'ondes d'un photon émises en transition d'un niveau d'énergie plus élevé à $n = 1$, ou état fondamental

Série de Paschen série de longueurs d'ondes d'un photon émises en transition d'un niveau d'énergie plus élevé au niveau inférieur $n = 3$

Simultanéité occurrence de deux événements ou plus en même temps

Singularité centre dense d'un trou noir

Solénoïde fil conducteur enroulé (bobine) à l'intérieur duquel est créé un champ magnétique quand on y fait circuler un courant

Spectre continu spectre montrant des changements d'intensité continus (non discrets)

Spectre d'absorption lignes de couleur manquante dans un spectre continu, aux mêmes fréquences que celles qui seraient émises par un gaz incandescent du même élément

Spectre d'émission spectre qu'une substance émet avec sa propre série de fréquences

Spectroscope instrument utilisant un réseau de diffraction permettant d'observer visuellement les spectres

Spin grandeur quantique des particules indiquant la rotation; chaque particule possède son propre nombre quantique

Station spatiale satellite artificiel qui peut accueillir un équipage humain et qui demeure en orbite autour de la Terre durant de longues périodes

Système de référence inertiel système dans lequel la loi d'inertie s'applique

Système de référence non inertiel système dans lequel la loi d'inertie ne s'applique pas ; système de référence qui accélère relativement à un système de référence inertiel

Système de référence système de coordonnées par rapport auquel un mouvement est observé

Système isolé système de particules qui est entièrement isolé des influences externes

T

Tangente droite qui touche une courbe en un point unique et qui possède la même pente que la courbe à ce point

Temps propre (Δt_s) intervalle de temps entre deux événements mesurés par un observateur qui voit ceux-ci se produire à partir de la même position

Tension ($\vec{F}_T$) force exercée par des matériaux comme des cordes, des fibres, des ressorts et des câbles qui peuvent être étirés

Théorie de la grande unification (GUT) théorie qui tente de combiner les forces forte, faible et électromagnétique en une seule théorie

Théorie de la relativité restreinte 1. *Le principe de relativité :* toutes les lois de la physique sont valables dans tous les systèmes de référence inertiels. 2. *La constance de la vitesse de la lumière :* la lumière voyage dans l'espace vide à une vitesse $c = 3,00 \times 10^8$ m/s relativement à tous les systèmes de référence inertiels.

Théorie des champs théorie qui explique les interactions entre les corps ou les particules relativement aux champs

Théorie des domaines magnétiques théorie qui décrit, en fonction de minuscules zones homogènes magnétiquement (les « domaines »), comment un matériau peut devenir aimanté, chaque domaine agissant comme une barre aimantée

Théorie électrofaible (de jauge) théorie unifiée des interactions électromagnétiques et des interactions faibles

Top cinquième type de quark

Transmutation processus de transformation d'un atome d'un élément en un autre à la suite d'une désintégration radioactive

Travail (*W*) énergie transmise à un objet lorsqu'une force agissant sur ce dernier permet de le déplacer sur une distance donnée

Travail d'extraction énergie avec laquelle un électron est lié à une surface photoélectrique

Troisième loi de Kepler sur le mouvement des planètes Le cube du rayon moyen *r* de l'orbite d'une planète est directement proportionnel au carré de période orbitale *T* de la planète.

Troisième loi du mouvement de Newton À toute action, il y a toujours une force de réaction, égale en grandeur mais de direction opposée.

Trou noir corps, que l'on trouve dans l'espace, extrêmement dense, dont le champ gravitationnel est si intense que rien ne peut s'en échapper

Tube à scintillation instrument permettant de détecter et de mesurer l'énergie fournie à un cristal par les photons γ entrants

Tube Geiger-Mueller instrument permettant de détecter et de mesurer l'ionisation des particules α et β

Turbulence mouvement irrégulier d'un fluide

V

Viscosité frottement interne entre les molécules dû à des forces de cohésion

Vitesse de libération vitesse minimale requise pour qu'une masse *m* projetée de la surface d'une masse *M* échappe à la force gravitationnelle de *M*

Vitesse instantanée vitesse à un instant donné

Vitesse limite vitesse maximale d'un objet en chute, atteinte lorsque la vitesse devient constante et qu'il n'y a plus d'accélération

Vitesse moyenne (v_{moy}) distance totale parcourue divisée par le temps total du trajet

Vitesse vectorielle ($\vec{v}$) taux de variation de la position

Vitesse vectorielle instantanée vitesse vectorielle à un instant donné

Vitesse vectorielle moyenne ($\vec{v}_{moy}$) variation de la position divisée par l'intervalle de temps associé à cette variation

Vitesse vectorielle relative vitesse vectorielle d'un objet par rapport à un système de référence particulier

Index

Unité 1 : photo en début de section, page x : NASA/Science Photo Library ; page 1, photo intercalaire : Kimberly Strong, Ph. D.

Chapitre 1 : photos en début de section, page 5, photo principale : CP Picture Archive, Christof Stache ; photo intercalaire : Allsport, bas de page, Boreal ; page 6 : © Adam Woolfitt/Corbis/Magma ; page 10, Stewart Cohen/Image Network ; page 17, à gauche, Dick Hemingway ; photo du centre : © AFP/Corbis/Magma ; page 32, les deux photos : © Corbis/Magma ; page 33 : © Loren Winters/Visuals Unlimited ; page 34 : avec la permission de US Geological Survey ; page 38 : © Corbis/Magma ; page 39 : © InterNetwork Media/PhotoDisc ; page 41 : CP Picture Archive, Ingrid Bulmer ; page 42 : © Loren Winters/Visuals Unlimited ; page 46 : Boreal ; page 51 : Dick Hemingway ; page 52 : © George Hall/Corbis/Magma ; page 60 : CP Picture Archive (Andre Forget)

Chapitre 2 : photo en début de section, page 69 : Table Mesa Prod/Index Stock ; page 77 : © Leonard de Selva/Corbis/Magma ; page 81 : photo fournie avec la permission de Bombardier Inc. ; page 95 : NASA ; page 97 : C. Lee/PhotoLink/PhotoDisc ; page 117 : © Corbis/Magma

Chapitre 3 : photo en début de section, page 119 : © Bill Aron/Photo Edit ; page 122 : CP Picture Archive (Chuck Stoody) ; page 135, à gauche : © Bettman/Corbis/Magma, à droite : © Andrew Brookes/corbisstockmarket/First Light ; page 137 : © Joe Schwartz (www.joyrides.com) ; page 139, à gauche : © Allan E. Morton/Visuals Unlimited, à droite : NASA ; page 140 : Mary Evans Picture Library ; page 146 : NASA ; page 147 : NASA ; page 149 : NASA ; page 154 : © Roger Ressmeyer/Corbis/Magma ; page 155, haut de page : © Tom McCarthy/Photo Edit, centre : © Richard T. Nowitz/Photo Edit, bas de page : Keith Brofsky/PhotoDisc ; page 156 : Kelly-Mooney/Corbis/Magma ; page 162, haut de page à gauche : Robin Smith/Stone, haut de page à droite : Nelson Thomson Learning, en bas à gauche : Nelson Thomson Learning, en bas à droite : David Buffington/PhotoDisc ; page 170 : © Roger Ressmeyer/Corbis/Magma ; page 171 : © Richard T. Nowitz/Corbis/Magma

Unité 2 : photo en début de section, page 172 : Mark Segal/Index Stock ; page 173 : Judith Irwin, Ph. D. ; page 174 : Walter Geiersperger/Index Stock ; page 175 : CP Picture Archive, Joe Cavaretta.

Chapitre 4 : photo en début de section, page 177 : avec la permission de Skyjacker Suspensions. Photo prise par Phil Howell ; système de suspension « Rock Ready » en pleine action sur le bas de la piste Helldorado à Moab au Utah, lors du Safari de jeeps de Pâques 2000. www.skyjacker.com ; page 184 : © Charles Philip/Visuals Unlimited ; page 188 : © Christine Osborne/Corbis/Magma ; page 189 : © Sally Vanderlaan/Visuals Unlimited ; page 194 : A. Marsh/First Light ; page 197 : © Tony Freeman/Photo Edit ; page 202 : Joe Schwartz (www.joyrides.com) ; page 203 : Karl Weatherly/PhotoDisc ; page 224 : Al Hirsch ; page 227 : © Jeremy Horner/Corbis/Magma

Chapitre 5 : page 231, les deux photos : Dick Hemingway ; page 232 : CP Picture Archive, Mike Ridewood ; page 244 : Ryan McVay/PhotoDisc ; page 246 : Nelson Thomson Learning ; page 248, haut de page : NASA, centre : © Charles O'Rear/Corbis/Magma, bas de page : Boreal ; page 253 : Boreal ; page 266 : Akira Kaede/PhotoDisc ; page 271 : Boreal

Chapitre 6 : photo en début de section, page 273 : documents créés avec le soutien au AURA/STScI, dans le cadre du contrat de la NASA NAS5-26555 ; page 280 © Bettman/Corbis/Magma ; page 295, haut de page : © Roger Ressmeyer/Corbis/Magma, centre : CP Picture Archive, bas de page : Nicholas Pinturas/Stone ; page 296 : NASA ; page 297 : NASA ; page 302, haut de page à gauche : Manrico Mirabelli/Index Stock, haut de page au centre : © Bettman/Corbis/Magma, haut de page à droite : Brooklyn Productions/The Image Bank, en bas

à gauche : Markus Boesch/Allsport Concepts, au centre en bas : Chase Jarvis/PhotoDisc, en bas à droite : Steve Mason/PhotoDisc ; page 310 : Romilly Lockyer/The Image Bank

Unité 3 : photo en début de section, page 312 : © Michael S. Yamashita/Corbis/Magma ; page 313 : Marie D'Iorio, Ph. D. ; page 316 : © SIU/Visuals Unlimited

Chapitre 7 : photo en début de section, page 317 : © Gene Rhoden/Visuals Unlimited ; page 326 : © Tony Arruza/Corbis/Magma ; page 329 : © Gene Rhoden/Visuals Unlimited ; page 330 : © Brian Sullivan/Visuals Unlimited ; page 338 : avec la permission de ANCOart ; page 339 : David Parker/Science Photo Library ; page 340 : Harold M. Waage/Princeton University ; page 341 : Harold M. Waage/Princeton University ; page 344 : Ontario Power Generation - Lakeview Generating Station ; page 345, haut de page : John D. Cunningham, Ph. D./Visuals Unlimited, bas de page : Van de Graaf generator— Musée des sciences, Boston ; page 346 : Harold M. Waage/Princeton University ; page 355, haut de page : © Gene Rhoden/Visuals Unlimited, centre : © Gregg Otto/Visuals Unlimited ; page 357 : photo prise par Chris Johnson, Rob MacLeod et Mike Matheson. Réimprimée avec autorisation ; page 359 : © Steve Callahan/Visuals Unlimited ; page 360 : © Bettman/Corbis/Magma ; page 378 : © Lester V. Bergman/Corbis/Magma ; page 381, haut de page : Harold M. Waage/Princeton University, centre à gauche : Andy Freeberg Photography, centre à droite : Resonance Research Corporation, Baraboo, Wisconsin

Chapitre 8 : photo en début de section, page 383 : Superstock ; page 384 : © Werner H. Muller/Corbis/Magma ; page 385, les deux photos : Richard Megna/Fundamental Photographs ; page 386 : Sargent-Welch, Fundamental Photographs ; page 388, les deux photos : Richard Megna/Fundamental Photographs ; page 389, à gauche : avec la permission d'Arbour Scientific, à droite : Richard Megna/Fundamental Photographs ; page 390 : James King Holmes/Science Photo Library ; page 391 : D. Balkiwill-D. Maratea/Visuals Unlimited ; page 392, haut de page, les deux photos : Richard Megna/Fundamental Photographs, bas de page, toutes les photos : Richard Megna/Fundamental Photographs ; page 397, toutes les photos : Richard Megna/Fundamental Photographs ; page 399 : NASA ; page 400 : © Roger Ressmeyer/Corbis/Magma ; page 401 : NASA ; page 402 : Fundamental Photographs ; page 406 : © Michael S. Yamashita/Corbis/Magma ; page 420 : avec la permission de Frontier City ; page 425, haut de page à gauche : Maximilian Stock Ltd/Science Photo Library, haut de page à droite : CC Studio/Science Photo Library, bas de page : Stone ; page 430, haut de page à gauche : NASA, haut de page à droite : © Corbis/Magma, centre à gauche : Dick Hemingway, centre à droite : Corbis/Magma, bas de page : © Roger Ressmeyer/Corbis/Magma

Unité 4 : photo en début de section, page 438 : Jeremy Burgess, Ph. D./Science Photo Library ; page 439 : Research In Motion

Chapitre 9 : photo en début de section, page 442 : M. Cagnet, M. Francon, J.C. Thierr, *Atlas of Optical Phenomena : supplément*, Springer-Verlag © 1971 ; page 443 : © AFP/Corbis/Magma ; page 445 : Richard Megna/Fundamental Photographs ; page 450 : D.C. Heath and Company ; page 451 : Dave Starrett ; page 453 : Dave Starrett ; page 455 : D.C. Heath and Company ; page 456 : D.C. Heath and Company ; page 457 : D. C. Heath and Company ; page 462, les deux photos : Richard Megna/Fundamental Photographs ; page 463 : Alfred Pasieka/Science Photo Library ; page 464 : © Corbis/Magma ; page 467a,b : M. Cagnet, M. Francon, J.C. Thierr, *Atlas of Optical Phenomena*, Springer-Verlag © 1962 ; c : Ken Kay/Fundamental Photographs ; page 469 : © Bettman/Corbis/Magma ; page 470 :

D. C. Health and Company; page 474: © Stefano Bianchett/Corbis/Magma; page 475: M. Cagnet, M. Francon, J.C. Thierr, *Atlas of Optical Phenomena*, Springer-Verlag © 1962; page 476: D.C. Heath and Company; page 477: David A. Hardy/Science Photo Library; page 483: D.C. Heath and Company; page 492: © Karen Tweedy-Holmes/Corbis/Magma

Chapitre 10: photo en début de section, page 493: Richard Megna/Fundamental Photographs; page 494: © Lester V. Bergman/Corbis/Magma; page 495: Diane Hirsch/Fundamental Photographs; page 496: Robert Folz/Visual Unlimited; page 497: Eugene Hecht, Ph. D.; page 499, haut de page: M. Cagnet, M. Francon, J.C. Thierr, *Atlas of Optical Phenomena*, Springer-Verlag © 1962, bas de page: avec la permission de ANCOart; page 500, les deux photos: D.C. Heath and Company; page 504, les deux photos: M. Cagnet, M. Francon, J.C. Thierr, *Atlas of Optical Phenomena*, Springer-Verlag © 1962; page 506, haut de page: © Larry Stepanowicz/Visuals Unlimited, bas de page: © Roger Ressmeyer/Corbis/Magma; page 507: Nelson Thomson Learning; page 508, à gauche: Bausch et Lomb, à droite: M. Cagnet, M. Francon, J.C. Thierr, *Atlas of Optical Phenomena*, Springer-Verlag © 1962; page 509: Bill Reber/Science Photo Library; page 510, à gauche: Sargent-Welch, Fundamental Photographs; à droite: Milton Roy Company, « Division des produits analytiques »; page 511: © Jeff J. Daly/Visuals Unlimited; page 514: avec la permission de ANCOart; page 516: CENCO Physics Fundamental Photographs; page 520, haut de page: M. Cagnet, M. Francon, J.C. Thierr, *Atlas of Optical Phenomena: supplément*, Springer-Verlag © 1971, bas de page: Van Keuren Company; page 522: Dave Martindale; page 524, à gauche: © Lester V. Bergman/Corbis/Magma, à droite: Dick Hemingway; page 526: Département de physique, Imperial College, London/Science Photo Library; page 527: avec la permission de Newport Corporation; page 528: CENCO Physics Fundamental Photographs; page 530: © Corbis/Magma; page 536: © Vince Streano/Corbis/Magma; page 537, haut de page à droite: Science VU/Visuals Unlimited, centre à droite: Earth Satellite Corporation/Science Photo Library, bas de page à gauche: © Ed Young/Corbis/Magma, bas de page à droite: Kim Steele/PhotoDisc; page 543, haut de page: © Myrleen Ferguson-Cate/Photo Edit, centre: James King-Holmes/Science Photo Library, bas de page: David Parker/Science Photo Library; page 547: Conseil national de recherches du Canada; page 548, haut de page à gauche: Peter Aprahamian/Sharples Stress Engineers Ltd./Science Photo Library, haut de page à droite: © James L. Amos/Corbis/Magma, bas de page à gauche: Diane Schiumo/Fundamental Photographs, bas de page à droite: Paul D. Barefoot/Holophile Inc.; page 553, les deux photos: Paul Silverman/Fundamental Photographs; page 555: P. Saada/Eurelios/Science Photo Library

Unité 5: photo en début de section, page 556: Lawrence Berkeley National Laboratory; page 557: Art MacDonald, Ph. D.

Chapitre 11: photo en début de section, page 561: U.S. Department of Energy Photo Researchers; page 577: Nick Wall/Science Photo Library; page 585, haut de page: © Hulton-Deutsch/Corbis/Magma, bas de page: Comstock; page 586: © Corbis/Magma; page 591, les deux photos: NASA; page 592, les deux photos: Nelson Thomson Learning

Chapitre 12: photo en début de section, page 593: K.H. Kjeldsen/Science Photo Library; page 594: Paul Silverman/Fundamental Photographs; page 597: © Bettman/Corbis/Magma; page 605: Softshell Small Systems Inc.; page 610: M. Cagnet, M. Francon, J.C. Thierr, *Atlas of Optical Phenomena*, Springer-Verlag © 1962; page 611: Plenum Publishing; page 613: © Bettman/Corbis/Magma; page 615: Science Museum/Science and Society Picture Library; page 617: © Bettman/Corbis/Magma; page 618: © Brad Mogen/Visuals Unlimited; page 619, à gauche: IBM/Science Photo Library/Photo Researchers, centre: Lawrence Livermore Laboratory, à droite: Hewlett-Packard Laboratories/Science Photo Library; page 621: © Bettman/Corbis/Magma; page 626: Richard Megna/Fundamental Photographs; page 627, à gauche: © Hulton-Deutsch Collection/Corbis/Magma, à droite: © Bettman/Corbis/Magma; page 631: © Bettman/Corbis/Magma; page 633: CP Picture Archive; page 635: © Mark A. Schneider/Visuals Unlimited; page 636: photo prise par Brian Willer. Avec la permission de John Polanyi, Ph. D.; page 637, haut de page: avec la permission de Geraldine Kenney-Wallace, Ph. D., bas de page: © Charles O'Rear/Corbis/Magma; page 642: Université de Princeton, avec la permission de AIP Emilio Segre Visual Archives; page 650: © Bettman/Corbis/Magma; page 663: NASA

Chapitre 13: photo en début de section, page 665: Lawrence Berkeley National Laboratory; page 676 a: Corel, b: © Bonnie Kamin/Photo Edit, c: David Chasey/PhotoDisc; page 684: B. Bates, M.D./Custom Medical Stock Photo; page 685: © SIU/Visuals Unlimited; page 688: Photo de Watson Davis, Science Services Laboratory, Université de Berkeley, Californie, avec la permission de AIP Emilio Segre Visuel Archives. Fermi Film; page 689, haut de page: TRIUMF/G. Roy, bas de page: Stanford Linear Accelerator Center/Science Photo Library; page 691, à gauche: © AFP/Corbis/Magma, à droite: Fermi National Accelerator Laboratory/Science Photo Library; page 693: avec la permission du Centre canadien de rayonnement synchrotron; page 696: Brookhaven Laboratory/Science Photo Library; page 699: haut de page: © Bettman/Corbis/Magma, bas de page: AIP Emilio Segre Visual Archives, Physics Today Collection; page 703: Lawrence Berkeley National Laboratory; page 705: © Kevin Fleming/Corbis/Magma; page 710: AIP Emilio Segre Visual Archives, Physics Today Collection; page 711: Fermilab Visual Media Services; page 713, haut de page: page 713: haut de page: National Archives and Records Administration, avec la permission de AIP Emilio Segre Visual Archives, centre: CERN/Science Photo Library, bas de page: Peter Signell, pour le compte du projet PYSNET (www.phynet.org); page 715: Peter Signell, pour le compte du projet PYSNET (www.phynet.org); page 716: Peter Signell, pour le compte du projet PYSNET (www.phynet.org); page 719: Peter Signell, pour le compte du projet PYSNET (www.phynet.org); page 720: Peter Signell, pour le compte du projet PYSNET (www.phynet.org); page 724: Peter Signell pour le compte du projet PYSNET (www.phynet.org); page 733, haut de page: Colin Cuthbert/Science Photo Library, centre: © Tony Freeman/Photo Edit, bas de page: Eyewire; page 738, haut de page à gauche: © AFP/Corbis/Magma, haut de page à droite: © Roger Ressmeyer/Corbis/Magma, en bas à gauche: CP Picture Archive (Greg Baker); page 739: © Ulrike Welsch/Photo Edit; page 745: Peter Signell, pour le compte du projet PYSNET (www.phynet.org);

Annexes: photo en début de section, page 74: NASA